ISBN 978-0-260-61059-1
PIBN 10959463

FB &c Ltd, Dalton House, 60 Windsor Avenue, London, SW19 2RR.
Company number 08720141. Registered in England and Wales.

For support please visit www.forgottenbooks.com

REVUE

DES

DEUX MONDES

LXXXVIIIe ANNÉE. — SIXIÈME PÉRIODE

TOME XLV. — 1er MAI 1918.

REVUE

DES

DEUX MONDES

LXXXVIIIe ANNÉE. — SIXIÈME PÉRIODE

TOME QUARANTE-CINQUIÈME

PARIS
BUREAU DE LA REVUE DES DEUX MONDES
RUE DE L'UNIVERSITÉ, 15

1918

FRANÇAIS ET ANGLAIS

La bataille que nos ennemis ont engagée sur les bords de la Somme, au premier jour du printemps, la plus grande sans doute que le monde ait vue, par le nombre des hommes et des assauts, par la férocité de la lutte, par l'ampleur du faisceau de destinées qui s'y jouent, visait d'abord à séparer les Anglais des Français. Si les Allemands avaient voulu nous apprendre de quel prix est, pour chacun des deux peuples, l'amitié entre France et Angleterre, ils n'eussent point fait autrement. Ils ont frappé au point de soudure des armées. La ligne a reculé, mais ne s'est pas rompue où l'on voulait. Il n'y avait pas de paille dans le métal. Nous avons porté secours aux Anglais que le choc avait surpris par sa violence extrême. Nous avons combattu là, non seulement pour la même cause, dans le même moment, mais ensemble, et le communiqué du 31 mars, jour de Pâques, a pu dire : « Moreuil, pris par les Allemands, repris par nous et reperdu, a été finalement enlevé dans une charge à la baïonnette, menée, avec une bravoure incomparable, par les troupes franco-anglaises confondues dans les mêmes rangs. » Ainsi ont lutté côte à côte, donnant le sang d'Angleterre pour la France et le sang de France pour l'Angleterre, les descendans de ceux qui furent jadis adversaires. Union scellée, à présent, alliance qui ne se rompra point. Nous la voyons dans son achèvement; nous nous en réjouissons; nous comprenons tous, de chaque côté du détroit, qu'elle doit être, désormais, une loi de notre histoire. Mais de pareils changemens sont toujours préparés. Ils ont des causes profondes. Ce long travail de rapprochement entre la France et l'Angleterre, ces raisons de nous aimer les uns les autres, j'ai été amené à les exposer devant un public anglais, cet hiver, à Londres. J'ai cru possible, utile peut-être, de reproduire ici cette conférence, telle qu'elle a été dite, afin de montrer que l'union, qui sauvera la civilisation occidentale des atteintes de la plus savante barbarie, se fonde, comme tout ce qui doit durer, sur des titres anciens, que le danger commun a seulement fait valoir.

ANGLAIS, FRANÇAIS, DES RAISONS QUE NOUS AVONS DE NOUS AIMER LES UNS LES AUTRES (1)

MESDAMES, MESSIEURS,

J'ai toujours beaucoup aimé les Anglais, — j'entends par là le peuple du Royaume-Uni. Il me semble que je l'ai écrit plusieurs fois. Si je le répète aujourd'hui, c'est que j'ai la certitude d'exprimer beaucoup plus qu'une amitié personnelle : celle d'un nombre immense de Français. J'évoquerai donc, assuré d'être entendu, quelques-uns des anciens souvenirs de l'histoire, sans avoir le moins du monde la prétention d'être complet, puis quelques dates et quelques faits des temps nouveaux, et ces témoignages montreront, mieux que toutes les dissertations, que nous sommes faits pour nous entendre, et qu'aux jours même où nous nous combattions, ce qu'il y a de plus profond dans l'amitié, l'estime, ne manqua point entre le peuple de la Grande-Bretagne et le nôtre.

Remontons jusqu'aux siècles très anciens. Vous savez qu'aux âges reculés où la Grande-Bretagne venait de sortir du paganisme, cette nation donna au monde le spectacle d'une vie monastique admirable d'enthousiasme, d'ordre et de tendresse pure. La France, chrétienne de plus ancienne date, envoyait vers vous plusieurs de ses fils les plus réputés pour leur vertu, et de jeunes hommes de vos nations, traversant la mer, venaient, de leur côté, en France, et se mettaient à l'école de nos saints et de nos savans. Elles venaient plus nombreuses encore, les filles de votre pays, et, parmi elles, de jeunes princesses, qui cherchaient la paix et la connaissance de Dieu dans les monas-

(1) Conférence faite à Londres, sous la présidence de M. Edmund Gosse.

tères célèbres des bords de la Marne et de la Seine, à Jouarre, à Marmoutier, aux Andelys, plus tard à Chelles. On peut dire que nos très vieux pères se sont connus dans cette enfance de l'Europe civilisée, qu'ils ont joué ensemble, prié ensemble, qu'ils ont feuilleté ensemble les manuscrits ornés de lettres coloriées, et qu'il y eut, au temps de nos origines, entre vous et nous, une fraternité chrétienne. Vos rois, vos grands seigneurs, vos artisans, vos marchands et vos laboureurs furent ainsi les bienfaiteurs insignes de la basilique de Chartres. Les documens sont innombrables et plusieurs fort touchans. Le nécrologe, par exemple, renferme ces lignes relatives à la fille de Guillaume le Conquérant : « Le 7 décembre est morte Adelize, fille du roi des Anglais. Parmi d'autres présens royaux, faits pour le salut de l'âme de sa fille, le roi ordonna de bâtir le clocher qui est sur l'église, précieux et bon. » A la fin du XIe siècle, saint Yves de Chartres écrivait à Vauquelin, évêque de Winchester : « ... J'ai demandé à ta munificence un vase à mettre le saint chrême, dont la forme était inconnue à nos artistes, et je l'ai obtenu aussitôt. Ce présent m'a été agréable, plus encore par la grâce avec laquelle il m'a été donné, que par le désir que j'avais de le posséder. Aussi, chaque fois que je le revois, quand je m'en sers pour le service divin, ton souvenir me revient doucement à l'esprit. » La correspondance du même saint nous apprend que, dès cette époque, de nombreux écoliers anglais fréquentaient les écoles de Chartres. Ils formaient une véritable colonie, et voici le beau témoignage que le saint a rendu de leur honnêteté, dans une lettre adressée à Robert, qui fut évêque de Lincoln entre 1093 et 1123 : « Si votre bienveillance a besoin, en quelque chose, de nos services, mandez-le-nous par vos élèves que nous avons près de nous, et que nous chérissons, tant à cause de l'honnêteté de leurs mœurs que pour l'affection que nous avons pour vous. Par leur intermédiaire, nous obéirons, suivant nos forces, à votre volonté, et nous resserrerons plus étroitement les liens de l'amitié qui nous unissent à vous. » Dans une autre lettre, il demandait à la reine Mathilde un habit sacerdotal, et, quelques mois plus tard, il recevait, au lieu de ce modeste cadeau, des cloches pour son église, que la reine avait déjà fait couvrir avec des feuilles de plomb.

Un sauf-conduit, daté de 1125, et délivré au nom de

Henri III, permet ainsi de faire passer en France trente charretées de plomb, qui seront employées à couvrir l'église de l'abbaye de Foucarmont, dans la Seine-Inférieure. Une autre fois, c'est la permission de transporter une cargaison de harengs, des boisseaux de blé, d'orge, d'avoine. En sens inverse, le même prince autorise Pierre Loy, de Caen, à transporter la pierre nécessaire pour la construction de Westminster Abbey. Des quêteurs, munis de passeports rédigés en latin, et que nous possédons, entreprenaient de grands voyages dans votre île. D'autres personnages allaient chercher des manuscrits que vous excelliez à orner. Tous ces titres prouvent que le mouvement était vif déjà à travers le détroit; ils prouvent aussi que, s'il n'y avait point alors de sous-marins, la piraterie n'était point précisément inconnue, et qu'il n'était pas mauvais de se trouver sous la protection des hommes d'armes.

La Grande-Bretagne, généreuse déjà, et aumônière envers les grandes fondations religieuses du pays de France, envoyait aussi chez nous, comme je l'ai indiqué, des étudians et des maîtres. Déjà, du temps de Charlemagne, elle avait donné un de ses grands hommes à la France. Je veux parler d'Alcuin. L'empereur Charlemagne trouvait parmi ses Francs de merveilleux barons, hommes de guerre dont la tradition de dévouement et la manière de mourir n'ont point été oubliées, et ne furent égalées que dans le temps où nous sommes. Mais il cherchait à s'entourer aussi d'hommes savans, et il ne les trouvait point autour de lui en aussi grand nombre. Il regarda vers l'étranger, et s'aperçut que vous aviez parmi vous un personnage très précieux par son savoir et sa vertu. C'est Alcuin, qui avait été élevé à l'école d'York. En 782, il le fit venir, le garda près de lui, et un de nos historiens a pu dire que cet Anglais avait été « le précepteur du grand Charlemagne, de ses fils, de ses filles, de tout le palais. »

Si vous voulez avoir une idée de ce qu'il enseignait, soit à la cour, soit au dehors, voici les phrases, pleines de saveur, que nous trouvons dans une chronique du temps : « Aux uns il enseignait les règles de la grammaire; sur les autres il faisait couler les flots de la rhétorique. Il formait ceux-ci aux luttes du barreau et ceux-là aux chants d'Aonie. Il expliquait encore l'harmonie du ciel, les pénibles éclipses du soleil et de la lune, les mouvemens violens de la mer, les tremblemens de terre, la nature de l'homme et celle des animaux, les diverses combinaisons des nombres et leurs formes variées. Il enseignait à calculer d'une manière certaine le retour solennel de Pâques, et surtout il découvrait les mystères des Saintes Écritures. »

Quatre siècles plus tard, vous nous donniez un évêque pour le siège de Chartres, et les principaux du chapitre de cette ville, qui étaient le doyen, le chantre et le chancelier, traversaient la mer, pour demander à l'évêque de Cantorbéry de délivrer à Jean de Salisbury ses lettres dimissoriales. Toute une élite de jeunesse anglaise recevait l'éducation dans nos Universités de France alors en pleine vie. Dans un livre intitulé *la Faculté de théologie de Paris*, par l'abbé Ferret, un chapitre est consacré aux docteurs séculiers anglais du XIIIe siècle. Dans un autre chapitre, les noms de Laurent l'Anglais, de Roger Bacon, de Richard de Middleton, reviennent à chaque page. Nos registres ont gardé le nom et le souvenir de ces élèves fameux, et aussi de professeurs qui venaient occuper des chaires soit dans l'Université de Paris, soit dans celles de province. Je recevais à ce sujet, tout récemment, une lettre de Mgr Henri Pasquier, recteur de l'Université catholique d'Angers : « Savez-vous, me disait-il, que vous comptez, dans votre Faculté de Droit d'Angers, un professeur écossais de grand renom ? Ce professeur s'appelait Guillaume Barclay. Il enseigna pendant quatre ans à Angers, sous Henri IV. Il appartenait à la plus haute noblesse d'Écosse, et avait fréquenté la cour des Stuarts, avant de venir en France. Vers l'âge de trente ans, il vint à l'Université de Bourges, étudier le droit. Cujas fut son professeur, et présida la soutenance de sa thèse de doctorat. Comme il était bon catholique, un de ses oncles, le Père Hay, jésuite, le fit venir en Lorraine, où il devint professeur à l'Université de Pont-à-Mousson, fondée par la Compagnie de Jésus. Sa réputation de jurisconsulte vint jusqu'à Angers. Les hommes de lettres les plus considérables de notre cité ambitionnèrent d'avoir Barclay dans leur Université. Ménage, Dupineau et Pierre Ayrault firent instance près de lui, et lui obtinrent une chaire de droit dans la Faculté angevine. Le nouveau professeur eut un grand succès, et réunit un grand nombre d'étudians autour de sa chaire. On raconte qu'il allait, revêtu d'une robe magnifique, accompagné de son fils, précédé de son bedeau, de deux valets, et qu'il portait au cou une chaîne d'or, présent du roi d'Angleterre. Il donnait sa leçon au collège Saint-Pierre. Dans cette vieille Université, les professeurs enseignaient dans les différens collèges, comme on le fait encore à Oxford. Il publia plusieurs ouvrages considérables : l'un, *De Papæ potestate;* un autre, *De Rege et regali potestate.* Il avait conquis une situation considérable par « son mérite, capacité, science et bonne vie, » dit un contemporain. Il était très aimé des pauvres, à cause de sa générosité. A sa mort, on lui fit des funérailles très solennelles dans l'église des Cordeliers. Quant à son fils, qui retourna en Angleterre, il publia des ouvrages de polémique qui eurent une grande célébrité. »

Nos érudits font chaque jour quelque découverte dans ces annales religieuses de la France et de l'Angleterre; une des dernières m'a été racontée par un savant bénédictin de mes amis. Vous avez eu, en Grande-Bretagne, au XIVe siècle, une école mystique dont vous avez raison d'être fiers. Elle eut, pour représentans principaux, Richard Rolle, Julienne, la recluse, et ce fameux personnage, Walter Hilton, auteur de la *Scala perfectionis,* à qui, longtemps, fut attribuée l'*Imitation de Jésus-Christ.* Eh bien! d'après un manuscrit de la bibliothèque de Marseille, Walter Hilton était, lui aussi, docteur de notre Université de Paris.

Si l'on rassemble les traits de ces âges anciens, on remarquera, entre la France et l'Angleterre, la communication des pensées les plus hautes; une foi commune se traduisant de mille manières; une France qui fut initiatrice de la vie monastique de vos premiers temps et qui, dans la suite, eut l'honneur de voir beaucoup d'Anglais, parmi les plus illustres, fréquenter ses écoles; une Angleterre généreuse et ardente, marquée déjà dans ses lois, dans ses mœurs, dans ses vertus, dans ses jeux, d'un grand caractère d'originalité. Le comte de Montalembert a pu écrire, de cette époque la plus ancienne de ce qu'on peut appeler l'histoire lumineuse, ces mots très justes : « Tout ce que le monde moderne admire ou redoute, recherche ou repousse, dans l'Angleterre d'aujourd'hui, tout cela se retrouve en germe ou en fleur dans l'Angleterre d'il y a douze siècles. Jamais nation n'a été moins entamée par le temps ou par la conquête. » Ajoutez à cela une sorte de penchant très marqué les uns pour les autres, de courtoisie réciproque, dont j'ai donné quelques exemples, et vous conclurez que le début de nos relations, entre Anglais civilisés et Français civilisés, révéla tous les élémens de ce que, dans la suite et bien longtemps après, on put nommer « entente cordiale. »

* * *

Passé le moyen âge, de longs siècles s'écoulent qui sont marqués par de nombreuses luttes entre les armées de France et celles d'Angleterre. C'était la conséquence de l'excessive ambition de certains de vos rois, et vous l'admettez vous-mêmes, vous, Anglais du XXe siècle, qui avez si merveilleusement compris la mission de Jeanne d'Arc, et, maintenant, célébrez avec nous l'héroïne, qui ne s'est opposée qu'à une injustice. En cela, vous êtes véritablement grands et loyaux. Vous avez compris qu'il disait vrai, le secrétaire de Charles VII, notre vieil Alain Chartier, qui déclarait que cette jeune fille était *la gloire non pas seulement de la France, mais de la chrétienté tout entière*. Vous avez d'ailleurs observé, dans les textes de l'histoire, que Jeanne d'Arc, cette sainte et hardie Française, était bien loin d'avoir du mépris pour ceux qui combattaient le roi de France, encore plus loin de les haïr. Ne disait-elle pas à vos pères : « Si vous faites raison au roi de France, vous pourrez venir en sa compagnie, et entreprendre avec lui une nouvelle croisade? » De son vivant même, le bruit n'avait-il pas couru que c'était chose accomplie, qu'elle avait réconcilié les Anglais avec les Français, « en cette manière que, pendant un ou deux ans, les Français et les Anglais, avec leurs seigneurs, devraient se vêtir d'étoffe grise, avec la petite croix cousue dessus, » et qu'ils délivreraient la Terre Sainte? N'est-ce point ainsi qu'on parle de ceux qui vous tiennent au cœur? Cette vierge, qui ne se trompait sur aucun sujet de sa foi, ignorante de beaucoup de choses, mais non point de celles qui concernaient le service de Dieu, ne prévoyait-elle pas ce qui aurait pu arriver de son temps, ce qui est arrivé depuis?

En ces mêmes siècles, qui nous séparent de l'ère contemporaine, il y eut aussi ce grand événement religieux qui s'appelle la Réforme. Par là, l'unité de foi fut rompue, mais tout le reste, tout ce qui dans votre nature, dans vos coutumes, était fait pour attirer notre sympathie, tout cela continue d'être, et d'ailleurs une remarque a été faite par un grand homme, le comte Joseph de Maistre. Parlant de cette scission, qui s'opéra au

XVIe siècle dans la chrétienté, il a écrit ces mots pleins de sens : « Retenus par les mains de trois souverains terribles, qui goûtaient peu les exagérations populaires, et retenus aussi, c'est un devoir de l'observer, par un bon sens supérieur, les Anglais purent, dès le XVIe siècle, résister, jusqu'à un point remarquable, au torrent qui entraînait les autres nations, et conserver plusieurs élémens catholiques. » Il mettait en votre nation une espérance extraordinaire, et ceux-là peuvent s'en rendre compte qui ont lu son livre : *Du Pape*. Il faut bien qu'il en soit ainsi, et qu'il y ait, dans votre peuple, et, plus justement, dans votre âme religieuse, quelque chose de singulièrement proche de notre âme à nous-mêmes, pour que les plus religieux d'entre nous, nos prêtres les plus réguliers, nos religieuses les plus pieuses, n'aient cessé de ressentir l'attrait du caractère profond de ce peuple au milieu duquel l'esprit d'apostolat ou les circonstances historiques les faisaient vivre. J'ai été frappé des tendres expressions dont se servait, pour désigner l'Angleterre protestante, un fils de nos provinces du Nord, l'abbé Lelièvre, mort au service de vos pauvres, après avoir fondé, dans beaucoup de vos comtés, des asiles pour les vieillards indigens.

Combien de fois n'ai-je pas entendu des prêtres, des moines, des religieuses, réfugiés sur le sol anglais, lorsque la liberté chez nous oubliait ses promesses et que vous continuiez d'en suivre les principes, me dire combien ils trouvaient de droiture, de bonne foi, de respect, et souvent d'assistance, parmi les pauvres ou les riches de votre pays ! Laissez-moi vous le dire et sortir un moment du ton coutumier des conférences, pour vous faire une sorte de déclaration, inspirée par ma foi. Vous avez recueilli nos prêtres exilés à l'époque de la Révolution, et c'est par milliers qu'ils ont vécu au milieu de vous. De même, il y a quelques années, vous avez de nouveau ouvert vos portes à ceux et à celles qu'une erreur passagère de nos gouvernemens avait privés du droit de vivre selon leur vocation. Vous êtes une terre d'asile. Eh bien ! ce sont là des mérites nationaux ; il n'est pas possible qu'ils ne soient pas, dès ce monde, et dans les destinées mêmes de la nation, récompensés. Des prières innombrables se sont élevées, sans que vous le sachiez, pour le bonheur de la Grande-Bretagne, et, pour ma part, sans savoir ce que vous recevrez, je suis profondément convaincu qu'à cause de votre vertu d'hospitalité, des bénédictions magnifiques vous seront données.

Je reviens à l'opinion courante et aux relations politiques constatées par les historiens, entre l'Angleterre et la France.

A la fin du XVIIIe siècle, comme au commencement du XIXe, il faut bien observer que, tout au fond, nous avons été adversaires, nous n'avons pas été ennemis. Pour user de vos expressions, nous nous sommes battus, dans le passé retentissant, comme des *gentlemen*, c'est-à-dire comme des gens qui, l'affaire réglée, se donnent la main et peuvent devenir amis. Les exemples abonderaient. J'en prends un seul, précisément à la fin du XVIIIe siècle. Au moment des luttes entre l'Angleterre et la France, pour la possession du Canada, il y eut là-bas une bataille célèbre : celle de Carillon. Bougainville, le chef français, avant que le combat ne s'engageât, pariait avec les officiers anglais sur le résultat de la bataille, et quand il l'eut gagnée, on vit les officiers français donner leurs couvertures pour couvrir les officiers anglais blessés. Plus tard, vos troupes faisaient capituler la ville de Louisbourg, que défendait le chevalier de Drucourt; elles étaient commandées par Amhurst et Wulf. Or, savez-vous bien la première chose que firent vos deux généraux, en entrant dans la place, suivis de leurs principaux officiers? Ils allèrent saluer Mme de Drucourt, femme du gouverneur de la province, et quelques autres femmes d'officiers français qui, pendant le bombardement, s'étaient réfugiées dans les casemates.

C'était le temps de la guerre courtoise. Même cette guerre-là, entre nous, était de trop. Elle est à tout jamais finie, et je crois, en vérité, qu'il y en a des signes jusque dans les choses. Si vous avez visité Calais, vous avez pu voir son beffroi, où sonnait un carillon flamand. Or, deux personnages étaient représentés, à cheval, sur le cadran de l'horloge : c'étaient Henri VIII d'Angleterre et François Ier de France, deux illustres chevaliers, qui luttaient à la lance. Par l'effet d'un mécanisme ingénieux, toutes les fois que l'heure tintait, les chevaliers échangeaient un coup de lance. Si l'horloge sonnait trois heures, ils pointaient trois fois leur arme l'un contre l'autre, et si l'horloge sonnait midi, ils échangeaient douze coups, pour le plus grand plaisir des badauds assemblés. Voilà peu de temps, un obus allemand, le seul de toute la campagne qui ait eu de l'esprit, a touché les joûteurs, et mis fin au combat, qui ne reprendra plus.

Je ne prétendrai point que nous ayons été en bons termes du temps de Napoléon Ier, mais je crois qu'on peut dire que vous combattiez plutôt l'ambition d'un homme que la nation elle-même, et que ce furent là les derniers éclats de nos dissentimens. Nous sommes loin de la fameuse expédition du camp de Boulogne. Voyez plutôt : à cent douze ans de distance, le 9 août 1914, les premiers transports anglais arrivaient au secours de la Belgique et de la France. Les troupes débarquaient à Boulogne, et s'établissaient, — j'ai vu leurs tentes blanches et leurs petits drapeaux autour de la colonne de la Grande Armée, — à l'endroit même où, en 1802, le Premier Consul méditait d'envahir l'Angleterre.

On ne peut s'étonner qu'il ait fallu un certain temps, après le Premier Empire, pour rétablir entre les deux pays cette liberté de jugement qui fait qu'on reconnaît les qualités d'autrui, et qu'on leur rend justice. Même sous Louis-Philippe, qui avait, en politique étrangère, la prudence des dynasties nouvelles, les relations entre nos deux pays ne furent pas toujours telles que les eût rêvées le Roi constitutionnel. Chacun sait qu'en 1840 et au début de 1841, lorsque la politique anglaise était dirigée par Palmerston et la nôtre par Thiers, puis par Guizot, nous étions divisés au sujet de cette fameuse question d'Orient, qui n'est plus, aujourd'hui, qu'un article du questionnaire universel. L'Entente cordiale ne put s'établir que lentement, par degrés, avec des retours offensifs de l'ancien esprit, avec des réconciliations, des progrès, des heures de doute et d'hésitation, de nouveaux progrès. Elle fut d'abord une sympathie personnelle entre la famille royale de France et la reine Victoria. Entre les gouvernemens, elle ne correspondit point à son nom, dès le début. Selon les temps, on pourrait la nommer : la recherche d'un accord nécessaire troublé par la défiance; puis une entente sans intimité; puis, à l'épreuve, un sentiment de nos destinées communes, un remords parfois de ne l'avoir point suivi ; l'appel, de plus en plus fort, de mieux en mieux entendu, d'une voix qui nous criait, aux uns et aux autres : « Vous êtes faits pour marcher ensemble; vous avez les mêmes ennemis; votre avenir commun est dans votre amitié. »

Ce fut à l'automne de 1844 que Louis-Philippe fit, à la reine Victoria, la première visite de courtoisie rendue par un roi français au souverain du Royaume-Uni.

Le 5 octobre, la reine des Belges, fille de Louis-Philippe, écrivait à la reine Victoria : « Je n'ai pas grand'chose à vous dire des habitudes et des goûts de mon père, au sujet de son logement. Mon père est une de ces personnes qu'il est très facile de contenter, de satisfaire et de recevoir. Sa vie si mouvementée l'a habitué à tout, et fait qu'il trouve toutes les installations parfaites pour lui. Il n'y a qu'une seule chose qu'il lui soit difficile de faire : c'est de se lever de bonne heure. Il dort généralement sur un matelas de crin de cheval, avec une planche de bois dessous; mais n'importe quel lit fera l'affaire, pourvu qu'il ne soit pas trop doux. En vous écrivant tout ceci, je crois rêver, je ne puis croire encore que, dans quelques jours, mon cher père aura, si Dieu le veut, l'inexprimable bonheur de vous revoir, et à Windsor, ce qu'il désirait tant, et ce qui, pendant longtemps, parut si improbable. »

La reine Victoria écrivait, peu après, au roi des Belges : « La visite du Roi s'est passée dans la perfection, et je regrette beaucoup, extrêmement, qu'elle soit terminée. Il fut enchanté et fut reçu avec enthousiasme et affection partout où il se montra. Quel homme extraordinaire que le Roi! Quelle merveilleuse mémoire! Quelle vitalité! Quel jugement! Il nous parla à tous très franchement, et est décidé à ce que nos affaires continuent à aller bien. »

Si la reine Victoria revenait au monde, elle pourrait constater qu'il y a entre les deux pays beaucoup mieux, beaucoup plus que la cordialité princière de ce temps-là.

La fin de son long règne avait préparé, de toutes manières, le temps que nous voyons. Pour ce qui regarde les relations personnelles entre Anglais et Français cultivés, il n'est pas douteux que la sympathie avait singulièrement grandi, et pris le dessus, et que, comme au temps des vieux moines, il existait de grandes amitiés d'Angleterre en France, et de France en Angleterre. L'ambassadeur de Russie, baron de Brunow, disait, le 23 avril 1871, à notre premier secrétaire à Londres : « L'Angleterre vous aime. » Et ce même secrétaire, homme de beaucoup d'esprit, M. Ch. Gavard, écrivait quelques mois plus tard, en revenant de visiter une de vos œuvres charitables dont les protecteurs l'avaient entouré et fêté : « Ces Anglais m'étonnent; c'est une charité enragée, une passion pour la France. » C'est le même homme encore qui formulait, dès 1875, cette opinion devenue bien saisissante aujourd'hui : « Je n'ai jamais douté, pour ma part, que l'Angleterre, quel que fût son gouvernement, ne laisserait pas porter la main sur la Belgique. »

*
* *

Aujourd'hui, depuis trois ans et demi déjà, nous sommes engagés les uns à côté des autres dans la même croisade. Les armées des deux nations tiennent des secteurs voisins. Tout au début, il y eut une période d'étude entre Anglais et Français. On ne se connaissait pas, on se regardait agir l'un l'autre. Bientôt les soldats se comprirent. La camaraderie, bientôt l'admiration confirmèrent l'alliance. Au 1er janvier 1917, dans un ordre du jour à ses troupes, le général Guillaumat célébrait, en une formule heureuse, « l'épanouissement magnifique de l'armée britannique, sujet d'admiration sans bornes pour tous ceux qui ont eu l'honneur de combattre à son côté. »

Rien n'exprime mieux les sentimens d'un peuple que des mots, des anecdotes, cueillis sur le vif, et non point dans quelques pages d'histoire travaillée, mais sur le champ de bataille. J'en recueillerai donc quelques-uns, qui marqueront nettement le caractère de notre amitié.

Un de mes amis, officier supérieur attaché à l'armée anglaise, se dirigeait en automobile vers Hazebrouck. C'était le soir, à la brune, et, comme nous disons, entre chien et loup. Une ombre marchait dans le même sens, sur le côté gauche de la route. Au moment où mon ami allait la dépasser, l'ombre leva les bras, en disant : « *Hep, hep, please?* » Mon ami arrêta sa voiture, et vit un tout jeune soldat français, qui demeura interdit, en apercevant un commandant en uniforme.

— Mon commandant, je vous demande bien pardon : je croyais que c'étaient des Anglais!

— Alors, tu demandes aux Anglais ce que tu n'oses pas demander à des officiers français?

— Ce n'est pas tout à fait cela, mon commandant, mais, les Anglais, ils ont toujours de la place dans leurs voitures, et ils sont si gentils!

Autre histoire. Le 26 novembre 1917, en pleine bataille, et le vrai mot c'est en pleine victoire de Cambrai, un vieux colonel français, correspondant militaire, ramassait des souvenirs, quelques fusées d'obus, en arrière du champ de bataille.

une période pendant laquelle les marchandises originaires des pays ennemis seraient assujetties à un régime spécial. De tels accords sont évidemment délicats à établir, mais ils sont nécessaires, et, prolongeant l'alliance, ils la monnayeront, et la mettront, comme un effet de commerce facile à vérifier, dans les mains du plus petit boutiquier de Londres ou de Paris.

Nous devons rester unis pour que la paix soit payante, et, si je pouvais m'adresser à vos hommes d'État, je leur dirais : « Montrez-vous nos amis, à cette heure future des conférences pour la paix, plus que nous ne le serions de nous-mêmes. Ne cédez ni pour vous, — j'ai confiance que vous ne le ferez pas, — ni pour nous, si nous étions tentés de le faire. La France, dans cette guerre, comme en bien d'autres rencontres, a reçu le premier choc de la barbarie ; elle a combattu pour le monde civilisé tout entier ; elle s'y est noblement fatiguée ; elle a donné des fils incomparables : faites aujourd'hui qu'un barrage soit établi, qui protège ce peuple généreux contre de nouvelles invasions. C'est un remerciement qui lui est dû. C'est une précaution qui profitera à tous. »

Nous devons rester unis parce que, Anglais et Français, nous continuerons d'être menacés par la même haine et le même ressentiment. Une guerre comme celle-là ne s'effacera point par un traité de paix. Vous et nous ensemble, nous avons respecté les règles antiques de l'honneur. Nous nous sommes efforcés de ne point ajouter aux cruautés de la guerre avant d'y être forcés par l'ennemi. Nous avons été d'un autre temps et comme d'un autre monde que notre ennemi. Vous pouvez être sûrs qu'il ne nous le pardonnera pas.

Nous devons rester unis parce que les morts de nos deux nations, tombés pour la même cause, reposeront dans notre terre de France. Quand les voyageurs passeront en automobile, plus tard, près des lignes, ils diront : « Ralentissez, ne faites pas de bruit, parce que les plus nobles fils de la France et de l'Angleterre reposent ici. » Et les cœurs se serreront d'une même émotion, en pensant aux deux pays, et il y aura des signes de croix sur les poitrines et des prières pour nos enfants.

Nous devons rester unis pour un bien grand motif encore. Un préjugé stupide, entretenu, je le reconnais, par quelques écrivains, représentait les Français comme des hommes légers, de peu de religion, irrémédiablement divisés. Les événemens ont été chargés de préparer la réponse. Vous voyez la France profonde et vraie, celle qui combat, celle qui travaille, prie, espère. Elle ne ressemble point aux portraits qui avaient cours. Je ne suis pas ici pour louer mon pays; vous me permettrez cependant de citer cette pensée, qu'un de vos grands écrivains, Edmund Gosse, écrivait dans l'*Edinburgh Review* de juillet dernier : « Un des traits les plus extraordinaires de l'histoire des jeunes officiers dans cette guerre a été l'abandon de leur volonté à la grâce de Dieu et aux ordres de leurs chefs. Les officiers français marchaient aux bains de sang de Belgique et de Lorraine, avec solennité, comme à un sacrement. » Ce sont les saintes femmes de France qui ont fait les soldats glorieux. Ce pays, à tant d'égards mystérieux, ne peut être compris que si on lui reconnaît une mission de l'ordre le plus haut : fidèle, il est par elle exalté; s'il s'en écarte, il y est ramené; il lui arrive de la servir sans avoir la claire vue de son rôle et du chemin de sa douleur. Au plus creux de l'épreuve, il garde un ferme courage; il a confiance qu'il ne périra point, et que, comme le Maître secret de son cœur, il ressuscitera. Toute son histoire atteste qu'il ne se trompe point. L'épreuve a toujours grandi la France. Notre vieux poète Ronsard le disait joliment dans une épître à la Reine Élisabeth d'Angleterre :

Le Français semble un saule verdissant :
Plus on le coupe et plus il est naissant,
Et rejetonne en branches davantage,
Et prend vigueur dans son propre dommage.

Vous êtes avec nous à la peine et à l'honneur; vous avez votre part, aujourd'hui, dans la mission de la France; vous vous battez pour bien plus que votre avenir et que le nôtre. Je conclurai donc : nous devons rester unis pour sauver le patrimoine moral magnifique que le triomphe de l'Allemagne aurait certainement abattu; elle est une puissance de corruption, elle est foncièrement une nation païenne qui prononce des formules de religion, et je vous dis que, dans cette grande guerre, nous nous sommes levés pour le Christ, et que nous devons demeurer unis, plus que jamais, afin que la pure figure du Christ domine la civilisation défendue par nos armes.

RENÉ BAZIN.

SANGUIS MARTYRUM[1]

DERNIÈRE PARTIE[2]

Semen est sanguis christianorum.
(TERTULLIEN, *Apologie*, 50.)

Le caractère de tout héros, en tout temps, en tout lieu, en toute situation, est de revenir aux réalités, de prendre son appui sur les choses et non sur les apparences des choses.
(CARLYLE, *Les Héros*.)

I. — SUR LES PAS DE CYPRIEN

Cécilius revit sa maison de Muguas, mais avec des yeux nouveaux. Quand il aperçut, derrière les cimes des platanes, les tourelles quadrangulaires de l'antique logis, il lui sembla qu'un abîme l'en séparait, que des siècles s'étaient écoulés depuis son départ. Là-haut, sous les arcades de la loggia, c'étaient les appartemens déserts de Birzil. Maintenant, il songeait à elle sans amertume. Sa première pensée fut de lui transmettre au plus tôt le vœu de Cyprien. Il ne s'était pas détaché de sa fille, pour s'être guéri de son affection jalouse. Il croyait seulement l'aimer véritablement, d'un autre amour plus lumineux, plus profond, plus sûr. Il se sentait lui-même un autre homme. Il commençait une vie nouvelle. Le sang du martyr était comme un fleuve de flamme entre lui et son passé.

Il arriva de bonne heure à la villa, s'étant mis en route avant l'aube. Deux palefreniers l'escortaient. Trophime, parti

(2) Voyez la *Revue* des 1er et 15 mars, 1er et 15 avril.

de Carthage un jour plus tôt, était depuis la veille à Muguas, où il faisait tout préparer pour le retour du maître. Comme Cécilius longeait la partie basse de ses jardins, celle qui touchait à la propriété de Roccius Félix, il tomba dans un rassemblement de populaire, une cohue de mendians et de gens sans aveu, venus sans doute de Cirta, qui vociféraient et lançaient des pierres contre la clôture. Des cris significatifs dominaient le tumulte :

— Mort aux athées !... Mort aux sacrilèges !

Des esclaves de Roccius, que Cécilius reconnut en passant, excitaient ces gueux de la parole et du geste. A l'aspect du « clarissime seigneur, » ceux-ci se turent subitement, cachèrent sous les plis de leurs manteaux et laissèrent tomber sournoisement les pierres qu'ils avaient ramassées. Quelques-uns, retroussant leurs guenilles, prirent leur course et disparurent derrière des buissons. La mine hautaine, le regard assuré, Cécilius traversa les groupes hostiles. Il se rappela soudain que le diacre Jacques et Marien, le lecteur, habitaient précisément de l'autre côté de la muraille, dans le petit pavillon inoccupé, où, depuis le commencement de la persécution, il leur avait donné l'hospitalité. C'était contre eux sûrement que la canaille était ameutée... peut-être aussi contre lui-même. Rien de plus vraisemblable. Tout le monde savait qu'il était chrétien. Ces choses devaient s'accomplir. D'ailleurs, il y était préparé...

En descendant de cheval, il trouva le vieux Trophime dans un grand émoi. L'écuyer, homme sage et d'expérience, chrétien de foi sérieuse et d'esprit pondéré, réprouvait par principe tout excès de zèle. Sans dissimuler sa mauvaise humeur, il dit tout de suite à Cécilius :

— Maître, tu as vu ces bandits qui nous lapident ? C'est la faute de Jacques : il finira par se faire arrêter et par te compromettre toi-même, pour ne rien dire de plus !... Je t'assure, il devient un danger pour nous. Si tu m'en crois, tu l'éloigneras d'ici, tu l'enverras, lui et Marien, dans une de tes villas du Sud, ou bien dans les montagnes...

Et, avec force récriminations contre une telle imprudence, il conta que le diacre, de sa propre autorité, avait reçu l'évêque Agapius et un prêtre nommé Secundinus, qui venaient de Lambèse, sous la garde d'un officier de police et de deux soldats, pour être jugés à Cirta par les magistrats municipaux.

Jacques les avait hébergés pendant trois jours dans le pavillon, en attendant leur tour de comparaître. Ils y avaient tenu une synaxe nocturne à laquelle avaient participé en trop grand nombre des fidèles de la banlieue... Et, comme si cela ne suffisait pas, il avait encore fallu qu'il recueillît des réfugiés, qui fuyaient devant la persécution, des gens de la Byzacène, de la Zeugitane, quelques-uns des villes maritimes. Ils étaient là une centaine environ, arrivés par petits groupes pendant l'absence du maître. Jacques, sans consulter personne, les avait installés dans les granges, les celliers, les pressoirs, et il ne cessait de harceler l'intendant et les esclaves des cuisines, afin d'en obtenir de la nourriture pour les fugitifs...

— Il a fait cela au vu et au su de tout le monde ! s'exclama Trophime. Le bruit s'en est répandu jusqu'à Cirta. De là cette invasion de la canaille et ces hurlemens !... Entends-tu ?... Ils rugissent comme le fauve qui sent la chair fraîche !

— Ordonne aux esclaves des champs de les disperser ! dit froidement Cécilius. Quant à Jacques, je ne saurais le blâmer. J'entends que ma maison soit ouverte à tous nos frères... D'ailleurs, aujourd'hui, qui peut se vanter d'avoir encore une maison ?... Nos maisons ne sont plus à nous : elles sont à Dieu !

— Oui, maître, oui sans doute ! concéda Trophime, qui néanmoins s'obstinait. Mais ces réfugiés sont trop nombreux. Nous ne pourrons jamais cacher leur présence dans ton domaine... Viens voir plutôt !

Par les jardins et les vignes, il l'emmena vers les habitations des fermiers, à la lisière des champs. La cour intérieure d'une de ces bâtisses agricoles était effectivement encombrée par une foule de pauvres gens, qui, d'un air hébété, allaient et venaient autour de la ferme et des écuries, cherchant un gîte, un petit coin propice où s'abriter. Quelques-uns, la tête dans les mains, sanglotaient à l'écart, assis sur des poutres ou des bottes de paille. C'étaient des paysans qui avaient été surpris par les soldats dans des villages isolés, où toute résistance était impossible. Les plus fortunés s'étaient enfuis avec leurs ânes et leurs mulets, ayant entassé en hâte sur le dos des bêtes de somme des matelas, des couvertures, de primitifs ustensiles de cuisine. Des riches, sans doute réveillés en sursaut, à l'approche des légionnaires, portaient à leurs pieds nus des babouches d'intérieur toutes déchirées et souillées de poussière, et, sur une simple tunique de nuit, un manteau somptueux pris au hasard, dans la trépidation de la fuite. La plupart avaient dû faire la route à pied, troupeau lamentable où il n'y avait que des femmes, des enfans, des vieillards, la soldatesque s'étant acharnée sur les hommes valides et les adolescens. Comme des bêtes fourbues, ils gisaient par terre, pêle-mêle, au milieu de la cour, parmi les débris navrans et risibles qu'ils traînaient avec eux.

Redressant sa haute taille et malgré sa jambe boiteuse, le diacre Jacques se multipliait auprès des fugitifs. Deux petits garçons pendus aux plis de sa dalmatique embarrassaient sa marche. Marien le suivait, avec une équipe de panetiers et de cuisiniers portant des marmites et des outres. Il engageait les misérables à manger et à boire, leur prodiguait les mots de réconfort et de consolation. Il était extraordinaire de confiance, d'allégresse. On aurait dit qu'il laissait derrière lui un sillage de lumière et de joie. Les visages mornes se relevaient au son de sa voix chaude et vibrante. Lui, il allait d'un groupe à l'autre, le front rayonnant, l'air enivré, jetant à la foule des images exaltantes, ne parlant que de gloire, de couronne, de triomphe, de rafraîchissement éternel...

Dès qu'il aperçut Cécilius, il courut à lui, en prenant par la main les deux petits garçons. Il les montra au maître :

— Cher seigneur, dit-il, tu les adopteras, n'est-ce pas? Je les ai déjà adoptés pour toi. Ce sont des jumeaux. Leur mère est morte égorgée par les soldats. Comme celui-ci que tu vois, le plus faible des deux, s'accrochait désespérément au cadavre, les barbares lui ont tranché le poignet... Regarde! C'est un petit martyr!

Et Jacques, le poussant devant lui, saisissait délicatement entre ses doigts le bras manchot encore enveloppé de linges sanglans. Cécilius caressa l'enfant d'un geste lassé : cette douleur se perdait dans la masse de toutes les autres souffrances qui gisaient là, confusément, sur la paille de la cour. Il embrassa du regard ce désolant spectacle. A cette vue, son cœur se serra. Il se rappela les exhortations suprêmes de Cyprien, et, connaissant le zèle souvent inconsidéré du diacre, il lui dit, en désignant les fugitifs :

— Je t'en prie! Ne les livre pas, dans l'emportement de ta

foi!... Il faut au contraire les sauver! Ceux-là non plus ne doivent pas mourir!

— Ils sont prêts pour le sacrifice! répliqua Jacques, les yeux étincelans.

Avec un calme feint, Cécilius reprit, comme se parlant à lui-même :

— Une telle hécatombe livrée aux bourreaux?... Non! Dieu ne peut pas exiger le sacrifice de tant d'innocens. Il importe au contraire de les faire partir au plus vite et de prendre toutes les sûretés possibles pour leur protection et leur salut... Mais venez là-bas, toi et Marien! Nous y causerons de tout cela plus tranquillement.

Toujours suivi de Trophime, il conduisit le diacre et le lecteur vers un hangar rustique, qui se trouvait à quelque distance de la ferme, près d'un bouquet d'arbres. Un réfugié s'était joint à eux, qui salua cérémonieusement Cécilius. Aussitôt Jacques le lui nomma : c'était Flavien, de Tigisi, personnage important dans son municipe et appartenant à l'ordre équestre. Le maître de Muguas, ayant dévisagé le chevalier, sentit tout de suite qu'il trouverait un appui en cet homme de mine réfléchie et circonspecte. Regardant Flavien, il prononça lentement :

— Vous devez fuir! Vous devez vous dérober. C'est l'ordre exprès de Cyprien.

Et, s'étant retourné vers Trophime :

— Ce soir même, tu commenceras à faire partir ces fugitifs, par petites bandes de cinq ou six, pour ne pas attirer l'attention. Tu leur donneras des guides qui les mèneront dans mes fermes de l'Aurès. Avertis les intendans!

Jacques l'interrompit impétueusement :

— Seigneur, je te le répète : ils veulent mourir!

— Non! dit Cécilius, tu ne peux pas savoir ce qui se passe dans l'âme de chacun d'eux!

— Et toi, tu ne sais pas ce que c'est qu'un martyr!

— Je viens de l'apprendre! répondit Cécilius, dont la voix se brisa subitement. J'ai suivi jusqu'au champ du supplice mon ami le plus cher : Cyprien est mort à Carthage, en confessant le Christ.

Il y eut un cri de stupeur :

— Cyprien est mort!...

— Il est vivant! lança Jacques, avec un étrange accent de jubilation...

Puis, s'adressant à Cécilius :

— En ce moment peut-être, sous les beaux ombrages des Jardins du Ciel, il se lève pour aller au-devant d'Agapius, qui achève sa victoire... Ce matin, en m'embrassant, Agapius me l'avait dit : « Je vais rejoindre Cyprien! » Il savait que Cyprien était désigné comme lui pour le triomphe. Il n'y arrivera pas seul! Moi aussi je suis désigné et Marien avec moi!...

— Nous le sommes tous! dit Cécilius, gagné par l'émotion mystique qui transportait le diacre. Mais je demande grâce pour ces malheureux, pour ces enfans. Il vaut mieux qu'ils vivent : telle est la volonté suprême de Cyprien!

Soutenu par Flavien et par Trophime, il finit par obtenir de Jacques et de Marien que, tout de suite, sans tarder davantage, ils s'occupassent de préparer le départ des réfugiés. Puis il leur demanda la permission de les quitter un instant pour vaquer à ses affaires, mais surtout parce qu'il éprouvait un grand besoin de se recueillir.

Comme toujours, il se réfugia dans la bibliothèque, qui avait été son asile aux heures de mélancolie, de souffrance et de détresse morale. Il sentait que les événemens se précipitaient, qu'il était inutile de détourner la tête : toute l'horreur annoncée par Cyprien était là, devant lui. Troublé par cette agitation du populaire qui venait le menacer jusque sous les murs de sa villa, encore frémissant des confidences et des exhortations de Jacques, il désirait mettre un peu d'ordre dans ses pensées, concerter sa conduite, en prévision d'une catastrophe, ne rien laisser au hasard.

Bientôt, il eut recouvré son calme habituel. La méditation l'avait apaisé. Il s'étonnait même de la tranquillité de son esprit. Déjà à Carthage, le soir des funérailles de Cyprien, cette tranquillité l'avait surpris. Avec tous les fidèles portant des torches et des cierges, il était allé au champ de Sextius chercher le corps du martyr pour l'ensevelir, près des Piscines, dans la propriété du procurateur Macrobius Candidianus. Un moment, il avait contemplé, à la lueur des cires, la tête exsangue du supplicié, plus livide que la cire même des cierges, et qui paraissait plus morte que la mort, à cause du souvenir de l'extraordinaire vivant, dont le souffle palpitait tout à l'heure sur ces lèvres closes. Quel contraste avec le glorieux visage entrevu le matin, sous les platanes de Sextius, — ce visage illuminé comme à l'approche d'une aube surnaturelle! L'âme héroïque était trop cruellement absente de cette affreuse relique. Elle était partie emportant avec elle sa révélation, une révélation si soudaine, si terrassante, si victorieuse, que, dans la déroute des apparences, il avait vu surgir brusquement cette Réalité unique, dont parlait Cyprien. Dans les yeux enivrés du martyr, il en avait perçu le reflet éblouissant. C'était comme un rayon sous la porte d'un lieu de splendeur, où il était sûr maintenant que l'on pouvait entrer. Avec le repos de son esprit et de son cœur, une confiance inébranlable lui était venue. Son âme débordait d'une force à toute épreuve. Désormais, il y avait Quelqu'un auprès de lui. L'horrible solitude était rompue. A travers le sang, les déchiremens et les douleurs, Cyprien, l'ami qu'il croyait perdu, l'avait mené au seul Ami, Celui qui « demeure éternellement... »

Il songeait ainsi, dans le silence et la torpeur chaude de la méridienne, lorsqu'un nouveau tumulte se produisit devant l'entrée principale de la villa. En toute hâte, un esclave se précipita à la bibliothèque disant qu'un centurion était là avec une troupe de soldats.

Cécilius descendit dans le jardin, où il vit s'avancer vers lui un centurion primipilaire de stature imposante, avec une grande barbe qui lui descendait jusqu'au milieu de la poitrine, et, sur sa jaquette de laine brune, plusieurs rangées de décorations qui s'entre-choquaient comme les phalères d'un harnais. Il le reconnut aussitôt : c'était le même qui, à Lambèse, l'avait conduit à l'hôpital, auprès de Victor malade de la fièvre. Ainsi, pour frapper davantage les populations, l'autorité ne s'était pas contentée d'envoyer un simple strator. Un officier, environné de tout un déploiement de force militaire, était chargé d'arrêter les chrétiens de Muguas. A l'approche du soudard, Cécilius eut un mouvement de révolte :

— Que viens-tu faire ici? lui dit-il durement.

— M'assurer de Marien et de Jacques, prêtres des chrétiens et suborneurs du peuple.

— Ils sont mes hôtes : tu n'as pas le droit de violer ma maison!

— J'ai l'ordre du légat ! répliqua le centurion, en exhibant une tessère.

Et, la main tendue vers le manipule de légionnaires armés de piques

— Tu vois : toute résistance est inutile !

— C'est bien ! Fais ta besogne ! Je saurai défendre les miens !

Se souvenant de son ancien métier d'avocat, il s'était décidé immédiatement à suivre les inculpés et à les protéger par tous les moyens légaux. Il pensait : « Nous ne devons pas nous laisser égorger sans résistance, ni *leur* laisser croire qu'ils viendront à bout de nous si facilement. Il importe au contraire de lutter jusqu'à la dernière extrémité, ne fût-ce que pour affirmer notre droit, pour prouver qu'en nos personnes, on immole la justice !... » Et, tandis que le primipilaire emmenait Jacques et Marien, que les soldats, à coups d'épieu et à coups de fouet, poussaient devant eux la cohue des réfugiés, il remonta au plus vite pour changer d'habit et donner des ordres à ses serviteurs.

Il se revêtit de la tunique sénatoriale à larges bandes de pourpre, puis il demanda sa toge, une lourde toge à la romaine, de forme archaïque, toute blanche, sans broderies, ni ornemens d'aucune sorte, costume incommode et trop chaud qu'il ne portait jamais. Ensuite, on lui attacha aux pieds des brodequins de cuir blanc à lunule d'or. Quand il fut habillé complètement, drapé dans sa toge, il avait l'air d'un Père conscrit des vieux âges, d'un Caton sorti de la chambre des ancêtres pour rappeler leur devoir aux petits-fils dégénérés. Il prit des tablettes, afin de noter les principaux points de sa défense, et, ses dernières recommandations confiées à Trophime, il se fit transporter en litière jusqu'à la curie.

Sur la route de Cirta, il croisa des gens de mauvaise mine, qui couraient derrière les prisonniers et les fugitifs, en brandissant des bâtons. Des figures hostiles le défièrent au passage : il se sentit environné de haine. Certes, il n'avait jamais été populaire, malgré ses bienfaits. Mais on le respectait à cause de son éloquence, de sa science, de sa générosité, de son immense richesse surtout. Maintenant que cette richesse était menacée, la foule, abjecte comme toujours, se préparait à prendre sa revanche contre le grand seigneur déchu : en même temps que la haine, le mépris montait autour de lui.

Il ne voulait pas y prendre garde. S'efforçant de ne rien voir, il méditait sa harangue. Néanmoins, comme il entrait dans Cirta, son attention fut détournée par le spectacle insolite qu'offraient les rues. Leurs étendards déployés, des collèges d'artisans se dirigeaient vers le forum. Des victimaires traînaient par les cornes des vaches et des béliers. D'un bout à l'autre de la ville, des cérémonies lustrales recommençaient. Mal combattue par l'encens qui brûlait dans les carrefours, devant les niches des divinités protectrices, une âcre odeur de chair brûlée alourdissait l'air. En arrivant au forum, sous l'arc de triomphe élevé par son propre père, Cécilius dut faire arrêter sa litière pour laisser passer un cortège d'esclaves qui portaient une statue sur leurs épaules. Autour du brancard, des hommes, tenant à la main des lampes de bronze, chantaient des hymnes en l'honneur du dieu. L'idole était un Jupiter Capitolin que Roccius Félix, le duumvir, emmenait avec lui dans tous ses déplacemens. Dorée et peinte, elle chatoyait sous un splendide manteau de soie rouge alourdi de pierres précieuses et d'applications d'or et d'argent. Autant par ostentation que par courtisanerie à l'égard du pouvoir, Roccius aimait à étaler cette statue. Sur son ordre, on la portait au tribunal, comme pour présider aux débats qui allaient s'ouvrir et surtout pour recevoir les adorations des chrétiens, dont on escomptait l'apostasie.

Déjà, les magistrats étaient en séance dans la basilique judiciaire. La vue de faisceaux plantés devant les portes fit craindre à Cécilius que le légat en personne ne fût dans la salle, venu tout exprès à Cirta pour diriger les interrogatoires. Mais il n'y trouva que son représentant, le préfet des camps, Rufus, qui trônait au siège présidentiel, entre les duumvirs en exercice, Roccius et Julius Martialis. En quelques instans, ils venaient d'expédier la condamnation du diacre Jacques. Ses noms et qualités sitôt entendus, les assesseurs avaient prononcé contre lui la peine de mort, à laquelle il fallait bien surseoir, les prisons regorgeant d'une foule d'autres condamnés, sans parler des prévenus. C'est pourquoi il fut conduit au cachot où il attendrait que des mesures eussent été prises pour son exécution.

Dans le moment que Cécilius pénétrait au prétoire, les gardes y introduisaient Marien. Ils le firent monter sur une petite estrade en bois, de façon qu'on pût le voir de tous les points de la basilique. Pendant ce temps, les esclaves de Roccius Félix installaient sur un piédestal, devant les juges, l'idole somptueuse. Le préfet Rufus gourmandait les tortionnaires, rudoyait l'accusé. C'était un gros homme sanguin, aux yeux injectés de rouge, avec des bourrelets de graisse sous la nuque. Tourmenté par une goutte chronique, il était, ce jour-là, particulièrement, de fort méchante humeur :

— Allons! qu'on se hâte! cria-t-il aux valets du bourreau.

Et, apostrophant Marien, qui se tenait en face de lui sur l'estrade :

— Quant à toi, tu persistes à nier que tu es prêtre?

Sur un faux rapport du centurion primipilaire qui avait arrêté Marien, le préfet s'entêtait à lui faire avouer qu'il était diacre comme Marien. Suivant les intentions du rescrit impérial, les magistrats s'acharnaient, en effet, tout spécialement contre les prêtres, comme plus dangereux que le commun des fidèles. Marien qui, en réalité, n'était que lecteur, répondit avec assurance :

— Pourquoi usurperais-je une qualité qui ne m'appartient pas! J'ai dit que je suis lecteur. Je le répète encore, car telle est la vérité!

— Prends garde à toi! gronda Rufus, d'une voix tonnante. Si tu t'obstines, celui-ci saura bien te mettre à la raison.

Il désignait le bourreau qui, les bras croisés, se tenait debout, appuyé contre un chevalet. Près de lui, la mine arrogante, Roccius Félix commentait ces menaces par toute une mimique d'intimidation. De l'autre côté, Julius Martialis, la tête basse, paraissait consterné : il avait reconnu son fils Marcus dans l'auditoire. Et voilà que le jeune avocat, se dégageant de la presse, prononça d'une voix qui tremblait un peu :

— Cet homme a dit vrai : je sais qu'il n'est que lecteur, comme il l'affirme!

Cécilius, qui était à côté de lui, répéta :

— J'affirme qu'il n'est que lecteur!

Mais un maître primaire, placé près du tribunal et qui semblait avoir une rancune particulière contre Marien, cria, en gesticulant comme un furieux :

— Ce sont les chrétiens qui disent cela! Ce sont tous des faussaires et des menteurs!

leur jeu, d'appuyer davantage sur leurs sinistres engins. Bientôt le ventre du supplicié ne fut plus qu'une plaie. Des lambeaux de chair se rabattaient sur ses cuisses, le sang l'inondait, coulait jusqu'à terre, en ruisseaux. Les yeux vitreux, dans l'anesthésie de l'extase, il ne faisait que murmurer, d'une voix douce comme une caresse :

— O Christ, je te loue!... A toi mes louanges!

Puis, sur une morsure plus pénétrante, plus aiguë :

— Mon Dieu je te rends grâces!... Je ne suffis pas à te rendre grâces!

Maintenant, les entrailles de la victime étaient à nu. Les spectateurs hurlaient, trépignaient d'aise. Des femmes s'évanouissaient... Tout à coup, un cri formidable, terrible, traversa toute la basilique :

— Moi aussi je suis chrétien!... Suspendez-moi!

C'était Cécilius qui, à la dérobée, était rentré dans la basilique par la porte principale, et qui, se glissant à travers la foule, était parvenu, sans se faire remarquer, jusqu'aux premiers rangs de l'assistance, tellement l'attention passionnée du public était prise par cette scène de torture. L'abominable spectacle l'avait soulevé de colère et de dégoût. Il répéta, d'une voix éperdue :

— Moi aussi!... Qu'on me suspende!

Ses voisins, se jetant sur lui, voulurent le bâillonner. Des gens crièrent :

— Il est fou!

— Tais-toi! On ne te croit pas!

Au milieu du tapage, le préfet avait donné l'ordre de détacher Marien évanoui. On l'emportait tout saignant à la prison, tandis que des soldats de police, saisissant Cécilius par les bras, le poussaient devant le tribunal. Rufus et ses assesseurs, visiblement irrités de cette obstination, se concertaient.

Le maître primaire qui se tenait toujours près de l'estrade du prétoire, à côté des scribes et des sténographes, ayant reconnu l'illustre élève des rhéteurs de Carthage, l'interpella quinteusement :

— Comment! Toi, un savant, tu soutiens des illettrés!

— Il a l'esprit troublé! dit Julius Martialis, en se penchant à l'oreille de Rufus. Depuis qu'il a perdu sa fille, il est devenu comme un insensé!

Et Roccins Félix, ravi d'humilier son ancien rival, ajouta :

— C'est une tête faible! Il a toujours été incapable de remplir ses charges!

Cécilius haussa les épaules en dévisageant le vaniteux parvenu :

— Ne sois pas si fier, Roccius, de ta nouvelle dignité! Tu manges les reliefs de mon festin!

Puis, montrant des accusés qu'on venait d'introduire et qui, enchaînés, attendaient leur tour :

— Je suis avec ces hommes! Je suis l'un d'eux! S'ils ont mérité le supplice, je l'ai mérité aussi...

Alors Rufus, outré d'une telle audace, rejeta décidément son masque de prudence officielle :

— Tu le veux! dit-il. Tu as réfléchi aux conséquences de ton acte?

— Oui! dit fermement Cécilius.

— C'est bien!... Conformément aux édits des Sacrés Empereurs, je prononce contre toi la peine de la confiscation. Je te déclare déchu de tes titres et honneurs. Je te dégrade... Qu'on lui enlève le laticlave! Licteurs, saisissez-le!

Des claquemens de mains, des clameurs frénétiques accueillirent la sentence du préfet :

— Mort au sacrilège!

— Cécilius aux bêtes!

Les aides du bourreau lui arrachèrent sa tunique à bande de pourpre, ses souliers à lunules d'or. Il était là pieds nus, frissonnant sur les dalles, comme tout à l'heure Marien. On l'affubla de haillons, d'une vieille blouse en toile bise, d'une espèce de couverture faite de lambeaux de toute couleur et de toute provenance, sordide et trouée, malgré des rapiéçages sans nombre. Sous ces loques dérisoires, le descendant des rois numides n'était plus qu'une lamentable épave, un pauvre être à la fois ridicule et touchant. Rufus le montra au peuple :

— Voilà ce qu'il en coûte de désobéir aux ordres des très saints Empereurs!

Et, comme les licteurs, au commandement du centurion, emmenaient le condamné, Rufus lui lança ce suprême sarcasme :

— Puisque tu dédaignes si fort les biens de ce monde, va méditer en prison sur leur fragilité!

tions prises, cette colossale opération entraînait toujours des morts. Soudain, Hildemond, bondissant vers les barrages, se mit à crier :

— Où est Cariovisque?...

Ce Cariovisque était un autre contremaître germain qui avait dû s'attarder dans les galeries ou trouver les issues bouchées par les premières chutes de gravats. Hildemond avait à peine lancé son cri que la trompe sonna. Un fracas épouvantable suivit, un bruit d'explosion qui se prolongea en un grondement souterrain. Et un souffle de tempête faillit renverser les hommes et les bêtes, tellement le déplacement d'air était énorme et violent. Puis, après ce vacarme assourdissant, il y eut une seconde de grand silence que rompirent tout de suite des hurlemens de blessés et les clameurs furieuses des surveillans. Des carriers n'avaient point reparu. L'équipe de Cariovisque avait dû être écrasée sous les ruines. Pourtant, les chefs n'y regardaient pas de si près :

— Combien de manquans? lança Théodore à Hildemond.

— Une cinquantaine, maitre!

— Allons! ce n'est rien, fit le procurateur.

Mais, parmi ceux qui travaillaient aux barrages, un tumulte s'élevait. Un certain nombre de manœuvres avaient été blessés par des éclats de roches, par les rebondissemens et les ricochets des débris. L'un d'eux autour duquel on s'empressait gisait sur le sol, inerte et livide, comme un cadavre. On le crut mort; il n'était qu'évanoui. Sa cheville gauche, déjà luxée par les fers qu'il traînait, venait d'être écrasée par la projection d'une grosse pierre :

— Il me semble que je le reconnais, dit Théodore, qui s'était approché avec Hildemond... C'est notre sénateur, le condamné de Cirta, Cécilius Natalis, ancien fermier de Sigus.

Et à la grande stupéfaction des manœuvres, qui dans une attitude tremblante faisaient cercle autour de lui et du contremaître, et qui s'étonnaient d'une telle déférence pour un des leurs, il ordonna à deux travailleurs libres de relever le blessé et de le transporter en toute diligence à l'infirmerie de la mine.

C'était Cécilius en effet. Il se trouvait depuis deux jours à peine à Sigus, et, pour son début sur le chantier, il jouait de malheur. Non sans intention, Rufus, le préfet des camps, l'avait condamné aux travaux forcés dans sa propre mine. Le maître était devenu esclave sur son domaine. Convaincu qu'un homme de cet âge ne pourrait pas supporter longtemps une telle existence, le préfet comptait fermement sur sa rétractation toute prochaine. Il avait donné l'ordre au procurateur de le faire surveiller, de profiter de ses moindres défaillances pour en obtenir le désaveu de sa conduite et de ses propos. De là, les égards que Théodore témoignait au forçat. L'autorité s'intéressait à lui, et, demain peut-être, il pouvait reprendre son rang. C'est pourquoi le Syrien avait veillé à ce qu'on ne lui imposât, du moins au début, que les tâches les moins pénibles. On se bornerait d'abord à l'effrayer par la menace que sa condition deviendrait pire s'il s'obstinait; on le dompterait petit à petit par les rigueurs de la discipline et du métier. Pour commencer, on lui avait rasé la moitié de la tête en différant de le marquer au front, et on l'avait ferré de nouveau. Outre la chaîne qu'il portait aux jambes, on lui en avait rivé une autre, mobile, qui partait de la cheville et se rattachait à sa ceinture, de telle façon que le prisonnier ne pût jamais redresser sa taille. Enfin, par une autre chaîne mobile, on l'avait accouplé avec un condamné de droit commun, un Italien sournois et renfrogné, un savetier de Réate, qui, étant ivre, avait coupé la gorge à un voisin, à coups de tranchet.

Depuis Lambèse, Cécilius était séparé de ses compagnons de Cirta, Jacques et Marien, incarcérés au prætorium, en attendant leur supplice. Quant à Flavien de Tigisi, venu avec lui jusqu'à Sigus, il avait dû descendre dans la mine avec tout un contingent de forçats récemment arrivés de Palestine. Lui, Cécilius, il échappait, du moins pour l'instant, à l'horreur de la geôle souterraine. La lumière du soleil lui restait. C'était presque une joie. Et voilà que, tout de suite, dès le premier jour de travail, il était terrassé, blessé, rendu impropre à sa tâche. Dès qu'il eut repris connaissance, cette pensée l'affola. Il tremblait que, pour l'achever, on ne l'envoyât pourrir au fond de la mine. D'ailleurs, il se sentait exténué par ce long voyage à pied, par les privations endurées à Cirta et par l'abominable régime de la prison.

Heureusement pour lui, il fut soigné par un médecin habile, un Campanien, peut-être dépêché tout exprès par le procurateur. Celui-ci lui laissa comprendre qu'il savait à qui il avait affaire et qu'il admirait la noblesse de son sacrifice. C'était une âme douce, humaine, un peu craintive. Cécilius, de son côté, apprécia tout de suite, avec la bonté, la distinction de cette nature d'homme. Il devina en lui un initié aux cultes isiaques. Le Campanien avait la tête complètement rasée, comme un prêtre égyptien. Des sandales de papyrus claquaient sous ses talons. Il manifestait une répulsion significative pour toutes les substances animales, sans doute considérées par lui comme impures. Sa médecine même était très particulière, moins surchargée de recettes que docile aux indications de l'expérience. Quoi qu'il en soit, Cécilius, entre ses mains, se guérit très vite. Lui-même s'en émerveillait. Était-ce à l'habileté de ce praticien qu'il le devait, ou fallait-il croire qu'il y a une thérapeutique spéciale du martyre, que la volonté indomptable de vivre est capable d'arrêter les puissances de la mort? Dans la prison de Cirta, le cas de Marien l'avait frappé de stupeur. Celui-ci, roué de coups, les jointures brisées, le ventre déchiré par les ongles de fer, les entrailles à nu, s'était guéri de lui-même au milieu des pires infections, des miasmes, des contagions les plus dangereuses, dans des conditions d'hygiène et de traitement qui étaient un défi à l'art des médecins. Sous l'influence d'un pouvoir surnaturel, les vertus curatives de la nature atteindraient donc à un degré d'énergie et d'efficience incalculable, imprévisible? Le fait certain, c'est que, comme le lecteur de Cirta, Cécilius, d'ailleurs moins atteint que lui et soigné convenablement, se rétablit bien plus tôt qu'il n'aurait pu l'espérer. Cependant, il lui restait une boiterie très apparente à la jambe luxée.

Quand il fut debout, le procurateur délégué par Rufus, préfet des camps, s'empressa de procéder à un nouvel interrogatoire du condamné. Il le fit avec les plus grands ménagemens d'abord, car il avait naturellement le respect des puissances même déchues, et il redoutait toujours une réhabilitation de Cécilius. L'ayant mandé à son office, il lui dit avec une bienveillance affectée :

— Veux-tu abjurer ton erreur? Tu n'as qu'une parole à prononcer.

Cécilius le savait bien qu'il n'avait qu'une parole à prononcer pour être libre. Et il n'ignorait pas davantage que le légat attendait impatiemment ce mot de désaveu et qu'il était prêt à mener grand tapage autour de son apostasie : c'était exactement la tactique qu'on avait employée avec Cyprien. On espérait ainsi semer le scandale et la désunion dans les églises, obtenir peu à peu la dispersion des fidèles. Instantanément toutes ces idées se présentèrent à son esprit. De son ton le plus calme, il répondit à Théodore

— Non, je ne prononcerai pas le mot que tu me demandes!

— Encore une fois, insista le procurateur, tu as bien réfléchi aux conséquences de ta rébellion?

Cécilius répondit :

— En une chose si juste, il n'y a pas à réfléchir.

Et il se refusa obstinément à rien ajouter. Malgré les menaces, les intimidations, les flatteries du Syrien, il gardait sa tranquillité d'âme. Jamais sa pensée ne lui avait paru plus lucide, plus lumineuse qu'en ce moment. Pour lui, sa détermination était une chose si raisonnable, qu'elle échappait à toute discussion : elle était la raison même. C'est pourquoi, à toutes les tentatives du procurateur, il n'opposa que le silence.

Le lendemain, on lui remit ses chaînes. Mais, à sa grande surprise, il ne fut point expédié dans le sous-sol. On le replaça dans l'équipe de manœuvres où il se trouvait avant son accident. Il rentra dans l'ergastule, où il se vit de nouveau accouplé avec l'Italien de Réate. Cet homme, ce serait dorénavant son double, l'ombre inséparable qui le suivrait jusqu'à son dernier souffle. A l'intérieur du campement, comme dans les marches au dehors, l'un ne pouvait bouger sans l'autre. Ils dormaient côte à côte sur le même lit, les pieds réunis par les mêmes chaînes, qui s'inséraient dans des anneaux scellés de distance en distance entre les dalles du pavement. Une fois sur le chantier, ils étaient détachés, mais chacun gardait aux jambes ses entraves, lesquelles avaient tout juste la longueur suffisante pour leur permettre de marcher et d'exécuter les mouvemens de leur travail.

La jouissance de continuer à vivre en plein air, de voir toujours la lumière du soleil, adoucit d'abord pour Cécilius l'ignominie et la rigueur d'un tel traitement. Mais cette satisfaction ne dura guère. L'initiation au labeur servile fut dure pour ses muscles et sa chair d'aristocrate.

Il eut de la peine à s'y faire, d'autant plus que le travail continuel de son cerveau se surajoutait à celui de ses mains.

Il ne pouvait s'en empêcher. Sa tête allait sans cesse avec ses bras, et c'était une torture épuisante. Pendant ces longues heures de peine, sous le soleil, la pluie ou le gel, il pensait éperdument à Birzil. La revoir devenait son idée fixe. Il lui tardait d'apprendre que sa fille avait déposé son ressentiment, qu'elle lui avait pardonné! Il ne voulait pas laisser de haine derrière lui... Et il espérait toujours que des clercs viendraient lui apporter de ses nouvelles, que Marcus Martialis allait arriver à Sigus avec une lettre de l'enfant rebelle... Mais personne ne venait. Après un mois bientôt qu'il s'était remis au travail, il n'avait même pas encore aperçu une seule fois Mappalicus, le contremaître chrétien qui, sans doute, était constamment occupé au fond de la mine. Les jours passaient. Ce fut terrible. Il eut une crise de désespérance. Puis, il en vint à redouter quelque chose de pis. Il sentait approcher l'hébétement de son esprit avec l'endurcissement de son corps, l'accoutumance passive aux injures et aux coups. C'étaient les derniers pas vers la déchéance totale. Maintenant, Hildemond le traquait partout, goûtant un méchant plaisir à le prendre en faute à l'improviste. D'abord, à l'exemple de Théodore, il avait ménagé par prudence le sénateur déchu; puis, après la confirmation de sa peine, il avait gardé quelque temps une attitude expectante. A présent, il se soulageait de sa réserve, il prenait sa revanche. Le fouet levé, il bondissait sur Cécilius avec un ricanement sauvage, en vociférant :

— Ah! tu as voulu me faire expirer sous les verges!... Moi, je dédaigne les vaines menaces. Quand je promets, je tiens!...

Et il l'y condamnait sur-le-champ à tout propos, pour le moindre manquement et même sans autre raison que le besoin de nuire et de faire souffrir.

Un matin, Cécilius fut désigné par lui pour aller travailler avec une escouade d'Arméniens, à trois milles environ de Sigus. C'était un raffinement de cruauté. Le supplice de la marche avec des fers aux pieds s'ajouterait, pour ce quinquagénaire exténué, à la surcharge d'un labeur plus pénible et plus intense.

En ce moment-là, en effet, on venait de commencer dans les montagnes qui dominent Signs des travaux extraordinaires. On y construisait un immense bassin où il s'agissait de capter des masses d'eau énormes, pour les précipiter en cataractes sur une autre colline aurifère, récemment attaquée par les mineurs et les carriers : œuvre insensée devant laquelle ne reculait point l'avidité romaine, habituée à tout plier sous son caprice. Par un système compliqué de canaux d'adduction, on déverserait dans ce bassin en maçonnerie une foule de petites sources qu'on était allé capter très loin, et principalement un oued torrentueux dont on se proposait de détourner le cours.

Quand l'équipe où était Cécilius parvint au bord de l'oued, on ôta leurs chaînes aux manœuvres, celles qui les attachaient deux à deux, et ils regardèrent la montagne comme les prisonniers regardent le mur de leur prison. Dentelée au sommet, toute hérissé de pics et d'aiguilles, elle étageait très haut ses escarpemens sablonneux, où, çà et là seulement, quelques bouquets de pins rabougris, des chênes-verts poussiéreux, avaient réussi à prendre racine. Le long des pentes, comme des files grouillantes de fourmis, des hommes échelonnés se passaient de main en main des matériaux de toute sorte, jusqu'à l'endroit où l'on élevait le réservoir. Plus haut, sur la ligne des crêtes, on perçait une série de roches tabulaires par où devaient passer les tuyaux de canalisation. Les carriers, suspendus à des cordes, plantaient des pieux dans les anfractuosités des murailles rocheuses, ou attaquaient le calcaire avec la barre à forer. Balancés au-dessus des précipices, ils avaient l'air de gros oiseaux de proie décrivant des cercles dans l'air. De là-haut, ils apercevaient sous eux à mi-hauteur, sur une espèce de terrasse oblongue, un monde de maçons et de terrassiers qui s'activaient autour du bassin en construction.

Malgré le gonflement de ses articulations, Cécilius, aidé par l'Italien, dut escalader les pentes rapides et glissantes de la montagne pour prendre sa place dans la file des travailleurs. Par des sentiers de chèvres, ils s'accrochaient aux ronces, se hissaient jusqu'à une pierre ou une racine en saillie. Ils utilisaient, pour s'y blottir, les moindres accidens de terrain. Cécilius eut beaucoup de peine à trouver une sorte d'échelon naturel où poser solidement ses pieds, à distance à peu près égale de l'homme qui était au-dessous de lui et de celui qui venait immédiatement au-dessus. Il s'y installa avec précaution, dans la crainte de faire ébouler la terre, et il ne bougea plus. Alors commença pour lui une torture non encore éprouvée : l'immobilité sous le soleil, le brouillard, la pluie, le verglas. En cette fin de novembre, la température devenait très rigoureuse, à de certaines heures, dans cette région des hauts plateaux. Grelottant, ou la peau brûlée par la réverbération solaire, il lui fallait indéfiniment abaisser et relever ses bras douloureux et raidis par l'ankylose, saisir au vol des paquets de briques, des pierres quelquefois, des blocs de chaux. Les jointures de ses membres craquaient, et, pour comble d'angoisse, il se sentait mal assuré sur ses jambes. Il avait peur de choir dans le vide, d'une chute presque verticale. Des vertiges continuels le prenaient...

Puis, au bout d'une semaine, ses muscles surmenés se mirent à travailler automatiquement. Son cerveau, réveillé d'une longue torpeur, fonctionnait à part. Délivré du souci de mesurer exactement et d'équilibrer ses gestes, il commençait à ouvrir ses yeux aux choses du dehors.

Devant lui, la plaine fauve de Sigus, vaste étendue pierreuse, tachetée d'une sorte de moisissure végétale se déroulait jusqu'au bord du lac, comblé d'eau et débordant en cette saison de l'année. La surface immobile et brillante resplendissait au loin sous le soleil comme un grand foyer d'incendie. A droite, c'étaient les maisons blanches du bourg, et, au milieu du forum, la statue du dieu Baliddir, avec son trident doré. De loin en loin, en files profondes qui se perdaient dans les vapeurs de l'horizon, pareilles à des pylônes égyptiens, les cheminées d'aérage signalaient le réseau souterrain des couches métallifères et le tracé des galeries. Les grues dressaient leurs bras sinistres de potences au-dessus des hangars, des magasins et des écuries... De l'autre côté, se creusaient et riaient des lointains féeriques. Les masses violettes des montagnes se découpaient sur le bleu clair du ciel : cités de rêves, avec leurs créneaux, leurs tours, leurs palais, leurs portes triomphales. Et, le long des pentes rocheuses les plus voisines, la rivière qu'on voulait détourner inscrivait ses courbes et ses anneaux dans la plaine blonde dont les cailloux, au bord de l'eau, étincelaient, tels des galets d'or. Le cours du torrent, uni par places, miroir d'argent ou d'acier bleuâtre, traversé par les reflets rouges des terrains, se brisait ailleurs et bouillonnait autour de bandes de sable émergeantes, qui, de loin, semblaient noires comme des baguettes d'ébène.

Tout cela était dur, figé, splendide. Cette indifférence des choses attristait Cécilius qui, tout en passant ses briques, contemplait, au-dessus de sa tête, comme à ses pieds, ce peuple d'esclaves, — ses frères, — courbé sous les verges des surveillans et donnant ce qui lui restait de souffle pour engraisser le fisc du peuple romain. Le calme de la nature le révoltait, en lui rappelant que l'injustice est une chose naturelle. Cette nature, tant adorée par les stoïciens, était comme Hildemond : elle frappait, elle tuait et détruisait en toute candeur et tranquillité. Elle absolvait l'instinct féroce du Germain. Elle conseillait le meurtre sans remords, l'ignominie soutenue par une bonne conscience... Un matin, cette pensée l'obsédait avec une telle persistance, que le spectacle radieux qu'il avait sous les yeux lui fit horreur comme une espèce de complicité monstrueuse avec l'iniquité. Ce jour-là, il se sentait faible et plus accablé que de coutume. Néanmoins, il songeait : « Il ne faut pas mollir, il ne faut pas accepter l'injustice, il faut lutter jusqu'au bout. C'est à cause de cela que je souffre, que je vais mourir peut-être... » En même temps, il levait les bras pour passer le fardeau à l'homme qui était au-dessus de lui. Ses bras étaient dressés tout droit comme ceux d'un supplicié suspendu par les deux mains. Il revit Marien devant le tribunal de Cirta, et, dans le moment où il évoquait la scène atroce, il manqua le paquet de briques qu'on lui lançait d'en bas. Vivement, il se baissa pour le rattraper, mais il perdit l'équilibre, roula parmi les pierres et les racines et vint buter à demi mort dans un trou peu profond qui, par bonheur, arrêta sa chute...

Bientôt, la douleur le ranima. On le battait à coup de nerfs de bœuf.

Hildemond, grinçant des dents, était devant lui. Il ricanait :

— Ah! Ah! mon cher sénateur, je vais envoyer ta Claritude à quelques centaines de pieds sous la terre pour lui apprendre la discipline.

C'était, en effet, une faute grave que Cécilius venait de commettre. Il avait interrompu la chaîne. On avait dû lui chercher un remplaçant, faire venir un homme de Sigus, de sorte que le travail ne put reprendre que deux heures plus tard.

Le lendemain, on le détacha de son compagnon de chaîne, l'Italien de Réate, et on lui annonça qu'il allait descendre dans la mine.

Il ne fut pas seul pour cette funèbre descente. On lui fit prendre son rang dans une colonne de condamnés punis pour une défaillance légère, ou victimes comme lui de la malveillance d'un chef. Par une ouverture creusée au flanc de la montagne, étroite comme une entrée de cave, ils s'engouffrèrent, les entraves aux chevilles, dans une galerie inclinée, dont la pente était si rapide, qu'il fallait se cramponner à une corde tendue le long de la paroi pour ne pas rouler jusqu'en bas. Cécilius sentait ses jambes flageoler sous le poids de son corps. Les tendons de ses muscles raidis, froissés par un labeur insolite, lui faisaient mal à crier. Il glissait sur des échelons de bois à demi enfoncés dans la terre gluante et continuellement détrempés par les infiltrations souterraines. L'homme qui le précédait, retenait sa chute. Les prisonniers se soutenaient mutuellement comme ils pouvaient, s'avertissaient des passes difficiles, s'épaulaient au moindre trébuchement. Ils avançaient d'un pied tâtonnant, ils s'enfonçaient lentement dans les ténèbres, précédés par un surveillant qui portait une lampe de mineur. On n'apercevait pas la lampe qui était en tête de la colonne, perdue dans les profondeurs opaques de la descente. Ceux qui se trouvaient en haut, comme Cécilius, n'avaient, pour se guider, que la lumière décroissante du dehors, dont les derniers reflets touchaient la voûte toute brillante d'humidité et comme diamantée de gouttelettes. Les regards des malheureux s'attachaient désespérément à cette lueur suprême. Ils savaient que, dans une minute, ce serait fini, et qu'ils ne la reverraient plus jamais. A un certain moment, ils se crurent complètement dans le noir. Ils descendaient toujours du même mouvement saccadé et interminable. Mais leurs pupilles ardemment dilatées finirent par saisir un faible rayon lumineux qui se reflétait encore sur une poutre du toit. Le rayon s'amenuisa, s'allongea comme le trait de clarté qui filtre sous une porte close, il sembla s'attarder un instant sur l'arête de la poutre, et, tout à coup, il s'éteignit... Cécilius, haletant, sentit, en cette minute-là, l'angoisse mortelle de tous ses compagnons de chaîne. Le silence était si profond qu'on distinguait les battemens des cœurs oppressés d'une terreur inexprimable. Chacun percevait à ses tempes le choc précipité de ses artères. Puis le cliquetis de leurs pas sonnant sur les aspérités du sol les étourdit de son bruit intermittent et monotone. Enfin le vacarme des chaînes traînées et entre-choquées devint régulier; ils étaient au bas de la descente.

La galerie où ils s'engagèrent était large et haute. Les ténèbres y paraissaient toujours plus épaisses et plus profondes, car la lampe du surveillant qui marchait en tête s'éclipsait sans cesse, et, chaque fois qu'elle disparaissait, les noirceurs de l'espace refluaient en une houle plus impénétrable et plus écrasante. Le couloir faisait des coudes brusques, ou bien le plafond s'abaissait subitement. Il fallait se baisser continuellement, sans réussir pourtant à éviter tous les heurts. Dans cette obscurité, c'était miracle si les crânes ne se brisaient pas contre les saillies coupantes des roches. Ils cheminèrent ainsi pendant plus de deux heures. A de certains momens, ils avaient dû se couler dans des boyaux étranglés qui n'avaient guère plus de trois pieds de haut et de large, et, couchés sur le ventre, tirant leurs chaînes, se meurtrissant les coudes, ramper en un horrible effort. C'était affreux, cette sensation de la matière qui étreint un corps vivant, de la fosse qui se retrécit autour du supplicié et qui l'étouffe lentement.

Après des détours sans fin, ils débouchèrent dans une crypte abandonnée par les mineurs, étable humaine qui abritait une centaine de misérables. Ceux-ci étaient comme perdus entre les énormes piliers naturels qui supportaient le toit souterrain à travers les demi-ténèbres qui rougeoyaient dans cette caverne, on n'en soupçonnait pas d'abord l'étendue, ni les profondeurs poussées en tous sens. On n'était frappé dès le seuil que par la puanteur effroyable de ce lieu, où, depuis des années, des milliers d'humains s'étaient entassés, accomplissant toutes les fonctions de la vie animale en une lamentable promiscuité.

Cécilius, suffoqué dès le seuil par cette fétidité innommable, s'épouvanta. Il se disait : « Pour moi, cela est pire que tout. Comment pourrai-je supporter cela? » Et il revit, en cet instant, la tête radieuse de Cyprien, telle qu'elle lui était apparue au champ de Sextius, et il envia le martyr. La promiscuité de cette geôle était en effet continuelle. On était sans cesse l'un à côté de l'autre pendant le travail, pendant les repas et même pendant le sommeil. Pour un homme comme lui ce supplice dépassait les pires tortures. Sa pensée même ne lui appartenait plus. Il était là, confondu avec des gens de la plus basse sorte dont les criailleries, les injures, les propos abjects, s'imposaient à lui jusqu'au moment où il perdait conscience, terrassé par la fatigue et la torpeur d'un mauvais sommeil.

La plupart de ces hommes étaient des esclaves fugitifs, des serfs des domaines impériaux dont on châtiait la fuite par un séjour plus ou moins prolongé dans la mine. Presque tous venaient de Fussala, dans la région d'Hippone, où Cécilius avait possédé lui-même d'immenses *fundi*. Émergeant un peu de cette cohue, se distinguant par une moindre grossièreté, voire par des prétentions à la culture et à l'élégance, il s'y rencontrait aussi quelques condamnés de l'Attique qui étaient venus s'échouer à Sigus après avoir traversé toutes les exploitations d'Espagne et d'Afrique : un individu de Décélie, ancien contremaître dans les mines d'argent du Laurium, condamné pour vol aux dépens du fisc ; un orfèvre de Chalcis qui avait dérobé une coupe d'or dans le temple des Grâces, à Orchomène ; un laboureur de Mégare, meurtrier par avarice d'un de ses proches parens. Tous ces prisonniers peinaient sous la trique d'un contremaître asiatique, un Carien d'Halicarnasse, nommé Pamphile. En général, c'étaient des gens âgés ou très jeunes impropres à un labeur compliqué ou trop pénible. On les employait à charger des voiturettes, ou à entasser les blocs que les mineurs abattaient dans les tranchées voisines.

Ce qui étonna le plus Cécilius, ce fut de supporter malgré tout cette vie nouvelle. Il était obligé de ramper continuellement pour aller remplir des couffes derrière les travailleurs au fur et à mesure de l'abatage, parmi des poussières aveuglantes, des avalanches de sable qui s'écroulaient. L'asphyxie des lampes et des torches résineuses rendait plus intolérable cet étouffement des boyaux resserrés et sans air. Les poitrines s'arrachaient sous la toux, la toux inguérissable et invétérée des mineurs. Et, à chaque instant, des explosions ensevelissaient sous les décombres des contingens entiers, ou bien on s'évanouissait, à demi empoisonnés par des exhalaisons, de substances délétères. Mais le pire, c'était, après la tâche quotidienne, la rentrée à l'étable de la crypte. Cécilius éprouvait les mêmes nausées qu'au premier jour. Il ne pouvait s'accoutumer à cette puanteur de sentine, à ces ordures, à ces chiffons, à ces détritus accumulés, à toute cette saleté au milieu de laquelle il fallait manger et dormir. Çà et là une paille gluante et à demi pourrie recouvrait le sol. La plupart du temps, on s'allongeait sur la terre nue, enveloppés dans des lambeaux de vêtemens et dans de vieilles couvertures trouées. La vermine pullulait et, avec elle, les rats, les souris, les araignées. Parmi celles-ci, il y en avait de monstrueuses dont les piqûres provoquaient de furieuses démangeaisons, quelquefois l'enflure ou l'engourdissement d'un membre. Ces bêtes malfaisantes composaient l'unique faune de la mine, de même qu'on n'y connaissait point d'autre flore que les livides calices écumeux qui se balançaient en guirlandes sous les rondins de soutènement.

A de certaines époques, les suintemens perpétuels des parois se transformaient en de véritables inondations. Le sol mou se diluait. On vivait dans la boue, on s'y enlizait, pour dormir, comme dans un marécage. Cette sensation de froid visqueux devenait épouvantable pour Cécilius, dès qu'il pouvait penser. D'ordinaire, dans la tranchée, au milieu des heurts, des chocs, des écroulemens et des éboulemens de matière, il était comme écrasé et anéanti. Son cerveau se paralysait. Mais quelquefois, dans la fange de la crypte, pendant le répit laissé au sommeil, son esprit se réveillait de sa léthargie. Il était le dormeur dont les yeux s'ouvrent tout à coup, qui n'a plus conscience ni de lui-même, ni de l'endroit où il se trouve et qui s'évertue à rattacher la minute présente au souvenir de sa vie passée qui le fuit. La notion du temps s'abolissait pour lui. « Quelle heure était-il? Que faisait-on là-haut?... Que devenait Birzil? Pourquoi cette absence, ce mutisme obstiné?... » Et, au milieu des ténèbres qui l'étouffaient, il sentait se décolorer toujours davantage et s'évanouir lamentablement les visions les plus habituelles, les images les plus chères de son existence antérieure. Les formes sensibles s'effaçaient peu à peu de sa mémoire. Il n'était plus qu'une volonté nue, dans la nuit sans aube et sans limite. Dans ce noir, la notion même de l'espace se perdait. En quel recoin de l'immense labyrinthe était-il enfermé? Tout au bout de la mine sans doute, à en juger par la disparition presque totale des bruits. Souvent, ce silence était rendu plus effrayant par les plaintes, les cris de détresse, qui tout à coup montaient dans les ténèbres de la crypte, par les accès de toux déchirante qui ne s'arrêtaient pas. Certaines fois, l'insomnie redressait tous ces misérables sur la paille de leur repaire. Une humeur méchante les poussait, les travaillait, un besoin de frapper, de tuer, d'assouvir sur quelqu'un l'effroyable rancune amassée en eux par cette injustice sans nom. Ou bien, quand ils avaient trop soif, quand leurs gosiers brûlaient, quand leurs estomacs affamés criaient famine, ils se mettaient à délirer. Des rêves de démens troublaient leurs cerveaux fiévreux. Un jour, comme ils n'avaient pas mangé depuis vingt-quatre heures, il y eut dans la mine une véritable contagion de folie. Le paysan de Mégare se croyait dans sa cabane, au coin du feu, devant une table servie. Il vociférait comme un ivrogne :

— Ah! la bonne vie, la bonne vie!... Voilà ce que j'aime, moi! Boire avec des camarades autour du foyer où pétille un bois bien sec, coupé au cœur de l'été, et où l'on fait griller des pois chiches et des glands de hêtre sous la cendre...

— Moi, reprit l'homme de Décélie, je préfère la canicule, quand la cigale chante et qu'on va voir si le raisin de Lemnos commence à mûrir.

L'orfèvre de Chalcis, le voleur des Grâces, dont l'esprit était resté lucide, se répandait en gémissemens :

— Ah oui! heureuse vie, où es-tu?... où sont les beaux paniers de figues fraîches, les myrtes, le vin doux, les violettes épanouies auprès de la source?...

A ces mots, le paysan éclata de rire et il se mit à respirer bruyamment :

— Moi je sens le fumet des grives... Cela sent la grive, je vous assure!... Voici que les brebis reviennent à l'étable. Les femmes, chargées de provisions, courent à la cuisine. La servante est saoûle. L'amphore est renversée... Ah! ah! ça sent le vin! ça sent le rôti!

Cécilius pleurait en écoutant ces divagations. L'instant d'après, les malheureux dégrisés, frissonnant sur la terre glacée de leur prison, flairant les miasmes de la gadoue, l'infection perpétuelle de cette sentine, se retrouvaient devant toute l'horreur de leur sort.

Cette scène désolante avait atterré Cécilius. Il était retombé à sa torpeur coutumière, lorsque le lendemain, ou le surlendemain, comme il gisait couché à plat ventre dans une tranchée de mine, il entendit, par l'étroite ouverture qui débouchait sur la galerie, une conversation rapide entre le surveillant Pamphile et un contremaître de passage. L'inconnu disait :

— Mappalicus?... Il est en ce moment au chantier d'Hermotime... oui, on vient de rouvrir ce chantier abandonné. Il paraît qu'on a découvert un nouveau filon.

Ces quelques mots, surpris par hasard, suffirent à lui rendre cœur pour quelque temps. Sans doute il ne savait pas comment s'y prendre pour joindre Mappalicus, ni par quel chemin gagner le chantier d'Hermotime. Mais un instinct invincible lui faisait croire qu'il retrouverait cet homme : c'était une chose certaine. Le jour suivant, il lui sembla même le reconnaître à travers le soupirail de la tranchée, où, parmi les écroulemens continuels de gravats et la poussière épaisse, il entassait des blocs... Sûrement c'était lui, Mappalicus, avec son tablier de cuir, son chapeau bourré d'étoupes, sa petite lampe de cuivre fixée au bord, contre son front. Il avançait à une vive allure, comme de coutume. C'était bien son dos voûté de grand paysan, ses longues jambes, son visage de rustre mal dégrossi... Quoiqu'il risquât un châtiment sévère, Cécilius se précipita vers l'ouverture étroite, en se glissant péniblement dans le boyau et il cria de toutes ses forces :

— Mappalicus! Mappalicus!

Mais quand il parvint à dégager complètement son corps, l'individu ou le fantôme qu'il avait cru voir venait de disparaître dans les ténèbres de la galerie.

Cette déception le désespéra encore une fois. Maintenant d'ailleurs, Pamphile semblait vouloir l'écarter à dessein du chantier où il travaillait habituellement et qui était très fréquenté. Il l'envoyait bien loin dans une tranchée nouvellement ouverte en compagnie du Mégarien et de l'homme de Chalcis. Ils servaient d'aides à des mineurs occupés en ce moment à forer d'énormes morceaux de quartz qui barraient le filon. Les ouvriers, après avoir percé le roc avec la barre, obtenaient la rupture, en versant de la chaux et des acides dans les trous, ou bien ils faisaient éclater la pierre à la chaleur d'un grand feu. Pendant le forage, des aides les éclairaient avec la lampe, leur présentaient les outils ou déblayaient la place derrière eux. C'était un travail fastidieux et qui exigeait une application continue.

Le deuxième jour qu'ils travaillaient à cet endroit, les mineurs annoncèrent qu'ils allaient allumer des branches de pin au fond d'une absidiole pour fendre un bloc qui les gênait. Ils avaient pris avec eux, ce matin-là, l'homme de Décélie, l'ancien contremaître des mines du Laurium. Lorsqu'il pénétra dans le cul de four, où un ouvrier recroquevillé s'acharnait à piquer la veine, le Grec fronça les narines en percevant une odeur suspecte. Tout de suite il dit au chef :

— A ta place, je n'allumerais pas: je crois qu'il y a danger.

Mais le chef, s'étant baissé, déclara qu'il ne sentait rien. Il donna l'ordre de mettre le feu au tas de branches que les aides avaient apportées et amoncelées sous la roche. Bientôt la fumée âcre devint tellement suffocante que les hommes durent rétrograder dans le boyau qui faisait communiquer l'absidiole avec la galerie. Cette fumée pénétrait les paupières, congestionnait les poumons, qui s'arrachaient dans une toux convulsive et continue. Cécilius, les yeux pleurans, avait reculé jusqu'à l'ouverture du couloir, sur le seuil même de la galerie. Il entrevoyait à peine, à l'autre extrémité du boyau, dans un flamboiement rougeâtre aux palpitations intermittentes, les silhouettes de ses compagnons qui se courbaient sous la voûte trop basse. La voix du chef, criant des commandemens, lui semblait venir de très loin... Tout à coup un bruit d'explosion formidable retentit. Une sorte de tremblement de terre secoua toute la mine. Cécilius violemment projeté contre le mur de la galerie, s'abattit sous une grêle de pierres. Ce fut un brusque saut dans le noir... Combien de temps son évanouissement dura-t-il? Il se rappela seulement plus tard que la douleur d'une ecchymose au poignet avait fini par le ranimer. Il était dans l'obscurité complète, dans un silence effrayant, comme enseveli au plus profond de la terre. Il palpa son corps meurtri, couvert de contusions. A part l'écorchure du poignet, tous ses membres étaient intacts. Cette constatation stimula son courage. En tâtonnant, il ramassa sa lampe qui était tombée à côté de lui et, ayant battu le briquet, il fit un peu de lumière.

L'explosion avait bouché l'ouverture du couloir et tout bouleversé dans la galerie. Il ne songea même pas à ses compagnons, sans doute écrasés sous les décombres. Il n'avait qu'une pensée, c'était de rejoindre au plus vite la crypte d'où il était parti tout à l'heure, en se laissant guider, dans l'obscurité, par les contremaîtres. La lampe qui avait déjà brûlé longtemps ne contenait d'huile que pour douze heures. Il fallait l'économiser pour arriver jusqu'au bout. Et il se demandait avec angoisse comment retrouver son chemin dans le labyrinthe de la mine. A un endroit où la galerie bifurquait, il hésita une seconde, puis instinctivement il prit le corridor de droite. Celui-ci était large et haut, et si spacieux, avec un sol si parfaitement uni, que Cécilius éteignit sa lampe, convaincu qu'il pourrait cheminer ainsi quelque temps sans encombre au milieu des ténèbres. A un tournant, il dut la rallumer, et voilà qu'en élevant la petite flamme vacillante, en la promenant le long de la paroi, il reconnut, tracées au charbon, sur la pierre lisse, les inscriptions des frères, qui, lors de la première descente, l'avaient si profondément ému : « *Lucilla, tu vivras... Tu vivras toujours en Dieu... Puisses-tu vivre dans l'éternité!... Saintes âmes, souvenez-vous du pauvre Marcianus!...* A cette vue, il poussa un cri de joie qui se répercuta en longs échos dans le silence sonore de la mine. Maintenant il était sauvé. Il savait que le chantier d'Hermotime, où commandait Mappalicus, ne devait pas être très loin. D'après ses souvenirs il s'orienta sans trop de peine. La main étendue devant la lumière de sa lampe, il se hâtait le plus possible, craignant à chaque pas d'être arrêté par une patrouille de surveillans et ramené à l'enfer de la crypte. Au moindre bruit, il se collait contre la paroi, il se blottissait dans les anfractuosités et les niches naturelles de la galerie, dans les tranchées latérales. Et il reprenait sa course haletante, retrouvant au passage les chutes d'eaux qui, après avoir traversé la plus grande partie du sous-sol, se déversaient dans le lac de Sigus. L'haleine du gouffre lui soufflait au visage une poussière de gouttelettes. Puis des toiles palpitèrent devant des portes de bois. La tempête de l'aérage faillit le coucher par terre... Là-bas, très loin, des flammes tremblotantes comme des lucioles se déplaçaient dans l'obscurité dense. Arriverait-il jusque-là? Il apercevait de grandes ombres qui se découpaient sur le fond d'une caverne toute rouge... Cependant, il se sentait à bout de souffle et de force. Quand il franchit la seuil du chantier, ses genoux fléchirent : il expirait...

Son heure n'était pas venue sans doute. Il reprit conscience encore une fois. En ouvrant les yeux, il se vit couché sur un grabat de chiffons. Une figure bénigne se penchait sur son front : celle de Flavien de Tigisi. D'autres visages fraternels l'entouraient. Il les reconnut. Il les avait vus à Carthage. C'était

Jader, le maître muletier, Bos et Nartzal, ses deux serviteurs, Mâtha, le maître des écuries, et Célérinus, le secrétaire de Cyprien. Ce fut une grande joie pour lui, et, à travers ses larmes, il leur répétait les paroles du psaume : « Il est bon et doux que des frères habitent sous le même toit. »

Ils étaient là vivant en communauté, formant une véritable petite église, grâce à la complicité de Mappalicus, sans cesse à la recherche des chrétiens que l'on envoyait dans la mine. D'autres contremaîtres, également serviteurs du Christ, veillaient avec lui sur les frères. Ils avaient choisi pour les nouveaux venus les travaux les moins fatigans. Flavien et Célérinus étaient occupés au triage du minerai. Quant aux trois muletiers et à l'ancien chef des écuries de Cyprien, ils conduisaient les véhicules à l'intérieur de la mine.

Dès que Cécilius put se remettre à la tâche, Mappalicus l'avertit que, dorénavant, il travaillerait avec Célérinus et le chevalier de Tigisi. Il lui dit confidentiellement :

— Prends garde de te trahir! C'est moi qui serais puni!... Après l'explosion, on a dû te croire mort avec tes camarades. Je vais te cacher ici. Personne ne fera attention à toi. Mais, je te le répète, sois prudent!...

Cécilius ne pensait pas à lui. Ce qu'il demandait tout de suite, c'était des nouvelles du dehors. Malheureusement, le contremaître lui-même ne savait rien de Birzil. Il apprit seulement à son prisonnier que Marcus Martialis, ayant confessé la foi publiquement, venait d'avoir la tête tranchée à Lambèse, avec Jacques et Marien. Les diacres envoyés par l'évêque de Théveste et par Lucianus de Carthage lui avaient confirmé cette rumeur déjà parvenue à Sigus. Ceux-ci lui avaient en outre apporté des provisions de bouche avec du linge pour les frères captifs. Mais, très surveillés par la police et les administrateurs de l'exploitation, ils s'étaient vu refuser l'autorisation de descendre dans la mine.

— Mais toi, insista Cécilius, ne pourrais-tu les revoir, leur confier un message?...

— Oui, dit Mappalicus, à condition qu'ils reviennent! C'est douteux d'ailleurs, car l'autorité se montre très soupçonneuse et de plus en plus sévère. Moi-même, je suis suspect. Hildemond m'a dénoncé au procurateur!...

Ainsi, aucune nouvelle ne lui parviendrait! C'était fini!

Birzil était comme morte pour lui. Une pensée humiliante le tourmentait. Cela devenait une obsession, un véritable remords. Il s'en voulait de n'avoir pas su forcer l'amour de la jeune fille.

Alors il sombra dans une tristesse noire. Il ne pouvait même plus prier. C'était la conséquence de sa longue souffrance. Son âme, comme son corps, était tellement à bout qu'il n'avait pas la force d'appeler le secours surnaturel. Puis, les jours passant, le milieu fraternel où il était entré finit par lui donner au moins l'apaisement. La discipline y était aussi plus douce que là-bas, quoique les prisonniers y portassent toujours la chaîne et que Mappalicus fût obligé d'affecter une certaine rigueur, pour ne pas attirer les soupçons des chefs. La crypte où ils vivaient était enfin moins nauséabonde et malsaine, en dépit de l'humidité constante de la terre. D'humbles satisfactions matérielles procuraient aux captifs des joies extraordinaires. Parmi les provisions apportées par les diacres missionnaires, on avait glissé quelques friandises, des figues sèches, des pommes, des galettes, du pain de froment, qui les changeaient un peu de l'affreuse nourriture de la mine. Cécilius sentit les larmes lui monter aux yeux, quand Jader lui fit manger un petit morceau de pain blanc et boire une gorgée de vin pur.

La présence, l'aide affectueuse et empressée de ces humbles gens lui étaient le meilleur de tous les réconforts. Il les trouvait admirables d'espoir, de foi, de courage ferme et résolu. Comme autrefois, les apôtres à Jérusalem, ils vivaient dans l'exaltation et la simplicité du cœur, *in exultatione et simplicitate cordis*. Nartzal, particulièrement, l'homme maigre, celui qu'on appelait à Carthage « le gymnosophiste, » entraînait tous ses compagnons. Fréquemment, il avait des visions. Une fois qu'il était allé avec son attelage dans une galerie lointaine et abandonnée, il rentra, le visage illuminé, les yeux flamboyans. Il dit aux frères béans de stupeur :

— J'ai vu Cyprien !... Il m'a exhorté à le suivre. Et comme je lui demandais si le coup de la mort fait bien mal, il m'a répondu : « Le corps ne sent plus rien quand l'âme est ailleurs. Ce n'est plus notre chair qui souffre, c'est le Christ qui souffre pour nous... »

Et, s'exaltant soudain :

— Le Christ? Je le verrai, Lui aussi! Je verrai le Seigneur! Je devine sa présence autour de moi. Quand je chemine en sueur à côté de mes chevaux, dans les ténèbres des galeries, je sens son souffle qui passe. Toute ma chair frissonne et mon visage, comme ma poitrine, en est rafraîchi.

Ces propos enflammaient Jader, le maître muletier. Mais, toujours taciturne et obstiné, il n'en laissait rien voir. Seulement, ses dures pupilles grises, à l'éclat métallique, brillaient d'un feu intense. Ce veuf, qui n'avait jamais voulu se remarier, était un homme austère. A force de voyager derrière ses bêtes à travers les montagnes de la Numidie et les grandes plaines désertes de la Proconsulaire, il avait pris, pendant ses longues heures solitaires, l'habitude de la méditation. Il était devenu un contemplatif. La calme résolution, la persévérance inébranlable de ce silencieux fortifiaient Bos et Màtha, et Célérinus lui-même, qui avaient moins de fermeté d'âme et qui parfois laissaient échapper des paroles amères. Mais les prédications enthousiastes de Nartzal et aussi de Flavien de Tigisi emportaient toutes les hésitations et toutes les défaillances. Ceux-là ne voulaient pas voir les laideurs ambiantes, ni les tristesses du moment. Ils excitaient les autres à la vie spirituelle, qui, si elle n'était pas précisément la négation de l'épouvantable vie qu'ils menaient, en était la glorification continuelle. Tout leur offrait un prétexte à se réjouir; les moindres objets, les plus pénibles épreuves se transfiguraient instantanément dans leurs esprits, se muaient en symboles consolans ou glorieux. Si quelqu'un des frères se plaignait de ces ténèbres de la mine où l'on rampait à tâtons comme des aveugles, Nartzal lui répondait que la nuit même est lumineuse pour les enfans de la Lumière... « Et qu'était-ce que ce délai de quelques jours pour ceux qui attendent la Lumière éternelle?... » La mèche charbonneuse des lampes exhalait « la divine odeur du Christ. » La tonsure des forçats était « une couronne de gloire. » Quand on suffoquait dans la fumée des torches, la poussière et les miasmes empoisonnés des tranchées, Nartzal s'écriait :

— Votre cœur se dilatera dans la joie!... Vous êtes l'or et l'argent de la mine, la richesse future du monde!... Vous êtes le froment dans les silos de l'Éternel!...

A ces affirmations et à ces promesses magnifiques, des lettres d'encouragement arrivées du dehors faisaient écho.

Malgré les pronostics de Mappalicus, les diacres avaient pu de nouveau pénétrer jusqu'à Sigus. Ce fut une fête pour les prisonniers quand Jader déballa les provisions. Au fond d'une couffe, on découvrit une épître encyclique adressée autrefois par Cyprien aux condamnés des mines et remise en lumière par Lucianus, le nouvel évêque de Carthage. Au milieu d'un silence recueilli, Cécilius en donna lecture.

Avec d'ingénieux artifices de style, des comparaisons fleuries, des allégories gracieuses et parfois un lyrisme tout éclatant d'images, l'évêque s'efforçait de leur démontrer qu'ils n'avaient pas à regretter, dans leur prison souterraine, le monde perdu pour la justice!... « Sans doute, disait-il, le soleil qui se lève illumine l'Orient, la lune errante inonde le ciel de ses clartés. Mais Celui qui a fait ces deux astres vous est dans vos cachots une plus grande lumière. La splendeur du Christ qui se lève dans vos cœurs et dans vos esprits chasse les ténèbres de votre géhenne. Ce lieu de noirceur et de mort pour les autres est pour vous tout radieux de blancheur et d'éternité. Que vous dirai-je de plus? La marche des Saisons est la même pour vous que pour ceux qui voient le jour. L'Hiver est venu pendant que vous étiez enfermés sous la terre. Mais l'Hiver de la persécution a bien valu pour vous les mois de froidure qui sévissaient là-haut. Après l'Hiver va s'avancer le Printemps, tout parfumé de ses roses, tout éblouissant sous la couronne de ses fleurs. Mais les délices du paradis, déjà présent pour vos yeux, vous ont environnés de roses et de fleurs, et les guirlandes célestes ont ceint votre tête. Voici bientôt l'Été, voici venir les moissons fécondes, voici le blé qui regorge sur l'aire. Mais vous, qui avez semé pour la gloire, vous récolterez des gerbes glorieuses. Vous aurez aussi votre Automne, et, par la grâce spirituelle, vous en accomplirez tous les travaux. Là-haut, on apporte les paniers de la vendange, on foule les raisins dans les cuves; mais vous, pampres gonflés de sève, dans la vigne de Dieu, belles grappes aux grains déjà mûrs, vous êtes foulés par la haine et la persécution du siècle. La mine est votre pressoir. Au lieu de vin, c'est votre sang que vous répandez intrépides et forts dans les tortures, vous buvez d'un cœur joyeux la coupe de votre martyre... »

Tout fiers d'avoir inspiré une pareille lettre, les misérables l'écoutaient en pleurant de joie, trouvant sans doute qu'aucuns mots ne seraient jamais assez beaux pour exprimer la splendeur de leur sacrifice. Et Cécilius, ayant replié la lettre, se disait : « Voilà, nous sommes tellement corrompus qu'il nous faut toute une rhétorique de décadence pour nous voiler l'horreur de la mort. Cependant, personne n'aura poussé plus loin que nous la sincérité. Nous scellons notre foi dans notre sang. Celui qui a écrit ces phrases, trop étudiées peut-être, et ceux-ci, qui les ont entendues avec ravissement, tous sont prêts à donner leur vie pour attester ce qui semble une folie aux yeux du monde : à savoir que le Christ est ressuscité d'entre les morts. »

L'exaltation que cette lettre répandit parmi ses compagnons le gagna lui-même. Momentanément, il en oublia sa grande douleur. Il ne pensait plus à sa fille. Une foi débordante envahissait son âme. Il retrouvait, pour une meilleure cause, l'éloquence de sa jeunesse. A son tour, comme Nartzal et Flavien, il exhortait les frères. Il leur disait :

— A quoi bon nous désoler ? Nous ne voulons pas de ce monde qui nous persécute et qui nous torture. Pour quelle misère d'ailleurs lui vendrions-nous nos âmes?...

Et il pensait : « Ici même, j'aperçois déjà les prémices d'un monde meilleur. Les durs travailleurs que voici sont devenus des hommes doux, résignés, acceptant leur sort, quelquefois même avec enthousiasme. Ils sont le monde jeune, le monde vivant. Quelle différence avec l'ataraxie, l'abstention des stoïciens, leur dédain de la foule ! Ici, les conditions se rapprochent dans l'égalité des besoins. Les hommes fraternisent, se comprennent mieux par l'amour. C'est l'union de tous dans le Christ. »

Comme pour le confirmer dans ces pensées, chaque soir Nartzal rentrait de la tranchée tout frémissant, tout éperdu d'espoir, et il s'écriait, en embrassant les frères :

— Je vous le dis, en vérité, le Seigneur va venir !

Puis, les jours se succédant sans que rien vînt modifier leur triste vie, cette interminable et vaine attente de la délivrance finit par briser encore une fois leur courage. Maintenant, les diacres espaçaient leurs visites. Mappalicus, lui-même, occupé ailleurs, semblait délaisser les captifs. Un affreux sentiment de tristesse et d'abandon les pénétrait lentement, victorieusement.

Ils se sentaient trop seuls, trop loin du monde. Pourtant, il y avait des frères dans la mine, il y en avait même un grand nombre, Mappalicus l'avait dit. Ils le savaient d'ailleurs. Quand des équipes de chrétiens étaient à proximité, soudain, à l'heure de la prière, trois coups espacés étaient frappés contre la paroi, puis sept, à des intervalles plus rapprochés. Ces nombres mystiques précisaient le signe de ralliement qui se propageait d'un bout à l'autre des galeries. Alors un murmure d'oraison emplissait toute la mine. Mais voilà que, depuis longtemps, les mineurs du chantier d'Hermotime n'avaient plus rien entendu. Ils s'en affligeaient comme s'ils étaient décidément retranchés de tout commerce humain. Leurs corps s'affaiblissaient de plus en plus. Les poisons de l'air vicié par les fumées des torches et des lampes, les exhalaisons délétères du sol, décomposaient leur sang. Cécilius s'effrayait de plus en plus à l'idée que ses nerfs pouvaient le trahir. Ses plaies anciennes se ravivaient. Il murmurait tout bas :

— Ah! que l'épreuve est longue! Seigneur, quand viendra le terme?

Malgré Nartzal et Flavien, qui s'efforçaient de résister, un abattement morne les gagnait l'un après l'autre. Jader même, d'habitude si ferme, avait des momens de faiblesse. Une nuit, après une traite de labeur harassant, les misérables crièrent véritablement « du fond de l'abîme. » Bos évoquait sa femme, son enfant si beau, qui avait, disait-il, des yeux resplendissans comme deux étoiles. Célérinus divaguait, parlait de sa petite maison dans le faubourg d'Utique. Jader revoyait son logis près des Mappales, — l'écurie, la grange tout odorante de foin. Il se disait : « Qui aura racheté les mulets?... et le petit cheval maurétanien?... » Pour tous, ç'avait été une vie si tranquille, si douce!... Cécilius, songeant à la sienne, prononça avec un accent de détresse infinie :

— Christ, aide-nous!

Finalement, avant de chanter le psaume nocturne, ils battirent le rappel contre la paroi. Ils collèrent anxieusement leurs oreilles contre le sol... Aucune réponse. Un silence insondable, coupé de temps en temps par la chute d'une gouttelette, la fuite d'un rat, un frôlement léger à croire que quelqu'un rongeait des étoffes dans une chambre voisine. Puis, plus rien que le battement de moins en moins perceptible de leurs cœurs, comme si le flux vital baissait à chaque minute, se tarissait en eux.

Le lendemain, Cécilius étant assis par terre devant un tas de minerai qu'il s'occupait à trier, Célérinus, avec sa démarche traînante, son air las, sa longue figure triste, s'approcha de lui et le toucha à l'épaule :

— Frère, dit-il, lève-toi ! Un prêtre est arrivé de là-haut!...

— Un prêtre! s'exclama Cécilius. Il vient de la part de Birzil sans doute!...

— Parle bas, il y a danger peut-être! C'est un inconnu : il dit que cela presse, qu'il faut rassembler les frères au plus vite... Je t'en prie, va chercher Flavien au carrefour des trois galeries : moi, je vais appeler les autres.

Ils travaillaient aux environs. Quelques instans plus tard, tous étaient réunis dans la crypte. Jader arriva le premier, son fouet sur l'épaule. Les autres suivirent, traînant leurs chaînes, avec leurs visages verdâtres, leurs mains souillées de boue, noircies par le minerai, toutes saignantes de crevasses et d'écorchures. Nartzal, apercevant l'inconnu, se précipita vers lui, les bras ouverts. Il s'écria :

— Béni soit celui qui vient au nom du Seigneur !

Et il voulut lui donner le baiser fraternel. Mais l'envoyé l'écarta doucement :

— Hâtons-nous! dit-il, car les méchans nous épient.

Puis, d'un ton plus bas, avec un accent de charité si pénétrante, que tous sentirent leur cœur se fondre d'amour dans leur poitrine :

— Je suis venu pour rompre avec vous le Pain de vie...

— Tu es prêtre ? n'est-ce pas, demanda Nartzal.

— Oui !... pour l'éternité... *Sacerdos in æternum !*

Ses paroles sonnèrent avec une solennité étrange. Ils le regardèrent vaguement inquiets. C'était certainement un étranger. Il portait un long manteau de laine brune dont le capuchon rabattu cachait tout le haut de son visage. Sa main droite s'appuyait à un bâton recourbé comme en ont les pâtres, et sur son flanc gauche une panetière gonflait un peu l'étoffe de son manteau. Il avait dû se déguiser en berger pour dépister la surveillance des soldats de police. Mais cet homme inconnu des mineurs avait l'air de connaître très bien la mine. Il les entraîna rapidement vers le fond de la crypte où il y avait une niche assez grande creusée dans la paroi. Les travailleurs y déposaient leurs outils quand ils rentraient du travail. Aidé par Flavien de Tigisi qui s'offrit comme diacre, le prêtre enleva les marteaux et les barres de rechange qui encombraient la tablette inférieure de la niche. Puis, il sortit de sa panetière un linge dont la blancheur parut éblouissante aux yeux des misérables accoutumés à la vue de leurs haillons sordides. Il l'étendit comme une nappe sur le rebord de la tablette, et, de ses mains pâles qui semblaient éclairer les noirceurs sinistres de la roche, il arrangea sur le linge immaculé deux pains sillonnés d'une croix, une fiole de verre en forme de lécythe qui contenait le vin, et enfin un calice d'or à deux anses. Flavien suspendit de chaque côté de la niche deux lampes de mineurs en guise de cierges. En face, une torche était fichée dans un anneau de fer contre un pilier. Les exhalaisons résineuses remplaçaient l'encens. La fumée épaisse des luminaires montant dans l'air étouffant, se perdait dans les ténèbres de la voûte qui, par places, luisait d'un dur éclat métallique.

Les captifs, agenouillés en cercle autour de la niche, suivaient avec des yeux avides ces préparatifs sacrés. Ils ne pensaient qu'à une chose dans la joie de leur cœur, c'est que la grâce du Banquet dominical, — le banquet suprême peut-être, — leur était enfin accordée. Ils se disaient que pour leurs corps épuisés, ce serait, comme pour leurs âmes, le grand remède. Des miracles pareils s'étaient vus. Des mourans avaient été ranimés tout à coup par la divine Eucharistie...

Soudain, le célébrant se tourna vers cette chair de souffrance écroulée à ses pieds, et il prononça les paroles liturgiques. Le son angélique de cette voix fit se lever tous les pauvres visages penchés vers la terre. Cécilius contempla le prêtre. Celui-ci avait rabattu son capuchon et rejeté sur ses épaules les deux pans de son manteau. Il apparaissait tel qu'un jeune berger, vêtu d'une tunique blanche, qui bouffait autour des hanches et qu'une ceinture serrait à la taille. Des sandales de bois laissaient voir ses pieds nus à travers un réseau de bandelettes entre-croisées autour de ses jambes et montant jusqu'aux genoux. Son visage imberbe rayonnait d'une beauté merveilleuse. Et Cécilius songeait : « C'est un étranger : il suffit de l'entendre. Mais c'est un bon prêtre. Sûrement, celui-là vient de Dieu ! »

Après le *Pater*, quand il eut béni les Espèces et rompu le Pain, l'officiant se retourna de nouveau vers les misérables en prononçant :

— *Sancta Sanctis!*

Alors son visage déjà si beau se transfigura dans la conscience accablante du mystère qui venait de s'accomplir. A l'approche de cet être de clarté, qui s'avançait tenant le Corps du Seigneur, Nartzal, dont l'âme débordait d'enthousiasme et d'extase, ne put retenir un grand cri d'amour :

— *Veni, Domine Jesu!*

Ses compagnons et lui s'étaient levés pour la communion. L'un derrière l'autre, ils défilaient devant le prêtre, tendant leur main droite croisée sur leur main gauche, leurs mains de travailleurs et d'esclaves meurtries par les coups et les blessures, — et les paumes tremblaient en se creusant pour recevoir dans leur chair douloureuse ce Présent ineffable. Ensuite, le prêtre, saisissant le calice par les deux anses, l'approcha des lèvres des communians. Chacun buvait à son tour et ils se pressaient autour de lui comme les brebis qui rentrent des champs se pressent autour de l'abreuvoir. A chaque fois, il disait :

— *Calix Christi! Calix salutis!...* Voici la coupe du Christ! Voici le calice salutaire!

L'accent de ses paroles leur conférait un éclat si radieux de vérité que les pauvres hommes, ne pouvant supporter l'illumination soudaine d'une telle évidence, éclatèrent en sanglots. Mais déjà le prêtre, s'étant retourné vers le fond de la crypte, rangeait les linges et les vases sacrés. Agenouillés, prosternés, la figure contre terre, les mineurs s'abîmaient dans une longue action de grâces.

Brusquement, un tumulte s'éleva le long de la galerie : des clameurs, des bruits de chaînes entre-choquées, tout un piétinement d'hommes en marche. C'était une équipe sans doute qui, escortée par des surveillans et des soldats de la chiourme, se transportait à un chantier voisin. Affolés à la pensée d'être découverts, les mineurs coururent en hâte à l'entrée de la crypte. Mais la colonne passa sans s'arrêter dans des tourbillons de poussière. Quand ils rentrèrent, le prêtre avait disparu, sans qu'ils pussent s'expliquer par quelle issue il s'était enfui. Ils s'approchèrent de la niche. Plus rien, la fiole de cristal, le calice, la nappe éblouissante avaient été emportés par le mystérieux voyageur.

Dans le même moment, Mappalicus entra, pliant le dos sous son bissac, sa figure ayant l'expression placide et résignée qui lui était habituelle. Nartzal s'élança au-devant de lui, en l'apercevant :

— Tu as vu le prêtre, n'est-ce pas?... demanda-t-il : c'est toi qui nous l'as envoyé?

— Quel prêtre? fit Mappalicus déconcerté.

Il n'en avait vu aucun, il n'avait envoyé personne. Il ne savait pas ce que cela voulait dire. Et déjà il s'effrayait à la pensée qu'un chrétien du dehors avait pu s'introduire dans la mine, malgré la surveillance si rigoureuse.

— Mais alors, reprit lentement Cécilius, ce jeune homme qui est venu, qui nous a distribué le Corps du Seigneur?...

— C'était Lui! s'écria Nartzal, d'une voix tonnante... C'était le Seigneur lui-même!... Tout de suite, dès qu'il nous a parlé, n'avez-vous pas senti, comme les disciples d'Emmaüs, votre cœur bondir au-devant de Lui? Moi, le mien était tout brûlant de charité!

Leurs esprits se troublaient... « Eh quoi? Le Seigneur?... Le Seigneur avait daigné venir!... Ah! puisqu'Il avait fait cela pour eux, leurs longues souffrances étaient récompensées au centuple. A présent, ce serait le sacrifice dans la joie, dans l'allégresse triomphale de la victoire sur le monde... Oui, en vérité, c'était Lui!... Le Seigneur était venu!... » Cette certitude s'imposa aux frères avec une force tellement irrésistible que, tous ensemble, ils tombèrent à genoux et que les mêmes accens de jubilation jaillirent de leurs poitrines.

— *Magnificat anima mea Dominum et exaltavit spiritus, in Deo salutari meo.*

Comme ils achevaient les premiers versets, trois coups espacés retentirent le long de la paroi, puis sept autres plus précipités : c'était l'heure de la prière méridienne. Des chrétiens se trouvaient à proximité, dans une galerie parallèle sans doute. Ils avaient perçu, à travers les murs opaques de leurs prisons, le chant d'allégresse et de reconnaissance, et, comme s'ils devinaient quel Visiteur avait, ce jour-là, traversé les mines du Sigus, comme s'ils voulaient s'associer à la joie des frères, ils entonnèrent à leur tour, avec une sorte de frénésie mystique, le verset suivant :

— *Quia fecit mihi magna, qui potens est, et sanctum nomen ejus!*

Sous les voix éperdues, toute la mine vibrait. Un grondement souterrain se propageait à travers les galeries. On eût dit que la terre se soulevait, qu'elle allait éclater sous le cri de l'amour et de la justice, parti des profondeurs de l'abîme et s'élançant comme une trombe vengeresse et dévastatrice contre l'ignominie d'en haut.

Mais les surveillans et les soldats de la chiourme, attirés par le bruit, inquiets de ce chant formidable, accouraient en foule de tous les couloirs et de tous les chantiers contigus. Mappalicus, craignant d'être arrêté comme complice, tourna précipitamment les talons et s'enfonça dans la nuit des corridors...

III. — DANS LE VALLON DE LAMBÈSE

Le jour même où ces événemens mémorables s'étaient déroulés dans les mines de Sigus, les chrétiens du chantier d'Hermotime et ceux qui travaillaient dans les tranchées voisines, accusés de rébellion et de chants séditieux, se virent extraits du sous-sol et aussitôt acheminés à pied sur Lambèse, afin d'y être jugés par le préfet des camps.

Décidé à faire un exemple, le légat avait ordonné des condamnations et des exécutions en masse. Il fallait en finir une bonne fois, frapper de terreur ce pays de fanatiques et de pillards, cette région mystérieuse et si peu sûre de l'Aurès, où des révoltes couvaient toujours. C'est pourquoi les mineurs de Sigus, au nombre de cent cinquante environ, s'entendirent condamner tous ensemble à la peine de la décollation. Comme les plus coupables, Cécilius et ses compagnons devaient être exécutés les premiers. Avec la rapidité foudroyante qui présidait à ce genre de répressions sommaires, on les avertit, au sortir du prétoire, qu'ils allaient être conduits immédiatement au lieu de leur supplice.

C'était le matin, de très bonne heure. On avait parqué le troupeau des confesseurs dans l'arrière-cour pavée de larges dalles, qui s'étendait devant les chapelles des enseignes et l'hôpital militaire. L'économe de la prison, suivi par des gardiens qui portaient des corbeilles, leur offrait des boissons et de la nourriture. La plupart refusaient. Ils n'acceptaient qu'un peu de vin pur, afin de soutenir leurs forces jusqu'au bout. Cécilius et ses compagnons firent comme les autres. Ils se passèrent la coupe de main en main, puis ils se donnèrent pour la dernière fois le baiser fraternel. Ils étaient calmes, pleins d'une sérénité, d'une confiance en Dieu, d'un abandon total à sa volonté qui tenait du miracle. Tous restaient silencieux, sauf Nartzal qui, toujours inquiet, agité de pressentimens, frôlé par des présences invisibles, prophétisait. Les bras tendus vers le Septentrion, il annonçait la ruée de cavaliers aux visages terrifians, aux armures éblouissantes de clarté, montés sur des chevaux dont la robe était blanche et lumineuse comme de la neige au lever du soleil. Déjà il entendait le hennissement des cavales, le martèlement de leurs sabots foulant le sol conquis. Et il prédisait que les justes seraient vengés, que des calamités et des épreuves inouïes allaient s'abattre sur le monde : des pestes, des famines, des captivités et des servitudes, — et les dévastations des villes et des champs, les incendies des temples et des bois sacrés... Comme il parlait très haut, lançant ces paroles enflammées, dans tout l'emportement de l'inspiration, cela exaspérait les soldats et les gardiens qui étaient là : ils redoublaient de sévérité, d'injures et de mauvais traitemens à l'égard des condamnés. Alors Cécilius, par pitié pour les frères, supplia Nartzal de se taire ou de parler plus bas. Quant à lui, il ne voyait qu'une chose : la fin de l'épreuve, la joie toute proche d'être avec le Christ. D'abord, cette pensée d'être réuni au Verbe de Dieu l'avait épouvanté. Une telle gloire pour une pauvre créature, était-ce possible? Une telle fulguration du mystère n'allait-elle pas l'aveugler à jamais? Il espérait bien le repos, le rafraîchissement céleste après ce long labeur et cette aridité de la mine. Mais posséder le Christ! Être avec Lui! Cela pouvait-il se concevoir sans l'anéantissement de la pensée même? Et puis la vision du Prêtre éternel célébrant le sacrifice dans la crypte de Sigus avait dissipé ses craintes et illuminé son esprit. Ç'avait été à la fois si simple, si magnifique et si doux, — si simple, en vérité, qu'il se disait : « Eh quoi! Seigneur, ce n'est que *cela?* » Mais « cela, » il le sentait bien, c'était tout, c'était une plénitude qui comblait tout son cœur, toute son âme, toute sa pensée. C'était la grande Paix promise. Une telle paix ne serait jamais payée assez cher!... Et, en songeant ainsi, il enveloppait d'un dernier regard l'énorme force hostile qui l'environnait et qui l'écrasait. Il voyait les soupiraux des chambres de torture, d'où montaient les cris des suppliciés. Et il contemplait les Victoires, les Génies et les Aigles qui érigeaient leurs cous d'oiseaux voraces et qui battaient des ailes sur les corniches et les clefs de voûte des édifices, les statues d'empereurs sous leurs couronnes, leurs cuirasses de parade, les lames d'airain et les lanières qui ceignaient leurs torses de marbre, — tous ces symboles de la violence et de l'oppression séculaire par laquelle il allait périr...

Tout à coup une trompette sonna : c'était le signal du départ. Dans un grand bruit de chaînes, la colonne s'ébranla, encadrée par un peloton d'auxiliaires lusitaniens qui caracolaient sur de petits chevaux espagnols. Cette matinée de printemps était d'une limpidité merveilleuse. Il y avait encore de la rosée sur les touffes d'herbe qui bordaient la route. Une douceur extrême flottait dans l'air, avec les mousselines des petits nuages blancs épars à l'horizon. Dans la campagne, quelques arbres tardifs dressaient comme des cierges leurs branches constellées de pétales blancs et roses, et, tout le long de la Voie Septimienne, les boules blanches des acacias, les troènes, les sureaux en fleurs se déroulaient en une procession virginale. De longues guirlandes de roses blanches se nouaient aux cyprès des jardins, où les lis au cœur d'or élevaient vers les misérables qui passaient l'encensoir brûlant de parfums de leurs calices immaculés. Là-bas, tout au fond du ciel, un peu de neige resplendissait encore sur les plus hautes montagnes de l'Atlas. Toute la nature en joie semblait émerger d'un bain d'innocence. Une pureté baptismale enchantait les yeux des pauvres mineurs, encore mal habitués au grand jour. Après les ténèbres et les miasmes étouffans de la mine, quelle ivresse de voir encore cette belle lumière, de respirer cet air subtil et frais du matin! Soudain, Nartzal, qui marchait en avant de Jader, se retourna pour lui dire :

— Frère, te souviens-tu de la forêt de Thagaste, où nous passâmes, l'autre année, avec Cyprien? Elle était toute blanche, elle aussi, et pleine de rossignols...

— Je m'en souviens, dit Jader. Mais, le soir, le ciel s'empourpra d'un rouge de sang : c'était l'annonce de notre martyre. Qui aurait pu croire que cela fût si proche?

Alors Mâtha, son compagnon de chaîne :

— Et te rappelles-tu, frère, l'auberge de Thubursicum et le serpent qui s'enroula autour de ta tête, comme un diadème impérial?

— Ah! reprit Jader, avec un étrange accent de jubilation et de fierté, mon cœur était aveugle. Je ne devinais pas à quelle couronne, et combien plus glorieuse que toutes celles de la terre, j'étais prédestiné!...

— Oui, oui! nous aurons la couronne et la pourpre! lança Nartzal, en agitant ses bras enchaînés, comme un vainqueur du stade.

Ils devisaient ainsi tout en marchant, avec une gaieté un peu fébrile. Les autres restaient toujours silencieux, l'air absorbé dans une méditation sans fin. La pensée de la mort toute proche les rendait graves. Cécilius y pensait peut-être plus que ses compagnons. L'acceptation réfléchie du sacrifice le fortifiait. Il ne regrettait rien du monde. Seule, l'absence de Birzil lui était une pointe douloureuse. Le souvenir de l'ingrate qui, malgré lui, passait et repassait devant son esprit, troublait un peu sa sérénité d'âme. Mais la paix profonde des choses, la bonté qui semblait descendre du ciel enveloppaient son être, guérissaient les cicatrices de ses vieilles blessures.

Tout était si calme autour de lui et du lamentable cortège!

Au bout de la plaine, sur un terrain en pente, un laboureur aiguillonnait un attelage de deux grands bœufs aux cornes démesurées et au pelage d'un gris blanc comme celui des vieux marbres. Les roues luisantes soulevaient des bandes de terre ocreuse, et, sur le fond rouge du plan incliné, le groupe se détachait comme un bas-relief sur la métope d'un temple. Partout, les gestes perdurables du labeur s'accomplissaient. Disséminés dans la campagne, des esclaves émondaient la vigne, taillaient les oliviers. Le maître inspectait les champs d'orge dont les tiges déjà hautes se veloutaient au soleil. Les vaches pâturaient dans les prés, tout éclatans de coquelicots, de boutons d'or, de trèfles, de sainfoins. Peu de monde se pressait sur la route où défilaient les confesseurs. Chacun était à son travail. Les paysans n'avaient pas l'air de se soucier d'eux... Puis, aux entours de la ville, la foule se fit tout à coup plus compacte. Les frères, très nombreux, se trouvaient là confondus avec les païens. Quelques-uns, se glissant entre les jambes des chevaux, baisaient les chaînes des condamnés. Et ils agitaient des branches de lauriers, des mouchoirs, des bandelettes multicolores en criant :

— Salut, frères!

— Vivez en Dieu!

— Portez-vous bien dans le Seigneur!

— Longue vie!... Vie éternelle aux témoins du Christ!

En contemplant les mineurs, ils éprouvaient une sorte d'effroi mêlé de pitié et d'admiration. La décrépitude, la misère physique de ces hommes étaient en effet effrayantes. Tous paraissaient n'avoir plus que le souffle. Et pourtant on en savait quelle force intérieure les soutenait en vue de la gloire prochaine.

Ils traversèrent rapidement Lambèse, où la population était en majorité païenne. Aux environs du Capitole et du temple d'Esculape, des cris hostiles accueillirent les confesseurs. Mais pour éviter des rixes, on les fit passer par des ruelles détournées qui débouchaient sur les jardins. Des murs de pisé, vermeils comme de l'or, encadraient la route toute blanche qui poudroyait au soleil. On longeait les petites villas et les métairies des vétérans, reconnaissables à l'abondance des fleurs et des plantes exotiques. Ceux qui avaient combattu sur les confins de la Perse ou de l'Arménie avaient planté dans leurs parterres des tulipes, dont les couleurs fauves rutilaient parmi les buis des bordures. Au centre, des massifs de lilas blancs environnaient des statues de divinités. Une odeur capiteuse, enivrante, alourdissait l'air. Mais les martyrs étaient insensibles à tout cela. A mesure qu'ils se rapprochaient du lieu de leur supplice, des visions supraterrestres semblaient occuper leurs yeux voilés dans la fixité de l'extase.

L'endroit choisi pour cette exécution en masse était un étroit vallon qui s'étendait au Sud de la ville. Le côté le plus élevé formait des gradins naturels, comme dans un cirque ou un amphithéâtre, tandis que la colline opposée s'abaissait par une pente abrupte jusqu'à un talus assez haut et large, qui dominait et qui suivait, sur une longue étendue, le cours régulier d'un oued encore gonflé par les pluies printanières. L'eau trouble et torrentueuse baignait au passage les racines des sureaux et les chevelures des saules qui se penchaient, de distance en distance, au bord des berges. Au sommet de la colline en gradins, une rangée de peupliers érigeait tout droit ses feuillages frissonnans. Au-dessus, perdus dans des lointains indistincts, les cimes tabulaires de l'Aurès se dessinaient faiblement sur le ciel pâle et vaporeux.

Eu égard au grand nombre des condamnés, les magistrats avaient adopté pour le supplice une disposition ingénieuse. Afin d'éviter l'amoncellement des cadavres à la même place, on rangea les patiens par escouades de dix tout le long de la berge. Ainsi les corps décapités ne gêneraient pas les évolutions des exécuteurs, et les ruisseaux de sang jaillis de tous ces troncs s'écouleraient dans la rivière, au lieu de s'étaler sur le sol en mares stagnantes. Déjà le bourreau était à son poste, entouré de ses valets et de ses aides. La foule le montrait du doigt, en criant son nom :

— Mucapor! Mucapor!...

C'était le nom générique que l'on donnait à tous les chefs de tortionnaires. Mais celui-là, un Libyen de taille colossale, avait une réputation sinistre dans toute la région. Obèse, noir et crépu, avec une sorte de mufle proéminent à la façon des monstres marins, il se tenait appuyé d'un air farouche sur un énorme glaive triangulaire à deux tranchans. Une large ceinture soutenait son ventre qui saillait sous une tunique rouge arrêtée au-dessus des genoux. Des sandales de bois également peintes en rouge s'attachaient par des courroies de cuir rouge autour de ses jambes nues. Il portait sur sa tête une peau de lion dont les moustaches se hérissaient au-dessus de ses sourcils et dont les pattes étaient nouées sur sa poitrine. La queue, très longue, lui battait les mollets.

Cécilius, qui arrivait en tête de la colonne, n'aperçut même pas l'homme patibulaire. Il tendait ses regards vers la colline qui s'étageait en face, toute bariolée et mouvante sous la cohue des spectateurs. Comme aux portes de la ville, les chrétiens étaient là mêlés et confondus avec les païens. Par peur de collisions entre eux, les strators ordonnaient le silence à la foule qui se tenait relativement tranquille. A une grande distance, au-dessus des dernières rangées de curieux, commençaient les jardins en terrasse, les villas, les pavillons de plaisance. Çà et là, entre des fourrés de lentisques, des bouquets de pins ou de cyprès, émergeaient des belvédères, des rotondes à pilastres surmontées de coupoles, des cabinets de verdure avec des bancs de marbre tout autour, des treilles tapissées de roses rouges et jaunes, des jets d'eau fusant dans des vasques, des fontaines et des cascades. Dans un de ces jardins, à une grande hauteur, il y avait une espèce de plate-forme environnée par des arcatures aux frêles colonnettes et aux chapiteaux fleuris, et que fermait une balustrade découpée à jour. Accoudée sur le rebord de la balustrade, une jeune fille à la magnifique chevelure blonde et vêtue d'une robe couleur d'hyacinthe jouait d'un instrument dont on n'entendait pas la musique et dont on ne pouvait distinguer la forme... Pour les yeux extasiés du martyr, c'était comme une colline céleste, un paysage paradisiaque avec ses édifices mystiques, ses chœurs d'anges et d'élus, ses musiciens ailés jouant de la flûte ou de la pandore... A la vue de la jeune fille, l'image de Birzil s'évoqua une dernière fois devant ses regards. Il la chercha parmi la foule tumultueuse qui s'agitait au bas du vallon, sur l'autre berge, et, ne la voyant pas, ce lui fut un serrement de cœur dans son ravissement. Puis il murmura :

— Que Ta volonté soit faite !

Les valets du bourreau s'emparaient de lui : il devait être décapité le premier de cette hécatombe. On le poussa, on le brutalisa, on lui banda les yeux, on lui lia les mains derrière le dos et un homme, pesant sur ses épaules, l'obligea à s'agenouiller au bord du torrent, comme avait fait Cyprien pour recevoir le coup mortel. Ainsi courbé vers l'eau de la rivière, en cette minute solennelle, il semblait, lui aussi, comme Cyprien, se pencher pour boire au fleuve de Vie...

Pourtant, à travers l'extase de son oraison suprême, il entendait les soldats de garde qui causaient derrière lui, tandis qu'on attachait les autres condamnés. Soudain, l'un d'eux s'exclama :

— Regarde !... Vois-tu cette femme qui accourt?... Que veut-elle ?

— C'est une folle! dit l'autre : ses cheveux sont dénoués, sa stola traîne sur ses talons toute souillée de poussière...

— La voilà qui force les sentinelles, de l'autre côté de la rivière !

— Elle arrache la corde pour passer !

— Comme elle s'agite, comme elle est impérieuse !

— Elle s'élance vers nous ! Elle se précipite...

Et tout à coup un cri déchirant retentit aux oreilles du martyr :

— Père ! père ! c'est moi !

Ce cri, Cécilius l'aurait reconnu entre toutes les clameurs de la multitude : il l'attendait depuis si longtemps ! Le front rayonnant sous le bandeau qui l'aveuglait, il redressa la tête, et, son cou décharné comme rompu par une violence de tendresse surhumaine, il lança, tout éperdu :

— Birzil ! Birzil !... mon enfant !

Puis son visage retomba vers la terre, et il dit encore à voix haute, — une voix qui tremblait de joie et d'adoration, et qui s'entendit de l'autre côté de la berge :

— Louange à Dieu !

Mucapor s'approchait, sa lame élevée en l'air et resplendissante comme un soleil. Il allait passer le long de la file, tel un faucheur qui abat des javelles dans un champ. Cécilius, sentant son approche, se baissa davantage, en tendant le cou convulsivement. Le glaive tournoya, plongea, rebondit aussitôt, en éparpillant dans l'air une pluie de gouttelettes vermeilles...

Le sacrifice était consommé.

Mais, soulevés d'horreur et d'enthousiasme à la vue du premier sang versé, les chrétiens qui étaient là se levèrent frémissans sur le gazon des berges et se mirent à acclamer le martyr. Dominant les vociférations de la foule exaspérée, une clameur triomphale montait vers le ciel de toutes les pentes du vallon :

— Louange !... Louange à Dieu !...

LOUIS BERTRAND.

LA PROTESTATION

DE

L'ALSACE-LORRAINE

EN 1874

I

L'écho est tout vibrant encore de l'émotion soulevée par la grande manifestation nationale qui, récemment, dans cette antique Sorbonne où revivent tous les plus chers et les plus vénérables souvenirs de notre histoire, commémora le quarante-septième anniversaire de la protestation des Alsaciens-Lorrains contre l'annexion, devant l'Assemblée nationale, à Bordeaux en 1871.

Ce jour-là, le cœur de l'Alsace et de la Lorraine, le cœur de la France battirent à l'unisson; ou plutôt, ce furent les battemens d'un seul et même cœur. Devant le Président de la République, vingt maires d'Alsace, délégués par leurs collègues des communes aujourd'hui délivrées du joug détesté, ceints de cette écharpe tricolore, si longtemps jalousement dérobée aux regards du dominateur bourreau, et maintenant remise au jour avec un joyeux orgueil, étaient venus apporter à la mère patrie le baiser d'amour et de reconnaissance des chères provinces, l'espoir de la délivrance prochaine et totale.

Mais cette protestation des Alsaciens-Lorrains à Bordeaux en 1871 ne devait pas demeurer isolée. En Allemagne même, dans les conditions les plus difficiles, les plus douloureuses, et aussi les plus probantes, elle fut, trois ans plus tard, renouvelée en plein Reichstag par les premiers députés Alsaciens et Lorrains nommés sous la menace même des baïonnettes prussiennes.

Au moment où se poursuit une immense bataille dont l'enjeu est le sort du monde, quand toutes les puissances de Justice se dressent contre la hideuse puissance de Proie, peut-être ne sera-t-il pas inutile de rappeler, après la protestation de 1871, la seconde protestation que l'Alsace-Lorraine en 1874 a élevée — devant le vainqueur même — contre le brutal arrachement qu'elle était décidée à ne jamais accepter.

I

La session du Reichstag de l'Empire allemand, en février 1874, s'ouvrit dans une atmosphère d'ardente fièvre politique. Les élections avaient eu lieu en janvier, et la période législative qui allait commencer était la seconde de ce Parlement d'un Empire tout neuf, né trois ans auparavant du désastre de la France, au milieu d'une Europe d'abord surprise, puis maintenant un peu inquiète en face de ce colosse sorti soudain de terre, en armes devant elle.

La première législature avait été consacrée à l'organisation politique de l'Empire. Mais ce qui donnait à celle qui s'ouvrait un intérêt tout particulier, c'est que, pour la première fois, allaient être admis à siéger les représentans de l'Alsace et de la Lorraine, arrachées à la France en 1871. Quelle attitude allaient-ils y prendre ? C'est ce que le public attendait avec une impatiente curiosité.

Aux parvenus il faut le temps de se faire construire des palais, fabriquer objets d'art et statues. Or, Berlin, bourg sordide il y a deux cents ans à peine, alors modeste chef-lieu du pauvre électorat de Brandebourg, Berlin, promu soudain à la dignité de capitale d'Empire, n'avait pas encore de palais pour abriter son Reichstag; en attendant que, — sur une place immense, en face d'un monument de la Victoire haut de soixante-trois mètres, avec statue de huit mètres entièrement dorée, — un colossal palais fût enfin édifié, les séances se tenaient provisoirement dans les bâtimens d'une ancienne manufacture de porcelaines, située dans la *Leipzigerstrasse*.

C'est là que, le jeudi 5 février 1874, eut lieu la séance d'ouverture de la nouvelle session. Mais, ce jour-là, les députés alsaciens-lorrains ne parurent pas : ce n'est que dix jours plus tard, le lundi 16 février, qu'ils firent leur entrée au Reichstag.

« *Die Franzosen!* Les Français! » Tel est le murmure qui courut dans les tribunes, parmi un public pressé et hostile, au moment de la solennelle entrée des députés de l'Alsace et de la Lorraine.

Émouvant spectacle! Tous, en corps, unis dans leur marche comme ils l'étaient de cœur, les quinze députés s'avançaient, tête haute, superbes de calme dignité et de fière assurance. A leur tête, deux évêques en grand costume épiscopal, croix pastorale sur la poitrine et anneau d'or sur le gant. L'un, l'évêque de Metz, Mgr Dupont des Loges, « une belle figure monacale et presque ascétique, dit un témoin, avec cette expression digne et ce grand air qu'avaient les ecclésiastiques nobles du siècle dernier. Sa belle tête, demi-chauve, entourée comme d'une couronne de longues boucles de cheveux blancs, son pâle visage ovale lui donnent une expression douce et attristée (1). » L'autre, Mgr Raess, évêque de Strasbourg, « a bien le type allemand, dit le même témoin; mais ce type est comme détendu par la bonhomie et la cordialité françaises. Au reste, c'est une large tête carrée, avec des cheveux droits, durs et blancs, débordant sous une petite calotte de moire violette fleurie d'un petit nœud de ruban rouge. » Agé de plus de quatre-vingts ans, Mgr Raess portait maintenant avec quelque fatigue le poids des années.

Avec les deux prélats marchaient tous leurs collègues : deux prêtres en soutane, les autres simplement vêtus de noir ainsi que les laïques, tous en deuil de la patrie.

Sur la foule hostile des assistans s'étendit soudain une vague d'intense curiosité, mêlée d'involontaire respect. On se montrait les députés, on se murmurait leurs noms.

Après les deux évêques, c'étaient pour l'Alsace du Haut-Rhin, MM. Hœffely, de religion protestante, député libéral de

(1) *Gazette de France*, 19 février. Correspondance de Berlin, datée du 16.

Mulhouse; l'abbé Sæhnlin, curé de Neuf-Brisach, député de Colmar; l'abbé Winterer, curé de Mulhouse, député d'Altkirch et Thann : l'abbé Guerber, député de Guebwiller; l'abbé Simonis, député de Ribeauvillé et Sainte-Marie-aux-Mines.

Pour le Bas-Rhin, MM. Lauth, protestant, le maire *révoqué* de Strasbourg, député libéral de Strasbourg-ville, « quelle figure énergique! » remarque le même témoin; le baron de Schauenbourg, député catholique et conservateur de Strasbourg-campagne; Édouard Teutsch, député libéral de Saverne, Louis Hartmann, député catholique de Molsheim et Erstein.

Pour la Lorraine, outre Mgr Dupont des Loges, c'étaient MM. Pougnet, député catholique de Sarreguemines et Forbach; Abel, député libéral de Thionville et Boulay; Ch. Germain, député catholique de Sarrebourg et Château-Salins.

Ces hommes appartenaient aux milieux les plus divers; croyances religieuses, opinions politiques séparaient beaucoup d'entre eux; ils marchaient pourtant, en cette circonstance, étroitement unis; un lien solide maintenait entre eux cette union : l'amour commun de la patrie perdue.

En entrant au *Reichstag*, le premier discours qu'entendirent ces malheureuses victimes de la guerre fut un discours où il n'était question que de paix. L'assemblée en était arrivée à la discussion du projet de réorganisation militaire présenté par M. de Moltke. En réclamant de nouveaux effectifs, de nouvelles baïonnettes, de nouveaux canons, c'est de paix, de paix encore, de paix toujours, que parlait le feld-maréchal, le grand organisateur de l'armée allemande : « J'espère, disait-il, que, non seulement nous conserverons la paix pendant une série d'années, mais que nous l'imposerons. (Cris : *très bien!* dans la salle.) Peut-être alors le monde se convaincra-t-il qu'une Allemagne puissante au milieu de l'Europe est la plus grande garantie de paix. Mais, messieurs, pour imposer la paix, il faut être prêts pour la guerre (1). »

Ah! qu'il était « pacifique, » ce nouvel Empire créé à Berlin, sous les auspices de MM. de Moltke et Bismarck, pour le petit-fils de ces besogneux souverains du petit et pauvre électorat de Brandebourg, enrichis lentement, de siècle en siècle, par rapines successives, voleurs de territoires, voleurs de peuples,

(1) *Stenographische Berichte des deutschen Reichstages*; 2 *Legislatur Period*, 1 Session 1874; Séance du 16 février.

voleurs du nom même de leur royaume, car, pour en parer leur Brandebourg et leur Berlin, c'est à deux petites provinces polonaises de la Baltique que le nom de *Prusse* avait été ravi. Bien plus, par une singulière insulte à la géographie, à l'histoire, à la justice, au bon sens, ce nom même, par le crime des néfastes traités de 1815, a encore été, — affront suprême ! — imposé depuis lors aux deux rives du Rhin !

Ah ! quelles heureuses perspectives d'avenir ce nouvel Empire, — si pacifique, — ouvrait à l'Europe ! « Il faut, déclarait un écrivain dont les publications et les idées obtenaient alors un éclatant succès, que pas un coup de canon ne puisse se tirer en Europe sans la permission du Kaiser (1). »

Pendant les paroles de paix de M. de Moltke, au milieu du fracas des applaudissemens, l'un des représentans alsaciens-lorrains, M. Teutsch, député de Saverne, s'approcha sans bruit du bureau et remit au président un papier. Cet écrit contenait ces simples mots :

« Plaise au Reichstag de décider que la population d'Alsace-Lorraine qui, sans avoir été consultée à ce sujet, fut, par le traité de paix de Francfort, annexée à l'Empire d'Allemagne, soit appelée à se prononcer spécialement sur cette annexion. »

Ainsi, cette paix allemande, si désirable pour l'Europe entière, les Alsaciens et les Lorrains, — des aveugles, des ingrats, — se refusaient, quant à eux, à en accepter les bienfaits ! Et c'est sous la pression même des pacifiques baïonnettes prussiennes que, pour les premières élections politiques auxquelles ils fussent admis sous le régime allemand, ils venaient d'envoyer au Reichstag les quinze députés chargés par eux de protester contre l'annexion dont ils avaient été victimes.

Cependant, sur ces propos de baïonnettes et de paix chers à M. de Moltke, continuait la séance ; lorsqu'elle se fut terminée, imposant concert germanique, sur des accords puissans et dominateurs, au moment de fixer l'ordre du jour pour la séance suivante, le président, avec une indifférence affectée et joignant intentionnellement la motion déposée par les Alsaciens-Lorrains à quelques questions de médiocre importance, déclara simplement :

« L'ordre du jour d'aujourd'hui étant épuisé, je propose de

(1) Gregor Samarow (Oscar Meding), dans le premier numéro de sa Revue : *Le Miroir de l'Empire allemand*. Cité par la *Gazette de France*, 9 janvier 1874.

fixer à après-demain mercredi la prochaine séance et de mettre à son ordre du jour :

1° La troisième délibération sur la proposition du député Schultze et consorts;

2° La délibération d'une proposition qui vient de m'être remise pendant la séance par les députés Teutsch et docteur Raess. Cette proposition sera dès aujourd'hui imprimée et distribuée; elle pourrait, par conséquent, entrer en discussion après-demain, mercredi, comme troisième jour après sa distribution (1). »

Quelle hâte pour l'impression et la distribution de ce document! C'est dans la journée même que tout devait être fait; or, il était environ cinq heures du soir.

Le délai officiel de trois jours réglé comme on l'a vu par le président s'étant rapidement écoulé, le mercredi 18 février eut lieu enfin la séance si impatiemment attendue du public. Tout Berlin, ce jour-là, était en mouvement. Dans la *Leipzigerstrasse*, aux abords du Reichstag, la foule se pressait, et, sur le trottoir, les marchands de billets faisaient des affaires d'or. La vertueuse incorruptibilité de tout fonctionnaire allemand est proverbiale; les cartes de tribune distribuées par les soins du bureau du Reichstag se vendaient couramment 20 et 25 *thalers* (60 et 75 francs) dans la rue (2).

« Dans les tribunes, raconte un témoin oculaire (le correspondant de la *Frankfurter Zeitung*), la foule était tellement compacte qu'on n'apercevait partout que des têtes serrées les unes contre les autres. Dans les couloirs, impossible de circuler, la multitude se pressait même hors de l'édifice jusque dans la *Leipzigerstrasse* (3). »

Toutes les élégances féminines de Berlin s'étaient donné là rendez-vous. Que de toilettes! Que de couleurs! Que de bruit! Telles les foules antiques attendaient, autour du cirque, l'entrée des victimes dans l'arène. Or, ce jour-là, spectacle bien plus passionnant encore, c'est du sacrifice d'un peuple entier qu'il était question. Avec une curiosité hostile, étaient attendus les députés alsaciens-lorrains, et le geste prévu de leur part était celui du gladiateur terrassé implorant la clémence de César.

(1) *Stenographische Berichte des deutschen Reichstages.*
(2) *Le Monde*, 8 mars 1874. Correspondance d'Allemagne.
(3) Cité par *le Monde*, 23-24 février.

II

Avant d'arriver au récit de cette mémorable séance du 18 février 1874, il est nécessaire de voir au milieu de quelles luttes, de quelles violences, avaient été nommés les députés d'Alsace-Lorraine.

L'Allemagne tout entière était alors en ébullition. C'était le temps où Bismarck, fier de son œuvre, prétendait la parfaire à son gré : l'hégémonie prussienne, imposée à l'Allemagne dans le domaine politique et militaire, il voulait maintenant la lui imposer aussi dans le domaine religieux : l'unité était sa règle, et, puisque la Prusse, puissance directrice et maîtresse, était de religion luthérienne, la religion catholique n'avait, dans tous les autres États de l'Empire, qu'à céder le pas et à s'effacer avec soumission. De cette autoritaire prétention, une lutte religieuse violente était résultée : ce fut la lutte des cultes, le fameux *Kulturkampf*.

Ce combat, Bismarck le mena comme il savait le faire, avec ses habituels moyens : prêtres arrachés à l'autel, évêques, archevêques insultés, brutalisés, jetés aux fers; et, pour rendre ces mesures plus doucemeut acceptables, accompagnement de bataillons fusils chargés et d'escadrons sabre au clair. Le jour de l'incarcération, à Ostrowa, de l'héroïque archevêque polonais de Posen, Mgr Ledochowski, un bataillon d'infanterie avait reçu des cartouches (1).

Dans les élections générales de janvier 1874, il était aisé de voir le but auquel tendait Bismarck : il voulait obtenir un parlement qui domptât les évêques et lui fournît une armée capable de dompter l'Europe (2).

Pour l'ensemble de l'Allemagne, c'est le 11 janvier qu'ent lieu le scrutin. Le résultat causa à Bismarck une irritante et cruelle désillusion : après une lutte passionnée, deux partis apparaissaient comme sensiblement renforcés, ceux précisément qu'il avait le plus en horreur : le parti catholique, dit parti du « Centre, » et le parti socialiste. « Odeur de pétrole à Berlin, odeur de sacristie en Bavière, » écrivait avec humour en rendant compte de ces élections le correspondant du *Moni-*

(1) *Le Temps*, 10 février 1874.
(2) Voir G. Goyau, *Bismarck, l'Église et le Kulturkampf*, in-12, Perrin, t. II.

teur Universel (1). « Si bien, — dit un autre correspondant, celui de *l'Univers*, — que M. de Bismarck qui, le jour même des élections, badinait et buvait son verre de champagne avec les chefs de bureau de son district électoral, est, depuis lors, morose et souffrant (2). »

Pour l'Alsace et la Lorraine, ce n'est que le 1er février qu'eut lieu le scrutin. Là toutes les nuances politiques firent bloc autour de l'idée de protestation contre l'annexion. Dans tout le pays, ce fut un admirable mouvement d'union : « Les hommes qui ont adhéré à la candidature de M. Lauth à Strasbourg, — écrivait à ce propos le journal français *le XIXe siècle*, — appartiennent à toutes les professions, à toutes les classes de la société, à tous les partis politiques et religieux : catholiques, protestans, israélites, anciens royalistes et républicains se sont groupés autour de M. Lauth (3). » M. Lauth était de religion protestante et d'opinions libérales; dans la circonscription voisine, celle de Strasbourg-campagne, le candidat catholique et royaliste, le baron de Schauenbourg, s'exprimait de même dans sa profession de foi : « Catholiques, protestans, israélites, nos intérêts sont les mêmes, nous avons subi les mêmes souffrances, nous avons perdu la même patrie, nous portons les mêmes fardeaux (4). » Un autre candidat, un libéral, M. Hœffely, disait aux électeurs de Mulhouse : « Il faut que notre revendication persiste calme, pacifique, mais résolue jusqu'au jour inévitable où l'Allemagne, étonnée elle-même d'avoir à ce point méconnu les principes du droit et de la civilisation moderne, nous rendra la justice qui nous est due! (5) »

Aux électeurs de Saverne, M. Édouard Teutsch, libéral, rappelait avec émotion la part qu'il avait prise, trois ans auparavant déjà, à la protestation de Bordeaux : « Il y aura bientôt trois ans, disait-il, que vous m'avez fait, avec tout le département du Bas-Rhin, l'insigne honneur de me déléguer à l'Assemblée nationale française pour protester contre le traité dont vous alliez être victimes. Les déclarations énergiques que vos députés ont faites à Bordeaux n'ont pu empêcher notre

(1) *Moniteur Universel*, 19 janvier 1874.
(2) *L'Univers*. Lundi 19 janvier 1874.
(3) *Le XIXe Siècle*. Jeudi 8 janvier 1874.
(4) *Le Temps*, mardi 27 janvier 1874.
(5) *Le XIXe Siècle*, 11 janvier.

annexion à l'Empire d'Allemagne... De par le droit du plus fort, les hommes libres qui peuplent l'Alsace-Lorraine sont — tel un troupeau aux mains des marchands — devenus le prix de la rançon de la France (1)... » En Lorraine, dans la circonscription de Sarreguemines et Forbach, M. Pougnet, candidat catholique, disait : « Notre pays, depuis les malheurs qui l'ont frappé, va pouvoir enfin protester contre son annexion à l'Allemagne... Animé des mêmes sentimens de patriotisme et de foi catholique que vous, mes chers concitoyens, je marcherai, fier de vos suffrages, dans la voie du devoir que je me suis tracée (2). » Aux habitans des cantons de Thionville et Boulay, M. Ch. Abel, candidat libéral, disait : « Habitans de la Moselle et de la Nied, l'Allemagne croit que c'est de votre plein gré que vous avez cessé d'être Français. Est-ce vrai? C'est ce qu'il s'agit d'aller dire à Berlin... (3) » Et pour Sarrebourg et Château-Salins, le candidat catholique, M. Ch. Germain : « Il importe avant tout à notre dignité d'hommes et de concitoyens de réclamer hautement le droit qui appartient à chaque peuple d'être consulté sur la question de sa nationalité (4). »

Parmi les catholiques, quelques électeurs demeuraient hésitans, craignant, en prenant part au vote, de paraître accepter le fait accompli. A ce scrupule répondit cet éloquent appel, reproduit en France par le journal *l'Univers :* « Aux Alsaciens! Pas d'abstention pour les élections! Un grand nombre d'Alsaciens, surtout parmi les habitans du Haut-Rhin, pensent faire acte de patriotisme en s'éloignant de l'urne électorale pour le Reichstag. Je crois qu'ils se trompent au grand détriment de la cause catholique et française... Et pourquoi nous abstiendrions-nous? « Parce que, me répond-on, en « allant voter, je fais acte de citoyen allemand, parce que j'use « d'un privilège que me donne M. de Bismarck. »... Comment! M. de Bismarck vous met dans les mains le moyen de protester contre ses tyrannies, contre l'annexion, et vous ne voulez pas en user !... N'avez-vous pas l'exemple des députés Hanovriens et Danois... de Krüger et de Windthorst ? (5) »

Au milieu des luttes ardentes du *Kulturkampf*, la question religieuse prenait dans les élections une importance toute par-

(1) Reproduit par *le Temps*, 15 janvier.
(2, 3, 4) *Le Temps*, mardi 27 janvier.
(5) *L'Univers*, 11 janvier.

ticulière ; le clergé d'Alsace et de Lorraine fut amené à y jouer un rôle des plus actifs, non seulement par ses exhortations au vote, mais encore en fournissant de nombreux candidats à la cause catholique et française. Deux évêques, cinq prêtres se proposèrent aux suffrages de leurs concitoyens.

Dans la circonscription de Metz, la candidature de Mgr Dupont des Loges sortit pour ainsi dire spontanément de la reconnaissance publique. L'évêque de Metz ne publia aucune profession de foi. Qu'en était-il besoin de la part de l'héroïque prélat? Les souvenirs du siège étaient encore trop récens pour qu'on eût oublié sa conduite toute de charité et de dévouement; et quant à ses idées, n'étaient-elles pas suffisamment manifestées par cette lettre pastorale, publiée au lendemain même de la guerre, au milieu des ruines et de la désolation, et qui avait alors non seulement en pays annexé, mais dans la France entière, suscité une si profonde émotion : « ...Celui qui tient au ciel ne saurait se préoccuper des choses de la terre. Voilà ce que l'on dit contre nous!... Quoi! nous avons été séparés violemment, par la rigueur des événemens, du pays qui nous a vus naître. Nous sommes devenus la rançon de la France, notre séparation douloureuse a délivré nos frères et notre sacrifice a été leur salut. C'est là notre sort. Nous le supportons avec la résignation qui honore le malheur et en demandant à la religion les forces qui manquent à la nature. Et nous pourrions entendre dire, sans que tout notre sang se soulève, que tout ce que nous donnons à Dieu et à l'espérance d'une vie meilleure nous l'enlevons à cet impérissable sentiment que nous gardons au fond de nos âmes? Cette amertume manquait à notre Calvaire! (1) » Autour du nom unanimement respecté de Mgr Dupont des Loges, tous les partis s'étaient réunis, et c'est même sur l'initiative des plus avancés, dans le comité républicain, par un banquier israélite, M. Goudchaux (rentré plus tard en France et devenu sénateur de Seine-et-Oise), que la candidature du prélat fut pour la première fois mise en avant (2).

L'évêque de Strasbourg, Mgr Raess, accepta lui aussi la candidature pour la circonscription de Schlestadt : « pour ne pas paraître reculer devant l'accomplissement d'un devoir aussi difficile à son âge qu'il est impérieux dans la situation où

(1) Abbé Félix Klein, *Mgr Dupont des Loges*, 1 vol. 8°. Paris, 1899.
(2) *Ibid.*

nous sommes, » déclarait un correspondant d'Alsace au journal *l'Univers* (1).

Les autres candidatures ecclésiastiques étaient : dans le Bas-Rhin, celle de l'abbé Philippi pour Molsheim et Erstein; dans le Haut-Rhin, celle de l'abbé Sœhnlin, curé de Neuf-Brisach, pour la circonscription de Colmar; de l'abbé Winterer, curé de Mulhouse, pour la circonscription d'Altkirch et Thann; celle de l'abbé Guerber, supérieur du petit séminaire de Zillisheim, pour la circonscription de Guebwiller; et celle enfin de l'abbé Simonis, supérieur du couvent de Niederbronn, pour la circonscription de Ribeauvillé et Sainte-Marie-aux-Mines.

A côté de ces candidatures catholiques, conservatrices, protestantes et libérales, mais toutes uniformément de protestation nationale française, d'autres groupemens avaient tenu à présenter aussi des candidats.

C'était d'abord la « petite coterie » (c'est un Alsacien qui la désigne ainsi) qui, sous le titre d' « Alsaciens autonomes, » se composait « en partie d'hommes sincères et bien intentionnés, mais aussi de quelques intrigans qui, sous le prétexte de sauvegarder les *intérêts* de leur chère patrie restreinte (comme ils appellent l'Alsace), songent surtout à leurs propres intérêts. Ce sont des spéculateurs en terrains et en immeubles et quelques Alsaciens qui ont accepté du gouvernement allemand des places lucratives qu'ils tiennent à conserver (2). » C'est au Lorrain Edmond About, directeur du *XIXe Siècle*, qu'était adressée cette note par un de ses compatriotes d'Alsace.

Il est bon de faire remarquer ici que toute assimilation doit être formellement écartée entre ces « autonomistes » de la première heure et les Alsaciens qui, depuis lors, contraints par le silence douloureux et obstiné gardé en France par amour de la paix, ont dû, la rage au cœur, restreindre, hélas! à ces proportions modestes d'autonomie, leurs revendications nationales.

Le chef de la « faction de l'Autonomie » était M. Schneegans, qui expliquait ainsi ses sentimens aux électeurs : « La douloureuse séparation d'avec notre ancienne patrie est consacrée par des traités ; si l'Allemagne nous a annexés, la France

(1) *L'Univers*, Dimanche, 18 janvier 1874.

(2) *Le XIXe Siècle*. Jeudi 8 janvier. Voy. aussi Florent Matter, *l'Alsace-Lorraine de nos jours*. Paris, 1908 et F. Régamey, *l'Alsace après 1870*, in-16. Paris, 1911.

nous a cédés, et force nous est de subir la situation à laquelle il n'est pas en notre pouvoir de rien changer. Que nous reste-t-il donc à faire ?... Le parti alsacien ne veut pas s'annihiler par une politique de pure rancune, ni se mettre à la remorque d'un parti rétrograde, éternel ennemi de tout progrès, qui, par d'habiles manœuvres et en flattant nos goûts naturels d'opposition, ne cherche qu'à exploiter nos regrets au bénéfice de ses propres intérêts (1). » M. Schneegans avait pourtant été, avec M. Édouard Teutsch, l'un des signataires de la protestation de Bordeaux ; mais la passion anticléricale étouffait en lui tout autre sentiment. La seule vue d'une procession lui avait fait fuir la ville de Lyon, où il s'était tout d'abord fixé après la guerre : « Elle passa sous mes fenêtres, avec sa pompe brillante, ses litanies, son parfum d'encens, ses marmotages, ses sonnettes stridentes, — conte-t-il en une sorte de mémoire destiné à livrer à la postérité ce mémorable événement ; — aujourd'hui encore, je ressens la rage de huguenot qui s'empara de moi. J'ouvris ma fenêtre toute grande, je me mis au piano, et, le pied sur la pédale, je fis retentir sur cette sainte foule les accords pleins et graves du cantique de Luther : « C'est un rempart que notre Dieu ! Je chantai cet air comme un chant de défi indigné (2). » Voilà ce qui valut au vaillant candidat de la protestation française dans la circonscription de Strasbourg-ville, M. Lauth, qui, bien que de religion protestante, marchait néanmoins en plein accord avec ses compatriotes catholiques, d'avoir pour concurrent « autonomiste » M. Schneegans.

Le parti socialiste, bien peu nombreux encore, crut devoir présenter, lui aussi, des candidats, habilement choisis d'ailleurs, non seulement pour ne pas froisser les sentimens intimes des Alsaciens et Lorrains, mais pour y déférer au contraire : les noms mis en avant étaient en effet ceux de Bebel et Liebknecht qui, durant la session de 1871, avaient eu le courage, au Reichstag, de s'opposer avec vigueur au vote ratifiant l'annexion de l'Alsace-Lorraine. Toutefois, s'opposant aux candidatures des grands patriotes libéraux, Lauth à Strasbourg et Hœffely à Mulhouse, celles de Bebel et Liebknecht ne pouvaient que se heurter à l'indifférence des vrais Alsaciens.

(1) *Le Temps*, 15 janvier 1874.

(2) J. et F. Régamey, *L'Alsace au lendemain de la conquête*, 1 vol. in-16, Paris, 1912.

Certains candidats enfin, franchement allemands, crurent pouvoir se présenter aussi aux électeurs ; c'étaient notamment le comte Henkel de Donnersmarck, grand propriétaire d'usines, devenu préfet de Metz et qui escomptait le vote de ses ouvriers allemands. C'était encore à Mulhouse un certain Grunelius, Allemand de Francfort, frauduleusement introduit dans une grande famille manufacturière de Mulhouse par un mariage de surprise : « Le chagrin tue sa femme ; le mépris de sa propre famille le met à l'index, » tels étaient les renseignemens privés donnés sur ce personnage par un Mulhousien (1).

Pour favoriser leurs candidats, les autorités allemandes savaient employer à la fois, — comme on peut le penser sous le régime de dictature et d'état de siège auquel était soumise l'Alsace-Lorraine, — et la violence et la ruse. Tous les maires, sans exception, — c'est une chose sur laquelle il est bon d'insister, — choisis par le gouvernement, se montraient avec un remarquable ensemble les bas serviteurs du pouvoir : « M. Nessel, maire de Haguenau, écrivait-on au *Journal d'Alsace*, ayant retiré sa candidature, la seule franchement bismarckienne qui eût paru dans le pays annexé, tous les maires du canton, un seul excepté, se sont empressés d'adresser une lettre au *Kreisdirektor* de Haguenau pour le prier d'accepter la candidature (2). »

Enfin, à Mgr Raess, évêque de Strasbourg, les Allemands, dans la circonscription de Schlestadt, avaient ingénieusement imaginé d'opposer, sous cette fameuse étiquette « parti alsacien, » la candidature de M. Kessler, pasteur de l'église française de Berlin. On sait que les descendans des protestans français, expatriés lors de la révocation de l'Édit de Nantes, et devenus, hélas ! de fanatiques Prussiens, ont conservé leurs pasteurs particuliers, — calvinistes au milieu des luthériens, — et que le culte est encore quelquefois célébré en français. « Aux revendications de M. Schneegans, disaient aimablement les promoteurs de la candidature de cet Alsacien berlinois, M. Kessler joindra celle du droit, pour l'autorité municipale, d'ajouter l'enseignement de la langue française au programme officiel (3). » Ainsi les Germains, — *natum mendacio genus*,

(1) *Le XIXe Siècle*, 28 janvier.
(2) *L'Univers*, lundi 19 janvier, 1874.
(3) *Le Temps*, mardi, 27 janvier.

disait déjà, il y a deux mille ans, un officier romain qui les connaissait pour avoir fait campagne en leur sauvage pays, — s'entendent à merveille, dans les pièges qu'ils préparent, à masquer le vinaigre sous le miel.

Violence aussi bien que ruse, tout demeura cependant inutile et, sous la menace même des baïonnettes prussiennes, le scrutin du dimanche 1er février 1874 manifesta l'éclatant triomphe et de la protestation française contre l'annexion, et de la protestation catholique contre Bismarck. Dans les quinze circonscriptions électorales, les quinze candidats français furent nommés avec des majorités écrasantes.

Voici les chiffres d'ensemble (1) :

Protestation française (catholiques et libéraux), 191 782.

Parti de l'autonomie, 41 945.

Allemands, 5193.

Socialistes, 2457.

Le journal *le Temps* résumait ainsi ce résultat : « L'idée de la protestation politique et nationale contre l'annexion et celle de la protestation ultramontaine contre les lois ecclésiastiques de M. de Bismarck, deux idées qui s'étaient alliées sans pourtant se confondre, l'ont emporté partout... Il n'est pas douteux que bien des électeurs libéraux et même libres penseurs ont apporté leur contingent à la majorité qu'ont obtenue les candidats ultramontains. Les ultramontains, de leur côté, ont appuyé, à Strasbourg et à Mulhouse, les candidats de la protestation purement politique et française (2). » C'étaient, à Strasbourg, M. Lauth, et à Mulhouse, M. Hœffely, tous deux protestans.

***

Ainsi que nous l'avons vu, les députés d'Alsace et de Lorraine ne parurent pas à la séance d'ouverture du Reichstag, le 5 février. Avant de commencer à siéger, ils avaient jugé utile de se rencontrer, car beaucoup d'entre eux, soit par suite des différences d'opinions, soit par suite de l'éloignement de leurs domiciles respectifs, ne se connaissaient pas encore. En prenant contact, ils voulaient se concerter sur la conduite à tenir devant le Reichstag et la procédure de leur protestation.

(1) *Le Temps*, 9 février.

(2) *Le Temps*, mercredi 4 février.

Pour cela, avant de gagner Berlin, rendez-vous fut pris à Francfort-sur-le-Mein. En cette ville où avait été signé le traité de honte et commis le crime, il était juste que fussent en revanche émise la protestation et préparée la réparation.

Accompagné, comme secrétaire, de l'abbé Fleck, curé de Saint-Martin de Metz, et de M. Abel, député libéral de Thionville, Mgr Dupont des Loges quitta Metz le 11 février. Sur tout le trajet, à travers la Lorraine, les populations accouraient, guettant le passage et implorant la bénédiction de leur vénérable évêque. Le jour même les voyageurs arrivèrent à Francfort où ils retrouvèrent un autre Lorrain, M. Pougnet, député catholique de Sarreguemines et Forbach (1).

A la même date, quittaient Strasbourg les députés libéraux d'Alsace, Teutsch, Lauth et Hœffely qui, dès le lendemain matin jeudi, à Francfort, avaient un premier entretien avec leurs collègues lorrains, dans l'appartement de Mgr Dupont des Loges.

Le jeudi soir, arrivaient à leur tour tous les députés ecclésiastiques d'Alsace et, le lendemain vendredi, les quinze députés, réunis chez leur doyen d'âge, Mgr Raess, évêque de Strasbourg, inauguraient l'union des esprits et des cœurs en vue des luttes prochaines auxquelles ils se préparaient.

Partis pour Berlin le samedi, les députés français s'y logèrent par groupes : Mgr Dupont des Loges avec MM. Germain et Pougnet à l'hôtel de Russie ; Mgr Raess à celui de Rome, hôtels situés tous deux sur la célèbre avenue *Unter den Linden*, la plus « brillante » de Berlin. D'autres à l'hôtel du Rhin, dans la *Friedrichstrasse*.

Le dimanche 15, une dernière réunion préparatoire eut lieu dans l'appartement de Mgr Raess, à l'hôtel de Rome, où fut définitivement approuvé et signé par tous le texte de la protestation à formuler devant le Reichstag : puis on se sépara, chacun demeurant libre de s'aboucher, suivant ses opinions politiques, avec les membres des partis en lesquels on pouvait espérer trouver quelque sympathie et quelque appui : le Centre catholique, certains libéraux, les socialistes et les représentans des populations opprimées par la Prusse, les Polonais, Danois et Hanovriens.

(1) Abbé Félix Klein, *op. cit.*

Aux catholiques d'Alsace et de Lorraine, le « Centre » avait fait des avances toutes particulières; il les avait pendant les élections engagés à envoyer au Reichstag le plus grand nombre possible de députés, prêts à combattre de tout leur pouvoir Bismarck et ses lois ecclésiastiques; et depuis l'arrivée à Berlin de ces députés, le « Centre » affectait de leur faire l'accueil le plus flatteur, leur souhaitant la bienvenue, et, dans la soirée du dimanche 15 février, les invitant à assister à une réunion du parti (1).

Ce premier contact avec le Centre causa toutefois aux députés français quelques désillusions : en ce milieu, les sentimens dont était enflammée leur âme ne recueillaient, au lieu de la sympathie attendue, que froide indifférence et même hostilité cachée. « Gardez-vous, leur disait-on, de compromettre dès l'abord, par une protestation stérile, l'influence que vos prochains votes seront de nature à exercer en faveur de la cause religieuse. Le Gouvernement ne manquerait pas d'en être irrité contre le clergé alsacien-lorrain et nous ne pourrions plus, dans la suite, nous associer à vous pour défendre utilement les intérêts catholiques en Alsace-Lorraine (2). » « Comprenez donc, disait-on encore, que nous ne pouvons pas encourir le reproche d'*Heimathlosigkeit* (manque de patriotisme) en marchant côte à côte avec des hommes qui auraient si gravement offensé la patrie allemande (3). » Ainsi, envers les députés catholiques d'Alsace-Lorraine, les intentions du Centre étaient parfaitement claires : se servir d'eux, sans les aider; tout recevoir et ne rien offrir.

Très différente était l'attitude des socialistes : les chefs écoutés de ce parti, Bebel et Liebknecht, avaient, dès le mois de mai 1871, protesté déjà avec vigueur contre l'annexion violente de l'Alsace et de la Lorraine à l'Empire d'Allemagne. Tous deux, il est vrai, par ordre de Bismarck, se trouvaient pour le moment sous les verrous, mais leurs idées dépassaient les murs des cachots.

Quant aux Polonais, comment douter de l'ardente sympathie de ces martyrs anciens envers les récentes victimes de la tyrannie prussienne?

(1) *Le Temps*, jeudi 19 février, citant la *Gazette d'Elberfeld*.
(2) Abbé Félix Klein, *op. cit.*
(3) *Le XIXe Siècle*, 26 février.

C'est ainsi préparés à la lutte que, le mercredi 18 février, au Reichstag, devant cette foule violemment pressée, outrageusement élégante et sourdement hostile qui s'étouffait dans les tribunes du public, les quinze députés d'Alsace et de Lorraine firent, comme on l'a vu, leur entrée dans l'arène.

III

En finir le plus promptement possible avec l'importune protestation des Alsaciens-Lorrains et faire autour d'elle la conspiration du silence, tel était le plus ardent désir du gouvernement allemand.

En déposant leur motion le lundi 16 février, pendant le discours de M. de Moltke, les Français s'attendaient à ce que la discussion fût remise à huit ou quinze jours; grand fut donc leur étonnement de voir le président, par une ingénieuse interprétation du règlement et de l'arithmétique, en fixer la date au surlendemain.

Avant l'ouverture de la séance, toujours même conspiration d'étranglement; d'accord avec le gouvernement, les différens groupes de la Chambre, après multiples conciliabules et nombreuses hésitations, avaient finalement renoncé à choisir dans chaque parti, comme on y avait tout d'abord pensé, un orateur chargé de répondre aux Alsaciens-Lorrains; l'on s'en tenait au strict silence, et il était fermement convenu que, quoi que pussent dire ou faire les députés d'Alsace et de Lorraine, il ne leur serait rien répondu (1).

Pour la présentation de leur motion commune, M. Teutsch, député de Saverne, avait été désigné par tous ses collègues.

M. Édouard Teutsch, dans toute la force de l'âge, — quarante-deux ans, — vigoureux, d'aspect ouvert et sympathique, était un Alsacien pur sang, maître de verreries à Wingen, sa ville natale, non loin de Saverne. Conseiller général du département du Bas-Rhin avant la guerre de 1870, il avait, après nos malheurs, lors des élections de février 1871, été choisi par ses compatriotes comme représentant à l'Assemblée nationale réunie à Bordeaux pour se prononcer sur la paix. A Bordeaux, il avait pris part à l'émouvante protestation des députés de

(1) *Le Temps*, samedi 21 février : « On écrit de Berlin à la *Gazette de Cologne.* »

l'Alsace et de la Lorraine contre la douloureuse cession de leur pays à l'Allemagne. C'est ce souvenir sans doute qui venait de le désigner au choix de ses collègues pour renouveler la même protestation devant le Reichstag.

« Il y a comme une ironie dans le nom même de M. Teutsch, écrivait, du Reichstag même, le correspondant particulier du *Temps*, et les journaux allemands l'ont relevée; elle est « comique, » disent-ils. *Teutsch*, en effet, implique en allemand quelque chose de plus que *Deutsch*, à savoir un Allemand plus allemand que les Allemands ordinaires; or, M. Teutsch, bien que possédant fort bien la langue allemande, est Français, Français jusqu'au bout des ongles, dans son apparence, ses manières, son langage; il parle le français sans le moindre accent germanique et même avec certaines intonations parisiennes (1). » Par ses opinions, M. Édouard Teutsch appartenait au parti libéral avancé, et c'est sous l'étiquette républicaine qu'il avait, trois ans auparavant, été envoyé à l'Assemblée nationale. Tel est l'homme que, d'un plein accord, ses collègues de toutes opinions, catholiques et protestans, avaient choisi en la circonstance comme leur commun porte-parole.

Au solennel rendez-vous, tous s'étaient montrés exacts. L'ouverture de la séance était fixée pour une heure de l'après-midi; à une heure moins le quart, le groupe des Alsaciens-Lorrains pénétrait dans la salle. Non seulement, depuis longtemps, dans les tribunes, le public était en place, mais encore la salle était occupée déjà par les députés; les membres du bureau eux-mêmes se groupaient autour du président, tous, comme aux aguets, attendant les victimes dans une atmosphère de combat.

C'est au milieu de cette hostile curiosité que M. Teutsch monta vers le fauteuil du président pour s'enquérir, au nom de ses collègues, de l'heure à laquelle pourrait venir leur affaire. Après minutieuse consultation de l'ordre du jour, le président répondit que, plusieurs autres affaires étant auparavant à traiter, la motion de MM. Teutsch et consorts ne pourrait guère venir avant trois heures et demie ou trois heures trois quarts.

Il y avait donc deux heures au moins à attendre, et ces messieurs, ne s'intéressant guère aux débats engagés, s'apprê-

(1) *Le Temps*, samedi 21 février.

taient à quitter momentanément la salle quand, par bonheur, ils furent arrêtés par M. Kryger, député de ce pays de Sleswig, violemment arraché, quelques années auparavant au Danemark par la Prusse. « Gardez-vous bien de sortir, leur dit-il. Pareille chose m'est arrivée ici à moi-même. J'avais déposé une protestation que je comptais développer ; le président m'avait assuré que mon tour de parole ne viendrait qu'entre trois et quatre heures. A trois heures, quand je rentrai dans la salle, mon affaire était passée ; en mon absence, le président avait fait procéder au vote sans aucun débat ; pour se débarrasser des orateurs désagréables, c'est une finesse habituelle de sa part (1). »

Avant l'ouverture de la séance, un autre incident se produisit encore. M. Teutsch était revenu près du président et une discussion s'établit entre eux, de façon si animée et à voix si haute qu'une partie de la salle put l'entendre. M. Teutsch voulait qu'il fût permis à un député lorrain, ne sachant pas l'allemand, de s'exprimer en français. Cet incident causait dans la salle un certain émoi ; au pied de la tribune, autour de M. de Bismarck, le groupe alsacien-lorrain essayait de raisonner avec lui : « Vous-même, monsieur le Chancelier, disaient-ils, ne vous plaisez-vous pas à user, avec beaucoup de facilité, de la langue française ? » — « Pas ici ! » répondit brusquement Bismarck en escaladant les marches de la tribune présidentielle autour de laquelle se forma une sorte de conciliabule sur cette épineuse question (2).

Ce conciliabule terminé, le président ouvrit la séance. Très rapidement, au milieu de l'inattention générale et du brouhaha des conversations, furent expédiées les quelques questions accessoires figurant en tête de l'ordre du jour ; mais soudain, le silence se fit et l'attention se fixa : M. Teutsch avait quitté à nouveau sa place et marchait vers la tribune. La bataille attendue allait commencer.

La tribune ! Pour y arriver, ce fut une véritable marche d'approche et c'est de haute lutte qu'il fallut la conquérir. Les abords en étaient rigoureusement gardés ; dans l'hémicycle, cent députés debout, menaçans, le regard provocateur, se tenaient prêts à la lutte. « Sur son chemin, a raconté le correspondant particulier du *XIXe Siècle*, M. Teutsch s'est trouvé en

(1) *Le XIXe Siècle*, lundi 2 mars, *Lettre d'Alsace*, Mulhouse, 27 février.
(2) *Le Temps*, samedi 21 février.

butte à des rodomontades toutes prussiennes. J'ai été frappé notamment à la vue d'un monsieur qui l'attendait au pied même de la tribune et qui, le regardant fixement, d'un air insolent, lui dit en frisant sa moustache : « Et surtout, monsieur, pas d'insolence ! (1) » Ces obstacles surmontés et la tribune enfin conquise, M. Teutsch, très calme, de sa taille imposante, dominait l'orage et le bruit.

La requête relative à l'usage de la langue française fut, comme on le peut penser, rapidement écartée. Ne pouvant donc s'exprimer dans sa langue maternelle (terme qui excita dans l'auditoire un murmure de mécontentement), M. Teutsch, après s'être excusé de son peu d'habitude de la langue allemande et avoir soulevé par là d'ironiques protestations, commença la lecture de son discours, traduit, expliqua-t-il, d'un texte d'abord composé en français.

Son manuscrit en main, M. Teutsch s'en servait comme d'une sorte d'écran contre les regards hostiles et les injurieuses exclamations de la horde aboyante pressée au pied de la tribune et dressée face à lui (2).

Avec une constante insistance, tourné vers le banc des ministres, il s'adressait à M. de Bismarck, comme parlant pour lui seul. Celui-ci, feignant l'indifférence, affectait d'écrire, sans écouter ni lever la tête (3).

« Les habitans de l'Alsace-Lorraine, déclarait l'orateur au milieu des murmures et du tumulte déchaînés dès ses premières paroles, les habitans de l'Alsace-Lorraine, que nous représentons ici, nous ont confié une grave et rigoureuse mission, dont nous voulons nous acquitter en conscience. Nous avons le devoir de vous exprimer les sentimens de nos électeurs au sujet de ce traité qui, après votre dernière guerre contre la France, leur a violemment ravi leur patrie. L'intérêt même de l'Allemagne est de nous entendre. Par le sort de la guerre, votre victoire vous donnait incontestablement le droit d'exiger une indemnité. Mais l'Allemagne a dépassé la limite des droits d'une nation civilisée... »

A peine ces mots étaient-ils prononcés que l'orage éclatait : cris furibonds, coups de pieds roulant sur le plancher, formi-

(1) *Le XIXe Siècle*, mercredi 25 février, lettres de Berlin.
(2) *Le XIXe Siècle*, lundi 2 mars.
(3) *Le Moniteur Universel*, 21 février.

dable vacarme (1). « Cent canons Krupp, tonnant à la fois, affirme un témoin, n'étaient rien en comparaison des hurlemens poussés en ce moment (2). » « Pas d'insolence (3), » répétait, avec une gesticulation forcenée et grotesque, au pied même de la tribune, un vieillard que son âge aurait dû préserver d'une aussi indécente manifestation; c'était le baron Adalbert Nordeck zur Rabenau, député de Giessen, dans le grand-duché de Hesse. « Le chevalier hessois, raconte un témoin allemand, — le correspondant de la *Frankfurter Zeitung*, — criait d'une façon que seule la considération que nous avons pour ses cheveux blancs nous empêche de qualifier. C'est en vain que ses voisins l'avertirent, c'est en vain que le président lui fit des signes multiples pour l'engager à se calmer; comme il ne s'arrêtait pas dans sa fureur, au moment même où M. Delbrück descendit dans l'arène pour mettre un terme au scandale, le président envoya le secrétaire Weigel qui prévint le ministre, saisit le chevalier par le bras et l'entraîna dans un coin où il parvint à grand'peine à le calmer. »

« Le chevalier Nordeck, ajoute le même témoin, était le plus violent, mais non pas le seul violent... Le prince Lichnowsky et le comte Arnim-Boytsemburg occupaient les premiers fauteuils du côté des « conservateurs libres, » et ces rejetons de l'ancienne noblesse se conduisirent comme ne s'était jamais conduite la suite de Toelke. Quand, une fois, le comte Arnim, préfet de Metz, interrompit l'orateur, sans motif sérieux, par un rire strident, celui-ci lui cria : « Votre « rire nous honore, monsieur! » le comte baissa aussitôt la tête, honteux de lui-même (4). »

Au milieu du bruit et de l'excitation générale, Bismarck lui-même avait abandonné son calme apparent, interrompu son attentif travail d'écriture et levé la tête pour hurler avec les loups et pousser, lui aussi, de forcenés : « Ah! Ah! (5). »

Mais de sa forte voix, l'Alsacien Teutsch, — après un rappel

(1) *Le Monde*, 23-24 février, d'après la *Frankfurter Zeitung*.

(2) *Le XIX*e *Siècle*, mercredi 25 février.

(3) *Stenographische Berichte*. M. Florent Matter, directeur de *l'Alsacien-Lorrain de Paris*, a publié dans un numéro spécial (n° 272, année 1918) le texte complet du discours de M. Teutsch.

(4) *Frankfurter Zeitung*, 19 février 1874, reproduit par *le Monde*, 23-24 février. *Le XIX*e *Siècle*, lundi 2 mars. Même scène contée par son correspondant.

(5) *Le XIX*e *Siècle*, lundi 2 mars, *lettre d'Alsace*.

à l'ordre du président, aux frénétiques applaudissemens de toute la salle, — parvenait malgré tout à dominer le tumulte :

« Oui, répétait-il, l'Allemagne est sortie des limites du droit quand elle a imposé à la France vaincue ce douloureux sacrifice de se laisser arracher un million et demi de ses enfans.

« Au nom des Alsaciens-Lorrains livrés comme rançon par le traité de Francfort, nous venons protester ici contre cet abus de la force dont notre pays est victime... C'est à la fin d'un siècle qui peut à bon droit passer pour un siècle de lumières et de progrès que l'Allemagne prétend nous asservir et nous réduire en esclavage. (*Rires dans la salle.*) N'est-ce pas, pour un peuple, un esclavage moral intolérable que d'être livré, contre sa volonté, à une domination étrangère? Des êtres raisonnables, des hommes, ne se vendent pas, ne se livrent pas comme une marchandise; un tel pacte est contraire au Droit.

« D'ailleurs, en admettant même, — ce à quoi nous nous refusons, — que la France eût le droit de nous céder..., un contrat ne vaut que par le libre consentement des parties; or, c'est l'épée sur la gorge que, saignante et épuisée, la France a signé notre abandon. (*Éclats de rire dans la salle.*) Non, ce n'est pas de sa libre volonté qu'a agi la France, mais bien sous les violences d'un conquérant, et les lois de notre pays tiennent pour nul un consentement obtenu par violence.

« Pour donner à la cession de l'Alsace-Lorraine une apparence de légalité, le moins que vous pouviez faire, c'était de soumettre cette cession à la ratification du peuple cédé.

« Un célèbre jurisconsulte, le professeur Bluntschli, de Heidelberg, dans son *Droit international codifié*, article 285, enseigne ceci : « Pour qu'une cession de territoire soit valable, « il faut la reconnaissance par les personnes habitant le territoire cédé et jouissant de leurs droits politiques. Cette « reconnaissance ne peut jamais être passée sous silence ou « supprimée, car les populations ne sont pas une chose sans « droits et sans volonté dont on transfère la propriété.

« Ni la morale, ni la justice, continua l'orateur, ne peuvent légitimer notre annexion à votre Empire... Notre raison, notre cœur, tout en nous se révolte; dans le plus profond de nos cœurs, nous nous sentons irrésistiblement attirés vers notre patrie et, si nos sentimens étaient autres, nous ne serions véritablement pas dignes de votre estime (*des Oh! oh! oh! iro-*

niques accueillirent ces paroles). Lorsque deux siècles durant, en une pensée commune, en de communs efforts, en un commun travail, on a vécu étroitement unis, les liens sont devenus si forts que rien, ni les raisonnemens, ni encore moins la force brutale ne sont capables de les briser...

« Les ennemis de notre cause s'appliquent à répandre dans la presse et aussi, sans doute, dans l'enceinte de cette assemblée, l'opinion que l'Alsace-Lorraine a fait, aux élections du 1er février, une démonstration purement religieuse et catholique et non une démonstration française. S'il est vrai que les vexations dont le clergé est victime en Prusse et dont s'indignent nos catholiques d'Alsace-Lorraine ont eu pour résultat d'amener sur vos bancs un si grand nombre d'honorables ecclésiastiques, connus par leur patriotisme autant que par leur foi, nous n'en protestons pas moins unanimement contre cette interprétation erronée. Elle ferait tout particulièrement sourire de dédain la fraction protestante et républicaine, dont je fais partie, si nous n'y voyions une de ces manœuvres perfides familières à certains de vos politiques et qu'il est utile de dévoiler.

« *Tous, tant que nous sommes, députés d'Alsace et de Lorraine, avons été envoyés ici par nos électeurs pour affirmer, devant cette Chambre, et notre attachement à la patrie française, et notre droit de décider de notre sort sans intervention érangère...* (1)

« Amère dérision! l'Allemagne nous a revendiqués comme membres de sa famille; c'est à titre de frères qu'elle nous réclame!... Nous prisons, plus que personne, le principe de la fraternité des peuples, mais, je vous l'avoue, il nous sera impossible de voir en vous des frères tant que vous refuserez de nous rendre à la France, notre vraie famille! »

Enfin, en une émouvante péroraison, l'orateur s'élevait à une hauteur d'éloquence presque prophétique : « C'est dans l'ivresse de la victoire, — lançait-il, la voix stridente et en redressant sa haute taille, — c'est dans l'ivresse de la victoire qu'il faut chercher la seule et véritable cause de l'exorbitante prétention

(1) *Wir sind durch unsere wähler in dieses Haus geschickt worden um ihnen unsere Anhänglichkeit an das französische Vaterland Kund zu gebem, sowie auch unser Recht über unsere Geschicke ohne Fremde Einmischung entscheiden zu dürfen.* (*Stenographische Berichte des deutschen Reichstages.*)

èn vertu de laquelle nous sommes aujourd'hui les vassaux de votre Empire. En cédant à cette ivresse, l'Allemagne a commis la plus grande faute peut-être qu'elle ait à inscrire en toute son histoire. Il dépendait d'elle, après ses triomphes, de conquérir par sa générosité, non seulement l'admiration du monde entier, mais encore les sympathies de son ennemi vaincu et surtout les nôtres, à nous, habitans d'Alsace et de Lorraine. Il dépendait d'elle d'amener un désarmement de l'Europe et de fermer à tout jamais peut-être, entre peuples faits pour s'aimer, l'ère sanglante des guerres. Il lui suffisait pour cela, s'inspirant du libéralisme que nous aurions pu supposer chez une nation aussi éclairée, de renoncer à toute idée d'agrandissement et de laisser intact le territoire français. L'Allemagne, à cette condition, devenait la plus grande et la plus estimée des nations et s'élevait à une place sans égale parmi les peuples de l'Europe. » *(Une grande hilarité [grosse Heiterkeit] saisit la salle à ces paroles.)*

« Pour ne pas avoir suivi en 1871 le conseil de la modération, conclut M. Teutsch, que récolte-t-elle aujourd'hui? De son envahissante puissance, toutes les nations de l'Europe se défient et elles multiplient leurs armemens. Pour maintenir ce renom guerrier qui ne contribue guère pourtant au vrai bonheur des peuples, l'Allemagne a tout épuisé, prodigué des sommes fabuleuses et veut aujourd'hui augmenter encore une armée, si formidable déjà cependant. Et que vous promet, messieurs, le plus prochain avenir? Au lieu de cette ère de paix et d'union entre les peuples... Qu'avez-vous à attendre? Vous entrevoyez, peut-être avec le même effroi que nous, de nouvelles guerres, de nouvelles ruines, de nouvelles victimes, de nouveaux tributs prélevés dans vos familles par la mort (1). »

Ici, un gros émoi (*grosse Unruhe*, dit le compte rendu sténographique) remplaça soudain les éclats de rire.

Ch. Gailly de Taurines.

(A suivre.)

L'ART FLAMAND ET LA FRANCE

De toutes les manœuvres d'opinion qui préludent à sa politique flamande, la plus curieuse est peut-être le mouvement tournant par lequel l'Allemagne essaye, depuis un siècle, de s'incorporer l'art flamand. Que n'a-t-elle pas tenté pour s'annexer ces grandes écoles de Bruges et d'Anvers, et pour en faire une manifestation du génie germanique? L'Allemagne a toujours souffert d'être une artiste médiocre; rien ne lui est plus pénible que son manque de talent. Être condamnée à imiter, vivre des miettes de la France, ce fut pour elle de tout temps la plus cuisante humiliation; elle ne se console pas d'être une nation sans goût. Entre tant d'essais avortés dont témoigne son histoire, l'art flamand lui apparaissait comme une revanche heureuse de son propre génie. De toute la famille germanique, les Flamands étaient de beaucoup les mieux doués pour les arts : ils semblaient aux Allemands des frères qui avaient réussi. Par eux, l'Allemagne oubliait le chagrin de ses propres déceptions. Les musées les plus riches en ouvrages flamands sont ceux de l'Allemagne; s'il suffisait de ces collections pour prouver quelque chose, l'Allemagne aurait là des titres artistiques. La première action de la Prusse après le traité de 1815 fut de s'emparer du retable de Gand. Le vénérable chef-d'œuvre d'Hubert et de Jean van Eyck, ramené de Paris dans les bagages de l'armée, se trouvait à Bruxelles entre les mains d'un brocanteur. Les Alliés d'alors s'empressèrent de le dépecer.

Quatre panneaux furent acquis pour le musée de Berlin; deux autres demeurèrent à Bruxelles; Munich se contenta d'une copie. On ne rendit à Gand que des lambeaux du chef-d'œuvre. Ainsi fut lacéré, au nom des « nationalités, » le plus précieux monument du génie de la Flandre.

Ces empiétemens de l'Allemagne auraient-ils jamais commencé, si la Flandre n'avait eu par hasard le dangereux honneur de parler un dialecte germanique? Y a-t-il, en dehors de ce prétexte philologique, un lien de parenté quelconque entre l'esprit flamand et l'esprit allemand? C'est ici justement que l'histoire de l'art peut être d'un grand secours. Et sans doute, au milieu du drame qui agite le monde, c'est un petit côté des choses que le point de vue de l'art : il offre cependant, pour qui sait voir, une manière assez sûre d'atteindre la vérité. La carte des langues ne saurait devenir une carte politique : l'histoire de l'art présente un ordre de faits beaucoup plus sûrs. Un peuple ne choisit pas sa langue : il fait son art à son image. Il le façonne selon ses goûts. Des trois livres où, Ruskin l'a dit, les peuples écrivent leurs mémoires, — leur histoire, leurs lettres, leur art, — ce dernier est le plus sincère et le plus véridique. C'est le seul qui ne les trahisse pas et où l'âme d'un peuple dépose ses trésors et ses profonds secrets.

Or, il se trouve qu'en dépit des prétentions allemandes, l'art flamand n'a guère eu de commun avec l'Allemagne que les innombrables emprunts que celle-ci lui a faits; au contraire, c'est avec la France que l'unissent des rapports séculaires et ininterrompus. On n'a pas oublié les expositions de « Primitifs » qui eurent lieu un peu partout, il y a une quinzaine d'années, celle de Bruges en 1902, et, deux ans plus tard, celle du Pavillon de Marsan. On découvrit que la Renaissance n'était pas seulement un fait italien; que le Nord de l'Europe, Dijon, Bruges et Paris, y avaient une part égale à celle de Florence. La France, la Flandre, y étaient intimement mêlées. Mais les rapports des deux écoles ne se sont pas bornés à l'époque des origines. Les échanges se poursuivent jusqu'à nos jours avec une régularité qui semble une condition de la nature de chacune d'elles. Il y a là une sorte de mariage, où il est difficile de dire lequel des deux époux a donné davantage. Peut-être ne sera-t-il pas inutile d'esquisser à grands traits l'histoire de ce fécond ménage. C'est le privilège de l'art, qu'il n'exprime jamais que des sentimens de sympathie. Les rapports de la France et de la Flandre ont été parfois orageux. La vie politique est fertile en occasions de griefs. Le domaine de l'art, au milieu des affaires humaines, est celui du désintéressement. Parmi les luttes et les querelles du monde « temporel, » il ne nous montre que les raisons que nous avons d'aimer.

Peut-être même une telle étude aura-t-elle, au surplus, un intérêt plus général. En suivant, sur une étendue de trois ou quatre siècles, l'histoire artistique de la Flandre, nous verrons plus d'une fois se modifier les goûts; il deviendra difficile de reconnaître dans le Flamand du XVIIIe siècle le Flamand du XVe, et dans les petits maîtres et les auteurs de « fêtes galantes » les descendans des grands gothiques de Bruges et de Gand. — L'Allemagne avait inventé une théorie des races, sorte de mythe historique en vertu duquel toutes les œuvres d'un peuple apparaissent comme les expressions d'un principe immuable; l'histoire se développe avec une rigueur de théorème. Un arbre, une école artistique semblent croître, dans ce système, avec le caractère inflexible d'un syllogisme. Les faits sont loin d'offrir tant de rigidité. Le caractère ethnique n'a pas la fixité que lui prête la philosophie. Les peuples ne sont pas esclaves de ces définitions; leur pensée ne se laisse pas envelopper dans une formule simple. Il est commode de poser quelques abstractions séduisantes, et de faire entrer ensuite les faits, de gré ou de force, dans les cadres d'un panthéisme germanique. La réalité est plus souple et se rit de ces tentatives. Toute l'histoire humaine n'est faite que de notre effort pour échapper à la fatalité. La Flandre peut nous servir d'exemple. On nous saura gré d'esquisser ici ce grand sujet, et de le proposer comme une leçon d'ouverture édifiante à l'Université flamande, dont la sollicitude impériale vient de doter la ville de Gand.

I

S'il existe en effet, dans les manuels d'histoire de l'art, une notion bien arrêtée, et qui ait pris la force d'un dogme ou d'un lieu commun, c'est celle qui assimile le nom de « flamand » au nom de « réalisme. » On dirait qu'il y a entre ces deux termes une sorte d'équivalence, comme si c'était la fonction de la Flandre, de produire automatiquement des peintures réalistes, ainsi qu'un pommier fait des pommes. Que n'a-t-on pas écrit sur ce « génie du Nord » opposé au génie latin, et sur l'intimité, la bonhomie, la cordialité du premier, par contraste à la rhétorique et au paganisme du second ? Faut-il rappeler les pages que Taine et Fromentin ont consacrées à ce cas classique des variations de l'art considéré comme résultante de la race et du « milieu ? »

Or, ce *naturalisme*, qui est la grande vertu de l'école flamande, qui est devenu la marque de l'école hollandaise et s'est communiqué dans la suite à l'Espagne, — laquelle n'est sans doute réaliste en peinture que pour avoir été l'élève de la Flandre, — ce naturalisme n'est pas une des qualités inhérentes à ce pays et comme un attribut spécial de la race. Il existe, et il a toujours existé, une Flandre qui n'est nullement « naturaliste. » Et ce qu'elle a de naturaliste, on peut dire qu'elle se l'est donné parce qu'il lui a plu ainsi, par un choix de son goût et de sa volonté, et qu'elle en a reçu les premières leçons et les exemples de Paris.

Depuis le XIIIe siècle, en effet, l'art français est en possession de régner seul dans le monde; il couvre la chrétienté entière, et jusqu'à l'Orient, d'églises et de palais de ce style gothique, dont le vrai nom est le style français. La Flandre, d'ailleurs vassale de la couronne de France, n'a pendant tout ce temps aucune vie artistique indépendante; c'est en vain qu'on chercherait chez elle des traces ou des indices de ce goût réaliste qui devait faire un jour sa gloire. Le peu de monumens de cette époque qui ont survécu aux tempêtes iconoclastes du XVIe siècle ne montre qu'un reflet de l'art de nos imagiers; même les figures funéraires, comme celle du duc Henri, qui se voyait avant la guerre au chevet de l'église Saint-Pierre de Louvain, ne sortent pas de cette convention idéale qui est alors la règle de la sculpture française. On trouve en Flandre, à Bruges, à Tournai ou à Liège, plus d'une œuvre remarquable et d'une élégance charmante; rien n'y annonce encore d'école originale.

Mais cet art si pur du XIIIe siècle, le plus attique, le plus parfait qui ait paru depuis la Grèce, ne devait durer qu'un moment. Une révolution profonde va l'emporter bientôt. Ce sera l'œuvre du siècle suivant, siècle plus trouble, d'une unité moins grandiose et moins harmonieuse, et qu'on est tenté de prendre pour une décadence : siècle, en réalité, tout bouillonnant d'idées et de courans nouveaux, et où commencent à se faire jour tous les principes modernes.

Cette époque du règne des Valois est marquée dans l'histoire de traits bien particuliers. La monarchie française, au milieu des périls de sa lutte contre l'Angleterre, prend sa forme moderne d'État centralisé. Les premiers linéamens d'une administration régulière se dessinent. La physionomie toute patriarcale des rois de la première race, dont le chêne de saint Louis est la dernière image, cède à une notion nouvelle de politique positive et aristotélicienne. Un pouvoir inconnu, la finance, s'élève. On voit autour de la monarchie naître ce fait nouveau, la Cour. Les grandes constructions du temps ne sont plus, comme au XIIe siècle, les vastes abbayes et les puissans châteaux ni, comme au siècle suivant, les grandes cathédrales. Maintenant, c'est le Roi, c'est la famille royale qui construisent leurs hôtels, leurs bastilles, leurs tournelles ou qui, dans les faubourgs, multiplient les couvens. Ces Valois ont tous été de grands bâtisseurs ; mais dans leurs monumens le caractère privé l'emporte sur le caractère national. C'est le Louvre de Charles V et son hôtel Saint-Pol et ce couvent des Célestins, monument de la piété royale ; ce sont les innombrables hôtels élevés par ses frères de Bourgogne et de Berry, par ses fils ou ses neveux d'Anjou et d'Orléans, depuis les palais de Bourges, de Poitiers, de Dijon, jusqu'aux châteaux de la fin du siècle, comme celui de la Ferté-Milon.

Cette transformation de la société peut se résumer d'un mot : Paris devient une capitale. Il peut y avoir en art des inconvéniens à ce qu'il existe des capitales. En tout cas, l'art n'est plus dans ces conditions ce qu'il était auparavant. La critique s'aiguise, les idées deviennent plus instables, les goûts changent plus vite; l'évolution se précipite. Les questions de mode apparaissent. Tout prend déjà cette physionomie agitée et un peu fiévreuse, cette animation spéciale qui est la marque de la vie de Paris.

Ce Paris du XIVe siècle est déjà, en petit, ce qu'il est resté depuis, ce qu'il sera, par exemple, au temps de la Régence : la ville la plus brillante du monde, le grand marché d'idées, d'affaires et de plaisirs, le rendez-vous des étrangers, le centre des raffinemens, du luxe, de la vie mondaine. Ce Paris, avec ses tournois, ses carrousels, ses joutes, ses bals d'hommes sauvages, ses modes excentriques, ses tailles pincées, ses manches, ses élégances baroques, ses chaperons, ses traînes en dents de scie, en crêtes de coq, ses chaussures à la poulaine, qui donnent aux femmes et aux hommes un aspect bizarre et cornu d'insectes, de cerfs-volans; ce Paris, avec ses caprices, ses disputes, ses écoles, son immense foire permanente de systèmes, d'oripeaux et de bijoux, avec sa montagne latine, ses halles de Champeaux, ses banques, ses Juifs, ses Lombards, avec ses fortunes scandaleuses, l'insolence de ses nouveaux riches, les Braque, les Montaigu, dont on voit la fortune s'enfler comme une bulle, jusqu'au jour où l'on envoie le parvenu rendre gorge et tirer la langue à Montfaucon; ce Paris turbulent, tumultueux, délicieux, avec sa foule de princes, son perpétuel carnaval, ses rois de Majorque, de Navarre, de Bohême, d'Écosse, y menant loin de leurs États la vie de grands seigneurs, — « et saouloient venir solacier à Paris l'empereur de Grèce, l'empereur de Romme et autres roys et princes de diverses parties du monde; » — ce Paris d'un siècle d'argent, de jouissances et de course à l'abîme, au milieu d'un tourbillon de plaisirs, sous la marotte d'un roi fou, — offre un spectacle déjà singulièrement moderne, une de ces visions de rue Quincampoix qui feraient hésiter sur la date d'un vertige qui s'est reproduit à tant de reprises dans notre histoire. Et avec tout cela, déjà ce charme qu'on n'oublie plus. Il faut lire dans Jean de Jandun ou dans Guillebert de Metz ces impressions d'éblouissement que laisse à l'étranger la visite de la Ville Unique. « Être à Paris, c'est être absolument, *simpliciter;* partout ailleurs, on n'a qu'une existence relative, *secundum quid.* » Ainsi s'exhalait de Paris cet air qu'on ne respire que là, ce parfum de la douceur de vivre.

Un tel monde, dont le pareil n'existe nulle part en Europe, est le milieu privilégié pour l'art et les artistes. C'est dans des conditions semblables que s'opèrent naturellement les changemens du goût. Ce qui préserva l'art toutefois des dangers d'une évolution trop rapide, ce qui le sauva de l'anarchie, ce fut le pouvoir royal. L'art du XIVe siècle est au plus haut degré un art officiel. Les Valois ont eu de bonne heure cette idée, de se servir de l'art comme d'un instrument de règne, d'en faire un signe de leur puissance et un moyen de gouvernement. Multiplier les constructions, inviter la noblesse à abandonner ses fiefs, à les vendre pour bâtir à Paris, à s'endetter pour y suffire, c'était l'esquisse de la politique qui fut l'idée profonde de Louis XIV à Versailles : vue digne de ce grand Charles V, « sayge artiste, vray architecteur, » comme l'appelle Christine de Pisan. J'ajoute que le goût personnel de ce prince et de sa famille se fait sentir sur l'art d'une manière plus évidente que ce ne fut le cas pour aucun autre. Il est hors de doute que les Valois ont eu une action prépondérante sur le mouvement qui engage les arts dans les voies du naturalisme, et qu'ils ont joué ainsi un rôle capital dans les débuts de la Renaissance.

Il suffit de jeter les yeux à Saint-Denis sur la série des tombeaux, qui forme le musée le plus complet de la sculpture française : on assiste, d'un ouvrage à l'autre, aux progrès dans le sens du réel et de l'imitation exacte de la vie. Au siècle précédent, l'art semblait s'interdire toute espèce de ressemblance vivante; l'imitation positive était jugée comme un objet inférieur; la mort était représentée comme une attitude idéale et comme un repos impersonnel. L'idée même de la mort était tenue à l'écart : le gisant a les mains jointes et les yeux ouverts, tant l'art de cette époque ne s'attache qu'au surnaturel et dédaigne les accidens et les misères de la chair. Il ne veut voir de l'homme que ce qui est éternel. Au siècle suivant, au contraire, la reproduction du modèle s'impose de plus en plus comme la fin de l'art; le sculpteur n'invente plus, il n'a plus d'idéal qui le distraie du vrai : son ambition est de faire de plus en plus ressemblant, et de donner à son œuvre la valeur d'un document ou d'un moulage. Ce que l'art a pu perdre du côté des idées, il le gagne en souplesse et en puissance d'exécution. Les yeux se ferment; le masque devient gras ou maigre, vulgaire si le modèle est vulgaire; on n'a plus la pensée d'exprimer la beauté, quand la beauté est absente de la nature. Il suffit de donner au portrait l'apparence de la vie.

Le *portrait :* dans ce mot tient tout un programme artistique. Élargissez un peu la signification, étendez-la du personnage à tout ce qui l'entoure, au monde extérieur, au décor, au paysage, vous avez l'énoncé de la plns complète révolution qui puisse s'accomplir en peinture, en sculpture, et de quoi suffire à jamais à des investigations d'artistes. La conquête de la nature, tel sera, en effet, le grand objet que va désormais se proposer l'art pendant deux siècles. Les Valois ont le goût le plus vif pour ce genre d'images d'après le vif. Nous avons conservé le portrait de Jean le Bon, fait peut-être par son peintre et « varlet de chambre » Girard d'Orléans. Les portraits de Charles V abondent. Nous connaissons aussi son frère de Bourgogne, avec son air de bon vivant. Quant au Duc de Berry, c'est certainement un des hommes qui ont poussé le plus loin la manie du portrait : sa personne, son entourage, ses châteaux, son service de table, ses habitudes et son visage de Mécène sensuel et bouffi, ses costumes, ses chapeaux de fourrure, ses joyaux, ses maisons de plaisance, il n'est rien de tout cela qui ne nous soit rendu familier par les merveilleuses peintures des manuscrits de sa « librairie, » les plus belles sans doute qui existent, et telles qu'aucun Médicis ne peut se vanter d'en posséder de comparables parmi ses plus précieux trésors. Il suffit de rappeler le plus illustre de ces livres, ces *Très riches Heures* de Chantilly, l'une des gloires du musée Condé et de l'Institut de France qui en est le gardien; il suffit, dans ce livre, de feuilleter les premières pages, celles du calendrier qui ouvre le volume, et qui représentent, sous chacun des mois ou des demeures du soleil, la vue d'une des résidences du prince; il suffit de considérer au hasard une seule de ces pages, d'une beauté et d'une poésie qui n'ont pas été dépassées, — soit le triste *Février* avec l'atonie de son ciel noir sur la lividité de la neige, soit le ravissant *Avril,* plus piquant et plus gracieux qu'aucun chef-d'œuvre de Gentile ou de Pisanello, soit la chasse de *Décembre* et ses rousseurs d'automne autour du donjon de Vincennes. En moins de soixante ans, depuis le portrait de Jean le Bon, on voit les immenses progrès accomplis dans ce domaine de l'imitation de la réalité. L'art de peindre est là tout entier avec toutes ses ressourses; le programme du « portrait » appliqué à tout le champ de l'observation a été parcouru. Nous sommes en 1416 : et il y a déjà dans ce livre fait à Paris, pour un prince français, tout le génie flamand et toute la peinture des van Eyck.

Je n'écris pas ce nom sans raison. En effet, toute cette école parisienne, tout cet art réaliste que nous venons de voir se former, se trouvent fort mêlés d'élémens et d'artistes des Flandres. L'artiste, l'ouvrier flamand est souvent d'humeur voyageuse; il va où il trouve de l'ouvrage, où l'appelle la

« demande; » il est volontiers cosmopolite. Le type, si l'on veut, en sera ce Froissart, tellement universel ou international, tellement étranger à l'idée de patrie qu'il est également à l'aise en France, en Angleterre, en Navarre, en Écosse, et qu'à force de refléter tour à tour tous les partis, il nous offre l'image la plus complète de son temps. Il y a donc partout en France, et surtout à Paris, des nuées de ces Flamands qui travaillent pour la cour ou pour les grands seigneurs. Charles V en emploie, témoin ce Jean de Bondol, dit aussi Jean de Bruges, l'auteur du frontispice de la *Bible de Vaudetar*, et qui dessina les cartons de la fameuse tenture de l'*Apocalypse* d'Angers, que tout le monde a vue au Petit Palais en 1900. C'est un Flamand, Jean Pépin de Huy, qui taille à Saint-Denis l'image de Robert d'Artois. C'en est un autre, André Beauneveu de Valenciennes, qui sculpte celles des trois premiers souverains de la maison, Philippe VI, Jean le Bon et son fils Charles V. — Celui-ci est un maître et il fait à la cour figure considérable, ce « Maître Andrieu, dit Froissart, dont il n'avait (n'y avait) meilleur ni le pareil en nulles terres, ni de qui tant de bons ouvrages feust demouré en France ou en Hayunau, dont il était de nation, et ou (au) royaume d'Angleterre. »

On n'attend pas ici que j'énumère les noms flamands que nous révèlent les comptes du Roi et de ses frères, tailleurs d'images, enlumineurs, orfèvres, Jean ou Hennequin de Liège, Jacquemart de Hesdin, ou ce Jacques Coene, de Bruges, « demeurant à Paris, » préoccupé de recherches sur la peinture à l'huile, et auquel on a pu attribuer avec vraisemblance un des beaux manuscrits du siècle, les *Heures de Boucicaut*, entrées naguère avec le musée Jacquemart-André dans les collections de l'Institut; et il y en a d'autres en province, à Lyon ou à Troyes, où les archives, en deux siècles, signalent plus d'une centaine de ces noms d'immigrés. Les princes les emploient au même titre que leurs sujets, les Raymond du Temple, les Guy et les Drouet de Dammartin, les Jean de Saint-Romain, qui se partagent avec Beauneveu ou Marville les faveurs des Valois. Ils prennent une part active à ce progrès qui pousse les arts à la conquête du monde réel: leur tempérament de Flamands, leur vocation de réalistes font merveille dans ces voies nouvelles; mais c'est une vocation qui s'est révélée à Paris.

II

Un fait capital allait resserrer encore les liens des deux écoles, compléter la fusion : la Flandre, rattachée à la couronne de France, va revenir par héritage à la maison de Bourgogne. En 1367, Philippe le Hardi, frère de Charles V, épouse Marguerite de Flandre, fille unique du comte Louis de Male, laquelle lui apporte en dot les comtés d'Artois, de Rethel, de Nevers et le comté de Flandre, « le plus grand, riche et noble qui soit en chrétienté. » En 1383, à la mort de Louis, son gendre devient comte de Flandre. Ce n'est pas le lieu d'insister sur un fait politique qui devait dominer l'histoire pendant un siècle et développer des conséquences qui n'étaient pas éteintes au temps de Charles-Quint. On ne peut étudier ici ce phénomène, cette subite excroissance d'un État parasite qui devint une si grave menace pour la vie nationale ; nous ne nous occupons ici que des résultats artistiques.

Le nouveau comte de Flandre n'a pas la réputation d'amateur raffiné qu'a laissée son frère de Berry. Tous ces Bourgogne sont fameux surtout par un amour du faste et de la vie plantureuse, par la magnificence de leurs joailleries, par la pompe de leurs festins et la recherche de leurs « entremets, » par leurs réceptions « à tables habandonnées, » par le luxe copieux des viandes et des vins; Taine fait de leurs fêtes, de leur train de vie, de leurs cuisines un tableau gargantuesque, d'une verve magnifique, à la manière de Jordaens. Il nous montre dans les inventaires leur vaisselle inouïe, les pierres, les métaux précieux, « ce large ruisseau d'or qui coule, chatoie, s'étale et ne s'arrête pas. » Il nous donne l'impression d'un immense débordement de matérialisme, d'un épanouissement ou d'une symphonie de toutes les sensualités. Cette peinture célèbre risque peut-être de nous induire en erreur : les détails sont pris pour l'ensemble. Les choses ne sont pas à leur plan. Sur un catalogue d'archives, les pièces d'orfèvrerie occupent plus de place qu'un château. Sans doute, presque tous les monumens de la maison de Bourgogne ont disparu : on se figure ainsi qu'ils n'avaient que peu d'importance. Nous en jugerions autrement, si nous les avions conservés.

En fait, de tous ces monumens de la grandeur bourguignonne, Dijon seul, par bonheur, montre encore quelques restes. Ce sont les ruines d'une Chartreuse, que le duc Philippe le Hardi fit construire aux portes de la ville, au faubourg de Champmol, pour servir de sépulture et de sanctuaire aux princes de sa maison. Le soin du tombeau et le souci de la demeure éternelle ne sont sans doute pas aussi « païens » que l'auteur de la *Philosophie de l'art* reproche aux ducs de l'avoir été. L'église et le couvent sont détruits; il n'en subsiste plus que deux ensembles de sculptures : ce sont les figures du portail et le soubassement du mystérieux *Puits de Moïse*, au centre de ce qui était le cloître, œuvre de deux Flamands, Jean de Marville et Claus Sluter; — et ce sont les tombeaux des ducs, recueillis aujourd'hui au musée de Dijon, ouvrages de Claus de Werwe et de ses successeurs.

Tout a été dit sur ces ouvrages admirables, sur la vogue et le retentissement qu'ils eurent dans la sculpture. Peu d'œuvres eurent l'honneur d'être plus imitées et se prolongèrent pour ainsi dire en plus de répliques et d'échos. Toute la sculpture française, jusqu'au temps de Michel Colombe (et plus encore l'allemande), reproduira les formes de l'école bourguignonne. Le « souverain tailleur d'images, » comme Lemaire de Belges appelle encore Sluter, a introduit dans l'art un pathétique nouveau : il y a dans ses figures une grandeur de mélancolie, un accent tragique, on ne sait quoi d'âpre et de rugueux dans la forme, une manière de pétrir l'argile humaine pour en tirer des êtres d'un aspect grandiose et inconnu; et autour de ces figures, des draperies plus vastes et d'une ampleur nouvelle, avec des saillies plus marquées et des ombres plus fortes, des enchevêtremens de plis sur les pieds et autour des membres, et toute une façon d'amplifier la forme en y ajoutant quelque chose d'oratoire et de lyrique. L'art du XVe siècle dans tout le Nord de l'Europe répétera à satiété ces écroulemens d'étoffes, ces remous et ces froissemens de houppelandes, sans comprendre toujours le sens de cette rhétorique et la force expressive d'un art qui savait faire dire à la draperie toute seule plus qu'on n'avait encore tiré du geste et de la figure. On reverra autour des tombeaux jusqu'à la fin du siècle ces processions de pleurans et leur pantomime de douleur noyée dans des cagoules, thème émouvant qui va se développant pour finir dans le sublime tombeau de Philippe Pot, au Louvre, où un maître inconnu immortalise le motif de la marche funèbre. Le tombeau de Dijon était à peine achevé qu'il était reproduit à Bourges pour le Duc de Berry par Jean de Rupy et Jean Mosselmans d'Ypres; et ceux-ci à leur tour n'avaient pas terminé le leur, que le roi René faisait enquérir à Bourges « si les Flamands qui avaient travaillé en la sépulture de feu le Duc de Berry y étaient encore, car ce sont les meilleurs ouvriers en ces marches de par-deçà. »

Tout est flamand dans ces débuts de la sculpture bourguignonne, et cependant rien ne permet d'en entrevoir l'origine dans les Pays-Bas; tout est flamand, et cependant cet art n'a de racines qu'en France. Si nous en cherchons les modèles, c'est le *Charles V* des Célestins, ce sont les figures de Pierrefonds ou de la cheminée de Poitiers qui pourront nous les suggérer; c'est surtout l'admirable *Couronnement de la Vierge* de la Ferté-Milon. N'est-ce pas là, dans cette page glorieuse entre toutes de la sculpture française, que l'art plastique prend pour la première fois cette nouvelle éloquence et cette magnificence de la période et du rythme? Mais nous avons là-dessus un témoiguage précis : en 1393, quand le Duc de Bourgogne entreprend les travaux de Dijon, où envoie-t-il ses artistes pour y prendre leurs inspirations? Les adresse-t-il quelque part en Flandre ou en Allemagne? Non, il les fait aller à Meung-sur-Yèvre, chez son frère, pour visiter « certains ouvrages de peintures, d'ymaiges et d'entailleures (statues et bas-reliefs) que Mgr de Berry faisait faire audit Meung, » et ce sont ces modèles que Jean de Beaumetz et Claus Sluter ont pour mission expresse d'égaler à Dijon.

C'est encore de la même Chartreuse que nous viennent les deux plus anciens monumens de la peinture flamande, — les fragmens du retable de Melchior Broederlam, au musée de Dijon, et la *Vie de Saint-Denis*, que Jean Malouel ou Malweel laissa inachevée à sa mort, en 1416, et qui fut terminée par son élève Henri Bellechose. Chacun connaît ce joli tableau pour l'avoir vu au Louvre : on y retrouve, avec une douceur un peu molle, toute l'élégance des ateliers parisiens. Jean Malweel était vieux et appartenait au passé. Comparé à celui des *Très riches Heures* du duc de Berry, qui datent de la même année, son art semble plus timide et légèrement retardataire. Mais, s'il est vrai que les Limbourg, auteurs de ce merveilleux livre, — ils étaient, comme on sait, trois frères, Pol, Hermant et Jannequin, « les trois frères enlumineurs, » dit un contemporain qui les regarde comme une des curiosités de Paris, — s'il est vrai que ces trois frères s'appelaient Malouel et étaient neveux de Jean Malweel, on voit une fois de plus comment progresse une tradition, d'une génération à l'autre, dans une même famille d'artistes; et l'on voit un nouvel exemple de ce que la Renaissance des arts doit en Flandre et en France à ces deux maisons-sœurs de Bourgogne et de Berry.

A cette date, au début du siècle, toutes les idées, toutes les formules de la Renaissance sont prêtes : tout s'est élaboré autour de la couronne de France, et l'art a commencé à produire des chefs-d'œuvre. Tout semble présager l'approche de l'âge d'or. Les circonstances politiques en décidèrent autrement; le cours des choses fut détourné. La folie du Roi, Azincourt (1415), les troubles qui suivirent, font brusquement déchoir Paris du rôle qu'il tenait depuis le règne de Charles V. Jamais la France, la monarchie ne subirent plus terrible assaut. Les arts désertent pour longtemps la ville ruinée. Au contraire, le duché de Bourgogne s'accroît et prospère de toute la puissance qui échappe à la France. Le centre des arts se déplace et se fixe à Bruges et à Gand. Et en 1432, le retable de *l'Agneau mystique* inaugurait à Gand, par une œuvre immortelle, l'ère de la vraie école « flamande. »

L'œuvre est trop connue pour en parler encore, au bout de si longtemps qu'elle exerce l'admiration et les commentaires des critiques. C'est un de ces ouvrages qui sont un résumé du monde; il déborde à la fois de vie religieuse et de vie naturelle. Il domine pour plus de cent ans l'histoire de la peinture : Flandre, France, Allemagne, Espagne, Italie même, lui doivent quelque chose. On peut dire qu'il a fixé jusqu'au milieu du XVIe siècle les destinées de la peinture. Longtemps la naissance d'une telle œuvre a paru un mystère. Sans nier, en effet, ce qu'a toujours de mystérieux une œuvre du génie, ne peut-on dire toutefois que le problème désormais se trouve en partie éclairci? Inexplicable et quasi miraculeux, tant qu'on lui cherchait des ancêtres en Flandre, ce chef-d'œuvre se trouve être le terme d'un travail séculaire qui s'est accompli ailleurs; et l'Italien Facio n'en a-t-il pas le sentiment, lorsque, parlant vers 1450 des tableaux de Jan van Eyck qui déjà se trouvaient dans les collections d'Italie, il en nomme l'auteur *Johannes Gallicus?*

III

Avec le XVIe siècle, le caractère de l'art change profondément. Les Pays-Bas s'italianisent comme la France elle-même ; Rome devient la ville sainte, la métropole du beau. Il s'ensuit pendant soixante ans un grand trouble dans toute l'école. La palette se désorganise, les nudités envahissent un art jusqu'alors fort vêtu ; les peintres font leurs classes et s'essaient à manier le beau langage des humanistes. Tout « romanise, » sauf le portrait, qui parvient à sauver, dans ce désordre des méthodes, quelque chose des anciennes qualités du terroir et la forte discipline de la réalité.

On est souvent injuste pour cet âge ingrat de l'école flamande. En réalité, cette période difficile et assez ennuyeuse est la condition des œuvres qui vont suivre. Dès les premières années du XVIIe siècle, les Flamands ont à ce point absorbé les enseignemens de l'Italie qu'ils se trouvent en mesure de lui faire concurrence et de la supplanter sur le marché étranger. Avec une puissance d'assimilation sans exemple, et qui n'a d'égale que leur extraordinaire fertilité d'exécution, on va les voir partout suppléer au défaut des écoles nationales, alimenter Madrid, Londres, Paris et se faire dans toute l'Europe les fournisseurs infatigables des églises et des cours.

L'homme qui incarne entre tous cette manière de faire, le peintre qui pendant trente ans suffit à toutes les tâches et les mène de front, à la fois gentilhomme, artiste, diplomate et presque ambassadeur, c'est Rubens. Avec lui, l'art flamand du siècle d'Albert et d'Isabelle retrouve la splendeur et l'universalité qui avaient été les siennes au temps de Philippe le Bon ; grâce à lui, l'école d'Anvers éclipse l'ancienne école de Bruges, et balance bientôt la gloire de Bologne. Pour un public épris des Carraches et du Guide, le grand « Italien » d'Anvers est le maître qui s'en rapproche le plus ; quiconque parmi les souverains désire avoir sa Galerie à l'instar du palais Farnèse ou du palais Rospigliosi, s'adresse à ce talent merveilleusement expéditif. Lorsque Marie de Médicis se fait construire au Luxembourg un palais florentin, qui lui rappelle sa maison natale et les jardins

Pitti, elle se laisse persuader de recourir pour les peintures, faute d'un cavalier d'Arpin, au Flamand que lui recommande le ministre de l'Archiduchesse, et qui a été pendant dix ans le peintre officiel de la cour de Mantoue. La Reine, d'ailleurs, ne dédaigne pas la manière flamande; elle la trouve bonne pour les portraits, et a elle-même pour portraitiste Pourbus. Mais c'est une autre affaire que le style héroïque, et il faut que les temps soient difficiles pour que la Reine se résigne à confier à un Anversois la Galerie de Médicis.

Je ne dirai qu'un mot de cette œuvre célèbre, qui n'est sans doute pas la plus touchante de Rubens, mais qui demeure, en somme, la seule subsistant au complet de toutes ses grandes œuvres décoratives. Quels que soient son importance, ses mérites de premier ordre, ses beautés éclatantes, — surtout visibles depuis que le Louvre a pris la peine de lui donner une exposition digne d'elle, — on ne peut s'étendre ici sur une œuvre sans postérité. Il est en effet remarquable que, pendant tout le XVIIe siècle, cet ensemble incomparable ait existé en plein Paris comme s'il n'avait pas été. Ce n'est que tout à la fin du siècle que nos artistes le découvrent et qu'on voit un Coypel, dans un dessin du Louvre, copier les Tritons et les grasses Sirènes du *Débarquement de la Reine;* alors seulement le Luxembourg devient un lieu de pèlerinage. Et moins encore faut-il parler de la *Vie de Henri IV*, qui fut un des projets de Rubens, et dont il existe çà et là quelques esquisses splendides, aux Offices ou à Berlin, — juste de quoi donner le regret que l'artiste ait abandonné une matière où il y avait, disait-il, « dix galeries de Médicis; » et l'*Histoire de Constantin*, dont il exécuta les cartons pour Louis XIII, n'est pareillement qu'un incident de la carrière de Rubens, qui intéresse ses biographes plus que l'histoire de l'art.

Il est peut-être surprenant que le grand artiste, de son vivant, n'ait eu à Paris qu'un épisode si court et de si peu d'influence; le vrai chapitre de Rubens est en France, nous le verrons, un chapitre posthume. Des malentendus personnels l'éloignèrent sans retour; mais il y avait amené à sa suite des élèves qui y firent un plus long séjour.

Le Paris de Louis XIII commence de nouveau à offrir aux peintres un champ privilégié. Le royaume, sorti des convulsions de l'autre siècle, semble un chantier de reconstruction. Restauration religieuse : partout des couvens, des chapelles, des églises se fondent et se bâtissent. Restauration sociale : une classe nouvelle, haute bourgeoisie, noblesse de robe ou de finance, arrive au pouvoir et s'installe. Il y a beaucoup à faire pour tous les arts, dans tous les genres, entre l'Arsenal et le Marais, le Val-de-Grâce et Vaugirard. Tout un Paris nouveau se bâtit, qui perd décidément sa forme du moyen âge : le Paris de la Place Royale et des comédies de Corneille, le Paris des Séguier et des Lambert de Thorigny, des La Vrillière et des Maisons, sans parler de l'exemple de Richelieu lui-même au Palais-Cardinal. Que d'occasions pour des artistes ! Une fois de plus, on revit alors ce qui s'était passé quelque trois cents ans plus tôt : tout ce qui était jeune, vacant et d'humeur vagabonde dans les ateliers d'Anvers ou de Liége, tout le trop-plein de la verve et de la production flamandes vient à Paris en quête d'une occupation.

On a fait un livre précieux sur les artistes des Pays-Bas qui vinrent à Rome ou y vécurent pendant les deux siècles classiques. Quel dommage que le pareil n'existe pas pour la France ! Un tel ouvrage éclairerait certains côtés trop peu connus de notre histoire de l'art. Deux fois, à vingt ans d'intervalle, van Dyck passe par Paris pour tenter la fortune, et se met sur les rangs dans l'espoir de décorer la galerie d'Apollon. Qui pourrait dire au juste ce qu'y font un van Mol ou un van Egmont, et quelles traces y demeurent encore de leur passage ? Combien de Parisiens connaissent la coupole de l'église des Carmes de Vaugirard, et savent que la peinture en est de Theodor van Thulden ? Le nom de Jean Warin est peut-être plus populaire parce que, comme directeur de la Monnaie du Louvre, il a passé pour le premier médailliste de son temps, et qu'il est l'auteur de quelques statues ou bustes très connus de Richelieu et de Louis XIV. Sa famille, devenue provinciale, gravait encore de père en fils jusqu'aux dernières années du XIXe siècle.

Parmi ces Flamands accourus pour profiter des aubaines de la Régence, une figure se détache par un air tout particulier de dignité morale, par un sentiment de pudeur et par une attitude à la fois austère et discrète d'ami de la famille : c'est Philippe de Champagne, le peintre de Port-Royal.

C'était un Flamand de haute taille et de grande santé, ayant le flegme de son pays, une charmante candeur, placide et virginale. Il vient à Paris à dix-neuf ans, s'y marie et ne bouge plus guère. Pendant plus de vingt ans, jusqu'à la mort de Richelieu, il est avec Vouet le peintre le plus en vue et le plus occupé de l'école. De toute son œuvre décorative, au Luxembourg, au Palais-Cardinal, de sa galerie des *Hommes illustres*, de ses Allégories sur l'histoire du premier ministre, qui formaient une apothéose comparable à la galerie de Médicis, de tout ce qui faisait dire qu'il était l' « Apelle de cet autre Alexandre, » rien aujourd'hui ne subsiste et ne subsistait déjà plus au XVIIIe siècle. A peine quelques portraits, comme le *Richelieu* du Louvre, sont encore là pour témoigner de ce que fut en son âge mûr le peintre officiel et l'artiste profane, le virtuose de la palette, habile à faire chatoyer les damas et les soies, heureux de l'accord somptueux des matières opulentes, et de manier ce style d'apparat qui est la majesté des œuvres du grand siècle. On comprend que le cardinal l'ait toujours préféré, « tout Flamand qu'il fût, à tous nos artistes français, parce qu'il était habile homme et que ses couleurs lui plaisaient très fort. » Vanité de la gloire! Toute cette œuvre savante et peut-être admirable est aujourd'hui anéantie, et si le grand artiste est pour nous quelque chose de plus qu'un nom, c'est à cause de quelques pages intimes, sans luxe, sans publicité, faites pour des amis et pour de pauvres religieuses, et où le peintre simplement laisse battre son cœur.

J'ai conté naguère ici même (1) le pieux roman de Champagne et l'histoire touchante de sa rencontre avec Port-Royal. Sa fille y ayant pris le voile, le père se consacre au service de l'illustre maison. Le peu d'art humain qui éclaire ce jansénisme un peu morose, c'est à lui qu'on le doit. Il nous laisse surtout une galerie inestimable des hommes et des femmes qui formèrent cette grande école d'héroïsme religieux. Ces portraits graves, sans ornement, sans « effet, » sans sourire, ne valant que par l'accent et le prix des physionomies, le magnifique Saint-Cyran, le doux Sacy, l'ardent et bouillant d'Andilly, et les femmes, la mâle Angélique, la forte Agnès, l'incomparable ensemble de la collection Gazier, forment un répertoire qui vaut pour l'histoire de l'âme humaine les plus nobles séries

(1) Voyez la *Revue* du 1er décembre 1909.

de Greco, de Hals, de van Dyck, — la monographie d'une grande famille spirituelle, d'une tribu sainte.

Et le jour où la fille du peintre, après une neuvaine, recouvra la santé, ce jour-là le père, le croyant, l'artiste se réunirent pour un chef-d'œuvre. Qui ne connaît la page admirable où deux religieuses en prière, dans une cellule grise, en robes et en guimpes grises, semblent transfigurées par l'attente du miracle, par la foi qui les illumine comme deux lampes d'albâtre? Mais je sais dans une salle du musée de Rotterdam quelque chose de plus beau encore : un autre tableau intime où deux adolescens, le neveu du peintre et le graveur Platte Montagne sont assis, l'un rêvant, dessinant, tandis que le second accompagne la rêverie de son ami du chant de son violoncelle. Dans ces graves harmonies grises, parcimonieuses, le peintre a fait tenir les modulations d'un concert intérieur et des accords plus rares que ceux qu'il obtenait jadis des satins et des pourpres; et dans ces notes basses, extraordinairement riches avec très peu d'écart, s'exhale toute la musique d'un cœur austère et pur, toute la poésie de Philippe de Champagne, « bon peintre et bon chrétien. »

Mais, si Champagne est le plus illustre et le plus « naturalisé » de ses pareils, que l'humeur nomade, l'espoir de s'instruire ou de réussir, attirent hors du pays, il est bien loin d'être le seul qui se fixe chez nous et y fasse une longue carrière. Paris est plein à ce moment de Flamands qui y forment une espèce de tribu. Ils font beaucoup de petits métiers plutôt que du grand art, s'embauchent comme sculpteurs en buis ou en ivoire, peignent des paysages, des fleurs ou des marines, ou simplement s'occupent du commerce des objets d'art : Watteau, un jour, tombera entre les pattes d'un de ces marchands, et c'est là qu'il fera ses débuts, en peignant des *Saint-Nicolas*.

Il nous reste sur ce coin du vieux Paris un document assez curieux, et qui représente sans doute assez naïvement ce qui a dû se passer cent fois. C'est l'histoire que Wleughels, — le camarade, l'ami de Watteau, — nous a faite des débuts de son père à Paris. L'histoire est amusante, et fait penser à un chapitre de roman de Lesage.

Donc, le jeune Wleughels, natif d'Anvers, voulant s'illustrer dans son art, passe la mer et débarque à Londres pour chercher une place de rapin chez van Dyck. Van Dyck venait de mourir, l'étudiant se rabat chez Lely. Au bout de quelques années, l'ambition lui vient de sortir du portrait et de s'élever à l' « histoire; » il part avec un camarade, et prend le chemin de Rome en passant par Paris. Les routes étaient peu sûres, on ne parlait que de voleurs : en effet, nos deux voyageurs ne sont pas plus tôt arrivés à une couchée de Paris, que les voilà dévalisés. Dans cet équipage, ils poursuivent à pied et arrivent le soir dans la ville, — inconnus, ne connaissant personne, et ne sachant, bien entendu, pas un mot de français. Wleughels, pour tout potage, avait vaguement l'idée qu'il s'agissait de découvrir un de ses compatriotes dont il avait retenu le nom. C'était son seul point de direction; du reste, pas un sou, pas de hardes, pas de souper : voilà le capital de nos deux compagnons. Ils vont ainsi droit devant eux, en pleine nuit, sans savoir où, traversent un pont, enfilent une rue et arrivent ainsi jusqu'à la place Dauphine. Ils avisent un passant qui rentrait à cette heure solitaire, ils l'arrêtent par la manche (on portait des manches très longues). Le passant se débat, prenant nos gens pour des filous; mais eux se contentaient de baragouiner à qui mieux mieux : « M. van Mol, peintre du roi. » C'était le nom de leur compatriote, et c'était là tout leur français. Mais la Providence les servait : il se trouva que le quidam était le peintre Bourdon, qui connaissait van Mol, et les mena chez lui.

Van Mol accompagne les jeunes gens chez un doreur de la rue du Sépulcre, lequel les conduit à son tour au cabaret de *la Chasse,* qui faisait l'angle de la rue du Four. Ce cabaret était un refuge, une colonie de pension de peintres flamands. La Compagnie était à table, à l'heure qu'il était : on fait accueil aux nouveaux venus, on leur fait prendre place. Et voilà nos gaillards, qui une heure plus tôt ne connaissaient pas âme dans Paris, et qui y trouvent à la fois des amis, bon couvert, bon visage et bonne chère. Il n'y a que Paris pour ces surprises.

Il y avait là Fouquières, van Boucle, Calf, Nicasius, tous artistes de quelque renom, tous menant joyeuse vie. S'il fut question de Rome, ce fut assurément pour en détourner nos pèlerins. Le plus pressé était de ramasser quelques écus. Le lendemain, Calf conduit Wleughels chez un certain Picard, un « pays » de sa connaissance, peintre de fleurs, plus marchand que peintre, qui nourrissait quelques jeunes gens à faire des copies, et qui demeurait sur le pont Neuf, en face du

Cheval de Bronze. Le voyage de Rome ne fut pas poussé plus loin.

Ce n'est pas tout. Philippe Wleughels commence à se débrouiller; les commandes arrivent; il fait quarante tableaux pour le Carmel de Saint Denis. Le voici qui songe au mariage. Il y avait alors rue du Vieux-Colombier un peintre flamand assez habile, qui peignait bien les mers : c'était un élève de van Ertveld, d'Anvers, dont le portrait par van Dyck se trouve au musée d'Augsbourg. Il s'appelait van Plattenberg. A son arrivée à Paris, il s'était fait brodeur, mais, la broderie venant à être défendue, il avait repris son premier métier. Van Plattenberg, ou plutôt M. de Platte-Montagne, comme il avait traduit son nom, avait deux filles : Philippe Wleughels demanda la main d'une des sœurs. Et c'est ainsi qu'un inconnu arrivant à Paris y trouvait de quoi vivre, dîner, peindre et se marier, — en Flandre. Il pouvait même s'épargner la peine d'apprendre la langue des indigènes. Au bout de trente ans de Paris, Wleughels ne savait pas encore le français : en revanche, nous dit-on, il se piquait de correction et même d'élégance en flamand. Cela ne nuisit pas à sa carrière : les meilleures compagnies s'amusaient de son jargon, et, comme il ne manquait pas d'esprit, il disait en mauvais français de petites histoires joliment.

J'ai conté cette aventure un peu longuement peut-être, mais que de Wleughels en France, et surtout à Paris ! On serait étonné de la proportion de Flamands qui se rencontre dans les arts français au temps de Louis XIV : de 1648 à 1690, on en trouve une trentaine sur les registres de l'Académie ; à la fondation, ils forment à peu près le tiers de la Compagnie. Ils ne sont pas moins nombreux aux Gobelins, dans cette manufacture des Meubles de la Couronne, une des grandes idées de Colbert, où tout un peuple d'artisans, de peintres, d'ouvriers, sous la surintendance de Le Brun, travaille à la gloire royale, exécute mobilier, tapisseries, statues, et coopère au relèvement des industries françaises. Quel n'est pas dans cette entreprise le rôle d'un Genoels ou d'un van der Meulen, ce beau peintre, l'historiographe en titre des sièges et des campagnes de Louis XIV, l'homme chargé du service de la propagande par le film, et qui nous a laissé sur ces guerres classiques tant de gaies et piquantes images, tant de pages chatoyantes, alertes et luxueuses? Quelle ne fut pas la part de cette équipe flamande dans les travaux de siècle ? On ne peut feuilleter le beau livre de M. de Nolhac sur la *Création de Versailles*, sans rencontrer presque à chaque page les noms de quelqu'un d'entre eux. Pour un Romain comme Tubi, combien d'œuvres charmantes des frères Marsy, de Cambrai, Gaspard et Balthazar Marsy, qui peuplent les miroirs d'eau de leurs gracieuses nymphes, taillent le marbre équestre de la grotte d'Apollon, créent l'aquatique fantaisie du bassin de Latone! Combien d'autres ouvrages de van Obstal, de Buyster, de Corneille van Clève, l'auteur des bas-reliefs de la chapelle de Versailles, ou de ce puissant Desjardins, de son vrai nom, van den Bogaert? Mais l'inventaire de nos richesses artistiques est encore si mal fait, tant de choses ont été détruites, tant de beautés gaspillées, qu'à peine savons-nous ce qui nous reste; et aussi, avouons-le, nous discernons mal, à distance, le talent individuel dans la discipline uniforme de cette grande œuvre impersonnelle. Dans la foule qui passe tous les jours sous l'arche triomphale de la Porte Saint-Martin, y a-t-il seulement deux regards pour admirer la jolie *Besançon* de Desjardins ou le *Mars* impétueux de Balthazar Marsy? Parmi les milliers de visiteurs qui, aux Invalides, rendent un quotidien hommage aux reliques de Guynemer, combien remarquent les magnifiques esclaves de bronze de Desjardins, — où il y a déjà des Germains enchaînés, — et qui sont les fragmens du glorieux *Louis XIV* de la place des Victoires?

Ce n'est pas mon objet de faire de ces pages une simple énumération. Mais comment s'empêcher de rêver à la prodigieuse « ville d'art » que fut le Paris d'autrefois, tel qu'était encore, par exemple, le Paris de Sauval ou du plan de Turgot, avec ses curiosités, ses verrues, ses antiquités de tous les siècles, et ses voies biscornues où se coudoyaient tous les âges? Que sont devenues ces centaines de paroisses et de couvens, Saint-Médéric et Saint-Magloire, Sainte-Opportune et le vieux Saint-Paul, les Feuillans et les Capucines et les Filles du Calvaire, et les incroyables trésors que recélaient tant d'hôtels et de fondations religieuses? Qu'ont fait de tout cela les révolutions, les ventes et les terribles exigences de la voirie et de la rapidité modernes? Que ne puis-je retrouver au coin de la rue Bailleul cette figure de Sainte Anne, que la veuve d'un rôtisseur de la rue de l'Arbre-Sec, qui s'était enrichie à vendre de la volaille, avait commandée à Buyster en témoignage public de sa reconnaissance chrétienne et pour l'édification du quartier?

On voit du moins ce qu'était cette France où chacun, depuis le Roi jusqu'aux dames de la Halle, employait les artistes et leur donnait de l'ouvrage; où, le pays n'y suffisant plus, accueillait, embauchait la main-d'œuvre étrangère; où Paris, pour la seconde fois, reprenait en Europe la direction des arts et, comme au temps des Ducs de Bourgogne, s'amalgamait la Flandre. On a vu ce qu'était cette province du cabaret de *la Chasse*, cette petite Flandre du Pont-Neuf et de la rue Taranne, au faubourg Saint-Germain. C'est, au surplus, l'époque de la paix de Nimègue, qui donne au Roi Lille, Dunkerque, une partie du Hainaut et de la côte flamande, entre la Lys et l'Yser : conquête peu violente, d'ailleurs, et dont le pays conquis ne garde pas rigueur. Les artistes, loin de bouder la France, continuent de plus belle à prendre le chemin de Paris; le sculpteur Sébastien Slodtz, d'Anvers, vient s'y établir à cette date et y fonde cette famille d'artistes, Paul-Ambroise, Sébastien-René et René-Michel, dit Michel-Ange, qui seront, sous la Régence, les véritables précurseurs des Adam, des Clodion; et, en 1684, six ans après le traité qui donne Valenciennes à la France, y naissait l'artiste, le poète de génie qui devait créer de toutes pièces la plus charmante des écoles françaises, — Antoine Watteau.

IV

En effet, ce grand art du XVIIe siècle, tel que l'ont « organisé » Colbert et Charles Le Brun, cet art des grands ensembles et des perspectives royales laisse peu de place à l'invention, au caprice personnels. Ce n'est guère, en son fond, qu'une importation un peu artificielle de l'art italien, à laquelle la volonté de faire grand et la discipline acceptée d'un ministère unique impriment seules une nuance propre d'ordre et de majesté. On parle beaucoup des « anciens : » en réalité le grand maître, c'est le cavalier Bernin, l'immortel créateur du péristyle de Saint-Pierre et de tant de beaux décors romains, de la place Navone à celle de la Trinité-des-Monts, — l'homme qui, en se jouant, dans son voyage en France de 1661, nous laissa le dessin de la colonnade du Louvre et plus d'une autre idée, que Le Vau et Mansart reprirent à Versailles.

Mais tandis que le goût se forme et que l'école devient plus habile, qu'elle acquiert plus d'assurance par l'importance de ses ouvrages, et qu'elle y prend conscience de son indépendance, on assiste à un curieux revirement des idées. Les esprits s'émancipent et supportent impatiemment la tutelle des maîtres. L'Italie et l'antiquité ne sont plus des modèles dont l'imitation soit la fin suprême de l'art et la condition du beau. Qu'ont-elles fait après tout qui vaille le Louvre et les Tuileries, et cet étonnant Versailles? La France n'est-elle pas assez grande pour se passer d'exemples? Devra-t-elle chercher toujours des modèles étrangers et ne saurait-elle trouver en elle-même, sans prendre conseil d'autrui, le genre d'art qui lui convient? Lui faudra-t-il éternellement prendre le mot d'ordre à Rome, et vivre sur des règles faites pour les contemporains d'Auguste et de Marc-Aurèle ? N'est-il pas temps pour elle de sortir des bancs de l'école et de penser pour son compte, sans se soucier des gens d'il y a deux mille ans?

Il ne saurait convenir ici de refaire l'histoire de cette dispute fameuse qui a rempli la fin du siècle, et qui est la querelle des Anciens et des Modernes. « Les anciens sont les anciens, et nous sommes les gens de maintenant! » s'écrie déjà Molière, en réponse aux critiques qui lui jettent Horace et Aristote à la tête. Mais cette grande querelle littéraire a eu son côté artistique, et celui-ci nous intéresse davantage (1). A mesure que Rome perd de son autorité, Anvers et Amsterdam gagnent en importance. L'intérêt politique qui se déplace vers le Nord et fait des Pays-Bas l'axe de toutes les grandes questions contemporaines, agit puissamment, il faut le dire, dans le sens des curiosités et des idées nouvelles. Rien ne vaut, hélas! une bonne guerre comme leçon de géographie. Les guerres d'Italie ont plus fait que tous les commerces pacifiques pour répandre en France les idées et les goûts de la Renaissance; les campagnes de Hollande eurent un effet analogue pour la France de Louis XIV. On apprend que le monde est plus vaste qu'il n'est dit dans les livres; qu'il y a sous le ciel une grande diversité de mœurs, et surtout plus d'une forme de l'art et de la beauté. La beauté n'est pas « une, » comme l'enseignent quelques professeurs qui se font l'illusion que la tragédie de Racine est sœur

(1) Voyez la *Revue* du 15 mai 1907.

de celle de Sophocle et que la peinture de Poussin ressemble à celle de Parrhasius. Mais l'art se modifie sans cesse, il varie avec les climats et le génie des lieux, et Rembrandt et Rubens sont fort bons à leur place, comme Raphaël l'est à la sienne. Il n'y a pas de règle absolue pour la production des chefs-d'œuvre, pas de ciel qui ait le privilège de faire éclore le génie. Si l'on dessine bien à Rome, on peint mieux dans les Pays-Bas. Déjà les curieux rapportent de leurs voyages quelques-uns de ces tableaux « flamands » que Louis XIV traite de « magots; » il se forme dans Paris plusieurs cabinets d'amateurs, celui d'un Roger de Piles, d'un Boisset, d'un La Roque, d'une comtesse de Verrue, où les petits maîtres de là-bas font leur apparition. Leur formule intime, sociable, faite pour l'appartement et la vie familière, s'accommode mieux que le genre héroïque au cadre de l'existence bourgeoise. On est las de pompe, de grandeur, d'apparat, et l'on revient avec plaisir à la réalité. Nos peintres, de plus en plus, s'épargnent le stérile voyage d'outremonts; en revanche, ils font volontiers celui des bords de l'Escaut. Largillière est un pur Flamand d'éducation. Élevé à Anvers par un certain Goubauw, il passe vers les vingt ans à Londres, où il trouve chez Lely les leçons de van Dyck. Desportes est l'élève du Flamand Nicasius. Rigaud fait collection de peintures « flamandes » et ne possède pas moins de huit tableaux de Rembrandt : Rembrandt, Rubens, on ne les distingue pas encore nettement; on les oppose en bloc à Raphaël et à Poussin. Et voilà qu'un beau jour les « Rubénistes, » comme on nommait les hérétiques et les partisans de la « couleur » contre le « dessin, » découvrent que, sans aller si loin, leur maître favori est déjà dans la place : Rubens au Luxembourg, Anvers en plein Paris...

Ce que fut cette découverte pour les peintres d'« histoire, » je l'ai indiqué d'un mot, par un exemple de Coypel. Pour toute cette génération, la Galerie de Médicis est un modèle qui rejette bien loin la Galerie de Versailles et les ouvrages de Le Brun. On entrevoit que la jeune école y puisa une partie de sa nouvelle poétique. Mais que nous importent aujourd'hui les peintres d'« histoire » de cette époque? Dans ce Luxembourg d'alors, il y avait Watteau.

Il était là dans l'atelier du « concierge » de la maison, un peintre nommé Audran, qui lui faisait faire ce qu'on appelait des « singeries » et des « grotesques. » Nous ne savons pas si le jeune homme à ses heures perdues a fait beaucoup d'études d'après la *Naissance de Louis XIII* ou *le Gouvernement de la Reine;* je ne me souviens pas qu'il en reste une trace dans ses dessins ou dans son œuvre. Ce qu'il devait préférer dans le Luxembourg, c'est le jardin demi-sauvage et mal entretenu, et ses biographes nous disent qu'il aimait par-dessus tout les jardins mal peignés. Et l'on ne voit pas en effet tout d'abord quel rapport il pouvait y avoir entre le maître tout-puissant de la Flandre héroïque et le rêveur, le mélancolique, le phtisique Watteau. C'est bien pourtant le même sang qui coule dans leurs veines et qui reparaissait chez l'apprenti du Luxembourg, avec cet affinement extrême qui est propre aux « fins de race. » Watteau le savait bien, qu'il était de la famille. A ses derniers momens, dans ce jardin de Nogent, où le recueille son cher Julienne, le frère de celui-ci, je crois, l'abbé de Julienne, lui porta pour le consoler deux tableaux de Rubens : c'était un *Crucifix* et un tableau d'enfans. Il nous dit avec quelle piété et quelle humilité le mourant contempla ces œuvres du grand maître. Ce fut sa dernière joie de peintre. Il expira quelques jours après, un jour d'été, à la campagne, et il aurait pu dire comme un autre grand artiste, qui lui ressemble un peu par le charme qu'il prête aux femmes et par l'amour de la musique : « Nous irous tous au ciel, et van Dyck sera de la partie ! »

Un Flamand : en son temps personne ne s'y trompa. On le reconnaît aussitôt, et, depuis soixante ans, ce n'était pas chose nouvelle qu'un jeune Flamand de plus qui venait à Paris. C'est avec des Flamands, un Spoede ou un Wleughels (le fils du Wleughels de tout à l'heure) qu'il se lie à son arrivée, et ce sont eux qui l'aident à se tirer d'affaire. Ses premiers petits tableaux de scènes militaires, ses *Bivouacs*, ses *Recrues allant rejoindre leur régiment*, qu'il présente à Sirois, le marchand du Pont-Neuf, à l'enseigne du Grand Monarque, — tableaux de circonstance, car on était alors, comme aujourd'hui, en pleine guerre, au lendemain d'Oudenarde, à la veille de Denain, — Sirois les prend tout de suite pour de « bons tableaux flamands ; » et La Fosse, le meilleur décorateur du temps, le jour où Watteau, timidement, ses petits tableaux sous le bras, se présente à l' « agrément » de ces messieurs de l'Académie, déclare ces tableaux d'un « bon maître flamand. » C'était la mode, en ce temps-là, des scènes de « genre » dans le goût d'Ostade, de Téniers. Dans cette boutique du Pont-Neuf où débuta l'adolescent et où, nous l'avons vu, il peignait des *Saint-Nicolas*, on ne tenait pas seulement l' « article de Saint-Sulpice; » c'était encore une fabrique de faux Téniers, de faux Gérard Dou. Beaucoup des plus anciens Watteau qui sont venus jusqu'à nous, l'*Écureuse* de Strasbourg, le *Ramoneur* de l'Ermitage, la *Vraie Gaîté*, d'autres encore, ne sont pas autre chose, comme ses sujets militaires, ses sujets villageois, et comme son dernier tableau, son chef-d'œuvre, *l'Enseigne de Gersaint*, n'est qu'une « Boutique de peintures, » du genre bien connu aux Téniers et aux Gonzalès Coques.

Un Flamand... Quel est donc le jeune prince allemand, poète et joueur de flûte, qui recherchait en peinture, aux environs de 1730, ces peintres romanesques, les « Français de l'École de Brabant, » les Watteau, les Lancret, que nous vîmes à Paris au Pavillon de l'Allemagne, à l'Exposition de 1900, ou naguère encore à Berlin, dans une occasion célèbre, du temps que l'Empereur nous faisait des sourires (1)? Oui, c'est bien un Flamand que le peintre des « fêtes galantes. » Et d'où vient le préjugé qui veut qu'il n'y ait en Flandre que gras matérialisme et joie de vivre épaisse? Qui est plus gentilhomme que van Dyck et Rubens? Qu'on imagine donc un Van Dyck aminci, aiguisé, amaigri encore, d'une sensibilité plus vive, d'une nervosité plus rare; par là-dessus, la vie de Paris, le théâtre, le Luxembourg, le séjour chez Crozat, le grand collectionneur, — c'est-à-dire l'équivalent d'un voyage à Venise, l'étude de Titien, des Bassans et de Campagnola; ajoutez à ce tour de l'imagination les curiosités d'un flâneur, d'un badaud, d'un observateur, également épris de l'art et de la vie, ayant le goût du rêve et celui du réel, maladif enfin, dégoûté, habile à transformer les faits et à s'en composer un petit monde imaginaire : voilà les élémens de la charmante féerie que pendant la dizaine d'années que durera sa brève carrière, va dérouler Watteau.

On ne peut résumer ici cette œuvre délicieuse, l'une des plus « créées » qui existent au monde, et l'une de celles,

(1) Voyez la *Revue* du 1er mars 1910.

aimait à dire notre cher Wyzewa, où il y a le plus de « musique. » Qui dira l'immortelle poésie de l'*Embarquement pour Cythère?* Départ, embarquement d'un âge qui sera le siècle des plaisirs, qui a joui plus qu'aucun autre de la douceur de vivre; illusion d'un malade qui n'a pu que rêver le bonheur, n'a connu de l'amour que l'idée, le désir; élan de la jeunesse vers le charme éternel qui fait battre les cœurs par l'attrait de la volupté; passion, ardeurs mélancoliques pour une beauté qui flotte et fuit, et n'a que la magie inconsistante d'un songe, — l'aigu, le frémissant Michelet l'a vu mieux que personne, dans son divin chapitre sur la *Mort de Watteau:* « Ses gentils pèlerins, ses pèlerines pour Cythère ne quittent pas la rive. Il reste au départ même. Autre ne fut sa vie : un incessant départ, un vouloir, un commencement... »

Inquiet, capricieux, fantasque, incommode et charmant, misanthrope et affectueux, irritable et découragé, ses amis qui l'aimaient en dépit de ses humeurs savaient bien qu'il était au fond « le Watteau de ses tableaux, aimable, tendre, et peut-être un peu berger. » C'était une nature de poète, pastorale, lyrique, ce créateur d'*Astrées* et de bords du Lignon, ce promeneur de Montmorency, ce rêveur solitaire qui imaginait dans les bois des *Conversations* ou des *Leçons d'amour*, et qui étendait sous les ombrages des couples prêtant l'oreille à de molles sérénades. Comme un autre poète, moins pur que lui, et non moins célèbre par ses bizarreries, comme ce Jean-Jacques, qui devait un peu plus tard nous enseigner le prix de l'amour, ce candide, subtil étranger verse subitement dans la peinture une proportion inédite de valeurs sentimentales, tout un peuple nouveau de jeunesses féminines qui étoilent et fleurissent ses mystérieux bocages. L'amour et le paysage commencent dans son œuvre leur merveilleux duo : concert des voix les plus touchantes qu'il y ait dans la nature. Toute une sensibilité, une émotion nouvelles, éparses et répandues dans l'air à ce moment de la Régence, le dégoût des idées, un désir de plaire et de « sentir, » un goût de la tendresse et de la volupté qui erraient dans l'âme française, Watteau les cristallise : il les fixe et en fait l'essence de ses petits tableaux.

Chose curieuse! Vers 1700, toute la France pittoresque imite la Flandre ou la Hollande, mais elle n'y sait puiser que lourdeur, trivialité. Pour affiner ce réalisme, pour l'aiguiser d'esprit, de grâce, de sentiment, il faut ce demi-étranger, ce quasi-Flamand de Watteau. Aventure, du reste, moins singulière qu'on ne présume : souvent l'étranger sensitif dégage vivement les traits qui échappent à l'indigène. Comme Greco à Tolède fonde l'école espagnole, comme van Dyck à Londres forme la peinture anglaise, ou comme Philippe de Champagne était arrivé à Paris pour y être le portraitiste de la plus pure race française, Watteau invente, crée le goût national, et donne à notre école, jusque-là trop romaine, l'art et le moyen d'être elle-même : il l'a francisée, mieux encore « parisianisée. » Il y a maintenant, après l'école de Versailles, qui n'est guère qu'un succédané de l'art des Bernin et des Piètre de Cortone, — une nouvelle « école de Paris, » comme il y a eu avant elle celles de Florence ou de Venise, d'Anvers ou de Madrid : et elle est pour une part immense l'œuvre du Flamand Watteau.

On fait tort à ce grand artiste de ne lui donner pour élèves que ses imitateurs, son compatriote Pater, dont il a fait le beau portrait qui est à Valenciennes, Lancret, Bonaventure de Bar. En réalité, pas une œuvre de notre XVIIIe siècle qui ne lui doive quelque chose. Notre école, qui pour l'habileté est la première du monde, il lui donne ce qui lui manquait encore : l'âme. Grâce à lui, la peinture de mœurs bourgeoises ou élégantes, le portrait, la décoration, la mythologie elles-mêmes, contiennent un élément qui n'y serait pas sans lui. Un plafond de Lemoyne, un trumeau de Natoire, une *Chasse* de Van Loo, une divinité de Boucher, même une bourgeoise de Chardin (voir la *Dame cachetant une lettre)*, une fillette de Greuze, un portrait de Tocqué, et jusqu'aux merveilleux impromptus de Fragonard, respirent une volupté, une beauté poétiques qui sont chez eux un reste du génie de l'enchanteur. D'une goutte de son âme, il a transfiguré le siècle. Il lui a légué une vision, une manière idéale d'interpréter le réel, on ne sait quel sentiment aristocratique de la vie; on peut dire que, sans lui, le siècle serait autre qu'il n'a été : c'est toute la peinture de « genre » à la française, ce sont les Baudoin, les Deshays, les Roslin, les Lavreince, tous les aquarellistes, gouachistes, dessinateurs, graveurs, miniaturistes, Eisen (de Valenciennes), Cochin, Moreau le jeune, Saint-Aubin, Debucourt, c'est toute une tradition de réalité élégante, dont nous nous trouverions privés.

Et il resterait à montrer dans toute cette école cent autres traces curieuses de l'influence de la Flandre. On les trouverait chez Chardin autant que chez La Tour, surtout chez ce versatile Boucher et chez le grand impressionniste Frago, qui a fait tout exprès le voyage des Pays-Bas pour voir Rubens, Rembrandt et van Ostade chez eux. Visible ou latente, plus ou moins transformée, atténuée, volatilisée, l'inspiration des grands « coloristes » flamands circule dans toutes ces œuvres de la peinture française : mais la note essentielle, jusqu'au bout de ce siècle qu'il avait inventé, deviné sans l'avoir connu, est toujours l'esprit voluptueux, le souffle, le rêve de « jeune malade, » la chimère de désir que lui a laissés Watteau.

V

Je me borne à esquisser la suite. Il serait trop long de suivre, à Bruxelles où à Liège, les réactions, souvent charmantes, des influences venues de Paris; il y aurait un chapitre à écrire sur le mobilier, les faïences, dont on trouverait les élémens au musée du Cinquantenaire ou au Musée Liégeois. Beaucoup de choses, qui ne se trouvent ni dans les textes des écrivains, ni dans les œuvres du grand art, s'expriment par ce détail des objets qui accompagnent la vie commune. Une chaise, une armoire sculptée, une assiette peinte en disent souvent plus long que beaucoup d'œuvres plus ambitieuses. On verrait combien à cette date la bourgeoisie flamande, autant que la bourgeoisie wallonne, est imprégnée de vie française.

Et puis, c'est la révolution antique du temps de Louis XVI, révolution du goût qui précède de peu l'autre. En 1785, c'est le Salon des *Horaces* : l'empire de David commence, — avec quel tyrannique, quel fanatique génie! Comme tout ce qui tient de Rousseau, la réforme artistique emprunte un caractère de révélation religieuse. Jamais art ne fut salué avec plus de transports. David apparaît comme le prêtre d'un système de vie, qui va s'imposer brusquement dans les lois, dans les mœurs, jusque dans le costume et les meubles, transformer la société entière selon un idéal de « nature » républicaine et spartiate. Aucun maître depuis des siècles n'avait suscité tant d'ardeurs et tant d'enthousiasmes. Parmi la foule de ses élèves, dans cet atelier du Louvre où il prépare les *Sabines* et dont le bon Delescluze nous fait un si vivant tableau, on accourt de toute l'Europe, mais principalement de Belgique : voici Mathieu van Brée, d'Anvers, le Brugeois Odevaere et le Brugeois Suvée, van Hanselaere de Gand, et Paelinck, le « Rubens moderne, » et Stapleaux, et Moll, et le mieux doué de tous, François Joseph Navez, qui a fait quelques-uns des meilleurs portraits de l'école, comme celui de la famille Hemptinne.

Aussi, après les Cent-Jours, quand paraît le décret contre les régicides, l'ancien conventionnel David n'hésite pas sur le choix d'un refuge : à Bruxelles, il retrouve sa gloire et presque ses anciens disciples des belles années du Consulat. En vain le roi de Prusse, — le même qui brocante des van Eyck, — lui réitère-t-il les offres et les avances; en vain le fait-il circonvenir par son ambassadeur, assiéger par des femmes, inviter par son propre frère : la Prusse n'est jamais lente à profiter de nos erreurs, à se peupler de nos proscrits et de nos mécontens, de nos Voltaire ou de nos protestans « révoqués. » Hélas! quand aurons-nous fini de jeter à l'ennemi ces forces qui l'enrichissent?... David ne se laissa pas fléchir. Le peintre septuagénaire, — pardonnons-lui certaines faiblesses en raison de cette preuve tardive qu'il a donnée de son caractère, — le vieux maître des *Aigles* et de *Léonidas* n'ira pas mourir directeur de l'Académie de Berlin : il a compris, enfin, qu'il est plus beau de n'être plus rien, quand on a été le « premier peintre » de l'Empereur, et de finir fidèle dans un exil honorable, non loin des champs où s'écroula l'Aigle de Waterloo.

Pendant ces dix années d'exil, David a peu fait pour sa gloire : le goût changeait; un monde nouveau naissait autour de lui. Peut-être mourut-il avant d'avoir compris qu'il avait trop vécu. Mais un artiste plus jeune vivait dans l'ombre à son côté : c'était un exilé comme lui, un sculpteur encore inconnu en qui renaissait la sève puissante des statuaires bourguignons et le mâle génie du terroir. Étrange retour des choses! Cette Belgique qui nous avait envoyé Claus Sluter, la France maintenant lui rendait François Rude. Les ouvrages de Rude à Bruxelles ont presque tous disparu : disparus, le fronton et les cariatides du théâtre de la Monnaie (construit par le Français Damesme) : disparus, les bas-reliefs de la rotonde de Tervueren, la *Chasse de Méléagre* et les *Exploits d'Achille*. Ce ne sont pas, à en juger par les moulages, les œuvres de l'auteur les plus significatives. Mais quand Rude revient à Paris en 1828 avec sa figure de *Mercure*, on peut dire que déjà il existe tout entier. Et dans son œuvre la plus célèbre, le sublime *Chant du Départ*, vaste tempête de pierre où passe la colère vengeresse des peuples, il nous plaît aujourd'hui, et il nous touchera d'associer, le jour du triomphe, l'image de la Belgique fraternelle.

Rude n'est pas le seul de nos sculpteurs que nourrit, abrita Bruxelles. Rodin, que nous pleurons encore, y passa dix années, les plus fécondes de sa vie. Avec quelle gratitude l'illustre vieillard, naguère encore, nous parlait de sa pauvre jeunesse, de son laborieux séjour, du noble et suave pays où il rencontra le bonheur! Bruxelles est aujourd'hui un musée de « Rodins » ignorés. La cathédrale de Tournai fut pour l'artiste ce que furent pour beaucoup d'autres des églises plus fréquentées; c'est là qu'il comprit le moyen âge. Et lorsqu'il nous revint, mûri, savant, définitif, avec la figure de *l'Age d'airain*, comme cinquante ans plus tôt Rude avec son *Mercure*, la Belgique pour la seconde fois généreuse et hospitalière, ayant reçu un apprenti, nous faisait don d'un maître.

Mais comment séparer pendant le dernier siècle l'histoire de deux arts qui se confondent, dont les bords tout au moins à chaque instant se mêlent, dont tous les événemens retentissent l'un sur l'autre? Sans doute, Paris ne cesse pas d'exercer sur Bruxelles un attrait persistant et une séduction peut-être dangereuse; mais les plus « français » de ces artistes sont-ils les moins originaux? Qui est plus parisien que Stevens? et qui, parmi les peintres, est un plus authentique flamand? C'est de Jean-François Millet que sort Constantin Meunier : est-il un art plus national que celui de ce grand et sévère sculpteur? Qui sait quel rôle la réaction contre les tentations de Paris, la volonté de faire « autrement » qu'on ne l'enseigne à l'école des Beaux-Arts, n'ont pas joué dans les idées des maîtres les plus décidément « autochtones, » tels qu'un Henri de Brackelaer ou un Charles de Groux?

VI

J'arrêterai ici cette esquisse : nous pourrions la pousser jusqu'à la veille de la guerre. A quoi bon accumuler des preuves superflues?

Mais puisque à toute étude il faut une conclusion, qu'on

nous permette de la demander : à cette masse de faits que nous venons de parcourir, à ces rapports constans, à cette longue amitié de deux peuples à travers l'histoire, qu'est-ce que l'Allemagne peut opposer ? Elle ergote sur un texte qui autorise la conjecture que Claus Sluter serait le fils d'un maçon allemand, assassiné à Bourges à la fin du XIVe siècle : et sur cette première hypothèse elle en édifie d'autres qui invitent à chercher en Allemagne les origines de l'art bourguignon. Elle montre des ressemblances entre l'art des Limbourg ou d'Haincelin de Haguenau, et l'école de Cologne, celle des maîtres Wilhelm et des Stepan Lochner, — sans songer que ceux-ci ne sont eux-mêmes que d'humbles reflets de la peinture française.

Notez que, dans cette longue étude, c'est à peine si nous avons eu besoin de distinguer la Flandre de la Wallonie : l'une et l'autre sont également attirées vers la France; elles lui donnent ou en reçoivent tour à tour également. Peut-être même, si l'on faisait la balance de ce qui nous est venu, en art, des deux parties de la Belgique, le plateau de Bruges et d'Anvers l'emporterait-il légèrement sur celui de Liège et de Namur.

Cette idée allemande, qui est depuis quelque temps son grand cheval de guerre ou sa plus perfide machine politique, la séparation des deux provinces belges, sur quoi repose-t-elle? Sur un seul fait : le fait linguistique. Là-dessus, l'Allemagne se hâte de construire un système politique et administratif, soi-disant « réaliste » et scientifique. Quelle erreur! De la masse des réalités en extraire, en choisir une seule, et pour l'interpréter de la manière la plus abusive, est-ce là œuvre de savans? Étrange méthode, de prendre un fait pour le vider de son contenu! Le flamand est une langue germanique, soit! Mais la littérature, la pensée flamandes, que doivent-elles à l'Allemagne? La plus vieille version étrangère de la *Chanson de Roland* est une version néerlandaise. La langue, qui devait faire obstacle au rapprochement de la Flandre et de la France, ne sert qu'à les unir! Ainsi la mer rapproche plutôt qu'elle ne sépare. On la prend pour un abîme, et elle est un pont, un lien.

Mais l'art est pour qui sait l'entendre un langage plus clair encore que les mots : c'est la langue des sentimens, celle des affections profondes, celle dont le poète a dit

Que le monde l'entend et ne la parle pas.

Ceux-là s'en servent seuls qui ont à exprimer quelque manière émue d'envisager la vie, quelque amour spécial qu'ils ont pour la beauté. On fait dire ce qu'on veut aux mots : il est plus difficile de faire mentir une œuvre d'art. Dans les œuvres innombrables qui sont quasi communes à nos deux peuples, que voyons-nous, si ce n'est un long témoignage d'amour?

Il est bon d'y revenir encore en finissant. L'Allemagne, sous prétexte de science, a inventé cette conception grossière de l'histoire, où tout serait dominé par des faits matériels et des réalités physiques, la langue, la race, le milieu. L'histoire est remplacée par l'anthropologie; elle devient un chapitre de l'histoire naturelle ou, comme s'en indignait Renan, de la zoologie. Les luttes des peuples dans ce système n'offrent pas d'autre caractère que celles des « espèces » comme le gorille ou le chimpanzé. Vue horrible et barbare! Que deviendrait un monde où régnerait sans partage une telle philosophie? Puisque les armes spirituelles sont aussi des moyens de combat, ne cessons de lui opposer les nôtres. Que tous les faits humains, que les lettres, que l'art nous aident à leur tour! Non, l'histoire n'est pas, comme le prétend l'Allemagne, celle de nos fatalités. Quelles que soient les forces qui nous lient, nous oppriment, d'autres nous soulèvent, nous délivrent; et l'art, comme la patrie, est une création de l'amour et de la liberté.

LOUIS GILLET.

LES MASQUES ET LES VISAGES

UNE VIOLATION DE NEUTRALITÉ AU XVIe SIÈCLE

CÉSAR BORGIA A URBINO

III[1]

LA RESTAURATION

Les choses en étaient là, lorsqu'une nouvelle inattendue, quoique escomptée par les nombreuses victimes des Borgia, éclata comme un coup de tonnerre répercuté dans toutes les montagnes, roulant le long des Apennins, gagnant les plus lointaines cités, en passant par-dessus certaines zones de silence, et alla expirer dans la tranquille atmosphère de Venise et de ses lagunes : Alexandre VI était mort, César Borgia était mourant! A quel mal subit le Pape avait-il succombé : était-ce du poison qu'on lui avait préparé? Était-ce du poison qu'il avait préparé lui-même pour un autre? Était-ce de la *malaria*, tout simplement, dans ce mois d'août « fatal aux hommes obèses? » Après quatre siècles écoulés, on n'en sait rien encore. Mais ce qu'on savait fort bien, quatre jours après, dans toutes les villes d'Italie, c'est qu'il était mort. C'est le 17 août au soir qu'il avait succombé : le 22, la nouvelle pénétrait dans Urbino, revenant

(1) Voyez la *Revue* des 1er et 15 avril.

de Venise, et était répandue dans le peuple par les émissaires de Guidobaldo, malgré tous les efforts du gouverneur pour les en empêcher. Ce gouverneur, un ancien président du tribunal de la Rote, homme mansuet, avait manœuvré de son mieux. Averti avant tout autre, il avait fait appeler les notables de la ville et, tout en leur annonçant que le Pape était fort malade, il les avait mis en garde contre d'excessifs espoirs et des actes prématurés. Le Pape pouvait mourir, c'est vrai, mais, le duc de Valentinois étant toujours capitaine général de l'Église, à la tête d'une forte armée, allié du roi de France, en possession de nombreuses forteresses, demeurait aussi puissant que jamais. De plus, étant assuré de quarante-trois cardinaux créatures ou alliés de son père, il ne pouvait manquer de faire un Pape de sa façon. Ainsi, la prudence commandait de lui rester fidèle. La gratitude le conseillait aussi. On devait lui rendre à lui, gouverneur, cette justice qu'il avait tout fait pour que le joug des Borgia parût le plus doux possible. Il demandait donc aux Urbinates de l'aider à maintenir l'ordre, s'il venait à être troublé par la populace, et, pour cela, il allait leur rendre toutes leurs armes confisquées.

C'était parler d'or, mais autant eût valu jeter des sequins à une mer démontée... Les notables eussent hésité encore : le peuple n'hésita pas. En un clin d'œil, de toutes les maisons, dans ce dédale de ruelles obscures qui font de la cité d'Urbino une montagne à escalader de toutes parts, sortirent des hommes en armes, décidés à faire payer cher aux soldats de César la tyrannie du maître. Les enfans mêmes couraient criant : *Guido!* ou : *Feltro!* « Espions! Rebelles! Traîtres! » Tels étaient les complimens dont on saluait les Borgiesques et on les égorgeait aussitôt. Leurs maisons étaient envahies et saccagées. Le gouverneur put s'enfuir jusqu'à Cesena, mais son lieutenant, un certain Scaglione, qui n'avait pas fait preuve du même esprit de conciliation, demeura sur la place massacré sans pitié. Le même jour, Remires, sentant tout le Montefeltro révolutionné autour de lui, levait le siège de San Leo, et, du Nord au Midi, de l'Est à l'Ouest, le duché acclamait le nom de son ancien seigneur. Il n'avait qu'à revenir.

Il revint, sans tarder plus qu'il ne fallait, pour prendre congé de la Seigneurie Sérénissime. Celle-ci, jugeant cette fois que la restauration feltrienne avait les plus grandes chances de succès, n'hésita pas à miser sur son jeu. Elle lui avança 4 000 ducats et lui promit des troupes, si besoin était. Après avoir dépêché un courrier à Fregoso, pour l'engager à s'en aller mettre de l'ordre à Urbino, où il supposait bien qu'il y aurait des troubles, le proscrit remonta dans sa gondole et reprit la direction de la « terre ferme. »

Le 27 août, il arrivait à San Leo; le lendemain, il repartait pour sa capitale, où le peuple entier soulevé par un même enthousiasme se précipitait à sa rencontre. Des essaims d'enfans accouraient, agitant des branches d'olivier, chantant le « très heureux retour » du souverain ; arrivaient ensuite d'un pas tremblotant des vieillards qui pleuraient de joie, les hommes, les femmes, les mères avec leurs bébés, une foule de tout âge et de toute condition pêle-mêle. « Les pierres même semblaient exulter et bondir, » dit un témoin, sauf celles où les gamins étaient grimpés pour effacer consciencieusement, partout où elles avaient été peintes, les armes des Borgia. Guido recueillait, en ce moment, le fruit de toutes les peines que les Montefeltro avaient prises pour leur petit peuple. C'était le retour du roi d'Yvetot. Deux vieillards de quatre-vingts ans que l'âge avait rendus presque aveugles, voulant être bien sûrs de sa présence, se faisaient conduire vers lui, criant : « Attendez, Seigneur, attendez, nous voulons vous toucher! » Un autre lui portait son fils et lui disait « des choses à faire pleurer les marbres les plus durs. »

De retour dans son palais, vidé de ses trésors par Borgia, mais plein d'amis, le duc vit défiler devant lui « toutes les dames de la ville et des environs, les plus nobles et les plus belles, précédées d'un tambourin, en signe d'allégresse. Même les dames du plus haut rang dansèrent dans la rue, » aux sons de cet instrument, qui fait mieux sans doute dans les hauts reliefs de Luca della Robbia qu'aux oreilles délicates. Pourtant ne le plaignons pas trop : ce qui dansait ce jour-là devant lui, c'étaient les figures mêmes qui devinrent divines après avoir été regardées par les yeux de Raphaël.

Pendant tout cela, que devenait César? Le bruit de sa mort avait couru un peu prématurément. Il n'était pas mort, mais, dans l'opinion unanime, il était enterré. L'homme qui, avec les forces du Pape, ne contenait qu'à grand'peine la population d'Urbino et n'avait même pas pu réduire San Leo, ne semblait plus redoutable, privé de l'appui pontifical. Sans doute on pensait qu'il réagirait encore : il n'avait pas perdu tous ses partisans et le coup qui le frappait avait tant de fois été escompté qu'il avait dû prendre des mesures pour y parer. Et, en effet, il en avait pris. Mais ces mesures supposaient qu'au moment du danger il serait en état d'agir : or, sa maladie survenant en même temps que la perte d'Alexandre VI l'en empêchait. — « J'avais tout prévu sauf cela, » dira-t-il plus tard, témoignant ainsi de peu d'esprit philosophique, car les prévisions de l'homme étant limitées et les combinaisons des choses infinies, il est vain de croire qu'on les a toutes prévues moins une, pour cette raison qu'une seule arrive de toutes celles qu'on n'avait pas prévues.

La philosophie n'était pas son fort : la décision, aussi, lui manqua. Malgré son énergie et la fidélité de quelques partisans qui sentaient, à l'idée de sa chute, leur tête vaciller sur leurs épaules, César ne parvenait pas à remonter le courant contraire des événemens. Il se perdait en efforts multiples et contradictoires. Le 22 septembre, les cardinaux, secouant son joug, nommaient un Pape qui n'était point de ses amis : — « il sera juste l'opposé d'Alexandre VI, » disait Ghivizzano, — et, ce vieux Pape étant mort quelques jours après, la tiare échéait au cardinal Giuliano della Rovere, qui était depuis longtemps son ennemi. César, qui ne s'y était pas résolument opposé, qui y avait même contribué au dernier moment, se jetait de lui-même dans la gueule du loup.

Au contraire, pour Guidobaldo, c'était le retour le plus complet qu'il pût souhaiter de la fortune. Le nouveau Pontife était le beau-frère de sa sœur, l'oncle de son héritier et son protecteur naturel. Aussi, ne fut-il pas très surpris, tandis que, pour expulser les derniers partisans des Borgia, il s'occupait au siège de Verrucchio, d'apprendre que le nouveau pape Jules II le mandait à Rome. L'affaire pressait, semble-t-il, et ne souffrait pas de retard. Il partit aussitôt pour le Sud et, après s'être arrêté à Urbino, le temps de rendre grâce à Dieu et de voir son peuple, il s'achemina, par la via Flaminia, vers la Ville Éternelle. Il était en petit équipage, mais les pensées qui le précédaient embellissaient l'horizon. Il refaisait, malade, épuisé, mais triomphant, la route que César avait faite un an et demi auparavant pour venir le chasser de ses États et lui tordre le cou. Le 20 novembre, au soir, il arrivait à Ponte-Molle, au lieu même où Constantin avait défait Maxence. Cette terre d'Italie, toute chargée d'histoire, a des préfigurations pour toutes les péripéties, des présages pour tous les destins. Comme il se sentait recru de fatigue et mal vêtu, il ne se souciait pas de se montrer publiquement dans Rome. Il méditait de s'y faufiler, de nuit, lorsque des gens du Pape venus à sa rencontre l'arrêtèrent. Jules II ne l'entendait pas de cette oreille. Une victime des Borgia revenant en triomphe, c'était un spectacle dont on ne pouvait priver les Romains. Il fallait faire une entrée solennelle. Mais l'acteur principal n'avait pas de costume!... Qu'à cela ne tienne! On lui apportait un pourpoint brodé d'or, et une mule harnachée de velours violet, avec bordure dorée de toute beauté, était mise à sa disposition. Pas de cortège?... Il aurait, pour l'accompagner, la Maison du Pape et le capitaine de sa garde. Il dut céder à ces instances.

Ce fut donc le lendemain, en plein jour et aux salves répétées de toute l'artillerie du fort Saint-Ange, que le duc d'Urbino fit son entrée dans la Ville Éternelle, mais changeante, où, deux mois avant, il eût été infailliblement pendu. Guidé par le maître des cérémonies, il se dirigea vers la maison d'un certain Mario Merlini, où l'on avait accoutumé d'héberger les hôtes de distinction qui n'avaient pas leurs appartemens au Palais. Mais c'était une fausse manœuvre. Le Pape, qui ne l'avait pas compris ainsi, l'attendait en personne, entouré de ses cardinaux au pied de l'escalier du Vatican. Ne le voyant pas venir, il se mit dans une de ces colères qui sont restées légendaires et l'envoya chercher. Il fallut que le malheureux voyageur, fourbu de tant d'honneurs, se remît en selle, la nuit tombée, aux torches, pour redescendre devant les degrés pontificaux, et recevoir, toute la nuit, les congratulations du Sacré Collège, car « quiconque, dit un chroniqueur, voulait être dans les bonnes grâces du Pape, faisait sa cour au duc. »

Jules II ne s'en tint pas là. Il était l'ami de Montefeltro et le vengeur de ses disgrâces, mais il ne l'avait pas fait venir uniquement pour le donner en spectacle et être désagréable aux Borgia. Il entendait bien en tirer mouture. L'ancien proscrit, que Venise avait accueilli aux jours les plus sombres et qu'elle protégeait ouvertement depuis quelque temps, devenait une force. Non seulement il avait recouvré son duché, mais il venait d'entrer au service de la République. Il tenait à sa disposition cent hommes d'armes, cent cinquante de cavalerie légère et lui fournissait immédiatement 2000 fantassins, — en échange de quoi, il pouvait compter sur sa protection contre toute agression éventuelle et sur 20 000 *scudi* de pension annuelle.

C'était une manière de *condotta*, dirigée tout de suite contre César, plus tard contre inconnu. Or, Jules II, qui conservait des vues sur les Romagnes, méditait déjà de « rogner les griffes du Lion de Saint-Marc. » Il ne voyait pas d'un très bon œil que le frère de sa belle-sœur eût des obligations envers Venise. Les ducs d'Urbino étant des vassaux nominaux du Saint-Siège, il s'efforça de lui faire comprendre que son premier devoir était de défendre les intérêts de l'Église. Guido, assez embarrassé vis-à-vis de la République, s'en tirait par de belles phrases; sa femme, qui était restée à Venise, s'en allait faire des complimens au Doge et à la Seigneurie, et le Pape, qui bénissait toutes les fleurs et les politesses de l'alliance, pourvu qu'il en conservât les fruits, gardait Guido sous sa main.

Tandis qu'il faisait ainsi sa cour au nouveau Pontife, ses amis lui apportèrent une étrange nouvelle. César Borgia, qu'on avait interné au Vatican, dans l'appartement du cardinal d'Amboise, lui demandait une audience. L'idée de voir cette pieuvre sanglante lui faisait horreur : il refusa. L'autre n'avait pas de vergogne, il réitéra sa demande sous forme de supplication. Guido refusa encore. Il croyait en être débarrassé : point. Un jour qu'il se trouvait dans l'*antecamera* du Pape, sur une litière, souffrant d'un accès de goutte, un spectacle inouï s'offrit à lui. César, lui-même, était là, dans la même pièce, entré on ne sait par où, César Borgia de France, duc de Romagne et de Valentinois, prince d'Adria, de Piombino et de vingt autres lieux, la barrette à la main, à genoux, en suppliant. « Quand j'aurais de l'eau jusqu'à la gorge, avait-il dit autrefois, je n'implorerais pas l'amitié de ceux qui ne sont pas mes alliés aujourd'hui. » Mais ce n'était qu'une gasconnade... Et ce fantôme se levait, s'approchait, lui faisait un second salut jusqu'à terre où il demeurait prostré.

Guido s'était levé, stupéfait, et se taisait. Il voyait devant lui l'homme qui avait trahi sa confiance, qui lui avait ravi son royaume, qui avait voulu lui ravir sa femme, son honneur, sa vie. Malgré toute son habitude du monde, il ne trouvait pas de sujet propre à leur fournir à tous deux un discours agréable. Peut-être revoyait-il, en cet instant, les longues routes qu'il avait dû faire, traqué, malade, pour échapper au lasso de ce chasseur obstiné, les escaliers de l'exil « si durs à gravir, » les portes et les visages fermés devant lui, par crainte des représailles du vainqueur... En tout cas, la scène était si nouvelle, si exemplaire des vicissitudes humaines, qu'elle frappa vivement les contemporains. On en trouve le témoignage ému dans une lettre écrite le lendemain et, cinquante ans plus tard environ, une fresque fut peinte par Taddeo Zuccherò, dans la villa de Guidobaldo II, à Sant' Angelo in Vado, pour en perpétuer le souvenir.

Enfin, la nature courtoise du duc prit le dessus. Il se découvrit, fit quelques pas vers son ennemi et, comme celui-ci était toujours prosterné, des deux mains il le releva. Puis il lui dit qu'il l'écoutait. Grave imprudence avec un si beau parleur! C'était un suppliant qui gémissait à terre : ce fut un orateur qui se releva. Il parla. Il commença par jeter du lest : il avoua tout, il se repentit de tout. Puis il plaida sa jeunesse, son inexpérience, les perfides conseils, « l'impossibilité où se trouve celui qui est né avec une âme fière de résister aux séductions du pouvoir..., » son père, enfin, qu'il renia froidement. Il mit tout sur le compte de « *la bestialità di papa Alessandro.* » Quant à sa façon de faire la politique et la guerre, c'est vrai, elle avait été impitoyable; mais il combattait des ennemis impitoyables aussi. On ne pouvait les vaincre autrement.

Ayant ainsi déblayé le terrain, il passa à son panégyrique. C'était toujours le même : il n'avait attaqué personne. Il n'avait fait que se défendre, — défendre l'Église contre ses ennemis... Lui, un usurpateur du bien d'autrui!... Non, non, mais un « récupérateur » des biens enlevés jadis au Saint-Siège! Car, enfin, tous ces duchés, principautés, « vicariats » avaient fait partie, jadis, du domaine de l'Église. Les successeurs d'Alexandre VI étaient trop heureux qu'il eût fait ces conquêtes : ils n'avaient qu'à se baisser pour prendre ce qu'il avait apporté! Quant aux peuples, loin de les opprimer, il les libérait... Tyranniser, lui, allons donc! Au contraire, *anéantir les tyrans :* tel avait été le but de sa vie. Et, en effet, là où il avait régné, les discordes avaient cessé, les exactions aussi, les crimes étaient punis, les peuples respiraient à l'aise : c'était l'âge d'or... Il termina en jurant de réparer, autant qu'il était possible, le mal qu'il avait fait. Les biens volés, il les rendrait. Qu'on lui donnât un peu de temps seulement... Il allait rendre à Guido notamment la Bibliothèque d'Urbino et tous les meubles, sauf les tapisseries de la *Guerre de Troie*, — il en avait fait présent au cardinal de Rouen, auquel il ne serait pas délicat de les redemander, — et quelques babioles restées en Romagne, à Forli. Enfin, pour conclure, il se mettait à la discrétion de son ennemi.

Il plaida bien, il plaida longtemps. Guido était un valétudinaire, affaibli par la souffrance. C'était un sentimental, attendri par l'excès d'humiliation où il voyait le plus intraitable des princes, celui qui avait dit : *Aut Cæsar aut nihil!* C'était un lettré, ébloui par le feu de cette improvisation, — sans doute longuement méditée. Sa lassitude fut plus grande que son ressentiment. Il semble, aussi, par tous les traits de son ironie bienveillante, qu'il fût trop en avance sur son temps, trop dépouillé de la barbarie médiévale pour goûter dans toute son âpre saveur

Chè bello onor s'acquista in far vendetta...

Il dédaigna ce plaisir. Il embrassa le suppliant, lui promit d'intercéder, ou du moins de ne pas le charger, auprès de Jules II et le renvoya absous. La faconde et l'assurance des Borgia avaient, une fois encore, triomphé.

On a souvent tracé le portrait de César Borgia et, ici même, il en a paru un qu'on peut considérer comme achevé (1). Il est un trait, cependant, sur lequel on a peu insisté d'ordinaire et qui paraît essentiel : c'est son extraordinaire faculté de simulation ou de crédibilité, quelque chose qui le hausse, ou le rabaisse, au niveau de Cagliostro et de Casanova, ou encore de ces femmes célèbres, en France, depuis Mme de la Motte jusqu'à nos jours, pour les dupes qu'elles firent de juges, de princes ou d'hommes d'État. Qu'après avoir trompé Astorre Manfredi, César ait pu tromper Guidobaldo, Varano et tant d'autres, c'est

(1) Charles Benoist, *César Borgia*, I. *La Préparation du chef-d'œuvre*. (*Revue* du 1er novembre 1906.) II. *L'Original du Prince*. (*Revue* du 15 décembre 1906).

déjà surprenant; qu'après Guidobaldo et Varano, il ait pu tromper Vitellozzo et les Orsini, c'est tout à fait étrange; mais qu'après l'assassinat de Vitellozzo même et des confédérés, il ait pu séduire, une seconde fois, quelques-uns des chefs du parti Orsini et Guido lui-même dans cette dernière rencontre, cela passe les bornes du possible rationnel, et nous n'y pourrions croire, si les documens authentiques de la première heure et le consentement unanime des contemporains n'étaient là pour l'attester.

On ne peut l'expliquer que par la possession d'un fluide magnétiseur fait d'éloquence, d'enjouement et de grâce, qui enlève à l'adversaire ou interlocuteur une partie de ses moyens de contrôle et de son sens critique. Et l'on est d'autant plus fondé à le croire que ses maléfices n'opèrent pas de loin. Malgré tous les amis ou ambassadeurs qu'il entretient auprès des grands, il n'arrive pas à les persuader, s'il ne peut plaider lui-même, en personne. La partie est presque perdue pour lui auprès du roi de France, à Milan, ou du moins bien compromise : quand il paraît, il sauve tout. Les confédérés de la Magione, loin de lui, voient clair dans son jeu : à mesure qu'il peut les approcher, un à un, il leur brouille la vue. Les Florentins auxquels il ne peut parler directement ne tombent pas dans ses filets. Machiavel seul, étant sous son regard, est sous son charme; aussi conseille-t-il à ses concitoyens de lui céder. Ceux-ci sont probablement très inférieurs, en génie politique, à leur « secrétaire. » Mais étant hors de la portée de César, ils sont hors de son rayon fascinateur. Ils ne font rien de ce qu'il veut et font bien.

Toutefois, il y avait autre chose que de la suggestion hypnotique dans l'emprise de César sur ses ennemis : il y avait un solide système politique. En disant qu'il poursuivait la grandeur de l'Église, le Valentinois mentait sur ses intentions véritables, mais disait la vérité quant au fait. C'est pourquoi Alexandre VI mort, sa fortune ne croula pas tout d'un coup, ni même aussi vite qu'on aurait pu le croire. En travaillant pour soi, il avait aussi travaillé, momentanément tout au moins, pour la papauté, et le Pape nouveau, si différent fût-il de l'ancien et si ennemi, ne poussait pas la contradiction jusqu'à vouloir perdre ce que l'autre avait gagné. Peut-être même que les moyens employés pour la conquête des Romagnes commençaient à lui paraître moins détestables depuis qu'il en était le bénéficiaire, — être propriétaire ou ne l'être pas, créant une optique fort différente de la propriété. Il s'agissait donc, pour Jules II, de sauvegarder l'œuvre, tout en châtiant l'ouvrier. Or, l'ouvrier tenait encore à l'œuvre, par mille fils qu'il avait eu grand soin de solidement ourdir. Des gens à lui dévoués occupaient encore les forteresses de Forli et de Cesena et ne les voulaient point rendre. Il est vrai qu'ils ne pouvaient point non plus indéfiniment les garder et défendre contre tout le monde, et qu'il les leur faudrait, un jour ou l'autre, rendre à quelqu'un. Mais ils pouvaient, tout aussi bien, les rendre aux ennemis du Saint-Siège qu'au Saint-Siège lui-même. Tel était le nœud de l'affaire. Pour empêcher cette mésaventure, il fallait négocier avec eux, et César, seul, le pouvait. Il fallait donc ménager César.

Jules II le ménageait un peu comme le chat ménage la souris : il le laissait prendre un peu de champ, aller jusqu'à Ostie, par exemple, puis le rattrapait d'un coup de griffe. Ce manège dura plusieurs mois au bout desquels, César, ayant définitivement enjoint à ses lieutenans de se rendre, fut définitivement perdu. On le laissa, cette fois, s'en aller jusqu'à Naples où il tomba dans les filets de Gonzalve de Cordoue et ne reparut plus sur la scène. Il allait jouer les seconds rôles, et même moins encore, en Espagne, jusqu'à ce qu'une mort obscure achevât le « rien » qu'il s'était donné comme alternative à la destinée de César. La pieuse sorcière de Mantoue avait vu plus juste que le profond Machiavel : Borgia avait « passé comme un feu de paille. »

Comment ce feu a-t-il pu durer assez longtemps pour embraser toute l'Italie, et faut-il invoquer une déchéance morale particulière à ce pays ou à cette époque, pour expliquer qu'un Borgia pût y régner sans soulever une réprobation unanime? Telle est la question qui se pose naturellement à l'esprit, quand on considère la carrière du Valentinois. Mais elle repose, elle-même, sur un postulat très contestable, ou pour mieux dire, tout à fait faux. Car l'Italie n'a point acclamé, ni approuvé, ni même tacitement excusé les Borgia : elle les a subis. Elle les a subis, parce qu'ils étaient les plus forts, et ils étaient les plus forts, parce qu'ils étaient soutenus par l'Étranger. Voilà ce qu'on trouve, lorsqu'on va « à la réalité effective des choses, » comme Borgia, lui-même, y allait. Il n'est donc nullement nécessaire de supposer une immoralité, ou une amoralité, particulières au xvie siècle, pour expliquer ses foudroyans succès. Ils ne sauraient s'expliquer autrement, mais ils s'expliquent le plus naturellement du monde, par l'appui de la puissance extérieure la plus redoutée à ce moment : la France. Avant que la France le soutienne, il monte lentement; quand elle l'abandonne, il descend; quand elle le combat, il tombe. Et le signe qu'il ne peut se passer de l'appui de l'Étranger, c'est qu'il lui sacrifie, par force et à contre-cœur, ses ambitions, ses rancunes, ses haines. Contre les Florentins, il va se déchaîner : un mot du roi de France l'enchaîne et il ne bouge plus. Des Bentivoglio de Bologne, il va faire ce qu'il a fait des autres petits souverains dont il convoite le patrimoine : le roi de France leur assurant sa protection, — du moins à leurs personnes, — il respecte leurs personnes et négocie. Il livre très volontiers une partie de l'Italie aux Français pour en avoir une autre. Sa prétention, ou la prétention d'Alexandre VI, de « faire l'Italie toute d'un seul morceau » ne doit s'entendre que de la partie de l'Italie comprise entre le Napolitain et la Toscane, c'est-à-dire si l'on excepte de ce projet d' « unité italienne » Milan, Venise, Florence et Naples, ce qu'il y avait de plus riche et de plus actif dans la péninsule. César ne fait donc pas de bien grands rêves : il espère se fabriquer un royaume de pièces et de morceaux, qui s'appuiera sur l'Étranger. Contre ses rivaux ou voisins, en Italie, il brandit toujours la menace extérieure : « Le Roi de France est avec moi... le Roi de France va venir... Chaumont arrive avec 400 lances... Le Roi m'envoie ses Gascons... » Voilà son grand argument et qui suffit à tout. Avant tous ses titres italiens, il fait passer son duché de Valentinois. Bien mieux, au lieu de se parer de sa nationalité, il la rejette. Il signe César Borgia *de France*. Il est l'homme de l'Étranger.

L'imputation de complicité, si l'on en décharge l'Italie, on ne doit pas, pour cela, en charger la France. Si les Français, pendant un temps, soutinrent César, c'est qu'ils ne le connaissaient pas. Éblouis par sa faconde et par ses manières à la fois gracieuses et hautaines, endoctrinés par lui, à la Cour même de France, avant leur arrivée en Italie, ils furent longtemps victimes d'un effet d'optique, difficilement évitable, à cette époque, lorsqu'on voulait juger les choses de trop loin. Lorsqu'ils le connurent mieux, ils le condamnèrent aussi. Louis XII parle, quelque part, de la *grant ingratitude et mescognoissance* de « son cousin » *Domp César de Borgia* et des « mauvais tours » qu'il lui a faits. Jamais mieux qu'en cette occurrence ne fut démontré le malheur, pour un pays, de faire juger ses différends par l'Étranger, même si l'Étranger est honnête. Louis XII était honnête, mais il venait de loin et, au milieu de toutes les criailleries italiennes, il ne distinguait point clairement la voix de la vérité. Et puis, il n'était pas et ne pouvait être impartial, venant en Italie non pour juger, mais pour être partie prenante. C'est bien ce sur quoi comptait César, tout à fait indifférent au sort de ce pays, pourvu qu'il s'y taillât un royaume.

Ainsi, même si l'on invoque la maxime cynique du réalisme politique : « La fin justifie les moyens, » on le condamne. L'histoire pardonne au pionnier tombé en route, quand la route où il est tombé a servi depuis à la marche de l'humanité. Quels que soient ses échecs et quels que soient ses « moyens, » un précurseur est absous. Mais Borgia n'a été le précurseur de rien. Pas une idée nationale n'a hanté le cerveau de cet Espagnol, régnant sur des Italiens, par l'épée des Français. Pas une idée d'art non plus, — et c'est ce qui, pour nous, le perd. Ces tyrans du xve et du xvie siècle ne se sauvent que par là. On pardonne beaucoup à Ludovic le More, presque aussi peu « national » que Borgia, parce qu'il a fait au monde un legs de beauté. Bien d'autres se présentent devant la postérité, c'est-à-dire devant chaque génération nouvelle qui naît, comme les rois mages devant l'Enfant Jésus : ils tiennent des trésors à la main et semblent lui dire : « Grâce à moi, tu verras quelques belles choses de plus dans le monde où tu vas passer et souffrir. » Mais de Borgia les mains sont vides et toutes dégouttantes de sang. Le lacet qui étrangle, le couteau qui égorge, le masque qui cache, la plume qui ment : — voilà sa contribution au Musée de l'histoire. Il intéresse comme un joueur, mais seulement comme un joueur : on suit sa partie, sa veine ou sa déveine, on admire son impassibilité en face de l'heur ou du malheur des cartes, mais, une fois les chandelles consumées et quand il fait « Charlemagne, » on s'aperçoit qu'il a perdu son temps et qu'il ne laisse rien à la « cagnotte » de l'humanité.

Pourtant, il a trouvé, dans les temps modernes, des apologistes, ou du moins des « analystes, » qui en ont appelé du verdict sommaire et absolu des moralistes au diagnostic plus complexe et plus relatif des historiens. Ils ont plaidé trois choses : d'abord, que sa morale ou son « immorale » était celle de son temps, que tout le monde faisait les mêmes crimes que lui et que sa seule originalité fut de les faire mieux ; ensuite, que les tyrans qu'il déposséda ne valaient pas mieux que lui et opprimaient les pays où il paraissait en libérateur ; enfin, qu'il travailla non dans un dessein personnel, mais pour une idée : la grandeur de l'Église, puisque les territoires acquis par lui au Saint-Siège lui sont restés.

Il y a du vrai dans tout cela, mais rien de tout cela n'est tout à fait vrai. Le mouvement de réprobation contre les Borgia n'a pas attendu les temps modernes pour se manifester : témoin Savonarole. On a fort bien su, du vivant même d'Alexandre VI et de César, tant dans les protestations auprès du roi de France que dans les lettres privées, marquer en quoi les crimes de cette famille dépassaient la commune mesure. Et, en effet, ni dans la première dynastie des Médicis, ni chez les Montefeltro, ni chez les Gonzague, on ne trouverait rien de semblable; et les multiples crimes attribués à Ludovic le More restent encore à prouver. L'horreur qu'éprouvaient ses contemporains pour le Valentinois n'est pas douteuse. Guichardin, qui écrivait peu après et était âgé déjà d'une vingtaine d'années lors de ces événemens, le dit : « Lorsque le Roi de France arriva à Milan, il fut sollicité de tourner ses armes contre les Borgia : *c'était le plus grand désir de toute l'Italie.* » La terreur qui saisit la famille d'Este en apprenant les fiançailles d'Alphonse avec Lucrèce Borgia, la longue répulsion du fiancé lui-même, les enquêtes et les correspondances qui eurent lieu à ce sujet n'étaient point habituels aux mariages princiers de cette époque. Les légendes qui circulèrent dans le peuple de Rome à la mort d'Alexandre, par exemple le dialogue imaginé entre le Pape et le Diable venu pour lui réclamer livraison de son âme, n'accompagnaient point, on peut le croire, la fin de tous les Pontifes, même en ce siècle calamiteux. A cet égard, la lettre du marquis Gonzague à sa femme, écrite le 22 septembre 1503, c'est-à-dire un mois seulement après la catastrophe, est très significative : ce n'est point l'expression d'une haine personnelle, c'est l'écho de tout un peuple crédule et indigné. Elle montre l'Italie stupéfaite, épouvantée à un spectacle qu'elle n'avait jamais encore contemplé.

Cette indignation, il est vrai, se sent peu chez les historiens. Ils gardent une belle impassibilité qui, chez Machiavel, va quelquefois jusqu'à une manière d'admiration. Mais les historiens ne sont pas toute l'histoire, encore moins toute l'opinion publique, et moins que jamais si ce sont des diplomates. Une histoire écrite par Talleyrand serait précieuse : quant à refléter l'opinion du peuple français, c'est autre chose. Mieux valent, pour cela, les témoignages immédiats, les lettres privées, nombreuses à cette époque et d'une incontestable authenticité. Les historiens racontent les événemens avec exactitude, — du moins nous le supposons ; — mais l'impression que ces événemens produisent sur les âmes, l' « incidence » du fait sur la mentalité contemporaine, c'est bien plutôt par les lettres intimes que nous les pouvons conjecturer. Or, il est difficile, quand on lit les correspondances échangées à cette époque, de croire que les Borgia aient paru des êtres admirables à leurs contemporains.

Ce qui est vrai, c'est que plusieurs des petits tyrans dépossédés par César ne valaient pas mieux que lui et que les moyens employés par eux, pour se maintenir dans leur tyrannie, n'étaient guère différens de ceux qu'il employa pour les en chasser. Plusieurs, mais pas tous et, par exemple, pas Guidobaldo. Ce qui est vrai, aussi, et ce qui explique, en partie, le succès rapide et facile de ses déprédations, c'est le peu d'attachement des populations conquises pour leurs anciens maîtres et parfois même l'horreur qu'elles en avaient : — à ce point que, çà et là, l'invasion leur fit l'effet d'une délivrance. Mais point partout et notamment pas à Urbino. César l'a prétendu, mais un mensonge de plus ou de moins ne lui coûtait guère et toute l'histoire de ce duché, avant, pendant et après son occupation, dément cette vaine parole. Il est vrai, enfin, que ses conquêtes n'ont pas, toutes, été éphémères et que plusieurs sont venues grossir le patrimoine de saint Pierre. Mais, précisément, l'État d'Urbino n'est pas demeuré à l'Église et, s'il y est revenu enfin, c'est cent vingt-huit ans plus tard, par l'extinction de la famille régnante et au grand regret de ses habitans, comme l'avait bien prévu Montaigne quand il y passa et qu'il voulut en visiter la « bele Librairie. »

Ainsi, se trouve-t-il, à l'examen attentif des réalités, que Borgia ne fut point du tout un libérateur des peuples opprimés et qu'il ne lui a pas suffi de le prétendre pour tirer avantage de ce rôle. La violation d'un État neutre et indépendant, et qui tenait à son indépendance, marque nettement la limite de ce que pouvait, en Italie, le plus grand aventurier du XVIe siècle. Le rocher des Montefeltro fut la pierre d'achoppement où vint se briser la fortune de César. Les peuples, en effet, n'ont pas attendu que fût proclamé leur droit de disposer d'eux-mêmes pour le prendre, quand ils l'ont pu. Même lorsqu'il s'agit du peuple le moins libre du monde, c'est tout autre chose de l'avoir pour ou contre soi, quand on entreprend sa conquête, de marcher au milieu de son hostilité ou de sa complicité, ou tout au moins de son indifférence. Même dans la victoire, son hostilité est dangereuse; elle est mortelle dans la défaite ou seulement dans l'indécision. En fait, les populations tyrannisées avant les Borgia sont restées à l'Église, ou ne sont pas demeurées à leurs anciens maîtres : le petit peuple d'Urbino, gouverné par les Montefeltro d'une façon que nous appellerions aujourd'hui « libérale, » a chassé l'usurpateur et est revenu à ses anciens chefs. Telle est la morale, — et il se trouve qu'elle est morale en effet, — de cette tragi-comédie.

« Comédie, » — nous pouvons l'appeler ainsi, après 400 ans écoulés, puisque les victimes de ce drame, quatre mois seulement après sa fin, l'envisageaient avec ce détachement philosophique. La première chose que fit la duchesse, Élisabetta Gonzague, pour se divertir, durant le carnaval qui suivit sa restauration à Urbino, fut de faire mettre sur la scène les tristes événemens où son mari et elle avaient failli laisser leurs têtes.

« Le 19 février 1504, dit un chroniqueur, le jour de lundi, on fit, le soir, dans la salle du Seigneur Duc, *la Comédie du duc de Valentinois et du Pape Alexandre VI,* quand ils firent le projet d'anéantir l'État d'Urbino, quand ils envoyèrent Mme Lucrèce à Ferrare, quand ils invitèrent la duchesse (d'Urbino) aux noces, quand ils vinrent pour prendre l'État, quand le duc d'Urbino revint pour la première fois et puis repartit, quand ils égorgèrent Vitellozzo et les autres seigneurs et quand le pape Alexandre VI mourut et le duc d'Urbino revint dans son État. »

C'est une idée tout italienne. Nous concevons mal

Louis XVIII, malgré le goût qu'il avait des choses de l'esprit et son profond scepticisme, faisant représenter, aux Tuileries, sa fuite aux *Cent-Jours*. Il est vrai qu'on l'a représentée en peinture, mais, s'il faut en croire les témoignages du temps, il ne le trouvait point plaisant du tout. Quel plaisir la duchesse d'Urbino et ses amis pouvaient-ils prendre à remuer ces souvenirs tout récens, où il y avait tant de larmes et de cendres? Mais l'Italien adore à ce point les spectacles qu'il aime mieux s'en faire de ses propres malheurs que de n'en pas avoir du tout. Et puis, peut-être que l'image sensible des angoisses qu'on pouvait croire à jamais conjurées relevait-elle, d'une savoureuse épice, la douceur des jours sans histoire qui allaient désormais couler...

Il est rare que les jours heureux soient aussi féconds en impressions et laissent une mémoire aussi longue que les malheurs. C'est pourtant ce qui arriva, cette fois. La vie d'avant la tempête reprit dans le palais d'Urbino, la vie du *Cortegiano*, telle que Castiglione l'a peinte : vie de danses, de musique, de chasses, de tournois, de lectures et de discussions passionnées. Humanistes, poètes, gens d'église, chevaliers qui avaient laissé, là, leur armure; diplomates qui avaient quitté leurs postes diplomatiques ; statuaires au repos entre deux chefs-d'œuvre; maîtres d'armes, princes dépossédés, bouffons, virtuoses accouraient à tire-d'aile vers l'altier palais bâti par Laurana. Sonnets, *canzoni*, *rime*, retentissaient sous les hautes voûtes, alternant avec les cliquetis d'armes et les soupirs du luth et du *gravicembalo*. On disait du Pétrarque, on chantait du Josquin de Près, on dansait des *basses* espagnoles. On discutait surtout, librement, subtilement, passionnément, en utilisant pour cela tout le trésor des connaissances accumulées depuis l'antiquité. C'étaient les *Essais* de Montaigne avant Montaigne esquissés par des hommes qui avaient vécu les heures tragiques dont il n'a fait que lire des récits. Les problèmes les plus divers de la philosophie, de la littérature et de la vie courante y étaient abordés, mais le sujet demeurait toujours l'Homme, sa formation intellectuelle et morale, sa perfection immédiate, son coefficient dans la société : — la philosophie étant avant tout pour cette élite mondaine si menacée par les révolutions et pressée de vivre, une méditation non sur les fins dernières, ni sur ses origines, mais sur la vie.

Jamais, il est vrai, on n'a joui plus franchement de l'heure présente qu'à cette époque. L'avenir ne hantait guère les imaginations, le passé était rejeté bien loin dans les mémoires : parfois une furtive allusion y était faite, comme il arrive que dans un beau visage on découvre une ride, mais elle s'effaçait aussitôt dans un éclat de rire d'Emilia Pia. Les visions tragiques ou désolées de la route, de la fuite, de l'exil, s'oubliaient devant les merveilles de Laurana, de Juste de Gand, de Paolo Uccello, de Melozzo da Forli et les précieux manuscrits, enfin récupérés. Les Amours couraient sur les cheminées et les linteaux des portes, les plantes décoratives croissaient le long des chambranles, les symboles pittoresques planaient aux plafonds. On ne se bornait pas à jouir des visions fixées par les vieux Maîtres : on en provoquait de nouvelles chez les jeunes artistes du cru. Il y en avait un, notamment, qui ne laissait pas de montrer quelques dispositions pour la peinture : c'était le fils d'un peintre attitré des Montefeltro. On lui faisait, déjà, quelques commandes; on lui donnait des lettres de recommandation au loin : « Le porteur de ceci sera Raphaël, peintre d'Urbino, qui, ayant un beau génie pour sa profession, a résolu de demeurer quelque temps à Florence pour y étudier, » écrivait au Gonfalonier de Justice, à Florence, la sœur de Guidobaldo, la « préfétesse de Rome, » qui se trouvait à Urbino le 1er octobre 1504.

Quand nous sommes au Louvre, au *Salon carré*, devant le petit *Saint-Michel* de Raphaël, peint sur le revers d'un damier ou son petit *Saint-Georges*, si gauches à ne voir que les figures secondaires et les accessoires, si gracieux et si florissans de jeunesse, si nous considérons les figures principales, souvenons-nous que c'est au pauvre Guidobaldo que nous les devons. Ces premiers balbutiemens du génie sont touchans de maladresse, d'application, de vie. Regardons, par exemple, le petit *Saint-Georges :* un chien difforme aboie après un cavalier qui passe et qui semble venir tout droit d'une pendule Louis-Philippe, car il est coiffé d'un casque à plumes que ne désavoueraient pas les chevaliers romantiques dressés dans la Cour d'honneur de Versailles. Le paysage est doux et tranquille; les arbres montent dans le ciel comme des fusées de verdure; le sol est jonché des débris d'un gigantesque mirliton. Le cheval, tout en poitrail, presque aussi monstrueux que le chien, fait ce qu'il peut pour paraître fougueux et n'avance pas. Au loin, une sorte de Maritorne court lourdement dans la colline. Or ce cavalier est un Saint : une timide auréole entoure son casque; ce chien est un dragon, qui s'efforce à paraître redoutable : ce mirliton est une lance brisée dans son corps, et cette femme est la Fille du Roi. On croit à une gageure, mais que l'on s'attache au cavalier : ce jouvenceau bien planté sur ses étriers, plein de candeur, de force et d'agilité, préfigure déjà l'humanité supérieurement belle et le geste harmonieusement vrai que peindra Raphaël, quand il ne figurera plus ni les bêtes, ni les monstres. Entre la nature inférieure et le surnaturel, c'est, déjà, un maître. Voilà vraisemblablement les premières œuvres que Guido fit exécuter en rentrant dans ses États. Non seulement, il les a commandées, mais il les a, sans doute, inspirées. La bête malfaisante frappée par le Saint, dans les deux compositions, le Saint lui-même triomphant de la violence et du vice, c'est, — transposée dans un monde idéal, où tout s'ennoblit et s'épure, — l'histoire même que nous venons de raconter.

Pauvre Saint Georges à la vérité et fort médiocre Saint Michel, que le pâle et valétudinaire héros de cette histoire ! Un Saint Michel vite guetté par la goutte et perclus dès sa maturité, après quelques années seulement de sportive jeunesse, un Saint Georges qui ne triomphe que tardivement et après avoir fui deux fois devant le Dragon ! Une âme bien trempée, cependant, et qui laissa chez les Vénitiens, s'il faut en croire Pietro Bembo, « la haute réputation d'un esprit au-dessus de l'humanité, d'un savoir admirable et d'une discrétion singulière, » mais trahie par ses organes et constamment embarrassée de sa guenille mortelle : tel fut Guidobaldo de Montefeltro, duc d'Urbino.

Ainsi, peu à peu, les traits de son portrait du Pitti s'expliquent et expliquent sa vie. La souffrance physique y est empreinte, la mélancolie y répand son voile, la fermeté le soutient. Enfant venu trop tard, d'un père trop vieux, d'une mère trop jeune, réclamé, arraché à la condescendance divine par d'indiscrètes prières, on sent qu'il paya toute sa vie la rançon de la joie donnée aux siens par son apparition dans le monde. Sa mère avait offert sa vie en échange d'un fils et le Ciel avait accepté le troc : elle était morte en lui donnant le jour. Au physique, ce *fils* c'était elle, c'était Battista Sforza : la longue figure pâle et anguleuse de Guido, du Palais Pitti, est bien la transposition masculine du profil de la Battista Sforza des *Uffizi*, par Piero della Francesca et de son buste au Bargello. Au moral, c'était son père, le grand condottière et le parfait honnête homme du xve siècle, mais son père vieilli, affaibli, tout aussi sage, mais la sagesse sans la force, aux époques troublées, c'est une boussole sans rames, ni voiles. Du moins, cette égalité d'âme, si elle ne lui suffit pas pour diriger les événemens, lui permit de faire paraître, dans leur bourrasque tragique, cette impassibilité qui présage le calme, cette prévoyance qui rassure les esprits, cette courtoisie qui rallie les cœurs.

Sage, impassible et courtois, il se montra dans la maladie, comme dans la mauvaise fortune, et devant la mort, jusqu'au bout. Quand son heure sonna, ce fut une heure d'avril 1508, à Fossombrone, il s'effaça discrètement, comme une ombre passe. Il finit en vrai Prince de la Renaissance ; non pas dans l'oubli des commandemens de l'Église chrétienne, mais avec une sorte de sérénité tout humaine qui, par delà les siècles de terreur et de ferveur, renouait la tradition des philosophes de l'Antiquité. Il réconforta sa femme, se confessa à son chapelain, instruisit de ses devoirs son successeur, puis, voyant à son chevet, deux humanistes fameux, Castiglione et Fregoso, il leur fit cette dernière politesse de mourir en murmurant des vers de Virgile, et de parer des noms de Cocyte et de Styx, les ombres froides où il se sentait descendre et engloutir.

ROBERT DE LA SIZERANNE.

SOIXANTE ANNÉES
DU
RÈGNE DES ROMANOFF[1]
1821-1881

III. — ALEXANDRE II

I

Que valait-il moralement, ce fils de Nicolas Ier qui succédait à son père sous le nom d'Alexandre II et à qui incombait la lourde tâche de réparer les malheurs que le régime autocratique poussé à l'excès avait attirés sur la Russie et sur la dynastie impériale? Né en 1818, il venait d'atteindre sa trente-septième année. Tous ceux qui l'avaient approché le tenaient en haute estime pour sa droiture, sa loyauté, sa fidélité à ses amis et à ses engagemens et pour ses qualités d'esprit et de cœur. Élevé militairement par le général Kaveline, « homme d'honneur, mais de mérite médiocre, » à qui son père l'avait confié lorsque les soins féminins ne lui furent plus nécessaires, il devait à son précepteur le poète Jouwoffsky, comme sa sœur la princesse Marie, plus tard duchesse de Leuchtenberg, qui recevait les leçons du même maître, la vaste instruction qu'il possédait et la connaissance de toutes les langues de l'Europe. En 1838 et 1839, il voyage en Allemagne et en Italie en compagnie du prince de Liéven, qui lui a été donné pour Mentor.

(1) Voir la *Revue* du 15 février et du 15 mars.

Par sa modestie, son affabilité, sa tournure, il plaît partout où il passe. A Vienne, à Berlin, à Munich, à Stuttgard, à Dresde, les familles régnantes dans lesquelles il a été reçu gardent de lui le plus flatteur et le plus sympathique souvenir.

A la cour de Hesse-Darmstadt, parmi les filles du grand-duc Louis II, il en distingue une qui le charme dès leur première rencontre et sur laquelle il produit le même effet. La princesse Sophie vient d'avoir quinze ans; elle est sérieuse, calme « avec une physionomie de réflexion et de jugement » qui séduit et attire d'autant plus Alexandre qu'elle contraste avec les habitudes et les manières de la famille impériale « où tout est mouvement, expansion, manifestations extérieures. » En 1841, après qu'elle s'est convertie à la religion orthodoxe, il l'épouse; elle s'appellera désormais Marie Alexandrowna.

De 1843 à 1855, date de l'avènement d'Alexandre II, cinq naissances viennent embellir ce foyer exemplaire en y introduisant Nicolas, grand-duc héritier, qui mourra avant de régner, Alexandre à qui ce trépas prématuré donnera la couronne, puis Wladimir, Alexis et Marie et enfin, lorsque le père est empereur, Serge et Paul. Cesarewna ou impératrice, Marie Alexandrowna, durant ces années de maternité, a concentré sa vie au chevet de ces berceaux, évitant de faire parler d'elle, ne vivant que pour son mari et pour ses enfans. Quant à lui, envisageant et pratiquant sans relâche les grands devoirs qui lui incombent en sa qualité d'héritier de l'Empire, il les voit bientôt s'augmenter par la confiance que, dès qu'il est marié, lui témoigne l'Empereur. Cette confiance ira sans cesse en s'augmentant. Loin de tenir son fils éloigné des affaires, Nicolas Ier ne lui cache rien; à la veille d'un voyage, recevant un ambassadeur, il s'excuse de ne pouvoir prolonger l'audience. « Je suis bien occupé, dit-il, il faut que je mette de l'ordre dans mes papiers, que je les enferme, car pendant mon absence, mon fils sera également loin de Saint-Pétersbourg et je n'ai confiance absolue qu'en lui. Je veux qu'il sache tout comme moi, qu'il partage mes travaux et soit toujours en état de me succéder. » Ce langage caractérise les relations du fils avec son père; elles sont aussi affectueuses que confiantes.

Nous en trouvons une autre preuve dans les fonctions dont le prince héritier est investi; il est successivement appelé à diriger les établissemens militaires de la Russie, à commander la garde impériale et le corps des grenadiers. Dans ce rôle, et quoique intraitable sur les questions de discipline, il se fait chérir des soldats par son esprit de justice et par sa bonté. Chargé parfois de missions importantes, il s'y distingue par l'habileté avec laquelle il les accomplit. C'est ainsi qu'une émeute d'étudians ayant éclaté à Helsingfors, en Finlande, à propos d'une chaire d'enseignement qu'ils demandaient et qu'on leur a refusée, il y est envoyé avec de pleins pouvoirs pour rétablir l'ordre : « Tu exileras en Sibérie les principaux coupables, » lui a dit son père. Mais, avant d'en arriver là, l'envoyé prêche aux émeutiers la soumission ; il les supplie de ne pas l'obliger à recourir à des mesures de rigueur, il leur parle en ami. Sa voix est entendue, ils rentrent dans le devoir sans qu'il ait été nécessaire de les châtier.

Peut-être est-ce à la suite d'incidens de ce genre que, dans le monde de la Cour, le grand-duc héritier passe pour manquer de fermeté. Il n'en est rien, et si parfois on le blâme de se plier trop facilement aux exigences de l'Empereur, il pourrait objecter que c'est par respect pour celui-ci et pour ne pas lui porter ombrage. Mais cette attitude ne l'empêche pas d'avoir son franc-parler, de savoir ce qu'il veut et où il va. De tous les princes de la famille impériale, il est celui qui s'intéresse le plus aux choses de France ; il en parle toujours avec sympathie, se fait communiquer par la chancellerie russe les nouvelles de Paris et ne perd aucune occasion de mettre en lumière les avantages d'une alliance de ce grand pays avec le sien. Il n'est donc pas étonnant qu'il ait amèrement regretté la guerre qui, en 1854, les a mis aux prises ; il laisse entendre qu'elle eût pu être évitée et qu'elle n'aurait pas eu lieu, s'il avait eu le pouvoir de l'empêcher. Il est cependant douteux que, s'il a exprimé cette opinion dans les conseils de l'Empereur, il ait longtemps insisté pour la faire prévaloir. Les hostilités ouvertes, il n'a plus en vue que la victoire des armées russes.

Du reste, on le voit en des circonstances moins solennelles se montrer indépendant et sortir du sillon où marche son père. Il existe à la Cour un personnage, favori de l'Empereur que celui-ci « a élevé du plus bas au plus haut » et qu'il a même nommé général en récompense des services d'ordre intime qu'il a reçus de lui. Complaisant servile du maître et confident de ses affaires secrètes, ce général garde et fait élever sous son toit deux enfans qu'a eus Nicolas d'une demoiselle d'honneur de l'Impératrice, liaison que nul n'ignore et qui, en 1852, durait depuis quinze ans. Le grand-duc ne dissimule pas son mépris à ce favori et n'hésite pas à lui déclarer qu'une fois empereur, il le chassera.

A ces traits révélateurs d'une nature attirante et sympathique, on pourrait en ajouter beaucoup d'autres qui nous montrent dans Alexandre II un souverain consciencieux, animé d'idées libérales, désireux d'améliorer le sort de ses sujets, de mettre un terme aux abus de l'administration impériale, à l'esclavage de la presse, aux rigueurs de la police et de la censure et de faire participer les populations qu'il gouverne à la conduite de leurs affaires. Tel il apparaît au début de son règne, et tel il restera jusqu'à la fin, bien que ses dispositions favorables à des réformes bienfaisantes soient maintes fois contenues en lui par les craintes que lui inspirent les tendances révolutionnaires qui troublent le repos de l'Europe et qui ont leur répercussion dans son Empire. L'émancipation des serfs par laquelle il inaugure son avènement au pouvoir constitue l'acte éclatant où se trahit le mieux ce besoin de justice qui le caractérise.

En étudiant son règne au point de vue français qui est surtout celui dont s'inspire cette étude, on est amené à le diviser en deux périodes : la première qui se déroule de la fin de la guerre de Crimée, terminée en 1856 par le Congrès de Paris, à la guerre franco-allemande; la seconde, qui part du traité de Francfort et se dénoue tragiquement au mois de mars 1881, par l'assassinat de ce malheureux prince, au moment où il allait doter l'Empire d'une constitution libérale.

Nous passerons rapidement sur la première de ces deux périodes; elle a eu de nombreux historiens et non des moindres (1); ils n'ont que peu laissé à en dire qui vaille d'être retenu. C'est donc à eux qu'il convient de renvoyer le lecteur curieux de connaître les temps dont ils racontent les

(1) Émile Ollivier, Pierre de la Gorce, Alfred Rambaud, Germain Bapst, Camille Rousset, Julian Klaczko, des diplomates français et étrangers : Hubner, Morny, Jomini, Gabriac, Rothan, d'autres que j'oublie et le plus récent d'entre eux, François Charles-Roux, qui les a tous résumés et complétés dans le magistral ouvrage qu'il a publié en 1913 sous ce titre : *Alexandre II, Gortschakof et Napoléon III*. Il semble bien que dans ce livre remarquable, le dernier mot est dit sur les événemens et sur les acteurs qu'on y voit figurer.

péripéties et nous n'en dirons que ce qui est nécessaire à l'intelligence de ce récit.

En montant sur le trône, Alexandre II avait à liquider le lourd héritage que lui léguait son père et à conjurer les nouveaux désastres dont la coalition des grandes Puissances menaçait la Russie, si la guerre eût continué. Il tente encore un dernier effort pour rendre à ses drapeaux le prestige de la victoire. Mais, après la prise de Sébastopol, il comprend que de plus longs combats ne pourraient le leur donner, et, si dures que soient les conditions de la paix qui lui est imposée, il s'y résigne. Elle est signée à Paris en 1856. En ces circonstances douloureuses, il témoigne d'une dignité qui lui vaut les sympathies européennes que Nicolas Ier s'était aliénées. A travers d'innombrables péripéties, il s'attache à ramener la prospérité dans son pays et à se gagner au dehors des alliés qui l'aideront à recouvrer son rang en Europe. Peu à peu, il y parvient et voit venir vers lui ses ennemis d'hier.

Ses intentions se trahissent dans ses tentatives pour se rapprocher de la France; mais les unes et les autres sont paralysées, en 1863, par l'insurrection polonaise, au cours de laquelle la France, qui cherche alors à s'assurer l'alliance de la Grande-Bretagne, se montre hostile à la Russie et ne dissimule pas ses sympathies pour les insurgés. Le gouvernement de Napoléon III, par sa politique imprudente, pousse Alexandre II dans les bras de la Prusse, sans donner aux Polonais les secours que, trompés par les apparences, ils attendaient de lui.

Le Tsar fut longtemps à pardonner à l'Empereur des Français. En 1870, quand s'engage la guerre entre la France et la Confédération germanique, outre qu'il attribue la responsabilité du conflit au Cabinet de Paris qui, non content du renoncement du prince de Hohenzollern à la couronne d'Espagne, a exigé la garantie du roi Guillaume, sa rancune se manifestera par le service qu'il rend à notre ennemie en empêchant l'Autriche de tenir les engagemens qu'elle avait pris envers nous.

Il est vrai que, dans l'intervalle, cette rancune avait trouvé un élément nouveau à l'heure même où elle paraissait prête à désarmer. En 1867, Alexandre II se rendait à l'invitation de Napoléon III, à Paris, pour visiter l'Exposition universelle; il semblait alors disposé à oublier les encouragemens plus ou moins déguisés donnés aux insurgés polonais par le gouvernement français; non seulement son attitude témoignait de la volonté de faire litière de ces souvenirs amers, mais elle trahissait aussi le désir de s'allier à la France, en vue de contrecarrer la politique anglaise en Orient. En arrivant à Paris accompagné de son chancelier Gortschakof, il s'attendait à entendre Napoléon lui faire des offres d'entente; il s'y attendait parce qu'on les lui avait fait espérer. Son espoir fut déçu, à l'heure même où il venait d'entrer dans la capitale. Après les pompes et les splendeurs de la réception, il se trouvait en tête-à-tête avec Napoléon III depuis quelques minutes à peine, lorsque l'Impératrice entra dans le salon où ils étaient réunis et empêcha que la conversation sortît des banalités et abordât le sujet qui intéressait Alexandre. Ce fut sa première déception; elle s'aggrava dès le lendemain, durant sa visite au Palais de Justice, où éclatèrent sur son passage des manifestations de sympathie polonaise.

Puis ce fut, à la revue du 6 juin, l'attentat de Berezowski, qui lui rappelait, en des conditions qui auraient pu être tragiques, les encouragemens que les Parisiens, à ce qu'il croyait, étaient toujours prêts à donner à la Pologne. L'incident laissa dans l'esprit du Tsar une trace douloureuse. C'était la seconde fois, depuis moins de deux mois, qu'il était l'objet d'un attentat. Le 16 avril, à Pétersbourg, vers quatre heures de l'après-midi, il passait à pied devant le Palais d'Été, avec le duc de Leuchtenberg et la princesse de Bade, lorsqu'un individu, vêtu comme un bourgeois, sortit de la foule, et, tirant de sa poche un pistolet, le visa. Un moujik qui avait vu le mouvement releva l'arme; le coup partit en l'air, mais l'Empereur entendit siffler la balle. L'assassin, un nommé Karakosoff, fut arrêté aussitôt, non sans peine, car les témoins de cette scène s'étaient emparés de lui et voulaient l'écharper. C'était un paysan; lorsqu'on l'interrogea sur les mobiles de son crime, il répondit « qu'il s'était dévoué pour le peuple à qui l'Empereur n'avait pas donné assez de terres. » Alexandre aurait voulu le gracier; ses ministres l'en empêchèrent, et le personnage fut pendu. En lui rappelant cet attentat, celui de Berezowski, survenu six semaines plus tard, lui fut particulièrement cruel. A cette date, il régnait depuis dix ans, et, s'étant toujours préoccupé du sort de ses sujets, il se croyait des droits à leur reconnaissance.

C'était d'ailleurs, nous l'avons dit, un être de bonté qui ne pouvait comprendre ni tolérer sans souffrir qu'il pût être pour quelqu'un un objet de haine. Les familiers de la Cour sont unanimes à constater qu'à partir de ce moment, un profond changement s'était opéré en lui et que sa disposition naturelle à la mélancolie, à la tristesse, aux idées noires s'était manifestée plus vivement encore que dans le passé. Il faut cependant constater qu'à Paris après l'attentat du 6 juin, les témoignages de sympathie ne lui avaient pas manqué. On doit croire qu'il le reconnaissait dans le télégramme qu'il envoya le même jour à sa femme, car elle crut devoir adresser des remerciemens au marquis de Gabriac, chargé d'affaires de France. « J'ai été profondément touchée, lui dit-elle, des sentimens manifestés par S. M. l'Impératrice et par le peuple français envers l'empereur Alexandre dans cette triste circonstance; ce sont des liens communs entre nous. » Ne doutons pas de la sincérité de cette gratitude, mais on est tenté de n'y voir que de l'eau bénite de cour lorsqu'on se rappelle que, quelques jours plus tard, Alexandre Ier, en rentrant dans sa capitale, laissait entendre à son entourage qu'il était écœuré par les incidens survenus pendant son séjour à Paris.

Ce qui n'est pas moins vrai, c'est qu'à son retour, il était déjà dominé par l'appréhension des périls que les doctrines révolutionnaires faisaient courir à tous les souverains. Tel est encore son état d'âme au mois de juin 1870 durant un séjour qu'il fait à Stuttgart chez son beau-frère le roi de Wurtemberg, alors que celui-ci, comme les autres souverains des États allemands du Sud, s'inquiétait des ambitions de la Prusse. Causant avec le baron Varnbuller, président du Conseil des ministres, Alexandre lui déclare qu'il ne laissera toucher par personne à l'indépendance des États méridionaux :

« Du reste, ajoute-t-il, telle est la volonté de mon oncle, le roi de Prusse. Lui et moi vivans, vous ne courez aucun péril; je suis sûr de ses sentimens comme des miens; les annexionnistes prussiens peuvent se remuer et s'agiter, menacer, vous inquiéter, il ne les laissera pas passer de la parole à l'action.

« Après lui, c'est autre chose; le prince royal Frédéric mêle à des opinions démocratiques déplorables une ambition démesurée; il subit l'influence des nationaux libéraux, ce parti dont les visées sont si inquiétantes pour la paix de l'Europe. Il est surtout dominé par sa femme qui rêve la couronne impériale d'Allemagne avec une constitution libérale comme en Angleterre. Elle a assez d'esprit pour avoir beaucoup d'intrigue et d'ambition, mais pas assez de bon sens pour distinguer entre les mœurs allemandes et les mœurs anglaises, entre l'état social de la Germanie et celui de la Grande-Bretagne. Il suffirait de faire cet essai pour ouvrir en Allemagne une ère de désordre et d'anarchie. La France est agitée, l'Espagne est en décomposition, l'Italie est un pays révolutionnaire, l'Autriche n'est plus qu'un cadavre dont les membres vont peut-être bientôt se disjoindre violemment. Seules la Russie et la Prusse représentent aujourd'hui en Europe l'esprit d'ordre, d'autorité, de discipline, indispensable au salut de la société; c'est là une des causes de notre entente, de notre sympathie réciproque; nous sommes unis par le même intérêt de conservation. Mais si un jour le prince royal doit sortir de ces erremens et introduire dans ses États le fléau moderne de la démocratie qui s'appelle le libéralisme, je ne pourrai plus voir dans la Prusse qu'un voisin d'autant plus incommode qu'il y a entre nous plus d'un intérêt divergent et qu'elle a en outre toute l'arrogance des parvenus de fraîche date. Dieu veuille que ces dangers soient encore éloignés et que les jours précieux de mon oncle soient longtemps conservés! S'il mourait, il n'y aurait plus à compter sur Bismarck que je crois épuisé au physique et au moral et encore plus usé dans l'opinion publique de son pays; il disparaîtrait avec le roi Guillaume et leur système gouvernemental s'écroulerait avec eux.

« J'ai poussé vivement mon beau-frère et ma sœur à n'avoir aucun ménagement pour des hommes qui abritent leurs desseins révolutionnaires sous le nom trompeur de libéralisme; je leur ai dit que le salut de leur royaume était à ce prix: Je serai toujours l'ami et le défenseur d'une monarchie où l'ordre sera assuré et où la tranquillité sera complète; je ne me ferai jamais le protecteur d'un pays troublé, d'un foyer de propagande révolutionnaire. Je m'opposerais à une agression injuste de la Prusse contre le Wurtemberg calme et paisible; mais une intervention de la Prusse dans le Wurtemberg livré aux passions révolutionnaires n'exciterait chez moi qu'un sentiment d'approbation. »

Rapproché de l'opinion d'Alexandre sur l'état de la France, le langage qu'il venait de tenir à Varnbuller aide à comprendre pourquoi lorsque, pendant la guerre de 1870, Thiers entreprend à travers l'Europe la tournée patriotique au souvenir de laquelle son nom reste attaché et sollicite l'intervention des puissances; l'accueil qui lui est fait à Saint-Pétersbourg se ressent d'un mauvais vouloir que dissimulent à peine les paroles de compassion qu'on lui prodigue. Déjà, en 1866, au lendemain de l'écrasement de l'Autriche, le Tsar déclarait que, dans la reconstitution de l'Allemagne, il était juste que la Prusse victorieuse fût avantagée et qu'au reste il préférait une Prusse puissante à une Antriche puissante. En 1870, il ne pense pas autrement, mais son opinion a puisé une force nouvelle dans ce que Gortschakoff appelle « les mauvais procédés du gouvernement français, » sous le règne de Napoléon III (1). On aurait pu s'y tromper avant la guerre lorsque Alexandre traitait avec une bienveillance exceptionnelle le dernier ambassadeur impérial, le général Fleury. Mais, si sincère que fût cette bienveillance, elle n'empêchait pas qu'il fût résolu à favoriser la politique prussienne autant qu'il était en son pouvoir. Les télégrammes échangés entre lui et son oncle Guillaume après la signature du traité de Francfort, remerciemens de l'un et félicitations de l'autre, nous fournissent la preuve évidente qu'à ce moment l'empereur de Russie était résolument inféodé à l'Allemagne.

II

Pendant la guerre, l'ambassade de France à Saint-Pétersbourg avait été dirigée par un chargé d'affaires, le marquis de Gabriac. La guerre terminée, il fallait mettre fin à cet état provisoire et y substituer un état définitif par la nomination d'un ambassadeur. Le président Thiers désigna pour représenter la France en Russie le duc de Noailles, son confrère à l'Académie française. Ce haut personnage fut aussitôt agréé par le gouvernement impérial. Celui-ci, de son côté, désigna pour l'ambassade de Paris le prince Orloff qui, déjà, avait occupé ce poste. Mais au dernier moment, le duc de Noailles, alléguant son état de santé et la rigueur des climats du Nord, se récusa. Le général Le Flô fut nommé à sa place avec l'assentiment empressé du Tsar.

(1) Propos tenus en 1874 au comte de Chaudordy qui était allé le voir à Berne, chargé d'une mission par le duc de Broglie sur le conseil du duc Decazes.

L'ambassadeur se mit en route dans la seconde quinzaine de juillet. Les instructions qu'il emportait et qui semblent avoir été rédigées par Thiers lui laissaient la plus grande latitude quant à la conduite qu'il devait tenir dans le poste confié à ses soins. Il eût été difficile en effet de la lui préciser, étant donnée l'incertitude où ce que l'on savait de l'état d'âme du Tsar laissait le gouvernement français. Ces instructions à vrai dire n'étaient autre chose que l'exposé historique des relations de la France avec le cabinet impérial depuis 1815 et plus particulièrement sous le règne de Nicolas Ier. Elles forment un manuscrit volumineux qui ne saurait trouver place dans notre récit. Ce qu'il en faut retenir, c'est la lucidité de l'auteur dans sa narration du passé et l'admirable clairvoyance dont il fait preuve dans les conclusions qu'il en tire.

Ces conclusions peuvent se résumer en peu de mots : le développement inattendu de la puissance prussienne par suite des victoires de 1866 et de 1870 constitue dans un avenir prochain un grave danger pour la Russie dont elle ne peut pas ne pas être inquiète. On doit croire qu'elle ne le voit pas encore. Il appartient au représentant de la France de s'attacher à le lui montrer et d'empêcher dans la mesure où il le pourra que la solidarité qui existe entre Saint-Pétersbourg et Berlin ne devienne plus étroite. La tâche est rude pour l'ambassadeur, mais elle n'est pas au-dessus de ses forces et il ne doit perdre aucune occasion d'appeler l'attention du Tsar sur la nécessité de couvrir la France de sa protection contre les tentatives de la Prusse qui, non contente des résultats qu'elle doit à ses succès militaires, s'efforcera de consommer l'écrasement de la vaincue.

Le langage dont nous indiquons l'esprit sans en donner le texte s'inspirait des avertissemens qu'au cours de la guerre, le marquis de Gabriac n'avait cessé d'envoyer à Paris. Ils lui font tant d'honneur qu'il est juste d'en citer un fragment :

« L'Empereur, avait-il écrit, voit dans le roi de Prusse un parent auquel il est sincèrement et respectueusement attaché, le chef d'une armée victorieuse dont il connaît tous les régimens, dont il a décoré les principaux chefs, le maréchal de Moltke et le prince de Saxe notamment, enfin l'ennemi nécessaire et l'adversaire principal de la révolution européenne. Voilà trois motifs suffisant à ses yeux pour qu'il ne se tourne jamais matériellement ou moralement contre son oncle, tout en n'étant animé, à la grande différence de l'empereur Nicolas, d'aucun sentiment malveillant contre la France et en la plaignant sincèrement, je crois, de ses malheurs actuels... Il a peu de goût pour la République qu'il ne peut comprendre, et la peur de la Révolution lui fait chercher aujourd'hui à Berlin le point d'appui nécessaire pour sauvegarder sa couronne et ce qu'il considère comme les intérêts de la Prusse. »

Un peu plus tard, à la suite des télégrammes de félicitations réciproques, échangés entre Alexandre et Guillaume et qui, même à Saint-Pétersbourg, produisent l'effet le plus pénible, Gabriac ajoute :

« Nous n'avons rien à espérer de la Russie que des bons offices excluant toute pression morale, toute attitude comminatoire. La Russie est neutre mais d'une neutralité favorable à la France ; l'Empereur est neutre, mais d'une neutralité favorable à la Prusse, et il gouverne un pays sans initiative, mal façonné, qui peut conspirer quand on le pousse à bout, mais qui ne sait pas réagir au grand jour. L'Empereur aujourd'hui est donc prussien. Toutefois, l'avenir est à nous, ici comme partout, et, j'aime à le dire, même au milieu de nos désastres. »

Sans insister sur ce qu'il y a de contradictoire dans les lignes qui précèdent et sans nous demander comment l'opinion d'un pays dépourvu d'initiative et qui ne sait pas réagir pourrait l'emporter sur les dispositions de l'Empereur, il y a lieu de remarquer que l'optimisme final de Gabriac pouvait se justifier. Alexandre avait reconnu sans hésiter le gouvernement de Thiers et avait affirmé qu'il accueillerait avec bienveillance l'ambassadeur de la République.

Il faut dire aussi que trop souvent des circonstances inattendues venaient affaiblir ce qui nous était favorable dans ses dispositions. Un jour le bruit se répand que le Polonais Berezowski qui, en 1867, à Paris, a voulu l'assassiner et qui a été condamné en France à la reclusion perpétuelle, va être gracié ou même l'a été. A peine divulgué, le fait est formellement démenti. Mais, à Saint-Pétersbourg où ce démenti arrive tardivement, l'effet produit par cette fausse nouvelle n'en est pas moins déplorable. Puis c'est l'insurrection de la Commune qui vient aggraver les méfiances de l'Empereur, le faire douter de la solidité du gouvernement de Thiers. Fort heureusement, la résolution et l'énergie avec lesquelles le chef du pouvoir exécutif engage la lutte contre les révolutionnaires raniment dans les pays étrangers, et notamment en Russie, la confiance ébranlée, et de nouveau le gouvernement russe devient bienveillant pour notre pays. Alexandre intervient pour faire rendre à la France les prisonniers français restés en Allemagne et qui contribueront à vaincre l'insurrection.

Elle est écrasée lorsque, au commencement du mois de juin, Gabriac va quitter Saint-Pétersbourg ; l'Empereur lui fait alors l'honneur de le recevoir.

« La France, remarque-t-il, n'a pas à se plaindre de moi depuis qu'elle a un gouvernement régulier. Je n'ai qu'un désir, c'est d'entretenir les meilleurs rapports avec elle. J'honore dans M. Thiers la personnalité d'un grand citoyen qui se dévoue avec un courage au-dessus de tout éloge à la mission de sauver son pays. Ce que vient de faire votre gouvernement pour réprimer l'insurrection lui assure ma sympathie et celle de tous les honnêtes gens. Avec les moyens dont il disposait, il ne pouvait aller plus vite, tout le monde doit le reconnaître. »

C'est en ces circonstances que, le 26 juillet, le général Le Flô arrivait à Saint-Pétersbourg après s'être arrêté successivement à Bâle, à Munich, à Vienne, à Varsovie et avoir recueilli partout de la part des personnages les plus éminens les preuves noné quivoques des sympathies que la France conservait dans le monde. Le 4 août, il était reçu par l'Empereur et par l'Impératrice à Tsarskoïé-Sélo, très simplement et sans apparat, « en sorte d'audience privée sans la cérémonie des carrosses de gala. »

« C'est pour vous témoigner de plus d'empressement à vous voir, lui dit l'Empereur. Vous nous connaissez déjà ; vous avez connu mon père et nos rapports en seront plus faciles. »

En remerciant l'Empereur de son accueil, le général lui donna l'assurance que tous ses efforts tendraient à les rendre confians et amicaux. Ses instructions le lui prescrivaient et il y était porté par le souvenir de la bienveillance dont il avait été antérieurement l'objet en Russie.

« Rien ne peut être plus utile à la France, à la Russie et à l'Europe elle-même, déclara-t-il, que de bons rapports entre nos deux patries.

— Vous avez raison, déclara l'Empereur, l'entente entre nos deux pays importe à l'intérêt de tous les États de l'Europe et il ne dépendra pas de moi qu'elle ne soit bien maintenue. Je vous demande pour cela surtout de la confiance et de ne pas croire sans m'en référer directement à une foule de bruits mensongers qui sont propagés par nos ennemis communs, tel que celui par exemple d'un traité d'alliance entre la Prusse et la Russie pour écraser l'Autriche, ce traité qu'on a dit signé par un diplomate qui n'existe pas, a été répandu dans les rues de Constantinople ; c'est un faux fabriqué par des gens intéressés à empêcher l'entente qui doit exister entre nos deux pays. Je reconnais là encore la main de la Pologne, je ne prétends à la conquête d'aucune province de l'Autriche. Je n'ai pas deux politiques, je n'en ai qu'une seule, honnête, et toutes les fois que vous vous adresserez à moi-même, vous recevrez des déclarations franches et sincères telles qu'un homme d'honneur doit les donner; assurez-en M. Thiers. Je l'ai surtout admiré dans la signature d'un traité onéreux qui devait tant coûter à son patriotisme. Son attitude fait autant d'honneur au grand politique qu'au grand citoyen. »

A cette entrée en matière succéda un hommage à la réorganisation et à la vigueur de l'armée française comme aux services qu'elle avait rendus en réprimant l'insurrection.

« Il y avait sans doute beaucoup d'étrangers parmi les révoltés? demanda l'Empereur. — Un certain nombre, oui, Sire, des Belges, des Anglais, des Italiens, des Américains et même des Allemands. — Et des Polonais sans doute? — Oui, des Polonais, Sire, à preuve le fameux Dombrowski. — Ah ! la Pologne, soupira l'Empereur, encore une question qui a jeté bien des incertitudes et beaucoup de suspicions dans nos rapports et qui en a faussé le caractère en nous obligeant de part et d'autre à une réserve fâcheuse. J'espère que c'en est fait entre nous de cette question. — Il est certain, avoua Le Flô, qu'elle a créé bien des embarras à la France. »

Le même jour, l'ambassadeur, en rendant compte à Paris de cette première audience, écrivait : « Elle a eu un cachet de véritable sympathie pour notre malheureuse patrie, de bienveillance particulière pour mon humble personne et elle me sera un encouragement dans l'accomplissement de l'importante mission que le Gouvernement m'a fait l'honneur de me confier. »

Le Flô débutait donc à Saint-Pétersbourg sous d'heureux auspices et de jour en jour les incidens se multipliaient propres à accroître sa confiance dans l'efficacité de sa mission. Ce n'était pas trop pour le dédommager et le consoler des impressions douloureuses que causaient à son patriotisme les spectacles dont il était parfois le témoin, tel celui qui lui fut donné le 9 décembre 1871. Ce jour-là fut célébrée à la cour la fête annuelle des chevaliers de Saint-Georges. En vue de cette solennité, étaient arrivés à Saint-Pétersbourg divers membres de l'Ordre, sujets allemands : le prince Frédéric-Charles, le duc de Mecklembourg-Schwerin, le maréchal de Moltke, le prince de Hohenlohe, les généraux d'Alvensleben et de Werder. Ces personnages, qui d'ailleurs s'étaient fait un devoir d'aller s'inscrire à l'ambassade de France, assistèrent au banquet qui termina la fête. Le Tsar le présidait. Au dessert, il prit la parole : « Je bois à la santé de l'empereur et roi Guillaume comme le plus ancien chevalier de Saint-Georges et à celle des chevaliers de notre ordre militaire, à celle de sa brave armée dont je suis fier de voir aujourd'hui parmi nous les si dignes représentans. Je désire et j'espère que l'amitié intime qui nous unit se perpétuera dans les générations futures ainsi que la fraternité d'armes entre nos deux armées datant d'une époque à jamais mémorable. J'y vois la meilleure garantie pour le maintien de la paix et de l'ordre légal en Europe. »

Après avoir lu ce toast chaleureux, Le Flô écrivait : « Il est médiocrement gracieux pour nous; mais il n'y faut voir qu'un excès de courtoisie. »

Quelques mois plus tard, ce fut un autre incident dont l'ambassadeur s'inquiéta d'autant plus que l'Empereur, bien qu'il le vît fréquemment, ne lui en parla pas. On annonçait de tous côtés qu'Alexandre allait partir pour Berlin et devait s'y rencontrer avec François-Joseph, empereur d'Autriche. Cette réunion des trois empereurs avait été préparée par Guillaume Ier qui voulait se montrer à son peuple entouré des deux autocrates. Alexandre partit quelques jours plus tard pour aller au rendez-vous où l'appelait son oncle. Le vicomte de Gontaut-Biron, qui était alors ambassadeur à Berlin et qui reçut de la bouche du Tsar l'assurance que l'entrevue des trois souverains ne présentait rien d'inquiétant pour la France, raconte dans ses souvenirs que le monarque russe, avant de quitter sa capitale, avait annoncé son prochain départ au général Le Flô. C'est une erreur que démontre avec évidence la correspondance de celui-ci. Il s'y montre inquiet et presque blessé du silence qu'Alexandre garde envers lui; il se demande avec anxiété s'il n'en faut pas conclure que l'entrevue ne sera pas favorable à la France. A cet égard il ne fut rassuré qu'au retour du Tsar. Le 11 novembre, il assistait à la revue de la Garde; l'Empereur, l'ayant aperçu, lui fit signe d'approcher.

« J'étais très pressé de vous voir, lui dit-il, car j'ai beaucoup d'excuses à vous faire. Quand je vous ai quitté cet été, je ne vous ai pas dit que j'allais à Berlin; c'est une inadvertance que je regrette beaucoup. Ce que j'ai dit à M. de Gontaut, c'est à vous que je voulais le dire d'abord; c'était mon intention, et au milieu de la confusion des manœuvres et des adieux, je l'ai tout à fait oublié. J'en ai été très fâché et tenais à vous l'exprimer. »

Ainsi s'affirmait de jour en jour avec plus de vivacité et de confiance le bon vouloir de l'empereur de Russie envers le gouvernement de la République. Les années suivantes allaient lui fournir d'autres occasions de le manifester bien que son attitude trahît parfois le combat qui se livrait en lui entre le désir de se rapprocher de la France et les raisons qui lui commandaient de continuer à s'appuyer sur la Prusse où il trouvait un écho de ses propres pensées. A peine est-il besoin de rappeler que ce bon vouloir s'exerça de la manière la plus efficace, lors de la fameuse crise de 1875.

A la faveur de ces souvenirs, on peut se rendre compte des contradictions que présente, en ces années lointaines, l'attitude d'Alexandre à l'égard de la France. Elle s'inspire du trouble de son esprit, de la mobilité de ses pensées et de ses impressions qui tantôt nous sont favorables et tantôt l'éloignent de nous, tantôt l'incitent à déclarer qu'une France forte sera un élément de paix pour l'Europe et tantôt lui font craindre qu'elle ne subisse l'influence des menées révolutionnaires.

Ces préoccupations s'aggravent de toutes celles que lui suggèrent l'état de la Russie, les troubles qui règnent dans les Balkans, les progrès du nihilisme attestés par les assassinats dont nous parlerons plus loin et la nécessité de protéger les chrétiens répandus dans l'Empire ottoman et qui souffrent de plus en plus du joug auquel ils sont soumis. Tous ses actes de cette époque témoignent du vif désir de remédier à une situation grosse de périls. Pour soulager les populations russes, il abolira bientôt l'impôt sur le sel, la plus impopulaire des taxes; il cherche à étendre l'action des *zemstvos* et les développemens qu'il imprime à cette institution sont considérés comme un premier essai de gouvernement local. Enfin, ne pouvant rien obtenir du cabinet de Constantinople, l'Empereur se jette dans la guerre pour empêcher que la situation ne s'envenime et pour libérer les Chrétiens. Victorieux de la Turquie, les Russes imposent aux vaincus des conditions que ceux-ci, après avoir vainement essayé de s'y soustraire, sont contraints de subir. Mais les Puissances interviennent alors pour reviser le traité de San Stefano, par lequel le cabinet de Saint-Pétersbourg a manifesté la volonté de mettre les Turcs dans l'impuissance de recourir à de nouveaux excès. Au Congrès de Berlin, l'empereur Alexandre a le regret d'être contraint de sacrifier aux exigences de l'Europe coalisée contre lui une part des avantages qu'il devait à ses victoires et la douleur de voir la France se ranger parmi ceux qu'en ces circonstances il considère comme ses ennemis. Cependant, en se soumettant à ce qu'il est contraint de subir, il ne lui en garde pas rancune, au moins en apparence, et sa bienveillance pour le général Le Flô n'en semble pas altérée. Mais bientôt une autre déception vient aggraver la situation qui lui est faite. L'Allemagne, après avoir favorisé les vues ambitieuses de l'Autriche, s'allie à elle. La question se pose alors pour le Tsar de savoir si son intérêt lui commande de se faire l'adversaire de cette alliance ou si, au contraire, il ne doit pas tenter d'y entrer.

L'occasion serait bonne pour la République française de profiter des tergiversations impériales pour s'unir à la Russie et pour former en face de l'entente austro-allemande un autre groupement qui tiendrait en respect Vienne et Berlin. Mais, à cette époque, la politique coloniale du gouvernement français est si nettement favorisée par l'Allemagne qu'il se laisse entraîner dans une voie qui assurera sa sécurité en détournant de la France la guerre dont il la croyait menacée par le vainqueur de 1870. Tels sont les événemens qui se déroulent pendant l'ambassade du général Le Flô.

On se rappelle qu'elle prit fin au commencement de l'année 1878, lorsque à Paris, le maréchal de Mac-Mahon, Président de la République, descendit du pouvoir. L'ambassadeur qui déjà, à plusieurs reprises, avait demandé son rappel, renouvela sa demande et cette fois en des termes tels qu'il était impossible de ne pas lui donner satisfaction. Sa démission fut donc acceptée et le général Chanzy nommé à sa place.

Le Flô quitta Berlin au mois de mars.

Dans le dernier entretien qu'il eut avec l'Empereur, le 11 mars, on remarque de la part du souverain un redoublement de bienveillance qui ne s'adresse pas seulement à l'ambassadeur démissionnaire, mais aussi à la nation qu'il représente.

« Pour ce qui est de votre pays, je ne puis que vous répéter le langage que je vous ai toujours tenu, notre intérêt commun devrait nous faire un devoir de nous unir. Je ne sais aucune question qui puisse nous diviser et il y en a beaucoup sur lesquelles il serait désirable que nous marchions d'accord. La question d'Orient pourrait être de ce nombre; je n'ai de ce côté aucune ambition personnelle. Je n'ai recherché dans les derniers événemens qu'une amélioration du sort des chrétiens soumis à la Turquie; il serait malheureux qu'après tant de sacrifices et de sang versé, nous n'y parvinssions pas. Je regrette profondément les décisions du Congrès de Berlin par rapport à la Bulgarie : le partage de cette nation en deux provinces dont l'une a acquis l'indépendance et dont l'autre reste soumise, à peu de chose près au même régime qu'autrefois, est une anomalie pleine de périls. Rien ne saurait empêcher les Bulgares de la Roumélie orientale d'aspirer à la même condition que leurs frères du Nord et l'agitation y sera permanente. Je n'entends pas cependant y faire la police moi-même. Mais l'Europe tout entière devrait se hâter de conjurer le danger de cette situation. »

Il était bon prophète en parlant ainsi et rendait l'Angleterre responsable de l'état de trouble que la situation créée dans les Balkans par le traité de Berlin faisait peser sur l'Europe :

« Lord Salisbury sait bien que la Constitution bulgare n'est pas viable; il en a fait l'aveu; mais il estime qu'elle durera bien un an ou deux et que ce sera autant de gagné pour le repos de l'Europe; c'est une politique bien coupable. Je la subirai cependant ; j'ai donné ma parole et je veux la tenir. »

Après avoir parlé de l'Angleterre avec cette amertume, il parla avec amitié de la France en répétant qu'il serait heureux de la voir s'unir à lui, et le général Le Flô emporta le ferme espoir que nous pouvions compter désormais sur l'amitié de la Russie. La visite qu'il fit le lendemain au prince Gortschakoff le confirma dans cette opinion. Faisant allusion à l'Allemagne et à l'Autriche, le chancelier russe avoua que Sa Majesté en était bien revenue sur le compte de ses anciennes alliances : « Ce n'est plus de ce côté que se porteront ses regards. L'Empereur commence à reconnaître que la forme républicaine adoptée en France n'effraiera plus personne, à la condition de rester conservatrice et de ne pas menacer les intérêts vitaux de la société. »

Quelques jours plus tard, Chanzy arrivait à Saint-Pétersbourg, recommandé à la cour impériale par les glorieux souvenirs de son rôle pendant la guerre franco-allemande; il fut reçu par l'Empereur avec les mêmes témoignages de déférence et d'amitié dont avait été l'objet son prédécesseur. Dès sa première audience, l'Empereur reprend avec lui l'entretien commencé avec Le Flô; on dirait qu'il s'adresse au même interlocuteur : « Je voudrais voir votre drapeau flotter à côté du nôtre, lui dit-il; vous pourriez rendre ainsi un grand service à l'Europe. » Les instructions de Chanzy ne lui permettent pas de prendre au mot cette déclaration, qui est en réalité une offre d'alliance. Cependant, il ne la décline pas et sa réponse laisse la porte ouverte à un rapprochement qui, de part et d'autre, reste encore subordonné à des circonstances qu'on ne saurait prévoir. En outre, elle a pour résultat de maintenir entre le souverain et l'ambassadeur une confiance dont, à travers de multiples péripéties, celui-ci ne cessera pas de recueillir les preuves.

Il est vrai que, troublés à plusieurs reprises par des incidens inattendus, les rapports de la Russie avec la France continuent à se ressentir des contradictions que nous avons déjà signalées dans la conduite de l'Empereur. Assurément, il est attiré vers la France; il le prouve à plusieurs reprises, mais, même quand il semble avoir fait un pas décisif, sa marche est ralentie ou même arrêtée par les événemens qui se déroulent à Paris et qui souvent touchent de près à ceux dont la Russie est le théâtre. C'est toujours de la part d'Alexandre la même disposition à attribuer à la politique intérieure de notre pays la responsabilité des tentatives révolutionnaires qui agitent l'Empire sous le drapeau du nihilisme. Au mois de mai 1879, le chancelier Gortschakoff en fait presque l'aveu au général Chanzy. « On dit que, par suite des exigences des radicaux, les affaires vont mal chez vous; nous souhaitons qu'il n'en soit rien et que votre gouvernement soit écouté et respecté. S'il en était autrement, ce serait un encouragement pour nos révolutionnaires qui ne s'appuient que sur ce qui est mauvais en Europe. »

Il semble que ce soit là une traduction fidèle des impressions du Tsar, impressions capricieuses, on ne saurait trop le répéter, et qui rendent plus vif, sous prétexte qu'il n'y a rien à faire avec la France, son désir de se rapprocher de l'Autriche et de l'Allemagne, afin d'éviter de rester isolé en Europe.

III

Durant la période du règne d'Alexandre II que nous avons essayé de décrire, la révolution n'avait pas cessé de se développer dans l'Empire et de révéler aux esprits attentifs la gravité des périls qu'elle faisait courir à l'état social. Tandis que le Tsar accuse le socialisme français d'exercer son influence en Russie, il semble ne pas se rendre compte que le nihilisme dont la Russie est le berceau constitue pour toutes les nations un exemple bien autrement contagieux. Au commencement de l'année 1878, le nihilisme, qui jusqu'alors paraissait n'être qu'une doctrine philosophique, était devenu un parti politique dont l'arme principale était l'assassinat et le but final la destruction de tout, avec la prétention de tout reconstruire d'après les principes anarchiques sur un terrain complètement rasé.

Le 5 février, à la suite d'un procès retentissant dans lequel figuraient cent cinquante accusés, l'un d'eux, condamné aux travaux forcés en Sibérie, attendait dans la prison de Saint-Pétersbourg le moment de son départ pour l'exil. Accusé d'avoir commis un acte d'indiscipline, il fut, sur l'ordre du général Trépof, gouverneur de la capitale, battu de verges, bien qu'en 1863, les punitions corporelles eussent été abolies. Une jeune fille, Vera Zassoulitch, antérieurement compromise dans l'un des innombrables complots que découvrait la police, s'irrite de cette atteinte à la loi ; elle demande une audience au général sous prétexte de lui présenter une requête; en l'abordant, elle décharge sur lui un pistolet qu'elle tenait caché sous ses vêtemens. Traduite devant les tribunaux, elle attaque violemment pour sa défense l'iniquité du système qui dérobait les accusés à leurs juges naturels pour les frapper de mesures administratives et les soumettre à des rigueurs illégales, voire à des mesures de répression touchant à la barbarie. Impressionné par sa parole et par les argumens auxquels elle a recouru, le jury prononce son acquittement.

Loin de calmer l'opinion, cette sentence libératrice lui imprime une excitation plus ardente qui se traduit de la part de la secte nihiliste par d'odieux forfaits. Ils se succèdent avec une rapidité foudroyante. Le 17 avril à Kiew, le recteur de l'Université est assailli dans sa demeure et laissé pour mort; quelques jours plus tard, un officier de gendarmerie est poignardé dans la rue en plein jour. Le 15 août, à Saint-Pétersbourg, le général Wezentsef, chef de la 3e section de police, la plus impopulaire et la plus détestée, est l'objet d'un attentat analogue, après avoir été averti par une lettre anonyme qu'il était condamné. La décision prise par l'Empereur que désormais les délits politiques seraient justiciables des conseils de guerre ne ferme pas l'ère tragique qui vient de s'ouvrir. En 1875, au mois de février, le prince Krapotkine, gouverneur de Karkof, est frappé mortellement.

Le 7 mars, à Odessa, le colonel de gendarmerie Knopp est tué. Le 23, à Moscou, c'est un agent de la police impériale; le 25, dans la capitale, le général Dreuteln; le 5 avril, à Kief, le gouverneur comte Tcherkof; le 10, à Arkhangel, le maître de police Pietrowski. Nous empruntons cette liste à la magistrale *Histoire de Russie* d'Alfred Rambaud, mais elle est probablement incomplète; il y faut tout au moins ajouter le nom du général Loris Mélikoff, qui, l'année suivante, le 9 mars, sera l'objet d'une tentative d'assassinat au moment où il vient d'être mis à la tête des forces de la police. Ce n'est qu'à travers les procès intentés aux nihilistes que le bilan des attentats pourrait être établi.

Leurs auteurs appartiennent à toutes les classes sociales. Dans un de ces procès qui se déroule au mois de novembre 1880, figurent un médecin, un étudiant, fils de pope, six membres de la petite noblesse, quatre marchands, dont deux juifs et trois paysans. Quand on leur demande quelle est leur profession, l'un répond qu'il est athée, l'autre qu'il est socialiste révolutionnaire. Pour la plupart, ils ont été dénoncés par le meurtrier du prince Krapotkine. Ce meurtrier s'est pendu dans sa prison après avoir fait des aveux impitoyables pour ses complices. Il les a faits, dit-il, moins encore pour bénéficier de la clémence impériale que dans l'espoir d'arrêter l'effusion du sang si le gouvernement n'use pas de représailles : « Je me dévoue pour tous, a-t-il écrit, espérant que je serai la dernière victime de ces tristes événemens. S'il en était autrement, chaque goutte de sang de mes frères serait de nouveau payée par celui de leurs bourreaux. » Les réponses de l'un de ses complices sont encore plus énergiques et plus significatives; elles constituent un ultimatum précédant une déclaration de guerre.

Jusque-là, les nihilistes avaient respecté la vie de l'Empereur; ils ne s'étaient attaqués qu'à ses agens qu'ils accusaient d'opprimer le peuple. Mais ils ne renonçaient pas à le frapper lui-même. Le 14 avril 1879, dans la matinée, il se promenait suivant son habitude devant le ministère des Affaires étrangères, lorsqu'un passant tira sur lui, par deux fois, sans l'atteindre. C'était un étudiant nommé Solowief, âgé de vingt-deux ans, fils d'un fournisseur du palais. Arrêté aussitôt et interrogé, il refuse de répondre, en disant : « Si je faisais le moindre aveu, je serais tué même dans cette prison. » Le lendemain, sur le mur devant lequel avait eu lieu l'attentat, on pouvait lire cette inscription : « Ce qui est différé n'est pas perdu. »

La prophétie se réalise quelques mois plus tard. Le 29 novembre, l'Empereur était parti pour Moscou et son train suivant l'usage devait être précédé de celui qui transportait les fonctionnaires et agens de la police chargés d'assurer la sécurité de la route. Par une circonstance fortuite et un heureux hasard, le train impérial partit le premier, et c'est sous le second qu'à son arrivée à Moscou, où le souverain avait déjà débarqué, une mine fit explosion. Il y eut plusieurs victimes; les recherches auxquelles on se livra aussitôt firent découvrir sur le théâtre du crime une tranchée couverte mesurant quarante-sept mètres en longueur, qui reliait la voie ferrée à une maison voisine où l'appareil homicide avait été dressé. L'Impératrice, dont la santé fragile exigeait des soins minutieux et permanens, était alors à Cannes. Échappé presque miraculeusement au complot ourdi contre lui, Alexandre s'empressait de le lui faire savoir. Elle répondait par deux télégrammes qui attestent sa confiance dans la miséricorde divine et le caractère affectueux des rapports entre les membres de la famille impériale. A son fils le grand-duc Wladimir, elle disait : « Remercions Dieu du fond du cœur d'avoir détourné le danger. » A son mari, elle annonçait qu'elle faisait chanter un *Te Deum* à Cannes. Elle ajoutait : « Avec quelle ferveur je prierai pour toi. »

Cependant, les assassins étaient résolus à recommencer. Le 18 février 1880, au Palais d'Hiver, à l'heure du dîner, l'Empereur était en conférence avec le prince Alexandre de Bulgarie, lorsque dans la salle à manger, où le couvert était dressé, une explosion formidable se fit entendre. Le dîner s'étant trouvé retardé, aucun membre de la famille impériale ni personne de l'entourage ne fut atteint. Mais dans le corps de garde situé en sous-sol, où l'explosion avait eu lieu, dix hommes du régiment de Finlande furent tués et dix-sept blessés. C'était encore miracle que l'Empereur eût échappé à ce nouvel attentat. Comme toujours en pareil cas, des télégrammes de félicitations arrivèrent de toutes parts. A celui du président Grévy, l'Empereur répondait : « Je vous remercie cordialement des sentimens que vous m'exprimez. L'esprit du mal ne se lasse pas plus que la grâce divine. J'aime à compter sur la sympathie des gens de bien. »

Cette réponse reconnaissante dissimule à peine la tristesse et le profond découragement que causaient à l'Empereur les tentatives criminelles dirigées contre sa personne et contre les représentans de son autorité. Son impuissance à pacifier les populations de l'Empire et à désarmer les assassins, tantôt par des rigueurs nouvelles et presque toujours arbitraires, tantôt par des réformes libérales qui eussent été plus larges, si la main qui les octroyait n'eût été arrêtée par d'incessans forfaits, lui rendaient de plus en plus lourd le poids de la couronne ; elle n'était pour lui qu'une charge dont il eût voulu se délivrer, mais qu'il continuait à porter parce qu'il s'y croyait obligé par le plus sacré des devoirs.

Lorsque, du point où nous sommes arrivés, on embrasse d'un regard l'ensemble de son règne, on est conduit à constater que l'année 1880 en est la plus douloureuse. Dans les événemens qui s'y succèdent, qu'il regarde du côté de l'Allemagne ou qu'il tourne les yeux vers la France, tout semble fait pour assombrir son esprit, l'irriter ou exciter ses défiances. A la fin de 1875, il est visible qu'il veut se rapprocher de l'Autriche alors qu'elle vient de s'allier à l'Allemagne ; il envoie à Vienne le grand-duc héritier et sa femme ; il est de plus en plus convaincu que l'entente qu'il cherche à fortifier en s'y associant est une garantie pour la paix européenne. Le chancelier Gortschakoff est du même avis ; il dit au général Chanzy :

« Les angles s'arrondissent et j'ai pu constater avec plaisir que le calme est désiré en Autriche et en Allemagne autant que chez nous. Il nous faut avant tout nous occuper des affaires intérieures et porter un remède efficace à une situation qui ne peut durer sans grand danger pour le pays. Nous avons acquis la certitude que l'Europe désire la paix ; elle sera assurée si chacun y met du sien. On ne peut plus maintenant croire sérieusement aux dangers qui viendraient de la Russie. »

Le langage du chancelier s'inspirant toujours de la volonté impériale, on peut voir dans ces paroles l'image de l'état d'âme d'Alexandre à cette époque en ce qui touche l'Allemagne. Mais en 1880, cet état d'âme s'est modifié ; l'Empereur ne peut n'être pas frappé par la communauté de vues qui existe sur presque toutes les questions entre Paris et Berlin, et il se demande si elle n'est pas dirigée contre lui quant aux questions orientales.

S'il regarde du côté de la France, il y relève d'autres motifs de s'inquiéter et même de prendre ombrage plus qu'il ne convient de certains incidents qui se produisent ici et là. Le plus grave en cette même année fut ce qu'on a appelé l'affaire Hartmann. On sait que ce personnage était l'auteur de l'attentat du Palais d'Hiver. Après avoir accompli son crime, il s'était réfugié à Paris où le gouvernement français l'avait fait arrêter. Sollicité de le livrer à la police russe, le ministère Freycinet s'y était refusé, alléguant qu'entre la Russie et la France n'existait pas de traité d'extradition pour les crimes politiques. L'affaire avait fait grand bruit et le Tsar s'était offensé de ce refus. Il le fut encore davantage en apprenant que le Cabinet de Paris avait laissé Hartmann se réfugier en Angleterre. Assurément, en agissant ainsi, le Cabinet de Paris était dans son droit ; Alexandre n'en fut pas moins blessé ; il rappela son ambassadeur le prince Orloff, et la situation serait devenue fort périlleuse si le gouvernement français avait agi de même ; mais il eut la sagesse de ne pas rappeler le général Chanzy et de feindre de croire que l'ambassadeur russe était parti pour

Saint-Pétersbourg, afin d'y porter des renseignemens sur l'affaire qui agitait toute l'Europe. Elle donna lieu à des pourparlers qui se prolongèrent durant plusieurs semaines et à la suite desquels Orloff fut autorisé à reprendre possession de son poste. Les bons rapports se trouvèrent ainsi rétablis, mais la crise, quoique passagère, avait engendré des ressentimens qui ne s'effacèrent que peu à peu dans l'esprit de l'Empereur. Ainsi s'explique la continuité des contradictions que nous avons déjà signalées dans son attitude et qui déconcertent quelque peu l'historien lorsqu'il en recherche les mobiles.

Un jour, c'est à la France qu'il en veut, car il croit qu'elle est disposée à s'allier aux gouvernemens qu'il considère comme ses ennemis; le lendemain, c'est à l'Allemagne, dont il voit l'influence s'exercer autour de lui avec plus d'efficacité qu'il ne voudrait. Il s'offense de l'échec qu'inflige l'Académie des sciences de Saint-Pétersbourg au professeur russe Mendelereff, qui avait tenté de s'y faire élire. Cette Académie est composée surtout de savans allemands et c'est eux qui font échouer la candidature du professeur en mettant dans l'urne électorale plus de boules noires qu'il n'y avait de boules blanches. Les universités de province protestent contre les votes de ces prophètes du mal en élisant des candidats nationaux. L'Empereur n'en est pas moins affecté par le traitement qu'a subi Mendelereff.

Au même instant, la situation économique de l'Empire s'aggrave par suite d'une crise qui pèse particulièrement sur la classe agricole. Dans certaines contrées, la disette sévit dès l'automne de 1880 et, l'hiver venu, elle prend les proportions d'un fléau auquel il est difficile de remédier. A Saratof, province du Volga, les privations que doivent s'imposer les habitans sont effroyables; des paysans parcourent la ville en demandant du pain. La difficulté des communications entrave les mesures prises pour améliorer le sort des classes pauvres; envois de blé, distributions de vivres à prix réduit, création de jours pu' lics. L'hiver est terrible, le Volga est gelé, la débâcle ne permet ni navigation, ni traînage; les glaces à plusieurs reprises coulent des navires chargés de grain.

L'empereur Alexandre, si cruellement éprouvé par les malheurs publics, et surtout par les forfaits du nihilisme, est en cette même année frappé d'un malheur privé qu'il achève de le démoraliser. Au mois de juin, l'Impératrice succombe à la maladie qui l'obligeait à résider dans le midi de la France. Averti qu'elle était en danger de mort, son mari s'est mis en route aussitôt pour recevoir son dernier soupir, mais quand il est arrivé à Cannes, elle avait cessé de vivre. Outre que ce trépas lui rappelle la perte qu'il a faite de son fils aîné dans les mêmes conditions et dans le même pays quatorze ans avant, perte dont il ne s'est jamais consolé, c'est avec un véritable déchirement de cœur qu'il voit disparaître la compagne dont, en de fréquentes circonstances, le tendre et inlassable dévouement avait été pour lui un réconfort précieux et salutaire.

Depuis longtemps par suite de l'âge et de l'état de santé de cette noble femme, elle n'était plus pour lui qu'une épouse désaffectée; elle n'ignorait pas, bien qu'elle n'en parlât jamais, qu'elle était remplacée par la princesse Dolgorouka et peut-être prévoyait-elle que, le jour où elle disparaîtrait, un mariage morganatique légitimerait la liaison qui s'était formée de son vivant, mais elle avait sans doute pardonné, puisqu'on ne l'entendit jamais se plaindre et qu'il ne parût pas que ses rapports avec son mari eussent cessé d'être réciproquement confians.

Après sa mort, on racontait à la Cour de Russie que la remplaçante qui, disait-on, avait refusé de s'asseoir sur le trône, s'était prêtée à un mariage secret. Nous trouvons à cette date dans un rapport diplomatique quelques lignes qui font tableau : « Il y a peu de jours sur un tertre de Tsarskoïé-Sélo, d'où l'Empereur suivait les manœuvres de cavalerie entouré de son état-major, il y avait la princesse Dolgorouka et auprès d'elle la grande-duchesse Wladimir. » Saint-Simon dans ses *Mémoires* décrit un spectacle analogue dont les acteurs s'appellent Mme de Maintenon, Louis XIV et la Duchesse de Bourgogne.

Entre les images que présente la cour d'Alexandre II à la fin de son règne, il en est encore une qui mérite d'être évoquée ici et qui rappelle la cour du Grand Roi, alors que vieilli, désabusé, accablé par les revers, il ne dissimule plus la tristesse de son âme. C'est à Saint-Pétersbourg en 1880, au mois de mars. On célèbre au Palais d'Hiver le vingt-cinquième anniversaire de l'avènement de l'Empereur. Il a réuni autour de lui, ce jour-là, ses anciens compagnons, ses courtisans, les dignitaires de l'Empire, parmi lesquels on remarque Gortschakoff qui, sous le poids des ans, semble n'être plus qu'une épave et qui va céder à de Giers la direction des affaires extérieures dont il a tenu tous les fils, depuis qu'à la mort de Nicolas Ier, il succéda au comte de Nesselrode. Un voile de tristesse, épais et lourd, pèse sur la solennité, comme si les invités portaient déjà le deuil de quelque chose qui va finir. On se montre le vieux chancelier, au déclin de l'âge et des succès, péniblement appuyé sur un meuble et presque délaissé au milieu de cette cour hier encore à ses pieds et qui semble étonnée de le voir pour la dernière fois. « Je veux disparaître comme un astre qui s'éteint, » avait-il dit un jour; il semble que ce désir soit bien près d'être exaucé. Encore quelque temps et il aura disparu.

Quant à l'Empereur, enfermé dans ce palais où il n'est plus en sûreté, ses amis, les témoins de son avènement, confidens de ses espoirs et de ses anxiétés, s'affligent de le voir plus vieux que son âge et presque chancelant sous les coups qui l'ont frappé pendant son règne. Parfois cependant il se redresse, son visage s'éclaire comme si des pensées réconfortantes s'étaient soudainement éveillées en lui. C'est qu'il songe aux réformes qu'il prépare, à la constitution libérale dont, malgré tout, il n'a pas cessé de vouloir doter l'Empire.

Déjà, depuis un certain temps, il préludait à ces grands changemens en s'entourant de conseillers qui croyaient que l'heure était venue pour le pouvoir autocratique de se transformer prudemment, mais résolument. « La partie pensante de la nation, écrivait-on, suit leurs efforts avec une sympathie marquée, et commence à croire que, sous leur impulsion, le pays ne tardera pas à sortir de tutelle et que le moment approche où il lui sera permis de s'occuper peu à peu de ses affaires. » Au mois d'août, ces espérances commencent à se réaliser. Un ukase introduit des modifications importantes dans les hautes sphères administratives. A une époque antérieure, l'Empereur avait appelé au pouvoir, on l'a vu, et mis à la tête des services de police le général Loris Mélikoff, qu'il savait animé d'idées conformes aux siennes. Il le maintient dans ce poste avec des pouvoirs presque dictatoriaux, l'élève au sommet de la hiérarchie en le nommant ministre de l'Intérieur, et supprime la 3e section de la chancellerie, antre mystérieux et redoutable créé par Nicolas Ier, où depuis trop longtemps s'élaboraient les mesures les plus arbitraires et les plus révoltantes. Elle succombait, sous le poids des rancunes et des protestations populaires. Les journaux qui, deux ans avant, n'auraient osé dénoncer les causes de son impopularité, les reconstituaient maintenant en toute liberté, en émettant les vœux les plus ardens pour le succès de ces importantes réformes.

D'autre part, l'Empereur s'attachait à multiplier les preuves pratiques de son bon vouloir. Dans un procès politique engagé devant le tribunal de Kiew, deux accusés avaient été condamnés à mort; la peine fut commuée en celle d'un internement en Sibérie; des condamnations aux travaux forcés furent également adoucies. Dix-neuf cents étudians qui remplissaient les prisons furent mis en liberté. On en avait exclu deux mille des universités et des gymnases; il leur fut permis d'y rentrer. Enfin, plus de quatre mille individus soumis à la surveillance de la police en furent libérés. La Russie sortait du marasme et du régime de terreur que lui avaient imposés les forfaits du nihilisme et ses menées audacieuses. Il s'en fallait de beaucoup cependant qu'il s'avouât vaincu et fût disposé à déposer les armes. En décembre, des émeutes d'étudians éclataient à Moscou. A Saint-Pétersbourg et ailleurs, la police découvrait des imprimeries clandestines; elle y saisissait des proclamations dans lesquelles l'Empereur et son ministre Loris-Mélikoff étaient menacés de mort.

Ces épisodes, qu'Alexandre considère comme les dernières convulsions de l'anarchie dont il se flatte de s'être rendu maître, ne le détournent pas de son entreprise libérale, dans laquelle il persévérera jusqu'à sa mort, tenant à donner à son peuple des gages de sa sincérité. Du reste, s'il ne redoute plus au même degré que quelques mois avant le péril que le nihilisme faisait courir à l'Empire, il en voit un toujours menaçant pour la sûreté des dynasties régnantes dans les agitations du Parlement français dont, histoire éternelle de la paille et de la poutre, il trouve déplorables les exemples. En se rappelant que des sujets russes résident, vivent en France en grand nombre, il craint qu'ils n'y subissent l'influence de l'esprit révolutionnaire. Il éprouve une appréhension analogue pour l'un de ses fils, le grand-duc Wladimir, qui réside en ce moment dans « la Babylone moderne. » Le 11 octobre, de Livadia où lui-même passe l'automne, il lui télégraphie : « Je trouve tout à fait inutile que vous restiez si longtemps à Paris. — Alexandre. »

Cette disposition envers un pays dont maintes fois il a recherché l'alliance s'accuse encore dans l'un de ses derniers entretiens avec le général Chanzy. En décembre 1880, à la parade du dimanche, la première qui suivit son retour de Crimée, l'ambassadeur, s'étant approché de l'Empereur pour lui présenter ses hommages, fut accueilli par ces paroles :

« Je suis heureux de vous revoir ici, général; vous ne doutez pas de ma sympathie. Votre pays continue à être bien agité, et je le regrette, car vous savez combien je désire le voir calme et prospère. »

Chanzy aurait pu répondre que la Russie était bien autrement agitée que la France. Mais il serait sorti de son rôle diplomatique, ce dont, en de telles circonstances, il était incapable.

— La France, Sire, a un tempérament tellement robuste, dit-il, qu'elle n'est pas ébranlée très sérieusement par les crises temporaires qu'elle peut subir. Elle a, d'ailleurs, donné depuis dix ans trop de preuves de sa sagesse et de son désir de tranquillité pour que ce qui se passe chez nous puisse causer des inquiétudes au dehors.

— Je voudrais partager votre confiance, déclara l'Empereur, indiquant ainsi qu'il ne pouvait la partager, ce qui ne l'empêcha pas de protester de son amitié pour la France.

Aux réceptions du Jour de l'An, qui eurent lieu quelques semaines plus tard, Chanzy constata qu'Alexandre était devenu plus confiant. Il est vrai qu'à ce moment l'accord existait entre le cabinet de Saint-Pétersbourg et celui de Paris sur les moyens à prendre pour conjurer la guerre turco-grecque qui menaçait l'Europe. Alexandre était reconnaissant à la France du concours qu'elle était disposée à lui donner, et son langage s'en ressentait.

Ce que nous savons des dernières semaines de son existence nous le montre travaillant activement à mettre sur pied les réformes par lesquelles il avait résolu de répondre aux attentats nihilistes. Il y était d'ailleurs poussé par les conseils du ministre Loris Mélikoff et de ses collègues, par ceux même de son fils le grand-duc héritier. Les vœux de la nation lui arrivaient maintenant moins obscurs que par le passé comme si, entre elle et lui, il n'eût plus existé de barrière. Inviolabilité des personnes, substitution des tribunaux aux mesures de police, participation du pays à la direction des affaires par des réunions périodiques de délégation des corps électifs, tel est le total des réformes que demandaient les hommes les plus modérés, la bourgeoisie, la noblesse elle-même, tous convaincus que ces réformes réduiraient à l'impuissance les quelques milliers de révolutionnaires qui s'efforçaient encore de terroriser le pays. Une immense espérance soufflait sur la Russie, les classes éclairées ne doutaient plus d'une libération prochaine annoncée par des rumeurs venues de haut, ou par des traits inattendus qu'elles interprétaient comme les symptômes précurseurs d'une ère nouvelle.

En février 1881, le romancier Dostoïewsky mourait à Saint-Pétersbourg. Sous le règne de Nicolas Ier il avait été condamné et envoyé dans les mines de Sibérie. Gracié après y avoir passé dix ans, il était resté, depuis sa libération, étranger aux agitations politiques. Mais, dans ses romans où il s'était fait l'organe des revendications des classes souffrantes, il avait témoigné de tant d'amour et de compassion pour elles que ses écrits lui avaient valu un ascendant extraordinaire sur la jeunesse et les classes moyennes. On devait donc s'attendre à des manifestations le jour de ses funérailles, et la question se posait de savoir si le gouvernement les interdirait ou s'il les tolérerait telles que les avaient réglées les organisateurs. C'est cette dernière solution que fit prévaloir la volonté d'Alexandre; elles eurent lieu et le gouvernement s'y fit représenter. L'incident valut à l'Empereur un regain de popularité, d'autant plus marquée qu'on s'attendait à voir paraître d'un moment à l'autre l'ukase accordant une constitution.

Dans les premiers jours de mars, elle était prête à être promulguée. Mais le texte n'en fut envoyé au *Messager officiel* que le 13 mars et presque à l'improviste. L'Empereur ayant appris qu'un nouveau complot venait d'être découvert avait eu à cœur de prouver sur-le-champ que les tentatives criminelles ne pouvaient plus modifier ses intentions libérales. Mais, le même jour, à l'improviste, un événement tragique les remettait en question. Au début de l'après-midi, après une courte promenade, Alexandre rentrait au Palais d'Hiver lorsqu'un nihiliste nommé Ryssakof qui l'attendait au passage lança sur lui une bombe. Bien qu'en faisant explosion, elle eût brisé la voiture, blessé ou tué plusieurs des cosaques qui formaient l'escorte, l'Empereur n'avait pas été atteint. On le vit sauter à terre et, tandis qu'on arrêtait l'assassin, se porter au secours des victimes. Mais à peine avait-il fait quelques pas qu'une bombe jetée entre ses jambes par un complice le couchait sur le sol, les membres fracassés. Transporté au palais, il expira en y arrivant sans avoir pu prononcer une parole.

Qu'une fin aussi effroyable, due à des vengeances accumulées et inassouvies, eût dénoué l'existence d'un despote tel que Nicolas Ier, on ne s'en étonnerait pas; on ne saurait voir dans le forfait commis sur sa personne que l'effet foudroyant, effroyable et rigoureusement logique, d'une œuvre de justice, Mais ce châtiment, lorsqu'il s'exerce sur un être doux et humain, tel qu'Alexandre II qui s'était donné pour tâche en montant sur le trône de rendre heureux ses sujets, ne s'expliquerait plus, ne se comprendrait plus, si nous ne nous rappelions que maintes fois, dans l'histoire de l'humanité, à tous les degrés de l'édifice social, chez les puissans et chez les humbles, on a vu les innocens payer pour les coupables et les responsabilités encourues par les ancêtres peser sur les descendans. On dirait même que dans les familles régnantes, les choses se passent ainsi en vertu d'une loi mystérieuse, mais implacable, aussi vieille que le monde civilisé, et qu'on retrouve toujours plus ou moins, à la source des révolutions qui ont brisé tant de couronnes. En tout cas, on peut dire d'Alexandre II que si cette loi existe, il en a été la victime, elle a pesé sur lui dès le début de son règne de tout le poids du lourd héritage qu'il avait reçu de son père, et, assurément, il ne méritait pas que le destin lui fût aussi cruel, alors que, lorsqu'il périt, il s'efforçait de préparer son peuple aux pratiques de la liberté. C'était la tâche qu'il léguait à son fils Alexandre III. Elle serait glorieuse, mais on se demandait déjà si le nouveau Tsar était de taille à l'accomplir, et la question, il faut bien le reconnaître, suggérait plus de craintes que d'espérances.

Ernest Daudet.

LES

BATAILLES DE LA SOMME

II (1)

DU 14 JUILLET AU 15 OCTOBRE 1916

VI

Les douze premiers jours de la bataille avaient amené le résultat suivant. La gauche britannique, de Gommécourt à Thiepval, avait échoué; mais la droite, d'Ovillers à Maricourt, avait emporté toute la première position ennemie. « Après dix jours et dix nuits d'un combat incessant, nos troupes ont achevé la prise méthodique du premier système de défense de l'ennemi, sur un front de 14000 mètres. Ce système de défense se composait de nombreuses lignes ininterrompues de tranchées, s'étendant sur une profondeur variant entre 2000 et 4000 mètres, et comprenait cinq villages puissamment fortifiés, de nombreux bois retranchés et abondamment munis de fils de fer barbelés et d'un grand nombre de solides redoutes. La prise de chacune de ces tranchées constituait une opération d'une certaine importance, et toutes sont maintenant entre nos mains. » A la droite des troupes britanniques, les Français avaient, au Nord de la Somme, enlevé la première position allemande et pénétré dans la seconde. Au Sud de la Somme, ils avaient dépassé la troisième position allemande.

(1) Voyez la *Revue* du 15 avril.

Au début de l'action, le front ennemi, de Gommécourt à Soyécourt, était tenu par sept divisions, qui étaient, du Nord au Sud : au Nord de la Somme, la 2e division de réserve de la Garde, la 52e division, le XIVe corps de réserve (26e et 28e divisions de réserve); enfin la 12e division du VIe corps; au Sud de la Somme : la 121e division et la 11e du VIe corps.

Le secteur droit entre Gommécourt et la Boisselle (la 2e division de réserve de la Garde, la 52e et la 26e de réserve) tint bon ou se rétablit. Mais le secteur gauche entre la Boisselle et Soyécourt fut enfoncé ; la 28e division de réserve, la 12e, la 121e et la 11e subirent de très fortes pertes.

Comment les Allemands bouchèrent-ils ces trous? Ils avaient en réserve trois groupes de divisions. L'un était placé immédiatement derrière le front de la Somme, là où l'attaque était attendue. Il comprenait le VIe corps de réserve vers Cambrai, la 10e division bavaroise vers Bohain et Péronne, la 22e division de réserve vers Saint-Quentin; soit quatre divisions, placées de façon à intervenir rapidement au Nord de la Somme. C'est là, semble-t-il, que les Allemands avaient prévu le choc. Au contraire, ils semblent avoir attaché peu d'importance à nos préparatifs au Sud de la Somme : ils n'avaient disposé aucune réserve spéciale pour ce secteur.

Un autre groupe était préparé derrière le front du Nord où une attaque britannique semblait toujours possible : il comprenait la 123e division en arrière d'Ypres, la 183e vers Tournai, et la 3e division de la Garde vers Valenciennes, soit trois divisions.

Enfin, il existait un dernier groupe de cinq divisions dans l'Est, destiné, semble-t-il, à nourrir les attaques sur Verdun : le IXe corps entre Vouziers et Charleville, la 44e division de réserve vers Sedan, la 4e active vers Stenay, la 5e vers Saint-Avold. En outre, sur le front de Champagne, la 185e division était en voie de relève et avait déjà deux régimens disponibles vers Attigny.

Dès le début de l'action, trois divisions du groupe de réserve immédiat furent disposées au Nord de la Somme : la 10e bavaroise, dès le 1er juillet, vers Mametz; la 12e de réserve, dans la nuit du 1er au 2, entre Montauban et Maricourt; la 11e de réserve, dans la nuit du 2 au 3, vers Curlu. De plus, la 185e division, que nous avons vue disponible en Champagne, était engagée en partie, dès le 2 au soir, vers la Boisselle.

Au contraire, au Sud de la Somme, les Allemands se trouvèrent pris au dépourvu. Ils jetèrent là en toute hâte la dernière des divisions en réserve au front immédiat, la 22e qui était à Saint-Quentin, et ils l'engagèrent à partir du 2 au soir, à mesure qu'elle arrivait, bataillon par bataillon. On sait de plus qu'un régiment allemand qui tient les tranchées a généralement un bataillon en première ligne, un bataillon en seconde ligne, et le troisième bataillon au repos à l'arrière, en réserve de secteur. Les Allemands raflèrent ces troisièmes bataillons de Chaulnes à Reims, et en expédièrent treize sur la Somme, par tous les moyens possibles, chemin de fer, automobiles, quelques-uns à pied. Ces bataillons disparates appartenaient aux VIIIe, XIIe, XVIIe, XVIIIe corps actifs, à la Garde, à la 113e division, aux 15e et 16e divisions de réserve.

A partir du 3, les divisions des deux autres groupes en réserve, celui du Nord et celui de l'Est, commencent à arriver. Du Nord, la 3e division de la Garde arrive le 3 ; la 183e, le 7 ; la 123e, le 9. De l'Est, la 44e de réserve arrive le 5 et s'engage près d'Estrées ; le IXe corps arrive le 9. Ainsi, sur treize divisions qu'ils avaient disponibles pour toute l'étendue du front occidental, les Allemands, du 1er au 9 juillet, en ont appelé onze sur la Somme. Il faut y ajouter un régiment, le 163e, du IXe corps de réserve, retiré du front de Vimy. Donc, avec les sept divisions du début, un total de plus de dix-huit divisions engagées en dix jours.

Grâce à cette arrivée des réserves, ils ont pu retirer du feu, le 5 juillet, quatre des premières divisions engagées, qui étaient à l'état de débris ; la 28e de réserve, la 121e et les deux divisions du VIe corps. La 185e division, que nous avons vue venir de Champagne le 2, fut aussitôt si éprouvée qu'il fallut relever certains de ses élémens le 4.

En même temps, le haut commandement allemand s'organisa suivant un type qu'il conserva jusqu'à la fin de la bataille. Les unités engagées formèrent trois groupemens. On sait quel est le principe de ces groupemens : supérieurs à l'ancien corps d'armée, inférieurs à l'armée, ils ont pour but de constituer dans des secteurs déterminés des états-majors permanens, aux mains desquels se succèdent les divisions de rechange. L'artillerie lourde, les services d'aviation et d'autres encore restent aussi sur place. Ainsi les relèves ne compromettent pas la stabilité de l'ensemble. A la droite allemande fut constitué un groupement von Stein avec l'état-major du XIVe corps de réserve. Au centre, jusqu'à la Somme, un groupement von Gossler. Ce général commandait le VIe corps de réserve, qui arriva sur la Somme le 3 juillet; le groupement fut constitué par ce corps et par des unités voisines, comme la 123e division. Enfin, à la gauche, au Sud de la Somme, fut constitué un groupement von Quast, qui s'étendait jusqu'à Soyécourt. Le général von Quast, né en 1850, commandait, en 1914, le IXe corps à Altena. Il continua à le commander pendant la guerre et c'est l'état-major de ce corps qui fut celui du nouveau groupement. A la fin de juillet, le commandement du groupement du centre passa du général von Gossler au général von Kirchbach. Ce général, qui appartient à l'armée saxonne, est né en 1847. Il était à la retraite depuis 1913. Quand la guerre éclata, il reçut le commandement du XIIe corps de réserve et l'arrivée de ce corps sur la Somme fit passer le commandement du centre aux mains de son chef. Enfin, dans le cours de juillet, ces trois groupemens, constituant un groupe d'armées, *Heeresgruppe*, furent réunis sous le commandement du général von Gallwitz.

VII

Vers le 11 juillet, le front au Nord de la Somme avait pris la forme d'une ligne brisée, composée de trois élémens : 1° une première face Nord-Sud, de l'Ancre à la Boisselle, formant la gauche de l'attaque anglaise ; 2° un flanc Ouest-Est, de la Boisselle au bois des Trônes par Contalmaison et le bois de Mametz ; 3° une seconde face Nord-Sud, tenue au Nord par les Anglais, au Sud par les Français, sur l'alignement bois des Trônes-Hardecourt. Au total, l'espace d'une crémaillère.

La face gauche au Sud de l'Ancre, arrêtée par la première position allemande du plateau de Thiepval, était momentanément paralysée. La face droite, bois des Trônes-Hardecourt, ayant ses objectifs vers l'Est, ne pouvait progresser dans cette direction que si elle était fortement couverte à sa gauche par le flanc intermédiaire la Boisselle-bois des Trônes constituant le centre du dispositif général. Il était donc nécessaire que l'adversaire en direction du Nord-Est fût refoulé, pour que l'attaque franco-britannique de la droite pût progresser vers l'Est.

Or, ces troupes britanniques du centre avaient devant elles la seconde position allemande.

L'occupation du bois de Mametz et du bois des Trônes permettait de passer à l'assaut de cette seconde position. L'attaque fut décidée pour le 14 juillet, à l'aube, sur le front Longueval inclus-bois de Bazentin-le-Petit inclus. Sur la gauche, à un kilomètre dans l'Ouest, sur un éperon, la villa Contalmaison, conquise, couvrait le flanc des assaillans. L'artillerie avait pu être avancée, et le terrain permettait des tirs d'enfilade sur les lignes ennemies. La préparation commença le 11. Une difficulté particulière venait du large espace qui séparait les tranchées britanniques des tranchées allemandes. Dans la nuit du 13 au 14, les troupes d'attaque se portèrent en avant de 1 000 à 1 500 mètres, dans l'obscurité, sous le couvert de fortes patrouilles, sans que l'ennemi s'aperçût du mouvement, et elles se rangèrent au pied des crêtes à une distance de 300 à 500 mètres des tranchées ennemies, sans avoir cessé un instant de se sentir les coudes. Sir Douglas Haig fait remarquer la hardiesse et la précision de ce mouvement, exécuté par des troupes improvisées depuis la guerre, et il ajoute qu'il eût été impossible, si le terrain n'avait été minutieusement reconnu, dans la plupart des cas, par les commandans des divisions, des brigades et des bataillons, opérant en personne avant de donner leurs ordres.

Il faisait une nuit sombre, chargée de gros nuages. Une planète brillait à l'Est, l'horizon était bordé de la bande blanche et jaune des éclatemens, surmontée de la pluie lumineuse, blanche, verte, rouge, des fusées. A travers le fracas, des hommes racontent qu'ils ont entendu chanter l'alouette et la caille. A trois heures vingt-cinq du matin, quand il y eut assez de jour pour reconnaître à petite distance l'ami de l'ennemi, l'assaut fut donné sous l'aube froide. Précédées d'un barrage d'artillerie bien exécuté, les troupes entrèrent sur tout le front dans la position ennemie. Le barrage ennemi se déclencha trop tard et tomba derrière les assaillans.

A la droite, nos alliés, qui occupaient déjà la partie Sud du bois des Trônes, le purgèrent entièrement d'ennemis, délivrant un petit groupé de 170 hommes du Royal West Kent, qui, cernés depuis la veille, mais armés de mitrailleuses, avaient tenu toute la nuit dans le Nord du bois. L'opération était finie

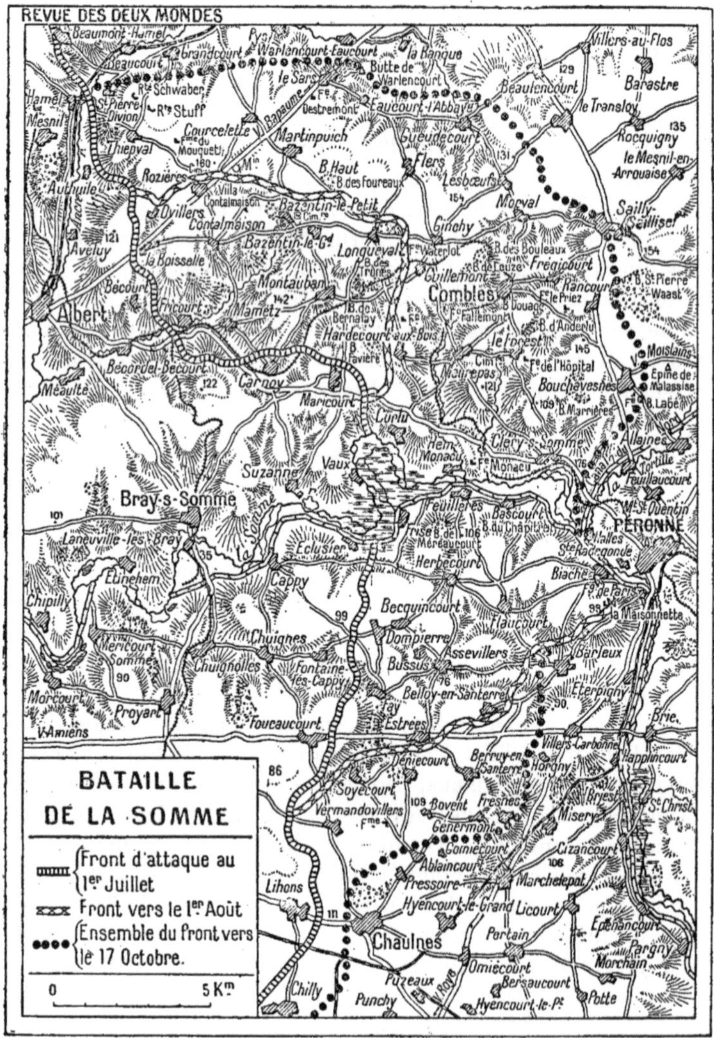

CARTE POUR SUIVRE LES OPÉRATIONS DE LA BATAILLE DE LA SOMME DU 14 JUILLET AU 15 OCTOBRE 1916

à huit heures du matin. De là de fortes reconnaissances furent envoyées à droite vers Guillemont, à gauche vers Longueval. Déjà une division écossaise, qui avait attaqué à l'Ouest du bois des Trônes, occupait la partie Sud de Longueval, qui se trouva ainsi abordé de deux côtés. A quatre heures de l'après-midi, il était entièrement occupé, à l'exception de deux points d'appui.

Au centre du front d'attaque, Bazentin-le-Grand et son bois furent pris par une division de l'ancienne armée, déjà illustrée un siècle plus tôt en Espagne. De là les troupes, poussant au Nord, enlevèrent le village de Bazentin-le-Petit et le cimetière qui est à l'Est. L'ennemi contre-attaqua deux fois vers midi sans succès. Un nouveau retour offensif, dans l'après-midi, lui rendit le Nord du village jusqu'à l'église. Mais les troupes britanniques, revenant à la charge, reprirent la position et refoulèrent l'ennemi avec de grosses pertes. A la gauche du village, le bois de Bazentin-le-Petit fut pris, malgré une résistance acharnée et un retour offensif, et les avant-postes britanniques s'établirent au Sud immédiat de Pozières.

Dès le commencement de l'après-midi, l'ennemi, bousculé, donnait des signes de désorganisation, et sir Henry Rawlinson était averti qu'il semblait possible de pousser au Nord de Bazentin jusqu'au bois des Foureaux, qui, comme on s'en souvient, domine toute la région, à 1500 mètres environ derrière la position qui venait d'être enlevée. A huit heures du soir, l'infanterie britannique y pénétra et s'en empara après un combat corps à corps, ne laissant à l'ennemi que l'extrémité Nord. Sur les flancs de l'infanterie, la cavalerie, tenue en réserve par le commandement anglais, eut l'occasion, rare dans cette guerre, de donner. Un escadron de dragons de la garde et un escadron de cavaliers du Dekkan se dirigèrent, dit J. Buchan, « par la vallée basse située au delà de Bazentin-le-Grand en s'abritant derrière un pli de terrain et dans les blés. L'avance finale fut faite en partie à pied, en partie à cheval, et les ennemis qui étaient dans les champs de blé furent foulés aux pieds par les chevaux, ou bien faits prisonniers, ou bien tués à coups de sabre et de lance. »

La bataille continua le 15, quoique à une échelle réduite, mais en complétant et en assurant les succès de la veille. Au Sud-Est du bois des Trônes, un boqueteau surnommé *Arrow Head Copse*; au Nord-Est, une ferme appelée la ferme de Waterlot, furent occupés. Au Nord, le bois Delville, qui couvre

Longueval du côté du Nord-Est, fut pris; mais, dans Longueval même, l'ennemi continuait à résister sur ses derniers points d'appui et dans les vergers. Il menaçait de là le flanc droit des troupes britanniques en pointe au bois des Foureaux, et qui étaient ainsi très aventurées; elles furent ramenées dans la nuit du 15 au 16.

Le 16, des progrès furent faits au centre gauche, où, malgré des contre-attaques acharnées de l'ennemi, les troupes britanniques, progressant au Nord-Ouest du bois de Bazentin-le-Petit, arrivèrent à 500 mètres de la corne Nord-Est de Pozières. On se rappelle que ce village était d'autre part menacé du Sud. Enfin à l'Ouest, les troupes de l'armée Gough, exécutant leur mission de pression méthodique, avaient achevé le 16 et le 17 de réduire Ovillers, et marchaient également sur Pozières. Cette position était donc menacée de trois côtés. C'est, on s'en souvient, un long village, très visible, sur une route montante, bordée d'arbres, et qui apparaît du Sud à flanc de versant, et de l'Ouest en ligne de crête, se détachant sur l'horizon.

Les opérations du 14 juillet et des jours suivans étaient un magnifique succès. La seconde position ennemie était enlevée sur un front de 5 kilomètres; le recul des Allemands était de 1 500 mètres. Quatre villages et trois bois étaient pris. On avait conquis 8 obusiers lourds, 4 canons lourds, 42 canons et obusiers de campagne et 52 mitrailleuses. On avait fait 2 000 prisonniers. Au total, le chiffre des prisonniers faits par les troupes britanniques depuis le début de la bataille était de 189 officiers et 10 779 hommes. Sur un front de 6 000 mètres, les lignes britanniques étaient maintenant établies sur la crête méridionale du grand faîte de partage, et leurs postes avancés allaient jusqu'au voisinage de la troisième position allemande.

VIII

Après les combats du 14 juillet et des jours suivans, la ligne britannique s'appuyait à droite à la ferme Maltz Horn, où elle joignait la ligne française; de là, elle suivait en direction du Nord la lisière Est du bois des Trônes, allait jusqu'à Longueval qu'elle enveloppait, tournait alors à l'Ouest par Bazentin-le-Grand et Bazentin-le-Petit jusqu'aux abords Sud de Pozières, et de là continuait toujours vers l'Ouest jusqu'au Nord d'Ovillers.

Elle représentait ainsi une équerre avec une face tournée au Nord, Ovillers-Longueval, et une face tournée à l'Est, Longueval — ferme Maltz Horn. De plus, nos alliés avaient des postes en avant de la face Est, à l'Arrow Head Copse et à la ferme de Waterlot; en avant du sommet de l'équerre, dans le bois Delville; et enfin en avant de la face Nord, vers le bois des Foureaux.

« Si désireux que je fusse de poursuivre rapidement les succès atteints, écrit sir Douglas Haig, il était d'abord nécessaire d'élargir ce front. » En effet, il était flanqué des deux côtés par de très fortes positions ennemies. A l'Ouest, c'était le groupe de Pozières et de Thiepval; mais ce groupe serait tourné automatiquement par une avance du centre anglais vers l'Est, et, pour le moment, il suffisait d'y maintenir une pression méthodique et d'y réaliser un progrès pas à pas. Il n'en allait pas de même à la droite, sur la pointe d'équerre de Longueval. Sir Douglas Haig rappelle en termes excellens l'inconvénient de ces saillans, étroit espace où devaient s'entasser les communications, les batteries, les munitions tant anglaises que françaises, tandis que les Allemands avaient toute la place de développer autour de lui des feux en demi-cercle. De plus l'ennemi, occupant les crêtes, avait, de Guillemont au bois des Foureaux, des vues directes sur nos alliés. Il était donc nécessaire que la droite britannique, au lieu de rester repliée en potence, se portât en avant pour se mettre à la hauteur du centre. Pour cela, il fallait emporter d'abord Guillemont, la ferme de Falfemont et le bois de Leuze, — et ensuite une seconde ligne formée par Ginchy et le bois des Bouleaux. La difficulté de déloger l'ennemi de ces lignes puissamment fortifiées fut encore augmentée par le mauvais temps. Le pays ondulé ne permet, dans beaucoup de cas, d'observer le tir que par avions, et les Alliés avaient, dès le début de la bataille, pris dans l'air une supériorité décidée sur l'adversaire. Mais cette observation veut un temps clair; or, la chute de pluie, en juillet et en août, a été supérieure à la moyenne et, même quand il ne pleuvait pas, le temps était couvert.

La droite britannique et la gauche française se touchaient sur une ligne qui partait de la ferme Maltz Horn et qui venait aboutir à mi-chemin entre Morval (objectif anglais) et Sailly-Saillisel (objectif français). Il est évident que les opérations des deux armées devaient être coordonnées. Enfin, tout en portant l'effort principal à la droite, il ne fallait pas permettre à l'ennemi de s'y opposer avec toutes ses forces, et, pour cela, il ne fallait rien relâcher de la pression à la gauche.

De leur côté, après le premier choc reçu, les Allemands firent d'énergiques efforts pour enrayer la marche des Alliés. Nous les avons vus, du 1er au 10 juillet, engager sur la Somme dix-huit divisions; du 10 au 31 juillet, ils en amenèrent douze nouvelles, et ramenèrent une seconde fois au combat trois de celles qui avaient déjà été engagées. Une seconde phase de la bataille va donc commencer, consacrée à l'usure de ces forces nouvelles, où les gains de terrain seront moins considérables, où l'ennemi contre-attaquera avec une énergie sans résultat. Cette phase de réaction commence à la moitié de juillet et dure tout le mois d'août. Elle ne prend fin que par la prise de Guillemont le 3 septembre, suivie dix jours plus tard par celle de Ginchy.

La contre-offensive allemande sur le saillant de l'équerre britannique au bois Delville eut lieu le 18 juillet dans l'après-midi. L'ennemi reprit tout le Nord et le Nord-Est du bois, ainsi que la moitié Nord de Longueval. Mais les troupes britanniques restèrent accrochées avec beaucoup d'énergie à la corne Sud-Est du bois; plus au Sud, trois attaques allemandes sur la ferme de Waterlot échouèrent.

La véritable bataille commença le vendredi 20 juillet par une grande attaque des Alliés. S'il faut en croire un article d'un collaborateur militaire, visiblement inspiré, dans le *Lokal Anzeiger* du 22 juillet, le choc était attendu. « C'est une partie du programme de toutes les offensives, même partielles, de l'ennemi, écrivait ce journal, que toutes les attaques projetées sont annoncées au monde entier plusieurs jours d'avance. C'est ainsi que le *Novoïé Vremia*, qui a des attaches particulières à l'ambassade anglaise de Saint-Pétersbourg, écrivait au commencement de la semaine que le choc principal de l'offensive franco-britannique se produirait dans quelques jours. Des masses de canons et d'hommes auraient été amenées, et derrière le front une nombreuse cavalerie, était prête à s'engager au moment voulu. »

Dès le 19, les troupes britanniques exécutèrent en Flandre, à Fromelles, une diversion avec deux divisions pour fixer les réserves ennemies. Puis le 20, les Alliés lancèrent l'attaque sur tout le front depuis Pozières à gauche jusqu'à Vermandovilliers à droite, avec des forces que l'ennemi évalua à 17 divisions. Sous le choc, les Allemands avouent qu'une de leurs divisions immédiatement au Nord de la Somme (entre Hardecourt et Ham) fléchit sur un front de 3 kilomètres et se retira sur une seconde ligne située à 800 mètres. La gauche française se trouva ainsi avancée vers l'Est jusqu'au ravin où court le petit chemin de fer de Combles à Cléry. A l'extrémité Est du village de Ham, la ferme de Monacu, enlevée par les Français, fut reprise par une contre-attaque.

Au Sud de la Somme, la tactique naturelle des Français, serrés dans le coude de la rivière, était de se faire jour au Sud-Est, en direction générale de Nesle, ce qui aurait eu pour effet d'inquiéter gravement les arrières des Allemands avancés plus au Sud dans le saillant de Roye. Ainsi, au moment où nous sommes, la bataille s'oriente sur trois axes d'attaques : au Nord-Est, en direction de Bapaume ; à l'Est, en direction de Péronne ; au Sud-Est, en direction de Nesle. Laquelle de ces directions devait être la principale, nous ne sommes pas en mesure de le dire. Il semble en particulier que l'importance qu'on accordait aux opérations de la droite, en direction de Nesle, ait beaucoup varié au cours de la bataille. Des actions projetées de ce côté n'ont jamais été exécutées. La plupart du temps, cette aile droite a été réduite à ses propres ressources et a agi sans dotation particulière. Elle a ainsi exécuté une série d'opérations brillantes, mais qui ont peu modifié les résultats généraux de la bataille.

Cette aile droite était arrêtée dans sa marche vers le Sud-Est par une forte ligne de résistance, qui appuyait son extrémité à l'Est, vers la Somme, à ce nid de Barleux, tassé et invisible dans son trou; puis qui revenait par Soyécourt vers Chaulnes. Les Français étaient arrivés le 2 juillet devant Barleux. La garnison allemande tenait la couronne de hauteurs qui enveloppe le village. Elle fut violemment attaquée le 3. D'après un intéressant récit de Max Osborn dans la *Gazette de Voss* du 11 août, des noyaux de troupes coloniales, composés de Français, menaient l'assaut et jouaient le rôle des *Stosstruppen* dans l'armée allemande. Ces élémens d'élite entraînaient la masse des troupes noires, qui étaient elles-mêmes suivies par des unités du Nord de la France.

Un second assaut eut lieu le 9. Après une préparation

d'artillerie qui dura toute la matinée, l'infanterie attaqua à trois heures de l'après-midi. Le principal effort se porta d'une part sur l'angle Nord-Ouest du village, et d'autre part sur le débouché Sud, où se trouve le cimetière. La tentative faillit réussir. Par le Nord, les Français pénétrèrent dans le village : par le Sud, ils le débordèrent en atteignant la route de Villers-Carbonnel. Mais une contre-attaque allemande, après un corps à corps d'une demi-heure, les repoussa.

Le 10 juillet, après un feu violent, nouvelle attaque française, trois fois répétée, à deux heures de l'après-midi. Le 11, combat à l'angle Nord-Ouest du village, où les lignes se touchent et où les Français ont pénétré dans une ancienne tranchée allemande qui court vers le Nord. Le 12, le 13, le 16, nouvelles tentatives, préparées ou commencées. Enfin le 20, dès l'aube, le feu d'artillerie s'accroît. A huit heures du matin, il tonne en ouragan, et s'aggrave d'obus à gaz. A huit heures quarante, l'assaut se déclenche. Les baïonnettes des noirs étincellent à 80 mètres des tranchées allemandes, mais les feux rasans de l'infanterie allemande arrêtent l'adversaire. Cependant par l'angle Nord-Ouest, les Soudanais ont réussi à pénétrer dans le village et on se bat corps à corps. Ils sont repoussés; mais quelques-uns ont réussi à se maintenir dans les ruines. Les jours suivans, ils s'y tiennent cachés; mais, chaque nuit, ils sortent et tirent sur les Allemands qu'ils rencontrent. Max Osborn rencontra le 3 août un de ces noirs qui venait seulement d'être pris. Il était resté treize jours dans une cave, vivant de pain et de sardines, et s'abreuvant à une citerne.

L'extrême droite française fut plus heureuse et s'empara, entre Soyécourt et Lihons, d'un bois de 800 mètres sur 600, nommé le bois Eroste. Quant à l'armée britannique, qui engagea cette fois encore de la cavalerie près du bois des Foureaux, elle réussit à y pénétrer. Mais, le 23, une attaque générale ayant eu lieu sur tout le front de Pozières à Guillemont, la 4e armée trouva devant elle l'ennemi en force sur toute la ligne, couvert par des postes avancés et des mitrailleuses dans des trous d'obus. Il était évident que l'armée allemande était remise de son échec du 14, et qu'il fallait recommencer une longue et minutieuse préparation.

Après ces affaires du 20 et du 23, un calme relatif s'établit sur tout le front, sauf à la gauche, où les Australiens de l'armée

Gough continuaient. d'avancer. — A cet arrêt, les Allemands crurent que les Alliés étaient hors de souffle, et ils célèbrèrent un peu prématurément la fin de la seconde phase de l'offensive. Le 27, les journaux allemands reproduisaient un télégramme envoyé de Péronne au *New York World* par le journaliste Carl von Wiegand. Ce télégramme exposait l'état de la bataille, du point de vue allemand. L'offensive anglo-française avait été brisée comme par un mur. Sans doute les assaillans reprenaient haleine pour un troisième assaut, mais les Allemands se préparaient à les recevoir. Après vingt et un jours de lutte, les Anglo-Français n'avaient réussi qu'à enfoncer dans les lignes allemandes un coin de 8 kilomètres et demi de profondeur, large de 50 kilomètres à la base, mais de moins de 3 à la pointe, devant Péronne, dans la région Biaches-La Maisonnette. Ce coin couvrait 90 kilomètres carrés. Aux combats du 20, qui auraient marqué le plus grand déploiement de forces alliées dans cette bataille, les Alliés auraient disposé, toujours d'après Carl von Wiegand, d'une masse de choc de 34 divisions, dont 17 en première ligne, appuyées de 4 000 canons. Malgré ces formidables moyens, les Allemands restent pleins de confiance. A Péronne, le commandant en chef a dit au journaliste : « Les Alliés ne perceront jamais ici. » Les officiers ont ajouté : « Ni dans un an, ni dans deux, les Alliés ne rompront nos lignes. » Cependant ils ne déprécient pas leurs adversaires. Le général a parlé des Français avec étonnement et admiration : *Die französische Nation hat die ganze Welt überrascht, niemand mehr als uns. Das französische Volk ist wie neugeboren.* (« La nation française a surpris le monde entier, et personne plus que nous. Le peuple français est comme régénéré. »)

Au moment où ces lignes paraissaient, l'armée Gough, à la gauche de l'attaque britannique, avait emporté Pozières le 25. Ce village avait une singulière importance. Primitivement, c'était un des points d'appui de la seconde ligne allemande; cette ligne ayant sauté dans l'Est, les Allemands l'avaient remplacée par une ligne nouvelle, par une sorte de raccord, qui venait s'embrancher sur l'ancienne ligne, précisément à Pozières. En d'autres termes, la ligne allemande avait pivoté par sa gauche (Est) autour de Pozières, situé à sa droite et servant de charnière. Ce village, simple point d'appui, avait donc passé au rôle de bastion d'angle. C'est cette pierre angulaire qu'il s'agissait de faire sauter.

Le village, sur une pente montante, se présentait en espalier à nos Alliés, qui l'attaquèrent de trois côtés. A gauche, les territoriaux de Londres se portèrent contre les tranchées de l'Ouest; au centre, les Australiens eurent la rude tâche de traverser le village même, genre de combat tout à fait à leur goût, dit le correspondant du *Times*; enfin à droite un troisième corps, qui n'est pas nommé, dut déborder le village à l'Est.

Les Australiens se lancèrent à l'assaut, dans la nuit du 22 au 23, peu après minuit, après un formidable bombardement. Il y avait devant le village deux lignes de tranchées; la première, récente et mal creusée, fut enlevée d'un bond. Pendant que l'infanterie la retournait, l'artillerie écrasait la seconde; puis elle allongea son tir, et la seconde tranchée fut à son tour enlevée; quoique bouleversée, on pouvait voir qu'elle avait été soigneusement faite. Elle était garnie d'Allemands, qui furent passés à la baïonnette ou faits prisonniers. Un troisième bond porta les assaillans aux premiers arbres du village. Le 25 dans l'après-midi, les Australiens avait complètement traversé le village, et donné la main à l'extrémité Nord aux territoriaux travaillant à leur gauche ; les troupes de droite avaient également dépassé le village et repoussé une contre-attaque. Cette extrémité Nord de Pozières est formée par le cimetière. Le cimetière pris, les Bavarois qui l'avaient défendu essayèrent de se replier en terrain découvert sur le moulin qui est à la crête. Les mitrailleuses britanniques en firent un carnage.

Le même jour, l'ennemi lançait sur la 4ᵉ armée deux fortes attaques, l'une autour du bois des Foureaux, l'autre au Nord-Ouest du bois Delville; elles furent repoussées et, le 27, nos alliés reprenaient la totalité du bois Delville; le 29, ils nettoyaient d'Allemands la partie Nord de Longueval et les vergers.

La possession du bois Delville et de Longueval qui s'y appuie étant assurée, la droite britannique passa le 30 à l'attaque sur la ligne Guillemont-Falfemont, en liaison avec une attaque de la gauche française. Un bataillon entra dans Guillemont qu'il traversa, mais n'étant pas soutenu latéralement, dut se replier. Une nouvelle attaque, le 7 août, eut le même sort. Nos alliés entrèrent dans Guillemont, mais durent se replier, faute d'avoir pu enlever les tranchées à gauche et à droite du village.

Attaquer directement Guillemont était d'autant plus naturel que ce village commande le terrain qui est au Sud. En le prenant d'abord, on facilitait donc beaucoup l'opération dans les autres secteurs. Mais quand il apparut que cette opération était irréalisable, on renversa le plan ; et on décida de procéder par une série de progrès combinés, avec les Français, en commençant d'abord plus à droite, dans le secteur français, sur Maurepas.

L'attaque française sur Maurepas, menée par le Ier corps, eut lieu le 12 août. Un brillant combat nous donna toute l'agglomération Sud du village, avec le cimetière et l'église, emportés par un bataillon du 9e zouaves. Plus au Sud, le front, tenu par des Alpins, fut avancé sur les pentes Sud de la cote 100. Plus au Sud encore, la croupe à l'Ouest de Cléry fut prise, et le front vint s'appuyer à la Somme, en face de Buscourt. Cette croupe à l'Ouest de Cléry était défendue par deux lignes de tranchées, dites tranchées Heilbronn. Elle fut attaquée par le 170e d'infanterie, colonel Lavigne-Delville. Le régiment entra en ligne dans la nuit du 11 au 12. Le 12, à trois heures de l'après-midi, un peloton enleva d'assaut un premier point d'appui, une ferme isolée, dite ensuite ferme Ladevèze, à l'Est de la ferme de Monacu, d'où l'ennemi pouvait prendre l'attaque dans le flanc droit. A trois heures trente, nouvelle opération préparatoire; à la droite, la parallèle de départ était à 600 mètres de la tranchée allemande; on croyait le terrain libre; mais un observateur y aperçut, dans les hautes herbes et les marécages de la vallée, des têtes d'Allemands, à 150 mètres de nos lignes; des coups de fusil partirent de ces herbes. Il fallait aller voir ce qui s'y cachait. Le lieutenant Besançon part avec une section, tombe sur un parti allemand trois fois plus nombreux, caché dans des trous couverts de paquets d'herbes et camouflés de toiles vertes. Il en massacre une partie et ramène le reste, quatre-vingts prisonniers. Enfin l'attaque principale se déclenche à dix-sept heures quinze, et la tranchée Heilbronn est prise. A la droite, tout près de la Somme, il avait fallu enlever le bois Gâchette, par un terrain coupé et marécageux. Un combat furieux s'engagea à la lisière Ouest du bois. Une mitrailleuse allemande tirait de la corne Nord-Ouest; le soldat

Sellier l'aperçut, s'élança seul, s'en empara et ramena les cinq servans prisonniers. A la gauche, les troupes ont atteint en un quart d'heure la tranchée Heilbronn, distante là de 8 ou 900 mètres. A cinq heures cinquante, tout l'objectif était atteint. Le régiment avait fait 263 prisonniers.

Ainsi, dans cette journée du 12, le progrès s'était fait surtout par le centre et la droite, entre Maurepas et la Somme. Le 16, un nouveau combat porta à son tour la gauche en avant, entre Guillemont au Nord et Maurepas au Sud. Une ligne de tranchées fut enlevée sur un front de 1500 mètres, et la route Guillemont-Maurepas fut atteinte, comme la route Maurepas-Cléry avait été atteinte le 12.

Cependant la moitié Nord de Maurepas restait à l'ennemi. L'honneur de la reprendre « revint, dit une relation officieuse, au 2e bataillon du 1er régiment d'infanterie. C'est l'ancien régiment de Cambrai. Beaucoup de ses hommes sont originaires des pays envahis. Pour eux se battre à Maurepas, c'était ouvrir une des portes de leur province. » L'attaque fut commandée pour le 24 août, à dix-sept heures quarante-cinq. L'ennemi, malgré un terrible bombardement, avait encore deux mitrailleuses intactes : l'une utilisait des talus à gauche de la route de Combles, tout à fait dans l'axe de l'attaque; l'autre, une maisonnette à droite. A seize heures trente, ces mitrailleuses tiraient encore. Au même moment, l'artillerie française allongea son tir; les troupes d'assaut gagnèrent en rampant les parallèles de départ qu'elles avaient évacuées pour ne pas recevoir les coups courts de leurs propres pièces. La mitrailleuse du talus fut prise par une manœuvre d'une précision remarquable. Le commandant Frère, qui commandait l'attaque, avait fait amener avec beaucoup de peine un canon de 37, qu'il établit en flanquement perpendiculairement sur l'axe d'attaque; au moment précis où ce canon tirerait, et où les mitrailleurs allemands baisseraient la tête sous le projectile, les troupes d'assaut devaient se jeter hors des tranchées et profiter de cette minute de répit pour coiffer l'obstacle. C'est ce qu'elles firent. A minuit, Maurepas était entièrement aux Français, et la position était retournée contre un retour offensif des Allemands, qui ne se produisit pas. Les Français avaient eu affaire à des compagnies d'élite de la Garde.

De leur côté, les troupes britanniques avaient repris l'offensive le 16, en même temps que les Français attaquaient entre Guillemont et Maurepas. Elles se portèrent sur Guillemont sans succès; le 18, une nouvelle attaque leur donna les abords du village. Mais elles ne devaient l'emporter que le 3 septembre, dans la grande attaque combinée qui ouvre la troisième phase de la bataille.

IX

A la fin d'août, la situation était la suivante : au Nord, les troupes britanniques, avançant du bois Delville sur Ginchy, étaient à mi-chemin de ce village; en continuant vers le Sud, le front passait entre le bois des Trônes et Guillemont; puis, continuant au Sud-Est, il descendait dans la grande étoile de ravins au fond de laquelle se trouve un petit bois. Ce bois avait été enlevé dans le courant d'août par les troupes françaises, qui y avaient trouvé un certain nombre de pièces de 77; puis ce bois avait passé du secteur français au secteur anglais, la limite des deux armées étant désormais au petit chemin de fer de Péronne à Combles.

Telle était la situation quand fut déclenchée, à la fois par l'armée anglaise et par l'armée française, l'attaque générale du 3 septembre. Nos alliés avaient affaire, depuis le nord de Ginchy jusqu'à l'Ouest de Combles, à la 3e division allemande. Cette division travaillait fiévreusement, depuis le 25 août, à se faire un front défendable; elle y employait, outre sa compagnie de pionniers réglementaires, trois compagnies supplémentaires, pionniers et travailleurs. Cette 3e division formait elle-même la gauche du groupement Kirchbach. La droite, de Ginchy au bois des Foureaux, était formée par la 56e. La 24e de réserve était en réserve.

L'attaque du 3, rendue possible par les progrès partiels accomplis en août, fut préparée dans les deux premiers jours de septembre; l'assaut fut donné le 3, à midi, depuis Hamel jusqu'à l'extrême droite. Le résultat le plus complet de la journée fut la prise de Guillemont. Les Irlandais enlevèrent d'un élan les tranchées en avant du village, puis, après un léger arrêt de leur droite, commencèrent la conquête des ilots, sous le feu des mitrailleuses qui tiraient des hauteurs de Ginchy. Le centre du village, un carrefour de trois chemins, avait été puissamment organisé. Il fut emporté et Guillemont fut pris et conservé malgré trois violentes contre-attaques. A deux kilomètres plus au Sud, en contact avec les Français, la ferme de Falfemont, atteinte au début de l'action par les fusiliers anglais, ne put être conservée, mais elle se trouva débordée au Nord, et, attaquée ainsi de front et de flanc, elle fut prise le 5. Au Nord-Est de Guillemont, les troupes britanniques avaient poussé sur Ginchy, qu'elles avaient occupé dans l'après-midi du 3; mais les contre-attaques allemandes avaient repris une grande partie du village, où les deux adversaires restaient face à face. De Guillemont, occupé le 3, nos alliés poussèrent vers l'Est. La route de Combles, comme nous l'avons vu, descend dans un fond, et au bout d'un kilomètre passe entre le bois de Leuze à droite et le bois des Bouleaux à gauche. Les troupes britanniques atteignirent le 5 le bois de Leuze et en chassèrent complètement l'ennemi le 6.

Ainsi, du 3 au 6 septembre, la droite britannique avait progressé sur un front de 3 kilomètres, avançant de 1 500 mètres, et, ce qui est plus important, rompant la barrière que l'ennemi lui opposait depuis sept semaines. Le succès fut complété le 9 par la prise de Ginchy. Les Irlandais furent encore chargés de l'opération. Les compagnies de gauche parties à 300 mètres atteignirent les objectifs en huit minutes; les compagnies de droite, arrêtées par des mitrailleuses, durent amener un canon de tranchée. Depuis le 1er juillet, nos alliés avaient fait 17 000 prisonniers.

La 3e division allemande, qui avait supporté le 3 l'effort de la droite britannique, dut être relevée. Dans la nuit du 5 au 6, on voit apparaître à sa place des élémens de la 24e division, qui était en réserve. Mais suivant un système fréquent chez les Allemands, ces élémens ne paraissent avoir été là que pour protéger la relève. Ils disparaissent dès le 8, et l'on voit à leur place deux régimens, appartenant à deux divisions et ramenés des bords de l'Aisne : le 28e de réserve (16e division de réserve) qui s'établit au bois des Bouleaux, et le 161e (15e division) qui s'établit à droite, au Nord-Est de Ginchy.

Les combats du 3 septembre et des jours suivans avaient eu pour résultat, dit le Communiqué britannique du 5, « la prise de l'ensemble de ce qui restait de la seconde ligne de défense ennemie partant de la ferme du Mouquet jusqu'au point de jonction des lignes anglaises et françaises. »

Le 3 septembre, tandis que les troupes britanniques attaquaient par leur droite Guillemont et Ginchy, les troupes françaises, en contact avec elles, attaquaient par leur gauche et prenaient le Forest et Cléry. Le front français à la fin d'août se liait au front britannique, comme nous l'avons vu, dans le ravin qui mène du Sud-Ouest à Combles et où passe le tortillard de Péronne. Il enveloppait Maurepas, suivait approximativement la route de Maurepas à Cléry par la cote 121 et la colline 109, puis, se dérobant devant Cléry, qui restait à l'ennemi, il venait rejoindre la vallée de la Somme à peu près en face de Buscourt.

En face des Français, la principale ligne de résistance de l'ennemi était marquée par les trois gros bastions alignés du Nord au Sud : Combles, le Forest, Cléry. Une route reliait ces trois bastions à la façon d'une courtine. C'est tout ce système défensif qui fut emporté le 3 septembre, d'un élan magnifique, depuis le voisinage de Combles jusqu'à la Somme.

Quatre divisions allemandes défendaient ce front de 6 kilomètres : c'étaient, du Nord au Sud, la 53e de réserve, nouvellement arrivée; puis le 1er et le 2e de la Garde; enfin, à la gauche de Cléry, la 1re division de réserve bavaroise. Malgré cette densité considérable, les défenseurs laissèrent entre nos mains le Forest et Cléry. Deux mille prisonniers témoignaient de la vigueur de l'attaque.

Le succès était poursuivi le 5. Au Nord-Est du Forest, le bois d'Anderlu était atteint; au Sud-Est, la ferme de l'Hôpital et le bois du Rainette étaient enlevés; plus loin, sur la droite (Sud), une partie du bois Marrières était occupée. Enfin, au voisinage de la Somme, les troupes s'élevaient sur la croupe au Nord-Est de Fleury..

En même temps un événement nouveau se produisait à l'extrême droite du front d'attaque français. La 10e armée avait appuyé sur sa gauche jusqu'à Barleux, elle entrait à son tour en ligne et étendait le combat jusqu'au delà de Chaulnes, à Chilly.

Le front ennemi devant la 10e armée, de Barleux à Chilly, était tenu de la façon suivante : devant la gauche française, à partir de Barleux, le IXe corps (17e et 18e divisions); puis des élémens du XIIe, une division du XVIIe (35e division), puis les 30e et 17e divisions de réserve, enfin l'autre division du

XVIIe corps, la 36e. Ces troupes étaient disposées sur les deux côtés d'un angle obtus, ouvert d'environ 120 degrés, qui avait sa pointe à Soyécourt; sur la face droite, de Barleux à Soyécourt, les Allemands faisaient face au Nord-Ouest; sur la face gauche de Soyécourt à Chilly, ils faisaient face à l'Ouest. Le pays est une alternance de plaines et de vallons, avec des bouquets de bois. Ces vallons sont délicieux. Les routes bordées d'ormes font des arceaux de verdure. Les lentes ondulations font varier les lignes. Au moment où la bataille s'engageait, les blés, grandis sur le riche limon, commençaient à s'assembler en meules; les bois, qui sont souvent de la futaie, laissaient pénétrer le regard dans des demeures d'ombre verte.

Sur la face droite, la première ligne de tranchées ennemies fut enlevée et le front français, qui passait au Sud de Belloy et d'Estrées, fut porté jusqu'aux lisières de Deniécourt et de Berny, dépassant d'un kilomètre au Sud la route d'Amiens à Péronne. — Au centre, Soyécourt, qui formait la pointe du saillant allemand, fut attaqué sur ses deux faces, par le Nord et par le Sud-Ouest, et emporté. — Enfin, à la face droite du Saillant, au Sud de Soyécourt, la première position allemande s'appuyait aux villages de Vermandovillers (1 kilomètre au Sud de Soyécourt), et de Chilly. Vermandovillers fut débordé à gauche et à droite et en partie conquis. Chilly fut enlevé; après l'avoir dépassé de 700 mètres, les Français trouvaient un long ravin, allongé du Nord-Ouest au Sud-Est, et profond d'une dizaine de mètres. Ce ravin a été dépassé. Enfin, entre Vermandovillers et Chilly, à mi-chemin des deux villages, les Français emportèrent la lisière d'un assez grand bois, long d'un kilomètre, mais peu profond, qui couvre immédiatement Chaulnes. La vigueur du choc est attestée par 2 700 prisonniers. Le 5, les Allemands contre-attaquèrent vigoureusement par l'aile droite de leur saillant entre Barleux et Berny, sans pouvoir faire plier nos lignes. Bien mieux, plus à l'Ouest, entre Berny et Soyécourt, le progrès des Français continuait vers Deniécourt, qui était attaqué du Nord par Estrées, de l'Ouest et du Sud par Soyécourt. Le village est couvert par un parc: les Français enlevèrent les tranchées qui couvraient ce parc, et abordèrent les lisières. — Le 6, plus à l'Est, ils enlevaient la plus grande partie de Berny.

En trois jours, 3, 4 et 5 septembre, les Allemands avaient

laissé aux mains des Français 6 650 prisonniers et 36 canons, dont 28 lourds.

Le 12 septembre, l'armée Fayolle reprenait encore une fois l'offensive. Les progrès du 3 et du 5 l'avaient mise au contact d'une grande ligne de défense allemande, qu'on appelait la tranchée des Berlingots, et qui s'étendait de Morval au Nord à la Somme au Sud. Cette ligne de défense avait environ 8 kilomètres de longueur, 2 au Nord devant les Anglais, 6 au Sud devant les Français. C'est sur ces 6 kilomètres que se déclencha l'attaque du 12.

Au moment où elle attaquait, la 6e armée avait devant elle, au Nord de la Somme, les unités suivantes : devant sa gauche, dans la région au Sud de Combles, un régiment de la 54e division de réserve (XXVIIe corps), le 247e ; puis, en allant vers sa droite, deux régimens de la 2e division de la Garde, au Nord-Est du Forest ; à l'Est du Forest, un autre régiment de la 54e division de réserve, le 245e ; puis au Nord-Est de Cléry, toute la 53e division de réserve (242e, 244e, 241e de réserve) appartenant également au XXVIIe corps ; enfin à l'Est et au Sud-Est de Cléry, au contact de la Somme, deux régimens de la 13e division.

Ces unités étaient en pleine relève. On voit qu'il y reste deux des unités engagées le 3, la 2e division de la Garde, et la 53e division de réserve. Or, au Nord, la 54e division de réserve relevait précisément la division de la Garde, dont les élémens encore en ligne étaient ainsi intercalés entre les siens, tandis qu'au Sud, la 13e division s'apprêtait à relever la 53e de réserve. Cette 13e division, appartenant au VIIe corps actif, arrivait de Verdun, où elle était depuis le mois de juin, et où elle tenait en dernier lieu le secteur du Mort-Homme. Elle avait été embarquée le 7 et le 8 septembre, et elle était arrivée par Sedan, Charleville, Hirson et Cambrai jusqu'à Roisel, où elle avait été débarquée. Les premiers élémens avaient, dès le 9 novembre, occupé le secteur de Cléry ; d'abord en réserve, ils avaient ensuite relevé les élémens fatigués de la 53e, et l'une et l'autre divisions étaient enchevêtrées. — Enfin cet ordre de bataille était complété au Sud de la Somme par une division qui tenait le front jusqu'à Barleux.

L'attaque fut lancée à midi trente. Le premier objectif était, comme on a vu, la tranchée des Berlingots, position défensive étendue du Nord au Sud, de Frégicourt (1 kilomètre à l'Est de Combles) jusqu'à la Somme et jalonnée par la ferme le Priez, le mamelon de la ferme de l'Hôpital et le bois Marrières. Cette position était formée de deux lignes de tranchées, à 200 ou 300 mètres l'une de l'autre. La première ligne avait des abris de mitrailleuses protégés et des abris profonds pour l'infanterie. La seconde n'avait que fort peu d'abris. Les deux lignes étaient, naturellement, reliées par des boyaux. A 60 mètres devant la première s'étendaient deux réseaux successifs de fils de fer, chacun de ces réseaux étant épais de 5 à 6 mètres. Telle était la première position; la seconde était établie à deux kilomètres environ en arrière, le long de la route de Bapaume à Péronne. Elle appuyait sa droite (Nord) à Rancourt, son centre à Bouchavesnes, sa gauche à Feuillancourt et au canal du Nord. Elle se composait d'une seule tranchée continue, avec un petit nombre d'abris et d'emplacemens de mitrailleuses, et précédée d'un seul réseau épais de 4 à 5 mètres.

On sait avec quelle rapidité foudroyante, au point où la tactique est aujourd'hui parvenue, un assaut se déclenche, l'infanterie partant derrière les éclats de sa propre artillerie. La tranchée des Berlingots fut enlevée en une demi-heure. De là, la gauche de l'attaque se porta en avant sur la cote 145, l'enleva et, poussant jusqu'à la seconde position, vint border la route de Péronne à Bapaume entre Rancourt et Bouchavesnes. La droite, partie des hauteurs Nord-Est de Cléry, enleva la crête suivante et se trouva sur le revers Est, le long de la vallée de la Tortille, dernier fossé qui couvre le mont Saint-Quentin, principal bastion de Péronne.

A la limite commune des deux secteurs, juste au centre de l'action, se trouvait sur la seconde position le village de Bouchavesnes. Il n'était pas dans les objectifs du 12. Il fut néanmoins attaqué à six heures trente. Trente-cinq minutes plus tard, nos troupes annonçaient par des feux de Bengale leur arrivée au centre du village; à huit heures du soir, Bouchavesnes était entièrement pris. Il y eut un moment d'émotion, quand cette nouvelle parvint au Quartier Général de l'Armée. Il n'y avait plus devant les vainqueurs qu'une seule tranchée allemande; au delà, c'était l'espace libre. On décida d'attaquer le lendemain matin.

Deux routes divergent de Bouchavesnes. L'une vers l'Est, gravit l'épine de Malassise et redescend sur la Tortille à Moislains. Mais elle reçoit dans le flanc gauche les feux du bois de Saint-Pierre-Vaast, large étendue de taillis où l'ennemi était puissamment établi. L'autre se dirige au Sud-Est, gravit la cote 130 et redescend sur Allaines.

Le 13 au matin, quand les Français se portèrent en avant, l'ennemi avait installé des mitrailleuses dans des trous d'obus, et fit une défense extrêmement énergique. Cependant, dans la direction du Sud-Est, la ferme du bois Labé, à 600 mètres au Sud de Bouchavesnes, fut enlevée. A ce moment-là comme au 3 juillet, l'ennemi paraît avoir été forcé de faire appel à ses dernières ressources. De violentes contre-attaques, exécutées le 14, contre l'aile droite et le centre sur la cote 76 et la ferme du bois Labé, ne réussirent pas à reprendre nos gains. Ce même jour, notre aile gauche, juste à mi-chemin entre Combles et Rancourt, enleva la ferme le Priez.

Le combat du 12 bouscula complètement la ligne allemande. Du 12 au 14, 2141 prisonniers dont 30 officiers furent envoyés à l'arrière. Toutefois, l'ordre de bataille ne fut pas immédiatement modifié. Le 15, il était encore le même. Mais, dans les jours suivans, un remaniement considérable eut lieu. Les troupes qui étaient en ligne le 12 disparaissent complètement : non seulement la division de la Garde, la 53e de réserve, qui étaient déjà en voie de relève le 12, mais la 13e qui venait prendre les tranchées, s'éclipsent entièrement; la 54e ne laisse en ligne que le 248e régiment, qui ne tenait pas les tranchées le 12; le 245e et le 247e engagés ce jour-là sont retirés. A la place des unités disparues, on voit le XVIIIe corps actif, dont une division, la 25e, contient les Français à l'Est de Bouchavesnes, tandis que l'autre, la 21e, occupe la région de Rancourt. Mais surtout on voit apparaître au Nord de la Somme trois divisions de formation nouvelle, 212e, 213e et 214e, qui viennent d'être constituées du 5 au 10 septembre et qui sont identifiées à partir du 18.

Trois jours après l'offensive de la 6e armée française, c'est-à-dire le 15 septembre, les troupes britanniques, opérant à sa gauche, se portèrent à leur tour en avant. Voyons quelle était à ce moment la situation de nos alliés.

Vers le 10 septembre, les troupes britanniques avaient

réussi à s'établir par leur centre dans la deuxième position allemande, sur le grand plateau de partage, depuis Pozières jusqu'au bois des Foureaux, quoique celui-ci ne fût pas entièrement en leur possession. D'autre part, l'équerre que formait leur droite à la fin de juillet, avec Longueval comme sommet, s'était ouverte de façon à perdre tout caractère inquiétant. La pointe portée en avant était maintenant aux lisières du bois Delville, qui couvre Longueval, et le côté droit de l'angle, au lieu de se diriger vers le Sud, s'en allait vers l'Est-Sud-Est, par Ginchy et le bois de Leuze. Au Sud de ce point, les Français avaient pareillement poussé leur gauche en avant et tenaient la ligne bois Douage (inclus), Cléry (inclus). Grâce à cet élargissement, il était possible de penser, sur le front de cette aile droite raffermie, à d'autres opérations.

En effet, il restait à cette aile droite à s'élever à son tour maintenant sur le faîte principal du partage. Ce faîte, après le bois des Foureaux, continue vers l'Est, par la cote 154, pendant une lieue. De Ginchy, où elles avaient leur pointe extrême vers le Nord-Est, les troupes britanniques voyaient à 2 kilomètres cette cote 154, comme une colline dominante qui barrait l'horizon, et au delà de laquelle se trouvent cachés Les Bœufs au Nord-Est, Morval à l'Est.

L'extrême droite anglaise, au bois de Leuze, et faisant face au village de Morval, en était séparée par la tête d'un ravin profond, flanqué de toutes parts par l'ennemi et barré lui-même un peu plus bas par la petite ville de Combles. De l'autre côté du ravin de Combles commençait le secteur français; là, l'extrême gauche de l'armée Fayolle marchait en direction de Sailly-Saillisel, par une sorte de défilé entre le ravin de Combles et le bois de Saint-Pierre-Vaast. Ainsi la droite britannique marchant sur Morval et la gauche française marchant sur Sailly-Saillisel débordaient Combles de part et d'autre. Les commandans anglais et français étaient tombés d'accord qu'il n'était pas nécessaire d'attaquer directement cette ville et que les progrès à gauche et à droite la rendraient intenable à l'ennemi. Il est d'ailleurs évident que les opérations des deux armées devaient être intimement liées. « Pour combattre dans de telles conditions, écrit sir Douglas Haig, l'unité de commandement est ordinairement essentielle, mais en ce cas l'amitié cordiale *(the cordial good feeling)* des armées alliées et le sérieux désir qu'avait chacune d'aider l'autre ont fait le même office et écarté toutes les difficultés. »

A la gauche britannique, d'autre part, c'étaient toujours les défenses de la ligne allemande originale qui arrêtaient l'armée du général Gough. Les ordres du 3 juillet donnaient à celui-ci le rôle de pivot de manœuvre, et ne lui prescrivaient qu'une avance lente et méthodique. Ce programme avait été réalisé avec beaucoup d'habileté et d'endurance, mais le temps approchait où la prise de Thiepval allait devenir indispensable. Déjà les troupes britanniques étaient à l'Est au contact de la ferme du Mouquet, qui restait aux Allemands. Tournant de là au Sud-Ouest, la ligne traversait une large vallée interdite par un ouvrage nommé le Wonderwork, qui fut brillamment enlevé le 14 septembre. Puis, en continuant vers la gauche, le front anglais enveloppait Thiepval par le Sud et par l'Ouest.

C'est dans ces conditions que se prépara la grande attaque du 15 septembre. Le plan de sir Douglas Haig était d'attaquer par sa droite, entre le bois des Foureaux et Morval. Si cette attaque réussissait, on l'étendrait à gauche sur le front Courcelette-Martinpuich. La préparation commença le 12. La dernière phase commença le 15 à six heures du matin. A six heures vingt, l'assaut fut donné. C'était un joli matin, avec la brume blanche d'automne posée sur le terrain. Les avions anglais, que le soleil faisait étinceler, tournaient au-dessus de la bataille, environnés des bouquets blancs des shrapnells. Les uns donnaient la chasse aux avions ennemis, dont quinze furent détruits et neuf contraints à s'abattre. D'autres descendaient à petite portée sur les lignes allemandes, mitraillaient les fantassins dans les tranchées et les artilleurs à leurs pièces. D'autres enfin renseignaient le commandement. La maîtrise de l'air par les Alliés pendant la bataille de la Somme est un trait caractéristique. Ce n'est guère qu'à la fin de septembre que les Allemands rétablirent l'équilibre. Les tanks apparaissaient pour la première fois et l'effet de surprise contribua à la victoire. On connaît le curieux aspect de cette machine, qui a la forme d'un ressort de voiture. L'avant, en cuiller comme celui des bateaux, porte un éperon. Un armement à bâbord, un autre à tribord, donne des feux latéraux, tandis qu'un troisième permet de tirer devant soi. Le système de propulsion est celui des chenilles qu'on emploie en Amérique aux défrichemens. Une extrême adhérence au sol permet de descendre et de remonter les pentes les plus abruptes. Les mouvemens latéraux ne sont pas moins aisés, et la machine tourne exactement sur elle-même. Elle tranche les arbres comme de la paille, défonce les murs, descend dans les entonnoirs de mines, en sort, et passe sur les tranchées en lançant par les deux flancs des feux d'enfilade. Elle passe, invulnérable, à l'allure du trot, au milieu des défenses. Elle arrache les réseaux et va écraser les mitrailleuses sur place.

A huit heures quarante, au centre du front d'attaque, les tanks entraient dans Flers, suivis par les troupes. A dix heures, celles-ci attaquaient la sortie Nord du village; à midi, elles occupaient les tranchées allemandes établies au delà. Plus à droite, au Nord-Est de Ginchy, elles conquéraient le plateau 154 et arrivaient au contact de la forte ligne Morval-Les Bœufs-Gueudecourt. Plus à gauche, au contraire, elles enlevaient enfin le bois des Foureaux. La principale défense de ce bois était, à son angle oriental, un large cratère de mine, organisé en forteresse. D'autre part, le bois culmine à sa lisière Nord. Les Allemands pouvaient donc, du Nord et de l'Est, le balayer de feux de mitrailleuses. Les troupes britanniques prirent le parti de l'envelopper à gauche et à droite, en se frayant un chemin à travers les trous d'obus et les petits élémens de tranchées qui parsemaient la plaine. Les tanks attaquèrent le fort de la corne Est. Une fois le bois enveloppé, le nettoyage commença par le bas. Sir Douglas Haig pouvait dès lors, comme il l'avait prévu, étendre l'attaque sur la gauche de ce front, et aborder Courcelette et Martinpuich. Ces deux villages furent emportés avant la fin du jour.

A Martinpuich, derrière les premières tranchées allemandes, d'autres tranchées, combinées avec des trous d'obus organisés, formaient un réseau inextricable. Les tanks y passèrent sans difficulté. Un commandant de bataillon, terrifié, se rendit au monstre lui-même et fut ramené comme passager. L'infanterie ainsi précédée arriva sans peine au village; mais l'ennemi avait organisé les ruines, qui ne furent emportées qu'après un combat acharné. A Courcelette, les Allemands avaient eux-mêmes attaqué deux heures avant l'attaque anglaise, et ils avaient pénétré dans les lignes de nos alliés, où ils se trouvèrent débordés par l'assaut, tués ou pris. Devant le village il y avait deux tranchées très fortes, où deux vagues anglaises se brisèrent. La troisième les emporta et arriva aux lisières à six heures du soir. La prise du village n'était pas prévue pour ce jour-là; mais les hommes demandèrent à l'attaquer, et, à huit heures du soir, Courcelette était pris.

Enfin, le 18, à l'extrême droite, un ouvrage nommé le Quadrilatère, établi sur la route de Ginchy à Morval et qui interdisait l'avance vers ce dernier village, cédait à son tour.

Le combat du 15 septembre, donnant à l'armée britannique trois villages et un progrès de 2 kilomètres sur un front de 10, réalise le plus grand progrès qui ait été fait en un seul jour dans tout le cours de la bataille. Il donna à lui seul 4 000 prisonniers, dont 127 officiers.

Ainsi la 6e armée française, au centre de la ligne de bataille, avait attaqué le 12; la 4e armée britannique, à sa gauche, avait attaqué le 15; la 10e armée française, formant l'aile droite du dispositif, attaqua à son tour le 17. Nous avons vu qu'elle formait autour des positions allemandes, de Berny à Chaulnes, une équerre qui les enveloppait. Les Français enlevèrent par leur aile droite Vermandovillers, village qui jusqu'ici était partagé entre les deux adversaires; par leur aile gauche, ils enlevèrent Berny. Ils se rendaient ainsi maîtres de deux têtes de vallon importantes qui descendent à l'Est et au Sud-Est, tandis qu'ils cernaient le plateau intermédiaire.

Le 20, l'ennemi monta une grande contre-attaque sur le saillant que la 6e armée faisait à la suite de ses progrès du 12 et du 13. Ce saillant avait trois faces : l'une à gauche, regardant le Nord-Est, de Combles à Rancourt; la seconde au centre, regardant au Sud-Est, de Bouchavesnes à la Somme par la cote 76. Depuis le 13, l'ennemi avait porté ses efforts sur la face droite, par où il pouvait espérer de grands résultats, et couper le saillant aux racines. N'obtenant rien, il attaqua le 20 sur le centre du saillant, où l'œuvre était plus facile. En effet, tandis que les Français, sur cette ligne avancée, n'avaient pas de flanquement, les Allemands pouvaient les tirer du Nord (bois de Saint-Pierre-Vaast) et du Sud (mont Saint-Quentin), en même temps qu'ils les attaquaient de l'Est. Cette disposition concentrique des feux ennemis était encore favorisée par la disposition des hauteurs. En effet, les positions allemandes formaient autour des Français un véritable demi-cercle de collines dominantes. L'ennemi mit en ligne deux divisions : la 21e, à droite (Nord), de Rancourt à Bouchavesnes; la 25e, à gauche, de Bouchavesnes à la ferme du bois Labé. La 21e division avait deux régimens accolés, ayant chacun deux bataillons en première ligne, en place depuis le 16. Le troisième régiment était en réserve à 10 kilomètres en arrière, à Hurlu. La 25e division avait ses trois régimens accolés, mais sur un front plus étroit; le 117e n'avait qu'un bataillon en ligne, qui avait pris place dans les tranchées de départ pendant la nuit du 18 au 19; le 116e avait deux bataillons en ligne, dont un arriva aux tranchées de départ dans la nuit du 19 au 20; le 115e ne prit pas part à l'attaque; il resta sur la défensive, avec un bataillon en première ligne et deux en réserve.

L'assaut échoua. A la gauche française, dans le secteur de la ferme le Priez, l'ennemi se massait hors des vues, derrière une crête, dont la ferme, tenue par les Français, occupe le revers Sud. Quatre vagues d'assaut, lancées de là, se firent hacher et refluèrent derrière la crête d'où elles étaient parties. Au centre, sur Bouchavesnes, l'ennemi, qui attaquait depuis neuf heures du matin, put prendre pied, vers une heure de l'après-midi, dans les pans de murs, restes des maisons de la lisière Nord-Est. Il en fut rejeté à la baïonnette. L'ennemi ne fit point appel à ses bataillons disponibles. Il ne porta en avant qu'un bataillon du 37e régiment, faisant partie de la réserve du XVIIIe corps, et qui vint de Hurlu étayer la 21e division. Il est vraisemblable qu'il ne voulut pas engager ses dernières forces. Cette hypothèse semble confirmée par ce fait que, le 24, les bataillons qui avaient combattu le 20 n'étaient pas encore relevés.

Or, le lendemain 25, la ligne alliée s'ébranlait de nouveau sur une étendue comprenant toute la droite britannique; de Martinpuich au ravin de Combles, et la gauche française du ravin de Combles à la Somme, soit 18 kilomètres de front. L'objectif des troupes britanniques était d'enlever l'éperon au Nord de Flers et les trois villages Gueudecourt, les Bœufs et Morval, formant une ligne de défense devant laquelle on était arrivé le 15 à distance d'assaut. A la fin de la journée, tous les objectifs étaient atteints, sauf à Gueudecourt, où l'on se trouvait en présence de la quatrième position de l'ennemi, et qui ne fut pris que le lendemain.

Les troupes françaises avaient pour premier objectif Rancourt et Frégicourt, formant la première ligne de défense allemande. En arrière de ces deux villages, une seconde ligne était constituée à contre-pente depuis la corne Ouest du bois de Saint-Pierre-Vaast jusqu'à l'Ouest de Morval par le bois de la Haie. Cette ligne s'appelait dans sa partie droite (Ouest) tranchée de Prilep, dans sa partie gauche (Est) tranchée des Portes de fer. L'ennemi avait en ligne, entre Combles et Rancourt, la 213e et la 214e division ; plus loin, entre Rancourt et l'Est de Bouchavesnes, les deux divisions du XVIIIe corps, la 21e et la 25e, que nous avons vues combattre le 20, étaient encore en ligne, la 21e étant en pleine relève; enfin plus au Sud de la route Péronne-Bapaume à la Somme, le front était tenu par la 212e division et un régiment de la 28e.

Le 25 au matin, d'après un récit officiel, la 42e division, commandée par le général Deville, et qui formait le centre de l'attaque se jeta sur Rancourt, et en enleva les trois quarts d'un élan. A gauche, la division Fontclare arriva jusqu'aux abords de Frégicourt; mais elle ne put aborder le hameau, flanqué du Nord par les feux de Morval. A droite, une autre division fut moins heureuse et se trouva arrêtée par des mitrailleuses et des tirailleurs essaimés dans des trous d'obus et dans des emplacemens abandonnés de batteries, sur les pentes qui descendent vers le bois de Saint-Pierre-Vaast. Le 26, les Anglais ayant enlevé Morval dans la nuit, la division Fontclare enlevait à son tour Frégicourt et poussait jusqu'au bois de la Haie ; la division Deville débouchait de Rancourt, et atteignait la corne Nord-Ouest du bois de Saint-Pierre-Vaast.

La prise de Morval par l'armée britannique et celle de la ligne Frégicourt-Rancourt par l'armée française réalisaient l'enveloppement de Combles, où les Alliés entrèrent à la fois le 26 septembre, les Anglais par le Nord, les Français par le Sud. Les Allemands, sentant le péril, avaient donné dans la nuit l'ordre d'évacuer ce bourg. Cependant une compagnie qui occupait la lisière Sud reçut l'ordre de retraite trop tard. Elle vint successivement se heurter aux Français sur le chemin de Frégicourt, aux Anglais sur le chemin Morval, rentra dans Combles et y fut prise.

La prise de Combles détermina sir Douglas Haig à reporter

maintenant les opérations à sa gauche, et lui fit juger que le temps était venu pour l'armée Gough d'emporter le plateau de Thiepval, c'est-à-dire le puissant système formé par ce village, la ferme du Mouquet et les trois grandes redoutes Zollern, Stuff et Schwaben. L'assaut fut donné le 26, avant que l'ennemi ait eu le temps de se remettre du coup reçu à l'autre aile le 25. A la droite, la ferme du Mouquet et la redoute Zollern, située en arrière, furent enlevées. A la gauche, le village de Thiepval fut pris le 27. Restaient, sur la partie Nord du plateau, les deux fortes redoutes Schwaben à gauche (route Thiepval-Grandcourt) et Stuff à droite. Dès le 27, la tranchée qui les reliait était emportée ainsi que les faces Sud et Ouest de la redoute Stuff et la face Sud de la redoute Schwaben; mais l'ennemi se cramponna à ses défenses sur les pentes Nord du plateau qui descendent vers l'Ancre.

Cette double victoire aux ailes, en amenant les armées britanniques par leur gauche au Nord de Courcelette et par leur droite au delà de Gueudecourt, obligea le centre allemand à se replier à son tour sur la ligne de Sars-Eaucourt-l'Abbaye. Le 27, nos alliés purent se porter en avant dans ce secteur sur une profondeur de 500 à 600 mètres sans rencontrer de résistance sérieuse. Le 29 septembre, la ferme Destremont, position avancée devant le Sars, était prise, et ce village était enlevé le 7 octobre; Eaucourt-l'Abbaye avait été emporté le 3. Dans cette même journée du 7, la droite britannique avait également progressé, enlevé les tranchées ennemies sur un front de 2 kilomètres, et pris pied sur le dernier éperon qui masque le Transloy.

La journée du 26 donnait aux Alliés deux avantages importans : d'une part, la position de Combles, qui s'intercalait entre la droite britannique et la gauche française, se trouvait prise, et rien ne gênait plus la liaison des armées alliées; — d'autre part, la position de Thiepval, incrustée dans le flanc gauche des armées britanniques, ayant sauté, celles-ci se trouvaient libres de leurs mouvemens, comme un organisme débarrassé d'un kyste.

Considérons maintenant ce grand faîte de partage entre la Somme et les eaux belges, ce faîte où, au début de septembre, les Anglais étaient seulement établis par leur centre. Au début d'octobre, les Allemands en étaient entièrement chassés à l'exception des dernières pentes Nord du plateau de Thiepval, d'où ils ne seront expulsés que par le combat du 13 novembre sur l'Ancre, — et à l'exception sur la droite, devant les Français, des positions de Sailly-Saillisel, qui ne furent prises par les Français qu'au milieu d'octobre.

X

Quelles ont été les conséquences de la bataille de la Somme de 1916? Au point de vue tactique, il faut distinguer le secteur au Nord et le secteur au Sud de la Somme. Dans le secteur Nord, les combats de juillet à octobre ont donné aux Alliés la totalité du grand faîte de partage qui était l'objectif indiqué par le rapport de sir Douglas Haig. Du haut de ce faîte, ils sont descendus à gauche vers l'Ancre; à droite, ils n'ont pas réussi à menacer directement la Tortille; mais dans l'espace de trois kilomètres environ de Bapaume, forteresse naturelle dont ils ont atteint le glacis, l'ennemi gardait la contrescarpe, le fossé et le noyau.

Cette situation resterait très forte, si les troupes britanniques devant l'Ancre n'avaient été en mesure de tourner cette défense en la prenant à revers par la rive Nord. C'est ce qui est arrivé le 15 novembre, où, sur cette rive, nos alliés ont fait tomber la forte position de Beaumont-Hamel. Dès lors, le système Ancre-Bapaume-Tortille, découvert sur sa droite, devenait vulnérable, et l'ennemi se décidait à l'évacuer en février 1917.

Au Sud de la Somme, les Français, comme nous l'avons vu, tournaient dans une sorte de manège fermé, limité par cette rivière, où, partis d'un front face à l'Est, ils étaient arrivés à faire un front face au Sud-Est entre Biaches et Chaulnes. Si limité que fût le terrain, ce progrès suffisait à donner aux Allemands qui tenaient la ligne Roye-Noyon des inquiétudes pour leur flanc droit. Ils l'ont assez montré en évacuant ultérieurement cette ligne.

Mais il ne faut pas considérer seulement les résultats d'ordre tactique. Quelles ont été les pertes allemandes sur la Somme? — Les trophées britanniques, du 1er juillet au 18 novembre 1916, sont : 38 000 prisonniers, dont plus de 800 officiers, 29 canons lourds, 96 canons et obusiers de campagne, 136 mortiers de tranchée, et 514 mitrailleuses.

Les pertes allemandes sont calculées d'après les listes publiées par l'ennemi lui-même : du 1er juillet au 15 septembre, il a engagé 600 bataillons; 517 seulement figurent sur ces listes; de plus, le nombre des blessés, que l'expérience fixe à 4 pour 1 mort, y est certainement trop faible; enfin les hommes morts de maladie ne figurent pas.

Prenons cependant pour base le nombre des morts avoués. Du 1er juillet au 15 septembre, l'ennemi avoue 85 521 tués ou disparus, et 13 921 prisonniers. Le chiffre vrai des prisonniers est de 55 800, soit 41 879 de plus que l'ennemi n'en avoue. Ces 41 879 doivent être comptés sur les 85 521 tués ou disparus. Restent donc 43 642 morts authentiques.

Ce nombre de morts, multiplié par quatre, donne le nombre des blessés; soit 174 568. Le total des morts (43 642), blessés (174 568) et prisonniers (55 000) donne le chiffre des pertes figurant aux listes ennemies, soit 274 010 hommes, pour 517 bataillons. Extrapolons pour avoir le chiffre des pertes des 600 bataillons, réellement engagés, soit environ un sixième en plus, ou 319 680 hommes.

Voilà les pertes avouées jusqu'à la mi-septembre. Depuis lors, d'autres listes ont étendu nos connaissances jusqu'à la fin du mois. Sur le front britannique 330 bataillons engagés une fois ont perdu 45 pour 100 de leur effectif, soit 140 722 hommes; 14 divisions engagées également une fois ont perdu 50 pour 100; 4 divisions engagées deux fois ont perdu plus de 60 pour 100; 34 bataillons, au mois de décembre, n'avaient pas encore publié leurs pertes. Sur le front français, 326 bataillons ont perdu 45 pour 100, soit 139 388 hommes; 10 divisions engagées une fois ont perdu 50 pour 100; 3 divisions engagées deux fois ont perdu plus de 60 pour 100; 39 bataillons en décembre n'avaient pas publié leurs pertes.

Ces chiffres avoués sont déjà effrayans. Ils font pour les trois premiers mois 330 000 hommes. Certaines unités ont été presque anéanties. En trois semaines, du 20 août au 7 septembre, la 18e division a perdu 8 443 hommes; en un mois, du 6 septembre au 1er octobre, la 11e division a perdu 8 498 hommes. En deux séjours, le 26e régiment (7e division) a presque perdu la totalité de son effectif, 2 975 hommes. En extrapolant des trois premiers mois aux deux derniers, on arrive, au 1er décembre, à une perte avouée de 550 000 hommes. En portant le chiffre des blessés à la proportion de 4 pour 1 mort, on est amené à l'augmenter de 140 000. On arrive donc à une perte totale sur la Somme, du 1er juillet au 1er décembre, de 700 000 hommes, sans compter les morts de maladie et les tués non avoués, dont le chiffre est hypothétique.

A la fin de son rapport, sir Douglas Haig indique ses conclusions. Il avait assigné trois buts à la bataille de la Somme : dégager Verdun, fixer l'ennemi sur le front occidental, et user sa force vive. Selon le commandant anglais, ces trois buts ont été atteints. En ce qui concerne Verdun, le fait n'est pas contestable. La fixation de l'ennemi sur le front occidental est également manifeste. « Le transfert des troupes d'Occident en Orient, qui avait commencé après l'offensive russe en juin, n'a duré que peu de temps après le commencement de l'offensive de la Somme. Par la suite, l'ennemi n'a renvoyé sur le front oriental, à une exception près, que des divisions épuisées par la bataille, et qui étaient toujours remplacées par des divisions fraîches. En novembre, le nombre des divisions ennemies sur le front occidental était plus considérable qu'en juillet, malgré l'abandon de l'offensive sur Verdun. » Enfin, en ce qui concerne l'affaiblissement de la force vive de l'ennemi, on ne peut douter « que ses pertes en hommes et en matériel aient été beaucoup plus considérables que celles des Alliés, tandis que la balance de l'avantage moral penche encore plus de notre côté. » Les quatre cinquièmes des divisions allemandes du front occidental ont été l'une après l'autre engagées sur la Somme, plusieurs deux fois, quelques-unes trois fois. Beaucoup ont très bien combattu, même dans les dernières affaires, « mais la résistance d'un nombre plus grand encore est devenue à la fin décidément plus faible qu'elle n'était dans les premières phases de la bataille. » Il y a donc détérioration certaine de la force de résistance de l'ennemi. — Chacun des trois buts, dit sir Douglas Haig, suffirait à justifier la bataille de la Somme. Qu'ils aient été atteints tous les trois, « c'est une noble compensation pour les splendides efforts de nos troupes et pour les sacrifices faits par nous et par nos Alliés. »

« La puissance de l'ennemi, dit-il en terminant, n'a pas encore été brisée, et il n'est pas encore possible d'estimer combien de temps la guerre durera avant que les objectifs pour lesquels les Alliés combattent soient atteints. Mais la bataille de la Somme a mis hors de doute que les Alliés fussent capables d'atteindre ces objectifs. L'armée allemande est le pilier de la défense des Puissances centrales, et une bonne moitié de cette armée, malgré l'avantage de la défensive appuyée sur les ouvrages les plus forts, a été battue sur la Somme cette année. Ni les vainqueurs, ni les vaincus ne l'oublieront, et, quoique le mauvais temps ait donné du répit à l'ennemi, il y a certainement dans ses rangs des milliers d'hommes qui commencent la nouvelle campagne avec peu de confiance dans leur capacité, soit de résister à nos assauts, soit de surmonter notre défense. »

Telle est la conclusion du commandant des forces britanniques. Le *Bulletin des Armées*, d'autre part, publiait le 27 septembre un récit des opérations du 1er juillet au 17 septembre, et il arrivait à la même conclusion. Il constatait l'ampleur du résultat tactique : 180 kilomètres de terrain conquis, soit 10 kilomètres de plus que les Allemands n'en avaient réellement conquis en six mois devant Verdun. Les seules armées françaises avaient fait 30 000 prisonniers non blessés. Mais il ne faut pas juger la bataille au terrain enlevé. L'objectif véritable n'est pas reportable sur la carte. C'est la destruction des forces vives de l'ennemi. Or, du 1er juillet au 17 septembre, les Allemands avaient « engagé dans la bataille de la Somme 67 divisions nouvelles et 17 bataillons, dont 34 divisions sur le front anglais et 33 divisions, plus 17 bataillons sur le front français, ce qui fait 310 bataillons contre les Anglais et 312 contre nous. » C'est la moitié des forces allemandes en France, qui sortaient de la lutte diminuées physiquement et moralement. Et la première bataille de la Somme a été ainsi un progrès de plus vers cette rupture définitive d'équilibre qui s'appelle la victoire.

HENRY BIDOU.

(A suivre.)

REVUE LITTÉRAIRE

CHATEAUBRIAND ET LES SAUVAGES (1).

Le 8 avril 1791, Chateaubriand s'embarquait à Saint-Malo, sur le *Saint-Pierre*, un brick de cent soixante tonneaux, capitaine Dujardin Pinte-de-Vin, pour l'Amérique. Il a raconté son odyssée dans le *Voyage en Amérique*, dans les *Mémoires d'outre-tombe;* il en parle dans l'*Essai sur les révolutions*, dans *Atala* et dans les *Natchez*. Enfin, quelques-unes de ses œuvres les plus belles et attrayantes sont nées de son aventure américaine; et quelques-uns des sentimens qu'il a rendus avec le plus de charme et qui n'ont pas fini d'alarmer les imaginations datent d'alors. A vingt-trois ans, il n'avait encore publié qu'une élégie, cet *Amour de la campagne*, qui parut, sous la signature du chevalier de C., dans l'*Almanach des muses* de l'année 1790. Et cette élégie n'est pas laide : mais on n'y devine pas du tout Chateaubriand. Il était à cette époque l'ami et rêvait aussi d'être l'émule de Fontanes et de Parny : Fontanes et Parny ont fait beaucoup plus joli et plus original que *l'Amour de la campagne*. Le génie de Chateaubriand ne s'est épanoui que tard et il avait pris ses premières forces dans la solitude américaine.

Le brick *Saint-Pierre* mena le voyageur à Baltimore. Et, si l'on s'en rapporte aux récits du voyageur, il faut dessiner ainsi son itinéraire : de Baltimore à Philadelphie et New-York; de New-York à

(1) *L'exotisme américain dans l'œuvre de Chateaubriand*, par M. Gilbert Chinard (librairie Hachette). Du même auteur, *L'exotisme américain dans la littérature française au XVIe siècle* et *L'Amérique et le rêve exotique dans la littérature française au XVIIe et au XVIIIe siècle* (même librairie).

Boston et retour à New-York ; de New-York à Albany et au Niagara ; exploration des lacs du Canada ; du lac Erié à Pittsburg sur l'Ohio ; descente de l'Ohio et du Mississipi jusqu'aux Natchez ; exploration de la Louisiane et des Florides ; voyage vers le Nord par Nashville, Knoxville, Salem, Chillicothe ; voyage de Chillicothe à Philadelphie. Et puis on lit, au dernier chapitre du *Voyage en Amérique* : « Revenu à Philadelphie, je m'y embarquai. Une tempête me poussa en dix-neuf jours sur la côte de France, où je fis un demi-naufrage entre les îles de Guernesey et d'Aurigny. Je pris terre au Havre. Au mois de juillet de 1792, j'émigrai avec mon frère. » Après cela, nous sommes tentés de croire que Chateaubriand se promena en Amérique depuis le mois d'avril 1791 jusqu'au mois de juillet 1792. Or, en quinze mois, il avait, dit-on, le temps de parcourir les régions qu'il a si admirablement décrites. Mais il n'est pas resté quinze mois en Amérique.

La traversée de Saint-Malo à Baltimore fut très longue. M. Victor Giraud, à qui l'on doit de si remarquables études sur Chateaubriand, a retrouvé les mémoires d'un certain abbé de Mondésir, qui était à bord du *Saint-Pierre* et qui assure que la traversée dura cent quatre jours : il se trompe de onze jours. Mais le *Saint-Pierre* amenait à Baltimore les fondateurs d'un séminaire, où fut conservée la date de l'arrivée du *Saint-Pierre* : le 10 juillet. Et les quinze mois du séjour américain se réduisent à douze mois. Secondement, Chateaubriand n'est pas parti pour l'émigration au lendemain de sa rentrée en France, comme le donnerait à penser cette phrase, que je citais, du *Voyage en Amérique*. Avant de rejoindre l'armée des Princes, il hésita longtemps et même baguenauda. Il avait quitté Philadelphie le 10 décembre 1791 : ce n'est pas quinze mois, mais cinq mois très exactement, qu'il a passés en Amérique. Voilà ce dont s'aperçut M. Joseph Bédier, qui, dans ses *Études critiques*, pose la question de savoir ce qu'a pu faire Chateaubriand de la magnifique tournée dont il se vante.

Il n'a pas pu la faire toute, en cinq mois. Cependant, il allait vite. Plus tard, en Grèce, à l'époque où il découvrait d'un clin d'œil les ruines de Sparte, qui d'ailleurs étaient connues déjà, mais non de lui, un Italien du nom d'Avramiotti le rencontra et le vit à sa besogne d'explorateur et d'archéologue. Avramiotti lui parle d'Argos et des travaux de M. Fauvel. Il le conduit au château d'Argos et voudrait le convaincre d'examiner les pierres, les inscriptions ; Chateaubriand répond que « la nature ne l'a point fait pour ces études serviles, qu'il lui suffit d'une hauteur pour s'y rappeler les riantes fictions de la Fable et les souvenirs de l'histoire. » Avramiotti déplore une telle rapidité : « Voilà pourquoi, volant sur les cimes de l'Olympe et du Pinde, il place à son gré les villes, les temples et les édifices. » Avramiotti a raison ; mais Chateaubriand se fie à son génie et n'a pas tort. Les *Notes critiques* d'Avramiotti sont ennuyeuses : l'*Itinéraire*, si beau, est amusant. Mais, tout en voyageant avec génie, Chateaubriand devait compter, en Amérique, avec les difficultés de la route. M. Bédier prouve que Chateaubriand fit une heureuse excursion de Baltimore au Niagara, en passant par Philadelphie, New-York, Boston et Albany. Pour les régions qu'il n'a pas visitées et qu'il a décrites magnifiquement, l'auteur du *Voyage en Amérique* a utilisé les livres des voyageurs : le jésuite François-Xavier de Charlevoix, William Bartram, Jonathan Carver, Le Page du Pratz et Bonnet ; M. Dick ajoute un Italien, Beltrami.

Ces résultats d'une critique honnête et sûre semblaient acquis. Un professeur à l'Université de Californie, M. Gilbert Chinard, s'est avisé de les contrôler à son tour. Il vient de publier un savant ouvrage, *L'exotisme américain dans l'œuvre de Chateaubriand :* très savant ouvrage et d'une agréable lecture. Dès la première page, il montre de la mauvaise humeur et de l'indignation vive contre les commentateurs que les remarques de M. Bédier d'abord et celles de M. Dick ont persuadés. Alors, on s'attend qu'il démontre que Chateaubriand fit tout le voyage, descendit l'Ohio et le Mississipi jusqu'aux Natchez, explora la Louisiane et les Florides. Pas du tout ! « Quels que fussent les moyens de transport dont disposait Chateaubriand, il n'a pu faire le voyage... » Le voyage de la Louisiane et des Florides... M. Chinard, avec une excellente méthode, a examiné l'itinéraire et, pour ainsi dire, l'horaire des autres voyageurs : il n'en a pas trouvé un seul qui ait franchi cette distance dans le temps où il faudrait que Chateaubriand l'eût franchie pour prendre à Philadelphie le bateau dès le 10 décembre. Et supposons, dit-il, que Chateaubriand n'ait pas perdu un jour, afin de réparer sa pirogue, afin de reposer son cheval, afin de se reposer ; admettons qu'il ait traversé sans nul incident ce pays tout hanté de pillards ; dispensons-le des hasards, des orages, des aventures ; admirons avec joie qu'il n'ait point laissé sa vie dans une entreprise folle et impossible : nous n'avons pas résolu le problème. Une difficulté subsiste ; et c'est M. Chinard qui l'a signalée. Dans les quatre ou cinq années qui ont précédé le séjour de Chateaubriand en Amérique, la région de l'Ohio avait subi maintes tribulations. Les Indiens se préparaient à la révolte. « Poussés par les Anglais et les Espagnols, les indigènes postés sur les bords du fleuve harcelaient les bateaux qui tentaient la descente, massacraient les fermiers dans les champs et saccageaient les plantations.... Ne retenons que les faits principaux : le moins que l'on puisse dire, c'est qu'à cette date, ç'aurait été folie à un Européen de s'aventurer sans une véritable armée à l'Ouest du fort Washington, dans une contrée où les Indiens étaient en pleine révolte... » Chateaubriand ne craint absolument rien ni personne? Bien! Mais, d'habitude, les dangers qu'il méprise, il ne les cache pas. En outre, il n'a rien vu, dans la région de l'Ohio, de ce qu'on y voyait en 1791 à l'automne. Il n'a pas vu cette colonie française du Scioto, à laquelle appartenait le protecteur et l'ami de son ami Fontanes, le vieux marquis un peu toqué de Lezay-Marnésia, tout à côté des « fameuses ruines qu'il prétend avoir visitées ; » il n'a pas vu « ces malheureux colons français, doreurs, carrossiers et perruquiers transportés brusquement dans le désert et qui, la cognée à la main, luttaient héroïquement contre la forêt; » il n'a pas vu cette ville de Marietta, fondée l'an 1787 en l'honneur de Marie-Antoinette. Il a vu, il prétend avoir vu, en 1791, l'Ohio de 1785. Pourquoi ? C'est M. Chinard qui nous l'apprend.

Chateaubriand n'a point visité la région de l'Ohio. Mais il l'a décrite : et, pour la décrire, il a emprunté les récits d'un voyageur anglais, Gilbert Imlay. Or, la *Description topographique* de Gilbert Imlay parut à Londres en 1792 ; mais Imlay avait parcouru la région de l'Ohio en 1785 : et voilà pourquoi Chateaubriand décrit pareillement l'Ohio de 1785.

Bref, aux sources qu'avait découvertes M. Bédier, nous ajouterons, sur le témoignage de M. Gilbert Chinard, le livre de Gilbert Imlay. Et laissons Beltrami, puisqu'il paraît que, sur divers points, M. Dick s'est trompé. La conclusion de M. Chinard ne dément pas la conclusion de M. Bédier. Plutôt, les travaux de M. Chinard confirment et complètent les travaux de M. Bédier : Chateaubriand, parti de Baltimore, a traversé le territoire de la Genesse ; il s'est promené « dans une région encore à demi sauvage et en tout cas très peu peuplée, » et il a vu le Niagara. Réduit à cela, son voyage lui donnait du loisir. Peut-être s'est-il attardé à New-York, à Boston ; peut-être est-il allé à Pittsburg et, sans trop s'éloigner, peut-être a-t-il fait, sur les bords de l'Ohio, « des excursions ou des parties de chasse. » M. Chinard, au bout du compte, nous engage à n'être pas dupes des hâbleries de cet explorateur. Il s'en tient à la réponse que fit Chateaubriand lui-même à

Rivarol chez le baron de Breteuil : « D'où vient votre frère le chevalier ? dit-il à mon frère. Je répondis : de Niagara. »

Mais alors, pourquoi M. Gabriel Chinard blâme-t-il les commentateurs qui ont dénoncé les hâbleries américaines de Chateaubriand ? Il réclame, pour Chateaubriand, plus de respect : sans aucun doute l'aurait-il obtenu, s'il avait eu l'occasion d'établir la vérité, non l'imposture, de ce *Voyage en Amérique.* Au surplus, reconnaissons-le : les études auxquelles ont donné lieu, depuis quelques années, la vie et l'œuvre de Chateaubriand ne laissent pas ce grand homme tel exactement qu'on se le figurait. Il n'a plus cette majesté imposante qui avait de la beauté, qui était un peu froide et qui écartait de lui la familiarité, mais aussi l'amitié. Joubert, qui l'aimait tendrement, l'appelait « ce bon garçon. » Le bon garçon ne se voyait pas, dans le personnage très solennel que la légende avait composé. Regrettez-vous sincèrement ce Chateaubriand majestueux et que vous n'aviez point envie de lire ? Vous l'admiriez et ne le lisiez pas : avouez-le. Il était devenu l'un de ces dieux incontestables, mais lointains, et qui n'ont pas d'infidèles, et qui n'ont plus de fidèles. Peut-être vérifierait-on que les années sont les mêmes, durant lesquelles l'auteur des *Martyrs* a été l'objet de la déférence la plus parfaite et la victime de l'abandon le plus injuste. Maintenant, on retourne à lui. Et il ne paraît plus impeccable. Ses histoires d'amour sont frivoles et nombreuses : il s'y montre ce qu'il était, égoïste, vaniteux, voluptueux et tendre ; pareil à d'autres, mais avec un éblouissant génie dans ses fautes comme dans son charme. Et ses histoires d'amour ne sont étrangères ni à son œuvre de poète ni à son activité politique : il a été lui-même tout entier, sans cesse, en tout ce qu'il a fait de bien, de mal, de surprenant, et en tout ce qu'il a rêvé comme en tout ce qu'il a écrit. Il avait de l'orgueil et de la coquetterie, le désir de plaire et de séduire. Il aimait les femmes et la gloire ; il a recherché l'assentiment de la postérité un peu comme celui d'une femme : et il a voulu être beau, mais il n'a pas désiré qu'on n'osât point toucher à lui. Et vous croyez qu'il se guindait : mais non, c'est vous qui le guindiez. Il y a du bon garçon, dans sa manière; approchez-vous de lui, et voyez-le sourire gentiment.

Ce qui manque aux anciens portraits de lui, qu'on feint de regretter, — et il y a du pharisaïsme dans ce regret, — c'est une vertu sans laquelle on n'est pas de chez nous, la bonhomie. Laissez-lui ses péchés ; rendez-les-lui, et son sourire.

Il a écrit, dans le *Génie du Christianisme :* « Les grands écrivains ont mis leur histoire dans leurs ouvrages. On ne peint bien que son propre cœur, en l'attribuant à un autre ; et la meilleure partie du génie se compose de souvenirs.... » Et il a écrit les *Mémoires d'outre-tombe*, afin que l'on connût les souvenirs qui lui avaient composé son génie, afin qu'on devinât son cœur tel qu'il l'a peint sous les apparences diverses de ses livres. Il n'éconduit pas votre familiarité. Puis, ce qu'il a inventé, c'est, dans la littérature et dans l'usage de la vie, une sensibilité nouvelle ; et, à cet égard, il a eu tant d'influence que, voilà soixante-dix ans qu'il est mort, et vous n'auriez aujourd'hui, en art et plus généralement au cours de vos journées, ni les mêmes goûts, ni une mélancolie pareille et enfin ni cette alarme de la pensée et de l'âme et des nerfs, s'il n'avait pas écrit. Nous n'avons pas de maître plus impérieux, parmi les écrivains d'hier, et dont l'enseignement continue de nous émouvoir. Il est permis de le juger.

Il est permis de savoir ce qu'il y avait en lui de meilleur, de démêler ce qu'il y avait en lui de moins raisonnable, et de l'admirer, de l'aimer aussi, avec discernement. Ce qu'il enseigne est une poésie : nous demanderons à d'autres un enseignement de réalité. Nous avons nos maîtres de sagesse et de vérité : il n'est pas l'un d'eux. Il enseigne d'autres délices.

Bref, il a fait un petit tour en Amérique. Et il a rapporté d'Amérique une « petite histoire » ou, du moins, le sujet, le ton, les couleurs et, pour ainsi parler, la musique d'une « petite histoire, » *Atala*, qu'il lut à Pauline de Beaumont plus tard et qui procurait à cette jeune femme « une sorte de frémissement d'amour » et lui « jouait du clavecin sur toutes ses fibres. » Mais il n'est point allé au pays des Natchez et il a emprunté à un voyageur plus hardi la description des rives de l'Ohio. « Qu'importe ? » s'écrie M. Gilbert Chinard. Il en a pourtant du chagrin : quand il a trouvé les « sources » de quelques pages où le génie de Chateaubriand s'appuie aux informations de Gilbert Imlay comme la vigne à l'ormeau, il confesse loyalement son « grand regret. » Et que nous importe, en effet? dira-t-on. Ces Charlevoix, Bartram, Carver, Imlay, voire ce Beltrami, qu'est-ce que c'est? Les marchands de couleurs chez qui se fournissait le grand peintre Chateaubriand ! Je ne dis pas non. Mais j'emprunte à M. Gilbert Chinard une très jolie anecdote, qu'il a racontée dans un précédent volume et qui est toute pleine de signification. L'an 1550, le roi Henri II et la reine Catherine de Médicis firent leur entrée en la ville de Rouen, métropole du pays de Normandie. Les « citoyens » de la ville de Rouen, pour un si « triomphant, joyeux et nouvel advenement » organisèrent une fête somptueuse. Les sauvages étaient récemment à la mode. Les Rouennais s'avisèrent d'installer, dans une prairie, hors des murs, un village brésilien. Les pommiers de Normandie furent pourvus de « fruits de diverses couleurs » et eurent à représenter la flore des tropiques. Pour la faune, on trouva quelques oiseaux rares et « des guennonez, marmotes et sagouinz ; » mais la merveille, c'étaient « trois cens hommes tout nuds, hallez et hérissonnez : » des sauvages. Il paraît que « l'œil du Roy fut joyeusement content ; » et l'œil de la Reine aussi. Les sauvages brésiliens s'étaient bâti des huttes, et travaillaient selon l'usage de leur lointain pays, et fumaient leurs pipes étranges. Sur le fleuve, se balançait un navire, où l'on voyait un bel équipage « vêtu de sautembarques et bragues de satin my-partis de blanc et de noir, autres de blanc et verd. » Et ce galant costume était une erreur gracieuse. Quant à ces trois cents hommes tout nus, les sauvages et le principal attrait de la fête, ils n'appartenaient pas tous à la même tribu : cinquante méritaient le nom de « naturels sauvages freschement apportez du pays ; » les autres, les deux cent cinquante autres, étaient bel et bien des matelots français « façonnez, habillez et équipez à la mode des sauvages d'Amérique, » — hélas ! — « mais, ayans fréquenté le pays, ils parlaient le langage et exprimaient si nayvement les gestes et façons de faire des sauvages comme si fussent natifs des mesmes pays. » Voilà les débuts de l'exotisme : et l'on y observe déjà ce mélange du vrai et du faux, qui est l'un de ses caractères et qu'il n'a point perdus. Il y a presque toujours, dans la peinture et dans la littérature exotiques, de la vérité, puis de l'imitation. C'est un art qui se prête à la supercherie. L'on ajoute, aux cinquante « naturels sauvages, » les deux cent cinquante figurans nécessaires que l'on n'a pu se procurer là-bas. Et l'on ajoute aussi, pour égayer un spectacle qui serait affreux, la caravelle où se joue un équipage habillé de satin. Chateaubriand ne s'est pas dispensé de ces coutumes : il a mis du satin dans le désert ; et, les sauvages qui lui manquaient, il les a pris au bout du compte où il les trouvait, chez Imlay, Charlevoix, Bartram et Carver.

Et, s'il se trompe, en quelques endroits, ce n'est pas sa faute, dit M. Chinard. S'il a « transporté sur les bords du Mississipi quelques plantes qui ne poussent qu'en Floride, comme le *pistia stratiotes,* » veuillez ne pas le lui reprocher : il n'avait pas vu le Mississipi ! Du moins a-t-il cherché ses documens « chez les auteurs qui, de son temps, faisaient autorité : » ces auteurs l'ont mal informé ? c'est à eux qu'il faut le reprocher. Ce que Chateaubriand n'avait pas vu, ce qui s'appelle voir, il l'avait lu. Et c'est, en somme, ce qu'on disait avant M. Chinard : c'est ce que dit M. Chinard à son tour, en le sachant mieux que personne. Mais on accuse Chateaubriand de « plagiats. » Cela fâche M. Chinard, et à bon droit. Le mot n'est pas juste. Quand Chateaubriand préparait le *Génie du Christianisme*, dans la solitude amoureuse de Savigny, auprès de Pauline de Beaumont, il lisait et il dépouillait nombre de volumes, les *Lettres édifiantes*, l'*Histoire de la Nouvelle France*, l'*Histoire ecclésiastique*, Montfaucon, les huit tomes des *Moines;* ou bien, il priait son amie de les lire et de les dépouiller pour lui. Elle, ces livres l'ennuyaient; et elle n'en tirait que du fatras. Elle donnait à René ce fatras : et René en tirait l'or de sa poésie. « Il y a là, écrit-elle, une sorte de miracle!... » Et elle appelait René l'Enchanteur. Examinez pareillement les pages de Charlevoix, de Bartram, de Carver et d'Imlay que Chateaubriand a lues et utilisées : ce n'est rien. Bartram a décrit soigneusement une mousse, *tillandsea usnoïdes,* qu'on voit aux arbres dans la région des tropiques : « Il est fréquent de voir presque tous les intervalles entre les branches d'un grand arbre entièrement remplis par cette plante ; le vent agite de longues traînes d'une longueur de quinze ou vingt pieds, suspendues aux branches inférieures, d'une masse et d'un poids tels que plusieurs hommes ne pourraient les soulever... » Les cèdres, dit Bartram, en sont comme vêtus : « Ce qui ajoute à la splendeur de leur apparence, ce sont de longues traînes de mousses qui pendent de leurs branches et flottent au vent... » Chateaubriand, qui n'a peut-être pas vu ces mousses, mais qui a lu Bartram, écrit : « Presque tous les arbres de la Floride, en particulier le cèdre et le chêne vert, sont couverts d'une espèce de mousse blanche qui descend de leurs rameaux jusqu'à terre. Quand, la nuit, au clair de la lune, vous apercevez sur la nudité d'une savane une yeuse isolée revêtue de cette espèce de draperie, vous croiriez voir un fantôme, traînant après lui ses longs voiles. » Tous les détails, c'est Bartram qui les a notés ; mais, de tous les détails, c'est Chateaubriand qui a fait une image : et l'enchantement, le voilà. Chateaubriand n'a besoin de personne, — et qui donc l'y aurait aidé? — pour écrire : « La nuit était délectable. Le génie des airs secouait sa chevelure bleue tout embaumée de la senteur des pins et de la faible odeur d'ambre qu'exhalaient les crocodiles couchés sous les tamarins des fleuves. La lune brillait au milieu d'un azur sans tache et sa lumière gris perle flottait sur la cime indéterminée des forêts. Aucun bruit ne se faisait entendre, hors je ne sais quelle harmonie lointaine qui régnait dans la profondeur des bois : on eût dit que l'âme de la solitude soupirait dans toute l'étendue du désert. » Il n'y a pas de phrases plus belles, vastes, silencieuses. Après les avoir relues, on est tenté de conclure, avec M. Chinard : que Chateaubriand ait vu le Mississipi ou ne l'ait pas vu, qu'importe ?...

Cependant, lorsque l'Enchanteur préparait le *Génie du Christianisme* et demandait beaucoup de livres, Joubert écrivait à Pauline de Beaumont : « Dites-lui qu'il en fait trop ; que le public se souciera fort peu de ses citations, mais beaucoup de ses pensées ; que c'est plus de son génie que de son savoir qu'on est curieux... Écrivain en prose, M. de Chateaubriand ne ressemble point aux autres prosateurs : par la puissance de sa pensée et de ses mots, sa prose est de la musique et des vers. Qu'il fasse son métier : qu'il nous enchante. Il rompt trop souvent les cercles tracés par sa magie ; il y laisse entrer des voix qui n'ont rien de surhumain, et qui ne sont bonnes qu'à rompre le charme et à mettre en fuite les prestiges... » Cette justesse que Joubert avait jusqu'au génie rend ces lignes admirables et charmantes. Mais Chateaubriand, à qui Pauline de Beaumont lisait les conseils de Joubert, s'écriait : « C'est le meilleur, le plus aimable, le plus étonnant des hommes ! » Et il riait. Et, sur l'avis de Joubert, il supprimait volontiers quelques citations : il ne les supprimait pas toutes ; puis, il en ajoutait. Et c'est ainsi que le *Génie du Christianisme*, avec tant de beautés adorables, devint un ouvrage encombré. Le *Voyage en Amérique* est encombré. Tous ses livres sont encombrés. Et Joubert insistait : « Dites-lui de remplir son sort et d'agir selon son instinct. Qu'il file la soie de son sein ; qu'il pétrisse son propre miel ; qu'il chante son propre ramage. Il a son arbre, sa ruche et son trou : qu'a-t-il besoin d'appeler là tant de ressources étrangères ? » La vérité dont Joubert l'avertissait d'une si exquise manière, Chateaubriand l'a méconnue. Pourquoi ? C'est que son désir n'était pas seulement de composer de beaux livres et d'être le poète qu'il était. Il avait d'autres ambitions. Plus tard, ce fut la politique ; et il disait alors : « Dante, Arioste et Milton n'ont-ils pas aussi bien réussi en politique qu'en poésie ?... Je ne suis, sans doute, ni Dante, ni Arioste, ni Milton ; l'Europe et la France ont vu néanmoins, par le congrès de Vérone, ce que je pouvais faire. » Et il disait à Marcellus : « Parce que nous avons écrit quelques pages de poésie, les routiniers des chancelleries nous accusent d'effleurer seulement la politique ; et ils nous disent incapables d'aller au fond des questions ou même de dresser un protocole, parce que nous ne sommes ni lourds ni décolorés ! » Ce poète a passé sa vie à rechercher les divertissemens et la gloire de l'action. C'est à cela que lui servira la politique, au temps de son ministère et de ses ambassades, puis au temps de son opposition systématique. Plus anciennement, il a sans cesse prétendu joindre aux diverses réussites de son art une prouesse. Quand il écrit le *Génie du Christianisme*, il veut être plus qu'un poète, un théologien; plus qu'un théologien, mais un Père de l'Église : et Joubert le supplie en vain de ne pas rivaliser avec Bossuet, qui porte la mitre et la croix pectorale. Quand il écrit le *Voyage en Amérique*, il veut être un explorateur et un pionnier. C'est ce qu'il n'était pas et dont il se donne l'air en ajoutant à son incomparable poésie « tant de ressources étrangères, » les trouvailles souvent médiocres et enfin tout le fatras des Charleroix, Bartram, Carver et Gilbert Imlay.

Ainsi, M. Chinard s'est abusé, s'il a cru que l'examen des « sources » auxquelles Chateaubriand puise, et beaucoup trop, mérite le mépris et n'est qu'une taquinerie assez misérable. Un tel petit problème, assurément, ne va point à la méditation des choses éternelles : et, si ce n'était qu'un jeu plaisant, ne dénigrons pas nos plaisirs anodins. Mais encore, c'est en quelque sorte un problème moral : et, au sujet d'un écrivain qui eut tant d'influence et continue d'agir avec tant d'efficacité sur la pensée et sur la sensibilité contemporaines, les problèmes de ce genre ne sont pas inopportuns. C'est aussi un problème de littérature et d'art : je ne vois aucune raison pour le refuser, pour le dénigrer.

Tout en le dénigrant, d'ailleurs, M. Chinard ne l'a point refusé; même, il a procuré quelques argumens nouveaux, d'un vif intérêt. Mais une autre question, — voisine, au surplus, — le tentait, et qu'il a fort bien traitée : ce fut de savoir comment Chateaubriand vint à son idée des bons sauvages, à une philosophie de la nature innocente, à une poésie du vertueux désert. Il a consacré à cette recherche trois volumes qui sont une histoire littéraire de l'exotisme américain. Curieuse histoire, et toute pleine de révélations.

Elle commence dès la découverte de l'Amérique. Et, tout d'abord, on ne sait pas si les sauvages américains ne sont pas des animaux un peu plus intelligens que les singes ou bien des sages très surprenans. Certains voyageurs les dédaignent et ne leur pardonnent pas d'être dépourvus de sentimens religieux et de vêtemens honnêtes. Leur nudité leur a valu des objections; et le protestant Léry, un bon homme très chimérique, distribuait des chemises aux sauvagesses : il les leur faisait accepter, mais elles ne les gardaient pas longtemps, voire s'il essayait de les persuader « à grands coups de fouet, » dit-il. D'autres voyageurs prenaient leur parti d'une ingénuité qui leur semblait tantôt ridicule et tantôt belle. Les plus indulgens furent des jésuites, qui étaient partis pour évangéliser le nouveau monde et qui, là-bas, trouvaient une société mêlée de vertus et de vices, où les vices ne l'emportaient pas du tout sur les vertus plus que chez nous. Les sauvages menaient une vie de communauté, que les religieux préféraient au particularisme des mondains en Europe. Et, secondement, ces jésuites étaient pour la plupart des régens de collège, férus de l'antiquité : ils s'amusèrent à se figurer que les sauvages d'Amérique avaient beaucoup d'analogie avec les Grecs de l'Iliade et de l'Odyssée. L'un d'eux, le Père Lafitau, précieux écrivain, composa et dédia au régent Philippe d'Orléans un gros ouvrage intitulé *Les mœurs des sauvages américains comparées aux mœurs des premiers temps*. Il comparait Achille à un Huron ; et Ulysse, « plaisant roi » d'une île de quelques lieues carrées, il le comparait à un chef indien. Et il disait : « J'ai un singulier plaisir à lire le poème d'Apollonius de Rhodes sur l'expédition des Argonautes, à cause de la ressemblance parfaite que je trouve dans toute la suite de l'ouvrage entre ces héros fameux de l'antiquité et les Barbares du temps présent, dans leurs voyages et dans leurs entreprises militaires. » Le Père Lafitau élaborait une opinion très ingénieuse et que Joubert a formulée ainsi : « Les sauvages, qui sont l'antiquité moderne... » Or, cette réunion de la sauvagerie et de l'antiquité, c'est la poésie même des *Natchez*. « Il est une coutume parmi ces peuples de la nature, coutume que l'on trouve autrefois chez les Hellènes : tout guerrier se choisit un ami... » L'amitié d'Outougamiz et de René rappelle les amitiés anciennes d'Oreste et Pylade, de Nisus et Euryale. Et dans les *Natchez*, maintes fois, l'usage et les pratiques familières des sauvages ont un caractère homérique ou virgilien; c'est une pareille simplicité un peu solennelle et c'est une naïveté arrangée. Chateaubriand se plaisait à composer un idéal étrange et complexe où il joignait deux époques : il assemble, dans *les Martyrs*, la muse païenne et la chrétienne.

Mais surtout, les sauvages devinrent, pour les rêveurs de la vieille Europe, le symbole de la liberté. De bonne heure, on imagina volontiers que la solitude américaine fût peuplée de « philosophes nus, » qui n'avaient pas nos préjugés, nos croyances lourdes et nos docilités aux tyrannies sociales et religieuses : on leur attribua une sagesse inaltérable et qu'ils devaient à la contemplation de la nature. Les mécontens aimèrent les sauvages, comme ils aimaient la nature : et, par nature, ils entendaient le contraire de ce qui les chagrinait en Europe. Il y eut, pour aimer les sauvages, des aventuriers à qui leurs patries n'étaient pas sûres et d'autres aventuriers, ceux de la pensée, que leurs chimères entraînaient loin de la réalité hostile. Un Lahontan, qui eut quelque trouble raison de quitter son Languedoc et d'aller ailleurs, célèbre passionnément les sauvages : « Ils sont libres, et nous sommes esclaves. » Il est, quant à lui, une sorte d'anarchiste. Et, Rousseau, les bons et doux sauvages ont enchanté son désespoir. Les sauvages, qu'il n'avait pas vus, le consolèrent de la civilisation, comme aussi Genève où il n'allait plus, Genève en souvenir, le consolait de Paris. Et Chateaubriand, lors de son voyage en Amérique, plus encore dans les années pendant lesquelles mûrirent ses récoltes américaines, les hasards très durs de sa vie l'avaient jeté hors de chez lui, hors de ses habitudes et de ses croyances. Il était en exil, pauvre et malade. Il hésitait un jour à se tuer. Il écrivait, pour gagner son pain, l'*Essai sur les Révolutions*, où l'on voit son génie et le désordre où son génie se tourmentait. C'est à la fin de l'*Essai* qu'il y a cette « Nuit chez les sauvages d'Amérique, » si belle, éblouissante et musicale : « Lorsque j'éprouve l'ennui d'être, que je me sens le cœur flétri par le commerce des hommes, je détourne involontairement la tête et je jette en arrière un œil de regret. Méditations enchantées ! charmes secrets et ineffables d'une âme jouissante d'elle-même, c'est au sein des immenses déserts de l'Amérique que je vous ai goûtés à longs traits !... » Puis il vante les « bons sauvages. » Plus tard, en 1826, quand il relit ces pages de sa jeunesse, il met en note cette remarque de moquerie : « Les bons sauvages qui mangent leurs voisins. » Mais, à la dernière page du livre et après l'invocation lyrique et admirable aux « bienfaisans sauvages » qui lui ont donné l'hospitalité sous les étoiles, très loin de la méchanceté civilisée, il note : « Me voilà tout entier devant les hommes, tel que j'ai été au début de ma carrière, tel que je suis au terme de ma carrière... » Et c'est vrai qu'il a toujours gardé, même dans la gloire et dans les honneurs, cette amitié pour la sauvagerie, le déplaisir du lieu où il était, l'ennui de la vie installée, le désir d'aller ailleurs et, si l'on peut ainsi parler, une bohème du cœur et de l'intelligence, qui lui semblait la liberté.

André Beaunier.

CHRONIQUE DE LA QUINZAINE

Au dernier jour de mars, le premier acte du terrible drame qui se jouait alors entre la Scarpe et l'Oise pouvait être considéré comme terminé. La péripétie s'était produite, ainsi que nous l'avons noté, dans l'après-midi du samedi 30, et, le mercredi 2 avril, les généraux qui étaient à portée de juger sûrement la situation déclaraient que « le rétablissement était fait. » Mais un seul acte n'est pas toute la tragédie. Le 4 avril, l'action reprenait. Les Allemands attaquaient sur 15 kilomètres, depuis Grivesnes jusqu'à la route d'Amiens à Roye; ils enlevaient d'abord Mailly-Raineval, Morisel, Castel, le bois de l'Arrière-Cour, que nous réoccupions le 5; nous reportions notre ligne aux abords de Mailly-Raineval et de Cantigny. En même temps, une seconde attaque se développait entre la Somme et l'Avre; les Anglais cédaient un peu de terrain à l'Est de Villers-Bretonneux. Le 6, c'était par son aile gauche que l'ennemi agissait, dans une région longtemps tranquille, de Manicamp à Barisis-aux-Bois : on signalait là une nouvelle armée, l'armée von Boehm; et, sous sa pression, nous nous repliions, le 7 et le 8, jusqu'au canal de l'Oise et aux lisières Sud de la basse forêt de Coucy, abandonnant Coucy-la-Ville et les ruines de Coucy-le-Château. Sur ces divers points, au Sud de Montdidier, et en général dans toute la partie plus spécialement française du front, les positions, à partir de ce moment, se sont, pour ainsi dire, cristallisées. On ne s'est guère sérieusement disputé que Hangard-en-Santerre, perdu par nous le 9 avril au soir et par nous reconquis la même nuit; perdu à nouveau le 12, dans un combat rue par rue, maison par maison, à nouveau reconquis, avec des prisonniers, la nuit suivante. Le 13, une opération de détail, au Sud-Ouest de Lassigny, nous permettait de dégager Orvillers-Sorel; sauf aux alentours de Noyon, où les *stosstruppen* se prodiguaient sans résultat, les Allemands ne bougeaient plus et recommençaient à s'enterrer.

Il en allait tout autrement sur le front britannique, qui, du 10 au 16 avril, recevait les plus rudes, les plus effroyables secousses. La Lys étant franchie en deux ou trois endroits, à Saint-Maur, à Estaires, l'ennemi avançait vers l'Ouest sur toute la ligne entre Givenchy au Sud et Wytschaete au Nord. L'arc convexe se tendait, le 11, sous ce premier effort. Le 12, l'intérêt était attiré surtout autour de Ploegsteert, au Nord, de Marville au centre, de Festubert au Sud de ce secteur. Et, d'autre part, le 13 et le 14, on se battait près de Lacouture, de Vieux-Berquin, de Bailleul. Le 15 et le 16 avril, l'arc était tout à fait tendu, de Hollebeke, et même de Passchendaele, à Givenchy-lès-la-Bassée, touchant, par le sommet de sa courbe, à la forêt de Nieppe et au village de Robecq; mais la forêt de Nieppe, c'est la couverture d'Hazebrouck, et Robecq, c'est, par la Clarence, comme Locon par le canal de la Lawe, le débouché sur Béthune et Bruay. Par Bailleul, au pied des « Monts des Flandres, » c'est le chemin de la mer. Les mines, la mer; toute l'obscurité qui s'entassait sur des noms ignorés se déchire : les buts apparaissent. Seulement l'arc a été tendu à l'excès : on ne pourrait plus l'étirer sans le rompre : à tout le moins, avant de s'en servir, il faut le renforcer. Mais, sur les flancs menacés, nous nous sommes, les Anglais et nous, renforcés aussi : d'où l'arrêt.

Si maintenant on essaie d'embrasser dans son ensemble cette entreprise gigantesque, la « bataille de France, » la « bataille d'Occident » (c'est ainsi que l'orgueil allemand se plaît à l'appeler), on découvre tout de suite qu'elle a sans cesse remonté vers le Nord. Elle paraît, à un coup d'œil superficiel, fragmentaire et assez décousue. Mais les Allemands sont gens trop méthodiques pour qu'elle le soit, ou plutôt elle ne l'était pas dans leur esprit ; elle ne l'est devenue que par ses hasards, par ses vicissitudes, par la résistance des choses s'opposant aux calculs des hommes, par ce qui est proprement la bataille même, par le choc de deux volontés et de deux forces contraires. Personne, à notre connaissance, n'en a exposé le dessein aussi clairement ni avec plus de vraisemblance que le correspondant du *Corriere della Sera*, M. Luigi Barzini. « Le péril couru par les armées alliées, dit-il, se révèle plus grand qu'on n'aurait pu le soupçonner; en revanche, le succès franco-anglais prend les proportions et la valeur d'une magnifique et glorieuse victoire, aussi importante que celle de la Marne, et dont l'avenir nous montrera les conséquences. Comme la bataille de la Marne, celle de Picardie a paré la plus formidable menace, au moment où les plans de l'adversaire étaient sur le point de réussir. Non seulement la gigantesque offensive allemande a été arrêtée, mais la confiance allemande a subi une atteinte, dont les conséquences politiques peuvent être singulièrement graves. Une fois le front rompu au point de suture des deux armées, une fois la brèche ouverte à Saint-Quentin, contre lequel des deux alliés l'offensive allemande allait-elle se tourner? Ludendorff entendait-il avancer, par Amiens, sur la mer, rejeter les armées de Haig vers le Nord, les acculer à la côte et les contraindre à capituler? Entendait-il se précipiter, à travers la brèche, par la vallée de l'Oise, sur Paris? Ce doute n'est plus possible, quand on connaît les dispositions de l'ennemi et ses ordres de marche. L'objectif immédiat de son offensive était Paris; l'action ne s'est orientée vers Amiens que sous la pression des circonstances... Le 21 et le 22 mars, l'offensive brise la résistance de la 5e armée anglaise et ouvre la brèche. Le 23, la Somme franchie à Ham, le canal Crozat à Saint-Simon, à Jussy et à Tergnier, les colonnes allemandes convergent par toutes les routes, non pas vers Amiens, mais vers Noyon, c'est-à-dire vers Paris. Les Français accourent à temps; ils établissent, de la gauche vers la droite, une digue qui s'allonge rapidement; ils cherchent à opérer leur jonction avec l'aile droite anglaise, qui se replie sur Amiens. L'effort allemand change de direction; les masses ennemies s'infléchissent vers Amiens; elles courent à la brèche qui fuit devant elles; mais, le 28, la brèche est fermée, et l'ennemi rencontre, dans toutes les directions, un front solide et bien défendu. Alors seulement il se décide à tenter un nouveau choc pour renverser la digue française; le matin du 30, il attaque avec fureur de Moreuil à Lassigny, Paris est encore son objectif; il cherche à forcer le passage vers Clermont et Compiègne; d'après les ordres, ces deux villes doivent être atteintes à dix heures du matin. Si les faits avaient répondu à ces insolentes prévisions, les Allemands seraient entrés à Paris le 1er avril. Dès lors, la poussée vers Amiens s'est accentuée; mais l'intention primitive de marcher sur Paris apparaît avec une indiscutable évidence... Pendant cinq jours, la crise a été grave, et le péril terrible que l'on a couru fait paraître presque prodigieux les événemens qui l'ont conjuré. »

On voudra bien excuser la longueur de cette citation; mais il nous a semblé inutile de refaire un tableau que nous n'aurions fait ni mieux ni aussi bien. Nous nous contenterons d'ajouter, que de même qu'ayant manqué Paris, l'ennemi a visé Amiens, de même, Amiens manqué à son tour, il a visé Arras, puis Béthune, puis Hazebrouck; après le cœur ou la tête, les artères ou les nerfs; après la capitale de la France, dont il fait volontiers la capitale de l'Entente, la mer; après la mer au plus près de la capitale, la mer n'importe où, avec les communications et les mines comme objectifs secondaires. Mais chacun de ces pas l'éloigne ; chacune de ces étapes marque une dégradation de ses ambitions et de ses espérances. Il les réduit, il les rapetisse, ou il les disperse, il les diffère, il les dilue. Pour nous, nous sommes sans illusion : nous avons encore devant nous de dures épreuves à supporter. L'Allemagne ne s'est pas lancée dans une pareille aventure, elle n'a pas joué et perdu des centaines de milliers de vies, pour y renoncer tant qu'elle ne sera pas sur les genoux ou plus bas, jetée à terre, tant qu'elle ne sera pas complètement épuisée; et nous ne nous faisons pas non plus cette autre illusion, elle ne l'est point. Cette bataille, qui devait être finie en quatre jours, n'est pas finie au bout d'un mois ; mais c'est ce qui nous sauve, comme nous avons été sauvés pendant quatre ans et probablement pour toujours parce qu'en septembre 1914, la bataille de la Marne nous a empêchés d'être écrasés d'un seul coup. Le mot de cette deuxième phase est : l'arrêt. Les Allemands sont « arrêtés » sur l'Oise, sur l'Avre, sur la Lys, comme ils l'ont été sur la Marne, sur la Somme, sur l'Yser, sur la Meuse, car, aussi bien, c'est quant à présent, le mot de toute la guerre, où, en Occident du moins, nul n'a jamais rien achevé. C'en a été le premier mot; mais tâchons que ce n'en soit pas le dernier. Il ne suffirait pas, après avoir (qu'on nous pardonne ce que l'expression a d'étrange) imposé passivement notre volonté à l'ennemi, en d'autres termes brisé, ou sinon brisé, courbé et infléchi la sienne, il reste à nous imposer activement à lui, à le plier, à le soumettre à la nôtre. Ce sera, cette quinzaine angoissante passée, l'affaire des semaines qui viendront.

Quelque pressée que soit l'Allemagne, ou plus exactement, l'Europe centrale, bon gré, mal gré, elle attendra. Elle subira, elle souffrira. Et sans doute elle est très pressée : c'est ce qui donne une apparence de sens à l'incartade du comte Czernin, parfaitement incompréhensible en dehors de cette explication : il a voulu, par de prétendues révélations sur une prétendue tentative de paix séparée, jeter la discorde dans l'Entente, affaiblir, abaisser, à l'heure même de l'offensive, le moral des Alliés, en éveillant contre un d'entre eux le soupçon de tous les autres; par là même, relever le moral chancelant des Impériaux, que des carillons de victoire étaient impuissans à entretenir, et qui s'anémiait de ce que le physique n'est point assez nourri ; toucher à la fois, d'un « direct, » les ennemis du dehors, et, d'un revers, les adversaires du dedans, Tchèques et Yougo-Slaves, en déclenchant brusquement une machine à double détente. C'était malin, astucieux, perfide ; mais le malheur, pour ceux qui tirent ces sortes de ficelles, est qu'ils en oublient presque toujours une, ou qu'il y en a toujours une qu'ils ne connaissent pas : par quoi la mécanique a des retours violens et leur saute au nez. D'ailleurs, dans le fond et dans la forme, cette affaire est absurde. Nos amis d'Italie diraient que c'est une belle « turlupinature. »

Le 2 avril, le comte Czernin, ministre impérial et royal des Affaires étrangères, donnait audience au bourgmestre et à quelques membres du Conseil municipal de Vienne, qui n'étaient pas gais. Le maire, M. Weisskirchner, s'était plaint de l'aggravation croissante de la misère, en dépit des succès si hautement vantés. Le traité avec la Roumanie était déjà paraphé, près d'être signé; la paix était rétablie sur tout le front oriental, de la Baltique à la mer Noire. Puisque le ravitaillement de la monarchie austro-hongroise en dépendait, et qu'ainsi il était en corrélation, en connexion avec la politique générale, qu'est-ce que le maire de Vienne, qu'est-ce que la Délégation du Conseil municipal, en pouvaient, en devaient dire à la population affamée ? En somme, la question était simple : Aurons-nous ou n'aurons-nous pas à manger? Dans cette paix du pain, où est le pain? Au lieu de répondre, M. le comte Czernin se lança dans une dissertation en un nombre incalculable de paragraphes, parlant de tout, excepté de ce qu'on lui demandait. Il promena à travers le monde les conseillers municipaux pétrifiés d'un étonnement admiratif, et, dès son exorde, les emmena en Amérique, où il eut pour M. Wilson toute espèce d'égards, puis, par contraste, revenu en Europe, tomba à poings fermés sur M. Clemenceau.

Voici textuellement le passage. Le début en est d'une solennité étudiée; c'est une forme de « précaution oratoire, pour prévenir les auditeurs, frapper les lecteurs et souligner d'un trait fort l'importance de la soi-disant révélation. « J'en atteste Dieu! jure le comte Czernin. Nous avons fait tout ce qui était possible pour éviter une nouvelle offensive. L'Entente ne l'a pas voulu. M. Clemenceau, quelque temps avant le commencement de l'offensive sur le front occidental, me fit demander si j'étais prêt à entrer en négociations et sur quelles bases. Je répondis immédiatement, d'accord avec Berlin, que j'étais prêt à ces négociations et que je ne voyais aucun obstacle à la paix avec la France, si ce n'étaient les aspirations françaises vers l'Alsace-Lorraine. On répondit de Paris qu'il n'était pas possible de négocier sur cette base. Dès lors, on n'avait plus le choix : la lutte formidable à l'Ouest est déchaînée. Les troupes austro-hongroises et allemandes combattent côte à côte, comme elles combattirent la Russie, la Serbie, la Roumanie et l'Italie. Nous combattons ensemble pour la défense de l'Autriche-Hongrie et de l'Allemagne. Nos armées prouveront à l'Entente que les aspirations françaises et italiennes sur nos territoires sont des utopies appelant une vengeance terrible. »

Ce discours était à peine prononcé que la presse tout entière de Vienne et de Berlin, d'Autriche et d'Allemagne, faisait des gorges chaudes et s'esclaffait d'un gros rire germanique sur la mésaventure de ce matamore, de ce Fierabras, de ce Capitaine Fracasse, de cet avale-tout-cru de Clemenceau que ses airs avantageux n'avaient pas empêché de solliciter la paix, par peur de l'offensive allemande. Mais on lui avait bien fait voir de quel bois on se chauffait, et qu'il était des forêts du roi de Prusse. La paix, soit; mais à une condition : pas d'Alsace-Lorraine. L'Autriche-Hongrie était aussi ferme à ne pas céder l'Alsace-Lorraine à la France pour le compte de l'Allemagne, qu'à ne pas céder à l'Italie, pour son propre compte, les *terre irredente*. M. Clemenceau en avait donc été pour sa courte honte : et comme l'opinion publique n'eût pas toléré qu'on envisageât la paix sans l'Alsace-Lorraine, il lui avait fallu battre piteusement en retraite. C'était « comique! » Et les lourds brocards d'alterner avec les déductions pédantesques sur la fatigue de l'Entente, la commisération hypocrite : « pauvre France ! » les insinuations calomnieuses à l'Angleterre trompée, et qui, du reste, méritait de l'être pour son despotique égoïsme, à l'Italie lâchée, et qui ne l'était, du reste, que par un juste retour des choses d'ici-bas. Mais n'y a-t-il pas quelque proverbe indien qui dit, ou à peu près, qu'il ne faut pas marcher sur la queue du tigre, si l'on ne veut pas qu'il allonge la patte, et que ses griffes sortent? Le papier n'avait pas bu l'encre avec laquelle avait été imprimée l'extravagante harangue du ministre austro-hongrois des Affaires étrangères, que M. le comte Czernin en faisait l'expérience. Il recevait en plein visage la patte armée de griffes. « Le comte Czernin a menti, » tranchait M. Clemenceau. A demi assommé, l'imprudent ministre de l'empereur Charles balbutiait : « Il est répondu ce qui suit à M. Clemenceau. Sur l'ordre du ministre autrichien des Affaires étrangères, le conseiller de légation, comte Nicolas Revertera, a eu, en Suisse, plusieurs entretiens avec le commandant Armand, attaché au ministère de la Guerre français, homme de confiance de M. Clemenceau. »

Venaient alors des confidences sans intérêt sur ce qui se serait passé dans ces entretiens helvétiques entre le comte Revertera et son cousin par alliance, le comte Armand. M. Clemenceau l'avait belle; il riposta du tac au tac : En arrivant au pouvoir, il avait trouvé des conversations engagées sur l'initiative de l'Autriche (sur l'ordre du ministre autrichien, reconnaissait le comte Czernin lui-même). Il n'avait pas cru devoir prendre sur lui « d'interrompre des pourparlers qui n'avaient donné aucun résultat, mais qui pouvaient fournir d'utiles sources d'information. Le commandant Armand put donc continuer de se rendre en Suisse sur la demande du comte Revertera. L'instruction qui lui fut donnée, en présence de son chef, par M. Clemenceau, fut celle-ci : « *Écouter et ne rien dire.* » *Ad audiendum et referendum :* la mission des plénipotentiaires qui n'ont aucun pouvoir. La preuve que cela se faisait sur l'initiative du comte Revertera, sur l'ordre du comte Czernin, existe, de la main du comte Revertera, qui a écrit : « Au mois d'août 1917, des pourparlers avaient été engagés *dans le but d'obtenir du gouvernement français*, en vue de la paix future, des propositions faites à l'adresse de l'Autriche-Hongrie, qui seraient de nature à être appuyées par celle-ci auprès du gouvernement de Berlin. » M. Clemenceau en tire la conclusion péremptoire : « Le comte Revertera, solliciteur et non sollicité, avoue donc qu'il s'agissait d'*obtenir du gouvernement français* des propositions de paix, sous le couvert de l'Autriche, à destination de Berlin. Et voilà le fait, établi par un document authentique, que le comte Czernin ose transposer en ces termes : « M. Clemenceau, quelque temps avant le commencement de l'offensive, me fit demander si j'étais prêt à entrer en négociations et sur quelles bases ! » Non seulement, en parlant ainsi, il n'a pas dit la vérité, mais encore il a dit le contraire de la vérité. En France, c'est ce que nous appelons mentir. »

Mais les conversations du comte Armand et du comte Revertera, c'est l'incident à côté, l'anecdote, la petite histoire. Dès cette première réplique, M. Clemenceau laissait entrevoir mieux : « Le comte Czernin ne pourrait-il pas retrouver dans sa mémoire le souvenir d'une autre tentative du même ordre faite à Paris et à Londres, deux mois seulement avant l'entreprise Revertera, par un personnage d'un rang fort au-dessus du sien? Là encore il subsiste, comme dans le cas présent, une preuve authentique, mais beaucoup plus significative. »

A cette allusion, M. le comte Czernin eût dû ouvrir les yeux, et se méfier. Mais non : Jupiter voulait le perdre, et l'avait déjà aveuglé. Le 6 avril, il communiquait une note aussi embarrassée qu'interminable sur les relations du comte Revertera et du comte Armand, sur la manière dont elles s'étaient engagées et la manière dont elles s'étaient rompues, sur les avances que, selon lui, avaient faites au gouvernement austro-hongrois le comte Armand, et, par le comte Armand, M. Clemenceau. Au lieu de retourner nettement le démenti, il ergotait, et s'attirait une deuxième ou troisième riposte.

M. Clemenceau a trop de planche pour ne pas tirer au corps quand le duel devient sérieux. Il en avait trop dit pour ne pas tout dire. Il ne lâchait pas le principal, « le personnage d'un rang fort au-dessus de celui du comte Czernin, » pour l'accessoire, un officier qu'on avait envoyé aux renseignemens. Il précisait impitoyablement : « Qui donc aurait cru qu'il fût besoin du comte Revertera pour élucider, dans l'esprit du comte Czernin, une question sur laquelle l'empereur d'Autriche avait lui-même prononcé le dernier mot? Car c'est bien l'empereur Charles qui, dans une lettre du mois de mars 1917, a, de sa main, consigné son adhésion aux « justes revendications françaises relatives à l'Alsace-Lorraine. Une seconde lettre impériale constate que l'Empereur était d'accord avec son ministre. » Là-dessus, comme il est aisé de l'imaginer, grand émoi à Vienne, d'autant plus vif que l'on entend l'Allemagne grogner. S'efforçant de fendre avant le coin, Charles Ier télégraphie à son allié, qu'il devine fort en colère. Il taxe d'assertion « tout à fait fausse et inexacte » l'affirmation de M. Clemenceau. Jamais il n'a parlé en ce sens de l'Alsace-Lorraine. Il est loyal et fidèle. Ses canons en témoignent à pleine voix. Lourdement, le comte Czernin insiste. A son tour accusé de mensonge, M. Clemenceau n'a plus qu'à publier la lettre. Elle contient en effet cette phrase : « Je te prie (c'est à son beau-frère le prince Sixte de Bourbon-Parme que l'Empereur l'avait écrite en mars 1917) de transmettre secrètement et inofficiellement à M. Poincaré, Président de la République française, que j'appuierai par tous les moyens, et en usant de toute mon influence personnelle auprès de mes alliés, *les justes revendications françaises relatives à l'Alsace-Lorraine.* » Néanmoins, Guillaume II, contraint pour le quart d'heure de ménager l'Autriche, dissimule, redresse son sourcil froncé, affecte une mine sereine. Comment eût-il un seul instant pu douter d'un si bon ami? Mais le bon ami, en lui-même, n'est pas rassuré. Il veut prouver avec excès son innocence. Le comte Czernin, en son nom, donne de la phrase incriminée cette version : « J'aurais fait valoir toute mon influence personnelle en faveur des prétentions et des revendications françaises sur l'Alsace-Lorraine, si ces prétentions étaient justes, mais elles ne le sont pas. » C'est ainsi que le blanc se change en noir; mais cela ne se fait pas sans qu'il y ait un faussaire ; ou celui qui a mis le blanc, ou celui qui met le noir. Pendant quelques heures, l'empereur d'Autriche n'a pas eu honte de rejeter le soupçon sur son beau-frère; puis, démenti par M. Clemenceau qui, dans une finale foudroyante, rappelait les circonstances, et le temps, et le lieu, il a pensé s'en tirer en proclamant, de son autorité impériale, « l'affaire terminée. » Et derechef il en appelle à ses canons, dernière raison des rois, en ce cas mauvaise raison. Tout, à la vérité, se termine ici pour le comte Czernin, qui ne croyait faire qu'une pirouette, et qui a fait une culbute. Sa démission, offerte, est acceptée. Il entraîne dans sa chute le ministère hongrois qui n'en pouvait mais. Pour une fois qu'il travaille, chez l'ennemi, de son ancien métier, M. Clemenceau a fait d'une pierre deux coups.

Sa main ne s'est pas gâtée. Il est permis de ne pas aimer ces aphorismes violens et faciles qui n'ajoutent rien à la force de la démonstration, et qui ne sont pas d'une grande qualité philosophique ni littéraire : « Le mensonge délayé demeure le mensonge. — Pour tomber au plus bas, il restait un dernier pas à descendre. — Il y a des consciences pourries. » Si M. le comte Czernin a eu tort de trop oublier que M. Clemenceau était un polémiste, M. Clemenceau n'y peut-être pas eu toujours raison de trop s'en souvenir. Mais enfin, ce n'est que la forme ou ce ne sont que les formes : le fond seul vaut qu'on s'y attache. A quelle idée le comte Czernin a-t-il pu obéir en soulevant si inopinément en Autriche cette querelle d'Allemand? Se proposait-il de dissiper, avant qu'elles eussent pris de la consistance, des inquiétudes qu'il sentait se former et se répandre dans l'Empire voisin? Nul de ceux qui seraient le mieux en mesure de pénétrer ses mobiles ne saurait le dire, nul n'a compris. Quoi qu'il en soit, de notre côté, M. le président du Conseil ne pouvait pas laisser s'accréditer le bruit infamant que la France avait amorcé des tractations secrètes en vue d'une paix séparée ou d'une paix conclue sans souci de la parole donnée à tel ou tel de ses alliés. Il ne l'aurait pu à aucun moment, il le pouvait en ce moment moins qu'en aucun autre; tandis que l'Allemagne sue tout son sang à passer entre l'Angleterre et nous la pointe de l'épée, c'eût été une faute sans rémission que de permettre à l'Autriche de passer entre nous et l'Italie la pointe du couteau. Ce qu'on serait, à la rigueur, plutôt en droit de lui reprocher ce serait, — toujours une question de tempérament, — d'avoir poussé à toute extrémité ses avantages, d'avoir claqué les portes et rompu les ponts, sinon pour le présent, du moins pour l'avenir ; mais le présent est certain, l'avenir est hypothétique ; ni portes ni ponts ne conduisaient nulle part ; et puis, comme il l'a dit, il « fait la guerre. » Pour attendre quoi que ce soit, à la date la plus éloignée, après la paix et dans la paix, de la bonne volonté supposée de l'empereur Charles, il faudrait savoir non seulement ce qu'on pourrait attendre de sa volonté, mais ce que, à sa volonté démontrée, consentirait sa puissance. Voulût-il, et en admettant que fatalement quelque jour il soit tenté de le vouloir, s'émanciper du joug allemand, le pourrait-il? Mais si l'on se défend de voir là le fond des choses, et si l'on préfère aller le chercher dans le fait qu'au mois de mars 1917, non plus M. Clemenceau, mais un de ses prédécesseurs, eût pu utilement « causer » de la paix, exploiter les dispositions favorables de l'Autriche, peut-être secondées en cachette par l'Allemagne elle-même, alors nous ne craignons pas de répondre : il n'y a pas à déplorer une erreur qui n'a point été commise, ni à regretter une occasion qui ne s'est jamais présentée. La véritable erreur eût été justement de prendre pour une occasion ce qui, au pis, pouvait être un piège, et, au mieux, n'était qu'un sondage. Mais, dit-on, l'Autriche-Hongrie ! Son ministre commun des Affaires étrangères ! L'Empereur en personne ! M. Clemenceau a très opportunément évoqué d'autres démarches du même genre, à Rome, à Washington, à Londres, en Suisse, où l'ambassadeur autrichien comte Mensdorff-Pouilly avait rencontré le général Smuts, partout et toujours pour rien ; en Suisse, terrain privilégié, où ce n'est pas seulement l'Autriche qui s'est évertuée à ouvrir des conciliabules. Mais il est un rapprochement, plus instructif encore, que M. le président du Conseil aurait pu faire. L'initiative de l'empereur Charles et du comte Czernin est le pendant exact, la répétition de la campagne que M. le prince de Bülow mena à Rome, trois mois durant, au printemps de 1915, afin de retenir l'Italie dans la neutralité, s'il ne réussissait pas à reconstituer la Triple-Alliance. Il promettait à tout venant le Trentin et Trieste, qui ne lui appartenaient pas, et que l'Autriche devait se charger de refuser. De même, l'Autriche cède sans peine l'Alsace-Lorraine, qui n'est pas à elle, et que l'Allemagne ne lâchera que lorsqu'elle lui sera arrachée. Écouter, dans ces conditions, était déjà beaucoup ; parler eût été niaiserie. Et niaiserie dangereuse. Il y aurait eu des microphones chez nos alliés, envers qui nous n'avions qu'une excuse de prêter l'oreille : c'était de leur répéter tout. Heureusement, notre probité nous a préservés du péril. Ils ont été, les uns et les autres, par nous tenus ou mis au courant. Vis-à-vis d'eux, comme vis-à-vis de nous-mêmes, nous sommes sans reproche. L'Entente sort fortifiée de l'épreuve où l'on s'était sans sans doute flatté de la compromettre.

Telle est, en somme, la fameuse affaire Clemenceau-Czernin. Elle a, quinze jours, passionné le monde entier. Mais il importe de la mettre à l'échelle des événemens. Ce qu'on appelle injurieusement « la politique, » les misérables tracasseries des partis ont failli s'en emparer, n'ont pas encore absolument renoncé à l'exploiter. Ah ! non ; pas là-dessus ; ne nous battons pas sur les bras et sur les épaules de la France ! N'énervons pas la guerre en poursuivant à reculons un vain fantôme de paix. Regardons virilement devant nous et autour de nous. Voyez. L'armée britannique sauvée s'accroche opiniâtrément à tous les reliefs du sol. Les Français ménagent leurs réserves pour la lutte suprême, qui décidera. Il se prépare, quelque part, quelque chose d'énorme, dont rien ne peut donner une idée. Quelque part, où étaient des champs, des villes neuves, improvisées, s'élèvent qui sont des cités de la force construites pour la justice. La terre et la mer collaborent; les routes multipliées, les fleuves élargis et creusés, roulent tout un peuple. Et voyez. Dans le même moment, l'Europe centrale, au sein de ses triomphes étalés, s'affaiblit, même militairement, s'appauvrit, se ruine, même en hommes. L'assaut échoue : ses vagues s'usent, le pain manque ou est rare, le blé n'arrive pas, les espérances fondées sur l'Oukraine font faillite, les défiances s'allument, les rancunes s'aigrissent, les discussions intérieures naissent ou s'exaspèrent. Le baron Burian, qui succède au comte Czernin, va être en butte chaque jour aux sommations des « nationalités opprimées » qu'a encouragées et excitées le Congrès de Rome. Ce qu'il nous faut gagner et ce qu'il nous suffit de gagner, c'est du temps. En gagnant du temps, nous gagnons la guerre. Pour en gagner, il faut tenir; mais, pour la gagner, il ne suffit pas de tenir. Car tenir n'est pas vaincre, ce n'est qu'une des conditions de vaincre. Mais nous tenons et nous vaincrons. L'Allemagne le sent dans ses moelles, quoiqu'on la berce de contes de Ma Mère l'Oie qu'elle gobe avec sa crédulité incurable.

Pareille aussi à elle-même, la Grande-Bretagne, sous la poussée mortelle, se redresse, dans un splendide effort. Elle prolonge la durée du service obligatoire et l'étend, malgré tous les risques, à l'Irlande qu'elle trouvera bien le moyen d'apaiser, en satisfaisant ses légitimes revendications. Loin de se désagréger par l'acide germanique, le bloc de l'Entente se resserre et se fait plus homogène. La coalition, enfin, s'achemine vers l'unité nécessaire. Elle y sera arrivée après plus de trois ans, bien tard, mais non trop tard. C'était l'unité de front qui devait conduire à l'unité de commandement. C'est, au contraire, l'unité de commandement qui affirme l'unité de front et la crée pratiquement, puisqu'en réalité elle n'existait pas. La nécessité a fait, selon l'usage, ce que le conseil n'avait pas su faire ; et rien ne sert d'épiloguer ; l'important est que ce soit fait. Les déclarations de M. Orlando prouvent que l'accord est complet et que l'Italie y prend sa part, y réclame sa place.

Les États-Unis y prennent la leur de plus en plus grande, matériellement et moralement. Ils célébraient, le 6 avril, l'anniversaire de leur entrée dans la guerre pour la liberté et le droit. La haute conscience de M. Wilson ne pouvait manquer de lui dicter, en cette commémoration, de hautes paroles : « L'Allemagne, s'est-il écrié, a dit une fois de plus que la force, la force seule, devra décider si la justice et la paix régneront chez les hommes; si le droit, comme l'Amérique le conçoit, ou la prédominance, comme elle la conçoit elle-même, décidera des destinées de l'humanité. Il n'y a par conséquent, pour nous, qu'une seule réponse possible, c'est la force, la force jusqu'à l'extrême, sans restriction ni limite, la force équitable, triomphante, qui fera du droit la loi du monde et renversera dans la poussière toute domination égoïste. » Ainsi parlait déjà, il y aura bientôt trois siècles, par la bouche de notre Pascal, le plus humain de tous les génies, l'esprit français : « Il faut donc mettre ensemble la justice et la force ; et pour cela faire que ce qui est juste soit fort, et ce qui est fort soit juste. » Puisque l'Allemagne ne veut pas être juste, il faut que nous sachions être forts. Et puisque « la justice sans la force est impuissante, » que « la force sans la justice est tyrannique, » nous allons mettre ensemble la justice et la force.

CHARLES BENOIST.

Le Directeur-Gérant,

RENÉ DOUMIC.

COMÉDIES ET PROVERBES

LES PORTRAITS ENCHANTÉS

Dans une ville. En terre de France envahie, ou chez eux, du côté du Rhin. On ne sait. Un après-midi de décembre, en 1917.

La scène représente une salle vide, c'est-à-dire qu'il n'y a pas un meuble.

Au milieu, dans le fond, une porte à deux battans fermée.

A gauche, — dans l'angle du fond qu'elle supprime, — s'ouvre une baie donnant accès, par toute sa largeur, à une autre salle, plus petite, vide également.

En retour, à gauche et au premier plan, tout contre la rampe, une haute fenêtre à petits carreaux, sans rideaux. Devant cette fenêtre, et ne montant pas assez pour la masquer, un massif de plantes vertes. Au pied de ce massif, un trophée, composé de fusils, de casques français, d'obus de 75, etc.

Dans les deux autres angles de la grande pièce, à droite, au fond et sur le devant, mêmes verdures, mêmes trophées.

Au milieu du panneau de droite, une belle cheminée de marbre blanc. Posée dessus, une pendule de bronze doré, Louis-Quinze, grand modèle, avec ses flambeaux.

Dans la cheminée, un feu de bûches, qui claque.

Et alignés en perspective, sur les murs des deux salles, dans une géométrie parfaite :

LES PASTELS DE SAINT-QUENTIN.

SCÈNE PREMIÈRE

MICHEL, soldat allemand, puis FRITZ, autre soldat allemand. Michel est gras et bien vêtu. Son uniforme est comme neuf. Il a des lunettes. Par-dessus ses bottes, il porte d'énormes chaussons de feutre noir.

MICHEL, au milieu de la pièce, regardant à droite et à gauche, pour juger de l'effet.

Oh! ce brigand de laurier qui dépasse! (Roide et mécanique, il va au massif du fond rectifier la branche en défaut. Les bûches remuent.) Et le bois qui bouge! qui rompt l'alignement! (Même jeu. Il vient, et, avec les pincettes, il le rétablit. Jetant un dernier coup d'œil.) Là! Les trophées sont beaux. Le feu est d'ordonnance. Les parquets brillent. La pendule marche au pas. J'ai fini. (Il fait un mouvement pour s'en aller, puis se ravise. Il se dirige avec prudence jusqu'à la baie et il risque un long regard de circonspection sur les tableaux de la petite salle. Se parlant à lui-même, à mi-voix.) Oui. Oh! parbleu! maintenant, pas de danger qu'ils bronchent! (Revenant alors dans la première pièce, il se livre au même manège mystérieux, observant par saccades, avec une visible inquiétude, presque avec crainte, quelques-uns des pastels, s'en approchant comme un timide qui prend son courage à deux mains, et aussitôt s'en éloignant comme si leur vue le gênait.)

(Tandis qu'il s'est arrêté devant un, le sourcil froncé, on frappe doucement à la porte du fond. Surpris par le bruit, il s'écarte du portrait, puis riant à moitié.) Bête je suis! J'ai cru que c'était lui qui frappait! (Il va à la porte qui est fermée à clef, à deux tours, et dont les deux verrous, en haut et en bas, sont poussés. Il tourne la clef, il tire les verrous. Il ouvre et reconnaît Fritz, qui passe sa tête par l'entre-bâillement.) Tu m'as effrayé! (Le retenant.) As-tu les chaussons?

FRITZ.

Les voilà. (Par l'ouverture, il tend sa main au bout de laquelle se balance une paire de chaussons pareils à ceux que porte Michel.)

MICHEL.

A tes pieds. Pas aux mains. Ça n'est pas des gants. Veux-tu te faire fusiller? L'ordre est clair. On n'entre pas ici, personne, dans le Mûuzée, sans le chausson. Mets le chausson... (Fier.) Il vient de Strasbourg.

FRITZ.

Je le mets. (Il les enfile et montre ses pieds par la porte.)

MICHEL.

Bien. (Quand Fritz est entré et qu'il a refermé.) Qu'y a-t-il?

FRITZ, en train de souffler.

Attends... J'ai couru. Il y a...

MICHEL.

Je le sais. Il y a pàràde aux pastels, ici, tantôt.

FRITZ.

Et qui la passe, la pâràde? Le sais-tu?

MICHEL.

Oui. Le colonel.

FRITZ.

Non.

MICHEL, sûr de lui.

Le colonel a été dit.

FRITZ.

Mais pour tromper.

MICHEL, étonné.

Ce n'est pas le colonel?

FRITZ.

Non.

MICHEL.

Alors c'est le général?

FRITZ.

Non.

MICHEL, très surpris.

Ce n'est pas le général?

FRITZ.

Non.

MICHEL, craintif.

Alors, c'est le gouverneur?

FRITZ.

Non.

MICHEL, rassuré.

Ce n'est pas le goufer...

FRITZ.

Non.

MICHEL, orgueilleux.

Alors, c'est un de nos princes? C'est Ruprecht?

FRITZ.

Non.

MICHEL.

C'est Eitel?

FRITZ.

Non.

MICHEL, qui reprend peur.

Pas si vite! Alors c'est... quoi? C'est le Kron?...

FRITZ.

Non.

MICHEL, soulagé, mais éperdu.

Pas le?... Es-tu sûr? bien sûr, Fritz?

FRITZ.

Je suis sûr, Michel.

MICHEL, à bout.

Mais, mais, mais... alors? C'est le Kaiser?

FRITZ, sombre et baissant la tête.

C'est le Kaiser.

MICHEL, figé.

Och!

FRITZ, relevant soudain la tête.

Et puis qui? Dessus encore?

MICHEL, rebondissant.

Un encore dessus? Sur le Kaiser?

FRITZ.

Oui. Allons? Tape un clou.

MICHEL, ravi, hennissant.

Hin...

FRITZ.

... denburg! Notre! Oui.

MICHEL.

Mein Gott! Raconte.

FRITZ.

J'ai découvert cela tout à l'heure, à la Kommandantur, par secret. Alors j'ai pensé : « Il ne faut pas perdre une syllabe, je vais le galoper à Michel, en un clin d'œil. S'il le sait, il m'enseignera peut-être davantage. Et s'il ne le sait pas, je lui apprendrai. » Et j'ai mis mon cou dans mes jambes. Il fait grand froid.

MICHEL, montrant la fenêtre.

Voilà qu'il neige.

FRITZ.

Le Kaiser! Le maréchal!

MICHEL.

Tous les deux à la fois! On les croyait en Pologne...

FRITZ.

Et puis pas du tout. Ils vont au front. Ils ne devaient pas s'arrêter.

MICHEL.

Alors?

FRITZ.

Une idée. Un caprice. Le plaisir de descendre une heure dans cette ville, et pour rien, pour voir ça? (Il montre les tableaux.)

MICHEL.

Seulement?

FRITZ.

Oui. C'est drôle. Comprends-tu, toi?

MICHEL.

Non. Mais, cela ne m'étonne pas (grave et plein de sous-entendus), parce que ces tableaux... (Il s'arrête et hoche la tête.)

FRITZ.

Eh bien! quoi?

MICHEL, levant les bras et les yeux au ciel.

Ah! Ah! C'est quelque chose de... oh!...

FRITZ.

Veux-tu dire qu'ils sont bien faits, bien coloriés, pareils à des personnes?

MICHEL.

Oui. Mais ça n'est pas ça. Je veux dire, qu'ils sont...

FRITZ.

Parle.

MICHEL, bas.

... Enchantés! Possédés! Endiablés! Une damnation! (Se rapprochant.) Écoute. Depuis des mois que je les garde, et que je mange et dors avec, je les connais bien. Or (se tournant vers eux), remarque-moi ces airs de penser qu'ils ont? d'avoir des secrets?

FRITZ, incrédule.

Allons donc!

MICHEL.

J'en suis sûr. Le jour encore ils ne bougent pas, ils se retiennent. Mais la nuit!

FRITZ.

Quoi, la nuit?

MICHEL.

Ils parlent.

FRITZ.

Pour de bon? Tu les as vus parler?

MICHEL.

Non, mais entendus. Dix fois, vingt fois.

FRITZ.

Tu es fou.

MICHEL.

Les premiers temps je couchais ici, dans la pièce. Maintenant, plus. Oh! plus!

FRITZ.

Où donc alors?

MICHEL.

Sur le carré, contre la porte. J'ai fini par obtenir; sous prétexte qu'ainsi je gardais mieux, parce qu'il faudrait, pour entrer, me passer sur le ventre. Le vrai : c'est que, depuis que je les avais entendus mener leur sabbat; je mourais dans ma peau.

FRITZ.

Qu'est-ce que c'est leur sabbat?

MICHEL.

Tout. Des soupirs, des bruits de respiration, de sièges qu'on remue, des craquemens d'étoffes, de semelles. Et puis alors des vrais entretiens, du babillage, et des complots.

FRITZ.

A voix basse?

MICHEL.

Et tout haut, comme nous faisons là.

FRITZ.

C'est terrible. Il faut le dire. Dis-le.

MICHEL.

Eh non! Car si je le dis, d'abord on ne me croira pas. Et ensuite je perdrai ma place. Et on m'enverra en première ligne dans le « Trommel-feuer! » Mais je ne suis pas fou. Quand le tapage devenait trop fort, chaque fois que j'ai allumé et que je suis entré, brusquement... Wer da? j'ai trouvé tout en ordre, avec une ruse infernale! et chaque fois, quand j'étais remis dans le lit, et que je rêvais du mollet de Bertha, ça recommençait.

FRITZ.

Et que disent-ils?

MICHEL.

Je ne les comprends pas.

FRITZ.

Et pourtant, tu sais le français.

MICHEL.

Je le parle bien. Je l'entends bien. C'est vrai. Toi aussi.

FRITZ.

Dame! Depuis trois ans, on a eu le temps de l'apprendre, pour après, l'autre guerre.

MICHEL.

Celle économique, oui. Enfin, pour que je ne comprenne pas leur langage, il faut qu'ils disent des horreurs. Ce sont des fantômes, je te promets, Fritz, des revenans. Au lieu d'honorer ces portraits, on devrait les détruire. Ils nous causeront malheur. A moi pauvre en premier.

FRITZ, inquiet.

Et moi je retourne. Adieu. La nouvelle de la pârâde a déjà sué dans la ville. Je l'ai vu en venant.

MICHEL.

A quoi?

FRITZ.

A l'animation qui s'allonge. Preuve qu'on sait. Les troupes sont sorties et rangées partout, devant la Câthédrâle, au Jardin Public. Il y a grand mouvement de vient-et-va et la Militâr-Polize est sur la mâchoire. Adieu. (Salve d'artillerie.)

MICHEL, un doigt levé.

Canon.

FRITZ.

Ils arrivent! Je ne pourrai plus passer. C'est trop tard. Les rues seront barrées. Que faire?

MICHEL.

Reste là, dans le coin des fleurs, fixe! comme moi. Tu verras tout. (Détonation d'artillerie.)

FRITZ.

Encore canon! (Sonnerie dans les airs.)

MICHEL.

Cloches!

FRITZ.

Par ordre. (Cuivres, fifres et tambours.)

MICHEL.

Et musique!

FRITZ.

Tu peux ouvrir. On se remue gros, là, derrière. (Il montre la porte, au delà de laquelle, en effet, s'élève un grand brouhaha.) Ouvre, va.

MICHEL.

Quand on me dira. (Coups violens à la porte.)

FRITZ.

On te dit.

MICHEL.

Hell! Aïe! C'est le gouferneur! (Grognemens, vociférations. Michel a ouvert.)

SCÈNE II

LES MÊMES, LE GOUVERNEUR, IRRUPTION, AVEC LE GOUVERNEUR, DE QUELQUES FONCTIONNAIRES ET SUBALTERNES

LE GOUVERNEUR, faisant feu de partout.

Was? Quoi donc? Chien! Veau! C'est fermé! quand le Maréchal et le Kaiser!... Et pourquoi fermé? Hein? S'il te plaît? Réponds? Mulet! Non. Tais-toi! Baisse les yeux, et regarde-moi, sans mentir! Et fais attention qu'au moindre souffle, je t'écrase, comme un colifichet! (Calme tout à coup.) Et maintenant (il arpente la pièce), voyons cela! voyons... voyons...

Si c'est honorable, et poli, digne, et recta-recta! (Satisfait.) Oui. C'est pien! Soyons chustes! C'est pien... Presque pien! (A Michel.) Mais tu seras, oui, garçon, quand même puni, pour m'avoir fait peur, et mis en colère. (Tourné vers les subalternes.) A vous, messieurs, un mot. N'oubliez pas... (Mais la porte est brusquement ouverte à deux battans. On aperçoit dans le fond, sur le carré, des soldats pétrifiés qui présentent les armes.)

UN OFFICIER, qui accourt, lance au gouverneur :

Le Maréchal!

UN AUTRE complète :

Le Kaiser!

Aussitôt, des commandemens. Des pas sur la pierre. Des casques et des casquettes. Un groupe d'hommes plastronnant, au visage enluminé de nourriture et de froid. Des buées de fortes haleines.

En tête, l'un à côté de l'autre, au même niveau, le Maréchal et l'Empereur.

L'État-major entre à peine dans la pièce, n'en dépassant que de peu le seuil. Le gouverneur et les subalternes s'écartent à reculons.

Le Kaiser et le Maréchal sont seuls dans le grand vide laissé autour d'eux.

Le canon a cessé. Les cloches se taisent. La musique s'arrête. Un énorme silence, à effet, et voulu.

SCÈNE III

LE MARÉCHAL, L'EMPEREUR, LES AUTRES

LE GOUVERNEUR, d'une voix forte, mais qui chevrote d'émotion.

Sire, Monsieur le Maréchal, nous avons l'honneur de vous présenter les pastels de Saint-Quentin, de France.

LE KAISER, après avoir pris toute sa respiration.

Les voilà donc! On les a eus. Nous les avons. Victoire aussi, là. Partout, messieurs. Gloire à Dieu!

L'ÉTAT-MAJOR, en sourdine.

Gloire!

LE KAISER.

Avant toute chose, je vous observerai, messieurs, que cette

exposition a été très profondément creusée, mâchée, organisée. Au lieu qu'ils soient comme à Saint-Quentin mélangés au hasard, sans esprit de discernement et dans une confusion sotte, ces tableaux fameux ont été débrouillés et, selon le rang, la profession, le degré zôciâl, classés par catégories. (Désignant tour à tour, sur les murs.) Si je fais un demi-à-droite, je vois, ici, le roi Louis-Quinze, les princes... Là, les maréchaux. Après, l'Académie. Les chanceliers. Les fermiers généraux. Les artistes. Les abbés. Si je fais un demi-à-gauche, de ce côté, je rencontre les dames. La Reine. Princesses. Bourgeoises. Favorites. Comédiennes. Danseuses. Fretin d'opéra. Ainsi seulement je m'explique et je déduis. J'ai l'ensemble et le détail. C'est la bonne méthode, où nous éclatons. Grâce à la logique et à la discipline qui ont présidé, il me suffit dès lors d'un simple coup d'œil sur cette formation serrée pour que j'embrasse aussitôt tous ces groupes et toutes les unités qui les composent, pour que tous ces tableaux me deviennent faciles à apprendre et à retenir, car c'est de cette façon seulement, permutés et disposés autant pour les besoins du cerveau que pour la récréation de la vue qu'ils se répondent par vis-à-vis comparatifs et se connectent les uns les autres. (Murmure de forte approbation.) Je saisis mieux alors que c'est la France entière, telle qu'elle a été, qui est ramassée sur ces panneaux. Nous avons là, à portée de nos mains soigneuses, la France d'hier, tandis que tous ensemble nous travaillons si bien celle d'aujourd'hui. Ces tableaux nous procurent celui de la France, même de celle d'à présent, car sous le vernis de sa valeur nouvelle et sous la grave élévation qu'elle doit à nos coups, elle reste au fond la même. Elle ne changera jamais, jamais! Elle ne changerait que si nous la changions, nous, les précepteurs du monde. Ce n'est pas impossible, et l'avenir est grand! (Une pause de méditation pour l'avenir. Puis, reprise.) En attendant, le jour que, dans leur précipitation de départ, nos distraits ennemis ont oublié ces portraits de famille, ce fut là pour nous, qui les repêchâmes avec respect, un beau coup de filet, messieurs, qu'en pensez-vous? (Ya, ya... expriment dans l'assistance les yeux humectés de grosse malice, les dents largement découvertes, les gorges qui s'étranglent.) Aussi, j'interprète en symbole. Quoique hélas! on en soit loin encore... il me semble pourtant, devant ces images, que j'ai fait prisonnière la France!... Chacun m'entend? (Ils font signe : Oh! que oui!...) et qu'elle est à nous, là pendue, dans la personne et la diversité de tous ses ancêtres, de son souverain, de ses grands seigneurs, de ses anciens hommes de guerre et de ses anciens riches, de toutes ses capacités dans les deux genres, le bon... et le mauvais. C'est un rêve, peut-être? Savourons néanmoins, en ce moment, avec l'amabilité du Créateur, la joie de le caresser. Tout ce que nous avons accompli d'immense jusqu'à ce jour a commencé aussi par être rêve... Et cependant, nous y sommes! La possession de ces chefs-d'œuvre est une réalité! Ils me représentent, comme sur table, un beau jeu de cartes étalé... Toutes les figures y sont. Le roi, la dame, les valets...

LE MARÉCHAL, grognant et traçant un signe en l'air.

Les as.

LE KAISER.

... Oui. Tous les atouts. On les tient. Nous gagnerons. (Ébrouement général.) Et maintenant, messieurs, en récompense du labeur qui fut rude, passons au plaisir délicat. Vous le méritez. Nous allons regarder ensemble et admirer; admirer dans la franchise et la vaste santé intellectuelle comme nous savons le faire, avec l'amour, l'enthousiasme, et le culte réfléchi que l'on doit à l'art, au grand art, à toutes ses productions si coûteuses, si difficiles, si magnifiques! L'art, on l'a proclamé justement, n'a point de patrie. Il est à tous et tous le revendiquent. En face du beau, fût-il chez nos pires ennemis, notre bras, qui retombe, lâche aussitôt le fer et le feu, et nous demeurons désarmés. Toujours fiers sans doute, ainsi qu'il convient; nous ne plions pas le genou, mais nous inclinons nos pensées. Nous saluons, mais d'où nous sommes; de haut, en dominant. Sans jalousie et sans fiel nous reconnaissons le talent, même étranger. (Se tournant vers l'état-major.) Faisons messieurs, si vous le voulez bien, le tour des salons (Il se met en marche, avec lenteur On le suit. Il s'arrête devant le portrait de Louis XV, et sur un ton de gronderie qu'il s'attache à rendre fine et un peu cordiale) : Eh bien! Sire? Eh bien? Mon Dieu oui! C'est nous. C'est moi! Ah! mon cousin! Quelle affaire! Quel ennui de plus, mon bon frère, on vous donne! C'est le déluge d'après vous, que vous remettiez, qui arrive! Ce n'est pas le premier, car il y en a eu d'autres déjà dans vos bosquets, avant celui-là. Espérons que c'est le dernier! (Quelques pas. Il aperçoit le maréchal de Saxe, et aussitôt l'aborde.) Eh bien?

monsieur le maréchal? Que je suis aise de vous voir, ou plutôt de vous revoir! car nous sommes, rappelez-vous, de vieilles connaissances! Mais oui, duc de Courlande et de Sémigallie. Vous nous revenez tard, mais comme dit le proverbe : mieux vaut tard....

HINDENBURG, qui se croit tenu d'achever.

Que jamais. (Déférence dans l'assemblée.)

LE KAISER.

D'ailleurs, vous fûtes au fond des nôtres, fils de la belle comtesse Aurore de Kœnigsmark! Vous aviez été élevé rudement, en soldat; vous étaliez la superbe taille et la carrure de nos grenadiers, vous mangiez de la soupe et du pain, vous étiez protestant, vous commandiez le régiment d'infanterie allemande de Sparre, qui manœuvrait à la prussienne. Sans doute il est dommage que vous vous soyez un instant battu contre nous, mais cela n'empêche pas que tout ce qu'il y avait de bon et de supérieur en vous était allemand. L'athlète, le géant, l'homme des violens exercices, le grand chasseur, l'Hercule du bivouac, le victorieux par l'application de nos méthodes militaires, c'est l'Allemand. L'agité, le débauché de mauvaise compagnie, le buveur des soupers et le titan d'amour, c'est le Français, qui a tout gâté. (Demi-tour vers l'état-major.) Est-ce pas vrai, messieurs? (Et tous les visages d'exprimer en levant les yeux au ciel ou en les fermant : « C'est la vérité pure! » Revenant au maréchal de Saxe.) Aussi, le plus beau jour de votre vie ne fut pas, comme on l'enseigne, celui de Fontenoy, mais celui où vous fûtes reçu à Berlin avec la plus grande magnificence par mon divin aïeul, Frédéric II. Enfin, détail d'une signification prophétique : ayant dans votre glorieuse retraite obtenu d'avoir à Chambord des Gardes, comme le roi, vous n'eûtes rien de plus à cœur que de vous payer un régiment de uhlans façonnés d'après les nôtres. (Avec intention piquante.) Il y a toujours eu entre la terre française et le uhlan une affinité singulière et secrète. (On saisit.) Maintenant laissez-moi vous dire, monsieur le maréchal, toute ma surprise de vous voir, vous si brutal et fougueux, un cavalier à pistolets... traduit en pastel! en cette substance frivole! Il eût fallu à mon sens, pour vous rendre au vrai, un pinceau de fer de chez nous. La preuve et le résultat, c'est qu'on n'a reproduit ici que la moitié de votre personnage, le Français, et que par malheur rien de l'Allemand ne perce. M. de la Tour, — impuissance ou pudeur, — paraît s'être rendu compte lui-même qu'il aurait eu tort avec vous de forcer son talent; il s'est cantonné au visage et il a eu le goût de nous éviter cette cuirasse à reflets, cette peau de tigre, ces cordons et ce bâton à fleurs de lis dans lesquels vous avez, partout ailleurs, coutume de vous pavaner. Mais souffrez que je vons quitte. Ces messieurs de l'Académie française nous font signe d'aller à eux. Venons-y donc. (Il fait un pas. On le suit. Nommant les portraits qu'il désigne.) Voltaire, d'Alembert, Rousseau, Duclos, Crébillon le père, Moncrif. Il y a de tout, du génie et du néant. Sous le même titre il s'en faut de plus d'un cheveu qu'ils se vaillent! Méfiant, jaloux, aigri, encore plus rebuté de lui que des autres, corrompu et corrupteur, sensible comme une plaie... c'est leur Rousseau. Un malade contagieux. (Il indique le suivant.) Duclos, si content d'être fin, tout en vanité de soi, et qui porte la tête comme un chapeau brodé... Crébillon, honnête et médiocre tragédien, dont la honte et la célébrité furent son fils; Moncrif, un plaisant qui aimait les chats; et les deux derniers, les plus grands, Voltaire et d'Alembert. Avec ces deux-là, nous nous sentons, messieurs, en pleine communauté d'idées et de culture; ils furent nos admirateurs, nos amis; ils verraient avec déplaisance aujourd'hui comment on nous juge dans leur pays; ils avaient, comme nous tous, la sainte horreur de la guerre; ils voudraient à présent la concorde, soyez-en sûrs, et sauraient l'imposer à l'opinion; ils seraient nos meilleurs agens de propagande, les instigateurs, les encyclopédistes de la paix, de la paix franco-allemande et de la paix universelle. C'est une catastrophe, vous m'entendez, que la disparition dans le monde de ces merveilleux esprits politiques dont la graine ne lève plus que chez nous. Je regrette beaucoup que les circonstances ne me permettent pas de m'attarder ici, près de l'auteur de *la Henriade* et de *la Pucelle*, car j'aurais eu plaisir à vous exprimer, messieurs, l'enthousiasme que m'a toujours causé ce grand génie à la pointe caustique si allemande! Mais, hélas! le temps nous presse.

HINDENBURG, fort.

Oui.

LE KAISER, montrant les autres portraits.

... Et il nous en reste encore un régiment à inspecter de ces tableaux! Il faudra même que nous en sautions. Sauter des La Tour! C'est affreux! Tenons-nous-en au-dessus du panier. (Il fait deux pas.) Voici messieurs Grimod de la Reynière, de la Popelinière, et de Neuville. Orgueil, dédain, graisse, appétits. Les paons, les dindons, et les gorets de la finance. (Hilarité des courtisans. Il fait deux pas.) Puis messieurs les abbés. Après la noblesse et le tiers état, le clergé. Ah! les abbés XVIIIe siècle, si francs, si lurons et vicieux! Comme ils disent bien les péchés de cette société brillante et pervertie! Comme tout en eux la confesse! Cet abbé Hubert qui fait le niais sur son gros livre, à la chandelle, cet abbé Pommyer tout luisant, dont l'œil et la narine à la fois polissonnent, ce petit Père Emmanuel ratatiné de malice en sa bure de capucin... voyez-moi s'ils en savent long sur tous ces gens-là qui les entourent? Taisez-vous, messieurs les curés! Allons! Vous parlez trop! Mordez-vous la langue. Vous trahissez le secret de vos pénitens! Mais... c'est la faute des dames! (Il se dirige vers leur travée...) des dames qui les attirent chez elles, qui les cajolent, les emploient, et les achètent. Dames de toute espèce. La Reine. La Dauphine. La Pompadour. Ah! Pompadour! Pompadour... Femme Poisson, soyez la bienvenue! Et vous non moins, la Camargo, la Favart, la Fel, la Dangeville, la Puvigné... demoiselles baladines, théâtre... galanterie!... (Tourné vers l'état-major, avec un petit œil.) Mais vous semblez, messieurs, tout dérangés par ces fripons minois... comme si vous vouliez avec... faire camarade? (On rit, on est content. Il s'adresse à Hindenburg.) Jusqu'à notre illustre farouche dont tout à coup l'on dirait, mein Gott, que le front s'empourpre sous les lauriers?

HINDENBURG.

Non, Sire. Le front Hindenburg ne bronche pas. Et quand il se teint, c'est d'un autre rouge.

LE KAISER.

Voilà répondre. (Aux officiers.) Imitez, messieurs, votre Incorruptible. Ne vous laissez pas, même devant ces filles-pastels, ces filles-fleurs, troubler par la matière. Oubliez-la dans les camps, en face surtout du sexe ennemi. Soyez atroces, mais courtois. Il suffit. Nous savons que de ce côté... aucun reproche. Assez. Il faut rompre avec tout ce monde l'aimable commerce. (Parlant aux portraits.) Au revoir, fous! Vestiges coquets! Jolies figures! Plaisanterie d'hier! Pardon de s'arracher de vous, mais c'est pour se mettre en état de vous garder toujours. On se marie. Sur ma tranchante épée, je le jure, vous resterez chez nous, dans nos palais d'Allemagne. On ne vous rendra pas. Plaignez-vous donc! Vous retrouverez mes Watteau...

HINDENBURG.

Sans parler des autres, qui vont rejoindre,

LE KAISER, surpris.

Lesquels?

HINDENBURG.

Ceux de Lille.

LE KAISER.

Ah! aussi, oui. (Aux pastels.) Vous serez à Berlin le badinage de nos docteurs et la leçon de notre peuple expert. Vous entendrez, enfin, causer sérieusement! On étudiera tout contre et d'après nature comment vous êtes faits. On proclamera, certes, que vous êtes des blocs de gentillesse et des monumens de grâce et que tout cela est habile et tourné, plein de bons endroits... mais que c'est fait vite, à l'étourdie, que ça n'est pas pioché, approfondi, raclé. Chez nous, même ce qui paraît enlevé de suite, s'est fait fort lentement et remonte à loin. Il faut qu'on souffle, qu'on pousse et qu'on s'y reprenne. Bravo! Pas de vrai chef-d'œuvre sans gros travail. Aussi nous voyons l'effet colossal qui pour des siècles se place, et demeure. C'est que nous pensons à préparer, et qu'ensuite nous terminons! Tandis que le Français pas. Nous remarquons bien, ici, de jolies « préparations, » mais alors on n'a point fini; et dans cette guerre, — qui est autre chose que pastel, — et où la préparation a manqué..., vainement et trop tard *ils* tâchent de finir. Veulent-ils s'appliquer au grave? Ils font la culbute. (Montrant le portrait de La Tour par lui-même.) Exemple : celui-ci, ce pauvre diable de demi-génie, sous les doigts duquel sont nées toutes ces images si claires. Eh bien? au sommet de son âge il perdit la raison. S'était-il pas mis dans l'idée, figurez-vous, de taquiner la métaphysique? (Hilarité générale.) Elle l'a tué, comme une mouche. A qui la faute? A lui. Ils n'ont pas pour ces grands sujets les têtes qu'il faut (vers Hindenburg), nos puissantes têtes carrées, monsieur le maréchal.

HINDENBURG.

Danke.

LE KAISER, s'animant.

Enfin, leur vieux, leur horrible défaut : ils se moquent. Preuve, tenez! C'est qu'après tant de contre-coups, malgré tant de causes de deuil, et aujourd'hui devant tant de malheurs, regardez-les. Ils rient! Comme ils riaient jadis, ils rient encore! et pour l'éternité. C'est leur charme, — et leur châtiment! Depuis cent cinquante ans que leur pays glisse, ils rient! Pyrâmidàl! Ils sont gais! aussi joyeux et frais que leurs couleurs! Nous les avons pincés, et cependant tous bien rasés, narquois, impertinens, ils continuent de ricaner, jusque sous la lance de nos moustaches! Beaux esprits, petits cœurs. On n'a jamais vu ça. Ma parole, messieurs, ils ont l'air... ENCHANTÉ!

HINDENBURG.

Ils ont, oui.

LE KAISER, explosant.

Qu'ils rient donc! Tel qui rit vendredi... (Avec un beau salut circulaire aux pastels.) Mesdames, messieurs, à dimanche! (Groupant du geste autour de lui tous les gens de son cortège.) Et maintenant, à vous, officiers de nos états-majors, je veux dire une chose. Ecoutez-la. Pour perpétuer l'immortel souvenir de cette conquête artistique nous avons fait établir par les soins de nos sommités un splendide répertoire de ces tableaux que vous voyez ici rassemblés. (D'une voix forte.) C'est le corps d'occupation des troupes de Bapaume qui, sous le haut patronage de notre frère bien-aimé Sa Majesté Guillaume II, roi de Wurtemberg... (La main au casque. Tous l'imitent.) a exécuté cet ouvrage impérissable et en a fait les frais. Honneur soit rendu à eux tous, dessinateurs, graveurs et particulièrement à messieurs les docteurs et professeurs si éclairés du Service des Étapes ayant assumé la responsabilité du texte et couronné chacun de ces portraits d'une glose parfaite et définitive qui est, quatre-vingt-sept fois de suite, un pur bijou!

Ajouter que ces pages ont été imprimées à Munich, c'est dire tout. Oui, en pleine guerre, sur terrain ennemi, dans l'atmosphère des combats, voilà ce que nous faisons, nous, les Goths! les Huns! le peuple des cavernes! pour apprendre au monde, et donner l'exemple! Et ce n'est qu'un commencement. De pareils catalogues seront demain partout dressés, de tous les mûzées de France qu'une chute providentielle en nos mains a sauvés à temps de l'incurie et de la dégradation, pour témoigner que nous savons célébrer comme il faut le talent et la beauté. Qu'après cela les nations civilisées de l'Entente continuent, si elles le veulent, à nous traiter de barbares! En avant les Barbares! Hurrah! Uber Alles! Auf! A présent! le livre! Le livre de La Tour! Qu'on me le donne! Je le veux! (Un officier, qui n'attendait que cet ordre, s'avance et lui tend le livre. Il le prend.) C'est lui. C'est le premier exemplaire. Avant de retourner au milieu de mes armées qui grondent, je le laisse ici (il le pose sur la cheminée), parmi ces chefs-d'œuvre, comme un bouquet de fleurs d'Allemagne en hommage à l'Art français. (Se tournant vers Hindenburg et l'invitant du geste à sortir avec lui.) Monsieur le Maréchal.

HINDENBURG.

So. (Ils s'ébranlent tous.)

LE KAISER, se retournant.

Ceux d'entre vous qui seraient curieux de profiter encore peuvent rester.

HINDENBURG.

Mais dans une heure, tous en bas, devant.

Le cortège est bientôt sorti. Deux officiers seulement sont restés, un lieutenant prussien, et un ober-leutnant bavarois, avec Michel et Fritz, en faction, muets, immobiles chacun dans son coin.

SCÈNE IV

LES OFFICIERS

LE BAVAROIS.

Exquis, notre Kaiser!

LE PRUSSIEN.

C'est un charmeur.

LE BAVAROIS.

Il peint, lui aussi.

LE PRUSSIEN.

Il sait tout.

LE BAVAROIS.

Son discours a été bien gracieux.

LE PRUSSIEN.

Et bien profond.

LE BAVAROIS.

Dommage qu'on l'oubliera, et qu'il soit perdu !

LE PRUSSIEN.

Il ne sera pas. On l'a sténographié. Pour tout l'Empire.

LE BAVAROIS.

Quel bonheur !

LE PRUSSIEN.

Mais par exemple le maréchal...

LE BAVAROIS.

Quoi ?

LE PRUSSIEN.

Il s'embêtait ferme.

LE BAVAROIS.

Ah ! dame ! il n'est pas énormément pour pastel.

LE PRUSSIEN.

Non. Je reviens au Kaiser. Il a été parbleu magnifique...

LE BAVAROIS.

Inouï ! fabuleux !

LE PRUSSIEN.

Une chose pourtant m'a déplu, et étonné, de lui, si poli !

LE BAVAROIS.

Laquelle ?

LE PRUSSIEN.

... Quand il a insulté Pompadour.

LE BAVAROIS.

Comment cela?

LE PRUSSIEN.

Oui, qu'il l'a appelée femme-poisson!

LE BAVAROIS, riant, car il sait, lui.

Ach! Mais non! Vous n'avez pas compris!

LE PRUSSIEN.

Qu'est-ce que cela veut dire ?

LE BAVAROIS, n'osant pas.

C'est... C'est un compliment au contraire! un mot d'esprit parisien, d'esprit calembour. Cela veut dire... sirène, qui séduit, femme-poisson, enchanteresse...

LE PRUSSIEN, soulagé.

Ah! oui, oui, oui. Maintenant, j'y suis. A la bonne heure! Excusez-moi, mon cher.

LE BAVAROIS.

Comment donc?... mon cher! Mais quoi! On n'est pas forcé de tout saisir ainsi, vite, à la volée...

LE PRUSSIEN.

N'est-ce pas? Bien sûr.

LE BAVAROIS.

Ni de tout connaître. Moi, tenez, il y a une chose que j'ignore et qui m'a brouillé, dans le morceau du Kaiser...

LE PRUSSIEN.

Vous aussi? Quoi donc?

LE BAVAROIS.

Vous vous souvenez de toutes ces dames qu'il a nommées, de France? (Comptant sur ses doigts.) la Fel, la Dangeville, la Camargo, la Puvigné, la Favart?

LE PRUSSIEN.

Oui... Eh bien?

LE BAVAROIS.

Mais qui est cette autre qu'il a dite, à la fin? dont Voltaire a conté la vie?

LE PRUSSIEN, qui croit deviner.

Ah! la Pucelle? C'est Jeanne d'Arc!

LE BAVAROIS se récriant.

Oh! je sais bien, voyons! Non! l'autre demoiselle? la Henriade?

LE PRUSSIEN éclatant, car il sait, lui.

Ach! Maïs non! (Il pouffe.) Vous n'avez pas compris. La Henriade!

LE BAVAROIS.

Enfin, qui est-ce?

LE PRUSSIEN n'osant pas encore.

Je vous dirai, je vous dirai. Plus tard. Dehors. Sortons. J'ai lorgné en venant, au coin de la place, une « restauration » qui m'a l'air bien gentille.

LE BAVAROIS montrant la galerie.

Et les pastels?

LE PRUSSIEN.

Sans doute! Mais... la saucisse! (Il lui prend le bras.) Figurez-vous, mon cher, que cette Henriade... c'est un homme!

LE BAVAROIS.

Un h...! Oh! ces Franzose! Croyez-vous! (Alléché.) Contez-moi ça? (Ils sortent.)

SCÈNE V

MICHEL, FRITZ

FRITZ, se détirant.

Joie de dégourdir.

MICHEL, approuvant.

Un peu. Eh bien ? Fritz? Tu as tout vu?

FRITZ.

Que c'était beau, Michel!

MICHEL.

Tu me prends ma pensée, Fritz. Mais... ils ne doivent pas être contens!

FRITZ.

Qui donc? (Montrant la porte.) Ceux qui sont partis?

MICHEL.

Non. (Montrant les pastels.) Ceux qui sont restés.

FRITZ, se touchant le front.

Toujours ta folie?

MICHEL, tourné vers les portraits.

Je les connais. C'est cette nuit qu'ils vont en dire! Je ne pourrai pas serrer l'œil. Viens vite. Voici le soir. (Se parlant à lui-même.) Consigne : « A la tombée du jour, fermer les pastels. » J'obéis. (Il jette un dernier regard aux tableaux.) Ah! là! là! Que va-t-il...? (Tous deux passent le seuil. La porte se rabat. Bruit du tour de clef dehors, des verrous. Plus personne dans le musée. Beauté du silence.)

SCÈNE VI

LES PASTELS

Mais on entend bientôt de fins ramages d'étoffes, chuchotemens de soie, murmures de velours, des bruits de pieds légers qui glissent, de sièges qu'on avance et de jarrets qui craquent, l'aimable et discrète rumeur d'une assemblée de bon ton. Le feu de bois alangui et qui chancelait pétille, se ranime ; à la minute, il entreprend d'éclairer tout seul les salons qu'il réchauffe..., et déjà, dans la pénombre noyée d'or, on distingue en silhouette un digne homme d'abbé, bien perruqué, au dos rond d'église, au petit manteau, qui pose sur la cheminée, d'une main prudente, un flambeau court à double branche. Prononcé tout bas, son nom vole au refrain d'une chanson :

C'est l'abbé Huber
Notre grand vicaire
Lanlaire !
Dont le nez riche en tabac
Met du caffé sur son rabat
Lanla !...
Il apporte de la lumière...

Et en effet, les deux simples chandelles suffisent à répandre partout une clarté comme s'il y avait buissons de bougies à Versailles, à la galerie des Glaces. On voit apparaître à présent, dans le vif renouveau de sa grâce ressuscitée, la foule élégante et souple qui circule avec une aisance harmonieuse. Tous les pastels sont descendus de la petite estrade où depuis si longtemps chacun tenait la pose ; ils ont repris pied et les cadres devenus vides sont de doux miroirs qui, en les reflétant, les conservent encore. On marche, on s'arrête, on est assis, on se penche sur une épaule, on se parle à l'oreille. La robe à fleurs d'argent répond aux agaceries de l'épée. L'éventail masque le visage, abrite une rougeur, intercepte un baiser et permet un aveu... et des violons, si lointains et si lents qu'on les dirait défunts, — peut-être ceux du Roi ? — soupirent, par intervalles. Et tout à coup, après un instant d'accalmie pendant lequel ont pris fin les menus propos à voix basse, les portraits redressés au rappel de la vie, parlent debout, tout haut, comme autrefois.

LE ROI.

Je vois que vous n'en pouvez plus !

LA TOUR.

Ah ! Sire ! (Un grand frémissement agite l'assemblée.)

LE ROI.

Allez-y donc, messieurs ! Et vous aussi, mesdames ; parlez, je vous en prie. Ne vous gênez pas !

LA TOUR.

Le Roi le permet ?

LE ROI.

Il vous le demande.

LA TOUR.

Ah ! C'est que, — j'en préviens votre Majesté, — nous en avons... plein le cœur !...

LA CLAIRON.

Je bouillonne !

LA TOUR.

... et nous allons, je le crains, en lâcher de roides !

LE ROI.

Je n'ai pas peur, monsieur. La Reine non plus, ni personne ici. Vous pouvez tout dire aujourd'hui.

LA TOUR.

Il m'a mis en un tel état !

MADEMOISELLE FEL.

Et moi donc?

LES ABBÉS.

Nous-mêmes ! Le clergé !

MONSIEUR DE JULIENNE, amateur éclairé.

Tous il nous a choqués.

LES FINANCIERS.

Blessés.

LES GENS DE GOUT.

Irrités.

LES PHILOSOPHES.

Assommés.

LE ROI.

Il fut sot, odieux. Ne le ménagez pas.

LA TOUR.

Vive le Roi ! (Se tournant vers l'assistance). Ah ! mes amis !... Mes amis!... (Imitant l'Empereur)... Se connectent les uns les autres! Hein?

LA CLAIRON.

« Connecte-toi toi-même! »

DUCLOS.

Il a pesé, c'est certain.

LA TOUR.

Et quels mots! Quels matériaux il est allé chercher!

CRÉBILLON.

Il parle assez bien le français.

DUCLOS, faisant la moue.

Ce n'est pas le nôtre. Et puis, il le prononce comme il le pense : mal. Il ne parle d'ailleurs que pour s'écouter.

LA TOUR.

Il s'y connaît en art.. comme Camargo en droit canon!

L'ABBÉ HUBER, peiné, à la Tour.

Ne mêlez pas les choses saintes...

LA TOUR.

Son outrecuidance est universelle. Il n'a dit que des bêtises.

MONSIEUR DE JULIENNE.

Évidemment, le pastel lui échappe.

LA TOUR.

Il ne sait rien. C'est un âne. Cette grotesque façon de nous enrégimenter! Ses demi-à-droite! Ses demi-à-gauche! L'impertinence de ses : Eh bien? Au roi!

MADAME DE LA POPELINIÈRE, outrée, montrant le maréchal de Saxe.

Au maréchal!

LE MARÉCHAL DE SAXE, désignant Madame de Pompadour.

A Madame!

LA REINE.

... en lui donnant.. son nom de jeune fille! oh!

LA POMPADOUR, placide.

Ça ne m'a pas émue.

LE ROI, entre ses dents.

Elle en a vu d'autres!

LA TOUR.

Enfin vous m'avouerez qu'il s'est conduit comme une espèce? Pas un de nous qui n'ait été pour lui l'occasion recherchée d'un manque de savoir, de tact et de manière!

MADAME GRIMOD DE LA REYNIÈRE, à la Tour.

A commencer par vous. Il s'est exprimé sur votre compte avec une grossièreté...!

LA TOUR, évasif.

Laissons cela, Madame. Ces injures personnelles du Kaiser, je pourrais les relever... je m'en garderai bien.

GRIMOD DE LA REYNIÈRE, bas, à sa femme.

Il va les détailler toutes.

LA TOUR.

Il a dit que je « préparais » sans finir! Quelle injustice! et quelle absurdité! Il a dit que mon art était superficiel, et léger, de surface... moi dont le grand souci fut toujours de dessiner et de bâtir. Il a dit que j'ai été fou!

PLUSIEURS.

Jamais!

D'AUTRES.

C'est une horreur!

LA TOUR, se modérant.

Il est vrai que j'ai eu l'esprit fatigué au bout de ma vie.

MADEMOISELLE FEL, indulgente.

Mais non. Mais pas du tout!

LA TOUR.

Si ma chère, si, un brin. Mais le trouble qui m'agitait, c'était, sans que je m'en doutasse et que je pusse le sortir, le pressentiment affreux, et caché, des malheurs qui devaient aujourd'hui nous arriver, à moi, à vous tous, à mon œuvre, du fait de ces scélérats et de ces malappris! Et ce qui m'indigne le plus, ce n'est pas qu'ils nous aient faits prisonniers, non... — et je vous dirai tout à l'heure pourquoi, — c'est qu'ils nous comprennent si mal. Nous ont-ils regardés? Je n'en suis pas sûr, puisqu'ils nous voient rire! Ce Kaiser croit que nous sommes des lurons, qui pouffent, qui s'esclaffent! L'aveugle! Le grossier! Il ne s'est même pas aperçu que nous souriions! Saints du ciel! Beautés de l'Olympe! Il confond le rire avec le sourire! L'Allemand rit. Hélas! Il ne sait que rire. Et de quel calibre est chez lui cette action, quelle gorge déployée l'exécute à gros bruit... nous en avons la quotidienne et douloureuse épreuve! Mais le sourire? Bernique! Il est à nous, à nous tout seuls, — ou du moins en premier. Aussi je m'amusais bien dans le fond, malgré ma colère, en entendant le haut et puissant seigneur des Arts d'Outre-Rhin, Dieu de l'esthétique germaine, déraisonner avec tant de succès! Quand il s'écriait, en s'étonnant de nous : « Remarquez cette joie frivole et cette insouciance! Ils n'ont pas l'air de se douter que nous sommes là et que nous les tenons captifs, épinglés au mur, tous ces beaux papillons!... » il ne se doutait pas lui-même du vrai sentiment qu'exprimait la claire énigme de nos yeux, il n'en sentait pas le mépris, le dégoût, la hautaine répulsion. L'impitoyable dédain de nos lèvres retroussées ne lui motivait pas notre arrêt sans appel. Jamais il ne comprendra que la plus farouche haine fasse exprès de s'accroître et de s'orner par le sourire. C'est pourtant notre première et jolie revanche. Oui, mal assouvis de les exécrer, nous nous moquons d'eux! Si je n'avais l'honneur d'être écouté par d'augustes oreilles, je dirais le mot cru : que nous nous.. hum... d'eux, et de tout notre cœur!

LE ROI.

Dites-le, monsieur! C'est un mot français. Qui de nous, par instans, ne s'en est servi? Ne le laissons pas refroidir. Voilà l'occasion.

LA TOUR.

Sans doute, Sire; mais non, si ce mot est dans nos pensées, notre bouche veut le taire, par respect de Vos Majestés. Ils n'y perdront rien, pourtant! (Il a pris sur la cheminée le livre posé par le Kaiser.) Voilà donc ce fameux bouquin! (Il le lève et le montre. On se rapproche.) L'extérieur, d'abord... Ravissant, n'est-ce pas? Ce cartonnage gris verdâtre et cet encadrement de style munichois, ce dos d'un violet nauséabond, ces tranches lie de vin et ces caractères gothiques... c'est bien ce qu'il fallait, ce qui s'accordait avec des pastels du temps de Louis XV! Quelle précision et quel bonheur de goût! Quelle quintessence d'à-propos! Et le titre! Ailé, caressant, musical. *Korpsverlagsbuchhandlung Bapaume!*

MADAME FAVART.

Ah! mon Dieu!

LE MARÉCHAL DE SAXE.

C'est une adresse de Kommandantur.

LA TOUR.

Attendez. Ce n'est pas fini. Arc-boutez-vous. (Lisant.) *Ein Deutsches Reservekorps gibt Französische kunst heraus! La Tour hat in seinem Pastelplorträts den Geist und die Liebenswurdigkeit des Rokoko verherrlicht wie Kein anderer.* Et en dessous : *S. M. König Wilhelm II von Wurtemberg nahm die Widemung an.*

LA CAMARGO.

Ce qui veut dire? Ah! vite! J'ai soif...

LA PLUPART.

Non! Non!

UNE VOIX.

Assez!

UNE AUTRE.

Grâce!

UNE AUTRE.

Pitié!

LA TOUR, inébranlable.

Il faut souffrir, il faut savoir. C'est instructif.

CRÉBILLON.

C'est inhumain.

LA TOUR.

Ce qui veut dire... Je traduis littéralement et dans l'ordre des inversions : Un corps de réserve allemand publie de l'art français avec La Tour, qui, dans ses pastels, éclaire et fait surgir tout l'esprit et la grâce du rococo...

DES VOIX.

Oh!

UNE AUTRE.

Aïe!

UNE AUTRE.

Non?

DUCLOS, à La Tour.

Vous en remettez!

L'ABBÉ POMMYER.

Il brode, il se roule, il invente.

LA TOUR.

Je vous jure... Je suis honnête. (Continuant.) Du rococo, comme aucun autre.

MADEMOISELLE FEL, à la Tour.

Ça par exemple : « comme aucun autre, » c'est gentil voyons?

M. DE JULIENNE.

Oui, pour un compliment, et de leur part...

LA TOUR.

Il m'offense. Rokoko! Mais d'où sortent-ils?

LE ROI.

De Potsdam, qu'ils prennent pour Versailles.

LA TOUR.

Je les entends d'ici doctoriser: « Das ist rokoko... »

MONCRIF.

Avec des K!

MADEMOISELLE DANGEVILLE.

Oui, pourquoi?

M. DE LA POPELINIÈRE.

La lettre c leur fait donc peur?

MADEMOISELLE CLAIRON.

Ah! dame!

LA TOUR.

Alors, ils croient, tout de bon, que le Louis-Quinze est rococo?... et que notre art, le plus beau, le plus pur, est de la décadence? Les imbéciles! Les malheureux! (S'adressant à Voltaire.) Je vous en prie, monsieur... (et tourné vers d'Alembert), et vous aussi, qui les avez si bien connus dans le temps, comment expliquez-vous cela? (Revenant à Voltaire.) Et comment, d'abord, vous qui étiez la fleur, et la plus fine, de l'esprit français, de la grâce et du goût, comment avez-vous pu, ne fût-ce qu'au passage, vous accommoder de ces gens-là? Comment n'avez-vous pas deviné à l'avance?...

VOLTAIRE, agacé.

Ah! Comment? Comment? Monsieur du Comment? C'est facile à vous aujourd'hui de me harceler là-dessus!... Aussi bien je m'y attendais. D'abord, ces Allemands-là différaient beaucoup de ceux d'à présent.

LA TOUR.

Non. Sans en avoir l'air ils étaient au fond tout pareils.

ROUSSEAU, à Voltaire.

Hé oui! On vous en veut un peu...

VOLTAIRE, à Rousseau.

On m'en a toujours voulu de quelque chose. C'est une habitude qu'on a. Je ne dis pas cela pour vous.

ROUSSEAU.

... De n'avoir pas su mieux pénétrer jusqu'aux bas-fonds du cœur de ces hommes de proie, de n'avoir pas su démêler leurs desseins futurs de force brutale, de vous être arrêté à la surface de leurs dissertations et de leurs éloges, de n'avoir pas senti, sous la grosse caresse du gant, la main de fer.

LE MARÉCHAL DE SAXE.

La patte de la bête.

LA TOUR.

Ses os durs.

MONCRIF.

Et ses griffes.

VOLTAIRE.

Tra la la! Le pouvait-on? Qui l'aurait pu?

ROUSSEAU.

Vous seul. Vous le pouviez, vous le deviez. (Humble et amer.) Génie oblige.

VOLTAIRE, à Rousseau.

En ce cas, tout vous désignait. Les bas-fonds du cœur! Vous étiez là comme chez vous. Et cependant, grand précurseur social, vous n'y avez rien vu non plus.

ROUSSEAU.

Je n'habitais pas comme vous les palais, ni les cours étrangères. Moi, pour me faire oublier et me débarrasser de l'injustice humaine, j'errais dans les bois, en fredonnant une ariette...

VOLTAIRE.

... Et ne pensant qu'à la pervenche. On le sait. Laissons donc là, monsieur, mes palais et vos ermitages. C'est du Kaiser qu'il s'agit et de son étonnant discours. Il a beau m'avoir bien traité... Grand merci! Croit-il qu'il me flatte? et que, pour avoir fait la *Henriade*, je serais tenté, si par malheur je vivais encore, d'écrire une *Guillaumade?* Ah! non!

D'ALEMBERT (à Voltaire.)

C'est comme quand il a dit, sans paraître en douter, « que nous ferions la paix » tout de suite! Et allez donc!

VOLTAIRE.

Oui. A-t-on idée?

D'ALEMBERT.

Le vilain homme!

VOLTAIRE.

Mais voilà. C'est bien fait! Il me juge d'après l'opinion avantageuse que j'avais de ses aïeux et d'après celle aussi qu'ils se faisaient de moi, dans le sens où je m'étais appliqué moi-même à l'inspirer... Et puis, Guillaume II vit toujours... et nous, nous sommes morts. Énorme différence. Il ne sait pas, et nous savons. Le premier bénéfice des morts est la clairvoyance soudaine de leur vie. A l'instant où ils ne peuvent plus rattraper les sottises du passé, celles-ci leur sont brusquement et complètement révélées. L'irréparable, pour se montrer, choisit exprès l'au-delà. Mais, si mes erreurs et mes fautes me crèvent les yeux trop tard, je veux du moins les proclamer. Depuis tout à l'heure j'étouffe. Il faut que je me soulage. Eh bien oui, quand je me rappelle ce que j'ai pensé, dit et écrit à propos de ces damnés Allemands, je rougis, comme Mlle Clairon quand on lui manquait, et je ne sais plus où me fourrer. Je ne peux plus relire ma correspondance avec le Prince de Prusse. Elle m'horripile. Je voudrais m'expurger. Ah! ces fameuses lettres à mon « Fédéric, » pour lesquelles j'avais toujours eu un petit faible...

ROUSSEAU.

Si petit que ça?

VOLTAIRE.

A présent je n'en donnerais pas quatre sols. Est-ce moi? J'ai honte à me reconnaître. Ainsi c'est pour cet homme-là qui limait des vers si plats que je me suis prodigué, que j'ai compromis ma santé, perdu un temps si précieux de ma brève existence, et que je faisais la lippe en crachant sur Louis

Quatorze à la pauvre orthographe? J'immolais un de nous, et quel? mon roi! à celui-là! et je médisais des miens! de mon pays! Pourquoi? Parce qu'enivré des louanges de ce prince et les lui ayant rendues au centuple.., à ce jeu nous nous étions l'un l'autre absolument pourris. Orgie de complimens. Débauche de mensonges. Par nos bouches tout a passé : les vertus, les grâces, les rayons, les palmes, les couronnes, le myrte et les lauriers, toutes les formules de la flatterie, toute la mythologie de l'adulation. La modestie et la décence étaient pulvérisées. Il suffoquait d'enthousiasme à mon égard et j'en haletais pour lui. Tudieu! Quel délire! Quels chassés-croisés! Quels assauts! On n'y allait pas de langue morte. Il me lançait de l'Apollon, je lui renvoyais de l'Orphée! Le génie ne comptait plus. Nous en étions tous les deux à la simple divinité. On se tutoyait comme des Jupiter. *Tu deus! Tu quoque!*

MADAME DE LA POPELINIÈRE, bas, à son mari.

Quoi? Que dit-il?

LA POPELINIÈRE, qui élude.

C'est du latin.

VOLTAIRE.

Combats à l'encensoir, jets de madrigaux, petits vers à toute heure, effeuillés comme des roses, libations d'odes... eau bénite!!

VOIX NOMBREUSES.

Oh! Vous?

VOLTAIRE.

Oui! Moi! Satan me pardonne! moi qui croyais la détester... quand elle me mouillait et me piquait les joues, je la trouvais agréable! Je vous dis que nous étions fous! Si encore on s'en était tenu à s'offrir l'Olympe, à se garantir l'immortalité? Mais le fâcheux, c'est qu'on profanait le sentiment par un commerce d'amitié qui divaguait comme l'amour! Quels noms, quels qualificatifs n'ai-je pas donnés dans mes épîtres à ce prince élu de mon cœur! Il a été Platon, Marc-Aurèle, Henri IV, François Ier, Pierre le Grand, Socrate, Achille et Mars! Je lui ai dit qu'il pinçait de la lyre comme Homère et jouait de la flûte comme Télémaque; je lui ai mille fois déclaré qu'il était le chef-d'œuvre de la création! Et il l'a cru! Et lui, de son côté, ne m'avait-il pas persuadé que Corneille et Racine n'étaient que la crotte de mes talons et qu'aucune femme ici-bas ne surpassait ma divine Émilie? Extravagant! Enfin, moi, le libre esprit, l'affranchi suprême, j'ai été plus idolâtre envers cet homme très ordinaire que le dernier des recteurs de village envers son bon Dieu. J'ai baisé ses mains, j'ai baisé ses pieds, sa signature, ses portraits.

L'ABBÉ LEBLANC.

Et vous n'auriez pas baisé la mule du pape!

VOLTAIRE.

C'est vrai. Quel illogisme! Je ne pouvais pas regarder sans rire un cuistre d'église plier le genou, et je me suis mis à plat ventre devant ce pédant couronné, comme un dévot à la procession. J'enrage. Ah! que n'ai-je le moyen, — faute de les lui renvoyer, — de rassembler ses lettres, son fatras, ses bagues, ses breloques, ses tabatières, ses portraits et ses cannes? tout ce qu'il m'a donné? Cela ferait un beau tas, j'y mettrais moi-même le feu, et quand il serait bien pris, j'y jetterais... (Il s'arrête.)

VOIX NOMBREUSES.

Quoi, monsieur?

VOLTAIRE, avec éclat.

La Pucelle!!

LE PÈRE EMMANUEL.

Seigneur!

L'ABBÉ HUBER.

Qu'entends-je?

L'ABBÉ POMMYER.

Est-il possible?

VOLTAIRE.

Item! *La Pucelle!* Au bûcher!

ROUSSEAU.

Comment? Encore! Une fois ne vous suffit pas? Vous voulez la rebrûler? Votre persistante haine...

VOLTAIRE.

Mais non, monsieur! C'est moi que je brûle, en signe de remords.

DUCLOS, à part.

Il s'humilie : il est souffrant.

VOLTAIRE.

La riche idée que j'ai eue là, le jour que, sous couleur d'une petite impertinence en vers, j'ai commis ce crime imbécile! Et quelle sottise! Mon œuvre entière est tachée par l'encre de ce méchant poème. Il continue à me salir en ayant l'air de me représenter. Je reste pour les honnêtes gens l'auteur de *la Pucelle*. Que les Français d'aujourd'hui ne me soient pas trop cruels! Le patriotisme autrefois n'était pas né. Il a fallu du temps, et surtout ce temps-ci, pour que sa grâce opère en nous. Aussi, c'est fini. Grondez-moi. Battez-moi. Je dirai : *Meâ culpâ.* Je ne ricane plus.

ROUSSEAU, rêveur.

Est-ce bien sûr?

VOLTAIRE.

... J'admire et je respecte Jeanne. Je lui demande pardon, et à l'Église, aux curés, aux capucins, à tout le monde, au diable, à Dieu, même aux Jésuites!... comme je pardonne aussi à ceux qui nous ont offensés, même à ce petit Musset, pour son « hideux sourire! » Ouf! L'apostume a crevé! Maintenant, ça va mieux!

(Explosion soudaine. Proférés sur des tons divers, ce sont des : « Monsieur! monsieur! » Et des : « Oh! Ah! » des : « Lui! » des : « Qui l'eût cru? » des : « Qui l'eût dit? » des cris, des transports, et des rires.)

L'ABBÉ HUBER, tout tremblant.

Mon ami! Enfin!

LE PÈRE EMMANUEL, qui s'avance, les bras ouverts.

Cher enfant! Je savais bien!

VOLTAIRE, le retenant du geste.

Ah! laissez? Ça suffit.

ROUSSEAU.

Mes complimens, monsieur. Vous avez voulu faire, vous aussi, vos Confessions... (L'assistance approuve et souligne.) posthumes il est vrai, partant sans effet.

VOLTAIRE.

D'autant plus désintéressées. On les fait comme on peut. Chacun la sienne.

LA TOUR, à Voltaire, avec brusquerie.

Eh bien! monsieur, excusez-moi! Je condamne la vôtre. (Étonnement général.) Ah çà? Qu'y a-t-il? Quel vent de folie? Rome n'est plus dans Rome! et Voltaire n'est plus Arouet! Que vous regrettiez certaines erreurs... d'accord! Mais vous exagérez et vous dépassez la mesure! Croyez-moi; restons tous ce que nous avons été : tels que l'on nous a connus, aimés, et transmis après nous au jugement des hommes, tels que vous m'avez permis de vous surprendre un jour dans le bon éclairage. Demeurons naturels et ressemblans. Ne nous excitons pas, sous prétexte que nous sommes morts, à nous défigurer pour la postérité. Celle-ci d'ailleurs nous veut loyaux, fidèles à nous-mêmes, sans trahison d'outre-tombe. Quelles que soient la tristesse et la grandeur des temps présens pour lesquels nous n'étions pas faits, n'essayons pas en vain de nous y conformer. Chagrins, nous cesserions de plaire à nos petits-fils, et c'est au contraire notre sourire, notre grâce, notre élégance et la vertu de notre beauté qui les rattachent à l'espoir et qui leur donnent du courage. Ils se battent aussi pour nous. Ne changez donc pas, je vous en supplie! Raille, Voltaire! Souffre et plains-toi, Rousseau! Badine, abbé Pommyer! Chantez, Favart et Fel! Gonflez-vous, les Fermiers! Déclame, Clairon! Danse, Camargo! Bouffonne, Manelli! Triomphez, Pompadour! Sois toujours vainqueur, Maurice!... Et vous, Sire, régnez! régnez toujours sur nous!

LE ROI.

Il a raison, messieurs! Et puis, c'est lui qui nous a faits tels que nous étions, pris au vif, et légués à l'avenir. Nous lui appartenons; il faut l'écouter. C'est lui notre maître. Or, ce qu'il dit est juste. En restant dans la franchise de nos manières, nous remplissons notre devoir et servons mieux notre pays.

CRÉBILLON.

Notre pays... Hélas! Nous sommes prisonniers!

LE MARÉCHAL DE SAXE.

Pour un jour! Pour une heure!

LA TOUR.

Eh oui! Les Boches ne nous ont pas! Ils le croient! Ils se trompent. Notre âme leur échappe. Ce qui est *nous*, au delà de l'image, appartient et reste à la France, à cette seule grande Dame. A ce point de vue, nous sommes insaisissables, et l'on n'a sur ces toiles que notre apparence, notre poussière.

MONSIEUR DE JULIENNE.

Mais cette apparence et cette poussière elle-même, *s'ils* les gardaient? Ou, — j'en frémis! — *s'ils* les détruisaient?

LA TOUR, avec force.

Nous resterions, quand même. La *Joconde* existait toujours après qu'elle avait disparu. On ne l'a pas rendue en la rapportant. Pas de puissance au monde qui soit capable de nous supprimer!

VOLTAIRE, à part lui.

Oui, je sais bien. Nous sommes.

LE ROI, montrant La Tour.

Et le génie de monsieur, en plus, nous a « fixés. » Mais non, nous n'aurons pas besoin d'être captifs, ou anéantis, pour demeurer. Nous reviendrons à Saint-Quentin.

LA TOUR.

Ah! Sire!

(Un grand mouvement d'émotion les agite tous.)

LE ROI.

Je vous en donne ici ma parole de roi.

LE MARÉCHAL DE SAXE.

Et moi de soldat. (Étendant le bras vers les armes et les obus disposés dans les coins.) Sur ces trophées. Nos petits-fils, demain, nous délivreront.

MADEMOISELLE CLAIRON, tendant l'oreille.

Chut! Écoutez?

MADAME FAVART.

On vient.

MADEMOISELLE CAMARGO, esquissant un pas, mutine.

La ronde de nuit...

LE ROI.

Reprenons nos places! Et toujours notre allure? Pastels de La Tour, haute la tête!

LE MARÉCHAL DE SAXE.

Comme les cœurs!

VOLTAIRE, à l'abbé Huber qui a repris en hâte son flambeau.

Éteins, l'abbé!

L'ABBÉ HUBER, à voix basse, en soufflant la chandelle.

Ainsi soit-il!...

HENRI LAVEDAN.

FRANÇOIS BULOZ

ET

SES AMIS

III (1)

ALFRED DE MUSSET

Très peu de temps après la rupture avec George Sand, Musset s'était remis à écrire : *Lucie* est de juin 1835, et la *Nuit de Mai* parut quelques jours après *Lucie*. De toutes les *Nuits*, celle-ci est peut-être la plus désolée :

O Muse, spectre insatiable,
Ne m'en demande pas si long,
L'homme n'écrit rien sur le sable
A l'heure où passe l'aquilon...

Son frère, qui le défend beaucoup d'être resté fidèle à son terrible amour, prétend qu'à cette heure sa blessure se cicatrisait. Comment alors expliquer la *Nuit d'Octobre?* Paul de Musset s'en tire en disant que « la *Nuit d'Octobre* est la suite nécessaire de la *Nuit de Mai*, le dernier mot d'une grande douleur, et la plus légitime comme la plus accablante des vengeances : le pardon ! » Il est vrai qu'il prétend aussi que la *Confession* n'est pas « un document biographique », et que « l'auteur n'a pas eu l'intention d'écrire l'histoire de sa jeunesse, » etc. Mais

(1) Voyez la *Revue* des 15 février et 15 avril.

à Liszt, Musset avoue : « Le livre dont vous me parlez n'est qu'à moitié une fiction... il pourrait et devrait être plus long... » Cependant à ce livre il avait fait des coupures : on le verra par la lettre suivante, écrite au directeur de la *Revue* (1) :

« Mon cher Buloz, ce que vous m'avez dit pour la deuxième partie de la *Confession* me tourmente. Vous avez raison, je le crois du moins. Mais je ne sais trop comment faire pour y remédier ; si je veux revoir cela moi-même, je n'y ferai rien qui vaille. Il faudrait que vous me trouvassiez quelqu'un qui eût à la fois assez de complaisance, et assez de jugement pour s'en charger, mais qui ? Je n'en sais rien, et il faut pourtant que ce qui est de trop soit corrigé. Si je pouvais prier Sainte-Beuve de lire simplement le 1er volume, je pourrais ensuite de moi-même faire les corrections sur ses avis. Mais j'ai peur qu'il ne soit un peu froid pour moi, à cause de toutes ces dernières circonstances (2), que le diable m'emporte si je lui en veux ! Mais vous savez comme va le monde. Faites-moi donc le plaisir de penser un peu comment venir à bout de tout cela. Ce ne serait pas un retard de trois jours, et c'est très important. Mais je suis si bête, que je ne puis me corriger moi-même. Dites-moi donc un peu comment faire (3). »

« A vous,

« ALFRED DE MUSSET. »

F. Buloz aimait fort la *Confession d'un enfant du siècle*, Sainte-Beuve fut chargé de rendre compte du livre. Son article est excellent, et s'il fait quelques critiques, elles sont rares et indulgentes. Une phrase est à noter. Parlant de l'œuvre de Musset, Sainte-Beuve écrit : « La débauche y tient moins de place que dans le projet primitif, j'imagine. Le second volume particulièrement en est tout à fait purgé. » Cette phrase est intéressante quand on vient de lire la lettre qui précède et le conseil donné par F. Buloz de faire des coupures dans le second volume.

Mais la chronique de Sainte-Beuve, — tout à fait curieuse à lire aujourd'hui, — est une constante homélie adressée à

(1) On sait que la *Confession* parut en fragment dans la *Revue* en 1835 et année suivante en volume.

(2) La rupture avec George Sand.

(3) Je pense que cette lettre est du début de 1836. « La première édition de la *Confession* était en deux volumes in-octavo.

Musset; il lui dit : « De vous à moi, je sais que vous êtes Octave, que cette confession est la vôtre; » et, se souvenant en moraliste des ruptures et des recommencemens dont il a été le confident lassé : « c'est le lendemain même des fantaisies d'Octave, que ce charmant diner a lieu (le dîner où Octave renonce à sa maîtresse pour la céder à Pagello — pardon ! à Smith) — et que le départ de Smith et de Brigitte pour l'Italie se décide. Qui nous répond que l'autre lendemain tout ne sera pas bouleversé encore, qu'Octave ne prendra pas des chevaux pour courir après les deux amans fiancés par lui, que Brigitte elle-même ne recourra pas à Octave? (Sainte-Beuve se souvient des fuites à Nohant, à Baden, à Montbard, etc.) Il est clair qu'on ne laisse aucun des personnages ayant pied sur un sol stable; on n'a, en fermant le livre, la clé finale de la destinée d'aucun. » Sainte-Beuve voudrait une conclusion, il trouve que l'ensemble manque de composition, il reproche à Musset trop de décousu dans son œuvre : Musset pourtant avait reproduit l'image d'un épisode de sa propre vie. Sainte-Beuve le savait bien : la vie n'est-elle pas ainsi ? Il n'y a que la mort qui termine certains épisodes...

Le critique conclut en encourageant Musset au silence dans l'avenir : qu'il ne chante plus ses maux (quelle perte pour les lettres françaises si Musset l'eût écouté !). « Octave est guéri enfin, dit Sainte-Beuve; quand il parlera de son mal désormais, que ce soit de loin, sans les crudités qui sentent leur objet... la nature épure et blanchit les ossemens. A cet âge de sève restante, et de jeunesse retrouvée, ce serait puissance et génie de la savoir à propos ensevelir (son expérience) et d'imiter, poète, la nature tant aimée, qui recommence ses printemps sur des ruines, et qui revêt chaque année les tombeaux ! (1) »

F. Buloz ne fut pas satisfait de cette chronique; pourtant Musset l'était : « Remerciez Sainte-Beuve, son article est très bien. Que diable vouliez-vous donc? Je n'en mérite à coup sûr pas tant; je voudrais le trouver quelque part et causer une heure avec lui (2). »

Un mois après, Musset est occupé d'un compte rendu qu'il doit écrire, *Un Salon* : « Je vous donnerai d'abord un article sur le *Salon*. Vous l'aurez avant le 20; il sera long, car je n'ai

(1) Voyez la *Revue* du 15 février 1836.

(2) Inédite.

pas voulu le faire vite; j'ai à aller au musée encore demain matin, et puis ce sera tout. La comédie est en train (1). »

Cette comédie, c'est *Il ne faut jurer de rien*. Que de variété dans la production de l'écrivain, et que de perfection dans cette variété! Cette année 1836 seule, succédant à d'autres années si cruelles, voit naître la *Lettre à Lamartine*, la *Nuit d'août*, les *Stances à la Malibran*, ce charmant *Salon*, *Il ne faut jurer de rien*, et les *Lettres de deux habitans de la Ferté-sous-Jouarre* (2). Jamais le génie de Musset n'a été plus fécond, plus libre, et cela au milieu de la vie que l'on sait, des joyeux voyages à Bury, des soupers, mondains ou autres, des bals masqués, dont il raffole, du jeu, etc.

Pourtant, cette vie qu'il aime et qui l'épuise aussi, il en a souvent la satiété; il le dit à la « Marraine, » quand il est sincère, et c'est avec elle qu'il l'est le plus : « Je vous avouerai que je commence à être parfaitement dégoûté de voir que des veilles forcées, que ma tête et ma poitrine me refusent, ne peuvent me tirer d'un passé qui m'écrase matériellement et moralement. — Ainsi soit-il. »

Que disait donc Paul de Musset? Alfred n'oubliait pas? Il n'oubliait pas, mais il y tâchait, et les lettres à Aimée d'Alton (3), cette année 1837, sont là et le prouvent : « Chère, chère aimée, la bien nommée, que je suis heureux de vivre et de t'avoir connue, etc., » et au moment où le poète donne la *Nuit d'Octobre* et chante :

Honte à toi, femme à l'œil sombre,
Dont les funestes amours
Ont enseveli dans l'ombre
Mon printemps et mes beaux jours...

(1) *Inédite*.

(2) Voici la lettre d'A. de Musset à F. Buloz qui accompagnait la lettre sur les *Humanitaires*, la seconde que la *Revue* publia :

« Dimanche soir.

« Voici, mon vénérable ami, la lettre sur les *Humanitaires*. Elle est un peu longue, mais je compte que vous la mettrez afin que je n'aie pas veillé pour des prunes. Deux fois de suite, ce serait peu galant.

« Je vais me mettre au roman.

« A vous,

« COTONET. »

Musset veut parler ici d'*Emmeline* dont il avait voulu d'abord faire un roman.

(3) Cousine de d'Alton-Shée. Il l'aima quelque temps. Après la mort de Musset, elle épousa son frère, Paul de Musset.

les yeux bleus de *Mimouche,* de « sa nymphe aimée, » de sa « poupette, » sont tout son horizon.

La première version de la *Nuit d'Octobre* est-elle celle que nous connaissons ? Y en eut-il une autre plus dure encore peut-être pour la femme à l'œil sombre ? Un billet de Musset à ce sujet le ferait croire :

« Voilà mon épreuve, mon cher ami, et je vous prie de n'y plus rien changer. »

Buloz y avait donc changé quelque chose ?

Ce billet n'est pas daté, mais ce qui suit le date suffisamment : Musset se plaint d'une cruelle correction « à la page 209 vers 2, on m'avait mis : « l'homme a besoin *de* pleurs, » — il faut « l'homme a besoin *des* pleurs. ».

On a reconnu les vers qui sont dans toutes les mémoires :

Pour vivre et pour sentir, l'homme a besoin des pleurs ;
La joie a pour symbole une plante brisée,
Humide encor de pluie et couverte de fleurs, etc.

*
* *

Avant de mentionner la nomination de Musset au poste de bibliothécaire à l'Intérieur, il faut noter que déjà, l'année précédente, le prince royal avait songé à lui et voulait lui confier le poste d'attaché d'ambassade à Madrid. Paul n'en dit rien dans la Biographie ; il ne fait allusion à ce projet que dans sa notice : « Alfred objecta son peu de fortune... Mais malgré sa jeunesse, il ne se sentit pas le courage de rompre avec les liens de famille, d'habitude et d'amitié, qui l'attachaient à la vie parisienne... » Bref, il refusa. La lettre suivante, adressée au directeur de la *Revue,* et écrite en 1837, fait allusion à cette nomination, qui forcerait le poète à quitter Paris, etc.

« Mon cher ami,

J'ai ce soir de fortes raisons pour croire que les bonnes intentions du prince royal pour moi vont se réaliser. Je vous disais ce matin que cela se ferait tout de suite, ou pas du tout. Voici ce que j'ai à vous demander à se sujet.

« Quoiqu'il ne s'agisse pas de partir maintenant, vous comprenez que je ne puis rien accepter si je suis revenu ici. D'autre part, la moindre apparence de désordre dans mes affaires, avec les bonnes langues qui s'emmêlent de tout *(sic)*, peut me perdre et devenir un sujet de refus. Je sais malheureusement par moi-même, que ce ne sont pas les envieux qui me manquent. Croyez-vous que votre ami M. d'Ortigue voudrait me prêter encore deux mille francs sur une lettre de change, payable à la même époque que l'autre, l'année suivante, c'est-à-dire au 1er août 1838? (1); pouvez-vous du moins lui en faire la proposition? Je consentirais à des intérêts plus forts, pourvu qu'ils ne le fussent pas trop. Il serait très important pour moi qu'une pareille affaire s'arrangeât, car mon avenir peut en dépendre. Ne croyez pas que je m'effraye à tort, ou que je me hâte trop, je sais ce que je dis, et ce que je fais. Le plus tôt, en ce cas, serait le mieux. Vous concevez qu'à toute occasion il faut que je sois prêt, et que j'aurais un regret mortel si, faute de précaution, l'affaire manquait. Quand le hasard pense à vous, il ne faut point laisser prise au guignon. Répondez-moi un mot, je vous en prie.

« A vous,

« Alfred de Musset (2). »

« Il est bien entendu qu'aucun motif ne m'empêchera du reste à remplir mes engagemens envers vous. Je ne pense pas avoir besoin de vous rassurer sur ce point. »

Il me faut parler maintenant de cette place de bibliothécaire à l'Intérieur, que F. Buloz obtint pour son ami — « une sinécure » qui lui permit de travailler en paix... Travailler en paix! Musset! quelle folie! Mais l'idée ne lui déplut pas, pourvu qu'on l'assurât qu'il n'abdiquerait nullement son indépendance.

Or, cette place de bibliothécaire fut offerte d'abord à F. Buloz qui sollicitait à ce moment-là... celle de commissaire royal à la Comédie-Française. Le baron Taylor ne voulant pas quitter ce poste, M. de Montalivet crut tout concilier en en offrant un autre à F. Buloz, et en laissant le baron Taylor aux Français (3). Mais le Directeur de la *Revue*, saisissant l'occasion sans tarder, proposa Musset pour la place de bibliothécaire.

(1) Cette lettre est donc écrite en 1837.

(2) Inédite.

(3) « On a offert une espèce de sinécure à B. pour remplacer ce qu'on ne pouvait donner, mais tu connais B., » etc., écrit Mme Buloz à sa sœur, le 11 septembre 1838.

« En entendant le nom de ce nouveau candidat, dit P. de Musset, le ministre fut tout interdit : il va sans dire que ce ministre n'avait jamais lu une ligne du poète. » Il savait seulement que Musset était l'auteur de la *Ballade à la lune*, et cela l'effrayait. « J'ai entendu parler d'un certain point sur un i, aurait-il dit à F. Buloz, qui me paraît un peu hasardé, et je craindrais de me compromettre... » Telle est la version de P. de Musset. Ce n'était pas, quoique cette version ait été publiée dans la Biographie, celle de F. Buloz : on lira plus loin leur polémique à ce sujet.

Mais la nomination tardant, Musset se découragea. Est-ce alors qu'il écrivit :

« Mon cher Buloz, qu'il ne soit plus question au Ministère de mes *mendicités*. Elles ne serviraient à rien, pas même à moi, ni à vous, je veux dire à la *Revue*... » et encore « N'importunez donc pas Mallac (1) pour une chose inutile. »

Le prince royal se mêla de cette affaire, et aussi M. Ed. Blanc, alors aux Beaux-Arts; bref, au bout de quelques semaines, Alfred de Musset fut nommé.

***

Pendant les deux années que dura sa liaison avec Mimouche, notre poète assagi (?) sera plus sédentaire, et travaillera davantage. Ses billets à F. Buloz annoncent successivement à cette époque : *Le Fils du Titien*, *Margot*, les vers sur *la Naissance du Comte de Paris;* il écrit encore deux articles sur Rachel (l'un d'eux contient la réponse à J. Janin (2) (réponse suivie d'une autre réponse de J. Janin!) et un article sur les débuts de Pauline Garcia, « Paolita, » comme il l'appelle dans ses lettres à la Marraine.

(1) Mallac, ami de F. Buloz, chef de cabinet du ministre et fort influent auprès de lui.

(2) « ... J'avais abandonné à elles-mêmes les réclamations de tous ces hommes qui viennent faire de l'admiration toute faite, quand j'ai rencontré dans une Revue empesée, entre un mythe religieux et un mythe littéraire, une espèce de *factum* contre le critique, à propos de Mlle Rachel. » — Voilà ce qu'écrivait Janin. — A la suite de ce feuilleton, Musset répondit à Janin : « Littérairement vous êtes un enfant à qui il faudrait mettre un bourrelet, et personnellement vous êtes un drôle à qui il faudrait interdire l'entrée du Théâtre-Français, etc. » Mimouche s'inquiéta de cette lettre de Musset, mais il lui écrivit : « Ma lettre a été avalée. Cesse donc de t'inquiéter. »

Mimouche l'a-t-elle fixé? Il le lui a demandé :

> A votre tour, essayez ma maîtresse,
> Et faites-moi, jusqu'au tombeau,
> D'une douce et vieille tendresse
> Un impromptu toujours nouveau.

Mais on ne fixe pas Musset : en même temps qu'il adresse ces vers à sa « poupette, » il lui écrit paisiblement : « Te portes-tu mieux? Je suis pour ma part un peu invalide, et toujours gai comme un catafalque. Il faut pourtant essayer de vivre, ma chère amie, malgré tout, et si tu me donnais l'exemple, tu m'encouragerais. Je t'embrasse. » Que l'on compare la froideur de ce billet aux folies adressées jadis à Lélia. D'ailleurs, à cette heure, Rachel l'occupe, et la pâle Belgiojoso parfois le tourmente...

Quand F. Buloz est nommé commissaire royal, Musset l'annonce à Mimouche : « Tu sais que Buloz est nommé aux Français. Il est donc décidé que nous allons tenter le saut périlleux, » — ce qui veut dire qu'il compte, avec l'appui de son ami, aborder la scène, — il l'a résolu, et l'affirme au commissaire royal. « Quant au parti pour le théâtre, à tort ou à raison, il est pris, à tel point que rien ne m'en détournera maintenant. » Et il songe à travailler pour Rachel, mais il ne finit rien, et Rachel est volage, et le temps passe. Ce n'est qu'en 1847 que F. Buloz prendra sur lui de monter le *Caprice*, et l'annoncera à Musset surpris...

Mais il est temps de parler, à cette époque de la vie de Musset, de la « Belle Joyeuse ; » cette belle dame eut souvent affaire aussi à la *Revue;* elle y tint même une certaine place comme collaboratrice, — et comme conspiratrice, — car F. Buloz estima son côté *carboniera*, aimant l'Italie ; elle fut aussi inspiratrice : on sait qu'elle inspira Musset, dans un moment de mauvaise humeur, et de vengeance. « Elle lui résistait, et il imprima sur son front ces *Stances à une morte*, » qui firent à cette époque, dans le petit cénacle de la *Revue*, tant jaser.

Donc, la princesse lui fut cruelle; il ne s'y attendait guère, car Mignet était jaloux de lui, et c'était un signe excellent; puis, le poète n'avait-il pas emmené la belle Christina déjeuner un jour au *Cabaret du Divorce*, barrière Montparnasse ? Mais « quelqu'un troubla la fête, et ce fut le mari, bien innocemment, qui sachant Musset en bonne fortune, et l'étant lui-même, lui proposa de réunir... « ces dames. » La princesse s'esquiva.

Quand, pour se venger des rebuffades de la princesse, Musset écrivit les *Stances sur une morte*, personne ne devina qui était cette morte, sauf la morte elle-même qui feignit de croire qu'elles avaient été inspirées par Rachel. « Avez-vous lu les vers d'A. de Musset sur une morte? demandait-elle, il paraît que cette morte, c'est notre grande tragédienne (1). » Bonnaire lui-même, dit M. Séché, y vit une épitaphe pour le tombeau de Rachel. » Mais F. Buloz riait sous cape, car il avait, ainsi que Christina, deviné.

On pense bien que ces vers de Musset refroidirent sensiblement ses relations avec la « Belle Joyeuse. » Pourtant, en 1840, lorsqu'il fut si gravement malade, la princesse vint souvent le voir, et lui donna de sa belle main d'affreuses potions : « Il n'osait pas les refuser lorsque la princesse les lui donnait, » et comme il redoutait la mort, Christina sut lui dire avec autorité : « Ne craignez rien : on ne meurt jamais en ma présence ! »

J'ai essayé ici même (2) de tracer une esquisse de cette figure si séduisante de la belle Milanaise; je ne m'y attarderai donc pas; toutefois, on verra souvent apparaître son visage pâle et ses grands yeux noirs au cours de ce récit. Au moment de son exil, après le siège de Rome, elle deviendra une voyageuse ardente et une collaboratrice assidue.

A la fin de l'année 1841, Musset écrivit l'*Épître sur la Paresse*, et tout naturellement il eut l'idée de la dédier à F. Buloz, qui lui reprochait sans cesse sa nonchalance. « Alfred aimait sincèrement M. Buloz, dit son frère. Il adressa les vers sur la Paresse à celui que cette question intéressait le plus... » et, en les lui envoyant, il joignit aux vers ce billet :

« Mon cher ami,

« Je vous envoie mes vers, revus et corrigés. Je n'ai pas encore pensé à un titre, nous le trouverons demain. Si vous

(1) L. Séché, *A. de Musset.*
(2) *Une ennemie de l'Autriche. Revue des Deux Mondes*, 15 avril 1915.

voulez de la dédicace, ils vous seront adressés; sinon, nous retrancherons les derniers vers. *Fiat voluntas tua.*

« A vous.

« ALFRED DE MUSSET. »

F. Buloz a daté de sa main ce billet qui devait lui être précieux : 31 décembre 1841.

Musset, fort susceptible quand on l'accusait de paresse, savait parfaitement se défendre : « le prenait-on pour un expéditionnaire? Dante et Le Tasse n'en avaient pas écrit plus que lui : leur reprochait-on leur oisiveté? » Quand il songea à un article sur Leopardi, « sombre amant de la mort, » la Principessa, qui lui avait jadis confié papiers et traductions pour l'aider dans sa tâche, mais qui, ne voyant rien éclore, s'impatientait, s'attira ce trait, décoché à son intention dans une lettre à la Marraine : « Leopardi est mort depuis assez longtemps pour me faire la grâce d'attendre. Est-ce que les Italiens sont enragés? Dans ce cas, il faut leur recommander les gousses d'ail, qui sont très bonnes contre l'hydrophobie, mais il ne leur servira pas à grand'chose qu'on aille plus vite que les violons »; puis, il renonça à la prose, et écrivit *Après une lecture*.

Depuis quelque temps d'ailleurs, il ne voulait plus écrire qu'en vers, — il l'avait déclaré à son frère, — et, sauf ses comédies, la *Revue* ne publia plus de lui que des poèmes. Visiblement, sa production depuis 1840 aussi se ralentit; son nom s'espace dans les sommaires; au cours de ses lettres, il se montre irrité et impatient, mais comme à « George, » F. Buloz lui passe tout (1). Cependant, le poète promet, puis revient sur sa promesse; l'engagement lui pèse, indépendant, il ne veut sentir aucune entrave; il le dit souvent à son directeur.

« Mon cher ami,

« Je vous écris bien vite avant de me coucher, ayant commencé ce soir d'écrire quelques vers sur Ariane, pour vous dire que je suis forcé d'y renoncer. Je suis mal disposé, souffrant. Je monte la garde après-demain, par-dessus le marché. Ensuite

(1) Pourtant le directeur de la *Revue* s'irritait à voir le poète couper les marges de son recueil pour y rouler ses cigarettes.

je ne me sens pas de liberté. Vous ne pourriez certainement pas me donner celle que Gautier a à la *Presse*, ou Janin aux *Débats*. Je ne peux rien dire à moitié, c'est trop pitoyable. Laissez-moi un peu de temps pour mon espèce de poème, qui ne vaudra probablement pas grand'chose, mais qui vaudra mieux, et ne m'en veuillez pas surtout.

« A vous (1).

« ALFRED DE MUSSET. »

La santé de Musset, fort atteinte depuis sa dernière maladie, se rétablissait mal; il faisait aussi maintes imprudences. L'été, sa famille lui imposait cependant les eaux : il sentait bien que le repos, sinon les eaux, lui était salutaire.

En août 1845, quittant la Lorraine, il écrit :

« Je reviens de Plombières, mon cher Buloz, et je trouve votre lettre à Mirecourt. Ne croyez pas que ce soit par négligence que je ne vous ai rien envoyé. Vous savez que ma santé a été encore rudement éprouvée cette année, et j'ai dû m'abstenir de tout travail. Je sais bien qu'il n'y a guère, à votre avis, de bonnes raisons pour ne rien faire. Chacun ne voit que son affaire en ce monde, mais c'est précisément le motif qui m'oblige à faire attention à la mienne, car cela ne plaisante pas. Hetzel, qui est dans le même cas que vous vis-à-vis de moi, m'a accordé un répit. Et vous, tout *Reviewer* que vous êtes, malgré nos petites chamailleries, vous êtes assez de mes amis, et des plus anciens, pour en faire autant. Ne vous figurez pas non plus que je sois absolument mort, ou passé à l'état de revenant. Je suis encore bon pour une strophe en l'honneur de qui que ce soit, excepté moi-même et les paysans de la Lorraine; mais je n'ai pas eu permission de m'occuper ici d'autre chose que d'eau, de soleil et d'exercice.

« J'avais déjà entendu parler de votre révolution dynastique (2) aux *Revues*. Mais je ne savais pas que vous fussiez brouillé avec les Bonnaire. Voilà bien des cancans de perdus. Je serai du reste à Paris ces jours-ci ; nous causerons de tout

(1) Inédite.

(2) Les frères Bonnaire, commanditaires, ayant formé le projet de faire de la *Revue*, indépendante, un organe ministériel et de la vendre au gouvernement, F. Buloz s'y opposa, la reprit, et en fit, en 1845, une société par actions. Mais il resta en bons termes avec les Bonnaire.

cela, et vous me trouverez tout disposé à vous venir en aide, avec l'agrément du médecin (1).

« ALFRED DE MUSSET. »

Musset parle de strophes; il n'en donnera plus à la *Revue* avant deux ans; mais novembre de cette même année verra naître un charmant proverbe : *Il faut qu'une porte soit ouverte ou fermée.*

En 1851, la *Revue* publia *Bettine*, et ce fut la fin. Entre temps, le *Caprice* sera joué; on l'accueillera avec enthousiasme; désormais la scène française sera ouverte à l'auteur immortel des *Nuits*, et cela par la volonté et les efforts d'un ami : F. Buloz, et d'une artiste : Mme Allan Despréaux.

En 1846, Musset fut malade encore. J'ai sous les yeux une lettre du poète, que F. Buloz a datée : 4 septembre 1846. C'est un *meâ culpâ* que cette lettre : elle laisse entrevoir un désaccord assez vif entre les deux amis, un désaccord antérieur à la maladie de Musset, et deviner des torts dont celui-ci, gentiment, demande pardon à son ami, — et pouvait-on tenir rigueur à Cœlio?

« Mon cher Buloz,

« Je relève d'une fluxion de poitrine qui m'a mis un peu d'eau dans mon vin, et qui m'a calmé notablement la tête. J'ai eu tort envers vous, et je vous en demande pardon. Je suis confiné dans ma chambre comme un soldat aux arrêts. Impossible de mettre le nez dehors ; si vous avez pour deux sous de charité, et pour autant de grandeur d'âme, ne me gardez pas rancune, et ne vous vengez pas de ma mauvaise humeur passée. Envoyez-moi quelqu'un. Ce serait de votre part une bonne action que de venir me voir.

« Bien à vous.

« ALFRED DE MUSSET (2). »

Ces changemens d'humeur chez Musset, ces irritabilités suivies de repentirs subits et aimables, c'est le côté jeune de

(1) Inédite, datée de Mirecourt, 13 août 1845.
(2) Inédite.

sa nature, que la Marraine a si bien saisi quand elle a dit : « Non, il n'est pas de ciel orageux panaché, éclairé par un soleil de mars, dont la mobilité puisse être comparable à celle de son humeur. Éviter le nuage pouvait être difficile, le dissiper ne demandait qu'une caresse de l'esprit. »

En 1847, la *Revue* publia quelques poésies de Musset, des sonnets à Mme Menessier-Nodier, des vers à Tattet, à Victor Hugo, aussi *Horace et Lydie*... Je ne sais pourquoi ces poésies, malgré les sujets très différens, me semblent toutes empreintes de mélancolie; depuis ses graves maladies, la tristesse envahissait de plus en plus l'esprit du poète... Cette année 1847 lui fut aussi cruelle : sa mère quitta Paris et alla s'installer en Anjou auprès de sa fille nouvellement mariée. C'était la dissolution du petit cercle familial que Musset aimait, la fin de cette intimité qu'il retrouvait dans ses heures de détresse, aussi la privation de cette sollicitude tendre et discrète, dont l'entouraient sa mère et sa sœur, et cela à l'heure où, de plus en plus, il s'assombrit, où l'amertume chaque jour envahit davantage sa vie et ses pensées. Désormais, il aura une gouvernante, et vivra seul, Paul restant son voisin, néanmoins; mais Paul s'absente souvent, et Alfred ne peut se résoudre que difficilement à quitter son Paris.

Viendra la révolution de 48 qui apportera au poète de nouveaux ennuis : « Ledru-Rollin, ignorant comme un saumon, » lui retirera ses fonctions de bibliothécaire à l'Intérieur (1) et, malgré les démarches de Paul, qui, écrivant au *National*, comptait des amis dans la place, le tribun ne reviendra pas sur cette regrettable initiative, qui ne fait guère honneur au discernement de ce libertaire bruyant...

Je n'ai qu'une lettre de Musset après 48. Mais elle est très curieuse. C'est, comme autrefois, un mélange de drôlerie gamine, et aussi de tristesse morbide. On verra qu'il songe déjà à... l'ennuyeux parc de Versailles.

> O bassins, quinconces, charmilles!
> Boulingrins pleins de majesté,
> Où les dimanches, tout l'été,
> Bâillent tant d'honnêtes familles!

(1) Il y nomma le citoyen Marie-Augier, journaliste.

« Mon cher Buloz (1),

« A moins que vous ne veuillez faire mon article nécrologique, ne m'envoyez pas Gerdès demain matin. Je ne puis le considérer que comme un médecin-commissaire, chargé de constater si je suis *enterrable* ou non. Or, je me flatte d'avoir donné plusieurs signes de mort, mais non encore de putréfaction. J'essaierais pour la neuf mille neuf cent quatre-vingt-dix-neuvième fois de vous dire mon *pourquoi*, s'il y avait un pourquoi à n'importe qu'est-ce, et si je n'avais pas tenté de vous dire le mien neuf mille neuf cent quatre-vingt-dix-huit fois.

« Le fait est que je suis allé depuis peu souvent à Versailles, que là, j'ai senti une chose devant cinq ou six marches de *marbre rose* dont je veux parler. J'ai même fait quelques strophes là-dessus. Mais une idée de ce genre ne peut avoir aucun prix par elle-même, aucun, — parce qu'elle exprime un regret inutile. Ce n'est bon qu'à garder pour soi. Quant à l'amplifier et la paraphraser pour vous en faire trois ou quatre pages, à tort ou à raison, je regarde cela, ni plus ni moins, comme *honteux*. Voilà, mon cher ami, où j'en suis, depuis à peu près trois ou quatre ans.

« Je vous ferai vos nouvelles. Il y en a deux de commencées, l'une a trois pages, l'autre trente-cinq (2).

« Elles seront du reste, je puis vous l'assurer, aussi confortables, aussi inodores, que celles que j'ai déjà fabriquées.

« Quant à faire *quelque chose* qui soit *quelque chose*, il me faudrait un an de tranquillité devant moi, chose impossible, et encore ne pourrais-je répondre de rien. Je vous griffonne ceci que je vous ai dit cinq ou six cents fois, pour que vous veuillez bien m'appliquer l'épitaphe suivante :

Lucrezia Piccini
Implora eterna quiete.

« C'est Lord Byron qui l'a trouvée, je crois, et je ne sais où.

« A vous.

« ALFRED DE MUSSET (3). »

(1) 1849.
(2) Ces nouvelles n'ont jamais paru dans la *Revue*.
(3) Inédite.

Implora eterna quiete. — Et il est à huit ans de sa mort ! En lisant ces derniers mots, ne songe-t-on pas à d'autres mots navrans :

> J'ai perdu ma force et ma vie
> Et mes amis et ma gaîté;
> J'ai perdu jusqu'à la fierté
> Qui faisait croire à mon génie?

Après la mort de Musset, Lamartine, ayant traité bien légèrement le poète des *Nuits* (au cours de son dix-huitième *Entretien littéraire)* (1), Paul de Musset publia dans la *Revue* sa *Réponse à une affirmation de M. de Lamartine sur A. de Musset.* Cette réponse très digne, très juste d'ailleurs, était là fort à sa place, — et voici une lettre de Paul, écrite d'Angers au directeur de la *Revue,* en juillet 1857, concernant cette publication. Son frère, on s'en souviendra, était mort quelques semaines plus tôt, en mai.

« Mon cher Buloz,

« Quand je suis arrivé à Angers hier soir, ma mère n'a pas manqué de me demander lecture de ma lettre à Lamartine. Elle en a été satisfaite, à l'exception d'un mot qui l'a blessée, et que je vous prie de faire corriger immédiatement, car ma pauvre mère est dans un état nerveux où la moindre chose l'exaspère.

« Il s'agit du mot : *Il a vécu pauvre, il est mort pauvre.* — Ma mère ne veut point de cela, et soutient d'ailleurs que ce n'est pas exact. Faites-moi donc le plaisir de mettre : *Il a vécu sans ambition, il est mort sans fortune.* Vous trouverez cette phrase au milieu de la lettre, avant le mot : *Enrichis-toi* qui, étant en italique, se voit de loin. Je vous recommande instamment cette correction, quelque peu d'importance qu'elle vous semble avoir ; ce rien suffirait pour mettre ma mère au désespoir.

« On pense ici que j'ai eu raison d'écrire à Lamartine, mais on dit aussi que cette lettre n'est pas facile à faire. J'espère que les Angevins la trouveront convenable. Je crains un peu, je vous l'avoue, qu'elle soit noyée dans son petit texte à la fin de

(1) Entre autres légèretés, Lamartine reprochait à A. de Musset, après ses grandes déceptions amoureuses, d'avoir raillé l'amour, dans *la Coupe et les Lèvres,* bien antérieure à ces déceptions, etc.

votre chronique, et qu'on n'ait bien de la peine à l'y découvrir. Est-ce que vous ne pourriez pas l'annoncer dans le sommaire?

« Si vous saviez, mon cher ami, quelle scène déchirante il y a eu ici à mon arrivée! J'en suis encore bouleversé ce matin.

« Tout à vous,

« PAUL DE MUSSET (1). »

Deux ans plus tard, — en 1859, — Paul de Musset voulut répondre au roman de George Sand, *Elle et Lui*, par un autre roman : *Lui et Elle*. La première partie du livre de Paul fut proposée à F. Buloz par le marquis de la Vilette ; mais le directeur de la *Revue* vit dans ce livre un « pamphlet » dirigé contre George et refusa de le publier. Et puis, le marquis de la Vilette lui avait parlé aussi de sept lettres copiées sur les lettres autographes de George Sand à Alfred de Musset (2), et que l'auteur de *Lui et Elle* se proposait d'insérer dans les parties suivantes... Ces lettres, soustraites, firent mauvaise impression... et dès lors il y eut un refroidissement dans les relations des deux anciens amis ; quand Paul de Musset écrivit au directeur de la *Revue*, après ces incidens, il ne l'appela plus que : « Mon cher Monsieur (3). »

Paul de Musset garda à George Sand une profonde rancune : elle avait fait souffrir son frère. Mais, par une contradiction assez bizarre, il s'efforça constamment ensuite de démontrer que le poète des *Nuits* effaça assez allégrement de sa mémoire le souvenir de la « femme à l'œil sombre. » Hélas! malgré les charmantes ombres qui surgissent quand on évoque ce poète, muses d'un jour, caprices ou passions même : brune princesse, moinillon rose, Rachel, Mme Allan-Despréaux, A. Brohan, Louise Colet, d'autres encore, bien d'autres, l'oubli de ce premier amour ne fut jamais absolu, et quel rapport le Musset de la *Lettre à Lamartine* a-t-il gardé avec le poète de *Namouna* ou de l'*Andalouse?*

Mme Martellet, la gouvernante de Musset, est de cet avis :

(1) Inédite, 1857.

(2) On croyait à cette époque que les lettres des deux amans, confiées à Papet, puis à Manceau avaient été brûlées. Voir la *Véritable Histoire d'Elle et Lui*.

(3) Je raconterai à son heure l'histoire des deux romans : *Elle et Lui* et *Lui et Elle*, avec les correspondances qui y ont trait.

ne dit-elle pas que lorsqu'il écrivit le *Souvenir des Alpes*, le poète pleura?

« Cela dura plusieurs jours. Je ne comprenais rien à ses larmes, je pourrais dire à ses sanglots... J'ignorais qu'en traversant les Alpes, le poète avait quitté George Sand, et qu'il revenait de Venise le cœur déchiré... » Il y avait dix-sept ans de cela.

A propos de *Sur trois marches de marbre rose*, elle remarque que Musset pleura aussi, quand il écrivit ces vers :

Telle et plus froide est une main
Qui me menait naguère en laisse...

Si j'insiste sur ces détails et ces divergences de vues entre la gouvernante et P. de Musset, c'est que celui-ci ne semble pas toujours connaître très exactement certaines particularités de la vie de son frère. J'ai trouvé, à ce propos, de curieuses lettres échangées par F. Buloz et Paul en 1867, au moment où ce dernier publia sa première notice sur le poète des *Nuits* (1). F. Buloz fit à l'auteur ses critiques, lui dit assez nettement ses objections : « Qui a pu vous informer? Vous omettez maints détails que je connais; vous affirmez ceci ou cela : erreur! » Paul de Musset prit assez mal la chose : il n'admit pas qu'il pût omettre ou ignorer. Cependant, F. Buloz rétablit bien des faits. Voici la première lettre adressée au frère du poète (c'est un duplicata); en tête, cette explication : « A M. Paul de Musset, qui me demandait mon témoignage sur l'édition des œuvres de son frère. »

1er février 1867.

« Mon cher Monsieur (2),

« J'ai lu la *Notice* sur votre frère Alfred, que vous avez bien voulu m'envoyer, envoi dont je vous remercie; mais je vous avoue qu'en ce qui me touche, comme en ce qui touche l'édition in-18, les inexactitudes sont nombreuses et considérables. D'où vous sont venues donc ces informations? A coup sûr

(1) Avant de la joindre à l'édition des œuvres complètes de Musset, Paul demanda à F. Buloz son témoignage, et lui communiqua cette notice.

(2) Naguère F. Buloz l'appelait « Mon cher Paul, » mais le refus qu'avait fait F. Buloz de *Lui et Elle* avait amené un refroidissement dans leurs relations.

votre frère n'a pu vous les fournir lui-même. Je me borne d'ailleurs à vous signaler sommairement trois points dans le cas où vous réimprimeriez un jour cette Notice.

« 1° Mes relations avec Alfred de Musset remontent à la fin de janvier 1833, et elles commencèrent d'une façon vraiment charmante, que je n'ai pas oubliée. Si vous le voulez, je vous en donnerai les détails, qui feraient un petit chapitre caractéristique des mœurs littéraires du temps.

« 2° Contrairement à ce que vous dites page 32 de votre *Notice*, Alfred de Musset avait trouvé, dès octobre 1838, un bien autre protecteur, un bien autre abri que celui que vous citez (1). C'était tout simplement son ancien camarade du Collège Henri IV, le Duc d'Orléans ; c'était aussi le Ministre de l'Intérieur d'alors, M. le comte de Montalivet, qui le nomma conservateur de la Bibliothèque de ce département. J'ai été fort mêlé à cette affaire, je puis même dire que j'ai eu une grande part à la nomination du poète, et je puis vous fournir, à ce sujet, des détails curieux que vous ne paraissez pas avoir connus.

« 3° Quant à ce que vous dites, pages 32 et 33 sur l'éditeur de ses œuvres, qui vint le sauver du désespoir, je ne sais à qui vous avez pu prendre de pareilles informations, où je ne trouve rien d'exact. J'ai été aussi fort mêlé à cette affaire, et je puis dire que sans moi, rien ne se serait fait. Les détails que je suis en mesure de donner là-dessus changeraient singulièrement la face des choses. Nous sommes encore ici deux survivans, ayant tous les deux eu part à cette négociation, que votre frère, avec son imprudence ordinaire, sut si bien tourner contre lui-même, presque aussitôt qu'elle fut conclue.

« De 1833 jusqu'à sa mort, j'ai eu de constans rapports d'amitié avec votre frère, quoique parfois légèrement troublés par les embarras qu'il se créait si follement par son imprévoyance ; je suis venu plus d'une fois à son appel pour le sauver de lui-même, et le tirer des pièges où il se laissait prendre, mais je ne l'ai pas sauvé du désespoir qui frappait si souvent à la porte de ce cher et malheureux grand poète (1). D'autres ont-ils fait ce miracle ? et à quelles conditions ? Pour moi, je suis assez incrédule, et c'est ce qu'il faudrait examiner de bien près.

(1) « Un jour il conçut la pensée de chercher un remède à sa souffrance même, en faisant le récit d'un poète condamné par la nécessité à un travail qu'il méprise, etc., » p. 32.

C'est, à mon avis, ce que vous n'avez pas encore pénétré. Peut-être même a-t-on le droit de vous reprocher d'avoir tout admis, sans trop de réflexion, sans consulter ceux qui pouvaient le mieux vous informer.

« Tout à vous cependant et sans rancune (1).

« F. Buloz. »

Cette lettre demeura sans réponse pendant un mois. Enfin, le 5 mars, P. de Musset écrivit à F. Buloz celle qu'on va lire. Sur l'enveloppe qui la contient le directeur de la *Revue* a écrit que : cette « singulière réponse » était motivée par une phrase de l'article Montégut, sur A. de Vigny (2). »

P. de Musset ne fait aucune allusion cependant à cet article, mais F. Buloz veut sans doute noter que la mauvaise humeur de Paul était due aux similitudes que remarquait E. Montégut entre certaines poésies de Musset, et certaines œuvres d'A. de Vigny : « Alfred de Musset l'avait beaucoup lu (A. de Vigny) et le tenait évidemment en grande estime, car sans en trop rien dire, il lui a fait plus d'un emprunt. Avez-vous remarqué, par exemple, que cette charmante pièce intitulée *Idylle*, où deux amis célèbrent alternativement l'un les extases de l'amour respectueux, l'autre les ivresses de l'amour sensuel, n'est qu'une transformation du petit poème d'A. de Vigny, la *Dryade* et que *Dolorida* est l'origine de Don Paez ? etc. (3) »

Voici la réponse tardive et... mécontente de Paul de Musset :

« 5 mars 1867.

« Mon cher Monsieur,

« J'ai reçu ce matin la visite de M. Louis Buloz, qui m'a fait part de l'intention que vous avez de demander à M. Émile Montégut un article pour la *Revue des Deux Mondes* sur l'édition in-4° des œuvres de mon frère, et sur la *Notice* et les lettres familières insérées dans cette édition. A ce propos, j'ai relu, après le départ de M. votre fils, la lettre que vous m'avez écrite le 1er février, pour me signaler ce que vous appelez des inexactitudes. Vous vous trompez de mot : il n'y a rien d'inexact dans ma Notice ; il n'y a que des choses *incomplètes ;* mais quand je ne donne pas de détails, c'est qu'il ne me convient pas d'en

(1) Inédite.

(2) Voir la *Revue* du 1er mars 1867, Émile Montégut, *Le Journal d'un poète.*

donner, par la raison que cette *Notice* n'est qu'une sorte de sommaire de la Biographie de mon frère que j'ai écrite en 400 pages, et que je publierai un jour avec pièces à l'appui.

« Lorsque j'ai dit que, après la publication du second volume de vers de mon frère, vous lui aviez demandé sa collaboration pour la *Revue des Deux Mondes*, j'ai raconté la chose d'une manière abrégée, mais non inexacte, et je connais les détails de vos premières relations avec mon frère : ils se trouveront ailleurs que dans cette courte notice (1).

« Sur les rapports de mon frère et du Duc d'Orléans, je n'ai rien à apprendre. J'en connais les moindres détails, et j'ai en ma possession des lettres très curieuses de ce prince, qui seront publiées un jour.

« Vous m'avez raconté, vous-même, plusieurs fois, comment vous aviez fait donner à mon frère la bibliothèque du ministère de l'Intérieur. Je n'ai point oublié le mot de M. de Montalivet, qui ne connaissait d'Alfred de Musset en 1838 que le *point sur un i* et qui craignait de se compromettre en donnant la bibliothèque de son ministère à l'auteur de la *Ballade à la lune*. Si vous trouvez que j'ai eu tort de ne point insérer ces détails dans ma Notice, publiez-les dans la *Revue*, je serai bien aise de les y voir (2).

« Vous me dites que mon frère avait, dans la personne du Duc d'Orléans, un protecteur puissant, cela est vrai ; mais ce protecteur n'a jamais fait autre chose pour lui que de vous aider à lui faire obtenir sa place de bibliothécaire, et à surmonter la répugnance de M. de Montalivet. Je n'en fais pas un reproche au prince, qui avait beaucoup d'amitié pour mon frère, et qui, d'ailleurs, ne m'a jamais refusé les petites recommandations ou apostilles dont il a eu besoin.

« Il reste l'affaire de M. Charpentier. Je conviens que, sur ce point, mes renseignemens étaient incomplets. J'ignorais que vous eussiez suggéré à cet éditeur l'idée d'aller trouver mon frère...

« Quant aux *grands désespoirs* de mon frère auxquels vous semblez ne pas croire (3), ils sont si réels que j'ai en ma pos-

(1) P. de Musset ne devait pas les connaître, car il ne les a publiés nulle part.

(2) Voyez dans la lettre suivante de F. Buloz comment il nie ce fait.

(3) F. Buloz, — voyez la lettre précédente, — ne met pas en doute les grands désespoirs de Musset : il dit qu'il doute que d'autres aient réussi à le sauver du

session tout un manuscrit de lui sur ce sujet, qui n'est pas d'un style à faire sourire ceux qui le liront.

« Je vous prie donc instamment de ne point me faire dire, par M. Montégut, que je ne connais pas bien la vie et les pensées intimes de mon frère. Après avoir vécu quarante ans sous le même toit que lui, mangé à la même table, et passé les nuits à écouter ses confidences, je ne pourrais pas laisser sans réponse le reproche de l'avoir peu connu ou oublié. Vous m'obligeriez ainsi, soit à réfuter l'article de M. Montégut, soit à publier ma grande Biographie plus tôt que je n'ai l'intention de le faire. Croyez que je suis en mesure d'apprendre à ceux qui pensent connaître mon frère bien des choses qu'ils ignorent.

« Je suis d'ailleurs très obligé des renseignemens que vous m'avez donnés verbalement, à l'appui de votre lettre du 1er février sur les premières relations d'affaires entre mon frère et M. Charpentier, et je vous en remercie. Ils pourront nous être utiles, à ma sœur et à moi, si nous sommes forcés de plaider contre cet éditeur... Mais je ne puis pas accepter la leçon que me donne votre lettre du 1er février. Je sais *tout* ce qui intéresse la vie de mon frère, et quand je parle peu sur ce sujet, ce n'est pas faute d'avoir bien des choses à dire. Je suis très *bon enfant* et fidèle ami ; mais si quelqu'un, par la voie de la publicité, venait à me marcher sur la queue, je me redresserais de façon à le dégoûter d'y revenir. Ce ne serait pas la première fois.

« Tout à vous cependant et sans rancune,

« PAUL DE MUSSET (1). »

A la réception de cette lettre, qu'il trouva « vive, » F. Buloz envoya son fils Louis à P. de Musset, avec sa réponse. Mais le frère du poète ayant compris, je pense, qu'il avait dépassé la mesure et ayant « retiré » sa lettre, Louis Buloz ne crut pas devoir lui faire lire celle de F. Buloz, et la rapporta à son père. Sur le double de la lettre du directeur de la *Revue*, je lis cette note :

désespoir : P. de Musset avait-il lu la lettre de F. Buloz ? S'il l'avait lue, comment se fait-il qu'il change les termes ?

(1) Inédite.

« Visite de Louis à P. de Musset. Celui-ci retire sa lettre, et Louis croit pouvoir se dispenser de lire ma réponse à Paul de Musset; je n'accepte pas ce procédé, et j'écris le billet qui suit en envoyant ma lettre à Paul de Musset, par la poste. »

Voici ce billet :

« Mon cher Monsieur,

« J'ai lu votre lettre et vous n'avez pas lu ma réponse. En cela, la part n'est pas égale, et je n'approuve pas mon fils de ne vous avoir pas lu au moins une réponse, qui est moins vive que la missive qui l'a provoquée. Je crois donc devoir vous l'envoyer, après quoi, si vous le voulez, nous brûlerons l'une et l'autre. C'est ce que nous pourrons faire lorsque vous rendrez visite à Gerdès, en nous expliquant plus amicalement. Il est bon, d'ailleurs, que vous preniez connaissance de ce qui touche à M. de Montalivet, qui n'a jamais eu que de bons procédés pour votre frère.

« Tout à vous,

« F. Buloz (1).

« 6 mars, 8 heures du soir. »

Enfin, voici la réponse de F. Buloz à la lettre du 5 mars qu'avait écrite Paul de Musset :

« Paris, le 6 mars 1867.

« Mon cher Monsieur,

« Je suis bien surpris de la réponse que je reçois ce matin de vous à une lettre qui date de plus d'un mois, et je suis vraiment au regret de vous avoir écrit cette lettre que vous m'aviez demandée sur l'édition des œuvres de votre frère. Aussi, me ferez-vous plaisir de la supprimer, puisqu'en voulant vous rendre service on vous désoblige. Je ne désire qu'une chose, c'est que mon nom ne figure jamais dans ces débats, et je n'aurais pas songé à l'y mettre, sans la demande que vous m'aviez adressée.

« Vous voulez absolument qu'il n'y ait pas d'inexactitude dans votre Notice; ce serait peut-être à d'autres de prononcer, mais je ne me disputerai pas avec vous pour cela.

(1) Inédite.

« Vous ai-je blessé (c'est bien sans le vouloir) en vous rappelant dans ma lettre la nomination d'Alfred de Musset à la Bibliothèque de l'Intérieur? Je le regrette encore, mais ce que je vous ai écrit est la pure vérité, et ce qui ne serait pas la pure vérité, c'est ce que vous m'écrivez au sujet de M. de Montalivet qui ne m'a jamais dit ce que vous croyez. Votre mémoire vous sert bien mal en pensant que je vous ai raconté cela. Ce que m'a dit M. de Montalivet est bien plus honorable pour la mémoire de votre frère, et si vous racontiez la chose comme dans votre lettre du 5 mars, vous me forceriez à rétablir les faits tels qu'ils se sont passés.

« Quant au Duc d'Orléans, il s'est mêlé (à ma connaissance personnelle) des affaires d'Alfred de Musset dans bien d'autres occasions que celle que j'ai rappelée, et je vois que vous ne connaissez pas ces circonstances-là non plus.

« Vous ai-je blessé, — je le répète à dessein, — en parlant de cette affaire de la Bibliothèque? Je n'y songeais pas, mais, puisque cette lettre qui ne voulait que vous servir n'a eu que le malheur de vous irriter, il y a une manière bien simple de faire disparaître cette cause d'irritation, c'est de me renvoyer la lettre même et de l'anéantir...

« Pour l'article que nous voulons donner sur votre frère, il ne s'agit pas non plus de la biographie de l'homme, il s'agit du poète et de ses œuvres, et j'aurai soin qu'on y parle seulement de ce que je sais et puis démontrer.

« Tout à vous,

« F. BULOZ. »

P. de Musset a publié dans la Biographie l'histoire des rapports avec M. de Montalivet, telle que F. Buloz la réfutait; mais la Biographie parut en 1877 après la mort du directeur de la *Revue*.

MARIE-LOUISE PAILLERON.

LA PROTESTATION

DE

L'ALSACE-LORRAINE

EN 1874

II (1)

Inscrit pour parler après M. Teutsch, l'abbé Winterer s'apprêtait à le remplacer à la tribune, quand, d'un geste, le président l'arrêta soudain : « J'ouvre, dit-il, la discussion au sujet de la proposition déposée. La parole est à M. le député Dr Raess. »

Le député Dr Raess n'était autre que l'évêque de Strasbourg.

A ce nom, grand fut l'étonnement de tous les Alsaciens et Lorrains. Dans les arrangemens formellement conclus entre eux à Francfort, puis renouvelés à Berlin, aucune intervention n'avait, en dernier lieu, été prévue de sa part. Déjà d'ailleurs, au début de la séance, ils avaient été un peu intrigués par un conciliabule secret de l'évêque avec le président, puis, au moment où le discours de M. Teutsch tirait à sa fin, par l'envoi d'un mystérieux billet du président.

« Que veut dire ceci? » demandait l'abbé Winterer à ses collègues en regagnant sa place.

Déjà, Mgr Raess était à la tribune : « Messieurs, — disait-il, d'une voix sourde et presque inintelligible, — pour éviter tout

(1) Voyez la *Revue* du 1er mai.

malentendu qui pourrait nous atteindre, moi et mes coreligionnaires, je me trouve obligé, en conscience, d'apporter ici une simple explication. Les Alsaciens-Lorrains de ma confession n'ont nullement l'intention de mettre en question le traité de Francfort, conclu entre deux grandes Puissances. Voilà ce que je voulais expliquer ici (1). »

Quelques applaudissemens accueillirent ces paroles, qui n'avaient été perçues que d'une partie de la salle (2). Mais, dans le petit groupe des députés alsaciens, elles provoquèrent soudain un sentiment de douloureuse et profonde stupéfaction.

Lorsque l'évêque de Strasbourg descendit de la tribune et, le sourire aux lèvres, rejoignit ses collègues, un silence glacé l'accueillit.

« M. Tentsch, — dit-il, en reprenant sa place à côté de Mgr Dupont des Loges, — a parlé comme un écolier de quatrième, je ne pouvais me taire après un tel langage.

— C'est vous, hélas! Monseigneur, répondit tristement l'évêque de Metz, c'est vous qui venez de prononcer des paroles qui auront dans tous les cœurs alsaciens les plus douloureux retentissemens! (3) »

Cependant, transmise de bouche en bouche à travers la salle, cette déclaration de l'évêque alsacien recueillait, à mesure qu'elle était connue, la plus joyeuse approbation allemande; un inexprimable enthousiasme éclata dans la salle : « Pendant un quart d'heure, raconte un témoin oculaire, le président fit de vains efforts pour dominer le bruit et rappeler l'assemblée au calme... Dans les tribunes du public même, le tumulte était indescriptible (4). » Au milieu du bruit, l'abbé Winterer, selon le droit qu'il croyait avoir à la parole, essayait en vain d'aborder la tribune; l'accès lui en était strictement refusé par le président qui, en toute hâte, maintenant que la petite manœuvre fondée sur la vieillesse et la fatigue de l'évêque de Strasbourg avait si bien réussi, se hâtait, suivant le plan combiné d'avance, d'étouffer définitivement le débat.

« Une demande de clôture, dit-il, m'a été remise par trois membres de l'Assemblée. Je la mets aux voix. »

(1) *Stenographische Berichte des Reichstages.*
(2) *Le XIX*e *Siècle*, 2 mars.
(3) Abbé Félix Klein, *Vie de Mgr Dupont des Loges.*
(4) *Le Monde*, dimanche 22 février.

Pour approuver la clôture, en un instant, la salle entière fut debout.

En proie à une violente émotion, M. Teutsch, s'élançant de nouveau à la tribune : « Par ce vote, commença-t-il, la discussion est close... » Il ne put achever : « Personne ici, déclarait le président, n'a la parole à présent. »

De sa voix puissante, M. Teutsch put cependant s'écrier : « Nous nous abandonnons à Dieu, nous nous abandonnons au jugement de l'Europe !

— « Alors, — ricana le vieux baron hessois Nordeck zur Rabenau, très fier de son triste jeu de mots, — alors vous voilà bien abandonnés ! (1) »

Suivi de quelques-uns de ses collègues d'Alsace et de Lorraine, M. Teutsch quitta la salle; les autres demeurèrent à leur place, tandis que le président, avant de mettre aux voix la motion des Alsaciens-Lorrains, en faisait donner lecture par un secrétaire. Répétons-la, encore ici :

« Plaise au Reichstag de décider que la population d'Alsace-Lorraine qui, sans avoir été consultée à ce sujet, fut annexée à l'Empire allemand par le traité de Francfort, soit appelée à se prononcer spécialement sur cette annexion. »

Le silence s'était rétabli, et ces mots retentissaient tristement aux oreilles des quelques députés d'Alsace et de Lorraine demeurés dans la salle.

« Je prie ceux, proclama le président, qui ont l'intention d'appuyer cette proposition, de vouloir bien se lever. »

A la grande hilarité de toute l'assistance, les députés alsaciens-lorrains présens demeurèrent assis. Seuls, comme isolés au milieu d'un désert, quelques hommes courageux se levèrent; ils étaient exactement vingt-deux : douze députés polonais, représentans d'une patrie déchirée et martyrisée depuis un siècle par la Prusse; sept socialistes; un libéral, M. Sonnemann, directeur de la *Frankfurter Zeitung*, qui se donnait comme le représentant avoué et unique de l'idée républicaine au Reichstag (2); le Hanovrien Ewald et le Danois Kryger.

Le Centre tout entier, oubliant soudain les avances intéressées qu'il avait faites aux catholiques alsaciens-lorrains, se dressait sans hésitation contre eux.

(1) *Stenographische Berichte des Reichstages.*
(2) *Le Temps*, 14 février.

L'un des Polonais, M. Niegolewski, étonné de l'abstention des Alsaciens-Lorrains présens et l'attribuant à ce que leur ignorance de la langue allemande ne leur avait pas permis de comprendre l'avertissement du président au sujet du vote, eut beau réclamer une nouvelle épreuve par scrutin nominal. « Je pense, répliqua le président, avoir exactement et de point en point observé le règlement. Je ne puis rien de plus, et il ne peut être question d'un nouveau vote sur une chose définitivement réglée. Nous passons donc à un autre objet de l'ordre du jour : première délibération du projet de loi sur la vaccination obligatoire. »

Ainsi la lourde conscience germanique s'imaginait avoir réussi, sans trop de bruit, à étouffer sous la « vaccination obligatoire » la Justice, le Droit, les nobles revendications de tout un peuple opprimé !

Au procès-verbal de cette triste séance sont annexées quelques explications de votes : « Nous déclarons, — disent les huit députés alsaciens-lorrains demeurés dans la salle, les abbés Winterer, Sœhnlin, Simonis, Philippi, Guerber, et MM. Ch. Abel et Louis Hartmann, — que nous sommes restés assis, non pour voter avec la majorité, mais pour nous abstenir, et que nous avons agi ainsi parce qu'on nous avait enlevé, par la clôture du débat, la possibilité d'expliquer notre sentiment... »

Fièrement, les députés polonais, pénétrés de cette idée toute chrétienne et latine que la force ne peut primer le droit, affirmaient : « Nous, Polonais, avons déjà, dans la précédente législature, déclaré que nous ne pouvons adhérer au principe de la prépondérance matérielle momentanée en vertu duquel l'Alsace-Lorraine devait être annexée comme prix de la victoire. Nous avons exprimé nos craintes au sujet des effets qu'entraînerait, pour la liberté, la civilisation et la moralité de l'Europe, une acquisition de territoire faite par la violence... Nous n'avons pu voter l'annexion parce que nous nous refusions à empiéter sur *les droits des peuples à disposer d'eux-mêmes*... (1) »

Les signataires de ces paroles généreuses, — leurs noms doivent être rappelés, — étaient MM. Wladislas Taczanowski, député de Wrzesnia; Wlad. Niegolewski, député de Poznan; Erasmus Parczewski, député de Schwetz; J. Choslowski, député de Gniezno; Th. Kozlowski, député de Inowraclaw et Mogilno;

(1) *Stenographische Berichte des Reichstages.*

Edouard Kegel, député de Krotoschin; Michel Kalkstein, député de Berent; J. Zoltowski, député de Buk et Kosten; Eustache Rogalinski, député de Schroda; le prince Roman Czartoryski, député de Kroeben; L. Rybinski, député de Neustadt; et Antoine Donimirski, député de Conitz.

Les socialistes disaient, eux aussi, soutenant les mêmes idées de justice, réprouvant les mêmes principes de violence : « Nous avons voté pour la motion Teutsch parce qu'elle implique une protestation contre les annexions violentes et condamnées par le droit des gens. » Avaient signé : Julius Wahlteich, Augustus Geib, W. Hasenclever, Otto Reimer, W. Hasselmann, Johann Most, Julius Motteler, et avec eux Léopold Sonnemann, le seul républicain de l'assemblée. Haï de M. de Bismarck, malmené par le pouvoir, M. Sonnemann, sorti tout récemment de prison, usait ainsi de la liberté qui lui était momentanément rendue pour venir au Reichstag, en soutenant des principes si formellement contraires à ceux du gouvernement, se préparer peut-être un nouveau cachot.

IV

A la nouvelle de l'inconcevable attitude de l'évêque de Strasbourg, une immense vague de colère et d'indignation souleva toute l'Alsace. « Rétractez vos paroles, ou donnez votre démission », enjoignaient à Mgr Raess d'innombrables dépêches; « désavouez votre collègue, » prescrivaient-elles aux autres députés.

Ceux-ci d'ailleurs n'avaient pas attendu les injonctions de leurs électeurs et, dès l'ouverture de la séance suivante, le lendemain, jeudi 19 février, le député catholique lorrain, M. Eugène Pougnet, se leva pour déclarer : « J'ai une réclamation à élever contre le procès-verbal. On y lit que M. le député Raess, évêque de Strasbourg, aurait parlé au nom de ses *coreligionnaires.* Je pose ici cette question : Ce mot a-t-il vraiment été prononcé? Nous ne l'avons pas entendu, quant à nous. S'il l'a été, je suis en mesure de vous déclarer que Monseigneur a parlé en son propre nom, et nullement au nom des députés catholiques d'Alsace et de Lorraine (1). »

(1) *Stenographische Berichte.* Séance du 19 février.

C'est d'un commun accord entre tous les députés alsaciens-lorrains catholiques qu'avait été rédigée cette déclaration. Par déférence, pour un vieux prélat, leur propre évêque, et pour lui épargner l'humiliation d'entendre ainsi séparer sa cause de celle de tous ses collègues, deux des prêtres députés d'Alsace prirent soin, pendant la lecture de la protestation de M. Pougnet, de demeurer dans la salle des pas perdus, prêts à retenir au passage Mgr Raess. Il eût la sagesse de ne point paraître (1).

Après ce formel désaveu des paroles de Mgr Raess, les huit députés catholiques résolurent de ne pas quitter Berlin, comme l'avaient fait déjà Mgr Dupont des Loges et les députés protestans. Ils espéraient par leur présence au Reichstag pouvoir, à l'occasion, être utiles à leur cause; attitude d'ailleurs qui n'était nullement blâmée par ceux des Alsaciens-Lorrains qui avaient préféré s'éloigner : « Gardez-vous bien, dans vos correspondances, — disait au correspondant d'un journal français, l'un des députés protestans au moment de quitter Berlin, — gardez-vous de mettre en suspicion le patriotisme des députés d'Alsace-Lorraine qui resteront ici pour défendre leurs intérêts religieux. Nous comprenons leurs motifs et nous les respectons. Pour nous, nous n'avons que faire ici (2). »

Au milieu de ses collègues, presque tous prêtres et qui, par devoir de discipline, demeuraient envers lui respectueux, mais glacés, l'attitude de Mgr Raess avait cessé d'être souriante et devenait embarrassée, honteuse, tristement humiliée.

Dans une lettre datée « Salle du Reichstag, 20 février 1874, » l'abbé Simonis, député de Ribauvillé et Sainte-Marie-aux-Mines, annonce au curé de la Madeleine : « Je vous écris à la gauche de Monseigneur, à qui j'ai mis votre dépêche sous les yeux. C'est la deuxième que je lui montre... », puis, après avoir mentionné l'étonnement de tous au moment où, contrairement à ce qui avait été convenu, l'évêque de Strasbourg prononça ses malheureuses paroles, l'abbé Simonis donne ces précisions : « Le soir, nous étions bien embarrassés; nous rédigeâmes un projet pour désavouer l'évêque. Voici ce qui fut fait : Pougnet monta à la tribune pour déclarer que Monseigneur n'avait parlé qu'en son

(1) Abbé Félix Klein, *Vie de Mgr Dupont des Loges*, écrite d'après les papiers confiés à l'auteur par le chanoine Villeurmier, de Metz, légataire universel de Mgr Dupont des Loges.
(2) *Moniteur universel*, 25 février.

nom ». Puis l'abbé Simonis prend soin d'expliquer pourquoi quelques-uns de ses collègues et lui croient devoir demeurer au Reichstag : « Comptez que les Prussiens auront maintes occasions d'entendre les protestations des Alsaciens-Lorrains. Nous sommes tous d'accord ; nous tenons à maintenir le champ de bataille (1). »

Autour de lui, le malheureux évêque ne trouvait que désapprobation, vide, silence. Avec ses collègues, tout lien de sympathie, de pensée commune était rompu. L'un des députés, l'abbé Guerber, au nom de tous ses collègues catholiques, adressa, le 21 février, aux journaux, une note collective, relatant les faits avec exactitude et appréciant avec une ferme sévérité la conduite inattendue de l'évêque : « Monseigneur l'évêque de Strasbourg, dit-il, ne devait point prendre la parole. A l'insu de tous ses collègues, cédant à l'impression du moment, en présence de l'exaspération du Reichstag, il crut devoir déclarer qu'il n'entendait pas mettre en question le traité de Francfort. Il échappa à Sa Grandeur de dire qu'elle parlait au nom des catholiques... Le lendemain, au début de la séance, M. Pougnet déclara, au nom de tous ses collègues catholiques d'Alsace-Lorraine, que Mgr Raess n'avait parlé qu'en son nom (2). »

Après ce désaveu collectif, pleuvaient les lettres de désapprobation individuelles : entre autres, l'abbé Sœhnlin, député de Colmar, écrivait de Neuf-Brisach, à un ami, le 26 février : « ... Je dois vous redire que nous n'avons pas attendu les nouvelles d'Alsace pour déclarer que nous n'acceptons en aucune manière la teneur des déclarations de Monseigneur... Je ne puis que vous confirmer que les paroles de Mgr l'évêque de Strasbourg sont un acte absolument isolé qui n'a jamais pu et ne pourra jamais engager la responsabilité d'aucun de ses collègues (3). »

Enfin le député catholique de Château-Salins et Sarrebourg, M. Ch. Germain, adressait au *Moniteur universel*, dont le correspondant avait avancé que M. Teutsch « n'avait pas communiqué d'avance aux deux évêques le texte de son discours, »

(1) Lettre reproduite par le *Moniteur universel*, 26 février ; *le Temps*, même date et tous les journaux.

(2) *Le Monde*, 23-24 février ; *le Temps*, 25 février.

(3) *Id. ibid.*, 2 et 3 mars.

une formelle rectification, précisant avec détail les entrevues préliminaires de Francfort et de Berlin, et attestant à nouveau l'accord absolu de tous jusqu'au moment de l'étrange défection de l'évêque de Strasbourg : « Je n'ai pas, concluait M. Germain, à rechercher quels sont les motifs qui ont pu déterminer Mgr Raess à prendre l'attitude qui lui a valu, — après les insultes qui nous avaient été prodiguées, — les applaudissemens du parlement allemand ; ce que j'affirme, c'est que mon collègue et ami Teutsch a agi avec la plus entière loyauté, c'est que ce qu'il a dit et dit hautement, pour notre honneur à tous, avait été convenu d'avance et était connu de chacun de nous. La conduite de Mgr Raess vis-à-vis de ses collègues est donc absolument injustifiable et ne saurait être atténuée par aucune espèce d'explication (1). »

Noyé dans ce déluge de réprobation, l'évêque de Strasbourg, en une lettre adressée au *Journal d'Alsace* et communiquée en même temps à Paris au journal catholique *le Monde*, essayait de pénibles explications. Après avoir constaté avec mélancolie que ses paroles lui ont valu et continuent à lui valoir « une avalanche d'injures et de malédictions, » il avoue avoir signé « à son corps défendant » la motion de M. Teutsch, pour ne pas se séparer dès le principe de ses collègues alsaciens-lorrains, conservant toutefois l'espoir « de trouver... une occasion favorable d'expliquer ou de rectifier la pensée en ce qu'elle pouvait présenter de discutable et de moins correct. »

Il expose ensuite l'accueil de haine fait par le Reichstag au discours de M. Teutsch ; « m'étant douté, ajoute-t-il, de cette déplorable issue, j'avais, avant l'ouverture de la séance, fait demander à M. le président si, le cas échéant, il m'accorderait la parole, quoique deux de mes collègues l'eussent déjà demandée. Mon intention était de calmer la Chambre en donnant une courte explication de notre position vis-à-vis du traité de Francfort. Ma demande ne m'ayant pas été immédiatement accordée, ni refusée, je ne songeais plus à prendre la parole quand, vers la fin du discours Teutsch et au milieu d'un effroyable tumulte, le président m'offrit, par un billet, la parole. Ma réponse étant affirmative, je dus, en montant à la tribune, prendre une résolution aussi prompte qu'inattaquable au point

(1) *Moniteur universel*, 2 mars ; *Temps*, 4 mars.

de vue doctrinal et du droit public. Le calme se rétablit aussitôt, et je pus faire entendre les paroles suivantes, fidèlement reproduites par la sténographie : (suit le texte des malheureuses paroles). Ne pouvant taxer purement et simplement de non avenu le traité de Francfort, ni voulant l'accepter purement et simplement dans toutes ses conséquences, j'ai, pour conserver à la discussion le champ ouvert et libre, choisi un moyen terme et une expression qui, tout en respectant le traité, ne nous empêchait pas d'en faire ressortir et d'en attaquer les conséquences déplorables pour l'Alsace-Lorraine, et nous permettait de rester au Reichstag pour défendre nos droits et présenter fructueusement nos griefs et nos vœux... Tout cela ne prouve pas que l'annexion ait jamais eu mes sympathies... Si donc messieurs nos collègues n'obtiennent pas de la France et de l'Allemagne la suppression du traité de Francfort, qu'ils ne fassent pas de la politique de sentiment... et que ceux qui font de l'agitation et ne cessent de m'accabler d'injures, soit des villes d'Alsace, soit même de l'intérieur de la France, me permettent de rester sur le terrain de la bonne doctrine, du droit public et de la saine raison ; qu'ils renoncent à la manie de créer des complications à la France et à l'Allemagne et à appeler sur l'Alsace de nouvelles rigueurs, aussi longtemps qu'ils n'auront pas à leur disposition une armée de douze cent mille hommes pour venir déchirer le traité de Francfort (1). »

Quelle pâteuse et trouble explication ! Que de « moyens termes » et de distinguo ! L'expression est digne des sentimens. Le culte de la force, l'acceptation bénévole du droit qu'elle crée, cela n'est ni alsacien, ni français, ni latin, ni chrétien. Par le cœur et par l'esprit autant que par l'apparence physique, Mgr Raess était bien Allemand.

Edmond About, comme patriote lorrain, ne put retenir, contre Mgr Raess, la verve de sa plume accérée : « Lorsque, écrit-il dans *le XIXe Siècle*, les députés allemands, mis en gaieté par un sublime appel à la conscience des hommes et à la justice de Dieu, eurent fini de rire, on vit monter à la tribune un gros vieillard apoplectique... évêque par l'habit, vigneron par le type et bien connu d'ailleurs comme marchand d'un petit vin jaunet qu'il impose aux curés de son diocèse. »

(1) *Le Monde*, 5 mars. La lettre est datée : Berlin, 28 février.

Puis, après avoir relaté les malheureuses paroles de l'évêque, la stupéfaction profonde et l'irritation douloureuse qu'elles avaient produites en Alsace, il ajoute : « Pour nous qui connaissons l'homme, son passé, son tempérament, son caractère, son âge, les circonstances de son élection et les manœuvres qui l'ont retourné, le fait est naturel, j'allais dire excusable. Quoiqu'il soit né dans le Haut-Rhin, il a terminé ses études en Allemagne, il y a vécu longtemps, il a professé la théologie à Mayence, il y a publié ses livres, il y écoule une partie de ses récoltes... Considérez d'ailleurs qu'il a quatre-vingts ans... Il ne s'est pas montré bien héroïque en face de l'invasion. Pendant le siège de 1870, lorsque Paris, trompé par une fausse nouvelle, le croyait martyr et célébrait en son honneur un service funèbre, il dînait pacifiquement à la table de M. de Bismarck-Bohlen. Personne n'eût songé à présenter son nom aux électeurs de Schlestadt, si un mot d'ordre parti d'Allemagne n'eût annoncé le succès de plusieurs candidatures cléricales et demandé du renfort en Alsace. Le maire révoqué de Schlestadt, seul candidat populaire, refusait le mandat; un particulariste se mettait sur les rangs, il fallait aviser d'urgence : on prit Mgr Raess, faute de mieux, mais sans illusion. Aussitôt nommé, il s'en fut chez M. de Moeller, président d'Alsace-Lorraine, attester les dispositions conciliantes dont il était animé. A Berlin, sa vieille et débile personne était un but tout désigné aux grands politiques qui voulaient entamer à tout prix l'unanimité de nos quinze représentans. L'empereur lui donna audience la veille ou le jour même de la protestation ; nous avons lieu de supposer qu'un tel homme d'État... eut bon marché d'un octogénaire usé comme l'évêque Raess. L'acte de défaillance que les journaux allemands exploitent à qui mieux mieux ne prouve rien, sinon qu'un de nos quinze mandataires était un homme fini, ce que nous savions tous (1). »

En Alsace, l'hostilité contre Mgr Raess prenait une violence croissante. Sur le bureau du malheureux évêque, s'accumulaient les adresses, les dépêches, les lettres de protestation ; les unes déférentes, les autres résolument injurieuses. A Schlestadt, le comité même qui avait mis en avant et soutenu la candidature de Mgr Raess s'empressa, dès le lendemain

(1) *Le XIXe Siècle*, 25 février.

de la séance du Reichstag, d'adresser à M. Teutsch un télégramme de remerciement pour son attitude, et de blâme pour celle de leur député (1). Deux textes différents de protestation circulèrent ensuite dans la circonscription : « Malgré, — disait l'une à Mgr Raess, — la vénération que nous devons à votre grand âge, à la haute dignité ecclésiastique dont vous êtes revêtu, le souci de notre honneur et des sentimens que vous avez outrageusement blessés nous oblige... à protester... etc... (2) » L'autre était plus violente : « Nous croyons, disait-elle, qu'après avoir rempli la France et l'Allemagne du bruit de votre défection vous jugerez à propos... de renoncer à l'honneur de nous représenter au Reichstag. Nous venons vous sommer de rendre votre siège... Recevez, monsieur le député, les civilités compatibles avec les sentimens que nous venons de vous exprimer (3). » A Strasbourg également circulaient deux protestations : l'une et l'autre s'accordaient pour réclamer avec la même énergie la démission du député.

Le mouvement de réprobation s'étendait à l'Alsace entière : Colmar parlait de la « sénile défaillance » du prélat (4), et les catholiques de Mulhouse exprimaient leur douloureuse surprise de ce que, « parmi les députés d'Alsace, il se fût trouvé un homme... qui reniât, sans explication et sans motif, les opinions de ceux qui l'avaient élu. Et cet homme, — continuent-ils, — quel est-il, monseigneur? C'est celui que, depuis trente ans, nous avions appris à vénérer comme le chef de notre clergé, comme notre père à tous!... Vous avez pris la parole et il vous a suffi de quelques instans pour semer la division et la tristesse dans toute l'Alsace... » A Wasselonne, la population catholique exprime sa tristesse « pour le pénible mais sacré devoir qui se pose de protester contre les paroles déplorables de Mgr Raess (5). » De Sainte-Marie-aux-Mines, les électeurs envoient une dépêche à leur député, l'abbé Simonis, pour le sommer de désavouer publiquement, à la tribune, les paroles de Mgr Raess (6); par une autre dépêche, ils expriment à M. Teutsch leurs « remerciemens patriotiques » et leur « sympathique adhésion (7). »

Ce n'était là encore que la manifestation pour ainsi dire

(1) *Le Monde*, 23-24 février. Dépêche signée Lormuller, Hurstal, Epien, Fuchs; *Temps*, 24 février.

(2-3-4-5-6-7) *Temps*, 2 mars, 27 février, 4 mars, 28 février, 2 mars, 4 mars.

officielle du mouvement de réprobation contre l'évêque de Strasbourg; mais dans les villes, dans les campagnes, l'hostilité populaire se manifestait de façon bien plus violente : vitres brisées par la foule à Strasbourg au Palais épiscopal (1); et, dans le village natal même de Mgr Raess, — ce délicieux petit village de Sigolsheim, blotti, non loin de Colmar, an milieu des vignes, dans un vallon verdoyant, au pied des Vosges couronnées de ruines, — la maison patrimoniale du vieil évêque avait été insultée, et ses vignes, des vignes de famille qu'il cultivait avec amour, avaient été arrachées; si bien que, pour rétablir l'ordre et protéger un prélat qui l'avait si bien servie, l'autorité prussienne dut faire venir à Sigolsheim deux compagnies d'infanterie (2).

Sur les motifs auxquels avait obéi Mgr Raess, les racontars populaires allaient leur train : on lui a offert, disaient les uns, de créer en sa faveur un archevêché réunissant les deux évêchés actuels de Strasbourg et de Metz; bien mieux, disaient les autres, le gouvernement allemand veut faire de lui le chef des « Vieux catholiques » (une secte schismatique qui recueillait alors, de M. de Bismarck, quelques sourires et quelques faveurs intéressés); il deviendrait une sorte de pape *in partibus* (3).

Contre l'évêque de Strasbourg, les nombreux protestans d'Alsace qui, en vue de leurs revendications nationales, avaient cru devoir donner leur voix au prélat, étaient maintenant dans une véritable fureur, et cette fureur, ils l'étendaient au clergé tout entier : « Depuis trois jours, lit-on dans une correspondance adressée au *Niederrheinische Kurier* de Strasbourg, les prêtres sont injuriés dans la ville; on leur lance à la figure les noms de traîtres, de menteurs; c'est vous, leur dit-on, qui avez vendu l'Alsace à la Prusse (4). »

Et pourtant, le clergé lui-même, tout en demeurant, au point de vue ecclésiastique, fidèle à ses devoirs d'obéissance envers son évêque, n'hésitait pas à réprouver ouvertement sa conduite politique et à se séparer entièrement de lui. Les journaux d'Alsace, — tous plus ou moins sous la coupe de l'autorité prussienne cependant, — sont alors pleins de nombreuses lettres de protestation ecclésiastique : « Monseigneur n'a der-

(1) *Temps*, 26 février.
(2-3) *Le XIXe Siècle*, 2 mars. Lettre d'Alsace. Mulhouse 27 février, 2 mars.
(4) Reproduit par *la République française*, 26 février.

rière lui ni son clergé ni ses fidèles (1), » dit un prêtre ; et un autre avec ce cri vibrant de sincérité : « le clergé de Strasbourg est dans une bien douloureuse situation », envoie au *Niederrheinische Kurier* l'adresse que cinquante prêtres de Strasbourg ont signée pour exprimer à M. Teutsch leur admiration et leur gratitude, ne pouvant publiquement blâmer leur évêque (2). Quelques jours plus tard, le 25 février, de Hochberg où il s'était retiré depuis son départ de Berlin, M. Teutsch envoyait à l'abbé Delsor, professeur au petit séminaire de Strasbourg, chargé de lui transmettre cette adresse, ces remerciemens du cœur : « ... Nous n'avons jamais douté, mes collègues et moi, que les catholiques d'Alsace-Lorraine et en particulier le clergé si patriotique de votre ville n'approuvassent la pensée qui a inspiré mon discours. Nous avons toujours cru que la défaillance de Mgr de Strasbourg lui était toute personnelle, mais nous ne vous en sommes pas moins reconnaissans, dans l'intérêt de notre cause, d'avoir publiquement affirmé vos sympathies (3). »

Renié par ses collègues, par ses électeurs, par ses fidèles, par son clergé même, le vieux prélat, en ce tragique isolement, eut, — suprême honte, — à subir les emphatiques éloges de toute la presse allemande! Ce fut sa fin. Traînant désormais une existence solitaire, fui de tous, au point que, à son entrée dans la cathédrale de Strasbourg, les fidèles se détournaient pour éviter sa bénédiction (4), le malheureux mourut, plus de dix longues années plus tard, le 17 novembre 1887, poursuivi jusque dans la tombe, jusque dans l'avenir, par la lourde gratitude allemande. Dans le recueil officieux publié à Leipzig pour commémorer tous les hommes marquans de l'Allemagne, l'*Allgemeine deutsche Biographie*, un long article lui est consacré, énumérant avec complaisance ses nombreux travaux de théologie publiés en Allemagne. Après l'éloge pourtant, cet article se termine ainsi : « Mais le sol de Berlin lui fut fatal. Lorsque, après la protestation du député Teutsch devant le Reichstag, il déclara que les catholiques du pays d'Empire reconnaissaient la paix de Francfort, son rôle était

(1) *Moniteur universel*, 24 février.
(2) Reproduit par *le Temps*, 27 février.
(3) *Temps*, 7 mars.
(4) *Abbé Félix Klein*, ouvrage cité.

fini. Son clergé, surtout le plus jeune, ne voulut rien savoir et se dressa contre lui en une hostilité ouverte. Dans son plus proche entourage et jusque dans son Séminaire, circula une adresse de protestation indignée. Lorsqu'il mourut, aucun évêque, aucun ecclésiastique alsacien ne voulut prononcer son oraison funèbre; ce fut le doyen de la cathédrale de Mayence qui s'en chargea; et, pour que l'incident ne pût prêter à erreur, le *Bulletin ecclésiastique* du coadjuteur et successeur de Mgr Raess écrivit : « Il eût été difficile pour un Alsacien de prononcer cet éloge funèbre. L'évêque d'Angers, Mgr Freppel, Alsacien, qui assistait à la cérémonie, n'aurait pu le faire, n'y songea même pas, car il était nécessaire d'étendre un voile sur certains côtés d'ombre dans la vie de l'évêque, côtés que l'histoire, quant à elle, ne pourra jamais voiler; ces côtés d'ombre, c'étaient ses déclarations devant le Reichstag en 1874 (1). »

V

Si les tristes déclarations de Mgr Raess avaient mérité en Allemagne d'emphatiques et accablantes approbations, c'est avec une fureur enragée qu'y furent accueillies les fières paroles de M. Édouard Teutsch. La presse germanique tout entière écumait : « Comédie! » aboyait la *Gazette de Spener*. « Farce! » hurlait plus haut encore la *National Zeitung ;* et la *Norddeutsche Allgemeine Zeitung*, mêlant le miel adressé à Mgr Raess au fiel destiné à M. Teutsch, écrivait : « Le silence respectueux avec lequel les quelques paroles du vieil évêque de Strasbourg ont été écoutées prouve suffisamment avec quelle attitude le Reichstag allemand eût accueilli une digne expression des sentimens alsaciens-lorrains... C'est malgré elle que l'assemblée a cédé publiquement à l'irrésistible impression comique que produisit sur les diaphragmes le tragique surexcité de ce bouffon, lorsqu'il déclamait et gesticulait au nom de l'Alsace-Lorraine. A ce député qui porte un nom respectable, Teutsch, un nom qu'il s'efforçait de démentir et de renier, sa langue maternelle pouvait-elle ne pas être familière? L'accent étranger qu'il s'était donné en commençant son bredouillement

(1) *Allgemeine deutsche Biographie*. Leipzig, in-8°, 1888. Article signé J. Friedrich.

affecté fut bientôt laissé de côté... Dans l'assemblée de Bordeaux, il n'était pas possible à ce même monsieur d'être aussi inintelligible avec son mauvais français qu'il l'a été hier avec son allemand comprimé... C'est avec regret que nous reconnaissons dans le député Teutsch réellement le compatriote. Il y a une sorte d'Allemands qui, maintenant, espérons-le, va disparaissant : les natures allemandes de valets pour lesquels tout ce qui est étranger semble distingué. Sous une livrée française, regarder par-dessus l'épaule son cousin le paysan, ce fut pendant des siècles l'ancienne façon de la valetaille allemande (1). »

La valetaille allemande est ici assez bien dépeinte; mais, en fait de bassesse, peut-on trouver mieux que cet article?

Après l'injure, l'ironie, ironie épaisse et lourde, à l'allemande : « Nous espérons, — dit, à propos du superbe appel de M. Teutsch au jugement de Dieu et à celui de l'Europe, — nous espérons que Dieu aura pitié des Français, et aussi des Fransquillons égarés. Pour ce qui est de l'Europe, nous croyons que M. Teutsch se fait grandement illusion sur les sentimens de cette dame, car les temps où Europe se laissait séduire par un taureau sont depuis longtemps passés (2). »

En présence de l'attitude des Alsaciens, le pouvoir prussien lui-même se montrait inquiet et nerveux, multipliant les vexations, les rigueurs, arrêtant à la poste les journaux français, faisant saisir chez tous les commerçans, papetiers, marchands d'estampes et d'objets d'art, horlogers, orfèvres, magasins de nouveautés, avec le soin méticuleux que peuvent appliquer à pareille besogne des policiers prussiens, toutes les gravures, emblèmes, portraits, cartes géographiques, statuettes, jouets tricolores et autres objets suspects de tendances subversives (3). Un petit buste de l'Alsace voilée de deuil fut tout spécialement proscrit (4).

En même temps, trente-neuf curés des arrondissemens de Sarrebourg et Château-Salins étaient cités à comparaître, le 18 mars, pour répondre à la grave accusation d'avoir lu en chaire un mandement de l'évêque de Nancy (5)!

(1) Reproduit par le *Journal des Débats*, 24 février.
(2) Reproduit par la *Gazette de France*, 21 février.
(3) *Temps*, 4 mars, d'après le *Journal d'Alsace*.
(4) *Le XIXe Siècle*, 8 mars.
(5) *Le Temps*, 7 mars, citant le *Niederrheinische Kurier*.

Dans certains organes de la presse allemande, se laisse entendre, pourtant, une note moins furibonde : le *Börsen Kurier* affiche, — y avait-il à cela quelque motif financier? — des sentimens à peu près humains. Les journaux catholiques et notamment la *Germania*, tout en couvrant naturellement de de fleurs Mgr Raess, s'efforcent d'épargner les injures aux autres Alsaciens-Lorrains. Même tendance parmi les journaux démocratiques; dans la *Frankfurter Zeitung*, M. Sonnemann, son directeur, après avoir rendu hommage à la « passion nationale surexcitée à un degré éminent » qui animait M. Teutsch et les Alsaciens-Lorrains, traite au contraire de « grotesque et sauvage » le spectacle que lui avait donné le Reichstag dans la triste séance du 18 février (1).

Les journaux socialistes, tels que le *Courrier de Franconie*, de Nuremberg, étalent aussi les plus généreux sentimens; mais, en dehors de quelques chefs courageux, comme Liebknecht et Bebel, capables d'affronter le cachot, d'exposer même leur vie pour la défense de leurs idées, qu'était donc alors et de quoi était capable le parti social-demokrat allemand?

Cette année-là, un « appel aux travailleurs allemands, » inséré dans le *Neu Social-Demokrat* du 1er mars, invita tous les groupes ouvriers de Berlin à célébrer avec éclat l'anniversaire du 18 mars, jour du soulèvement de la Commune de Paris. Cette date du 18 mars était justement aussi celle des troubles révolutionnaires survenus à Berlin en 1848 et durant lesquels, devant la fureur du peuple, le roi de Prusse Frédéric-Guillaume IV, qui en devint fou peu après, dut, tremblant de peur, subir la honte de se découvrir, sur le seuil même de son palais, devant les cadavres des victimes de ses soldats. Tous les ans, depuis lors, une cérémonie avait lieu sur la tombe de ces combattans des barricades. Cette année, pour la première fois, les démocrates l'oublièrent; le 18 mars parisien prit la place du 18 mars berlinois, et, de cette substitution, le gouvernement prussien se frotta les mains : les souvenirs révolutionnaires du voisin lui plaisaient beaucoup plus que les siens.

« Nous nous sommes trouvés là, — raconte un journaliste français présent à cette fête révolutionnaire allemande, — au milieu de quinze cents personnes très paisibles, dont un tiers

(1) *Frankfurter Zeitung*, 19 février, reproduit par *le Monde*, 23-24 février.

de femmes et d'enfans, rangés par familles autour de tables carrées et soupant avec philosophie au milieu d'un nuage de fumée si épais que, d'une table, on distinguait à peine la table voisine. Rien ne peut donner une idée de cette tabagie démocratique et idyllique. » Après un discours débité par le député social-demokrat Hasenclever, flanqué d'un agent de police en superbe uniforme, on entonna, sur l'air de *la Marseillaise*, l'hymne du travailleur allemand, *das Lied des deutschen Arbeiter* :

Allons, amis du Droit et de la Vérité,
Le jour est arrivé d'accourir sous nos drapeaux,
. . . .
. . . .
Suivons la voie hardie
Que nous a tracée Lassalle (1)!

Des chansons! Le Droit et la Vérité n'avaient rien de plus à attendre de ces farouches et doux révolutionnaires berlinois.

Dans quelques autres organes allemands, une certaine appréhension se faisait jour : les ricanemens et les cris de la séance du 18, se demandait-on, avaient-ils été bien habiles? « Toute cette affaire est obscure, — écrit la *Kreutz Zeitung*, organe attitré des vieux conservateurs prussiens, — et pour l'éclaircir, il eût mieux valu que le Reichstag écoutât avec plus de calme... On aurait pu alors repousser la motion avec plus de dignité (2). »

Bien plus encore : un vague sentiment de crainte en face du mystérieux avenir commençait à angoisser certains cœurs : « Le peuple allemand conduit à l'appauvrissement, à la ruine économique et sociale, au désespoir, tout cela, — dit le journal catholique de Munich, le *Vaterland*, — c'est le fruit amer de la dernière « guerre sainte » contre la France. » Après avoir ensuite énuméré les formidables ressources à engloutir en dépenses militaires, suivant les projets proposés : « ces chiffres ne font-ils pas frémir? demande le journal, surtout quand on songe que M. de Moltke fait entrevoir au peuple allemand le maintien de cet état de choses pendant cinquante ans (3)! »

Décidément, les grossiers éclats de rire du Reichstag, les

(1-2) *Le Temps*, 23 mars. Lettre d'Allemagne.
(3) Reproduit par le *Journal des Débats*, 1er mars.

sinistres plaisanteries de la *Norddeutsche allgemeine Zeitung* et de la *Gazette de Spener* sonnaient faux, et ce qui avait réellement porté, c'était la menaçante prédiction de M. Teutsch : nouvelles guerres, nouvelles ruines, nouveaux massacres! « Quand on rapproche, écrit le correspondant berlinois du *XIXe Siècle*, cette sombre prédiction du récent discours de M. de Moltke, il en est plus d'un qui ne peut s'empêcher de frémir (1). »

En France cependant, sur le pénible incident Raess, la presse gardait l'attitude la plus réservée, la plus correcte, la plus digne; c'était pour elle, comme le faisait sagement observer le *Journal des Debats*, un rigoureux devoir d'attendre le jugement de l'Alsace et de la Lorraine avant de prononcer le sien : « Pour qui connaît le caractère des populations alsaciennes, disait le correspondant de ce journal, c'est mal se recommander auprès d'elles que d'empiéter, même par sympathie, sur les droits dont elles sont jalouses (2). »

Aussi, n'est-ce que le 15 mars, près d'un mois après la séance du Reichstag, que, dans ce même journal, John Lemoinne publia ces lignes si douloureusement émues et si pleines d'une claire vision de l'avenir : « Les discussions du Parlement allemand ont offert, dans ces derniers temps, le plus profond intérêt pour la France, et c'est cependant en France qu'on s'en est le moins occupé. La presse française est à cet égard beaucoup moins libre que la presse des autres pays ; nous sommes forcés de garder, sinon le silence, au moins la plus dure réserve sur nos propres affaires. Nous nous y soumettons parce que notre premier devoir, quand il s'agit des relations de notre gouvernement, quel qu'il soit, avec les étrangers, est d'obéir à la nécessité et de consulter avant tout l'intérêt du pays. Il nous a été cruel de ne pouvoir applaudir, comme nous l'aurions ardemment voulu, aux patriotiques protestations des représentans de l'Alsace et de la Lorraine; mais nous sommes obligés de reconnaître qu'eux seuls avaient le droit de les faire...

« Réduits comme nous le sommes à l'impuissance..., nous nous bornons à observer l'effet que produisent, sur le reste de l'Europe, les manifestes de M. de Moltke et de M. de Bismarck...

(1) *Le XIXe Siècle*, 25 février.
(2) *Journal des Débats*, 28 février.

Or, les déclarations de M. de Moltke ne sont certainement point faites pour tranquilliser l'Europe, et l'on peut voir qu'elles ont jeté, chez toutes les nations de notre continent, une inquiétude justifiée...

« M. de Moltke a raison de dire que ce que l'Allemagne a conquis en six mois par la force, elle sera obligée de le défendre par la force pendant cinquante ans. C'est là ce qui a jeté une sorte de consternation dans l'Europe, et partout l'on s'écrie : « Quoi! Cinquante ans, un demi-siècle sous les armes! La « culture abandonnée, l'industrie ruinée, la civilisation vio- « lemment refoulée, les enfans élevés pour le carnage, l'huma- « nité renvoyée à l'état barbare, voilà ce qui nous est réservé!... « La France n'a pas autre chose à faire que d'attendre en tra- « vaillant, en produisant, en réparant ses forces, et en laissant « les autres nations sentir et calculer le poids de la puissance « qui l'a remplacée (1. »

Au bruit de baïonnettes et de canons soulevé par M. de Moltke, l'Europe en effet commençait à prêter une oreille inquiète; la « paix » qu'il proposait ne séduisait personne; l'Allemagne, disait-il, devait l' « imposer; » or, sur la douceur de cette contrainte, le récent martyre de l'Alsace-Lorraine et du Sleswig, le martyre plus ancien et plus douloureux encore de la Pologne, fournissaient de trop sanglans témoignages. L'Europe commençait, — la lourde plaisanterie du pédant germanique rédacteur de la *Gazette de Spener* portait beaucoup plus loin et ailleurs qu'il n'avait cru, — à s'effaroucher singulièrement des galanteries du taureau.

C'est de Russie que partit le premier cri d'alarme : « Les hommes d'État et feld-maréchaux allemands, écrivait le journal *la Voix*, de Pétersbourg, auront beau protester de leur grand amour pour la paix, l'Allemagne n'en joue pas moins avec le feu et désirera tôt ou tard la guerre, puisque nous la voyons, dès aujourd'hui, malgré la prééminence certaine de ses forces militaires, changer son budget, contredire son économie proverbiale pour étendre davantage ses immenses armemens...

« Le comte de Moltke a fait allusion à la nécessité où l'armée de l'Allemagne pourrait se trouver de faire face en deux direc-

(1) *Journal des Débats*, 15 mars.

tions opposées... Il a dit encore : « l'obtention d'une partie de « la France ou de la Russie nous aurait seulement embarrassés, « nous n'aurions su qu'en faire. » Ces paroles, croyons-nous, mériteraient foi et pourraient dissiper les soupçons qui pèsent sur la tranquillité de l'Europe si les Allemands prouvaient par des faits qu'ils n'ont pas besoin des possessions d'autrui, dont les habitans ne veulent pas appartenir à l'Allemague et qu'ils ne sauraient qu'en faire.

« Les faits malheureusement prouvent le contraire et le lendemain même du discours du comte de Moltke et de ses paroles sur les abstentions des Allemands du bien d'autrui applaudies au parlement, un député d'Alsace, M. Teutsch, protesta contre l'annexion à l'Allemagne de l'Alsace-Lorraine, en disant que les Allemands sont loin de s'abstenir de la propriété d'autrui... En présence du Sleswig et de l'Alsace-Lorraine [l'écrivain russe omet de mentionner la Pologne], les journalistes allemands, les députés au parlement, les hommes d'État de l'Allemagne auront beau parler de l'amour de la paix de la nation allemande et de son abstention du bien d'autrui, ces paroles résonneront partout dans le désert, excepté en Allemagne, parce que les faits les contredisent...

« Nous autres Russes, nous nous trouvons dans une position plus favorable envers l'Allemagne que d'autres nations. Nous savons que l'Allemagne est bien persuadée qu'il n'y a rien à prendre chez nous. Le moindre essai de ce genre enflammerait le sentiment national russe qui ne se calmerait point avant que l'agresseur n'ait reçu la punition méritée. Il ne serait point sans danger de provoquer la haine d'une nation jeune, fraiche, profondément patriotique... Nous savons apprécier l'amitié de l'Allemagne, parce que nous désirons avant tout le repos. Ses provocations n'ont rien de redoutable pour nous qui connaissons notre force et savons ce dont le peuple russe est capable quand on touche à lui (1)... »

Un tel article devait, en Allemagne, soulever des fureurs : quoi! cette Allemagne impeccable et souveraine, on osait s'en prendre à elle, contester sa parole, jeter le soupçon sur sa « paix! » La *Gazette de Spener* fulmine, dénonce avec indignation « la manière haineuse » dont *la Voix* a parlé du discours

(1) Reproduit par le *Journal des Débats*, 10 mars.

du feld-maréchal de Moltke et de la motion du député Teutsch, puis elle affecte de railler dédaigneusement « la crainte superstitieuse » que les Russes ont du prétendu désir que l'Allemagne nourrit de s'annexer tôt ou tard les provinces de la Baltique... « La Russie, — remarque l'impitoyable *Gazette*, mettant bien, cette fois, le doigt sur la plaie — a-t-elle donc jamais rendu elle-même un lambeau des pays qu'elle a conquis, depuis les rivages glacés de la Finlande jusqu'à l'embouchure du Pruth; un seul lambeau de cette ceinture d'annexions six fois plus grande que toute l'Allemagne? Et supposons que la Russie soit un Empire constitutionnel, qu'on y convoque un parlement, sur quelles motions finnoises, polonaises, lithuaniennes, tartares et circassiennes ce parlement n'aura-t-il pas à voter?... La nouvelle loi militaire de la Russie implique un effectif de 750 000 hommes, presque le double de celui de l'Allemagne d'après la nouvelle loi. La Russie construit sans cesse de nouveaux forts sur ses frontières du côté de l'Autriche et de l'Allemagne, organise tout son réseau de chemins de fer au point de vue stratégique, fixe la largeur de ses voies ferrées de façon qu'elles soient impraticables pour tout le matériel roulant de l'Allemagne. Eh bien! l'Allemagne a-t-elle jamais considéré ces mesures de précaution comme une menace? »

Généreuse indulgence! L'Allemagne veut bien ne pas considérer comme une menace les mesures défensives prises par sa voisine; combien le « Tu la troubles! » de la fable serait ici de saison s'il ne s'agissait de deux loups! De la Prusse à la Russie la réplique était en effet trop facile, et le martyre de la Pologne établissait, hélas! entre elles la commune fraternité du crime.

La presse de Vienne montrait, — chose remarquable, — une indépendance assez courageuse : le 22 février, la *Tage Presse* publie un article si vif contre les prétentions allemandes, que le journal français *le XIXe Siècle*, auquel son correspondant l'avait envoyé, déclare : « Nous l'avons lu avec une vive émotion, mais la prudence nous défend de le publier, quoiqu'il ait paru en Autriche. Nous ne sommes pas en Autriche (1). »

A Rome, si les milieux de la jeune revendication nationale se montrent entièrement sympathiques aux protestations alsa-

(1) Le *XIXe Siècle*, 2 mars.

ciennes-lorraines, ce n'est pas sans quelque tristesse que nous pouvons constater, en revanche, dans certains organes de l'entourage du Vatican, une lamentable tendance à accepter la thèse germanique de la force créatrice de droits : « Les paroles de Mgr Raess, dit le journal l'*Unita cattolica*, ont été mal reproduites. En effet, l'évêque de Strasbourg reconnaissait la légalité du traité de Francfort, mais il faisait des réserves sur sa légitimité... Il est certain que l'évêque de Strasbourg est très chagrin d'être, avec son peuple, séparé de la France, mais c'est la France elle-même qui a accepté cette séparation après une guerre injuste que l'empereur des Français avait déclarée à la Prusse (1). »

Chez les Anglais, le sentiment qui domine à propos de ces incidens, c'est un sentiment de pitié quelque peu dédaigneuse envers ces pauvres gens qui ont si mal su défendre leur patrimoine et leur liberté. Quant à eux, Anglais, que leur importent ces querelles continentales ? Ils n'ont point à en connaître ni à s'en mêler ; ce n'est pas leur affaire, l'empire des mers leur suffit. Très justement fiers de l'intangible liberté britannique, ils se bornent à plaindre, en toute générosité de cœur, ces voisins sympathiques auxquels de pénibles circonstances interdisent de parler avec la même hauteur de ton qu'eux-mêmes : « En Angleterre, — écrit le *Times* à propos des comminatoires réclamations adressées par l'Allemagne au gouvernement français au sujet de certains mandemens d'évêques, et de la suppression, pour deux mois, du journal *l'Univers*, coupable d'avoir reproduit ces mandemens, — en Angleterre, nous considérerions comme audacieusement présomptueux tout gouvernement étranger qui viendrait demander au nôtre de désavouer les paroles et les écrits de personnes sur lesquelles il n'a aucun contrôle et dont il n'est nullement responsable. Mais nous devons admettre que la position de la France et de son gouvernement était assez exceptionnelle pour excuser un écart des habitudes ordinaires (2). »

La menace allemande contre l'Europe, contre l'univers même, l'Angleterre, confiante en sa puissance insulaire et maritime, ne l'apercevait pas encore.

(1) *Unita cattolica* du 24 février, citée par le *Journal des Débats*, 26 février.
(2) Cité par *le Temps*, 27 février.

VI

Le loyal essai de collaboration avec le parti du Centre tenté par les députés catholiques d'Alsace-Lorraine ne fut pas heureux. Au bout de très peu de temps, ceux-ci s'aperçurent que leur concours était requis sans aucune idée de réciprocité et que l'on prétendait se servir d'eux, mais non les servir.

Le « Centre » ne constituait nullement, comme on le pourrait croire, quelque union religieuse des catholiques vivant sur tous les territoires de l'Allemagne, mais bien un véritable parti politique, avec ses intérêts propres, ses intrigues et ses tares. D'excellens catholiques, les Polonais, s'obstinaient à refuser toute compromission avec ce parti, sentant fort bien que, par ce concours, ils serviraient surtout, non pas des intérêts spirituels et religieux, mais bien plutôt de matériels et positifs intérêts prussiens. Depuis qu'ils se sont laissé éblouir par la puissance et gagner par les maximes prussiennes, beaucoup de catholiques allemands ne sont véritablement plus des catholiques, ne sont même plus des chrétiens, mais les grossiers sectateurs d'on ne sait quelle vieille divinité germanique brutale, fourbe et avide de sang.

Dans les catholiques provinces du Rhin elles-mêmes, si peu germaniques, si pleines de souvenirs latins, devenues prussiennes avec désespoir en 1815 et qui ont si longtemps gardé le mépris et la haine de leur déplaisant dominateur, les victoires de 1870, la prospérité matérielle inouïe qui s'en est suivie, ont, hélas! retourné et perverti les populations au point de leur inculquer à elles aussi le culte prussien de la force.

Un livre paru quelques années avant cette guerre nous donne là-dessus des éclaircissemens précieux, c'est un roman écrit par une Rhénane, Clara Viebig, et intitulé : *die Wacht am Rhein*. L'auteur trace un vivant tableau de mœurs de la contrée. L'odieux Prussien n'y est pas ménagé; ses ridicules, sa grossièreté, ses tares, sont étalés avec une évidente complaisance. Puis, après trois cents pages consacrées à dépeindre, avec un réel talent, l'antagonisme profond qui sépare l'aimable population rhénane de la brutalité prussienne, tout à coup, à la trois cent unième, apparaît soudain, en quelques lignes, cette conclusion inattendue : « La prospérité, la gloire dont nous jouissons, c'est pourtant le soldat prussien qui nous les a conquises! »

Cette conclusion en somme est bien une conclusion germanique : *Germani ad prædam*, les Germains cherchent la proie, disait déjà Tacite il y a deux mille ans. L'objet de leur culte n'a pas changé : ils courent à la proie et s'attachent avec frénésie au maître qui la leur donne. Ils ont pour cela trouvé la Prusse et les Hohenzollern, — hauts rançonneurs suivant leur nom même, — ils suivront ceux-ci avec l'infatigable dévouement qui fait notre étonnement, notre admiration même, tant, vu de loin, cela ressemble à un noble et chevaleresque sentiment; mais n'y regardons pas de trop près; ce dévouement n'est peut-être en réalité ni aussi désintéressé, ni aussi solide que nous le croyons; il peut avoir une fin, et une fin lamentable. Quand un chef de bande cesse d'enrichir ses fidèles compagnons, il arrive parfois que ceux-ci le pendent.

Ces principes du « droit de la force » chers à tous les Germains, le Centre ne songeait en aucune façon à les répudier; si l'un de ses organes, *le Vaterland*, de Munich, émettait, comme on l'a vu plus haut, certaines réserves sur la « guerre sainte » contre la France, ce n'était nullement, qu'on ne s'y trompe pas, par esprit de justice, mais par crainte; les conquêtes de l'Empire nouveau, on ne les discutait pas, mais on en redoutait les suites; on désirait les garder, mais sans luttes violentes : cinquante ans sous les armes, de nouvelles guerres, de nouveaux massacres, quelle perspective! A ces bons Teutons du Centre, la peur tenait lieu d'honnêteté, et ce qu'ils eussent voulu obtenir, c'est la résignation passive, le bénévole consentement des opprimés : « Reconquérir nos frères allemands, voilà quel est notre but, disait à la séance du Reichstag, le 20 février, l'un des chefs du parti, le député Majunke, directeur de la *Germania :* notre point de vue est tout de conciliation, celui en un mot que vous a exposé l'évêque de Strasbourg. »

Que de guirlandes pour achever l'enchaînement du malheureux évêque! Quant aux mauvaises têtes d'Alsace, comme M. Teutsch, c'est le poing levé que la *Norddeutsche allgemeine Zeitung* disait, on l'a vu, à ce « compatriote » récalcitrant : « Sois mon frère ou je te brise le crâne! »

Aux fleurs perfides tressées par le Centre, ni les catholiques d'Alsace, ni la presse catholique de France ne se laissèrent prendre : « Nous croyons, écrit le journal catholique français *le Monde*, que quelques députés du Centre du parlement allemand ont, par leurs conseils, mis Mgr Raess dans cette impasse... Le Centre veut à tout prix écarter de lui et des catholiques allemands l'accusation d'hostilité contre l'Empire. Or, en prêtant leur concours aux Alsaciens, ils justifiaient cette accusation. Voilà pourquoi les députés alsaciens, et les prêtres députés tout d'abord, auraient dû former un groupe spécial, ne pas faire cause commune avec le Centre, se réservant de voter avec lui dans les cas spéciaux (1). »

Le grand écrivain catholique Louis Veuillot ne put malheureusement exprimer, lui aussi, son opinion : son journal *l'Univers*, sur la brutale injonction de Bismarck, venait, hélas! d'être suspendu par le Gouvernement français.

Le piège tendu par le Centre aux catholiques d'Alsace était vraiment trop grossier : une gazette luthérienne, fanatique organe de M. de Bismarck, la *Norddeutsche allgemeine Zeitung*, ne se mêlait-elle pas de venir à la rescousse de la catholique *Germania* pour prendre, contre les députés alsaciens, la défense de la hiérarchie ecclésiastique menacée? A toutes deux, *le Monde* répondait vertement : « La *Gazette de l'Allemagne du Nord* reproche précisément au clergé d'Alsace de manquer à ce qu'il doit à son évêque. La *Germania* prétend de son côté que l'expérience de Mgr Raess devrait être le guide des appréciations du clergé alsacien. Ces deux feuilles sont dans une complète erreur; les prêtres d'Alsace sont des citoyens, leur opinion politique n'est pas matière à obéissance; pour être d'un autre avis que leur évêque dans des questions libres, ils ne manquent en aucune façon à ce qu'ils lui doivent... La *Gazette de l'Allemagne du Nord* prétend que l'évêque de Strasbourg a réparé la faute de son prédécesseur, Egon de Furstenberg qui, lors de l'entrée de Louis XIV à Strasbourg, se serait écrié : « *Nunc Dimittis...* « Seigneur, laissez mourir en paix votre serviteur, car ses yeux « ont vu le Sauveur! » La *Gazette* appelle ce cri un blasphème. Que Mgr Raess ait réparé la faute du prince de Furstenberg, cela est bien possible aux yeux des Allemands, mais non à ceux des Alsaciens (2). »

Le Centre cependant voulut du moins paraître avoir fait quelque chose en faveur de l'Alsace-Lorraine dont il avait

(1) *Le Monde*, 27 février.
(2) *Le Monde*, 4 mars.

recherché le concours. De concert avec les députés ecclésiastiques des provinces annexées, il présenta au Reichstag une motion tendant à l'abrogation des lois de dictature et de l'état de siège. C'est à la séance du 3 mars que fut présentée cette motion. Hélas! Ce jour-là, quelle désillusion encore pour les Alsaciens! Les éloquens discours des abbés Winterer et Guerber n'éveillèrent aucun écho, leurs argumens tombèrent dans le vide, la motion fut repoussée.

Les députés alsaciens-lorrains ne jugèrent pas à propos de prolonger la pénible expérience, et tous quittèrent Berlin : « Adressez-moi désormais vos lettres à Neuf-Brisach, — écrivait alors à l'un de ses amis le député de Colmar l'abbé Sœhnlin, — je retourne de nouveau en Alsace le cœur rempli d'amertume et de tristesse. Je croyais que, dans le vote sur l'abrogation de la dictature en Alsace-Lorraine, terrain neutre, question de droit commun et de liberté... le parlement aurait un mouvement généreux... Mais nous voilà replacés indéfiniment sous le régime de l'exception. Une première fois on nous a fermé la bouche quand nous avons voulu parler, après la déclaration de Mgr de Strasbourg; la seconde fois, on refuse de nous accorder ce que l'on n'a jamais refusé à un peuple civilisé. Vous me demandez mon opinion sur le Centre; ce groupe parlementaire renferme certainement des hommes éminens, distingués sous tous les rapports; mais, hélas! ils ne connaissent pas notre Alsace (1)! »

Si la fin de Mgr Raess fut triste, admirable au contraire fut celle de Mgr Dupont des Loges. Dans son diocèse, sans rien abandonner de ses idées, renier aucun de ses souvenirs, le prélat savait maintenir, envers le pouvoir, l'attitude la plus hautainement correcte. Lors d'une visite du Kaiser, il parut à une réception officielle avec la dignité voulue. Ce fut une occasion que ne manqua pas de saisir le gouverneur d'Alsace-Lorraine afin de solliciter aussitôt pour l'évêque, — immense faveur dont la reconnaissance, pensait-il, devrait être aussi grande, — la plus haute décoration prussienne. Celle-ci, sur-le-champ, fut envoyée de la main même de l'empereur : « Vous vous êtes mépris, » fit savoir sans tarder au gouverneur, Mgr Dupont des Loges en renvoyant la croix; et dans une admirable lettre,

(1) *Le Monde*, 11 mars.

il affirmait que, ni par ses sentimens, ni par ses actes, il n'avait pu mériter une telle récompense.

Devant cette attitude de gentilhomme français, le reître allemand, en une réponse embarrassée, dut, tout confus, se répandre, non en reproches, mais en excuses (1).

Quant à l'éloquent orateur de la protestation alsacienne-lorraine, M. Teutsch, les « frères allemands » qui le revendiquaient, à coups d'insultes, comme un des leurs, lui rendirent la vie si odieuse en son cher pays d'Alsace, que, le désespoir au cœur, il dut quitter la petite ville de Wingen à laquelle l'attachaient ses plus chers souvenirs d'enfance, ses plus anciennes traditions de famille, ses intérêts industriels même, et, traversant cette récente frontière tracée par la paix de Francfort avec du sang et des larmes dans le sol déchiré de la patrie, il vint s'établir sur le sol demeuré français; il reçut du gouvernement les fonctions de Trésorier général qu'il exerça successivement dans les départemens de la Haute-Saône, des Vosges et de Saône-et-Loire.

A l'unisson du cœur de l'Alsace et de la Lorraine battait, à travers l'Europe, celui de nations, comme elles martyres et victimes de la Prusse : « Il est facile de concevoir, écrivait alors un proscrit de nom illustre, le fils du grand poète polonais Mickiewicz, les sentimens qui agitaient l'âme des députés polonais en entendant le député français Teutsch développer sa protestation au sein de la Chambre prussienne... La France doit compter sur elle-même avant tout, puis sur les nations qui n'oppriment personne, et ne plus se flatter de susciter une vertueuse indignation du rapt de l'Alsace-Lorraine dans des Empires qui ne se sont constitués et qui ne subsistent que par des rapts analogues. D'autre part, Polonais et Danois, qui gémissent sous le joug de la Prusse, ne doivent pas séparer de leur cause celle de l'Alsace-Loraine; ils viennent de prouver que c'est une obligation à laquelle ils ne manqueront jamais (2). »

Il n'y a pas de causes diverses de Pologne, d'Alsace-Lorraine, de Sleswig, de cause italienne, serbe, roumaine, tchèque, sud-slave, non il n'y en a qu'une seule, celle de la justice, et toutes nos revendications se tiennent. Ce qui s'affronte aujourd'hui,

(1) Voyez Abbé Félix Klen, *Vie de Mgr Dupont des Loges.*

(2) Article de M. Ladislas Mickiewicz dans le *XIXe Siècle*, 25 février 1874.

a dit superbement M. Maurice Barrès à l'inoubliable solennité de la Sorbonne, « c'est, d'une part, le sentiment du droit et de la dignité humaine... de l'autre une volonté quasi animale de domination. »

Contre cet abominable joug, l'Alsace-Lorraine, en 1874, a protesté avec l'énergie que l'on vient de voir; la question, depuis lors, est demeurée tragiquement posée; la victoire des champions du droit doit la régler pour toujours.

De cœur et de pensée tous nos Alliés sont, là-dessus, unanimes : « Jusqu'à la mort, a dit dans une assemblée populaire anglaise le grand ministre Lloyd George, le 5 janvier dernier, nous voulons soutenir la démocratie française dans ses demandes de revision de la grande injustice commise en 1871... Cet ulcère a infecté pendant un demi-siècle la paix européenne. » Et, trois jours plus tard, le sincère apôtre de paix qui, si magnifiquement, mène, dans la libre Amérique, la croisade contre les puissances de proie, le président Wilson, disait à son tour, dans son message au Congrès : « Le tort fait par la Prusse à la France en 1871 en ce qui concerne l'Alsace-Lorraine, et qui a troublé la paix du monde pendant plus de cinquante ans, devra être réparé afin que la paix puisse être, encore une fois, assurée dans l'intérêt de tous. »

Chez nos ennemis même, l'empereur d'Autriche, avec de singulières restrictions mentales qui, loin d'affaiblir, renforcent au contraire la portée de l'aveu, a reconnu les imprescriptibles droits de l'Alsace-Lorraine. La délivrance des provinces martyres est proche. Mais, en même temps qu'elles, doivent être libérés tous les opprimés : la Prusse expiera tous ses crimes.

CH. GAILLY DE TAURINES.

LA FOIRE DE RABAT

III(1)

IMAGES ANCIENNES ET MODERNES

IX. — UN APRÈS-MIDI A SALÉ

Que de murailles autour de ces petites choses légèrement rosées par le soir! Quelle ville immense on pourrait enfermer, si l'on ajoutait l'une à l'autre les doubles et les triples enceintes qui entourent Rabat et Salé! Tantôt, ces interminables remparts de terre et de cailloux, dont la couleur est changeante comme les heures de la journée, pressent les maisons, les terrasses et les rues; tantôt, ils longent la mer et les morts; tantôt ils disparaissent parmi les verdures des jardins, ou bien s'élancent, solitaires, à travers de grands espaces de campagne dénudée, donnant tout à la fois l'idée de la puissance et celle d'un immense effort perdu. Pour avoir accumulé autour d'elles de si formidables défenses, qu'avaient-elles donc de si précieux à protéger, ces deux petites cités d'Islam? Bien peu de chose, en vérité : du soleil sur de la poussière; des oripeaux bariolés; des cimetières qu'on dirait abandonnés de tous, et même de la mort; la chanson d'une guitare à deux cordes, dont la plainte monotone satisfait indéfiniment des oreilles qui ne demandent pas plus de variété à la musique qu'au bruit de la fontaine ou au pépiement d'un oiseau; de petites échoppes où, dans une ombre chaude,

(1) Voyez la *Revue* des 15 septembre et 15 décembre 1917.

l'enfance, l'âge mûr et la vieillesse dévident des écheveaux de soie, taillent le cuir des babouches, cousent l'ourlet des burnous; de longs couloirs enténébrés, où les nattiers tendent leurs longues cordes sur lesquelles ils disposent, en dessins compliqués, des joncs multicolores; des boutiques où la vie s'écoule entre le tas de graisse, le miel, le sucre et les bougies; des marchés ombragés par des figuiers et des treilles; quelques troupeaux de bœufs, quelques moutons, des chèvres; beaucoup de murs croulans; çà et là, quelque vraie merveille : une fontaine, un plafond peint, une poutre de cèdre sculptée, un beau décor de stuc, une riche maison, un minaret où des faïences vertes brillent dans la paroi décrépite; bien des odeurs mêlées; et sur toutes ces choses, la plainte des mendians et les cinq prières du jour. Oui, peu de chose, en vérité : la liberté de vivre sans besoins et de prier à sa guise. Mais cela ne vaut-il pas tous les trésors de Golconde?

Pour qui les regarde en passant, ces deux grands bourgs d'Islam séparés seulement par la rivière se ressemblent comme leurs murailles et comme leurs cimetières se ressemblent. Les Maures chassés d'Andalousie, qui se réfugièrent ici en grand nombre, ont donné à Rabat et à Salé le même caractère de bourgeoisie secrète, puritaine et polie, qui les apparente à Fez, et qu'on chercherait ailleurs en vain dans tout le Moghreb. Mais ces fils de proscrits se sont toujours détestés; ces murailles si semblables se sont toujours fait la guerre; ces cimetières, si pareils dans leur tranquille abandon au destin, sont pleins de morts, qui de leur vivant, se haïssaient de tout leur cœur. Un proverbe courant dit ici : « Même si la rivière était de lait et si chaque grain de sable était de raisin sec, les R'bati et les Slaoua ne se réconcilieraient pas. » Il y a entre eux de ces vieilles rancunes, comme on en trouve à chaque page des chroniques italiennes. Le très savant fqih Ben Ali, auteur d'une excellente histoire, malheureusement inédite, de Rabat et de Salé, m'a raconté quelques-uns de ces épisodes dramatiques : sièges, assauts, meurtres et pillage. Pour y trouver de l'intérêt, il faudrait être assis sur les remparts, comme nous l'étions ce jour-là, près du canon gisant dans l'herbe, qui envoyait autrefois ses bordées dans la casbah des Oudayas. Mais il m'a raconté des choses moins anciennes et aussi moins tragiques, où l'on découvre des sentimens encore vivans au cœur de ces petites villes, et qui, dans le tourbillon rapide où est entraîné ce pays, deviendront bientôt, pour les gens de Rabat et de Salé eux-mêmes, aussi incompréhensibles que les disputes de naguère. Ce sont des riens, mais des riens à mon goût pleins d'intérêt et auxquels, je ne sais pourquoi, je trouve le parfum fugace, un peu fané, de la giroflée de muraille.

Il y a une vingtaine d'années, des enfans de Rabat et de Salé se battaient à coups de fronde sur les bords du Bou Regreg. Un des petits Salétains tua d'un coup de pierre un des petits R'bati. Les mères des enfans de Salé qui avaient pris part à la bataille furent condamnées à payer la « dya, » c'est-à-dire le prix du sang.

De l'argent pour un enfant de Rabat! comme si un R'bati avait jamais rien valu! Pour manifester leur mépris, elles allèrent vendre sur le marché la denrée la plus vile : quelques paniers de son. Et avec le prix de ce son, qu'on ne donne qu'aux porcs et aux ânes, elles payèrent l'enfant de Rabat.

Pour les puritains de Salé, cette Rabat que je trouve si pieuse, si dévote, où les bourgeois ne se promènent qu'un chapelet à la main ou un tapis de prière sous le bras, c'est une ville sans foi ni loi, un lieu perdu, contaminé par l'Europe, quelque chose comme une musulmane qui aurait dévoilé son visage. Il y a, me dit le savant fqih, des commerçans de Salé qui ont leur boutique de Rabat, et qui, pour rien au monde, ne voudraient habiter là-bas. D'autres n'y mettent jamais les pieds, et comme, un jour, un de ces intransigeans se promenait sur le promontoire des Oudayas et que quelqu'un s'en étonnait : « Je viens ici, dit l'homme de Salé, parce que c'est le seul endroit d'où je puisse embrasser d'un seul regard toute ma ville. »

Même les malandrins ont ce patriotisme local. On en voit qui, ayant commis quelque délit à Rabat, viennent se faire arrêter de l'autre côté de la rivière, bien qu'il soit de notoriété publique qu'à Salé la justice du pacha est particulièrement rigoureuse. Si ben Ali m'assure encore que les mœurs y sont plus sévères. Un médecin syrien, installé au Maroc il y a plusieurs années, lui disait en propres termes : « Ma femme est en sûreté à Salé; elle ne le serait peut-être pas à Rabat! » Et mon historien d'ajouter avec un orgueil évident : « Les Juifs eux-mêmes ont ici de la pudeur. »

De leur côté, les R'bati ont leurs susceptibilités. Le matin, si, d'aventure, l'un d'eux se rendant à ses affaires entend le nom d'Ayachi, — saint personnage fort en honneur à Salé, où beaucoup d'enfans portent son nom, — il voit là un si mauvais présage qu'il aime mieux rentrer chez lui, et sacrifier le gain de sa journée, que d'ouvrir sa boutique. Enfin (mais peut-être suis-je indiscret en révélant cela), l'érudit salétain m'a confié que quelques personnes de Rabat, auxquelles il a fait lire son histoire manuscrite, tout en rendant hommage à la façon dont il a reconnu le brillant développement de leur ville depuis qu'elle est devenue le siège du protectorat et le séjour ordinaire du Sultan, lui ont fait cependant le reproche de s'être occupé d'eux, estimant que ce n'est pas à un homme de Salé qu'il convient de parler des choses de Rabat.

Nous-mêmes, nous avons fait l'épreuve de l'humeur différente de ces petits mondes rivaux. Depuis longtemps, nous vivions à Rabat en relations familières avec les marchands de la ville, que de l'autre côté du fleuve, les portes de Salé nous restaient toujours fermées. Il y a seulement six ou sept ans, il n'était permis ni à l'Européen, ni au juif cantonné dans son Mellah de pénétrer dans la blanche cité, immobile derrière ses murailles. De partout, on l'apercevait, allongée au bord du sable; on embrassait sa double enceinte, ses maisons, son grand champ mortuaire, sa ceinture de jardins : elle irritait comme un mystère. Tout ce qui nous était hostile trouvait là-bas, disait-on, un refuge; et la rumeur grossissant la vérité, Salé apparaissait aux Français de Rabat et aux R'bati eux-mêmes un repaire de dangereux fanatiques.

Puis un jour, — c'était en 1911, — quand Fez était assiégée par les tribus révoltées, les Salétains avec stupeur virent, du haut de leurs murailles, une longue suite de fantassins, d'artilleurs, de cavaliers, passer le Bou Regreg, les uns en barque, les autres à la nage. La colonne Moinier, en marche sur Fez révolté, traversa la ville de part en part. Pendant des semaines et des semaines, ce fut l'interminable défilé des ânes, des chameaux, des mulets qui ravitaillaient la colonne. Cette fois, le charme était rompu, la blanche cité mystérieuse arrachée à son isolement. On s'aperçut alors que l'on avait affaire à une population charmante, polie, d'une très bonne et très ancienne civilisation, où les lettrés forment les trois quarts de la ville, et que son repliement sur elle-même, bien loin d'être l'effet d'une humeur sauvage et farouche, venait tout au contraire d'un juste sentiment de fierté et du noble désir de défendre sa tradition séculaire.

Cordoue devait être pareille, avec ses murs sévères, ses ruelles tortueuses, ses maisons à patio, son aspect hautain et fermé. L'air aristocratique qu'évidemment les Espagnols ont emprunté aux Maures, c'est tout à fait celui des hidalgos de Salé, si authentiquement andalous, et qui, mieux que les R'bati, se sont soustraits à l'influence étrangère.

A Rabat, en dépit des soins que nous prenons de nous tenir à l'écart, notre civilisation empiète un peu sur la vie indigène. Le passage des commerçans, des fonctionnaires, des soldats, un café dans un coin, un magasin dans l'autre, un cinématographe, un fiacre, une automobile viennent tout à coup briser l'harmonie de la cité. Au vieux fond hispano-mauresque, s'ajoute aussi, depuis quelques années, une population de gens beaucoup plus rudes, venus des confins du Maroc, du Sous, de l'Atlas, de Marrakech. Leurs têtes rondes et rasées, entourées le plus souvent d'une simple corde de chanvre, leurs djellaba terreuses et leurs burnous noirs et rouges se mêlent aux turbans impeccables et aux vêtemens de fine laine des élégans citadins. Ce sont des campagnards berbères, des Chlenh, les plus anciens habitans du Maroc, qui affluent des montagnes vers la côte, attirés par l'appât du gain. Ils ressemblent à nos Auvergnats; ils en ont la forte carrure et les vertus solides : le travail, l'économie, une aisance à s'adapter étonnante. On les voit venir sans le sou, pratiquer vingt petits métiers, coucher à la belle étoile, et, au bout de quelque temps, acheter un fonds de boutique, s'installer dans une armoire. C'est sur ces Berbères malléables, et prêts à accepter de notre civilisation tout ce qui leur apportera quelque argent, que nous pouvons compter le plus. Mais il faut bien reconnaître qu'ils n'ont ni la finesse, ni la grâce, ni l'élégance des vieilles populations andalouses, et que leur invasion enlève peu à peu à Rabat ce caractère d'aristocratie bourgeoise, solitaire et dévote, qu'on y retrouve toujours, mais qui n'existe plus dans son intégrité que derrière les murs de Salé.

Heureux qui aura pu encore se promener dans cet Islam intact, tournoyer au hasard dans la petite ville pleine d'activité et de silence, respirer sous ses figuiers et ses treilles le parfum des légumes de septembre! Même par l'après-midi le plus ensoleillé, c'est une fraîche impression de bonheur, de vie rajeunie que l'on éprouve à suivre l'ombre étroite des venelles embrasées. Dès que l'on commence à gravir les rues en pente, plus de métiers, plus de boutiques. Autour de moi, rien que des murs fermés, un blanc silence, la paix des neiges. Au sommet de ce repos, la Medersa, jadis fameuse, embaumée dans sa gloire ancienne, avec ses merveilles de plâtre et son dôme de cèdre ajouré; le mausolée de Sidi Abdallah, éclairé par des veilleuses et toujours entouré d'un cercle de femmes accroupies; et plus haut encore, la mosquée, lieu d'un calme inaltérable, qui semble garder comme un trésor, sous des arceaux sans nombre, des siècles de vie soustraite au changement, à l'agitation et au bruit.

Au milieu de ces étrangetés, le plus étrange peut-être, c'est que ces ruelles soient hantées par des fantômes familiers à nos imaginations. Quelque part, entre les murs de cette Salé si lointaine, qui n'était reliée à Marseille que par de lents bateaux à voiles, vécut le père d'André Chénier, qui fut longtemps consul ici. Aux heures où la plus belle journée amène la mélancolie, sa pensée s'en allait vers Paris, où l'attendaient sa femme et ses enfans; et il rêvait de son retour en France, — en France où il revint pour faire cette découverte affreuse que les gens de sa patrie étaient plus cruels que les Maures... Dans ce dédale silencieux où je vais à l'aventure, Cervantès, prisonnier des corsaires de Salé, a erré lui aussi, portant dans son esprit les premières rêveries de son extravagant chevalier. Au tournant de quel passage, au sortir de quelle voûte, dans quelle lumière ou dans quelle ombre a-t-il vu apparaître, sur un tout petit âne, et les pieds traînant à terre, ce Sainte-Beuve, ce Renan, l'énorme Sancho Pança? Parmi les tombes de la dune, repose très probablement l'homme dont il a été l'esclave; et je me demande parfois, en regardant ces pierres couvertes de lichens jaunes, laquelle recouvre ce personnage qui a tenu à sa merci la plus belle histoire du monde... Dans laquelle de ces maisons blanches qui s'entassent autour de moi, gardant si bien leur secret derrière leurs murs sans fenêtres et leurs portes à clous, les Barbaresques ont-ils ajouté un outrage à tous ceux que la fantaisie de Voltaire et les Bulgares avaient déjà fait subir à l'infortunée Cunégonde?... Par quelle belle journée Robinson, dans sa barque à voiles poussée par un vent favorable, échappa-t-il à son gardien, pour aller raconter à Daniel de Foë ses étonnantes aventures et jeter dans les fumées d'une sombre taverne de Londres l'éclat de ce ciel éblouissant?...

Toute cette fin d'après-midi, j'ai cherché le fondouk où furent vendus Cervantès et Robinson Crusoé. Mais, bien que le temps ne soit pas loin où l'on trafiquait des esclaves à Salé, personne n'a pu, ou n'a voulu me dire, où se faisait la criée. Et qu'importe d'ailleurs? Les fondouks se ressemblent tous; et celui qui vit passer ces inoubliables esclaves devait être en tous points pareil au caravansérail où, fatigué de ma recherche infructueuse, je m'arrêtai pour prendre un verre de thé sur la natte du caouadji.

C'était jeudi, jour de marché. La grande cour entourée d'arcades foisonnait de bêtes et de gens. Dans la poussière, le purin, et les flaques d'eau près du puits, ânes, chevaux, mulets, moutons, chats rapides et comme sauvages, chiens du bled au poil jaune pareils à des chacals, poules affairées et gloutonnes, pigeons sans cesse en route entre la terre et le toit, cent animaux vaguaient, bondissaient, voletaient ou dormaient au soleil, autour des chameaux immobiles, lents vaisseaux du désert ancrés dans le fumier poussiéreux. Sous les arcades, âniers et chameliers se reposaient à l'ombre, parmi les selles et les bâts, jouaient aux cartes et aux échecs, ou à quelque jeu semblable, tandis qu'au-dessus d'eux, sur la galerie de bois qui encadre le fondouk, les gracieuses filles de la douceur, parées comme des châsses, prenaient le thé avec l'amoureux du moment derrière un rideau de mousseline, allaient et venaient sur le balcon, ou, penchées à la balustrade, échangeaient le dernier adieu avec celui qui s'en va.

C'était un spectacle charmant toutes ces bêtes rassemblées là, comme dans une arche de Noé, et ces beautés naïves qui laissaient tomber au-dessus du fumier l'éclat barbare de leurs bijoux d'argent et leur volupté innocente. Accroupis sur leurs genoux, les chameaux balançaient, au bout de leurs cous inélégans, leurs têtes pensives et un peu vaines. Il ne leur manquait que des lunettes pour ressembler à des maîtres d'école surveillant avec dédain une troupe d'écoliers folâtres, une récréation d'animaux. On croyait lire dans leurs yeux le souvenir de très lointains voyages, justement aux pays qu'on voudrait voir. Et cela, tout à coup, leur donnait le prestige que paraissaient réclamer le balancement de leurs têtes solennelles et la moue de leurs grosses lèvres perpétuellement agitées. Chameaux, vieux magisters pensifs, chameaux pelés, chameaux errans, de vos lointains, de vos poudreux voyages qu'avez-vous rapporté? Hélas! hélas! vous ne répondez rien! Votre tête se détourne dédaigneusement de mes questions, et vos lèvres mouvantes continuent de pétrir je ne sais quels discours inconnus. Seriez-vous par hasard stupides? Vos longues randonnées au désert ne vous ont-elles rien appris? Ah! que de savans vous ressemblent! Combien de voyageurs du passé et des livres, qui d'un pied lent ont traversé l'histoire, et n'ont jamais rien ramené des pays parcourus! O voyageurs de toute sorte, quel espoir on met dans vos yeux, mais quel silence sur vos lèvres! Faut-il donc que ce soient presque toujours ceux qui n'ont rien à dire qui voyagent?... Hier encore, sur le front du Soissonnais, j'étais l'ami d'un vieux navigateur, un armurier de la marine qui lui aussi avait roulé sa bosse dans tous les pays de la terre. Très souvent je l'interrogeais sur les choses qu'il avait pu voir; jamais il ne m'a rien dit qui valût d'être retenu, que cette phrase étonnante : « Lorsqu'on revient du tour du monde, il y a deux choses qu'il faut entendre, pour se refaire une âme : la *Mascotte* pour l'innocence et *Faust* pour la grandeur!... »

De tous côtés, les petits ânes, entravés par les pattes de devant, se roulaient dans le fumier, ou bien sautaient comiquement, avec des gestes saccadés de jouets mécaniques, pour disputer aux poules les grains d'orge et la paille hachée qui avaient glissé des couffins. Les pauvres, comme ils étaient pelés, teigneux, galeux, saignans! Vraiment le destin les accable. Un mot aimable du Prophète et leur sort eût été changé. Mais le Prophète a dit que leur braiement est le bruit le plus laid de la nature. Et les malheureux braient sans cesse! Tandis qu'ils vont, la tête basse, ne pensant qu'à leur misère, un malicieux génie s'approche et leur souffle tout bas : « Patience! Ne t'irrite pas! Sous peu, tu seras nommé Sultan! » Un instant, la bête étonnée agite les oreilles, les pointe en avant, les retourne, hésitant à prêter foi à ce discours incroyable; puis, brusquement sa joie éclate, et dans l'air s'échappent ces cris que le plus vigoureux bâton n'arrive pas à calmer... Ane charmant, toujours déçu, toujours frappé, toujours meurtri, et pourtant si résigné, si gracieux dans son martyre! Si j'étais riche Marocain, je voudrais avoir un âne qui n'irait pas au marché, un âne qui ne tournerait pas la noria, un âne qui ne connaîtrait pas la lourdeur des couffins chargés de bois, de chaux, de légumes ou de moellons; un âne que j'abandonnerais à son caprice, à ses plaisirs, sultan la nuit d'une belle écurie, sultan le jour d'un beau pré vert; un âne enfin pour réparer en lui tout le malheur qui pèse sur les baudets d'Islam et pour qu'on puisse dire : il y a quelque part, au Maroc, un âne qui n'est pas malheureux.

Si j'étais riche Marocain, je voudrais avoir une mule. A l'heure où la chaleur décroît, je m'en irais avec elle, assis sur ma selle amaranthe, goûter la fraîcheur de mon jardin. Mais j'aurais surtout une mule pour prendre d'elle une leçon de beau style. Ce pas nerveux et relevé, ce train qui ne déplace jamais le cavalier, laisse à l'esprit toute sa liberté pour regarder en lui-même et les choses autour de soi. Jamais il ne languit; et s'il n'a pas le lyrisme du cheval, il n'en a pas non plus les soudaines faiblesses. Entre le coursier de don Quichotte et l'âne de Sancho Pança, c'est la bonne allure de la prose. Sans avoir pressé sa monture, sans qu'elle soit lassée de vous, sans que vous soyez lassé d'elle, on est toujours étonné d'arriver si vite au but...

X. — LA SOURCE DE CHELLA

Quand on est las d'errer à travers les ruelles blanches, et qu'on est un peu fatigué de ce qu'a de poussiéreux, d'étouffé et d'étouffant, cette vie musulmane enfermée derrière ses murailles, c'est d'une bonne hygiène de se mettre à la suite d'un de ces troupeaux d'ânes qui, chargés d'outres en peau de chèvre ou de vieux bidons à pétrole, s'en vont, pour le compte des riches bourgeois de la ville, puiser l'eau fraîche et parfaitement pure de la source de Chella.

On prend d'abord avec eux la route qui traverse les jardins et les terrains vagues, les villas et les cabanes de bois, le provisoire et les promesses, les réussites et les erreurs d'une ville en train de se bâtir et qui se cherche elle-même. On fait ainsi un kilomètre dans la rouge poussière soulevée par les bourricots, puis on s'engage dans les jolis chemins creux, bordés de figuiers, d'aloès, de mûriers, de poiriers sauvages qui escaladent le plateau et mènent à la dernière muraille de l'enceinte de Rabat.

Cette muraille, bâtie il y a plus de huit cents ans par le sultan el Mansour, s'allonge dans un désert de cendres, de pierrailles et de palmiers nains. On la franchit par une large brèche, et tout de suite, à trois cents mètres à peine de l'autre côté d'un ravin qui descend sur le Bou-Regreg dont on voit briller les méandres, une autre muraille se dresse, plus fruste, plus barbare, s'il est possible, bornant aussitôt le regard de sa masse flamboyante. Un moment, les deux enceintes courent parallèlement l'une à l'autre et semblent s'affronter comme les remparts de deux cités rivales. Puis, le mur de Rabat continue de cheminer lourdement sur le plateau dans son désert de cendres, tandis que l'autre muraille, prenant d'écharpe la colline, s'incline dans la direction du fleuve, et va se perdre au milieu des verdures qui poussent avec abondance au fond de la vallée. Nul décor sur cet entassement de terre et de cailloux roulés. Rien que l'éclat de la lumière, l'ombre des tours carrées, et les créneaux pointus, alignés en une longue file guerrière, les uns robustes, comme bâtis d'hier, et d'autres si ruineux, si ravinés à leur base qu'on s'attarde à les regarder avec l'idée puérile que si une seconde encore on n'en détache pas ses yeux on va voir l'un d'eux s'écrouler... Sur tout cela, un prodigieux silence, troublé seulement par le cri d'un geai bleu qui glisse sur la muraille embrasée, éblouissant comme un martin-pêcheur, et si chargé de pierreries qu'on s'étonne que l'ombre en soit noire.

Pas même dans les grands cimetières qui s'étendent au bord des grèves, ni sur le promontoire de la Casbah des Oudayas, dans la grande féerie qu'offrent là-bas le ciel, la mer, les verdures et les rochers, je n'ai ressenti une plus forte impression de solitude et de siècles abolis, qu'entre ces remparts flamboyans qui semblent n'enfermer que du silence.

Là s'élevait Chella, la cité disparue, qui avait derrière elle de longs siècles de passé avant qu'il y eût des maisons et des tombes sur les dunes de Rabat et de Salé. Au plus profond des âges, la vie s'est allumée, derrière ce grand mur ronge, autour de la source qui coule dans un pli du coteau. Immémorialement, les gens de ce pays ont dû rassembler là les gourbis et les tentes qu'ils dressent encore maintenant sur les pentes de la colline. Des marchands de Carthage, remontant sur leurs barques peintes l'estuaire du Bou-Regreg, virent ces tentes et s'arrêtèrent pour fonder ici un comptoir. Rome y vint à son tour; et, pendant cinq ou six cents ans, prospéra sur cette colline une de ces petites cités, que l'imagination se représente aisément avec ses voies dallées, son forum, son tribunal, ses temples et ses maisons à patio, assez peu différentes de la maison arabe que nous voyons aujourd'hui. Ravagée par les Vandales, rebâtie par les Byzantins, détruite par les Wisigoths, toujours Chella survécut à sa ruine, pareille à ces palmiers nains que l'on coupe, que l'on brûle et qui renaissent sans cesse. Chaque destruction nouvelle lui apportait un sang nouveau et quelque pensée inconnue. Adorateurs du feu, du soleil, de la lune, et des sources; dévots de Jupiter, de Junon, de Vénus; fidèles de Wotan et des divinités guerrières du Walhalla germanique; Juifs, Chrétiens, sectateurs de tous les schismes qui, d'Arius à Donat, ont pullulé sous le soleil africain, toutes les religions, tous les cultes, tous les peuples s'y mêlaient. Et cela dura jusqu'au jour où, par le fer et par le feu, l'Islam vint imposer sa vérité nouvelle : il n'y a de Dieu que Dieu, et Mahomet est son prophète. Temples, chapelles, statues, du coup tout s'écroula. On n'entendit plus à Chella que les cinq prières du jour.

L'Islam a saisi le Maroc et toute l'Afrique du Nord d'une prise si forte qu'il faut un effort de l'esprit pour imaginer que tant de croyances, et si diverses, se soient donné rendez-vous sur ce plateau solitaire. Il ne faut pas un moindre effort pour se représenter, au milieu de tant de silence, que derrière ces murailles ce fut pendant des siècles un passage continuel de cavaliers, de fantassins, d'approvisionnemens de toutes sortes Ici, les grands Sultans berbères, Almoravides et Almohades, rassemblaient les guerriers au visage voilé qu'ils précipitaient sur l'Espagne. De tout ce mouvement formidable, il semblerait que pour toujours il dût rester quelque chose, un écho, un murmure dans l'air. On tend l'oreille pour recueillir la rumeur de ces grandes chevauchées. Mais rien ne bouge, rien ne bruit. Rien que des chèvres au fond du ravin, comme pétrifiées autour de leur berger dans l'ardeur de l'après-midi, et l'ombre glissante du geai bleu sur la muraille embrasée.

Le jour où Yacoub el Mansour décida de transporter à Rabat le camp de ses guerriers, la solitude a pris possession de Chella. C'était déjà un lieu abandonné, quand les Sultans mérinides, qui succédèrent aux Almohades, séduits par le mystère et la vénération qui s'attache aux endroits où les hommes ont immémorialement vécu, choisirent cette colline pour en faire leur nécropole. Ils l'emplirent de leurs sépultures, relevèrent l'enceinte croulante, non plus pour protéger la vie, mais pour défendre des tombes. Et maintenant, ce qui demeure derrière ces hautes murailles, c'est la ruine de ces tombeaux, et comme la mort de la mort.

On entre dans cette cité funèbre par une porte de paradis, sur laquelle se déploie, avec une fantaisie charmante, toute la géométrie et la flore stylisée qui font sur les murailles d'Islam de si délicieux jardins. Rien de plus parfait à Grenade que ce chef-d'œuvre de pierre enchassé dans ce collier barbare de terre et de cailloux. Ce sont les fils des guerriers, dont les Mehalla se formaient à l'abri de la vieille enceinte, qui ont bâti cette merveille. Ils rapportaient d'Espagne les traditions de cet art andalou si fort et si délicat, où toutes les influences se mêlent, comme jadis derrière ces murs vingt religions vivaient ensemble. On dirait même, à voir l'ogive de cette porte fleurie, que l'imagination musulmane s'est donné ici le plaisir d'imiter en liberté l'art glorieux de nos maçons, qui couvraient alors l'Europe d'églises et de châteaux flamboyans. Illusion, très probablement. Mais j'éprouve, à la regarder, un peu de l'allégresse que j'avais l'autre jour, en croyant reconnaître dans les jeux d'enfans arabes les cris des enfans de chez nous.

Une fois la voûte franchie, c'est de nouveau la désolation, la mort. Rien n'anime aujourd'hui la pente dénudée du coteau que le va-et-vient des petits ânes qui montent et descendent à la source, en faisant rouler sous leurs sabots la pierraille. Il y avait là, pourtant, une Medersa célèbre que les sultans mérinides avaient édifiée à grands frais pour honorer ce lieu sacré, et où, naguère, enseignait ce Sidi Ben Achir, dont le corps repose là-bas sur la dune de Salé, au milieu de sa couronne étrange de mendians, de malades et de fous. La terre n'a pas gardé plus de trace de l'Université fameuse que l'air n'a conservé l'écho des paroles du savant docteur. Et, du reste, comment s'étonner que plus rien ne subsiste de ces constructions anciennes? Au Maroc, même un palais neuf porte sur lui l'inquiétude d'une ruine prochaine. Murs de boue, colonnes de briques, bois peints, décoration de faïence et de plâtre, tous ces matériaux misérables ont tôt fait de retourner à la terre. Aussi n'ai-je jamais pu voir sur son échafaudage, près de sa bouilloire à thé, l'artisan maugrabin tracer tant de caprices charmans sur de la chaux friable, ou bien le maître mosaïste dessiner sur le sol ses beaux parterres d'émail, sans un sentiment de tristesse pour le précaire de tout cela. A peine ces choses gracieuses ont-elles vu le jour qu'elles sont déjà condamnées. Et à leur fragilité s'ajoute l'indifférence orientale pour en précipiter la ruine.

Chez nous, une noble demeure, c'est une race qui se perpétue; au Moghreb, c'est une vie qui commence et qui s'achève. La tendresse pour les vieux logis est ici presque inconnue. Le fils n'habite pas la maison de son père, et, s'il en a les moyens, se construit un autre logis. Est-ce orgueil de bâtir? Ou l'entretien de ces palais de terre est-il vraiment impossible, et faut-il se résigner à les laisser tomber? Pense-t-on échapper, en allant vivre ailleurs, aux influences malignes que la mort laisse derrière elle? Ou bien encore, le Marocain ne demande-t-il à sa demeure que la volupté rapide qu'on attend des choses de la vie? Je ne sais. Mais partout, des murs éboulés attestent l'éphémère des pensées et des désirs. Cela remplit le cœur d'une mélancolie toute contraire à celle que nous donnent nos très vieilles maisons, qui nous accablent du sentiment qu'elles ont vécu des siècles avant nous, et qu'elles continueront de vivre longtemps après que nous aurons cessé d'être.

Ce qu'on n'habite plus, on ne l'entretient pas. Le soleil et la pluie ont bientôt fendu la terrasse; une goutte d'eau, la première, tombe dans la salle luxueuse à travers le riche plafond, et tout de suite, c'est un déluge. L'humidité pourrit les poutres peintes, délite les zelliges, les beaux parterres de pierres fleuries; l'oiseau construit son nid dans le stuc délicat que son bec a creusé; et l'homme qui a bâti la superbe demeure ne s'est pas dissous dans la terre, que déjà son palais commence d'y descendre avec lui.

A Chella, comme ailleurs, l'indifférence musulmane a laissé

échapper ce que les artisans d'autrefois avaient déposé dans la matière périssable d'imagination et d'esprit. Seule la porte de pierre a gardé le trésor qu'on lui avait confié. Elle semble uniquement placée là pour attester la beauté des choses disparues, et en donner tout ensemble la mesure et le regret.

Fatigués de tant d'aridités embrasées, les yeux découvrent avec délices, au bas de la colline, des masses fraîches de verdure, des roseaux, des figuiers, des oliviers argentés, des allées d'orangers, des mûriers pleins d'oiseaux, et de grands arbres centenaires qu'on m'a dit être des micocouliers. De ces frondaisons brillantes surgit la tour d'un minaret brûlée par des siècles de soleil, et que surmonte un mince campanile, sur lequel une cigogne, qui navigue, je ne sais où, en ce moment dans le Sud, a laissé son nid de broussailles. Un mur bas de jardin, chargé de toutes les plantes qui croissent sur les ruines, entoure ce bois sacré, où, dans la végétation qui l'embaume et l'étouffe, la nécropole des sultans mérinides achève de mourir doucement.

Il y a là Abou Youssef, qui, au dire de l'historien Ibn Kaldoun, conduisait la guerre sainte avec sagesse et profit, s'emparant des royaumes chrétiens, détruisant les palais, mettant le feu aux moissons, abattant les arbres de sa propre main pour encourager ses soldats ; au reste affable, généreux, jeûnant le jour, priant la nuit, quittant rarement le chapelet, voulant du bien aux saints, fort amateur de livres de morale, et lui-même écrivant de très belles pages de piété. Il mourut à Algésiras, entre la prière du matin et celle de l'après-midi. Que Dieu lui fasse miséricorde !... Il y a là Abou Yakoub, son fils, qui soumit à son pouvoir l'Andalousie tout entière, reçut des rois d'Égypte, de Syrie et du Sultan de l'Ifrykia des présens magnifiques, et périt à Tlemcen, frappé au ventre par un eunuque. Dieu seul est durable et éternel !... Il y a là Abou Amer, qui assassina ses deux oncles et mourut à Tanger, un an après sa proclamation. Que Dieu lui pardonne et l'agrée !... Et surtout, il y a là le grand Abou Hassan, suprême éclat des Mérinides à leur déclin, dont l'empire s'étendit sur plus de la moitié de l'Espagne et sur toute l'Afrique du Nord, de Tanger jusqu'à Tunis. C'est lui qui releva l'enceinte de Chella, fit bâtir la porte radieuse que j'admirais tout à l'heure, construisit, pour lui-même et ses ancêtres, les mausolées et les pieux édifices, dont je n'aperçois plus que ce haut campanile parmi les arbres du vallon ; et qui, sur la fin de sa vie, battu par tous les princes qu'il avait subjugués, trahi par ses enfans révoltés, ne trouva pour y mourir qu'un coin de terre à Marrakech.

Dès qu'on a poussé la porte de cet enclos funèbre, c'est l'impression de la douceur de vivre qui saisit le cœur et l'enchante; c'est la fraîcheur, c'est l'ombre, l'odeur de la terre mouillée, le parfum des orangers, la plaisante société des arbres, la grâce d'un jardin à l'abandon. Qu'est devenu ce vaste ensemble de mosquées, d'oratoires, de mausolées, que des arcades réunissaient les uns aux autres pour former une sorte de grand patio mortuaire? Et ces dômes, dont les pierres étaient scellées avec du plomb si brillant qu'on le prenait pour de l'argent? Et les marbres, et les stucs, et les zelliges?... Çà et là, un éclair, une lueur de beauté rapide, un fragment de stuc accroché comme un nid d'hirondelle, une faïence qui fait briller les couleurs de la Perse dans la terre brûlée qui s'effrite. Au milieu de ce jardin où les racines ont disloqué les tombes, je me fais l'effet (en moins vivace) de ce personnage éclatant de santé qu'Albert Dürer représente, parmi des arbres et des fleurs, écoutant le chant du violon que la mort lui joue à l'oreille. Je me promène entre des piliers de mosquées, des arcs à demi enterrés, des tronçons de colonnes, les décombres d'une chambre d'ablutions, une nappe d'eau dormante presque entièrement recouverte par les branches d'un figuier sacré, où sont accrochées par centaines des mèches de cheveux et des floches de chiffons.

Dans cette solitude d'où la vie s'est retirée, rien de plus aisé que d'imaginer qu'elle commence. Devant moi, un homme se penche sous le figuier sacré, emplit d'eau le creux de sa main et la porte à ses lèvres. Il me semble voir le premier homme qui arriva près de la source et fit le même geste éternel. Ce jour-là, un geai bleu passait-il, comme à cet instant, d'une aile rapide dans les branches? Un triangle d'étourneaux glissait-il dans le ciel, pareil à un vol augural? A coup sûr, en ce jour perdu dans l'infini du temps, ce lieu donnait moins l'impression de la complète solitude qu'il ne la donne aujourd'hui, car en écartant les roseaux on n'apercevait pas les tombes... Cet homme qui se penche sur la source, c'est le même qui a vu passer les Phéniciens, les Romains, les Wisigoths, les Byzantins, les Arabes. Les siècles, en se succédant, n'ont pas apporté plus de changement dans son esprit que de changement dans son habit. Après tant de peuples divers, il nous regarde venir à notre tour avec une froide indifférence, comme si la source, qui reflète maintenant notre visage, lui avait assuré qu'il s'effacerait, comme les autres, sur le miroir de son eau.

Au pied d'un mur de pierre, qui a gardé intacts ses entrelacs, ses résilles, ses arcades charmantes, soutenues par des colonnettes d'un marbre pareil à l'ivoire, gisent deux longues dalles, de marbre elles aussi, taillées en forme de toit et couvertes d'une vraie dentelle d'inscriptions coraniques. L'une est la pierre tombale d'Abou Hassan lui-même ; l'autre, brisée en deux endroits, est celle de sa femme Chems ed Doa, « le Soleil du Matin, » une esclave chrétienne convertie à l'Islam qu'il avait épousée. Mais pour le pèlerin berbère qui s'en vient à Chella, que signifient Abou Hassan et sa femme au nom d'aurore ? Sons leurs marbres il a placé deux ombres, deux fantômes de son imagination : l'invincible Sultan noir et la tendre Lalla Chella.

Le Sultan noir, c'est ce qui survit confusément de sa grandeur passée dans la mémoire d'une race qui ne se souvient plus, et qui, pourtant, n'a pas tout à fait oublié; c'est la force merveilleuse qui rassemblait jadis les guerriers à Chella pour les entraîner en Espagne, et qui a lancé vers le ciel les murailles, les tours, les minarets, les dômes, les mosquées, tout ce qui, de Marrakech à Fez, dépasse la hauteur d'une tente ; c'est le charme du prince tout-puissant, qui de son vivant commandait aux hommes et aux bêtes, et aussi aux esprits de l'eau, de la terre et du ciel, et qui, du fond de son tombeau, continue de donner ses ordres aux tortues pour les communiquer aux esprits souterrains.

Lalla Chella, c'est la dame des ruines, la reine de ce lieu enchanté ; c'est la pierre qui se détache du mur, le minaret qui s'écroule, la tombe qui se disloque, le figuier penché sur l'eau noire, le nid abandonné, la séguia qui s'enfuit au milieu des roseaux ; c'est tout ce qui fut une heure et laisse derrière soi une pierre, un souvenir, un regret ; c'est le geai bleu qui passe, la cigogne qui glisse, la vigne qui s'enlace autour de l'arc rompu ; c'est la source elle-même, qui lie d'un fil étincelant le plus lointain passé à la dernière heure du jour ; c'est la forme du songe, la respiration d'un lieu éternellement habité.

Tout souvenir du passé de Chella s'est aboli dans les mémoires. Il ne reste plus que la légende d'une ville où l'or et l'argent se trouvaient en telle abondance qu'on en faisait des chaînes pour attacher les chiens et les bêtes de somme. Pervertis par la fortune, les possesseurs de si grands biens se dégoûtèrent de cultiver leurs champs. Une disette s'ensuivit, si effroyable que la fille du Sultan ne trouvait pas à échanger un plat d'or contre une écuelle de blé. On en vint, pour se nourrir, à moudre des pierres précieuses. Ainsi périrent les habitans de Chella, empoisonnés par leurs richesses. Que Dieu les couvre de sa miséricorde!... Beaucoup de leurs trésors sont enfouis sous les broussailles, et souvent les gens du Sous, passés maîtres dans l'art de la sorcellerie, viennent les déterrer, la nuit, avec des formules et des incantations magiques.

On dit encore qu'un poisson noir, avec des anneaux d'or aux ouïes, vit au fond de la source. Jadis, pour le faire apparaître à la surface de l'eau, il suffisait de brûler de l'encens sur le bord, et pour un peu de viande qu'on lui jetait en pâture il réalisait tous les vœux.

Avec ses souvenirs confus, ses sanctuaires, ses tombeaux, et tout ce qui flotte de légende sur son passé mystérieux, Chella apparaît comme un temple à ces populations moghrabines demeurées si païennes en dépit de l'Islam; un lieu d'adoration pour ces gens que je voyais, l'autre jour, au Moussem de Sidi Moussa et dans la nuit des Guenaoua, invoquer les forces obscures; une de ces innombrables chapelles qui se dressent, dans tout le Maroc, comme des sœurs, ou plutôt des rivales à côté de la mosquée. On y jette une pierre dans l'eau noire, on y brûle de l'encens sur les tombes, on y sacrifie un poulet, un pigeon, et des bœufs aux grandes fêtes; on y donne enfin libre cours à de vieux instincts religieux que n'arrive pas à satisfaire la prière tout abstraite devant un mihrab vide et nu.

Parmi ces pierres et ces légendes, glisse toujours la source qui attira les hommes dans ce pli de colline, les y retint pendant des siècles, et sur laquelle se sont penchés tant de visages et de pensées étrangères. Je la regarde fuir, le soir tombe. A cette heure, il est rare qu'on n'entende pas s'élever, en quelque endroit de la ruine, le bruit d'une guitare ou d'un guimbri. C'est quelque solitaire amateur de musique, ou bien une petite société, venue de Rabat sur des mulets ou en barque par le fleuve, pour voir briller la lune sur la romantique Chella. Chaque jeudi, vers la fin de la journée, mon voisin le Cadi vient s'y reposer de l'ennui d'écouter toute une semaine les criailleries des plaideurs. De préférence il s'installe sous le beau micocoulier qui, à la porte du jardin, ombrage une konba coiffée de sa coupole blanche. Sans doute, en des temps très anciens, y avait-il ici une chapelle chrétienne consacrée à saint Jean? la tradition veut qu'en ce lieu soit enterré Sidi Yahia, saint Jean, le disciple préféré du Christ; et sa mémoire est vénérée à l'égal des grands marabouts.

Lorsque le cadi m'aperçoit, il ne manque jamais de m'inviter avec sa compagnie. Un de ses hôtes prépare le thé, un autre le brûle-parfums d'où sort une fumée d'encens ou de santal, tout à fait en harmonie avec le caractère du lieu. A l'intérieur du mausolée, je vois scintiller des veilleuses sur le tombeau du compagnon de Jésus. Deux ou trois musiciens accordent leurs instrumens, les violons et les guitares, chauffent la peau du tambourin sur les braises du réchaud; puis le concert commence, des chants dont le sens m'échappe, une musique monotone, aux répétitions obstinées, qui semble faite pour endormir la pensée et pour réveiller les choses. Quelque part, sous les ronces, une pierre inconnue se souvient d'avoir été l'autel de Jupiter; Sidi Yahia, au fond de son tombeau, rêve du temps où il suivait son maître dans les déserts de Judée; Abou Hassan, perdu sous les verdures, essaye, pour retrouver la vie, de suspendre son ombre aux ombres encore plus vaines du Sultan noir et de Lalla Chella; la lune qui surgit tout à coup derrière la ligne des coteaux, prête l'oreille à ce bruit de guitare, et au-dessus de ce pli de colline où jadis on l'adorait, se rappelle avoir été Tanit et s'arrête longtemps... Tout est parfum, songe, demi-sommeil. A nos pieds brille la source, l'éternelle, la vraie divinité du lieu. Un souvenir chrétien l'ombrage, une mosquée la couvre de sa paix. Toutes les religions ont voulu la saisir, mais la païenne ne s'est pas laissé surprendre. Elle s'échappe vive et rapide, emportant dans sa fuite les sons de la musique et l'image des chiffons et des touffes de cheveux suspendus aux arbres sacrés.

XI. — LE THÉ CHEZ LE SULTAN

On frappe à ma porte. Aschkoun? répond, comme un écho, au bruit du heurtoir qui retombe, la voix de la servante, accourant du fond du patio. Aschkoun? Qui est là? cri chantant, un peu alarmé, que jette à l'inconnu de la rue la maison arabe inquiète et toujours si jalouse de défendre sa vie cachée.

C'est un mokhazni du Sultan, avec son bonnet pointu et son poignard suspendu à l'épaule par une cordelette de soie. Il m'apporte une chose étrange, la plus singulière peut-être, la plus déconcertante à coup sûr que m'ait encore présentée ce pays : un simple carton de bristol, un carton gravé à Paris, qui, d'ordre de Sa Majesté chérifienne, m'invite à prendre le thé au palais.

Jamais la rapidité des changemens que nous apportons ici ne m'était apparue d'une façon si matérielle et si banalement saisissante. Il n'y a pas dix ans de cela, les ambassadeurs eux-mêmes, les bachadours de France et d'Angleterre, n'avaient jamais accès dans une demeure de sultan. Sous un soleil torride ou une pluie diluvienne, dans quelque cour désolée, au milieu de mokhaznis impassibles en apparence, mais qui riaient d'eux en secret, ils attendaient pendant des heures qu'une porte s'ouvrît et que le Sultan daignât paraître, pour leur donner audience, du haut de son cheval, sous un parasol vert... Dix ans à peine, et aujourd'hui ce carton de bristol !... Je le tourne et le retourne, comme un numismate interroge une curieuse pièce de monnaie. Et vraiment, la plus rare des pièces phéniciennes qu'on pourrait découvrir dans ce pays, la trouvaille de l'objet le plus lointain qui porterait son témoignage sur une civilisation disparue, ne seraient pas plus chargées d'histoire que ce petit bout de carton.

A l'écart de la ville, sur le plateau désert où le grand El Mansour avait rêvé d'étendre les maisons de Rabat, s'élève le château du Sultan. On aperçoit de loin ses grands murs de chaux vive, tantôt achevés en terrasses, tantôt couverts de ces tuiles brillantes, d'un vert profond de nénuphar, qui font l'ornement des mosquées et des demeures opulentes. De vastes espaces de sable, de pierraille et de palmiers nains, entre des remparts crénelés, s'étendent alentour, isolant prodigieusement ce mystérieux château, car un désert entouré de murailles semble mille et mille fois plus désert que la simple solitude.

Lorsqu'on a franchi la porte qui s'ouvre sur ces enclos stériles, on reste un instant consterné. Au lieu des arbres, des prairies, des jardins que nous sommes habitués de voir autour de nos maisons royales, les yeux ne découvrent ici qu'un morne steppe embrasé et quelques buissons d'aloès saupoudrés d'une poussière impalpable, pareille à du poivre rouge. Ce n'est qu'en cheminant sous la chaleur écrasante qu'on finit par saisir la secrète beauté de ces grands aguedals solitaires et ce qu'ils expriment de puissance dans leur stérile abandon. Sur un ordre de ce château, perdu là-bas dans la lumière, des milliers de cavaliers viendraient ici dresser leurs tentes; des milliers de chevaux animeraient de leurs hennissemens et de leurs fantasias ce steppe silencieux, où je ne vois à cette heure que le troupeau des vaches décharnées qui fournissent du lait au palais. Et la nudité même de cet endroit désolé, plus que des parcs aux arbres centenaires ou les jardins les plus fleuris, arrive à donner l'impression d'une majesté souveraine, d'une volonté qui se dérobe, et qui, pour se rendre inaccessible, n'a trouvé rien de mieux que de jeter entre elle et son peuple ces champs de sable, de pierraille et de lumière.

Tout à coup, une automobile, effarante et monstrueuse dans cet enclos du néant, débouche sous la porte par où je viens d'entrer, emportant d'autres invités avec leur carton de bristol. J'ai envie de leur crier : « A quoi bon courir si vite? Pourquoi traverser avec une hâte si folle cette poussière embrasée? » Sans doute, là-bas, ils vont voir des salles brillamment décorées, de hautes portes peintes, des mosaïques, des zelliges, des stucs, des plafonds de cèdre; mais au milieu de ces choses gracieuses qu'abritent ces murs blancs et ces toits de nénuphar, trouveront-ils rien de plus saisissant que la royale solitude de ce grand aguedal silencieux?...

C'est toujours la même chose en Islam : quand un mur, si fermé soit-il, laisse apparaître ce qu'il cache, on est surpris, de la façon la plus plaisante, de voir que tout ce grand mystère ne défendait en somme que la vie la plus simple et la plus familière. La cour où l'on entre d'abord est remplie de serviteurs, nègres pour la plupart, qui ne se distinguent de la foule indigène qu'on rencontre partout dans les rues que par le rouge bonnet pointu et le poignard suspendu à la cordelette de soie. Debout ou accroupis dans l'ombre de la muraille, ils jouent avec un chapelet ou simplement avec leurs doigts de pieds. A quoi peuvent-ils bien penser, en nous regardant défiler, ces vieux serviteurs noirs qui se succèdent de père en fils dans ces demeures princières, et qui, depuis trente ou quarante ans, ont vu tant de choses immobiles se transformer sous leurs yeux? Ils ont servi le grand Moulay Hassan, dernier Sultan du vieux Maghreb, qui, jusqu'à la fin de son règne, avec une pieuse obstination, défendit contre l'Europe ce vieil empire d'Islam, son territoire, ses mœurs, ses traditions inviolées qui en faisaient, avec la Chine, l'État le plus lointain du monde. Ils ont servi son fils, le fol Abd El Aziz, et, dans les aguedals étonnés, ils ont vu arriver, sur le dos des chameaux, les grands jouets de l'enfant prodigue, les bicyclettes, les phonographes, les pianos mécaniques, les canots à vapeur, les machines automobiles, et toutes ces choses que l'Europe lui expédiait à grands frais et qui s'entassaient, inutiles et sans vie, dans ses palais de Marrakech et de Fez, quand elles ne se brisaient pas en route dans la traversée des oueds et les fondrières des pistes... Ils ont servi ensuite celui qu'ils appelaient le « diable » pour son intelligence, ses fureurs et ses malices, ce singulier Moulay Hafid, passionné de poésie, de grammaire, de théologie, et qui peut-être avait en lui les qualités d'un grand Sultan, mais auquel une violence insensée enlevait, dans les heures critiques, le juste sentiment des choses... Que de tragédies ils ont vues, ces vieux mokhaznis noirs dont la barbe grisonne! Que de caïds ils ont saisis par le capuchon du burnous pendant qu'ils se courbaient jusqu'à terre pour les trois saluts d'usage! Que de grands féodaux auxquels ils ont passé les fers! Que de riches casbahs ils ont déménagées pour en rapporter le butin! Et maintenant que ces temps sont révolus, qu'Hafid est tombé à son tour, ils exécutent les ordres d'un maître débonnaire avec la même indifférence qu'ils expédiaient jadis, d'un tour de main brutal, les pachas et les caïds qui avaient cessé de plaire.

Oui, à quoi rêvent-ils, en nous voyant passer, tandis qu'ils jouent avec leurs doigts de pieds? Peut-être cette occupation innocente suffit-elle à absorber leur esprit. Peut-être pensent-ils que nous passerons à notre tour, comme tant de gens et tant de choses qui ont déjà passé sous leurs yeux. Peut-être aussi ne songent-ils à rien, et sont-ils sans mémoire, comme cet immense pays vide qui a gardé si peu de trace de sa longue histoire tourmentée, et où la légende a placé, non sans raison, semble-t-il, le pays des Lotophages, le pays de l'oubli.

Au-dessus de leur troupe désœuvrée, j'aperçois en haut, sur les toits, entre les créneaux des terrasses, derrière les fenêtres grillagées percées au faîte des murailles, des choses qui s'agitent, des ombres rapides qui glissent. Parmi les trois cents femmes que renferme, dit-on, ce palais, combien guettent notre groupe d'étrangers? Elles aussi, à quoi rêvent-elles, toutes ces femmes prisonnières? « A la liberté! » me répond, sur un ton dramatique, un jeune interprète tunisien attaché à notre caravane. A la liberté! Que ces mots sonnent bizarrement sous ces regards invisibles! Évidemment, ce jeune Tunisien a beaucoup lu *la Case de l'oncle Tom.*

L'autre jour, après l'Aït Srir, la réception avait eu lieu dans la petite cour qui suit immédiatement la cour d'entrée. Aujourd'hui, le mystérieux palais se laisse entrevoir davantage. Nous suivons maintenant un dédale de couloirs nus, irrégulièrement bâtis, qui tantôt s'élèvent très haut, tantôt s'abaissent jusqu'à toucher la tête. De distance en distance, un carré de ciel bleu apparaît par une grille de fer enchâssée dans le plafond de poutrelles et de roseaux. D'autres couloirs s'ouvrent ici et là, des impasses, des ruelles, de petites chambres sans fenêtres, aussi nues que le corridor lui-même. Au fond d'un de ces culs-de-sac, j'aperçois en passant la souquenille noire d'un vieux Juif près de laquelle flamboie la robe en velours vert d'une énorme Juive coiffée d'un foulard de soie cerise. C'est un vieux ménage d'Israël, M. et Mme Sadoun, qui, chaque matin, arrivent du Mellah, apportant sur leurs bourricots les cotonnades et les draps d'Angleterre, les mousselines brodées et les soieries de Lyon, les beaux caftans confectionnés au fond des maisons puantes badigeonnées de bleu, et tout ce qui sert à la toilette des femmes enfermées dans ces murailles, et moins préoccupées, j'imagine, de liberté que de coquetterie, de jalousie et d'amour. Vrais vizirs de la toilette, ces Juifs, qu'on trouve toujours à l'entrée de ces demeures chérifiennes, servent d'intermédiaires naturels entre le palais et le Mellah. Qui pourra dire les services que, dans les jours difficiles, ils ont rendus à leurs coreligionnaires, en faisant parler au Sultan par des lèvres charmantes?

Plus loin, au détour d'un couloir, je rencontre quatre personnages, gras et soufflés, à la molle figure pétrie dans le plus noir mastic. Leurs gros yeux blancs qui roulent dans le sombre cadran de leurs faces avec un air de vigilance éternelle, semblent garder les plus tristes secrets. Que j'ai de plaisir à les voir, ces légendaires eunuques, qui soudain m'apparaissent comme au tournant d'un conte des *Mille et une Nuits!* Le plus grand, le plus gras, le plus somptueusement vêtu, et d'une laideur de vieux singe méchant, donne des ordres d'une voix flûtée et s'éloigne au fond d'un couloir. Je le suis... mais des yeux seulement, dans le mystère de cette vie cachée, où le carton de bristol ne m'invite pas à pénétrer. Bientôt, même dans ce palais, on ne les verra plus, ces amers gardiens du Sérail. Ils venaient de Constantinople; mais là-bas ils se font rares et de plus en plus chers. Est-ce l'aurore des temps prédits par le jeune Tunisien? La liberté va-t-elle enfin régner dans les harems, depuis les rives du Bosphore jusqu'aux cimes de l'Atlas?... A mesure qu'ils disparaissent, on les remplace par des enfaus, qu'on écarte des femmes dès qu'ils commencent à devenir dangereux. Ah! quel poète romantique, quel Byron, quel Alfred de Musset, quelle Mme Desbordes-Valmore composera la dernière élégie sur la mort du dernier eunuque!

Dequis quelqnes minutes, arrive à nos oreilles un bruit de voix rapides, perçantes, monotones, ce bruit de lecture coranique qu'on n'est jamais bien longtemps sans entendre lorsqu'on erre au hasard dans les rues d'une ville arabe. Près de nous, quelque part, il y a des enfans accroupis autour d'un maître d'école. En voici quelques-uns qui, sans doute, ont échappé à la gaule de leur taleb, et du fond d'un réduit s'amusent à nous regarder passer. Dans cette troupe de capuchons et de burnous fort modestes, très usagés, longtemps traînés dans la poussière, je n'aurais certes pas distingué le descendant des Chérifs, l'héritier présomptif de l'antique majesté moghrabine, le jeune Moulay Idriss, fils aîné du Sultan, si le médecin du palais ne me l'avait montré qui s'abritait, pour nous voir, derrière une énorme négresse chargée de lourds bijoux d'argent, et dont la large ceinture de Fez, tissée de vingt couleurs, retenait des mamelles capables d'allaiter tous les enfans du harem.

Soudain, au sortir de ces couloirs tortueux et dénudés, c'est un enchantement. Une profonde galerie, inondée de lumière, allonge très loin devant nous un pavé de mosaïque, d'où trois jets d'eau s'élancent au milieu de vasques de marbre. Un instant, on hésite à traîner ses souliers sur ce parterre fleuri d'émail, où ne doivent glisser que les babouches et les pieds nus, et à ternir par des vêtemens sombres l'éclat de cette allée lumineuse qui n'admet que la laine blanche ou la soie de couleur vive tamisée de mousseline. D'un côté de la galerie, s'ouvrent les doubles vantaux des lourdes portes enluminées comme des pages de Coran, qui donnent accès dans les chambres; de l'autre, s'étend un jardin d'orangers plantés en contrebas, et dont on n'aperçoit, du haut du promenoir, que les cimes vertes et pressées, ou les fruits déjà jaunissans transparaissent au milieu des feuilles. De ce verger, nous arrivent les vieux airs qu'on entendait à Grenade et à Cordoue, et que les musiciens aux tuniques jonquilles, roses, violettes, amarantes, jouent toujours sous ces orangers. Enfin, par delà les verdures et le bouquet fleuri de l'étrange fanfare, se dresse l'éternel mur d'Islam, qui n'est jamais bien loin pour fermer le bonheur, et qui reflète sur sa rouge poussière l'ardeur du soleil couchant.

On ne peut rien voir de plus joli que les chambres qui se succèdent le long de cette galerie. Le sol est de mosaïque, et les murs, jusqu'à hauteur d'homme, sont aussi tapissés de ces morceaux de brique émaillée, assemblés avec un art infini en dessins merveilleux. Au-dessus, le mur blanc et nu (pour laisser l'œil se reposer de ces couleurs enchanteresses) conduit la vue jusqu'à un bandeau de plâtre prodigieusement fin, dans lequel des artisans ont creusé patiemment, avec un instrument primitif, la dentelle la plus compliquée, la plus variée, la plus légère. Et sur cette frise ajourée repose l'autre merveille de ces chambres charmantes, le beau plafond aussi minutieusement peint qu'une miniature persane, et dont les arabesques et les fleurs stylisées semblent refléter, tout là-haut, comme dans un miroir, mais avec des couleurs plus vives, l'éclat des tapis et des zelliges.

Tout ce luxe oriental saisit étrangement au sortir du long dédale des couloirs pauvres et nus. Tant de faste à côté d'une simplicité qui, çà et là, s'en va tout doucement de la nudité à l'abandon, et de l'abandon presque au sordide! On retrouve dans ce palais, entre la richesse et la misère, ce même accord sans morgue, ces rapports de bon voisinage que l'on voit, presque toujours, entre le riche et le pauvre dans la société musulmane. L'esprit arabe n'écarte rien. Le luxe le flatte sans mesure, la misère ne le choque point. Même sur cette belle terrasse, la beauté n'est pas sans mélange : c'est un singulier assemblage de soin et d'abandon, de fini et de non fini, de raffiné et de barbare. Sur les vantaux or et azur d'une porte enluminée de mille fleurs, on a cloué avec brutalité une latte de bois blanc. Dans une chambre de féerie, quelle surprise de voir traîner la carcasse déjetée d'un de ces grands lits de cuivre à colonnes et à baldaquin, surmonté d'une couronne à fleurons, que les Anglais importent depuis quelque cent ans au Maroc ! Et un peu partout, dans ces pièces des *Mille et une Nuits* où l'on ne voudrait voir que divans et coussins de mousseline, j'aperçois, tantôt groupés comme pour une vente à l'encan, tantôt dispersés au hasard, des chaises, des fauteuils, des canapés dorés, des glaces dont le tain a fondu sous la chaleur, des pianos mécaniques, d'innombrables pendules éternellement arrêtées, des bouquets de fleurs sous des globes, des consoles Louis XV, si petites, si chétives au pied des murs blancs ! Même quand ils sont magnifiques, ces objets de chez nous, perdus au milieu de cet Orient, font un peu mal au cœur. On dirait les épaves d'un bateau naufragé ou le produit d'un rapt barbaresque. Les belles chambres peintes semblent dire : « Enlevez-moi cela d'ici ! » Et de leur côté, les pauvres choses captives, qui nous reconnaissent au passage, s'écrient : « Venez nous délivrer ! »

Le thé était servi, au delà du second jet d'eau, sur une table chargée d'argenterie, où s'étalaient les cent merveilles de la pâtisserie moghrabine ; les cornes de gazelle, les gâteaux aux amandes, les turbans du cadi, les eaux de roses et de jasmins, les laits d'amandes, les breuvages à l'orange, aux citrons et aux framboises pressées, le champagne, que la religion tolère comme une innocente eau gazeuse. Devant d'énormes samovars moscovites, qui jetaient tout à coup l'idée de la neige et des frimas dans ce paysage de lumière, les serviteurs faisaient le thé suivant la caïda. Des serviteurs, il y en avait partout, au long de cette interminable terrasse, comme il y en avait dans les cours, comme il y en avait dans les couloirs, nonchalans, désœuvrés, étonnamment décoratifs sous leurs simples vêtemens de laine. Tout ce monde donnait l'impression d'une autorité despotique qui n'a qu'un geste à faire pour que cent personnes accourent, et en même temps d'une grande liberté, d'une fastueuse bonhomie. Vraiment, c'était un spectacle agréable à l'esprit et reposant aux yeux, cette nuée de domestiques placés là pour ne rien faire.

Dans une pièce d'apparat, sous une de ces alcôves qu'on appelle des benika et qui créent dans ces chambres immenses un coin d'intimité, le Sultan était assis avec le général Lyautey. Sous les orangers, la musique continuait d'égrener ses airs à cloche-pied, d'une mélancolie sautillante, qui semblaient à tout moment se tenir arrêtés, debout sur une patte, comme une cigogne au sommet d'un minaret. On n'avait qu'un regret, c'est que notre présence exilât de la terrasse, pour cet après-midi, ce qui, dans l'ordinaire des jours, doit en faire le principal agrément : les enfans et les femmes. Et voilà que tout à coup, du fond de la galerie, glissant rapidement sur le miroir des zelliges, deux formes charmantes apparurent, deux capuchons de soie, deux djellaba de mousseline, deux caftans dont on n'apercevait qu'un mince liséré rose et bleu, entre la mousseline et les babouches jaunes. C'étaient les enfans du Sultan, dont j'avais entrevu l'aîné dans ses vêtemens d'écoliers, derrière l'énorme négresse. Leur précepteur, enturbanné de la saie rayée d'or des lettrés marocains, les conduisait auprès du général qui avait voulu les voir.

Dans ce décor très ancien, où tant de choses modernes surprennent, c'était une nouveauté encore, mais celle-là tout à fait plaisante, ces enfans d'un prince d'Islam mêlés à une réception qui, malgré son intimité, avait pourtant un caractère politique. Traditionnellement, au Maroc, plus on est proche parent du Souverain, plus on est tenu à l'écart. Aujourd'hui même, dans ce palais, plusieurs frères du Sultan sont relégués au fond de leurs appartemens, dans une sorte de captivité. Et parmi eux je songe à ce Mouley Mohammed, qui jouit près du peuple d'une faveur particulière, car il est l'aîné de la famille et d'esprit assez bizarre, dit-on, ce qui lui ajoute le prestige qui s'attache en Islam aux êtres innocens, ou simplement singuliers, par la croyance que, s'ils ne ressemblent pas tout à fait aux autres hommes, c'est qu'Allah a retenu une part de leur esprit, qui lui sert à se maintenir en relation secrète avec eux.

Ces enfans intimidés, pleins de noblesse et d'élégance, gracieux comme le sont tous les enfans arabes, ces petits princes dans ce salon, cela semblait tout naturel, et c'était pourtant une chose qui bouleversait les traditions les plus anciennes. On surprenait là, sur le vif, la volonté du général d'humaniser la vieille caïda, de donner à ces enfans un haut sentiment d'eux-mêmes, et surtout de témoigner à tous, par les marques de respect dont nous les entourons, que ce régime de bon accord et de collaboration, qu'on appelle un protectorat, n'est pas un système éphémère, une étape à franchir avant d'installer ici des préfets, des conseillers généraux et aussi des députés, mais un ordre durable, et que l'œuvre commencée avec le père sera continuée par les fils.

Cependant, sur les tables, les pâtisseries et les breuvages diminuaient à vue d'œil ; le soleil n'éclairait plus que le faîte de la muraille rouge ; les jardiniers avaient ouvert les canaux de la séguia qui bruissait doucement ; dans l'odeur de la terre humide, on sentait des parfums de menthe et de persil ; derrière les barreaux fraîchement peints d'une de ces ménageries, ornemens habituels des résidences chérifiennes, trois lions, énervés par le soir, allaient et venaient bruyamment, en agitant leurs nobles têtes comiquement tachées de vert. Les musiciens inlassables poursuivaient leur musique, acharnés, semblait-il, à la poursuite d'un air qui leur échappait toujours...

Il est six heures. Le carton de bristol a épuisé son pouvoir. Avec les autres invités, je regagne la porte du palais et le grand aguedal vide. Est-ce la mélancolie des belles fins de journée et d'une fête qui s'achève ? Je ressens un vague malaise d'avoir promené dans ce palais une banale curiosité de passant. Quelle figure devais-je faire sur cette terrasse de Sultan ? Quel soupir ont dû pousser les choses, en nous voyant disparaître ! Qu'ai-je vu ? Que m'a-t-on montré ? La vraie vie de ce château d'Islam ne me demeure-t-elle pas toujours aussi fermée qu'avant d'en avoir franchi la porte ? Ce que j'ai vu, valait-il toutes les fantaisies que l'imagination se crée autour des Mille et une Nuits ?... Je regrette presque d'être venu, d'avoir fait le mauvais marché d'échanger beaucoup de rêves pour quelques pauvres notions ; et en même temps un nouveau désir me saisit de revenir sur mes pas, de repasser dans les couloirs tortueux, de revoir la terrasse animée par sa vie de tous les jours, et le verger où, dans le crépuscule, les fruits d'or brillent sous les feuilles comme des lampes d'Aladin. Je voudrais revoir tout cela, et je ne le peux plus. Ce palais, qui un instant s'est entr'ouvert à ma curiosité, s'est replié sur lui-même. Des siècles de nouveau m'en séparent. Et j'aurais beau montrer mon carton de bristol, la porte ne s'ouvrirait pas.

XII. — LE MOUSSEM DE NOTRE CIVILISATION

C'est aujourd'hui vendredi. Dans le grand cimetière de la dune, pas un burnous, pas un haïck n'est venu s'asseoir sur les tombes; pas un maître d'école n'a mené son petit troupeau d'enfans fleuris chantonner le Coran au milieu des pierres funèbres : on se croirait un jour ordinaire de la semaine; et peut-être, depuis qu'il y a des tombes en ce lieu, jamais la solitude n'a été si complète.

Sur le plateau ordinairement désert où s'élève le palais du Sultan, près des grands aguedals vides, la foire de Rabat vient de s'ouvrir; et tout le monde, délaissant les morts, est allé voir la fête de notre civilisation. Même ardeur au plaisir que, l'autre jour, sur la lande, au moussem de Sidi Moussa. Devant les baraques de bois, je retrouve les riches bourgeois de Rabat et de Salé que je voyais, au moussem, nonchalamment étendus sous les tentes blanches et noires, pleines de piété, de paresse, de contemplation, de musique; je retrouve les cavaliers qui lançaient leurs fantasias entre la Casbah ruinée et le tombeau du ramasseur d'épaves; et je revois aussi tous ces gens en délire qui se passionnaient, là-bas, pour les exercices étranges, l'ivresse, l'exaltation sacrée, le sang qui coule sur la joue, la chevelure qui se défait, la bave qui écume aux lèvres, le corps qui se contorsionne et se brise au milieu du cercle obstiné qui frappe le sol en cadence... Voilà tous les cercles rompus, les rondes arrêtées, les prières suspendues. Dans quels sons-sols, dans quelles tanières, les nègres musiciens ont-ils laissé leurs instrumens? Les hachettes des Hamadcha encore ensanglantées, toutes noires de sang caillé, sont accrochées à la muraille; les tambourins et les musettes relégués dans un coin. Les personnages pieux ont laissé là leurs chapelets; on a soufflé sur les dernières bougies; les chansons andalouses ont suspendu leur concert qui semblait inépuisable; le poème du regret cesse de résonner dans l'air; la volupté a quitté ses coussins de mousseline.

O danses, que je vous regrette! O musique, ô volupté, fête antique que le hasard m'a mise un instant sous les yeux, mais qui est la vie éternelle d'ici et que je sais déjà mourante! Passionnés du vieux Maroc, comme je comprends vos regrets, comme moi-même j'en suis saisi! Dans ces pavillons s'entassent toutes les choses qui ont commencé de transformer ce pays, et qui feront que bientôt on ne le reconnaîtra plus : charrues d'acier, pour défoncer un sol qui n'a jamais été égratigné que par un soc armé d'une pointe de fer; voitures automobiles, à l'incompréhensible vitesse, pour traverser ce pays qui ne connaissait hier encore que le petit trot des ânes, l'amble de la mule, le galop des chevaux et la marche solennelle des chameaux au pas feutré; canots à vapeur, pour remonter sans fatigue, et comme en se jouant, ces estuaires habitués depuis toujours à la rame et au chant des barcassiers, phonographes, pianos mécaniques, pour remplacer le guimbri, le tambourin, la rhaïta et tous les instrumens de la musique obsédante du Moghreb.

Au loin, Rabat et Salé, après le grand éclat du jour, prennent la teinte apaisée du soir, et sur leurs blancheurs se répandent, en longues traînées paresseuses, les fumées odorantes des fours à pain qui s'allument. Par cette paisible fin de journée, sous le soleil qui les dore, derrière leur double et triple enceinte, elles semblent tout à fait rassurées, les deux petites villes d'Islam. Elles n'ont pas l'air de soupçonner quelles prodigieuses forces destructrices de leur petit bonheur sont accumulées contre elles dans ces baraques dressées là sur la colline. Pour moi, ces choses de chez nous qui sont venues jusqu'ici, portées par des navires sans voiles ni rameurs, ne sont pas loin de m'apparaître, à cette heure crépusculaire, comme autant de bêtes furieuses prêtes à s'élancer sur les blanches maisons innocentes. Je les vois déjà s'évader de leurs cages de planches, bondir sur la pente du plateau, traverser les jardins, sauter par-dessus les murailles, se déchaîner dans les rues épouvantées, culbuter au passage l'épicier, l'herboriste, le marchand de beignets, le dévideur de soie, le brodeur de babouches, le tailleur et ses gracieux apprentis, et massacrer au fond de leurs armoires vingt métiers séculaires. Les notaires sont déjà morts de frayeur sur leurs pupitres minuscules; les mendians, au pied des mausolées, tombent le nez dans leur écuelle.

Les norias des jardins suspendent leur gémissement. Au fond des réduits souterrains, les inlassables manèges s'arrêtent de tourner pour la première fois depuis des centaines d'années. Le silence s'enfuit des maisons. Les terrasses s'écroulent dans les cours où résonnaient jadis le tambourin et le violon. Les mosquées elles-mêmes ne sont pas épargnées...

Il est des momens où le cœur est si plein du regret de tant de choses encore vivantes, mais déjà condamnées, qu'on prête trop complaisamment l'oreille aux voix nostalgiques qui vous crient avec un accent passionné : « Pas de bête plus redontable que la civilisation aveuglément déchaînée ! Un Aïssaoua en fureur, qui dévore un mouton sanglant, un Hamadcha qui se taillade et vous tailladerait à vous-même le crâne avec sa hachette de fer, n'est pas plus hors de sens qu'un de ces civilisés, dont les regards grossiers ne découvrent pas la noblesse d'une civilisation pleine de raffinemens cachés, que la nudité choque, que la grâce pudique des longs vêtemens fait sourire, qui voudraient porter partout leur hache et leur sottise, jeter bas les murailles séculaires, comme un obstacle au trafic, bouleverser les cimetières et construire des palaces-hôtels sur le promontoire des Oudayas... La très ancienne vie que l'on menait ici, avec ses brutalités, ses injustices, sa misère, son ignorance, n'est-elle pas encore préférable aux fausses douceurs, aux fausses justices, aux fausses richesses, aux faux bonheurs, à la science vaine que nous apportons avec nous? Et je ne parle pas des vices qui nous accompagnent toujours, et qui détruisent plus de choses que notre ordre n'en conserve. Une fois de plus, dans ce pays comme en tant d'autres lieux du monde, le sinistre esprit d'Europe va tarir pour toujours des sources de rafraîchissement, de fantaisie, de jeunesse; d'immenses nappes de silence, d'immobilité, de repos; de grands espaces encore vierges, réservés à l'instinct, au demi-sommeil de l'esprit. Quand il n'y aura plus dans l'univers ces peuples, dont les mœurs et les usages très anciens permettaient de se représenter sans effort la vie des peuples d'autrefois, un fossé qu'on ne pourra plus combler sera creusé dans l'histoire. L'humanité appauvrie, enlaidie, abêtie par sa propre intelligence, ne sera même plus capable de comprendre quel trésor elle a gaspillé...

O regrets de l'Andalousie,
Arrêtez de me faire souffrir !

Après tant d'autres conquérans, voici que notre heure a sonné. La destinée remet ce pays dans nos mains; et, au lieu de se lamenter, il faut se réjouir, car, si nous n'étions pas venus, d'autres auraient pris notre place, d'autres maîtres plus brutaux. Par une chance unique, la fortune a voulu qu'un esprit ferme et clairvoyant, une intelligente tendresse pour l'âme de ces vieux pays ait policé ici la civilisation, lui ait enlevé son venin et cette dureté qu'a presque toujours la puissance. En Algérie, pendant un siècle, nous nous sommes organisés sans tenir compte de l'Islam, et nous avons tué trop de choses, — de celles qu'on ne remplace jamais. Là-bas, la fête arabe est finie... Au Maroc, nous voulons moins être des conquérans que des conseillers et des guides. Là où l'immobilité ressemblait trop à la mort, nous avons apporté la vie, et nulle part on ne pourrait dire : Ici vous avez ravagé. Dans cet immense bled, qu'envahit derrière moi le crépuscule, nous avons construit des routes, défriché des terrains, pacifié des tribus, aménagé des ports, bâti des cités nouvelles; nous avons retenu sur le bord de l'abîme de vieilles choses qui s'écroulaient, et que les indigènes eux-mêmes laissaient aller à la ruine; nous avons sauvé des métiers, retrouvé les modèles de belles choses oubliées, remis les artisans sur la trace de leur génie d'autrefois. En moins de dix années, nous avons accompli sans violence ce qu'il nous a fallu cinquante ans de sanglans efforts pour réaliser en Algérie. Les sentimens, les traditions, les mœurs, les autorités héréditaires, tout a été respecté. Nous n'avons pas brutalisé l'âme du vieux Moghreb; et devant moi, ce soir, ces deux cités d'Islam, si paisibles sous la lumière déclinante, peuvent s'endormir dans leurs murailles, au moins avec l'illusion qu'elles ont gardé leur secret. »

Ainsi s'en va ma rêverie, essayant de se reconnaître dans ces pensées contradictoires, tandis que devant les baraques, les burnous blancs ou bruns continuent d'aller et venir devant nos mille inventions, filles de la dernière heure du temps. Sans doute, sont-ils aussi surpris que je l'étais moi-même, l'autre jour, au milieu des cercles magiques. Mais devant les phonographes qui leur emplissent les oreilles de nos airs et de nos chansons; devant l'aéroplane qui emporte au fond de l'azur un prince du lointain Tafilalet; devant le cinématographe dont la toile blanche se peuple des aventures saugrenues de Peaux-

Rouges, de cow-boys, et de celles plus extravagantes encore de petits bourgeois français, ces Moghrabins ne laissent apparaître aucun étonnement. Nos inventions merveilleuses sont trop loin de leur esprit pour que leur secret impénétrable les préoccupe un instant, et ils ne songent qu'à s'en distraire. Une bonne fois, ils se sont dit que nous avions capté les génies dans nos machines, comme leurs sorciers emprisonnent les forces obscures de la nature dans leurs drogues et leurs amulettes. C'est chose de Français, pensent-ils ; et cette simple idée suffit à soulager leur imagination de tout le poids du mystère... Mais que diront-ils, tout à l'heure, dans les douars et les boutiques, sous les piliers des mosquées, sur les pistes et les routes, sous les gourbis et les tentes ? Pour des gens, qui, depuis des mois, se demandent avec inquiétude comment s'achèvera la guerre et quel maître ils auront demain, cette petite ville éphémère, sur ce plateau dénudé, fait entendre un clair langage : « Faut-il que les Français soient forts, pour montrer dans la tempête une pareille tranquillité ! et riches, pour se donner le luxe de bâtir ce grand souk qui ne durera que quelques jours ; et assurés du lendemain, pour laisser voir tant d'insouciance au moment où la vie même de leur pays est en jeu !... » Ces baraques de bois orientent les imaginations, fixent en notre faveur les esprits hésitans, découragent les pensées de désaffection ou de révolte.

C'est un trait de génie d'avoir eu cette idée que pour maintenir dans la tranquillité avec des forces militaires considérablement affaiblies, des gens inquiets, mobiles, très prompts à s'émouvoir, il fallait multiplier les travaux au lieu d'en arrêter le cours, étendre de tous côtés la vie au lieu de la réduire, montrer un visage paisible, et même souriant, au milieu de l'orage, et par là imposer à tous le sentiment de notre force et de notre confiance en nous-mêmes.

Cette foire, ces choses d'Europe, qui me semblaient d'un si fâcheux augure pour ce pays d'Islam, elles secondent à leur manière les quelques milliers d'hommes qui maintiennent les dissidens au fond de leurs montagnes. Et je sens bien qu'il faut les aimer toutes, les utiles et les inutiles, les charrues et les cinématographes, pour ce qu'elles représentent, à cette heure, de forces combattantes et de vies épargnées.

Je rentrai, à la nuit tombée, le long des murs almohades.

Du cœur mystérieux des jardins ranimés par la rosée nocturne, m'arrivaient des parfums de figuier et de menthe, mêlés à l'odeur de la poussière et au bruit sourd de la mer, dont la rumeur se réveille dès que le soleil est couché. Il faisait tout à fait nuit, quand j'arrivai à l'enceinte andalouse derrière laquelle se pressent les maisons de Rabat. Au pied de la muraille s'étend un de ces cimetières où l'on enterre tous ceux qui meurent hors des remparts, même quand ils sont de la cité, pour éviter que leur cadavre ajoute sa contagion pernicieuse à toutes les influences mauvaises qui existent déjà dans la ville. Au milieu de ces tombes, comme dans les grands champs mortuaires allongés au bord de la grève, il me semble qu'il y a, là aussi, des places réservées aux idées étrangères accourues d'au delà l'Océan, toutes remplies d'une orgueilleuse vie, et qui, pendant des siècles et des siècles, sont venues battre ces murailles, s'y briser et mourir.

Bien souvent, au crépuscule, rentrant du bled solitaire, j'ai cru voir errer leurs fantômes, lorsque dans les brumes qui montent de la mer et du fleuve, les formes blanches qui cheminent au pied de ces remparts de boue revêtent l'aspect mystérieux que nos imaginations à nous, hommes du Nord, prêtent aux esprits errans... Aujourd'hui, ces pensées triomphent. Elles franchissent la muraille, pénètrent avec moi dans la ville, m'accompagnent jusqu'à ma porte à travers les petites rues, qu'éclaire, çà et là, une bougie plantée dans un concombre. Parmi ces demi-ténèbres, toutes les charmantes choses d'Islam reprennent peu à peu leur empire, et je les entends murmurer à mon oreille l'éternelle musique du renoncement oriental. Vais-je encore me laisser séduire?... Je lève le heurtoir de ma porte. Il retombe brutalement, dans le silence de la rue, brisant l'enchantement des choses. « Aschkoun ? » crie la servante. Je lui réponds : « C'est moi. » Mots surprenants dans cette nuit, mots d'un autre langage, qui ne signifient rien au milieu de ces grands murs blancs, et qui pourtant font que la porte s'ouvre. Et je demeure un instant confondu de me trouver au milieu du patio, qu'une lune paisible éclaire, seul avec mon ombre et tout ce que j'apporte avec moi d'incompréhensible et d'étranger.

JÉROME et JEAN THARAUD.

PIERRE DUHEM

L'ÉNERGÉTIQUE ET LA SCIENCE DU MOYEN AGE

Qu'était-ce que Pierre Duhem? Un grand savant. Mais encore? Un physicien, un mécanicien, un chimiste?... Posez la question à ceux qui connaissent le mieux son œuvre; on hésitera sans doute un instant avant de vous répondre, et peut-être ne se rappellera-t-on plus que Duhem est entré à l'Institut très légitimement dans la section de mécanique. Cet homme étonnant a, en effet, réalisé un prodige qui semblait devenu presque impossible en notre début du xxe siècle. Dans un temps de spécialisation à outrance et de compartimens étanches, où chaque sous-branche de la science est déjà assez absorbante pour occuper toute la vie d'un homme, il ne s'est pas contenté d'explorer une petite chambre de cet édifice somptueux qu'admirent du dehors les passans; il a prétendu en reconstruire et en consolider les fondations. Sous la cépée aux mille bras divergens, il a exploré la souche commune. Et il s'est fait ainsi pareil à ces chercheurs de l'Antiquité, du Moyen Age ou de la Renaissance, pour lesquels il existait, non pas des sciences, mais une Science de la Nature, une Physique, confondue alors avec la Philosophie et contiguë à la Métaphysique. Entreprise qui eût semblé, il y a cinquante ans, sous le règne d'un positivisme étroit, nous ramener loin en arrière et dans laquelle il s'est montré pourtant le chercheur le plus audacieux et le plus moderne. Ayant ainsi contribué à souder avec le passé une chaîne ininterrompue, il a été tout naturellement amené à étudier ce passé en historien, en philosophe; et c'est un côté de son œuvre, sur lequel nous allons insister tout à l'heure, parce qu'il est le plus accessible à tous sans mots rébarbatifs et sans ces signes hiéroglyphiques de l'algèbre, dont les profanes diraient volontiers, comme les copistes du Moyen Age quand ils rencontraient dans leurs manuscrits des signes inconnus : *Græcum est; non legitur.*

Mais cette ampleur des conceptions physiques n'est pas la seule particularité de Duhem; il est un autre point qui le distingue plus encore et que nous tenons à mettre aussitôt en lumière, parce que lui-même y attachait une importance prépondérante. Duhem était un physicien qui croyait à la métaphysique, qui lui attribuait une place prépondérante à côté de la physique et qui prétendait aboutir à des solutions métaphysiques définitives, sans prendre un point d'appui sur une religion, mais en apportant au contraire, par le raisonnement et l'expérience, une confirmation à sa croyance religieuse. Il s'est défendu un jour avec vivacité d'avoir fait une « physique de croyant; » et jamais, en effet, sa critique de physicien n'a été influencée par sa foi. Mais lui-même l'a écrit formellement, dans une heure où sa valeur de savant était seule en cause, en exposant ses titres pour une élection à l'Académie des Sciences : « Il serait déraisonnable de travailler au progrès de la théorie physique, si cette théorie n'était le reflet de plus en plus net et de plus en plus précis d'une Métaphysique; la croyance en un ordre transcendant à la Physique est la seule raison d'être de la théorie physique. »

Après avoir lu ces lignes, on comprend comment le physicien qui a écrit le *Traité de Mécanique chimique, fondée sur la Thermodynamique;* les *Leçons sur l'Électricité et le Magnétisme;* les mémoires sur la viscosité, sur les quasi-ondes de choc, etc., a passé aussi tant de journées penché sur de vieux manuscrits oubliés ou sur de lourds in-folios, pour essayer de débrouiller, de préciser et de classer ce que d'autres auraient appelé avec dédain le fatras poudreux d'Avicébron, de Jean Scot Erigène, de Moïse Maïmonide, de Roger Bacon, d'Albert le Grand, de saint Thomas d'Aquin; comment il a publié tour à tour deux volumes sur *les Sources des théories physiques*, un volume sur l'*Évolution de la Mécanique*, trois gros volumes sur *Léonard de Vinci, ceux qu'il a lus, ceux qui l'ont lu;* cinq autres (qui en auraient fait douze s'il avait vécu) sur le *Système du monde, histoire des doctrines cosmologiques de Platon à Copernic*, etc. Dans ce passé, la doctrine philosophique l'occupe visiblement plus encore que les notions scientifiques. Et, quand on a soi-même employé autrefois des heures sereines à explorer les connaissances chimiques ou géologiques d'Albert le Grand, on est tout d'abord un peu étonné de voir que Duhem, dont tant de travaux personnels ont porté sur la chimie, en néglige entièrement ici l'étude pour s'attacher aux idées du théologien sur la forme, l'essence, l'être, la pluralité des âmes. Mais on s'explique bientôt qu'il a été attiré dans ce sens par l'espoir d'éclaircir les problèmes fondamentaux, dissimulés à nous sous l'aridité de la scolastique, les seuls problèmes intéressans en définitive pour notre vie morale : ceux de l'être et du non-être, de la Création et du Créateur, du corps et de l'esprit, de la matière et de l'énergie, ou plutôt, ce semble, par la pensée d'appuyer sur une logique rigoureusement scientifique ses convictions antérieures de savant très catholique et très assuré dans sa foi.

La méthode scientifique de Duhem, exposée notamment par lui dans son livre sur *la Théorie physique*, peut se résumer en deux traits qui ne sont qu'apparemment un peu contradictoires. Physicien, il adopte à l'égard de toutes les théories une attitude de froideur légèrement ironique que l'on pourrait comparer à celle d'un amoureux déçu. Trompé trop souvent par elles dans les débuts enthousiastes de sa carrière, il cherche à les éliminer pour rester, avec son « Énergétique, » le plus possible sur le terrain solide des constatations expérimentales et des rapports numériques. Surtout il leur interdit de pénétrer à son insu et masquées dans son laboratoire. Quand il a besoin d'une hypothèse, il commence par l'annoncer presque brutalement. Une théorie est, pour lui, un lien provisoire qui permet de mettre en ordre nos observations passées, mais qui ne préjuge rien sur nos observations futures : un système de classification qui tend progressivement à devenir naturel et à se traduire alors par une vérité métaphysique, mais comme une courbe tend vers son asymptote, à la limite. Il n'admet pas qu'on en envisage aucune comme une réalité, alors que la meilleure est simplement l'explication la plus simple et la plus élégante des faits connus, à laquelle on ait encore pensé. « Une théorie physique, a-t-il dit, n'est pas une explication. C'est un système de propositions mathématiques déduites d'un petit nombre de principes, qui ont pour but de représenter aussi simplement, aussi complètement et aussi exactement que possible un ensemble de lois expérimentales... » Cependant, comme métaphysicien, il nous apparaît moins sévère et plus disposé à admettre sans restriction les « vérités de bon sens » qui sont, suivant lui, à la base de toute connaissance humaine, aussi bien quand il s'agit d'affirmer les principes élémentaires de la géométrie ou de la mécanique que lorsqu'on met en cause la distinction de l'âme et du corps ou le libre arbitre. C'est que, dans le second cas, il a un guide assuré et peut marcher hardiment.

Insistons-y aussitôt, puisque lui-même nous y a autorisés tout à l'heure et montrons quelle place spéciale assure à Duhem, parmi les savans modernes, son attitude scientifique à l'égard de la métaphysique. Les savants ont, ce nous semble, trois manières principales d'envisager ce qui, dans la nature, dépasse le domaine purement expérimental pour aborder les principes et les causes.

Les uns, très nombreux, méprisent la métaphysique comme un tissu d'hypothèses invérifiables et de rêveries inutiles. Ils ignorent, oublient ou négligent les causes premières et se contentent systématiquement d'apprécier les rapports entre des effets, avec la prétention fréquente que leurs essais de coordination ont à jamais éclairci le mécanisme du monde. C'est une école de ce genre qui, il y a un demi-siècle, s'est imaginé un instant, aux applaudissemens des littérateurs, que tout pouvait s'expliquer, que tout serait bientôt expliqué par de la dynamique et de la chimie. Ceux qui rejettent ainsi la métaphysique par positivisme sont, à leur manière, des hommes de foi, des mystiques. Ils ne se demandent pas si l'emprise de nos sens sur le monde extérieur, qui est le seul fondement de leur doctrine, possède ou non une réalité objective; ils n'examinent pas si les postulats implicites, qui relient leurs observations entre elles, sont démontrés ou démontrables; ils ne discutent pas la réalité de leurs conceptions théoriques. Ils croient; ils sont sûrs; ils affirment. Avec eux se rangent maints algébristes qui se contentent de dévider leurs formules et leurs abstractions, comme une araignée sécrète son fil, sans chercher à quoi ce fil s'accroche, ni d'où en provient la substance.

Mais, en contraste avec ces catégories de savans dont les uns, les plus logiques, ne s'intéressent pas à l'explication des phénomènes et dont les autres croiraient volontiers toutes nos explications définitives, d'autres savans sont plus curieux et plus soucieux de scruter les origines de leur foi scientifique. Parmi eux se rangent beaucoup de mécaniciens comme Duhem, qui, appelés à utiliser sans cesse des concepts abstraits de force, de masse, d'énergie, de force vive, d'accélération, ont été tentés de chercher ce qui se dissimulait de précis et de concret sous ces termes conventionnels. Et, d'autre part, bien des géologues et des astronomes, historiens et prophètes par métier, habitués à jongler avec les millénaires ou les milliards de lieues, se sont trouvés réfléchir davantage sur la futile minceur de ce pont lumineux qui porte notre présent entre deux abîmes de nuit. Ils sont plus sensibles au caractère provisoire de tout ce qui à d'autres semble pour jamais réglé, sans même en excepter peut-être ce lien factice de nos théories scientifiques, apte seulement à coordonner un état de connaissances momentané. Il leur arrive parfois de songer aux deux mystères du commencement et de la fin, ou à celui de l'éternité ; ils se prennent à rêver en poètes devant une nuit étoilée ; ils font une place dans leur pensée pour l'abstraction métaphysique. Mais, parmi ceux que sollicitent de tels problèmes, on observe encore deux tendances opposées.

Les uns considèrent qu'il existe et existera toujours un inconnu, un inconnaissable, étranger, non seulement à la physique, mais à toute spéculation humaine. Ils ne croient pas que le raisonnement puisse pénétrer dans ces espaces obscurs qui échappent d'autre part à l'observation ; ils admettent l'infirmité fondamentale de notre raison, tout aussi bien que celle de nos sens et, par conséquent, ils se résignent à ne pouvoir opérer aucune détermination exacte avec des instrumens nécessairement imparfaits par le fait même qu'ils sont humains. En deux mots, ils considèrent, eux aussi, la métaphysique comme un leurre subtil et se fondent pour la rejeter sur les éternelles spirales qu'y décrit la pensée humaine entre un certain nombre de conceptions toujours les mêmes, imaginées depuis la plus haute antiquité et toujours reprises périodiquement sans aucune espèce de progres. Le postulat métaphysique, ils n'envisagent qu'un moyen de l'atteindre, c'est de le demander, comme un Pascal, à la Foi, à la Grâce. Si la foi ne leur est pas échue en partage, ils restent confinés dans le nihilisme sceptique; ils regardent monter les théories comme des bulles de savon amusantes dont on suit un moment dans l'air les formes irisées pour les voir crever l'une après l'autre. Mais, croyans ou matérialistes, ils sont d'accord pour refuser à la Raison humaine la possibilité, sans un secours surnaturel, d'atteindre les principes des choses, de démontrer et de comprendre un Dieu.

D'autres enfin, parmi lesquels se classait résolument Duhem, professent une opinion toute différente. Peut-être parce qu'ils sont assurés que notre âme est d'essence divine, ils croient cette âme capable de s'élever peu à peu par la pensée jusqu'à l'éternelle Vérité. Leur foi dans l'avenir de la Science et de la Philosophie est comparable à celle des savans les plus positivistes, mais avec une tendance intellectuelle opposée. Pour eux, l'homme peut espérer atteindre à des conclusions de plus en plus rigoureuses, dont la limite extrême serait la certitude : l'éclair divin ayant illuminé ce que nous appelions tout à l'heure l'inconnaissable.

Ils ont beau se soumettre au joug des faits par principe, apporter leur esprit critique à l'examen des théories, s'attacher uniquement à séparer le connu de l'inconnu, non le connaissable de l'inconnaissable, dénier à la théorie physique toute portée métaphysique ou apologétique; presque malgré eux, ils gardent l'espoir intime de voir la physique aboutir un jour à une métaphysique, comme les positivistes dissolvent inversement la métaphysique dans la physique ; ils se sont formé une conception spiritualiste de l'Univers qui leur apparaît indiscutable.

Cette conviction, très profonde évidemment chez Duhem, il l'a exprimée avec force un jour où, à propos de Maxwell, il a trouvé l'occasion de s'élever contre ces savans sceptiques ou découragés dont nous parlions précédemment, pour lesquels il importe peu qu'une théorie soit vraie ou fausse, son seul but utile et provisoire étant de suggérer des expériences. « Si cette opinion, s'est-il écrié avec une ombre de tristesse, devait être générale et définitive, nous aurions singulièrement gaspillé notre vie, puisque nous l'avons consacrée tout entière à édifier une doctrine aussi rigoureuse, aussi exactement coordonnée que possible... Un jour viendra... où l'on reconnaîtra qu'avant tout la théorie a pour but de classer et d'ordonner le chaos des faits que l'expérience nous a révélés... La logique peut être patiente, car elle est éternelle. »

Et, dans une autre occasion où il s'attachait à peindre la puissante personnalité de Josiah-Willard Gibbs, le fondateur de la statique chimique, l'inventeur de la loi des phases, il a écrit incidemment cette phrase très typique, où il est aisé de voir un retour sur lui-même : « Ces pensées de derrière la tête, le physicien consent rarement à les publier... Ces pensées philosophiques qui dirigent ses efforts dans le choix et l'élaboration de ses théories se rattachent souvent en lui à d'autres pensées philosophiques, à celles qui dominent ses croyances morales, qui organisent sa vie intérieure ; et une juste répugnance, une légitime pudeur le portent à dérober aux regards étrangers cet intime foyer de son âme. Il est donc rare qu'un physicien nous laisse pénétrer jusqu'à ce sanctuaire philosophique où, dans une demi-obscurité, siègent les idées-mères de ses théories... »

Ces idées-mères, Duhem les a exprimées plus que beaucoup d'autres; nous en avons assez dit pour le montrer; peut-être même en avons-nous dit plus qu'il n'eût voulu et, comme il arrive toujours quand on résume en quelques lignes l'œuvre d'une vie humaine, avons-nous quelque peu défiguré et trahi sa pensée intime. Mais il est temps d'aborder l'œuvre édifiée sur ce substratum métaphysique, en envisageant, d'abord le savant, puis l'historien du moyen âge.

Nous ne saurions songer ici, en ces pages brèves, à faire connaître une œuvre immense qui remplit tout un rayon de bibliothèque, et nous ne dirons rien non plus d'une vie très simple qui se résume en quelques dates (1) : né en 1861; normalien en 1882; maître de conférences de physique à Lille, à Rennes; professeur à Bordeaux; membre de l'Académie des Sciences en 1913; mort le 14 septembre 1916. Ce que nous voudrions, c'est mettre en lumière les lignes directrices de ce formidable labeur et particulariser un esprit puissant, comme lui-même a cherché à nous faire connaitre les savans du passé.

(1) Ceux qui seraient curieux de connaître la figure de l'homme et non plus seulement du savant, en trouveront un portrait fidèle tracé par Édouard Jordan dans l'*Annuaire des anciens élèves de l'École normale supérieure de 1917*.

I. — L'ÉNERGÉTIQUE

La conception scientifique de Duhem, pour l'invention de laquelle il faut au moins associer à son nom ceux de Rankine, Gibbs et Helmholtz, repose essentiellement sur la notion d'énergie; c'est une mécanique généralisée que l'on nomme l'Énergétique. La définir, montrer ses principes, ses nouveautés, ses avantages, ce sera étudier du même coup l'œuvre de Duhem. Voici donc, en évitant le plus possible les termes techniques, ce qui distingue l'Énergétique des mécaniques antérieures.

Jusqu'à ces derniers temps, quand on avait voulu ramener la physique à la mécanique, étape nécessaire pour donner aux problèmes cette expression algébrique qui semble leur formule définitive, on était toujours parti de la dynamique, ou science des mouvemens, et on avait prétendu expliquer tous les phénomènes physiques, puis chimiques, par de simples déplacemens. Dans ses manifestations les plus modernes, cette méthode, qu'il ne faut pas dédaigner, car elle a conduit à des théories infiniment ingénieuses et précieuses pour les applications, repose sur l'assimilation de la matière à une gravitation de corpuscules infiniment petits, invisibles et inaccessibles à toute observation directe. Elle a ressuscité les antiques atomes d'Épicure et de Lucrèce, les a inclus dans un éther merveilleusement élastique et impondérable, les a lancés dans cet éther comme des balles rebondissantes; puis elle leur a prêté des propriétés de plus en plus compliquées et subtiles (parfois contradictoires) pour les mettre en mesure de répondre à tout ce que les progrès de l'expérimentation faisaient attendre d'eux. Dans cette construction lente et méthodique, on n'est pas, comme cela se fait en géométrie, parti d'un postulat pour en dérouler toutes les conséquences; on a observé les unes après les autres les conséquences pour tenter d'en déduire après coup leur postulat. Ce n'est pas ici le lieu d'exposer la théorie atomistique. Il est cependant nécessaire de rappeler la succession d'hypothèses sur laquelle elle repose, pour montrer comment et pourquoi l'Énergétique a fini par s'en séparer.

Tout d'abord, faisons remarquer que, suivant la branche scientifique dont on est parti, on est arrivé à des notions de l'atome différentes, et qu'il a fallu ensuite établir entre ces concepts un raccord très artificiel. Il y a l'atome des minéralogistes, celui des chimistes, celui des électriciens, celui des mécaniciens, qui ne sont pas les mêmes : ce qui a amené à imaginer, dans ce petit monde, toute une série d'entités auxquelles ne convient plus le nom vulgaire d'atomes : molécules, atomes chimiques proprement dits, ions, électrons, magnétons, etc.; tous êtres métaphysiques, aujourd'hui si bien passés dans l'enseignement classique que le moindre écolier en parle comme s'il les avait vus, ainsi qu'on pouvait, au XIIe ou au XIIIe siècle, dans la rue du Fouarre, parler de la forme, de la nature spécifique, de la substance individuelle, de l'essence, de l'hyliathis, des universaux et des nominaux.

Dans l'ordre de ces pénétrations hypothétiques au sein de la matière, ce sont les minéralogistes qui ouvrent la marche par des élémens cristallins encore presque accessibles à l'observation, élémens matériels identiques entre eux, qu'ils supposent répartis identiquement, dans la structure d'un cristal, sur tous les sommets d'un réseau dessiné par des parallélogrammes, et déjà particularisés suivant la substance par certaines aptitudes géométriques. Mais ces élémens, ou particules complexes, ils sont déjà obligés de les décomposer une première fois en particules fondamentales, groupées entre elles au moyen de rotations et de renversemens. Après quoi, ils passent la main aux chimistes, qui vont, par de tout autres voies, résoudre ces particules en molécules, puis en atomes.

La molécule chimique est considérée comme la plus petite quantité de matière qui puisse exister à l'état de liberté dans une réaction chimique. Cette molécule, aucun engin mécanique ne permet de l'atteindre, aucun instrument d'optique ne donne le moyen de la voir, aucun acide et aucune base ne la font apparaître seule dans un précipité. Et, cependant, le chimiste la divise à son tour par la pensée. Il la suppose composée d'atomes, soit identiques, soit différens, devant lesquels il s'arrête, les jugeant indivisibles, mais que d'autres sciences vont analyser tout à l'heure. Ces atomes ou ces molécules, il trouve des artifices indirects pour les peser, les compter sans les voir; il en scrute la forme et l'agencement; il en étudie les propriétés. A l'intérieur de la molécule, le chimiste croit savoir que les atomes occupent des positions fixes, ou du moins qu'ils gravitent autour d'une position moyenne; il sait qu'ils possèdent, suivant leur nature, des « valences » différentes, c'est-à-dire un nombre de crochets inégal pour accrocher les autres atomes; il professe, par exemple, qu'un atome de carbone occupe le centre d'un tétraèdre régulier; et, finalement, il arrive à ces jolies images, où des lettres H ou C, représentant l'hydrogène et le carbone, sont disposées en polygones et réunies par des tirets ou de doubles et triples traits.

Mais les chimistes ont épuisé, eux aussi, leurs moyens d'investigation, et c'est le tour des physiciens, des électriciens qui vont pénétrer plus avant. Arrhénius, pour expliquer les électrolyses, est amené à supposer qu'un corps dissous dissocie partiellement ses molécules en deux « ions » prenant chacun le rôle d'une molécule complète, tout en n'en étant que la moitié. Voici les rayons cathodiques de Crookes qui nous font concevoir des projectiles électrisés repoussés par la cathode avec une vitesse énorme : forme nouvelle de cette émission Newtonienne qui avait semblé autrefois victorieusement écrasée par la théorie ondulatoire et qui redevient à la mode. D'autres expliquent la pression des gaz contre une paroi par une projection d'atomes dont ils calculent le nombre et la vitesse. Peu à peu, tout cela s'ordonne et l'on nous représente, dans la profondeur de la matière, quelque chose de tout à fait semblable au spectacle de l'univers contemplé par un astronome : des milliers de soleils avec leur cortège de planètes et de lunes dispersés au hasard dans le vide, s'attirant l'un l'autre, parcourant leurs trajectoires et soumis à des rotations autour de leur axe; mais avec cette différence que nous tenons cet univers dans une pincée de sel, dans une goutte de dissolution, qu'un atome chimique représente à lui seul tout un système solaire et que nous pouvons, dans ces microcosmes dont la vision inspirerait sans doute à des êtres submicroscopiques la pensée de l'infini, accélérer, ralentir les vitesses, modifier peut-être les trajectoires...

Nous ne sommes pas au bout. Y serons-nous jamais? Voici des expériences où il semble qu'un atome chimique perde un certain nombre de corpuscules, comme un soleil auquel échapperaient des planètes, sans que son individualité soit atteinte. Pour expliquer le magnétisme, on nous montre, dans l'intérieur des atomes, un nouveau constituant de la matière, des magnétons, dont la rotation équivaudrait à un courant circulaire. Enfin, les travaux de Curie ébranlent l'atome chimique, qui se désintègre, se transforme par de brusques explosions, donne lieu à ces transmutations dont ont rêvé les alchimistes...

Tout cela est infiniment ingénieux et séduit l'esprit qui en suit l'exposé méthodique et qui voit chacune de ces hypothèses successives appuyée sur une série de confirmations expérimentales. Quand on pénètre pour la première fois dans ce palais mystérieux de la pensée, on a l'impression d'une bâtisse solide et inébranlable, comme lorsqu'on lisait autrefois un traité de mécanique classique, ou une théorie ondulatoire de la lumière, ou tant d'autres conceptions admirées en leur temps, réputées parfaites et bientôt ruinées. On est d'autant plus conquis que la théorie, tout en conduisant, pour la chimie organique, à des applications pratiques singulièrement fécondes, aboutit, d'autre part, à une conception de la matière satisfaisante pour l'esprit et tend à nous faire entrevoir, sous ses propriétés changeantes, une nécessaire unité. Voici que, dans un gaz quelconque, à la même température et à la même pression, le même volume renferme toujours le même nombre de molécules. Une molécule quelconque produit le même abaissement de température dans un liquide où elle se dissout, détermine la même diminution de la tension de vapeur quand la dissolution se volatilise, exerce en dissolution la même pression osmotique. Une molécule d'un sel quelconque éprouve la même action chimique d'un courant électrique. Un atome d'un corps simple quelconque a la même capacité calorifique, etc... Comment douter un instant d'un système si bien coordonné?

Mais on se rend compte, en même temps, ce que nous voulions montrer, par quelle méthode ce bel édifice a été construit en superposant successivement hypothèse sur hypothèse, à mesure que celles-ci devenaient nécessaires. Il est possible que nous arrivions ainsi à acquérir l'intuition de ce qui se passe réellement dans ces infiniment petits où se perdait l'esprit d'un Pascal et que cet infiniment petit, qui n'apparaît tel que par les dimensions arbitraires des organes humains, offre en effet une complexité analogue à celle de l'infiniment grand astronomique; mais nous n'en possédons aucune assurance. Quoique certains physiciens espèrent constater un jour la réalité des atomes, il est beaucoup plus vraisemblable que la possibilité même de leur existence demeurera toujours une vue de l'esprit. Aussi conçoit-on comment certains savans, tels que Duhem, ont préféré éviter ces imaginations, répudier cette méthode paradoxale qui explique le connu par l'inconnu, le visible par l'invisible et se borner à des résultats plus directs de l'expérience, au moins en ce qui concerne la dernière partie physique de la théorie; l'interprétation atomique de la chimie étant admise par les énergétistes eux-mêmes (1).

L'expérience, à vrai dire, tout savant, et dans tous les temps, a toujours fait profession de s'y conformer, les atomistes comme les énergétistes et même ces philosophes du temps passé qui nous semblent, à nous, avoir été les rêveurs les plus chimériques. Chacun d'eux a prétendu réduire l'hypothèse à son minimum et restreindre ses postulats à ce qui lui paraissait évident. Mais c'est devant l'affirmation de l'évidence que les esprits humains s'entendent le moins. Arrivé au fossé qui sépare l'observation de l'interprétation, chacun, qu'il l'avoue ou non, jette quelques blocs dans l'eau et saute le plus légèrement possible sur l'autre rive; après quoi, les sceptiques qui veulent suivre croient parfois s'apercevoir que ces blocs d'aspect si stable ont été posés dans le vide. Il est néanmoins logique de penser que, plus on réduit le nombre des hypothèses, moins on est exposé à tomber au passage dans le torrent. C'est le premier point que vise l'Énergétique en serrant de plus près les faits et bornant souvent son intervention à l'établissement de relations numériques. Du même coup, elle retire à la dynamique son importance exagérée et lui dénie la prétention ambitieuse de vouloir, à elle seule, donner une explication mécanique de l'univers. Elle montre que cette explication est insuffisante parce qu'elle est fondée sur une simplification prématurée; et, pour se conformer davantage à l'observation, elle prend, — ce qui est sa principale nouveauté scientifique, — un caractère largement généralisateur. Déplacemens de la matière dans l'espace, soit; mais aussi modifications de son état sur place et intervention du temps; non plus cycles sans fin, suivant l'image classique du serpent se mordant la queue, mais déroulement du cycle et évolution progressive suivant une courbe ouverte.

(1) Dans une polémique contre Berthelot, Duhem lui a vivement reproché de s'être opposé à la chimie atomique de Wurtz.

La scission entre la Dynamique et l'Énergétique se fait par la Thermo-dynamique, ou science de la chaleur, dont l'Énergétique procède directement et pour laquelle il semble même parfois qu'elle montre une déférence filiale un peu exagérée, tout en se l'incorporant. On sait que le travail des forces peut se transformer en chaleur et réciproquement; qu'il existe ce qu'on appelle un équivalent mécanique de la chaleur. Les dynamistes voulaient en profiter pour introduire de force la thermo-dynamique dans la dynamique, en expliquant tous les phénomènes calorifiques, les élévations de température, les dilatations, les fusions, par des projections d'atomes plus ou moins accélérées, par des accroissemens de force vive. Il n'est pas certain que la tentative soit irréalisable, à la condition d'introduire suffisamment de forces cachées; mais, jusqu'à présent, elle n'a pas réussi. En attendant, les énergétistes font l'inverse et considèrent la thermo-dynamique et la dynamique comme deux cas partienliers de l'énergétique. Ils s'appuient pour cela sur deux objections fondamentales, auxquelles s'exposent leurs adversaires.

La première provient du principe essentiel dû à Carnot, principe résultant directement de l'observation et pourtant inexplicable en mécanique classique, d'après lequel la production d'un travail est toujours nécessairement accompagnée par le passage de calorique d'un corps où la température est plus élevée à un autre où la température est plus basse, par une chute de chaleur analogue à celle d'un courant d'eau, par une dégradation de l'énergie, tandis que nous ne connaissons aucun moyen de réaliser, sans dépense de travail extérieur, la remontée inverse. Plus généralement, — et c'est le second point contraire à la dynamique ancienne, — il n'y a pas, en thermodynamique, de cycle rigoureusement fermé, revenant réellement à son point de départ.

De tels cycles n'existent que dans notre imagination, par une conception de notre esprit et à la condition de donner ce coup de pouce à l'expérience qui rend vaine et spécieuse toute théorie. A chaque instant, une certaine quantité de l'énergie primitivement utilisable se perd pour nous par des frottemens, des résistances, des déformations permanentes, des hérédités de la matière. La pratique ne semble donc pas confirmer ce qui fut le dogme d'un demi-siècle, l'éternité nécessaire de la force vive. Un système isolé ne tourne pas en rond sans gain ni perte. Son état futur immédiat ne dépend pas seulement de son état statique actuel, comme on le suppose volontiers pour écrire ses équations, mais aussi de tout son passé. Il nous donne l'impression d'évoluer comme un organisme vivant ou comme un groupe d'êtres organisés. Il ne passe jamais deux fois par le même état et il doit aboutir à une fin.

Telles sont du moins les apparences et nous avons appris à nous méfier des apparences. Ne nous hâtons pas de conclure dans un sens ou dans l'autre, d'autant plus que la conclusion en vaut la peine, puisqu'il s'agit de savoir si les constatations mécaniques actuelles impliquent une création évoluant vers un terme ou l'éternité. C'est l'attitude de rigoureuse prudence qu'a adoptée l'Énergétique. Si nous nous livrons à notre imagination, si nous raisonnons dans l'abstrait, toutes les conclusions seraient possibles mais sans valeur. On peut dire que nous avons mal cherché la compensation qui doit exister en réalité à la dégradation de l'énergie causée par le travail. On peut assimiler les faux équilibres, où intervient la notion de temps, à des équilibres réels de forces. On peut supposer qu'un jour ou l'autre quelque artifice à découvrir nous permettra de faire machine arrière et de récupérer les énergies dégradées en chaleur depuis le commencement du monde. On peut même aller beaucoup plus loin et supposer que l'inversion se produira spontanément, quand les temps seront accomplis, pour lesquels nos lois physiques sont valables. Un fait d'observation, qui ne répond pas à une nécessité logique, si évident qu'il nous semble par habitude, reste toujours exposé à se trouver remplacé par un fait inverse. Concevons, par exemple, un monde, où, alternativement, chaque fois pendant quelques millions de siècles, les élémens se trouveraient électrisés, tantôt positivement, tantôt négativement; une courbe qui, tantôt nous ramènerait vers une source d'énergie étrangère à notre univers, tantôt nous en éloignerait... On peut imaginer tout cela; mais aussi tout cela peut rester purement imaginaire. Bornons-nous donc, pour le moment, à observer les relations des faits entre eux sans conclure.

Cette attitude de prudence absolue est-elle humainement possible? Il faut bien avouer que l'Énergétique elle-même ne s'y conforme pas jusqu'au bout et qu'elle prête le flanc à quelques objections, notamment par le rôle trop spécial que ses origines thermo-dynamiques lui font attribuer à la température et à la chaleur, un peu comme les dynamistes ne considéraient que des déplacemens dans l'espace, ou comme la chimie de Lavoisier a mis toute sa confiance dans la balance. L'Énergétique prétend éviter toute hypothèse, et l'on n'échappe pas à l'hypothèse dès qu'on affirme quoi que ce soit, fût-ce l'impossibilité de mener plusieurs parallèles à une droite par un point. Mais cette restriction est ici de peu d'importance et, dans le domaine expérimental, la supériorité de l'Énergétique est incontestable par le fait seul qu'elle envisage une série de phénomènes jusque-là négligés, les remet à leur place et les coordonne. Son programme, très vaste et très complexe, embrasse non plus seulement des changemens de lieu, mais les changemens d'état quelconques étudiés par la physique et par la chimie : dilatations et contractions qui modifient la densité; fusions et vaporisations qui changent l'état physique; dissolutions qui mélangent les élémens sans les combiner; réactions qui, au contraire, les combinent ou dissocient leurs composés; phénomènes de toute sorte qui modifient l'électrisation ou l'aimantation, etc. L'ancienne mécanique n'est alors qu'une énergétique sans changement d'état autre que les déplacemens et sans dégagement de chaleur.

Prenons un exemple. On chauffe un mélange de sels en dissolution en présence d'un excès des mêmes sels; il va se produire à la fois des élévations de température, des réactions chimiques, des dissolutions, des vaporisations, des courans électriques, etc..., et toutes ces modifications sont solidaires et toutes sont influencées par des actions de viscosité retardatrices, où intervient la notion de temps. Ne considérer qu'un seul de ces phénomènes isolément, c'est agir comme les aveugles de la fable indoue qui, ayant palpé un éléphant, prétendaient le décrire. Alors l'un, qui avait saisi la trompe, la comparait à une liane flexible ; celui qui avait pris une jambe assimilait l'animal au tronc rugueux d'un palmier et celui qui avait touché une défense imaginait toute la bête pareille à une colonne d'agate. Pour agir en voyans scientifiques, il faut, au contraire, apprécier à la fois des énergies de natures très diverses, mécanique, calorifique, électrique, chimique, radiante, et la difficulté est de ne pas en oublier ; car chacune d'elles représente une variable nécessaire dans les équations d'équilibre. Chacun sait aujourd'hui qu'une forme d'énergie peut se transformer en une autre. Quelles que soient les formes primitives et les formes finales de ces énergies, on constate que leur somme se retrouve quantitativement intacte, après une succession de phénomènes quelconques, à la condition de faire intervenir l'énergie interne. Qualitativement, le principe de Carnot montre, comme nous venons de le rappeler, que cette affirmation ne serait plus exacte. En résumé, l'énergie joue ici, avec plus de généralité et quelques corrections, le rôle attribué jadis à la force vive. Cette énergie, immuable en quantité, détermine, en se modifiant dans sa forme, tous nos phénomènes physiques et chimiques.

On voit maintenant pourquoi nous disions en commençant qu'il était difficile de classer Duhem dans une des vieilles sections scientifiques; c'est que son Énergétique embrasse à la fois et relie les unes aux autres la physique, la chimie, la mécanique, la thermo-dynamique. On conçoit, en même temps, les difficultés auxquelles cette science va se heurter, la puissance d'abstraction qu'elle va nécessiter. Pour représenter la position d'un point dans l'espace, il suffit d'envisager ses distances à trois plans rectangulaires, soit trois variables seulement. Ces trois variables suffisent à définir ce que les Scolastiques appelaient le « mouvement local, » ou changement de lieu. Mais, si l'on veut, comme on le fait en Énergétique, considérer en même temps toutes les particularités physiques et chimiques qui caractérisent l'état d'un corps à un moment donné, le nombre des variables va augmenter singulièrement et le jeu de leurs modifications simultanées entraînera des équations à variables bien plus nombreuses.

Ne nous effrayons pas de ces complications comme d'une offense à la simplicité qui nous paraît devoir être l'attribut du Vrai. La Vérité serait probablement très simple pour une pensée supérieure à la nôtre et capable de l'embrasser à la fois dans tout son ensemble. Mais, avec l'instrument logique très imparfait dont nous disposons, nous avons toujours tort de vouloir atteindre une simplicité trop grande ; et bien des erreurs scientifiques sont venues de cette simplification outrée que notre esprit exige, à laquelle la pratique de l'enseignement contribue et qui aboutit à ne donner jamais du réel qu'une image schématique et conventionnelle. Nous parlions tout à l'heure des nombreuses variables que doit envisager simultanément l'Énergétique. Certains ont cru résoudre la difficulté par une abstraction d'algébristes : « Laissons, ont-ils dit, toutes ces variables constantes à l'exception d'une seule et étudions tranquillement, posément, ses modifications ; puis faisons-en varier deux à la fois et nous apprécierons leur influence réciproque. » Les énergétistes eux-mêmes tombent dans ce défaut lorsqu'ils admettent qu'un système peut être défini en se donnant d'une part l'état, abstraction faite des températures et, d'autre part, la température en chaque point, indépendamment de l'état : un changement de distribution des températures qui n'est accompagné par aucun autre changement d'état, ne devant, suivant eux, par hypothèse, entraîner aucun travail des forces extérieures. Artifices analytiques, qui nous sont jusqu'à nouvel ordre indispensables, mais dont on doit tendre à restreindre le rôle le plus possible. C'est ce qu'a fait l'Énergétique en contribuant à la création de ces sciences intermédiaires si importantes que l'on appelle aujourd'hui la chimie physique, la mécanique chimique, etc.

En définissant ainsi l'Énergétique, nous n'avons pas laissé de côté Duhem, qui a tant contribué à l'établir. Il serait difficile de préciser davantage son rôle scientifique sans insister sur des considérations techniques dont nous avons peut-être déjà abusé. Bornons-nous donc à dire qu'il a particulièrement envisagé et utilisé la notion du « potentiel dynamique » qui mesure l'aptitude d'un phénomène à exercer son action sur le monde extérieur ; qu'il a étudié, en en généralisant le sens, les « viscosités » par lesquelles un phénomène quelconque se trouve retardé et les « faux équilibres, » en raison desquels la réalisation de ce phénomène devient impossible, quoique nécessitée, comme un corps pesant peut être retenu sur un plan incliné par son frottement ; qu'il a joué un très grand rôle dans le développement de la dynamique chimique, etc.

Avant d'envisager maintenant Duhem comme historien, on nous permettra de faire observer combien, pour les non-initiés qui auront pris la peine de nous suivre, ces notions abstraites ont dû présenter de ressemblance avec les anciens raisonnemens des philosophes et des théologiens, auxquels nous allons maintenant passer. C'est là une analogie à laquelle on ne pense pas quand on se borne à considérer la science comme un moyen de faire fonctionner économiquement des automobiles, des avions ou des turbines, ou même quand on ne la connaît que par les simplifications outrées et les recettes mnémoniques d'un enseignement didactique un peu élémentaire. Il semble alors y avoir un abîme entre les subtilités scolastiques d'une prétendue science oubliée et la rigueur scientifique actuelle. Or, voici un savant très moderne, qui s'est particulièrement attaché à rester dans le domaine des faits expérimentaux ; dès qu'il veut exposer les principes de la science, il emploie à chaque ligne des termes comme potentiel, énergie, action, résistance passive, inertie, capacité calorifique, attraction, hystérésis, fluide, catalyse, etc., qui tous correspondent à des abstractions, à des généralisations dont nous pouvons nous faire une image plus ou moins concrète, parce que nous avons pris l'habitude d'y attacher un sens déterminé, mais dont l'obscurité métaphysique égale pourtant celle des termes employés par les logiciens des temps passés. La querelle de l'Énergétique et de l'Atomistique que nous venons de résumer n'a-t-elle pas rappelé à quelque lecteur les antiques discussions des philosophes grecs opposant avec passion la conception d'Anaxagore ou d'Héraclite à celle de Démocrite d'Abdère ?... C'est là un premier encouragement à ne pas nous laisser arrêter bientôt par des mots ou par des modes de raisonnement désuets et à chercher au-dessous ce qu'ont pensé des hommes dont la valeur intellectuelle, dont l'aptitude expérimentale égalaient très probablement les nôtres.

II. — LA SCIENCE DU MOYEN AGE

L'histoire des Sciences a tenu une très grande place dans l'œuvre de Duhem ; il s'en est occupé toute sa vie et volontiers, quand il exposait les principes d'une science, il adoptait un ordre historique. Rapprochés les uns des autres et mis sur un même plan, ses travaux fourniraient les élémens d'une histoire générale des sciences physiques qu'il comptait écrire un jour. C'est surtout l'astronomie et la statique qui l'ont occupé pour les temps anciens parce qu'elles étaient alors à peu près seules développées ; mais, pour les époques plus modernes, il a porté également son attention sur les autres sciences physique et chimique qui ont pris l'une après l'autre leur essor : soit en examinant quelques figures de savans comme celles de Nicole Oresme, de Léonard de Vinci, du père Mersenne, de l'Américain Gibbs; soit en exposant ici même une histoire de l'optique et de la thermo-dynamique (1). Enfin, depuis la guerre, il s'était attaché, dans de petits livres très vivans sur « la science allemande, » sur « la chimie, science française, » à préciser notre rôle national et celui de nos ennemis dans la découverte scientifique : avec quel esprit de critique intègre, mais aussi avec quelles conclusions, on le devine!

En présence de cette œuvre monumentale, il faut nous résigner à un choix cruel pour donner une idée de dix ou quinze gros volumes en dix pages. Nous pourrions montrer comment Duhem a transformé les idées sur les origines de la mécanique moderne et, ainsi qu'on l'a dit, ajouté un siècle à l'histoire de la science française (2). Mais, si intéressant qu'il soit de remettre à leur vraie place des savans oubliés, ce n'est pas là ce qui nous touche le plus. Les hommes passent et la science reste.

Nous allons donc nous placer à un autre point de vue, qui, ce nous semble, a été surtout celui de Duhem, en cherchant de préférence, dans l'exposé historique de la science, une compréhension plus claire du but qu'elle a visé, du chemin qu'elle a suivi pour l'atteindre, des obstacles auxquels elle s'est heurtée, des bifurcations où elle s'est trompée de route et tirant par suite, du passé, un enseignement pour l'avenir. Duhem a écrit cette phrase : « Quels sont les principes qui doivent nous guider dans la revision des notions sur lesquelles reposent les théories physiques? Une étude attentive des lois qui, depuis près de trois siècles, régissent l'évolution de ces théories nous permettrait peut-être d'entrevoir les règles qu'il faut suivre pour en achever la réforme. » Si l'on veut avoir chance de réussir dans une telle investigation, il faut l'aborder avec sympathie et avec un retour modeste sur soi-même, sans rester effarouché chaque fois qu'on rencontre la pensée humaine sous un costume étrange ou passé de mode et sans se borner alors à s'écrier : « Comment peut-on être Chinois? » Il faut bien se rendre compte que, si de grands esprits ont émis avec conviction des affirmations où nous ne voyons que non-sens, ou s'ils ont

(1) T. CXXIII, 1894 p. 94; T. CXXIX, 1895 p. 869; T. CXXX, 1895 p. 380.

(2) Cette partie de notre sujet s'est trouvée traitée ici par M. Albert Dufourcq, 15 Juillet 1913.

employé beaucoup de labeur à démontrer des propositions qui nous paraissent évidentes, c'est que les premières affirmations n'étaient pas en réalité si sottes ni les secondes si claires.

Duhem a parlé de ces hypothèses « qu'un siècle contemple comme le mécanisme secret et le ressort caché de l'Univers, et que le siècle suivant brise comme des jouets d'enfant. » Ces tours de roue de la fortune ne doivent pas nous décourager de croire à la vérité scientifique parce que nous reconnaissons ne l'avoir pas atteinte aussi sûrement qu'on le disait; nous devons seulement en conclure la nécessité de chercher toujours, dans l'air le mieux analysé, l'argon et le krypton qu'ils recèlent. Il n'est pas indifférent, pour les progrès futurs de la thermodynamique, de savoir que, dans la courte période des deux ou trois derniers siècles, la chaleur a été tour à tour, avec la même certitude, une qualité, une agitation de corpuscules sans attraction réciproque, une ondulation, une force vive, un fluide pesant analogue à un gaz, une émission de fluide impondérable, un effet de l'attraction moléculaire, une accélération dans le mouvement de petites billes traversant l'éther, une énergie tombant de degré en degré à la manière d'une chute d'eau et qu'à chaque interprétation nouvelle on s'est cru assuré de tenir la formule définitive, donnant tour à tour avec autant de foi le calorique pour une substance et pour un mouvement, de même que la lumière a été une ondulation pour Descartes, puis une émission pour Newton, encore une ondulation pour Fresnel et redevient une émission.

On aurait tort de proclamer à ce propos la faillite de la Science, attendu que la vraie Science se rappelle sans cesse ses limites; mais un savant n'a pas besoin d'être bien vieux pour avoir assisté à la faillite momentanée de deux ou trois très importantes doctrines scientifiques qui semblaient assises sur un roc inébranlable : par exemple, la cinétique des gaz et les ondulations. N'ayons donc pas l'assurance naïve d'un Priestley écrivant, à l'heure où Lavoisier allait créer la chimie moderne, que tout était définitivement trouvé en chimie! Nos théories passeront à leur tour comme les autres; elles n'auront pas été inutiles si elles ont contribué à coordonner des connaissances, à provoquer des expériences vérificatrices et à perfectionner des lois. Ces alternatives changeantes de la mode scientifique sont bonnes à connaître pour ne pas s'endormir dans l'illusion des certitudes; elles peuvent nous rendre un autre service en nous invitant à reprendre parfois certaines idées anciennes.

Pour illustrer notre pensée, nous allons prendre comme exemple un des cas où la lecture des anciens écrits nous donne le plus la tentation de sourire : l'astrologie et ses rapports avec l'alchimie, et nous allons suivre à ce propos Duhem dans sa réhabilitation des scolastiques, en insistant d'après lui sur cette idée, un peu paradoxale en apparence, que les docteurs les plus orthodoxes du moyen âge ont été aussi les observateurs de la nature les plus consciencieux et les plus sévères dans l'interprétation des expériences conformément aux principes de l'Énergétique exposés plus haut, et que l'Église catholique a contribué à faire triompher cette science d'observation contre des traditions vivaces empruntées au paganisme antique.

L'idée d'une influence astrale sur les événemens terrestres est, on le sait, extrêmement ancienne; d'origine chaldéenne, elle a passé chez les Grecs, chez les Arabes, chez les savans du moyen âge; nul n'ignore le développement qu'elle avait pris à la Renaissance et sa persistance en plein XVIIe siècle. Aujourd'hui encore, nous n'en sommes pas délivrés, puisque la moitié au moins des hommes s'obstinent à croire qu'un changement de phase de la lune détermine une transformation du temps. Analysons donc l'histoire de cette superstition vivace pour voir quel a pu être son fondement.

Le point de départ initial est une conception cosmologique. Devant les déplacemens des astres, on a assez vite imaginé l'emboîtement de sphères cristallines ayant pour centre commun la terre : sphères portant les étoiles fixes, les planètes diverses et la lune, et l'on a été amené à penser que ces sphères s'entraînaient mécaniquement l'une l'autre. Logique pour la corrélation des mouvemens planétaires, cette idée s'est trouvée rationnellement étendue aux déplacemens visibles sur la terre, mais avec une distinction importante que l'observation nécessitait; car il était bien clair que les événemens terrestres n'avaient pas, au moins en apparence, la précision rigoureuse qui règle la course de Jupiter ou de Saturne dans le ciel; on assistait en outre sur la terre à des destructions et à des morts qui, pour les savans d'autrefois, semblaient épargner les astres. On en a conclu que la terre était d'essence inférieure et, par suite, insuffisamment organisée et disciplinée. Les Anciens envisageaient alors deux mondes totalement distincts, séparés par la lune : le monde sublunaire où nous vivons, soumis à la corruption et à la destruction, et le monde céleste, auquel, sous une forme plus ou moins précise, on était tenté d'attribuer une âme; entre les deux, une zone de contact intermédiaire, où s'établissait la communication des deux mondes et par laquelle le monde céleste transférait au monde sublunaire un mouvement que lui-même avait reçu directement de l'essence divine. Ce fut une révolution scientifique le jour où Jean Buridan, au XIVe siècle, affirma, contrairement à la croyance générale de l'Antiquité, que les deux mondes étaient pareils. Pour les stoïciens qui admiraient l'ordre et l'harmonie de l'Univers, Dieu était le premier mobile d'où le mouvement se propageait peu à peu d'une sphère à l'autre. C'est ainsi que le mouvement des astres entraînait celui des phénomènes et des événemens terrestres. Aristote admettait, d'autre part, la suprématie exercée sur tous les mouvemens par la rotation éternelle de l'essence divine. Seuls, les Épicuriens, dont Lucrèce nous a exposé la théorie atomistique et cinétique, ne voyaient dans le monde que le hasard. Nous ne citons là que des Grecs; mais on sait que le moyen âge a vécu, en cet ordre d'idées, sur des doctrines hellénistiques, arrivées à lui par les Arabes.

On ne s'en est pas tenu à cette conception générale. L'homme ayant un besoin inné de comprendre ce qui lui est incompréhensible, on a voulu pousser plus loin et préciser : ce qui a conduit à discuter âprement si les astres étaient les causes premières, les causes secondes ou les signes des événemens terrestres, s'ils avaient tous une âme commune, ou chacun une âme distincte, etc. Mais, sur le fait en lui-même, à peu près tous les philosophes étaient d'accord jusqu'au XVIe siècle et il était facile, en effet, d'apporter des preuves apparentes à l'appui de leur opinion.

La plus frappante de toutes sembla être le mouvement des marées, dès que les Grecs, auxquels cette notion avait longtemps échappé dans leur Méditerranée tranquille, en eurent la révélation sur les côtes de la mer Rouge ou de l'Atlantique. Puisque la lune agissait visiblement sur la mer, c'est qu'elle présidait à tout ce qui est humide; et nous remarquerons par parenthèse que c'est ce qu'on affirme encore implicitement quand on croit que la pluie continuera à tomber parce qu'il a plu à la nouvelle lune. De même chaque autre planète exerçait son influence sur un des élémens, sur une des qualités de la matière. N'était-il pas évident aussi que le soleil gouvernait directement toute la physique terrestre? Si les anciens avaient connu nos idées sur le rôle des taches solaires en météorologie, sur les propagations électro-magnétiques, sur les rayons X, sur les attractions qui relient entre eux par une chaîne continue toutes les masses matérielles de l'Univers, ils en auraient tiré des argumens convaincans en faveur de leur doctrine. Peut-être auraient-ils été un moment gênés de découvrir que les astres ont eux aussi leur naissance et leur mort. Mais ils auraient vite passé outre en admettant que des parcelles d'élémens inférieurs se sont égarées dans les espaces célestes.

Observons, à ce propos, que, si la théorie astrologique est évidemment fausse pour un esprit moderne, elle n'est pas absurde. Elle ne l'est pas même dans la conclusion qu'en tirèrent vite les alchimistes : c'est que le succès de leurs opérations dépendait de la disposition du ciel. Là encore, des faits d'observation, découverts longtemps après, auraient pu les encourager. Pourquoi, puisque nous nous mettons à l'abri des courans telluriques, des ondes hertziennes ou des émanations radioactives pour certaines expériences, ne faudrait-il pas aussi se protéger contre des radiations astrales? Sommes-nous tellement certains que, dans les diverses énergies envisagées pour notre conception de l'équilibre chimique, il ne faille faire aucune place minime à une énergie émanée de telle ou telle planète et variant, par conséquent, avec la position de celle-ci dans le ciel?...

Nous allons revenir tout à l'heure sur cette question chimique; mais il faut auparavant envisager des problèmes beaucoup plus graves que posait l'astrologie et où la religion allait se trouver mise en cause : comment des astres bons pouvaient-ils être la cause du mal? Comment, les événemens étant déterminés d'avance, pouvons-nous garder notre libre arbitre?... A la première objection on répondait que l'essence divine se corrompait en se mélangeant sur la terre avec des élémens inférieurs. Quant à la seconde, elle n'est pas propre à l'astrologie, et il est admirable de voir avec quelle inconséquence l'homme a de tout temps prétendu connaître l'avenir en espérant l'éviter. Qu'il se soit agi des oracles antiques ou des influences astrales au moyen âge, il a toujours trouvé d'excellentes raisons pour s'expliquer : soit, avec Aristote, que les événemens futurs sont « les uns nécessaires, les autres nécessairement impossibles et d'autres enfin contingens; » ou, avec Plutarque, que les lois du Fatum sont comme celles des hommes auxquelles on peut désobéir ; ou encore, avec Ptolémée, que les événemens peuvent être prévus dans la mesure où le médecin prévoit le développement d'une maladie, mais avec la faculté de réagir par des remèdes.

Pour montrer la manière singulière dont on arrivait même à concilier l'astrologie avec l'orthodoxie, nous ne résistons pas au plaisir de citer un curieux document qui semblerait, par bien des points, se rapporter à des événemens contemporains. Il s'agit d'une lettre écrite vers 1345 par Jean de Murs, — un astronome célèbre, auquel on doit des observations précises sur l'obliquité de l'écliptique, sur l'époque de l'équinoxe de printemps, des livres très répandus sur l'arithmétique et la musique, etc. : — lettre adressée au pape Clément VI pour l'avertir en bon chrétien et en bon Français de deux conjonctions fatales qui vont avoir lieu dans les astres et le mettre en garde contre leurs conséquences. « La première de ces conjonctions, entre Jupiter et Saturne, va, dit-il, reproduire une circonstance qui ne s'est pas réalisée depuis l'avènement de la religion des Sarrasins et l'élévation ou le règne du perfide Mahomet... Les philosophes croient donc qu'elle signalera, dans cette secte, de grandes nouveautés, tribulations et transformations. Si, à ce moment, les chrétiens la frappaient énergiquement et l'attaquaient vigoureusement, elle devrait se changer en une autre religion, ou bien s'affaisser et s'écrouler sur elle-même... D'autre part, le 8 juin 1357, il y aura conjonction de Jupiter et de Mars, c'est-à-dire de deux planètes qui amènent la mauvaise fortune... Or, des expériences multiples et innombrables ont fait reconnaître que Jupiter domine l'Angleterre, Mars l'Allemagne et Saturne la France; cette conjonction signale de très grandes guerres, de très grandes effusions de sang, des morts de rois, des destructions de royaumes ou des transferts de ces royaumes à des étrangers. A moins donc que Votre Sainteté, avant le temps susdit, n'ait, aux occasions de guerre présentes entre les princes chrétiens, pourvu par un remède opportun, en rétablissant entre eux une paix ferme et durable, je crois et je prévois que le Roi et le royaume de France sont en danger de ruine, de bouleversement et d'opprobre éternel... Que Votre Sainteté cependant fasse attention à une chose. Si vous ne prenez soin d'avance d'annuler les maux et les infortunes qu'énonce la seconde conjonction, afin que ces maux ne se produisent pas, vous ne pourrez seconder communément les heureux événemens et les bonnes fortunes en faveur de la foi chrétienne qu'annonce la première conjonction... » Quelque astrologue a-t-il eu l'idée d'examiner si Jupiter, Saturne et Mars ne se seraient pas rencontrés de nouveau vers 1914? Nous l'ignorons. Pour 1357, Jean de Murs a pu paraître prophète; car, un peu avant la date prédite, eut lieu le désastre de Poitiers. Ce qui aujourd'hui nous frappe surtout dans sa lettre, c'est qu'elle ait pu être adressée au pape, dans un sentiment tout patriotique, sans crainte de commettre une hérésie.

Duhem a montré, à ce propos, comment, à cette époque, il s'était constitué, à côté de l'astrologie, une véritable science astronomique d'observation, qui avait son enseignement régulier à l'Université de Paris et à laquelle s'intéressait vivement la Papauté par la nécessité d'avoir un calendrier exact pour les fêtes. Cette astronomie sérieuse n'était pas aussi absolument distincte qu'on le voudrait de l'astrologie judiciaire, et l'on croit deviner que, si les cours d'astronomie étaient courus à Paris ou à Oxford, c'est parce qu'il était lucratif de tirer des horoscopes. L'Église ne protestait pas, à la condition que le libre arbitre humain fût respecté, comme il l'était si candidement dans la lettre de Jean de Murs. Mais, ainsi que nous l'annoncions plus haut, les travaux de Duhem ont fait voir, et il y a là une de leurs conclusions nouvelles, que, le Jour où l'astronomie d'Aristote, liée à l'astrologie la plus fataliste, parut entraîner des conclusions déterministes pour la cosmologie universelle, la Papauté engagea une lutte vigoureuse contre ces tendances hérétiques et prêta alors un appui décisif à la science d'observation, à la science qui devait produire un jour Copernic et Galilée. Il fallut ce secours de la théologie pour faire triompher le système savant de Ptolémée contre un enseignement hellénistique contraire à tous les faits expérimentaux et uniquement occupé de conserver par tradition les sphères homocentriques d'Aristote. Un évêque de Lisieux, Nicole Oresme, inventa alors, le premier, en 1377, le système de Copernic et donna « plusieurs belles persuasions à montrer que la Terre est mue de mouvement général et le ciel non. » Suivant la thèse de Duhem, si Galilée fut condamné plus tard, c'est qu'il manqua de critique scientifique en affirmant le caractère réel et absolu d'une théorie, à laquelle l'Église n'avait fait aucune objection tant qu'elle était seulement présentée comme le moyen le plus simple de figurer les mouvemens des astres.

Pendant cette grande bataille entre les expérimentateurs qui défendaient les épicyles de Ptolémée et les « physiciens » obtinément fidèles à la doctrine péripatéticienne d'Aristote, d'Averroes et d'Al Bitrogi, saint Thomas d'Aquin énonçait cette opinion, à laquelle nous pouvons souscrire encore : « Il faut écouter les opinions des anciens, quels qu'ils soient. Cela est doublement utile. Nous accepterons pour notre profit ce qu'ils ont dit de bien et nous nous garderons de ce qu'ils ont mal exposé... Le but de la Philosophie n'est pas de savoir ce que les hommes ont pensé, mais bien quelle est la vérité des choses. » Albert le Grand a dit aussi : « Averroes n'a nullement acquis une connaissance exacte de la nature des corps célestes; aussi a-t-il formulé, au sujet des cieux, beaucoup de propositions abusives et absurdes; la simple vue suffit à nous convaincre de la fausseté de ces propositions. » Enfin, Jean des Linières a écrit cette phrase qu'on ne s'étonnerait pas de trouver chez Duhem ou dans le livre de Poincaré sur *la Science et l'Hypothèse :* « Ce n'est pas un raisonnement concluant que celui-ci : Telle variation a été trouvée en la déclinaison maxima du soleil; donc elle provient de tel mouvement; car une semblable variation peut également provenir de tel autre mouvement que l'on imaginerait. »

Cela nous paraît tout simple aujourd'hui de se révolter ainsi contre l'opinion d'Aristote ou d'Averroes. Mais mettez seulement, à la place de ces noms, ceux d'Auguste Comte ou de Maxwell!... Cependant des textes de ce genre ne sont pas rares; et, d'une façon générale, quand on pénètre dans cette science scolastique, on est frappé, nous le remarquions en commençant, d'y trouver souvent, à côté de la foi aveugle et trop générale en Aristote, à laquelle on s'attendait, un souci de l'expérimentation et un sens critique beaucoup plus développés chez quelques-uns qu'on ne l'aurait supposé. Ce qui a perdu souvent ces philosophes, c'est précisément qu'ils raisonnaient trop bien leurs abstractions, avec trop de rigueur, ainsi qu'il arrive parfois aux mathématiciens égarés dans l'économie politique ou sociale. Comme leur fond d'expériences était imparfait, ils partaient en physique de prémisses fausses et ils en tiraient alors les conclusions les plus rigoureuses, sans avoir l'idée simple de reprendre contact avec la réalité. C'est un défaut que l'on a pu reprocher plus récemment à la philosophie allemande. Nous allons en retrouver une preuve nouvelle en cherchant le contre-coup de l'astrologie sur l'alchimie.

Quelle était la connexion entre les deux sciences, nous l'avons déjà indiqué plus haut. Les circulations des astres errans règlent, disait-on, toute âme incorporée; à plus forte raison, toute substance corporelle, donc les réactions chimiques de ces corps. C'est ainsi que les alchimistes distinguaient sept métaux correspondant aux sept planètes et partageant leur composition. On a tort de se représenter leur laboratoire comme uniquement consacré à la recherche de la pierre philosophale. Ils faisaient aussi beaucoup de chimie pratique, teintures, sels métalliques, etc..., et, s'ils s'entouraient de tant de mystère, c'était surtout pour ne pas laisser vulgariser leurs recettes; mais il est certain qu'ils s'attachaient aussi à produire de l'or. A leurs yeux, la forme de l'or était seule parfaite et définitive; tous les autres métaux étaient en voie vers l'état de l'or comme une chose incomplète vers la perfection; en sorte qu'il y avait lieu de hâter cette guérison par la pierre philosophale, comme on administre à un malade un remède.

Pour opérer une transmutation, l'alchimiste s'attachait à séparer de l'or sa substance déterminante, son âme, son souffle, son « venin, » son « ios, » pour le transporter sur un autre métal qui deviendrait ainsi de l'or. On sait que les modernes ont repris les recherches de la transmutation, et le hasard fait qu'il suffirait de changer ios en ion pour que la théorie antique reprit presque une tournure actuelle. Tout leur système, dont l'allure bizarre nous surprend comme un professeur à la Faculté des Sciences qui se montrerait sous le bonnet du docteur Faust, apparaît, quand on l'étudie avec un peu de soin, parfaitement cohérent. Une de leurs grosses erreurs, comme nous avons essayé de le montrer jadis (1), était d'appliquer à toutes les qua-

(1) *Un alchimiste du XIIIe siècle. Albert le Grand* (*Revue scientifique*, 18 mai 1889).

lités physiques le principe de conservation que l'on a d'abord réduit à la force vive, puis à l'énergie. Ils croyaient que la densité, la sécheresse, la chaleur, la transparence, etc., passaient d'un corps dans ses composés sans modification, de même que pour nous les atomes se retrouvent toujours avec le même poids. D'autre part, ils admettaient des postulats que l'expérience n'a pas vérifiés, comme l'existence de substances allégeantes ayant un poids négatif, repoussées par la terre au lieu d'être attirées par elle, à la manière des répulsions électriques... Mais, tout en argumentant ainsi, ils travaillaient dans leurs alambics ou leurs cornues et peu à peu s'accumulaient grâce à eux les faits qui ont constitué progressivement la chimie moderne. Du moyen âge à la Renaissance, puis à la science de Lavoisier, il y a une chaîne beaucoup plus continue qu'on ne l'admet d'ordinaire et non pas de brusques percées de lumière dans la nuit. Duhem a bien montré, pour Léonard de Vinci, cette continuité, en même temps que le rôle indispensable de la critique scientifique ; nous voudrions encore traiter brièvement ce point intéressant d'après lui.

Le grand artiste italien a été un si prodigieux génie encyclopédique que l'on a eu une tendance naturelle à exagérer son rôle et à se le représenter comme un « autodidacte, » produit par une génération spontanée. Duhem, au lieu d'accepter des affirmations vagues, a pris le soin d'examiner minutieusement ces précieux manuscrits où le Vinci notait, au hasard de son imagination, en écrivant à l'envers de droite à gauche avec un mystère d'alchimiste, ce qui lui passait par l'esprit. Il a constaté ainsi, pièces en mains, combien ce précurseur s'était montré d'abord un liseur très au courant de la science scolastique : science qui était, on l'oublie trop, celle de sa jeunesse (naissance en 1452). Par des comparaisons de textes précises, il a pu reconstituer ses lectures, ou du moins la partie de ses lectures relative aux sciences physiques, en surprenant dans un grand nombre de cas le travail de cet esprit toujours en mouvement, qui ne se contente pas d'étudier ses prédécesseurs, mais qui les discute, trie le bon grain au milieu de l'ivraie, superpose ses propres observations aux leurs et finalement en fait des idées nouvelles. Il a montré notamment comment Léonard avait su comprendre les théories de la Scolastique parisienne, disparues en Italie sous l'invasion des traditions aristotéliques et averroïstes et comment ce retour à la science expérimentale de Paris en réaction contre les idées préconçues et routinières avait contribué à faire de lui un des principaux promoteurs de la Renaissance.

Duhem a accompli là en savant et documens en mains ce travail passionnant que d'autres ont tenté ailleurs de réaliser par l'imagination et par le roman pour le Vinci même ou pour Shakspeare : pénétrer dans le secret d'une âme puissante, en scruter les moteurs et les rouages, assister à la formation, à la fécondation du génie. Nombreux et divers sont les sujets qu'il a abordés ainsi à la suite de Léonard; la sphéricité de la terre, l'équilibre des mers, le centre de gravité, les mouvemens accélérés, les principes de l'hydrostatique et de la cinématique, la balistique, le levier et le treuil, la composition des forces concourantes, la loi de la chute des corps, la résistance des matériaux, le problème des deux infinis, la pluralité des mondes, la géologie et la paléontologie, etc. Entre tant de sujets captivans, forcés de nous borner, nous n'en choisirons qu'un qui complétera ce que nous avons dit plus haut sur l'enchaînement rationnel de certaines erreurs cosmogoniques et sur la réaction de l'esprit critique : la pluralité des mondes.

Quel est le problème posé à ce sujet? avec nos idées modernes nous avons d'abord quelque peine à le comprendre. Nous nous représentons l'Univers peuplé de systèmes solaires analogues au nôtre, dispersés dans l'espace en nombre infini; notre raison n'imagine aucune limite possible à cette multiplicité d'astres innombrables, aucune borne au delà de laquelle il puisse y avoir autre chose que des astres semblables. Nous sommes instinctivement pénétrés de cette unité. Dans le noir d'une nuit constellée, nous supposons à tort ou à raison qu'un rayon lancé dans une direction quelconque suffisamment loin aurait partout chance de rencontrer une étoile; et, si nous concevons la possibilité d'un autre univers séparé du nôtre par des espaces immenses de vide, insaisissable par là à nos observations, c'est uniquement comme on peut se représenter deux nébuleuses disjointes, deux flocons de brume suspendus dans le même ciel d'été. A tous ces atomes de matière que nous appelons des soleils, nous appliquons, par une généralisation hardie, les lois de l'attraction, et il nous semble qu'ils sont tous reliés les uns aux autres, fût-ce aux distances les plus infranchissables, par ce lien universel dont nous sommes d'ailleurs impuissans à concevoir la nature ni le mode d'action. Si donc un moderne pense à la pluralité des mondes, c'est seulement pour se demander s'il est plusieurs mondes habités. Mais, jusqu'au début du XVIe siècle, la question, discutée avec passion, était tout autre.

Il faut, pour entrer dans la pensée des scolastiques, se figurer, autour du centre terrestre, un certain nombre de sphères cristallines concentriques, dont la dernière portait les étoiles fixes et au delà desquelles il n'y avait plus que quelque chose d'indéfinissable, auquel cessaient de s'appliquer les notions de lieu et de temps. Même avec les complications savantes d'excentriques et d'épicycles imaginées à la suite de Ptolémée pour expliquer mieux les observations, la notion générale restait à peu près la même. Le monde d'Aristote était un monde matériel et limité. On pouvait donc se demander s'il n'en existait pas un second pareil; mais Aristote s'était prononcé pour la négative et toute son école l'avait suivi. Sa négation était fondée sur une autre notion qui nous est devenue très étrangère, en sorte qu'il est également nécessaire de l'expliquer : celle du « lieu naturel » des corps.

Quand nous voyons aujourd'hui une pierre tomber, nous pensons qu'elle est attirée vers le centre de la terre, et Newton nous a appris que l'attraction est en raison directe des masses et en raison inverse du carré des distances, que la vitesse croît proportionnellement au temps. Quand nous voyons une flamme monter, nous l'expliquons par l'expansion des gaz que dégage le combustible. Pour un disciple d'Aristote, — et tout le monde, au XIVe et au XVe siècle, était plus ou moins disciple d'Aristote, — il en allait tout autrement. La pierre tombait parce que son « lieu naturel » était au centre de la terre et que tout son corps tendait à se porter vers sa place naturelle pour y demeurer ensuite immobile, n'ayant plus de raison d'agir (étant ce que nous appellerions en équilibre); le feu montait parce que son lieu naturel est au haut du monde sublunaire, immédiatement sous l'orbite de la lune. Il n'était pas vrai pour Aristote que le corps fût plus fortement attiré quand il était plus près du centre, attendu qu'il était porté vers ce centre, non par une force attractive comme nous le croyons, mais par sa nature même, laquelle nature ne pouvait être influencée par la distance. Ces postulats étant admis, on en concluait nécessairement l'impossibilité qu'il existât deux mondes. Car, s'il y avait un autre monde, de deux choses l'une, ou bien le second serait formé de substances différentes des nôtres, et alors ce ne serait plus un autre monde, mais une chose tout autre; ou bien, s'il contenait les quatre élémens du nôtre, chacun d'eux devrait avoir, dans ce second monde, un lieu naturel semblable à celui vers lequel il tend dans le premier : l'élément terrestre, par exemple, au centre; et, d'autre part, puisque cet élément devrait être, nous l'avons vu, identique au nôtre, son véritable lieu naturel serait le centre de notre monde à nous; les deux mondes seraient donc nécessairement confondus.

Un autre raisonnement concordant partait de ce principe que, hors les limites de notre monde, il n'y a ni lieu ni durée; donc il ne peut y avoir matière; donc il ne peut y avoir un autre monde et il ne peut jamais y en avoir eu; notre monde est unique dans le temps comme dans l'espace.

A cette théorie on ne fit longtemps qu'une objection sérieuse, celle qu'en limitant le nombre des mondes, on limitait du même coup la puissance créatrice de Dieu; et c'est cette raison qui fit, en 1277, condamner comme une grave hérésie averroïste l'affirmation qu'il ne pouvait y avoir plusieurs mondes, en rangeant toute l'Église orthodoxe dans le sens de la pluralité contre Aristote. Néanmoins presque tous les physiciens restaient imprégnés de la doctrine aristotélique, et, pour la concilier avec l'orthodoxie, ils avaient été obligés d'inventer des argumens spécieux, comme Michel Scot distinguant que Dieu aurait pu créer plusieurs mondes, mais que la nature ne pouvait les subir; ou comme Albert le Grand remarquant que le raisonnement d'Aristote n'excluait pas deux mondes concentriques. Peu à peu cependant, quelques-uns, pour soutenir l'orthodoxie, attaquèrent, avec plus de perspicacité, le principe même d'Aristote. Une pierre, suivant eux, ne tombait pas simplement parce qu'elle retournait à son lieu naturel, mais parce qu'elle avait une gravité, qui devait subsister, même dans le lieu naturel, en passant alors à l'état potentiel. Saint Thomas d'Aquin s'appuyait sur l'accélération pour admettre que le poids d'un grave croissait au fur et à mesure qu'il se rapprochait du centre : ce qui ruinait le principe d'Aristote, puisque alors les deux mondes pouvaient se maintenir en équilibre côte à côte. L'attraction newtonienne commençait ainsi à poindre. Mais les partisans d'Aristote lui opposaient cette difficulté toujours pendante : l'action à distance est-elle possible? et ils répondaient : non! avec la même assurance que certains philosophes actuels démontrant l'identité de l'âme et du corps parce que, suivant eux, l'âme ne pourrait agir sur le corps, si cette identité de principe n'établissait pas entre elle et lui un lien. L'argument d'Aristote reprenait alors sa valeur contre la pluralité des mondes.

En résumé, laissant de côté le problème de la pluralité puisque à cet égard l'Église s'était prononcée, l'école parisienne du XIVe siècle rejetait en majorité l'hypothèse, destinée à être reprise par Newton, qui assimilait le poids à une attraction exercée de loin par le centre de la Terre et elle le faisait en s'appuyant sur les conséquences qui seraient résultées logiquement de cette affirmation; conclusions fort bien aperçues par elle et, en effet, exactes, mais qui semblaient impossibles parce qu'on n'avait pas su faire l'expérience : « Une pierre pèserait moins au haut des tours de Notre-Dame qu'au ras du sol; un corps, en tombant du haut des tours, aurait une vitesse initiale plus faible que s'il tombait de la place dans un puits. »

La question en était là quand Léonard de Vinci fut amené à l'envisager en lisant les questions d'Albert de Helmstaedt « sur le ciel et sur la terre. » Cet Albert, qu'il ne faut pas confondre avec Albert le Grand, avait, un siècle et demi auparavant, vers 1350, formé, à la Sorbonne, un remarquable trio de philosophes avec Jean Buridan et Timon le Juif. Ses œuvres étaient parmi celles que le Vinci lisait le plus assidûment. Or, on y trouvait les propositions suivantes : « Tous les graves tendent dans leur chute vers un même point. Les divers élémens sont limités par des surfaces sphériques ayant ce point pour centre. » Avec son esprit de généralisation habituel, le Vinci se demanda aussitôt ce qui se passerait si, au lieu d'un seul centre, il y en avait deux dans deux mondes. Il se posa alors, sous une forme simplifiée, le problème mécanique résolu plus tard par Euler du mouvement que prendrait un point attiré à la fois vers deux centres fixes et, finalement, il conclut, contrairement à Aristote, mais avec Albert de Helmstaedt, que la pluralité des mondes était possible : ce qui aboutissait presque nécessairement à ne pas laisser la Terre au centre.

Un tel rapprochement du Vinci avec la science du Moyen Age pour aboutir à une conquête moderne ne constitue pas un fait isolé. Dans nombre de cas où la Renaissance marquait un recul sur la science parisienne du XIVe siècle (pour la géologie par exemple que tendait à annihiler l'astrologie), le Vinci a trouvé, chez Nicolas de Cues, Albert de Helmstaedt et d'autres, un point d'appui qui lui permettait de remonter aux premiers observateurs de la Grèce. Et cet enseignement scolastique, ainsi repris par le Vinci et illuminé par son génie, Duhem nous l'a montré, ce qui n'est pas une de ses révélations les moins imprévues, prolongeant ensuite ses effets très loin vers notre temps. Les idées de Léonard de Vinci ne sont pas restées, comme il arrive souvent, à l'état de semences oubliées dans un tombeau que l'on retrouve longtemps après quand des graines semblables ont germé ailleurs. Ses manuscrits ont été lus et pillés beaucoup plus qu'on ne le croyait, avant leur publication partielle par Venturi en 1797 et, par ce fil caché, ils se rattachent à des idées de Jérôme Cardan, plagiaire fameux, dont s'inspira Bernard Palissy pour ses premiers essais de paléontologie. De même, Léonard est le premier inventeur du principe hydrostatique attribué à Pascal, qui a été transmis à celui-ci par Giovanni Battista Benedetti et le père Mersenne.

Nous avons dû être bien court sur ces travaux historiques de Duhem; ce que nous en avons dit aura suffi cependant pour faire un peu mieux connaître cette physionomie que rendaient à tous égards si attachante, non seulement la profondeur et l'universalité de la pensée, mais aussi une rare droiture intellectuelle et morale, une intransigeance absolue devant l'à peu près scientifique comme devant l'enrégimentement et l'arrivisme. Dans toute notre étude, nous avons été amené à insister moins sur les travaux proprement dits de Duhem que sur les lignes directrices de ses recherches.

Nous avons essayé de faire voir comment il avait établi des contacts nouveaux entre la physique et la chimie, entre la physique et la mécanique, entre la mécanique et la philosophie ou l'histoire. De tels rapprochemens ont été souvent fructueux dans l'histoire des sciences. La naissance de la chimie moderne remonte au jour où un fermier général a employé en chimie la balance des physiciens. La plus grande découverte de la biologie et de la médecine a été réalisée quand Pasteur a appliqué au monde vivant ses méthodes de minéralogiste... Nous avons signalé en même temps quelle part Duhem réservait à l'hypothèse et à la métaphysique. Il s'affirmait pourtant réaliste et considérait que l'usine avait sauvé le laboratoire du byzantinisme; il s'appliquait à arracher le masque des hypothèses implicites; il répudiait les théories provisoires, auxquelles une mode changeante attribue trop souvent un caractère de certitude. Mais, en même temps, il gardait la conviction qu'une théorie définitive monterait comme un soleil à l'horizon le jour où l'homme pourrait se hisser sur un bloc d'observations assez haut pour la voir. D'autres savans font profession de mépriser les principes et les causes premières. A quoi bon les chercher, disent les uns, puisqu'elles ne feront pas tourner une machine de plus? A quoi bon, ajoutent plus bas les autres, puisqu'on ne les trouvera jamais?... Qui pourrait fuir la métaphysique? Elle est au bout de toutes ces avenues que nous ouvrons à coups de cognée dans le fourré des réalités. Mais fermer les yeux pour ne pas la voir, supprimer la curiosité des pourquoi, manquer de foi dans la science comme dans la révélation et se résigner à n'obtenir jamais de réponse pour les seules questions essentielles, c'est supprimer une des plus grandes joies humaines, une des principales « énergies » morales qui incitent aux découvertes. Le véritable but du savant est moins d'utiliser pour quelques jours les forces naturelles que de discerner, de comprendre et d'exprimer l'harmonie du vrai, comme l'artiste cherche à atteindre l'harmonie de la beauté.

L. De Launay.

ZEEBRUGGE ET OSTENDE

LA PREMIÈRE OPÉRATION SUR LE FRONT NORD

Quand j'appris, dans la soirée du 23 avril, que les Anglais venaient de faire une attaque sérieuse sur la côte des Flandres, je ne pus m'empêcher de penser à une large opération combinée sur ce front Nord qui, perpendiculaire au front occidental, présente aux adversaires de l'Allemagne un flanc si propice à de violens coups de revers.

L'espoir était ambitieux. Nous n'en sommes pas encore là. Les forces que nos alliés et nous-mêmes eussions pu consacrer à cette puissante diversion paraissent mieux employées à soutenir l'attaque frontale de nos ennemis et à préparer une riposte que l'on croirait trop aventurée si on la conduisait par l'immense chemin qu'est la mer.

Il ne s'agissait donc que d'une opération d'envergure beaucoup plus modeste, d'un coup de vigueur frappé sur un port devenu célèbre depuis l'automne de 1914, où on l'abandonna sans combat à des gens dont on ne connaissait pas bien encore l'ingénieuse, la tenace habileté, à des gens qui allaient si bien s'en servir pour le développement de leur guerre sous-marine.

C'est à cette même époque qu'ici même je demandais instamment que l'on prît garde à cette guerre sous-marine et que, sans plus tarder, on voulût bien entreprendre de boucher les portes des repaires d'où allaient sortir les redoutables pirates de l'entre deux eaux.

Tout arrive. Il semble que, longtemps dédaigné, cet avis soit goûté aujourd'hui. M. le général Billot me disait un jour en souriant qu'il fallait quinze ans, chez nous, pour faire aboutir une idée juste..., « le temps, ajoutait-il, nécessaire pour qu'on oublie celui qui l'a émise (1). » La guerre imprime à toutes choses une allure rapide. Il ne faut plus maintenant que trois ans et demi, au lieu de quinze, pour obtenir ces divers résultats.

Qu'on me passe ces souvenirs personnels. Aussi bien ai-je souvent entendu dire, pendant ces quarante-deux mois, qu'il était regrettable qu'on ne se fût pas décidé tout de suite à une attaque brusquée, au moins sur Zeebrugge; mais que, de cette opération, les difficultés devenaient tous les jours de plus en plus grandes, les Allemands ayant accumulé sur la côte des Flandres des obstacles de toute nature.

C'était vrai; et comme ils observent partout la doctrine de l'intimidation, ils ont permis au colonel Egli, de l'armée suisse, de donner, le 22 décembre dernier, dans les *Basler Nachrichten*, une description détaillée de ces défenses.

L'amirauté britannique, dont la direction militaire est aujourd'hui confiée à M. l'amiral Weymiss, — un combattant des Dardanelles, le 18 mars 1915, — ne s'est pourtant pas laissé intimider. D'ailleurs, limitant son objectif à l'*embouteillage* de Zeebrugge et d'Ostende, avec, en plus, la destruction du môle du premier de ces ports, elle était en droit de supposer qu'une partie des organisations de l'ennemi, par exemple celles qui ont pour but de s'opposer à la marche en avant d'un corps débarqué resterait sans emploi. J'ajoute que l'opération qu'elle avait en vue a été montée avec un soin minutieux, avec ce souci des moindres détails, — il n'y a pas de petits détails à la guerre, — qui, seul, peut assurer le succès dans une attaque aussi hardie que celle qu'elle méditait.

« Monitors pour le bombardement préalable, croiseurs rapides pour mener l'attaque, vieux bâtimens chargés de ciment pour être coulés et obstruer les passes, compagnies de débarquement à jeter à terre (sur le môle) pour détruire une base d'hydravions, vieux sous-marins chargés d'explosifs pour faire sauter les piles du môle, *ferry boats* armés spécialement, nuages

(1) Il s'agissait alors de faire exécuter de temps en temps des exercices d'opérations combinées entre armée et flotte, en guise de grandes manœuvres. J'avais demandé cela dans un ouvrage paru en 1885-86. Quinze ans après effectivement, on fit un intéressant exercice de ce genre dans l'Atlantique, à La Pallice. Et j'y assistai comme officier en second du *Valmy*.

artificiels pour masquer l'attaque, escadrilles de torpilleurs dans les rangs desquels nous sommes heureux de voir des bâtimens français, canots automobiles, etc., etc., tels sont, dit un de nos meilleurs écrivains maritimes, M. Marc Landry, les moyens d'une extraordinaire multiplicité mis en œuvre pour cette opération. »

On remarquera sans doute, dans cette énumération, l'absence des appareils aériens. Ce n'est pas que la mise en jeu de ces moyens d'action ne fût prévue, mais le temps, très pluvieux et brumeux, — « un temps bouché, » suivant l'expression favorite des marins, — s'opposa à leur emploi. Peut-être y avait-il, là, une raison de remettre à une meilleure et prochaine occasion l'exécution du coup de main. Le chef de l'expédition ne crut pas devoir s'y arrêter, et l'on passa outre (1).

Cette détermination (dont il n'est pas possible de discuter le bien fondé quand on n'est pas en possession des rapports officiels) allait avoir deux conséquences. En premier lieu, les bâtimens qui devaient obstruer le chenal du port d'Ostende ne purent trouver l'entrée de cette passe et s'échouèrent prématurément. Il résulte de là que les sous-marins de faible tonnage pourront encore prendre le large, en empruntant le canal de Bruges à Ostende. En second lieu, les feux des canons de Zeebrugge et encore mieux ceux des mitrailleuses et pièces légères battant directement le môle n'ayant pas été contrebattus efficacement, les avaries des bâtimens d'attaque et surtout les pertes du personnel débarqué furent graves (près de 600 hommes en tout, dont 50 officiers). Il n'y eut, toutefois, qu'un « destroyer » anglais et quatre embarcations à moteur de coulés sur place.

Je ne crains pas de répéter, car je l'ai écrit déjà, ici même, dans mon étude sur l'attaque des côtes (2), qu'il est actuellement difficile de se passer du concours des avions de bombardement dans les opérations côtières. Ces appareils y doivent jouer le rôle essentiel qui était autrefois dévolu aux bombardes, dont les gros obusiers fournissaient des trajectoires de bombes à peu près verticales dans la dernière partie de la branche descendante. Et ceci ne veut pas dire que l'on puisse décidément se priver du secours des bâtimens plats dont l'armement répondrait à ce

(1) D'après certains récits d'allure officieuse, l'opération avait été déjà remise plusieurs fois, « à cause de la vigilance des patrouilleurs allemands. »

(2) Voyez la *Revue des Deux Mondes* du 15 septembre 1917.

« desideratum. » Abondance de biens ne nuit pas, ni, à la guerre, abondance de moyens d'action. Les Italiens l'ont bien compris, qui ont mis en service dans leurs opérations contre le Carso, dont ils battaient de la mer la face Sud, des chalands armés d'une très grosse bouche à feu. Sans doute, en raison de la différence très sensible des conditions de temps et de mer entre le fond de l'Adriatique et le littoral belge, il faudrait modifier profondément le chaland un peu primitif (il n'a même pas de moteur) de nos alliés du Sud-Est, mais on conviendra qu'au milieu des bancs de Flandre, un affût flottant qui ne calerait qu'un mètre ou deux vaudrait mieux encore que les monitors dont le tirant d'eau ne doit pas être moindre de quatre mètres environ.

Et puis, encore une fois, il y a la question du type de la bouche à feu. Ce qui fait l'inefficacité *relative* de ces monitors et aussi des bâtimens de haut bord qui les accompagnent quelquefois, c'est que leurs canons, pièces puissantes, mais longues, donnent à leurs obus des trajectoires *relativement* tendues et où l'angle de chute atteint difficilement 50 ou 55°. Ce n'est pas assez contre des pièces de côte bien abritées : ni le matériel ni les servans ne sont assez directement battus. Ajoutons à cela la difficulté du réglage du tir si, justement, on n'a pas d'avions spéciaux pour cette opération et l'instabilité de plate-forme du bâtiment si, justement encore, on ne s'astreint pas à attendre un très beau temps et une mer plate pour entamer le bombardement.

Enfin, dans le cas particulier qui nous occupe, il semble (1) que le tir des monitors se soit produit quand il ne faisait pas encore jour : nouvelle source d'incertitude et, en définitive. insuffisance de la préparation d'artillerie. Or, il est évident que cette préparation est indispensable si l'on veut obtenir des résultats satisfaisans qui ne soient pas payés trop cher. Il en est d'une opération offensive de la guerre de côtes, exactement de même que d'une opération de même nature, à terre; et l'on ne peut s'empêcher d'être surpris que cette analogie saisissante n'ait pas encore été bien comprise dans certains milieux.

(1) Les rapports anglais disent que l'opération a commencé à la pointe du jour. Les rapports allemands parlent au contraire de la nuit. Il faut se rappeler l'état du temps, brumeux et pluvieux, pour comprendre qu'il pouvait encore « faire nuit, » quoique l'on eût atteint l'heure normale du lever du jour.

M'opposera-t-on que la préparation d'artillerie a été systématiquement omise dans quelques offensives continentales, — l'attaque des Anglais vers Cambrai, par exemple, — qui n'en ont pas moins été couronnées de succès? En effet, mais alors l'assaillant bénéficiait de l'avantage de la surprise. Pour que l'expédition du 24 avril en bénéficiât aussi, il aurait fallu modifier certaines des dispositions prises; en tout cas, évidemment, supprimer le bombardement préalable.

Nous ne disputerons pas, d'ailleurs, sur la préférence qu'il convient de donner aux coups de main de nuit sur les coups de main exécutés en plein jour. C'est essentiellement affaire de circonstances. Les chances que la surprise donne aux premiers peuvent être balancées par une plus grande difficulté d'exécution. Mais, lorsqu'il s'agit d'embouteillage, lorsqu'il s'agit d'amener exactement des navires lourdement chargés en un certain point d'une passe dont le balisage a disparu, il semble qu'il faut tout d'abord y voir clair. La production de lumière artificielle, — projecteurs électriques, magnésium, etc..., — ne donne pas de suffisantes garanties.

Arrivons aux résultats de l'affaire.

Nous avons vu que le chenal d'Ostende ne paraît pas être obstrué. Celui de Zeebrugge l'est-il? Très probablement, oui. Mais l'est-il au point qu'un sous-marin ou un torpilleur, unités de faible dimension, de faible largeur surtout, ne le puissent plus utiliser? La question est délicate (1). Nos amis anglais ne tarderont pas à être renseignés là-dessus.

En ce qui touche le môle, ou plutôt le pédoncule à claire-voie de cet ouvrage d'art, il semble bien que les dommages soient, là, considérables. On parle aujourd'hui de 25 mètres de jetée complètement détruits par l'explosion d'un des deux sous-marins chargés d'explosifs violens qui ont été si bravement et si habilement conduits jusque-là (2). Ces dommages sont-ils irréparables? Certainement non, mais, en attendant une com-

(1) L'agence Wolf déclare que les torpilleurs et sous-marins usent aujourd'hui des deux ports comme ils le faisaient avant le coup de main. Mais quelle créance peut-on accorder à l'agence Wolf?

(2) Cette partie de l'opération rappelle les tentatives fréquentes que firent les Anglais, dans nos guerres du temps passé, pour détruire Saint-Malo, le Havre, etc... avec des bâtimens bondés de poudre. Les succès furent toujours des plus médiocres. *L'explosion se faisait à l'air libre*, et on ne se rendait pas compte, alors, de la nécessité du *bourrage*.

plète réfection dont les Anglais peuvent retarder beaucoup l'achèvement, les sables qui gagnent constamment le long de la côte vont contribuer, en se tassant sur les flancs des deux coques coulées, à l'obstruction du chenal. Et cela d'autant mieux que la drague de Zeebrugge aurait été détruite...

Les constructions édifiées sur le môle recourbé en maçonnerie et surtout sur le terre-plein qui en occupe la concavité paraissent avoir été détruites, en même temps que quelques unités légères, qui avaient là leur poste d'amarrage. Mais le mal est, dans ce cas, de faible conséquence.

Plus grave de beaucoup serait la destruction des écluses extérieures du long canal qui relie le port de Zeebrugge au bassin à flot de Bruges même. Un doute subsiste sur cette destruction, mais un télégramme d'Amsterdam affirme que Guillaume II est allé visiter ces écluses « où deux chalands chargés de ciment auraient été coulés. » Le seuil extérieur serait-il simplement obstrué par ces chalands?...

L'Empereur allemand s'est, en effet, immédiatement rendu à Zeebrugge (1), bien que son état de santé laisse à désirer, en ce moment-ci. Cette visite hâtive et les commentaires des journaux allemands nous donnent la mesure, à la fois de l'importance des dégâts infligés à la base belge de nos adversaires, de l'intérêt qu'ils attachent à la prompte restauration de cette base et de l'effet moral considérable produit en Allemagne par un coup de vigueur aussi inattendu.

Il faut bien le dire, nos ennemis s'étaient habitués à l'idée que les marines alliées, se sentant impuissantes devant leurs côtes « si admirablement défendues, » n'entreprendraient jamais au delà du traditionnel bombardement d'Ostende ou de Zeebrugge, soit par les canons des monitors, soit par les bombes tombées de quelques hydravions au hasard d'une surprise, car les bases d'aéroplanes allemands, *Ghistelles* et autres sont là tout près et la veille y est bonne. On souriait volontiers, dans les Empires centraux, de cette inactivité systématique de la force navale britannique, depuis la grande bataille d'il y a deux ans où la *Hoch seeflotte* s'était déclarée victorieuse, tant elle était surprise de n'avoir point été détruite. L'hypothèse

(1) Aussitôt du moins après avoir reçu le rapport de l'amiral Schrœder, commandant de la place de Zeebrugge, et relevé, dit-on, de ses fonctions, après cette entrevue.

d'une offensive maritime des Alliés était nettement écartée. Tout ce que pouvaient faire ces organismes navals déconcertés par une guerre dont ils n'avaient pas su prévoir les surprenantes modalités et à laquelle, surtout, ils ne savaient pas encore adapter leurs concepts, c'était de se défendre contre les sous-marins en cours d'opérations à la mer.

Et ainsi, d'une part, on rendait avec usure aux Alliés le mal qu'avait pu causer un blocus aujourd'hui supprimé, en fait, par la conquête de la Russie, de l'autre on leur interdisait toute opération qui pût inquiéter les populations du Nord de l'Allemagne, préoccuper l'état-major à l'égard de la sûreté des flancs de ses forces continentales et donner aux neutres du Nord quelque velléité de révolte contre les brutales exigences de la Wilhelmstrasse.

Cet édifice de paisible sécurité se trouve tout d'un coup ébranlé, juste au moment où il apparaît aux moins avertis que le « triomphe de Saint-Quentin » n'a pas eu de lendemain, que d'énormes sacrifices de vies humaines, avoués au Reichstag par le colonel von Wrisberg, n'ont donné aucun résultat décisif, que la guerre sous-marine n'a pas tenu non plus tout ce qu'on avait promis, que les paysans de l'Ukraine cachent leurs blés, que ceux de Roumanie en feront autant pour la récolte prochaine et que le peuple est au bout de sa résignation, tandis que certains neutres, auxquels on en voudrait imposer, sont au bout de leur patience.

En Angleterre, chez nous, chez tous les Alliés d'Occident, au contraire, ce simple coup de main, dont les résultats matériels peuvent encore être en quelque mesure discutés, a produit un effet moral considérable et comme une sorte de soulagement. Enfin, il est donc rompu, le charme surprenant qui enchaînait cette merveilleuse force navale à un rivage trop jalousement gardé contre des périls imaginaires! Et sans doute, la *Grand fleet* et ses énormes unités n'avaient point donné, mais on sentait bien qu'elles devaient être toutes prêtes, — quelque part, au large de Terschelling de Hollande, — à se jeter sur la *Hoch seeflotte,* si celle-ci, avertie en temps utile, avait prétendu intervenir.

Mais mieux encore et, si nous parlons de charme, celui qui protégeait jusqu'ici la côte allemande, s'évanouissait brusquement. Hé quoi! on avait osé s'en prendre au port le mieux défendu d'un littoral où l'ennemi avait accumulé tous les moyens de défense, et on avait réussi, en dépit des bancs, des mines, des filets, des canons, des engins de toute espèce, à s'établir sur le môle de ce port et à le ruiner autant qu'on avait voulu, tout en obstruant pour longtemps sans doute le chenal qui avait livré passage, depuis trois ans et demi, à tant de sous-marins, à tant de torpilleurs, à tant de mouilleurs de mines !

Elle n'était donc pas intangible, cette côte ennemie; ces bancs n'étaient donc pas infranchissables, ni, non plus, ces barrages de filets et de mines? Et si les canons, les mitrailleuses, insuffisamment contrebattus, s'étaient montrés meurtriers, sur ce môle sanglant, comme ils le sont sur les champs de bataille de la Somme et de la Lys, l'admirable dévouement, la complète abnégation de soi des officiers, des marins, des soldats des brigades navales anglaises l'avaient emporté sur la puissance d'un feu infernal, exécuté à bout portant. La mort avait cédé devant la volonté d'une troupe héroïque, déterminée à accomplir exactement la tâche qui lui avait été confiée.

Quelle sera la suite de cette opération qui a soulevé un juste enthousiasme et fait naître tant d'espoirs? Quelles peuvent en être les conséquences dans un avenir prochain et les répercussions sur les desseins des Alliés? C'est ce qu'il nous reste à examiner.

Les suites immédiates, d'abord :

Le chenal de Zeebrugge, le plus important, est pour le moment impraticable (1). Celui d'Ostende est à peu près intact. Les mouvemens des navires allemands (et ce n'est pas seulement ceux des navires de guerre; il y a un bon nombre de petits « cargos » qui font le va-et-vient de la côte belge à Hambourg), ces mouvemens, dis-je, vont par conséquent se faire par Ostende, jusqu'au moment où les obstructions de Zeebrugge auront été détruites.

Mais, d'une part, il appartient aux Alliés de retarder longtemps l'époque où la passe de Zeebrugge deviendra libre, et, de

(1) Notons ici qu'il est difficile à des sous-marins et à des torpilleurs d'assez forte taille de conserver pour base de refuge un port où ils ne peuvent rentrer que dans des circonstances favorables de temps et de mer, avec beaucoup de précautions, en risquant échouages et avaries, *en risquant surtout d'être longtemps canonnés par les unités qui les poursuivent.*

l'autre, la distance d'Ostende au front belge n'étant plus que de 18 kilomètres, l'ancien port de la Flandre occidentale *devient justiciable de l'artillerie à longue portée des Alliés.* Celle-ci est d'ailleurs intervenue déjà, affirment les relations anglaises, dans l'affaire du 24 avril; et si nous ne pouvons malheureusement nous flatter de posséder en ce moment des bouches à feu analogues à celles qui bombardent Paris (1), il est certain que nous en avons déjà dont le projectile peut franchir les 38 kilomètres qui séparent Zeebrugge du front de bataille et pour qui ce n'est qu'un jeu d'atteindre avec une justesse suffisante les points que leur désigneront à Ostende les appareils aériens chargés du réglage du tir.

Voilà donc les mouvemens de ce port très contrariés, si le bombardement acquiert quelque intensité. Et nous ne parlons que des canons mis en batterie à terre. A ceux-ci peuvent se joindre les bouches à feu des monitors circulant au milieu des bancs qui s'étendent en vagues parallèles au large de Dunkerque, de la Panne, de Nieuport même et que séparent des « fosses » où l'on trouve 6 à 10 mètres au moins, au bas de l'eau. Enfin il faut faire état des avions et hydravions dont les *raids* devront se succéder d'une manière aussi continue que possible. Dans de telles conditions, il n'est pas probable que le port d'Ostende retrouve l'activité qu'il avait avant le coup de main du 23 avril.

Le bénéfice est donc fort sensible. Mais c'est évidemment à la condition que le chenal de Zeebrugge ne soit pas trop tôt déblayé. A la date du 29 avril, on nous fait connaître, de Hollande, que les travaux de démolition des carcasses coulées sont entrepris déjà, ce qui ne surprendra pas ceux qui connaissent l'activité des Allemands et la promptitude de leurs décisions. Il est donc intéressant pour les Alliés d'entraver par tous les moyens possibles ce travail de restauration et il est clair qu'on n'aurait, — au point de vue purement matériel, dont il

(1) Il a paru dans la presse quotidienne, il y a un mois environ, une lettre fort intéressante d'un officier de l'ancienne artillerie de marine (aujourd'hui artillerie coloniale) qui rappelle que de longues expériences furent faites chez nous, il y a un quart de siècle environ, avec un canon de 164,7 (type de la marine) d'une longueur de 80 calibres. Il s'agissait d'exécuter toutes les recherches nécessaires pour la mise en service définitive de la poudre B. Mais comme en ce qui touche les combats sur mer, les portées considérables n'offrent pas d'intérêt pratique, *on s'abstint de toute expérience à ce sujet.*

ne faut certes pas faire fi, — gagné que peu de chose si, dans quelques semaines, aucune trace ne subsistait du brillant coup de main dont nous étudions les résultats.

Par tous les moyens possibles, viens-je de dire... Mais lesquels?

Si l'on admet, — et c'est l'évidence même, — que le meilleur moyen reste le bombardement de l'avant-port, à la condition classique *que le bombardement soit intense et continu,* on est conduit à se demander si les Alliés sont, à cet effet, outillés d'une manière suffisante. J'ignore et je veux ignorer le nombre de monitors dont les Anglais disposent et auxquels, sans doute, pourraient se joindre des monitors américains. Soyons assurés du moins qu'il n'y en a pas assez. Je n'ai pas cessé, depuis trois ans, de dire que la guerre maritime se résoudrait en guerre de côtes et qu'il fallait créer le matériel indispensable à la poursuite de celle-ci. Je serais surpris d'avoir été écouté. Mais il en est temps encore, sinon pour la suite immédiate du coup de main de Zeebrugge, du moins pour les opérations que ce beau début permet de prévoir. Tant y a qu'on peut toujours user jusqu'à la dernière limite de ce que l'on a, sauf à organiser des ravitaillemens à la mer, en munitions et en combustible.

Enfin il faut multiplier le nombre des appareils aériens agissant d'ordinaire sur cette côte des Flandres. Certains organes de la presse quotidienne répètent constamment : « Des avions! des avions!... » L'objurgation est pressante, mais le conseil est bon. Ne nous lassons pas de répéter qu'on n'en aura jamais assez, de ces précieux engins de tir vertical pour mettre à mal les canons de côte des Allemands.

Ce n'est pas encore tout, et puisque l'occasion s'en présente ici, je prends la liberté de faire une suggestion que je crois nouvelle, encore qu'elle me hante depuis longtemps, s'appuyant sur les souvenirs de l'époque où, commandant la défense mobile maritime de Dunkerque, je proposais de compléter la défense de ce grand port, en élevant un *fort en mer* sur l'un des bancs qui « découvrent » normalement à mer basse, à 2 000 ou 3 000 mètres de son front fortifié.

De quoi s'agit-il, en regardant de haut les opérations à entreprendre sur cette côte des Flandres?

Il s'agit d'un siège régulier, du siège d'une place qui se réduit à une longue courtine de 50 kilomètres. Cette courtine a pourtant deux bastions. J'entends par là qu'elle est protégée à ses deux extrémités, à celle de l'Est par la neutralité des eaux hollandaises qui ne permettent pas de prendre « par égrénement » le chapelet de ses ouvrages à partir de Knocke, à celle de l'Ouest par cet enchevêtrement des bancs de Flandre qui rend difficile les mouvemens des vaisseaux sans gêner suffisamment ceux des petites unités.

Eh bien! ne serait-il pas singulièrement avantageux de se servir justement de ces bancs pour entamer, contre la courtine flamande, de véritables travaux d'approche, analogues à ceux de la guerre de siège, telle qu'on la pratiquait sur notre front avant la grande offensive allemande?

Ces bancs « découvrent » à mer basse, je le répète, du moins affleurent-ils. Et s'ils s'enfoncent un peu en s'approchant d'Ostende, leur ligne de crête, adoucie en dos d'âne, ne tombe pas au-dessous de 1 mètre, en général. Il est donc parfaitement possible de les utiliser comme assises, — le sable en est assez résistant, — d'ouvrages qui, s'appuyant progressivement les uns sur les autres, s'approcheraient d'Ostende et en commanderaient la sortie par le Nord-Ouest, tandis que la grosse artillerie de Nieuport battrait la place par l'Ouest-Sud-Ouest, les monitors et les appareils aériens brochant sur le tout (1).

Nul doute qu'avec une telle accumulation de moyens on arriverait non seulement à empêcher tous mouvemens de navires, mais à rendre le port intenable et même à en ruiner les défenses au point que la prise de possession de la ville deviendrait possible, opération dont il est aisé d'entrevoir les conséquences.

Mais, je ne crains pas de le dire, pour sérieuses qu'elles fussent, ces conséquences ne me paraîtraient pas encore suffisantes à côté des espoirs que fait naître dans mon esprit le remarquable coup de vigueur de la marine britannique dans la nuit et la matinée du 23 avril.

Non, ce n'est pas seulement, désormais, la côte belge qu'il

(1) Je ne donne ici que le « schéma », à peine tracé, de la proposition. Je dois dire qu'en 1899-1900, quand je commandais à Dunkerque, le chef de service des Ponts et Chaussées considérait comme parfaitement réalisable l'entreprise de la construction d'*un fort en mer* au large du port. N'en disons pas plus pour le moment. J'ajoute toutefois que, si l'on estimait le procédé trop difficile ou trop long (la guerre ne sera cependant pas finie « dans trois mois, » comme on le dit depuis quatre ans bientôt...), il resterait celui *d'échouer à demeure*, sur ces crêtes de bancs, certains vieux gardes-côtes cuirassés qui joueraient fort bien le rôle de « forts en mer. »

faut viser, c'est la côte allemande, la vraie côte allemande, celle qui se croit, bien à tort, invulnérable et qui, au demeurant, *ne peut pas être partout* aussi bien défendue que le littoral belge, auquel, pour tant de motifs militaires, politiques, économiques, nos adversaires tiennent avec un entêtement obstiné.

J'ai déjà discrètement indiqué les points particulièrement attaquables de cette côte; j'ai discuté les avantages de cette offensive et les méthodes qu'il conviendrait d'employer en vue de réduire des défenses qui ne sont pas, — on vient de le voir, — et qui ne seront jamais assez redoutables pour arrêter de vaillans hommes bien conduits, bien appuyés par la plus puissante force navale du monde et suivant, avec une intelligente ténacité, des plans bien étudiés, bien mûris...

Dans ces grandes entreprises, comme dans le coup de main du 23 avril, on peut compter sur le succès, sur un succès plus complet même, un succès « intégral, » puisque l'on aura justement, avec la confiance que donne une première victoire, l'avantage d'une expérience précieuse sur beaucoup de points jusqu'ici sujets de controverses.

Portons donc plus loin nos vues! Sachons voir grand pour voir vraiment juste! Les événemens actuels, les plus formidables qui se soient déroulés depuis de longs siècles, exigent de nos intelligences les concepts les plus hauts, les plus étendus, en même temps que, de nos âmes, la ferme acceptation de certains sacrifices, le renoncement généreux à des doctrines surannées, à des traditions particularistes qui se défendent avec vigueur, mais qui n'en sont pas moins dangereuses...

Et enfin, sachons vouloir, sachons oser! L'Allemand ne l'emporte sur nous, — quelquefois, — que par l'audace de ses attaques, d'autant plus violentes et hardies que sa situation, au fond, lui apparaît moins rassurante. L'histoire de toutes les guerres du passé prouve qu'attaqué à son tour et surtout là où il ne s'y attend pas, il se trouble, il hésite, il se déconcerte. Eh bien! Assaillons-le donc, assaillons-le sur les fronts actuels, d'abord, pour l'occuper partout; mais ensuite, après la préparation convenable, assaillons-le sur le front Nord qu'il feint de croire intangible, *assaillons-le chez lui!...*

Amiral Degouy.

UN POÈTE SERBE

MILOUTINE BOÏTCH

En l'automne 1916, alors que la catastrophe serbe jetait dans le sein généreux de la France, les restes d'une jeunesse échappée aux hécatombes et au joug de la cynique Germanie, nos lycées, nos collèges, nos familles accueillirent, en un unanime élan, les milliers d'exilés.

L'amour de la justice qui vit en nos âmes latines s'était indigné de voir peser, sur la petite contrée à l'histoire glorieuse, une force brutale. Son rêve tenace de liberté, nous l'avions fait nôtre; tant de bravoure, persistante au milieu de tant de désastres, tant de misère hautaine et d'irréductible foi soutenues à travers les siècles d'une oppression sans cesse secouée, jamais rejetée, nous semblaient mériter la réalisation d'une unité nationale si héroïquement voulue.

Après cela, comment le désir ne serait-il pas né en nous de connaître l'âme de cette jeunesse slave, désormais si intimement mêlée à notre jeunesse française, telle qu'elle s'exprime dans les chants de ses poètes?

Ici encore la sympathie entre les deux nations apparaît clairement. Toute la pléiade des poètes serbes modernes se réclama de nos maitres français : MM. Jean Skerlitch, Slobodan Jovanovitch, Bogdan Popovitch, suivaient le sillage de nos classiques; M. Pakitch celui de nos parnassiens. M. Patrovich, M. Dućić, se révélaient ardens admirateurs de Baudelaire et de Verlaine, tandis que M. Doukitch, délicat poète philosophique, né dans cette Herzégovine qui est l'Alsace-Lorraine de la Serbie, marchait sur les traces jamais effacées de notre noble Sully Prudhomme.

Mais celui qui, après s'être le mieux assimilé l'esprit de la poésie française, reflète aujourd'hui avec le plus d'éclat dans son œuvre, l'âme aux multiples facettes de son peuple, n'est-ce pas ce jeune Miloutine Boïtch qui vient de mourir à Salonique, après avoir manifesté, dans les vingt-quatre années de sa courte existence, l'indomptable valeur militaire de sa race, un inextinguible amour du beau, une haute culture, et tous les raffinemens de l'intelligence?

La vie de Boïtch? Elle peut tenir en peu de mots. C'est, vers ses dix-huit ans, l'élan panthéiste d'une adolescence assoiffée de joie et de ferveur, de poésie et de gloire. Devant les yeux de Miloutine, la vie dansait les danses voluptueuses que Salomé dansait devant Hérode, et le désir du jeune homme se jetait, avec la même ardeur, vers tous les plaisirs et vers toutes les peines auxquels elle le conviait :

« Au même instant, je souhaite mille choses contradictoires. Je voudrais me mêler au monde et cependant m'abriter dans la solitude... Je voudrais me trouver dangereusement aux prises avec le Destin ; pourtant, en le voyant venir à moi, je tombe anéanti. Je voudrais composer les mélodies les plus hardies de la matière, et aussi exhaler les hymnes les plus chastes du ciel enflammé par le mystique couchant... Je rêve de chanter le chant délicat des bouleaux qui gémissent, et le chant déchirant du vent qui siffle à travers les roseaux murmurans... Ma jeunesse demande à jaillir hors de mon âme, et, pour chasser de mon cœur cette douleur sans douleur, — j'appelle, j'implore la souffrance. »

Puis c'est le cri de la passion d'amour : « folle, chaude et dangereuse ; » celle dont le baiser « épuise les forces des profondeurs de l'âme, » et, sous l'influence de laquelle « on donnerait tout l'avenir pour une minute présente d'éphémère joie. » Qu'importe au poète le juste ou l'injuste? Sa religion est la religion de l'amour; il fait de la volupté son unique reine; il se rit de l'enfer et du ciel; avec Baudelaire, il veut plonger ses yeux « dans les yeux fixes des satyresses et des nixes. »

Mais la haute culture intellectuelle de Miloutine, abreuvée aux meilleures sources, sa passion de l'étude, son érudition, devaient avoir vite raison d'une fougue sensuelle exagérée, le ramener vers le travail et vers l'art, ses véritables amours. L'instinct de Boïtch le poussait vers la littérature. Il excellait en chimie, en sciences naturelles, en mathématiques, voire en philosophie; cependant, il sentait que son vrai domaine était la poésie, et il lui semblait que là seulement il pourrait jeter un cri personnel.

« Un soir, j'ai vu les corbeaux voler sans bruit, sans but, tous noirs dans la nuit noire, tous pareils. L'un d'eux murmurait une terrifiante histoire : « Qu'il est affreux, disait-il, d'être « semblable aux autres : tous ceux qui m'entourent volent vers « les filets du silence, vers les rêts du néant. » Soudain, un cri de passion perça la nuit : à tire-d'aile, poussant un croassement souverain, un grand corbeau arrivait. Alors, d'un seul élan, le vol errant suivit docilement l'animateur qui, conscient de sa force, menait au but ses frères silencieux, tous pareils, tous noirs dans la nuit noire. Et je frémis jusqu'à l'âme : ce soir-là, la volonté de puissance naquit en moi (1). »

Dès 1912, aux premiers échos de la guerre balkanique qui éclatait, Boïtch, âgé de vingt ans, sentit son cœur s'emplir d'un patriotique émoi :

« ... Qui a dit de nous, enfans du siècle, que nous sommes indignes de notre histoire? Celui qui a parlé ainsi en a menti, ô ma bonne Patrie! Nous t'aimons, notre Mère, et nous savons que tes champs, tes fleurs, tes roches n'ont inspiré à personne, avant nous, un amour conscient. Aujourd'hui, au moment de la lutte suprême, bien que l'auréole des haïdoucks anciens ne couronne plus nos fronts, nous donnerons notre vie pour toi en sachant le prix de ce que nous t'offrons, ô Patrie, et pourquoi nous faisons le sacrifice. »

En attendant, Miloutine compose un acte héroïque tout en relief, *l'Automne d'un Roi*, suivi de ce *Mariage d'Ouroche* (2),

(1) Miloutine Boïtch, *les Corbeaux*.

(2) *Id.*, *ibid.*, *le Mariage d'Ouroche*, drame en trois actes, en vers.

tragédie historique qui paraît avoir innové, en Serbie, le drame patriotique moderne. La tragédie se passe au XIVe siècle. Le tsar Douchan, souverain d'à peu près toute la péninsule balkanique, régnait non seulement sur les Serbes, mais encore sur les Grecs, sur les Roumains et sur les Albanais. Boïtch dresse la figure magnifique du Tsar tout-puissant : sa taille dépasse d'une coudée celle des hommes de l'empire, ses cheveux sont couleur de cuivre, son nez est en bec d'aigle, ses prunelles énergiques sont couleur de la mer; son âme courageuse est forte, son cœur est gonflé des plus grandes ambitions, son cerveau est hanté des plus hauts rêves. Le plus audacieux, le plus inespéré de ces rêves-là allait-il se réaliser pour le tsar Douchan? Cette magnifique Byzance, si fiévreusement convoitée, allait-elle tomber comme un fruit mûr, dans sa main royale? Allait-il la posséder sans coup férir? Le fait est que, déchirés de dissensions, écrasés de soucis, minés de toutes les façons, Paléologue et Cantacuzène, les empereurs décadens de « la cité gardée de Dieu, » appelaient imprudemment à la rescousse le tsar Douchan dont le cœur exulte :

... « Byzance! Ce rubis de sang, cette pierre d'autel, demande à être sertie dans l'or de ma bague! Elle implore mon aide! Elle appelle à son secours ma sagesse et le sceau de ma force... »

Mais la Mort, qui est également près de l'homme humble et puissant, gaillard ou malade, dans le repos ou dans la bataille, la Mort, rompant le train d'une si belle victoire, délogea celui qui formait ces vastes projets, et dont l'orgueil s'écriait déjà :

... « C'est moi! Moi, que le Seigneur a élu pour sauver la Ville chrétienne! »

Le sceptre de Douchan tombait dans les mains débiles du fils du Titan, de l'enfantin Aiglon serbe, Ouroche le faible, neurasthénique chanteur de litanies, misérable philosophe nihiliste :

... « Oh! que l'effort humain est vain! Les tours d'acier se changent en cendre grise. Seul le vent souffle au-dessus des cimetières et le désert ensommeillé règne sur la vanité. On naît pour mourir : ô vérité simple. Tout est poussière et néant : à quoi bon les batailles? Laissons les tigres lamper le sang! Le Seigneur nous a créés pour lui chanter des hymnes. C'est dans la paix et le silence que consiste la sagesse (1). »

(1) M. Boïtch, *le Mariage d'Ouroche*.

Fort de cette sagesse-là, ce « défaitiste » d'antan devait abandonner aux hordes barbares des Turcs d'Asie, non seulement la magnifique capitale médiévale de l'Orient chrétien, mais encore la plus grande partie de cette vaste Serbie du XIVe siècle qu'avait gouvernée le tsar Douchan.

Aujourd'hui, comme alors, les Serbes laisseraient-ils la précieuse proie tomber aux mains des incivilisables barbares? La terre toute petite à présent et d'autant plus chère de la patrie serait-elle livrée? Non. La Serbie arme son cœur et son bras pour la victoire. Les hommes valides sortent des demeures, quittent le repos vil; les cités sont désertées. Les âmes hautes se parent de beauté; les fronts purs s'illuminent de noblesse. Et voici : le ciel natal s'étend comme un ferme regard sur la nation serbe; les oliviers semblent des femmes, aux vêtemens sombres, agenouillées en prière sur les âpres collines; les harmonies des fleuves, des monts, des champs accompagnent tout un peuple courant à son destin, s'élançant vers la mort, sans jeter un regard en arrière. Les bataillons se suivent, canons aux gueules d'acier encore muettes, chevaux piaffans, drapeaux flottans. Le soleil rayonne sur les jeunes fronts, réchauffe les jeunes poitrines, fulgure sur les armes fourbies. Partout, au passage, les épouses courageuses aux yeux fiévreux, les mères intrépides aux anxieux visages, acclament les batteries slaves.

Le premier coup de canon a grondé ; le tonnerre a répondu au tonnerre; la dure phalange s'est jetée au combat; les actes sublimes éclatent. L'assaut de l'ennemi colossal a été reçu. Le sol est rasé; les jeunes corps gisent; hissé encore sur une aiguille de roche, le drapeau pend en loques sacrées. Mais la volonté se fortifie dans la douleur; l'ardeur la plus grande sort des plus grands maux; les survivans se rallient d'une seule voix, ils crient vengeance : « Lutter jusqu'à la Victoire! O Victoire! Nous ne voulons plus que toi! Nous n'aimons plus que toi, ô Victoire! »

* * *

Hélas! Cette victoire, blanche Vila tant invoquée par la voix des Serbes, ne devait poser qu'une heure, sur le gonfalon de ses fidèles, ses ailes frémissantes. Après le prodigieux combat de Kolubara, alors que les héros, aux noms jusque-là obscurs, eussent dû être soudain couronnés du laurier marié aux palmes, alors que tout espoir glorieux était promis, le Bulgare félon, immortel ennemi de la race, lâchement trahissait ses frères.

Mêlé à la lutte sauvage, Miloutine Boïtch combattait avec les siens, désespérément. Il vit l'ennemi innombrable passer les gués, s'emparer des monts et des plaines, occuper les bourgs et les villages. Il vit les cités périr, les dômes des temples s'écrouler, « les incendies planer au-dessus des moissons. » Sous ses yeux, la torche furibonde mettait le feu à Semendria la Royale, à Belgrade la Blanche : de toutes parts, les autels brûlaient, les foyers brûlaient. On percevait les sanglots des femmes que l'envahisseur entraînait aux infâmes orgies, les hurlemens des vieillards à qui l'on crevait les yeux, les cris plaintifs que les enfans poussaient sous la pointe des baïonnettes. Un peuple, tout entier, gémissait, « trempant de larmes ses lourdes chaînes. »

Alors, la haine tenace, éveillée aux cœurs des siens, Miloutine Boïtch l'exalta : il voulut qu'elle devînt leur nourriture, leur pain, leur eau, leur moelle, leur raison de vivre encore :

« Souvenez-vous! Que les jeunes mères arrachent de leur sein aride l'enfant exsangue pour saisir, elles aussi, la hache et le couteau! Que les femmes fixent la crosse des fusils contre leur joue pâle! Que les vierges se défendent un pistolet dans chaque main! O Serbie! ne pleure plus à genoux! Relève-toi, bondis! Toutes les mains qui ont semé ce blé qui tremble déjà, pour d'autres, dans nos sillons, vont brandir le glaive vengeur! O Serbie! Reprends tes champs et tes chaumières, tes bourgs et tes cités, tes autels et tes foyers! Reprends, ô Serbie, la maîtrise de ton Destin!... »

Mais, quelle digue efficace les malheureux Serbes pouvaient-ils opposer désormais à la masse submergeante des hordes bulgaro-germaines? La Save et la Drina, aux forts courans, étaient changés en fleuves de sang; le large Danube, devenu monstrueux charnier, ne charriait plus que des cadavres. Qu'espérer sinon, au milieu d'inénarrables souffrances, l'exode de tout un peuple, de mont en mont, de plaine en plaine, de fleuve en fleuve, à travers les neiges de l'Albanie?

... « Comme des âmes maudites qui errent par le monde, sans abri, sans famille, fiers pourtant, nous attendons, intrépides, de nouveaux cimetières. Pendant des siècles, nous avons versé notre sang ; les plaines d'Angora en sont vermeilles et les gorges du Carso en sont abreuvées... Nous semons nos os à tous les vents, et de toutes parts les corbeaux s'envolent de nos cadavres... Nos foyers antiques s'éteignent, gris de cendre, ils nous adressent de muets appels. Nous y avons laissé des morts-vivans. Et nous, tel Ahasverus damné par Jéhovah, nous parcourons les plaines qui se déroulent, immenses. L'Univers entier devient notre champ pour la semence de l'Honneur qui aspire au soleil... Seigneur! Ce châtiment n'aura-t-il jamais de fin? (1) »

Pour Boïtch, survivre à la gloire de sa patrie apparaissait comme le plus sombre des châtimens. D'autre part, sa santé délicate, compromise par la Retraite terrible, résistait mal au dur climat de Salonique. Mais si le soldat poète n'avait plus la force de combattre, sa main défaillante pouvait encore semer le bon grain pour d'autres récoltes. Entre deux accès de la fièvre qui le minait et le terrassait tour à tour, Miloutine composait l'Ode ample, au vol puissant : sa mourante voix chantait les héros, et la liberté qui vit dans la lumière, l'espoir que les souffrances d'aujourd'hui seraient changées en joie pour les hommes futurs et la gloire de s'immoler pour la justice. Les strophes des poèmes palpitaient comme les ailes qui s'élèvent vers le ciel, resplendissaient comme un voile qui s'enflamme, s'apaisaient en divines litanies, s'inclinaient avec ferveur sur les morts bienheureux tombés pour la Patrie :

« Halte là, puissans navires! Arrêtez vos gouvernails!... Je chante, en cette nuit funèbre, un sublime *Requiem* sur ces eaux sacrées... Au fond de la mer s'étend le cimetière de nos braves couchés frère contre frère, Prométhées de l'espérance, Apôtres de la douleur... Ne sentez-vous pas comme la mer glisse doucement pour ne pas troubler leur saint repos? Puissans navires, voilez vos clairons. Que vos vigies, en grande tenue, chantent les prières, car les siècles passeront comme l'écume s'évanouit sur la mer, mais ces eaux, où fut enseveli le terrible mystère de l'Épopée, ces eaux seront le berceau des légendes futures. La joie éphémère de plus d'une génération est ensevelie là, dans

(1) Miloutine Boïtch, *les Semeurs*.

l'ombre des flots, entre le sein de la terre et la voûte céleste. Puissans navires, éteignez les flambeaux, laissez reposer les avirons et, après les prières funèbres, fuyez, pieux, sans bruit, dans la nuit sombre : il faut que nos morts glorieux entendent la clameur des combats et se réjouissent des cris de victoire des nôtres qui s'élancent, sous les ailes de la Gloire, sur les champs vermeils de sang. Dans le silence, chantez un *Requiem* sans paroles, sans soupirs, sans larmes : mêlez au parfum de l'encens l'odeur de la poudre en écoutant raisonner le bruit lointain de nos canons (1). »

Ainsi, tenant encore entre ses mains la lyre d'Orphée, Miloutine Boïtch se meurt dans l'Hellade sacrée, au bord de la mer des sirènes. La brise du printemps lui apporte le parfum délicat des vignes en fleurs et des oléandres, mêlé à l'âpre odeur de la neige des monts. Alors, dans les prés fleuris des premières violettes, il voit glisser l'imprécise image, la forme légère de la vierge qu'il aime. Il se souvient :

.. « Jamais je n'oublierai, même dans le sommeil de la mort, le matin d'hiver où tes chers yeux, baignés de pleurs, ont lu dans mes yeux ardens mon profond amour. Longtemps tu as plongé ton enfantin regard dans le mien afin de lire ma sincérité jusqu'au tréfonds de mon âme. Ces yeux, autrefois dédaigneux et fiers, je les ai vus prier, graves, dans le silence troublé seulement par le murmure des genévriers aux baies odorantes, tandis que se taisait, au loin, le flot infatigable de la mer... »

Aujourd'hui sous la roche où le flot de cette mer se brise, apportant les éternelles questions aux éternelles réponses, repose celui qui savait comment l'homme pur rit devant le danger, et comment il accomplit dans la tempête l'œuvre austère; comment le poète tresse des couronnes après les batailles, et comment son chant allume pour toujours, dans ce triste monde, une Beauté nouvelle.

JEAN DORNIS.

(1) Miloutine Boïtch, *le Tombeau bleu.* — Pour la biographie de Miloutine Boïtch, ainsi que pour les traductions de ses poèmes, nous devons des renseignemens précieux à M. Alexandre Arnautovich, auteur lui-même d'une série de beaux travaux sur la Serbie et sur la littérature serbe.

LES

BATAILLES DE LA SOMME

III (1)

L'OFFENSIVE ALLEMANDE DE 1918
(21 MARS-10 AVRIL)

XI

La bataille de la Somme, à partir d'octobre 1916, s'éteint. Il y a encore une grande attaque alliée au début du mois. Le 7, les Français, après une violente préparation d'artillerie, avaient attaqué le front Lesbœufs-Bouchavesnes à six heures trente du soir. D'après les récits allemands, l'attaque fut arrêtée aux deux ailes par l'artillerie, tandis qu'au centre, entre la ferme de Frégicourt et Morval, les Français abordaient la ligne ennemie, d'où ils étaient rejetés. Au Sud de ce front d'attaque, de Péronne à Berny, l'affaire se borna à un bombardement. Mais plus à droite encore, sur l'angle Boven-Vermandovillers-Chaulnes, une autre attaque française se déclenchait. Là encore, elle aurait été arrêtée aux deux flancs par le barrage, tandis qu'au centre, les assaillans en venaient aux mains avec les Silésiens, qui les repoussaient. Sans incriminer la bonne foi de l'ennemi, il faut remarquer que, dans toute bataille à objectif limité, le défenseur est par définition sujet à croire qu'il a arrêté l'assaillant aux deux flancs, c'est-à-dire là où précisément,

(1) Voyez la *Revue* des 15 et 1er mai, et les cartes dans ces deux livraisons.

d'après les plans, l'assaillant ne devait pas progresser. Pendant toute la bataille des Flandres, dans l'automne de 1917, les Allemands sont tombés dans cette erreur. Au centre, ils ont eu l'impression d'arrêter une attaque qui s'arrêtait d'elle-même. Il semble en avoir été ainsi le 8 octobre 1916. Le communiqué français nous dit que les troupes ont atteint brillamment leurs objectifs. « Notre ligne a été portée à 1 200 mètres au Nord-Est de Morval. Elle couronne les pentes Ouest de la croupe de Sailly-Saillisel, toute la route de Bapaume à 200 mètres environ de l'entrée de Sailly, et borde les lisières Ouest et Sud-Ouest du bois de Saint-Pierre-Vaast d'où elle se dirige sur la cote 130 au Sud de Bouchavesnes. »

L'affaire reprit le 9 et dura jusqu'au 13. Cette fois encore, il y eut deux fronts d'attaque : au Nord de la Somme, la lutte s'étendit de Courcelette au bois de Saint-Pierre-Vaast; au Sud de la Somme, de Fresnes à Chaulnes. Le choc principal eut lieu le 12. Ce jour-là, une attaque d'ensemble eut lieu de Courcelette jusqu'au Sud-Est de Bouchavesnes, avec combat violent au Sars, à Gueudecourt, à Lesbœufs, à Sailly, au bois de Saint-Pierre-Vaast. D'après les récits allemands, le combat aurait été particulièrement violent à Sailly. L'assaut y aurait été précédé le 11 d'un bombardement violent, encore accru le 12 au matin. Les communications allemandes, les défilemens auraient été inondés de gaz ; les localités auraient été arrosées d'obus incendiaires. A midi, les troupes françaises et britanniques seraient parties à l'assaut en masses de six à dix vagues, les officiers à cheval. Un combat acharné aurait suivi. A Gueudecourt, la 6e division allemande, une division d'élite, aurait dû abandonner ses lignes, se défendre dans des trous d'obus et exécuter ensuite un retour offensif. Le 13, les attaques alliées auraient décru, leur principal effort se portant sur Sailly, le bois de Saint-Pierre-Vaast et l'Est de Bouchavesnes, et aboutissant à de violens corps à corps. Enfin le 15, les Français occupaient la partie du village de Sailly qui est à l'Ouest de la route de Bapaume. Un autre îlot fut conquis le 16. Le reste du village, avec les croupes Nord-Est et Sud, fut enlevé le 18. L'intérêt de cette conquête était d'enlever à l'ennemi ses observatoires sur la cuvette de Combles et sur le vallon entre l bois des Bouleaux et Morval. Au Sud de la Somme, le 14, l'aile droite française enleva d'une part la première ligne allemande sur un front de 2 kilomètres à l'Est de

Belloy, et d'autre part emporta au Nord-Est d'Ablaincourt le hameau de Genermont et la sucrerie, en faisant 1 100 prisonniers. Ajoutez une heureuse opération le 18 entre la Maisonnette et Biaches. Ce sont les dernières convulsions de la bataille de la Somme, qui est réellement finie au milieu d'octobre. Tous les témoins s'accordent à dire que l'inclémence du temps fut la cause de l'arrêt. Le terrain était impraticable. Cette boue de la Somme ne ressemble ni au mortier blanchâtre et collant de la Champagne, ni au matelas glissant des Flandres. Elle forme des étangs incertains, de profondeur inconnue, où il est très difficile d'avancer. Si l'automne avait été sec, le destin de la guerre aurait peut-être changé. Les témoignages s'accordent également à représenter les troupes allemandes, à la fin de cette bataille, comme extrêmement démoralisées. On ne peut donc pas dire que le système des offensives limitées, indéfiniment renouvelées, dont elle est le type, doive être condamné. Il s'en est fallu de très peu qu'il ne donnât des résultats décisifs.

La bataille de la Somme achevée, Sir Douglas Haig reporta son effort sur sa gauche, et commença un bombardement méthodique des positions allemandes de l'Ancre, destiné à les rendre intenables. Il réussit ainsi dans le courant de novembre à en enlever une sensible partie : le 13 novembre, Saint-Pierre-Divier et Beaumont-Hamel; le 14, Beaucourt. Du 13 au 19 novembre les troupes britanniques faisaient 7000 prisonniers.

A la fin de 1916 le front passait à l'Est d'Hébuterne, à l'Est de Beaumont-Hamel, franchissant l'Ancre à l'Est de Grandcourt, coupait la route d'Albert à Bapaume entre le Sars et la butte de Warlencourt, laissait aux Alliés Gueudecourt et Lesbœufs, puis Sailly-Saillisel dont il bordait les lisières Nord et Est. Il suivait la lisière occidentale du bois de Saint-Pierre-Vaast, coupait Rancourt, laissait largement Bouchavesnes aux Alliés, et passait la Somme à l'Est de la péninsule d'Omiécourt. Sur la rive gauche il laissait Biaches aux Alliés, coupait en deux le plateau de la Maisonnette, couvrait Barleux qui restait aux Allemands, ainsi que Berny et Chaulnes. De là il décrivait un grand arc de cercle autour de Roye, laissant aux Allemands Fouquescourt, Parvillers, une moitié de l'Échelle-Saint-Aurin, Beuvraignes et Lassigny, et passait le canal de l'Oise au Sud de Ribécourt.

Il était évident que la bataille recommencerait au printemps. Les Allemands préférèrent ne pas attendre le choc, et ils cédèrent une large bande de terrain, en se repliant sur une ligne Est d'Arras-Bullecourt-Ouest de Marcoing-Saint-Quentin, puissamment fortifiée à l'avance. Cette ligne a reçu des Alliés le nom de ligne Hindenburg. Par endroits, les Allemands tinrent à l'Ouest, sur une position avancée. En d'autres endroits, par exemple à Bullecourt, la ligne Hindenburg fut emportée. J'ai pu, comme plusieurs de mes camarades, la visiter dans ces endroits. Elle n'est point partout pareille à elle-même. Dans le secteur de Cambrai, il n'y avait pas moins de cinq lignes, depuis la ligne avancée qui était poussée en fond de vallée, jusqu'à la ligne de soutien qui était à contre-pente, derrière la crête qui surplombait cette vallée. Dans la région de Bullecourt, il y avait, autant que j'ai pu voir, deux lignes. La première, la principale, était une espèce de monument égyptien, en béton armé, avec des fortins, qui fournissaient des observatoires et des postes de mitrailleuses. Entre ces fortins s'ouvraient des descentes coffrées qui menaient à un premier étage d'abris, puis à un second étage. Ces galeries souterraines communiquaient par des sapes profondes à l'arrière avec la seconde ligne, à l'avant avec des blockhaus à mitrailleuses, qui formaient position avancée, et qui étaient noyés dans un océan de fils de fer.

Les Allemands ayant cédé le terrain sur la Somme, les offensives alliées en 1917 durent se reporter à gauche et à droite, d'une part sur la crête de Vimy, d'autre part sur le Chemin des Dames. Puis dans l'été de 1917, Sir Douglas Haig reporta son effort dans le Nord : la IIe et la Ve armée britannique conquirent le cercle de collines qui entoure Ypres. L'ennemi fut rejeté de ces hauteurs dans les plaines situées à leur pied oriental où il passa l'hiver. Enfin le 20 novembre, une offensive déclenchée par surprise, devant Cambrai, par la IIIe armée, faillit amener des résultats très importans. Nos alliés s'emparèrent du bois Bourlon, d'où ils voyaient à revers les positions de Quéant. La situation était intenable pour l'ennemi, et il est vraisemblable que si ce succès avait pu être maintenu, les lignes allemandes auraient du être profondément modifiées. Il ne le fut pas. Nos alliés formaient une poche, dont les Allemands, le 30 novembre, attaquèrent le flanc droit. La ligne dut être ramenée en arrière, tout en conservant des avantages de terrain assez importans.

XII

Cependant, le bruit se répandait que l'ennemi prendrait l'offensive au printemps. Les travaux qu'il exécutait ne laissaient guère de doute à cet égard. Ils faisaient penser que l'attaque aurait lieu sur le front de la IIIe armée, dans le secteur de Cambrai, et qu'elle atteindrait pareillement la Ve, qui, ayant quitté les Flandres, était venue prendre la droite de la IIIe, entre Gouzeaucourt et Barisis, où elle se liait avec les Français. Des documens surpris permettaient de penser que cette offensive était préparée pour le 1er mars 1918.

Elle se déclencha le 21 mars, contre l'une et l'autre armée, sur un front de 80 kilomètres, entre la Scarpe au Nord et l'Oise au Sud.

Pour cet effort, les Allemands, conformément à leurs habitudes, avaient créé deux armées nouvelles. Ces deux armées, la XVIIe au Nord, sous les ordres du général Otto von Below, et la XVIIIe au Sud, sous les ordres du général von Hutier, étaient venues encadrer la IIe, aux ordres du général von Marwitz, qui tenait normalement le secteur. La XVIIe armée comprenait, du Nord au Sud, les six groupes von Stein (ancien IIIe corps bavarois), von Fasbender (ancien Ier bavarois de réserve, von Borne (ancien XVIIIe corps), von Kühm (ancien XIe corps), von Lindequist (ancien XIVe corps de réserve) et von Grunert. La IIe armée comprenait quatre groupes : von Staebs, von Kathen, von Gontard et von Hofacher. La XVIIe armée comprenait également quatre groupes, von Luthwitz, von Atinger, von Webern, et von Conta.

A la fin de janvier, une instruction du grand quartier général allemand fixa les principes à suivre. Ces principes étaient au nombre de quatre. Tout d'abord, on écartait l'idée que les divisions pourraient être relevées après un jour de combat. « Au contraire, étant bien conduites, elles doivent être ménagées de façon à poursuivre l'offensive pendant plusieurs jours et à exécuter ainsi une avance considérable. » Ceci est l'application de ce qu'on avait vu en Italie pendant cette offensive d'octobre 1917, qui est, à tant de points de vue, une répétition générale de l'offensive actuelle. Les divisions de choc étaient restées très longtemps en ligne et avaient marché sur une profondeur dépassant une centaine de kilomètres. On comptait à la fin de janvier appliquer la même méthode en France. Toutefois, on a dû changer d'avis par la suite. Nous verrons en effet qu'on a adopté une tactique tout à fait différente, en progressant par un jeu de divisions qui se doublaient réciproquement.

Le second point de l'instruction est particulièrement important. Il porte que, même dans le cas d'opérations de seconde grandeur, l'offensive doit toujours pénétrer en profondeur jusqu'à 8 kilomètres ou davantage, de façon à dépasser les positions de l'artillerie ennemie. Pour cela, il faut que le commandement fasse sentir son action non pas seulement au moment où l'action s'engage, mais pendant toute sa durée. Il y a là, au point de vue tactique, un point essentiel. Le succès, dit l'instruction, n'est pas dû seulement à un bon engagement des troupes et à l'exécution méthodique de l'attaque, mais à une conduite habile du commandement supérieur et subalterne, pendant l'attaque, selon la situation tactique du moment.

« Notre attaque, dit encore le document, doit, de ce point de vue, différer essentiellement des attaques entreprises jusqu'ici par les armées britanniques. Les Britanniques se fiaient à l'efficacité de leur barrage d'artillerie, habilement exécuté, mais rigide. Ce barrage devait porter en avant l'infanterie qui avançait sans aucun élan propre. Les chefs subalternes et à plus forte raison les chefs supérieurs cessaient d'avoir aucune influence ultérieure. » La conséquence de cette rigidité dans le mécanisme a été que, dans les diverses offensives britanniques, les succès tactiques initiaux, qui ont été souvent considérables (le quartier général allemand le reconnaît), n'ont pas été utilement exploités. « Cette étroitesse d'esprit dans la façon de comprendre le commandement et de conduire la bataille mènerait à la défaite. Il faut tout au contraire, à partir du moment où le barrage est levé, laisser la plus complète indépendance aux commandans des bataillons et des compagnies. » — On remarquera qu'en paraissant faire le procès aux méthodes alliées de 1917, les Allemands le font à leurs propres méthodes de 1916, devant Verdun. Ou plutôt, ils rouvrent une éternelle question, celle de l'indépendance à laisser ou à retirer aux commandans des petites unités. En

1870, cette indépendance était très large, et les Allemands s'en sont très mal trouvés. Ils avaient donc tendu à la réduire; ils paraissent revenir maintenant à l'ancien système; en fait, dans l'offensive d'Italie, on avait vu les petites unités, par un système très souple, se porter pendant la poursuite sur le point où elles menaçaient les flancs de l'ennemi, et changer sans cesse de direction. Les Allemands ont cherché à appliquer les mêmes principes dans la bataille actuelle. Pendant tout le temps de la poursuite, les unités qui trouvaient devant elles un point faible, une lacune dans le front britannique, l'indiquaient par des fusées, et aussitôt les unités voisines convergeaient d'elles-mêmes pour forcer ce point faible.

Quant au haut commandement, poursuit le document, c'est-à-dire quant aux chefs des divisions, des groupes et des armées, leur rôle consiste surtout à administrer l'économie des forces et l'emploi des réserves. La règle qu'ils doivent suivre est de ne pas jeter ces réserves sur les centres de résistance et sur les points forts de l'ennemi, autrement dit de ne pas renforcer l'attaque là où elle est arrêtée. C'est au contraire dans les secteurs où elle est encore en mouvement que les renforts doivent lui être envoyés, de façon à aider son progrès et à tourner ainsi les centres de résistance. Cette règle ne fait que répéter celles qui avaient été posées dès le printemps de 1915 par l'État-major français pour les batailles d'assaut. L'instruction insiste sur l'art d'engager les réserves au moment opportun. Ces réserves étant un véritable instrument de propulsion, il ne faut pas les engager trop tôt, ce qui risquerait d'arrêter l'attaque avant que la rupture soit faite (les premières instructions du maréchal Joffre en 1914 signalent ce défaut chez les Français); d'autre part, il faut les avoir toujours sous la main, de façon à empêcher un revers ou à exploiter un succès. Dans le même esprit, les états-majors doivent être avancés. Tous, même ceux des corps, seront sur le champ de bataille.

Le troisième principe rappelé par l'instruction est que le succès de toute rupture dépend de l'avance opportune de l'artillerie lourde et légère, ainsi que des minenwerfer légers. En fait, l'artillerie a marché avec les troupes. Enfin le quatrième principe n'est qu'un rappel de ce que nous avons vu dans le second : à savoir que l'artillerie doit par ses barrages préparer le chemin à l'infanterie après que celle-ci a pénétré dans la première ligne ennemie; mais que c'est le mouvement de l'infanterie qui doit régler celui des barrages. Le dessein était évidemment d'éviter ces décollemens entre le barrage et l'infanterie, qui avaient été si funestes aux troupes britanniques dans certaines affaires des Flandres.

XIII

Les trois armées Below, Marwitz et Hutier formaient le 21 mars une masse de 61 divisions en ligne. Comment la concentration s'était-elle faite?

De ces divisions, 25 tenaient normalement le secteur. Les 36 autres avaient été rassemblées à l'arrière, dans une zone Mons-Maubeuge-Lille-Avesnes-Laon. D'où venaient-elles? Douze d'entre elles, prélevées sur toutes les parties du front, avaient été amenées par voie ferrée, et débarquées, du 6 février au 20 mars, sur des points variant de 16 à 64 kilomètres du front d'attaque. Les 24 autres, tirées des fronts voisins du front d'attaque, étaient venues par route.

Une fois arrivées dans leur zone de rassemblement, ces 36 divisions avaient été portées en avant, par des marches de nuit, afin de dissimuler le mouvement à l'adversaire; et elles étaient arrivées, soit en ligne, soit en soutien immédiat, dans la nuit du 20 au 21, c'est-à-dire dans la nuit même qui précéda l'attaque.

L'examen des prisonniers a appris certaines particularités. On sut ainsi que plusieurs des divisions qui devaient attaquer avaient été préalablement mises au repos pendant trois ou quatre semaines. Pendant ce repos, elles avaient fait des manœuvres par petites unités, par bataillon ou tout au plus par régiment. Il n'est pas question de manœuvres par division. L'artillerie divisionnaire s'entraînait également. Elle a dû ensuite être envoyée d'avance sur le terrain, car aucun des prisonniers ne l'a vue en marche. Les troupes du génie ont également devancé l'infanterie. C'est ainsi qu'un prisonnier raconte avoir devancé de quatorze jours sa division à Prouville (Est de Quéant) pour préparer à l'infanterie des abris profonds de dix mètres; celle-ci n'arriva que dans la nuit du 19 au 20. D'autres prisonniers parlent également d'abris profonds, aménagés à la hauteur des soutiens immédiats. Il y eut ainsi chez l'ennemi un singulier mélange d'audace et de prudence.

On a publié des extraits du journal tenu par un officier allemand de la 26e division, tué près d'Hébuterne le 6 avril. Ce journal nous fait assister pour ainsi dire aux préliminaires de l'action. Le 13 mars, à sept heures du soir, cet officier avait débarqué du train, avec son régiment, à Villers-Pommereuil. A huit heures du soir, il avait marché par Thulin et Quiévrain jusqu'à Onnaing, où il était arrivé à une heure du matin. Il était resté cantonné à Onnaing pendant quatre jours. Le 18, il fut mis au courant de la situation générale. Il apprit qu'il faisait partie de la XVIIe armée. Il ne savait pas le nom du commandant de l'armée [Otto von Below], mais le chef d'état-major était Krafft von Delmensingen, sous qui il avait combattu en Italie. La division faisait partie d'un groupe constitué par le IXe corps de réserve. De grandes masses de troupes devaient se porter en avant en trois armées. Des attaques devaient être lancées dans le saillant au Sud d'Arras, en trois points qui avaient reçu le nom de Michel Ier, Michel II, Michel III. On sait que Michel est le nom symbolique du soldat allemand. Le jour de l'attaque, que les Français appellent le jour J, était baptisé le jour Michel. L'attaque devait se faire face à l'Ouest en direction générale des ports de Boulogne et d'Abbeville, dans le dessein de séparer les Anglais des Français. Si la France est laissée à elle-même, elle en viendra promptement à un accommodement. Les coups doivent donc être dirigés contre les Anglais. L'action a été préparée si soigneusement que l'échec est pour ainsi dire impossible. Cependant il peut se faire que l'attaque soit arrêtée sur un point : on rompra immédiatement le combat sur ce point, et les troupes seront portées sur un autre secteur.

La 26e division active, dont faisait partie cet officier, composait avec la 26e de réserve et la 236e un groupe, dit groupe Mars qui, placé au Nord du groupe d'attaque Michel Ier, devait en couvrir le flanc droit, et recevoir les contre-offensives de l'adversaire. « Nous avons, poursuit le journal, une quantité colossale d'artillerie à notre disposition. Par exemple, dans notre division, dont deux régimens seulement sont en ligne, nous avons 68 batteries et plusieurs centaines de minenwerfer de différens calibres. » Il dit ailleurs : « Notre artillerie est quatre fois celle de l'ennemi ; les tanks serviront à transporter l'artillerie lourde. Les gaz pourront être employés largement.

Un immense matériel est préparé pour le passage des tranchées et des trous d'obus. Chaque compagnie a son tonneau d'eau. »

Le 18 mars, à huit heures du soir, le régiment fut rassemblé et commença à marcher avec l'armée, qui faisait ce soir-là sa cinquième marche de nuit. La section que commandait l'officier était forte de 40 hommes. Il marchait vers Cherizy, en passant par Valenciennes. On avançait en se gardant contre les avions britanniques, qui cherchaient les routes à l'aide d'obus éclairans. Tout le convoi suivait son chemin avec ordre. « C'est étrange, dit le journal, de penser à toutes les masses de troupes qui marchent ce soir vers l'Ouest, par toutes les routes, sur un large front. L'Allemagne en marche. »

L'officier arriva dans la nuit du 18 au 19 à Aveluy, ayant fait 20 kilomètres. Il se reposa pendant la journée du 19 et repartit à huit heures cinquante du soir pour Auberchicourt où il arriva à une heure du matin. On laissa le second échelon du train à Auberchicourt et les troupes repartirent le 20 à huit heures cinquante du soir pour Estrées (Sud de Douai) avec le premier échelon, c'est-à-dire les mitrailleuses légères, les munitions, les mortiers de tranchées et les services de signaux. Enfin le 21, à six heures du matin, le régiment vit sur sa gauche, dans le secteur Michel Ier, un barrage d'artillerie. C'était la bataille qui commençait.

XIV

La Ve armée britannique, commandée par le général Gough, avait en ligne, du Nord de Gouzeaucourt jusqu'à Barisis, quatre corps d'armée, formant douze divisions. Elle avait de plus deux divisions en réserve. Les corps d'armée étaient de la gauche à la droite : le 7e (Templeux-la-Fosse), le 19e (Catelet), le 18e (Ham) et le 3e (Ugny-le-Gai).

On savait que l'ennemi avait une grande concentration de forces devant l'armée ; mais il était impossible de savoir s'il comptait les jeter en avant par une attaque frontale, ou les faire appuyer au Nord et au Sud. Sans doute, on lui avait vu faire en janvier et en février d'énormes travaux. Il avait multiplié ses lignes de communications, ses dépôts de munitions, ses positions de batteries, ses aérodromes, ses hôpitaux. Enfin, il s'était flanc-gardé du côté du Sud contre une riposte possible des Français, en fortifiant sur sa gauche la ligne de la Serre. Mais, d'autre part, il y avait sur une grande partie du front de l'armée, entre ses lignes et les lignes britanniques, un *No man's land* si étendu (il atteignait par endroits un kilomètre) qu'on pouvait considérer comme impossible l'entreprise d'une attaque qui aurait à traverser d'abord ce vaste espace.

Plaçons-nous, pour suivre l'action, au quartier général du 18e corps, sur la haute Somme, à Ham. Le corps tenait ce qu'on peut appeler le front de Saint-Quentin, depuis Grécourt (inclus) au Nord jusque devant Itancourt au Sud. Il avait relevé le 3e corps français, au milieu de janvier 1918. Il avait en ligne trois divisions : la 36e, dont le quartier général était à Ollezy ; la 30e, à Dury, et la 61e à Forest. Une semaine environ avant l'attaque, la 20e division était venue en réserve et elle avait son quartier général à Ham même. Depuis quelques jours, les prisonniers allemands annonçaient une attaque générale pour la nuit du 20 au 21. Ils ne connaissaient pas l'heure ; ils savaient seulement que l'assaut aurait lieu assez tard dans la nuit. Le mercredi 20, l'artillerie britannique tonnait avec violence. Depuis deux jours, elle avait pris pour règle de bombarder à heure fixe les transports ennemis dans Saint-Quentin. Ce soir-là, on décida de faire tirer pendant une heure, au début de la nuit, de grosses pièces qui ne s'étaient pas encore démasquées; après, quoi on changerait immédiatement leurs emplacemens. Au lieu de répondre, l'artillerie allemande, à partir de six heures, garda un silence surprenant, un silence impressionnant, disent les témoins. Mais tout à coup, à quatre heures du matin, rompant ce silence, elle commença brusquement un bombardement formidable. Elle tirait surtout sur les lignes. Les quartiers généraux furent relativement peu atteints. Ham ne fut pas visé ; Ollezy ne reçut rien ; Forest reçut des obus sans excès ; Dury seulement fut bombardé à fond.

Depuis trois jours un épais brouillard couvrait le pays pendant la matinée. Le même temps persista deux jours après l'attaque. Ce brouillard permit aux Allemands de franchir le *No man's land* et d'arriver aux lignes sans être vus. Cependant les nouvelles à dix heures du matin étaient encore bonnes ; on ne signalait pas d'attaque d'infanterie. C'est à ce moment que l'ennemi se porta à l'assaut. Son tir de préparation avait coupé toutes les communications téléphoniques et télégraphiques. Le brouillard empêchait de rien distinguer. Les batteries tiraient sur des points indiqués, au petit bonheur. Cependant les Allemands, arrivés aux réseaux, n'avaient pas essayé de les rompre. Ils les traversèrent sur des ponts portatifs en trois pièces. L'infanterie surprise eut des unités tournées et prises à revers. Elle essaya d'annoncer l'ennemi à l'artillerie qui ne vit pas les signaux.

Toute la journée, les nouvelles contradictoires se succédèrent à Ham. On apprit la retraite du 3e corps sur la droite, du 19e corps sur la gauche. Sur le front même du corps, l'ennemi entra à six heures du soir à Contescourt, à sept heures à Grand-Seraucourt. Cependant la situation ne paraissait pas telle que l'état-major dût quitter Ham. La gare et le carrefour de routes voisin avaient reçu dans la journée une douzaine d'obus. Ce n'est qu'à cinq heures du matin, le 22, que l'ordre fut donné d'évacuer la population civile. Le premier train partit à sept heures et demie du matin ; puis les trains se succédèrent. Enfin au début de l'après-midi, tandis que la 20e division était envoyée en ligne, l'état-major du corps quitta Ham, et se porta sur Nesle, où il arriva à six heures du soir. A minuit, l'ordre arriva de quitter Nesle et de se porter sur Roye. Le départ se fit dans la nuit. On arriva à Roye de très bonne heure, et on y resta jusqu'au 25.

Je n'ai pas de détails sur les itinéraires des autres corps. Au centre gauche, le quartier général du 19e corps, qui était au petit village de Catelet, à 5 kilomètres dans le Sud-Est de Péronne, repassa la Somme, et vint s'établir le 22 à Villers-Carbonnel. Le 23 au matin, il déménageait de nouveau, et reculait jusqu'à Foucaucourt, c'est-à-dire jusqu'aux anciennes lignes françaises de 1916. D'autre part, l'attaque allemande fut, dans la journée du 21, énergiquement contenue à la gauche de l'armée. La 9e division, une magnifique division d'Écossais et de troupes d'Afrique méridionale, qui tenait à l'extrême gauche le secteur de Gouzeaucourt, garda tout son terrain, sauf 300 mètres dans un bois situé à sa droite. Le quartier général de la division ne quitta Nurlu que le 23.

D'après les rapports publiés, la rupture se fit le 21 sur la droite de l'armée. Des ordres furent envoyés à la gauche et au centre de suivre le mouvement. De même l'extrême droite, moins fortement pressée, ne se retira que par ordre. Le repli fut effectué en bon ordre. Les divisions se retirèrent en combattant et sans perdre la liaison. Où il était nécessaire de maintenir la ligne, elle fut rétablie par des contre-attaques. Les garnisons des points d'appui luttaient jusqu'à ce que le gros se fût écoulé et que leur rôle de protection fût terminé; alors elles se repliaient à leur tour. L'artillerie se retirait par échelons.

A la fin de l'après-midi du 21, de graves nouvelles furent apportées par des aviateurs. Ils voyaient la zone située derrière le front d'attaque ennemi bondée de soldats, et des troupes en masse arrivaient encore de toutes les directions. En même temps, l'ennemi, dont la supériorité numérique était immense, continuait à attaquer en vagues denses et rapprochées. La situation devenait critique. On ordonna à certaines unités de se retrancher pour permettre l'écoulement du reste. On envoya quelques renforts aux points les plus menacés; mais dans l'ensemble, la conduite adoptée fut de se replier sur les réserves. La cavalerie et les tanks couvraient la retraite. Les troupes arrivèrent tard dans la nuit aux positions prévues où elles s'arrêtèrent. Nous avons vu que les Allemands ne pressèrent pas. Le recul de l'armée dans cette première journée avait été en moyenne de 5 kilomètres.

Le 22, l'ennemi renouvela l'attaque en grande force et avec une extrême énergie. Il fallut donc continuer la retraite jusqu'à une zone assez naturellement forte pour que la résistance y prît une allure définitive. En attendant qu'elle fût atteinte, on devait combattre en arrière-garde, certains points, qui furent désignés, étant énergiquement tenus pour couvrir la retraite. Ces instructions furent exécutées. A minuit, l'armée se trouvait ramenée sur une ligne qui, se détachant vers l'Oise de la ligne originelle, suivait le canal Crozat, puis la Somme, enveloppait Ham, tournait au Nord par Monchy, l'Agache, Vraignes, l'Est de Beaumetz, Brusle, Tincourt et l'Est de Hurlu. Au total, cette ligne couvrait à distance le fossé de la Somme, prolongé au Nord par celui de la Tortille.

Le moment était venu, dans cette nuit du 22 au 23, de prendre une grave décision. Devait-on établir la résistance principale sur cette forte ligne Tortille-Somme, que les Alliés n'avaient pas pu franchir en 1916? Devait-on au contraire continuer la retraite? Il y avait deux points à considérer : l'état des divisions engagées, et le temps dans lequel arriveraient les renforts. Or, les divisions engagées étaient réduites à de très faibles effectifs; d'autre part, l'arrivée des renforts ne pouvait pas être espérée avant un délai de plusieurs jours. On décida donc de continuer le repli à l'Ouest, à travers l'ancien champ de bataille de 1916, en se retirant sur les réserves. Le 23 au matin, le 19e corps reçut l'ordre de repasser la Somme. A sa gauche, en conformité avec lui, le VIIe corps se replia à l'Ouest de la Tortille. Cette journée du 23 est assez obscure. Il semble bien qu'on avait l'intention de défendre encore les passages de la Somme. Dans la matinée, comme on l'a dit, l'état-major du 19e corps s'établissait à Foucaucourt. J'ai vu dans la même matinée de l'artillerie lourde qu'on établissait dans la région de Marchelepot. D'autre part, la droite de l'armée semblait assez calme. Nesle, à une lieue seulement à l'Ouest de la haute Somme, n'était pas bombardé. Un ordre parfait régnait dans toute la région. On voyait déménager des hangars d'aviation, des camps de prisonniers, mais d'une façon régulière et sans précipitation. Les routes n'étaient pas encombrées. On rencontrait çà et là le triste convoi des émigrans, emportant sur une charrette leurs matelas amoncelés et quelques meubles. Un vieux marchait à la tête du cheval. Les femmes suivaient à pied, et derrière elles les enfans. Ces pauvres gens étaient tristes et graves, mais on ne voyait sur leurs faces fermées aucun signe de désolation ni de terreur. Parfois dans les villages abandonnés, on rencontrait des anciens, que rien n'avait pu arracher à leur maison. J'ai vu un vieux paysan, assis sur un mur bas, qui était la plus tragique figure de l'obstination. Il y en a qu'on entraîna de force, qui s'échappèrent et qui revinrent chez eux, préférant les obus à l'exil.

Que se passa-t-il dans cette journée du 23? Les divisions en ligne n'étaient plus qu'un rideau. L'ennemi attaquait sans cesse, déplaçant ses forces. On avait donné l'ordre de tendre entre l'Ancre et la Somme une ligne Albert-Péronne, puis d'organiser la Somme en amont de Péronne. A gauche d'Albert, la ligne de défense aurait rejoint Arras par Gommécourt, Blaireville et Beaurains.

Mais ni la ligne de la Somme, ni Péronne qui en est la clé ne purent être conservées. L'ennemi passait au Sud de Péronne. Mais c'est au Nord de la ville qu'il porta le 24 son principal effort. Il occupa ce jour-là, sur la route Péronne-Bapaume, la hauteur importante de Sailly-Saillisel et la dépression de Combles. De là il poussait 3 000 cavaliers à l'Ouest, par la route où fut Guillemont, jusqu'au bois des Trônes.

Tandis que les corps se repliaient, le front de l'armée était couvert par la cavalerie, par l'artillerie à cheval, par les tanks, dont l'intervention dans ce cas reste assez discutée, enfin par des unités de fortune. La première division de cavalerie, qui était le 22 au Mesnil, à une lieue au Sud de Péronne, s'était portée le 23 vers sa gauche (Sud) pour disputer le passage de la Somme entre Pargny et Béthencourt. Mais le 24, elle fut rappelée au Nord, à Bray-sur-Somme, et, le 26, elle était engagée au Nord de la rivière, au bois de Bernafay. L'artillerie à cheval rendit dans cette retraite d'immenses services. Voici l'itinéraire de la première batterie, attachée à la première division de cavalerie. Dès le 21 mars, à deux heures de l'après-midi, elle avait été dirigée sur Barnes, derrière la 24e division d'infanterie, qui défendait le Verguier. En route, elle reçut l'ordre de se joindre à l'artillerie de cette division; elle appuya alors sur sa droite, et entra en action près de Soyécourt. Le 22, après une belle défense de la position du Verguier, la 24e division dut se replier sur une seconde position, qu'on appelait la ligne verte, et qui faisait bretelle entre la Cologne au Nord et l'Omignon au Sud, à peu près à trois kilomètres derrière la première position, de Hamel à Ville-l'Évêque. La première batterie à cheval montée, après avoir vidé ses caissons sur l'ennemi, se retira derrière la ligne verte, entre Poeuilly et Vraignes. Vers le soir du 22, la ligne fut enlevée par l'ennemi. La première batterie resta néanmoins en position, à petite distance des Allemands, tirant pour permettre à l'artillerie divisionnaire de se dégager. Ayant accompli sa mission, elle se replia à son tour, et, vers huit heures et demie du soir, alla prendre position à deux lieues en arrière, vers Mons-en-Chaussée. Mais le lendemain 23, on s'aperçut qu'il existait un trou sur la droite entre la 24e division et la 61e. La batterie qui risquait d'être prise à revers reçut l'ordre de se retirer derrière la Somme, et d'aller interdire les passages en amont, entre Pargny et Béthencourt. Elle se mit donc en position près de Morchain, et tira toute la journée. L'ennemi réussit à passer dans la nuit du 23 au 24. Mais il lui fallait maintenant s'élever sur les crêtes qui sont à l'Ouest de la rivière. La batterie, qui s'était retirée vers Potte, le couvrait d'obus quand il apparaissait sur ces crêtes. Quand il fut arrivé à la hauteur de Morchain à moins de deux kilomètres de Potte, elle se retira au Nord de Dreslincourt, et continua à tirer sur lui à 3000 mètres, tandis qu'il attaquait Morchain et le village plus méridional de Mesnil-Saint-Nicaise. Le soir, elle recula de deux kilomètres environ vers le Nord-Ouest, à l'Est d'Omiécourt, et de là établit un barrage sur les issues de Morchain, où l'ennemi était entré.

Cependant une patrouille ayant trouvé le 25 l'ennemi à Dreslincourt, la position d'Omiécourt, à une demi-heure de marche des Allemands, devenait intenable. La batterie, laissant un détachement sur place pour couvrir le recul de l'infanterie, alla prendre position vers Chaulnes, et tira sur l'ennemi qui avançait dans cette direction. Le soir, le détachement rejoignit après avoir brûlé toutes ses munitions, et la batterie au complet se retira sur Lihons. Le 26, elle reçut l'ordre de reculer de six kilomètres environ sur Vrely, couvrant de ses feux le repli de l'infanterie qui prenait position à trois kilomètres dans l'Est à Méharicourt. Elle resta là le 27. Le 28, elle recule encore d'une lieue, jusqu'à la route Caix-le-Quesnel, tirant sur l'infanterie allemande qui avançait. Elle resta là jusqu'à ce que l'infanterie britannique en retraite fût arrivée à son niveau. Elle alla alors prendre position à deux kilomètres en arrière, dans les bois de Beaucourt, puis, vers le soir, plus loin vers la route Mézières-Moreuil. Elle tira de là toute la journée du 29, et le soir se replia sur la crête au Nord de Moreuil. Le 30 au matin, on la fit appuyer au Nord sur la Luce près de Domart. C'est là qu'elle fut engagée toute la journée. Le 31, on la reporta sur Hailles, d'où elle couvrit les bois de Moreuil. Enfin le 1er avril, après dix jours de combats ininterrompus, elle envoya ses pièces en réparation.

Les auto-mitrailleuses du corps canadien ne rendirent pas moins de services au Nord et au Sud de Péronne. Plus tard, quand l'ennemi poussa sa cavalerie au Sud de la Somme vers Villers-Bretonneux, les auto-mitrailleuses lui reprirent d'un coup dix kilomètres. A Longueval, le 24, ce fut l'état-major du corps des tanks qui envoya à la rescousse, avec des fusils mitrailleurs, tout son personnel disponible.

La journée du 25 marqua la fin de l'autonomie de la 5e armée. Déjà dans la nuit du 23 au 24, ses deux divisions de droite avaient été relevées par les Français. Le 25, le 7e corps, formant la gauche au Nord de la Somme, fut rattaché à la 3e armée, tandis que les unités au Sud de la Somme furent mises à la disposition du général Fayolle. Le 19e corps, violemment engagé ce jour-là près de Marchelepot, et réduit à de très faibles effectifs, fut ramené sur la ligne Hattencourt-Chaulnes-Ablaincourt-Deniécourt-Estrées-Asseviller-Frise. Quant au 18e corps, situé à la droite du 19e, son état-major quitta, dans cette même journée du 25, Roye où il était depuis le 23, et il vint s'établir sur l'Avre à Moreuil. Il y resta trois jours, puis s'établit encore une fois plus en arrière. Le corps resta en ligne jusqu'au 4 avril, complètement mélangé avec les Français. Les effectifs étaient si réduits, qu'il s'était fait dans les derniers temps une sorte de fusion avec le 19e corps, celui-ci dirigeant les opérations, et le 18e ne gardant que l'administration.

Nous avons laissé ce 19e corps le 25, formant une ligne qui partait de la Somme où son aile gauche était à Frise, et qui se dirigeait par Deniécourt sur Chaulnes, avec son extrémité à Hattencourt. Il était ainsi à peu près, sur l'ancienne ligne tenue par les Français soit au commencement, soit à la fin de la bataille de 1916. En fin de journée, la situation s'était encore aggravée : tandis qu'au Nord de la Somme les Allemands avaient poussé jusque devant Albert, au Sud de la rivière la 5e armée avait dû reculer jusqu'à la ligne Proyart-Rozières. Proyart était tenu par l'héroïque 39e division. Mais les troupes étaient épuisées. Il n'y avait plus de réserves à engager, et on n'en attendait pas avant quatre jours au moins.

A une dizaine de kilomètres derrière le front, il existait bien une vieille ligne de défense française tendue sur le plateau de Santerre, entre la Somme au Nord et la Luce au Sud. Elle barrait la Somme sur la rive Nord à Sailly-le-Sec, sur la rive Sud à l'Est de Hamel. De là elle continuait vers le Sud en coupant la chaussée de Vermand à l'Ouest de Warfusée; puis, passant à l'Est de Marcelcave, elle venait barrer la vallée de la Luce à Aubercourt (rive Nord) et à l'Est de Demuin (rive Sud). Cette ligne, Sailly-le-Sec-Demuin, avait été, depuis l'avance de 1917, en grande partie détruite pour les besoins de l'agriculture. Un bataillon des Canadian Railways Engineers avait été chargé de la restaurer. Mais il n'y avait pas d'hommes pour la tenir; et pourtant son abandon compromettait gravement Amiens. Alors, le 25, à onze heures trente du soir, le général Gough tint conseil avec son état-major, et, pour sauver la situation, décida de créer, avec ce qu'on avait sous la main, une force de fortune, pour arrêter l'ennemi coûte que coûte. On rassembla quatre compagnies du génie attachées à l'armée, une compagnie de mineurs chargés des sapes souterraines, une compagnie d'ouvriers, une compagnie d'électriciens et de mécaniciens; on y ajouta le personnel des écoles de l'armée (5th *army school, sniping school, musketry school*). L'école de la 3e armée, instructeurs et élèves, fournit de son côté trois compagnies de cent hommes chacune. L'école particulière du 19e corps fournit un détachement. Enfin 500 sapeurs américains, qui étaient à Moreuil, complétèrent l'effectif, qui se trouva ainsi être de 2200 hommes pour tenir de la Somme à la Luce une ligne de 13 kilomètres! La tâche de réunir ces hommes fut confiée au major général G... du génie; on lui adjoignit le lieutenant-colonel H... un officier de l'intendance de l'armée et un aide de camp du commandant de l'armée.

Le 26, à trois heures trente du matin, les ordres furent donnés pour le rassemblement. A neuf heures trente, le général G... dans une entrevue à Villers-Bretonneux avec les commandans de compagnie, les distribua en trois secteurs. On donna encore à la petite troupe 160 fusils mitrailleurs du parc de l'armée, dont on arma chaque homme ou officier capable de s'en servir, 76 mitrailleuses, chacune avec quarante disques. D'autres détachemens, formés par les signaleurs de l'armée, et par l'Army Field Survey Company grossirent les rangs. La brigade d'auto-mitrailleuses du corps canadien fournit 14 mitrailleuses lourdes. Dans l'après-midi du 26, le major général G.-S. Carey, commandant la 20e division, prit le commandement. Avec lui arrivèrent le brigadier général Rees, du Welsh Regiment, le capitaine W... des Irish Guards, et le capitaine B... de la Rifle brigade. Le train se composait de 15 camions et de 20 voitures avec 103 conducteurs. Quelques signaleurs et 9 ordonnances à cheval assuraient les communications. Il n'y avait pas de secrétaires, et le petit état-major expédiait tout le travail. Tel fut le détachement Carey, dont M. Lloyd George a pu dire qu'il avait sauvé l'Angleterre.

Le 26, l'ordre avait été donné de barrer à tout prix le chemin d'Amiens. Le 27, l'ennemi fit un violent effort au Sud de la Somme, où la 39e division le contint près de Proyart; mais en même temps, étant plus avancé au Nord de la rivière qu'au Sud, il essaya d'en profiter pour passer de la rive Nord sur la rive Sud, dans le dos de la 39e division, à Cerisy. Le lieutenant-colonel H... qui commandait le secteur gauche du détachement Carey, sortit alors de ses lignes avec ses hommes, et alla pendant plusieurs heures interdire le passage. Il fut malheureusement contraint de se replier.

Cependant, le détachement grossissait de 300 officiers et soldats convalescens du camp de Cerisy, de 400 officiers et soldats du 2e Canadian Railway Battalion et de 2 000 isolés environ de la 5e armée. C'est ainsi que le détachement put repousser le 29 les énergiques attaques de l'ennemi. Le 30, les renforts arrivèrent enfin. Ce fut d'abord une brigade australienne; puis le secteur gauche fut repris par la 1re division de cavalerie, le secteur droit par la 61e division. Enfin le détachement fut relevé le 31 par la 18e division, et ultérieurement disloqué.

Tandis qu'il interdisait le passage à l'ennemi, on avait travaillé à construire à l'arrière une nouvelle ligne, qui redoublât la première. Cette ligne est pour ainsi dire tracée sur la carte. Elle commence au Nord, au bois l'Abbé, et se prolonge au Sud par Cachy. Mais comment en assurer la construction à un moment où on n'avait même pas d'hommes à mettre en première ligne? Cinquante officiers vinrent de Boves en camions le 28 mars, à sept heures du matin. Ils s'espacèrent du chemin de fer Amiens-Chaulnes jusqu'à Cachy, sur la ligne à construire. Ils avaient 14 fusils mitrailleurs, et 500 pelles et pioches. Ils avaient l'ordre de recueillir tous les traînards et de les mettre au travail. Le 1er avril, ils avaient ainsi pris au filet 700 hommes, et les travaux étaient fort avancés.

Telle est l'histoire sommaire du recul de la 5e armée, entre le 21 et le 30 mars. Comment fonctionnait le mécanisme allemand qui la contraignait à reculer?

Un régiment allemand, en ligne pendant l'attaque du 21 mars, présentait l'aspect suivant : en attendant le signal de l'assaut, il avait deux bataillons dans la tranchée de première ligne, et le 3e bataillon dans la tranchée de soutien. Le signal donné, il effectuait deux mouvemens; tout d'abord les trois bataillons s'avançaient simultanément, de façon à franchir le plus rapidement la zone dangereuse du tir de barrage; une fois le barrage franchi, les trois bataillons s'échelonnaient au contraire en profondeur, le troisième bataillon augmentant ses distances et restant en réserve. Le commandant du régiment restait avec le bataillon de réserve, et avait toujours avec lui un officier d'artillerie en liaison. — Chaque bataillon avançait avec deux compagnies en ligne et deux en soutien ; chaque compagnie avançait avec deux pelotons *(Zug)* en ligne et un en soutien.

Dès que la zone des défenses organisée fut passée (et elle le fut par endroits dès le premier jour), l'ennemi concentra de nouveau ses troupes, et commença une série de fortes attaques locales sur des points choisis de la ligne, pour amener sur ces points des retraites locales. Il poussa alors son infanterie par les trous ainsi formés, de façon à élargir les brèches et à prendre à revers les parties restées intactes, lesquelles étaient alors attaquées à leur tour.

Il est certain que cette manœuvre demande un instrument tactique fonctionnant avec beaucoup de précision et de souplesse. Comme nous l'avons dit, l'infanterie était guidée vers les points qui avaient cédé par des fusées, et elle s'engouffrait alors dans le trou. Les prises à revers qui en résultaient pour les unités voisines expliquent le grand nombre des prisonniers.

Si ce trou n'avait pu être fait, si la ligne britannique avait tenu bon, il devenait impossible de manœuvrer. Les Allemands essayaient alors de rompre la ligne par le choc et la masse. C'est dans ce cas qu'ils ont attaqué en colonnes massives, capables de fournir de violens coups de bélier.

Une troupe qui avançait en terrain découvert se couvrait par une ligne de tirailleurs ; le gros suivait en petites colonnes, qui s'adaptaient étroitement à la forme du terrain. Les mitrailleuses légères étaient poussées en avant avec les tirailleurs. Elles tiraient constamment, même en marchant, et leur emploi intensif est caractéristique de la tactique ennemie dans cette bataille. — Les mitrailleuses lourdes suivaient avec les soutiens. — Il faut noter l'emploi du tir indirect des mitrailleuses, constituant ainsi de véritables barrages de balles : système dont les troupes britanniques se servaient d'ailleurs depuis 1917, et qui a été inauguré dans la guerre actuelle par les Canadiens. Il n'y a eu dans cette avance ni emploi de détachemens de grenadiers, ni emploi de grenades à fusil. Au contraire les mortiers de tranchées légers suivaient de très près l'infanterie pour l'appuyer, si elle était sérieusement arrêtée, et pour renforcer les mitrailleuses, s'il fallait défendre certaines localités contre des retours offensifs. La liaison avec l'arrière était assurée par des coureurs jusqu'aux postes de commandement des régimens; plus loin vers l'arrière, elle se faisait soit par le téléphone, soit par des motocyclistes. Enfin l'artillerie avançait, suivant les témoignages allemands, sur les talons de l'infanterie.

Ceci se passait dans l'intérieur de chaque division. Ces divisions étaient échelonnées par deux ou trois en profondeur, se relayant avant d'être arrivées à la fatigue, et avançant comme à saute-mouton.

XV

Tandis que ces événemens se passaient sur le front de la 5e armée, qu'arrivait-il à la gauche sur le front de la 3e?

Le 21, l'ennemi réussit à pénétrer d'une profondeur de 2800 mètres en moyenne dans les lignes britanniques de Doignies à Ecoust; mais toutes les attaques des deux côtés de ce secteur, soit sur la droite de l'armée depuis la route Cambrai-Bapaume jusqu'au Canal du Nord, soit sur la gauche, au Nord d'Ecoust, échouèrent. La 51e division, la division des Highlanders, une des plus belles de l'armée britannique, se trouvait un peu au Nord de la route Bapaume-Cambrai, par conséquent sous la droite de la partie enfoncée. Voici ce qui s'y passa. L'ennemi commença la préparation par des obus à gaz, puis continua avec du 15, mais il n'attaqua pas directement. Ayant ainsi réussi à percer plus au Nord, il arriva dans le flanc gauche de la division, et déboucha sur le poste de commandement d'un bataillon en ligne. Ce bataillon eut deux compagnies cernées: les deux autres tinrent bon toute la journée. La division étant échelonnée en profondeur put envoyer des renforts, et elle se battit en arrière-garde jusqu'au 27.

Le 22, après des attaques répétées, l'ennemi réussit à avancer à la gauche de l'armée vers Vaulx et Henin. Dans la nuit du 22 au 23, pour se conformer au mouvement de la 5e armée, la 3e évacua à sa droite le saillant de Havrincourt. A gauche, le saillant de Monchy, mis en évidence par la marche de l'ennemi sur Henin, fut également évacué.

Le 23, l'ennemi continua à attaquer avec une extrême violence. Les troupes britanniques durent évacuer Mory; mais les attaques sur Velu et sur Vaulx furent repoussées, avec de lourdes pertes.

Le 24, l'armée repoussait des attaques à Henin et à cheval sur la route de Bapaume à Cambrai. Mais l'ennemi, ayant réussi plus au Sud à prendre à la 5e armée Sailly-Saillisel, tournait la 3e armée par sa droite. Il fallut donc, dans la nuit du 24 au 25, exécuter un nouveau repli. Ce repli s'exécuta sans être inquiété par l'ennemi. On a vu d'autre part qu'à partir de ce moment le front de l'armée fut étendu au Sud jusqu'à la Somme, par rattachement du corps de gauche de la 5e armée. Le 25, les Allemands attaquèrent sur toute la ligne depuis Ervillers au Nord, jusqu'à la Somme au Sud. A la gauche britannique, ils furent repoussés entre Ervillers et Behagnies; mais à la droite, quoique repoussés à Montauban, ils réussirent à prendre Maricourt, immédiatement au Nord de la rivière, sur la route de Péronne à Albert. Ils dépassaient là leurs anciennes lignes de 1916, puisque c'est de Maricourt que l'attaque anglaise du 13e corps contre Montauban était partie le 1er juillet.

Un nouveau recul était donc nécessaire. Dans la nuit du 25 au 26, l'armée pivotant sur sa gauche, c'est-à-dire sur Boyelles, fut ramenée sur le front Moyenneville-Ablainzevelle-Bucquoy-Hamel-Albert-Bray. Le 26, l'ennemi attaquait des deux côtés d'Albert, au Nord sur Beaumont-Hamel et Serre qu'il prenait, au Sud, le long de la Somme, sur Bray, dont il s'emparait également. Mais c'était la fin de son avance. Une attaque sur Bucquoy dans la nuit du 26 au 27 était repoussée. Ceux qui ont passé cette nuit à Amiens peuvent s'en souvenir; un bombardement intensif par avions dura depuis neuf heures du soir jusqu'à quatre heures du matin; l'ennemi, volant très bas, au milieu du fracas des bombes et des mitrailleuses, avait surtout visé la jonction de la ligne de Paris et de la ligne de Rouen. En gare de Longueau, un train avait été mitraillé. Au petit jour, on voyait dans les rues des pauvres gens, leur paquet à la main, s'en aller dans la direction de l'Ouest. Dans cette journée du 27, de violentes attaques sur tout le front depuis Moyenneville au Nord jusqu'à la Somme au Sud échouaient.

L'ennemi, ainsi arrêté, essaya le 28 d'étendre son front vers le Nord; il jeta de nouvelles divisions à l'assaut, et attaqua depuis Puisieux au Sud jusqu'au delà d'Oppy dans le Nord. Il réussit à faire reculer la ligne d'avant-postes de la gauche britannique, sur un front allant de Henin jusqu'au Nord de la Scarpe. Mais la droite de Henin à Bucquoy résista. A midi seulement, de nouvelles attaques la firent reculer à Ayette et à Boisleux-Saint-Marc. Le 29, un autre repli local laissa à l'ennemi le village de Neuville-Nitasse et le bois des Rossignols. Le 30, toutes les attaques ennemies furent repoussées; le 31, ce fut la ligne britannique qui se reporta en avant de 400 mètres au Sud de la Scarpe. En somme, la tentative d'extension du front allemand vers le Nord, si elle avait rogné un ourlet de terrain, n'avait pas donné d'autre résultat.

XVI

Nous avons vu successivement le recul de la 5e armée, puis le repli consécutif de la 3e armée à gauche. Mais le recul de la 5e armée avait cet autre effet d'ouvrir à sa droite un large trou entre elle et les Français. L'office des Français fut d'abord de boucher ce trou et d'empêcher l'ennemi de s'avancer par l'Oise. Puis, remontant progressivement, et relevant à mesure les unités britanniques, les Français finirent par tenir tout le secteur jusqu'à la Luce, les Allemands cherchant toujours la rupture à la liaison des deux armées. Cette relève progressive de la 5e armée par les unités françaises, en plein combat, est par elle-même une très belle opération. Un article de M. Barzini, dans le *Corriere della Sera* du 12 avril, nous a appris que cette relève était bien prévue en cas de nécessité.

Quand la 3e armée française avait été, au début de 1918, relevée par les troupes britanniques, qui s'étaient alors étendues jusqu'à Barisis, cette armée était demeurée constituée dans la région de Montdidier, de telle sorte qu'elle se trouva prête à intervenir rapidement. Par la suite, le front français au Nord de l'Oise, augmentant d'étendue, fut occupé par une armée aux ordres du général Fayolle, auquel fut également subordonnée l'armée du général Rawlinson, laquelle avait relevé la 5e armée.

Dès le 21, à dix heures du soir, à la nouvelle que le centre de la 5e armée pliait devant Saint-Quentin, un corps d'armée français, fut alerté. Son rôle à cet instant critique devait être décisif. Suivant le magnifique ordre du jour lancé par le général P., il allait défendre le « cœur de la France. » Il se mit en marche le lendemain 22 à midi. Le 23, on rencontrait dans Noyon les uniformes bleus. L'état-major du corps resta là jusqu'au 25 à sept heures du soir sous un violent bombardement, ne quittant la place que lorsque le commandement y fut devenu impossible. La mission de ces troupes était, en soutenant la droite britannique, d'empêcher les Allemands de franchir le canal Crozat, tendu en bretelle entre la Somme et l'Oise, et par conséquent de se faire jour dans la trouée entre ces deux rivières. Mais au même moment, le 23, l'ennemi forçait à Ham le passage de la haute Somme. Les divisions britanniques qui défendaient le canal Crozat se trouvèrent donc tournées par leur gauche, et furent contraintes de reculer. Les Français commencèrent à relever ces divisions entre l'Oise à droite et l'axe, Saint-Simon-Roye-Montdidier à gauche.

Le 24 au soir, les Français se trouvent intercalés dans les troupes britanniques. A leur droite, c'est une division anglaise qui tient les ponts de l'Oise, et empêche les Allemands de déboucher sur la rive Sud, entre la Fère et Chauny, de Coudren à Autreville. Sur la rive Nord, Chauny est aux mains des Allemands; les Français, leur droite à la Somme, font un front d'Ognes à Ramecourt, contre l'ennemi qui débouche de Ham; ils couvrent Guiscard à la hauteur du Plessis-Patte, d'où ils se lient à leur gauche avec le 18e corps, qui essaie de contenir les Allemands, lesquels ont passé la Somme plus bas, de Béthaucourt à Epenoncourt.

Le 25, comme nous l'avons déjà vu, toutes les forces au Sud de la Somme sont mises sous le commandement du général Fayolle. « Le commandement français, dit une note officielle, dirige, coordonne, renforce aux points voulus. En même temps qu'il place les troupes mises à sa disposition, il rassemble et reforme les élémens de deux corps anglais en retraite qu'il remet en ligne. Jamais la collaboration franco-britannique ne fut plus étroite, ni plus heureuse. Grâce à elle, grâce à l'artillerie anglaise qui permet à la nôtre d'accourir, le front d'armées constitué en plein repli se soude et résiste peu à peu. »

Le 26, l'ennemi attaque fortement les Français qui, pivotant sur leur droite, sont obligés de se replier à gauche pour la maintenir en contact avec les troupes britanniques. Un témoin oculaire qui se trouvait le 26 dans la matinée un peu à l'Ouest de Chaulnes, à Lihons, a vu l'ennemi procéder par attaques locales, bombardant des points strictement définis. Les villages au Sud de Chaulnes, Hellu et Hattencourt, étaient encore aux Alliés, comme en témoignaient les éclatemens noirs des shrapnells allemands. Lihons même était calme et ne recevait que très peu d'obus. Les troupes françaises et britanniques combattaient entremêlées, les Français arrivant par la droite et occupant les positions britanniques, tandis que nos alliés se retiraient par l'Ouest. Le 26 au soir l'ennemi était nettement arrêté devant notre droite. Il fallait maintenant étendre progressivement le barrage vers notre gauche. Le 28 au soir, le verrou était tiré depuis la vallée de l'Oise jusqu'à Montdidier. « Dès le 29, dit la même note, on sentit que la situation était changée; les attaques de l'ennemi échouaient de Canny au mont Renaud. Nos unités se reconstituaient sur place; les troupes anglaises rassemblées rejoignaient leurs armées. L'artillerie française remplaçait l'artillerie anglaise au fur et à mesure de son arrivée. L'ordre revenait avec le succès. »

Les Allemands, témoins de cette consolidation, essayèrent de la prévenir avant qu'elle fût complète. Aussi bien ils avaient été arrêtés devant Amiens, et entre Amiens et Arras. Il était assez naturel qu'ils reportassent l'effort à leur gauche, et, le 30 mars, ils firent une attaque générale sur tout le front français depuis le mont Renaud, hauteur qui domine l'Oise, au Sud de Noyon, jusqu'à Mondidier. A vol d'oiseau, le front est de 32 kilomètres. L'ennemi porta son principal effort sur trois points : à sa gauche, les hauteurs au Sud de Lassigny sur lesquelles il tâchait de s'élever; à sa droite, les collines de Montdidier, qu'il attaque principalement au Sud-Est de la ville, à Assainvillers; au centre enfin, dans la dépression entre ces deux systèmes de hauteurs, la grande route de Roye à Senlis, le long de laquelle il essaya de s'avancer par Conchy-les-Pots.

Dans la matinée, il progresse sur les trois points; déjà ses divisions fraîches affluaient; mais au centre, comme elles s'avançaient vers le Sud, sur la route de Senlis, elles furent prises dans le flanc droit par une violente contre-attaque menée face à l'Est sur le front Hainvillers-Mortemer. A la droite française, devant Lassigny, le combat n'était pas moins brillant. Quand on sort de Lassigny, en se dirigeant vers le Sud, on a devant soi, à un kilomètre environ, le village du Plessis, et derrière ce village, sur des pentes montantes, le parc du château; un peu à gauche (Est), se dresse un monticule, éperon détaché des collines dont la masse est plus au Sud; ce monticule, au sommet duquel on exploite le calcaire à ciel ouvert, c'est le Plémont. Sur ce front Plessis-Plémont, tenu par une seule division française qui se battait depuis huit jours, l'ennemi avait massé trois divisions, dont une, la 7e de réserve, toute fraîche, entraînée depuis la mi-janvier et arrivée à Saint-Quentin le 14 mars, avait relevé la nuit précédente la 1re division bavaroise. Après un bombardement d'une demi-heure seulement, mais violent, à sept heures trente du matin, l'ennemi sortit de Lassigny par vagues de deux compagnies accolées, les mitrailleuses légères en tête, tirant sans arrêt, l'infanterie suivant par bonds. Au Plessis, ils arrivèrent jusque dans le parc, de Plémont, presque jusqu'au sommet. Ils atteignirent même ce sommet, mais en furent bousculés par un chef de bataillon, qui, s'élançant de son poste de commandement, situé à 100 mètres plus loin, avec ses hommes de liaison, les seuls qu'il eût sous la main, tua un Allemand et fit reculer le reste. De plus, les défenseurs du Plémont pouvaient être pris à revers par les Allemands débouchant du parc de Plessis. Il fallait donc reprendre immédiatement ce parc. L'artillerie pendant une heure mit un barrage sur les voies par où les réserves pouvaient venir de Lassigny; elle mit un autre barrage, mobile et ramené comme par un coup de râteau, sur le parc de Plessis. L'infanterie donna à son tour, et en une demi-heure tourna le parc par le Nord. Plessis et le Plémont furent repris. L'ennemi, qui avait compté sur une avance d'une douzaine de kilomètres, était arrêté net. A l'aile gauche, au Sud immédiat de Montdidier, le Mouchet et Agencourt sont repris par les Français. Huit cents prisonniers restent entre leurs mains.

Les attaques continuèrent le 31, s'étendant principalement à la droite allemande, de Montdidier à Moreuil. La plus fameuse de toutes les divisions allemandes, la Ire de la garde, se fit massacrer à Grivesnes, et achever le lendemain.

Le 1er avril, l'ennemi était fixé sur tout le front d'Arras jusqu'à l'Oise. Il fit alors une dernière tentative. En 1870, quand Manteuffel avait attaqué Amiens, il avait débordé la ville par le Sud. Les Allemands essayèrent comme dernier espoir une manœuvre analogue. Il s'agissait de conquérir le grand faîte qui, à l'Ouest de l'Avre, sépare cette rivière de la Noye et d'aller couper dans la vallée de la Noye la voie ferrée d'Amiens à Paris. Une grande attaque fut montée pour le 4, des deux côtés de l'Avre, entre Grivesnes à la gauche allemande, et Hangard à la droite. Sur ce front de 15 kilomètres, les Allemands ne lancèrent pas moins de 13 divisions. A la gauche, ils enlevèrent Mailly-Raineval et au delà, à un kilomètre dans l'Ouest, le bois de l'Arrière-Cour. Mais le bois fut repris le lendemain, par une contre-attaque et le front reporté aux abords Ouest de Mailly-Raineval. Au centre, au contact de l'Avre, ils emportèrent Morisel et Castel. A la droite, ils enlevèrent la cote 99, grand éperon plat qui domine Hangard du côté Nord; mais cette cote fut reprise par un beau retour offensif du bataillon qui défendait Hangard. Plus loin sur la droite, les troupes britanniques durent céder un peu de terrain. Elles perdirent Hamel, le bois de Vaire, Warfusée et la moitié du bois de Hangard. Une partie de ce terrain fut reprise le lendemain dans une contre-attaque. Du 6 au 15 inclus, il n'y eut que des opérations de peu d'importance. Le 7, les troupes britanniques gagnèrent du terrain dans le bois de Hangard, prenant 3 officiers et 60 hommes. Le 9, ce fut l'ennemi qui essaya en vain de s'emparer du village de Hangard. Il s'empara du village et du bois le 11, et les reperdit le 14.

XVII

La seconde bataille de la Somme était finie. Le 6, les Français, au Sud de l'Oise, exécutaient une rectification de front préparée les jours précédens, et que les Allemands transformèrent en un facile succès. Puis le 9, l'ennemi transportait ses attaques en Flandre, et enfonçait le front entre le canal de la Bosnie et Armentières. La bataille de la Lys succédait à la bataille de la Somme.

Quel était l'objectif de l'ennemi le 21 mars? Les renseignemens fournis par les prisonniers sembleraient indiquer que l'objectif de l'ennemi était Amiens. L'attaque était projetée pour le 11; les prisonniers ignorent pourquoi elle a été retardée de dix jours. L'ennemi dut avoir la plus grande peine à amener à pied d'œuvre les munitions et l'artillerie lourde. Le temps avait été mauvais, et les troupes étaient très fatiguées.

L'offensive, enfin déclenchée le 21, enfonça le centre de la 5e armée; la droite débordée dut se replier à son tour, l'extrémité gauche, qui avait tenu bon, et la 3e armée qui la prolongeait au Nord, durent également se replier. Une retraite générale commença. L'énergique et rapide intervention des Français qui accoururent pour s'entre-mêler d'abord et se substituer ensuite aux armées britanniques sur plus de 60 kilomètres, la science militaire de nos chefs et la valeur de nos upes, la résistance de l'infanterie, de l'artillerie et de la cavalerie britanniques permirent à la ligne de se reconstituer à une quinzaine de kilomètres d'Amiens. L'ennemi n'avait pas atteint son objectif. A vrai dire, Amiens lui-même n'était qu'un symbole, ou, si l'on veut, un moyen. Le dessein véritable était de séparer les armées françaises et britanniques. Aussi voit-on l'axe principal des attaques remonter en même temps que la gauche des Français s'étendait. Le 28, l'attaque principale est en direction du Sud par la route Roye-Senlis; le 4 avril, elle se fait au contraire vers l'Ouest et le Nord-Ouest, des deux côtés de l'Avre. L'axe a tourné comme les aiguilles d'une montre. Or, cette séparation des armées françaises et britanniques, l'ennemi n'a pas pu la réaliser. Le 9 avril, les Allemands attaquaient en Flandre. Or, dès le 15, il y avait devant Cassel des divisions françaises d'infanterie et de cavalerie. La cavalerie était accourue en faisant 200 kilomètres en soixante heures! Quant à l'union morale des armées, elle n'a jamais été plus forte. Elle a abouti, après le conseil tenu le 25 à Doullens, à la nomination du général Foch comme généralissime: le général Foch, le plus habile manœuvrier que nous ayons.

Les trois armées allemandes qui attaquaient le 21 mars formaient un ensemble de 13 corps d'armée à 6 divisions, plus une réserve stratégique de 20 divisions, soit au total 98 divisions. Chaque corps avait normalement 3 divisions en ligne et 4 de réserve immédiate. Le front divisionnaire était d'environ 1 500 mètres.

Dès le 21 mars, l'ennemi engagea 44 divisions; le 22, il en engagea 11 autres; le 23, 4; le 24, 9; le 25, 6; le 27, 4. Aucune réserve nouvelle ne fut mise en ligne le 28. A partir de ce jour, le mouvement ennemi s'arrêta. Cependant, une nouvelle division entra en ligne le 29, 2 le 30 et une le 31.

Ainsi, dans les onze derniers jours de mars, l'ennemi a

dépensé 85 divisions, dont 42 au Nord de la Somme et 43 au Sud. D'autre part, à l'aide des divisions retirées de la ligne de bataille, l'ennemi avait soin de réalimenter sa réserve stratégique, de façon à la maintenir toujours à l'effectif d'une vingtaine de divisions.

A la date du 10 avril, le nombre des divisions allemandes engagées sur la Somme était de 93 ; à la fin d'avril, de 101. En trois semaines, cette bataille avait consommé plus de divisions que celle de 1916 en trois mois. De plus, une quarantaine d'entre elles étaient déjà revenues deux fois en ligne. Malgré cette dépense, aggravée d'une quarantaine de divisions engagées sur la Lys, l'ennemi a toujours réussi à maintenir sa réserve stratégique. Il y a été aidé par le retour d'un certain nombre de divisions de Russie, qui ont porté sa force totale sur le front occidental de 199 divisions à 206.

Malgré les efforts de l'ennemi pour organiser un roulement qui donne le plus de rendement avec le plus d'efficacité, ce jeu des divisions retirées, puis ramenées, n'est pas indéfini. Le recomplétement des divisions fatiguées ne l'est pas davantage, et nous savons que l'Allemagne est obligée de puiser largement dans la classe 19. Déjà la classe 20 a été appelée dans certaines parties de l'Allemagne, et elle va probablement l'être, dans le courant de mai et de juin, dans tout l'Empire.

Les Allemands ont obtenu un avantage appréciable en diminuant l'espace libre derrière l'armée britannique, ou, comme ils disent, l'étendue de la tête de pont occupée par l'armée britannique en France. Mais pour que cet avantage puisse amener une décision militaire, il faut une seconde bataille qui, pressant l'armée britannique aux deux ailes à droite sur la Somme, à gauche sur la Lys, la rejette à la mer. Les combats du 24 avril à ces deux extrémités sont probablement le début de cette action nouvelle. Mais il est hors de toute vraisemblance que les Allemands, s'ils l'engagent, la gagnent. Les armées alliées, unies et consolidées, sont là pour leur barrer le chemin.

HENRY BIDOU.

(A suivre.)

REVUE SCIENTIFIQUE

NOUVELLES REMARQUES A PROPOS DU « KANON »

Le canon qui vise et bombarde la région parisienne, le « Kanon, » le super-canon comme on dit aussi, — et il serait peut-être plus correct de dire « surcanon » comme « surhomme », — continue à être un sujet d'une actualité brûlante, ou plutôt percutante. Ce n'est point seulement parce qu'on continue à parler beaucoup de ce phénomène d'artillerie; c'est surtout parce qu'il continue à parler lui-même.

Pourtant il faut bien reconnaître que le mal qu'il fait est en moyenne resté bien inférieur à l'estimation que j'en faisais dans ma dernière chronique. A l'appui de réflexions que je hasardais à propos des dangers, à mon sens bien supérieurs, que faisait courir aux Parisiens un souci exagéré du « Kanon, » il me faut aujourd'hui, — entre beaucoup d'autres, — citer une remarque apportée tout récemment devant la Société médicale des hôpitaux par MM. les docteurs Netter et Triboulet. Ces deux praticiens ont donné connaissance d'une liste comportant les âges et adresses de 21 nourrissons soignés, en un très court laps de temps, dans leur crèche de l'hôpital Trousseau pour des pneumonies ou des broncho-pneumonies contractées toutes à la suite de descentes nocturnes dans les caves.

Sur les 21 enfans, 8 sont morts, 6 ont guéri, 7 étaient au moment de cette communication en voie d'amélioration et 1 était mourant. Dans ces 21 cas (pour avoir le bilan correspondant à tout Paris, il faudrait les multiplier singulièrement en y ajoutant tous les cas correspondant aux enfans, aux vieillards et même aux adultes), la maladie a eu pour cause unique le refroidissement. Je n'insiste pas sur les commentaires édifians qu'on en peut tirer, et je me propose maintenan. revenant au « Kanon » lui-même, d'examiner quelques remarques et conjectures nouvelles, et aussi quelques faits relatifs à son tir, à sa balistique extérieure et aux moyens par lesquels on l'a finalement repéré, puis utilement contrebattu. Quand on dit le Kanon, il s'agit d'ailleurs d'un terme générique, car il est aujourd'hui prouvé que plusieurs pièces ont, au total, tiré vers Paris.

A propos de la regrettable indiscrétion relative au procédé du Russe Chilowski, — et que j'ai déplorée dans ma dernière chronique, — à propos aussi des rayures extérieures des obus lancés sur Paris, vieille idée française, on a fait ces temps-ci beaucoup de commentaires sur l'organisation de notre service des Inventions et celle de la Censure. On me permettra, — esclave du sérail, j'en connais les détours, — de tenter ici une très brève mise au point qui fait plus que toucher notre sujet, car elle en fait partie intégrante.

En ce qui concerne le ministère des Inventions, devenu aujourd'hui la direction des Inventions, études et expériences techniques, l'équité oblige à reconnaître qu'il n'est pour rien dans le fait que les Allemands ont dans Paris un objectif, — *non militaire*, — d'une étendue suffisante pour pouvoir tirer sur lui à 120 kilomètres de distance, tandis que nous n'en avons point d'analogue en face de nous. L'existence même et la mise au point du procédé Chilowski, — si malencontreusement dévoilées à nos ennemis par une indiscrétion criminelle, — prouvent l'activité, dans le domaine du tir à longue portée *militaire*, de la direction des Inventions où ce procédé a été apporté et mis au point.

Il faut convenir aussi que, — en dépit de certaines résistances et de certains préjugés assez difficiles à contrebattre, — la mentalité de ceux qui ont la charge d'examiner les propositions des inventeurs a beaucoup changé depuis la fin de 1914, depuis cette époque où, partant de cette conception honorable, mais fausse, que tout était prêt, une haute personnalité pouvait s'écrier : « Ils sont assommans, ces gens du front avec leurs inventions ; qu'ils se servent donc de ce qu'ils ont ! »

Aujourd'hui, dans la limite où les choses humaines sont exemptes d'une erreur accidentelle, et grâce pour beaucoup à l'impulsion vigoureuse de M. J.-L. Breton, cet état d'esprit a disparu et fait place à un autre tout opposé. Il n'est pas une proposition, quelle qu'elle soit, pas un croquis, fût-il informe, pas une suggestion, fût-elle même manifestement incohérente, qui ne soit examinée par la commission où siège, sous la présidence du grand physicien Violle, l'élite des techniciens de ce pays. Chaque projet fait, quelle que soit sa valeur, l'objet d'un rapport motivé et discuté par la commission. Or, depuis qu'a été institué en 1915 le ministère des Inventions jusqu'à l'heure où nous écrivons ces lignes, elle a reçu *plus de 26 000 propositions*. Le total dépasserait 40 000 si on y ajoutait celles qui furent envoyées antérieurement, et depuis le début de la guerre, aux ministère de la Guerre et de la Marine. On imagine ce que représente de travail ingrat et désintéressé l'examen de cette quantité de projets disparates. Et pourtant, bien que l'erreur soit, hélas ! humaine, on ne peut guère citer d'idées vraiment utiles et neuves, de projets originaux et étudiés qui aient été écartés depuis 1915.

* * *

D'où vient cependant que la Commission des Inventions, où travaillent, encore un coup, suivant la tradition des Monge, des Berthollet, des Lavoisier, les meilleurs techniciens de France, d'où vient qu'elle continue à avoir, comme on dit, une assez mauvaise presse ? Cela tient, à mon avis, à deux raisons. La première est qu'à côté d'inventeurs qui ont réellement apporté un progrès précieux, à côté d'un Georges Claude, à côté des inventeurs du V. B., un certain nombre des auteurs des projets présentés ou bien apportent une idée *a priori* irréalisable, ou bien apportent une idée déjà présentée avant eux sous une forme au moins aussi étudiée. Or, comme on ne peut pas le dire à l'inventeur, sous peine de risquer des divulgations dangereuses, comme d'autre part un des petits inconvéniens du régime démocratique est que peu de gens sont disposés à avouer qu'ils n'ont pas de génie, il en résulte des cas de mécontentement non toujours justifiés.

Mais... il y a un mais, il y a autre chose aussi, il faut bien l'avouer. Il arrive qu'un projet pris en considération par la Commission des Inventions et mis au point par les services techniques, — on en pourrait citer maint exemple, — ne soit finalement pas adopté, ou du moins pas généralisé aux armées. La Commission, — cette pelée, cette galeuse, — n'en saurait être rendue responsable, car son rôle, borné à un examen technique ne lui donne pas qualité pour ordonner la généralisation des dispositifs même reconnus excellens par elle. C'est qu'ici interviennent des raisons d'opportunité, de complication de matériel, de tactique, dont est seul juge le commandement. Il est juste sans doute que la décision finale lui appartienne. Pourtant, s'il est permis d'exprimer ici une suggestion, peut-être serait-il bon d'assurer une collaboration, une liaison, une fusion encore plus intimes et confiantes entre ces deux organes de la réalisation des inventions : celui qui juge et celui qui commande. D'ailleurs, de très grands progrès ont été depuis le début de la guerre réalisés déjà à cet égard. On ne saurait aller trop loin dans cette voie, car si le système des cloisons étanches est excellent pour maintenir à flot un navire, il aboutit au résultat contraire lorsque, comme dirait M. Prudhomme, ce navire est le char de l'État.

Pour ce qui concerne enfin l'incident Chilowski, l'Académie des Sciences s'est, on le sait, émue avec raison de l'indiscrétion commise et elle a émis, — avec moins de raison à mon avis, — le vœu que toutes les publications techniques dans la presse soient soumises à la direction des Inventions. J'ose penser que ce vœu est inutile; d'une part, l'activité de cette direction ne doit pas être détournée de son objet qui suffit à l'absorber totalement. D'autre part, la censure des publications techniques est en fait organisée, puisque tout article non du ressort du censeur doit être soumis par lui au service technique compétent des ministères de la Guerre ou de la Marine (artillerie, génie, service de santé, etc.). Telle est du moins la consigne, le tout est de l'appliquer, et non d'instaurer des organismes inutilement nouveaux. En l'appliquant, en mettant rigoureusement en jeu les responsabilités personnelles des intéressés, suivant le principe cher à notre Président du Conseil, on évitera dans ce domaine bien des insdiscrétions, — dont l'histoire du repérage par le son offre un exemple encore plus frappant que celle du Chilowski, — et aussi bien des calomnies.

Et maintenant que nous avons examiné quelques-uns des effets, — effets indirects, — du tir du « Kanon, » revenons à celui-ci :

Il faut croire que l'union sacrée ne s'étend pas à la balistique, car, après les discussions chaudes et animées, dont il fut question dans notre dernière chronique, et qu'ont soulevées la nature des obus tombant sur Paris et leur mode de propulsion, on en a vu surgir de non moins passionnées sur tous les élémens de la trajectoire. Ainsi jadis les docteurs disputaient, se vouant réciproquement aux gémonies, sur le point de savoir si les courbes décrites par les planètes étaient des épicycloïdes ou des cercles... alors qu'elles n'étaient ni l'un ni l'autre.

***

Combien de temps d'abord reste dans l'air le singulier projectile quelle est, comme on dit, sa « durée de trajet? » Manquant d'abord de données précises là-dessus, nous avions émis l'hypothèse que les durées de trajet croissent proportionnellement de la même façon dans le vide et dans l'atmosphère et, en tenant compte que la durée de trajet des obus qui bombardent Dunkerque à 38 kilomètres est d'à peu près 1 minute 57 secondes, nous en avions déduit, par le calcul, que le trajet du projectile qui nous intéresse doit être d'environ 3 minutes. Effectivement on a constaté, depuis, que cette durée, à très peu près, a cette valeur, ce que confirme d'ailleurs un article récent du général allemand Rohne, grand spécialiste de ces questions, article paru dans la *Gazette de Voss*, et qui indique comme durée de trajet 3 minutes et 3 secondes. La longueur de la trajectoire, — dont la corde est d'environ 120 kilomètres, — n'étant pas inférieure à 150 kilomètres, on en déduit que la vitesse *moyenne* du projectile pendant son trajet est supérieure à 800 mètres à la seconde (2880 kilomètres à l'heure). C'est beaucoup plus que la vitesse de surface de la terre dans son mouvement de rotation, et à l'équateur où elle est la plus forte, et qui ne lui fait parcourir qu'environ 83 kilomètres dans le temps que l'obus en parcourt 150. Autrement dit, si nous imaginons par la pensée que cet obus puisse transporter un être pensant, et tourner indéfiniment autour de la terre avec la même vitesse moyenne dans le sens où le lancent les Allemands, il tournerait plus vite autour d'elle que ne fait apparemment le soleil, et les jours et heures s'écouleraient à l'envers pour cet être pensant. C'est-à-dire qu'il rajeunirait au lieu de vieillir, — en apparence du moins, — et voici qui montre bien comme notre façon de subdiviser le temps est conventionnelle.

En réalité, la vitesse réelle de l'obus sur sa trajectoire varie d'une façon complexe et diffère plus ou moins de sa vitesse moyenne. Si cette trajectoire était dans le vide, l'obus aurait à son point d'arrivée la même vitesse qu'au départ, cette vitesse décroissant d'ailleurs de part et d'autre jusqu'au sommet de la trajectoire où elle serait minima. En fait, il n'en est pas tout à fait ainsi à cause de l'influence perturbatrice de l'air.

D'une part, — comme nous l'avons déja montré, — cette influence exige que la vitesse initiale correspondant à cette portée soit supérieure à ce qu'elle serait dans le vide (elle doit être en fait voisine de 1400 mètres). D'autre part, elle rend la vitesse restante au point de chute, non pas égale, mais nettement inférieure à la vitesse initiale. Cette vitesse restante est d'ailleurs encore très supérieure certainement à 330 mètres par seconde qui est la vitesse du son. La preuve en est qu'au voisinage des points de chute à Paris, le bruit de l'éclatement n'est précédé d'aucun sifflement prémonitoire. Il en serait différemment comme dans le cas des obusiers et des mortiers, et même de certains canons à fin de trajectoire, si le son allait plus vite que l'obus à son arrivée. En effet, dans ce cas, le sifflement qui est dû aux irrégularités du frottement de l'obus contre les couches d'air précéderait la chute de celui-ci.

La résistance de l'air, et surtout sa diminution avec l'altitude ont d'autres effets curieux sur la vitesse du projectile. C'est ainsi que cette vitesse, — tout cela est facile à démontrer, mais je fais grâce des calculs à mes lecteurs, — passe par un minimum, non pas au sommet même de la trajectoire, mais après ce sommet. Ensuite, alors que l'obus retombe, cette vitesse croît. Mais elle ne croît pas indéfiniment. Si la densité de l'atmosphère était partout constante, elle croîtrait jusqu'à une certaine valeur maximum correspondant à l'instant où la retardation de l'air est égale à l'accélération du mouvement, puis elle resterait constante.

Huyghens avait déjà, il y a deux siècles et demi, signalé ce phénomène :

« Un corps, disait-il, en tombant à travers l'air, augmente continuellement sa vitesse, mais toutefois en sorte qu'il ne peut excéder ni même atteindre un certain degré qui est la vitesse qu'il faudrait à l'air soufflé de bas en haut pour tenir le corps suspendu sans pouvoir descendre ; car alors, la force de l'air contre ce corps égale sa pesanteur. J'appelle cette vitesse pour chaque corps sa vitesse terminale. »

Mais en poursuivant le raisonnement d'Huyghens, — que confirme le calcul, — et en tenant compte que, dans le cas qui nous occupe, la densité de l'air décroît beaucoup et vite du sommet de la trajectoire au sol, on arrive à cette conclusion singulière que notre obus, non seulement n'a pas à partir du sommet de sa course une vitesse croissante comme il ferait dans le vide, non seulement n'a pas une vitesse d'abord croissante puis uniforme, comme il ferait dans un air homogène, mais en réalité *a une vitesse qui croît d'abord, passe par un maximum, puis décroît avant le point de chute*, si paradoxal que cela puisse paraître.

***

Quel angle fait la trajectoire avec le sol au départ et à l'arrivée? Quels sont autrement dit l'angle de tir et l'angle de chute ? On a beaucoup disputé sur ces questions qui ont un intérêt non seulement théorique, mais extrêmement pratique et utilitaire comme nous allons voir.

Dans le vide, l'angle de tir qui correspond à la portée maxima est de 45°. Dans le tir courbe habituellement réalisé jusqu'ici au moyen des obusiers et des mortiers et qui peut être considéré comme se faisant dans une atmosphère homogène, l'expérience et le calcul ont montré que l'angle de tir correspondant à la portée maxima est inférieur à 45° et généralement voisin de 43°. Il n'en est pas du tout de même dans le cas qui nous occupe, comme l'a le premier chez nous fait remarquer M. Claude. Ici, en effet, que s'est-on proposé? Faire traverser le plus vite possible par l'obus les couches basses et résistantes de l'air de manière qu'il arrive dans des couches élevées, raréfiées où sa vitesse se conserve. Or, en braquant à 55° le canon qui nous intéresse on ne réduirait que de 5 p. 100 la portée théorique, tout en portant de 30 à 40 kilomètres l'altitude théorique atteinte, c'est-à-dire que l'obus ferait la plus grande partie de son trajet dans des couches encore beaucoup moins résistantes. Or, ceci doit compenser cela, et au delà, et c'est ainsi que M. Claude avait été amené à penser que l'angle de tir devait être voisin de 55°. Cette prévision a été exactement confirmée, notamment par la presse allemande. Tel est en particulier l'angle de tir indiqué par le général Rohne dans l'article déjà cité.

***

A côté de l'angle de tir, il faut considérer l'angle de chute qui, s'il n'est pas moins intéressant pour les balisticiens, l'est infiniment plus pour les autres Parisiens. Certains théoriciens, hypnotisés par les précédens, connus relatifs au tir courbe dans l'air avaient émis l'hypothèse que l'angle de chute devait être très voisin de 89° ou de 90°, c'est-à-dire que l'obus devait tomber à très peu près verticalement et que par conséquent en aucun point des rues de Paris on ne pouvait être assuré d'être défilé par rapport à lui. D'autres au contraire avaient pensé que la plus grande partie du trajet ayant lieu presque dans le vide, la forme de la trajectoire devait différer peu de la trajectoire théorique dans laquelle l'angle de chute est égal à l'angle de tir. Ce sont ceux-ci qui étaient le plus près de la vérité. Des mesures et des recoupemens faits en divers points de chute à Paris, dont certains se prêtaient fort bien à cette détermination, ont montré que l'angle de chute est voisin de 60°, c'est-à-dire que l'angle fait par la trajectoire à son arrivée est deux fois plus petit que celui qu'elle fait avec l'horizontale.

De là on peut tirer quelques conséquences pratiques intéressantes pour ceux des Parisiens à qui le « Kanon » procure quelque crainte et quelque perplexité. La direction de la trajectoire est à très peu près Nord-Est-Sud-Ouest. Par conséquent, dans les rues et les espaces vides, on est assuré d'être défilé chaque fois que, regardant vers le Nord-Est et sous un angle d'environ 60° avec le sol, on a devant soi un obstacle matériel, un mur, une maison. La même méthode est applicable aux personnes qui veulent savoir si leurs fenêtres, si leur appartement peut être atteint ou non par le projectile. Pour cela, il leur suffit de se mettre à leurs fenêtres, de se tourner vers le Nord-Est (ce que l'orientation de leur rue sur le plan de Paris, faute d'une boussole, leur permet de faire facilement), et de viser suivant une inclinaison de 60°. Si leur regard rencontre une maison, un obstacle matériel, ils sont défilés. Rien n'est plus facile d'ailleurs que de viser suivant un angle de 60° : il suffit pour cela de construire une sorte d'équerre en bois ou en carton dont les deux côtés de l'angle droit ont respectivement 20 centimètres et 35 centimètres de long. En posant horizontalement le petit côté sur le rebord de la fenêtre et en visant le long de l'hypothénuse, le regard fait avec le sol l'angle voulu.

Je m'excuse de donner ces indications un peu puériles, mais enfin, si petit que soit le danger, les personnes qui ont le temps ne doivent pas néanmoins négliger ces petits moyens d'assurer leur sécurité ou, pour mieux dire, de faire que le pourcentage des mauvaises chances soit réduit de 1 millionième à 1 milliardième. Ce sont là choses dont il est assurément permis de se soucier quand on a des loisirs.

***

En fait, non seulement l'effet de chacun des obus qui tombent sur la région parisienne est en moyenne relativement peu redoutable et souvent négligeable, mais le nombre, la fréquence des coups a diminué beaucoup depuis le début et s'est singulièrement raréfiée.

Cela provient évidemment en partie de ce que les Allemands, en faisant coïncider leur premier bombardement de Paris avec la grande offensive qu'ils désiraient décisive, avaient compté doubler d'un effet moral sur la capitale le coup foudroyant qu'ils croyaient pouvoir asséner à nos armées et que l'héroïsme français a paré une fois de plus. En ce sens les projectiles du « Kanon » étaient vraiment des obus à double effet. C'est pourquoi donc ils avaient dès le premier jour intensifié leur tir sans tenir compte de l'usure des pièces, pensant bien qu'elle ne serait pas plus rapide, en tout état de cause, que celle des armées alliées. Là, ils s'étaient trompés.

Si le tir sur Paris s'est ralenti, c'est donc que « qui veut voyager loin ménage sa monture. » C'est aussi que l'usure progressive du « Kanon » ou plutôt des canons rend de plus en plus difficile leur service et doit exiger des réparations et des précautions sans cesse accrues.

C'est enfin et surtout que nous avons pris des mesures efficaces pour contrebattre et gêner ce tir. Pour cela, il fallait avant tout savoir où étaient exactement montés ces « Kanons ». Il fallait les repérer.

Le repérage visuel ou photographique, en particulier le repérage par photographies d'avion, n'est pas facile dans ce cas; d'abord parce que les abords de ces pièces sont certainement gardés de nos avions de reconnaissance par de puissantes escadrilles ennemies et des batteries diverses antiaériennes (c'est ainsi qu'on dit, au mépris de Vaugelas), ensuite parce que, dissimulées dans des bois, elles sont évidemment camouflées pour les dérober aux vues, et au besoin masquées par des fumées artificielles.

Il y a une autre méthode de repérage classique chez les belligérans : le repérage aux lueurs, la lueur d'un coup de canon, observée avec des instrumens gradués en deux ou trois stations éloignées fournit des directions dont le recoupement situe sur la carte la pièce cherchée.

Si les Allemands pendant les premiers temps n'ont tiré que le jour et jamais la nuit sur la région parisienne, c'était précisément pour éviter que cette méthode fût appliquée à leurs pièces à longue portée. Il est clair en effet que les lueurs sont beaucoup plus visibles et de plus loin la nuit que le jour, que les produits fumigènes peuvent non pas les dissimuler, mais tout au plus les diffuser dans l'obscurité; étant données la longueur d'environ 25 mètres de la pièce et la flamme énorme que doit produire à la gueule la charge de poudre considérable qui donne à l'obus sa grande vitesse, on comprend que les Allemands aient d'abord évité de la faire tirer la nuit.

Si depuis ils se sont ravisés, s'ils tirent parfois la nuit, c'est que leurs pièces ont été repérées par une autre méthode et qu'ils n'en peuvent douter, aux obus d'A. L. G. P. français qui en arrosent à chaque tir les emplacemens.

Cette méthode c'est le repérage par le son, invention française aujourd'hui appliquée sur une large échelle et sous des formes à peu près identiques dans les armées alliées et dans les armées ennemies. Je dirai quelque jour la genèse et l'histoire de cette invention, histoire étrange, extraordinaire. Pour aujourd'hui nous nous bornerons à en indiquer le principe fort simple et universellement connu maintenant des artilleurs du monde entier.

Imaginons deux observateurs X et Y placés à quelques centaines de mètres l'un de l'autre tout près du front de combat, communiquant entre eux par téléphone ou télégraphe, et munis d'appareils qui leur permettent, si une détonation se produit, de savoir exactement s'ils entendent celle-ci en même temps, ou l'un après l'autre, et avec quelle différence. Imaginons, pour fixer les idées, que l'observateur X entende un coup de canon donné une seconde exactement avant Y. Cela veut dire, puisque le son parcourt 330 mètres en une seconde, que la pièce est plus près de X que de Y de 330 mètres.

Si, autour du point X, je trace sur la carte des cercles successifs de 1 000, 1 100, 1 200 mètres de rayon, etc..., et autour de Y des cercles ayant respectivement 330 mètres de plus de rayon, c'est-à-dire 1 330, 1 430, 1 530 mètres, etc., chacun des cercles de X coupera le cercle correspondant tracé autour de Y en un point qui pourrait être l'emplacement du canon, puisque ce point est plus près de X que de Y de 330 mètres. Réunissons par une ligne tous ces points d'intersection. Cette ligne, bien connue de tous ceux qui ont fait de la géométrie élémentaire, c'est une *hyperbole*, l'hyperbole étant comme on sait définie : le lieu des points tels que la différence de leurs distances à deux points donnés est constante et égale à une valeur donnée.

Le canon cherché se trouve nécessairement en un point de cette hyperbole ainsi tracée sur la carte.

Si on détermine de même la différence entre l'instant où X entend le coup et celui où un troisième observateur Z, placé plus loin, l'entend, on pourra tracer de même autour de X et de Z une double série de cercles dont les recoupemens fourniront une deuxième hyperbole sur laquelle se trouve nécessairement situé le canon cherché.

Donc, étant à la fois sur ces deux hyperboles, ce canon se trouve forcément à l'endroit où elles se coupent sur la carte.

Tel est le principe d'une simplicité presque enfantine sur lequel est fondé le repérage par le son. Il va sans dire que dans la pratique, les choses sont un peu plus compliquées, car il a fallu trouver des appareils à la fois rustiques et précis pour avoir de l'exactitude. Il a fallu aussi résoudre une foule de petites difficultés : savoir distinguer et identifier une détonation donnée au milieu de beaucoup d'autres; distinguer les éclatemens des obus français des détonations de départ des canons ennemis ; tenir compte de l'influence variable du vent et de la température extérieure sur la vitesse du son, etc., etc., j'en passe et des meilleures. Mais de tout cela, on est venu rapidement à bout et le repérage est aujourd'hui chez tous les belligérans d'une application courante et aisée et d'un rendement proportionné à leurs facultés d'organisation respectives.

Les Allemands, qui s'en servent beaucoup, emploient d'ailleurs diverses ruses, divers artifices plus ou moins efficaces (... plutôt moins que plus) pour gêner ce repérage. Par exemple, ils font éclater à certaine distance des canons, des « marrons » qui produisent de fausses détonations. Ou bien, comme ils l'ont fait pour tenter d'empêcher le repérage par le son des pièces tirant sur Paris, ils font tirer *en même temps* d'autres pièces placées à quelque distance (dans le cas particulier des 170 de marine) et visant des objectifs différens. Ce synchronisme est facile à réaliser électriquement. Ce sont là malices cousues de fil blanc.

C'est ainsi qu'on a trouvé que les pièces tirant sur Paris (sont-elles deux ou trois, on n'en sait rien avec certitude, ce qui est établi, c'est qu'elles ont au moins deux emplacemens de tir et probablement trois) sont placées dans la région de la forêt de Saint-Gobain et de Crépy-en-Valois. Sur leur mise en batterie, on a eu des renseignemens incertains; ce qui est sûr, c'est qu'elles sont amenées sur rail comme les pièces longues qui bombardent périodiquement Nancy et Dunkerque.

***

Pourquoi les pièces étant repérées ne sont-elles pas immédiatement démolies ? C'est que pour arrêter le tir d'un pareil canon, il faudrait tirer dans son voisinage immédiat, à quelques mètres tout au plus.

Or, les « Kanons » sont à environ 12 kilomètres du front, à l'intérieur des lignes allemandes. Les pièces d'A. L. G. P. qu'on a pu amener pour les contrebattre, si elles n'ont trouvé de bonnes positions qu'à 5 ou 6 kilomètres du front, doivent donc tirer à près de 18 kilomètres. Un tir précis et efficace, sur un objectif aussi étroit et limité qu'une pièce, est donc très difficile dans ces conditions, et l'on ne peut espérer obtenir un résultat décisif à cet égard, — en mettant à part le cas du « coup heureux » qui semble s'être produit il y a quelques jours, — qu'en multipliant beaucoup le nombre de ces canons qui tirent et celui des obus à gaz qui, contre les batteries, sont aujourd'hui les plus efficaces, car ils rendent intenable pendant quelque temps le terrain voisin de leurs points de chute. L'efficacité de nos contre-batteries est d'ailleurs nettement démontrée par la raréfication du tir du « Kanon » qui est devenu ainsi beaucoup plus un objet de curiosité ou un sujet de conversation qu'un épouvantail. C'est d'autant plus méritoire qu'autre chose est de tirer sur un objectif de quelques mètres, autre chose, d'en atteindre un de plusieurs kilomètres comme Paris.

Nous avons vu que l'obus met trois minutes pour venir à Paris. Le coup du départ, si on l'entendait ici, n'arriverait que trois autres minutes plus tard. Il y a d'ailleurs un autre phénomène acoustique causé par le Kanon et qui a causé dans la banlieue Nord-Est de Paris quelques singulières méprises : c'est l' « onde de choc » dont j'ai déjà parlé ici même, qui est causée par le choc des obus contre l'air, lorsque leur vitesse dépasse celle du son et qui accompagne l'obus comme un sillage acoustique. Grâce à cette fausse détonation, qui frappe l'oreille des personnes situées sous la trajectoire, certains habitans de la banlieue ont pu croire à l'hypothèse de l' « obus-gigogne, » et beaucoup d'autres ont été convaincus que le « Kanon » est tout près d'eux. Il faut se méfier de ces illusions acoustiqnes.

Parfois il n'est pires sourds que ceux qui veulent entendre.

CHARLES NORDMANN.

REVUE MUSICALE

Claude Debussy. — *Castor et Pollux* à l'Opéra. — Musique religieuse de la vieille France. — A la mémoire d'un sanctuaire outragé.

Claude Debussy est mort il y a quelques semaines, âgé de cinquante-six ans. Il avait donné toute sa mesure, dont l'avenir dira peut-être qu'elle fut originale, et petite. Plus que tout autre musicien de son temps, celui-là buvait dans son verre, lequel, encore une fois, n'était pas grand, mais d'un mince cristal, où se jouaient, en reflets irisés, d'incertaines et changeantes couleurs. On peut ne pas aimer cet art, aller même jusqu'à le craindre; il est impossible de ne le point reconnaître, facile aussi d'en signaler le bienfait et le maléfice.

On sait que sur le cercueil de Richard Wagner une couronne fut déposée, qui portait cette inscription : « Rédemption au rédempteur. » Entendue autrement, en un sens plus étroit, l'épitaphe ne conviendrait pas mal à Claude Debussy. L'auteur de *la Demoiselle élue*, du *Prélude à l'après-midi d'un faune*, de *Pelléas et Mélisande*, n'a pas contribué médiocrement à nous délivrer, nous Français, du « rédempteur » lui-même, de celui-là qui, loin de nous libérer, finissait par nous opprimer et nous asservir. Une polyphonie indigeste et massive, le système du « tout à l'orchestre, » la passion, — poussée à la frénésie, — du « motif conducteur, » en un mot l'imitation ou la contrefaçon, de Wagner, le wagnérisme, puisqu'il faut l'appeler par son nom, avait alourdi la musique française et menaçait de l'étouffer. Debussy donna le signal d'une réaction nécessaire. Il commença d'épargner le matériel sonore, que l'on prodiguait en vain. Par lui, de pesante et bruyante, de grossière parfois que d'autres l'avaient faite, notre musique devint légère et presque silencieuse. Instrumentale ou vocale, elle apprit, elle rapprit à chanter, à parler bas.

A parler surtout, sinon seulement à parler. Dans l'œuvre de Debussy, la voix, l'orchestre, ne chante guère, ce qui s'appelle chanter. On croirait que l'auteur de *Pelléas et Mélisande* s'est promis, et qu'il a tenu sa promesse, d'écrire une partition tout entière, ou peu s'en faut, sans l'ombre, ou plutôt sans le rayon d'une phrase, d'une mesure mélodique. A l'orchestre, c'est tout juste si de temps en temps un thème se forme, qui se déforme aussitôt. La parole, au contraire, la déclamation lyrique, voilà l'ordre sonore où Debussy, musicien de théâtre, met toutes ses complaisances. L'auteur de *Pelléas* nous a, non pas enseigné, mais rappelé le pouvoir « d'un mot mis en sa place, » ou plus exactement d'une note, de quelques notes placées sur un mot, autour d'un mot qu'elles font valoir ; la vertu d'une intonation, d'un accent, posé doucement sur un orchestre qui murmure à peine, ou dans le silence d'un orchestre qui se tait. Et ce goût, cette prédilection pour le verbe, voilà peut-être le caractère éminent, le signe, non pas nouveau, mais renouvelé, où se reconnaît en Claude Debussy le musicien de race française.

Par là peut-être, mais par là seulement, il est possible de le rattacher à Rameau. Par le rythme, au contraire, ou bien plutôt par l'absence quasi totale de rythme, il en est « éloigné de plus de mille lieues. » C'est tant mieux, diront quelques-uns. L'un de nos défunts confrères n'a-t-il pas écrit autrefois : « L'émiettement des figures rythmiques semble avoir pour cause le progrès même de l'expression musicale. » Suivaient des considérations métaphysiques où nous n'entrerons pas aujourd'hui.

Mais la force et la précision, qualités françaises encore, et « ramistes » entre toutes, font singulièrement défaut à la musique de Claude Debussy. Dédaigneuse de la composition et de l'ordonnance, la plus contraire qui soit à la fameuse analogie de notre art avec une « architecture sonore, » cette musique a fait du vague et de l'indéfini son royaume. Royaume nouveau, je le veux bien, mais fragile ; peut-être sans bornes, mais sûrement sans bases, et qui ne fut jamais, qui ne saurait être longtemps du moins, le royaume de France.

En ce royaume, depuis l'avènement et le triomphe du « Debussysme, » il y a quelque chose, non point assurément de pourri, mais d'équivoque et d'inquiétant. On craint d'y reconnaître des signes beaucoup moins de progrès que de décadence. Ingénieux et subtil, faible et trouvant un charme à sa faiblesse même, l'art de

Debussy fait plus de place, attache plus de prix à l'impression passagère, à la sensation quelque peu maladive, qu'à la sensibilité saine, à la claire et forte pensée. Loin qu'il nous tonifie et nous réconforte, il menace de nous énerver, de nous alanguir et de nous dissoudre. N'espérons pas qu'il établisse, encore moins qu'il accroisse en nous la vie et la volonté de vivre. Étant sans consistance, il ne saurait être notre soutien et notre appui. Quand on songe à l'œuvre du musicien qui vient de disparaître, on est tenté de soupirer avec le triste Pelléas, son héros : « Il ne me reste rien, si je m'en vais ainsi. Et tous ces souvenirs, c'est comme si j'emportais un peu d'eau dans un sac de mousseline. » Aujourd'hui plus qu'hier, demain plus qu'aujourd'hui, nous demandons et demanderons à la musique, à la nôtre, de mettre et de laisser autre chose, quelque chose de plus solide et de plus salubre, dans nos esprits et dans nos âmes.

Depuis quelque temps, la mode est venue, ou revenue, d'opposer Gluck à Rameau, pour le lui sacrifier. Voilà, selon nous, une mode assez impertinente. Après la récente reprise de *Castor et Pollux* à l'Opéra, comme après la réapparition, de dix ans, plus ancienne, d'*Hippolyte et Aricie*, Gluck, et non pas Rameau, demeure pour nous le maître de la scène lyrique française au XVIIIe siècle, le musicien par excellence, et par définition même, de notre tragédie.

« Tragédie-Ballet, » tels sont les deux élémens, et les deux noms, de l'opéra de Rameau. Bien qu'un reste de ballet s'y mêle encore, l'opéra de Gluck, presque tout entier, n'est plus que tragédie. Il l'est avec une puissance et jusqu'à des profondeurs où Rameau n'atteint qu'en des rencontres trop rares. Poétique ou musicale, la tragédie pourrait prendre pour devise la maxime du moraliste : « Tôt ou tard on ne jouit que des âmes. » Un Gluck nous prodigue, un Rameau nous mesure cette jouissance-là. Nous n'emportons pas d'une audition de *Castor et Pollux* le souvenir de personnages, de caractères fortement représentés par les sons. Pollux, Télaïre, Castor, ne nous donnent le plus souvent qu'une faible, une froide impression de vérité, d'humanité, de vie enfin, inégale à l'émotion autrement vive, autrement poignante, que nous cause et nous laisse la figure d'un Orphée ou d'une Alceste, celle d'une Armide, d'un Oreste ou d'une et même de deux Iphigénies. A cet égard, l'aveu d'un apologiste, et non le moins judicieux, ni le moins éloquent, de Rameau, nous paraît significatif : « Il ne peut, » écrit du maître bourguignon M. Laloy, « il ne peut se dissimuler que peu lui importe de savoir si Hippolyte est digne d'Aricie... et si même Pollux rendra Castor à la lumière, lorsqu'il est à la fois son frère et son rival (1). » Mais pardon, tout cela nous importe beaucoup à nous, auditeurs de la tragédie musicale. C'est même ce qui nous importe le plus et ce qu'avant tout nous demandons à la musique de nous faire savoir.

Si nous ne le savons guère, si nous le sentons encore moins, la faute en pourrait bien être d'abord et surtout au récitatif de Rameau. Dans un ouvrage récent et considérable à plus d'un égard, M. Pierre Lasserre s'étonne qu'on ait critiqué les récitatifs de Rameau, qu'on leur ait « reproché leur sécheresse, leur froideur, leur tour formaliste et guindé, leur monotonie (2). » Ils nous semblent, à nous, mériter tous ces reproches. « La vérité, » poursuit leur avocat, « la vérité, c'est qu'en cette partie si difficile, si délicate, de l'art dramatique musical, il a créé (Rameau) d'immortels modèles de force expressive. Le type du récitatif, tel qu'il l'a conçu et souvent réalisé, est quelque chose d'admirable... Chez les Italiens, depuis Pergolèse, chez Gluck, chez Mozart, chez Rossini, chez les Français de la première moitié du XIXe siècle, le récitatif se présente comme partie sacrifiée ; on s'en sert dans les passages dramatiques tempérés, auxquels ne conviennent pas l'élan et l'expression lyrique ; et l'on admet que ce qui sied en ces endroits..., c'est une déclamation chantée, une mélopée plus ou moins accentuée dans ses contours et accompagnée par quelques accords dont le but sera plutôt de soutenir la voix que de contribuer réellement à l'expression. »

Le récitatif est-il vraiment cela, n'est-il que cela, chez les maîtres que l'on nous cite ? Chez Rossini lui-même, chez le Rossini de *Guillaume Tell*, il est souvent bien davantage. Et chez Mozart! Passe encore pour son *recitativo secco*. Mais l'autre, le récitatif accompagné, commenté par l'orchestre, qui tantôt le soutient et tantôt l'entrecoupe! Quel récitatif de Rameau pourrait faire oublier les plaintes, les sanglots de Donna Anna sur le cadavre du Commandeur, ou la narration précipitée, haletante, qu'elle fait à don Ottavio, de la nuit pour elle doublement terrible! Surtout qu'on se rappelle Gluck, le maître souverain du récitatif, d'un récitatif éloquent deux fois, par deux vertus égales et fraternelles, que nous appellerions volontiers, vous priant seulement d'excuser l'un et l'autre barbarisme, la musicalité

(1) *Rameau*, par M. Louis Laloy ; 1 vol. chez Alcan (Collection des *Maîtres de la musique*).

(2) *L'Esprit de la musique française*, par M. Pierre Lasserre ; Paris, Librairie Payot et Cie.

et la verbalité. L'œuvre de Gluck abonde en exemples sublimes de ce langage intermédiaire entre le chant et la parole, qui participe des deux et sait unir à toute la signification des mots, toute la beauté, toutes les beautés des sons. Les plaintes d'un Orphée (premier acte), le défi d'une Alceste (premier acte également), aux « *Divinités de l'Achéron,* » le songe d'Iphigénie (première scène d'*Iphigénie en Tauride*), et tant d'autres discours lyriques, les voilà, dans l'ordre du récitatif, les « impérissables modèles d'une force expressive » où Rameau n'atteignit pas avant Gluck, et que nul autre après celui-ci ne devait surpasser.

Encore si Rameau ne traitait en ce style que ce que M. Lasserre appelle « les parties sacrifiées, les passages dramatiques tempérés. » Mais c'est à des scènes, à des situations capitales qu'il applique un mode d'expression dont la faiblesse, la sécheresse et la fastidieuse uniformité, loin de les traduire, les trahissent. Il arrive alors que les débats les plus passionnés, les conflits les plus tragiques, ou qui devraient l'être, languissent et ne nous touchent point. Quand il faudrait que l'intérêt, que l'émotion fussent au comble, l'un et l'autre se dérobent. De là, dans le cours, ou plutôt sur les sommets de la tragédie musicale, des manquemens ou des vides soudains : tels les dialogues entre Pollux et Télaïre, entre Pollux et Castor, entre Castor et Télaïre. En chacun de ces entretiens, qui sont comme les grandes étapes, les grandes péripéties psychologiques du drame, alors que les âmes devraient se découvrir, se livrer à nous tout entières, il semble qu'elles se ferment et s'enferment dans les formules figées de la plus froide, de la plus insignifiante conversation.

Cherchons donc en dehors du récitatif les véritables beautés de l'œuvre de Rameau. Elles appartiennent à trois ordres différens : les chœurs, les divertissemens dansés, les airs. C'est en vain qu'on nous a dit un jour : « Rien ne perd aussitôt sa fraîcheur qu'une effusion lyrique, fût-elle la plus touchante du monde (1). » La pompe funèbre de Castor, au début de l'opéra, n'est pas autre chose, et c'est, et ce sera toujours une chose superbe. Sans doute, en un sujet similaire, et précisément par l'ampleur, par je ne sais quelle générosité plus grande de l'effusion lyrique, Gluck, le Gluck de la première scène d'*Orphée* l'emporte encore et nous attendrit davantage. Même ici, le génie de Rameau se concentre plutôt qu'il ne se déploie. Mais avec quelle force et quelle noblesse ! L'introduction symphonique, d'un

(1) M. Laloy, *op. cit.*

chromatisme rare chez Rameau, fait songer au fameux thème, douloureux et traînant : aussi : « *Weinen, Klagen,* » de Jean-Sébastien Bach. « *Que tout gémisse! Que tout s'unisse!* » Après chacun des deux lugubres commandemens, un accord d'orchestre, un seul, brise régulièrement le silence. Plus loin, le chœur à l'unisson contraste et tranche soudain avec le chœur harmonisé. Rien de plus simple et de plus vigoureux. Tout cela est beau de concision et d'épargne sonore. Telle est aussi la beauté de la célèbre déploration de Télaïre : « *Tristes apprêts, pâles flambeaux.* » Ne cherchons pas, là non plus, l'émotion, ou plutôt l'intensité de l'émotion que nous donne le désespoir d'Orphée, rien que par l'appel incessant : « *Eurydice ! Eurydice!* » et par les plaintes, par les sanglots qui le suivent. Je sais même une poésie, et toute seule, celle d'un Racine, il est vrai, qui surpasse ici la musique. « *O Soleil, ô mon père!* » s'écrie à certain moment Télaïre, et pour éloquente que soit l'apostrophe, elle est loin d'égaler en ampleur, en retentissement lointain, l'adjuration de Phèdre : « *Noble et brillant auteur d'une illustre famille.* » Ces pages de Rameau n'en sont pas moins d'un grand musicien de théâtre et d'un grand musicien tout court. On pourrait y distinguer, en empruntant le langage de nos confrères anglais, la *poetical* et la *practical basis;* en français : le sentiment et la science. Permettez-nous d'insister, — un moment, — sur cette dernière. Aussi bien l'auteur de *Castor et Pollux* écrivait, au début de son *Traité de l'harmonie réduite à ses principes naturels :* « La musique est une science qui doit avoir ses règles certaines. » Ce n'est pas sans raison que Voltaire appelait Rameau « notre Euclide-Orphée. » Or, la science, pour Rameau, la science musicale, est tout entière fondée sur l'harmonie. Il regarde un accord et surtout un accord consonant, un choix de sons unis par une analogie particulière, comme l'élément primitif, essentiel de la musique. La prééminence de l'harmonie sur la mélodie, voilà le premier principe, et le dernier, de la doctrine de Rameau, son point de départ et son point d'arrivée, ou de retour. Si maintenant on examine la phrase initiale de l'air de Télaïre : « *Tristes apprêts, pâles flambeaux,* » on reconnaît tout de suite qu'elle se compose de deux intervalles, l'un de quinte et l'autre de quarte, et descendans, la conjointe note intermédiaire, commune à tous les deux, leur servant de charnière, ou de pivot. En outre, sur la dernière syllabe du mot : « *flambeaux,* » on attend une certaine note, au chant. Mais elle y serait banale. C'est l'orchestre qui la donne, et la voix, l'ayant évitée, en pose une autre, imprévue, la tonique inférieure, qui répond à la tonique supérieure, entendue la première de toutes, à la mesure précédente. Ainsi la phrase mélodique est contenue, inscrite dans une octave, entre les deux toniques d'un accord. Ainsi la constitution de la mélodie est en quelque sorte harmonique, et cet exemple, tiré d'une page, de moins que cela, de quatre mesures seulement, nous rend sensible la relation étroite entre la pratique de Rameau et sa théorie, entre sa doctrine et son œuvre.

Dans le même ordre, un peu technique, d'idées un peu abstraites, M. Lasserre encore a très bien montré la façon dont Rameau traite, — harmoniquement, — la matière sonore. « Il la frappe de préférence aux endroits les plus sensibles, à ceux qui répondent à l'appel avec le plus de netteté, de puissance et de plénitude : je veux dire sur ces notes tonales, sur ces accords parfaits que les musiciens faibles ou trop subtils n'osent aborder qu'en hésitant, en biaisant, en équivoquant, parce que le vague ou le flou général de leur discours en supporterait mal la précision souveraine et le sens tranché, mais que les grands maîtres vigoureux se plurent toujours à faire sonner, sans petites précautions ni ambages, à coups redoublés et sur de longs espaces, conformément à la décision robuste et à la majesté d'allure de leur pensée. Nul, pas même l'auteur de la Symphonie *Héroïque* et de la Symphonie en *ut* mineur, » — ajoutons l'auteur de *Fidelio* et du grand air de Léonore, — « nul n'a mis plus d'entrain que Rameau dans ce maniement familier et superbe de ce qu'on pourrait appeler les fondamentales du monde des sons (1). »

Rien de plus juste que cette observation. M. Lasserre l'appuie sur deux exemples empruntés précisément à *Castor et Pollux*. Maint autre passage du même opéra la confirmerait encore : l'entrée de Pollux, vainqueur de Lyncée, avec ses compagnons ; le « combat figuré des athlètes » et le chœur qui suit ; l'« air gai » pour orchestre, aux sons duquel « les Spartiates se mêlent avec les guerriers et forment un divertissement de réjouissance. » Sur cette longue série de morceaux, l'accord parfait, d'*ut* majeur ou mineur, immuable, j'allais dire implacable, règne éternellement. Gounod disait volontiers qu'il aurait voulu se bâtir une cellule dans ce ton-là ; Rameau s'y est construit ici une magnifique demeure, un palais, de grand style classique, à la française. Plus loin (chœurs et ballet, avant l'entrée de Castor aux Enfers), c'est encore sur le fondement de l'accord parfait qu'il édifie de robustes architectures. Mais ce principe, ou ce

(1) M. Pierre Lasserre, *op. cit.*

système harmonique, obstinément appliqué, s'il donne à la musique de Rameau sa droiture et sa vigueur, en fait souvent la rigueur et la dureté. Sans compter qu'une autre cause, non plus tonale, mais rythmique, contribue encore à la raidir : c'est l'usage presque incessant des valeurs pointées. Il s'en faut de peu que celles-ci, par leur accompagnement saccadé, ne nous gâtent jusqu'à l'air, délicieux par ailleurs, de Castor errant sous les bosquets élyséens : « *Séjour de l'éternelle paix.* » Mais ici, la grâce de la mélodie est la plus forte. Elle l'est dès le premier mot, dès la première note : une note haute, qui, cette fois encore, n'est autre que la tonique supérieure de l'accord parfait. Doucement posée et tenue longuement, durant toute une mesure lente, elle suffit à nous donner, par sa durée et par sa douceur, l'impression du repos et d'un repos sans fin.

Ici pourtant, les souvenirs de Gluck nous poursuivent, nous dominent encore. Les Champs-Élysées véritables, véritablement divins, sont les siens. La rencontre verbale de Pollux et de Castor paraît pâle et froide auprès de la rencontre silencieuse, et belle de ce silence même, d'Orphée et d'Eurydice. Et surtout, devant ce revoir, en pourrait-on oublier un autre, fraternel aussi, mais autrement tendre et touchant, par où s'achève le dernier acte d'*Iphigénie en Tauride !* Ainsi « toujours lui, lui partout. » Écartons-le cependant, ce Gluck inséparable de pareils sujets, pour admirer chez son grand devancier, après « les endroits forts, » comme disait le président de Brosses, quelques passages dont la beauté, contraire et rare, est faite de douceur et presque de charmante faiblesse. Telle est la scène où Pollux, qui ne respirait que la délivrance de son frère, au prix même de son amour et de sa vie, hésite et s'arrête un moment, rappelé, retenu par les Grâces et les Plaisirs. La musique ici, toute la musique, de chant et de danse, est infiniment séduisante. Elle l'est à la manière française, c'est-à-dire avec poésie, mais avec précision et netteté, c'est-à-dire encore tout autrement que la musique, plus vaporeuse et plus floue, de la scène, analogue par le sujet, de Parsifal et des Filles-Fleurs. Certaines répliques de Pollux, mélodiques autant que déclamées, joignent au ton de l'héroïsme des accens, qui nous émeuvent davantage, de mélancolie, de regret, et, nous l'observions tout à l'heure, de faiblesse. Un autre héros, mais réel et vivant celui-là, beaucoup plus qu'un héros, un grand saint, a connu cet arrachement intérieur, ces troubles et ces combats. On sait comme il les a confessés : « J'étais retenu par les frivoles plaisirs et les folles vanités, mes anciennes amies, qui secouaient en quelque sorte les vêtemens de ma chair et qui murmuraient : « Nous abandonnes-tu ! (1) » Quand une musique évoque des souvenirs et des paroles de cet ordre-là, c'est la preuve qu'elle dépasse, de très haut, son sujet, et qu'elle va, bien au delà de la fiction et de l'apparence, atteindre en nous à l'universelle, à l'éternelle vérité.

Le « neveu de Rameau, » qui n'était pas toujours tendre pour son oncle, et pour la musique de son oncle, avouait cependant : « Il y a là des airs de danse qui dureront éternellement. » Les uns devront leur durée à leur franchise, à leur gaieté robuste sans trivialité, à leur précision élégante et spirituelle ; les autres, à leur poésie. « Poésie sans *morbidezza,* » disait Henri Heine à propos de notre opéra-comique ; « poésie jouissant d'une bonne santé. » Oui, mais poésie tout de même, et qui, trop rare chez Rameau, nous charme d'autant plus qu'elle nous surprend davantage. C'est ainsi que dans l'acte des Champs-Élysées, vers la fin du second passepied (en mineur) qui vient tempérer la vivacité pimpante et trépidante du premier, un simple coup d'archet de violoncelle fait courir sur l'orchestre le frisson d'une émotion légère. La poésie encore, mêlée de sensibilité furtive, donne un prix singulier au chœur dansé qu'on a reporté, sur d'autres paroles, du prologue, supprimé à l'Opéra, au tableau des Champs-Élysées. Le texte en est maintenant celui-ci, qu'aussi bien on chantait jadis au Conservatoire :

Dans ce doux asile,
Par nous soyez couronné,
Venez.

La musique en est exquise. Rien que l'effet du rejet mélodique et rythmique sur le mot : « *Venez,* » est délicieux. Et le thème continu s'enroule et se déroule, suspend et reprend son cours avec souplesse, j'allais dire avec nonchalance. Plus rien ici de pointé, de piqué ; tout cède, tout ploie ; au lieu de se raidir, tout se détend. C'est une guirlande de sons.

Et pourtant, pourtant...

Victor Cherbuliez a parlé quelque part des « enchantemens d'une musique qui fond le cœur. » Était-ce à propos de Gluck, ou plutôt peut-être de Mozart? On ne saurait, en finissant, parler ainsi de Rameau. Sa musique n'est que rarement cette enchanteresse. Un de ses contemporains, un de ses admirateurs, écrivait d'*Hippolyte et*

(1) Saint Augustin, *Confessions.*

Aricie : « J'en éprouve peu d'attendrissement ; j'y suis peu remué ; mais j'y suis occupé et amusé ; la mécanique en est prodigieuse (1). » Si ce n'est pas là toute la vérité, sûrement c'en est une partie. Certes la musique de Rameau fait mieux qu'occuper et qu'amuser : elle « éclate aux esprits, » mais beaucoup moins et beaucoup moins souvent aux âmes. On pourra nous répondre que dans l'ordre du sentiment, ou de l'âme, surtout quand il s'agit de musique, les raisons n'ont que peu d'efficace, chacun pouvant discerner ce qui plaît, ce qui touche, et n'ayant d'autre maître que son propre goût. Et nous en demeurerons d'accord.

Alexandre Dumas fils, croyons-nous, a dit que les femmes sont d'étranges créatures, qui passent leur vie à s'habiller tantôt comme des parapluies, et tantôt comme des sonnettes. Dans *Castor et Pollux*, elles sont même vêtues comme des cloches, à la mode du temps, du temps de Rameau, bien entendu. Sur la scène de l'Opéra, cela fait un tourbillon, un roulis de paniers, ballons ou crinolines, auquel répond, de plus haut, le balancement des têtes, féminines et viriles, richement empanachées. Le style antique et celui de Versailles se partagent les décors, dont le premier parut assez beau, les suivans médiocres et le dernier très laid. Il est vrai que le caractère astronomique et zodiacal (les Gémeaux élevés au rang des constellations) en était assez difficile à rendre. Tout de même, et malgré la curiosité d'une « reconstitution » de ce genre, il n'est pas à souhaiter que le Théâtre Français habille ou rhabille en costumes Louis XIV la tragédie de Racine.

Les chœurs et l'orchestre ont été fort bons, solides et précis. L'orchestre de Rameau, où domine le quatuor, et peut-être parce que le quatuor y domine, a même sonné dans la vaste, trop vaste salle, avec une puissance, une plénitude, qu'on pouvait n'en point espérer.

Mlle Germaine Lubin (Télaïre) chante la musique avec beaucoup d'éclat, quelquefois trop, et prononce obscurément les paroles. Très supérieure est la diction de M. Lestelly (Pollux). M. Plamondon, à qui l'oratorio convient mieux que le drame lyrique, est un Castor tout blanc, ou blanc partout, de costume et même de voix. Enfin, en admirant les gestes, et les « pas, » et les bonds de Mlle Aïda Boni, toute blanche elle-même, il nous souvenait de l'avoir vue sous d'autres vêtemens, blancs aussi, le bandeau de son front marqué d'une croix rouge, et nous mêlions au spectacle de tant de grâce, la mémoire de tant de dévouement et de charité.

(1) Cité par M. Laloy (*Rameau*).

Le « moyen âge, » disait-on naguère, et même il y avait des gens pour l'enseigner, « le moyen âge, époque de barbarie. » Si quelqu'un opposait à cette définition le nom de certains personnes qui se distinguèrent à cette époque : en politique, un saint Louis, un Dante en poésie ; en art, les architectes, sculpteurs et verriers de nos cathédrales, on se bornait à répondre que c'était là des exceptions. Comme si de notre temps c'était devenu la règle ! On traite aujourd'hui le XIIIe siècle avec un peu plus d'indulgence et l'on commence à s'apercevoir qu'alors, même en musique, les choses n'allaient pas déjà si mal.

Une société dont le nom seul éveille plus que jamais dans nos cœurs un tendre et douloureux écho, la *Société des Amis des Cathédrales*, a donné le 25 mars dernier une audition de musique religieuse française, entremêlée par M. Amédée Gastoué de savans, et chaleureux, et patriotiques commentaires. « Voici l'invitation, » nous écrivait notre confrère. « Venez entendre des choses inédites ou, si je puis dire, « inaudites » depuis des siècles. Faisons-nous une âme musicale accessible à toute époque : nous y trouverons des jouissances renouvelées et infinies. » L'invitation n'était pas trompeuse, et des siècles en effet, des « siècles obscurs » jusque-là, se sont devant nous découverts.

C'est du XIe siècle que date le plus ancien des morceaux qui nous furent ainsi révélés ou rappelés. Il est extrait d'un « jeu de Noël, » composition de l'école de Limoges, en l'honneur de la Vierge. La vocalise y joue un rôle important : la vocalise, dont on a trop médit, faute de la bien comprendre et d'en connaître, avec la très haute et quasi religieuse origine, l'évolution à travers les âges et les genres ou les styles divers. Qui de nous connaissait Gauthier de Coincy (XIIIe siècle), dont un délicieux cantique, pour solo et chœurs, le plus vieux peut-être de nos « cantiques » véritables, célèbre avec une dévotion presque mélancolique l'allaitement de l'Enfant Jésus par Marie? Au XIVe siècle, voici Guillaume de Machaut, poète et musicien, secrétaire d'un roi de Bohême alors allié de la France, et chanoine de Reims. Que son nom soit uni pour toujours au nom plus que jamais sacré de la cité baptismale de notre patrie. Il en a magnifiquement célébré les gloires et les douleurs : celles-ci dans une « déploration, » adressée pendant un siège de la ville à la Vierge protectrice ; celles-là dans une messe, chantée à la cathédrale pour le sacre de Charles V, et dont la grandeur, la force, en six cents ans de musique d'église, n'a peut-être pas été surpassée.

En ce concert, véritablement national, que nous donnèrent « *les Amis des Cathédrales,* » notre école d'orgue, du XIIIe siècle à nos jours, depuis Perotin le Grand, organiste de Notre-Dame, de Notre-Dame encore inachevée, jusqu'à César Franck, ne fut pas oubliée. Et les maîtres polyphonistes de la Renaissance, de la nôtre toujours, les Sermisy, les du Caurroy, les Mauduit, après ceux de notre moyen âge, vinrent attester par quelques-uns de leurs chefs-d'œuvre, ceux-là déjà connus, la continuité, j'allais écrire l'éternité de notre génie.

« *Opus Francigenum.* Ouvrage français. » Autrefois, à l'architecture religieuse, déshonorée depuis par le mot « gothique, » le consentement universel avait décerné ce beau nom. Il est juste que la musique à son tour, la plus ancienne musique, le réclame et le garde à jamais.

« Les Amis des Cathédrales. » Ils l'étaient aussi, nous l'étions tous avec eux, nous, les musiciens, de l'église plus humble, mais si belle encore, et vénérable, et chérie entre ses sœurs parisiennes, qu'a frappée, — en quel jour et à quelle heure! — un obus allemand. Dans ce forfait nouveau des Barbares, il y eut deux crimes ensemble : l'un contre la chair, et la chair innocente, l'autre contre l'esprit. Et ce dernier même fut double, commis contre un sanctuaire où l'Esprit Saint avait trouvé dans l'esprit de la plus pure musique son interprète et son serviteur. « Mon royaume est dans l'air, » disait Beethoven. Un grand artiste, un apôtre fervent avait fait de l'atmosphère de ces nefs un nouveau royaume aérien. Il l'avait peuplé de mélodies et d'accords sacrés, oubliés, que dis-je ! inconnus avant lui. Que de fois, pendant les jours de fête funèbre dont se compose la sainte semaine, cette musique, en ce lieu, n'a-t-elle pas exprimé, commenté le mystère de toute souffrance : de la souffrance divine, pour la rappeler ; de la souffrance humaine, pour l'unir à celle de Dieu ! Et voici que le sanctuaire lui-même, au jour le plus douloureux, a souffert à son tour. De grandes choses s'étaient déjà passées dans cette église ; une chose plus grande encore, et plus terrible, s'y est accomplie. Église des artistes, et désormais des martyrs, ses pierres, qui chantaient seulement, ont crié. Dieu ne sera pas sourd à leurs cris.

CAMILLE BELLAIGUE.

CHRONIQUE DE LA QUINZAINE

« Nous allons assister ces jours-ci à de grands événemens, » écrivait le général von Ardenne dans le *Berliner Tageblatt* du 11 avril. Il est à supposer que « ces jours-ci » devaient être compris dans la plus prochaine quinzaine, et nous avons en effet assisté à quelques événemens, mais qui n'ont pas été très grands. S'ils ne l'ont pas été, on peut croire encore que c'est contrairement à la volonté, aux désirs, aux efforts des Allemands. Leur état-major s'en promettait et en avait préparé d'autres. Le maréchal sir Douglas Haig, dans une proclamation à ses troupes, définissait ainsi les desseins de l'ennemi, qu'il avait, à dire d'expert, parfaitement pénétrés : « S'emparer de la côte du canal de la Manche, et séparer l'armée anglaise de l'armée française. On veut l'annulation totale de la première, suivie d'un blocus direct et immédiat de l'Angleterre et de l'Irlande. Pour cela, on n'hésite pas à jeter bataillons sur bataillons sur un front étendu et à marcher d'un côté vers la Belgique, de l'autre vers Amiens. » Ce double objectif géographique, les ports du Pas-de-Calais, Amiens, cet objectif stratégique plus considérable encore, séparer les armées alliées, mettre hors de cause l'armée anglaise, Ludendorff a beau gonfler ses bulletins de victoire, il ne se vante pas de les avoir atteints. Seulement il fait donner par ses officieux une explication à la fois commode, optimiste et flatteuse, une de ces explications dont un général qui sait son métier et sa langue ne se trouve jamais à court après une affaire manquée. Comment son plan aurait-il échoué, puisque, précisément, la supériorité du Haut Commandement allemand, la marque de son génie, est de ne point avoir de plan? Avec un but permanent, il n'a que des « moyens provisoires. » Le but, assurent les critiques militaires des journaux d'Outre-Rhin, apparaît peu à peu. « De toute la force de ses poings, Hindenburg a secoué le front occidental. Il le fait trembler, tout en le laissant dans l'incertitude du point où il lui portera le dernier coup. » Mais « les coups portés par Hindenburg entre l'Oise et l'Aisne, à l'Ouest de Lille et à Armentières, sont les *moyens provisoires* dont parlait Moltke. Il n'a pas de plan arrêté, comme on en avait au temps de Louis XIV. » C'est nous qui sommes les Anciens, et les Allemands sont les gens de maintenant! « Les Alliés, au contraire, ont des idées préconçues. Ils ont à défendre un point fixe, bien défini, Paris. C'est le pôle immuable au milieu des événemens fugitifs. » Comme sous Louis XIV! Fatalité de la nature et de l'histoire. Mais, par exemple, est-ce que Paris ne serait pas le but permanent de l'État-major allemand, dont Amiens et Calais ne sont que « les moyens ou des moyens provisoires, » car peut-être en changera-t-il encore? L'incertitude du point où le dernier coup sera porté, « cette incertitude énerve terriblement le Haut Commandement ennemi, et plus particulièrement le généralissime Foch, placé en face d'un problème presque insoluble. » Il est vrai qu'on ne s'aperçoit guère que le généralissime Foch soit énervé, et les Allemands ne crient si fort qu'il l'est que parce que c'est eux qui le sont. Que va faire Foch? Où sont les réserves de Foch? De combien de divisions dispose-t-il? Pourquoi ne les a-t-il pas engagées? La crainte de Foch tourne chez eux à l'obsession. Ils sentent très bien que, tandis qu'ils dépensent les hommes sans compter, avec une profusion folle, le général Foch en fait une sévère économie. Et ils enragent de l'entendre dire qu'il veut jouer non pas leurs cartes, mais les siennes. Leur impatience est un bon signe. « Fais toujours, recommandait l'Autre, ce que ton ennemi voudrait que tu ne fisses pas. »

Cela une fois bien posé, que le Haut Commandement allemand n'a pas atteint son but s'il n'en a qu'un, ses buts s'il en a plusieurs; aucun de ses objectifs, ni Calais, ni Amiens, ni, par derrière, Paris; qu'il n'a ni séparé les Anglais des Français, ni annulé l'armée britannique, la chronique de ses hauts faits, toute en actions de détail, ne serait presque qu'une chronologie. L'absence de plan arrêté y éclaterait avec évidence, si ces actions ne se groupaient simultanément ou alternativement en deux secteurs : les Flandres, la Picardie. Toujours Calais et Amiens; les Anglais et les Français, la mer et Paris. L'idée fixe, c'est eux qui l'ont; mais ils en ont deux, et n'en changent pas, quoiqu'ils passent sans cesse de la première à la seconde, pour retourner tout de suite de la seconde à la première. Ce sont les secousses par lesquelles Hindenburg se pique de nous

« énerver, » mais « secoue » surtout ses régimens passés à l'état de colis, comme s'ils ne s'usaient pas dans ces voyages, et condamnés, avant le massacre, à une perpétuelle navette. Parce qu'il manœuvre sur lignes intérieures, il abuse à leur détriment de la liberté de déplacer constamment la bataille. Il ne se peut pas que ces mouvemens de possédé, cette suite dans l'incohérence, ne lui procurent çà et là quelques avantages, mais petits, brefs et de tout près circonscrits. Dans les Flandres, l'intention immédiate et locale des assauts, montés massivement, violemment conduits, à la manière prussienne, n'était pas douteuse : il s'agissait de faire tomber Ypres, ou ce qu'il en reste (et il n'en reste que des ruines), en débordant par le Sud et par l'Ouest l'emplacement où jadis une ville s'élevait. Même limitée à ce résultat médiocre, l'opération a échoué, et le Haut Commandement allemand, qui pratique lui aussi le régime des *Ersaetze*, des substitutions d'objectifs, a dû recourir une fois de plus à l'expédient des « moyens provisoires. » Anglais, Français et Belges firent, coude à coude ou de proche en proche, l'épreuve de ces accès délirans de fureur teutonique. Anglais, Français et Belges y résistèrent avec un courage égal et un égal bonheur. C'était ensuite la ligne des monts de Flandres qui était convoitée et menacée : Hazebrouck avec sa quintuple ou sextuple étoile de chemins de fer, et tout le pays que Hazebrouck ouvrait. Vainement partout. En vain au Mont des Cats, en vain au Mont-Rouge, en vain à Voormezeele, en vain sur le canal ; en vain contre Hazebrouck et en vain contre Ypres. Ils n'ont point passé. A la fin d'avril, au commencement de mai, la ligne décrivait une courbe, concave, par rapport à nos positions, de l'Ouest de Bailleul à Voormezeele, par Locre, Scherpenberg, la Clytte, le Sud de l'étang de Dickebusch ; convexe, de Voormezeele à Verlorenhoek, par l'Est de l'étang de Zillebeke et Hooge. Pour un temps du moins, l'attaque allemande, ou plutôt les attaques allemandes, étaient « fixées, » immobilisées dans les Flandres.

Elles l'étaient aussi, et bien plus serrées encore, et avec beaucoup moins de jeu, autour d'Amiens. Ici, la ligne n'a pour ainsi dire plus bougé. On a vu chaque jour reparaître dans les communiqués les noms de Villers-Bretonneux et de Hangard, avec quelques autres aux environs, Fouilloy, Warfusée-Abancourt, Cachy, Gentelles, Thennes. L'ennemi, par intermittences, pointe une flèche tantôt au Nord, vers Corbie, tantôt à l'Ouest, vers Amiens. Pour tromper sa déception, il bombarde de loin, avec ses grosses pièces, la cathédrale, qu'il aurait une joie sadique à mettre dans l'état où il a déjà mis cet autre chef-d'œuvre de l'art, cet autre sanctuaire de l'âme et de l'histoire françaises, la cathédrale de Reims. Mais il n'avance pas. Il ne débouche de nulle part, il piétine, il est contenu. Le Kronprinz ronge son frein entre Montdidier, Lassigny et Noyon. De quelque côté qu'il nous tâte, sur l'Ailette ou sur l'Oise, il trouve le morceau trop dur. Le quartier-maître impérial a mal étreint, ayant voulu trop embrasser. Bien qu'il n'ait pas de plan « arrêté, » pourtant il avait un dessein. Quand il a bâti, ébauché ou échafaudé son projet, il avait en face de lui deux ou trois armées sous des chefs différens. Il avait compté sans le commandement unique, dont il croyait l'institution impossible chez ses adversaires. Désormais, les bienfaits de l'unité se font sentir à notre profit et à ses dépens. Si les réserves de Foch l'inquiètent jusqu'à l'anxiété, ce n'est pas seulement parce qu'il ne sait pas où elles sont ni combien elles sont ; c'est d'abord parce que ce sont des réserves. Feintes, sondages, attaques, assertions, insinuations, appels, provocations, il n'épargne rien, ne néglige rien, ni sur le terrain, ni à l'arrière, pour forcer Foch à découvrir et à abattre son jeu. Mais le généralissime du front occidental est absolument résolu à jouer son propre jeu, avec ses propres cartes. Il n'ignore pas plus que Ludendorff que le dernier quart d'heure décidera du sort de la guerre, et qu'en ce sens la victoire est une question de réserves. Les « moyens provisoires » de ses adversaires, en leurs transformations successives, ne l'étonnent ni ne le déconcertent; leur défaut de plan arrêté, loin de l'intriguer et de le troubler, le rassure, car il connaît de vieille date que l'Allemand ne brille pas par la souplesse et n'est pas grand improvisateur. Lui-même, s'il a son plan, il a aussi « son moyen provisoire, » qui est de garder, tant qu'il le faut, le plus qu'il le peut, ses réserves intactes. Et ce moyen n'est pas le plus mauvais, le moins efficace, puisque les Allemands cachent à peine qu'ils en redoutent l'emploi opportun, et font mille horreurs, après mille grâces, pour le « brûler » avant le dernier quart d'heure.

La preuve que les choses ne vont pas admirablement à leur gré est dans la pression qu'ils tâchent d'exercer sur les neutres, leurs plus proches voisins, sur la Suisse, la Hollande, et tel ou tel des États scandinaves. Dès que l'Allemagne n'a pas de quoi s'exalter et s'étaler, elle se rencogne, se renfrogne et devient plus hargneuse. Si sa chance insolente se lasse ou la boude, elle en accuse tout le monde, sauf elle seule, et elle prétend en faire supporter le dommage aux autres. Il faut toujours qu'elle triomphe : quand ce n'est pas de l'ennemi, c'est des neutres : au moins ne s'abuse-t-elle pas là-dessus, qu'elle a pour ennemis, déclarés ou non, tous les peuples dont se compose le genre humain. Ce qui ne signifie pas que tous les peuples sont ses ennemis déclarés, mais qu'elle est l'ennemie virtuelle et secrète de tous. Il y a des années et des années que, de toutes ses chaires, tous ses pédans lui chantent un grossier : *Tu, regere imperio populos...* Surhomme, Surétat, l'Allemand et l'Allemagne professent et travaillent à appliquer la plus naïve comme la plus féroce doctrine de « prépotence. » Et cette doctrine s'exprime, avec une sorte de fatuité ingénue, qui serait risible, si elle n'était odieuse. *Il faut*, c'est le mot, il faut que, si l'Allemagne veut passer, et partout où il lui aura plu de passer, elle passe. En août 1914, elle ne pouvait pas passer par les Vosges et par les Hauts-de-Meuse : il a fallu qu'elle passât par la Belgique. Elle n'a pu, depuis bientôt quatre ans, forcer la serrure de Belfort : elle a certainement songé, et il n'est pas certain qu'elle ne songe pas encore à passer par la Suisse. Il ne lui suffit plus, pour ravitailler et réapprovisionner en munitions ses armées monstrueuses, pour entretenir en hommes ces armées mêmes, de passer par la Belgique et par le Luxembourg ; il faut qu'elle passe par l'Escaut et par le Limbourg hollandais. Ses mésaventures maritimes et aériennes, s'ajoutant à ses déboires terrestres, les accidens, parfois les catastrophes, qui font tourner en échec complet ses demi-succès, accroissent pour elle cette nécessité, mais, pour elle aussi, on le sait, nécessité n'a pas de loi. L'arrêt de toutes ses offensives, l' « embouteillement » ou « l'embouteillage, » ne fût-il que provisoire, d'Ostende et de Zeebrugge, la destruction, ne fût-elle que partielle, des ateliers et des hangars de Friedrichshafen, la pressent et la poussent, la jettent dans les voies hasardeuses, n'importe par où il lui semble que la force allemande pourrait passer. Aussi, de quel ton parle-t-elle aux neutres qui ont le tort d'être en travers de son chemin? Puisque le reste du monde a secoué sa tyrannie, qu'elle retombe et pèse sur les neutres de tout son poids! Ils apprendront que, lorsqu'il faut que l'Allemagne passe, elle ne connaît plus de neutres, et que, pour garder la neutralité, on doit être deux, celui qui se reposait en elle, et celui qui est tout prêt à la violer.

Envers les Pays-Bas, l'Allemagne a commencé par vouloir exploiter, selon son habitude, ses premiers succès de Picardie et des Flandres, son avance surprise ; puis, à mesure que ses armées se sont figées sur place, comme les vagues d'une mer qui gèlerait, et qu'elles ont senti le terrain mouvant sous elles, ses réclamations se sont faites plus impérieuses. Les motifs ou les prétextes invoqués se sont peu à peu élargis ; en fin de compte, d'après les meilleures informations, ils auraient été formulés en cinq points : 1° reprise intégrale, illimitée et sans contrôle, des transports de sables et de graviers ; 2° abolition des mesures prises par le gouvernement hollandais sur la frontière allemande et ayant pour objet d'empêcher la contrebande; 3° nouvelle interprétation, favorable à l'Allemagne, de la convention du Rhin ; 4° Concessions en ce qui concerne le transport des civils sur certaines lignes de chemins de fer ; 5° Mise à la disposition de l'Allemagne d'une partie du tonnage hollandais dès la conclusion de la paix. Deux de ces motifs sont nés de besoins urgens : la reprise du transport des sables et des graviers ; le libre usage de certaines lignes de chemins de fer. Quelles lignes ? Il n'y a qu'à ouvrir un atlas et à regarder la carte des régions entre Rhin et Meuse. De Rheydt, un peu au-dessous de München-Gladbach, une voie ferrée pique tout droit sur Anvers par Dahlen, Roermond (ou Ruremonde), Weert et Herenthals. De l'autre côté de Gladbach, à l'Est, c'est Düsseldorff, et ce sont les profondeurs de l'Europe centrale. Non seulement, c'est Düsseldorff, mais c'est le chemin le plus rapide d'Essen à Anvers. Tandis que, d'Essen à Anvers, par Aix-la-Chapelle, Liège et Louvain, on compte 302 kilomètres, il n'y en a que 218 par München-Gladbach et Ruremonde. L'unique difficulté est que cette dernière ligne traverse, sur une longueur de 48 kilomètres, entre l'Est de Ruremonde et l'Ouest de Weert, le Limbourg hollandais, dont les limites informes séparent, comme un coin, le territoire allemand du territoire belge envahi par les Allemands. Quant au transport des sables et des graviers qui serviraient à réparer les routes et à consolider les positions, à cimenter, à bétonner tranchées et plates-formes à la mode allemande, il ne se ferait sans doute pas par là, car l'Allemagne émet la prétention supplémentaire, que ces matériaux, la Hollande fasse plus que de les lui transporter, qu'elle les lui fournisse. C'est à quoi seraient employés les grèves, les fleuves et les canaux. Le chemin de fer de München-Gladbach, pour sa part, transporterait surtout des hommes; il est vrai que ces hommes ne pourraient être, si l'on s'arrange, que des civils; mais c'est pure question de costume, qui s'ôte et se remet vite: l'habit fait le civil comme il fait le moine; et, l'uniforme dépouillé, personne ne ressemble plus à un civil qu'un militaire.

Pour les trois autres articles, la tolérance et en quelque sorte l'autorisation de la contrebande a également un caractère d'urgence : l'Allemagne, très gênée, très privée, sinon affamée, ne peut dédaigner aucun moyen de se nourrir; ce qui entre par petits paquets, dans le sac des ouvriers vrais ou faux qui, passant quotidiennement la frontière, vont plus ou moins travailler en terre d'Empire, est toujours autant de pris. A nous, aux Alliés, de veiller à ce que ce ne soit pas autant de pris sur nous. Nous avons de grand cœur accepté d'aider à ravitailler la Hollande, quand ce serait un peu à notre détriment, mais non pour qu'elle contribue à ravitailler l'Allemagne. Le gouvernement des Pays-Bas promet de s'opposer de tout son pouvoir à la réexportation frauduleuse des marchandises que nous lui laissons importer ; mais, outre que ces denrées venues du dehors permettent d'exporter les produits du sol, sa loyauté se heurte à une impossibilité géographique, dans un pays où tout est ligne d'eau, et où toute ligne d'eau est un chemin qui marche. Les denrées n'ont que quelques portes pour entrer dans la Hollande à moitié bloquée, mais elles ont mille portes pour en sortir. Le seul moyen d'empêcher les fuites, de l'avis de Hollandais mêmes, serait d'en couper radicalement l'accès. Il nous répugnerait d'en user, et nous n'en userions jamais que contraints et forcés. Même alors, nous serions désolés que l'Allemagne eût forcé la Hollande à nous y forcer : nos sentimens à son égard n'en demeureraient pas moins amicaux, mais nous nous battons pour la vie.

Sur les deux derniers points, qui touchent à l'avenir, une interprétation germanophile de la convention du Rhin, la mise à la disposition de l'Allemagne d'une partie des navires hollandais, nous nous contenterons de noter que la question du Rhin, fleuve international et non fleuve allemand, sera en effet une des grandes questions posées devant la future conférence de la paix, une de celles où le monde entier, tous les Alliés, y compris l'Amérique, sont le plus intéressés ; et que l'Allemagne, dès ce moment (en quoi l'Entente devrait bien l'imiter), fait la guerre pour la guerre et pour après la guerre. La Hollande a trouvé ces pilules amères ; elle s'est débattue ; une crise ministérielle a failli éclater; on a mandé à la Haye le représentant des Pays-Bas à Berlin ; par son intermédiaire et personnellement, la reine Wilhelmine s'est adressée à l'empereur Guillaume; des précautions militaires ont été prises ; on a cru un instant que tout allait rompre : il paraît à présent que quelque chose a plié. Notre diplomatie, à son tour, pourrait avoir son mot à dire.

L'affaire suisse est la répétition exacte de cette affaire hollandaise. Toute la différence est qu'à la Haye, c'était une question de sables ou de graviers ; qu'à Berne, c'est une question de charbon. Mais à Berne, sous le charbon, comme à la Haye, sous le sable, il y a pour l'Allemagne le problème, l'énigme, l'angoisse de la nourriture. *Il faut* que l'Allemagne tire de la Suisse comme de la Hollande, et, par la Suisse comme par la Hollande, de l'univers extérieur qui lui est fermé, de quoi subsister, pendant qu'elle donne son suprême effort, et jusqu'à ce qu'elle ait fait pousser dans les plaines fertiles de l'Orient le blé qu'elle n'y a point trouvé.

Glissons sur les détails de la négociation, qui seraient fastidieux, ont empli les journaux, et sont du reste sans importance. Dans les accords qui sont intervenus ou sur le point d'intervenir entre l'Allemagne et la Hollande, entre l'Allemagne et la Suisse, il y a deux choses : il y a ce qui est dedans, et il y a ce qui est derrière. Dans l'accord avec la Hollande, il y a le chemin de fer du Limbourg ; dans l'accord avec la Suisse, il y a ou il y aura l'approvisionnement en charbon de certaines industries helvétiques, au prix fort, par faibles quantités, sous des conditions draconiennes, quelques facilités, rigoureusement réglées, accordées, dans la guerre sous-marine, au ravitaillement de la Confédération par le port de Cette ; dans l'un et dans l'autre, une sollicitation et une pollicitation indirectes de provision alimentaire. On ne veut pas dire que tout cela ne compte pas, mais tout cela, néanmoins, est secondaire. Derrière l'un et derrière l'autre, c'est la neutralité elle-même qui est visée, neutralité de droit de la Suisse, neutralité de fait de la Hollande, en tant qu'elle peut être un obstacle aux desseins allemands pour aujourd'hui ou pour demain. Voilà, au fond, pourquoi l'Allemagne a fait ses plus gros yeux et sa plus grosse voix. Le langage qu'elle a tenu, à la Haye et à Berne, celui du moins qu'elle y a fait entendre par ses gazettes inspirées, est à peine croyable, même de sa part. N'est-elle pas allée jusqu'à menacer la Suisse de son super-canon, de son « canonissime, » comme disent plaisamment les Italiens? « Notre canon à longue portée a fait en notre faveur une très sérieuse propagande sur les bords du lac Léman, s'est permis d'imprimer le *Tag*, qui ne se permet rien sans y être invité ou autorisé. Les gens de Lausanne et de Vevey sont devenus tout à coup fort soucieux. Ils se disent qu'un pareil canon pourrait très facilement tirer par-dessus la Suisse, jusqu'en Savoie, sur la rive française du lac de Genève, et qu'un tel instrument de guerre à Lorrach ou à Waldshut serait un mauvais voisin. » Les gens de Lausanne, de Vevey, et d'ailleurs, n'avaient pas attendu le gros canon pour savoir que l'Allemagne est une mauvaise voisine. Mais ils en sont de jour en jour mieux persuadés, et nous savons, nous, par expérience, que, touchée au corps et à la tête, elle essaie ou elle essaiera de projeter ses tentacules de tous côtés.

Nous le savons; mais à ses efforts dispersés, à ses mouvemens qui ressembleront de plus en plus à des spasmes, nous opposons un bloc de plus en plus compact, de plus en plus dense, de plus en plus homogène. Nombre de faits récens ont concouru à augmenter la solidité de l'Entente, à multiplier ses facultés de résistance, par ce qui, en dépit de l'arithmétique, multiplie le plus politiquement et militairement, par l'unité. A la conférence d'Abbeville, « M. Orlando a officiellement accepté, au nom de l'Italie, que le commandement en chef des armées alliées en France soit confié au général Foch. » De telle sorte qu'il n'y a plus en France, sous un chef unique, qui est Français, mais qui est le généralissime commun, qu'une armée unique, composée d'élémens français, anglais, portugais, américains et italiens, eux-mêmes amalgamés, fondus, en une chair commune, dans un commun esprit. Entre les peuples alliés, les malentendus qui pouvaient contenir des germes de dissension, peut-être de conflit, se dissipent : le Congrès où se sont rencontrés à Rome les délégués de plusieurs des nationalités opprimées par l'Autriche a heureusement acheminé vers la conciliation les anciennes intransigeances, en sens contraire, des Italiens et des Yougo-Slaves. Sans doute, pour ne rien dissimuler, il y a, en Grande-Bretagne, on ne dira pas le point noir, mais le point vif ou le point névralgique de l'Irlande. L'île-sœur, sous des influences, où il est regrettable d'en voir se mêler à de moins pures quelques-unes qu'on est accoutumé à respecter, soulève contre la conscription obligatoire une opposition active et quasi révolutionnaire. Cependant la plaie ne semble pas s'être envenimée, et de sages mesures, prises à temps, suffiront peut-être à ramener l'apaisement, à amener le consentement. La résolution des Alliés s'affirme très haut et très clair, dans les discours des hommes d'État et des chefs de partis, par les paroles de M. Lloyd George, de lord Robert Cecil, de M. Daniels, ministre américain de la Marine, de M. Gompers, président de la « Fédération des travaillistes américains. » Le changement qui s'est produit dans le Cabinet japonais, le remplacement par M. le baron Goto de M. le vicomte Motono, pour cause de maladie, n'ébranle nullement l'Entente, même en ses plus lointaines assises ; au minimum, la coopération du Japon reste et restera ce qu'elle était : mais les empiétemens de l'Allemagne en Russie, au mépris du traité de Brest-Litovsk, tant de provocations impudentes, tant de périls à l'horizon, devraient et probablement pourront, sous la direction d'un homme d'État qui a fait de la Mandchourie sa spécialité, l'exciter à donner plus que ce minimum.

A l'extérieur donc, c'est-à-dire entre les nations de l'Entente, de nation à nation dans l'Entente, harmonie parfaite. L'union aboutissant à l'unité et s'exprimant à l'unisson. Par quelle aberration, par quel coup de folie, au sein de la nation même qui porte plus que toute autre le fardeau de la guerre, une faction présomptueuse et turbulente a-t-elle failli, en un geste impie, déchirer le pacte sacré? L'idée qui était venue aux socialistes de célébrer publiquement le centenaire de la naissance de Karl Marx, discutable en tout autre temps, devenait, dans les circonstances où nous sommes, une pensée criminelle. Ce n'est pas au parti socialiste qu'il est nécessaire de rappeler que les Allemands sont à Noyon. Il en tire assez fréquemment argument pour ses polémiques. S'il eût persévéré dans le projet auquel il s'était rallié d'enthousiasme, nul doute que le gouvernement, sous la main énergique de M. Clemenceau, n'aurait connu et accompli son devoir. Mais il n'en sera pas besoin. Le sentiment national a réagi spontanément avec une si grande force, que le parti lui-même a senti le scandale d'une commémoration trop solennelle. La cérémonie se bornera à la lecture dans les sections d'un manifeste dont la rédaction a été confiée à la piété filiale de M. Jean Longuet et à l'atticisme de M. Bracke. Ainsi Marx ne sera pas fêté par les socialistes dans leur temple, mais il sera recommandé dans leurs sacristies. Leur excuse, c'est que, pour la plupart, ils ont la foi du charbonnier. Karl Marx est ce qu'on peut appeler un auteur difficile; quatre-vingt-dix-neuf adhérens du parti sur cent sont incapables de le lire, et le centième n'est pas sûr de l'avoir compris. Il y a notamment un troisième volume de ses Œuvres qui est un affreux casse-tête! Mais c'est le moins qu'on ait à lui reprocher.

Quand Marx n'aurait été qu'un Allemand illustre, l'heure serait singulièrement choisie, pour des Français, de lui élever un autel dans la France souillée et meurtrie par ses compatriotes. Pour son malheur et le nôtre, il a été plus: ce théoricien de l'Internationale a été le serviteur conscient ou inconscient de l'impérialisme germanique. Non pas de l'impérialisme prussien, comme on l'a écrit quelquefois à tort, mais tout de même d'une espèce d'impérialisme germanique. Né à Trèves, d'une famille qui n'était allemande que par immigration, pour se faire pardonner de n'être qu'un demi-Allemand, il s'est fait Allemand et demi. Il a vécu dans la haine, ou, ce qui est pis, dans un mépris transcendant de la France, que cet internationaliste sacrifiait délibérément, avec toutes les nations, à la prépondérance de l'Allemagne, comme ses disciples allemands ont travaillé à dresser contre les autres classes la classe ouvrière, dans tous les pays, excepté dans le leur. A son aboutissement extrême, le marxisme a produit Lenine et Trotsky, qui sont des marxistes maximalistes, mais des marxistes authentiques. N'est-ce pas de quoi détourner du dieu et dégoûter du culte ?

Célébrer ce culte chez nous, dans le sang de nos fils qui coule à flots par l'épée allemande, eût été un défi, qui n'eût pas été toléré. Une calamité civile et nationale en aurait pu sortir. Le silence relatif du parti socialiste nous l'épargnera : félicitons-nous-en. Mais, parmi ses membres, comment ne se rencontre-t-il pas un homme pour voir tout ce qu'il aurait pu gagner à renouer les traditions du socialisme français, et, en cette exaltation du patriotisme blessé, à replonger le socialisme lui-même et à le retremper, par un nouveau baptême, dans le courant patriotique? Pour des raisons que ce n'est pas le lieu d'examiner, le parti socialiste se serait retrouvé après la guerre moins atteint que les partis bourgeois, numériquement; placé, par son audace, son habileté, son art et son soin de la réclame, en bonne posture électorale vis-à-vis de sa clientèle; en butte seulement aux méfiances instinctives, à l'hostilité sourde de la masse paysanne, où pourtant il ne désespérait pas de pénétrer. Il n'avait qu'à redevenir nettement et exclusivement français, à jeter par-dessus bord, avec l'idole ou la momie de Karl Marx, son internationalisme infecté de virus germanique, et haïssable par là même à tout ce qui est français en France. Il ne l'a pas vu, ne l'a pas su ou ne l'a pas pu. Il ne l'a pas voulu, ou ne l'a pas osé. Il a perdu une belle occasion. Sa tare lui a été plus chère que sa fortune. Nous qui ne sommes pas sous le charme de ses mythes, n'avons pas charge de son avenir, et ne tenons pas à vivre de la vie qu'il nous réserverait, nous nous consolons en songeant que cet internationalisme sans bords et sans arêtes, où la victime embrasse le bourreau, c'est ce qui le paralyse et peut-être ce qui nous en délivrera.

CHARLES BENOIST.

Le Directeur-Gérant :

RENÉ DOUMIC.

LE
PAVILLON FERMÉ

Ce furent quelques lignes d'un écho mondain, à l'article des « Déplacements et Villégiatures, » qui m'apprirent que le marquis de Lauturières avait quitté son château de Nailly et s'était rendu à Neyrol-les-Bains pour y prendre les eaux. Cette nouvelle, que relatait la plus aristocratique de nos gazettes, n'avait pas par elle-même une importance bien générale et elle n'aurait probablement pas attiré mon attention si elle eût concerné tout autre que le marquis de Lauturières et si, se rapportant à lui, elle n'eût pris une signification assez particulière. N'était-elle pas, en effet, l'indice d'une profonde et insolite perturbation dans les habitudes d'existence de M. de Lauturières? Depuis de longues années M. de Lauturières passait à Nailly les quatre saisons de l'an, sans s'absenter jamais. Pour qu'il eût rompu avec cet usage, il avait dû falloir des circonstances tout à fait exceptionnelles dont je conjecturais d'ailleurs assez aisément le caractère : M. de Lauturières devait être fort malade, sans quoi il n'eût pas consenti à changer le séjour de son château de Nailly contre celui de Neyrol-les-Bains. Les exigences de sa santé pouvaient, seules, lui imposer ce déplacement et il avait dû le retarder au point de le rendre probablement inutile, d'où je conclus, avec une indifférence bien humaine, que la France compterait bientôt, non seulement un grand seigneur et un véritable savant de moins, mais aussi un fameux original.

Car c'en était un que M. le marquis de Lauturières!

Veuf et sans enfants, après avoir été le mari de Mlle Varades, la fille du grand industriel, qui lui avait apporté avec elle et laissé après elle une imposante fortune, il avait, dès lors, renoncé à la vie mondaine et sportive qu'il menait, soit dans son somptueux hôtel de l'avenue Matignon, soit dans son magnifique château de Nailly où la dot de Mlle Varades lui permettait un train digne du maréchal de Nailly, le vainqueur de Nassingen et de Heilkirch, qui, à la fin du XVIIe siècle, avait construit cette opulente demeure et de qui descendait M. de Lauturières, par sa mère, la dernière des Nailly, comme il serait lui-même le dernier des siens...

Il est assez d'usage cependant, dans le monde auquel appartenait le Marquis, de faire passer les intérêts de famille avant les préférences du cœur. Aussi les remariages y sont-ils fréquents. Le devoir de ne pas laisser s'éteindre un nom illustre fait taire souvent les obscures objections du sentiment. M. de Lauturières ne se conforma pas à cette coutume et n'obéit pas à ce devoir. Sa femme morte, l'hôtel de Paris vendu, Nailly retombé au silence de ses vastes appartements et de ses jardins déserts, il partit pour un long voyage en Asie, au cours duquel il parcourut la Perse et les Indes, visita le Japon, et surtout la Chine, minutieusement, en ses diverses parties jusqu'aux hautes régions du Thibet, d'où il revint, non point consolé de son veuvage et disposé à contracter une nouvelle union, mais versé dans les langues chinoise et thibétaine et amateur passionné de linguistique extrême-orientale et d'antiquités asiatiques.

Cette passion, M. de Lauturières n'avait dès lors cessé de s'y adonner, non point avec le dilettantisme d'un homme du monde, mais avec la conscience d'un savant. Des études fort approfondies et fort sérieuses, menées dans l'austère et complète solitude de Nailly, firent de lui un sinologue éminent à qui l'Académie des Inscriptions eût été heureuse d'ouvrir ses portes, mais M. de Lauturières n'avait pas répondu aux avances de la savante société, à laquelle il se bornait à communiquer les nombreux travaux et mémoires qu'il publiait. Ces publications et ces communications étaient à peu près ses seuls rapports avec le monde des vivants. Il avait renoncé progressivement à toutes relations de parentés et d'amitiés et demeurait strictement confiné en son château de Nailly d'où il ne s'absentait jamais, comme je l'ai dit, sous aucun prétexte. Il y avait réuni une importante bibliothèque et une riche collection de manuscrits dont il ne refusait pas l'accès à ses confrères en sinologie, quand ils désiraient les consulter, car, si M. de Lauturières ne frappait à aucune porte, on ne se privait pas de venir heurter à la sienne. Elle ne s'entre-bâillait, d'ailleurs, que pour de courtes visites qui, si courtoisement qu'elles fussent faites et reçues, ne menaient à aucune intimité avec le maître du lieu.

Tel qu'était M. de Lauturières, de par son caractère et ses préoccupations, il y avait donc peu de chances que les circonstances me missent jamais en contact avec lui. Mes études sur la vie galante et secrète du XVIIIe siècle eussent bien peu intéressé quelqu'un qui préférait, sans nul doute, au roi Louis Quinzième les empereurs de lointaines dynasties chinoises dont je ne savais pas même le nom. Et cependant, quelque différents que fussent nos travaux, ils ne laissaient pas de se ressembler sur un point. N'avions-nous pas, l'un et l'autre, une égale curiosité du passé? Ne cherchions-nous pas, chacun à notre façon, à en déchiffrer les énigmes et à en percer le mystère? N'éprouvions-nous pas tous deux un même attrait pour l'inconnu? Seulement le voile que cherchait à déchirer M. de Lauturières était brodé de caractères bizarres et extravagants, d'antiques figures hiératiques, tandis que celui que je tentais de soulever était fait d'une gàze légère et souple derrière laquelle apparaissait la grâce frivole et souriante de l'époque où j'aurais le plus voulu vivre et où je me plaisais le mieux à imaginer d'avoir vécu. Néanmoins, j'aurais fort étonné M. de Lauturières si j'avais assimilé les textes chinois et thibétains, sur lesquels il exerçait sa science, aux petits papiers d'archives où je découvrais un peu de la vie et des mœurs d'autrefois.

Ce fut pourtant à ces humbles recherches que je dus l'occasion d'avoir recours à la complaisance de M. le marquis de Lauturières et voici de quelle façon l'événement se produisit. Un jour, un marchand d'autographes, sachant que les historiens de la « petite histoire » ne dédaignent pas ce genre de documents, vint me proposer l'achat d'une assez curieuse correspondance datant du XVIIIe siècle.

Écrites par un homme de la Cour à une femme de qualité,

ces lettres, d'ailleurs spirituelles et galamment tournées, relataient certains épisodes de la vie de Versailles et, notamment, l'histoire de cette belle comtesse de Nailly dont le roi Louis XV fut amoureux et que son mari, averti par elle-même de la passion qu'elle inspirait, emmena, sans délais et à tous relais, en son château de Nailly où il s'enferma avec elle jalousement sans qu'ils en sortissent jamais plus jusqu'à leur mort. De cette anecdote, dont on trouve trace dans les mémoires du temps, l'auteur semblait particulièrement informé. Il donnait des détails assez circonstanciés sur la belle recluse et sur sa vie en ce château solitaire et rapportait, entre autres choses, que la comtesse Sabine, — car elle portait ce nom d'enlèvement, — avait fait construire au bout du jardin un pavillon où elle aimait à se retirer dans le milieu du jour pour y « rêver et faire de la musique » et où elle avait fait placer son portrait, peint au pastel par La Tour quelque temps avant son enlèvement, « comme si elle eût voulu, ajoutait l'auteur des lettres, conserver devant elle ce visage qui avait excité le caprice d'un roi et qui lui avait valu, par sa beauté, le sévère exil où s'en consumerait jusqu'à la fin l'inutile et périssable merveille. »

Telles qu'elles étaient, ces lettres, dont je n'étais parvenu à identifier ni l'auteur ni la destinataire, pouvaient donner lieu à une publication intéressante, mais combien elle le serait davantage encore s'il m'était possible de recueillir d'autres renseignements sur l'héroïne de cette lointaine aventure et d'y joindre la reproduction de ce portrait de La Tour qui existait peut-être toujours, ainsi que le mystérieux pavillon du château de Nailly! Quant à ce dernier, je fus vite fixé à son sujet. L'*Annuaire des châteaux* le mentionnait avec le nom de son propriétaire actuel. Il ne me restait plus qu'à obtenir de lui les autorisations nécessaires, au cas où mes prévisions fussent justes.

Sans me laisser décourager par ce que j'appris de M. le marpuis de Lauturières et de sa réputation de parfait original, je lui écrivis donc pour solliciter l'accès de ses archives de famille et des lieux où sa belle aïeule avait vécu. La réponse se fit si peu attendre qu'en ouvrant l'enveloppe qui la contenait, j'eus le sentiment qu'elle m'apportait un de ces refus polis et catégoriques devant lesquels il n'y a qu'à s'incliner; mais, avant de prendre connaissance de l'épître dont le chiffre couronné m'avait révélé la provenance, mon regard tomba sur la signature. Ce n'était pas celle de M. de Lauturières. Le châtelain empruntait pour me répondre la plume de son bibliothécaire, M. Luc Destieux... Luc Destieux! Mais Luc Destieux, c'était le nom d'un ancien camarade de collège et de jeunesse que j'avais perdu de vue depuis assez longtemps. La rencontre était singulière, et Destieux se réjouissait sincèrement de la conjoncture qui nous rapprochait d'une manière si imprévue et dont il avait fait part à M. le Marquis. Aussi m'avisait-il que, sur ses instances, M. de Lauturières m'autorisait à visiter Nailly, sans me cacher pourtant que cette visite serait pour moi une déception, et que je ne trouverais, plus que probablement, rien dans les archives qui concernât son aïeule. Dispersées pendant la Révolution, elles n'avaient été reconstituées que partiellement. Quant au pavillon, M. de Lauturières s'excusait de ne pas me le laisser voir. Strictement clos depuis la mort de Mme de Lauturières, ainsi que les appartements qu'elle avait occupés au château, personne n'y pénétrait jamais. Or, comme plus de trente ans s'étaient écoulés depuis l'époque où la marquise de Lauturières en avait fait une sorte de Trianon où elle venait, parfois, l'été, travailler à l'aiguille ou lire quelque livre, le portrait de La Tour, déjà fort abîmé en ce temps-là, devait être maintenant tout à fait effacé. Le Marquis chargeait Destieux de m'exprimer ses regrets d'un refus dont je comprendrais certainement les raisons. La lettre finissait par le souhait de Destieux que je donnasse suite à mon projet. La pensée de me revoir lui causait un vif plaisir. Il mourait d'ennui en cette solitude, parmi ses manuscrits chinois et en compagnie de ce vieil original. Heureusement qu'il avait pour se distraire son grand poème épique en vingt-quatre chants auquel il travaillait depuis dix ans et dont il me lirait des fragments. Suivait l'horaire des trains pour Nailly.

Si la lettre de Destieux ne me satisfaisait pas entièrement, elle ne me décourageait pas tout à fait. J'avais le vague espoir qu'une fois à Nailly quelque circonstance fortuite me permettrait de vaincre la répugnance de M. de Lauturières à me laisser visiter ce fameux pavillon. Il m'était déjà arrivé dans mon existence de fureteur de surmonter des obstacles plus infranchissables. Si seulement je pouvais approcher M. de Lauturières, je parviendrais bien à mes fins; mais la réponse qu'il m'avait fait faire semblait bien signifier que c'était à Nailly et non pas à lui-même que s'adresserait ma visite et qu'il s'en remettait à Destieux du soin de me recevoir au château. Enfin, une fois dans la place, j'agirais selon les occurrences; mais, pour la première fois de ma vie, je regrettai de ne pas être sinologue. Hélas! je ne connaissais d'autre Chine que celle que le XVIIIe siècle faisait figurer sur ses paravents et dans ses contes philosophiques. Néanmoins, je me décidai à tenter l'aventure qui me vaudrait, à tout le moins, le plaisir de revoir le brave Destieux et d'écouter quelques fragments d'un poème épique, ce qui n'est pas, après tout, un divertissement ordinaire.

***

Je trouvai Luc Destieux à la gare et je le reconnus de loin. Il n'avait guère changé depuis nos dernières rencontres, qui remontaient pourtant à un bon nombre d'années. Un peu grisonnant, et il bedonnait légèrement. Sauf cela, c'était toujours le même Destieux que j'avais connu répétiteur dans une boîte à bachot, rédacteur en chef de journaux sans abonnés, agent d'assurances, secrétaire de théâtre, puis que j'avais perdu de vue et que je retrouvais bibliothécaire d'un sinologue éminent et poète épique à ses moments perdus.

Cependant, après la poignée de main de bienvenue, il m'avait fait asseoir à côté de lui dans un élégant tilbury dont il fouetta le cheval qui partit d'un trot tranquille. A la première montée, Destieux alluma sa courte pipe :

— C'est tout de même drôle, la vie! Du diable, si j'aurais pensé te voir à Nailly et même te revoir ailleurs. Oh! je ne t'avais pas oublié, mon vieux, mais tu sais, je n'ai guère l'art de cultiver mes relations. Je compte sur le hasard et je n'ai pas tort, puisque te voilà. Ah! je suis content. Tu vas rester dîner et coucher au château et tu ne repartiras que demain soir. Il y a un très bon train. C'est entendu avec le Marquis. Il garde la chambre et il est souffrant en ce moment, ainsi ça ne le gênera pas... Mais vrai, là, je suis content de te voir. Tu n'as pas pris une année et pourtant ce n'est pas hier que nous nous rencontrions chez cette pauvre Félicie! Tu te rappelles, hein, Félicie Landret, la « Félicie de toutes les Félicités » comme nous disions? Ah! la bonne fille et gaie et drôle, et fine et forte gueule! Dire qu'elle a fini, mariée avec cet imbécile de La Rupelle... Comme c'est loin! Sapristi! On s'amusait en ce temps-là, tandis qu'ici... Tiens ça me fait plaisir de voir une autre figure que celle de mon Marquis. Ce n'est pas que ce soit un mauvais homme, mais il a eu des chagrins. Jamais il ne s'est consolé de la mort de sa femme, c'est ce qui l'a conduit à la sinologie. Encore s'il m'emmenait en Chine à sa suite, ce serait une distraction, mais classer sa bibliothèque, faire des fiches, recopier des mémoires et des notes, ce n'est pas une vie... Que veux-tu? c'est mon gagne-pain, de m'occuper de tous ces grimoires, mais quant à m'y intéresser... Le seul avantage, c'est qu'ici je suis tranquille au point de vue matériel. Pas de soucis, pas de tentations. Alors je peux travailler en paix à mon poème épique... Mais ça, nous en parlerons plus tard. Tout ce que je puis te dire pour l'instant, c'est qu'il y a six ans que mon *Alexandréide* est sur le chantier. Vingt-quatre chants... Tu verras.

Destieux secoua la cendre de sa pipe avant de la remettre dans la poche de son veston. Puis il reprit :

— Un rude morceau et pas une bavure!... C'est ciselé. Mais quel travail! *Nulla dies sine linea.* C'est du reste ce qui m'a permis de ne pas mourir d'ennui dans cet immense château désert, en tête-à-tête avec le Marquis absorbé dans ses souvenirs et acharné à ses chinoiseries. Il fallait trouver quelque chose : humer le piot, courir le cotillon! J'ai préféré écrire un poème épique. J'ai commencé à la blague et puis je m'y suis mis pour de bon. Mon cher, c'est passionnant... et ça peut mener loin, mais quel tintouin! Heureusement que je ne suis pas dérangé. Personne à voir. De temps à autre, quelque vieux savant qui vient consulter nos grimoires et qui donne quarante sous de pourboire aux domestiques, en s'en allant. Ah! si, il y a Pouthier. Pouthier, c'est l'homme de confiance du Marquis. Il parcourt l'Europe pour lui acheter des paperasses, assiste aux ventes, visite les marchands. Un brave type, d'ailleurs, ce Pouthier, mais il n'est presque jamais ici. Toujours en route, mais au retour plein d'histoires admirables, car il adore les femmes, le gaillard! La sienne est morte. Deux enfants qu'élève une vieille miss anglaise. Le Marquis les installe l'été dans une dépendance du château. De beaux enfants. Parfois le vieux les fait venir auprès de lui, les considère, et ses yeux se remplissent de larmes. Que veux-tu? il est si seul, ce vieux Chinois...

Pendant que Destieux bavardait, le cheval continuait à trotter sagement sur la route. Il faisait une belle et fraîche journée de septembre. Le ciel était pur et clair. A droite et à gauche s'étendaient des prairies. La campagne composait un de ces paysages de France harmonieux et simples qui, sans attirer l'attention par aucun détail particulièrement pittoresque, retiennent pourtant le souvenir par on ne sait quel charme secret des lignes et des couleurs. J'en allais faire l'observation à Destieux lorsque, passant auprès d'une borne kilométrique, il me la désigna du bout de son fouet :

— Nailly, six kilomètres. Nous entrons dans le domaine de la belle comtesse.

C'était la première allusion qu'il faisait au but de ma visite et j'allais l'interroger pour savoir si je devais vraiment renoncer à tout espoir concernant le pavillon interdit et l'invisible portrait, quand il devança ma question.

— A propos, mon pauvre vieux, j'ai encore essayé, tu sais, pour le portrait, mais rien à faire. Le sinologue est intraitable. Il m'a même prié assez sèchement de ne pas te mener du côté du pavillon. Entre nous, il n'a rien de particulièrement curieux, ce pavillon. Je n'y suis allé qu'une fois, au début de mon séjour à Nailly. La partie du parc où il se trouve est complètement abandonnée et assez peu praticable. Vrai, tu n'y perdras pas grand'chose, du moment que le Marquis ne permet pas qu'on pénètre à l'intérieur. Pour le reste, château et jardins, il m'a chargé de t'en faire les honneurs. Cela vaut le voyage, même si tu ne trouves rien dans les archives. Nailly est une belle demeure et la belle comtesse n'était pas si à plaindre après tout... Mais nous voilà presque arrivés...

Devant nous, la route continuait toute blanche sous le soleil, quand brusquement la voiture tourna pour s'engager dans une large avenue montante bordée d'une quadruple rangée de très vieux arbres et précédée de deux colonnes supportant chacune une Victoire équestre. Les chevaux et les figures étaient traités dans la manière de Coysevox, et l'aspect seigneurial de cette avenue était complété par une monumentale grille en fer forgé qui dressait ses piques dorées au haut de la pente assez forte et les découpait sur le ciel entre deux piliers qui s'ornaient de somptueux trophées d'armes et de cuirasses, du même style que les claironnantes Victoires entre lesquelles nous avions passé.

Destieux m'avait poussé du coude :

— Hein ! mon cher, avoue que cette entrée a du chic, cette grille, avec ses médaillons où se croisent les bâtons du maréchal de Nailly et ses trophées militaires. Cela vous a assez l'air d'un frontispice de poème épique. Mais nous allons descendre là et nous irons à pied au château. Tu verras que mon Marquis n'est pas mal logé...

L'avenue aboutissait à une sorte d'esplanade pavée. De chaque côté de la grille, s'élevait à quelque distance un bâtiment bas à toiture d'ardoises dont les fenêtres, ornées de mascarons, s'enguirlandaient de roses grimpantes. Tandis que j'admirais la grâce de ces deux logis, Destieux avait poussé un sifflement aigu. A ce signal, du logis de gauche, un vieil homme sortit, qui nous salua. Destieux lui cria :

— Pas la peine d'ouvrir la grille, père Nargouze, nous passerons par chez vous. Vous conduirez bien la voiture aux écuries. Mais avant, mon cher, regarde-moi ça !

Et, à travers les ferronneries dorées de la haute porte, Destieux me montrait du geste ce qu'avec un amusant mélange de fierté et de dédain il appelait familièrement : ça.

Ça ! Le château bâti par le maréchal de Nailly était une magnifique demeure des plus majestueuses et des plus nobles proportions. Sans être immense, Nailly était grand par la beauté des lignes architecturales, par cet air de solidité, de logique, de pompe élégante que le grand siècle apportait à ses conceptions.

Devant la façade miroitait un parterre d'eau précédé d'un grand bassin qu'ornait à son centre un groupe en bronze doré. Ce vaste espace découvert s'encadrait de hauts massifs de verdure qui devaient former derrière le château toute une forêt d'arbres, percée d'allées régulières et animée d'eaux et de statues, et l'entourer de silence et de solitude. Et c'était dans ce décor fastueux, noble et triste, auquel le temps n'avait rien changé, qu'avait vécu les longues années de son vertueux exil cette séduisante et trop prudente Sabine de Nailly, dont les mémoires du duc de Cambefort et de l'abbé Gaillardet comparent la jeune grâce à celle de Flore la printanière; c'était là que, loin de Versailles, dans ce Nailly qui devait le lui rappeler par le murmure de ses eaux et l'odeur de ses buis taillés, elle avait vu s'envoler sa jeunesse, se faner cette beauté dont elle venait contempler l'image intacte et mélancolique dans le portrait de La Tour, au fond de ce pavillon où elle se retirait pour « rêver et faire de la musique, » ainsi que le disaient les lettres jaunies dont les feuillets retrouvés par hasard m'avaient appris d'elle ce qu'en répétaient les contemporains émus de sa mélancolique aventure et un peu narquois devant les scrupules conjugaux qui la lui avaient valu.

Je me laissais aller à ces pensées, lorsque, comme pour y répondre, dans le grand silence, des rires frais, sonores, gais, éclatèrent. Ils partaient de ce logis aux fenêtres enguirlandées de roses grimpantes et qui faisait pendant à celui d'où était sorti le père Nargouze à l'appel de Destieux. Comme j'allais interroger ce dernier, je le vis qui haussait les épaules en aspirant les bouffées de sa pipe rallumée.

— Ce sont les mioches de Pouthier qui s'amusent. Ah! c'est jeune! Mais voyons, que dis-tu de mon patelin?

Les rires argentins s'étaient tus dans le silence où se mêlait, à l'odeur lointaine des roses, le murmure d'une eau invisible. Dans le ciel pur, la haute grille érigeait ses piques dorées.

*
* *

Si le château de Nailly avait souffert, à l'époque de la Révolution, de certaines déprédations, il n'en restait plus actuellement de traces apparentes. Le marquis de Lauturières, après son mariage avec Mlle Varades et avant son veuvage, l'avait restauré avec beaucoup de goût et d'intelligence et remis en état tant extérieurement qu'intérieurement. Nailly, en effet, était meublé avec une sobre et haute magnificence. Les parties du mobilier et de la décoration qui avaient dû être renouvelées s'accordaient parfaitement bien avec celles qui en avaient été conservées. L'ensemble avait grande allure. De plus, Nailly pouvait encore s'enorgueillir de nombreux souvenirs du maréchal. Son portrait équestre s'y dressait et montrait un gros homme ventru, botté de cuir, cuirassé de buffle, le cordon bleu en sautoir, le bâton fleurdelisé à la main, sur un fond de paysage et de bataille. D'autres effigies le représentaient encore en costume de cour, de chasse ou de guerre. Mais les appartements de Nailly ne s'ornaient pas seulement de ces précieuses images familiales, ils contenaient de beaux tableaux, de belles tapisseries et quelques précieuses porcelaines de la Chine en leurs montures du XVIIe et du XVIIIe siècle. Quant à la bibliothèque, qui occupait une longue galerie, Destieux ne me permit pas de m'y attarder.

— Tu verras cela demain et tu pourras fouiller à ton gré dans les papiers de famille des Nailly... Non, pas par là, c'est la salle des manuscrits chinois, et cela ne t'intéresse pas. Maintenant, allons faire un tour de parc. J'ai commandé le dîner pour six heures et demie, afin que nous ayons une vraie soirée.

La salle à manger où nous dînâmes était petite, ovale, toute en miroirs encadrés de rocailles dorées. Elle datait, comme certaines parties des appartements, de l'époque de la belle comtesse qui avait dû les faire accommoder à son goût, le château lui paraissant sans doute bien suranné et trop à la mode du précédent règne.

Le repas était délicat et faisait honneur au cuisinier de M. de Lauturières, qui se trouvait d'ailleurs être une cuisinière, car le personnel mâle du château ne se composait que du maître d'hôtel et du valet de chambre du Marquis, lequel assurait aussi le service de Destieux. Une femme de charge veillait à l'entretien de la maison. En revanche, cinq jardiniers s'employaient à celui des parterres du jardin et des allées du parc où, du reste, M. de Lauturières ne se promenait jamais. De plus, une sorte de régisseur avait la haute main sur tout le domaine. C'était le fils de ce père Nargouze qui habitait avec lui un des logis à côté de la grille d'entrée. Le bonhomme faisait fonction de portier et soignait les trois chevaux qui composaient toute l'écurie du Marquis. Un des jardiniers les attelait et tenait, au besoin, l'emploi de cocher.

Ces détails domestiques et les gémissements de Destieux sur la solitude dans laquelle il vivait à Nailly nous menèrent jusqu'à la fin du repas. Quand nous l'eûmes achevé, Destieux me prit le bras et m'emmena dans sa chambre. Pour y parvenir, nous montâmes le large escalier de pierre à rampe de fer forgé qui conduisait à l'étage. Comme toutes les pièces du château, à l'exception de la charmante petite salle à manger où nous avions dîné, cette chambre était vaste. Tandis que Destieux allumait une grosse lampe placée sur la table encombrée de papiers et de pipes, je m'approchai de la fenêtre. Elle s'ouvrait dans la façade du château opposée à celle qui regarde le parterre d'eau. La nuit n'était pas encore tout à fait venue et la lune se levait déjà au-dessus des arbres du parc, de telle sorte que j'en distinguais assez bien la disposition. De ce côté, le château de Nailly reposait sur une terrasse d'où une double rampe en fer à cheval conduisait à un bassin entouré de parterres, au delà desquels les masses d'arbres se séparaient pour laisser place à un canal fort large et fort long qu'un autre coupait transversalement pour former une croix d'eau comme à Versailles. Ce canal était une des beautés de Nailly. Ce soir, il luisait doucement sous la lune levante et ses eaux immobiles semblaient refléter le silence. L'air était doux et pur et il eût été agréable de fumer son cigare devant ce noble décor de vieille France en songeant à tout ce qui n'est plus de ses grâces anciennes et de ses splendeurs disparues, mais j'entendais Destieux froisser en toussant les feuillets de son manuscrit, et je m'arrachai à ma contemplation. Ne pouvant échapper à « l'épique, » le mieux était de m'y résigner docilement. Aussi, quittant la fenêtre, je vins m'asseoir sous la lampe.

Destieux m'attendait et, touché de ma soumission, il plaça à ma portée la boîte de cigares et les allumettes, puis, ayant éteint sa pipe inachevée, il prononça les paroles sacramentelles :

— L'*Alexandréide*, poème épique en vingt-quatre chants.

Destieux n'avait pas de talent : son poème était l'erreur inexplicable d'un garçon d'esprit. C'était un ramassis de vers emphatiques et laborieux, une pénible suite de clichés et de lieux communs. Nulle invention, nul style, une composition du plus pur pompier. Quelque chose de faux, d'anachronique et de vain. Comment avait-il donné dans cette manie versifiante? Lui que j'avais connu bon vivant et bien vivant, comment s'était-il égaré dans cette crypte? Car ce n'était pas un imbécile que Destieux. Il ne manquait ni de culture, ni d'intelligence, ni même de sérieux, puisqu'il était capable de remplir chez M. de Lauturières une fonction plutôt difficile et s'en acquittait bien, sans quoi le Marquis ne l'eût pas gardé tant d'années auprès de lui. Alors, pourquoi ce fatras? Et le plus singulier, c'était qu'il eût foi dans son œuvre. Par quelle aberration n'en sentait-il pas le ridicule? Le gros Destieux, poète épique, quelle gageure! Ce Destieux que je revoyais au temps de nos rencontres chez cette Félicie Landret, à qui il avait fait allusion, amusant l'aimable et bonne fille par ses bouffonneries, son bagout, par sa verve un peu grosse, mais gaie et franche! Pendant que je songeais ainsi, la voix de Destieux résonnait monotone et mesurée, débitant les mornes et flasques alexandrins. Devant ce débordement, j'étais atterré, mais résigné, et bien décidé à couvrir de louanges le brave Destieux. A quoi bon, en effet, chercher à le désillusionner? De quel droit lui montrer la vanité de sa besogne? Et puis l'aurais-je tenté, y eussé-je réussi? N'avait-il pas une conviction profonde, un orgueil satisfait, une certitude absolue qui le mettait au-dessus de toute critique? Le mieux, était donc d'applaudir lâchement l'*Alexandréide*, mais Destieux avait-il même besoin d'applaudissement?

Il était plus de minuit quand il cessa de lire et que, frappant de la main sur les feuillets amoncelés de son volumineux manuscrit, il me dit avec un mélange de bonhomie et de vanité désarmant :

— Eh bien! mon vieux, te voilà cloué. Avoue que tu ne t'attendais pas à ça! Tu comprends, maintenant, que l'affaire est dans le sac. Encore les quatre derniers chants, et je plaque Nailly, le Marquis et toute la boutique. Je rentre à Paris faire gémir les presses. Ah! nom de nom, quel boucan! Et l'on ne dira plus, après mon *Alexandréide*, que les Français n'ont pas la tête épique!

Je ne contredis pas à l'opinion de Destieux et jugeai préférable d'entrer dans le jeu avec un partenaire de cette sorte. Destieux accepta les compliments sans réserves que je crus devoir lui adresser, avec la tranquillité de quelqu'un qui sait ce qu'il vaut, mais n'est pas fâché qu'on le lui dise. Il m'écouta avec une bienveillance souriante et acquiesça sans étonnement à mes louanges. Puis, une dernière pipe fumée durant ces propos, il m'offrit de me conduire à ma chambre et m'y laissa, après s'être assuré que rien n'y manquait. Lorsqu'il m'eut souhaité le bonsoir et que je me trouvai seul, j'allai m'accouder à la fenêtre. Comme celle de la chambre de Destieux, elle donnait sur la terrasse et le Grand Canal. La nuit était infiniment calme. La lune éclairait la beauté de ce grave décor d'eaux et d'arbres. Les pauvres rimes de Destieux avaient cessé de bourdonner à mes oreilles et, de nouveau, je songeais à la lointaine et mélancolique Sabine de Nailly et à son mystérieux pavillon que je ne verrais pas et qui, là-bas, au bout de la croisée du Canal, devait mirer dans l'onde lunaire et silencieuse sa façade nocturnement argentée...

Contrairement à ce qui est d'usage dans les histoires du genre de celles que j'ai l'air de raconter, nul triste et gracieux fantôme ne vint visiter mon sommeil. Tout ce que je puis dire, c'est que je fus assez longtemps avant de m'endormir et que je m'endormis, tout en songeant au goût singulier qui dominait ma vie et dont ce voyage à Nailly était une conséquence. En effet, si je réfléchissais à ce qui avait déterminé ma vocation, je voyais en elle une forme de ce curieux attrait qu'exerce sur certains esprits le mystère toujours vivant du passé. C'étaient cette curiosité, cette attraction qui m'avaient conduit à chercher la solution de certaines petites énigmes historiques, qui m'avaient donné la passion des vieux papiers, des lieux auxquels se rattachent des souvenirs d'autrefois, où s'évoquent des figures de jadis. Cet amour des choses lointaines et secrètes, je le retrouvais en moi, aussi loin que je pouvais remonter. Je constatais son existence, mais je ne savais pas comment il était né. Quelles circonstances le déterminent chez les êtres qui en sont pareillement atteints? A quoi reconnait-on chez eux sa présence future? Quels indices l'annoncent, quels événements le précisent? Certains peuvent-ils s'en fixer à eux-mêmes les origines ou les discerner chez les autres? Quoi qu'il en fût, pour ma part, j'avais tiré de grandes jouissances de ce sentiment et je ne pouvais que me louer de m'y être abandonné. Ne faut-il pas, en ce monde, que chacun ait sa « manie, » et la mienne en valait bien d'autres. Elle était d'ailleurs plus facile à satisfaire que certaines et demandait, par exemple, moins de ressources que la recherche des manuscrits chinois et thibétains à laquelle se livrait M. de Lauturières.

Et puis, qu'avais-je fait, après tout, en devenant le « curieux » que j'étais devenu, sinon transposer à des points déterminés et rétrospectifs cette inquiétude du mystère qui tourmente l'homme au sujet de lui-même et de l'ensemble et du détail de l'univers? Qui sait, du reste, si ce n'étaient peut-être pas cette même inquiétude et ce même tourment qui avaient poussé le marquis de Lauturières à la sinologie, encore que, pour lui, aux causes qui l'y avaient incliné, se fût joint le besoin de combler, par quelque occupation pratiquée jusqu'à la manie, la douloureuse solitude où l'avait laissé son veuvage? La mort de sa femme, qu'il semblait avoir passionnément aimée, avait certainement dû avoir une grande influence sur la destinée de M. de Lauturières et contribuer pour beaucoup à la bizarrerie de son existence. Ainsi s'expliquait également son refus de me permettre l'accès du mystérieux pavillon qui renfermait le portrait de la romanesque aïeule. Pour M. de Lauturières, un souvenir plus intime que celui de l'héroïne d'une aventure de cour du temps passé était lié à ce pavillon, et il voulait que personne n'en profanât la solitude où s'évoquait pour lui moins le fantôme indifférent de la belle dame d'autrefois que l'image toujours présente de l'épouse si tendrement adorée.

Bien qu'au fond je trouvasse respectable ce sentiment, il ne laissait pas de me contrarier vivement. J'eusse volontiers, je l'avoue, passé outre à la défense du Marquis, si le moyen s'en fût présenté, et j'étais bien résolu à faire en ce sens une dernière tentative auprès de Destieux. Ma curiosité absolvait d'avance mon indiscrétion.

J'abordai donc ce sujet quand, le lendemain matin, Destieux parut dans ma chambre pour me demander si j'avais passé une bonne nuit; mais, par prudence, je ne l'abordai pas avant d'avoir prodigué à l'auteur de l'*Alexandréide* des éloges renouvelés sur son poème. Destieux les accueillit avec un plaisir orgueilleusement modeste. Ce tribut diplomatique payé à sa vanité, j'en vins où je voulais arriver. Aux premiers mots, Destieux se mit à rire :

— Eh! mon pauvre vieux, j'ai bien pensé, moi aussi, à te mener en cachette au pavillon; mais il n'y a pas mèche, vois-tu. Le Marquis a pris ses précautions. Il les connait bien, le vieux monstre, les fureteurs de ton espèce et il sait bien qu'ils sont sans scrupules! Aussi j'ai déjà vu rôder, du côté où se trouve le pavillon, Nargouze, le régisseur. Il doit être prévenu et a l'œil sur nous. Et puis je n'ai pas les clés et j'ignore où le Marquis les range! Et puis, si nous étions pincés, tout de même, quel patatras! Il me flanquerait mon congé, et alors que deviendraient les quatre derniers chants de l'*Alexandréide?* Je ne pourrais pas les écrire ailleurs qu'à Nailly. On y respire quelque chose de classique, et je veux faire une œuvre Louis quatorzienne. Je comprends que cela t'ennuie de renoncer à voir le portrait de la belle comtesse, mais là, vraiment, pas moyen...

Pendant ce discours, j'avais achevé de m'habiller et je remettais dans mon sac de voyage mes objets de toilette. Par la fenêtre ouverte entrait dans la vaste chambre une douce lumière matinale. Les oiseaux chantaient dans les arbres et l'on entendait, en bas, sur la terrasse, le râteau d'un jardinier. Destieux reprit :

— Je viens de le voir, mon Marquis, et il n'est pas brillant, ce matin! Je trouve qu'il change beaucoup et je n'ai pas bonne idée de lui. Pourvu qu'il me dure encore mes quatre chants... Bref, il m'a demandé si tu étais content de Nailly. Puis il a reparlé du portrait et il m'a dit : « Que votre ami se console, je lui rends peut-être un grand service. Qu'aurait-il vu dans le pavillon? un portrait plus ou moins détérioré et qui ne répondrait pas sans doute à l'idée qu'il s'est faite de ma belle aïeule. Tandis qu'inconnue, elle continuera à occuper son imagination. Et faites-lui bien comprendre que mon refus n'a rien de personnel. Si je n'étais pas si souffrant, je le lui dirais moi-même. Mais je ne suis pas bien aujourd'hui, Destieux; je ne travaillerai pas à la bibliothèque et vous m'apporterez ici le nouveau manuscrit que Pouthier m'a envoyé d'Amsterdam. » Ah! c'est un type, tu sais! Maintenant, allons faire un tour aux archives. Tu y trouveras peut-être quelque chose d'intéressant. Alors, mon *Alexandréide* te paraît un rude morceau, vieux?

Et tandis que nous descendions l'escalier, Destieux déclamait avec emphase les premiers vers de son poème :

« D'Alexandre le Grand je chante les exploits,
De ce fier conquérant qui, sur le front des Rois... »

M. de Lauturières avait raison. Les archives de Nailly étaient fort pauvres en ce qui concernait le XVIIIe siècle et rien de ce qu'elles contenaient ne se rapportait à la belle comtesse. Décidément, il me fallait renoncer à pénétrer plus avant dans la romanesque aventure dont la découverte fortuite avait un moment piqué ma curiosité. Le hasard, qui m'avait favorisé en me mettant entre les mains les lettres qui avaient motivé mon voyage à Nailly, me retirait manifestement sa faveur. A quoi bon pousser plus loin mon enquête? L'image de la belle exilée qui, un moment, avait été sur le point de se montrer à moi, s'effaçait définitivement à mes yeux. Pourquoi m'obstiner à la poursuivre davantage? N'y a-t-il pas dans toute vie de chercheur de ces pistes qui ne mènent à rien, et au bout desquelles on est forcé de rebrousser chemin? A celle-ci je n'avais pas fait fausse route, mais une barrière se dressait devant moi et m'interdisait le mystérieux pavillon qui me demeurait invisible et fermé. M. de Lauturières en avait la clé, mais il me la refusait et il était dit que je ne déchiffrerais pas l'histoire de son aïeule comme il déchiffrait le manuscrit chinois qu'il était en train de compulser tandis que nous déjeunions, Destieux et moi, dans la petite salle à manger ovale aux miroirs encadrés de rocailles où la séduisante dame de Nailly avait dû mirer plus d'une fois, en sa longue retraite, son visage mélancolique et ses cheveux poudrés, d'abord par la main des grâces, ensuite par celle des ans!

Le repas aurait dû se ressentir de ma mauvaise humeur, mais elle ne put tenir, je l'avoue, en face de la savoureuse et naïve vanité du brave Destieux. C'est dire que l'*Alexandréide* fit les frais de la conversation. Ce sujet et les anecdotes de Destieux sur nos rencontres de jeunesse chez l'hospitalière et bonne Félicie Landret nous menèrent jusqu'à l'heure de mon départ. Destieux avait envoyé porter mon léger bagage dans le tilbury qui nous attendait à la grille et que nous devions aller rejoindre à pied à travers les jardins. Tout à coup, comme nous sortions du château, Destieux me poussa le coude en me disant :

— Tiens, regarde le Marquis, tu vois, là, derrière la vitre, à la seconde fenêtre du chez-de-chaussée. Inutile de saluer, il ne se croit pas vu...

Je jetai à la dérobée un coup d'œil sur l'endroit que m'indiquait Destieux. Vaguement, à travers le miroitement du carreau, j'aperçus un vieillard de haute taille, vêtu de noir, qui tenait à la main un rouleau à demi déroulé. C'était le marquis de Lauturières qui s'assurait du départ de ce visiteur indiscret. Je fis semblant de ne rien voir et Destieux et moi nous continuâmes à causer en marchant, jusqu'à ce que nous fussions arrivés à la grille. Quand nous fûmes dehors, je regardai une dernière fois, à travers les piques dorées, le château de Nailly où je pensais bien ne revenir jamais. Le même silence l'entourait que la veille. Soudain, les mêmes voix d'enfants, que j'avais entendues déjà, retentirent dans le logis aux fenêtres enguirlandées de roses.

— Ce sont les petits Pouthier qui font sûrement enrager leur gouvernante anglaise, dit Destieux en fouettant le cheval.

Nous arrivâmes à la gare juste pour le passage du train de Paris.

***

Le souvenir de cette visite et de la petite déconvenue qu'elle me rappelait s'effaça assez rapidement de mon esprit. Je reléguai au fond d'un tiroir la correspondance qui avait attiré mon attention sur l'aventure de la belle comtesse de Nailly. D'ailleurs, d'autres sujets me préoccupèrent. Ce fut à cette époque, en effet, que j'entrepris, par suite de circonstances qu'il serait fastidieux de rapporter, le travail que je viens de publier sous le titre de : *Quelques points obscurs des Mémoires de Saint-Simon.*

J'oubliai donc assez aisément Nailly et son pavillon mystérieux, son sinologue et son bibliothécaire épique. Ce dernier, malgré sa promesse, ne me donna de nouvelles ni de son épopée, ni de lui-même, et trois ans se passèrent ainsi jusqu'au jour où je lus dans les journaux le déplacement du marquis de Lauturières aux eaux de Neyrol-les-Bains, d'où je conclus, sans y attacher, comme je l'ai dit, d'autre importance, que le Marquis devait être fort souffrant pour se décider à renoncer, même momentanément, à sa claustration habituelle. Cette réflexion faite, je n'y pensais plus lorsque, quelques jours après, je reçus cette lettre bizarre :

« La comtesse de Nailly sera heureuse de vous recevoir dans son pavillon. Prenez, jeudi, le train de 9 h. 18 du matin et descendez à la gare de Taillebois. Une voiture vous attendra. Exactitude et discrétion. »

J'avais reconnu l'écriture de Destieux. Mon premier mouvement fut de hausser les épaules. Le gaillard, par ce stratagème, voulait sans doute m'infliger la lecture de quelques milliers d'alexandrins de son *Alexandréide* et avait trouvé ce beau moyen pour me faire venir. Il tombait mal. J'étais en plein travail et je me souciais assez peu de l'interrompre pour écouter des billevesées. D'un autre côté, comme on était au fort de l'été et que je me sentais assez fatigué, la perspective d'une journée de vacances et l'idée de revoir les Victoires ailées, la haute grille dorée, les jardins aux eaux silencieuses, la noble architecture du château de Nailly ne me déplaisaient pas, même si je devais payer cet agrément par le pensum d'une lecture à écouter. Bref, la pensée de ce petit voyage me séduisait assez, si bien qu'en me rendant à la Bibliothèque nationale, je m'arrêtai au bureau télégraphique de la Bourse pour envoyer à Destieux une dépêche d'acceptation.

Le télégramme expédié, je me posai certaines questions au sujet de la missive de Destieux. Et, tout d'abord, pourquoi m'enjoignait-il de descendre à la station de Taillebois au lieu de m'arrêter à celle de Nailly? Et ensuite, pourquoi revenait-il sur cette histoire du pavillon défendu? Il était peu probable que les restrictions de M. de Lauturières eussent changé à ce sujet. Le plus plausible était que Destieux, le Marquis absent, s'ennuyait à périr dans sa seigneuriale solitude et qu'il avait pensé à moi pour le distraire de son ennui, ce qui, au fond, était plutôt flatteur. D'ailleurs, il était trop tard pour m'en dédire, et j'irais passer à Nailly la journée du 12 août.

Lorsque je descendis de wagon à la station de Taillebois, la première personne que j'aperçus sur le quai fut Destieux. Il était tout de toile habillé, car il faisait, ce jour-là, une chaleur accablante. Lorsqu'il m'eut serré la main et que nous fûmes sortis de la gare, il me dit :

— Ça, mon vieux, c'est épatant d'être venu! Tu ne m'en veux pas d'être resté un peu longtemps sans te donner de mes nouvelles? mais j'ai rudement travaillé! L'*Alexandréide* est finie : c'est même à cause de cela que... mais je t'expliquerai la chose à table, car nous allons d'abord déjeuner... Pas au château, mais à l'auberge. N'aie pas peur, l'auberge est excellente. La cuisine et la cave sont de premier ordre. Nous venons quelquefois ici avec Pouthier quand il est de passage à Nailly, manger un ragoût et boire une bouteille. C'est là, à deux pas. Alors, j'ai fait dételer le cheval et remiser le tilbury.

L'auberge de Taillebois, à l'enseigne du « Mouton blanc, » était en effet fort avenante et, quand on nous eut servis dans une salle basse et fraîche et que nous eûmes goûté l'omelette impeccable et le parfait petit vin blanc, je me rangeai bien volontiers à l'avis de Destieux. Durant les premières bouchées et les premières lampées, il me regardait en dessous d'un air finaud et entendu, puis, soudain, il se mit à rire et, fouillant dans sa poche, il en retira une grosse clé qu'il posa sur la table, en se frottant les mains :

— Tu vois bien cette clé. Eh bien! mon vieux, c'est celle du pavillon, car je vais t'y mener à ce fameux pavillon! Oui, dès que nous aurons déjeuné... Mais tu te doutais bien de quelque chose, sacré curieux, quand je t'ai fait inviter par la belle comtesse... Non? Enfin, c'est comme ça. Oui, je l'ai la clé, je l'ai parce que le Marquis est aux eaux où il se soigne. Donc, pas de danger de ce côté. D'ailleurs, je m'en fiche maintenant et m'en contrefiche du Marquis, car, dès son retour, je vais le prier de me chercher un successeur! L'*Alexandréide* est terminée, comme j'ai eu l'honneur de te le dire, et je rentre à Paris où je ne sors plus de chez l'imprimeur. Tout de même, comme je préfère que le digne homme ne sache rien de l'aventure, nous profitons d'un jour où Nargouze, le régisseur, est allé voir sa fille, mariée à Bourseuil, dans l'Yonne. Ainsi, nons ne serons pas espionnés. Ensuite, pour plus de sûreté, je t'ai écrit de descendre à Taillebois. Avec le tilbury, nous gagnerons Nailly à couvert par la forêt jusqu'au parc. J'ai relevé une brèche du mur par laquelle on peut très bien y pénétrer, juste à l'extrémité du canal, pas loin du pavillon. Il y a un sentier à peu près praticable. Une fois là, tu n'as qu'à prendre ceci et tu es en tête-à-tête avec la belle comtesse... Allons, un petit bravo pour l'ami Destieux et à ta santé!

Et Destieux fit tinter son verre au métal de la grosse clé qu'il me tendait.

Je l'avais prise entre mes doigts. Elle était lourde, d'une belle forme élégante et simple et, tout en la considérant, je me sentais pris d'un scrupule inattendu. Ce que nous allions faire n'était pas très délicat. Nous contrevenions à la défense formelle et à la volonté, d'ailleurs respectables, de M. de Lauturières. Nous abusions de son absence, mais, en même temps que ce sentiment naissait en moi, un autre le combattait, celui de cette intense curiosité que j'ai toujours éprouvée pour les endroits et les êtres qu'entoure et enveloppe un certain mystère, pour ce qu'il y a d'énigmatique et de secret dans le passé. Soudain l'intérêt passionné que j'avais ressenti pour la comtesse de Nailly me revenait plus violent que jamais. Que j'introduisisse cette clé dans la serrure qu'elle ouvrait et l'image de cette vivante de jadis allait m'apparaître, j'allais goûter l'émouvant plaisir de voir son visage, et qui sait si le sourire mélancolique dont elle m'accueillerait n'absoudrait pas mon audace indiscrète? Les belles ombres romanesques pardonnent volontiers à ceux qui vont à elles conduits par l'attrait presque amoureux qu'elles exercent sur les imaginations. Et, de nouveau, je me redisais ce que je savais sur cette Sabine de Nailly dont la jeune beauté avait charmé ses contemporains et troublé le cœur d'un roi. Je me redisais Versailles et la Cour, les hommages et les adulations, les pièges et les tentations, celle surtout qui eût mis aux petits pieds de la Favorite le plus beau royaume du monde, puis le recul devant la faute, si éclatante qu'elle fût, et la crainte de soi-même qui, comme une autre princesse de Clèves, avait conduit l'imprudente Sabine à l'aveu dangereux, mais si noble, du caprice qu'elle inspirait à la royale fantaisie. Et alors, c'était le mari averti et épouvanté, la fuite de Versailles, la retraite prématurée, la reclusion en ce château solitaire sous la jalouse surveillance conjugale; c'étaient les années succédant aux années en leur pareille monotonie, les longues rêveries dans ce pavillon devant ce portrait où La Tour avait représenté la belle exilée en sa séduction et sa beauté, devant ce portrait qui lui montrait l'image de ce qu'elle avait été, de ce qu'elle était chaque jour de moins en moins, de ce qu'elle ne serait bientôt plus.

J'étais si absorbé en ces pensées que je restai un moment sans répondre à la santé que m'avait portée Destieux, mais il n'avait fait aucune attention à mon silence et n'en avait tiré aucun indice. Je le regardai. Allais-je donc lui faire part de mon scrupule et renoncer à un plaisir qu'il m'avait si gentiment préparé? Ma foi, tant pis! L'occasion se présentait et je n'avais, après tout, rien fait pour la susciter. C'était Destieux qui, de son propre mouvement, avait organisé l'expédition. D'ailleurs, le temps de la réflexion était passé et, quand Destieux se lèverait de table et me dirait « en route, » je le suivrais docilement...

— Allons, j'ai dit que l'on attelle le tilbury pour trois

heures. Il nous en faut une bonne pour gagner Nailly par la forêt. Ah ! n'oublie pas la clé, ce serait trop bête.

Pour aller de Taillebois à Nailly, on traverse une partie de la forêt de Senoise. Il faisait, ce jour-là, une accablante et épaisse chaleur d'août. Le ciel était pur et brûlant et pas un souffle ne remuait le feuillage. A la croupe du petit cheval en sueur, les mouches bourdonnaient acharnées. Dans le silence où nous suivait le bruit monotone des roues, j'écoutais Destieux me parler intarissablement : imprimeurs, éditeurs, lancement, publicité. Il allait, aussitôt établi à Paris, s'occuper de faire paraître l'*Alexandréide*, et je devinais qu'il dépenserait à cette opération hasardeuse toutes les économies amassées durant son séjour auprès du marquis de Lauturières. Je prévoyais aussi l'article amicalement élogieux qu'il me faudrait écrire sur l'*Alexandréide*, et cette perspective me rendait un peu soucieux... Cependant, nous étions arrivés dans la région la plus sauvage de la forêt. La hauteur des arbres, la majesté des futaies, la solitude du site avaient fini par imposer silence à Destieux. D'ailleurs, il était obligé de faire attention où passait le tilbury, car nous avions quitté la route et pris un chemin herbu où de profondes ornières se dissimulaient traîtreusement. La voiture avançait plus difficilement à mesure que le chemin se resserrait. Des branches nous cinglaient la figure et je prévoyais l'instant où le cheval impatienté refuserait d'aller plus loin ou nous verserait dans le taillis, lorsqu'une brusque secousse me jeta presque contre Destieux. Le tilbury franchissait une sorte de monticule à travers un rideau de feuillage. J'avais fermé les yeux pour éviter d'être éborgné quand je sentis la voiture s'arrêter et quand j'entendis la voix de Destieux me crier :

— Nous y sommes...

Nous nous trouvions à une lisière de la forêt et devant un saut de loup, au fossé à demi comblé, pratiqué dans le mur du parc de Nailly. Destieux sauta à bas de la voiture et attacha les rênes du cheval à une souche d'arbre.

— Maintenant, mon vieux, attention aux ronces et gare à tes mollets !

La partie du parc de Nailly où nous nous engageâmes, après avoir franchi sans trop de peine le saut de loup, était dans un état de complet abandon. Aucune trace d'allées n'y subsistait plus et il fallait s'y frayer un passage en plein taillis. Nous marchâmes assez péniblement pendant une dizaine de minutes en nous préservant de notre mieux le visage et en trébuchant à chaque pas sur des racines cachées. Ensuite, il nous fallut grimper un talus assez abrupt. Destieux me précédait et, une fois arrivé au sommet, il s'assit et se laissa glisser sur son fond de culotte. Je fis comme lui. Au bas de la descente, mon pied rencontra le point d'appui d'une dalle disjointe dans laquelle avait poussé un buisson. Je me relevai et regardai autour de moi.

Nous étions au bord de l'un des bras de la croix du grand canal de Nailly. En cet endroit, il avait rompu sa margelle de pierre et formait une sorte d'étang irrégulier et marécageux dont l'eau basse et stagnante était envahie de conferves et de plantes aquatiques. De grands roseaux y dressaient, immobiles en la chaleur humide, leurs tiges aux houppes amollies. A l'extrémité de cet étang, on distinguait une sorte de terrasse et les étages d'un double escalier qui permettait jadis aux barques d'aborder et par où l'on montait au pavillon. Ce pavillon était un petit édifice à toit plat bordé d'un balustre. Même à distance, il paraissait fort délabré, le balustre rompu par places, les volets des hautes fenêtres disjoints, les colonnes de marbre moussues et ébréchées... Une lourde tristesse pesait sur cette demi-ruine isolée en cette solitude, au bout de cette eau verdie d'où s'exhalait une chaude et fade odeur de marécage et qu'engourdissait un fiévreux et somnolent silence.

Destieux arrachait une longue ronce accrochée à sa veste :

— Il n'est pas folâtre, hein ! ton pavillon, et il n'a rien d'un joyeux vide-bouteilles ! Pas étonnant d'ailleurs, les maçons et les jardiniers n'ont pas passé par là depuis trente ans et cela se voit, mais le Marquis défend que l'on travaille et que l'on s'approche de ce côté du parc. Aussi canal et pavillon sont dans un joli état ! Fais attention où tu poses les pieds...

Nous suivions la berge du canal où se distinguaient encore çà et là des traces de l'ancien dallage et des margelles qui le bordaient. Dans la chaude moiteur de l'air, des moustiques bourdonnaient. Parfois, une grenouille sautait dans l'eau avec un choc flasque. Le sol spongieux étouffait le bruit de nos pas. A mesure que nous approchions du pavillon, son délabrement se faisait plus visible. Enfin, nous parvînmes jusqu'à cette sorte de terrasse sur laquelle il s'élevait. Destieux avait sorti de sa poche la grosse clé qu'il m'avait reprise en quittant l'auberge de Taillebois.

— Faisons le tour, l'entrée est sur l'autre façade...

Destieux me précédait quand je le vis soudain s'arrêter avec un geste de surprise et de mécontentement. Il leva les bras en l'air en murmurant entre ses dents :

— Ah! ça, c'est trop fort!

Puis il me désigna du doigt le sujet de sa contrariété.

Devant le pavillon, sur un tronc d'arbre renversé, une vieille dame était assise, en train de coudre. Auprès d'elle se tenaient deux enfants. L'un était un jeune garçon d'une douzaine d'années; l'autre, une petite fille pouvant en avoir huit ou neuf. Elle était jolie, avec de beaux cheveux coiffés d'un grand chapeau de paille. Son frère, car ils se ressemblaient, me frappa par son air d'intelligence. Les yeux admirables donnaient quelque chose de poétique à son visage que rendait plus intéressant encore une expression à la fois fière, anxieuse, passionnée.

Notre vue parut les surprendre et fit se lever brusquement la vieille dame. L'ouvrage qu'elle tenait sur ses genoux tomba à terre. Je m'aperçus alors qu'elle portait des lunettes chevauchant un nez pointu. Destieux s'était avancé de quelques pas.

— Comment c'est vous, miss Spencer! Je vous y repince encore au pavillon. Je vous avais cependant bien recommandé, l'autre jour, de ne plus y mener les enfants. C'est détestable pour eux. Cet air de marécage est malsain. C'est infesté de moustiques. Tenez, en voilà un qui va vous piquer le nez. Ces petits attraperont là quelque bonne fièvre et vous serez bien avancée après, miss Spencer! C'est stupide, je vous le répète, mais vous êtes plus têtue qu'une bourrique. Permettez-moi de vous le dire, miss Spencer, avec tout le respect que je vous dois.

Et, se tournant vers moi, il ajouta :

— J'ai déjà trouvé ici miss Spencer l'autre jour avec les petits Pouthier. Voyons, est-ce raisonnable ?

Et Destieux écrasa sur sa joue un long moustique qui venait de s'y poser.

Miss Spencer avait baissé sous le blâme sa tête absurde et enluminée de vieille Anglaise, mais elle la releva pour répondre avec un accent qu'un long séjour en France n'avait pas atténué :

— Mais ce n'est pas seulement ma faute, monsieur Destieux, ce sont les enfants qui m'ont tourmentée pour revenir au pavillon. Moi aussi je trouve cet endroit peu convenable. Pourquoi choisir son inconvenance au lieu de tant de beaux coins du beau parc ? J'ai offert l'Orangerie, les Trois Fontaines, le Bosquet d'amour. Ils ont voulu. Grondez-les, monsieur Destieux...

Destieux s'était retourné vers les petits Pouthier :

— Vraiment, Antoinette, tu devrais mieux obéir à miss Spencer. J'écrirai à ton papa que tu n'es pas sage. Et toi, Paul, qui es le plus grand !

Paul, sans répondre, leva sur Destieux ses yeux admirables, ses yeux où tant d'intelligence et d'anxiété se mêlait à tant de rêverie ; mais Destieux, ayant pris sans doute son parti de la rencontre inopportune, s'avançait déjà, en haussant les épaules, vers le pavillon.

La grosse clé tourna difficilement dans la serrure rouillée. Au lieu de s'ouvrir sous la vigoureuse poussée de Destieux, je crus que la porte vermoulue allait tomber sur nous. Enfin, elle céda avec un gémissement de ses gonds ankylosés. La première pièce où nous pénétrâmes était un assez vaste vestibule dallé. Les murs revêtus de plaques de marbre y entretenaient une humide fraîcheur, plus fraîche encore à cause de l'atmosphère étouffante du dehors. Une odeur de cave s'exhalait des murailles et du dallage sur lequel nos pas résonnèrent et qui, par endroits, disjoint, s'encadrait de mousses verdâtres. Les infiltrations du canal avaient dû s'étendre sous le pavillon qui reposait sans doute sur un sol de vase et il était probable que, quelque jour, tout l'édifice ainsi miné, avec ses colonnes et ses balustres, finirait par s'écrouler mollement. J'allais faire part à Destieux de cette première impression, mais il se dirigeait vers l'une des portes qui donnaient dans le vestibule et je le suivis.

Le salon où nous entrâmes était encore plus caduc avec son parquet pourri, ses boiseries gondolées, son plafond largement lézardé. Quelques beaux vieux meubles l'ornaient, mais dans quel état de vétusté navrante : fauteuils aux tapisseries moisies et rongées, consoles penchantes, cabinets de laque aux panneaux écaillés. Tout cela dans le demi-jour des persiennes démantibulées et des vitres verdies prenait un aspect fantômatique. Et ce silence des choses mortes, en cet air lourd et humide, dont la fraîcheur sentait la tombe! Et quel abandon, quel délabrement, quelle mélancolie en ce boudoir qui faisait suite au salon, en ce boudoir aux glaces éteintes qui ne reflétaient plus rien, dans cette salle de musique au clavecin démodé, aux pupitres épars où quelques instruments hors d'usage évoquaient des cadences surannées! Quelle solitude en ce pavillon fermé, s'effritant parmi les vieux arbres, au bout de ce canal d'eau plate qui finissait en marécage d'où montait une odeur de fièvre et de mort!

Un appel de Destieux me fit tressaillir.

— Mon pauvre vieux, il ne reste plus grand'chose de ta belle comtesse!

La petite pièce en rotonde où je l'avais rejoint et dont Destieux venait de pousser une des persiennes était mieux conservée que les autres. Le parquet, presque intact, était incrusté de marqueterie. Un grand guéridon à dessus de marbre en occupait le centre. En face de la fenêtre du milieu, un cadre ovale s'encastrait dans la boiserie. Sous le verre usé, terni, on distinguait vaguement des couleurs incertaines, quelques contours indécis, quelque chose comme l'ombre d'une image, quelque chose que je considérais avec une émotion mélancolique, la belle Sabine de Nailly, deux fois morte, morte en sa chair périssable, morte en la poussière colorée où elle s'était survécue longtemps et qui n'était plus aujourd'hui que la cendre indistincte de sa forme et de sa beauté :

— Eh! Que fais-tu là, petit misérable?

A la voix de Destieux, je m'étais retourné. Le petit Paul Pouthier était debout derrière nous. Je vis ses yeux levés vers les nôtres avec cette anxiété passionnée que j'y avais déjà remarquée, mais son regard s'éclairait d'un expression si attentive, si intense, si profonde que je m'en sentis ému et troublé... Et soudain je compris, je le compris de toute mon âme de vieil enfant curieux, de toute la passion de ma vie, de tout mon amour du passé, de l'inconnu et du mystère. Pour lui, nous représentions le hasard d'une aventure merveilleuse, nous étions peut-être la clé de son avenir, les révélateurs de sa destinée. Depuis combien de temps désirait-il entrer dans ce pavillon fermé où il s'était glissé à notre suite? Combien de fois avait-il rêvé ce dont nous faisions pour lui une réalité imprévue dont il ne perdrait jamais le souvenir? Ce pavillon, mystérieusement fermé, autour duquel il rôdait et où il n'espérait sans doute jamais pénétrer, voici que, tout à coup, la porte s'en était ouverte devant lui! Le souhait de sa jeune imagination s'était accompli avec cette facilité même que l'on éprouve dans les songes. Et cette brusque réalisation de son désir agitait son cœur palpitant, élargissait ses yeux et faisait trembler ses mains froides.

Car, ayant compris, je l'avais prise dans la mienne, cette main d'enfant passionné que troublait la grosse voix grondeuse de Destieux et il comprenait, lui aussi, cet enfant, qu'il ne fallait pas avoir peur, que quelqu'un était auprès de lui qui l'avait deviné et le protégeait. Et, comme Destieux allait renouveler sa question bougonne, je l'arrêtai en lui disant n'importe quoi, tout en caressant les beaux cheveux de la petite tête brûlante où s'éveillait ce même goût du mystère, ce même attrait aux choses du passé qui avaient été la passion de ma vie...

Nous revînmes, Destieux et moi, dîner à l'auberge de Taillebois avant que je reprisse le train et qu'il retournât à Nailly et, plus d'une fois, en écoutant Destieux parler de l'*Alexandréide* et de ses projets de gloire, je pensai aux yeux avides et anxieux du petit Paul Pouthier, j'y pensais avec émotion et mélancolie, car il me semblait retrouver en lui l'image de ma lointaine enfance. Je ressentais pour lui une sorte de fraternelle tendresse.

N'appartenions-nous pas, l'un et l'autre, à la même race d'êtres? Ne serait-il pas, comme je l'avais été, un de ceux-là qui aiment d'un obscur amour les belles ombres du passé en leurs cadres de secret et de lointain, de ceux qu'attire au fond des parcs abandonnés, au bout des eaux mortes, le mystère des pavillons fermés, même s'ils ne contiennent, derrière leurs murs délabrés et leurs vitres verdies, que la désillusion taciturne de la solitude et du silence?

HENRI DE RÉGNIER.

L'UNITÉ BELGE

ET

L'ALLEMAGNE

> La force des armes pourra bien conquérir momentanément la Belgique, mais jamais dompter l'opinion générale d'un peuple aussi fier qu'énergique pour le maintien de ses droits.
>
> Metternich.
>
> Nous pouvons être écrasés; mais soumis, jamais.
>
> Baron de Broqueville, 4 août 1914.

Voilà bientôt trois ans qu'en une heure de dépit le gouverneur Von Bissing déclarait : « Le caractère belge est une énigme psychologique (1). » Pour la force brutale, les revendications du droit sont une énigme; et pour la « matière humaine, » — tel est le nouveau nom que des millions d' « âmes » allemandes se laissent imposer par leurs maîtres, — les revanches de l'esprit, aussi, sont une énigme. Il y eut au moins trois énigmes auxquelles se heurta le cerveau de Bismarck : l'idée alsacienne, l'idée polonaise, l'idée catholique; et vis-à-vis de l'Alsace, vis-à-vis de Posen, vis-à-vis de Rome, le chancelier de fer rendit sa poigne d'autant plus dure, qu'il sentait son intelligence devenue soudainement plus courte : ne comprenant pas, il frappait. Mais plus il cognait, plus s'aggravaient les énigmes : car l'apparente puissance des coups scandait et dénonçait leurs impuissants échecs. Ainsi que fonçait le chancelier, la Prusse continue de foncer : et le Belge lui fait l'effet

(1) Passelecq, *La question flamande et l'Allemagne*, p. 217 (Paris, Berger-Levrault, 1917).

d'une énigme, parce qu'elle sent qu'il ne sera pas, qu'il ne veut pas être un vaincu. C'est une psychologie sommaire, brutale : nous la verrons se traduire en actes; et puis en face d'elle, nous observerons l'imbrisable force contre laquelle elle achoppe, l'unité belge. Et là où l'Allemagne parle d'énigme, nous saluerons un de ces faits qui créent un droit : un acte de volonté, lucide et claire, qui porte Flamands et Wallons à demeurer unis.

I

Les avances de l'Allemagne sont parfois plus odieuses que ses atrocités. On l'entendit, au début de la guerre, calomnier la Belgique à la face du monde : soldats belges, civils belges, prêtres belges, étaient, tous ensemble, inculpés d'assassinats. Et puis on la vit inaugurer une politique d'épuisement économique, spolier la Belgique de ses ressources et de ses bras, exporter le fruit du travail, déporter le travailleur; on la vit s'évertuer, avec une ponctualité féroce, à créer là-bas la misère, et s'y montrer aussi savante pour appauvrir, pour affamer, pour dépeupler, pour être en un mot productrice de ruine, qu'elle s'était naguère montrée savante, chez elle et hors de chez elle, pour créer, à son profit, toujours plus de richesse (1). Mais les mêmes fourgons qui portaient au delà des frontières belges le flot des calomnies et le triste cortège des civils devenus esclaves ramenaient une nouvelle équipe d'Allemands; et ceux-ci tendaient les bras, arboraient le sourire, affectaient des gestes de fraternité.

Ils s'adressaient à tous les Flamands, — à ceux du moins qui n'étaient pas déportés (2), — et ils leur disaient en substance : « Vous êtes pour nous, Flamands nos frères, des Allemands de l'étranger, *Deutschen im Auslande*. Notre chancelier Bethmann a parlé des « voies douloureuses » où vous engagea l'histoire, et qui vous écartaient de nous. Il vous a donné devant le parlement de l'Allemagne la parole de l'Allemagne, et vous savez ce que vaut cette parole lorsque lui, Bethmann, en est l'interprète. Il a promis que « l'Allemagne n'abandonnerait

(1) Mélot, *La propagande allemande et la question belge*, (Paris Van Vest, 1917).

(2) Dans l'espace de neuf jours, en octobre 1916, il n'y eut pas moins de 15 000 Flamands déportés (Passelecq, *Les déportations belges à la lumière des documents allemands*, p. 8; Paris, Berger-Levrault, 1917).

pas à la latinisation le peuple flamand si longtemps asservi, » et qu'elle assurerait et hâterait le libre développement de votre race... » Les razzias se poursuivaient, razzias de vivres, razzias d'hommes, qui tarissaient et décimaient la race; mais les messagers de M. de Bethmann parlaient toujours. « Il a promis encore, insistaient-ils, de « fournir au peuple flamand la possibilité, qui lui fut jusqu'à présent refusée, d'un développement cultural et économique autonome. »

L'Allemagne s'affichait comme une libératrice, éprise d'amour pour ces Flamands que la *Gazette populaire de Cologne* qualifiait « un groupe exposé de sang allemand. » Leur rédemption, leur récupération pour la culture germanique, devenait l'un des objets pour lesquels les vies allemandes se sacrifiaient; et quiconque eût fait bon marché d'un tel but de guerre était accusé par la presse pangermaniste de « n'avoir pas conscience de la nature même de la guerre (1). » Des agents secrets monnayaient en proclamations populaires, destinées à la « conscience flamande, » la doctrine de la science allemande sur les Flandres : « Vous avez produit Charlemagne, criait aux Flamands un certain Harald Graevell, vous ne devez pas rester plus longtemps les rebutés *(Stiefkinder)* de la famille germanique (2). » De crainte, sans doute, que l'âme flamande ne fût insuffisamment flattée d'avoir l'âme allemande pour sœur, on lui restituait ainsi, comme père, Charlemagne en personne : que pouvait-on de plus, que pouvait-on de mieux?

Les offres de cadeau succédaient aux gestes d'adoption. Les Flandres, avant la guerre, souhaitaient que les documents officiels fussent toujours plus hospitaliers à la langue flamande; et l'Allemagne décidait, le 25 février 1915, que l'arrondissement de Bruxelles serait désormais considéré, au point de vue linguistique, comme une circonscription purement flamande, et non plus comme une circonscription mixte. Les Flandres, avant la guerre, réclamaient de la Chambre des représentants, et faisaient adopter en principe la création d'une Université flamande; et l'Allemagne, à la date du 31 décembre 1915, se targuait de leur jeter une somptueuse étrenne en décrétant la « flamandisation » de l'Université de

(1) Paul Rohrbach, article de *Das Grössere Deutschland*, cité dans Passelecq, *Pour teutoniser la Belgique*, p. 60-61. (Paris, Bloud.)

(2) Passelecq, *Pour teutoniser la Belgique*, p. 32.

Gand. Elle escomptait sans doute, pour de si grands bienfaits tendus à la pointe de l'épée, l'humble et fraternel merci des lèvres flamandes.

Mais les lèvres flamandes n'exprimèrent à l'Allemagne ni gratitude, ni humilité, ni fraternité. Un des *leaders* flamingants, M. Huysmans, siégeait au conseil communal de Bruxelles : « Je serai des premiers, déclarait-il, à démolir de ma main l'œuvre allemande de transformation administrative de la capitale en ville flamande. » Un des représentants les plus illustres de la haute culture flamande, l'historien Paul Frédéricq, siégeait dans le corps professoral de l'Université de Gand; et sa déportation au delà du Rhin, celle de son collègue wallon l'historien Henri Pirenne, attestèrent et vengèrent, d'une odieuse façon, la déception que ce corps professoral infligeait à l'Allemagne. Dans la bâtisse flamande que sans délai l'Allemagne voulait ouvrir, la science flamande faisait grève. Von Bissing, alors, plaça cette bâtisse sous un parrainage imprévu, celui de Mars. « Le Dieu de la guerre a tenu l'Université sur les fonts baptismaux, l'épée au clair, » proclama-t-il lorsqu'en octobre 1916, inaugurant prétentieusement l'institution nouvelle, il couvrit de son regard déçu l'insignifiant troupeau d'étudiants péniblement groupés autour de quelques professeurs de fortune, eux-mêmes péniblement ramassés. Les bénédictions du Dieu de la guerre, même apportées par Von Bissing, ne pouvaient faire que cette parodie d'Université qui allait usurper la langue flamande réussît à confisquer l'âme des Flandres. « Tout cela va à l'encontre de l'idéal flamand, signifiait M. Julius Hoste; car cet idéal réclame pour sa libre expansion la liberté du territoire, comme la plante réclame la terre nourricière. »

L'Allemagne tout de suite reprit audacieusement : « Votre liberté, je la veux, je la crée; et la voici scellée, souverainement; et de par ma grâce vous allez être libres, oui, libres... à l'égard des Wallons. » La séparation administrative des Flandres devint l'article primordial du programme germanique. Des ordonnances l'ébauchèrent, au cours de 1916; on prétendit la parachever, en février 1917, dans une parade dont quelques Flamands sans mandat ni notoriété acceptèrent d'être les acteurs. Mais tandis que les sept députés du prétendu « Conseil des Flandres, » émanation de deux cent cinquante congressistes groupés en un prétendu « congrès national flamand, » portaient à Berlin l'hommage de deux cent cinquante servilités, le loyalisme flamand, dans un magnifique sursaut, les désavouait à la face de l'Allemagne. Berlin voulait acculer les Flamands à une option qu'ils n'acceptaient pas. Demeurerez-vous Belges, leur disait-on, des Belges vaincus, ou bien ne redeviendrez-vous des Flamands? Votre idéal ne s'accommode pas de l'unité belge, et votre patrie belge est une geôle, dont le lion de Flandre doit s'évader... Et les gens du *Conseil des Flandres* étaient là, tout prêts, pour acheminer le lion vers son dompteur de Berlin.

Mais des grondements successifs, dont l'écho n'est pas assourdi, informèrent les oreilles allemandes que le lion de Flandre méprisait de tels convoyeurs et répudiait un tel dompteur (1). Ce fut d'abord, en mars 1917, la protestation de soixante-dix-sept mandataires des arrondissements flamands, ripostant à M. de Bethmann que la séparation administrative ne faisait point partie de leur programme, et revendiquant la patrie belge, libre et indivisible. Ce fut, en juillet 1917, la déclaration du conseil communal d'Anvers, repoussant comme « pernicieux pour l'existence du pays belge » le perfide présent des envahisseurs germains. Ce fut ensuite le manifeste de 6000 membres de la *Ligue flamande belge* résidant en Hollande; puis de nouveau, en Belgique même, en février 1918, les insurrections de l'opinion contre les « activistes » du *Conseil des Flandres:* démarches des autorités communales, protestations de la rue, soulèvement des colères, ou bien des risées, contre les cortèges, contre les *meetings*, qu'avec l'appui de l'Allemagne, les « activistes » tentaient d'organiser. Et ce fut enfin, subitement, dans des sphères habituellement sereines, l'éclat d'un coup de foudre : la Cour d'appel de Bruxelles osant, sous le joug allemand, décréter d'arrestation les principaux meneurs du *Conseil des Flandres*, les hommes de l'Allemagne ; et la Cour de cassation, par deux délibérations, se solidarisant avec cette Cour d'appel, dont la colère allemande, par représaille, faisait arrêter trois magistrats. Au nom de la patrie belge toujours vivante, la justice belge stigmatisait les soi-disant représentants de la

(1) Voir la brochure : *Ce que les Belges de la Belgique envahie pensent de la séparation administrative*, avec un avant-propos de M. Carton de Wiart (Le Havre, Bureau documentaire belge, 1918).

Flandre, qui n'étaient que les fourriers de l'ennemi. Tout ce qui comptait en Flandre parlait d'union avec les Wallons; et pour propager l'évangile séparatiste de l'Allemagne, il ne se trouvait qu'une poignée d' « irréguliers, véritables bachi-bouzouks du flamingantisme (1) » déjà dénoncés comme un péril, dès 1911, par le tribun catholique Godefroid Kurth, chaleureux défenseur de la cause flamande. L'Allemagne, toujours à l'affût de ce qui est morbide, les avait enrôlés; mais ils demeuraient seuls, avec leur honte, à la suite de l'Allemagne.

Car la Flandre savait à quoi s'en tenir : elle connaissait les instructions officieuses enjoignant à tous les soldats de l'armée d'occupation de travailler « pour qu'une Flandre reconquise au teutonisme procurât dans l'avenir la sécurité de l'Empire à l'Occident. » Et lorsqu'elle voyait ses oppresseurs lui faire miroiter, dans une lumière enjôleuse, « tous les droits et toutes les libertés possibles, » elle leur répondait, par la plume de son romancier Stijn Streuvels et du député Van Cauwelaert, que si elle les écoutait, c'en serait à tout jamais fini de sa personnalité, et qu'une tutelle intellectuelle exercée par l'Allemagne serait la mort de son génie. Problème flamand, problème wallon, c'étaient là des questions, — M. Huysmans le déclarait expressément, — dont on devait, pendant la durée de la guerre, « nier la nécessité. » Si donc les revendications flamandes d'avant-guerre offraient prétexte à l'Allemagne pour désunir la Belgique, l'Allemagne est désormais avertie que ces revendications font trêve; sous ses pas de conquérante, le terrain qu'elle voulait exploiter s'effondre.

II

Mais lorsque l'Allemagne a fait choix d'un terrain, elle s'y cramponne, quelque ingrat qu'il se révèle : ainsi que se poursuivit, contre Verdun, la stérilité de son offensive militaire, ainsi se poursuivra, contre les Flandres, son offensive politique. Que la question flamande ne soit qu'une affaire intérieure, destinée à se traiter entre Belges, après la paix, dans la cordialité d'une vie commune, elle a mis son orgueil et ce qu'il lui convient d'appeler son honneur à le contester. Elle veut au

(1) Kurth, *La question flamande* (1911) (dans *La Nationalité belge*, p. 205, Namur, Picard-Balon, 1913).

contraire la rendre aiguë, saignante si j'ose dire, afin de pouvoir un jour, bien à vif et bien à nu, la poser devant l'Europe comme une question internationale. D'avance le dossier se constitue. Il y faut, pour intimider l'Europe, un peu d'appareil scientifique, de verbiage ethnographique ou linguistique, les professeurs allemands fourniront cela. Il y faut, pour caresser ce qui subsiste de romantisme au fond de l'impérialisme allemand, quelques notations artificieusement combinées, prolongeant l'écho factice de je ne sais quel « subconscient » collectif et populaire : le *Conseil des Flandres*, — une caricature, — est là pour cet office. Voilà dès lors l'Allemagne pourvue : d'une part, la science, représentée par les érudits que le pangermanisme mobilise ; d'autre part, la conscience, la soi-disant « conscience flamande. » Et cette science artificielle et cette conscience truquée se préparent à faire devant l'Europe le procès de la Belgique, non point seulement, remarquez-le bien, le procès de la politique belge à l'endroit des Flandres, mais le procès de l'unité belge, et de l'État belge lui-même, et de son droit à l'intégrité, et de son droit même de vivre.

Une fois de plus, l'Allemagne voudrait abuser du principe des nationalités pour confisquer une liberté, amputer ou tuer une nation. Ainsi procéda-t-elle en Alsace : elle dogmatisa que de par sa langue, de par sa race, l'Alsace appartenait à la nationalité germanique. Ainsi procède-t-elle dans les tronçons de Russie qu'elle commence de s'asservir : elle y ressaisit des éléments germaniques, et puis revendique pour eux, et surtout pour elle, les conséquences du principe des nationalités. Ne lui demandez pas, d'ailleurs, ce qu'elle fait de ce principe à Posen, ni ce qu'en font à Prague et à Brünn, à Zagreb et en Transylvanie, à Serajevo et à Erzeroum, l'Autriche sa vassale ou la Turquie sa mercenaire : ce principe ne vaut, pour l'Allemagne, qu'autant qu'il donne l'éveil et l'estampille à des nationalités dites germaniques. Il figure à sa place, dûment étiqueté, dans l'arsenal politique où, suivant les besoins de l'heure, le cabinet de Berlin prend l'arme qui lui convient ; il n'a pas la valeur, comme l'on dit là-bas, — d'une catégorie de la pensée ; il n'est rien de plus qu'un expédient d'offensive ou de défensive, qu'une thèse tout empirique de droit international, que, suivant les instants, on exhibe ou l'on cache. Et ce spectacle même de la désinvolture allemande est propre à montrer à l'Europe combien est délicat et parfois périlleux le maniement d'un tel principe.

Les abstracteurs politiques le considéraient comme l'universelle solution ; mais si de leurs nuées ils descendent sur la terre, les voilà bientôt fort empêtrés. La géographie, plus réaliste, leur représente bien vite qu'« il ne faut pas développer les nationalités au point de détruire les nations (1). » C'est M. Jean Brunhes, le professeur de géographie humaine du Collège de France, qui dernièrement poussait ce cri d'alarme, et il avait raison. Car au delà de cet ensemble de traits physionomiques et de particularités linguistiques dans lesquels la science germanique voudrait nous amener à reconnaître l'assise, pour toujours intangible, d'une nationalité pour toujours distincte, il y a certains traits d'ordre moral, certaines communautés d'obligations et d'habitudes, certain usage de vivre en commun, et de vaincre ou de souffrir en commun, et d'espérer en commun, qui sont à la base des nations. Et pour en revenir à l'unité belge, nous avons le droit de dire que ce que l'Allemagne prétend retrouver de nationalité germanique dans l'élément flamand de la nation belge ne saurait prévaloir, comme facteur d'avenir moral et politique, contre l'ensemble de traditions incarnées dans une histoire, de volontés humaines sans cesse renouvelées, d'habitudes humaines ratifiées d'âge en âge, qui sont le fondement d'une nation, et sa raison d'être, et sa raison de durer.

Voilà ce que signifie et voilà ce que proclame la résistance de la vraie conscience flamande aux manœuvres teutonnes. L'Allemagne, abordant les Flamands avec de mielleuses sommations, les revendique comme siens, au nom de ce qu'elle appelle leur nationalité ; mais les Flamands qui ont derrière eux des siècles de civilisation, les Flamands qui au moyen âge portèrent la civilisation dans le pays de Brême et le Holstein, dans la Thuringe et dans la Silésie (2), peuvent aujourd'hui répondre qu'ils ont dépassé le stade de formation politique vers lequel l'Allemagne voudrait les faire rétrograder ; qu'entre nationalité et nation, il y a la distance d'une étape ; qu'ils se sont élevés,

(1) Voir Jean Brunhes, *Correspondant*, 10 septembre 1917, et *L'Homme libre*, 26 et 27 janvier, 4, 7, 8, 11 et 17 février 1918.

(2) De Borchgrave, *Histoire des colonies belges en Allemagne pendant le XIIe et le XIIIe siècle* (Bruxelles, 1865).

eux, de concert avec les Wallons, jusqu'à la dignité de nation et jusqu'au prestige d'État, et qu'ils n'en veulent pas déchoir Que l'Allemagne réserve donc sa compassion pour les nationalités gauchement encadrées dans l'hétérogène mosaïque d'Autriche-Hongrie, ou bien pour d'autres, plus à l'Est, chez qui les Turcs sont campés. Mais les Flamands ne permettront pas que la question flamande, question de ménage entre Belges, soit, à l'abri du principe des nationalités, dénaturée par l'Allemagne aux yeux de l'Europe.

III

Au delà et au-dessus du principe des nationalités, il existe une nation belge : c'est là un fait historique, créé par un vouloir collectif, antérieur et supérieur aux doctes intrigues de l'Allemagne. Et s'il plaît à celle-ci de poser à cet égard un point d'interrogation, l'histoire questionnée répondra contre elle.

Un morceau d'Allemagne et un morceau de France juxtaposés; dans ce morceau d'Allemagne, l'élément latin, l'élément wallon, prédominant; et tout au contraire, dans ce morceau de France, l'élément germain, l'élément flamand s'épanouissant à l'aise : voilà sous quel aspect, déjà complexe et fort enchevêtré, la Belgique s'offre à nous dans le très haut moyen âge; et l'Allemagne et la France sont alors comme deux pôles vers lesquels s'orientent respectivement ces deux tronçons. Le Wallon de ce temps-là regarde vers l'Allemagne; le Flamand, vers la France. Un Gislebert, ancêtre des comtes de Louvain, enlève la fille de l'empereur Lothaire; un Baudouin, ancêtre des comtes de Flandre, enlève la fille du roi Charles le Chauve; ils aiment, en elles, les titulaires éventuelles de certains droits, droits en terre germaine ou bien en terre franque. Si les féodaux belges se fussent abandonnés à l'idée de jouer un rôle au dehors et d'intervenir, les uns au delà du Rhin, les autres au delà de la Somme, l'idée belge ne fût jamais née. Mais rapidement, ils comprirent que leur intérêt n'était pas de se rendre maîtres hors de chez eux, mais de devenir maîtres chez eux. Et tandis que le mouvement qui les poussait à s'ingérer, soit en Germanie, soit en France, leur imprimait des orientations inverses, qui les éloignaient les uns des autres, le mouvement qui les poussait à s'affranchir, soit de l'Allemagne, soit de la France, les amenait, tout doucement, à se resserrer les uns contre les autres, et à chercher tous ensemble, dans un contact qui sans doute demeurait susceptible de heurts, les statuts d'une vie commune.

Les populations aimaient cette politique : un instinct raisonné, fondé sur le sentiment de leurs nécessités économiques, les y inclinait. Postées sur la grande avenue commerciale qui reliait la France à la Germanie et l'Italie aux ports de la mer du Nord, elles sentaient qu'elles ne profiteraient de ce prestigieux avantage que si, politiquement parlant, elles acquéraient une personnalité. Elles ne voulaient pas que leur territoire fût réduit à n'être qu'un lieu de passage, grevé de servitudes onéreuses par la proximité des grands États ; elles voulaient que l'on comptât avec elles ; et, puisqu'une vocation géographique les appelait au rôle d'intermédiaires entre la France et la Germanie, entre le Nord et le Midi, elles tenaient, non point à subir ce rôle, mais à le jouer activement, et à ce qu'il leur fît honneur, et à ce qu'il devînt pour elles une source de grandeur. Et cette ambition des populations, corrigeant et dirigeant l'ambition des féodaux leurs maîtres, provoqua là-bas, dès le XIIIe siècle, une ébauche de politique nationale.

On a pu désigner ainsi, — et le terme n'est pas trop fort, — la politique que suivit, entre 1261 et 1294, Jean Ier, duc de Brabant (1). Il était le cadet d'un frère débile ; leur mère à tous deux s'inquiétait du beau duché. « Consultez les Brabançons, » lui dit saint Thomas d'Aquin ; et ceux-ci se déclarèrent pour Jean, qui fut ainsi comme l'élu de son peuple. Tout de suite, en bon chevalier, pour que la voie fût libre entre Cologne et Bruges, il nettoya les routes de la Meuse et du Rhin, et puis il s'adjugea le Limbourg, dont Rodolphe, de son droit d'empereur, prétendait disposer : la suzeraineté germanique en terre belge fut ainsi, de fait, annulée. Il avait avec lui tous les bourgeois de ses bonnes villes, qui savaient que derrière lui c'était pour eux-mêmes qu'ils se battaient. D'autres bonnes villes, aussi, frémissaient à l'unisson : c'étaient celles des Flandres, qui détestaient que sur les lisières germaines de la Belgique, de grands ou petits brigands cherchassent noise au cortège des

(1) Maurice des Ombiaux, *Revue belge*, 15 janvier 1918, p. 90-102.

marchands; elles mirent en émoi les violes de leurs trouvères, flamands ou français, pour fêter la journée de Worringen, où le duc Jean, en 1288, acheva la défaite de l'Allemagne. Ainsi régnait au loin sur d'autres âmes belges, par l'admiration qu'il inspirait, le beau duc Jean Ier, « fleur de la chevalerie, ornement de l'univers, joie du monde. »

Car il y avait là-bas, dès cette époque, une opinion populaire, qui déclenchait la marche de l'histoire. Elle était assez forte en Flandre, dès le XIIe siècle, pour faire prévaloir les droits de Thierry d'Alsace sur ceux de Guillaume de Normandie, protégé du roi de France; assez forte, encore, au début du XIVe, pour mobiliser contre la chevalerie de Philippe le Bel, dans les plaines de Courtrai, les bâtons ferrés de la plèbe flamande, et pour faire accourir à la rescousse, des lointains bords de Meuse, Guillaume de Juliers et Gui de Namur. Elle était assez forte en Brabant, et assez intimement unie à la dynastie indigène, pour amener les ducs à se présenter comme les protecteurs, comme les avoués, de la petite *patria brabantensis*, d'une patrie qui leur était commune avec leur peuple. Elle était assez forte dans le pays de Liége pour contraindre les princes-évêques, généralement étrangers, à poursuivre, lorsqu'il le fallait, les agrandissements territoriaux nécessaires à la vie de la principauté (1).

Le XIVe siècle belge est quelque chose d'unique : on y voit, à certaines heures et sur certains points, cette opinion populaire devenir souveraine de ses souverains eux-mêmes, régler, par-dessus eux, les destinées du sol et même le jeu des alliances, et se faire courtiser par les souverains du dehors, Angleterre et France, comme une puissance autonome. Jacques van Artevelde, le « sage homme de Gand, » apparaît à distance comme un messager de l'idée belge et comme un lointain réalisateur de l'unité : quelques années durant, sous ses auspices, Gand fut comme la capitale de tout le pays. Les alliances ébauchées en 1304 et 1337 entre Brabant et Flandre, en 1328 entre Flandre, Hainaut et Hollande, parurent se systématiser, se consolider. « Chil deus pays, déclarait au sujet de la Flandre et du Brabant le nouveau traité de 1339, sont pleins de communauté de peuple ki soustenir ne se peuvent sans marcandise (2); » la

(1) Pirenne, *Histoire de Belgique*, II (2e edit.), p. 137, 145, 154. Bruxelles Lamertin, 1908.

(2) Pirenne, *Histoire de Belgique*, II (2e édit.), p. 120.

promesse de frapper une monnaie commune, de s'entr'aider en cas d'attaque et d'organiser un conseil d'arbitrage, sanctionnait cette déclaration ; et le Hainaut, la Hollande, alors unis sous la même dynastie comtale, entraient à leur tour dans ce pacte, où s'esquissait fugitivement une sorte d'entente belge pour une politique internationale.

En dehors même de ces circonstances exceptionnelles où la voix d'un dictateur traduisait ainsi les aspirations profondes, il y avait un peu partout, pour le « sens du pays, » — comme l'on disait, — des moyens réguliers de prendre conscience de lui-même et de se faire écouter. De par la charte de Cortenberg, qu'en 1312 le duc de Brabant accordait à ses sujets, un conseil à vie de quatorze personnes, recrutées parmi la noblesse et les villes, veillait à l'observation des coutumes; et si le duc les enfreignait, le « pays, » par une sorte de grève politique, pouvait lui refuser ses services, et tout d'abord celui de l'impôt. De par la paix de Fexhe, que les Liégeois en 1316 conquirent sur leur évêque, il fut décidé que le « sens du pays » devrait dans l'avenir statuer sur les lois et coutumes, et « amender celles qui se trouveraient trop larges ou trop étroites; » et, dans cette cité épiscopale, le « sens du pays » devait garder d'âge en âge une si intacte vitalité, qu'une voix compétente, celle de Mirabeau, dira plus tard aux Liégeois : « Nous ne faisons en France une révolution que pour conquérir la moitié de vos droits. »

Ainsi aiguisé, ainsi armé, le « sens du pays » devenait, spontanément, le garant de l'intégrité territoriale, lorsque le hasard des successions féodales faisait tomber le « pays » lui-même en mains étrangères. Dès que les Brabançons sentirent prochain l'avènement de Wenceslas de Luxembourg, gendre de leur duc Jean III, on les vit, du vivant même du bon duc, faire leurs conditions : toutes leurs bonnes villes décidèrent de s'opposer à tout démembrement du duché; elles stipulèrent que le futur souverain ne pourrait conclure d'alliance, et guerroyer, et frapper monnaie, que d'accord avec le « sens du pays, » et qu'il devrait prêter à ce sujet, solennellement, un serment de « Joyeuse entrée. »

C'étaient des puissances que les bonnes villes, en Flandre surtout. « Là plus tôt qu'ailleurs, a-t-on pu écrire, le sentiment du bien-être et l'esprit d'indépendance qu'inspire la fortune engendrèrent ce besoin de liberté qui plus tard travailla l'Europe. Aussi la constance de leurs idées et la ténacité que l'éducation donne aux Flamands en firent-elles autrefois des hommes redoutables dans la défense de leurs droits (1). » Ces lignes sont d'un romancier qui avait l'étoffe d'un grand historien; elles sont de Balzac. Les archives d'Ypres, conservées dans les célèbres Halles, déroulaient en leurs liasses émouvantes l'épopée d'une ville libre : un jour l'Allemand jugea qu'il y avait là de mauvais exemples pour la conscience des peuples, et, lorsqu'il eut passé là, Verhaeren chanta douloureusement :

Ce que la ville avait conquis obstinément
Au cours des temps,
Et sa croyance triomphale,
En ses chartes, et ses décrets, et ses annales,
. . . .
Tout fut brûlé (2)!

Il advint souvent que ces villes flamandes péchèrent par égoïsme, captives d'un esprit de monopole qui volontiers autour d'elles se faisait oppresseur, et qui parfois les armait les unes contre les autres; et par-dessus l'esprit collectif prévalaient peu à peu des égoïsmes de classes, qui fomentaient des luttes civiles, chaotiques épisodes d'une vie cahotée, secouée par d'imprévus soubresauts, et sur laquelle Étienne Marcel, et les Maillotins de Paris, et les tisserands de Cologne arrêtaient de loin leurs regards avec une attention de disciples. Dans les villes de Flandre, — les trois membres de Flandre, ainsi qu'on les nommait, — l'opinion populaire avait sans cesse la fièvre; mais avoir la fièvre, c'est encore une façon de vivre.

Ainsi mûrissait, un peu partout en Belgique, une éducation politique indigène, dont plus tard l'unité belge profitera. Les gouvernants pouvaient venir du dehors, maison de Bavière, maison de Bourgogne, maison de Luxembourg; il n'y avait que demi-mal : le « sens du pays » faisait contrepoids. Les États de Brabant ratifièrent solennellement, au début du XVe siècle, le testament de la duchesse Jeanne, qui installait

(1) Balzac, *la Recherche de l'absolu*, p. 5.
(2) Kervyn de Lettenhove, *la Guerre et les œuvres d'art en Belgique*, p. 151 (Paris, Van Oest, 1917).

chez eux la maison de Bourgogne, au grand déplaisir des ambitions teutonnes. « Vous voulez donc être Français? » disait à leurs ambassadeurs l'empereur Sigismond. L'Empereur se méprenait : une dynastie vraiment nationale, vraiment belge, allait pour quelque temps s'installer.

« Fondateur de la Belgique, *conditor Belgii,* » dira, de Philippe le Bon, Juste Lipse; et la Belgique, non sans tressaillements, non sans des soubresauts locaux qui parfois furent terribles et terriblement réprimés, se mit entre ses mains pour qu'il la fondât. Il voulut la fonder avec son concours à elle, sans que nul autre s'en mêlât. Un jour de 1447, l'empereur Frédéric III vint jusqu'à Besançon, avec des papiers tentateurs qui faisaient de Philippe un roi de Brabant, pourvu qu'il reconnût, pour ses autres terres de Belgique, être vassal de la Germanie. Les papiers, aujourd'hui, se retrouvent aux archives de Vienne, avec cette mélancolique mention : *Non transierunt;* Philippe aima mieux se passer d'être roi que de se réenchaîner, lui et la libre Belgique, à la Germanie. Il fut un absolutiste, un centralisateur : c'était l'esprit du temps. Mais les bonnes villes gardèrent, vivaces, leurs institutions locales et l'autonomie de leur action proprement municipale ; et les États Généraux, création de la maison de Bourgogne, eurent mission de mettre sous les yeux du souverain le total des volontés particulières de ses divers territoires : la juxtaposition tendait à l'unité. Lorsque, au lendemain des folles équipées du Téméraire, Flandre et Brabant, Limbourg et Hainaut, Hollande et Luxembourg se sentirent devenir l'héritage des Habsbourg, les autonomies territoriales, avec leurs organes provinciaux, avec leur organe central, demeuraient assez robustes, assez maîtresses d'elles-mêmes, pour que Philippe le Beau d'abord, et puis Marguerite d'Autriche, régente au nom du futur Charles-Quint, fussent amenés, encore, à se comporter en souverains bourguignons, en souverains belges.

L'empereur Maximilien eut l'idée, divisant l'Allemagne en cercles, de comprendre dans une de ces fractions, qu'il dénommait cercle de Bourgogne, les possessions belges de son petit-fils Charles-Quint. « Nous ignorons quelle chose peut être ce cercle, » déclaraient imperturbablement les plénipotentiaires de ces provinces. « Pour chose quelconque, signifiait à Charles-Quint la régente Marguerite, elles ne voudraient contribuer aux charges de l'Empire; qui plus est, elles ne voudraient permettre qu'en votre nom j'y contribuasse. » Marie de Hongrie, qui fut ensuite régente, consultait autour d'elle, et concluait que c'était « sans le su » des provinces, et sans leur consentement, que Maximilien avait inventé ce cercle; on ne pouvait, d'après elle, allier les Pays-Pays avec l'Empire, qu'en évitant de « porter atteinte aux privilèges, libertés et droits dont ils avaient de tout temps joui et usé (1). »

A l'issue de ces pourparlers, où l'on voit les gouvernants de la Belgique, conquis en quelque mesure par le « sens du pays, » ne point permettre qu'il périclite, la transaction d'Augsbourg, de 1548, confirme aux Pays-Bas, tout en les associant aux charges militaires de l'Empire, qui de son côté les doit protéger, leur caractère d'États indépendants et libres, soustraits aux lois et juridictions impériales : États indépendants les uns à l'endroit des autres, et qui tout en même temps n'en faisaient qu'un, et ne pouvaient plus être séparés, — « masse indivisible et impartageable, » déclarait Charles-Quint dans la Pragmatique de 1549. Au sein de cette masse, les chartes territoriales, garantes en chaque province des vieilles libertés, continuaient de s'appliquer : « Les gens de ces pays, déclarait l'Anglais Wingfield, semblent être plutôt des *lords* que des sujets (2). » Ils gardaient conscience de leurs franchises locales et prenaient de plus en plus conscience de former tous ensemble une « patrie » : ce mot de patrie, au milieu du XVIe siècle, fait dans les documents belges de fréquentes apparitions; l'on dirait qu'en se répétant avec instance il veut se gonfler de tout son sens, et achever de créer le fait même qu'il affirme.

IV

Un jour de 1555, la Belgique apprit que Charles-Quint secouait de ses épaules l'éclat de sa pourpre et le poids du monde, et qu'à l'avenir, sans d'ailleurs qu'elle fût unie à la terre espagnole, Philippe II serait personnellement son souverain. Et l'on sentit s'éveiller une angoisse belge. Un Philippe de Clèves, sire de Ravestein, au temps de Maximilien, un Guillaume de Croÿ, seigneur de Chièvres, au début de Charles-

(1) Nothomb, *la Barrière belge*, p. 28-39 (Paris, Perrin, 1916).
(2) Pirenne, *Histoire de Belgique*, III, p. 167.

Quint, avaient offert le prototype de ces Belges de haut lignage qui, lors même que l'étranger tenterait de les apprivoiser par des distributions de Toisons d'or, allaient personnifier l'esprit d'indépendance nationale. Ils se multiplient sous Philippe II; ils sont deux cents, en 1566, pour jurer le compromis des Nobles et pour accepter comme une gloire le nom de Gueux. La tyrannie espagnole tient tête; avec le duc d'Albe, elle implante d'atroces méthodes de répression; elles échouent. « On ne peut faire ici ce qui se fait à Naples et à Milan, » explique à son successeur Requesens un des conseillers du gouvernement (1). La révolte devient contagion; les provinces éprouvent le besoin de se dire unies, d'arborer des devises comme *Viribus unitis, Belgium fœderatum, Concordia res parvæ crescunt.* Il semble un instant que derrière le Taciturne, catholiques et protestants ne fassent qu'un pour chasser l'Espagne. Mais voici que les catholiques des régions wallonnes s'aperçoivent qu'en cette aventure leur foi catholique est mise en péril; et bientôt les Flandres constatent qu'à leurs dépens les riches provinces du Nord, Hollande et Zélande, conquièrent tout doucement une suprématie commerciale. Les Belges, alors, se resserrent sur eux-mêmes, se détachent de cette confédération hollandaise qui aspirait à mettre leurs consciences hors de l'Église et tendait à transporter hors du sol belge le centre de gravité de leur vie : ils s'accommodent de la gérance espagnole, telle que Farnèse la ramène, et s'exaltent à l'idée que l'archiduc Albert, gendre de Philippe II, et sa femme Isabelle, vont fonder à Bruxelles une dynastie nationale, à jamais détachée du tronc madrilène.

Mais Albert meurt sans enfants : la déception est grande; la Belgique, derechef, est rattachée à la couronne d'Espagne; et puis, après 1715, elle tombe comme une sorte de bien patrimonial sous la souveraineté personnelle des Habsbourg de Vienne, sans d'ailleurs se confondre avec l'Empire, et en gardant à Bruxelles un corps diplomatique spécial, accrédité près du gouverneur général. Un siècle de malheur : c'est ainsi que les historiens belges qualifient cette ingrate période. La Hollande ravale les pays belges au rôle d'État tampon : à Münster, en 1648, taillant à vif dans la lisière belge, elle exige, sur les rives d'Escaut et sur les rives de Meuse, des positions stratégiques et

(1) Pirenne, *Histoire de Belgique*, IV, p. 54.

commerciales, qui la protégeront contre une éventuelle offensive de l'Espagne ou de la France et qui empêcheront les riverains belges d'utiliser ces fleuves pour leur commerce; à Utrecht, en 1715, elle désigne, au cœur même du sol belge, un certain nombre de places où elle tiendra garnison, aux frais mêmes des habitants, pour faire « barrière, » éventuellement, chez eux, contre les Puissances qui voudraient l'attaquer, chez elle. Voilà où en est réduite la personnalité belge.

Mais cette personnalité n'est pas morte : le sentiment même qu'elle a de sa détresse rend plus intense son vouloir de vivre. Les États de Flandre se plaignent à Vienne. « Il est contre tous les droits, signifient-ils, qu'un prince cède son propre pays et sacrifie son peuple pour la sûreté d'une souveraineté voisine. » A deux reprises, à Vienne, l'Empereur sent la Belgique oppressée : Charles VI, en 1718, obtient de la Hollande quelques relâchements à ses exigences d'une « barrière; » Joseph II, en 1782, fait démolir ces fortifications auxquelles se cramponnaient ainsi les Hollandais, et les invite à s'en aller, laissant les Belges maîtres chez eux.

C'est en Belgique grande allégresse; et lorsque Joseph II survient en personne, lorsque les Belges, pour la première fois depuis si longtemps, aperçoivent sur leurs places l'exotique physionomie de leur souverain, des parades poétiques s'organisent, réclamant de ses bons offices la liberté de l'Escaut, toujours confisquée par la Hollande.

> Vous reprendrez nos droits sur la mer envahie,

lui crie la confiance belge. Et voici que l'Escaut lui-même élève vers lui la voix :

> Songe que de mes flots interdire l'usage,
> Au droit des nations est un cruel outrage
> La nature en appelle à ta sage équité ! (1).

Et finalement l'Escaut reste « esclave; » mais il a invoqué, pour la Belgique, le « droit des nations. »

Soudain, dans Joseph, un maniaque se révèle, disciple de cette Raison que le siècle croyait avoir inventée : il déteste comme un archaïsme ce précieux damier des libertés locales,

(1) Nothomb, *op. cit.*, p. 106-118.

sur lesquelles reposait la vie intérieure des provinces belges. De quelques traits de plume, il veut transformer leur physionomie politique; et son intolérance de philosophe couronné, visant l'Église, veut aussi transformer les âmes. Il n'y avait pas, la veille encore, de pays plus pacifique et d'un gouvernement plus facile : le ministre Kaunitz, le gouverneur Charles de Lorraine, avaient jadis informé Marie-Thérèse qu'« avec de la douceur et la moindre bonté on ferait de ces Belges ce qu'on voudrait, » et que par surcroît leurs lois civiles étaient si bonnes, qu'il était « assez rare qu'on fût obligé d'introduire une loi tout à fait nouvelle. » Pas besoin, donc, d'un législateur bien remuant, d'autant que ces divers pays, — Vienne le savait par Charles de Lorraine, — étaient attachés « jusqu'à la folie » à leurs traditions et privilèges, qu'ils en avaient « le préjugé, » et qu'il était « fort dangereux de toucher cette corde, puisque tous les souverains les leur avaient non seulement confirmés, mais jurés (1). » Et voici qu'avec Joseph II survenait un touche-à-tout, qui voulait faire table rase du passé; et son exécuteur des hautes œuvres, Alton, une façon de duc d'Albe au service du philosophisme, professait que « plus ou moins de sang ne devait pas être mis en ligne de compte. » Alors, comme un seul homme, toute la Belgique se leva. « Fidélité à la foi religieuse, sens de l'association, amour de la liberté et des institutions communales, telle était la vérité propre de ce peuple (2) : » il la sentait piétinée, bafouée; il s'insurgeait. Une commune passion de l'indépendance nationale rapprocha les *statistes*, qu'enrôlait Van der Noot pour la défense des traditions violées, et les *vonckistes*, plus démocrates d'allure : les premiers tenaient aux « libertés; » les seconds, gagnés par l'air de France, rêvaient et parlaient de « la Liberté. » Tous ensemble, ils voulaient être de libres Belges, dans la « république des États Belgiques unis. »

Elle dura l'espace d'une année, mais Léopold II ne put reprendre pied en Belgique qu'en libérant les Belges des réformes de Joseph II; et si la révolution brabançonne n'avait pu rendre la collectivité belge définitivement maîtresse d'elle-même, du moins avait-elle vengé les vieilles libertés provin-

(1) Sorel, *l'Europe et la Révolution française*, I, p. 137. Delplace, *Joseph II et la Révolution brabançonne*, p. 27.

(2) Carton de Wiart, *les Vertus bourgeoises*, p. 245, Paris, Perrin, 1910.

ciales et locales. Le règne qui succédait à cette révolution fut comme elle éphémère... On sentait gronder à travers l'Europe la voix des peuples et celle des canons : Napoléon, s'emparant de ces deux forces et les manœuvrant ensemble, allait bientôt refaire un monde. La Belgique, en ces bagarres, devint d'abord française, et puis néerlandaise ; et ses susceptibilités religieuses, tour à tour soulevées contre ces deux régimes, accéléraient les sourdes et constantes impulsions qui la poussaient à vouloir enfin s'appartenir.

Un magistrat du Directoire, en 1796, s'emportait un jour contre le Belge, « qui ne veut être, disait-il, ni Autrichien ni Français (1). » C'était exact : la volonté positive du Belge visait à être Belge : volonté recueillie, et plus fervente d'ailleurs qu'impatiente, et qui tolérait les retards, même indéfinis, pourvu que les maîtres tour à tour acceptés se gardassent bien de vouloir endommager des traditions qui consacraient des croyances et des habitudes qui sanctionnaient des droits. « Ne troublez pas le peuple belge, écrivait finement l'abbé de Pradt en 1820 : alors son support *(sic)* pourra ressembler même à de l'amour (2). » Mais entre 1815 et 1830, Guillaume Ier, roi des Pays-Bas, par ses mesures administratives et sa politique religieuse, troubla si bien le peuple belge, qu'un gouvernement provisoire issu de l'émeute renouvela l'effort libérateur de la révolution brabançonne ; et cette fois l'effort réussit : la Belgique fut faite. L'esprit provincialiste allait continuer de s'y épanouir, mais sous le contrôle de l'esprit national : dès 1830, lorsqu'un député proposa que les emplois civils de chaque province fussent réservés exclusivement à ses indigènes, la propositiou fut repoussée par le congrès (3) : entre les Belges, le royaume belge devait supprimer tout cloisonnement.

La Belgique prétendit se faire elle-même, par elle-même. A la demande du roi des Pays-Bas, cinq grandes Puissances d'Europe conférèrent à Londres pour aviser à la situation : la Belgique, par l'organe de son gouvernement provisoire, se hâta de leur indiquer qu'elle attachait à leurs efforts, simplement, la portée d'une mission toute philanthropique destinée à

(1) De Lanzac de Laborie, *la Domination française en Belgique*, I, p. 89. (Paris, Plon, 1895.)

(2) Pradt, *De la Belgique depuis 1789 jusqu'en 1794*, p. 13. (Rouen, 1820.

(3) Kurth, *la Nationalité belge*, p. 44.

arrêter l'effusion du sang. Mais qu'elles résolussent, à l'écart de son Congrès national, des questions concernant ses frontières ou ses finances, ses obligations ou ses droits, elle refusait de l'admettre. On la jugeait opiniâtre, obstinée : sa fermeté d'État naissant savait du moins obtenir qu'on prît des formes et qu'au lieu de lui imposer des protocoles on lui fît des propositions. Elles lui parurent dures, assurément, et même déchirantes, quand elles la conduisirent, malgré elle, à abandonner à la Hollande une moitié des populations limbourgeoises et à la dynastie de Nassau, personnellement, une moitié du Luxembourg, — le futur grand-duché.

Il y eut quelque chose de funèbre, en 1838, dans la séance parlementaire où, bon gré mal gré, il fallut ratifier ce dernier sacrifice et faire sortir de la famille belge ces Luxembourgeois qui en 1830 avaient été des premiers, à Bruxelles, à verser leur sang pour la nation. Mais l'Europe exigeait : résister, c'était compromettre le « résultat national » acquis en 1830. Une voix luxembourgeoise s'éleva, au nom même de ce résultat, pour accepter l'âpreté du sacrifice; c'était celle du ministre Nothomb, ancien membre et secrétaire du Congrès national. « La patrie pour moi, déclara-t-il, n'est pas le village où j'ai été élevé; c'est l'être moral, c'est la Belgique (1). » La vitalité de cet être moral, — ainsi le voulait l'Europe, — requérait certaines amputations territoriales : le sentiment qu'avait la Belgique des tragiques obligations qui s'imposaient, dévoilait une fois de plus tout ce qu'il y avait de profond, d'ardent et de robuste, dans sa volonté de vivre.

Au delà du Rhin, un observateur concluait :

Le principe fondamental de la révolution belge, celui qui lui donne son caractère propre et qui la distingue d'autres événements de même espèce, résidait dans *l'essence la plus intime du peuple.* C'était l'aspiration à une nationalité indépendante, à une existence autonome, qui, depuis des siècles, travaillait les Belges (2).

Cet observateur se connaissait, je pense, en courants nationaux : il s'appelait Ernst Moritz Arndt. Il ne lui paraissait pas, à lui, comme aux publicistes actuels de l'Allemagne, que le

(1) Nothomb, *op. cit.*, p. 249 et suiv.

(2) Cité dans Van Langenhove, *la Volonté nationale belge en 1830*, p. 93. (Paris, Van Oest, 1917.)

royaume de Belgique fût « un produit moderne des intrigues diplomatiques anglo-françaises (1), » et qu'il n'y eût là qu'une « création artificielle, » dans laquelle auraient été « fondues, par contrainte, la Flandre et la Wallonie, » ainsi condamnées « par la force à vivre dans un même cadre et à s'y menacer, réciproquement, de violence et d'asservissement (2). »

V

Les Flamands ont une langue, et les Wallons en ont une autre : l'Allemagne invoque cette dualité, pour contester l'unité belge. L'effort individuel d'un Jean de Brabant, d'un Artevelde et d'un Philippe le Bon, la poussée collective des Gueux de 1566, des Brabançons de 1790, des insurgés de 1830, tout cela ne compte pas pour elle; c'est une histoire dont elle n'a cure. Elle ne veut retenir, aux origines de l'unité, que les manèges diplomatiques de Londres; et rétrospectivement, au nom du bilinguisme belge, elle les condamne. Mais à ces manèges, le représentant de la Prusse s'associait : il siégeait à la Conférence de Londres, il y votait. Il y ratifia, tout comme les autres, l'unité belge; il y ratifia, même, la neutralité belge, sans pressentir, j'espère, que, moins d'un siècle après, Berlin lacérerait sa signature en lacérant le chiffon de papier. Mais l'Allemagne étouffe ces souvenirs, dont le caractère sacré pourrait la gêner : elle ne veut plus qu'avec deux langues on fasse un seul État. C'est là une conclusion que tout le passé belge répudie.

Quatre millions d'individus d'idiome maternel flamand voisinent et s'entre-mêlent, en Belgique, avec un peu plus de trois millions et demi d'individus d'idiome maternel wallon. « Le territoire belge a, sur la carte, la configuration générale d'un triangle, divisé, au point de vue linguistique, en deux parties égales, par une ligne idéale courant horizontalement, c'est-à-dire d'Est en Ouest, et entamant ou traversant six provinces sur neuf : Liège, Limbourg, Brabant, Hainaut et les deux Flandres. La partie au Nord de cette ligne est flamande; la partie au Sud, wallonne (3). « La vieille « forêt charbonnière, » qui jusqu'au IXe siècle s'étendit des rives de l'Escaut

(1) Schulze-Gävernitz, *Vossische Zeitung*, n° 102, 25 février 1917.
(2) Comte Reventlow, *Deutsche Tageszeitung*, n° 58, 1er février 1917.
(3) Passelecq, *la Question flamande et l'Allemagne*, p. 33.

vers les plateaux de l'Ardenne, est depuis longtemps disparue; mais à l'abri de son rempart la civilisation latine, romane, était, dans le midi belge, demeurée inaccessible aux invasions. Le flot germanique avait longé la forêt sans la pénétrer; et, grâce à l'opaque muraille de ses arbres, la Belgique eut deux langues.

Le comté de Flandre était bilingue, et bilingue le duché de Brabant; bilingue, le Luxembourg, qui comptait parmi ses fiefs trois comtés wallons; bilingue, le Hainaut lui-même, que bordait au Nord une lisière flamande; la principauté de Liège comptait onze villes flamandes, douze wallonnes; et quant au Limbourg les deux races se le partageaient par moitié. « Nulle part en Belgique, a écrit Godefroid Kurth, on ne croyait qu'il fallût parler la même langue pour avoir la même patrie; et l'histoire entière de la Belgique proteste contre les classifications politiques qui prendraient le langage pour base (1). »

De fait, nous avons pu tracer un raccourci du passé belge sans qu'il y fût question ni des races ni des langues. Ce n'étaient pas là des éléments dont l'Église mérovingienne tint compte lorsqu'elle déterminait, là-bas, les premières divisions diocésaines : elle y encadrait, tous ensemble, terroirs germaniques et terroirs romans. La ligne de démarcation politique que traça le VIIe siècle entre l'Austrasie et la Neustrie suivait à peu près, dans notre Gaule, la limite des idiomes, mais sur le sol belge, par un curieux phénomène, elle cessait de s'y adapter : des Wallons de l'Ardenne, du Namurois et du Hainaut, se trouvaient bloqués dans l'Austrasie germanique, et des Saliens de Flandre dans la Neustrie romane. Pareil pêle-mêle aux partages de Verdun : ils font de la Flandre une annexe germanique de la France, du pays de Liège une annexe romane de la Germanie. Et cela même tend à fondre les contrastes; la diversité des langues n'apparaît point comme un élément de guerre; les conflits les plus violents dont soit troublée la Belgique du moyen âge n'éclatent pas entre Wallons et Flamands, mais entre villes flamandes. On aime, dans les monastères, les abbés qui parlent les deux langues, et Godefroid de Bouillon doit en partie à sa connaissance des deux langues, à la mitoyenneté de sa culture, son rôle prépondérant dans la croisade.

Le Flamand du moyen âge envoie volontiers ses enfants en

(1) Kurth, *la Frontière linguistique en Belgique et dans le Nord de la France*, II, p. 14-15 (Bruxelles, Société belge de librairie, 1898).

terre romane pour qu'ils y apprennent l'autre parler; et des enfants de là-bas viennent à leur tour chez lui, pour habituer à son idiome, — à la « langue thioise, » comme on l'appelle, — leurs oreilles et leurs gosiers. On voit les chambres de rhétorique du pays flamand prendre part, en 1455, au concours ouvert par le *Puy d'amour* de Tournai, société de langue française. M. Pirenne a pu dire que, « pour trouver dans l'histoire belge du moyen âge, l'opposition de l'élément germanique et de l'élément roman, il faut l'y avoir mise tout d'abord, sous l'influence d'idées préconçues (1). »

Aucune trace, en aucun moment, d'un assaut de la culture française en Flandre, ni même d'une transplantation systématique : il y a infiltration spontanée, acclimatation progressive, rien de plus. A mesure que le latin disparaît des actes publics, c'est le français, tout d'abord, qui le remplace en Flandre; et la substitution, chose curieuse, se fit en Belgique plus tôt même qu'en France. On la voit accomplie à Termonde dès 1221; Ypres, au XIVe siècle, rédige en français ses comptes communaux, et libelle en français son registre des *Keures*, palladium des libertés communales. Le français, à cette date, est en Flandre « comme une seconde langue maternelle, ou, si l'on veut, une seconde langue nationale (2). » A Bruges, cependant, c'est la première langue maternelle qui tient bon; dès 1302, les comptes communaux emploient le flamand; on dirait qu'à la suite de la bataille de Courtrai la « langue thioise » résonne avec plus d'allégresse, propageant autour d'elle une certaine fierté linguistique dont au XVe siècle les ducs de Bourgogne, tout Français qu'ils soient, tiendront compte. Mais, c'est sans gros incidents, sans luttes ardentes, que les deux langues prennent peu à peu leurs positions : le français, dans les actes de l'administration centrale, qu'elle s'exerce au nom de Philippe le Bon, ou de Charles-Quint, ou du roi d'Espagne; le flamand, dans les actes d'administration provinciale et municipale.

Le gouvernement central, du XVe au XVIIIe siècle, juge courtois et commode d'écrire aux communes flamandes dans leur langue flamande. Mais il se trouve des souverains, au XVIIIe siècle, pour renoncer à cet usage, et pour commencer, officiellement, d'écrire en français aux échevinages flamands :

(1) Pirenne, *Histoire de Belgique*, I, 3e édit., p. 21-24, 36-40 et II, p. 340.
(2) Kurth, *la Frontière linguistique*, II, p. 31.

ils ont nom Charles VI, Marie-Thérèse, Joseph II ; et Godefroid Kurth de conclure, non sans mélancolie : « Alors qu'une dynastie française a su, pendant des générations, faire preuve de déférence envers ses sujets flamands en parlant leur langue, c'est une dynastie germanique qui donne l'exemple de la dédaigner, c'est une dynastie germanique qui met la langue flamande au rebut ! (1) » La Flandre d'ailleurs laissa faire, comme elle laissa faire nos administrations jacobine ou napoléonienne, qui accentuèrent la disgrâce officielle du flamand : ses susceptibilités linguistiques, si durables et si légitimes fussent-elles, n'avaient rien d'aigu. Il semblait qu'ensuite l'administration néerlandaise, en frappant d'une disgrâce inverse la langue française, leur ménageât des représailles dont elles devaient être satisfaites ; mais tout au contraire, des protestations s'élevèrent, entre 1825 et 1830, dans les rangs de la bourgeoisie flamande (2). Jusqu'à la veille même du jour où le royaume de Belgique allait naître, la Flandre refusait qu'on la fermât à la langue française : elle sentait dans le bilinguisme une richesse, et nullement une faiblesse.

VI

Il était naturel, d'ailleurs, qu'au fond des mémoires flamandes subsistât un sentiment, obscur ou précis, de ce qu'à travers les âges la Flandre et la France s'étaient réciproquement donné. La paix de Dieu, la chevalerie, la réforme monastique de Cluny, toute cette série d'institutions qui tendaient à pacifier une ère de violences, n'avaient autrefois rayonné de France sur la rétive Germanie que par l'intermédiaire des pays belges; et c'est en langue thioise qu'un certain nombre de nos chansons de geste et de nos romans épiques, les *Quatre Fils Aymon*, *Aeneas*, et dans la suite le *Roman de la Rose*, avaient été véhiculés vers l'Allemagne par Hendrik van Veldeke et ses imitateurs. Mais les pays belges, au passage, avaient aimé s'imprégner eux-mêmes de cette culture française à laquelle leur accueil permettrait de faire étape et s'en assimiler

(1) Kurth, *op. cit.*, II, p. 54-55.
(2) Hamelius, *Histoire politique et littéraire du mouvement flamand*, p. 56-59. Bruxelles, Rozez, s. d. — Wilmotte, *la Culture française en Belgique*, p. 86-88. (Paris, Champion, 1912.)

longuement le bénéfice et l'éclat; et la ville de Termonde semblait symboliser cet esprit d'attirante hospitalité, lorsque, cherchant un palladium, elle l'empruntait à nos vieilles « gestes » et choisissait l'image du cheval Bayart portant les quatre fils Aymon. Nombreuses étaient les initiatives belges qui, rendant à notre littérature romane générosité pour générosité, traduisaient en français les œuvres latines, didactiques ou littéraires. « La plus ancienne traduction française en prose, que l'on possède, si l'on ne tient pas compte de la littérature purement religieuse (1), » nous vint du Hainaut, vers 1240 : elle nous révélait la *Pharsale* par les soins d'un certain Jean de Thuin.

La littérature française fit mieux que de traverser la Belgique et mieux, même, que de s'y poser; sous certaines inspirations princières, elle s'y féconda, et l'on vit à la longue surgir de beaux rejetons, qui gardaient quelque chose d'indigène et qui tout en même temps enrichissaient notre propre frondaison littéraire. La vaste épopée animale dite *Roman du Renart*, où s'égayait et se satisfaisait la verve bourgeoise, fut une façon d'œuvre collective pour laquelle France et Flandre besognèrent : l'*Ysengrinus*, composé pour les Gantois, en 1147, par le prêtre Nivardus, fut un apport peut-être plus important que l'apport même de la France; et ce fut sous une physionomie flamande, celle du *Reinaert* du poète flamand Willem, que le *Renart*, au treizième siècle, conquit en Germanie droit de cité. A l'autre pôle de la culture française, notre vaste « matière de Bretagne » dut à la Flandre quelques-uns de ses plus précieux enrichissements : c'est à la cour de Philippe d'Alsace, comte de Flandre, que notre Chrétien de Troyes, dans quelque poème anglo-normand prêté par son mécène, trouvait vers 1175 la matière de *Perceval;* et le trouvère Mennessier, l'un de ceux qui plus tard mirent en branle, à la recherche du Graal, la ferveur de Perceval et l'imagination des chevaliers, travaillait pour la comtesse Jeanne, petite-nièce de Philippe. Sous les auspices de Philippe, encore, notre vieille poésie gnomique faisait un beau coup d'essai en rythmant les *Proverbes au Vilain*. Les trouvères Jean et Baudouin de Condé étaient les hôtes de Marguerite de Flandre; et l'auteur du *Couronnement de Renart*, au milieu du treizième siècle, pleurait en vers attendris son protecteur

(1) Pirenne, *Histoire de Belgique*, I, p. 342.

Guillaume de Dampierre, auquel il devait la matière de son livre. Adenet le Roi s'intitulait, avec une reconnaissante fierté, « ménestrel au bon duc Henri ; » et c'est en effet Henri III de Brabant, poète lui-même, et personnellement fort expert à traiter en courtois « jeux-partis » les choses d'amour, qui avait fait apprendre à Adenet son métier de trouvère, pour la plus grande gloire de Berthe aux grands pieds et d'Oger le Danois, dont vers 1270 Adenet chantait les aventures. Gui de Dampierre emmenait ses ménestrels jusqu'à Tunis, derrière saint Louis : ils aimaient Gui comme un « père » dont jamais ils ne retrouveraient le pareil, et dans leurs vers ils le disaient. Les bourgeoisies des bonnes villes avaient parfois, tout comme les princes, leurs trouvères, Mahieu de Gand, Pierre de Gand ; et, comme les princes, elles les éduquaient : Bruges, près de l'enclos des Carmes, avait son école de ménestrels (1).

Jàcob van Maerlant, qui fut dans la seconde moitié du treizième siècle le véritable père de la littérature de langue flamande, s'agaçait et s'inquiétait, en esprit plus érudit qu'imaginatif, de l'abondance des fictions, épiques ou romanesques, qui venaient de France : après en avoir, tout le premier, traduit lui-même quelques-unes, il se tourna vers les ouvrages didactiques de langue latine, en s'écriant, dans une allitération célèbre qui fait à jamais la joie des Allemands : « *Wat waelsch is valsch is*, ce qui est welche est faux. » Et ses vers flamands, désormais, vulgarisèrent la science de la vie, et celle de l'histoire, et toutes les autres. Mais la France continuait d'être, pour lui, le pays d'où les connaissances humaines se répandaient sur l'Europe, et d'être, après Rome, le pays où « la couronne Grecque » resplendissait du plus bel éclat, et d'être enfin, par excellence, une terre « de chasteté et d'honneur, de discipline et de paix. » La France demeurait le peuple qu'après la Flandre, il estimait le plus. La Wallonie, d'ailleurs, admirait Maerlant, et plus de cent ans après sa mort on vit un Brugeois prendre l'initiative de traduire en français une de ses œuvres, pour satisfaire la curiosité wallonne.

Plus on avance dans l'histoire du moyen âge, et plus on constate que c'est une marque de la Belgique, et que c'est pour elle une sorte de grâce, d'abriter deux cultures qui ne se portent

1) Kervyn de Lettenhove, *Histoire de Flandre*, II, p. 321 et suiv.

pas mutuellement ombrage. Le quatorzième siècle, où le prestige posthume de Maerlant élève le flamand à la dignité de langue littéraire, est en même temps l'époque où les artistes des Pays-Bas, Jean de Bruges, Hennequin, Broederlam, Beauneveu, élisent Paris comme résidence et comme centre ; et c'est l'époque où la littérature belge de langue française cesse de s'exprimer en un français dialectal, comme le picard ou le wallon, pour emprunter définitivement, avec l'historien Jean Le Bel, avec l'étincelant Froissart, le pur français de France.

En voyant ainsi le goût artistique français et la langue littéraire de l'Ile-de-France faire loi pour la culture belge, on se demande si elle ne va pas devenir, définitivement, une province docile et passive de notre propre culture. Mais c'est le contraire qui se produit. Au Puits de Moïse, à Dijon, le ciseau de Claus Sluter inaugure un réalisme tout neuf, presque lyrique en son allégresse : ce réalisme, bientôt, s'exprime par la couleur; la Belgique du quinzième siècle devient une merveilleuse créatrice d'art; le retable de l'*Agneau mystique* « domine, pour plus de cent ans, l'histoire de la peinture » européenne (1). Et tout en même temps, sous les auspices de la maison de Bourgogne, se dessinent à la cour belge certaines écoles littéraires originales (2), qui vont à leur tour exercer une influence profonde sur la culture française. Georges Chastellain, Jean Molinet, représentent une école historique officiellement attachée à la gloire des ducs de Bourgogne, et respectueusement soucieuse d'introduire dans une si auguste matière les prestiges de la rhétorique et d'égaler à la majesté des ducs la grandiloquence de la période : leur historiographie nous achemine vers la grande histoire, dont le Flamand Philippe de Commines, passé du service des ducs au service de Louis XI, sera chez nous le créateur; et leurs périodes, avec tout ce qu'elles ont de solennellement compassé, d'emphatiquement gourmé, annoncent pourtant les futurs déploiements rythmiques de notre belle prose nationale. L'école poétique où l'on retrouve le nom de Molinet et dont ensuite Jean Le Maire de Belges fut le représentant très adulé, préludait d'autre part à notre

(1) Voir dans la *Revue* du 1er mai 1918, l'article de M. Louis Gillet, *l'Art flamand et la France*.

(2) Doutrepont, *la Littérature française à la cour des ducs de Bourgogne* (Paris, Champion, 1909).

Renaissance. Ce Jean Le Maire était un bourgeois de Bavay : la vanité qu'avait cette petite ville, plus tard française, de s'identifier avec la légendaire cité de *Belgis*, fondée par le légendaire roi Belgius, introduisit dans le nom de ce poète le nom de la Belgique (1). « Le premier, écrit Étienne Pasquier, qui à bonnes enseignes donna vogue à notre poésie, fut Maître Jean Le Maire de Belges, auquel nous sommes infiniment redevables, non seulement pour son livre de *l'Illustration des Gaules*, mais aussi pour avoir grandement enrichi notre langue d'une infinité de beaux traits, tant en prose que poésie. »

Les Chastellain, les Jean Le Maire, assidus commensaux des ducs de Bourgogne ou de la régente Marguerite d'Autriche, font donc figure de précurseurs pour la littérature française. Ils font école à Paris, mais non point en Belgique. Car soudainement, au travers du XVIe siècle, la littérature belge devient à peu près stérile. Elle est stérile en français, si l'on excepte les polémiques religieuses de Marnix de Sainte-Aldegonde et les essais lyriques de Sylvain de Flandre, qui finit par s'exiler, se sentant dépaysé (2). Elle est stérile, plus encore, en flamand. Nous sommes au temps de Charles-Quint : la haute société belge se laisse peu à peu transformer par un afflux de noblesse germanique, et le long duel qui s'engage entre la France et les Habsbourg détruit entre France et Pays-Bas du Sud la féconde intimité des rapports (3) : toute littérature belge s'éteint. Et de ce bel échange de cultures qui produisait à certaines heures un mutuel enrichissement, il ne restera bientôt d'autres survivances que certaines courtoisies d'appel et d'accueil, qui assureront à Franken, à Pourbus, à Rubens, à Philippe de Champaigne, et puis sous Colbert à certains tapissiers des Flandres, les commandes et l'hospitalité de la France.

Mais si le temps n'était plus où la cour et la haute société des Pays-Bas avaient souci de faire s'épanouir à leur ombre une littérature indigène en langue française, la connaissance et l'usage de cette langue allaient sans cesse progressant. L'Université de Louvain, en 1562, sentait l'urgence de créer une chaire de français pour retenir dans ses auditoires les étudiants flamands. « Tous les Flamands se servent quasi du fran-

(1) Kurth, *Notre nom national*, p. 28-30 (Bruxelles, Dewit, 1910).
(2) Wilmotte, *op. cit.*, p. 36-44.
(3) Pirenne, *op. cit.*, III, p. 314, 315.

çais, comme les Valons et Français mesmes, ès marchez, ès foires, ès cours, les paysans en assez grand nombre, les citoyens et les marchands pour la plupart, » notait en 1591 le lexicographe Melléma. « Les personnes de qualité, remarquait le P. Bouhours en 1670, font du français une étude particulière, jusqu'à négliger tout à fait la langue naturelle et à se faire honneur de ne l'avoir jamais apprise. Le peuple même, et ceci est d'importance, tout peuple qu'il est, est en cela du goût des honnêtes gens : il apprend notre langue presque aussitôt que la sienne (1). » Mêmes observations à la veille de la révolution brabançonne, — et cette fois ce sont d'amères doléances, — sous la plume de l'avocat Verlooi, que sa dissertation sur « le mépris de la langue maternelle aux Pays-Bas » classe parmi les précurseurs de l'anxiété flamingante. « A Bruxelles, écrit-il, le vulgaire repousse et méprise la langue flamande sans la connaître; nos demoiselles ne se montrent jamais avec un livre d'heures flamand (2). »

Voilà trois témoignages concordants, bien que l'esprit en diverge : ils s'échelonnent à travers trois siècles au cours desquels les Pays-Bas relèvent de souverainetés qui n'ont rien de français, de l'Escurial, de la *Hofburg*, et pourtant le français s'y propage avec la pétulance d'une mode contre laquelle le patriotisme flamand finit par sonner l'alarme. Mais sous les Habsbourg d'Espagne ou sous les Habsbourg de Vienne, cette mode n'a certainement rien de politique : le champ n'était pas libre, assurément, pour le gouvernement des Bourbons, s'ils eussent voulu faire peser une force d'asservissement sur l'âme flamande et sur l'esprit flamand. Sous la Convention, sous l'Empire, où pour la France le champ devint libre, elle fut, nous l'avons vu, inhospitalière au flamand dans les documents officiels ; mais en toute indépendance les chambres de rhétorique flamande purent organiser vingt-cinq concours publics (3). L'Allemagne d'aujourd'hui, qui sait comment on pratique une politique d'offensive contre la libre autonomie des cultures nationales, aimerait pouvoir établir, à l'appui de ses visées, que la longue culture française des Flandres aurait été le résultat d'une importation violente, comme de nos jours est germanisée

(1) Wilmotte, *op. cit.*, p. 35 et 46.
(2) Hamelius, *op. cit.*, p. 20.
(3) *Id.*, *ibid.*, *op. cit.*, p. 29-32.

la Posnanie, ou magyarisée la Transylvanie ; mais tout de suite l'Allemagne, pour cette thèse essoufflée, est à court d'arguments, à court de documents.

L'infiltration du français, dans les vieilles Flandres, ressembla si peu à une contrainte ou à une usurpation, que les deux cris émancipateurs où se résumèrent deux moments solennels de leur histoire furent deux cris français. « S'il avenoit, lisons-nous dans l'antique *keure* de Courtrai, que bourgeois ou bourgeoise criassent *commuigne*, tout li bourgeois qui le verroient ou orroient le doivent aidier (1). » *Commuigne*, commune ! Il y avait là un cri d'aide mutuelle, qui protégeait et vengeait les bourgeois et les bourgeoisies : c'était un cri de France. Plusieurs siècles passèrent : aux organisations locales d'union succédèrent un instant, contre Philippe II, des aspirations violentes vers une sorte d'union nationale. Trois mots français : « Vivent les gueux ! » en furent la devise : c'est en français que les Flandres, ce jour-là, prenaient conscience d'elles-mêmes, en français qu'elles libéraient leur âme.

VII

C'est notre originalité d'être deux et d'être unis, deux en un, disent à l'Allemagne, par toutes les pages de leur histoire, Flamands et Wallons. Il peut y avoir, entre eux, des « heurts sentimentaux (2), » et il y en a. « Tout le caractère flamand, — Balzac l'a dit, — est dans ces deux mots : patience et conscience (3) ; » et tout au contraire la sensibilité wallonne, telle que la font frémir devant nous les pénétrants romans historiques de M. Henry Carton de Wiart, se complaît plus volontiers aux élans d'initiative qu'aux persévérants efforts ; elle aime le premier jet, l'invention rapide, l'action courte et vive, et la rêverie ou le découragement la dissuadent parfois d'un effort continu.

Des mois et des mois s'écoulent, durant lesquels la vie du Flamand, pesamment laborieuse, se recueille et semble s'amasser en silences longs et lourds, et qui paraissent résignés, et puis elle éclate en explosions, mystiques ou charnelles, processions où l'on se mortifie, kermesses où l'on se satisfait, déploiements

(1) Funck-Brentano, *Philippe le Bel en Flandre*, p 19-21. (Paris, Champion, 1895.)
(2) Davignon, *Un Belge*, p. 344. (Paris, Plon, 1913.)
(3) Balzac, *op. cit.*, p. 3.

de vie turbulente, luxuriante et bariolée, où tous les sens sont en éveil, où tous les instincts mènent la ronde. Le Wallon, plus continûment bavard, est un psychologue, un analyste : son intelligence subtile transforme volontiers en jeux d'esprit, galamment taquins, les choses de cœur; il aime le trantran des manèges politiques, et les mouvements d'opinion, pourtant, ont peut-être en Wallonie moins de profondeur, parce qu'au lieu de laisser couver la flamme comme en Flandre, ils la gaspillent au jour le jour, en étincelles. Mais, en dépit de ces différences ou, pour mieux dire, à cause même de ces différences, ils ont, Flamands et Wallons, besoin les uns des autres; et des affinités électives les avaient fiancés, avant que la Conférence de Londres ne fût le témoin de leur mariage.

Il y eut quelques scènes de ménage, dans le dernier quart de siècle : vous les trouverez décrites, si ces lointains souvenirs vous agréent, dans le livre de M. Henri Charriant sur la Belgique (1). Le gouvernement, avec sagesse, faisait tout pour ramener la paix : de 1873 à 1914, il consacrait par dix lois successives les grandes revendications flamandes au sujet de l'emploi officiel des langues (2). Et Kurth, un grand ami de la Flandre, redisait avec instance à certains chevau-légers du « flamingantisme » que « le mouvement flamand n'avait pas besoin de l'extermination du français, et qu'il ne fallait pas sacrifier une parcelle de la culture française en pays flamand (3). » Mais l'Allemagne chuchotait d'autres suggestions, qui dans certaines oreilles trouvaient un écho. Et d'autre part, l'idée de séparation administrative, que toujours les Flamands répudièrent, paraissait se glisser dans l'esprit de certains hommes politiques wallons qui, pour des raisons de politique intérieure, voulaient écarter l'ascendant des Flandres catholiques ; et l'on entendait certains « Wallingants » insister avec excès, dans les émouvants congrès des *Amitiés françaises*, sur leur culte spécial pour l'une des deux Frances, la jacobine, la révolutionnaire... Dans ce temps-là, on parlait de deux Frances.

Tout cela est bien loin, aujourd'hui; et l'union, en Belgique, est devenue doublement sacrée, depuis que les attentats alle-

(1) Charriaut, *la Belgique moderne, une terre d'expériences*. (Paris, Flammarion, 1910.)
(2) Voir la liste de ces lois dans Passelecq, *op. cit.*, p. 183.
(3) Kurth, *la Nationalité belge*, p. 206.

mands l'ont fait apparaître, non pas simplement comme un expédient de circonstance requis par des malheurs qui auront un terme, mais comme l'éloquente incarnation de cette âme belge que l'Allemagne voudrait désincarner. Ce n'est plus assez de dire, là-bas : « L'union fait la force, » car la force n'est qu'un attribut; l'union des Flamands et des Wallons fait l'essence belge. L'homicide pangermaniste cherchait dans la structure belge l'endroit faible, « où le levier allemand pût agir efficacement (1) » : c'était sa méthode, à lui, pour tenter d'avance la rupture du front belge, au sens moral du mot. Que le levier allemand parvînt à briser l'union belge, et c'était l'âme belge qui mourait.

L'âme belge! Le mot surprit, jadis, quand certains littérateurs le prononcèrent : le voilà désormais justifié, illuminé, par l'antagonisme même de l'Allemagne. « Du verger des Flandres aux garigues campinoises, écrivait Camille Lemonnier, de la dune maritime aux ravins et aux futaies de l'Ardenne, une âme belge s'est répandue, faite de deux tronçons jadis coupés et depuis réunis, de deux races qui, malgré la dualité des modes d'expression, ont un même battement de cœur (2). » — « L'erreur est grande, disait à son tour Edmond Picard, de ceux qui obstinément ne veulent voir en notre nation qu'une panachure mal cousue du Flamand et du Wallon. La Belgique, par son évolution à travers les âges, d'une logique et d'un entêtement historiques auxquels nul autre phénomène ethnique ne peut être comparé, s'affirme comme une nécessité mystérieuse que rien n'a pu détruire. Une âme unique, une âme commune, plane sur les deux groupes apparents, et les inspire (3). » Le talent de M. Henri Davignon dans sa nouvelle : *L'Ardennaise*, dans son roman : *Un Belge*, nous faisait sentir comment les contrastes qu'enveloppe et recèle cette âme, et les tourments qu'elle en peut ressentir, s'amortissent et s'apaisent en une vivifiante unité.

Au cours des cinquante dernières années, tandis que l'Allemagne se préparait sourdement à diviser la Belgique contre

(1) Osswald, *Zur Belgischen Frage*. Berlin, 1915 (cité dans Passelecq, *op. cit.*, p. 24).

(2) Camille Lemonnier, *la Vie belge*, p. 26, 146, 283. (Paris, Fasquellé, 1905.)

(3) *Revue encyclopédique*, 24 juillet 1897. Cf. Edmond Picard, *Confiteor*. (Bruxelles, 1901.)

elle-même, un instrument d'expression qui, depuis plus de quatre siècles, faisait défaut, se mettait derechef au service de l'âme belge : on voyait renaître, parallèlement aux œuvres flamandes des Guido Gezelle et plus tard des Stijn Streuvels, une littérature indigène en langue française. « Un peuple jaloux de son existence indépendante, disait au Sénat belge, le 11 mars 1855, une voix encore juvénile, doit tenir à posséder une pensée et à la revêtir d'une forme qui lui soit propre ; en un mot, la gloire littéraire est le couronnement de tout édifice national. » Celui qui parlait ainsi n'était autre que le futur Léopold II, et l'esprit belge, sous son règne, devait assurer à l'édifice national ce couronnement.

Ainsi s'épanouit, — exception faite de quelques parnassiens qui s'isolèrent, — une littérature de terroir, soucieuse en général d'exprimer un coin du sol, et de s'y bien enraciner pour extérioriser ensuite avec plus d'éclat tout ce que ce coin de sol recélait de vie profonde, de réalité belge et d'idéal belge ; et tous les aspects de la terre belge trouvèrent ainsi leurs commentateurs, poètes ou romanciers, qui les révélaient à la famille belge. « Je ne me suis jamais séparé des choses et des hommes qui m'entouraient, écrivait Camille Lemonnier ; j'ai vécu avec ténacité la vie des gens de mon pays. » Un autre s'adressait à l'Escaut :

Les plus belles idées
Qui réchauffent mon front,
Tu me les as données.

Il s'appelait, celui-là, Émile Verhaeren. Ils inauguraient leur œuvre en publiant, le premier : *les Flamands ;* le second : *les Flamandes ;* la littérature belge de langue française se penchait ainsi vers la fraternelle Flandre, avec une sorte de caresse. Avant eux un précurseur, dont la tombe seule connut un peu de gloire, Charles de Coster, écrivait, dès 1861, dans un français fort savoureux, des *Légendes flamandes*, et l'écrivain français qui, dans une préface, les présentait au public, s'exprimait en ces termes :

« M. de Coster n'a pas cherché ses modèles hors de chez lui : c'est là un grand bien, un élément de force et de talent. Qu'il continue donc à peindre sa patrie : l'âme du poète n'a vraiment chaud qu'au foyer paternel et n'est vraiment à l'aise que là où elle a vécu, aimé et souffert, au milieu des amis et des ennemis accoutumés, et sous un ciel dont elle connaît la rigueur et les caresses. »

C'est ainsi qu'Émile Deschanel, — momentanément exilé, lui, de sa patrie, la France, — achevait d'orienter la vocation de Charles de Coster, qui bientôt ressuscitait, dans son étonnante *Légende d'Uylenspiegel*, toutes les turbulences, et toutes les truculences, et toutes les exaltations de la Flandre du temps des Gueux. A l'Exposition de Bruxelles, en 1910, sur les murailles de la grande salle de conférences, on vit se dessiner, à côté des portraits des écrivains belges, un certain nombre de paysages de Belgique; et ce rapprochement entre les physionomies de la terre et les physionomies des écrivains était un heureux symbole de l'histoire littéraire que ces parois illustraient. « Naguère, précisait Émile Verhaeren,

on pouvait nous assigner, dans l'immense mouvement des lettres, le même rang qu'à une province de France, soit la Bretagne, soit la Provence. Aujourd'hui, nous recevons une lumière directe et non plus oblique. Elle nous tombe d'aplomb de notre ciel, elle sort d'un peu de notre sol, de nos coutumes, de nos tares, de nos vices, de nos héroïsmes, de nos rêves; elle est nôtre de par sa nature et de par son origine... (1) »

Sous l'attouchement de cette lumière, Flandre et Campine, Condroz, Hesbaye, Ardenne, d'autres régions encore, ont suscité des amoureux qui sont devenus des poètes, et qui ont emprunté à leur terre maternelle les éléments d'art dont ils lui constituent parfois une nouvelle gloire (2); ils semblent achever de ciseler, en les détaillant, toutes les complexités de l'âme belge; la saveur qu'ils ont les uns pour les autres affine en chacun d'eux la compréhension du coin de Belgique qui n'est pas le sien, et l'on voit un Flamand comme Eeckhoud, quelque passion qu'il mette à « s'imprégner de l'essence » flamande, donner une préface aux lointains *Contes de mon village*, du Wallon Louis Delattre. Il semble que de l'accentuation même des individualités de terroir résulte, avec une plus riche con-

(1) Maurice des Ombiaux, *la Littérature belge, son rôle dans la résistance de la Belgique*, p. 26-29 (Paris, Van Oest, 1917).

(2) L'exquise *Anthologie des écrivains belges*, publiée par M. Dumont-Wilden (Paris, Crès, 1918), decouvre ainsi ce que l'auteur appelle, p. XXIX, « le frais visage de la jeune patrie belge. »

naissance réciproque, un progrès vers l'unité : et cela encore est bien belge, précieusement belge.

Un jour de 1908, un Français vint à Anvers, pour entretenir les Belges de leur littérature :

C'est en restant Belges de cœur, leur disait-il, que vos écrivains de langue française ont le mieux obéi à leur vocation. Nous souhaitons qu'ils cherchent de plus en plus, dans vos traditions locales, dans vos coutumes, dans le ciel qui a inspiré vos peintres, dans la terre qui a engendré vos héros, les éléments substantiels d'une originalité croissante. Aucun Français ne songe à leur demander de prendre à Paris une sorte de mot d'ordre ou de ralliement littéraire.

Le conférencier qui, portant à la littérature belge l'hommage de la France, appelait ainsi sur l'âme belge et sur le passé belge la piété fervente de cette littérature, devait, cinq ans plus tard, au Congrès de Versailles, acquérir un titre unique pour parler au nom de la France (1). Paroles d'Émile Deschanel, paroles de M. Raymond Poincaré, j'aime recueillir ces échos de France, de la France respectueuse de toutes les franchises intellectuelles et de toutes les efflorescences de vie, et j'aime les opposer à ces autres propos, menaçants ou perfidement caressants, que tient à la Belgique d'aujourd'hui l'impérialisme allemand, et qui toujours, quelque accent qu'ils affectent, visent à la destruction d'une culture et au morcellement d'un peuple uni.

VIII

L'unité belge, aujourd'hui, possède une consécration plus solide encore que celle qu'elle devait à sa jeune littérature nationale, plus solide même que celle dont l'enrichit, en faisant du Congo un État belge, l'imagination réaliste de Léopold II ; et cette consécration, c'est l'Allemagne même qui la lui a ménagée. Oui, l'Allemagne...

Halte-là ! sur nos bataillons
Le même étendard flotte et brille.
Soyons unis !.. Flamands, Wallons,
Ce ne sont là que des prénoms :
Belge est notre nom de famille (2).

(1) Raymond Poincaré, *Grande Revue*, mai 1908, p. 17 et 26-27.
(2) Amélie Struman et Kurth, *Anthologie belge*, p. 1750 (Paris, Reinwald, 1874).

Lorsque jadis Antoine Clesse, un armurier du Hainaut, échelonnait ces rimes émues, c'est de bataillons civiques qu'il parlait. Aujourd'hui, par le fait de l'Allemagne, ce nom de famille est un nom d'armée, d'une armée dans laquelle Flamands et Wallons, depuis bientôt quatre ans, partagent l'héroïsme des souffrances et la gloire des résistances.

Où donc est-il maintenant, le Belge d'il y a cent ans, que l'abbé de Pradt nous décrivait comme « dépourvu de curiosité, stationnaire dans un état heureux, et ne portant ni intérêt ni curiosité à ce qui se passait hors de chez lui? (1) » Si l'Allemagne croyait, en face d'elle, retrouver ces Belges-là, elle s'est lourdement trompée, et sur eux et sur leur Roi. C'est un petit État, pensait-elle orgueilleusement; et, justifiant les angoisses qu'exprimait en 1866 Edgar Quinet, elle prétendait nous construire un univers où « la première garantie pour les petits États serait de rester indifférents à tous les intérêts de droit et de justice qui se disputeraient le monde ; où le cœur et l'esprit devraient s'y resserrer autant que les frontières ; où la principale vertu des hommes serait partout de devenir étrangers à l'humanité. » Mais entre l'Allemagne et le droit, entre l'Allemagne et l'humanité, Albert Ier, roi des Belges, refusa d'être un indifférent : il lui parut qu'en se laissant violer impunément, la Belgique fût devenue étrangère à l'humanité. Wallons et Flamands se dressèrent : activement, M. de Broqueville les outilla, pour que leur fierté eût bientôt la joie d'être une force; la petite nation belge, quelques semaines durant, retarda « l'Allemagne exterminatrice de races. » L'unité belge eut un rôle dans les destinées universelles, et le sang belge acheva de la sceller.

L'Allemagne sait mieux calculer ses propres forces d'action que les forces de réaction qu'elle déchaîne chez ses victimes. Elle comptait sur le mouvement flamand pour désorganiser le royaume belge, et ce mouvement même est en train de se retourner contre elle. M. Leo van Puyvelde, chargé de cours à l'université de Gand, et M. le baron Kervyn de Lettenhove, un dévot des vieilles gloires flamandes, entrevoient l'heure où les Flamands cesseront de « s'hypnotiser sur la lutte pour la langue, » et d'avance ils définissent aux industriels des Flandres,

(1) Pradt, *op. cit.*, p. 17.

à leurs ouvriers d'art, à leurs armateurs, à leurs agriculteurs, certaines conditions de renouveau flamand, qui mêleront plus intimement les énergies flamandes à la vie profonde de la collectivité belge (1).

Voyez-les, en une nuit de Noël, Belges de Flandre et Belges de Wallonie, s'entr'aimer au fond de leurs tranchées, dans l'émouvant dialogue que le poète Louis Piérard intitule : *A la gloire du Piotte.* « A la vie, à la mort! » termine le Flamand. « Avec toi j'ai souffert, » répond le Wallon. Écoutez M. Marcel Wyseur nous dire, dans *la Flandre rouge* (2), comment « s'obstine » le coq des Flandres, et comment il chante encore, et l'auteur des *Rafales* (3), M. Maurice Gauchez, bafouer les fils de fer barbelés par-dessus lesquels Flandre et Wallonie s'étreignent victorieusement. Il gémit en les contemplant :

> La Flandre des cités, la douce Wallonie,
> En aurez-vous connu, des râles d'agonie?

Mais il sait bien, le beau poète-soldat, que les agonies acceptées, — acceptées pour revivre, — ont déjà la vertu d'une résurrection. D'avoir en même temps agonisé, sous le joug de l'ennemi qui les tenait séparées l'une de l'autre, et qui leur disait : « Vous ne serez plus unies, » c'est une impression que Flandre et Wallonie n'oublieront pas, et dont le souvenir, plus tard, régnera sur leur glorieux ménage. Se rappelant le temps où elles s'apitoyaient l'une sur l'autre et ne pouvaient se le dire, parce qu'entre elles deux l'Allemand se dressait, elles aimeront un jour s'aimer en se le disant; et dans le renouveau de leur triomphante union, il entrera de la tendresse, cependant qu'à Bruxelles, sur la place de l'Hôtel-de-Ville, le phénix d'or qui s'envole du milieu des flammes paraîtra symboliser l'unité belge elle-même par cette devise d'allégresse et d'espoir : *Insignior resurgo.*

GEORGES GOYAU.

(1) Leo van Puyvelde, *L'orientation nouvelle du mouvement flamand* (Amsterdam, van Kamper, 1917). Kervyn de Lettenhove, *Revue belge*, 15 avril 1918.

(2) Paris, Perrin, 1917.

(3) Paris, Figuière, 1918.

LE NOUVEAU JAPON

IV (1)

DE TOKYO A SÉOUL

I. — L'UNANIMITÉ JAPONAISE

Au printemps 1914, le peuple japonais n'avait pas encore perdu l'habitude d'être pauvre. S'il ne l'était pas plus qu'il y a quinze ans, il se plaignait davantage. Depuis la guerre russe, tout avait doublé et même triplé de valeur. Et il en accusait son gouvernement. Il avait fait pendant l'hiver beaucoup de politique. Il n'estimait pas plus ses députés qu'au temps où je l'avais connu et où les propriétaires de Tokyo refusaient souvent de louer leurs maisons à ces parasites éphémères et suspects. Mais il n'en était pas moins fier de les avoir, et il espérait que son Parlement le débarrasserait du gouvernement des clans que la Restauration impériale avait portés et maintenus constamment au pouvoir. Il aspirait au gouvernement des partis sans bien savoir ce que ces partis pourraient représenter. Le scandale des pots-de-vin, que les corrupteurs allemands avaient déchaîné, lui avait fourni l'occasion de manifester bruyamment son aversion pour les dernières survivances de son ancienne féodalité. Il s'était offert des journées d'émeutes, d'où les clans étaient sortis, sinon ruinés, du moins très affai-

(1) Voyez la *Revue* des 1er décembre 1917, 1er janvier et 1er avril 1918.

blis. Mais, lorsque les cerisiers fleurirent, le peuple japonais s'était calmé. J'assistai à l'épilogue de cette tumultueuse affaire. L'Allemand et ses complices essayaient vainement de se débarbouiller dans leur mare sous les yeux des juges et au milieu de l'indifférence générale.

La vie était redevenue aussi tranquille que jadis. Une vie pauvre, mais imprévoyante, et où l'on trouve toujours assez d'argent pour s'amuser. Il n'y a pas de quartier si misérable dont les petits enfants ne tirent un *sen* de leur ceinture lorsque passe le marchand de friandises. Une vie douce, bien qu'elle recouvre de la dureté et de la brutalité ; mais elle n'est vraiment brutale et dure que dans les rapports d'homme à femme; et toute sa douceur s'étend sur les relations sociales. Je connais un vieux missionnaire qui était resté vingt ans sans revenir en France. Il y revint, et, pendant son séjour, il ne cessait de répéter : « Comme vous êtes âpres ici ! Comme vous faites tous sonner haut ce qui vous est dû ! Comme vous y tenez ! » L'Amérique qu'il traversa en retournant au Japon l'épouvanta. Il ne respira que rentré dans son quartier de Tokyo au milieu de ces païens qui lui avaient pourtant rendu sa tâche si ingrate, mais qui n'avaient pas toujours le mot de droits à la bouche et qui ne s'envoyaient jamais l'huissier. Là, le locataire devait à son propriétaire ; le petit artisan à son marchand de riz ; le petit marchand de riz au marchand en gros. Cependant, personne n'était chassé de son taudis; personne ne mourait de faim. Le créancier ne voyait autour de lui que des yeux qui lui disaient que ce serait mal de poursuivre. Il ne s'étonnait ni ne se fâchait de rencontrer son débiteur dans les lieux de plaisir. N'avait-il pas, lui aussi, ses créanciers? Et ne fallait-il pas admettre une sorte de prescription courtoise pour les dettes? Il n'est pas extraordinaire qu'au bout de deux ou trois ans, un débiteur extrêmement poli vous glisse en douceur qu'il croirait manquer gravement à l'amitié s'il vous reparlait de la somme que vous lui avez prêtée. *Shikata ga nai :* il n'y a rien à faire. C'est le *Nitchevo* des Russes, moins cordial, car au Japon les bonnes manières remplacent la cordialité. Mais il vaut mieux qu'on s'aime moins et qu'on se supporte davantage. J'entends des Européens qui s'affligent un peu comiquement que les Japonais s'appliquent trop à leur ressembler et aussi des Japonais qui le déplorent en souriant et en hochant la tête.

Le comte Okuma, lorsque j'eus l'honneur de le revoir, se plaignit du contraste entre les progrès matériels du Japon et le fléchissement de la morale publique. Cependant, je ne constate aucun changement dans ce qu'on me raconte et dans ce que je peux saisir de la vie des gens dont l'intimité est ouverte à tous les regards et à tous les vents. Au printemps 1914, le peuple japonais vivait comme à la fin du XIXe siècle.

Le fléchissement moral est peut-être plus sensible à mesure qu'on s'élève dans la société. Encore faut-il bien se garder de prendre pour des vices nouveaux ce qui n'est que la forme nouvelle de vices invétérés. J'avais été très frappé de voir jadis avec quelle rapidité les vieilles tendances anarchiques du peuple japonais, si longtemps engourdies sous le gouvernement shogunal, se ranimaient dans les veines de son jeune parlementarisme. Les victoires sur les champs de bataille de la Mandchourie les ont fait retomber en langueur. L'anarchie ne menace que les peuples vaincus. C'est ce qui nous explique que dans un pays en guerre les ennemis de l'ordre social, sans aller jusqu'à souhaiter positivement la défaite, ne désirent pas la victoire. Le Japon n'a jamais eu à lutter contre ces ennemis-là. Les émeutes de Tokyo ont prouvé de quelle violence la foule japonaise était capable. Mais, uniquement provoquées par la vénalité de certains milieux politiques, elles n'avaient aucun caractère révolutionnaire, et elles étaient peu de chose à côté des insurrections d'autrefois. Quant à la vénalité, ceux-là seuls, qui ne connaissent de l'ancien Japon que ses décors romantiques, ignorent qu'elle a sévi de tout temps et que les grands samuraï des daïmiates ou de la cour du Shogun mordaient souvent à la grappe d'un aussi bel appétit que les fonctionnaires les plus compromis des ministères modernes. Seulement, le peuple se taisait, et les enfants ne les poursuivaient pas dans les rues comme ils le faisaient hier, quand ils les voyaient passer en voiture et qu'ils leur criaient : *Pots-de-vin volants!* Assurément, le pouvoir de l'argent a grandi sur les ruines de la société féodale comme en France sur celles de l'ancien régime. Mais l'institution monarchique et tout ce qui subsiste encore du respect des vieilles hiérarchies l'ont peut-être plus limité que chez nous. Bien que le développement de l'industrie ait été prodigieux, — songez qu'en 1878 le commerce extérieur, exportation et importation, n'atteignait pas cent cinquante millions de francs et qu'en 1913, il dépassait trois milliards, — on ne peut pas encore parler de ploutocratie japonaise ni de socialisme japonais.

J'avoue que, sur la question du socialisme, mes prévisions se sont trompées. Dès 1890, les idées de l'Allemand Karl Marx avaient pénétré au Japon. En 1897, des *trade-unions* s'étaient déjà formées, et les ouvriers de la *Nippon Railway* avaient inauguré les grèves pour obtenir le relèvement des salaires. Je pensais que, dans sa hâte presque vertigineuse à rattraper l'Europe, le Japon éprouverait bientôt les mêmes difficultés intérieures que nous et devrait résoudre les mêmes conflits. J'étais d'autant plus porté à le croire que sa grande industrie m'avait laissé d'effrayantes images de la misère humaine et que, s'il y avait un pays où la condition des prolétaires justifiât toutes les revendications socialistes, c'était bien celui dont je voyais les manufactures et les usines peuplées de femmes débilitées et d'enfants épuisés par l'insomnie. Mais j'avais compté sans la rigueur du gouvernement qui a coupé court aux propagandes, et surtout sans l'impossibilité de s'organiser où leur pauvreté, leur paresse, leur résignation orientale et leur humeur nomade maintiennent les ouvriers japonais. On retrouve au Japon les mêmes abus qu'autrefois, les mêmes qu'en Europe au commencement du XIXe siècle, et encore aggravés : journées de douze, treize, quatorze et quinze heures; salaires dérisoires malgré les augmentations successives, puisque seuls les maçons et les couvreurs en tuiles arrivent à gagner un yen (2 fr. 50) par jour et qu'on a calculé que l'ouvrier le plus économe pouvait à peine économiser deux francs par mois; travail de nuit pour les femmes et pour les enfants, et pour des enfants de dix ans! une immoralité profonde, et tous les ravages de la phtisie et de la tuberculose. La loi promulguée en 1911, qui fixe à douze heures la journée ouvrière et qui défend d'embaucher des enfants au-dessous de douze ans, cette loi, qui détermine la responsabilité des patrons, a rencontré une telle hostilité chez les chefs d'industrie et une telle indifférence chez les ouvriers qu'on a décrété que ses principales dispositions, et les plus humaines, ne seraient applicables que quinze ans après sa mise en vigueur.

Mais, il faut bien le dire, ce mal inconnu des âges précédents ne s'attaque qu'à une très petite partie du corps social, et l'accroissement continuel de la race en rend les effets presque insensibles. Les neuf cent mille ouvriers du Japon, dont plus de cinq cent mille sont des femmes, se sentent comme perdus au milieu d'une population qui s'élève à cinquante-deux millions. Et de tous ces ouvriers, combien y en a-t-il qui restent ouvriers dans le même établissement et dans la même industrie? Les enquêtes établissent que les patrons ne les gardent en moyenne qu'un an et demi ou deux. C'est un perpétuel va-et-vient qui ne permettrait à aucune de leurs associations de résister, si même ces associations n'étaient point illégales. Les corporations patronales, les seules que la loi reconnaisse, n'ont devant elles que des nuages errants de poussière d'hommes. Aussi les grèves minières qui, depuis 1907, nécessitèrent à plusieurs reprises l'intervention de la troupe et qui s'accompagnèrent de pillages, d'incendies, de bombes et de dynamite, ont-elles toujours été rapidement vaincues et sans profit pour la cause du prolétariat. On découvrit en 1910 un complot contre la vie de l'Empereur où une trentaine de socialistes furent impliqués. Les Japonais qui m'en parlèrent prétendaient que la police en avait exagéré l'importance et que, devant le nombre des condamnations à mort, l'opinion publique en avait jugé la répression excessive. La vérité est que le socialisme n'a fait aucun progrès apparent au Japon. Le drapeau rouge promené en 1907 dans les rues de Tokyo n'a pas eu plus de succès que les bannières de l'Armée du Salut qui s'y déployèrent la même année sous la conduite du général Booth, fraîchemeut débarqué à Yokohama. Mais il est à craindre que la sévérité impitoyable de la police et que l'inhumanité des industriels, — qui, d'ailleurs, ne sont pas beaucoup plus inhumains que les anciens samuraï à l'égard des gens du peuple, — ne suscitent de temps en temps chez les travailleurs les plus pressurés des explosions de nihilisme.

Si tant d'usines et presque toutes les filatures ne recrutaient la majeure partie de leur personnel parmi les femmes et les enfants, ces explosions se seraient déjà produites, car l'ouvrier japonais, apathique et irascible, a de longues passivités entrecoupées de fureurs malaises. Son travail ne l'attache ni ne l'intéresse, sauf quand le patriotisme le lui commande. Il n'y apporte pas ce désir du bien qu'on admire dans l'œuvre des petits artisans, qui ne dépendent que d'eux-mêmes. Mais il manifeste envers ses patrons une susceptibilité analogue à celle des élèves et des étudiants envers leurs maîtres. Il vous quitte à la première observation qui blesse son amour-propre. Il accepte plus volontiers le salaire insuffisant que le reproche mérité. Comme je visitais, la veille d'une fête, une grande institution, la directrice me fit remarquer un ouvrier chargé de pavoiser la salle que nous traversions. Il y était déjà depuis plus d'une heure, et n'avait suspendu qu'une seule guirlande. Cependant la besogne pressait. Elle s'approcha et lui dit en souriant : « Votre adresse est vraiment merveilleuse; et vous allez très vite. Mais si vous alliez encore un peu plus vite (bien que cela me paraisse impossible), nous vous en serions extrêmement reconnaissants. » L'homme se cassa en deux, et sa figure refrognée s'éclaira du plus aimable sourire : « Maintenant, me dit-elle, il y a des chances pour qu'il termine sa tâche avant la nuit. Si je m'étais étonnée de sa fainéantise, il m'aurait plantée là. » Il l'eût fait par une sorte d'orgueil atavique dont les mœurs ont toujours tenu compte et qu'en dehors des cadres administratifs et militaires, l'esprit moderne et la liberté politique ont encore renforcé.

Il serait très paradoxal de soutenir que les idées européennes n'out pas modifié l'âme japonaise. Mais chaque jour me persuade que leur influence a été plus extérieure qu'intime et s'est plus exercée dans le domaine des affaires que dans celui des sentiments. Je m'aperçois qu'on ne les accueille plus sans discernement, qu'on ne les traite plus comme des hôtesses royales. On leur mesure la place et on les soumet au régime du pays. Je m'aperçois aussi qu'elles n'ont point commis tous les dégâts dont on les croyait susceptibles, ni accompli tout le bien qu'on en espérait. Elles ont laissé à peu près intacte l'organisation de la famille. Les enfants ne se sont point affranchis d'une obéissance filiale qui est poussée très loin. Les cas d'émancipation qu'on vous cite ne sont rien auprès des innombrables exemples d'une soumission exagérée en ce sens qu'elle n'est ni raisonnable ni sentimentale, mais seulement imposée par la tradition. On continue d'admirer ce modèle des fils qui, sur le point de sortir et ne voulant contrarier ni son père convaincu qu'il allait pleuvoir, ni sa mère persuadée qu'il ferait beau, chaussa son pied gauche d'un socque de pluie et son pied droit d'une sandale de temps sec. A vrai dire, il ne satisfaisait ni l'un ni l'autre, mais il se montrait respectueux de l'un et de l'autre. Comme cette obéissance filiale, qui ne se fonde ni sur la raison, ni sur l'affection, est un héritage des siècles, les théories et les coutumes européennes mettront très longtemps à l'ébranler. D'ailleurs, les parents japonais sont si indulgents que souvent les ordres qu'ils donnent à leurs enfants ne sont que la forme impérative de leur empressement à les contenter.

Il n'y a guère qu'un point où ils soient intransigeants, c'est le mariage. On ne reconnaît pas à la fille le droit de choisir son mari; on ne le reconnaît pas plus à la jeune femme divorcée ou répudiée qui est rentrée dans sa famille et que sa famille est impatiente de repasser à un nouveau maître. Le féminisme est resté aussi stationnaire que le socialisme. Sa manifestation la plus importante jusqu'ici a été de pétitionner près du premier ministre pour que le jour de naissance de l'Impératrice fût fêté comme celui de l'Empereur. Le luxe féminin a augmenté, et le nombre des bijoux, mais plutôt dans la classe moyenne que dans la haute société où la discrétion est toujours de rigueur et qui se sent surveillée. Après la guerre, la femme et la fille de l'amiral Togo avaient acheté des robes qu'un grand magasin vendait enrichies de perles et d'une poussière de diamans : les journaux leur rappelèrent rudement la simplicité du héros.

Il semble pourtant que les jeunes filles aient acquis plus d'indépendance ou du moins que leur allure soit plus libre, plus dégagée. Les écolières et les étudiantes ont adopté les bottines européennes qui changent presque complètement leur façon de se tenir et de marcher. Elles posent délibérément le pied sur la terre et n'ont plus la démarche un peu cagneuse des *geta* que l'on traîne. Elles ont abandonné les amples manches du kimono et la large ceinture, l'*obi*, dont le nœud en forme de coussin voûtait leur dos. Leur kimono a maintenant les manches serrées aux poignets; et elles portent le *hakama* des hommes, ce pantalon de soie pareil à une jupe, qu'elles ont transformé en une véritable jupe fendue sur les côtés et retenue par une étroite ceinture. Ce costume féminin légèrement viril, et que la chaussure européanise, est un des plus gracieux qu'on puisse imaginer. A l'École normale supérieure des filles, j'ai assisté aux leçons de gymnastique, les seules, en somme, où il soit difficile de faire illusion. J'ai vu ces jeunes filles, tout en gris et la culotte bouffante, plier les jarrets, se redresser, courir, sauter par-dessus les barres fixes. Ces exercices leur donneront infailliblement une tout autre élégance que l'élégance traditionnelle. Mais l'esprit suivra-t-il le corps? Se libérera-t-il, comme lui, des anciennes contraintes et des anciens agenouillements? Il y faudra peut-être des siècles. Parmi les quelques milliers d'étudiantes, les quelques douzaines d'affranchies ou de rebelles ne persuaderont pas aisément aux hommes qu'elles sont leurs égales, car ils estiment presque tous que le culte de la femme, tel qu'on le pratique en Europe, contribue à énerver les vertus militaires. Elles ne le persuaderout pas même à leurs autres sœurs. La femme japonaise demeure convaincue de son infériorité. Je tiens d'un Européen, qui a vécu très longtemps dans le milieu de la petite bourgeoisie et des artisans, qu'au moment de la catastrophe du *Titanic* les Japonaises n'admirèrent aucunement que des hommes se fussent sacrifiés au salut des femmes et des enfants : « Comment, disaient-elles, ne sauverait-on pas d'abord les hommes dont la vie importe bien davantage à l'État? »

Mais ce que j'ai cru remarquer chez de jeunes Japonais, plus curieux des idées occidentales qu'ils ne le seront lorsqu'ils auront été embrigadés dans les fonctions administratives et que l'âge et les honneurs les auront durcis, c'est une inquiétude toute nouvelle de ce que nous appelions naguère « l'éternel féminin. » Ils commencent à se demander ce qui se passe dans le cœur de cette subalterne toujours silencieuse que le mariage attache aux pas de l'homme. Qu'il ordonne, critique, menace, gronde : elle se tait. Elle se tait par obéissance, par amour, par dépit, par crainte, par colère : son silence énigmatique signifie tout ce que l'on veut. Elle supporte sans rien dire les injures et quelquefois même les coups. Si malheureuse qu'elle soit, elle ne s'adresse jamais aux lois, elle ne réclame jamais le divorce. Ce n'est point la législation moderne, ce sont les anciennes coutumes qui règlent sa conduite. Mais que pense-t-elle? Quelle est sa vie intérieure? Le jeune homme qui me parlait dans ce sens, un soir que nous avions dîné ensemble, n'aurait certainement pas parlé ainsi devant d'autres Japonais. Il s'exprimait très aisément dans notre langue, bien qu'il n'eût pas encore quitté le Japon; il connaissait notre littérature; et, par son intelligence comme par sa franchise, il me paraissait très au-dessus de la moyenne. Son appréhension de la femme, la curiosité psychologique qu'elle éveillait en lui, son secret désir de trouver en elle une vraie compagne, ne sont peut-être pas aussi exceptionnels qu'il l'était lui-même, car il les avait soupçonnés chez quelques-uns de ses camarades qui auraient rougi d'en faire l'aveu.

Mais ce ne sont là que des anticipations d'un avenir sans doute assez lointain. Pas plus que deux ou trois socialistes, qui se présentent aux élections et qui d'ailleurs sont battus, ne constituent un parti et n'actionnent la politique sociale de l'Empire, un petit groupe de femmes émancipées et de jeunes gens ouverts à des sentiments nouveaux ne transforment la société. Je ne veux pas dire que ces ferments ne la travaillent pas. Je constate seulement que, depuis une quinzaine d'années, l'évolution morale du Japon a été beaucoup plus lente et, tout compte fait, beaucoup plus sage. Progressistes et conservateurs ne luttent que pour la forme. Les premiers fouettent leur cheval, mais ils ont mis des freins à leurs roues; les autres ne mettent pas les freins, mais ils ne fouettent pas la bête. Les plus audacieux en théories se conduisent dans leur vie privée comme de vieux Japonais. Les plus rétifs aux influences étrangères ne craignent pas d'en prendre ce qui leur semble utile à l'intérêt du pays. Et quels que soient les changements qui vont s'accomplissant dans les esprits et les mœurs, l'étranger les perçoit d'autant moins qu'il est plus impressionné de l'unanimité avec laquelle tout le Japon s'applique à réaliser ses ambitions nationales.

L'unanimité! Je ne pense pas que jamais peuple en ait donné plus fortement la sensation. Il y avait à ce moment, au grand parc d'Ueno, une Exposition exclusivement japonaise, dont la mort de l'Impératrice douairière avait compromis le succès. On y perdait beaucoup d'argent, ceux qui en avaient presque autant que ceux qui n'en avaient pas. C'était une Exposition malheureuse et pourtant charmante.

Pavillons, galeries, musées, restaurants, théâtres, tout y était calqué sur le plan des Expositions européennes. Mais on ne remarquait plus cette imitation, tant elle paraissait naturelle. Des étrangers qui n'auraient rien su du Japon y auraient plus appris en une semaine que jadis pendant un séjour de six mois à Tokyo ou à Yokohama. On leur eût enseigné le folklore en leur expliquant les réclames qui, presque toutes, utilisaient les vieilles légendes. Ils auraient passé en revue les héroïnes de l'histoire et les divinités populaires devant les vitrines des parfumeurs où des poupées artistiques les figuraient : la dernière en date, la comtesse Nogi, y paraissait en deuil de l'Empereur, avec de larges pantalons jaunes et des voiles noirs. La galerie des modes et ses personnages de cire les auraient initiés non seulement à la toilette féminine, mais aux usages du monde. Ils auraient pénétré dans l'intimité infranchissable des familles de la haute société, le jour d'un mariage. Ils auraient vu les petites tables où sont posés le plat de carpes traditionnel, le riz, le sapin, le bambou et les statuettes de la Baucis et du Philémon japonais. L'Intermédiaire, sans laquelle aucun mariage ne peut se conclure, apporte, en les tenant à la hauteur de ses yeux, le plateau de laque et les coupes nuptiales; et la mariée, le front ceint d'un bandeau blanc, s'avance sous ses quatre robes de soie blanche brochée d'argent et d'or. Les quatre robes valent environ douze cent cinquante francs. La mode européenne a suspendu au cou de la jeune femme un collier d'or et glissé un portefeuille dans sa ceinture.

Plus loin, les promeneurs admiraient un pavillon mis en vente pour la bagatelle de cinquante mille francs, Il était tout en bois de mûrier et d'un mûrier qui avait au moins huit cents ans d'existence. On y montait par deux marches, deux pierres non taillées, étrangement belles. Sa véranda était spacieuse; ses murs délicatement ajourés; ses nattes, fines et claires; et le *tokonoma*, la petite alcôve surélevée d'un pied et réservée aux objets d'art, avait une pureté de lignes et une richesse de veines incomparables. Ce pavillon reproduisait exactement le style de la période de Nara. Dès le VIIIe siècle, la maison japonaise avait atteint la perfection. Mais, en fait de meubles, elle ne connaissait que des tables minuscules, de petites commodes, des coussins, des matelas. Lorsque le mobilier européen arriva, on dut pour le recevoir recourir à l'architecture européenne. Il opprimait les chambres japonaises. On est enfin parvenu à tout concilier. J'en ai trouvé un exemple exposé au Pavillon de Formose, parce que les meubles étaient faits d'une des plus belles essences de cette île. La chambre avait été élargie; son plafond exhaussé; le *tokonoma* s'élevait à hauteur d'appui; les nattes plus minces étaient tendues comme un tapis, et les pieds de nos lourdes tables ne les creusaient plus. Simples détails, mais très caractéristiques. Et j'en pourrais citer bien d'autres!

Plus loin encore, c'étaient des instruments agricoles et des machineries modernes fabriqués au Japon, dont un spécialiste européen me faisait observer l'adaptation ingénieuse aux besoins du pays. On sentait partout l'effort unanime d'un peuple qui veut s'affranchir des produits de la main-d'œuvre étrangère et sauvegarder l'originalité de sa vieille civilisation dans les nouveaux cadres qu'il lui a imposés. Vitrines européennes et modes japonaises; chambre japonaise assez large et assez haute pour hospitaliser des meubles européens; outils d'Europe rendus plus maniables aux travailleurs du Japon; et, à côté des derniers perfectionnements de la science, la vie japonaise d'il y a mille ans, si naturelle et si raffinée qu'elle n'a rien d'archaïque : tel est le souvenir que m'ont laissé cette Exposition et la nouvelle société japonaise.

Cette même impression d'unanimité, je l'ai eue dans mes voyages à l'intérieur. Je me trouvais en présence d'un peuple bien gouverné et de gens qui savent se gouverner eux-mêmes. Dans les gares la foule ne fait aucun bruit. Les trains arrivent et repartent à l'heure exacte sur les grandes lignes comme sur les lignes les moins fréquentées. L'Européen a cessé d'être un objet de curiosité. On ne l'interroge plus; on ne cherche plus à savoir d'où il vient, où il va, ni pourquoi il y va. Il semble même qu'on ait peur de lui manifester un intérêt qu'il pourrait prendre pour un aveu d'infériorité. Cependant, là où je suis allé, à Matsué, par exemple, sur la côte occidentale, on ne rencontre guère d'étrangers. Lorsque j'en revins, je fus obligé de m'arrêter à la pointe du jour dans une petite station et d'y attendre pendant une heure le train de Kyôto. Je sortis de la gare, et je me dirigeai vers une maison de thé, encore ou déjà éclairée. Des femmes circulaient au milieu d'hommes endormis dont quelques-uns se réveillèrent. On me servit ce que je demandai, et personne ne fit attention à moi. Il n'en était pas de même jadis, où mon entrée dans une auberge réunissait toute la maisonnée, y provoquait d'intarissables commentaires. Le peuple japonais a toujours l'air d'obéir à un mot d'ordre. Autrefois il agissait comme si on lui avait dit : « Regardez bien les étrangers : voyez comme ils sont faits; tâchez d'imiter ce qu'ils ont de bon et de surprendre leurs faiblesses. » Maintenant il se comporte comme si on lui disait : « Vous n'avez plus rien à apprendre d'eux : laissez-les vous regarder; et que leur présence ne vous dérange pas. »

C'est le seul changement que je constatai à mesure que je m'éloignais de Tokyo et que je descendais à travers le Japon central si paisible et si lumineux. Une même âme paraissait animer tous les êtres éphémères. Un matin, j'entendis dans un petit temple, près de Kyôto, un paysan qui priait à haute voix; et je demandai à mon compagnon japonais de me traduire sa prière : « C'est un fidèle du *Tenrikyô*, la secte shintoïste la plus florissante, me dit-il : il prie le Dieu de la Raison Céleste de protéger notre empereur et de *répandre notre religion au loin et au large.* Les gens du *Tenrikyô* sont convaincus qu'il appartient au Japon de régénérer l'humanité. » Il s'arrêta un instant et reprit avec un demi-sourire : « Du moins l'humanité asiatique! « Ce paysan pensait comme les intellectuels de Tokyo. Son mysticisme populaire s'accordait à leurs ambitions. Une vieille poésie du XIIe siècle a dit : « *Dans la capitale, pavée de pierres précieuses, les maisons des grands et des petits sont les unes près des autres, et les tuiles de leurs toits se touchent.* »

II. — EN CORÉE

Vous arrivez au déclin du jour à Shimonoseki, tout saturé de la grâce des campagnes et des grèves japonaises. Le lendemain matin vous débarquez à Fusan, dans un paysage tourmenté. Des montagnes se ramifient à perte de vue, déchirées de crevasses jaunes, hérissées de rocs noirs. A peine, de temps en temps, un pin tordu vous rappelle les sites japonais. Les bourgs et les hameaux, rares et tassés, sont de la même couleur que les rocs et la terre. On aperçoit sur les routes des silhouettes bizarres, caricaturales. Dans les vallées, les rizières n'ont plus la belle ordonnance des rizières japonaises. Des paysans s'y enfoncent jusqu'au cou pour trouver un peu de fraîcheur. Leur tête et leur barbiche pleureuse émergent au milieu d'herbes sales comme un fruit aquatique avec ses racines. Vers une heure, vous êtes à Taïku, une ville de cinquante mille âmes qui ressemble à un immense village nègre; et le soir vous pouvez entrer à Séoul, capitale du *Chosen.* C'est le nom que les Japonais donnent à la Corée. Il signifie *Matin calme.* La Corée n'est plus qu'une calme province japonaise. Au sortir de sa longue léthargie, le Japon avait retrouvé le souvenir cuisant de ses anciennes expéditions manquées et son désir de revanche. Ce qu'il n'avait pu faire pendant des siècles, quarante ans d'européanisme lui ont permis de l'accomplir. Le 29 août 1910, les Coréens lurent, les larmes aux yeux, affichées sur leurs murs, l'abdication de leur dernier souverain qui remettait son pays entre les mains de l'empereur du Japon et la proclamation du général Terauchi qui déclarait que désormais les deux peuples seraient frères et que son gouvernement assurerait des retraites aux vieux lettrés et des récompenses aux fils pieux et aux femmes vertueuses... Le spectacle de la Corée est peut-être un des plus hétéroclites du monde; mais c'est un de ceux où se manifestent le mieux *la force romaine* du Japon et le rôle dont sa civilisation rajeunie s'est emparé en Extrême-Orient. La Corée fut jadis son éducatrice. Il est en train de lui rendre ses bienfaits.

Les Coréens vous affirment gravement, — car ils n'ont pas le sourire, — qu'on ne sait au Japon ni se loger, ni se vêtir, ni manger. Là-dessus, ils habitent des taudis enfumés; ils s'habillent en dépit du bon sens; et ils mangent du chien avec voracité. On se demande tout d'abord quelle sorte d'éducation ils ont bien pu donner aux Japonais! Je ne connais rien de plus pitoyable qu'une ville coréenne comme Taïku. Ce n'est qu'un ramassis de huttes dont les toits en paille, rarement en tuiles, dépassent à peine le mur de leur enclos. Il y en a de si étroites et de si délabrées qu'elles vous font penser à celle du roman coréen où, la nuit, les pieds de son propriétaire sortaient dans la cour pendant que sa tête prenait le frais dans le jardin. La fumée de la cuisine se répand par des tuyaux sous leur plancher qu'elle traverse et qu'elle enduit d'une patine noire. L'hiver, elle asphyxie les Coréens; et, dès le mois de juin, elle les force de coucher dehors. Dans la cour, de grandes jarres de terre brune représentent la richesse de la famille en légumes et en riz. Mais on me dit que, de temps immémorial, les Coréens se sont imposé par prudence toutes les apparences de la pauvreté. Leurs collecteurs d'impôts montaient sur une hauteur et notaient les maisons qui s'élevaient un peu plus haut que les autres. Malheur aux propriétaires! Ils n'avaient qu'à se laisser saigner, sous peine de voir ces mandarins déterrer dans leur passé ou dans celui de leurs ancêtres un délit ou un crime pour lequel les lois n'admettaient aucune prescription. Ce système administratif n'encourageait pas l'architecture. C'était à qui se ferait le plus humble et le plus sordide. Quand on arrive au quartier japonais, la moindre maison, pourvu qu'elle soit vraiment japonaise, vous paraît une demeure habitée par les dieux.

Séoul, dans sa vallée, le vieux Séoul coréen, ne vaudrait pas mieux que Taïku; mais il a ses portes monumentales et ses palais. Au-dessus de toutes les misérables cabanes, leurs beaux toits recourbés s'allongent dans l'air bleu comme des galères sur une mer immobile. Aucun faîte de temple ne leur dispute la sérénité du ciel. Les dieux, pas plus que les hommes, n'avaient le droit de lever la tête devant les rois de la Corée; et les habitations autour d'eux rentraient sous terre. Cependant le dernier de leurs descendants, qui ceignit la couronne impériale, joue en ce moment au billard sous les yeux d'un fonctionnaire japonais. Il y jouait du moins lorsque je parcourus, dans son Palais de l'Est, les salles meublées à l'européenne, les seules qui soient ouvertes au visiteur. Je ne sais d'où vient le billard; mais les fauteuils du grand salon viennent de France; les tapis, d'Angleterre; l'horloge, d'Amérique; les poêles, d'Allemagne. Ceux-là, de l'avis même des Coréens, sont déshonorants. Il y a bien des bronzes, mais importés de la Chine et des paravents, mais importés du Japon. Le génie coréen s'est réfugié dans le parc à demi sauvage et dans les jolis kiosques peints, silencieusement enchantés au bord de leur étang.

Il hante surtout le vaste Palais du Nord, qui fut la résidence royale et qui s'étend au pied d'une abrupte montagne. Ce palais commence à tomber en ruines; et les Japonais achèveront bientôt de le démolir. Les deux fois que j'y allai, je croisai des ouvriers chargés de ses débris. A l'entrée, deux tigres de pierre, deux bêtes fantastiques, qui devaient protéger l'auguste enceinte, demeurent intacts, comme les superstitions survivent à ceux qu'elles ont trahis. Les portes aux étranges toitures hérissées de fétiches, les terrasses et leurs balustrades de granit, les charpentes des édifices à la fois massives et délicates, composent une architecture d'origine chinoise, mais dont la sobre harmonie paraît être purement coréenne. La salle du Trône, qui s'élève dans la seconde cour, est splendide. Ses colonnes de bois rouge, ses dragons et ses phénix d'or, ses caissons que le pinceau a finement brodés, en illuminent la pénombre. Du haut de son estrade, toutes portes ouvertes, le regard du roi pouvait s'étendre sur l'immense avenue qui mène au palais, l'avenue des ministères, où les maisons se reculent et s'inclinent jusqu'à terre comme pour laisser la route libre aux hommages. Aucune ville de l'Extrême-Orient ne m'avait encore offert une aussi noble perspective. Plus loin, la salle des fêtes, dont le plafond est soutenu par des colonnes de granit rose, s'avance au milieu d'un étang fleuri de lotus. Mais les habitations des dames de la cour, les chambres où les eunuques gardaient les concubines, ont pour la plupart disparu. De toute cette petite ville inextricable et mystérieuse, qui logeait trois mille personnes, il ne reste que des pavillons dont les fenêtres et les portes vertes ont un air de persiennes fermées. L'herbe envahit les cours; la forêt a repris les bosquets et les jardins. Ce passé récent va bientôt rejoindre dans la mémoire des hommes les plus anciens passés. Il n'était pas sans grandeur; et sa magnificence contraste avec la laideur et la médiocrité qui l'entourent.

Le type coréen est en général supérieur au type japonais. L'homme est plus grand, plus large d'épaules; il a les traits plus réguliers, les yeux plus fins et plus vifs. Et l'on peut préférer à la figure allongée de la Japonaise aristocratique celle de la jolie Coréenne, qui doit avoir la rondeur et la blancheur dorée de la lune. Il est vrai que je n'en ai guère rencontré qu'une qui répondît à cet idéal. Elle était portée sur les épaules de deux hommes, dans une espèce de boîte carrée noire et recouverte d'un toit de papier huilé. J'eus à peine le temps d'admirer son visage ambré, délicieusement joufflu, et ses yeux tendres. Mais on est moins frappé des qualités physiques de cette race que des singularités comiques de son accoutrement. Dans ce pays de boue, dans ces maisons enfumées et crasseuses, les gens ont l'amour paradoxal du blanc et des couleurs fragiles, qui jurent encore avec la manière dont ils s'en affublent. Une Japonaise, en kimono sombre, au milieu des Coréennes lourdement empaquetées et ballonnées, vous paraît vêtue de grâce. A côté des geisha toujours si élégantes, si attentives à vous plaire, les petites danseuses coréennes, les cheveux lisses partagés sur le front et des bagues de jade aux doigts, ont la démarche empruntée d'adolescentes qui auraient mis les jupes de leur mère. L'expression de leur figure poupine hésite entre l'étonnement et l'ennui. Pendant que leurs maris les accompagnent sur le flageolet et le tambourin, elles chantent, négligemment assises, sans gestes, les paupières closes, avec de longs trémolos dans la voix; et les danses qu'elles font, moins symboliques et plus agitées que les danses japonaises, sont indiciblement puériles. Mais enfin cette puérilité a quelquefois son charme. Je suis allé aux portes de Séoul visiter une petite bonzerie de nonnes, où, le dimanche, les citadins viennent se rafraîchir et collationner. L'endroit est agréable; et la chapelle des Bouddhas dorés, remarquablement propre, si on la compare aux huttes qui forment le monastère. Je cherchais les bonzesses : « Vous les avez à vos pieds, » me dit mon compagnon. Grosses, taillées à la serpe, enveloppées de torchons, elles dormaient à poings fermés sur des nattes couvertes de suie, près de leurs marmites mal récurées : je les avais prises pour des hommes. Dans le peuple, à la campagne et souvent à la ville, les femmes laissent pendre, entre un boléro trop court et le tablier qui leur sert de jupe, leurs seins nus et flasques. De loin, vous diriez des marchandes de gourdes. Celles de Taïku portent des chapeaux extravagants où je les ai vues s'asseoir. Elles disparaissaient à moitié dans ces conques.

Seuls, les hommes en deuil en pourraient faire autant. Ils se coiffent jusqu'aux épaules d'une énorme cloche de paille. Elle retranche du reste des humains le fils coupable de n'avoir pas su empêcher ses parents de mourir. On s'écarte de l'infortuné qui ne voit plus rien, n'entend plus rien du monde extérieur. C'était grâce à ce monument isolateur que jadis nos missionnaires circulaient dans les villes coréennes où les guettaient la torture et la mort. Mais, en temps ordinaire, les Coréens, perdus dans l'ampleur de leurs vêtements, se posent sur la tête un couvre-chef aux bords plats, dont la forme, étroite et ronde, en baguettes de bambou et en toile de crin, tient à la fois du garde-manger et de la cage d'insectes. Quelque chose y frétille : c'est le chignon, ou le bout du bonnet relevé comme un chignon, de l'homme marié, de l'homme qui a le droit de prendre la parole dans l'assemblée des autres hommes. Un cordon, très simple ou orné d'ambre, attaché sous le menton, le maintient en équilibre. Mais c'est un équilibre instable, et le Coréen marié a toujours l'air de traverser la vie publique avec l'unique souci de garder son chapeau droit. Quand il pleut, il le recouvre d'un haut éteignoir de papier huilé, qui ajoute encore à la solennité de sa démarche.

On imagine l'aspect que donnent aux rues coréennes ces femmes dont les seins ballottent, et ces paquets ambulants de voiles blancs ou d'un bleu tendre, et tous ces chapeaux et tous ces badauds qui les portent comme s'ils portaient le Saint Sacrement. L'oisiveté y est bruyante. Le Coréen a le verbe haut et criard. Quand deux voisins se font des politesses, le quartier en est assourdi. Les ouvriers et les campagnards se défatiguent à qui criera le plus fort. Vous entendez un fracas de voix discordantes : ce sont des joueurs d'échecs accroupis sur le seuil d'une échoppe et des passants arrêtés qui marquent les coups. Mais voici un rassemblement plus silencieux. Un homme, qui en oublie l'équilibre de son chapeau et dont le chignon bat furieusement les parois de sa cage, tire un chien par une corde L'animal, les pattes écartées et raidies, se laisse étrangler. La foule est grave; les têtes s'allongent et couvent de regards affamés ce rôti récalcitrant de noces ou de funérailles. Quand on connaît l'appétit des Coréens, on ne s'étonne pas qu'ils froncent leur peu de sourcils devant la frugalité japonaise. Leur estomac, entraîné de bonne heure, atteint une extraordinaire élasticité. Il n'est pas rare de voir, au fond d'une boutique, une mère bourrer son enfant de riz, et de temps en temps, du dos de la cuiller, lui frapper sur le ventre pour s'assurer si la petite outre est bien tendue.

Ce peuple n'est pourtant pas un peuple méprisable. Les palais qu'il a édifiés le prouvent, et le Musée que les Japonais viennent d'ouvrir, et la *Bibliographie Coréenne*, que M. Maurice Courant publia en 1894. Les Japonais ont trouvé dans les anciens tombeaux des miroirs de bronze, des ornements d'or, des bijoux de jade, des éventails et surtout ces porcelaines craquelées, si délicatement nuancées ou d'une blancheur exquise, dont les Coréens ont laissé le secret s'éteindre et qu'au Japon les maisons seigneuriales et les temples bouddhiques conservent comme des trésors. Ils ont commencé une galerie de peintures, la plupart du XVIIe et du XVIIIe siècle, dont la beauté nous saisit. Les peintres japonais ne nous avaient pas habitués à cette vivacité de couleurs, à cette largeur du coup de pinceau, à cette science de la perspective. Je me rappelle un petit chat grimpé dans un arbre, où des oiseaux s'effarent, et tournant vers sa mère des yeux féroces. La mère, au pied de l'arbre, lève le cou pour le suivre et l'encourager. On ne voit que le mouvement de son cou tendu et la ligne rose de sa gueule. Mais quelle expression d'orgueil maternel et de joie meurtrière!

Comme la Corée a eu ses architectes, ses porcelainiers, ses peintres, elle a eu ses poètes. Je sais bien que la poésie en Extrême-Orient n'est qu'un exercice à la portée de tous les lettrés et dont nos anciens centons de vers latins donneraient une idée assez exacte. Elle n'en reflète pas moins un peu du génie de chaque nation. Impressionniste et elliptique chez les Japonais, elle ressemble beaucoup plus chez les Coréens à la poésie occidentale, par ses développements, son tendre coloris, ses rêves, sa mélancolie sensuelle. Elle vous transporte dans la plus fabuleuse des Corées, où de beaux jeunes gens, que la flamme d'amour empêche de dormir, montent sur des chevaux blancs harnachés d'or. L'odeur des fleurs nocturnes pénètre leurs vêtements. La lune éclaire les campagnes et les jardins. Dans une maison peinte, une jeune femme, en robe rose et en corsage vert, épie le cavalier à travers la mousseline de soie qui remplace au printemps le papier des fenêtres. Il la rejoint; leurs deux êtres « se confondent comme le nuage et la pluie. » Et ils se séparent avec des larmes et des baisers. Et un océan cruel roule ses flots entre eux, un océan qui refuse de porter les navires... A chaque instant, dans cette poésie, revient l'invitation ronsardienne à l'amour et le respect des symboles vivants de la tendresse. « *O chasseur qui, le fusil sur l'épaule, descends de la verte montagne, chasse tous les oiseaux et tous les gibiers, le loup, le tigre, le cerf, le lièvre et le lapin. Mais ne tire pas cette oie sauvage qui a perdu son compagnon et qui crie en volant dans la clarté lunaire!* » Souvent aussi la sensibilité fait place à un humour qui nous surprend encore plus. La Chanson des Tasseurs de terre, dont M. Courant nous dit qu'elle fut écrite sous la dictée d'ouvriers coréens, a des parties excellentes : « *Lorsque nos parents nous ont élevés, — heï heï y ri! — ils nous ont fait apprendre les caractères chinois avec l'espoir que nous deviendrions plus tard des fonctionnaires. Mais nous n'avions point d'aptitudes, et nous n'avons point profité de ces leçons, — heï heï y ri! — de sorte que nous sommes devenus des tasseurs de terre... Là-bas, dans un pavillon au milieu des saules, les archers et les danseuses s'amusent et font de la musique. Cependant, la tête enveloppée de nos mouchoirs, nous soulevons nos lourds bâtons, nous secouons nos reins et nous tassons la terre... Mais quoi? les fleurs de nénuphars, mouillées par la pluie, sont aussi jolies que les trois mille servantes royales quand elles se baignent!...* »

Quand je passais devant les cabanes coréennes, où les gens disputent aux punaises et aux cancrelats une natte en lambeaux, je songeais à toutes ces romances amoureuses et à ces chansons narquoises qui s'en échappent. Et je songeais aussi aux histoires sentimentales et fantastiques du roman populaire, dont les titres flamboient ou tintent si bizarrement sous les toits de ces taudis : *la Femme de Jade, la Sonnette d'Or, les Songes de la Licorne, la Rencontre merveilleuse de l'Iris de Jade, l'Aventure des Deux Dragons vus en rêve.* Mais je songeais surtout que ce peuple avait devancé tous les autres dans l'art de l'imprimerie, et qu'en 1403 son Roi faisait fondre d'un coup trois cent mille caractères de cuivre, jugeant que les planches gravées s'usaient trop vite et ne pouvaient reproduire tous les livres de l'univers. Les siècles n'ont pas même jauni les feuilles en écorce de mûrier qui en reçurent les premières empreintes. En ce temps-là, le pays du *Matin calme* semblait annoncer une radieuse journée. Il n'a pas tenu ses promesses.

Le peuple coréen a été la victime de l'isolement dans sa péninsule montagneuse et pauvre, et du confucianisme qu'il tira de la Chine, mais dont il se fit la plus étroite et la plus desséchante des religions. La doctrine confucéenne séduisait son esprit spéculatif, car il était plus idéaliste que ses deux rudes voisins, le Japonais et le Chinois. Son bouddhisme, qu'il avait transmis au Japon, achevait de se corrompre, quand elle s'introduisit chez lui. Elle bannit, dès qu'elle le put, les Bouddhas de la capitale et les réduisit à se sauver au fond des montagnes. Désormais les Lettrés ne se souvinrent de leur existence que pour aller prendre leur villégiature dans des monastères où les bonzes leur servaient d'hôteliers et de domestiques. Et la Corée tomba sous l'administration de ses intellectuels. « La religion des Lettrés, dit Voltaire, est admirable. Point de superstitions ; point de légendes absurdes ; point de ces dogmes qui insultent à la raison et à la nature et auxquels les bonzes donnent mille noms différents puisqu'ils n'en ont aucun. Le culte le plus simple leur a paru le meilleur depuis plus de quarante siècles. Ils sont ce que nous pensons qu'étaient Seth, Enoch et Noé : ils se contentent d'adorer un Dieu avec tous les sages de la terre, tandis qu'en Europe on se partage entre Thomas et Bonaventure, entre Calvin et Luther, entre Jansénius et Molina. » Voltaire se faisait des illusions sur la Chine et sur le genre humain ; et il est regrettable que Candide n'ait point abordé en Corée. Il y aurait vu que la religion des Lettrés y était aussi intolérante que celle des Inquisiteurs. Elle proscrivit les livres bouddhiques et jusqu'aux termes mêmes dont usaient les bouddhistes chinois. Elle déposa les monarques soupçonnés de sympathie pour l'ancien culte. Elle s'appuya sur la noblesse qui avait adopté ses enseignements ; et elle considéra le peuple comme un troupeau vil. Le résultat ? Vous en avez l'emblème dans le chapeau de deuil des Coréens. Depuis cinq cents ans la Corée a été coiffée de cette cloche pneumatique. On est stupéfait, en feuilletant la *Bibliographie Coréenne*, de l'énormité du fatras que le confucianisme a produit et qui ne pèse pas, au regard de l'esprit humain, ce que pèse une ombre. Si l'on mettait le feu à la montagne d'ouvrages que les intellectuels coréens ont écrits sur la piété filiale et sur la coiffure virile, sur la modestie et sur les rites de bon augure, sur la fidélité au souverain et sur la liturgie des funérailles ou des mariages, sur les sacrifices aux ancêtres et sur les formules épistolaires, on n'y perdrait pas plus qu'à brûler un vieux stock de lanternes chinoises.

Le principe confucéen est que le geste du corps doit régler la pensée ; et ses efforts n'aboutissent qu'à substituer aux pensées les gestes du corps. La vertu, c'est de s'acquitter exactement de toutes les prescriptions les plus minutieuses ; le crime, c'est d'en oublier une. Le moindre manquement à l'étiquette, une particule omise ou modifiée quand on s'adresse aux mandarins, vous déshonore ou vous rend passible des tribunaux. C'est un dur régime, mais qui a bien ses avantages, hélas ! Il vous facilite l'accomplissement de tous les devoirs puisqu'il les ramène tous à des attitudes. Il délivre l'âme de ses obligations les plus pénibles à force de les extérioriser. Il donne à l'homme, qui s'y soumet strictement, une certitude morale analogue au sentiment de la vérité absolue que donnent les mathématiques aux mathématiciens. Ce pharisaïsme enflait la nation coréenne d'une vanité encore plus démesurée que son ignorance et qui lui tenait lieu de patriotisme. Non seulement, il n'utilisait pas ses qualités natives, mais il les frappait de stérilité ou les tournait contre l'intérêt public. Le culte de la famille paralysait l'individu; son attachement aux morts et son respect de la tradition lui interdisaient toute initiative, toute curiosité de la science et du monde; l'obéissance aux lois de l'hospitalité engraissait le parasitisme. Et les innombrables écoles confucéennes n'enseignaient ni la franchise, ni l'humanité. Il ne faut pas se fier à la douceur des yeux coréens. Fourbe, versatile, le Coréen a un fond de sauvagerie terrible Sa cruauté n'a pas de peine à rompre le mince filet de soie dorée dont l'enveloppe son éducation formaliste. Les femmes sont plus vindicatives qu'au Japon. On en voit qui s'empoisonnent pour déchaîner sur l'homme dont elles veulent se venger l'esprit malfaisant qui sortira de leur tombe. Nulle part le peuple n'a été plus pressuré par sa caste nobiliaire. La justice des mandarins a laissé des souvenirs de vénalité et de tortures inimaginables.

Enfin, la sagesse de Confucius ne mettait ni les Lettrés ni personne à l'abri des superstitions. Ce n'était point une économie d'avoir exilé les bonzes : les sorciers pullulaient. On ne vivait ni ne mourait sans eux. L'enfant naissait au son du tambourin des sorcières; le malade suait sa fièvre au bruit de leurs danses. Les tireurs d'horoscope décidaient des mariages. Les géomanciens choisissaient l'emplacement des sépultures. Ils le choisiraient encore, si les Japonais n'avaient « scandaleusement » établi des cimetières communs. Dans l'enceinte même de Séoul, où le Bouddha n'avait pas le droit d'entrer, sur le haut du *Name San*, la Montagne du Sud, escaladée par les remparts, des magiciennes tiennent boutique de sorts et de conjurations. Elles ont une espèce de chapelle dont les murs sont barbouillés de trognes grimaçantes. Quelques bols qui traînent sur l'autel vide, des chapeaux rouges suspendus à des patères, un tambour posé dans un coin, sont les accessoires de leur sabbat. Le jour où je grimpais à ce mont de Walpurgis coréen, ces dames sorcières étaient aux champs. Je n'en vis qu'une très vieille, probablement à la retraite, qui décortiquait du riz et dont la tête ne semblait tenir à ses épaules que par des ressorts tendus, à peine revêtus de chair. De cette hauteur diabolique, on aperçoit toute la ville et le désordre des montagnes. Au Japon, il y a des affinités entre la nature et l'homme. On dirait qu'ils se sont modelés l'un sur l'autre. L'homme a pris un peu de la grâce des choses; la nature a pris un peu de son âme. Mais ici, dans ce pays grand et farouche, les hommes, qui semblaient nés pour l'indépendance et qui avaient reçu de beaux dons en partage, se sont comme à plaisir rapetissé l'esprit; et, tout en restant les plus incultes des hommes par leurs superstitions, ils en sont devenus les plus artificiels par leurs conventions.

*
* *

On m'a montré, dans le Palais du Nord, sous un bois de pins, l'étang au bord duquel, le 8 octobre 1895, à la pointe du jour, les meurtriers de la Reine brûlèrent son cadavre. C'était une petite femme mince, à la figure tachée de rousseur, plate et longue comme tous les Mine qui sont d'origine chinoise. On vantait son intelligence et sa connaissance des classiques. Aussi dévouée aux intérêts de la Chine qu'hostile à l'influence japonaise, elle exerçait sur son mari l'ascendant d'un esprit fort. Elle avait déjà failli être assassinée en 1882 dans une révolte de soldats coréens, peut-être fomentée par son beau-père, le Régent, qui la détestait. Mais un de ses fidèles l'avait emportée sur son dos. On laissa courir le bruit de sa mort; et, après un ou deux mois de silence, elle rentra triomphalement au Palais. Depuis, elle prenait ses précautions. Tous les soirs on lui préparait, dans divers pavillons, une dizaine de chambres; et personne ne savait où elle avait dormi, car chaque lit était défait et portait l'empreinte d'un corps. Du reste, ni le Roi ni la Reine ne se couchaient avant qu'il fît clair. C'était la nuit que le Roi donnait ses audiences et que la Reine variait ses divertissements. Il lui en fallait toujours un. On lui avait construit, à l'extrémité du parc, une petite maison européenne où elle appelait des danseuses et des musiciennes.

Cependant les Japonais établis à Séoul exploitaient les dissensions de la famille royale et luttaient contre les Russes. Mais impatients d'organiser avant de conquérir, las de se heurter aux intrigues de la Reine, encouragés par son impopularité et par les ressentiments de son beau-père, ils avaient résolu de la supprimer. Des soldats coréens s'en seraient chargés, si le ministre plénipotentiaire japonais, un fanatique imbécile nommé Miura, n'avait été assez maladroit pour compromettre dans ce mauvais coup l'uniforme de son pays.

La nuit du 7 au 8 octobre, la Reine s'était promenée dans ses jardins et avait longuement contemplé la lune. Comme le jour se levait et comme elle se disposait à rentrer, une fusillade éclata à la porte du Palais. Aussitôt elle changea de vêtements; elle enleva son manteau rouge et sa couronne de perles dont la plus grosse luisait sur son front, et, en femme qui avait tout prévu, elle se lava la figure, car elle était la seule à la Cour qui eût le droit de se farder. Ainsi déguisée en simple fille du Palais, elle se réfugia dans un débarras avec quelques-unes de ses suivantes et la princesse royale. Les meurtriers, Japonais et Coréens, couraient d'un pavillon à l'autre, le nez haut, comme des chiens en quête. Ils ne l'auraient point trouvée, si cette ennemie du Japon ne s'était prise d'affection pour les deux petites filles d'un Japonais marié à une Coréenne. Ces deux petites métisses, qui avaient grandi au Palais, en connaissaient toutes les caches. Elles indiquèrent la porte derrière laquelle les pauvres femmes retenaient leur souffle. Ils la forcèrent. L'un d'eux saisit la princesse, la porta dans une autre pièce, l'y déposa et lui dit : « Je vous prie de nous excuser. » Elle entendit à ce moment la Reine crier qu'elle n'était pas la Reine, et n'entendit plus rien qu'un cri de terreur. Tel est le récit que m'a fait un Coréen, dont j'ai tout lieu de croire qu'en dehors des acteurs ou des témoins du drame, nul n'est mieux renseigné.

La mort de la Reine précipita l'agonie du royaume. Cette agonie avait commencé vingt ans auparavant, du jour où la Corée dut renouer avec le Japon et, par crainte du Japon, s'ouvrir aux Européens. L'antique royaume, qui se flattait de compter trois mille ans d'existence, ne pouvait survivre à cet afflux de vie nouvelle. Et, si longtemps immobilisé dans son orgueil, il ne retrouva le mouvement que pour se déchirer lui-même. Ses ministres le grugent et le trahissent. Les révolutions de palais et les émeutes l'ensanglantent. La Russie et le Japon se le disputent. Le Roi n'avait qu'une idée, celle de ne pas mourir, et, pour ne pas mourir, il achetait des maisons et faisait construire. Les sorciers lui avaient découvert, magiquement parlant, une figure de ver à soie. Et comme le ver à soie cesse de vivre en même temps que de filer, il était persuadé que, tant qu'il bâtirait, il n'aurait point à craindre la mort. Le fait est qu'il vit toujours et qu'il continue de bâtir. Mais ce bâtisseur fut surtout un fossoyeur ; et, de tout ce qu'il a bâti, rien ne sera plus durable que le tombeau de sa royauté.

L'assassinat de la Reine l'avait épouvanté. Le lendemain, on extorqua à quelques-uns de ses ministres un décret qui la condamnait et qui la déclarait déchue de sa dignité et « devenue une femme du commun » (du commun des morts !). Le *Journal officiel* l'inséra, mais sans la signature du Roi. « Coupez ma main, aurait-il dit à son père, à ses ministres et à Miura, et si cette main coupée peut signer le décret, j'y consens; mais, tant qu'elle adhérera à mon corps, elle ne signera pas. » Ce fut un de ses rares sursauts d'énergie. Le malheureux n'avait personne à qui se fier : son père travaillait contre lui ; son fils était un faible d'esprit; ses meilleurs ministres le quittaient avec insolence. Le ministre des Finances démissionnait bruyamment et faisait apposer à la porte du ministère une affiche où on lisait : « Tant que la Mère du Royaume ne sera pas vengée, comment le sujet du Roi supporterait-il de rester sur la scène du monde? » Le Roi ne voyait plus de salut que dans le secours des nations européennes. Il appelait autour de lui les représentants de la Russie, de la France, de l'Amérique, de l'Angleterre. Il faisait aussi bon marché du protocole qu'un naufragé de sa boite à chapeau. Il leur serrait les mains. Il les implorait : « Me sauverez-vous? » — « Sire, lui disait l'un, coupez-vous les cheveux. Donnez cet exemple à vos sujets. Tant qu'ils garderont cette chevelure luxuriante qui remonte à l'origine du monde, votre pays ne réalisera aucun progrès. Votre faiblesse est dans vos cheveux. » — « Sire, lui disait l'autre, vous ne sortirez de difficulté qu'en créant beaucoup d'écoles industrielles et une École des Langues étrangères. » — Et le troisième lui disait : « Soyez démocrate, Sire. L'avenir est aux idées démocratiques. » — Et le quatrième : « Sire, il importe avant tout que vous ayez recours aux capitaux étrangers. Accordez-moi la concession d'une mine ou d'une voie ferrée. »

Un jour qu'une échauffourée avait éclaté au Palais, il se sauva, tête nue, dans la chaise à porteurs d'une ancienne concubine. Sa mère, la femme du Régent, qui s'était faite secrètement catholique, envoya demander à l'évêque, Mgr Mutel, ce qu'était devenu son fils. Il s'était réfugié à la Légation russe qui se remplit, du soir au lendemain, de chapeliers, de policiers, de ministres coréens, de soldats et d'eunuques. Les Russes prenaient un air de triomphe; les Japonais passaient leur dépit sur le dos de la foule, et, selon l'expression coréenne, jetaient à pleines poignées du sable dans la marmite où les Coréens faisaient cuire leur riz. Cependant, la Reine avait été réhabilitée, sa mort annoncée et un deuil public de trois ans prescrit à sons de trompe. Puis on décida la translation au Nouveau Palais de ses cendres et d'un petit os de son genou, le seul reste authentique que des serviteurs avaient recueilli. La veille de la cérémonie, parmi les curieux qui, des fenêtres de la Légation, suivaient les préparatifs, on aperçut le Roi, une jumelle à la main. Un an après, on fit enfin ses funérailles. Son tombeau est tout près de la ville, dans un bois de pins. Au pied du tertre funéraire, l'autel des sacrifices, table de marbre posée sur quatre boules de granit, est gardé par des tigres et des moutons de pierre et par des statues de généraux, casqués et cuirassés, dont les épaules remontent jusqu'à leurs oreilles et qui tiennent leur large épée devant leurs jambes trop courtes. Ce fut là que le 22 novembre 1897 le corps diplomatique assista, toute la nuit, selon les rites, aux dernières funérailles royales de la Corée.

Sur ces entrefaites, le Roi avait, à la grande joie de son peuple, quitté la Légation russe et s'était installé dans le Nouveau Palais. Il s'y était même décerné le titre d'Empereur; et toutes les musiques coréennes avaient célébré l'indépendance de l'Empire. Mais les uns pensaient que la Corée serait bientôt russe; les autres, japonaise; et l'active propagande des pasteurs américains faisait naître des Clubs et des Sociétés secrètes qui prévoyaient déjà l'avènement d'une république. Les idées étrangères rompaient décidément le barrage. Des cours d'anglais et de français étaient organisés; et le gouvernement jugea bon d'y adjoindre une école de russe. Voulez-vous savoir comment les rudiments de la langue de Tolstoï pénétrèrent en Corée? Cela vous donnera un aperçu des bouffonneries qui se jouaient à côté du drame.

Le gouvernement coréen avait député quelques ambassadeurs à Vladivostok, chargés de lui ramener un professeur. Le voyage était long et fort peu plaisant. Un soir, les ambassadeurs couchèrent dans une exploitation agricole où travaillaient des Coréens et apprirent que le maître était un capitaine russe nommé Birukoff. La famille de ce Birukoff l'avait envoyé en Sibérie à cause de ses fredaines et pour le guérir d'une soif immodérée. Les ambassadeurs, qui n'avaient aucune envie de visiter Vladivostok, se font présenter au capitaine et lui demandent si par hasard il ne consentirait pas à venir enseigner le russe aux sujets de Sa Majesté l'Empereur de Corée. Birukoff aimait le changement beaucoup plus que l'agriculture. Il accepte ; et l'ambassade s'en retourne à Séoul avec son mandarin russe. La porte de l'Est fermait alors à neuf heures et demie ; mais il y avait, en dehors, des auberges pour ceux qui arrivaient trop tard. La petite troupe, devancée par le soir, y emmena Birukoff, et on fit la fête toute la nuit. Le matin, le gouvernement fut averti que l'oiseau rare avait été capturé. « Soignez-le bien ! » dit-il. Et la fête continua tout le jour. Le crépuscule était tombé, quand on se décida à franchir la porte de la ville. Les jambes de Birukoff flageolaient, et celles des ambassadeurs n'étaient guère plus solides. Aucun d'eux n'avait songé à lui préparer un gîte. Ils le menèrent d'abord à un hôtel japonais. Mais, comme il refusa de quitter ses bottes et qu'elles menaçaient toutes les nattes de la maison, les Japonais le mirent dehors. Les ambassadeurs pensèrent qu'il serait moins dépaysé chez des compatriotes, c'est-à-dire chez des Européens. La maison des Anglicans était tout près. Ils frappèrent. On ouvrit. Ils poussèrent Birukoff dans la cour, et s'en allèrent. Au bruit qu'un homme extraordinaire était entré, le Révérend accourut. Birukoff lui demanda en russe où il se trouvait. Le Révérend, frappé de stupeur, crut qu'il parlait français et appela aussitôt une diaconesse, sœur Norah, qui savait notre langue. Birukoff lui répondit en français qu'il était Russe, quand le diable y serait. « Vous êtes surtout, lui dit-elle, dans un état qui chrétiennement nous oblige à vous garder cette nuit. Tenez-vous tranquille et couchez-vous. » On le conduisit dans un pavillon isolé où il y avait un lit et une lumière. Une demi-heure après, Birukoff avait mis le feu à son lit. L'alarme était donnée. Les domestiques coréens éteignirent l'incendie avec des seaux d'eau qui commencèrent à le dégriser. Et il s'endormit sur ses draps trempés. Le lendemain, dès la première heure, le Révérend informa le ministre de Russie qu'il avait hospitalisé un marin russe fort intempérant et qui avait failli les incendier. Or, les jours précédents, la police coréenne avait eu à se plaindre des marins de la Légation. Le ministre furieux appela le commandant : « Vous avez encore, lui dit-il, un homme qui a fait des siennes la nuit dernière. Il a mis le feu à la maison des Anglicans. Je voudrais savoir, Monsieur, quand ces scandales cesseront? » Le commandant fait sonner le branle-bas. Les cent cinquante marins du détachement comparaissent. On les compte; on les recompte. Ils étaient tous là. On en dépêche quatre pour s'assurer de l'individu. Ils trouvèrent Birukoff toujours avec ses bottes, en train d'ouvrir les yeux à la lumière. Ils l'amenèrent devant le ministre : « Qui êtes-vous? » — « Je suis le professeur de russe au service de Sa Majesté l'Empereur de Corée. » Ce fut ainsi que l'enseignement de la langue russe entra dans Séoul.

Mais bien des choses y entrèrent ou en sortirent qui étaient moins drôles. J'ai eu entre les mains le journal manuscrit de Mgr Mutel, un des témoins que ses fonctions, son dévouement aux âmes, son expérience de la langue et son intelligence des mœurs ont le plus mêlé à cette période de l'histoire coréenne. Il n'y a pas d'histoire plus lamentable. Trahisons, assassinats, complots, insurrections, un pillage effréné, une curée dont les Coréens eux-mêmes ont donné le signal; aucun patriotisme dans cette nation moribonde, que les nations étrangères regardent mourir et dont elles tâchent de capter les dernières volontés. Les Russes victorieux n'eussent fait qu'ajouter à son anarchie. Leur défaite la livra définitivement aux Japonais. En 1905, ils imposaient leur protectorat. L'Empereur eut alors une inspiration, mais qui ne lui venait pas de ses sorciers : il s'adressa au Tribunal de la Haye. Le prince Ito et le général Hasegawa se chargèrent de la réponse. Le soir du 19 juillet 1907, ils se présentèrent au palais et, appuyés par les ministres coréens, ils le forcèrent d'abdiquer en faveur de son pauvre fils, le joueur de billard. Le 31 juillet, ses soldats furent désarmés et reçurent chacun cent *yen*. Mais une des six casernes de Séoul résista; et trois ou quatre cents braves se firent massacrer pour l'honneur de leur pays. Trois ans plus tard, et sans qu'on eût besoin d'insister, le nouveau souverain résignait ses pouvoirs à l'empereur du Japon.

*
* *

Quelques années de domination japonaise, et cette Corée n'est plus reconnaissable. Elle est devenue aussi paisible qu'une île du Japon. Les Japonais ont commencé par la délivrer des bandits et des voleurs qui l'infestaient depuis des siècles. Les petites villes, les bourgs, les hameaux dorment tranquillement sous la protection d'une police toujours éveillée; et Séoul est purgé des bandes de filous que la Sûreté coréenne laissait opérer tout à leur aise, sans doute parce qu'elle y trouvait son profit. Autrefois, il ne se passait point de nuit où, dans le plus pauvre village, quelque malheureux ne constatât à son réveil qu'il pouvait être encore plus malheureux que la veille. On avait perdu l'habitude de porter plainte, car les doléances n'arrivaient que très difficilement à se frayer un passage à travers la foule des satellites du mandarin. Aussi les progrès de la moralité publique se manifestent-ils par le nombre croissant des procès et des condamnations. L'idée du droit se répand; la confiance dans les tribunaux se fortifie; et le silence craintif du dévalisé ne sauve plus le dévaliseur.

Débarrassé de ses bandits, le peuple l'est également de ses nobles et surtout des nobles de Séoul que les mandarins eux-mêmes redoutaient. C'était la caste la plus orgueilleuse du monde, et la plus cynique. Ses gueux innombrables ne vivaient que de parasitisme et de brigandage. Leur demeure était inviolable; et, quand ils passaient à cheval sur une route, les autres cavaliers descendaient de leur monture. Un vieux missionnaire des temps héroïques me racontait que jadis, lorsqu'il voyageait à l'intérieur du pays, il n'avait pas de meilleure sauvegarde que de se donner pour un noble de la capitale. Dans les campagnes, ce titre lui assurait la même sécurité que le chapeau de deuil dans les villes. Il écartait de lui les importuns et les gendarmes. Un jour qu'il entrait dans la cour d'une auberge, les chrétiens qui l'escortaient se rencontrèrent nez à nez avec les satellites d'un mandarin. Ceux-ci demandèrent aux porteurs de sa litière qui était dedans : « Un noble de Séoul, » répondirent-ils. A ces mots magiques, toute la gendarmerie détala. Quelques jours auparavant, le mandarin de l'endroit avait ordonné à un de ses satellites d'arrêter pour vol l'esclave d'un noble. Le noble avait fait saisir le satellite et l'avait ren voyé au mandarin les yeux crevés. Et le mandarin n'avait rien osé dire. Mais il dut prendre sa revanche sur ses administrés.

Plus de nobles! Plus de mandarins! Les premiers temps d'un si beau régime parurent fort étranges aux Coréens. Ils n'avaient pas imaginé qu'on pût vivre sans être tondu. Ils en éprouvèrent la même sorte de malaise que nous produisent les grands troubles atmosphériques. Il est vrai que les aventuriers japonais, accourus au lendemain de l'annexion comme des mouches autour d'une blessure, réintroduisirent bientôt dans leur vie l'élément de terreur qui semblait leur manquer. Tout au moins, ils leur épargnèrent une transition trop brusque entre la rudesse de l'ancien régime et la douceur du nouveau. Mais le gouvernement abrégea cette période de transition. Les aventuriers disparurent, et les Coréens s'accoutumèrent enfin au train d'une existence normale. On vous dira que l'administration japonaise n'est pas parfaite, que ses levées d'impôts ne se font pas toujours selon les principes de la justice ; que ses fonctionnaires grappillent; que sa police, défiante à l'excès, multiplie les règlements et les restrictions. Mais que sont ces vexations à côté de l'arbitraire et des violences dont le peuple a souffert pendant si longtemps? La vérité est que, de jour en jour, il regrette moins l'ancien régime et que son patriotisme n'est pas assez intransigeant pour qu'il préfère la tyrannie de ses nobles et de ses mandarins indigènes aux petites rigueurs administratives et aux malversations intermittentes des fonctionnaires étrangers. D'ailleurs, la police japonaise fait vivre un certain nombre de Coréens dont elle rétribue les services. Les Coréens ont un penchant irrésistible à la délation. Il n'y eut jamais de complot dont plusieurs conjurés ne luttèrent à qui le dénoncerait le premier.

L'ordre assuré, les Japonais ont entrepris de nettoyer ce vieux pays appesanti sous sa crasse, et que ravageaient le typhus, la petite vérole et le choléra. Ils ont tué le choléra et ils ont imposé la vaccination. Songez que, naguère encore, lorsque la petite vérole arrivait dans un village, les pauvres gens n'avaient inventé d'autre remède que « de traiter magnifiquement et de loger superbement » cette terrible hôtesse. On dressait devant chaque maison une table chargée de fruits. Dès qu'elle y était entrée, on bariolait la porte avec de la terre jaune pour empêcher les passants de venir la déranger. On lui offrait des sacrifices, le charivari des sorciers, et des gâteaux dont s'empiffraient les voisins.

Aux nouveautés qu'apportaient les Japonais et à leurs ballots de marchandises, il fallait des routes; et la Corée n'était sillonnée que de sentiers. Tout le commerce intérieur se faisait à dos d'hommes et de bêtes, ce qui donnait à la corporation des portefaix une autorité qui contre-balançait celle du gouvernement. Ils ne reconnaissaient le pouvoir ni des nobles ni des mandarins. Dans les temps de troubles, au seul bruit qu'ils pourraient descendre à Séoul, le Roi et les ministres tremblaient, et les habitants se mettaient en état de siège. Ils étaient les routes vivantes, et tenaient toute la vie du pays sur leurs fortes épaules. C'en est fait de leur importance; et la légende de leurs prouesses se mêlera d'ici peu aux récits fantastiques qu'on se raconte le soir sur les nattes fumeuses des paillottes et des auberges. Les Japonais auront bientôt couvert leur nouvelle province de grands chemins et de voies ferrées.

Ils commencent aussi à reboiser les collines. Les potiers comptaient parmi les agents les plus actifs du déboisement. Leur caste nomade promenait la dévastation. Ils s'établissaient au pied d'une forêt, y construisaient leur village et leurs fours et ne décampaient qu'après avoir brûlé jusqu'au dernier arbre. Le gouvernement japonais n'a pas jugé utile de prendre des mesures contre eux : il sait que leur industrie ne résistera pas à la concurrence. Aucune industrie coréenne n'y résistera, sauf celle des sandales de paille, et, pendant encore un certain temps, celles des vêtements de chanvre, qui sont les vêtements de deuil, et des prodigieux chapeaux. Le papier même, l'excellent papier dont on fait des tapis, des manteaux, des souliers, des paniers, des vitres, coûte trop cher; et voici longtemps que les Coréens achètent leur toile en Amérique, leur soie en Chine ou au Japon.

Ce peuple avait besoin d'une entière rééducation. Les Japonais ont ouvert partout des écoles communales, et des écoles industrielles et des écoles d'agriculture et de commerce. On leur reproche d'avoir supprimé l'École des Langues étrangères, l'École de Birukoff. Je ne dis pas qu'il n'y ait pas eu dans cette suppression le désir de soustraire leurs frères coréens au danger des influences européennes. Mais l'organisation en était très insuffisante; et le plus pressé n'était point d'enseigner aux adolescents le français ou l'anglais, le russe ou l'allemand. « Si on ne sait pas le japonais, disent aujourd'hui les Coréens, on n'est pas un homme. » En tout cas, on n'est pas un homme moderne, et l'on est exposé à avoir des démêlés avec l'administration, car autant le Coréen apprend vite la langue japonaise, autant les Japonais éprouvent de difficulté à parler la langue coréenne et généralement toute langue étrangère. Il valait mieux fonder, comme le gouvernement l'a fait, un Institut technique et un Laboratoire de Chimie où se préparent de bons ouvriers pour le tissage, pour la teinture, pour la céramique, pour toutes les industries. Les Lettrés et les fils de Lettrés ne méprisent plus aujourd'hui le travail manuel, et, au lieu de perdre leur temps à étudier dans les livres coufucéens les vingt manières de porter son chapeau ou à tenter, jusqu'à la vieillesse, les examens du baccalauréat, ils commencent à prendre le chemin des usines et des manufactures. Les femmes enfin reçoivent une instruction pratique qui, assurément, ne les rendra pas plus heureuses, mais qui permettra aux Coréens d'acheter de la toile et la soie tissées chez eux. Et, comme complément aux leçons des écoles, le gouvernement envoie partout des spécialistes qui distribuent aux paysans des graines, des semis, des instruments agricoles, et qui leur font des conférences sur l'exploitation des fermes et sur l'élevage des bêtes. Je pense qu'ils leur ont appris à traire les vaches. Jadis le lait était un luxe réservé au Roi. « Et l'on trayait la vache, me dit un Coréen, avec toutes sortes d'égards. — Lesquels? lui demandai-je. — Voici, me répondit-il : on commençait par la renverser sur le dos, les quatre pattes en l'air... » Quant aux moutons et aux chèvres, le Roi seul, et quelques privilégiés, avaient le droit d'en élever. Les moutons étaient sacrifiés à ses ancêtres; les chèvres, à Confucius. La culture de la pomme de terre était défendue. Il était interdit de toucher aux mines. Jamais gouvernement ne s'ingénia à maintenir son peuple dans un tel état d'ignorance et de dénuement. Les Japonais avaient tout à faire; et, s'ils n'ont pas fait encore davantage, la faute en retombe sur leur pauvreté. Il ne leur manque que l'argent pour mettre en valeur ce pays que leur imagination avait semé de trésors.

Ils ne s'efforcent pas seulement de l'instruire et de lui créer des ressources matérielles : ils se préoccupent aussi de le moraliser. Ils lui inculquent même une économie qu'ils n'ont jamais pratiquée, tant il est vrai que souvent l'habit fait le moine; et leurs caisses d'épargne ne sont pas uniquement, comme le prétendent des esprits défiants et grincheux, une mainmise sur les sapèques des campagnards. Mais le plus intéressant, c'est leur apostolat. Lorsqu'ils se sont emparés de la Corée, la situation religieuse pouvait leur paraître inquiétante. Le Confucianisme vermoulu et réduit à l'impuissance, le Bouddhisme dégradé et chassé des villes, ils se trouvaient en présence de quatre-vingt mille catholiques et de trois cent soixante mille adeptes du protestantisme. Ils ne redoutaient aucune complication de la part des catholiques, et le général Terauchi, ancien élève de Saint-Cyr, lorsqu'il voulut bien me recevoir, me vanta lui-même l'éducation que leur donnaient nos missionnaires : « Je considère vos prêtres, me dit-il, comme nos meilleurs collaborateurs étrangers dans la tâche que nous avons entreprise. » Mais le nombre des protestants coréens était si fabuleux qu'on ne pouvait se tromper sur la nature de leur conversion. Évidemment la plupart d'entre eux n'avaient été convertis qu'à l'espoir d'une indépendance nationale. Presbytériens et méthodistes américains, presbytériens canadiens et australiens, même les Anglicans, s'étaient déclarés, pendant la période des troubles, contre la domination japonaise. Ils avaient commis l'imprudence de promettre à leurs néophytes l'appui politique de leur gouvernement; et ce ne fut pas leur seule imprudence.

Les Japonais irrités ne se départirent pourtant point de leur tolérance, mais ils se tournèrent vers ce Bouddhisme que jadis les Coréens leur avaient enseigné et dont les prêtres méprisés, exclus de toutes les cérémonies religieuses ou nationales, n'avaient pas même le droit de franchir le seuil des plus pauvres maisons coréennes. Ils abolirent ces mesures infamantes et décidèrent que les bonzes coréens auraient désormais le traitement des bonzes japonais. En juin et en septembre 1911, des ordonnances réorganisèrent complètement les temples et les monastères bouddhiques. Vingt mille prêtres bouddhistes, appartenant à quatorze cents églises, furent rétablis dans leurs anciens honneurs et mobilisés contre les prédications étrangères. D'autre part, le gouvernement encourageait la propagande shintoïste. Il ne l'installait pas seulement au centre de ses écoles. Des associations, nous dirions des confréries, shintoïstes et bouddhiques, se constituaient dont les insignes préservaient les maisons qui en décoraient leurs murs des visites domiciliaires et facilitaient à ceux qui les portaient leurs relations avec les autorités japonaises. On ne doute point que, sur les trois cent soixante mille presbytériens et méthodistes coréens, ce système n'en amène bientôt deux ou trois cent mille au culte du Shintô, ou ne les ramène à la religion du Bouddha.

Y a-t-il là un sincère désir de relèvement religieux, comme le dit le général Terauchi dans son rapport officiel sur ses trois années d'administration en Corée? J'y vois d'abord une habileté politique. Le clergé coréen ne peut qu'être reconnaissant aux Japonais de sa réhabilitation; et les progrès du Christianisme seront ralentis. Mais cette politique coloniale concorde trop exactement avec la politique intérieure du Japon pour qu'on ne soit pas frappé de la conception qui l'anime. Les Japonais ont retiré de leur expérience des nations européennes l'idée que la religion est une force sociale dont aucun gouvernement ne saurait se passer sans s'amoindrir. Cette idée, ils ne l'avaient pas ou ne se l'étaient pas nettement formulée à la fin du XIXe siècle. Parmi leurs dirigeants d'alors, hommes d'État et publicistes, quelques-uns, et non des moindres, ambitieux de s'égaler aux Occidentaux qui leur semblaient les plus hardis et les plus libres, professaient le dédain de toutes les croyances et les tenaient pour des marques d'infériorité. Aussi la plupart des Européens, trompés par les apparences, se persuadèrent que les Japonais étaient le peuple le plus irréligieux du monde. On a écrit bien des sottises là-dessus, mais jamais de plus fortes que celles de l'illustre Georg Brandès qui, au moment où la guerre éclata entre la Russie et le Japon, opposa, dans un article emphatique, aux soldats du Tsar, chargés de superstitions et d'icones, les soldats du Mikado, affranchis de ces impédiments barbares, et sans autres idoles que de petits arbres fleuris. En réalité, l'armée japonaise emportait au combat plus d'amulettes que l'armée russe. Et les généraux et les hommes d'État avaient souvent les leurs. Après la mort du prince Ito, assassiné en Corée, on sut qu'il ne se séparait jamais d'une petite effigie de Bouddha, et que, pendant la guerre, chaque jour il adressait ses adorations à la divinité de la lumière. Il n'y a guère de pays où l'on trouve une plus grande ferveur de superstitions qu'au Japon, et dans toutes les classes. Le gouvernement eût été fort maladroit de ne point utiliser cette source d'énergie et ces moyens d'expansion. Sa conduite en Corée nous prouve qu'il compte sur la religion pour reciviliser ce pays en décadence et qu'il ne la juge pas incompatible avec les progrès industriels et scientifiques. En même temps qu'il apporte aux Coréens les bénéfices de la civilisation occidentale, il ne se contente pas d'imposer dans ses écoles le culte intéressé de la divinité impériale, il se fait le restaurateur de la religion bouddhique.

D'où vient cependant que presque tous les missionnaires chrétiens en Corée parlent de l'agnosticisme ou du rationalisme des Japonais et en reconnaissent déjà les effets sur les Coréens? C'est, je crois, que l'on sent beaucoup plus d'intention politique que de charité dans leur prosélytisme et que leur culte national prend de jour en jour une forme plus administrative. Mais c'est aussi que, parmi les superstitions indigènes qui s'en vont, pas une ne s'en va plus vite que celle de la supériorité des Européens. Les Coréens sont en train de reporter sur leurs conquérants toute la considération et toute l'admiration que naguère ils nous accordaient. Peut-être se rendent-ils compte qu'aucune nation européenne ne les aurait arrachés plus rapidement à la misère matérielle et morale où ils croupissaient. Quand on les pousse un peu, ceux-là même qui, sur la foi d'anciens oracles, gardent encore le vague espoir d'une indépendance reconquise, ne peuvent s'empêcher d'en convenir. Avec les Japonais sont entrés dans ce royaume de l'oppression et de la routine la sécurité, le travail, l'humanité, la vie.

Le spectacle de Séoul est inoubliable. A côté de cette vieille ville, dont nous parcourions tout à l'heure les palais en ruines, et dans sa vaste enceinte, les Japonais en ont construit deux nouvelles, l'une européenne, l'autre japonaise. L'européenne est la ville administrative : banques, bureaux, entrepôts, résidence générale. Ils ont bouleversé des quartiers coréens pour en faire sortir des monuments de pierres et de briques. Ne vous demandez pas pourquoi des gens qui avaient une architecture s'acharnent à imiter ce que la nôtre a de plus banal et ne peuvent loger leur gouverneur, leur journal officiel, leur police, leur magistrature, leurs banquiers et leurs touristes dans des demeures où, pendant des siècles, habitèrent leurs princes et leurs administrations, et dont il leur suffisait de modifier les dispositions intérieures. Ils tiennent par-dessus tout à imposer aux Coréens l'idée qu'ils représentent la civilisation européenne et qu'ils savent faire tout ce que font les Européens.

La ville japonaise l'est entièrement. Sauf les maisons samuraïques, on y retrouve les mêmes lacis de ruelles, les mêmes étalages, les mêmes boutiques d'antiquités, les mêmes vendeurs de journaux qui courent avec leur trousseau de sonnettes à la ceinture, les mêmes marchands de rafraîchissements et râpeurs de glace, les mêmes temples populaires, les mêmes maisons de thé. Ah! ces maisons de thé, ces *chaya!* Elles se sont déjà posées partout où il y a une curiosité, devant la petite pagode en marbre de Nanking à treize étages et devant la tortue de bronze que viennent caresser les femmes stériles, et sur les pentes de la montagne des sorcières. Elles s'égrènent le long de la route qui mène au tombeau de la Reine. Je crois que, si le gouvernement n'y avait mis bon ordre, elles auraient dressé leurs petits tréteaux jusqu'au pied du tertre funéraire.

Jamais les Japonais ne m'avaient paru plus actifs qu'au milieu de l'apathie coréenne. Le soir, cette activité a quelque chose de fantastique. Jadis, avant le protectorat, l'énorme cloche, qu'on voit au centre de la ville dans une cage de bois, sonnait le couvre-feu à sept heures en hiver et à neuf heures en été. Tous les hommes rentraient chez eux. Personne n'avait le droit de sortir, sauf les devins aveugles, et les femmes qui peuvent circuler dans les ténèbres parce qu'elles sont des êtres sans conséquence. On n'entendait plus alors, dans les villes et les villages coréens, que le roulement précipité des bâtons dont les repasseuses battent le linge sur les pierres. « C'était l'heure, disait une chanson coréenne, où résonnent les quarante mille pierres des quarante mille maisons. » Ce bruit, qui remplissait la nuit, n'empêchait pas les gens de dormir. On finissait par ne pas plus l'entendre qu'on n'entend le concert ininterrompu des cigales et des grenouilles. La grosse cloche s'est tue; mais les rues coréennes n'en sont pas moins désertes et noires. Les rues japonaises, au contraire, s'illuminent et bourdonnent d'une foule affairée. Des rangées de lanternes éclairent les balcons de bois. Les promeneurs feuillettent les livres des petites librairies multicolores. Les barbiers rasent leurs clients sous des flots de lumière. Les agents de police, dans leurs guérites vitrées, font leurs rapports du bout de leur pinceau. On s'agite, on travaille, on s'amuse, on pince du *shamisen*. Toute cette animation nocturne, si fréquente au Japon, prend ici la valeur d'un symbole. Le silence millénaire des nuits coréennes a volé en éclats. Voici, près d'un peuple à peine réveillé de sa longue torpeur, un peuple qui ne dort pas, un peuple en perpétuel état de veille, un peuple à la fois mobile et tenace, un Argus aux milliers d'yeux toujours ouverts. La Mandchourie, la Chine, les îles du Pacifique, toutes les mers, toutes les terres de l'Extrême-Orient se reflètent dans ces yeux-là ; et, derrière ces reflets, vit le rêve, de plus en plus impérieux, d'une rénovation de l'Asie. La tranformation de la Corée n'en est que la première étape. Mais cette première étape est considérable, car elle donne à ce peuple insulaire un point d'appui continental d'où il prendra son élan.

C'est en Corée, comme je l'ai raconté ici même, que me surprit la déclaration de guerre. Depuis, plus de trois années se sont passées, et l'on s'étonne que, sous une telle charge de deuils et d'horreurs, elles aient pu passer si vite. Qu'adviendra-t-il de cet effroyable bouleversement? Que sortira-t-il d'un enchaînement de catastrophes qui a déjà déconcerté toutes nos prévisions? Nous ne voyons pas plus clair que les aveugles qui cheminaient la nuit dans les rues de Séoul et nous ne sommes pas sorciers! Mais de toutes les nations belligérantes, il en est une du moins dont il semble bien que cette guerre ait jusqu'à présent servi les intérêts et augmenté la puissance : le Japon. Il était pauvre : elle l'a plus enrichi que ses victoires de Port-Arthur et de Moukden. Il ambitionnait de se suffire à lui-même : elle a plus fait pour le développement de ses industries que dix ans d'efforts. Industrie des tissus et des produits chimiques et pharmaceutiques, industrie des engrais phosphatés, fabrication du verre et des papiers européens : il a créé ce qui lui manquait; et il a donné à ce qu'il avait déjà une extension que les bienfaits d'une paix mondiale ne lui auraient pas permis d'espérer. La guerre vient de le débarrasser pour longtemps de son ennemie d'avant-hier, son amie d'hier, qui pouvait redevenir son ennemie ou rester une amie assez encombrante :

la Russie. En Chine, il a profité des conflits où sont engagés les peuples européens pour avancer ses desseins sur cet immense Empire dont l'intégrité morale n'a jamais été aussi chancelante. Il n'admettra plus qu'aucun gouvernement étranger y parle en maître ; et ses journaux ne craignent point de nous en avertir. C'est lui qui désormais représentera la civilisation occidentale, adaptée aux conditions, aux exigences et aux traditions même de l'esprit asiatique. Cette adaptation n'est pas encore achevée; mais, depuis le commencement du XIXe siècle, elle a fait des progrès étonnants. J'avais quitté un Japon où tout semblait vaciller : j'ai retrouvé un Japon où tout semble affermi. Nous ne reconnaîtrons pas toujours nos idées et nos institutions sous la forme nouvelle qu'il finira par leur donner : la Chine non plus ni la Corée ne se reconnaissaient pas toujours dans les transformations de l'ancienne culture qu'il leur avait empruntée et qu'il avait assimilée. Tout ce qui s'acclimate au Japon s'y métamorphose. Et les événements travaillent pour lui. Cette guerre, où il est entré comme ses intérêts le lui commandaient et où il n'ira que jusqu'où ses intérêts le lui conseilleront, le rapproche de son but d'hégémonie asiatique aussi vite qu'il s'est dégagé des contraintes de sa vieille civilisation et qu'il s'est élevé au premier rang des grandes nations modernes.

Reste à savoir si son génie sera à la hauteur de sa volonté et de sa fortune. L'intelligence pure me paraît manquer chez lui de force et d'étendue. Toutes les manifestations de sa pensée restent médiocres, fumeuses. En revanche, son esprit réaliste répugne à l'idéologie. Les Japonais n'ont rien compris à la formule de paix « sans annexions ni indemnités ; » et leurs journaux trahissent une indifférence presque complète aux débats sur la « Société des Nations. » Ils ne voient dans les conflits européens que le heurt violent des intérêts nationaux, se défiant des idées de droit et de justice, qui ne sont universelles qu'en ce sens que tout le monde les invoque. Le réalisme vigoureux de leurs hommes d'État s'appuie sur une très forte discipline sociale et sur un patriotisme irréductible. Leur « égoïsme sacré » est soutenu par une acceptation presque unanime du sacrifice de l'individu à l'État.

Ce n'est point à dire que la guerre n'aura pas de répercussion dans leur politique intérieure et qu'ils ne paieront pas leur accroissement de prospérité. Ce qui était vrai au printemps de 1914 doit l'être beaucoup moins aujourd'hui. La question ouvrière a grandi avec la même rapidité que les dividendes des actionnaires, le nombre des industries et la cherté de l'existence dont les prix ont brusquement doublé. Des grèves ont éclaté sur les chantiers de constructions, dans les fonderies, dans les filatures de laine et de coton. Je ne crois pas que la troupe ait été obligée d'intervenir; mais elles ont été sérieuses, et la presse s'est indignée de la servitude où les capitalistes réduisaient les travailleurs. Désormais, le gouvernement sera forcé de compter avec les ouvriers. On a trop répété que cette guerre était la lutte de la démocratie contre l'autocratie pour que les mots d'idées et de progrès démocratiques ne soient pas jetés dans les discussions parlementaires et que les agitateurs ne s'en emparent pas. En effet, le 10 juillet 1917, à la Chambre des Pairs, M. Takahashi demandait au gouvernement s'il partageait les vues des Alliés sur le triomphe des principes démocratiques. Le premier ministre, le général Térauchi, répondit : « Quelle que puisse être l'attitude des autres Puissances vis-à-vis de la démocratie, ceux qui connaissent bien la constitution de la nation japonaise ne songent pas à mettre ce sujet en doute. » M. Takahashi dut se contenter de cette réponse un peu sibylline, qui, d'ailleurs, pour presque tous les Japonais, était assez claire. Ils ne confondent pas autocratie et monarchie. La vraie démocratie s'accommode aussi bien du régime monarchique que du régime républicain. La plupart pensent même qu'elle s'en accommode beaucoup mieux. Ils jugent que leur Constitution est suffisamment démocratique. En tout cas, ils n'ont aucune envie de renverser un trône que, depuis au moins mille ans, leurs guerres civiles ont étrangement respecté et dont les changements politiques des autres pays font, disent-ils, ressortir la splendeur...

ANDRÉ BELLESSORT.

LE THÉÂTRE

DE

M. FRANÇOIS DE CUREL

Carrière exceptionnelle, œuvre singulière, personnage énigmatique. Des échecs retentissants qui n'ont pas desservi sa renommée; des pièces fameuses et passionnément discutées; des succès qui ne furent pas des triomphes, mais qui, moins bruyants et moins populaires, apparaissent d'une qualité plus rare et plus solide. Un homme de vieille race, ingénieur et poète, à qui rien de moderne ne demeure étranger et qui, dans une âme d'aujourd'hui, garde la nostalgie du passé; un observateur impitoyable et désenchanté, un ironiste amer, à la manière brutale du premier Théâtre-Libre; un moraliste attendri et mélancolique; un orateur enthousiaste, un penseur aux aperçus magnifiques, mais sans doctrine; un dramaturge habile, vigoureux, puis, déconcertant de gaucherie; un artiste scrupuleux, épris de succès et dédaigneux de réclame; ces traits divers composent à M. de Curel une figure complexe, séduisante à la fois et irritante. Essayons d'en donner quelque idée, au lendemain de la brillante élection par laquelle l'Académie française vient de consacrer le talent de l'écrivain.

I. — LES SUJETS

On a souvent fait deux parts de son œuvre : les pièces psychologiques (*l'Envers d'une sainte*, *l'Invitée*, *la Figurante*, *l'Amour brode, la Danse devant le miroir*), et les pièces idéologiques (*la Nouvelle Idole, le Repas du lion, la Fille sauvage*). Dans les premières, l'analyse prédomine presque exclusivement, tandis que les secondes sont pleines de discussions oratoires ou d'effusions lyriques. D'autre part, il y a dans *l'Envers d'une sainte, l'Invitée* ou *l'Amour brode* une sûreté de composition qu'on ne retrouve ni dans *la Nouvelle Idole*, ni dans *le Repas du lion*, ni dans *le Coup d'aile*. Mais, de par sa richesse même et sa diversité, cette œuvre s'accommode mal des distinctions trop rigoureuses; et sans nous enfermer dans des catégories, nous emprunterons à *l'Invitée* comme au *Repas du lion*, à *la Figurante* comme à *la Fille sauvage*, les arguments ou les exemples qui permettent d'étudier chez M. de Curel l'ouvrier dramatique ou le psychologue, le moraliste ou le poète.

Tous ses sujets d'abord ont quelque chose de rare, sinon d'exceptionnel; et Sarcey lui-même les eût difficilement ramenés, comme ceux de Racine, aux faits divers de notre vie banale.

Pour sauver sa race, un vieux gentilhomme fait épouser à son fils la femme qui fut leur maîtresse à tous deux, et introduit dans sa famille l'enfant dont il ne peut savoir s'il est le père ou le grand-père (*les Fossiles*). — Une jeune fille abandonnée de son fiancé se venge par un crime, et se punit en prenant le voile. Elle sort du couvent dix-huit ans plus tard, après la mort de l'infidèle. Et dix-huit ans plus tard, retrouvant dans son cœur, comprimé mais non dompté, le même orgueil, la même jalousie, les mêmes rancunes violentes et froides, elle retourne au cloître pour ne pas redevenir criminelle (*l'Envers d'une sainte*). — Une jeune femme trahie abandonne son mari, ses deux filles, et vit quinze ans dans un exil sentimental où le désenchantement succède à l'exaspération. Un jour, le mari l'appelle au secours de ses filles dont il compromet l'avenir par des faiblesses sans dignité et sans joie. Elle part, attirée par la curiosité, un reste d'amour, plus que par le sentiment maternel; et c'est *l'Invitée*. — Pour garder son amant, une femme inquiète imagine de le marier à une jeune fille qu'elle juge intelligente et ambitieuse, mais sans cœur ni tempérament; la jeune fille accepte, mais avec de tout autres intentions que celles qu'on lui prête, et c'est la lutte inévitable et féroce (*la Figurante*). — Deux jeunes gens s'aiment et personne ne s'oppose à leur bonheur; mais ce sont deux êtres compliqués, orgueilleux; sous prétexte d'admiration mutuelle, ils se jouent l'un à l'autre une comédie qui veut être héroïque et qui n'est que lamentable; et quand, après des semaines de froide cruauté et d'angoissants espoirs, ils se révèlent tels qu'ils sont et souhaitent de s'aimer simplement, leurs âmes exaspérées ne peuvent renoncer à leur douloureuse chimère, et leur premier baiser d'amour est un baiser d'agonisants (*l'Amour brode, la Danse devant le miroir*). — Pour expier un homicide involontaire, un jeune aristocrate jure de se consacrer au service de la classe ouvrière. Il tient parole magnifiquement; mais une double constatation l'atterre : par son apostolat, il sert peut-être la cause du peuple, mais la sienne propre mieux encore, puisque à ses pieds d'apôtre en habit noir accourent la gloire et l'amour. D'autre part, il sent en lui-même une irréductible contradiction. Son serment l'oblige à prendre parti pour l'ouvrier contre le patron; mais son cœur ni son esprit ne suivent sa volonté loyale. Son ascendance féodale lui fait une âme de chef; épris de modernité, il découvre la beauté féconde de l'industrie mangeuse d'hommes, le mérite et l'utilité sociale du grand patron qu'on appelle l'exploiteur. Alors son âme est déchirée. Vainement, il tente, à force de franchise courageuse et de charitables sacrifices, de résoudre la contradiction de sa vie. Il déçoit, il exaspère ceux qu'il prétend servir, et bientôt tombe sous leurs coups (*le Repas du lion*). — Un grand médecin, dévot de la Science et de l'Humanité, a cru pouvoir, pour servir l'une et l'autre, tenter des expériences de laboratoire sur des malades qu'il savait condamnés. Tout s'est d'abord passé dans l'ordre. Mais un accident se produit : la guérison miraculeuse, imprévue du moins et incompréhensible, d'une petite tuberculeuse; et cette guérison fait de Donnat un assassin puisque, par son fait, Antoinette Milat, devenue cancéreuse, va mourir lentement de la mort la plus atroce. Il se punit aussitôt par une abdication complète et en s'inoculant à lui-même le virus meurtrier. Mais son âme, fière et désespérée, se refuse à la mort définitive, et son effort suprême tend à résoudre la contradiction de son esprit qui nie Dieu et de son cœur qui a besoin de l'Infini (*la Nouvelle Idole*). — Un soldat magnifique, un explorateur admirable, sombre par orgueil dans la révolte sacrilège. Après des aventures extravagantes et pitoyables, il revient en France, dans sa propre famille, bardé de cynisme, mais, au fond, toujours épris de gloire et de tendresse. La gloire, il doit y renoncer pour toujours; mais il touche le cœur d'une jeune fille, — sa fille, — et il part avec elle, déçu à la fois et consolé (*le Coup d'aile*). — Une sauvagesse, plus proche encore de la bestialité que de l'humanité, s'élève peu à peu au christianisme et à la civilisation la plus raffinée. Une religieuse un peu naïve, un anthropologue bien imprudent la prédestinent alors au relèvement intellectuel et moral de ses compatriotes africains. Malheureusement, dépouillée de sa foi chrétienne, éloignée de celui qu'elle aime et dont le caprice ou l'utopie la contraignit à une entreprise chimérique, elle revient à sa sensualité, à sa cruauté primitives; mais elle y revient avec la connaissance du bien et du mal, et ses plaisirs sans joie la laissent désespérée (*la Fille sauvage*).

Sujets rares, on le voit; les uns subtils, raffinés, inquiétants (*la Danse devant le miroir*); d'autres d'une grandeur étrange et terrible (*les Fossiles*) ; d'autres magnifiques et confinant au sublime (*la Nouvelle Idole*); presque tous passionnément douloureux, et qui auraient tenté un Corneille, parfois même un Eschyle.

***

Et c'est le souvenir de Racine qu'évoque la façon dont ils se développent; car M. François de Curel est d'abord un psychologue et, chez lui, la hardiesse de la conception n'a d'égale que la simplicité de l'exécution.

Le drame d'abord n'intéresse jamais qu'un tout petit nombre de personnages : trois au plus, quelquefois deux, souvent un seul. Ce souci de concentrer l'intérêt sur un couple de protagonistes est sensible, par exemple, dans *la Danse devant le miroir*, version nouvelle de *l'Amour brode*. En 1893, M. de Curel flanquait Gabrielle non seulement d'une cousine confidente et complice, mais d'un vieil oncle et d'une vieille tante aimablement ridicules. En 1914, ces deux fantoches ont disparu ; la cousine elle-même perd de son importance; on ne nous initie plus à ses prouesses passées, et toute notre attention se porte désormais sur ces pautins tragiques que sont Régine et Paul.

Pareillement, l'action ne sort presque jamais des limites étroites d'une maison. C'est que le drame se joue toujours dans une conscience. Le retour d'une religieuse relevée de ses vœux après vingt ans de cloître, quel événement pour une petite ville! Quel prétexte aux curiosités, aux papotages, aux intrigues! L'auteur pouvait mettre son héroïne en contact avec le monde extérieur, et lui fournir ainsi toutes les occasions propices à l'évolution de son caractère; un peintre de mœurs, en tout cas, n'eût pas manqué, — surtout en 1892, — de nous conduire chez les enfants de Marie, dans le salon de Mme la notairesse, sur le mail ou le cours lors de la promenade dominicale. M. de Curel a cloîtré Julie Renaudin entre les quatre murs de la demeure maternelle, et l'y condamne à une vie presque solitaire, car un seul objet lui importe : la survivance après vingt ans des passions qui avaient jadis provoqué la fuite de la coupable.

De même à quels conflits sociaux, à quelles tragédies publiques ne se prêtaient pas *la Nouvelle Idole, le Coup d'aile* et *le Repas du lion!* Un homme a pris, dans l'estime des savants et dans l'admiration publique, la place de Pasteur, et voici que cet homme commet un crime de fanatique : il tue! Par amour de la science, il est vrai; mais il n'en fait pas moins figure d'assassin. Quelle stupeur, quelles colères, quelles rancunes ne va pas provoquer son aveu! Quel drame scientifique, quel drame judiciaire peut-être! Eh! bien, non. Nous ne verrons ni juge ni commissaire. Enquête, perquisitions, il n'en est question d'abord que pour marquer la gravité de la situation; bientôt tout s'apaise au dehors, tout s'arrange; et nous ne nous intéressons plus qu'à l'âme d'Albert Donnat découvrant, avec la réalité de son crime, la nécessité d'expier, l'acceptant sans faiblesse, mais refusant de s'abîmer dans le néant définitif et tendant vers le ciel des mains avides et suppliantes.

Quelle tempête aussi pouvait déchaîner dans le monde politique, dans tout le pays même, le retour, après proscription d'ailleurs, de l'officier félon qui avait lancé contre ses camarades et son drapeau des hordes de sauvages! Quel beau sujet de mélodrame, ou mieux de tragédie publique à la Shakspeare! Quels tableaux on entrevoit, quels mouvements de foule, quelles luttes oratoires! Non seulement M. de Curel ne porte le débat ni sur le forum ni à la tribune, mais il néglige le drame familial qui pouvait s'engager. Le retour de Michel Prinson nous inquiète d'abord pour les siens; mais nos craintes s'évanouissent bientôt : Michel ne compromettra ni la fortune politique de son frère, ni la tranquillité de sa belle-sœur, ni le mariage de sa nièce. D'ailleurs, que nous sont tous ces gens-là? Une seule chose nous importe : l'avenir de Michel lui-même, et non pas son avenir matériel, mais son avenir sentimental, son avenir moral, ou plutôt l'évolution lente qui nous révèle son vrai visage et son âme véritable. *Le Coup d'aile*, c'est *l'Envers d'un forban*.

De la même manière et pour les mêmes raisons, M. de Curel dans *le Repas du lion* n'a pas voulu, semble-t-il, écrire une pièce sociale. Les pièces sociales procèdent toutes du même type. Les intentions varient, mais démocrates chrétiens ou socialistes révolutionnaires emploient volontiers les mêmes procédés dramatiques : enluminure et déclamation. Ce ne sont pas tout à fait ceux de M. de Curel. Sans doute, il y a dans *le Repas du lion* des discours à grandes tirades, et le cinquième acte, souillé de sang, s'illumine de lueurs incendiaires. Mais ce dénouement n'a ni portée ni symbolisme *social*. Il marque moins la ruée de deux classes l'une contre l'autre que l'échec d'un individu. En effet, le véritable sujet n'est pas la question sociale, même réduite à la question ouvrière ; c'est le malheur d'une âme, généreuse et faible, prise entre deux idéaux contradictoires et qui, pour n'avoir pas su choisir entre le renoncement de l'apôtre et l'ambition de l'industriel, — cet aristocrate moderne, — souffre, fait souffrir et meurt dans un immense regret.

Simple hypothèse, dira-t-on? — Simple explication plutôt de deux petits faits peut-être trop négligés jusqu'ici. Quand les grévistes ameutés s'élancent avec leurs torches, où portent-ils l'incendie? A l'usine ? Non. Au château du patron? Pas même. Mais, à la forêt du Seigneur. Et pourquoi? Pour atteindre Jean de Sancy qui passa dans ce bois son enfance de petit sauvage, et qui, pour fuir la fumée et le bruit de l'usine, allait encore parmi « les bûcherons, les charbonniers et les chevreuils, y savourer la lumière et le parfum des fleurs. » Et quand, devant ce désastre qui, encore une fois, ne touche ni l'usine ni le patron, Jean crie sa douleur, son adversaire répond avec une joie féroce : « Bravo! Vous souffrez! Je n'espérais pas si bien réussir! » — Le même Robert encore a mis deux balles dans son fusil. L'une, destinée au patron, a manqué son but. L'autre, réservée à Jean, le frappe en pleine poitrine. Et voici qui ne nous laisse aucun doute sur le caractère de ce dénouement.

Aussitôt frappé, « Jean se retient à une branche d'arbre, regarde une dernière fois la forêt qui brûle et murmure : « Adieu, petit Jean ! »

Plus qu'un drame social, plus qu'une pièce à idées, *le Repas du lion* est une tragédie psychologique. Est-ce le rétrécir, le diminuer que l'interpréter ainsi ? Non, s'il est vrai qu'avare de conclusions, M. de Curel est riche de suggestions. En tout cas, c'est le seul moyen, semble-t-il, d'expliquer cette insuffisance ou cette incertitude de doctrine qu'on lui a si souvent reprochée. Ni dans *la Nouvelle Idole*, ni dans *le Repas du lion*, par exemple, M. de Curel ne prend parti, parce qu'il n'a pas à le faire. Ce qu'il nous apporte, ce n'est pas une solution de la question religieuse ou de la question sociale. Il étudie l'attitude de certaines âmes devant les problèmes qui conditionnent leur existence intellectuelle et morale ; et parce que, il y a vingt ou trente ans, des milliers d'hommes partagés entre des traditions qu'ils sentaient vénérables, et des nouveautés qu'ils jugeaient nécessaires, n'ont pas su se prononcer, ont souffert de leur hésitation et peut-être sont morts de leur impuissance à croire comme à nier, M. de Curel a peint la contradiction de leur âme et leur incertitude devant leur devoir terrestre comme devant leur destinée future. Par là s'expliquent l'attitude d'Albert Donnat *(Nouvelle Idole)*, celle de Jean de Sancy *(Repas du lion)*, celle de Robert de Chantemelle *(les Fossiles)*. Celui-ci ne dit-il pas de lui-même : « Le présent me prend par le cerveau, le passé garde mon cœur ? »

Que cet aveu, en même temps qu'à mille autres, puisse s'appliquer à l'auteur lui-même, je le croirais volontiers. Mais cela même confirmerait mon opinion : M. de Curel ne défend pas ou ne combat pas des idées pour elles-mêmes ; il étudie leurs réactions sur des esprits généreux, mais désemparés, dont le propre est de ne pouvoir adhérer à aucune certitude. Par là, son œuvre, moins philosophique que psychologique, manque sans doute d'autorité doctrinale ; mais l'intérêt psychologique en est doublé : dans ses pièces purement sentimentales ou passionnelles, il fait, pour ainsi dire, de la psychologie pure ; dans les pièces prétendues idéologiques, il fait la psychologie d'une génération.

D'ailleurs, seuls deux ou trois héros de M. de Curel sont ainsi représentatifs de leur époque, et il nous reste à voir quels personnages peuplent ce théâtre psychologique et quelles passions les animent.

II. — LES PERSONNAGES

La moitié au moins des drames de M. de Curel sont des drames d'amour : *l'Envers d'une sainte, la Figurante, l'Invitée, l'Amour brode, la Danse devant le miroir.* Dans les autres même, — si l'on excepte *le Coup d'aile,* — l'amour tient sa place : *les Fossiles, le Repas du lion, la Nouvelle Idole, la Fille sauvage.* Et là encore où il n'est qu'épisodique, il garde son importance par son caractère tout particulier.

Bien entendu, comme chez Racine, comme chez Marivaux, les femmes sont au premier plan des pièces d'amour. Dans *l'Envers d'une sainte,* c'est Julie Renaudin, amoureuse après vingt ans de cloître et fidèle à un mort; dans *l'Invitée,* c'est Anna de Grécourt qui, malgré quinze ans de séparation, reste éprise de son mari coupable ; dans *la Figurante,* c'est Hélène de Monneville et Françoise de Renneval se disputant passionnément le même homme; dans *la Fille sauvage,* c'est Marie tout entière attachée à Paul Moncel; dans *le Repas du lion* même, c'est Mariette en extase devant Jean de Sancy; dans *l'Amour brode,* dans *la Danse devant le miroir*... Mais est-il besoin de rappeler ici Gabrielle et Régine?

Toutes ces femmes sont des passionnées et leur passion les possède tout entières. Le temps ne calme pas leur impétuosité ni ne refrène leur violence; et plusieurs atteignent à une exaltation douloureuse et méchante, voisine de la folie. Pour conquérir ou conserver celui qu'elles aiment, jeunes femmes, jeunes filles acceptent les situations les plus étranges, consentent aux démarches les plus audacieuses. Timidité, pudeur, rien ne les arrête : Régine court la nuit chez Paul Bréan, Françoise conclut un marché presque déshonorant et singulièrement dangereux. La moindre difficulté les irrite, la moindre inquiétude les affole. Et les larmes de venir, la crise de se déchaîner : « Je deviendrai folle!... J'ai passé la nuit à me rouler, à mordre le tapis de ma chambre pour ne pas crier... » (*la Figurante.*) « Il n'a pas su que, moi aussi, je pleurais tout contre lui, folle d'amour... Oui, moi, la petite créature choisie pour l'aridité de son cœur, folle d'amour. » (*Ibid.*)

A plus forte raison, la trahison les trouve-t-elle impitoyables. Julie Renaudin essaie de tuer sa rivale et l'enfant qu'elle porte. Anna de Grécourt se contente de fuir et de ruiner sa vie; mais sa fuite est plus qu'une abdication, elle est une trahison, puisque, avec l'époux coupable, elle abandonne sans remords, presque sans regrets, deux petites filles innocentes. — Si les civilisées ne reculent pas devant le crime, quels scrupules pourraient retenir une sauvagesse? L'abandon, puis la mort de Paul Moncel rendent Marie à ses instincts primitifs; et celle qui fut chrétienne, celle qui pensa se faire religieuse, ne se contente pas de livrer au supplice une rivale insolente, elle tue froidement, méchamment, le vieux missionnaire qui priait pour elle.

Bien plus, l'amour, chez M. de Curel, n'a pas besoin d'être trahi pour devenir meurtrier : il lui suffit d'être complètement lui-même et de porter à leurs extrêmes limites ses exigences naturelles. Régine, qui pendant des semaines insulte et torture Paul Bréan, qui sous prétexte de l'admirer, de l'exalter, j'allais dire de le sublimiser, le condamne à un héroïsme humiliant et à de déshonorants mensonges, Régine n'est pas moins impérieuse, moins vindicative, moins cruelle enfin que Marie la fille des bois; et l'amour d'une telle femme paraît si dangereux, que nous nous félicitons presque de voir s'abîmer à ses pieds l'homme dont elle prétendait faire un dieu, et dont elle ne fit qu'une victime sans grâce ni grandeur. Régine cependant aime Paul Bréan, elle souffre de le faire souffrir, et s'aperçoit trop tard qu'elle est la dupe d'elle-même, et la dupe sanglante. Mais quoi! pouvait-elle consentir à être simple, à être vraie?

Hélas! elle n'est pas seule, non plus que sa sœur Gabrielle (*l'Amour brode*), à se déchirer le cœur. Les héroïnes de M. de Curel ont une force de dissimulation extraordinaire : celles-ci dissimulent avant l'éclosion ou l'épanouissement de leur amour (Régine, Françoise de Renneval); celle-là ment aux autres et à elle-même après l'effondrement de son rêve (Anna de Grécourt). Les unes et les autres s'enferment dans le silence, se martyrisent par le mensonge avec une énergie sauvage, un entêtement forcené.

Cette Anna de Grécourt qui, plutôt que de pardonner, aima mieux abandonner ses enfants, passer pour coupable aux yeux de son mari, pour folle aux yeux de ses filles et du monde, que lui vaut sa belle intransigeance ? Elle a si bien lutté contre son cœur obstiné, elle l'a si bien cuirassé d'orgueil, de scepticisme et d'ironie qu'il devient incapable d'élan spontané. Pour un peu, elle tuerait en elle la puissance d'aimer. Elle n'y parvient pas, il est vrai ; et si, devant ses filles retrouvées, elle éprouve d'abord plus de curiosité que d'émotion, leur malheur la touche, et sous ce qu'elle appelle sa bonté, on entend palpiter sa tendresse.

Cette tendresse est précisément ce qui manque à une Julie Renaudin, à une Gabrielle, à une Régine, à une Françoise de Renneval; et c'est la sécheresse foncière de leur âme ardente qui les voue au crime comme au malheur. Françoise, sans doute, triomphe de sa rivale : l'amour lui ouvre les bras, la fortune lui sourit. Mais son âme, impérieuse et impétueuse, connaîtra-t-elle jamais cette paix sans laquelle il n'est pas de bonheur?

Vainement les unes et les autres se réfugient dans l'orgueil. L'orgueil crée leur souffrance ou l'exaspère, puis, sous prétexte de dignité, dessèche leur cœur au lieu de le consoler. Ainsi c'est par orgueil que Gabrielle et Régine torturent et tuent. Eh quoi ! des femmes qui prétendent admirer éperdument celui qu'elles aiment, qui lui offrent le double tribut de leur amour et de leur fortune? Oui, car vouloir admirer leur amant, c'est vouloir s'admirer elles-mêmes. Cet homme dévoué jusqu'au sacrifice, généreux jusqu'à l'héroïsme, à qui fera-t-il hommage de ses rares vertus? Devant qui s'agenouillera-t-il comme un paladin couvert de gloire et de trophées? Gabrielle et Régine le savent bien, qui veulent lire dans ses yeux l'ardeur de sa dévotion, la ferveur de son dévouement. Ainsi, raffinement suprême de l'orgueil et dernier mensonge de l'amour-propre, ces femmes qui prétendent admirer pour aimer, revendiquent surtout un hommage qui les élèvera plus haut encore que leur amant sublime. Humbles prêtresses, disent-elles, prêtes à l'adoration; en fait, insatiables idoles à l'autel baigné de sang.

Les hommes, chez M. de Curel, d'ailleurs moins nombreux que les femmes, ont d'autres soucis que l'amour. Ils peuvent être aimés (Jean de Sancy, Albert Donnat, Robert de Chantemelle), aimer même (Robert encore et Donnat); toujours quelque passion supérieure à l'amour domine leur existence : fierté nobiliaire, culte de la science, ambition politique, désir de la gloire. Passions nobles, on le voit, et qui peuvent empêcher les moins généreux de sombrer dans l'odieux ou le ridicule.

De fait, aucun d'eux n'est vulgaire. Les moins sympathiques sont encore des orgueilleux forcenés comme Albert Donnat ou Michel Prinson. C'est l'amour de la gloire qui a lancé Michel dans les vastes et dangereuses entreprises; c'est l'ivresse de l'indépendance qui l'a jeté dans la révolte sacrilège; c'est l'horreur de l'humiliation, le mépris de toute faiblesse sentimentale qui lui dictent son cynisme et qui, pour décourager mieux la pitié, lui interdisent la douceur des aveux et des larmes.

C'est l'orgueil aussi qui conduit Albert Donnat. Oui, il a le culte de la Science et de l'Humanité, il se voue à leur service; mais c'est en participant à leur dignité presque divine, en recueillant chaque jour d'innombrables hommages de reconnaissance dévotieuse, en méconnaissant le dévouement, les besoins et les droits de ceux qui l'approchent de plus près, en trahissant pour sa fonction publique les devoirs obscurs mais impérieux de sa vie familiale. C'est l'orgueil enfin, orgueil intellectuel mais orgueil suprême, qui le rend criminel; c'est son refus de croire non seulement au surnaturel, au mystérieux, mais à l'accident, qui l'amène au meurtre scientifique.

Qu'il y ait de l'orgueil chez Jean de Sancy, c'est trop évident; et de cet apôtre en gants blancs qui découvre, à la fois, le charme et les dangers des succès oratoires, le cas serait banal, si cette découverte, en posant devant lui le cas de conscience le plus angoissant, ne déterminait en son âme une révolution douloureuse. Orgueil donc, orgueil conscient, mais orgueil d'un honnête homme, sinon d'un chrétien, qui se refuse à la duplicité d'un apostolat plus profitable à l'orateur qu'à son auditoire.

Chez Robert de Chantemelle, enfin, l'orgueil devient presque une vertu. S'il est fier de sa noblesse, c'est que plus qu'un héritage de titres et de privilèges, elle constitue pour lui un patrimoine d'honneur. Or, à ses yeux, honneur c'est désintéressement; c'est aussi silence dans l'épreuve, et grandeur dans le sacrifice, fût-ce celui de la mort. Aussi, quand il découvre l'abominable abus de confiance commis envers lui par son père, il n'a pas un reproche, pas une plainte; il se tue discrètement, en gentilhomme, et son holocauste à sa race est d'une grandiose simplicité.

On voit, dès lors, pourquoi, sauf exception, les héros de M. de Curel sont plus sympathiques que ses héroïnes. Leurs passions, non moins violentes, non moins criminelles parfois, ont quelque chose de moins strictement égoïste, de moins exclusivement destructeur. En particulier, elles ne suppriment pas chez eux la tendresse.

Sans parler de Robert de Chantemelle, qui est une âme exquise, ni même de Jean de Sancy, que son imprudent héroïsme soustrait aux influences féminines, Albert Donnat est capable, malgré tout, de cette bonté qu'ignorent Julie Renaudin, Gabrielle, Régine et Françoise de Renneval. Il est capable surtout de reconnaître une erreur, de solliciter un pardon et ne croit pas se déshonorer en laissant couler ses larmes : « Tous les mêmes, dit-il; Maurice, moi, des gens qui contemplent de haut l'humble humanité, nous ne voyons pas ce qu'un enfant verrait... Notre œil est adapté aux choses lointaines, et ce qui frémit tout près du cœur, ce qui sanglote à l'oreille, un mur nous en sépare... Pourtant nous ne sommes pas à l'abri du chagrin. Nous avons besoin d'une poitrine contre laquelle pleurer! Il n'est plus question d'orgueil entre nous; n'est-ce pas? » (*Nouvelle Idole.*) Michel Prinson lui-même, ce forçat qui nie tout et blasphème famille, drapeau, patrie, Michel Prinson ne peut garder jusqu'au bout le masque d'impassibilité qui l'étouffe. Son besoin de tendresse fait plier son orgueil. Il s'abaisse à pleurer, à prier : « Au fond, je ne suis qu'un exilé guettant une fissure pour rentrer dans l'humanité, pareil à un chien perdu qui rôde autour des chaumières et vient, la nuit, gratter aux portes des étables. » (*Le Coup d'aile.*) Quelques instants plus tard, il est vrai, sa tendresse se fait impérieuse, brutale. Mais voudrait-on que le fauve devînt tout d'un coup un agneau à rubans roses? Ne voit-on pas surtout que pour cette âme orgueilleuse, à jamais en deuil de la gloire, c'est l'effort suprême et violent vers la seule consolation qui lui reste : la tendresse de son enfant retrouvée?

Ainsi chez les plus orgueilleux, les plus durs, les plus criminels, la tendresse reprend finalement ses droits. Une impression subsiste pourtant, de gêne ou d'incertitude. Les héros de M. de Curel mettent trop souvent leur fierté à cacher le meilleur d'eux-mêmes et, pour dérober à nos yeux ce qu'ils croient la faiblesse de leur cœur, ils nous refusent presque toujours le plaisir de les plaindre.

III. — LE PATHÉTIQUE

Par là s'explique, en partie du moins, le pathétique tout particulier de ce théâtre.

Que M. de Curel ait le don, l'amour aussi, du pathétique, le choix de ses sujets l'indique assez. Nul poète peut-être n'inventa drames plus douloureux, plus féconds en conséquences terribles ni plus riches d'enseignements. Mais nul aussi ne se soucie moins de nous arracher des larmes :

> Vive le mélodrame où Margot a pleuré!

s'écrie Musset. M. de Curel doit, j'imagine, trouver ce vers bien ridicule, et bien naïf encore celui du vieux Boileau :

> Pour me tirer des pleurs, il faut que vous pleuriez.

Julie Renaudin, Françoise de Renneval, Anna de Grécourt, Gabrielle, Régine, Théodore de Monneville même et Marie la sauvagesse, Robert de Chantemelle, Michel Prinson, Albert et Louise Donnat ne cherchent pas à nous attendrir. Dressés par la discipline du cloître, de l'honneur, de la science, ou simplement par celle du malheur et de l'orgueil, ils exercent sur leur sensibilité une contrainte incessante. Tyrans des autres souvent, tyrans d'eux-mêmes presque toujours, ils dédaignent la sympathie et repoussent la pitié.

De ceci, les protagonistes nous fourniraient aisément de nombreux exemples; un personnage de second plan nous en apporte une preuve peut-être plus caractéristique. Théodore de Monneville a connu la disgrâce commune, paraît-il, aux maris trop vieux d'une femme trop jeune et trop jolie. Il l'a supportée avec la dignité d'un gentilhomme et d'un savant, « en y mettant même une certaine bonté. » Mais il se refuse la joie d'être bon avec simplicité; dédaigneux des consolations humaines, privé des consolations surnaturelles, il se rabat sur des joies bien médiocres et bien compliquées. « Un membre de l'Institut, explique-t-il, n'est pas bon de la même manière que le bon Samaritain. Au lieu de s'oublier à panser ses plaies, il exerce sur elles sa manie d'expérimenter. Ma douleur, à supposer que j'aie eu quelque chagrin, s'est doucement créé un allégement à vérifier l'angoisse des deux êtres qui poursuivent le bonheur à mes dépens. Rien ne m'échappe de leurs querelles ni des reproches qu'ils se font l'un à l'autre. J'éprouve une joie malicieuse à semer la discorde, à propager le trouble. » (*La Figurante.*) Sur de tels personnages et quelle que soit parfois leur mélancolie (« Oh! oui, je l'avoue, malgré ma philosophie, j'ai des heures de dégoût profond, » (*ibid.*), comment s'apitoyer vraiment? Quand ils ne nous inquiètent pas, ils nous étonnent plus qu'ils ne nous attirent; et leur souffrance nous est pénible plus qu'elle ne nous touche. Même quand, à la fin, une épreuve trop lourde, un sentiment trop vif de leur responsabilité les réduit à l'aveu, à la prière, leur orgueil persistant, leur sécheresse affectée leur enlèvent presque, à nos yeux, le mérite de leur tardive confession.

*
* *

Par ailleurs, une immense tristesse se dégage du théâtre de M. de Curel. Ses personnages si fiers, si orgueilleux, si noblement ambitieux parfois, aboutissent presque tous à de lamentables échecs.

Avoir été dix-huit ans religieuse, bonne religieuse, et, rentrée dans le monde, se retrouver orgueilleuse, jalouse, vindicative jusqu'à la cruauté, quelle faillite! — C'en est une aussi que constate Anna de Grécourt, lorsque, laissant son mari à sa passion sénile et reprenant elle-même le chemin de l'exil, avec ses filles cependant, elle établit ce bilan lamentable : « Je suis restée honnête et ma satisfaction est médiocre; vous avez servi vos passions et votre félicité est mince... Mon pauvre ami, tous les chemins mènent à Rome... Je vous plains, plaignez-moi... Je n'ai pas vécu plus seule dans mon abandon que vous dans vos intimités... Il pleut du ciel des croix qui ne choisissent pas les épaules... » (*l'Invitée.*) — Comme Anna, Michel Prinson s'apaisera, peut-être, auprès de sa fille retrouvée; mais son cœur insatiable se consolera-t-il jamais de ses rêves envolés? Hélène en doute : « Ne craignez pas de me blesser, dit-elle. Répondez que vous êtes dupe... La gloire vous offrait des millions d'âmes à conquérir et vous n'avez gagné qu'un petit cœur d'enfant. » Lui-même est si plein d'angoisse que, sans répondre et cachant ses larmes, il se sauve brusquement, comme un voleur. (*Le Coup d'aile.*) — Pour avoir, lui aussi, levé les yeux trop haut, Jean de Sancy tombe sous la balle d'un anarchiste, et l'adieu symbolique qu'il adresse à son enfance exprime bien son immense déception. Encore sa mort est-elle une délivrance ; et peut-être lui ouvrira-t elle ces espaces infinis vers lesquels s'élança, dès sa jeunesse, son âme avide d'héroïsme. (*Le Repas du lion.*) — Marie, au contraire, Marie la fille sauvage, reste seule, sans le sourire d'un enfant comme Anna ou Michel, sans le secours de Dieu comme Julie, sans l'espoir incertain mais sublime de Donnat, sans l'orgueil d'un grand sacrifice, même inutile, comme Jean de Sancy; elle reste seule avec le souvenir de ses ambitions misérablement avortées, et le sentiment de son irrémédiable déchéance. Et si, comme il semble, son aventure est symbolique, — autrement quel en serait l'intérêt? — la conclusion qui en découle est désespérante : l'humanité est une enfant que l'on amuse avec des fables; ses chefs, au prix de mensongères promesses, l'entraînent parfois vers les sommets; mais elle n'y trouve pas les merveilles ou le hochet convoité, et, redescendant aux bas-fonds, elle redevient la bête féroce et lubrique dont s'épouvantait le philosophe. (*La Fille sauvage.*)

Juge-t-on cette conclusion hasardeuse? Voici une pièce de portée moindre peut-être, mais de caractère net et de signification claire : *l'Amour brode* devenu *la Danse devant le miroir.* Ce n'est pas, je pense, un simple fait divers, l'aventure de deux exaltés quelconques. A propos de ces précieux pervertis, de ces romanesques forcenés et tragiques, M. de Curel a voulu nous donner sa théorie, sa philosophie de l'amour; et il a écrit la tragédie la plus cruelle et la plus lugubre. Cruelle, lugubre, non seulement parce qu'elle aboutit à un dénouement sanglant, parce que les épisodes en sont lamentables où Régine et Paul se torturent, s'injurient et s'avilissent; mais parce que l'idée qui la domine est celle de notre incurable misère sentimentale, pauvres jouets que nous sommes d'ambitions irréalisables et d'irrésistibles appétits, déplorables pantins du sublime voués au ridicule, au malheur et à la mort.

Ce qui parfois aggrave encore la tristesse de ces dénouements, c'est leur brusquerie, la sécheresse voulue des paroles suprêmes, fût-ce celles des adieux. Dédaignant, repoussant, là comme ailleurs, les « effets » qui, sans affaiblir la conclusion du drame, eussent, momentanément du moins, atténué notre malaise, M. de Curel nous sèvre de cette « douce terreur, » de cette « pitié charmante » où Boileau voyait les formes essentielles du pathétique. A l'heure où, devant sa méchanceté persistante, Julie Renaudin retourne au couvent, comme un fauve repentant rentrerait dans sa cage, sa mère s'adonne à des soins ménagers, et c'est une comparse qui prononce cet adieu laconique et inquiétant : « Pauvre Julie!... Ah! s'il n'y avait pas l'autre vie!... » De même, au moment de se séparer pour jamais, après l'aveu de leur désenchantement respectif, Hubert et Anna de Grécourt se quittent sur ces simples mots : « HUBERT. J'entends les petites. — ANNA. C'est le départ. » (*L'Invitée.*) Des acteurs avisés ajoutent-ils, à ce texte dépouillé le pathétique de leurs gestes appris? Peut-être. Mais comment ne pas remarquer chez l'auteur l'horreur de l'émotion facile et du succès banal?

***

Ce parti pris de sécheresse apparente, ce refus de condescendre aux conventions théâtrales expliquent, en partie, certaines résistances du public. Ils ne doivent pas nous induire en erreur. Sobre, dépouillé, austère si l'on veut, le pathétique de M. de Curel est un pathétique concentré, mais d'une singulière puissance. Dédaigneux des émotions superficielles, il pénètre jusqu'au fond de l'âme. On s'en aperçoit moins peut-être à la représentation qu'à la lecture; mais, à chaque lecture, on le trouve chaque fois plus riche et plus émouvant.

Ceux-là même de ses personnages qui, par discrétion mondaine, orgueilleuse pudeur ou volonté stoïque, s'interdisent les mots sonores et les grands gestes, confessent leur souffrance ou résument leur triste sagesse en des phrases simples aux retentissements lointains et prolongés. Le plus souvent, c'est l'aveu direct sans fausse modestie, sans emphase non plus : « Dans le vide affreux de mon cœur, je mesure ce qui m'est à jamais refusé... Depuis longtemps, je savais ce qu'il en coûte de supprimer en soi-même les sentiments que Dieu y a mis. On en souffre tant qu'on les garde, et l'on reste inconsolable de les avoir perdus. Allez, mon égoïsme est exempt de sérénité. » (*L'Invitée.*) — « Pourquoi, lorsque je détruisais en moi ce qui aime, n'ai-je pas réussi à tuer ce qui souffre?... L'un n'existe plus, l'autre s'attendrit pour un mot... » (*Ibid.*)

Quelquefois, leur pensée prend la forme d'une maxime, mais sans pédantisme ni froideur : « Le stoïcisme n'habite que les âmes passionnées. » (*Ibid.*) Et s'il leur arrive d'employer une image, l'exactitude et la discrétion la rendent plus émouvante encore : « J'ai tué dans mon âme beaucoup de sentiments très doux, mais en tâchant d'épargner la bonté... Je suis comme les vieux saules creux : le bois mort du cœur n'empêche pas les branches de verdir et les oiseaux d'y trouver un abri... » (*Ibid.*)

Les protagonistes de M. de Curel ne sont pas seuls capables de ces aveux profonds et troublants. Les personnages secondaires, voire les plus médiocres, jettent parfois sur eux-mêmes un regard clairvoyant : « Tu ne sais pas ce qu'il y a de faiblesse dans les vieilles âmes qui se cramponnent à la vie, au lieu de se préparer noblement à la quitter. » (*Ibid.*) Lamentable aveu d'un père à sa fille, mais relevé par le regret du devoir méconnu, et qui confère un peu de dignité humaine à un fantoche pitoyable.

J'ai emprunté toutes ces citations à une pièce particulièrement émouvante; mais que d'autres exemples à recueillir dans *l'Envers d'une sainte, la Figurante, l'Amour brode* ou *la Danse devant le miroir!* Pour le lecteur donc, les héros de M. de Curel, sans rien perdre de leur étrangeté, deviennent plus accessibles et moins indignes de pitié. Julie Renaudin nous inquiète encore et nous révolte; mais, au souvenir de son long martyre et devant la fermeté de sa pénitence, nous ne nous refusons plus à la plaindre; Théodore de Monneville, sans cesser d'être un peu agaçant, déplaisant même, participe à la double grandeur du stoïcisme et de la science; si misérable enfin que redevienne la Fille sauvage, nous sentons tout ce que ces simples mots : « Je pensais à un oiseau d'Europe, » résument pour elle de tendres souvenirs, de chers espoirs, de lourdes déceptions, et nous éprouvons comme elle une indicible mélancolie.

Et quand, au lieu d'un vieillard aigri, d'une sauvagesse deux fois déchue ou d'une religieuse sans humilité ni charité vraies, nous avons sous les yeux une honnête femme que vingt ans de souffrance, d'isolement et de stoïcisme laborieux, n'ont pas dépouillée de sa bonté profonde et de sa délicatesse, — telle Anna de Grécourt, — nous oublions ses artifices, ses ironies, son scepticisme de commande; nous lui accordons plus que notre pitié, plus que notre estime : notre amitié la plus tendre.

***

M. de Curel, d'ailleurs, nous ménage d'autres émotions. S'il nous impose parfois la peine d'arracher leur secret à des âmes profondes et un peu farouches, il sait animer d'une vie généreuse, éclairer d'une lumière magnifique des âmes dont l'exaltation atteint naturellement à l'éloquence et au lyrisme. A côté des pauvres créatures, — des femmes presque toujours, — enfermées dans un douloureux égoïsme, il place des êtres d'élite que tourmente une grande ambition et qui, au service d'une noble cause, mettent toute leur énergie, parfois même toute leur souffrance.

Certains d'entre eux ont pu déchoir, ruiner eux-mêmes toutes leurs espérances, s'interdire toute résurrection; pour célébrer leur chimère, ils retrouvent l'âme ardente et mélancolique des grands passionnés : « Oui, j'ai pour la gloire une passion de désespéré!... La passion des gens qui se donnent pour se débarrasser d'eux-mêmes, qui s'éprennent d'une femme parce que son sourire promet l'oubli... Moi, dont les visages de femmes se détournent avec horreur, j'adore la gloire comme un sourire sur les lèvres de l'humanité. » (*Coup d'aile.*) Alors, un reflet de beauté illumine leur face aux honteux stigmates, et nous oublions leur chute pour contempler avec eux le ciel où se perd leur dernier regard.

A plus forte raison, ne marchandons-nous ni notre admiration ni nos larmes, quand l'âme qui s'efforce sous nos yeux est une âme innocente. Robert de Chantemelle ignore les préjugés d'un autre âge, et s'il tient à perpétuer sa race, ce n'est pas par vanité nobiliaire. Il croit à la valeur morale des aristocraties, à leur nécessité plus que jamais impérieuse dans un monde chaque jour plus égoïste : « Nous ne sommes plus rien en France? Si, nous sommes les oubliés, les dédaignés qui paient l'ingratitude en semant autour d'eux l'esprit d'abnégation. » (*Les Fossiles.*) Il sait que tant de générosité peut égayer ou scandaliser les sages. Mais, pieux descendant des chevaliers à qui l'honneur faisait du désintéressement un devoir primordial, il répond : « L'honneur de l'humanité réside dans un petit nombre d'abnégations, creuses quand on les pèse, sublimes quand on les sent. » (*Ibid.*) Fort de cette conviction, sûr de son devoir, il s'applique à résoudre le problème d'apparence insoluble qui s'impose aux aristocraties : servir, pour perpétuer un passé de dévouement; et, pour servir, s'adapter au présent, deviner, accepter, préparer l'avenir. Et sur ce grand seigneur avide d'action généreuse, voici que fond la maladie perfide, fourrière de la mort. Le seul sentiment de sa déchéance physique et de son impuissance morale suffirait à faire de lui un personnage tragique. Mais ce n'est pas assez, et voici qu'on le précipite dans le drame le plus effroyable. Ce Chantemelle, si soucieux de la pureté de sa race, découvre que son fils est peut-être son frère, et que son monstrueux mariage lui fut imposé par son père, avec la complicité de sa sœur. Ainsi s'effondrent, dans son cœur dévasté, toutes ses affections et tous ses respects.

Pas un reproche cependant, pas une plainte. La tragédie dont il est la victime met en jeu, il le sent, plus que des personnes : une tradition séculaire. Alors il retourne, pour mourir plus vite, au berceau de sa famille, heureux de donner encore un exemple de « dévouement aux idées. » Cet exemple, il le continue par delà la mort. Son testament pardonne et ordonne. Il pardonne à son père, à sa sœur, à sa femme. Il ordonne la vie de son fils, futur duc de Chantemelle. Avec une audace singulière enfin, il concilie son horreur du mensonge et son souci des responsabilités précises : « Plus tard, quand l'héritier de mon nom sera un homme, j'exige que Claire lui conte comment je suis mort, comment ses grands-parents, sa tante, sa mère se sont immolés pour que lui, petit être chétif, garde un nom respecté. Il comprendra que ce nom, transmis par une monstruosité, doit être porté avec une dignité surhumaine. » (*Les Fossiles.*)

Albert Donnat n'est pas comme Robert une victime innocente. Mais, dans son désir d'expiation, il nous entraîne plus haut encore. Le drame où il se débat est d'un autre caractère, d'une autre portée que celui des *Fossiles*. Plus d'intérêts personnels ni d'ambitions familiales. Les droits mêmes de la science ne sont plus seuls discutés. Ce qui est en question, c'est la destinée même de l'humanité. Mais, par un prestige de l'art, le problème ne se pose pas en termes abstraits. Pour Donnat, le temps est passé des spéculations désintéressées, ou du scepticisme provisoire. Cet émule de Pasteur, universellement connu et admiré, ne peut échapper à la mort. Et cette mort prématurée, à laquelle il ne pensait pas hier et qui s'impose maintenant à lui comme un châtiment nécessaire, va lui ravir, avec la gloire et le bonheur, la possibilité d'achever les travaux dont il attendait un immense bienfait pour l'humanité tout entière. Mais là n'est pas son pire tourment. Lui qui, pour avoir tant vu mourir, narguait ou dédaignait la mort, refuse de sombrer à son tour dans l'incompréhensible et monstrueux néant. Vainement au suicide banal il substitue le suicide scientifique, qui lui permettra de prolonger jusqu'à la dernière minute son œuvre bienfaisante. La beauté de cette fin ne le console pas. Au contraire, à la grandeur de son sacrifice il exige plus que jamais que réponde la grandeur, la béatitude d'une vie nouvelle, libérée de l'erreur et de la mort : « Si la nature a mis chez l'homme un pareil instinct de vérité pour que la vérité suprême ne doive jamais luire à ses yeux, eh bien! c'est une lâcheté de la nature... » (*Nouvelle Idole.*)

Peut-être sa science orgueilleuse le réduirait-elle à cette douloureuse et impuissante protestation, s'il ne rencontrait une enfant que ne troublent guère les problèmes métaphysiques, et pour qui, cependant, la vie et la mort sont, grâce à Jésus, sans mystère. Il découvre alors ce que Pascal appelait déjà l'ordre du cœur; — et non seulement du cœur faculté de connaissance : « J'ai une imagination, j'ai un cœur, mon être est relié au monde par toute une trame frissonnante qui peut me renseigner mieux que ma raison... » (*Ibid.*) mais du cœur conseiller de sacrifice et maître de vie : « La loi du plus fort régit les corps, soit; mais les esprits?... Le plus grand symbole qui ait pu s'imposer à eux, n'est-ce pas un instrument de torture : la croix? Quelle est donc la puissance assez forte pour que les yeux du monde entier soient fixés sur elle dans un désir d'immolation? Toute marée dénonce au delà des nuages un astre vainqueur; l'incessante marée des âmes est-elle seule à palpiter vers un ciel vide? » (*Ibid.*) Il se refuse, il est vrai, à entrer franchement dans cet ordre de la charité qui est aussi celui de la foi; mais il accepte le conseil de Pascal : « Abêtissez-vous. » Sans consentir à croire, il fait les gestes, il pratique les vertus du croyant et, par l'humilité, il s'élève au sublime : « Je ne crois pas en Dieu, mais je meurs comme si je croyais en lui... J'ai pris mon parti de raisonner comme un illustre et d'agir comme le premier brave homme venu. C'est incohérent, mais viendra-t-il jamais le jour où l'on pourra, en ne suivant que sa pensée, aboutir à toutes les grandeurs morales? Pour le moment, l'intelligence a sa logique, et l'âme, — ce je ne sais quoi qui dépasse ma compréhension, mais qu'Antoinette définirait à l'instant, — l'âme aussi a la sienne, très différente de l'autre. Oui, lorsqu'il s'agit de ne pas crever comme un chien, mais de finir noblement, c'est encore auprès des humbles qui adorent Dieu, et des cœurs ardents qui aiment avec ton héroïsme que les philosophes ont à chercher des leçons de logique. » (*Ibid.*) Comme ces aspirations généreuses, comme ces nobles aveux laissent loin derrière eux les sécheresses passionnées de *l'Envers d'une sainte*, les effusions laborieuses de *l'Amour brode*, et même les mélancolies hautaines de *l'Invitée!* Tout à l'heure, M. de Curel se complaisait à l'observation minutieuse des passions égoïstes et malfaisantes; il chante maintenant les passions généreuses qui élèvent l'humanité au-dessus d'elle-même. Le psychologue cruel se fait poète lyrique.

IV. — LE LYRISME

Ce contraste, déconcertant d'abord, mais qui prouve une richesse singulière d'aptitudes, on le sentira mieux encore si, après le dramaturge et le psychologue, on étudie chez M. de Curel l'écrivain.

Ce n'est pas un écrivain impeccable, et l'on pourrait signaler chez lui des impropriétés, des obscurités, des incorrections même, en assez grand nombre. Mais en regard que de beautés!

M. de Curel a la vigueur concentrée des moralistes : « Apprendre à se taire ne console pas... » (*La Nouvelle Idole.*) — « Le stoïcisme n'habite que les âmes passionnées... » — (*L'Invitée.*) « Être bon, c'est chez les orgueilleux une façon hautaine de rendre à la vie le bien pour le mal. » (*Ibid.*) — « L'homme qui nous respecte ne nous devient jamais indifférent. » (*L'Amour *brode.*) Il a l'ironie tantôt souriante, tantôt amère de l'homme du monde un peu blasé : « Là-bas, une femme disponible devient sacrée. » (*L'Invitée.*) — « Il m'a rendu suffisamment d'estime pour faire de moi l'institutrice de ses filles, auxquelles il donne sa maîtresse pour camarade. » (*Ibid.*, I, 2.)

Par ailleurs, il trouve l'image brève et saisissante qui résume une situation et peint un caractère : « Est-ce qu'on ne sort pas du bagne au bout d'un demi-siècle sous les habits qu'on portait le jour du crime? » — « Ici, nous demeurons sur le sommet d'une montagne d'où nous prenons notre élan vers Dieu. » (*L'Envers d'une sainte.*) — Chacun lève les yeux sur une étoile; le ciel en a pour tous. » (*Les Fossiles.*) — « On a fauché toute la prairie pour sauver une petite fleur. » (*Ibid.*) — « La magnificence des mots accompagne l'amour comme le tonnerre suit l'éclair. » (*La Danse devant le miroir.*) — « Nous jetons entre nous des mots et encore des mots, comme des coussins épais qui amortissent les chocs. » (*Ibid.*) — « On ne pleure pas devant une tombe, quand on est soi-même dans la tombe. » (*Le coup d'aile.*) « Il vient de voir s'envoler pour toujours sa chimère aux longues ailes. » (*Ibid.*)

Et de l'image M. de Curel s'élève naturellement jusqu'au symbole. Quelquefois ce symbole, peu développé, n'est encore qu'un commentaire figuré apporté par l'auteur lui-même : « Enfants trompeurs et sincères, tous deux vous déclamez des rôles... Mais d'où vient qu'à tout bout de champ vous vous évadez du problème?... Quel personnage invisible traverse la scène et vous fournit des répliques si belles que, si vous avez l'audace de les prendre, le reste de la pièce ne paraît plus qu'une farce grossière?... Oui, décidément, deux comédiens, mais avec un mystérieux associé... Votre amour, un vaudeville avec l'idéal pour souffleur! » (*La Danse devant le miroir.*)

Mais qu'ils sont plus beaux, plus grands, plus émouvants, ceux qu'un personnage trouve pour exprimer l'incertitude, l'angoisse ou l'espoir de son âme douloureuse! On connaît l'admirable couplet des nénuphars. On m'excusera d'en citer cependant l'essentiel : « On voyait, sous une mince couche d'eau, des centaines de boutons à couture blanche, pareils à de petites têtes au bout de longs cous tendus, oh! mais tendus à se rompre! Tous les jours les tiges s'allongeaient mais s'effilaient en même temps. Je voyais mes plantes à la limite de l'effort,

Leur désir de vivre avait quelque chose d'héroïque. Je disais au soleil qui les attirait : « Soleil, triompheras-tu ? » Et puis, je voyais l'eau qui ne diminuait pas assez vite, et je tremblais : Ils n'arriveront pas ! Demain, je les verrai morts sur la vase... A la fin, le soleil a triomphé. Avant mon départ, toutes les belles fleurs de cire s'étalaient sur l'eau. Voyez-vous, mon petit, devant cela, je n'ai pu me défendre de réfléchir. Vous, moi, tous les chercheurs, nous sommes de petites têtes noyées sous un lac d'ignorance et nous tendons le cou, avec une touchante unanimité, vers une lumière passionnément voulue. Sous quels soleils s'épanouiront nos intelligences, lorsqu'elles arriveront au jour ?... Il faut qu'il y ait un soleil !... » (*La Nouvelle Idole.*)

Poète, enfin, M. de Curel a le don d'associer aux drames de l'âme la nature elle-même. Dans *le Repas du lion*, dans *les Fossiles* surtout, elle apparaît comme le cadre le mieux approprié à l'action.

Dès les premières scènes des *Fossiles*, par delà la grande salle gothique à l'aspect sévère, nous devinons la forêt immense, perdue sous la neige, peuplée de bêtes fauves. Et tout le long de la pièce, le vent hurle derrière les portes, les fauves hurlent sous les fenêtres... Décor sauvage et magnifique, où ne peut se dérouler qu'une tragédie grandiose et terrible.

Mais la nature n'est pas seulement un milieu où vivent les personnages. Elle est leur éducatrice, leur conseillère, et les plus forts d'entre eux lui doivent quelque chose de leur âme. Jean de Sancy a reçu de la forêt son imagination de rêveur, son indépendance et sa fougue de chasseur. Il y trouve le refuge naturel de ses mélancolies, et comme un sanctuaire pour sa nostalgie d'aristocrate. Pareillement Robert de Chantemelle, dont l'âme de chasseur est l'âme d'un artiste : « J'ai été passionné pour la chasse, et ce n'était pas uniquement la rage de tuer des animaux : non, il y avait autre chose, l'épaisseur du fourré, un sentiment d'inconnu... J'écoutais avec délices les coups de vent arriver dans la futaie, s'annoncer au loin par un bruit de flots, s'approcher, grandir lentement, mystérieusement, et tout à coup la crinière des bouleaux et la toison des hêtres s'agitaient sur ma tête : j'étais dans le tourbillon ! Et puis les sangliers qui accourent en brisant les perches, en pliant le taillis... On espère une apparition faunesque. Et quand le sanglier saute dans l'éclaircie, noir, hérissé, la queue en vrille, on n'est presque pas déçu... et le trot léger des loups sur les feuilles mortes... leur tête fausse et oreillarde qui s'encadre dans les ronces, regarde, s'évanouit, sans qu'on puisse dire par où... Et la silhouette falote des renards sur la neige !... Je m'exalte en pensant à tout cela !... »

A son tour, pour célébrer la nature, Claire trouve des accents lyriques : « O Robert, que voilà bien le frère et la sœur! Depuis leur naissance ensevelis dans un vieux château, consumés du chagrin de ne rien être, ils supplient la forêt, le vent, le nuage de leur chanter la vie. Moi qui ai peu lu et entends dire sans cesse que tout est mal à notre époque, c'est la vie du passé que les choses me peignent... Toi, tu les interroges sur l'avenir. Lequel a raison ? » (*Les Fossiles.*)

De fait, Robert ne se contente pas d'aimer et de peindre la nature en poète, il se met à son école et lui demande la loi de la vie. En proie, lui aussi, à cette inquiétude des vrais aristocrates qu'attire et que repousse le monde moderne, il aime la forêt qui lui révèle la lutte pour la vie et la loi de la sélection naturelle ; mais il perçoit la leçon démocratique de l'océan où « des vagues, toujours pareilles, viennent en troupeau s'ébattre sur la plage, toutes également parées d'un rayon de soleil, toutes également petites par le calme, toutes également hautes par la tempête. » Et quand, devant ces images contradictoires, il demeure désemparé : « Il faut me plaindre, écartelé que je suis entre le forestier et le marin, l'homme des futaies et l'homme des vagues, » nous n'avons pas envie de sourire. Ce ne sont pas là plaintes savantes de littérateur, mais aveux ingénus d'une âme noble et incertaine, qui participe aux ignorances de la nature comme à sa grandeur.

Cet art d'employer le décor à l'expression pathétique des idées ou des sentiments, nous le retrouvons au dénouement des *Fossiles* et du *Repas du lion*. Jean de Sancy meurt dans cette maison forestière qui fut la maison de ses jeux enfantins; il meurt en voyant flamber ce bois du Seigneur qu'il voulait arracher à l'usine envahissante; et pour dernier geste, il s'accroche à une branche verte, fragile, hélas! comme ses rêves. Celle qu'il aimait, lui aussi, comme l'image du passé féodal, celle qu'il avait associée à toute sa vie sentimentale, disparaît avec lui devant l'industrie moderne, et cette mort de la forêt communique à la mort de l'homme une grandeur épique.

V. — M. DE CUREL ET LE THÉATRE CONTEMPORAIN

Si tels sont les rares mérites de M. de Curel, comment expliquer qu'il ne se soit jamais imposé complètement au grand public et que le jugement même de ses admirateurs demeure parfois incertain ?

Cela tient d'abord au choix de certains sujets : celui des *Fossiles* a quelque chose de monstrueux ; la donnée de *l'Amour brode* est singulièrement déplaisante, pour ne pas dire plus.

D'autre part, la force concentrée des passions est plus sensible à la lecture qu'à la scène; et quand, finalement, elle éclate, sa brusque explosion surprend et déconcerte. De même, quand de la sécheresse du cynisme brutal, un Michel Prinson passe à l'ardeur oratoire, à l'effusion lyrique, le spectateur prend pour une disparate ou une contradiction ce qui est une évolution trop rapide. L'ironie encore, si chère aux héros de M. de Curel et même à ses héroïnes, refroidit la sympathie des spectateurs comme elle paralyse les expansions des personnages.

Aussi bien, il y a dans cette œuvre, par ailleurs si solide, — les expositions sont le plus souvent admirables de vigueur et de netteté, — d'étranges faiblesses. J'ai dit quelles sont, à mes yeux, la valeur et la portée du dénouement dans *le Repas du lion*. Mais la signification n'en apparaît pas avec une clarté suffisante, le conflit semble s'y rétrécir, et l'on s'explique que ce cinquième acte ait été parfois supprimé. Et quelle déception ne nous réserve pas, dans l'admirable *Coup d'aile*, l'invention saugrenue d'Hélène Froment ! Comment cette petite personne avisée n'a-t-elle pas compris que ce vol d'un drapeau ne pouvait même pas aboutir à un scandale, bien loin de l'exposer, elle, au moindre danger? En tout cas, l'échec de sa tentative lui enlève tout intérêt; et quand, après de superbes envolées, nous retombons à des puérilités, la lourdeur d'une telle chute nous laisse irrités autant que meurtris.

Ajoutez la rudesse de certaines plaisanteries surtout maniées par des femmes, l'application de quelques-uns des personnages à prolonger sur eux-mêmes une analyse froidement exaltée et laborieusement cruelle, l'inconsistance enfin, sinon la contradiction pour le moins apparente de la pensée.

Dans quelle mesure ces défauts s'expliquent-ils, les uns, par l'influence du premier Théâtre-Libre, et d'autres, par celle d'Ibsen? Dans quelle mesure sont-ils imputables à l'auteur seul? Ce n'est pas notre objet de le déterminer aujourd'hui, et mieux vaut peut-être fixer les traits qui, de toute évidence, composent la physionomie propre de l'écrivain.

La nature, les passions, les idées, voilà, je crois, le triple amour de M. de Curel; triple amour de gentilhomme pour qui la littérature ne fut ni un gagne-pain honorable, ni un moyen distingué d'arriver à certains honneurs, mais un divertissement solitaire et magnifique.

La nature qu'il aime est inaccessible à la foule; les visions qu'il lui demande ont quelque chose de grandiose, mais aussi de sauvage et de fantastique; à poursuivre les loups et les sangliers, il retrouve l'âme des grands féodaux pour qui la chasse, bruyante, fatigante et dangereuse, était encore l'image de la guerre.

Ses héros eux-mêmes sont, à leur manière, des féodaux, du moins des aristocrates. Féodaux, bien entendu, le duc de Chantemelle et Claire elle-même. Féodal terrible, Michel Prinson. Féodal honnête et bienfaisant, Georges Boussard. Aristocrates, Anna de Grécourt, Françoise de Renneval, Gabrielle et Régine, à plus forte raison Robert de Chantemelle et Jean de Sancy. A cause de leurs titres ou de leurs particules? Quelle puérilité! Plus que leur nom, c'est leur âme qui est aristocratique. Tous orgueilleux, tous fiers du moins, ils ont cette qualité des âmes nobles : la tenue. Ils savent se dominer et se taire. Ils semblent distants et froids; ils méprisent seulement la familiarité démocratique et ce besoin de confidences qui est celui des faibles. Cet orgueil les préserve des avilissements vulgaires. Leurs passions sont ardentes, la sensualité brûle plusieurs d'entre eux. Mais le sentiment de leur dignité est plus puissant encore; et au mépris d'eux-mêmes ils préfèrent la souffrance solitaire et les larmes silencieuses. Et c'est, exagéré ou perverti, le sentiment de l'honneur encore qui les pousse à rejeter les compromissions banales de l'adultère ou les joies trop faciles d'un amour simple. Ce théâtre d'amour est un théâtre d'orgueil.

Théâtre d'orgueil encore; et dans le meilleur sens du mot, quand il devient un théâtre d'idées. Choix de ces idées (culte de la race, le devoir social des aristocraties, la Science et le Mystère), manière de les traiter (ni rhétorique, ni mélodrame), qualité des âmes qui se passionnent pour elles (Robert de Chantemelle, Jean de Sancy, Albert Donnat), tout révèle chez M. de Curel les mêmes tendances d'esprit : amour des grands sujets, mépris de l'émotion banale, du succès facile.

Les événements actuels amèneront-ils M. de Curel à mettre son rare talent au service de tant de belles causes menacées? Nous le souhaitons d'autant plus qu'il est, plus que personne, capable d'assurer le renouvellement, impérieusement nécessaire, de notre art dramatique. Mais, telle qu'elle est, son œuvre suffit à justifier la plus belle renommée. Le psychologue à qui nous devons tant d'analyses subtiles et profondes; le moraliste qui ajouta au trésor de notre littérature d'observation déjà si riche; le poète philosophe qui sait illuminer d'un éclair rapide une âme ou un problème, ouvrir à l'esprit les plus nobles perspectives, et sur les sommets les plus arides faire éclore les fleurs qui décident aux rudes ascensions l'humanité curieuse et débile; celui-là peut dédaigner les approbations faciles, irriter même ou contrister ses admirateurs les plus bénévoles; il domine malgré tout, il s'impose; il compte, dès maintenant, parmi les écrivains qui font honneur à l'esprit français, et rappellent au respect les étrangers qui ne veulent voir en nous que des amuseurs publics.

GAILLARD DE CHAMPRIS.

CE QUE LA GUERRE ENSEIGNE AUX PEINTRES

A PROPOS DU SALON DE 1918

Une guerre s'est déchaînée qui a changé toute la physionomie de notre planète, déconcerté toutes les prévisions, démenti tous les prophètes, bouleversé les théories les mieux établies des stratèges, des ingénieurs, des économistes et des statisticiens, consterné les diplomates, stupéfié les chimistes, interloqué à un égal degré les sociologues et les cuisinières. Sur toute la surface du globe, elle a modifié les conditions de la vie publique et privée, du travail, de la liberté, de la sociabilité, du crédit et même du pot-au-feu, répandu le superflu et raréfié le nécessaire, enrichi ou ruiné des gens qui ne s'attendaient nullement à un changement de fortune, fait apparaître dans des pays autrefois gorgés de victuailles le spectre de la famine, mélangé toutes les races et toutes les conditions, interverti l'ordre des valeurs sociales, abattu des trônes, avancé les horloges, ramené du fond du Passé des engins oubliés qu'on croyait désormais inutiles et arraché à l'avenir des progrès qu'on croyait impossibles, dissocié et fait éclater en morceaux ce qui semblait cimenté pour toujours, uni et fondu ce qui semblait prêt à se dissoudre. Bien plus, elle a révélé, chez certaines races, des rancunes et des convoitises qu'on disait disparues depuis des siècles et chez d'autres des sources d'héroïsme et de foi qu'on s'imaginait taries, déterminé ainsi une régression vers les âges de barbarie, et avancé de plusieurs siècles le sentiment de la fraternité ; ramené les esprits les plus raffinés et les plus spéculatifs sur les conditions primordiales de l'existence et élevé les esprits les plus vulgaires à des entités et des abstractions qu'ils n'avaient jamais envisagées. Bref, elle a ébranlé notre vieux monde comme nulle autre guerre ne l'avait fait ni en étendue ni en profondeur : elle n'a rien changé au *Salon* de peinture.

Celui qui vient de s'ouvrir, paisiblement, à la date accoutumée est le même qu'avant la guerre. La seule différence est qu'au lieu de se faire au Grand Palais, il se fait au Petit, qui jusqu'ici était plutôt réservé aux Rétrospectives. Aussi a-t-il pris lui-même les allures d'une Rétrospective. On y voit des œuvres de Puvis de Chavannes, de Rodin, de Carolus-Duran, d'Harpignies d'Edgar Degas. Ce sont des ancêtres. Les derniers, il est vrai, ne sont morts que depuis peu, mais leur vertu était depuis longtemps épuisée. Il faut remonter à quinze ans en arrière pour se rappeler d'eux quelque œuvre digne de leur nom.

Seuls, parmi les artistes récemment disparus, Rodin et Saint-Marceaux ont été surpris par la mort en plein travail et pouvaient encore nous donner quelques belles émotions d'art. Les autres appartiennent à une époque entièrement révolue. Quant aux artistes vivants, ils ne semblent pas avoir été touchés par la grâce des temps nouveaux. Ils continuent vaillamment, — car il faut pour cela une certaine vaillance, — à faire de la peinture, mais c'est la peinture d'avant la catastrophe et d'avant la gloire. Ni leur faire, ni leur inspiration n'ont changé. Par où l'on voit qu'il n'y a pas un rapport étroit et surtout immédiat entre les secousses les plus formidables du continent et le sismographe subtil où s'enregistrent les moindres frémissements de l'âme. Il est plus facile à un souverain mégalomane de mettre le feu à la planète que d'introduire un ton nouveau ou une ligne imprévue dans la peinture de son temps.

Pourtant, à défaut d'une technique, il y a un « genre » qui devrait être galvanisé et renouvelé par la guerre : c'est la peinture militaire. Elle le fut, dès le lendemain de la guerre de 1870, par Alphonse de Neuville. Beaucoup se souviennent encore de l'impression profonde que firent, dans les premiers

Salons qui suivirent l'Année terrible, dès 1872 et 1873, l'apparition de ces lignards ou de ces mobiles, si différents des imperturbables héros de David : ces êtres souffrants, saignants, boueux, affamés, héroïques, piétinant dans la neige les décombres des bois dénudés par l'hiver, sous les fumées déchirées par le vent, disputant pied à pied à l'envahisseur le champ le village, la forêt, le parc, le mur, — notations émues d'un combattant, qui préfiguraient pour les esprits attentifs tant de choses de la présente guerre.

Il semble qu'aujourd'hui un même renouveau dans le tableau de bataille ait dû se produire. Cette guerre, dit-on, ne ressemble à rien de ce qui l'a précédée. Elle doit donc renouveler son image. Les témoins ne manquent pas. Les artistes aux armées sont nombreux. L'équipe des « camoufleurs » en compte de célèbres. Dans toutes les armes, il s'en trouve. Quelques-uns des combattants ont pu travailler, prendre au moins quelques croquis. Ceux de M. Georges Leroux, d'un accent si ferme et si sûr, de M. Charles Hoffbauër, puissant coloriste, de M. Louis Montagné, de M. Mathurin Méheut, de M. de Broca, de M. Georges Bruyer, de M. Bernard Naudin sont précieux. D'autres, sans combattre eux-mêmes, ont pu suivre l'armée, prendre part au spectacle et au danger. Quelques-uns, en le faisant, n'ont fait que reprendre le chemin de leur jeunesse. M. Flameng, qui avait abandonné les fastes de l'épopée napoléonienne pour peindre le portrait de ses belles contemporaines, s'est remis à fourbir des armes et à allumer des explosions. M. Le Blant, qui avait renoncé à précipiter des Chouans contre des habits bleus pour guetter les passages fugitifs de la lumière sur des scènes rurales, a repris le crayon qui traçait les silhouettes héroïques. Déjà, on a pu voir plusieurs de ces notations à la galerie Georges Petit, entre autres à l'exposition des dessins de M. Georges Scott, des aquarelles de M. Jean Lefort, des paysages de guerre de M. Joseph Communal, puis au Luxembourg, où de nombreux peintres ont mis leurs études ; un grand nombre de témoins ont apporté leur témoignage à *l'Illustration*. M. Duvent et M. Vignal y ont donné d'admirables et sinistres vues de *Ruines*. M. Lucien Jonas y a dessiné des types de poilus qui deviendront peut-être classiques à l'égal des grognards de Raffet et de Charlet. On a pu deviner quelque chose des combats et des bombardements aériens par les tableaux de M. Bourguignon et plus récemment de M. Léon Félix. Beaucoup d'études intéressantes de M. Bouchor ont été réunies dans son recueil publié sous le titre : *Souvenirs de la Grande Guerre 1914-1915*. Enfin, pour contrôler la vérité documentaire des tableaux imaginés par les peintres, on a vu, au Pavillon de Marsan, l'Exposition de la Section photographique de l'Armée. Nous possédions ainsi, avant le *Salon* de 1918, des éléments suffisants pour imaginer en quoi les aspects nouveaux du champ de bataille, de l'action et de l'homme différent de ceux d'autrefois, le parti que l'Art peut en tirer, en un mot « ce que la guerre enseigne aux peintres. »

I. — LE TERRAIN

D'abord, sur le théâtre de la lutte ou son décor. Il serait bien étrange qu'il n'eût pas été changé par les omnipotents engins de destruction récemment mis en œuvre, — et, en effet, il l'a été. Ce n'est plus le riche paysage d'autrefois, complexe et vivant, des anciens tableaux de bataille où les arbres élevaient paisiblement leurs dômes de feuillage au-dessus de la mêlée, où les moissons continuaient à croître autour des foulées du galop, où les boulets déchiraient çà et là les rideaux de verdure, mais sans les décrocher ni en joncher le sol : c'est une terre nue et aride, bouleversée, retournée, émiettée, par le pilounage des « marmites, » couverte des débris de choses concassées, indiscernables, criblée d'entonnoirs, comme de fourmis géantes, un désert pêtré où rien ne croît, rien ne bouge, rien ne vit, — sauf parfois un arbuste miraculeusement préservé, qui fleurit et tremble au vent, un oiseau qui se pose, une fontaine qui continue à épancher ses eaux inutiles au milieu d'une zone de mort, objets devenus intangibles, *tabou*. Une invisible menace suspendue sur tout ce théâtre empêche une silhouette humaine de s'y aventurer : c'est le *no man's land*.

Dans le ciel, de petits nuages artificiels, des flocons blancs qui parfois se rejoignent en une longue vapeur, çà et là, une lourde colonne de fumée violacée ou safran, debout et immuable comme un champignon charnu, — la fumée d'une explosion, et plus haut la flèche ailée des avions, le ventre doré du dirigeable ou la chenille de la « saucisse, » avec sa queue de petits ballonnets. Tout cela mobile, poussé par le vent ; mêlé aux nuages vrais, traversé par la lumière naturelle, enflammé par le soleil, forme un spectacle infiniment plus vivant, plus varié et plus coloré au-dessus et au-dessous de la ligne d'horizon.

Le regard, en s'abaissant, ne retrouve que le vide ou des détritus amorphes et inorganiques. Là où fut un bois, un jeu de quilles ébréchées et pointues; là où fut un village, un semis de jonchets, là où fut un fort, une moraine de décombres : au premier plan, le réseau vermiculé des tranchées, reconnaissables à leurs bourrelets de terre, l'entrée de quelque casemate s'ouvrant comme une gueule de four, des sacs de terre gris empilés, des rondins assemblés, quelque chose au ras du sol qui évoque des isbas enterrées ou des tanières, parfois, à l'arrière, des habitations improvisées faites des matériaux les plus hétéroclites auprès desquelles les maisons des zoniers sont des chefs-d'œuvre de symétrie : — tel est le décor que trouvent les peintres qui veulent placer un tableau de bataille.

Il est à peu près nul. Si donc le peintre veut exprimer ce qu'il y a de vraiment nouveau et caractéristique dans le théâtre de la guerre, tel que l'ont fait les explosifs, il ne doit pas s'acharner à peindre un « champ » de bataille : il doit peindre un « ciel de bataille. » Ainsi van Goyen, dans ses *Marines*, exprimait en réalité des ciels sur la mer. — Montrer la tache d'encre que fait, au milieu d'une nature radieuse de soleil, la fumée de l'obus qui éclate; dresser, au-dessus des villes ou des villages bombardés, la colonne d'or que forme en s'élevant dans l'air la fumée de l'obus incendiaire; marquer d'un violet sale le point où une mine explose; gonfler autour des avions qui passent les petits flocons clairs ou noirs des « fusants » qui les poursuivent au vol; parsemer l'horizon des légères bouffées de vapeur blanche qui semblent sortir du sol, là où a éclaté un obus dans le lointain bleuâtre où tout se confond; et surtout pénétrer toutes ces splendeurs mortelles des rayons réverbérés de la terre et du ciel; les harmoniser, dans la sérénité lumineuse de l'immense nature : — telle est, s'il veut bien la comprendre, la tâche du paysagiste de bataille. On a déjà vu, à la galerie Georges Petit, dans les études d'un combattant de Verdun, M. Joseph Communal, le parti qu'un vrai coloriste peut tirer de ces spectacles nouveaux. Il y a vraiment un tableau dans le ciel.

Il y en a aussi sous la terre. Le feu intense de l'artillerie moderne, en supprimant le spectacle de l'activité humaine sur la surface du sol, a suscité tout un fourmillement de vie souterraine. Le combattant, pour échapper à la mort éparse dans l'air, a fouillé le sol de plus en plus profondément, plus loin que les racines des arbres, à travers les stratifications diverses et puis il a poussé ses rameaux de combat vers l'adversaire, sous les pieds de l'Ennemi et allumé ses camouflets. Il s'est astreint à une vie de troglodyte et de mineur. Ce que nous imaginons de l'habitat ordinaire des hommes préhistoriques, dans leurs cavernes, se reproduit, ramené, comme en un cycle de fer, par les conditions que nous font les plus récents progrès de la Science. De là, un décor nouveau et fort inattendu : celui d'une cave mal éclairée, voûtée de roches ou de rondins, où un mince filet de lumière venue d'un jour de souffrance, parfois une chandelle fumeuse éparpillant sa pauvre clarté dans l'obscurité oppressante; une lanterne déployant un éventail de lumière aux branches d'ombre; une ampoule électrique émettant son éclat immobile et blême, peuplent les parois d'ombres chinoises. C'est l'ambiance d'un cabinet d'alchimiste ou de souffleur ou d'une oubliette moyen-âgeuse.

Pareillement, les chefs que l'ancien tableau de bataille montrait caracolant sur un cheval fougueux en plein soleil ou escaladant, le chapeau piqué au bout de leur épée, des gradins de franchissement, parmi les rayons, les reflets, sous les ombres changeantes des nuages et la vie étincelante des champs, les écharpes déroulées sous la brise, les longs cheveux flottants au vent, sont là, immobiles et solitaires dans le décor où Rembrandt place son *Philosophe en méditation*. C'est un décor tout nouveau pour un tableau de bataille. Jamais guerre n'a été moins que celle-ci une guerre de « plein air. » L'artiste qui voudra en dégager le trait le plus nouveau et le plus caractéristique devra donc s'astreindre aux effets de clair-obscur, oublier les théories intransigeantes de l'Impressionnisme et se remettre à l'école des Rembrandt et des Nicolas Maes.

Il fera bien aussi de demander conseil à M. Le Sidaner et à certains *Nocturnes* de Whistler, car ce n'est pas seulement la demi-obscurité de la tranchée, ou de la *cagna*, c'est la nuit qu'il devra peindre, la nuit en plein air et semée de feux. C'est un des aspects les plus nouveaux et les plus curieux de la guerre moderne : je ne dis pas des plus inattendus. Il était aisé de prévoir et l'on a prévu, en effet (1), que le combattant moderne ferait de la nuit sa complice afin de déjouer le tir trop précis des engins qui visent. La nuit favorise non seulement les attaques d'infanterie, mais les travaux d'approche à exécuter sur le front et les raids d'aviation. De là, pour se garder, la nécessité d'illuminer, de temps à autre, le *no man's land* et le ciel : les fusées éclairantes révélant brusquement un paysage lunaire, avec ses cratères en miniature et ses chaînes de montagnes pour Lilliputiens; les projecteurs promenant leurs longs pinceaux livides sur le ciel ou le sol, et allant réveiller des formes endormies, fantômes d'églises ou de maisons, sortes de menhirs debout sur la lande, flaques d'eau qui deviennent d'éblouissants soleils, et, çà et là, tout près, une bonne grosse figure de « poilu » aussi surprise et surprenante que l'apparition d'un homme dans la planète Mars. M. Joseph Communal a déjà donné de saisissantes visions qui montrent ce qu'on peut attendre de ces effets de nuit.

Sur mer, le spectacle n'est pas moins précieux pour le coloriste et M. Léon Félix a pu étudier, du haut d'un dirigeable, les émeraudes, enchâssées par les mines sous-marines dans le saphir sombre de la Méditerranée, les topazes et traînées de rubis qu'y accrochent les dragueurs et derrière les flotteurs qui soutiennent les dragues, et l'ombre portée du dirigeable, devenu par une illusion d'optique, un gigantesque squale nageant entre deux eaux... Enfin, les bombardements de nuit, comme celui qu'a peint M. Flameng, *Arras, du 5 au 6 juillet 1915*, font apparaître dans le ciel nocturne un spectacle infiniment plus varié qu'autrefois. La pyrotechnie moderne est multicolore et multiforme : les obus fusants, les incendies, les explosions de munitions, les projections électriques, les signaux lumineux, les flammes de Bengale, parent d'une joaillerie splendide l'œuvre de mort. Au-dessus, des villes menacées

(1) Cf. la *Revue* du 15 mai 1909, *Les Peintres de la nuit* : « Dans la guerre moderne on escompte, afin d'atténuer l'effet des armes à trop longue portée, la complicité de l'ombre. Quand nous voyons, dans les Expositions, ces énormes réflecteurs braqués comme des mortiers sur le ciel, il ne faut point nous fier à leur apparence débonnaire. Ces rayons blêmes qui tournent nonchalamment seront les regards de l'armée pour l'assaut de nuit; ces fines voies lactées seront des chemins ouverts aux obus. Il y a une correspondance, quoique tout à fait fortuite, entre ces nécessités de la vie moderne et sa moderne beauté. En s'y attachant, l'Art éveillera donc tout un monde nouveau, non seulement de sensation, mais d'idées. »

par les vols nocturnes, le grand coup d'éventail des projecteurs lumineux anime le ciel.

Et ce qui a été noté est peu de chose auprès de tout ce que le peintre pourrait nous révéler sur les nuits de guerre : le feu follet, rouge clair, des canons tirant dans l'obscurité, qui piquent l'ombre de leurs éclipses précipitées; la blancheur spectrale des fusées éclairantes, retombant lentement sur le sol avec tout leur éclat, ou demeurant suspendues à la même place jusqu'au moment où elles s'éteignent; le lugubre incendie des flammes de Bengale empourprant tout le ciel durant une demi-minute; les perles rouges, jaunes, vertes des fusées employées pour les signaux, se groupant parfois en grappes lumineuses suspendues dans les ténèbres; la longue chevelure rouge qui suit l'explosion des fusées lancées par les avions ennemis rentrant dans leurs lignes; les voies lactées formées par les fusées allemandes dans les coins du ciel où un bruit de moteur leur fait soupçonner un avion; l'éclairage immobile des chenilles incendiaires flottant dans le ciel en attendant le malheureux papillon humain qui viendra s'y brûler les ailes, s'il touche le fil qui relie les globules de feu; l'ascension quasi indéfinie des boules blanches montant l'une après l'autre comme les gouttes d'un jet d'eau lumineux; la courbe fulgurante de ces étoiles filantes que sont les balles « traceuses; » parfois enfin, la fixe clarté d'un projecteur, découpant le voile de la nuit dans un quart de ciel : — tels sont, avec mille autres notations plus subtiles, que les mots ne peuvent rendre, et combinés avec les clartés naturelles, les thèmes d'une richesse inouïe offerts au coloriste par la bataille nocturne. C'est, avec le *no man's land* et l'animation du ciel pendant le jour, le troisième trait esthétique de la guerre moderne.

Un quatrième est l'abondance et la qualité des *Ruines.* Certes, ce n'est pas la première guerre qui ait fait des ruines, — elles en ont toutes fait, — mais c'est la première, du moins dans les temps modernes, qui en ait fait de si complètes et de si précieuses. Depuis des siècles, on n'avait pas rasé une ville, ni détruit un chef-d'œuvre. Sur les champs de bataille, on voyait, çà et là, une ruine : maintenant ce sont des paysages de ruines : Louvain, Nieuport, Arras, Ypres, Gerbéviller, Sermaize-les-Bains, Péronne, cent autres jusqu'à Reims, systématiquement détruits, effacés de la surface de la terre. L'horreur de ces destructions est telle qu'elle finit par paraître grandiose, presque à l'égal des grandes convulsions du globe. Quand on regarde les photographies d'Ypres prises, de haut en bas, à 400 mètres, en avion, par l'*Australian official*, on croit être devant des fouilles faites sur un terrain autrefois comblé par l'éruption d'un Vésuve du Nord; l'échiquier des rues et des places se devine encore, mais à peine; les fondations des maisons et des palais se dessinent çà et là en géométral. Quelques pans de murs, miraculeusement préservés, se dressent par endroits : c'est un spectacle qu'on n'aurait jamais attendu des temps modernes. Le crime des Allemands, ce n'est pas d'avoir commis des actes dont les siècles passés n'avaient jamais donné l'exemple et d'ouvrir une ère nouvelle dans l'histoire : c'est, au contraire, d'avoir renouvelé la barbarie des siècles morts, barbarie jugée et condamnée, dès longtemps, par la conscience universelle; c'est d'avoir fait apparaître, en plein XXe siècle, l'âme d'un Charles le Téméraire brûlant Dinant et Liége, d'un Alphonse d'Este faisant un canon d'une statue de Michel-Ange, ou de ces archers qui, à Milan, dans la cour du *Castello*, prenaient pour cible le monument équestre de Sforza par Léonard de Vinci.

Ce n'est donc pas la première fois qu'on a détruit des chefs-d'œuvre, mais c'est la première fois que cette destruction a eu un tel retentissement dans les âmes, des « harmoniques » aussi longues, quasi infinies. Ainsi, ce n'est pas la guerre qui a tant changé : c'est nous, — nous tous à l'exception des Allemands lesquels semblent être restés contemporains des époques où ces sacrilèges paraissaient naturels à tout le monde. Vainement, avaient-ils accumulé, — sans doute pour donner le change au monde civilisé, — leurs écoles d'art, leurs instituts ou missions archéologiques et l'innommable fatras de leur érudition sans lumière et de leur esthétique sans tendresse : ce n'était qu'une façade. Des canons Krupp étaient derrière, prêts à bombarder les cathédrales si savamment décrites par eux en ces monographies, qui apparaissent maintenant ce qu'elles étaient réellement : des nécrologies. A la lueur des incendies de Reims ou d'Amiens, tout le monde aperçoit ce que la lecture de leurs ouvrages sur l'Art aurait suffi à nous révéler : une indifférence profonde et peut-être une haine secrète pour la Beauté.

On comprend que ces Ruines nous soient doublement

chères. Aussi, est-ce la première fois qu'on a eu l'idée de faire des tableaux entiers et pour ainsi dire des « portraits de ruines. » M. Duvent, M, Vignal, M. Flameng, M. Mathurin Méheut, M. Louis Arr en ont donné d'excellents exemples. On y voit des défilés d'architectures écroulées, jusqu'à l'horizon, un rêve ou plutôt un cauchemar de Piranèse, des choses pyramidales et dentelées comme une chaîne des Dolomites, calcinées et titubantes, — çà et là, une aiguille restée debout au coin d'une tour, une porte béante sur le vide, un escalier tournoyant dans le ciel. Lorsqu'il n'a pas allumé l'incendie qui détruit tout, l'obus sculpte curieusement la pierre : il a rasé le beffroi à son premier étage et le ramène aux dimensions du XVe siècle; il a creusé son hulot près de la rosace, détaché le Christ qui reste pendu par un bras à la croix vide; décapité les statues, exhumé les morts, suspendu aux voûtes des anneaux de lumière.

Dans l'écroulement d'une église, parmi les gravats, les décombres, l'âpre poussière soulevée par l'effondrement des platras, les vieux appareils de construction mis à nu, parfois une vision idéale de paix apparaît : une Vierge dans sa niche continue son geste de protection, un orgue devenu inaccessible, suspendu dans les airs, attend qu'on le touche, un flambeau qu'on l'allume, une cloche qu'on la fasse parler. Une maison éventrée laisse échapper ses meubles, son lit, son matelas, son linge; le plancher verse, et par la paroi abattue, on aperçoit tout ce qui faisait son intimité : une pendule paisible sur la cheminée, des photographies, des fleurs. C'est un petit tableau d'intérieur ou de genre cloué au milieu d'une fresque épique, une sorte de *Jugement dernier* : Pieter de Hooch chez Michel Ange. Voilà, encore, un aspect nouveau. Il est vrai que si tout celà est dû à la guerre et se voit sur le théâtre de la guerre, ce n'est point le « champ de bataille. » Revenons-nous sur le terrain même de la lutte, nous n'y trouvons guère de ruines visibles, si ce n'est quelques ruines végétales. L'obus a fait table rase. Au bout de quelques jours de pilonnage, il n'y a plus rien. C'est sur ce « rien » que le peintre moderne doit déployer l'action de ses combattants.

II. — L'ACTION

Un soldat de 1914 décrit les sensations éprouvées lors de son premier repos, après les durs combats qui ont sauvé la France : il est dans une maison de campagne et pendant le peu de temps que dure cette halte, il jouit délicieusement de la détente : entre autres objets calmes et familiers de la vie d'autrefois, ses yeux tombent sur des journaux illustrés représentant les derniers événements de la guerre. Il se précipite et les interroge avidement : enfin, il va savoir à quoi peut bien ressembler une bataille !

Ce trait n'est point absolument particulier au soldat de cette guerre : de tout temps, il y a eu des soldats qui ont figuré dans une action sans la voir. Mais, jadis, il y avait, du moins, quelqu'un qui la voyait : chefs ou aides de camps, estafettes, aérostiers, artistes parfois chargés de la dessiner. Un Denon ou un Vereschaguine pouvaient rendre compte d'un spectacle d'ensemble, parce qu'il y avait un spectacle d'ensemble visible, qui avait un commencement, un milieu et une fin, qui se déroulait d'ordinaire entre le lever et le coucher du soleil, à travers ses nombreuses péripéties, graduées pour soutenir l'intérêt, qui obéissait, en un mot, à la règle des trois unités : lieu, temps et action. Parfois, il est vrai, la bataille s'y conformait dans le récit mieux que dans la réalité : il n'était pas rare que le grand chef la composât, après coup, comme une tragédie classique après l'avoir livrée au petit bonheur comme un pot-pourri. Mais elle se laissait faire, et très souvent elle se composait d'elle-même aux yeux des témoins. Il est évident, par exemple, que des actions ramassées et précises comme celles de Fontenoy ou d'Austerlitz se dessinaient sur le terrain avec une netteté suffisante pour que le peintre n'eût qu'à les reproduire telles quelles. Blaremberghe a pu faire voir, comme les habitants de Tournay l'avaient vu le 17 mai 1745, l'action des escadrons blancs et bleus du maréchal de Saxe disloquant l'énorme colonne, rouge, du duc de Cumberland, après que les canons visibles, aussi, y avaient pratiqué une entaille. Horace Vernet a pu montrer, dans son *Montmirail*, le mouvement de la vieille garde abordant en colonnes serrées la garde impériale russe, et les manœuvres fameuses qui amenèrent jadis l'écrasement de la Prusse et de l'Autriche ont quelque chose de si plastique et de si défini qu'on a pu parler de l' « Esthétique napoléonienne. »

Aujourd'hui, les batailles sont gigantesques, interminables et amorphes. Personne ne les voit plus se développer sur le terrain, ni les armées évoluer comme des organismes vivants, marcher à leur rencontre, s'enserrer, se pénétrer, se disjoindre : on ne les voit plus que sur des cartes de géographie. Fréquemment, les lettres écrites par les combattants ou leurs notes de carnets et les livres déjà parus sur la guerre témoignent de la stupéfaction que leur cause cette absence de spectacle. Sur la foi des tableaux de la grande galerie à Versailles, ils s'imaginaient qu'ils apercevraient deux armées aux prises, des masses de combattants, coude à coude, montant à l'assaut ou croisant la baïonnette, des escadrons entre-choqués, des chevaux se mordant au poitrail, des baïonnettes affrontées jetant des buissons d'éclairs, des mises en batterie au grand galop, déployées et régulières, des gestes grandioses profilés sur un horizon de flammes, des chefs enfin, sur des chevaux cabrés, désignant à leurs aides de càmp la bataille qu'ils semblent dessiner du bout de leur cravache sur la toile de fond : — ce qu'ont décrit le général Lejeune, le commandant Parquin, le général Thiébault, le grenadier Pils, le prince de Joinville, le général du Barail et tant d'autres témoins oculaires et sincères des combats d'autrefois... Rien de tout cela. « On ne voit au front, écrit un officier d'artillerie de 1915, que très peu de combattants. Ceux-ci sont couchés avec leurs canons sous des verdures de sapin, des branchages, des terrassements ou avec leurs fusils dans des tranchées. Les uns et les autres ne voyagent que la nuit. Le jour, on rencontre seulement des ouvriers bûcherons, des terrassiers ou des rouliers pilotant paisiblement des voitures de toutes sortes. Tout ce monde-là est silencieux et calme et semble regarder en dedans. Entre les deux lignes, on s'attend à plus d'animation : on entend, en effet, gronder les obus dans le ciel et crépiter les mitrailleuses, mais on ne voit rien, rien ! Avec une jumelle, peut-être? Rien non plus. Cependant, on sait que si on montre sa tête, on entendra immédiatement siffler une balle ou se déclencher une mitrailleuse. C'est poignant de penser à toutes ces paires d'yeux qui surveillent à chaque seconde l'espace désert. Voilà comment nous avons passé notre hiver (1). »

Lors d'une attaque, l'animation est plus grande. Toutefois, il n'y a plus les charges de cavalerie qui donnaient aux peintres l'occasion d'appliquer leur science du cheval, et des dernières découvertes de la chronophotographie, ni la ruée montante des assauts en masses serrées, comme celui de Constantine, ni le récif des bataillons formés en carré, submergé par les vagues de la cavalerie, comme ceux de Waterloo, ni même les surprises de l'embuscade, de maison à maison, qui fournirent à Neuville tant d'épisodes pittoresques. Tous les témoins, dans leurs notes ou dans leurs croquis, nous montrent des hommes dispersés s'avançant rapidement, mais sans mouvements démonstratifs ni même révélateurs de leur action, le fusil à la main, comme à la chasse, posément, comme s'ils faisaient une promenade. Ils ne s'arrêtent pas pour tirer. On tire sur eux, mais ceux qui tirent sont invisibles, — cachés dans des trous, des « nids à mitrailleuses, » ou à plusieurs lieues de là, les canons. Toute l'action est dans les rafales de l'artillerie, qu'on ne voit pas, dont on ne voit que les effets : çà et là un homme s'affaisse comme pris d'un mal subit. Toute la beauté ou l'élégance, si l'on peut dire, est dans les âmes qu'on ne voit pas davantage. Toute l'union et la cohésion est dans les volontés qui ne sont pas des objets qu'on puisse représenter par des lignes et des couleurs. En apparence et pour l'œil, ces hommes marchent sans lien, sans guide, sans but. Ce qui fait la beauté dramatique de cette promenade, c'est le passage incessant de l'obus ou la pluie de balles, qu'on n'aperçoit point, ou encore des gaz asphyxiants qui n'ont pas une forme plastique assez définie pour qu'on la représente. La fumée enveloppe, d'ailleurs le peu de combattants que l'artiste pourrait peindre.

Le soldat lui-même se détache fort peu sur le milieu

(1) Cf. la *Revue* du 1er juin 1911, *Craintes et espérances pour l'Art* : « Le peintre ne peut donc montrer deux armées aux prises. Il pourrait se borner à montrer les gestes d'un seul parti, mais les gestes particuliers au combat se réduisent à fort peu de chose. Ils ne diffèrent plus sensiblement des gestes d'un mécanicien, d'un arpenteur, d'un affûteur ou d'un cavalier ordinaire, en pleine paix. Les uniformes mêmes pâlissent. *Le tableau de bataille n'est donc plus qu'un paysage animé par des fumées, bouleversé par des retranchements, traversé par des ambulanciers, des télégraphistes, des automobiles, des bicyclistes :* il peut y avoir, là, des sujets pittoresques, mais sans rien qui montre la lutte ou la bataille. »

coloré : tous les progrès tendent à l'y confondre, « déguisé en invisible; » et mieux encore que les progrès, la boue, — la boue de la Woëvre surtout, — l'a enduit d'un tel masque terreux qu'on croirait voir des statues d'argile ou des « hommes de bronze » en mouvement. Nous voilà loin des dolmans, des pelisses, des brandebourgs, des flammes aurore ou jonquille, des kolbacks, toutes les bigarrures dorées, étincelantes du premier Empire, qui semblaient destinés à éblouir l'ennemi et donner à la mort un air de fête. Il n'y a même plus les couleurs vives et franches, les capotes bleues, les pantalons rouges, qui faisaient tache sur le fond du champ de bataille et permettaient à l'œil de suivre les évolutions. Le moraliste et le philosophe peuvent s'en réjouir, — voyant combien le soldat a gagné en sérieux, en dignité, en simplicité, — mais le peintre n'y trouve plus son compte. Les actions sur le champ de bataille sont aussi brillantes qu'autrefois : elles ne brillent plus aux yeux, et c'est une file de fantômes monochromes, qui s'enfoncent dans un horizon indiscernable, à travers une atmosphère fumeuse, vers un but lointain.

Si, du moins, chacun d'eux faisait des gestes expressifs de la lutte, l'artiste retrouverait et restituerait, dans le groupe, un microcosme de la bataille. Mais cela n'arrive guère. La bataille est faite de tant d'éléments différents, son succès est dû à des actions si dissemblables, qu'aucun groupe d'hommes ne peut la figurer tout entière. La plupart des combattants et des plus utiles ne témoignent pas, aux yeux, qu'ils combattent : le sapeur couché dans son trou, le microphone à l'oreille pour ouïr les travaux souterrains de l'ennemi, ou allongé dans le rameau de combat pour préparer une mine ; l'observateur suspendu à son périscope ou accroché à sa longue-vue dans un observatoire d'armée, ou juché dans son poste convenablement camouflé; l'aviateur assis, au milieu de son fuselage; l'officier d'état-major penché sur ses cartes ou sur son téléphone ; l'officier de liaison s'en allant sur une route balayée par le feu ; le sapeur qui coupe les fils de fer barbelé, en avant des colonnes d'assaut, jouent le rôle le plus nécessaire et courent les plus grands dangers; mais ils ne diffèrent en rien, par leurs attitudes, de gens qui s'occuperaient paisiblement à des travaux ordinaires d'avant la guerre, et rien ne témoigne autour d'eux qu'il y ait bataille.

Le chef suprême auquel aboutissent toutes les nouvelles, de qui partent tous les ordres, centre nerveux et conscient de l'immense organisme lutteur, ne gesticule pas plus qu'un patron dans son cabinet de travail. Il ne saurait, sans compromettre le succès de sa tâche, se porter incessamment sur tous les points du front, comme Masséna dans sa calèche, ou apparaître soudainement, comme Napoléon, en silhouette sombre sur le rouge horizon. Tout se passe dans son cerveau et dans son cœur. Le geste de Bonaparte saisissant un drapeau au pont d'Arcole, de Ney faisant le coup de fusil pendant la retraite de Russie, de Murat sabrant à la tête de ses escadrons, de Napoléon pointant un canon en 1814, de Lannes appliquant une échelle d'assaut à Ratisbonne, de Canrobert dégainant à Saint-Privat, sont de très beaux gestes expressifs, mais désormais surannés. Les chefs d'aujourd'hui ne les font point parce qu'étant inutiles, ils ne seraient plus qu'ostentatoires. C'est tout un thème des anciens tableaux de bataille qui disparaît.

La guerre moderne en offre-t-elle de nouveaux? Voyons donc les nouveautés qu'elle a introduites dans l'action. C'est, d'abord, la guerre de tranchées avec la fusillade dans les fils de fer barbelés. Sans doute, les peintres avaient déjà vu ce spectacle. On lit, dans une lettre écrite par l'un d'eux après une attaque de Chevilly, l'Hay et Thiais : « Les Prussiens étaient sur leurs gardes : ils avaient tendu des fils de fer à quelque distance du sol. Au petit jour, nos compagnies se sont embarrassé les pieds là dedans et les Prussiens cachés dans des trous les ont fusillés à bout portant... » Et cette lettre, signée d'Alphonse de Neuville, est du 8 décembre 1870. Mais ce qui n'était qu'épisodique lors des dernières guerres est devenu habituel dans celle-ci. Or, le principal effet de la tranchée, ou du trou individuel est non pas de révéler le geste du combattant, mais de le dissimuler à la vue. C'est expressément pour cela que c'est fait. La mine le cache mieux encore. Ce premier trait de l'action nouvelle est donc défavorable à la peinture.

Un second est l'importance de la mitrailleuse. Mais le mitrailleur lui-même est caché, terré, dans ce qu'on appelle son « nid, » et son geste se déploie fort peu. De même, le servant du « crapouillot » ou du lance-bombes. Seule, de toutes les actions nouvelles dictées par la nouvelle tactique, le combat à la grenade offre un thème au peintre. Seul, il dicte un grand geste, un geste en extension et même deux : le geste qui vise et celui qui lance, avec toute la suite d'attitudes que ces mouvements déterminent. Certes, ce n'est pas le *Discobole :* pourtant, s'il était dégagé de la lourde carapace du vêtement, il offrirait un beau motif, même au sculpteur. En tout cas, l'action du « grenadier, » comme celle du « nettoyeur de tranchées, » la rencontre fortuite ou voulue de l'ennemi dans les boyaux, la dispute d'un entonnoir à la baïonnette, le corps à corps, en un mot, ou le contact, — voilà qui parle aux yeux et qui est significatif de la lutte.

En effet, le corps à corps a été à peu près le seul thème du combat antique figuré par la sculpture grecque et l'un des plus fréquents de la peinture de batailles jusqu'au XIXe siècle. Mais on pouvait croire que la guerre moderne, conditionnée par les armes à longue portée, n'en donnerait plus d'exemple. On se trompait. Cette guerre donne des exemples de tout. Elle est comme un coup de drague, qui ramène des profondeurs du Passé les engins primitifs contemporains des civilisations ensevelies, des organismes qu'on croyait disparus avec les époques géologiques favorables à leur développement. C'est tout au plus si l'on n'a pas vu reparaître dans les tranchées, autour de Reims, les arbalètes figurées dans les tapisseries de sa cathédrale tissées au XVe siècle. On s'est battu à coups de crosse de fusil, à coups de couteau, à coups de poignards hindous, à coups de pelle et de pioche. On s'est même battu à coups de poing, — lorsque deux corvées, parties sans armes à la recherche de quelque source ou fontaine, se sont inopinément rencontrées. Dans cette lutte où l'engin de mort vient parfois de si loin et tombe de si haut qu'il prend tout l'aspect d'une météorite, — après avoir traversé les espaces interstellaires où l'homme ne peut s'élever, — il frappe parfois de si près que l'âge de la pierre polie eût suffi à le fournir. Voilà des motifs pittoresques et même plastiques dont l'Art peut s'emparer. Il faut s'attendre à ce qu'il en use largement.

Mais la rencontre de quelques hommes, au fond d'un entonnoir ou au détour d'un boyau, n'est pas toute la guerre. Ce n'en est même pas un trait assez saillant pour la signifier à ceux qui l'ont faite. Il n'y a peut-être pas un homme sur cent qui ait jamais eu l'occasion de croiser la baïonnette avec l'ennemi. Le trait saillant de cette guerre, c'est l'action du canon et des autres machines : avions, *tanks*, sous-marins, torpilles. Or, les unes de ces machines sont tout à fait invisibles et exercent leur action sans qu'on les ait aperçues : c'est même leur raison d'être. Il n'y a donc pas là sujet de tableau. Les autres seraient visibles, mais les hommes ont pris soin de leur ôter toute leur signification. Ce sont même les peintres qui s'en chargent. Par leurs soins, les formidables tueuses sont déguisées en choses inoffensives, « camouflées » comme on dit : les canons couverts de ramée ou de filets, les camions et les automobiles rayées et bigarrées comme des tigres, selon les couleurs du paysage ambiant, les *tanks* enduits de la même ocre que les terres environnantes. Ainsi, ces monstres homicides arrivent, par un curieux effort de mimétisme copié de certaines espèces animales, à se faire passer pour des objets débonnaires. Jamais les apparences n'ont moins révélé les réalités. Jamais formes n'ont été moins expressives de la fonction. Jamais, par conséquent, elles n'ont été si peu favorables à l'Art.

Et cela s'observe également de tous les progrès dans toutes les machines. A mesure que l'effet produit est plus grand, la cause est moins sensible et le moteur initial plus dissimulé. Le petit 75 est plus formidable assurément que le canon historié des Invalides, cannelé en hélice, avec ses devises féroces : *velox et atrox*, *igne et arte*; mais étant mince, fluet, d'ailleurs entièrement défilé sous des feuillages, il ne manifeste point, par son attitude modeste, l'action qu'il exerce au loin. Une attaque de *tanks* est mille fois plus redoutable qu'une charge de cavalerie, mais elle n'est pas, comme l'autre, expressive d'un effort humain, ni animal, ni de la fougue et de la beauté de ceux qui les habitent. Un *tank* marchant à l'attaque a l'air immuable d'une maison. Pareillement, l'aviateur voit infiniment mieux que le cavalier d'autrefois envoyé en éclaireur, mais il est moins visible et enfoui dans sa carapace ; il n'est guère plus représentatif de son rôle qu'un scaphandrier. Même le mitrailleur, qui exerce en une minute plus de ravages dans les rangs ennemis que le sabreur de Lassalle ou de Murat durant toute sa vie, est loin de faire un geste aussi démonstratif. Toute l'évolution de la guerre tend donc à raccourcir le geste et à condenser l'effort, et ainsi à masquer l'action de l'homme.

Elle masque l'homme même et voici que son visage, qui s'était toujours montré à découvert dans le combat, depuis le

XVIe siècle, est parfois voilé. Nous touchons au dernier trait caractéristique de la guerre moderne : l'arrivée sur le champ de bataille d'auxiliaires déloyaux et sournois : le chlore, le brome, les vapeurs nitreuses, et alors pour s'en défendre l'apparition de ces masques et cagoules aux yeux de verre ronds, qui évoquent, dans les tranchées, l'image des Pénitents de jadis, des Frères de la Miséricorde, ou encore le sac à fenêtre rectangulaire ou le groin des Allemands, qui leur pend sous le menton.

Déjà M. Clairin a tenté de reproduire quelques-uns de ces aspects dans son tableau : *Les Masques et les gaz asphyxiants.* Ainsi le gaz qui est une arme amorphe oblige l'homme à revêtir une armure amorphe qui cache sa personnalité. C'est la lutte de l'invisible contre l'invisible. Que veut-on que le peintre en fasse? Certes, le drame n'est pas moins poignant : il est plus poignant peut-être qu'aux beaux jours du combat chevaleresque. Il exige des nerfs plus solides, une conscience plus assurée, une obstination plus constante. Mais il ne se manifeste plus par des gestes qu'on puisse peindre : il se passe tout entier dans le cœur de l'homme.

III. — L'HOMME

Reste donc à considérer l'homme lui-même, — c'est-à-dire la physionomie du soldat de 1918, sans se préoccuper de ses gestes si peu révélateurs de l'action. Peut-être offre-t-il au peintre un intérêt pittoresque et nouveau. Chaque époque et pour ainsi dire chaque guerre a créé son type de soldat bien défini. Le Puritain ou la tête ronde de Cromwell ne ressemble pas au *Tommy*. Le reître de Wallenstein est tout à fait autre chose que le grenadier de Frédéric II. Il y a une différence sensible, et qui ne tient pas toute au costume, entre le turbulent mousquetaire de Louis XIII, le poli et discret garde-française de Fontenoy, le hautain et calme grenadier de Napoléon et le soldat d'Afrique loustic et bronzé, qui brûla dans les tableaux de Neuville ses « dernières cartouches. » A la vérité, ces différents types du soldat français se retrouvent et coexistent à toutes les époques.

Nos grands-pères ont connu le « poilu : » il s'appelait alors le « grognard. » Peut-être voyons-nous passer, sous le costume bleu horizon, plus d'un Cyrano et d'un Fanfan la Tulipe. Mais ils ne sont pas caractéristiques du soldat actuel. Ce qui le caractérise, c'est le type qui tranche le plus vivement sur ses prédécesseurs. Il n'est pas apparu tout de suite. Au début, aux jours d'été 1914, le premier élan du soldat jeune, inexpérimenté, confiant, courant au sacrifice dans une ivresse quasi mystique, les nouveaux officiers arborant le casoar et les gants blancs évoquaient une France de jadis, élégante et téméraire.

« Ce sont les mêmes! » s'écriait en les voyant, un officier prussien qui se souvenait de 1870. Mais à mesure que la guerre s'est prolongée, dure et lente, un trait s'est dégagé qui a fixé le type. C'est l'homme de la tranchée, casqué, habillé d'un bleu que la boue a rompu, chargé d'engins et d'outils, de grenades, de pioches et de pelles, le vétéran réfléchi, tenace, endurant, venu de l'usine et surtout du champ, qui défend la terre avec l'âpreté qu'il mettait à la cultiver, simplement héroïque sans phrases, presque silencieux, philosophe à sa manière, un peu fataliste, servant son idéal sans le définir, rompu aux finesses du métier, sachant ce que vaut l'ennemi et conscient de sa propre force, — c'est le « poilu. » Assurément, il y a bien d'autres types de soldats dans cette guerre : il y a le loustic gai, fantaisiste, la « fine galette » d'autrefois ou le joyeux « bahuteur. » Il y a l'officier correct et réservé, mais le plus représentatif reste le « bonhomme » ou le « poilu. »

Est-il pittoresque? Certes. Sa silhouette, pour être moins voyante que celle de ses aînés, n'en est pas moins tentante pour le crayon de l'artiste, surtout surchargée de tout le fourniment de campagne, depuis le fusil jusqu'à la musette : les Vernet, les Meissonier, les Detaille eussent poussé des cris de joie en le voyant. M. Steinlen, M. Georges Leroux, M. Charles Hoffbauër, M. Georges Bruyer, M. Georges Scott et surtout M. Lucien Jonas nous en ont déjà montré des images très savoureuses. Et il diffère assez de ses aînés pour qu'il y ait un intérêt véritable à le peindre. Ce n'est pas le soldat de métier, victime du racoleur ou tête folle de gloire, heureux de vivre entre la fille et la fiole, avec de beaux galons sur sa manche. L'épaulette d'or ne brille pas dans ses rêves. Il ne s'est pas engagé, — sinon parfois pour la durée de cette guerre : — il n'a jamais souhaité d'aller faire la guerre aux autres, des entrées triomphales dans des capitales lointaines, des ripailles et des saccages fructueux. C'est le soldat d'en face qui a cela dans la tête. Même dans la tragédie qui l'absorbe, notre « poilu » reste par la pensée attaché à son champ : dès qu'il a le loisir, il s'inquiète si l'on a semé, si l'on a biné, si l'on a sarclé en temps voulu, si la vigne a été taillée, si la cuscute ne menace pas la luzerne, et il considère le mildiou comme un ennemi de l'arrière. Une de ses plus sincères indignations, dans cette guerre, a été de voir, au repli des Allemands, les arbres fruitiers coupés par méchanceté. Au milieu de ses camarades et en face de l'Ennemi, il reste un homme de famille, l'homme aussi d'une profession pacifique, d'un métier qu'il reprendra. Mutilé, il ne se soucie pas de l'hospitalité glorieuse des Invalides. Il se voit rentré chez les siens. En ce sens, ce n'est pas un « militaire professionnel. »

Mais ce n'est pas un garde national non plus. Il n'offre aucun des traits du légendaire pensionnaire de l'hôtel des Haricots, discutant ses chefs, fécond en « motions, » abandonnant sa garde pour sa boutique, assidu aux meetings, en un mot un militaire amateur. Le poilu est formé, façonné, discipliné par la vie des camps autant que le fut jamais chez nous le militaire professionnel. Il est expérimenté et connait son métier à fond mieux que ne le connut jamais soldat de métier. Il a subi toutes les épreuves possibles du feu, du froid, de la fatigue, de la faim. Le légionnaire antique n'a pas davantage bouleversé le sol, construit, fortifié. Il est épique. Et ce paysan ou cet ouvrier qui ne s'est levé que dans un but impersonnel, — défendre le sol des ancêtres, — sans rien espérer pour lui, ni pour rien changer à sa vie d'avant la guerre, sans rien abdiquer de ses opinions et de ses revendications, avec la colère du travailleur surpris en pleine besogne pacifique et la résolution de l'homme libre qui ne veut pas être asservi, ce « soldat-citoyen, » dans le sens noble du mot, c'est le « poilu. »

Ces traits passent dans sa physionomie. Comme voilà un vétéran véritable, comme il a vu le feu autant qu'un soldat de la Grande Armée, il a pris le visage grave, concentré du grognard ; il en a le sang-froid, le calme, la résolution ; ses sourcils et son front portent, même jeunes, le pli de l'expérience qui mûrit plus vite que le temps, de la réflexion que la mort enseigne mieux que la vie. Ses yeux, qui ont vu tant et de si terribles choses, en gardent le reflet ; son teint, qui a subi toutes les intempéries, nuit et jour, s'est hâlé; la première fois qu'il est revenu au pays, après les premiers mois de guerre, on a été surpris de la transformation. Une singulière assurance dicte ses gestes lents et utiles; tout le visage a pris cette impassibilité parfois un peu goguenarde qui frappe non seulement par sa force, mais par sa bonhomie. Son type n'est donc pas seulement moral, mais physique et doit tenter le peintre.

Il le doit d'autant plus qu'il est à créer. On chercherait vainement sa ressemblance parmi les portraits du premier Empire, de Gros, de Gérard, de Géricault, chez ces héros campés avec des airs de défi, le poing sur la hanche ou domptant des coursiers fougueux, la main sur la poignée du sabre, comme prêts à dégaîner, la tête relevée par un vif sentiment de leur valeur et aussi un peu par le hausse-col, les boucles de leurs cheveux déroulées au vent de la bataille,de petits favoris impertinents au coin des joues, sourire en conquérant au coin des lèvres, galants et querelleurs point du tout pensifs, se confiant en la pensée géniale qui travaille pour eux. Tel n'est point du tout le « poilu. »

Vainement chercherait-on sa ressemblance, encore, parmi les portraits d'Horace Vernet ou d'Yvon, le chasseur d'Afrique ou le spahi qui enléva la Smala, le zouave qui planta le drapeau sur le Mamelon Vert, — le cavalier qui chargea derrière Galliffet, — type déjà un peu plus bronzé, cuit au soleil d'Afrique ou du Mexique, mais conquérant encore et fait pour plaire, avec ses accroche-cœur et ses moustaches provoquantes, leste, sanglé dans sa tunique plissée à la taille, doré sur toutes les coutures, étincelant, témoignant nettement qu'il est d'une caste spéciale, la caste militaire, façonnée et formée selon un gabarit étroit, non peut-être tant par la guerre que par la vie de garnison en pleine paix. Ah! combien est différent le « poilu! » Encore moins trouverions-nous sa préfiguration chez les chapardeurs de Callot, les gentilshommes de Martin, de Lenfant, de Blarenberghe, chez les partisans de Tortorel et Périssin. C'est donc un type à créer.

Point n'est besoin pour cela d'un tableau de bataille : un portrait suffit. La seule figure du *Colleone* ou de l'homme appelé le *Condotiere* évoque tous les combats du XVe siècle; nous n'avons pas besoin de voir les gestes de tel reître d'Holbein pour savoir ce dont il est capable et dans le seul ovale d'une tête de Clouet s'inscrit l'implacable fanatisme qui annonce les drames de son temps. Ainsi du poilu. Mais ce portrait peut être saisi à quelque moment typique, à la minute même où la tension des nerfs est à son maximum, où toutes les énergies affleurent à l'expression, où l'acte, enfin, dont l'attente se lit sur le visage, va s'accomplir, c'est-à-dire quand le « poilu » est le plus lui-même. Nous attendons le grand artiste témoin direct, observateur lucide et pénétrant, qui saura rendre ce qu'il a vu sur les visages à la dernière minute avant la sortie de la tranchée, pour l'assaut, — lorsque l'artillerie cesse ou allonge son tir, les officiers regardent l'heure à leur poignet, chaque seconde qui s'écoule réduit la marge entre la vie et le mortel inconnu. Là, un portrait ou un groupe de portraits, je veux dire des « têtes de caractère » profondément étudiées peuvent nous révéler la bataille infiniment mieux que toutes les mêlées de Le Brun ou de Van der Meulen.

Pour saisir ces caractères, un dessin serré est nécessaire. Il les révélait, déjà, dans les faucheurs au repos de M. Lhermitte, dans les Bretons en procession de M. Lucien Simon et si on les avait mieux regardés, jadis, on eût été moins surpris des vertus d'endurance, d'abnégation, d'obstination, qu'on a découvertes chez nos soldats. Elles étaient lisiblement inscrites dans ces figures du temps de paix. Aujourd'hui, pour y ajouter tout ce qu'y a marqué la guerre, une étude minutieuse de tous les indices physionomiques s'impose. On peut la concevoir selon des techniques différentes, mais la technique impressionniste y serait tout à fait impropre. A force de barioler un visage des reflets lumineux de toutes les choses qui l'entourent, de le diaprer, le balafrer et le moucheter, elle finit par le faire ressembler au paysage ambiant plus qu'à lui-même. C'est un camouflage. Excellent pour dissimuler un canon ou une automobile, c'est un procédé tout à fait détestable pour révéler un visage, surtout un caractère. C'est proprement le contraire qu'il faudrait.

Voilà pour le « poilu, » mais la physionomie du poilu, pour être la plus voyante, n'est pas le seul type de combattant né de cette guerre. Celui de l'aviateur, par exemple, n'est guère moins neuf, ni moins caractérisé. Il l'est, d'abord, par sa jeunesse, puis par son air sportif qu'il a gardé comme une élégance au milieu des plus pénibles tâches et des plus tragiques aventures, franchissant une zone de feu comme on saute un obstacle, semant des bombes ou des signaux comme en un *rallye paper*, prenant ses notes ou ses photographies comme un touriste que le pays intéresse, flegmatique et précis, attentif à ne rien négliger de ce qui touche la sûreté de l'armée sous ses ailes, insouciant de sa propre vie et de sa mort, dédaigneux de toute attitude et de tout geste, chevaleresque, poli, distant, éphémère : tel est ce héros quasi fabuleux. Les Grecs en auraient fait un dieu ou, au moins, un être aimé des Dieux. Or, on ne trouve pas plus son portrait dans les plus modernes figures de « lignards » ou de mobiles, chez Neuville, que dans les Léonidas de David. Il faut le créer. Il mérite bien qu'un grand artiste vienne qui nous le révèle.

Mais ce n'est pas tout. Un des traits les plus marquants de cette guerre est un mélange de races tel que depuis les Croisades il ne s'en était pas vu de pareil. Comme les Expositions universelles, elle déracine, mais bien plus profondément, parce qu'elle dure plus longtemps et jette les déracinés dans des rencontres tragiques où le tréfonds de l'âme paraît. Elle révèle l'humanité à elle-même. Ce n'est pas sans une stupeur, d'ailleurs joyeuse, que le paysan de France a vu passer devant sa porte, — pour peu que sa porte s'ouvrît sur une grande route, — les Anglais athlétiques et rieurs, assis, leurs grandes jambes pendantes, sur d'immenses fourgons; les Sénégalais au rire blanc dans des faces noires, furieux seulement d'être appelés « nègres; » les Hindous cérémonieux et graves, qui demandaient des chèvres et qui offraient des bagues; les Marocains hautains et agiles; les colosses blonds de l'Ukraine au sourire enfantin; les mystérieux Annamites aux yeux bridés; les Portugais bruns et lestes; enfin, les Américains gigantesques, glabres et fastueux.

Ce défilé hétéroclite de tous les peuples accourus au secours de la civilisation, qui exerce si fort la verve des gens du *Simplicissimus*, n'est pas seulement une démonstration éclatante de l'horreur qu'inspire le Pangermanisme jusqu'aux confins extrêmes du monde habité : c'est une bonne fortune pour le peintre. Jamais il n'a eu sous les yeux telle abondance de modèles. Jamais il n'a pu si aisément faire une étude comparative des caractères de races. On ne voit guère que Venise, au XVIe siècle, qui ait fourni à ses artistes quelque chose d'approchant, mais sur une bien moindre échelle. Tous ces exemplaires inconnus de la grande famille humaine, vivant longtemps parmi nous, offrent à l'artiste une occasion unique de les observer au travail, au repos, au danger, à la mort, au plaisir. Quand ils sont à la soupe et à la corvée, il voit comme ils mangent, comme ils palabrent et comme ils s'efforcent; au service divin, au cinématographe, à l'assaut, il voit comme ils prient, il voit comme ils rient, il voit comme ils tuent. Les différences dans l'angle facial, le port de tête, la souplesse et le jeu des muscles, l'aptitude plus ou moins grande à se plier, à se ramasser, à bondir, à mesurer le geste à son objet, l'expression à son sentiment, l'effort à son but, — tout ce qui exige une action et une action violente pour se trahir est infiniment plus facile à observer, à la guerre, dans les moments où toutes les virtualités sont en jeu, que chez un modèle prenant une pose à l'atelier. Bien entendu, seuls les artistes qui sont au front en profiteront pleinement. En cela, comme en beaucoup d'autres domaines, c'est sur les combattants que nous comptons pour venir diriger, éclairer et rajeunir notre vision des choses.

En attendant, beaucoup en ont déjà profité. M. Flameng a si justement saisi les attitudes particulières aux Anglo-Saxons, que, modifiât-on leur uniforme, l'œil reconnaîtrait sans hésiter leur race. M. Devambez dans ses *Soldats hindous autour du feu*, M. Dufour, dans son *Type de prisonnier russe 1914 vétéran sibérien.* M. Louis Valade, dans ses *Écossais prisonniers en Allemagne*, M. Sarrut-Paul, dans son *Chef indien : Rissalder Nahil Khan et son ordonnance indien*, *division de Lahore*, s'y sont essayés. Mais ceci n'est qu'un commencement. Voici tout un monde nouveau qui s'ouvre pour les peintres. Se figure-t-on la joie d'un Giotto, lui, qui scrutait avec tant d'attention la physionomie de deux Mongols venus en ambassade, en son temps, d'un Mantegna qui s'attachait si ardemment à profiler l'exotique visage de Zélim, frère du Sultan, d'un Bellini qui courait à Constantinople, étudier celui de Mahomet II, d'un Rubens qui épiait l'expression et l'extase dans un facies de nègre, s'ils voyaient arriver aujourd'hui chez eux, en masse, tous ces peuples dont ils n'ont pu que deviner les indices physiologiques par quelques rares et fugitifs spécimens! A l'heure où l'on pouvait croire que « tout était dit » sur l'homme et qu'on « venait trop tard, » — beaucoup de nos vieux peintres, s'ils sont sincères, diront avec regret : « Nous sommes venus trop tôt ! »

Ainsi, la guerre apporte bien au peintre, comme au philosophe, à l'économiste, au stratège, nombre de spectacles intéressants, — seulement, ce ne sont point du tout ceux qu'on en attendait. Des paysages dénudés, désolés, calmes; des ciels animés par des nuages plus riches et plus divers; des nuits parées d'une joaillerie multicolore; des scènes d'intérieur, de cave, en clair-obscur; des faces graves et réfléchies d'hommes mûris par l'épreuve, ennoblis par le sacrifice; enfin, des gesticulations surprenantes de races enfantines ou le flegme des athlètes formés à l'école des dieux grecs : voilà quelques-uns des thèmes nouveaux que la guerre propose aux peintres. Et lorsque les jeunes artistes, qui sont en ce moment à vivre une Épopée, auront le loisir de la peindre, voilà sans doute ce qu'ils peindront. Mais, dans tout cela, où est la bataille? *Wo die Schlacht?* Le mot fameux de Moltke, si souvent cité et ridiculisé dans les Écoles de guerre du monde entier depuis 1870, s'ajuste exactement aux figurations de la guerre moderne : ce sont des paysages, des scènes d'intérieur ou de genre, des portraits sans doute inspirés par la guerre, — mais ce ne sont pas des « batailles. » Les belles œuvres déjà inspirées par elle : la *Tombe d'un soldat* de M. Bartholomé, la *Loi de trois ans*, projet de médaille de Saint-Marceaux, évoquent la lutte, mais ne la montrent pas. Les quelques tableaux qui la montrent et qui ont paru au *Salon* ne sont, jusqu'ici, que des tableaux de circonstance. On n'y sent pas du tout l'ivresse de l'artiste en face d'une nouvelle forme plastique ou pittoresque, devant une harmonie inexplorée de couleurs, — ce que furent, par exemple, à d'autres époques, la découverte de l'Orient pour les Decamps et les Fromentin, ou pour Millet et Rousseau celle de la Forêt. Ils peignent, çà et là, une « bataille, » parce que c'est un sujet d'actualité, cher au patriotisme, attirant les regards, mais pas du tout parce qu'ils y ont trouvé un beau thème à lignes ou à couleurs. La « bataille » moderne fait beaucoup pour les penseurs, pour les écrivains, psychologues, poètes, auteurs dramatiques, moralistes, quelque chose peut-être pour les musiciens : elle ne fait rien pour les peintres.

ROBERT DE LA SIZERANNE.

LES
TCHÈQUES CONTRE L'ALLEMAGNE

Quand on dresse la liste, déjà longue et sans cesse accrue des peuples coalisés contre l'Austro-Allemagne pour la défense du droit et de la liberté, il en est un qu'on oublie presque toujours : c'est le peuple tchèque. Il n'est pas, — il ne peut pas être, malheureusement, — notre allié au sens légal et officiel du mot : mais, ce qui est bien plus précieux, il l'est de cœur, de volonté et d'action, par l'héroïsme du dévouement et du sacrifice. Peu de pays ont contribué plus puissamment, soit par une aide directe, soit en désorganisant et affaiblissant nos adversaires, à préparer notre triomphe. Cette nation, à laquelle ne nous attache aucun lien de chancellerie, n'en a pas moins sa place dans la vaste et fraternelle armée de la Justice, une place glorieuse, que nous voudrions tâcher ici de définir.

Nous ne mêlerons à cette recherche aucune arrière-pensée de controverse. Il y a dans le public français, nous le savons, des opinions fort divergentes sur la destinée future de l'Autriche-Hongrie et sur les revendications des Tchéco-Slovaques : de ces opinions, nous ne voulons aujourd'hui soutenir ni combattre aucune. Nous envisageons, non ce que demandent les Tchèques à l'Entente, mais ce qu'ils ont fait pour elle, — non leur programme politique pour l'avenir, mais leur rôle dans la guerre actuelle. Nous faisons œuvre d'historien, non de diplomate ou de polémiste. Toute notre ambition est de signaler à la reconnaissance française, en laissant parler les faits le plus possible, la belle attitude d'un petit peuple trop méconnu, qui, depuis bientôt quatre ans, lutte, souffre et meurt pour le même idéal que nous.

I

Il peut sembler paradoxal, à première vue, de ranger dans le camp de l'Entente des gens que les textes protocolaires désignent comme sujets d'une puissance ennemie. Mais justement le cas des Tchèques montre à merveille quel abîme il y a entre les fictions administratives et les réalités vivantes. Sujets austro-hongrois de par la lettre du droit international, les Tchèques et leurs frères Slovaques n'en sont pas moins aussi antiautrichiens et antiallemands qu'on le peut être. Tous ceux qui se réfèrent, pour juger les hommes, à la vie des âmes, plutôt qu'aux classifications officielles, savaient bien d'avance que les Tchèques ne seraient pas, ne pourraient pas entrer dans la monstrueuse coalition pangermanique.

Il n'existe peut-être pas un peuple au monde où la haine de tout ce qui est allemand soit plus enracinée. « Vous ne détestez pas assez les Allemands, » nous disaient-ils souvent avant la guerre, — et c'était vrai, trop vrai ! Même aujourd'hui, après une si cruelle expérience, je ne sais si tous les Français les ont rejoints dans cette aversion à la fois instinctive et réfléchie. C'est que nous, en France, nous ne souffrons de nos voisins, ou du moins nous ne sentons notre souffrance, que lorsqu'ils nous envahissent : dans les intervalles de paix, notre rancune n'a que trop le temps de s'atténuer. Mais en Bohême, en Moravie, les Germains sont installés depuis plus de cinq siècles, et maîtres depuis trois cents ans. Trois cents ans de domination continuelle, tyrannique et tracassière, de la part des vainqueurs ; trois cents ans de résignation farouche ou de révolution impuissante de la part des vaincus ; un contact douloureux de tous les instants et sur tous les points ; un antagonisme qui se traduit dans les plus petites choses de la vie courante aussi bien que dans les plus graves questions de l'existence nationale : voilà des conditions qui expliquent assez l'hostilité patiente et têtue que les Tchèques nourrissent envers le germanisme. Ce petit peuple a vraiment le « sens de l'ennemi, » et nous pourrions au besoin lui en demander des leçons.

En faut-il citer des preuves ? En voici de très familières, et d'autant plus typiques. C'est le proverbe qui, dès le moyen âge, affirme sous une forme savoureuse que les Allemands sont en-dehors de l'humanité : « Partout il y a des hommes; à Chomotov il y a des Allemands (1). » C'est le refrain que chantent les petites filles de Bohême :

Jamais je n'épouserai un Allemand,
Plutôt rester vieille fille toute ma vie!

C'est mainte scène de boycottage commercial que les voyageurs français ont pu observer dans les bourgs tchèques : s'il y a deux magasins, l'un tchèque et l'autre allemand, et si le magasin tchèque est fermé ou manque d'un article même nécessaire, le bon Tchèque aime mieux s'en passer que d'aller chez l'Allemand. C'est enfin une strophe du beau chant national, *Hej Slovane*, de cette Marseillaise slave, si entraînante et si résolue :

Notre langue, c'est un don de notre Dieu, le maître de la foudre:
Que nul au monde ne se mêle de nous la ravir,
Quand bien même il y aurait autant d'Allemands que de [démons en enfer.
Dieu est avec nous : celui qui est contre nous, que le diable [l'emporte!

Certes, voilà un peuple qui sait ce que valent ses terribles voisins, qui s'en défie et les hait congrûment. Et en revanche, la France est, depuis longtemps, aussi aimée en Bohême que la race germanique y est honnie. Négligeons, si l'on veut, la cordialité accueillante dont tous nos voyageurs ont trouvé à Prague le touchant témoignage; ne retenons que deux faits essentiels. A deux tournants très importants de l'histoire européenne, le peuple tchèque s'est proclamé solidaire de la France, en des occasions où il y avait quelque mérite à le faire, et ces deux manifestations méritent d'autant plus d'être rappelées qu'elles sont comme la préface, comme l'explication anticipée de sa conduite actuelle.

La première date de 1870. Ceux qui, alors, ont tant souffert de voir la France, non seulement vaincue, mais délaissée par le monde entier, — et l'on se rappelle les vers admirables de *l'Année Terrible* où Victor Hugo a exhalé cette poignante amer

(1) Chomotov, — que nos géographes ont la naïveté d'appeler à l'allemande Komotau, — était dès le XIVe siècle victime d'une de ces néfastes immigrations germaniques que nous connaissons trop bien.

tume, — ceux-là ont peut-être trop oublié qu'à cet universel abandon il y avait une exception, unique et bien émouvante. Dans le vaste silence de l'Europe, une voix s'est élevée, — de Prague, — pour plaindre les victimes et flétrir les bourreaux. Le 8 décembre 1870, le leader tchèque Ladislav Rieger et les autres députés slaves de la diète de Bohême remettaient au chancelier Beust un mémoire, où ils condamnaient d'avance l'annexion de nos provinces de l'Est à l'Allemagne. Cette protestation devrait, disons-le bien haut, être connue de tous les Français, aussi bien que la sublime déclaration des députés d'Alsace et de Lorraine. Deux sentiments y éclatent avec une force éblouissante, deux sentiments qui, Dieu merci! sont inséparables : le respect du droit, et l'amour de la France :

« Si l'Allemagne arrachait à la France une partie de son territoire dont les habitants se sentent Français et veulent rester tels, elle commettrait un attentat contre la liberté des peuples, et mettrait la force à la place du droit. La nation tchèque ne peut pas ne pas exprimer sa plus ardente sympathie à cette noble et glorieuse France, qui défend aujourd'hui son indépendance et son sol national, et qui a si bien mérité de la civilisation. Elle est convaincue que le fait d'arracher un lambeau de territoire à une nation illustre et héroïque, remplie d'une juste fierté nationale, serait une source inépuisable de nouvelles guerres. Le peuple tchèque est un petit peuple, mais son âme n'est pas petite. Il rougirait de laisser croire par son silence qu'il approuve l'injustice. Dût son appel rester inutile, il aurait l'intime satisfaction d'avoir fait son devoir en rendant témoignage à la vérité, au droit, à la liberté des peuples. »

Non, cet appel n'est pas resté inutile; il a un peu consolé notre agonie à cette heure tragique, et aujourd'hui les principes qu'il proclamait sont ceux qui retentissent dans tout l'univers civilisé, ceux pour lesquels des millions d'hommes s'exposent à la mort

Vingt-deux ans plus tard, lorsque la grande vaincue, dont le baume de la pitié tchèque avait si pieusement pansé les blessures, commençait de reprendre sa place dans les conseils de l'Europe, lorsque l'appui de la Russie la tirait de son isolement, la sympathie tchèque s'est exprimée de nouveau. Il est curieux de songer que l'alliance franco-russe a été saluée à la tribune d'un des parlements de la Triplice :

« Nous, Tchèques, dirent alors les députés tchèques au Reichsrat, nous sommes les adversaires résolus de la Triple Alliance, et surtout de la Double Alliance austro-allemande, parce qu'à l'intérieur elle fortifie la situation déjà prépondérante des Allemands et des Magyars, et parce qu'à l'extérieur elle est dirigée contre la France... Nous, Tchèques, nous nous réjouissons de l'Alliance Franco-Russe. Nous aimons et vénérons la France... Le jour où nous aurons obtenu notre liberté, où la Bohême occupera la place qui lui convient en Europe, elle tiendra en échec les projets occultes ou manifestes des Allemands. »

Cette manifestation inattendue vaut qu'on s'y arrête. Elle prouve, entre autres choses, combien nous aurions tort, sous prétexte de courtoisie internationale, de nous désintéresser des luttes de partis au dedans des autres États. La politique extérieure et la politique intérieure d'une grande puissance sont toujours plus ou moins « fonctions » l'une de l'autre. En 1892, si la vie constitutionnelle de l'Autriche n'avait pas été faussée par le despotisme de la Cour, si les Slaves de la Monarchie, qui avaient la majorité, avaient eu aussi le pouvoir, le funeste pacte austro-allemand aurait été dénoncé, et toute la face de l'Europe eût été changée...

Dis aliter visum. Malgré l'avertissement des Tchèques, l'Autriche-Hongrie est restée liée à l'Allemagne, et la guerre actuelle est sortie de là. Nous savons déjà avec quels sentiments les Tchèques ont pu la voir éclater. Nous connaissons leur antipathie pour l'Allemagne, leur penchant vers la France. Si de plus on se rappelle qu'une puissante solidarité ethnique les unit tant à la Russie qu'à la Serbie, — en 1903, lors de la crise bosniaque, on manifestait à Prague en faveur des Serbes et contre le gouvernement autrichien, — on comprend pourquoi ils devaient naturellement, fatalement, se ranger de notre côté. Voyons comment ils s'y sont pris, d'abord chez nous, dans les pays de l'Entente, — puis chez eux, dans cette terre de Bohême si belle et depuis si longtemps esclave.

II

Dès les premiers jours de la guerre, deux actes à peu près simultanés montraient à quel degré de confiance et de sympathie réciproque la France et les Tchèques étaient parvenus. D'une part, le gouvernement français accordait aux Tchèques établis sur notre sol le bénéfice d'un traitement de faveur, analogue à celui des Alsaciens-Lorrains et des Polonais. D'autre part, — sans même attendre d'avoir obtenu cette mesure d'exception, — le plus grand nombre de nos hôtes tchèques en âge et en état de porter les armes s'engageaient sous nos drapeaux.

Le fait est connu, sans doute : il n'a pas eu, à notre avis, tout le retentissement qu'il méritait. Il est tout à notre honneur comme à celui de ces braves volontaires, et de plus il constitue un signe frappant de l'aspect nouveau que revêtent, pour la conscience moderne, les questions nationales. Car enfin, représentons-nous la situation d'un commerçant ou d'un artisan tchèque, installé à Paris, le 2 août 1914. S'il ne consultait que les papiers officiels et les formules légales, il devrait quitter la France, rejoindre son pays natal, aller prendre sa place dans l'armée impériale et royale de S. M. Apostolique, où il a peut-être fait son service militaire autrefois, où il a peut-être des amis, des voisins, des frères, enrôlés malgré eux. Or, non seulement il ne le fait pas, mais il fait tout le contraire. Il ne reste pas non plus, ce qui lui serait loisible, à l'abri du conflit, tranquillement occupé de son métier ou de son négoce. Il accourt se jeter dans la fournaise, non pas contre nous, mais avec nous. Pourquoi? C'est, d'abord, qu'il nous est reconnaissant de l'accueil qu'il a trouvé chez nous; c'est qu'il s'est fait, en vivant en France, une âme à moitié française. Mais c'est surtout qu'il a conscience d'accomplir les ordres souverains de son patriotisme. Il sait que la France défend la cause du droit, la cause de toutes les victimes, de toutes les nations opprimées, comme est la sienne. Il sait que de notre victoire, et non de celle des Empires centraux, la Bohême peut sortir libre et grande. Et ainsi, en trahissant son devoir officiel de sujet autrichien, il sent qu'il fait son devoir, bien autrement important, bien autrement profond, de citoyen tchèque.

Telle est la conviction puissante à laquelle ont obéi les volontaires tchèques et slovaques qui, à la première heure de la lutte, sont accourus pour combattre à nos côtés. Ils n'étaient pas nombreux, sans doute, et c'est ce qui explique que leur geste admirable soit demeuré inaperçu aux yeux de la foule 700 seulement, pas de quoi composer un régiment. « Qu'est-ce que 700 hommes au milieu des millions de soldats qui se ruent au carnage? » disent les esprits vulgaires, pour qui les réalités matérielles et arithmétiques méritent seules de compter. — Mais, d'abord, songeons que la colonie tchèque en France était très restreinte : 1 200 individus seulement. En envoyant à l'armée française 700 de ses fils, elle a donc fait un sacrifice considérable. Combien de nations ont sur le front soixante pour cent d'elles mêmes?.

Mais en pareille matière il faut s'élever au-dessus des chiffres bruts : certains dévouements valent par la qualité plus que par le nombre. A ce titre, le petit bataillon tchèque du 1er Étranger défie toute comparaison, même avec les plus vaillants fils de France. Faisons taire nos humbles paroles d'historien : ici, il sied que ce soient les faits qui louent.

Dès les jours tragiques de Charleroi commence la coopération sanglante des Tchèques à notre défense nationale : ils n'attendent pas, pour nous aider, l'heure ensoleillée de la victoire; ils optent pour nous, virilement, au moment où la fortune de la France peut sembler désespérée. Deux d'entre eux tombent sur le champ de bataille même de Charleroi, deux autres dans la retraite qui suit. A la bataille d'Arras, le 9 mai 1915, la compagnie tchèque se déroule pour la première fois en ligne de combat, sous les plis de l'étendard rouge au lion d'argent : elle paie cette gloire, ressentie avec tant de fierté, du prix de cinquante morts (42 à Targette et 8 à Souchez). Puis continue la liste héroïque des sacrifices : cinq morts à Tahure, quatorze en Picardie, six à Reims, quatre à Monastir, un au Maroc. Au total, cent dix morts et cent quatre-vingts réformés, dont la plupart avec de graves blessures. Quant aux récompenses que les volontaires tchèques peuvent mettre en regard du sang répandu, elles sont éloquentes aussi : une Légion d'honneur, douze médailles militaires, cent dix croix de guerre, une croix de Saint-Vladimir, trois de Saint-Stanislas, cinq croix et vingt et une médailles de Saint-Georges, une médaille d'or serbe, en tout cent cinquante et une décorations. Enfin, si le 1er Étranger a reçu successivement la fourragère verte et rouge en 1916, la fourragère verte et jaune en 1917, et, tout récemment, — gloire unique dans l'armée française, — la fourragère aux couleurs de la Légion d'honneur, les Tchèques qui servent dans ses rangs ne sont pas ceux qui ont le moins contribué à lui conquérir cette louange suprême.

Dans les autres pays alliés, la conduite des Tchéco-Slovaques a été la même qu'en France. La colonie tchèque en Grande-Bretagne est peu nombreuse, mais 90 pour 100 de ses membres se sont engagés dans l'armée britannique. Il y a également beaucoup de volontaires tchèques dans les régiments canadiens, dont on connaît assez la bravoure tout ensemble impétueuse et patiente. Aux États-Unis, aussitôt la guerre déclarée, les émigrés de Bohême et de Slovaquie comptent parmi ceux qui ont répondu avec le plus joyeux empressement à l'appel du président Wilson.

En Russie, la situation présentait un aspect particulier. La colonie tchèque était là beaucoup plus considérable qu'en aucun autre pays d'Europe : elle se chiffrait par milliers, non plus par centaines. En outre, il y a eu dans l'Empire russe, à la suite des événements militaires sur lesquels nous reviendrons, et dès les premiers temps de la guerre, un nombre immense de prisonniers tchèques. Ceux-ci, toujours profondément pénétrés du sentiment de leur devoir slave, se sont aussitôt rangés à côté de ces frères de race que la veille on les forçait de combattre malgré eux. A peine leur avait-on permis de s'engager dans l'armée russe que plus de 20 000 se proposaient spontanément, sans aucune contrainte matérielle ni morale. Groupés en bataillons d'éclaireurs, ils sont bientôt devenus assez nombreux pour former un corps autonome, la brigade tchéco-slovaque, dont les généraux ont maintes fois signalé l'initiative audacieuse et l'inlassable endurance. Notamment dans cette offensive de l'été dernier qui a fait luire à nos yeux des espérances si belles, — et si courtes, — la part des Tchéco-Slovaques est une des plus brillantes comme des plus utiles. A Zboroff, ils capturent 62 officiers, plus de 5000 soldats, et 15 canons. Quand on les charge d'une simple démonstration sans portée sérieuse, ils trouvent le moyen d'enlever à la baïonnette trois lignes de tranchées. Leurs pertes en officiers, dans certains régiments, atteignent 100 pour 100. Broussiloff, qui relève le fait, ajoute ces lignes significatives : « Ces Tchéco-Slovaques se sont battus comme des diables. Ils sont une des exceptions qui font ressortir la honteuse décadence générale de l'armée russe. Perfidement abandonnés à Tarnopol par notre infanterie, ils se sont battus de telle façon que tout le monde devrait se mettre à genoux devant eux. Une seule de leurs divisions a barré le chemin à trois divisions ennemies. La fleur de leurs intellectuels est tombée. Professeurs, avocats, ingénieurs, écrivains, se sont battus comme de simples soldats et sont morts. Les blessés demandaient le coup de grâce pour ne pas être pris par les Allemands. »

Ce témoignage admirable du plus compétent des juges est d'autant plus précieux à retenir qu'en ce moment même les troupes tchèques sont en train de se voir reconnaître officiellement par les gouvernements Alliés la place à laquelle leurs services leur donnaient le droit d'aspirer. Avec ces groupements épars et si inégaux en nombre, avec les régiments qui se sont fait prendre par les Serbes et par les Italiens, on est arrivé à constituer une véritable armée, qui aura son existence propre, ses chefs, son drapeau, et qui sera sur nos champs de bataille l'incarnation vivante et agissante de la patrie tchèque. Cette création, dont les résultats peuvent être singulièrement importants, est l'œuvre de trois ou quatre hommes politiques : M. Masaryk en Russie, M. Stefanik aux États-Unis, M. Benes en France, en Italie et en Angleterre. Combien cette légion tchéco-slovaque comptera-t-elle de divisions? et dans quelle proportion sera-t-elle répartie entre les divers fronts? il ne nous appartient pas de le dire (1). Mais ce qui est sûr, c'est qu'elle se montrera la digne héritière d'une race dont les vertus militaires se sont affirmées à toutes les époques de l'histoire. « Nous voulons faire voir, nous écrivait un jour un volontaire tchèque du 1er Étranger, que dans nos veines coule toujours le vieux sang des Taborites. » Ils l'ont fait voir, en effet, comme soldats de nos régiments : ils le prouveront encore

(1) Au moment où nous relisons les épreuves de cet article, les journaux annoncent l'arrivée à Vladivostok de deux régiments tchéco-slovaques. D'où viennent-ils, et où vont ils? Ils viennent de l'Ukraine où ils s'étaient formés à la voix de leurs leaders nationaux, et d'où ils ont dû se retirer lorsque l'Ukraine s'est si fâcheusement ralliée à la cause germanique. Il semble bien d'ailleurs que les destructions systématiques d'approvisionnements qu'ils y ont opérées avant de partir soient pour beaucoup dans la désillusion alimentaire de l'Austro-Allemagne. Quant au but de leur voyage, on peut le deviner en songeant que le Japon et le Canada forment la route la plus sûre actuellement pour aller de Russie en France. Ce n'est pas une odyssée banale que celle de ces braves gens qui, partis de Bohême comme soldats autrichiens, vont venir se battre à nos côtés après avoir traversé la moitié de l'Europe, l'Asie et l'Amérique. Il ne leur manquera plus, pour achever leur « tour du monde, » que de rentrer de France en Bohême en passant sur le ventre des Allemands.

mieux, si c'est possible, comme membres d'une armée qui sera la leur, sans cesser d'être la nôtre.

III

On ne lutte pas seulement, dans cette guerre, les armes à la main. Dans le duel inexpiable que nous livrons à l'ambition germanique, la propagande et la presse, le commerce et l'industrie, sont des outils de combat tout comme l'aéroplane ou le canon lourd. Ici encore, nous devons beaucoup aux Tchéco-Slovaques. Pendant que ceux de France aidaient nos soldats à repousser les troupes de choc allemandes, ceux d'Amérique s'employaient assidûment à refouler d'autres attaques, non moins meurtrières. Leur aide nous a été aussi secourable à Pittsburg ou à Chicago qu'à Arras et à Reims.

Il y a beaucoup de Tchéco-Slovaques aux États-Unis. Malgré la fertilité du sol bohème ou morave, les conditions d'existence, sous le joug austro-magyar, sont si fâcheuses que bon nombre de fils de ces beaux pays se voient obligés de les abandonner. 600 000 Tchèques, 700 000 Slovaques se sont ainsi établis sur le territoire américain. Ils se sont groupés en deux associations puissantes, l'*Alliance Nationale Tchèque* et la *Ligue Slovaque*, siégeant l'une à Chicago, l'autre à Pittsburg, et disposent de cinquante journaux environ, quotidiens ou périodiques. Ils ont en général conservé un très vif attachement à la mère patrie, un souci ardent et intelligent de ses destinées, en quoi ils se rapprochent de ces généreuses colonies grecques de France et d'Égypte, où M. Venizelos a trouvé de si actifs défenseurs des intérêts de l'hellénisme. Ils ont aussi, ce qui est naturel, une haine implacable des Allemands et des Magyars, dont la tyrannie les a chassés de chez eux.

Aussi ont-ils pris, dès le principe, une position très nette contre les Germano-Américains. Leurs efforts pour contrecarrer la propagande des *hyphens* constituent un des épisodes les plus curieux de l'histoire de l'opinion en 1915 et 1916 dans la grande République sœur.

La bataille s'est livrée d'abord sur le terrain des munitions de guerre. Il était urgent, pour les Austro-Allemands, d'empêcher les usines américaines de ravitailler nos armées, et précisément, dans ces usines, se trouvaient de nombreux Slaves ;

Tchèques, Slovaques, Polonais, Croates et Serbes. Les agents de l'Allemagne essaient de leur persuader d'abandonner le travail; et, pour mieux y parvenir, — c'est une de leurs tactiques favorites, — ils réussissent à s'infiltrer dans quelques journaux slaves, qu'ils transforment en succursales de l'agence Wolff. Les chefs des groupements tchéco-slovaques s'appliquent à ôter leur masque slave à ces faux frères, et y arrivent, non sans peine. Quelle victoire pour eux, — et pour nous, — le jour où ils peuvent prouver que le *Katolicky Ludovy Dennik*, le grand journal slave de Chicago, est subventionné... par le consulat d'Autriche-Hongrie! Du coup, cette feuille, très répandue, tombe au chiffre ridicule de 600 abonnés. De même pour les *Amerikansko-Slovenske Noviny*. De même pour le *Vesmir*, qui est un peu plus difficile à prendre sur le fait : mais on finit par démontrer, fac-similé en main, qu'il émarge aux fonds secrets de l'ambassade autrichienne, et voilà encore un des étais de l'influence germanique qui s'écroule piteusement.

Privé de ces sournois instruments de propagande, le chef des conspirateurs, le Dr Dumba, s'adresse directement aux ouvriers slaves, et s'efforce de les prendre, tantôt par la pitié, tantôt par la terreur. Par la pitié : auront-ils bien le cœur de forger ces armes qui vont massacrer leurs frères dans les armées de François-Joseph? Par la terreur : qu'ils prennent garde, le jour où ils voudront revoir leur foyer sacré, d'être écartés du sol tchèque ou croate par un procès de haute trahison! Contre ce mélange de pathétique hypocrite et de chantage effronté, les Tchéco-Slovaques réagissent encore. Ils organisent des meetings de protestation antigermanique à Chicago, Cleveland, Pittsburg, New-York, etc. Et le bon travail continue dans les usines de guerre.

Nouvelle tentative allemande : on fait appel cette fois à l'intérêt matériel; on veut convaincre les ouvriers que les salaires sont trop bas. Nouvelle riposte des Tchèques, de leurs journaux et de leurs ligues : la grève avorte, et les munitions partent toujours pour les champs de bataille européens.

Si on les empêchait de partir? D'accord avec la germanophile *American Embargo Conference*, le président du syndicat de la presse étrangère à New-York, M. Hamerling, s'adresse aux scrupules d'équité de M. Wilson, entreprend de lui faire interdire l'exportation des armes comme contraire à la neutralité. Une fois de plus la presse tchéco-slovaque est prompte à la parade : elle dévoile les dessous de cette campagne soi-disant neutraliste, et la fait échouer comme toutes les autres manœuvres de l'ennemi.

Ajouterons-nous qu'elle a dénoncé sans relâche le sinistre triumvirat Dumba-Von Papen-Boy-Ed? que le rappel de ces trois bandits camouflés en diplomates lui est dû en grande partie? qu'elle a chaudement prêché l'accession des États-Unis à la coalition antiallemande? Sans doute, les Tchèques ne sont pas les seuls auteurs des sympathies que l'opinion américaine a conçues pour nous. Toutes sortes de causes y ont contribué : notre propagande et le travail intérieur, lent, mais sûr, de l'âme yankee, le martyre de Louvain et de Reims et le prestige de la Marne et de Verdun, et, plus que tout peut-être, les crimes et les sottises de nos ennemis. Mais, dans ce vaste concert de forces qui ont agi sur l'esprit des républicains d'outre-Atlantique, l'influence des Tchéco-Slovaques n'a pas été négligeable. Dans les grands centres industriels ou politiques, ils ont contrepesé, malgré la disproportion du nombre, l'effrayante pression par laquelle les pro-Germains risquaient de déformer la conscience américaine. Plût au ciel que, chez tous les neutres, la bonne cause eût rencontré autant de bons avocats!

IV

A la différence des émigrés dont nous venons de parler, les Tchèques restés dans le royaume de Bohême ne pouvaient servir directement les intérêts de l'Entente. Ils nous ont aidés quand même, en affaiblissant, en désorganisant le plus possible les forces vitales de l'un de nos adversaires.

Et d'abord ses forces militaires. Si mal renseignés que nous soyons sur les choses d'Autriche-Hongrie, des lueurs de vérité ont filtré jusqu'à nous, assez pour que nous puissions entrevoir le vaste ensemble de mutineries et de défections qui a maintes fois paralysé la vigueur offensive du « brillant second, » et qui est l'œuvre, un peu, de tous les soldats slaves et latins de la Double Monarchie, mais surtout des Tchéco-Slovaques.

Cette espèce d'indiscipline générale ne semble pas, au début, avoir été préparée par un travail méthodique : elle a été plutôt la révolte spontanée de l'instinct slave des populations, comprenant fort bien que leurs maîtres allemands voulaient les lancer contre leurs frères, et se refusant à cette besogne criminelle. On nous a raconté qu'à Prague, au mois d'août 1914, les conscrits tchèques avaient attaché à leur drapeau rouge un écriteau où étaient inscrits ces deux vers :

Mouchoir rouge, tourne avec nous :
On nous oblige d'aller contre les Russes, nous ne savons pas pourquoi.

Sur beaucoup de points de Bohême et de Moravie, la mobilisation fit apparaître les germes de mauvaise volonté irréductible qui couvaient dans l'âme tchèque contre une guerre antislave : les soldats déclaraient qu'ils tourneraient leurs armes contre leurs officiers et contre les Allemands. C'est au milieu des rébellions, des arrestations et des fusillades que les autorités autrichiennes durent procéder à la mise en campagne des régiments tchèques. Jusqu'à la fin de 1916, le refus d'obéissance y fut comme endémique. Les détachements tchèques qui traversaient la ville de Prague pour être expédiés au front étaient escortés de troupes allemandes ou magyares en nombre double : défense aux passants de leur parler ou de leur sourire ! le salut de l'État était à ce prix.

Une fois arrivés aux tranchées, les Tchèques montrent bien par leur attitude que toutes ces précautions n'ont servi de rien, qu'on n'a pas pu, qu'on ne pourra pas les transformer en défenseurs d'une Austro-Allemagne qu'ils détestent. Le 11e régiment (de Pisek) refuse de marcher sur Valjevo, en Serbie, et est canonné par l'artillerie hongroise. Le 35e (de Pilsen), à peine débarqué du chemin de fer, passe dans les lignes russes. Le 36e (de Mlada-Boleslav) se mutine dans les casernes ; le 88e, en essayant de se rendre aux Russes dans les Carpathes, est fusillé par la garde prussienne et les honveds magyars. Après la seconde bataille de Lvov, les troupes tchèques s'ingénient à transformer la défaite en désastre, sèment la panique, s'enfuient jusqu'à Olomouc, voire jusqu'à Prague.

La reddition du 28e (de Prague) est particulièrement célèbre. Elle a eu l'honneur d'une flétrissure spéciale, que lui a décernée François-Joseph dans un ordre du jour lu à toute l'armée. 2 000 hommes s'étaient livrés aux Russes, le 3 avril 1915, avec armes et bagages, musique en tête, et, sans plus attendre, avaient commencé à se battre contre les Autrichiens. « Ce n'est que dans le sang qu'on lave un tel outrage, » pensa le gouvernement de Vienne. Pour faire expier aux Tchèques leur trahison, il forma un nouveau 28e, composé de recrues tchèques; ces enfants de vingt ans, envoyés sur l'Isonzo, furent placés exprès dans un poste on ne peut plus dangereux : dix-huit seulement échappèrent au massacre, — et le 28e fut solennellement réhabilité.

A partir du printemps de 1915, ces redditions en masse devinrent impossibles, parce que les soldats tchèques furent disséminés dans des régiments allemands et magyars, l'état-major de Berlin ayant pris dans sa rude poigne la direction de l'armée autrichienne. Mais les défections d'individus isolés ou de petits groupes ne prirent pas fin. Empruntons à un jeune écrivain tchèque, M. Skalicky, le tableau d'une de ces scènes qui se sont produites sans cesse en Galicie ou en Volhynie : « Les volontaires tchèques (de l'armée russe) ont souvent en face d'eux un détachement tchèque. Ils s'approchent de la tranchée ennemie, et commencent à chanter leur hymne national. Cet air doux et mélodieux hypnotise les soldats tchèques qui se tiennent derrière les fils barbelés. Une, deux, trois voix s'ajoutent, et, tout à coup, le chant sacré doucement résonne. Et, comme ensorcelés, les soldats obéissent à cette voix caressante de l'hymne national, et leur conversation devient très courte : Frères, voulez-vous la Bohême libre ? — Nous voulons. — Eh bien! suivez-nous. — Et les tranchées autrichiennes se vident, et le nombre des volontaires tchèques augmente. »

Les tranchées autrichiennes se sont, en effet, prodigieusement vidées. On estime que, jusqu'en 1916, 600 000 Tchéco-Slovaques ont été envoyés au front; là-dessus, 350 000 se sont rendus aux Serbes et aux Russes, et les autres, faute d'avoir pu en faire autant, ont servi aussi mal que possible sous l'aigle bicéphale.

Il n'est pas surprenant que les hommes d'État de Vienne et les députés pangermanistes se soient répandus en invectives contre cette conduite des Tchèques. Mais, où ils dépassent la mesure permise même aux mensonges allemands, c'est quand ils les accusent de lâcheté. Rien de commun entre les défections des soldats de Bohême ou de Moravie et les honteuses capitulations qu'on a pu voir dans d'autres armées. Les

Tchèques n'ont pas le cœur timide! la preuve en est que la plupart d'entre eux, une fois arrivés sous les drapeaux ennemis, luttent comme des lions. S'ils se sont rendus aux Russes, ce n'est donc pas parce qu'ils ne voulaient pas se battre, mais parce qu'ils ne voulaient pas se battre pour des Allemands contre des Slaves. La désillusion, pour les dirigeants austro-hongrois, n'en a été que plus amère : ces Tchèques, en qui les qualités de race laissaient prévoir de si bons soldats, leur faisaient défaut au moment critique, et ne retrouvaient leur vigueur que pour se retourner contre l'Autriche! Ce ne serait pas trop simplifier l'histoire militaire de la Double Monarchie depuis trois ans et demi que de la résumer en deux faits, également désagréables pour l'amour-propre de l'état-major impérial et royal : les revers de l'Autriche sont presque tous dus à la défection de ses troupes slaves, ses succès à la collaboration des Allemands de l'Empire. Et comme, pour venir en aide à leurs alliés, les Allemands ont été obligés de prélever des troupes sur d'autres fronts, il se trouve finalement que la « trahison » des Tchèques a servi la France et l'Angleterre, aussi bien que la Russie et la Serbie.

V

Ce n'est pas seulement le « matériel humain » de l'Autriche, — pour emprunter à nos ennemis leur habituelle et brutale expression, — qui a souffert du mauvais vouloir des Tchéco-Slovaques. Dans l'ordre financier, économique, politique, ils n'ont pas moins savamment travaillé à empêcher la vieille machine austro-hongroise d'aller son train normal.

L'état des finances autrichiennes, qui n'était ni très clair ni très florissant en temps de paix, l'est encore bien moins depuis la guerre. Pour peu qu'on jette un coup d'œil sur le tableau du change dans les pays neutres, on voit que le sort de la couronne est plus lamentable que celui même du mark : là où l'un dégringole, l'autre s'effondre. Quelle part les Tchèques ont-ils dans cette débâcle? Là-dessus, les journaux officieux de Vienne ont deux opinions de rechange. Quand ils veulent persuader à l'univers que les peuples de la Monarchie sont les plus heureux du monde aussi bien que les plus dociles, ils affectent de s'extasier sur le loyalisme financier des Slaves, sur leur coopération efficace aux emprunts de guerre. Et il est hors de doute qu'il y a beaucoup d'argent tchèque dans le trésor impérial : — il y a tout celui que les autorités ont confisqué aux caisses d'épargne et aux banques populaires de Bohême! Mais à d'autres heures, quand ils ne se croient pas regardés, les Allemands d'Autriche laissent échapper la vérité : ils accusent les Tchèques d'avoir « saboté » les emprunts. Ç'a été un de leurs arguments pour retenir si longtemps en prison le célèbre leader tchèque Kramarz; ç'a été aussi le grief invoqué, plus récemment, pour arrêter le directeur de la grande Banque Industrielle de Prague, M. Jaroslav Preis, et quatre de ses collègues. Si bien qu'alternativement, selon les besoins de la polémique, les mêmes Tchèques sont présentés comme de fidèles serviteurs du Trésor ou comme ses pires adversaires.

C'est la seconde assertion qui est la vraie, et les chiffres le prouvent. De l'aveu du gouvernement, pendant que la partie allemande de la population cisleithane souscrivait 18 milliards de couronnes, la partie tchèque, qui est à peine moins nombreuse, ne souscrivit qu'un milliard et un quart. Or, les pays tchèques sont les plus riches de l'Empire. Il suffit de rapprocher ces deux faits pour que la conclusion s'en dégage toute seule : c'est que les Tchèques, peut-être par antipathie naturelle contre le gouvernement de Vienne, peut-être par obéissance aux conseils de leurs chefs politiques et de leurs financiers, et probablement pour ces deux motifs à la fois, ont donné à leurs maîtres le moins d'argent possible ; autant qu'il était en eux, ils ont ôté des mains meurtrières de l'Autriche le « nerf de la guerre, » — qui, en l'espèce, était aussi le nerf du crime.

Même « sabotage » dans la vie constitutionnelle et parlementaire de l'État autrichien. Ce n'est pas ici le lieu de retracer l'histoire si complexe de toutes les agitations qui l'ont troublée : discours véhéments et controverses de presse, manifestations populaires, — et aussi mesures de police, arrestations, emprisonnements de civils, procès de haute trahison, pendaisons ou fusillades. Il n'y a pas d'hyperbole à dire que, depuis août 1914, le gouvernement autrichien soutient deux guerres à la fois, l'une contre l'Entente, l'autre contre la moitié de ses propres sujets. Or, dans cette moitié hostile, les Tchèques sont au premier rang. C'est après eux, et le plus souvent sur leur modèle et selon leurs conseils, que les autres peuples slaves de la

Monarchie, Polonais, Slovènes, Dalmates, Ruthènes ou Croates, se sont décidés à adopter une politique d'union sacrée entre les différents partis et d'opposition irréductible contre le gouvernement de Vienne. Si, pendant près de trois ans, seule entre toutes les puissances belligérantes, l'Autriche a renoncé à convoquer son parlement, se réduisant par là même à une situation malaisée, humiliante, presque ridicule, c'est surtout parce qu'elle craignait les protestations que les députés tchèques ne manqueraient pas de j ter du haut de la tribune pour dénoncer à tout l'univers sa monstrueuse tyrannie.

Crainte trop justifiée! Lorsque, après avoir détenu des milliers de Tchèques, après en avoir massacré des centaines, elle a cru avoir maté la résistance des autres, et qu'elle s'est décidée à réunir enfin le Reichsrat, qu'est-il arrivé? Dès la première séance, en dépit des adjurations pathétiques du ministre Clam-Martinitz, le président de l'Union Tchèque, M. Stanek, a lu une déclaration solennelle où il revendiquait l'indépendance des pays tchéco-slovaques, dans des conditions qui supposaient un complet bouleversement du dualisme austro-hongrois. Les partis polonais, slovène et ruthène ont aussitôt suivi son exemple. Au dehors, un manifeste de 150 intellectuels tchèques exprimait les mêmes aspirations, et 15000 ouvriers, sur les places publiques de Prague, maudissaient le gouvernement impérial en acclamant la France et la Russie. La Double Monarchie, grâce à l'initiative tchèque, tremblait vraiment sur ses bases.

Si nous en doutions, voyons seulement la colère des Allemands et des Magyars. « Quoi! Ce que je lis n'est pas le compte rendu de la Chambre française, s'écrie le journal magyar *Alkotmany*, ni de la Chambre des Communes anglaises, mais celui de la séance d'ouverture du Reichsrat autrichien?... Par leur plan, les Tchèques passent dans le camp de nos ennemis, car, de même que nos ennemis, ils veulent nous démembrer. »

Rien de plus significatif que ces hurlements de douleur et de colère. Les Tchèques ne s'en sont d'ailleurs nullement laissé émouvoir : depuis la séance historique du 30 mai, ils ont persévéré, ils persévèrent dans leur attitude intransigeante. Notamment, ils répètent à tout propos que, pour eux, la reconstitution de la Bohême n'est pas une affaire intérieure d'Autriche, mais une affaire européenne, internationale, qui doit être portée devant la conférence de la paix : c'est parfaitement exact, mais c'est aussi parfaitement dommageable aux ambitions de l'Austro-Allemagne. Quels regrets, à Berlin comme à Vienne, n'a-t-on pas dû ressentir d'avoir consenti à la réunion du Reichrat! Mais on ne pouvait pas s'en passer. Avec ou sans parlement, l'Autriche est également gênée par les Tchèques : ils paralysent tous les efforts gouvernementaux; ils entravent les séances les plus urgentes; bref, ils produisent chez notre ennemie ce que Fontenelle mourant appelait, d'un si joli euphémisme, « une certaine difficulté de vivre. »

Après cela, faut-il s'étonner, comme le font quelques personnes, qu'ils ne soient pas allés plus loin, qu'ils n'aient pas entrepris un grand mouvement révolutionnaire? L'idée était tentante; elle a dû les séduire, mais elle aurait été fort dangereuse. Avec la mobilisation, qui éloignait de Bohême tous les hommes valides, avec l'état de siège, avec l'intervention certaine des troupes allemandes, qui seraient accourues à l'aide du gouvernement autrichien, une sédition eût été noyée dans le sang. Les Tchèques se seraient fait sabrer, sans profit pour leur cause ni pour la nôtre. A défaut d'un vaste soulèvement national, ils nous en ont donné la menue monnaie. En langage syndicaliste disons qu'ils ont organisé « la révolution perlée. » Ce n'est pas la plus brillante, — ce n'est pas la moins efficace.

Ainsi, avec une tactique très heureusement adaptée aux circonstances, les Tchèques de Bohême et de Moravie se sont inspirés des mêmes principes que ceux de France, de Russie ou d'Amérique. Dans l'armée, dans les banques, au parlement, dans la presse, ils ont lutté, avec leur ténacité coutumière, contre le germanisme que nous attaquions du dehors. Ils l'ont affaibli dans une mesure que nous pouvons déjà apprécier, et qui leur crée un titre impérissable à notre gratitude. Car, sans nul doute, ce qu'il y a de plus fragile dans la coalition ennemie, c'est l'Autriche; et elle l'est principalement à cause de ses Tchèques. Rappelons-nous tout ce qu'ils ont fait et tout ce qu'ils ont empêché, les obstacles incessants qu'ils ont suscités à l'action militaire et politique de l'Austro-Allemagne, et posons-nous cette simple question : s'il y avait dans l'Empire allemand, comme dans l'État voisin, dix millions de Tchèques, est-ce que la guerre ne serait pas finie depuis longtemps, — et bien finie?

René Pichon.

DANS LES FLANDRES

1914-1915

NOTES D'UN COMBATTANT

Octobre 1914

REFLUX

Les signes pesaient de plus en plus néfastes sur la douce ville, avec le déclin du jour, ce soir-là. Dixmude, au milieu du troisième mois de guerre, était encore incertaine de son sort, dont anxieuse elle guettait les indices.

Incessamment des soldats débandés arrivaient de l'Est, hésitants dans leurs pas et vagues dans leurs réponses. L'armée du duc de Wurtemberg, que la chute d'Anvers rendait libre, avançait à grandes étapes vers Calais, refoulant d'une poussée brutale les débris des troupes belges. Sur les longues routes aux peupliers infléchis par les vents, on voyait fuir les paysans chargés de hardes ou traînant des charrettes, courbés, sous la mauvaise hâte.

La veille, pourtant, un souffle d'espoir s'était levé. Des officiers d'état-major avaient poussé des reconnaissances jusqu'aux avant-postes, déployant des cartes au soleil réapparu d'automne, lançant à grands gestes des colonnes offensives à travers le pays, projetant d'amples mouvements stratégiques. Précédées d'orienteurs au galop sur le pavage sonore, des batteries attelées de hauts percherons noueux avaient défilé vivement sur la place de l'Église où les goumiers marocains, faisant boire leurs petits chevaux à selles rouges, mettaient une gaieté de bazar.

Court répit! Depuis le matin, les apparences avaient perdu leur cordialité passagère, et le désarroi s'aggravait d'heure en heure. Les estafettes avaient repassé, filant à grande allure vers l'arrière; la fusillade, propagée comme un incendie, gagnait les villages voisins d'où nos troupes se repliaient; des voitures d'ambulance rentraient, lourdes d'hommes meurtris. A l'horizon, les drachen avaient surgi nombreux, annonçant la survenue de l'artillerie lourde qui, bientôt après, délogeait de ses obus aux profondes détonations graves, les batteries de campagne; on vit celles-ci couper à travers champs, tirées à grandes secousses par leurs attelages nerveux.

Maintenant, toutes les rues de la ville étaient engorgées, et les femmes paraissaient aux portes avec des paquets à la main, regardant les shrapnells concentrer autour du clocher leurs flocons blancs. Au milieu de la place, un grand tas de paille diminuait, attaqué par les corvées fourmillantes. Les hommes se jetaient sur les jonchées fraîches, à plat ventre. Une lourde anxiété s'épandait avec le crépuscule humide.

Au fort de la nuit, un mouvement nombreux prit naissance parmi l'ombre des rues et le silence inquiétant des voix. On arracha de la paille les hommes stupides de sommeil, et, après l'appel chuchoté, de longues files se formèrent. Les voitures démarraient, les moteurs ronflaient au ralenti. Tout ce qui pouvait marcher ou rouler se mit en route.

La canonnade, qui ne visait plus la ville, persistait alentour; on apercevait aux échappées des rues des fermes incendiées brûlant haut. Vers le pont de Dixmude, unique voie de retraite, un écoulement continu émanait de la grand'place, réservoir où la pâte foisonnante, malaxée par les piétinements, s'allongeait, s'étirait peu à peu en veines distinctes qui s'engageaient dans l'avenue. Les motocyclistes s'insinuaient entre les escadrons et les autos processionnaires. Dans les compagnies laminées par les files de voitures, les fantassins s'égrenaient. Les goumiers, pied à terre, accrochés de la main à la queue des chevaux, formaient la chaîne pour ne pas se laisser couper. Les fourgons et les prolonges alternaient, et parfois, semblables à des blocs d'ombre en rehaut sur la nuit, énormes et le mufle bas, des auto-mitrailleuses ébranlaient la chaussée.

Et dans ce cortège d'exode, que le pont finissait par calibrer, régnait un ordre bizarre, comme involontaire et non discipliné. Il semblait que toutes les âmes humaines peuplant la noirceur opaque fussent repliées sur elles-mêmes, obstinément solitaires parmi l'orientement unanime. Farouches, maussades, elles subissaient lourdement l'injonction de l'inévitable.

Le lendemain, ces troupes qui avaient cheminé toute la nuit avec la torpeur exténuée des caravanes, se redressèrent à la lumière du matin, se déployèrent, et, sous une luxueuse convergence d'obus de calibres divers, revinrent occuper les tranchées de la digue. Les présages avaient, une fois encore, viré. La bataille de l'Yser commençait.

FAUSSE ÉTAPE

Novembre.

J'ouvre les yeux, et sur le drap très blanc, bien lisse, je pose un regard tactile comme la patte d'un chat. Qu'il fait frais et propre dans ce lit onctueux ! Et ce mouvement très ample, de droite à gauche, et qui s'inverse, est d'une indéniable volupté. Toute la chambre se balance.

Elle semble vide, mais sans doute une personne veille à mon chevet, que, couché sur le dos, je ne puis apercevoir. Je désire qu'elle ignore mon réveil pour qu'elle ne s'empresse pas, n'abrège pas le silence harmonieux à ma paresse. Paresse légitime, puisque j'ai donné mon sang : ma blessure... au fait, où donc suis-je atteint ? Aucune souffrance ne me renseigne : elle a dû rester assoupie. Jouissons, en attendant son retour, des choses moelleuses et nettes où il est suave de s'engourdir.

Je ne me souviens décidément plus. N'est-ce pas une fracture ? Il faudra rester longtemps immobile, la jambe prise par des bandelettes plâtrées, sur un lit semblable à celui-ci. Oh ! j'y demeurerais des mois pleins !... Puis, lente, la convalescence viendra. Pendant que renaîtront mes forces, j'apprendrai le triomphe de nos armes ; un reflet de gloire frôlera mon couvre-pied. Des jardins verront ma première sortie, une béquille au bras, sous le printemps enfin venu.

Un pas léger s'approche. Une dame de blanc vêtue, chaperonnée de même, la croix de Genève apposée comme un signe rouge à son front, sourit en m'interrogeant des cils. Sous le bandeau de percale passent des mèches blondes qui ne sont pas d'une nonne ; un collier de perles enlace son cou, — simple et somptueuse élégance. Je souhaite qu'elle ajoute à tant de grâces le silence : elle se tait. Mobile, féminine, parfumée, plus discrètement encore qu'elle n'est parée, d'un hésitant jasmin, elle se penche, indique de ses lisses paupières qu'il faut refermer les miennes, s'en va, non sans coquetterie en somme, certaine que sa présence me troublerait.

Elle ne me trouble pas. Je la trouve naturelle, obligatoire : la place de la femme est auprès du guerrier blessé. L'infirmière apparaît derechef à la porte. Elle cause, en me désignant à un homme qui n'entre pas ; dans une glace, je les vois sourire, pleins d'allusions, approbateurs. Je devine qu'ils parlent de ma croix. On attend pour me la remettre que j'aie repris tout à fait mes sens. Le major... mais c'est un médecin de marine, et j'y songe, ce plafond bas, ce lit suspendu par des tringles, oscillant ainsi qu'un hamac : un navire hôpital m'emmène. Les deux complices se retirent, un doigt sur la lèvre. Je vais pouvoir ouvrir tout grand les yeux. — Oh ! pourquoi le major a-t-il soudain éclaté de rire, et lancé la porte en coup de vent ?

. . . .

« Mon lieutenant, on fait passer à la voix de la gauche que les Allemands ont franchi l'Yser. »

Me voici plongé dans un réveil humide et noir. Il faut à mouvements reptiliens sortir de ma couche de paille moisie, où tout mon côté droit s'étant moulé, reste gourd. Une pluie venteuse s'engouffre quand je soulève la toile qui fait office de porte, et me jette une claque d'étoffe et d'air mouillés. Pataugeant, glissant dans la glaise, je traverse la digue et j'atteins la tranchée.

Nuit de bitume. J'interroge ici, puis plus loin, vers l'origine de l'alerte : une sentinelle a déchargé son fusil sur un homme qu'elle avait cru voir traverser la rivière à la nage. De bouche en bouche, la phrase dite à son voisin s'est enflée. C'est la fausse alerte, inévitable lorsque les hommes sont fatigués et que les veilleurs, trop privés de sommeil, forçant leurs yeux à fixer les ténèbres, y voient des formes d'ennemis.

Je fais quelques pas sur la digue pour secouer la torpeur maligne emportée de mon somme interrompu. Avant d'aller m'étendre pour une nouvelle tentative de repos, je passe mon rêve au crible de la veille...

DANS UN MÊME CAMP

Décembre.

La guerre réalise un milieu moral d'une simplicité parfaite. Le Bien et le Mal, qui jadis s'entre-pénétraient, s'accouplaient pour d'équivoques métissages, ont d'un coup formé leur front, non moins strict que celui des armées. Le Bien se nomme effort pour vaincre, et tout acte se mesure à son utilité. Nos camarades qui vinrent à la guerre dans leur nouveauté de vingt ans, n'ont pas connu le long stage que nous dûmes traverser, instables boussoles souffrant parfois d'être désorientées, parfois enivrées de leur sensibilité mobile. Nul magnétisme d'état ne fixant alors de pôle décisif, chacun devait effeuiller à son tour les pétales de la rose des vents.

Dans cette enquête où nous nous suivions, c'était entre Baltis et moi un point d'accord que l'enchaînement d'idées le mieux ourdi ne valait pas une expérience de l'esprit sur des données vivantes. Plutôt que d'extraire de nos livres des arguments, nous aimions à nous proposer des hommes; quand nous en trouvions d'exemplaires, nous nous informions de leurs méthodes pour en déduire des disciplines qui, fondées sur de très attentives préférences, prenaient lentement du poids. Il fallait pour cette battue un mot de ralliement, et déjà, lorsque deux attitudes nous faisaient hésiter, nous nous demandions : « Quelle est la plus française? »

Or, voici que le hasard juxtapose sur la berge de l'Yser, et livre à notre inquisition deux parfaits modèles humains.

Quand il s'avance sous la voûte sifflante des trajectoires, vêtu de la capote bleue, l'abbé David fait grande figure de guerrier. A voir ses traits incisés et sa démarche allante, à entendre le timbre viril de son verbe, à toucher le métal de son regard, on le sent créé pour diriger les hommes. Il porte, empreinte sur soi, l'évidence du courage, non celui du soldat qui tient devant le danger, mais celui du chef qui le dévisage et le nie. Il a l'élan et le feu, avec des reprises où se révèle, sous l'exaltation qui s'emporte, la main froide du maître intérieur. Et il possède l'assurance, qui répand l'idée d'un invulnérable destin.

Son rôle, pourtant, n'est pas de marcher à la tête des charges, mais de relever les blessés et les courages, d'assister ceux qui souffrent et défaillent, et surtout de faire, sur les corps mourants, la glorieuse moisson des âmes.

Penché sur ceux qui s'alanguissent, il adoucit leurs dernières minutes et ennoblit leurs dernières pensées, car sa piété sait toujours rester haute : il élève à lui ce qu'il glane. Témoin parfois de ces instants tout encensés de sa ferveur religieuse, vibrants de l'enthousiasme qu'insufflait la bataille dans son âme retentissante, j'enviai la hardiesse d'une éloquence qui ose prendre pour auditoire un homme déjà gagné par les avances de la mort.

Si l'abbé David doit aux blessés ses plus ferventes communions, il est, parmi les valides, un apôtre, parmi les soldats un prédicateur de croisades. Il sait grandir les cœurs, affiner le sens du devoir, réveiller les sources du dévouement. L'amour de la toute-puissance, ordonnatrice des hiérarchies, dispensatrice des grandeurs et des châtiments, le conduit.

Devant les ennemis de la foi, lui qui tient d'elle sa fière armure, ne peut passer indifférent. Son devoir de prêtre est de les confondre, et son instinct d'homme de les frapper. Avec quelle violence mûrie sous la mansuétude rituelle le sent-on frémir à ces contacts! Un justicier se révèle en lui. Ici les élus, là les réprouvés, le glaive spirituel les sépare; et, s'il en est qui tentent de se tenir au milieu, des indécis, des choisissants, il les fustige du plat de sa lame.

A son geste brillant d'une enviable férocité, qu'ils paraissent vils, ces tièdes! Je méprise leur équilibre hésitant, j'ai honte pour eux de leur patiente exactitude, auprès de l'assurance vraiment divine qui, sans s'attarder aux mérites et aux fautes, — ces apparences, — à l'incertain des intentions ou raisons, fonce droit vers la décision qu'elle légitime de sa fougue!

L'abbé David est, dans toute la force du terme, un dogmatique, dont les vertus découlent d'une source unique, mais torrentielle. Vingt siècles de foi française agissent, prouvent, dominent à travers lui. Tout un passé d'ardeur mystique et de science enseignante l'élève au-dessus des erreurs et des vacillements.

Où trouver, mieux qu'en lui, l'expression parachevée de sa race ?

Le colonel Hougard, qui nous rejoignit aux Flandres, sut vite gagner notre estime, mais nous ne pensions pas d'abord lui devoir davantage. Ses qualités ont dû se révéler une à une pour nous convaincre de l'excellence que leur ensemble compose Et même, je crois que nous ne les eussions pas jugées à leur mesure si, pour chacune, nous n'avions pas pu nous référer à celle qui, chez notre aumônier, lui correspond.

Auprès du chevet des brancards, les lendemains de bataille, le colonel succède parfois au prêtre. Sa parole n'a pas moins d'efficace : elle choisit d'instinct la corde restée vibrante, qu'elle soit celle de l'honneur, de l'affection, de la gloire, ou de la foi, et la touche avec une douce insistance. Le visage souffrant s'épanouit sous une poussée de sang clair comme si le cœur du blessé réagissait sous l'étreinte de la sympathie virile. Avec ceux qu'il sent assez forts, le colonel n'a besoin d'invoquer rien qui les détache de la guerre. Mais à ceux qui tremblent, anxieux de charger leurs bras de promesses, avant de franchir la mort, je l'ai entendu garantir une place au ciel du ton dont il eût engagé sa parole de soldat. Et sa présence affirme le fait de la guerre avec une force telle, que, dans l'atmosphère insolite, il ne semblait point étrange que le grade conférât le pouvoir spirituel de délier.

A cette bonté tout immédiate, répond une autorité que l'on subit avant de la pouvoir définir : car, négligeant de faire appel à une puissance invisible, elle va spontanément de celui qui l'exerce vers ceux qui en sentent l'effet. Conséquence dynamique d'une relation humaine, elle s'impose sans que rien soit interposé.

Le geste est l'expression visible de la volonté. Chez le colonel, il n'a pas la détente qui fait fulgurer celui du prêtre, mais son graphique n'est ni hésitant, ni tremblé ; c'est une courbe qui développe son intention initiale, ne devient trait que lorsque l'effort est requis. On devine que la tension saura croître à proportion de la résistance qu'elle doit vaincre.

Mais si le colonel Hougard n'est jamais en défaut de décision devant les actes, nous craignîmes longtemps que son indulgence envers les hommes fût excessive, tant il semblait plus prompt à les comprendre qu'à s'en métier. Il fallut pourtant reconnaître qu'il ne se laissait point tromper, et savait être impitoyable. Le jugement, garanti par l'examen et l'attente, ne cédait pas en netteté au plus impérieux verdict.

***

Là encore, le second exemple s'égalait au premier, sans cesser d'en être profondément distinct. Au risque de laisser les deux enseignements s'entre-détruire, il devint indispensable de trouver une formule conciliante. La logique veut attribuer à des causes semblables des effets équivalents. Mais on ne pouvait douter que le colonel n'eût aucune foi religieuse : il parle des choses divines avec une aisance, une absence de rancune, plus graves que tous les blasphèmes; on sent qu'il ne leur reconnait aucun mystère et les aborde pour ainsi dire de plain-pied. Je tentai d'imaginer une foi d'autre sorte qui pût être aussi agissante. C'était m'engager sur une piste vaine. Toute foi superpose aux réalités une signification qui les masque, montre au lieu de la souffrance, la rédemption, au lieu de la faute, l'offense, au lieu de la mort, l'autre vie.

Or, rien n'est plus strictement appliqué à son objet que les intentions du colonel à ses actes. Il est intrépide, parce que le sacrifice absolu de sa vie est impliqué dans le lien militaire; et il a accepté ce lien parce qu'il le trouve beau, comme on aime un parfum, et comme il aime son pays, de naissance. Il sait l'homme perfectible par l'effort; c'est pourquoi il s'est adonné depuis l'âge d'homme à devenir un officier, que la guerre a trouvé en pleine maîtrise de soi.

Entièrement dégagé de la pénombre où se plaisait sa modération, ce caractère révélait donc, lui aussi, une profonde *unité*. Il lui manquait encore d'être affilié à une tradition qui le couvrît de son prestige. Je lui souhaitai des aïeux : il en eut. Avant les apôtres et les docteurs, je me souvins qu'il était des soldats de Gaule pour qui s'exposer était une volupté, des citoyens de Rome qui tenaient pour perdu de honte celui qui ne se possédait pas dans le danger et dans la vie.

*
* *

Ainsi, plus la comparaison s'était faite insistante, plus inconciliables s'étaient avérés les deux modèles. L'un d'eux se donnait-il faussement pour nôtre, et devions-nous le rejeter de cette rive de l'Yser, afin de purifier nos lignes?

Quand je soumis à Baltis ce dilemme, il répondit :

« Pourquoi refuses-tu d'admirer simplement l'édifice harmonieux de leurs contraires? Sache donc accueillir cette leçon de diversité. Et si tu veux, chez ces deux hommes que j'aime également, trouver une qualité où cesse leur contradiction, — et ce sera d'ailleurs la plus française, — je te propose de la définir ainsi : c'est, pour chacun d'eux, sa coexistence avec l'autre, dans un même camp. »

ASSERVISSEMENT

Mai 1915.

Il existe dans le vocabulaire des armées un terme qui évoque une forme de sécurité enviable : c'est celui d'encadrement. Être encadré, c'est être solidaire étroitement d'un ensemble, avec une place bien définie. L'on imagine la façon dont se carre entre ses voisines une pierre de mosaïque, la liaison de ses angles aux creux qui leur correspondent, son aise de faire partie d'un tout cohérent et composé. Telle peut être chez un soldat allemand l'absence de flottements et de soucis. La grande machine impériale est si parfaitement au point qu'elle ne requiert de ceux qui tiennent un rang subalterne qu'une tâche définie. Elle réalise ainsi son objet : tendre à la domination mondiale par l'esclavage individuel. Les emplois ne chevauchent pas les uns sur les autres; hors de la besogne quotidienne, il n'est que fantaisie nuisible et que l'on réprime.

Si nous ne goûtons pas le repos d'une délimitation semblable, si toute action se double de la fatigue d'en imaginer d'autres et de choisir entre elles, si notre bonne volonté nous condamne à de lentes recherches, si l'anxiété nous fait ouvrir les yeux vers des zones qui ne nous sont pas dévolues, faut-il nous plaindre? Un plus grand effort nous est proposé, un appel à la conscience éclairée nous stimule. Liberté oblige. Et nous sentons grandir en nous, plus forte que toute discipline, une participation intense à la vie de notre pays qui bat sous la menace avec une vigueur nouvelle.

FRISSON

Avec la secrète anxiété fille des longs espoirs, elle est arrivée, l'heure tant attendue! La nouvelle nous parvient que l'offensive est déclenchée depuis hier. J'entends en mon cœur le canon d'Arras, et la ruée des six cent mille jeunes hommes, le boute-selle des deux cents escadrons. J'avais redouté que le choc ne fît naître ici qu'un grêle écho, le désir lassé d'une fin plus proche. Non, c'est la joie qui chante, le souverain appel d'action, la frénésie de la marche. Nous sommes loin de la bataille, mais toute l'armée est une même chair vivante, et quelle artériole ne battrait point à de tels soubresauts de l'aorte?

Cette nuit à deux heures, un grand silence s'est fait dans la ligne ennemie. Jusque-là, ils avaient, comme ils en ont la coutume dans les nuits énervées, tiraillé de leurs créneaux sur nos parapets. Aucun bruit maintenant : l'aube de trois heures, se levant paisible sur la plaine de Mai, n'a pas éveillé comme à l'ordinaire artilleurs et bombardiers. Un calme d'étrange aloi règne sur ce jour, le second de la bataille, et nous ne savons rien encore du premier. Pour faire face à l'attaque irrésistible, l'ennemi a-t-il dû jusque devant nous retirer ses troupes?

Il est manifeste qu'elles ne donnent aucun signe de présence. En vain l'escouade d'un avant-poste a-t-elle confectionné un mannequin d'une capote bourrée de paille, et l'a-t-elle calé dans un recoin, bien en vue, un fusil à l'épaule. Aucune balle ne vient siffler alentour. Je scrute à la jumelle chaque créneau, et l'espace visible au delà des tranchées. Rien ne bouge dans la campagne déserte et pâle qui s'apprête pour la longue journée solaire. A distance, sur une maison ajourée par l'artillerie, un drapeau allemand, que je n'avais pas remarqué la veille, est juché comme une protestation dans la fuite.

Nos canons, faisant sonner les ruines de Nieuport, commencent un tir de réglage; seuls répondent, tout proches, les échos de Lombaertzyde. Nos avions sortent et se promènent, bourdonnants aux virages. Une batterie lointaine éparpille autour d'eux de petits nuages blancs : il y a donc encore des ennemis là-bas, du côté d'Ostende? Mais ces pièces légères se déplacent rapidement : on les aura laissées en arrière dans la retraite. Encore un signe concordant.

Et je tiens, devenue presque certaine, la vision souvent imaginée comme une plaisanterie de bivouac : la grande tranchée allemande abandonnée, et, de place en place, un homme enchaîné entre un paquet de cartouches éclairantes et une pile de boîtes de conserves, ayant la consigne de simuler l'occupation en tirant des coups de fusil le jour, des fusées la nuit. Ce matin, ils ont dû s'endormir, épuisés de fatigue, et les provisions taries.

Le désir est violent d'en avoir le cœur net : elle serait si vite traversée, cette prairie nue qui s'interpose! Mais il nous est interdit d'engager, par curiosité, aucun risque.

A midi, nous décidons de faire une nouvelle piqûre à la grosse bête, pour nous assurer qu'elle est bien morte. Je donne l'ordre de disposer l'un de ces élégants jouets récemment inaugurés sur le front en riposte aux torpilles allemandes qui font tant de mal et encore plus de bruit. Ce sont des bombes au corps obèse, avec un museau saillant, une longue queue, et trois ailettes qui semblent les nageoires divergentes d'un roi d'aquarium chinois : nous les nommons nos cyprins noirs, et nous plaisons à les voir jouer dans la cuve d'air bleu. Un petit obusier sorti, dirait-on, d'un bazar d'enfants, les projette à hauteur de tour Eiffel, avec un claquement sec comme le coup de fouet du dresseur. Parvenue au sommet de sa trajectoire, la bestiole grisée frétille, se dandine et batifole, puis, apercevant la tranchée allemande, elle bascule et, furieuse, se précipite en un magnifique plongeon tête baissée que termine une déflagration puissante, au milieu d'un lourd panache de fumée blanche.

Le coup part, nous suivons des yeux la course gentille. Mais elle n'est pas à sa moitié qu'un bizarre malaise nous étreint. A peine perceptible, a répondu, de derrière les maisons de Lombaertzyde, un claquement qui n'était pas un écho, et c'est maintenant une autre trajectoire que nous suivons : celle d'une torpille du plus fort calibre, obus long d'un mètre qui décrit lentement sa parabole, tête en l'air et paresseux, comme une carpe qui fait des bulles. On a strictement le temps d'évacuer les abris dans la direction du tir, de se jeter à fond de tranchée, au hasard, en se bouchant les oreilles, et l'horrible gueuse donne de la voix, nous couvrant de sable et de détritus; en même temps éclatent à bonne hauteur des fusants, compagnons habituels des torpilles. Hargneusement, la bête se réveille de son absence imaginaire.

En rentrant à Nieuport, le soir, nous apprenons que la grande nouvelle est démentie, et l'offensive reportée à une date incertaine...

POUR UN MUSÉE PSYCHOLOGIQUE

C'était un après-midi de juin, dans le jardin de notre villa suburbaine. Nous étions fiers de cette maison que nous avions « louée » toute neuve, les cloisons encore vierges de papier peint à peine ajourées de quelques trous d'obus. La cave spacieuse était convertie en hypogées sous voûte de béton, et, dans les répits du bombardement, nous avions la jouissance du jardin fleuri d'un grand massif de roses.

Le colonel et Baltis guettaient des projectiles passant très haut au-dessus de nous, qui s'en allaient choir sur l'emplacement d'une batterie voisine. Avertis par le sifflement glissé, ils parvenaient souvent à saisir des yeux le cylindre noir, et à le suivre dans sa chute oscillante jusqu'à ce qu'il disparût derrière un rideau de peupliers d'où montait aussitôt une bouffée grise.

Le bruit d'une détonation achevait de se perdre en échos, lorsque la porte claqua, livrant passage au commandant Clotaire affairé et brandissant un objet. Il s'inclina devant le colonel, puis, avisant Baltis :

« Savez-vous ce que je tiens là?

— Il me semble que c'est un morceau de fil téléphonique.

— C'est une corde de pendu, et toute chaude! Je faisais la sieste, lorsque mon ordonnance m'a réveillé en criant qu'on avait découvert un pendu dans le grenier de la sacristie. Je me laissai conduire. Un groupe de soldats se pressait à la porte; j'entrai dans la bâtisse, l'une des moins démolies de Nieuport, et je montai. En émergeant de l'échelle, je me trouvai au niveau du corps, que l'on n'avait pas osé dépendre. Le fil que voici était passé autour d'une poutre et pénétrait profondément dans le cou tuméfié. Pas même de nœud coulant, et la poutre est si basse que les jambes reposaient molles sur le plancher. Il avait fallu, semblait-il, une bonne volonté singulière, et dirai-je même, quelque courage pour mourir dans ces conditions. La dépouille, que je fis transporter dans la cour, était celle d'un territorial de quarante ans. Sur lui, aucun papier significatif, ni dans le grenier aucun objet, si ce n'est une bouteille vide et débouchée, sentant l'alcool. Des hommes de son cantonnement m'apprirent seulement qu'il avait disparu depuis deux jours. Ils ne lui connaissaient aucun motif de désespoir, et restaient court.

— Pour moi, mon opinion est faite, et je n'hésite pas à l'affirmer : cet homme s'est tué par peur de la mort. »

Décidément, le commandant Clotaire a le paradoxe banal. Mais Baltis ne parut pas le remarquer, et répondit assez chaudement :

« Permettez-moi de n'en rien croire ; il s'est tué par peur de la souffrance, et peut-être par peur de la peur. Il faut une autre formation que la nôtre pour manier avec connaissance d'aussi terribles poids que la vie et la mort. L'instinct vital s'étiole au cœur des hommes modernes, spécialisés dans l'inconfort et le bien-être, la maladie et la santé, l'ennui et le plaisir, ces chétives valeurs. Il leur manque cette ardeur qui s'exalte dans le risque et suscite contre le danger une mobilisation de tout l'être comme celle qui décuple la force du barbare traqué. Votre territorial était excédé de porter des chevaux de frise aux avant-postes, de cheminer au fond des boyaux sinueux, les pieds au froid et la tête rentrée dans les épaules pour éviter les balles. En se donnant la mort, il fut beaucoup plus conséquent que vous ne le pensez. Et, n'était la crainte de l'enfer, ou celle de déchoir, d'autres peut-être agiraient ainsi.

— Par leur répugnance, répliqua le commandant, les témoins de la scène montraient qu'elle est peu propre à faire école. Puisque ce soldat désirait la mort, le bon sens voulait qu'il la cherchât où elle est présente et prompte en besogne, dans quelque action en plein jour, au lieu de choisir ce lieu sinistre.

— Vous tenez absolument à le faire échapper à la logique : c'est lui conférer gratuitement du génie. Tout me semble au contraire très platement explicable dans la fin de cet homme : il ne fuyait pas la vie, mais la guerre. Pour chercher une blessure mortelle sous le feu de l'ennemi, il aurait dû se faire violence ; tandis qu'il a cherché un cadre intime, retiré, presque familial, et, avant de plier les jarrets, il a bu un bon coup pour évoquer des temps meilleurs.

— On dirait presque que vous l'approuvez, repartit, non sans rancune, le commandant.

— J'en ai plus horreur qu'il n'est en moi de l'exprimer, et si vous compreniez comme je fais ce que signifie votre document psychologique, peut-être eussiez-vous hésité à l'introduire dans votre poche. Il marque le dernier terme d'une décadence que j'abomine. Je voudrais ne pas voir combien la mort se vulgarise. Il ne faudrait penser à elle qu'avec un effroi religieux. Elle doit être si belle dans la bataille, quand on a les bras chauds d'action, et que l'on sent autour de soi claquer l'haleine du danger! Mais cette guerre prodigue de plus en plus l'accident, qui advient n'importe quand, hasard méthodique qui frappe sans haine. On mange d'un côté d'une barricade de sacs pendant que, de l'autre, l'ennemi recoud ses boutons de culotte. Et la Parque vous fige dans les attitudes les moins nobles, vous déchire de ses armes malpropres, torpilles qui éventrent et parois d'obus qui font d'une cuisse un moignon ébarbé. Rien n'est plus dégradant que cette promiscuité avec l'ennemi, que cette promiscuité avec la mort. On ne devrait s'approcher de l'un et de l'autre que pour les narguer en crachant des insultes.

Le colonel Hougard mit la main sur l'épaule de Baltis :

— Vous me faites plaisir; il faut toujours réserver ce que notre métier a d'éclatant. Mais ne méprisez pas la forme trop moderne du risque, qui a bien son prix, car elle exige du soldat un dévouement dans le sacrifice, une conscience, une résolution préalable dont il n'eut pas besoin autrefois. L'on ne va que rarement au devant du danger, mais l'on est sans cesse *exposé*, et par là même on peut être exemplaire. Et vous auriez raison, Clotaire, de croire que cette guerre offre à ceux qui veulent se démettre de la vie l'occasion de le faire en beauté, si l'on pouvait à la fois profiter d'un tel bienfait et en être digne. »

COURAGES

Juillet 1915.

Chez quelques-uns, le courage résulte d'une dévolution : ils ont fait à leur pays le don d'eux-mêmes et attendent qu'il soit agréé.

Chez d'autres, il est un corollaire mathématique; pour eux, l'atteinte, ce point d'intersection de l'espace par le temps, est une anomalie qui ne saurait causer de permanente alarme.

Chez d'autres, il se fonde sur une croyance : le Paradis leur est promis et les attire.

D'autres conviennent que la vie est douce, mais n'ont aucune raison de croire la mort moins agréable.

D'autres sont hardis parce que c'est dans le danger qu'il est le plus savoureux d'être gai.

Pour certains, le courage est fait de l'amour même du danger.

Telles sont les diversités qui s'offrent au commentaire. Mais le courage n'est que l'expression visible de ce que chacun a d'honneur.

L'ARRÊT DANS LE CHOC

Octobre 1915.

Ils arrivaient au but : la vague d'assaut allait déferler contre la tranchée ennemie.

Pour l'attaque, on avait choisi l'heure trouble des aubes d'hiver qui, ce matin, après une nuit pluvieuse et interminable de solstice, s'encotonnait de moiteur. L'air était chargé de buée, une fumée d'eau traînait sur la terre spongieuse; les couleurs s'indiquaient par masses foncées dans la lumière diffuse.

Ils étaient sortis en silence des parallèles où ils se tenaient depuis une heure, serrés en une longue file frissonnante et glacée; ils avaient rampé jusqu'à la bordure d'un champ de betteraves, puis, au coup de sifflet, s'étaient lancés sur la prairie qui restait à franchir, à un tel train que les balles n'avaient pu mettre en loques le rideau galopant.

Enivrés de leur course heureuse, ils abordèrent le remblai. Une boue liquide bavait de la terre rejetée, où leur élan s'englua. Ils gravirent la courte pente en peinant des genoux et se profilèrent à la crête, à bout de souffle et sans erre, oscillant.

A leurs pieds, tout près, émergeaient à mi-corps du fossé plein d'ombre des figurants à capotes vertes, immobiles dans des poses confuses, épaulant, coudes levés, avec le geste gauche des enfants que l'on va battre. Les assaillants regardaient cela, comme arrêtés à la lisière d'un rêve et indécis à la franchir, paraissant se demander soudain pourquoi ils étaient là, avec ces armes dans leurs mains, oublier quelle promesse fiançait les fines lames blanches aux poitrines offertes que l'aube nimbait d'un halo. Dans le champ qu'embrassait mon regard, une stupéfaction figeait les ennemis, face à face.

Quand je mis fin à cette confrontation d'un instant par trois coups de revolver qui firent brèche et déclenchèrent la ruée, il me sembla que je brisais l'apparence seulement de quelque chose d'indestructible, comme le reflet d'un tableau dans une glace.

EN SERVICE VOLONTAIRE

Décembre 1915.

Baltis est mort aujourd'hui, simplement, sans se départir des apparences discrètes où la grandeur s'isole. Un obus l'a désigné parmi ses hommes au cours du bombardement quotidien. Il a survécu quelques heures, mais assez nettement frappé pour que lui fussent épargnées les tentatives médicales. On l'avait déposé dans son abri de combat quand je l'ai rejoint pour recevoir son adieu. Nous l'avons veillé jusqu'à l'heure des relèves où nous l'avons emporté. Il dort sur un brancard, dans la chambre voisine; nous devons l'enterrer demain.

Je n'irai pas prier sur sa tombe, en quête de sa présence, car ce n'est pas en tel lieu qu'il m'a donné rendez-vous, mais en moi. C'est là que je veux m'appliquer dès ce soir à orner pour mon frère d'armes une chambre funéraire où son souvenir habitera, non point façonnée pour la rigide éternité des choses, ainsi qu'une colonne mémoriale : taillée dans la matière vivante, elle en aura l'éphémère durée et la chaleur.

Je ne serai pas seul à lui assurer un asile. Quand ses hommes défilaient à la porte de sa cabane de madriers, je les ai regardés un à un. Leur regret ne se dissipera point comme la fumée d'un obus, mais il sera effacé depuis longtemps, que la vertu d'exemple entée en eux grandira encore sans qu'ils sachent reconnaître sa sève.

D'autres qui sont loin, et ignorent quels nouveaux devoirs ils ont assumés, lui continuent leur pensée d'absence. Ils ne peuvent l'oublier, car Baltis avait la puissance humaine d'agir sur ceux qu'il approchait, comme une force modelante. Un rayonnement émanait de lui qui ne s'éteint pas avec lui.

Songeant à l'influence que moi aussi j'ai reçue, j'en sonde pieusement la profondeur amie. Si ma mémoire venait à faillir, cet irrécusable gauchissement que je mesure sans jalousie et qui est son œuvre, garantirait sa survivance. J'en suis répondant comme d'une chose confiée que je transmettrai à mon tour, car ce qui est né de la vie veut, pour s'affirmer, peser sur les esprits déformables.

Sans doute comptait-il sur le genre de fidélité auquel je parviens maintenant, lorsqu'il m'a dit, quand je soutenais sa tête où le sang tarissait : « On peut mourir de tout son cœur pour ce que l'on préfère seulement. » Et il y avait dans son regard ce mélange d'ironie et de ferveur qui était lui.

Saurais je, pour ceux qui ne guideront pas ce regard, commenter le testament de Baltis? Il est allusion à tant de livres que nous avions lus ensemble, à tant de choses que nous avions dites, ou pensées sans qu'il fût besoin de les dire.

*
* *

Baltis semblait avoir collectionné toutes les raisons d'indifférence qu'enseigne la vision intelligente du monde et des êtres. Entre les aspects divers et les dogmes opposés, son esprit s'insinuait comme une eau, ayant pour moyen la fugacité et pour tendance la profondeur. Il avait parcouru l'enclos de la terre, et l'on aurait pu croire qu'il s'était attardé partout, tant sa curiosité était avide, et ferme l'appréhension de son regard. Il s'était promené longtemps aussi dans le jardin des idées, où la fièvre magicienne de l'homme a épuisé les métamorphoses, et dans celui des arts, plus ordonné, enseignant avec une sincérité plus évidente, et des preuves moins passagères. C'est là qu'il avait appris à composer de ses admirations changeantes, la définition de plus en plus serrée de son goût.

Mais le plaisir qu'il prenait à comprendre et à thésauriser ne l'avait point fait avare. Il ne redoutait pas d'être dupe en se donnant et se dépensant dans l'action et les ardeurs généreuses. N'ayant rien négligé de ce qui est formel ou vivant, mieux encore que les professeurs d'indifférence, il avait pu réaliser cette diffusion de la connaissance où doit respirer l'éclectique.

Quand il vint, ainsi équipé, à la guerre, il sut y trouver des valeurs, objets de son inlassable désir. Elle n'essaya pas de l'éblouir d'une mise en scène peu faite pour contenter celui qui sait l'allure des cavaliers maures surgissant à la crête des dunes, et celle des gens de pied que l'on croise sur les plateaux d'Asie. Elle lui épargna aussi des plaisirs d'amour-propre dont il se fût méfié, ayant savouré dans ses voyages un agir plus libre, un rendement plus net de l'effort. Depuis son arrivée au front, il n'avait cessé d'être une maille dans la chaîne, une force élémentaire dans la poussée, le capitaine de l'une des dix mille compagnies déployées indiscontinûment d'Alsace à la mer. « Le hasard a voulu me montrer la voie, » disait il. Exempt de chercher dans cette guerre ce qu'elle n'est point, il s'était tourné sans erreur vers les amples beautés qu'elle livre à ceux dont la ferveur n'est point asservie à une recette.

***

Et d'abord, il goûta la responsabilité qui le liait à ses deux cents soldats, le pouvoir absolu dans sa définition que son autorité lui conférait : car le capitaine est le chef présent, celui dont le corps s'expose et la voix sonne, celui vers lequel se tournent les yeux.

Bien des fois, dans l'air ébranlé par les détonations, strié par les balles, sur le sol tuméfié par les bombes et jonché de mourants, il avait connu la joie la plus haute qui puisse être donnée à un chef, une multiplication des facultés dans l'action, un sursaut de l'être rassemblé et docile, et cet étrange dédoublement qui, laissant libre l'esprit pour comprendre, la volonté pour décider, le corps pour agir, leur superpose encore un arbitrage, une jouissance, une souveraine emprise sur l'Instant.

Mais, plus profondément peut-être que les grands coups de gong du danger, avaient retenti en Baltis certains silences, certains moments de maîtrise solitaire au bord de la défaillance entrevue.

Décembre est lugubre en pays flamand : à deux heures l'on sent déjà survenir la nuit qui s'abat lentement sur la plaine noyée, désespérant les êtres. Pendant les dernières semaines de 1914, le régiment de Baltis ne cessa d'errer des tranchées aux lignes de soutien, des cantonnements aux parallèles d'attaque, égrenant ses hommes en des marches obscures à travers les mares, enlizé des jours pleins dans les fossés, bivouaquant dans de pauvres fermes dispersées comme des îles sur l'immensité gluante, laissant des compagnies étendues en éventail devant les créneaux des mitrailleuses allemandes.

Après une journée de cheminements et de piétinements sous l'inexorable pluie, Baltis et ses sections parvinrent une nuit aux tranchées où ils devaient faire une relève. Établies en un point perdu et comme anonyme du pays bas, ces tranchées ne laissaient deviner leur approche par aucun repère, et l'on donnait à l'improviste dans le cloaque grouillant d'hommes. Il était pire que les pires passages de la route : l'eau ruisselante avait gâché les terrassements, les parapets fondaient, les boyaux suppuraient comme des cicatrices malsaines.

Pour répartir les hommes alourdis par le drap imprégné d'eau et les chaussons de glaise plombant leurs brodequins, il fallut pendant deux heures battre d'un bout à l'autre la zone crevassée, pénétrer sur les genoux dans les abris inondés dont les toits ployaient, persuader d'y gîter les escouades somnolentes et maussades. Puis Baltis dut imposer leur poste et leur tâche aux soldats qui s'étaient engourdis sur place, aussitôt finie l'étape. Pour la troisième fois, il parcourait la tranchée principale, accrochant son équipement aux sacs des veilleurs, rejeté de l'une à l'autre paroi saliveuse, buttant sur des gamelles et des armes perdues, trébuchant dans des fondrières. Il devait, pour avancer, extraire un à un ses pieds de la fange, à la façon des buffles qui labourent les rizières. Au tournant d'une sape, un bloc de terre glissa qui lui emprisonna les jambes. Il venait de se dégager et de reprendre sa marche obstinée de somnambule, quand un invincible dégoût le submergea. Cette avancée dans l'ignoble viscosité foisonnante, ce toucher des ténèbres humides et grasses l'horrifiaient; et plus encore, l'idée de l'effort à dépenser pour mettre à l'œuvre les hommes là dedans, les obliger à porter des fardeaux poisseux, à enfoncer leurs pelles dans la vase collante. Sa volonté sombrait. Il s'arrêta, buté dans un entêtement de stagnation, voulant se saturer de sa détresse, subir plus âprement l'hostilité hargneuse émanant de la nuit.

Mais comme il prenait pleine conscience, une réaction, inattendue comme une grâce, le releva. Aidé par l'égoïste pouvoir qu'il retrouvait soudain d'être lui-même, il s'arracha d'un coup à l'épaisse désolation ambiante pour s'en faire une solitude Et ce fut d'un pas singulièrement allégé qu'il continua sa ronde, rassemblant les énergies en déroute et semant de gaies paroles, dans la joie un peu ivre de s'être dépris de l'embourbement universel.

***

Ce Baltis, composé comme à plaisir pour une orgueilleuse inutilité, voici qu'il est mort, grandi par son stage à l'école du réel. Mais si sa dernière étape peut être jugée la plus belle, elle n'a rien aboli de ce que les autres avaient glané d'essentiel. Ce serait dresser une mauvaise louange à cette fin glorieuse, que d'y voir le couronnement d'une conversion, car elle n'implique point de reniement. Et si l'abbé David la compare à celle d'un martyr, il en faussera le sens en son amitié pieuse. Baltis n'avait du martyr ni l'absolue conviction, ni l'esprit de sacrifice, ni l'appétit de la mort.

« La France mérite d'être aimée non pas avec passion, disait-il, mais avec dilection. » Il ne croyait pas en elle sans contrôle. Son amour avait des véhémences, mais aussi des réserves et des lucidités; les actes dont il la défendait n'en étaient pas moins précis. Elle était la terre où il se reconnaissait le mieux en revenant des autres, la gardienne d'une culture qui résume toutes les autres parce qu'elle n'en excommunie aucune, et sait toujours rappeler à la première place l'intelligence aux fins vouloirs. Hardie par l'esprit et modérée en ses désirs, elle est la source généreuse des tentatives et des renaissances, et, de siècle en siècle, se parfait et se repose en d'harmonieux équilibres. Elle venait enfin de montrer, dans une levée d'armes qui avait stupéfié ses ennemis, qu'elle est toujours une admirable nation de guerriers, quand il lui faut surgir pour sa sauvegarde.

Ainsi, dans sa mission de soldat, Baltis était séduit par le but : lutter pour la victoire française. Mais il avait marché vers ce but avec une incomparable aisance, parce que la qualité d'action requise concordait avec ses préférences profondes. Il avait pu se donner vraiment de tout son cœur.

Il se plaisait dans le risque et s'amusait dans le danger. Entre lui et ses hommes s'était établi un rapport d'ascendant et de confiance dont il sentait la haute noblesse et la parfaite proportion, assoupli qu'il était à s'éprendre des choses avec discernement. Sa part de commandement, pour locale qu'elle fût, s'était révélée efficace, franche de toute amplification littéraire, réelle. S'unir par un lien strict à une immense chose humaine était pour lui un privilège, et l'idée qu'on y pût voir un sacrifice l'eût fait sourire, ce qui était parfois sa façon de s'indigner.

Et il était trop sincère pour souhaiter d'autre récompense que celle qui se consomme dans l'acte méritoire; trop humble pour se croire capable d'attirer des bienfaits par l'intercession de sa mort. Il a sans doute considéré celle-ci comme un accident, et rien de plus. Mais quand il l'a sentie venir, il a pu l'affronter sans rancune. Il avait risqué sa mise loyalement, et la perdait selon les règles du jeu. Dans la sérénité de sa dernière heure, relisant d'un coup d'œil le chemin qui l'y avait conduit, je pense qu'il l'a trouvé spacieux, souple de trait, bien orné. Si sa mort n'ajoutait rien pour lui-même à sa vie, si elle lui imposait le repos quand il n'était pas encore las, il savait pourtant qu'elle continuait sa tâche, et ne tromperait point ceux qui chercheraient dans son exemple un appui.

J'admire ce dévouement lucide pour une cause choisie.

J'aime cette mort humaine au service de la France.

JEAN LARTIGUE.

LE CAPITAL

ET

LES IMPÔTS SUR LE CAPITAL

I

Voici un des mots les plus usités et les plus mal compris de la langue française. Que d'erreurs il a engendrées en créant, chez beaucoup de nos compatriotes, une conception fausse de ce qu'il représente! Il a une grande part de responsabilité dans les malentendus qui se produisent trop souvent entre les divers membres de la société. Cherchons à le définir d'une façon claire et simple à la fois.

Avant d'y arriver, écartons l'image que fait naître cette appellation dans l'esprit de beaucoup de gens. Qu'est-ce que le capital selon l'imagination populaire? C'est l'accumulation, dans les mains de certains individus, de quantités considérables de monnaie, au moyen desquelles ils paraissent en mesure de se procurer le nécessaire, le superflu et même l'inutile. Ce qui, dans cette conception rudimentaire, caractérise le capitaliste, c'est la détention de la forme de capital le plus communément connue et comprise parce qu'elle est susceptible de se transformer le plus aisément et le plus rapidement en toute autre espèce de capitaux.

Des hommes qui possèdent des maisons, des terres, pour une valeur bien supérieure à celle des louis d'or, des écus ou des billets de banque accumulés dans le coffre-fort de leur voisin, ne seront pas réputés, par la foule, capitalistes au même titre que celui-ci. Et cependant ils sont en possession de capitaux féconds qui leur fournissent directement des revenus, tandis que le numéraire n'en produit pas par lui-même : *nummus nummum non parit*, la monnaie n'engendre pas de monnaie, disaient les théologiens du moyen âge, qui partaient de cette vérité apparente pour condamner l'intérêt.

Établissons maintenant notre définition. Toute richesse est susceptible de devenir un capital par la volonté de l'homme qui, la possédant, ne la consomme pas. Ainsi s'explique la formation des capitaux mobiliers. La même richesse sera revenu ou capital, selon qu'elle sera consommée immédiatement par son possesseur, ou au contraire mise de côté par lui, de façon à reproduire de la richesse. Un cultivateur récolte dix hectolitres de blé : il en mange neuf, c'est du revenu. Il en met un de côté pour servir à ses semailles de la saison prochaine : c'est du capital. Chaque grain de blé qu'il jettera dans le sillon en produira dix, quinze, vingt l'année suivante. Ceux-ci, à leur tour, seront du revenu ou du capital, selon l'usage qu'en fera le récoltant.

L'institution de la monnaie et celle du prêt à intérêt ont considérablement modifié non pas le fond des choses, mais la conception que les hommes s'en font. Toute richesse étant susceptible de se transformer en monnaie devient ainsi indirectement productive, alors même qu'elle ne l'est pas directement. Prenons des exemples. La terre est un capital, puisqu'elle fournit des céréales, des légumes, des fourrages, des fruits : cependant l'intervention du travail humain est indispensable pour mettre ce capital en état de produire. Une usine bien gérée est un capital, parce qu'il en sort des objets manufacturés d'une valeur supérieure à la somme dépensée pour les fabriquer, à condition bien entendu que le prix de vente soit plus élevé que le prix de revient. Une maison est un capital, parce qu'elle procure à son propriétaire un revenu annuel constitué par la rente de ses locataires. Si au contraire nous considérons des richesses improductives, telles que des perles, des pierres précieuses, des objets d'art, un domaine d'agrément qui coûte à son propriétaire des frais d'entretien, nous sommes tentés au premier abord de les exclure de la liste des capitaux. Mais comme ces pierres, ces perles, ces tableaux, ces châteaux ont une valeur vénale, peuvent s'échanger contre de la monnaie, et que cette monnaie est en elle-même, ou par l'intermédiaire des valeurs mobilières ou foncières qu'elle est susceptible d'acquérir, capable de procurer des revenus, nous rangerons au nombre des capitaux des objets qui, par eux-mêmes, sont inféconds. Dans le monde moderne, tout ce qui a été approprié par les hommes, c'est-à-dire tout ce qui est entré dans la fortune particulière de chacun d'eux, est susceptible d'être transformé en monnaie, et cette monnaie, à son tour, a la vertu de procurer à son détenteur n'importe lequel des objets matériels il désire : c'est cet état de choses qui amène, dans l'opinion vulgaire, la confusion à laquelle nous nous heurtons à chaque pas : elle identifie le capital avec le numéraire, ou les signes immédiatement représentatifs de ce numéraire, billets de banque, lettres de change, rentes, obligations, actions.

Et cependant cette facilité de transmutation du numéraire en valeurs mobilières fait courir au possesseur des dangers beaucoup plus grands que ceux qui sont inhérents à la détention des autres richesses. Les prix des terres, des maisons, varient beaucoup moins que ceux des fonds d'État ou des parts d'entreprises qui s'échangent quotidiennement aux Bourses des divers pays. Le capital représenté par les premières est infiniment plus stable que celui qui s'incorpore dans les seconds.

Voilà une vérité qui devrait être présente à l'esprit de ceux qui se déclarent les ennemis du capital et qui regardent les propriétaires de certaines formes de la richesse comme des privilégiés, n'ayant d'autre peine à prendre que celle de détacher leurs coupons à l'échéance.

Un autre point de vue n'est pas moins important à considérer, c'est l'origine du capital. Il ne peut se constituer que par l'effort humain, par la privation que s'impose l'homme ayant à sa disposition une richesse qu'il pourrait être tenté de consommer sur le champ, et qu'il met de côté pour en tirer plus tard un avantage. Est-il juste dès lors de le priver du fruit de son économie? Qu'arrivera-t-il, si on prétend lui enlever tout ou partie de ce qu'il a épargné? Il cessera d'agir dans ce sens, il dépensera tous ses revenus, et les richesses disparaîtront au fur et à mesure de leur création.

Tout l'effort de la civilisation tend à multiplier la production des objets nécessaires ou agréables à l'humanité. Cette production agricole et industrielle ne peut se développer et se maintenir qu'à l'aide d'installations de plus en plus perfectionnées, de plus en plus coûteuses. Que l'on réfléchisse aux milliards qui s'emploient chaque année à ériger des bâtiments, à ouvrir des routes de terre et de fer, à armer des navires, à construire des machines, à mettre des engrais dans le sol, et l'on se rendra compte des prélèvements que les générations successives ont dû opérer sur leurs revenus annuels pour constituer de nouveaux organes de production, c'est-à-dire des capitaux. A l'origine des sociétés, il n'en existait pas d'autre que le sol lui-même. Le travail des hommes, s'appliquant à un certain nombre d'éléments naturels, parvenait tout au plus à satisfaire les besoins rudimentaires et immédiats des peuplades primitives. Les boltcheviks russes, qui ont mené leur pays où l'on sait, n'ont pas cessé de vouer le capital à l'extermination. Si cela était en leur pouvoir, ils nous ramèneraient à l'âge de la cueillette, de la chasse et de la pêche.

Le capital a été et reste le principal facteur du progrès. Sans lui l'humanité serait restée au régime des productions spontanées du sol, précaires, inégales et limitées. Pour s'affranchir de cette incertitude, l'homme a constitué des approvisionnements et créé des outils. C'est par la prévoyance et l'esprit d'invention qu'il s'est préparé à satisfaire ses besoins à naître, et qu'il a appliqué son travail à la fabrication d'objets devant faciliter la production future. La formation du capital est due au fait que certains hommes préfèrent aux jouissances immédiates la sécurité de l'avenir. L'abstinence crée le capital sous forme d'approvisionnements et sous forme d'installations. Le capital ne se maintient d'ailleurs que par une reproduction incessante. C'est du travail accumulé méthodiquement et continûment en vue d'une production ultérieure. Une maison qui n'est pas entretenue en bon état de réparations ne tarde pas à tomber en ruines ; une usine dont l'outillage n'est pas renouvelé de façon à être toujours à la hauteur du progrès cesse bientôt de pouvoir lutter avec ses concurrents. L'homme qui ne met pas de côté une fraction de son revenu pour faire face aux dépenses imprévues sera obligé, à un moment donné, d'entamer son capital, peut-être de le consommer entièrement.

Nous pouvons nous faire une idée de cette destruction possible, en contemplant les ruines accumulées par les Huns dans la portion de notre territoire qu'ils ont envahie, et où ils ont anéanti un nombre incalculable de bâtiments et d'installations industrielles. Il faudra que d'immenses capitaux soient mobilisés dans le reste de la France et peut-être chez nos alliés, pour réédifier ces constructions, pour y rapporter des machines, des instruments, des stocks de matières premières, des approvisionnements de toute sorte. Si ces malheureuses régions étaient abandonnées à elles-mêmes, elles ne pourraient vraisemblablement jamais se relever du désastre qui les a frappées; ou, si elles le pouvaient, ce ne serait que grâce au capital épargné et mis de côté en lieu sûr par un certain nombre de leurs habitants, et qui serait sans doute encore insuffisant à réparer le mal. Il faudra que le reste du pays et d'autres parties du monde concourent à cette œuvre de rénovation.

Qui donc, en présence de cette situation, pourrait mettre en doute l'utilité du capital et ne pas reconnaître les bienfaits dont il est la source? Quelle éloquente réponse à ceux qui en contestent la nécessité! Deux ou trois millions de Français cesseraient demain de vivre s'il n'existait pas!

Il est de coutume, dans certains milieux, de déblatérer contre lui, de l'accuser d'être l'auteur d'une foule de maux dont il est parfaitement innocent et de prétendre trouver le remède dans un bouleversement de l'ordre existant. Nous avons en ce moment une idée de ce que pourrait être une société soumise à ce régime en voyant ce que les bolcheviks essaient de faire de la Russie. Nous disons « pourrait être » : car en réalité, une société ne saurait exister sans capital. Celui-ci est la condition même de toute organisation. Aussi longtemps qu'il n'est pas formé, les hommes vivent à l'état primitif, c'est-à-dire en cherchant à s'assurer au jour le jour la satisfaction de leurs besoins élémentaires, sans être jamais certains d'y parvenir. Et encore peut-on ajouter que cela n'était possible qu'aux époques antiques, où une faune et une flore abondantes suffisaient aux appétits du petit nombre d'hommes qui existaient à la surface du globe. Comment concevoir seulement l'alimentation de centaines de millions d'êtres humains, au XXe siècle de notre ère, sans l'accumulation préalable des installations de tout genre, des instruments de travail, sans les réserves de semences qui procurent les récoltes annuelles?

Comment les vêtir, les loger, les chauffer, sans l'existence préalable des moyens de production des étoffes, des maisons, du combustible? Une partie de la Russie, qui est pourtant un des greniers du globe, est en ce moment menacée de famine, parce que les théoriciens ennemis du capital sont au pouvoir.

Si l'ouvrier comprenait que l'outil dont il se sert pour effectuer sa tâche, la maison qu'il acquiert en versant un certain nombre d'annuités, les provisions de vivres ou de vêtements qu'il a réunies dans ses armoires sont du capital, il serait sans doute moins hostile à celui-ci. S'il réfléchissait que le risque de voir ces réserves détruites augmente en raison de leur nombre et de leur variété, il regarderait d'un autre œil les hommes qui ont consacré leur existence à les édifier. S'il se rendait compte qu'elles ne sont autre chose que du travail emmagasiné, il respecterait ses chefs au lieu de leur être hostile.

Le capital, c'est l'ensemble des utilités qui existent à la surface du globe et qui ne sont pas immédiatement consommées. Les objets de consommation eux-mêmes, aussi longtemps qu'ils sont détenus par les marchands qui les gardent en attendant les demandes de leur clientèle, ou par les consommateurs qui les ont mis en réserve, sont du capital. Comment l'humanité se révolterait-elle contre les choses dont elle a le plus pressant besoin, sans lesquelles elle ne pourrait exister? Pourquoi, dans un accès de fureur aveugle, détruirait-elle les sources mêmes de sa vie? Plus il y aura de capitaux chez une nation et plus les individus qui la composent seront heureux, plus ils auront de facilités d'existence. On prétend parfois que l'évolution contemporaine tend à une concentration du capital dans un petit nombre de mains. Rien n'est plus faux. Quelques patrimoines, dans l'essor rapide de l'industrie moderne, ont pu, à de certains moments, grossir rapidement. Cela n'empêche pas que, dans l'ensemble, l'humanité est de mieux en mieux partagée. Les salaires des ouvriers vont en grandissant; ils représentent déjà, pour beaucoup d'entre eux, un revenu annuel bien plus élevé que les arrérages de petits rentiers qui vivent, sur leurs vieux jours, des coupons de valeurs mobilières acquises par eux au prix de longues années de labeur et aussi de privations, que les ouvriers ne se sont guère imposées.

Il y a une sorte de contraste entre les deux existences. Le travailleur manuel a une vie relativement aisée jusqu'à la vieillesse. S'il n'a pas été économe, il n'a alors qu'une retraite dont les éléments, en majeure partie, n'ont pas été fournis par lui. Son sort devient moins assuré que celui du petit commerçant ou de l'artisan; d'autant plus tranquilles qu'ils recueillent alors le fruit de leurs efforts passés et des sacrifices qu'ils se sont imposés, pour amasser un capital, ou de l'agriculteur qui peut travailler en général jusqu'à un âge avancé et dont le séjour à la campagne simplifie les besoins.

D'ailleurs les richesses sont de plus en plus possédées par des sociétés, dont le développement a été rapide depuis un siècle. Des patrimoines considérables se trouvent ainsi fractionnés et répartis entre une infinité d'intéressés : chaque action ne représente qu'une part infime de cette opulence collective, qui offusque ceux-là seulement qui n'ont pas réfléchi au morcellement déterminé par la constitution même des entreprises.

Une dernière observation est de nature à faire s'écrouler tous les sophismes qui depuis trop longtemps s'échafaudent dans cet ordre d'idées. Quel est le plus précieux de tous les capitaux, et celui qui en même temps est à la portée de chacun de nous? C'est le capital humain, c'est la valeur physique, intellectuelle, morale, de chaque individu, qui possède en soi, grâce aux forces du corps et de l'esprit, l'instrument susceptible de lui procurer, en échange de son travail, des revenus souvent élevés. Représentons-nous un fils de famille qui a reçu un petit héritage et qui vit du revenu de ce pécule. On connaît les impôts de toute nature qui amputent de plus en plus la somme annuelle qui lui revient. On sait quels dangers court cette fortune si elle est représentée par des valeurs mobilières, à quels risques elle est exposée. Qu'on demande aux porteurs de fonds russes dans quelles angoisses ils vivent, en redoutant la répudiation dont les menacent Lénine, Trotsky et consorts. Envisageons même la fortune placée en biens-fonds : qu'ont touché les propriétaires français depuis le 1er août 1914? On en cite qui mouraient presque de faim, tandis que leurs locataires vivaient dans l'abondance et les narguaient, à l'abri du moratoire qui les dispensait de rien payer. Des ruraux sont plus heureux, nous dit-on. Oui, mais à la condition d'avoir des bras pour cultiver leurs champs; et nul n'ignore quelle est la rareté actuelle de la main-d'œuvre agricole.

En face de ces « propriétaires, » considérons le jeune

homme qui n'a recueilli aucune succession, mais qui, sain de corps et d'âme, est prêt à travailler. S'il s'adonne à un métier manuel, il gagnera les hauts salaires qui sont aujourd'hui la règle. Pour peu qu'il manifeste d'heureuses dispositions, il sera encouragé, aidé, appuyé, de façon à obtenir rapidement un revenu suffisant. S'il a choisi une profession dite libérale, il sera vite à l'abri du besoin et verra s'ouvrir devant lui les perspectives des belles situations qui, dans le monde moderne, sont l'apanage de tout homme de valeur. Combien de fils d'ouvriers, de paysans, avons-nous vus parvenir aux postes les plus élevés dans les emplois publics, dans l'industrie, dans le commerce, dans la finance! On affirmait jadis à nos conscrits que chacun d'eux avait dans sa giberne le bâton de maréchal de France. On peut dire aujourd'hui à chaque élève de nos écoles que son ambition a le droit de s'étendre à la carrière qu'il choisira et que, par son travail, il s'élèvera aussi haut qu'il le voudra.

Les ennemis du capital oublient que le premier, le plus assuré, le plus fécond de tous les capitaux, c'est l'homme lui-même, dont les bras et le cerveau enfantent des richesses. La plupart de celles dont la nature met certains éléments à notre disposition ne donnent leurs fruits que si elles sont exploitées par la main de l'homme, mise elle-même en mouvement par son cerveau.

Il serait temps de faire disparaître une bonne fois de nos discussions politiques et économiques, les attaques contre ce qui est le principe même de toute existence collective et individuelle. Il faut éclairer l'opinion publique et faire comprendre à chacun que sa vie dépend du maintien, au sein de la nation, des capitaux qui y existent sous des formes multiples, et que cette vie sera d'autant plus facile que des capitaux plus nombreux et plus considérables se formeront. Le jour où les masses populaires seront convaincues de cette vérité élémentaire, un pas immense aura été fait dans la voie de la paix sociale, de l'entente entre tous les citoyens. Leur collaboration harmonieuse résoudra alors bien des problèmes qui nous effraient aujourd'hui, et dont nous ne trouvons pas la solution, parce que nous n'avons pas le courage de dire au peuple la vérité, parce que, au lieu de louer ceux qui épargnent, nous semblons les blâmer, et qu'au lieu de les pousser dans cette voie par une législation intelligente, nous paraissons prendre plaisir à les en détourner.

On sait quelles plaintes retentissent partout au sujet du renchérissement de la vie. Celui-ci est dû à la destruction d'une très grande quantité de capitaux. Beaucoup des usines qui fabriquent tout ce dont nous avons besoin ont été anéanties; des dizaines de millions d'hommes qui, en temps normal, travaillent à produire des objets de consommation, sont uniquement occupés à détruire; à chaque minute, les instruments de mort fauchent des existences humaines, c'est-à-dire suppriment des forces créatrices. Quoi d'étonnant dès lors à ce que tout devienne plus rare et coûte davantage?

II

Ce qui précède nous conduit à condamner les projets d'impôt sur le capital qui ont, à diverses reprises, été présentés, et à écarter, d'une façon générale, l'idée de demander, pour notre budget, des ressources à ce mode de taxation. Il y a deux façons de le concevoir : ou bien un prélèvement opéré en une seule fois, ou bien la perception d'une taxe annuelle. Ce second mode, on le conçoit aisément, ne peut s'appliquer qu'à des capitaux productifs de revenus : autrement, il détruirait, en un temps donné, la matière imposable, puisqu'il en confisquerait chaque année une fraction, sans qu'aucun élément de reconstitution intervînt. C'est de cette considération qu'est née l'idée d'une troisième forme de l'impôt sur le capital qui frapperait, à des intervalles déterminés, non pas le patrimoine possédé par les contribuables, mais la fraction dont ce patrimoine se serait accru dans la période déterminée.

Le seul capital qui puisse supporter un impôt annuel, sans être par cela même progressivement diminué et condamné par conséquent à disparaître à plus ou moins brève échéance, est donc celui qui rapporte un intérêt : en ce cas, l'impôt sur le capital se confond avec l'impôt sur le revenu, mais en l'obscurcissant et en empêchant la nation de se rendre compte de la charge réelle supportée par les contribuables. Il est dès lors infiniment plus simple et loyal de fixer l'impôt sur le revenu au niveau qu'exigent les besoins de l'État. On nous objectera que les citoyens désireux d'échapper à l'impôt convertiront une partie de leur fortune en capitaux improductifs. Nous ne sachons pas que ce procédé ait chance de se généraliser : la plupart des hommes ont besoin de leur revenu pour vivre, et recherchent les occasions de l'augmenter plutôt que celles de l'amoindrir. Que si des particuliers consacreut certaines sommes à l'acquisition d'objets d'art ou de bijoux, ils paieront tout d'abord l'impôt nouveau du dixième qui frappe les achats d'articles de luxe. La catégorie en est d'ailleurs peu nombreuse, et le chiffre des placements de cet ordre est faible en comparaison du capital productif de la nation. Personne ne contestera, au surplus, qu'il est bon que certains membres d'une communauté soient capables de faire des dépenses qui ont pour effet d'encourager la production artistique. N'oublions pas que les locaux d'habitation servant à l'usage du propriétaire, parcs d'agrément, châteaux, villas, bien qu'étant pour leurs possesseurs une source de dépenses et non pas de recettes, sont considérés par le fisc comme produisant une rente et grossissent par conséquent la somme qu'atteint l'impôt sur le revenu.

Il a été récemment question en Angleterre de la taxation du capital. Le 29 janvier 1918, à la Chambre des Communes, M. Bonar Law, chancelier de l'Échiquier, a déclaré qu'il envisageait la question comme étant de l'ordre platonique. M. Asquith, de son côté, considère comme insurmontables les difficultés qu'il y aurait à établir une taxe de ce genre.

Chez nous, le 28 février 1918, M. Albert Métin et un certain nombre de députés, ses collègues, ont présenté une proposition de loi tendant à l'institution d'un « impôt sur la richesse acquise, complémentaire à l'impôt sur le revenu, avec exemption à la base et déduction pour charges de famille. » L'exposé des motifs exprime le regret des auteurs de la proposition qu'elle n'ait pas été votée avant la guerre : ils invoquent, comme on le fait trop souvent en matière fiscale, l'exemple de l'Empire allemand. Celui-ci avait demandé en 1913 un milliard de marks environ, une fois payés, à une taxe sur la fortune.

M. Métin déclare que « nous ne connaissons pas le capital de la France, pas plus que nous ne connaissions son revenu avant l'impôt global. » Nous croyons que, même aujourd'hui, nous continuons à ignorer ce revenu. Aussi longtemps que l'impôt n'atteindra pas la majorité des salariés, il ne nous révélera que la plus faible partie du revenu national, celle que nous pouvons déterminer d'après d'autres données. N'est-il pas étrange d'ailleurs d'établir un impôt pour faire de la statistique? On nous assure qu'il nous aidera à élaborer « le grand programme de production qui est pour la France d'une nécessité absolue. » Nous affirmons que les capitaux nécessaires à la production s'offriront avec d'autant plus d'empressement et d'abondance qu'on les persécutera moins.

L'impôt proposé est qualifié, par ses parrains, de droit d'enregistrement : il serait établi sur la valeur en capital des biens meubles et immeubles. Seraient redevables de l'impôt toutes les personnes, de nationalité française ou étrangère, dont les biens meubles et immeubles sont soumis aux droits de mutation à titre gratuit en vertu des lois existantes. Le total de ces biens constituerait la matière imposable : il serait fixé par la valeur vénale ou, quand il serait impossible de l'établir, suivant les règles usitées en matière de droits de mutation à titre gratuit. On connaît, soit dit en passant, les pratiques fiscales à cet égard : elles sont souvent empreintes d'une injustice criante vis-à-vis des contribuables.

Le tarif proposé est un des plus formidablement progressifs qui se puissent concevoir. Partant d'un taux modéré de 50 francs pour 100 000 francs, il s'élève à 1 525 francs pour une fortune d'un million et s'accroît alors de 5 centimes par 100 francs pour chaque tranche successive de 500 000 francs, de telle sorte qu'une fortune de dix millions paierait 62 325 francs et une fortune de vingt millions 204 025 francs. Observons qu'il s'agit d'une taxe annuelle, et essayons de nous rendre compte de la charge que cela représenterait. Rappelons d'abord que l'impôt frapperait le capital improductif aussi bien que le capital productif, que par conséquent les immeubles de plaisance, le mobilier, les livres, les tableaux, les bijoux, les vêtements même devraient figurer dans l'inventaire qui servirait de base à l'évaluation de la matière imposable. Est-il exagéré de considérer que cette portion de la fortnne en représente aisément le quart? Ne mettons qu'un cinquième. A celui qui possède un million, il restera donc 800 000 francs productifs d'intérêts. Supposons-les placés à 5 pour 100. Les impôts cédulaire et global sur le revenu ramènent ce taux à un maximum de 4 pour 100, plus vraisemblablement à 3 et demi. Admettons

4 pour 100; sur 800 000 francs, cela fait 32 000 francs de rente, dont l'impôt nouveau retrancherait environ un vingtième, ramenant ainsi le revenu réel aux environs de 30 000 francs, c'est-à-dire 3 pour 100 du capital possédé. L'amputation par rapport au rendement normal de 5 pour 100 sur un million de francs serait des deux cinquièmes. Pour une fortune de dix millions, l'impôt s'élèverait à 62 325 francs. Appliqué à un revenu de 400 000 francs, il représenterait une charge additionnelle de près de 16 pour 100, c'est-à-dire qu'il porterait l'impôt global sur le revenu, dont le taux prévu pour l'année courante est de 20 pour 100, à 36 pour 100. A l'échelon de vingt millions rapportant 800 000 francs de rente, l'impôt Métin réclamerait 204 025 francs, qui s'ajouteraient à 160 000 francs d'impôt global sur le revenu. La somme des deux impôts atteindrait alors 364 000 francs, c'est-à-dire 46 pour 100 du revenu.

N'oublions pas que ces 46 pour 100 seraient loin de représenter la totalité des prélèvements fiscaux. L'impôt cédulaire fait son œuvre. Les valeurs mobilières au porteur qui, de nos jours, constituent une partie importante des patrimoines, supportent un ensemble de droits qui, pour les actions et les obligations, s'élèvent à quelque chose comme 12 ou 14 pour 100 du revenu. C'est donc près des trois cinquièmes du revenu, et davantage, qui seraient absorbés dans certains cas. Nous ne craignons pas d'affirmer que c'est là une conception inadmissible, destructive de tout ordre économique et de nature à avoir des conséquences désastreuses pour le pays. Qui ne voit que des hommes ainsi menacés perdront le goût du travail, de l'économie, et songeront plutôt à dépenser leur capital, condamné à une amputation périodique, qu'à le conserver ou à l'accroître? Or, rien n'est plus nécessaire que l'esprit d'épargne dans un pays à budget énorme comme le nôtre et qui doit pouvoir compter sur une matière imposable se développant sans cesse. La seule façon d'y aider, c'est de ne pas toucher au capital existant et d'encourager par tous les moyens possibles la formation de capitaux nouveaux.

L'impôt sur le revenu est une nécessité. Accepté aujourd'hui par beaucoup de ceux-là même qui le combattaient avant la guerre, il a seulement besoin d'être amélioré dans son assiette et contenu dans de justes limites. On nous cite sans cesse l'exemple de l'Angleterre et on fait miroiter aux yeux de nos parlementaires éblouis les taux extrêmes auxquels il est porté pour les grosses fortunes qui, soit dit en passant, sont beaucoup plus nombreuses dans le Royaume-Uni que chez nous. Mais on oublie d'ajouter qu'en dehors de l'impôt sur le revenu et des droits de succession, il n'existe pour ainsi dire pas de taxes directes en Angleterre, et que là-bas il n'y a jamais superposition; tandis qu'à notre impôt global sur le revenu, qui s'est élevé par bonds de 2 à 12 et demi pour 100 et menace de passer à 20 pour 100, s'ajoutent une série d'impôts cédulaires sur les revenus. Le taux véritable acquitté par ceux-ci est dissimulé par cette variété. Si l'on additionnait toutes ces taxes et qu'on y ajoutât la charge moyenne annuelle qui résulte des droits de mutation, on serait surpris de constater qu'à l'heure actuelle, en plus d'un cas, le taux de l'impôt prélevé en France sur le revenu dépasse celui de la Grande-Bretagne.

Il vaudrait mieux fondre toutes ces taxes en une seule, qui démontrerait alors la véritable contribution apportée par chacun de nous au budget et qui, du coup, ferait taire les clameurs de ceux qui prétendent que la richesse « acquise » ne fournit pas sa part des recettes publiques. Voilà une épithète dont on a singulièrement abusé! Comme si toute richesse n'était pas acquise ou en voie de l'être! Le jour où les réformateurs impatients apprendraient dans quelle proportion les revenus sont déjà amputés, ils seraient moins prompts à nous citer l'exemple de l'étranger. N'oublions pas enfin l'impôt sur les successions, qui vient régulièrement prélever une fraction grandissante des patrimoines. C'est ce droit d'héritage qui est en réalité le seul impôt sur le capital admissible, et encore convient-il de le contenir dans de certaines limites, sous peine d'enlever au père de famille l'une des plus puissantes incitations à l'épargne : le souci de ses descendants.

D'après la loi du 31 décembre 1917, les droits de succession, majorés d'une surtaxe sur les héritages qui se partagent entre moins de quatre enfants, peuvent atteindre, même en ligne directe, jusqu'à 36 pour 100. Il semble difficile d'aller plus loin. Que l'on réfléchisse à la rapidité avec laquelle les générations passent et à la fréquence des transmissions d'un même bien. On serait étonné de constater la brièveté du délai qui suffit au fisc, dans bien des circonstances, pour absorber le plus clair de l'actif d'une succession. Dans l'exemple que nous venons de citer, alors même qu'il n'y aurait eu que trois mutations en un siècle, ce qui correspond à la moyenne actuelle de la vie humaine en France, le Trésor, ayant perçu trois fois 36 pour 100, aurait dévoré la majeure partie de la fortune initiale.

L'impôt sur l'enrichissement, qui est appliqué par les Allemands, présente infiniment plus d'inconvénients que d'avantages. Il a été institué chez nos ennemis par la loi du 3 juillet 1913 et s'élève, par degrés, de 0,75 à 1,50 pour 100. Une surtaxe, allant de 1/10e à 1 pour 100, frappe les patrimoines supérieurs à 100 000 marcs. Le taux maximum est donc de 2 et demi pour 100. A cet impôt, établi sur des bases modérées, la loi impériale du 21 juin 1916 (1) a ajouté une surtaxe de guerre; celle-ci atteint tous les patrimoines qui, au 31 décembre 1916, présentaient un accroissement par rapport au 31 décembre 1913 et même ceux qui, dans cet intervalle, n'avaient pas subi une diminution de plus de 10 pour 100. Le point de départ est l'évaluation qui avait été faite pour l'assiette de la contribution d'armement de 1913.

L'impôt sur l'enrichissement décourage les efforts et l'esprit d'économie. A quoi bon épargner, si le fisc doit prélever une part qui est destinée sans doute à devenir celle du lion? Nos législateurs commenceraient sans doute, comme ils l'avaient fait pour l'impôt global sur le revenu, par instituer un taux modéré. On a vu avec quelle rapidité vertigineuse, en deux ans, ils ont décuplé l'impôt sur le revenu. Ils agiraient évidemment de même avec la taxe sur l'enrichissement; elle détruirait une proportion croissante des capitaux ajoutés à leur patrimoine par les pères de famille travailleurs, sobres, prévoyants, qui se refusent à dépenser la totalité de leurs revenus, afin de parer aux mauvais jours et de développer les entreprises auxquelles ils participent. Le premier effet de la législation dont on nous menace serait de ralentir ou même d'arrêter cette formation de capitaux nouveaux, qui est indispensable au relèvement de la France.

Au point de vue de l'application, il entraînerait des difficultés extrêmes et créerait un état d'hostilité permanent entre le fisc et les contribuables. Si l'assiette de l'impôt sur le revenu

(1) Voir notre article sur *les Finances de l'Allemagne*, dans la *Revue* du 15 juin 1917.

est déjà délicate, elle ne donne pas lieu à la millième partie des contestations que ferait naître l'évaluation des capitaux immobiliers et mobiliers. Le prix d'un immeuble n'est réellement connu que le jour où il est mis en vente. Ce prix varie non seulement selon les époques, mais d'après les dispositions individuelles, les goûts, la convenance des acheteurs. Aujourd'hui peut se présenter une demande qui aura disparu demain et qui ne serait remplacée que par une offre bien inférieure. La moindre complication politique, à plus forte raison une crise comme celle que le monde traverse en ce moment, bouleversent l'échelle des prix. Quant aux valeurs mobilières, on sait à quelles fluctuations elles sont exposées. Les écarts sont violents; pour beaucoup d'entre elles, les échanges sont rares, les cours incertains ou même inconnus. Pour celles-là même qui sont cotées à la Bourse, il est souvent difficile d'obtenir un cours sincère : en tout cas, ce cours n'a de signification que pour le jour où il est inscrit; il ne tarde pas à disparaître et à être remplacé par une cote plus basse ou plus élevée.

La difficulté est encore bien plus grave lorsqu'il s'agit de meubles corporels, d'objets d'art, de bijoux. Ici les experts les plus habiles se trompent parfois grossièrement dans leurs évaluations. En tout cas, les conditions spéciales du marché de chaque catégorie d'objets, l'état général des affaires, la situation politique non seulement de notre pays mais du reste du monde, ont une action considérable sur les prix. Rien ne serait plus capricieux et plus arbitraire que l'estimation de cette partie du patrimoine. Elle est cependant importante en France, où le goût artistique est si développé, où tant d'hommes cultivés se plaisent à acquérir et à conserver des livres, des tableaux, des estampes, des gravures, des objets de toute sorte, dont la valeur, si on les considère séparément, n'est pas toujours très grande, qui en acquièrent une bien supérieure par le fait de leur réunion en collection. Le prix de celle-ci peut être hors de proportion avec la fortune du possesseur, qui a consacré à ce labeur des années de patience et de sagacité. En le frappant d'une taxe annuelle qui dépassera ses moyens, on le forcerait à vendre son trésor, qui représente pour lui une jouissance artistique, une satisfaction de tous les instants, souvent la consolation de ses vieux jours. Ce serait, du même coup, décourager tous ceux qui seraient tentés d'agir de même. Or, c'est dans cette classe d'hommes que se trouvent les bienfaiteurs de nos Musées : nombreux sont les amateurs qui leur lèguent des objets qui servent ensuite à l'éducation artistique et à l'instruction générale des citoyens.

L'impôt sur le capital serait profondément immoral. Il mettrait les contribuables honnêtes, qui se soumettent exactement à la loi, en état d'infériorité vis-à-vis de ceux qui, exaspérés par l'inquisition et l'excès de la taxation, chercheraient à dissimuler une partie de leur fortune.

Quel serait, d'autre part, le résultat de l'établissement de l'impôt sur l'enrichissement? Beaucoup d'hommes emploieraient l'excédent de leurs revenus sur leurs besoins immédiats à l'achat d'objets qui, sous un très faible volume, représentent une valeur considérable. On ferait rétrograder notre état social vers celui des tribus hindoues, dont les rajahs accumulent des trésors sous forme de métaux monétaires, de diamants, de perles ou de pierres précieuses.

De tels impôts ne peuvent être assis sur des bases rationnelles. Une foule de revenus ne proviennent pas du capital, ou du moins ne proviennent pas d'un capital que le fisc puisse saisir. Tels sont ceux qu'engendre le travail sous toutes ses formes, depuis celui du manœuvre ou du terrassier jusqu'à celui de l'artiste, du médecin, de l'écrivain, du professeur. D'ailleurs, à la base même de la conception de l'impôt sur le capital, se trouve un autre vice fondamental, c'est l'extrême difficulté de la perception.

L'amputation d'une partie d'un patrimoine n'est aisée que s'il est représenté par des espèces. Dans la réalité des choses, c'est une fraction presque toujours négligeable de sa fortune que chaque particulier possède sous cette forme. La quasi-totalité consiste en valeurs mobilières, en marchandises ou en immeubles. Parmi les premières, beaucoup sont d'une réalisation difficile, surtout à l'époque actuelle, ou ne pourraient être vendues qu'au prix d'un sacrifice énorme qui équivaudrait, dans bien des cas, à la ruine du possesseur. Pour les immeubles, la difficulté est encore plus grande. Voici un propriétaire qui vit strictement du loyer des appartements qu'il donne à bail. Ne parlons pas de la période de guerre, pendant laquelle il n'a peut-être rien touché, tout en étant obligé à des dépenses d'entretien et autres. Supposons-nous replacés dans l'état normal. Comment le contribuable va-t-il payer le fisc? Si absurdes que paraissent certaines hypothèses, elles doivent cependant être envisagées, car enfin la loi ne peut pas obliger un citoyen qui ne possède pas de numéraire à en verser au receveur des finances, ni à réaliser un bien pour lequel il ne trouve pas d'acquéreur. Le contribuable va donc remettre en nature au fisc une partie de son capital? Abandonnera-t il chaque année une perle du collier de sa femme? Amputera-t-il un ou deux étages de sa maison qu'il offrira au percepteur? Verra-t-on, comme dans certaines villes, la propriété d'un bâtiment se diviser en tranches horizontales superposées? Ce serait un spectacle original que celui de cette copropriété entre les particuliers et l'État. Ce dernier créera des dizaines de mille de fonctionnaires nouveaux chargés de gérer sa fortune foncière, de discuter les termes des baux, de percevoir les loyers. Voilà une perspective plus réjouissante peut-être pour les locataires que pour le budget. L'électeur qui ne pourra ou ne voudra pas payer son terme sera-t-il régulièrement poursuivi? Sur quelles rentrées de ce chef le ministre des Finances pourra-t-il compter? Et à la campagne? Voit-on les champs, les prés, les bois, les vignobles, diminués chaque année des hectares, des ares, des centiares correspondant à l'impôt que le propriétaire n'aura pu acquitter en monnaie et qu'il paiera en nature? Le fisc exploitera-t-il, et avec quel succès, les millions de parcelles qu'il aura saisies? Ou bien les mettra-t-il en vente au fur et à mesure de la remise qui lui en sera faite? Quel trouble, quel désordre jeté dans la vie du pays! quelle insécurité du lendemain! quelle perversion de toutes les idées de la famille française, vouée à un morcellement incessant de ce qui a constitué jusqu'à ce jour une de ses plus solides assises, la propriété foncière!

Le revenu est une base plus équitable et plus facile à atteindre que le capital. D'autre part, l'ensemble des revenus constitue une somme bien autrement importante que celle des seuls revenus provenant directement des capitaux. La richesse de la France était évaluée, avant 1914, à 250 milliards de francs. Au taux de 4 pour 100 ce total rapportait 10 milliards, c'est-à-dire beaucoup moins que le montant de notre budget d'après guerre. D'autre part, les revenus des Français, en y comprenant les salaires, les produits du travail sous toutes ses formes, peuvent être évalués à une trentaine de milliards. On voit que la matière imposable est trois fois plus considérable dans le second cas que dans le premier. De l'examen même des conditions sociales, il ressort avec évidence qu'une foule de gens ont des revenus, sans posséder aucun capital au sens courant du mot. Ils échapperaient donc à l'impôt qui prendrait ce dernier comme base.

Résumons-nous. Dans la complexité de l'organisation moderne, l'évaluation de beaucoup de capitaux est très difficile, souvent impossible. Ceux-là même qui semblent le plus aisés à supputer présentent des incertitudes. Que l'on songe aux écarts entre les valeurs assignées par le fisc aux immeubles en cas de mutation et celles que déclarent les propriétaires. Et cependant, quel est le capital qui, à première vue, paraît plus stable qu'une maison ou un champ? Quant aux fortunes mobilières, il est superflu d'insister sur l'énormité des fluctuations auxquelles elles sont soumises. Comme le dit Leroy-Beaulieu, les revenus fournissent la matière contributive universelle, large, accessible, tandis que l'impôt sur le capital constitue une base étroite, fuyante, et qui laisse en dehors d'elle de nombreux citoyens. Toutes les raisons théoriques et pratiques se réunissent pour le condamner. Nous espérons que le bon sens de nos législateurs nous épargnera une expérience, qui présenterait le double danger de ne fournir au budget que des rentrées bien inférieures à ce que l'on imagine et de tarir dans leur source les éléments de la prospérité nationale.

RAPHAËL-GEORGES LÉVY.

REVUE LITTÉRAIRE

L'AUTEUR DE LA PREMIÈRE *NÉMÉSIS*

UN PHILOLOGUE : ÉDOUARD TOURNIER (1)

M. Paul Bourget se souvient d'avoir été philologue et, dans son roman de *Némésis*, où les événements nouveaux et les méditations de l'antiquité se mêlent d'une si étrange et belle manière, il mentionne et loue un vieil helléniste qui fut son maître à l'École des hautes études, Édouard Tournier, l'auteur de *Némésis et la jalousie des dieux*. C'était un homme admirable et singulier, deux fois aimable, et pour ses bizarreries autant que pour les vertus de son cœur et de son esprit. Il est mort il y a vingt ans bientôt, laissant une œuvre mémorable, courte et qu'il avait achevée dès sa jeunesse. Il continuait de travailler, mais ne donnait plus rien au public. Vers la fin de son existence, âgé de soixante-neuf ans, il méprisait son premier ouvrage, qui était de littérature ; il doutait du second, qui était de philologie : il travaillait, avec une sorte de désespoir, avec intrépidité cependant. Son aventure est liée à quelques-uns des problèmes qui, en son temps et depuis lors, aujourd'hui encore, sont le plus dignes d'occuper les intelligences. Il a été l'un des héros et l'un des saints de l'érudition française : du reste, un saint troublé, par cela même pathétique, toujours en lutte contre le malin, contre soi peut-être et, dans l'inquiétude où la méthode vous retient, fort de sa volonté.

C'était un grand garçon maigre et sec, très haut perché sur ses jambes, assez gauche d'allures, la tête levée, les yeux au loin. D'air et

(1) *Némésis et la jalousie des dieux*, Paris, 1863 ; — Sophocle, *Tragédies*, texte grec, publié d'après les travaux les plus récents de la philologie, Paris, 1867.

de façons, il ne ressemblait pas du tout à la plupart des érudits, ou bien à ceux qu'on se figure si confinés dans leur besogne qu'ils se redressent mal et, même debout, restent comme penchés sur des feuillets. Son visage était plutôt d'un ancien capitaine qui, revenu à la vie des bourgeois, laisse boucler autour de ses oreilles ses blancs cheveux ; il portait la barbiche longue : et il avait plus de fierté que de bonhomie, à la première apparence. Il se plaisait à rire, dès que s'en présentait l'occasion : ce n'était pas tous les jours; il ne souriait pas. Il avait, à généralement parler, du chagrin; puis, en outre, un chagrin : ses plus intimes amis savaient que, depuis la mort d'un fils, il ne s'était pas consolé. Il avait mauvaise opinion de la destinée, petite opinion de l'humanité; il n'attendait aucune aubaine : il était morose et l'était avec une espèce d'énergie stoïcienne. C'est ainsi qu'il ne souriait pas; et son rire tournait au sarcasme très vite. Il composait, en français, en grec, en latin, des chansons narquoises, où il fourrait de rudes calembours et des calembredaines insolentes pour ses ennemis, les ennemis de ses idées. S'il vous aimait, il vous parlait de la pluie et du beau temps, de Sophocle et de Pindare, et non de lui, et non de vous ; il n'allait point à la confidence avec vous, non plus qu'il n'y allait avec lui-même, ayant accoutumé de vivre dans le divertissement perpétuel de la pensée. Il vous traitait comme lui-même et vivait évasivement. Pour peu qu'on le connût, c'était à cause d'une sensibilité très vive et qu'il avait à maîtriser. Elle se trahissait à sa physionomie, laquelle n'était pas très mobile, ou ne l'était plus, parce qu'il l'avait fixée, à ce qu'il semblait, et fixée en son état de souffrance ou d'alarme. Autour des yeux, les muscles plissaient tout le visage. Il tenait son livre à la hauteur de son front, plus haut que son front, en l'air, et le lisait, de près, comme on regarde au plafond, le lisait un peu, avec méfiance, y trouvait des fautes, — des fautes, des fautes ! — abandonnait le livre et, au plafond, cherchait le texte vrai, la conjecture. Le triomphe de sa besogne acharnée était qu'il s'attristait sur les fautes qui déparent le texte de Pindare ou de Sophocle : car il donnait ainsi le change à sa mélancolie. Dans les moments où la fiction philologique ne le contentait point, il se mettait à son piano, où ses grosses mains devenaient agiles soudainement; et il demandait à la musique une diversion plus dangereuse, mais plus forte. C'était un homme d'aspect tranquille et d'âme agitée. Il y a du romanesque dans l'assiduité des grands philologues : leur passion n'est pas apaisée facilement ; et, quand les autres hommes auront fini par être de plus en plus pareils, ils seront les derniers originaux.

Némésis et la jalousie des dieux, c'est l'histoire d'une erreur : « Les Grecs ont cru que la divinité pouvait s'alarmer pour elle-même de l'ambition des mortels, que dis-je ? haïr et châtier en eux jusqu'à l'excès de la prospérité : telle est, en résumé, cette étrange superstition. » Tournier, dès la première page, éconduit l'étrange superstition : « Le temps, parlons mieux, la raison humaine en a fait justice. » Il ne va même pas la refuter : à quoi bon ? Cela est connu, cela est acquis ; nous savons que la divinité n'est point jalouse, étant parfaite, et qu'elle n'a point nos sentiments vils, nos défauts, ne commet nul de nos péchés. Ou bien, la notion de la divinité se défait. L'idée de la divinité imparfaite est contradictoire : et la raison la refuse. Alors, il ne s'agit que d'une absurdité ? Il s'agit d'une erreur. Et Tournier, qui premièrement la condamne, lui sera très indulgent : il l'a condamnée avec une sévère promptitude ; il la commentera, au long de son ouvrage, avec un soin complaisant.

C'est qu'une erreur est un chemin vers la vérité, non le chemin direct : un chemin capricieux, périlleux, accidenté, un mauvais chemin. Cependant, il mène, sinon à la vérité, du moins, et par mille détours, aux approches de la vérité, qui peut-être n'est pas un point dans l'étendue immense des idées, mais une région que l'on aborde également de divers côtés : l'on y pénètre un peu, quelquefois. Au bout de presque toutes les erreurs, il y a un paysage ou ne fût-ce qu'un mirage de la vérité, dont les environs mêmes sont beaux.

Puis, l'erreur que résume le nom de Némésis a duré plus de dix siècles. Elle est antérieure à Homère, qui l'a pieusement recueillie. Hérodote lui a donné sa confiance. Et Aristote, en la combattant, prouve qu'à l'époque où triomphait un certain positivisme, où s'établissait la suprématie de la raison sur la croyance, elle avait encore ses fidèles. Elle a passé de Grèce à Rome. Et elle ne s'est pas anéantie du jour au lendemain, sur la démonstration péremptoire d'un philosophe. Elle a eu le sort aventureux qu'ont les doctrines et les dogmes : elle s'est, d'âge en âge, altérée ; elle a survécu à la plupart de ses vives significations ; et elle a disparu dans un oubli silencieux. Denys d'Halicarnasse et Diodore de Sicile ne recourent plus à Némésis que pour donner « une couleur antique et un air de noblesse » à leurs récits. Les romanciers la mêlent à leurs galantes inventions et, par exemple, comptent la beauté parmi « les avantages qui exposent les mortels à la jalousie des dieux. » Les Latins la confondaient avec la Fortune. Et Catulle, Virgile, Ovide, Martial, Ausone et Claudien la nomment souvent dans leurs poèmes, sans croire à elle plus que les poètes du siècle de Louis XIV ne croyaient à la réalité d'Apollon et des Muses. On voit, aux porches des églises romanes, divers motifs ornementaux fort compliqués et qui assemblent des animaux, des plantes et des objets méconnaissables : ce sont, parfois, des symboles périmés, dont la signification s'est perdue, et que les décorateurs utilisent au gré de leur fantaisie. Les croyances achèvent ainsi leur durée ; et c'est ainsi que se perdit, dans la littérature ingénieusement fabuleuse et dans la vanité des mots, Némésis, la divinité la plus redoutable de l'Olympe.

Cependant, Auguste, au dire de Suétone, mendiait, chaque année, un jour : il espérait conjurer de cette façon la Fortune qui a de si rudes vengeances. Et Caligula, au dire de Dion Cassius, offrit un sacrifice à la divine jalousie. Et, tardivement, il y avait au Capitole, une statue de Némésis; mais il advint qu'on oublia qu'elle était Némésis : et les superstitieux de Rome s'adressaient à elle contre le danger de fascination. Et maintenant, qui oserait dire que la pensée de Némésis ait disparu de toutes âmes tout à fait?...

A l'époque où elle règne sur la Grèce, Némésis n'est pas exactement le Destin : elle est une loi mystérieuse, qui gouverne le monde. Tournier la définit « loi de partage. » C'est-à-dire qu'il y a, pour l'humanité, un lot, destiné à elle, et qui lui appartient : elle ne saurait prétendre davantage. Et le lot n'est pas attribué généralement à l'humanité, de telle sorte qu'elle ait à le distribuer entre ses membres avec une égalité rigoureuse ou au gré de ses caprices : la part dévolue à chacun de nous est fixée par la Némésis.

C'est la Fatalité? C'est une espèce de fatalité, mais qui a ce caractère de ne pas abolir toute liberté : ni la liberté des dieux, ni la liberté des mortels. Dans Homère, si l'heure de mourir est arrivée pour Hector, ou Hercule, ou Sarpédon, Zeus ne s'y résout pas sans peine. Il hésite, il consulte les dieux, il délibère. Il cède enfin; mais son hésitation marque sa liberté : « la loi qu'il exécute l'a obligé sans le contraindre. » Et, quant aux mortels, la loi de partage les enferme dans des limites, à l'intérieur desquelles ils sont libres. Voire, ces limites leur sont-elles absolument infranchissables? Non : car les dieux ont le souci de les y contenir, et la crainte perpétuelle de les voir s'émanciper. Les dieux sont en lutte contre les hommes ; et le mythe de Prométhée prouve que l'empire des dieux est un empire menacé. Les dieux ont à se défendre.

Il y a, dans cette conception de l'univers, deux éléments intimement unis et que discerne pourtant l'analyse : l'un est la jalousie des dieux, l'autre la notion même de l'ordre. Le premier de ces éléments, la jalousie des dieux, la plus ancienne théologie grecque l'a connu. Mais elle ne l'avait pas inventé : « les Indianistes, dit Tournier, nous signalent une antiquité plus reculée, antérieure à toute tradition européenne, et où la même erreur occupe déjà une place dans la myhologie. » D'où vient cette croyance à la jalousie des dieux? « Elle semble contemporaine des premières plaintes de l'homme en lutte avec un sol ingrat, avec un ciel inclément que son imagination peuplait d'êtres corporels, capricieux et passionnés comme lui-même. » La plus ancienne pensée grecque adopta cette croyance; mais elle l'a élaborée : ce qu'elle a fait, ce fut précisément de joindre à cette idée primitive et, en quelque manière sauvage, une idée qui est le principe même de la civilisation, l'idée de l'ordre, en supposant que les dieux, jaloux d'affirmer leur suprématie, veillent à l'équilibre de l'univers. Leurs prérogatives se confondent ainsi avec leur sagesse. Voilà de la philosophie. Or, craignons de transformer en système philosophique une croyance et d'imposer une dialectique à ce qui est l'instinct d'un peuple. C'est la faute que l'on commet le plus souvent, en pareille matière ; mais Tournier ne l'a point commise.

Il a grand mérite à ne l'avoir pas commise : car il travaillait sur les œuvres des poètes et des philosophes, où l' « étrange superstition » prend évidemment le tour d'une doctrine. Avec beaucoup de finesse et de justesse, il y a démêlé ce qui est populaire et ce qui est savant. Il a distingué, dans l'histoire de Némésis, trois périodes. Celle des premiers temps, il l'appelle mythologique; et il en indique les caractères : « l'imagination la plus riche, une extrême faiblesse d'abstraction, une quantité prodigieuse de fables, une égale disette de termes généraux. » Puis la religion de Némésis a été professée, interprétée, amendée par la théologie. Enfin, les métaphysiciens et logiciens l'ont modifiée en philosophie. Durant toute la première période, il ne s'agit pas d'une doctrine : ce sont des velléités ou des réflexes populaires que Tournier dut analyser. Et, plus tard, à l'époque des théologiens et même des philosophes, il ne faut pas se figurer que les croyants de Némésis soient devenus théologiens et philosophes. Dans un des plus attrayants chapitres de son livre, Tournier nous montre un adorateur de Némésis. Un homme pieux, et qui a sur les lèvres ces formules fréquentes : « J'adore Némésis; j'adore la Jalousie. » La piété de ce bonhomme n'est pas ce que nous entendons par la piété. Socrate n'a pas réussi à le convaincre que les dieux nous aiment; et, à vrai dire, il n'aime pas les dieux. Mais il les redoute. Et il a de l'humilité. Sa grande affaire est d'engager les dieux à ne pas croire qu'il soit avec eux en émulation. Il connaît depuis l'enfance l'aventure de Niobé, qui l'informe de ne jamais se prévaloir d'un avantage : il ne tire vanité de rien. Si la vanité le tente, il répète à lui même : « Souviens-toi que tu es mortel » et « Rien n'est plus misérable que l'homme. » Si un ami le complimente, il se dépêche de répondre : « Attendez que je meure; alors seulement vous pourrez juger si je fus heureux. » Il évite la joie, qui est une sorte d'orgueil; il évite l'espérance, qui est une entreprise impertinente sur le projet des dieux ; même, il évite la plainte, qui suppose qu'on espérait quelque bonheur et qui ainsi est présomptueuse. Il craint la chance; il la refuse, comptant qu'il devrait la payer cher. Et, s'il ne peut ou n'ose la refuser, il prend l'initiative du paiement : il se dépouille de quelque objet favori, afin que les dieux lui pardonnent leur bienfait. Il ne se mêle point des affaires publiques et fuit les honneurs, qui lui font peur. Il a peur aussi des honneurs que reçoit l'un de ses compatriotes; et il est partisan de l'ostracisme, n'aimant point avoir pour compatriote, et pour voisin peut-être, un homme trop heureux. Il déteste la tyrannie, parce qu'elle donne aux dieux un rival. Et il blâme les orateurs qui célèbrent à l'envi la prospérité de la nation. Il murmure : « L'excès a perdu les Centaures, les Magnètes, Smyrne et Colophon ; il perdra notre république ! » Au logis, il a soin de maintenir l'obéissance, le calme et l'économie. Sa maison n'est pas une merveille : il entend n'être pas mieux logé que les dieux, qui ont, dans les campagnes, leurs temples très petits et pauvres. Sa table est frugale ; et il assure que la satiété fait plus de victimes que la faim. Son costume est extrêmement simple et cependant ne l'est point à l'excès, car l'excès de la simplicité vaut l'orgueil. Il a presque toujours la tête penchée, les regards abaissés ; et l'on dirait qu'il écoute les battements de son cœur : il songe, il a sans cesse de menus problèmes de sagesse et de modestie à résoudre. Il surveille attentivement ses pensées : comme il sait que les dieux le guettent, il se guette lui-même et tâche de prévenir le jugement défavorable des dieux. C'est un maniaque ? C'en est un.

Mais la croyance de ce bonhomme, et qu'il mène à quelque absurdité, ne nous hâtons point de la mépriser. D'abord, elle contient de la douleur et, par là, mérite la sympathie. Elle contient, en outre, l'essai d'une explication générale du monde. Et surtout, cette croyance, naïve chez ce bonhomme et peu raisonnable chez lui, nous la retrouvons dans l'œuvre des plus grands génies de la Grèce : elle est ainsi consacrée. Tournier l'a montrée dans Eschyle et dans Hérodote, et non pas comme une opinion qui apparaît de temps à autre, mais comme le principe d'une poésie et d'une philosophie de l'histoire. Ses pages sur Eschyle sont inoubliables. Il s'est approché lentement de ce génie « monstrueux » et ne s'est que lentement familiarisé avec une pensée si extraordinaire. Ce fut l'idée de la Némésis qui, à la fin, la lui rendit claire. Et la tragédie des *Perses*, la voici. Elle est un rude enseignement. Elle célèbre la victoire de la Grèce ? Oui; et elle est toute pleine de joie patriotique. Mais elle avertit la Grèce : « Eschyle voulait appeler l'attention des vainqueurs sur les étranges retours de la fortune et sur les desseins supérieurs qui en règlent les apparents caprices ; il voulait les mettre en garde contre un enivrement dont la défaite même de leurs ennemis révélait le péril ; il voulait leur inspirer la crainte de ces dieux jaloux qu'ils avaient eus pour protecteurs lorsqu'ils étaient faibles et modestes et qu'ils pouvaient s'aliéner à leur tour par l'orgueil joint à la puissance. » Or, la Grèce venait à peine de se délivrer : « Quel âge, que celui où de pareils enseignements se font écouter de la victoire ! où la Muse se sent assez forte et assez respectée pour aimer mieux s'honorer par d'utiles maximes que d'exciter les applaudissements par de dangereuses flatteries ! Quelle démocratie, que celle où un peuple, à peine respirant d'un triomphe inespéré, souffre un si austère langage sur la scène consacrée à ses plaisirs ! » Le même enseignement, les Grecs avaient à le tirer du père de l'Histoire. Toute l'histoire d'Hérodote est l'exemple des vicissitudes humaines; les siècles y sont apportés en témoignage des vérités qu'au début de l'ouvrage Solon formule : « La divinité n'est que jalousie et se plaît aux bouleversements ; etc. » Les uns après les autres, des peuples se dressent, parviennent à l'hégémonie, et tombent. Les dominations succèdent aux dominations ; la folie succède à la folie : et, la longue histoire humaine, c'est toujours l'attente d'un peuple sage, qui évitera l'orgueil, les conséquences de l'orgueil, et qui vivra sous le gouvernement des dieux jaloux. Hérodote souhaite à l'Hellade ce privilège de durable raison. Mais, quoi ! la perfection même de la docilité ne risque-t-elle point d'éveiller la susceptibilité divine? Et, en définitive, cette docilité dont la récompense est incertaine, Hérodote avoue qu'elle ne dispense pas les hommes et les peuples de subir leur destinée. Il a découvert, appliqué du moins à l'anecdote séculaire des nations, une loi de l'histoire, qui lui permet d'interpréter et de classer les événements et de montrer de l'ordre dans le désordre apparent : une loi de l'histoire si impérieuse et si étendue que l'histoire d Hérodote a quelque analogie, sous ce rapport, avec l'histoire de Bossuet : mais il n'a pas dit que cette loi de l'histoire tendît au bonheur ou au salut de l'humanité. Il croit au malheur inévitable de la condition humaine. Et, la pensée d'Hérodote, Tournier la caractérise mieux qu'on n'a fait, par ces mots si bien choisis, tremblants et pathétiques : « cette inquiétude religieuse qui avait égaré si haut la sagesse mélancolique d'Hérodote... » On nous a trop accoutumés à concevoir la pensée de la Grèce comme le miracle de la certitude accomplie et de la sérénité : l'angoisse y est, sous la domination de l'intelligence. On nous a trop accoutumés à nous figurer les Grecs familiers avec les dieux de leur Olympe et rassurés par l'air humain, si nettement défini, de leurs dieux. Hérodote, après avoir raconté l'une des catastrophes étonnantes qui sont le sujet de son histoire, ajoute : « Cet événement me paraît d'une nature tout à fait divine ; » et il entend : incompréhensible. Euripide, qui n'est plus un croyant, mais un philosophe, s'écrie : « Si les dieux commettent l'injustice, ils ne sont plus les dieux ! » C'est la négation de la véritable pensée grecque, laquelle attribue aux dieux l'injustice ou le contraire de ce que les hommes appellent la justice. Il y a, dans Homère, un personnage fabuleux qui a deux noms, l'un que lui donnent les hommes, l'autre que lui donnent les dieux. Les dieux ont leur langage ; et, comme ils ont leur langage, ils ont leurs idées. Les dieux sont, pour les Grecs, le mystère : un insoluble mystère, et qu'il ne s'agit que d'entrevoir un peu du côté où il touche aux péripéties de la destinée humaine.

Tournier, dans tout son commentaire, insiste sur la différence des deux éléments qui composent la religion de Némésis : la jalousie des dieux et le sentiment de la mesure. La crainte des dieux jaloux, plus ancienne que la Grèce, s'y est développée aux époques les plus tourmentées. Sous Darius fils d'Hystaspe, Xerxès fils de Darius, Artaxerxès fils de Xerxès, trois générations durant, la Grèce eut, dit Hérodote, plus de maux à souffrir que durant vingt générations d'avant Darius : « Aussi n'est-il pas étonnant que l'île de Délos, jusqu'alors immobile, ait tremblé. » Aussi n'est-il pas étonnant que l'âme de la Grèce ait tremblé. En présence des plus terribles malheurs, elle a posé la question du mal dans le monde : et la croyance aux dieux jaloux était une réponse. Jamais l'histoire de la Grèce n'a été bien calme ; et en aucun temps la Grèce n'a pu se figurer qu'elle vivait en sûreté sous la bienveillance des dieux. Le prodige, c'est que, du trouble de son histoire et de sa farouche croyance aux dieux jaloux, elle ait tiré une « morale exquise, » la morale de la mesure.

La mythologie grecque présente aux imaginations de nombreux emblèmes de la témérité punie : Tantale affamé devant sa nourriture, Sisyphe acharné à son vain effort, Tityus obstiné au martyre, les Danaïdes qui ne renoncent pas à leur entreprise insensée, Ixion attaché à la roue qui perpétuellement l'élève et qui l'abaisse ; et Prométhée, le symbole de la pire imprudence. La philosophie grecque a cet aphorisme : « Ce qui n'a point de bornes, c'est du néant. » D'autres philosophies, au contraire, ont placé dans l'infini la réalité authentique. Les Grecs ne distinguent pas l'infini de l'indéfini. Une grâce de leur esprit leur a fait aimer les bornes que la sagacité de leur esprit leur a fait reconnaître ; et leur génie s'est épanoui dans un espace limité.

Tournier, qui le remarque, se demande si peut-être il n'y a pas « des idées tutélaires et unies par un lien si fort à la destinée comme au génie spécial de certains peuples qu'ils se sauvent en y restant fidèles et qu'ils se perdent en y contrevenant... » Et la réponse : « Telle fut peut-être, pour la nation grecque, l'idée de Némésis... Considérons seulement l'époque de Périclès, cet âge unique dans la vie du genre humain. Libre, Athènes résiste à la licence des factions : ennemie implacable de la tyrannie, elle se soumet volontairement à l'autorité d'un grand homme. L'idée de Némésis est alors à son apogée : tout la proclame ou s'en inspire. Par exemple, où trouverait-on un plus beau témoignage en faveur du précepte cher à la sévère déesse, *Rien par delà la mesure*, que les ouvrages mêmes de Sophocle, de ce génie naturellement réglé, soutenu constamment par un enthousiasme qui ne l'emporte jamais ? Étranger aux sublimes créations d'Eschyle, qui condamne l'excès plus qu'il ne le fuit dans son langage, l'atticisme était né, pour appliquer à l'art les maximes prescrites à la vie et demeurer le type éternel de la sagesse dans la conduite de l'imagination. » D'autres peuples ont bâti plus haut, plus large ; ils ont bâti les Pyramides, ils ont bâti les monuments de Ninive qui ont laissé des ruines imposantes; ils ont rêvé la tour de Babel. Le Parthénon n'est pas grand. Puis, avec l'expédition de Sicile commence la décadence de la Grèce, qui est prise d'ambition, dépasse la mesure et gaspille l'idée qui lui a été bonne et tutélaire.

La Grèce est le pays où la jeune humanité eut conscience de ses forces et des limites dans lesquelles ses forces accomplissent leur chef-d'œuvre de bonheur et de beauté. La Grèce a tourné le malheur de la destinée humaine à la merveille de l'atticisme : c'est la beauté sous la menace des dieux incompréhensibles.

L'auteur de *Némésis et la jalousie des dieux* épiloguait ainsi sur la Grèce, les dieux et la destinée, sur les conditions de la pensée, de l'art et de la vie. L'histoire lui montrait la particularité des époques ; la philosophie l'invitait à saisir aussi, dans les épisodes momentanés, les signes de l'éternité. Il avait trouvé un thème à longues et riches rêveries. Sa méditation lui ouvrait des horizons purs et qu'il savait joliment dessiner. Mais, son livre fait, et parfait, soudainement ce fut bel et bien fini. Soudainement, il s'accusa de frivolité. Il entra en philologie. Il s'enferma dans ce couvent rigoureux.

Il est philologue déjà dans son beau livre, où nulle page, où nulle phrase ne manque de la référence d'un texte : et le texte a été méticuleusement examiné, discuté. Plus d'une fois, les notes indiquent le soin qu'avait Tournier de ne citer un passage qu'après en avoir contrôlé la valeur ancienne; et il n'utilise pas la *Théogonie* sans alarme : c'est un poème où les interpolateurs ont beaucoup travaillé. Puis, très souvent, il hésite à croire que ses précautions suffisent. Entre la Grèce et nous, il y a des siècles ; et l'âme de la Grèce est une âme ensevelie, évanouie peut-être dans son antique sépulture, et qui défie la recherche de nos curiosités modernes. Tournier, en maints endroits de son livre, n'ose qu'à peine se hasarder : ne s'est-il pas engagé dans « une recherche trop conjecturale ? » Or, il avait, comme en son temps, une idée de la science qui réclamait l'incontestable vérité.

Les textes anciens sont parvenus, après de longues tribulations, par l'intermédiaire de copistes nombreux et généralement infidèles. Les copistes ignorants ont commis des bévues ; et les copistes malins ont commis des péchés ; bévues et péchés sont restés dans le texte, qui tantôt n'a plus de sens et tantôt n'a pas le sens que l'auteur lui donnait. Aucune tragédie de Sophocle, aucun poème de Pindare n'est arrivé jusqu'à nous tel que l'a composé Pindare ou Sophocle. Vous en étonnez-vous ? Comparez le texte de Racine dans l'édition que Racine a publiée et dans quelque réimpression d'aujourd'hui : comptez les différences. Et ensuite supposez que l'édition première ait disparu, ainsi que les éditions qui depuis lors ont peu à peu dénaturé le texte ; supposez, en outre, qu'au lieu d'être livré à nos habiles et loyaux imprimeurs, le texte, au cours des siècles, ait dépendu de la bêtise ou de la facétie de ces copistes, les uns qui ne comprenaient pas ce qu'ils écrivaient, et les autres qui succombaient à la tentation de collaborer sournoisement avec l'auteur : imaginez les dégâts. Une science est occupée à réparer les textes anciens : on l'appelle critique verbale. Tournier s'y dévoua.

Et, si l'on dit que c'est dommage, il répondait : « Avant d'utiliser les textes, procurons-nous de bons textes et sans fautes ! » C'est la méthode. Seulement, la besogne est immense autant que délicate : et les textes ne seront pas corrigés, les philologues seront morts et l'univers ne sera plus que cendre. Il y a des siècles que les philologues ont commencé leur besogne. Et l'on aurait tort de croire qu'ils versent de l'eau dans le tonneau des Danaïdes : ils n'ont point offensé Némésis et, pour un crime, ne sont pas condamnés à un effort inutile. Leur zèle a donné de précieux résultats. Lisez le Sophocle de Tournier : les Sophocle de la Renaissance vous causeraient un cruel tourment. Mais sachez que vous lisez le Sophocle de Tournier : ce n'est pas celui d'un autre philologue ; et ce n'est pas non plus le Sophocle de Sophocle. Chaque philologue signe son auteur et le doit signer. L'incontestable vérité, nul philologue ne l'attrape. Hélas ! et Tournier s'était retiré de la littérature afin de ne pas demeurer dans les recherches « trop conjecturales » : les trouvailles des philologues, où triomphe leur ingéniosité, s'appellent des conjectures !

Voire, à l'époque où Tournier travaillait de son métier de philologue, la critique verbale était audacieuse : elle conjecturait, conjecturait, conjecturait ! Un incident survint qui l'avertit d'être mieux timide. L'on découvrit en Égypte un papyrus qui contenait un fragment du *Phédon* : papyrus très ancien, beaucoup plus ancien que les manuscrits jusqu'alors connus et contemporains, ou peu s'en faut, de Platon. Somme toute, il y avait bien des chances pour qu'un tel papyrus, antérieur aux bévues et aux péchés du grand nombre des copistes, offrît le texte le meilleur et, à peu de chose près, le texte original. Les philologues, avant de savoir le détail de ce qu'il donnerait, lui accordèrent la plus belle et décisive autorité. Or, le papyrus démentit assez rudement toutes leurs conjectures. La critique verbale est aujourd'hui prudente et conservatrice.

Tournier voyait des fautes partout. Ce fut au point que la lecture le chagrinait. Et, à la lettre, il ne pouvait plus lire !... Cependant, il avait préservé de sa critique et, si l'on se permet d'ainsi parler, de sa docte fureur, deux poèmes, dans toute la littérature grecque, l'*Iliade* et l'*Odyssée*. Il avait eu soin de n'y pas toucher autrement que pour son plaisir : et c'était tout ce qu'il pût lire, en fait de grec, pour son plaisir, comme un frivole. Tout le reste, prose ou vers, le mettait au supplice. Il vint à délaisser les Grecs; il essaya des Latins, des Français : et, dans Virgile et dans Racine, les fautes qu'il voyait le fâchaient : plus encore, celles qu'il soupçonnait. Et il disait, riant avec amertume : « Bientôt, je ne lirai plus le journal: c'est plein de fautes ! »

Il riait, et ne riait pas. Sa manie de philologue était, poussée au paroxysme, — et il en amusait aussi sa douleur, — une belle passion religieuse et dévouée, l'amour des idées et des mots que le génie des hommes a combinés pour l'enseignement des hommes et leur consolation, le sentiment du péril qui menace tout ce qui est humain, le sentiment de la dégradation lente et pire que la mort, le désir de sauver ce qui doit survivre et de le conserver, contre la dure loi du temps, intact.

Les torts de la philologie, ses méprises, ne la sauraient discréditer. On la dénigre maintenant. On la dénigre au nom de la littérature. C'est mal : les amis des lettres n'ont pas le droit d'être les ennemis de la philologie.

D'ailleurs, il faut l'avouer, ce sont les philologues qui ont commencé la querelle, par ce dédain qu'ils affichaient à l'égard de la littérature. Et Tournier qui ne tolère plus qu'on lui parle de *Némésis et la jalousie des dieux*, qui se repent d'avoir été littérateur et sacrifie à la seule philologie son talent de philosophe et d'historien, de poète et de moraliste, est l'un de ces dédaigneux. A la vérité, la littérature a besoin de la philologie : l'auteur de *Némésis et la jalousie des dieux* était philologue. Mais la philologie a besoin de la littérature : et l'éditeur de Sophocle dut à son goût littéraire ses conjectures les meilleures. Sans la philologie, la littérature est hasardeuse ; sans la littérature, la philologie est stérile. L'une et l'autre se réunissent facilement, comme les réunissaient les humanistes de chez nous, autrefois.

Ce qui a défait l'humanisme, chez nous, c'est une fausse idée de la science : une idée rude et arrogante. La littérature n'est pas un objet de science, étant un art, et destiné aux plaisirs, aux jeux de l'âme. Peut-être aussi la science a-t-elle à souffrir de l'idée rude et arrogante que certains savants préconisent. Elle cherche la vérité, mais par les chemins de l'erreur. Et, quant à la littérature, moins pressée encore, elle s'attarde volontiers sur de tels chemins, où les pharisiens la vilipendent.

André Beaunier.

REVUE DRAMATIQUE

Turcaret, à la Comédie-Française.

Ce qu'il y a d'admirable, c'est que, voilà une trentaine d'années, de hardis novateurs, étonnés de leur propre audace, s'avisèrent d'inventer le théâtre réaliste. Apparemment ils n'avaient pas lu *Turcaret*. Toutes les nouveautés que les théoriciens et les fournisseurs du Théâtre Libre réclamaient avec entrain et dont ils s'enorgueillissaient comme d'autant de découvertes, on les trouverait dans la pièce de Lesage, non pas en germe, comme on l'imprime benoîtement aujourd'hui, mais à la perfection et dans l'exacte mesure de proportion et de goût où la crudité du réel se concilie avec l'art. Les mœurs qui y sont peintes au naturel, sont abominables et on y respire la pure atmosphère du vice. Tous les personnages en sont diversement, mais pareillement méprisables, et Diogène lui-même armé de sa lanterne y chercherait en vain un « personnage sympathique. » Chacun d'eux se trahit par la naïveté de ses propos et nous fait lui-même les honneurs de sa bassesse d'âme et de sa coquinerie. Il n'y a pas d'intrigue, à proprement parler, pas d'action dramatique, pas de nœud et de péripéties, mais des scènes qui se succèdent et parfois se répètent et n'ont pour objet que d'achever la peinture et de parfaire la ressemblance. Au surplus, en traçant ces croquis de mœurs, d'un trait net et que nulle émotion ne fait trembler, l'auteur n'a garde de s'indigner. Il constate, et conclut avec indifférence que tel est le train du monde... Voilà bien, et au grand complet, les traits essentiels d'un genre que les novateurs de 1890 nous ont présenté comme le dernier terme de l'évolution dramatique : ils n'y ont ajouté que quelques grossièretés. De quelque nom qu'on désigne ce genre, auquel il nous déplairait de conserver la basse appellation de comédie rosse, *Turcaret* en est le chef-d'œuvre.

C'est ce qui explique que la pièce, à l'origine, eut peu de succès. Jouée en février 1709, elle n'eut que sept représentations : ce qui, même pour l'époque, ne fait pas beaucoup de représentations. Si ce n'est le four noir, c'est donc le succès d'estime. On a accusé de ce demi-échec les rigueurs du fameux hiver de 1709, comme si la froideur du public tenait jamais à la température des salles et non à celle des pièces. On a incriminé la cabale organisée par les traitants. Mais la cabale a bon dos et, c'est Beaumarchais qui nous le dira, il n'est auteur sifflé qui ne rejette sur elle son insuccès. En fait, il n'existe aucun moyen d'empêcher le public d'aller voir une pièce qui lui plaît, pas plus qu'on ne peut le forcer à aller voir une pièce où il ne prend pas de plaisir. Si le public de 1709 ne courut pas en foule à *Turcaret*, c'est que la pièce par sa brutalité le choqua. Cette brutalité, aujourd'hui, ne nous frappe pas et même le terme nous semble très particulièrement impropre : l'impression qui se dégageait l'autre soir à la Comédie-Française et qui nous ravissait, c'était au contraire un charme de légèreté, de grâce et d'esprit. C'est que, depuis, nous en avons vu bien d'autres, et c'est qu'à distance l'impression s'émousse. Le costume est ici d'un merveilleux effet, et tel nous paraît très supportable en habit brodé et jabot de dentelles, que nous jugerions ignoble en jaquette et cravate plastron. Époque lointaine, société disparue, mœurs abolies : la peinture avec le temps a perdu la vigueur de ses tons et la vivacité de son coloris. Aux contemporains elle apparaissait dans toute sa hardiesse. C'était la première fois qu'on mettait le traitant à la scène, flanqué de tout ce monde interlope qui gravite autour de lui. L'auteur présentait en liberté une collection de hideux phénomènes et faisait ricocher leurs fourberies, sans colère vertueuse et seulement avec le sourire amer de l'observateur. D'instinct le public répugne à ce théâtre satirique et froid, dur et désenchanté. Il veut qu'on l'émeuve. Le théâtre d'ironie le déconcerte. Il ne l'accepte pas du premier coup ; il faut qu'il s'y habitue et que l'admiration le lui impose. Est-ce d'un chef-d'œuvre qu'il s'agit ? il reparaîtra à la scène, il entrera au répertoire ; et pourtant, à chaque reprise, il ne fournira qu'une brève carrière. Ce sera, toutes proportions gardées, l'histoire de *Mercadet* et de la *Question d'argent*, des *Corbeaux* et de la *Course du Flambeau*. Et c'est l'histoire de *Turcaret*.

Cela nous aide à déterminer la « famille » d'écrits à laquelle appartient la pièce de Lesage. *Turcaret* n'est pas de la même catégorie et de la même espèce que les grandes comédies de Molière. D'une comédie de Molière à *Turcaret*, il y a la même distance qui sépare la société peinte par Molière de la société où a vécu Lesage. A travers le théâtre de Molière et quoique l'impitoyable railleur n'ait guère épargné son temps, on aperçoit une société d'une magnifique ordonnance : c'est cette France du grand siècle, hiérarchisée et disciplinée, avec la forte armature de ses institutions publiques et la bonhomie robuste de ses mœurs familiales. Par malheur, la maturité n'a qu'un instant. Le règne de Louis XIV n'est pas terminé, et déjà la décomposition a commencé. L'art dramatique subit l'influence de ce milieu nouveau. Il n'a plus la richesse, l'ampleur, la variété et l'abondance qui sont les signes de la santé dans la littérature comme dans la vie. Il se restreint, il se durcit, il grimace. Dans Molière il y a toutes les tares de notre nature et aussi toutes ses noblesses ; il y a l'avarice, la prodigalité, l'hypocrisie, la sottise et la prétention, et aussi l'ordre, la prévoyance, la franchise, le bon sens et le naturel ; il y a M. Jourdain et Philaminte, et aussi Mme Jourdain et Henriette ; il y a don Juan, Tartuffe et Harpagon, et il y a ce grand honnête homme, Alceste, qui domine tout ce théâtre, comme Hamlet domine le théâtre de Shakspeare, et donne la main à don Quichotte. Que ce soit *Turcaret* où *Gil Blas*, vous y trouverez toutes les laideurs réunies et vous ne trouverez qu'elles seules. C'est pourquoi dans Molière il y a plus que la société de son temps : la vie humaine ; — dans Lesage il y a moins qu'une société : un coin de cette société.

Un rapprochement, qui saute aux yeux, aide à mesurer le chemin parcouru. Une des principales scènes de *Turcaret* est une transposition et comme une réplique de celle où Célimène, convaincue par l'évidence, prend le bon parti qui est de ne pas chercher à se disculper, mais de contre-attaquer Alceste. Ces emprunts sont fréquents dans la littérature classique qui avait de tout autres idées que nous en matière d'invention : elle estimait que certaines situations de théâtre sont des lieux communs qui appartiennent à tout le monde et auxquels il suffit que chacun mette sa marque personnelle. Alceste a eu connaissance d'une lettre, écrite par Célimène, qui ne lui laisse aucun doute sur la coquetterie de cette jeune veuve : il souffre, il s'indigne, il se plaint ; mais parce qu'il aime, il pardonne. Pareillement, dans *Turcaret*, la baronne, chez qui le traitant est arrivé furieux et menaçant, vous le retourne, en moins de rien, comme un gant. Mais ici ce n'est pas le style trop agréable d'une épître qui a fait deviner un secret, c'est la dénonciation d'une domestique qui a découvert un pot aux roses. Le dépit d'un Turcaret ne se contente pas des paroles comme celui d'un Alceste: il lui faut des fureurs plus matérielles, un vacarme de glaces brisées et de porcelaines jetées à terre. La lettre devient une lettre de change et le billet doux un billet au porteur. La pièce à conviction est un bijou revenu de chez le prêteur sur gages. Et les conditions de la paix sont que le financier fasse amitié avec l'amant de cœur qui vit aux dépens de sa maîtresse, et prenne auprès de lui l'aigrefin spécialement commis au soin de le gruger... On voit assez que la scène, si elle est de même dessin, n'est pas de même qualité : le niveau est pris sensiblement plus bas.

Dans le théâtre de Molière on rencontrait, ici et là, des usuriers, des maîtres-chanteurs, des chevaliers d'industrie, des femmes d'intrigue, et Frosine y fait un métier qui n'est pas des plus recommandables : on ne voit plus qu'eux dans la comédie de Lesage, où ils occupent toute la place, groupés autour du traitant promu chef du chœur. Celui-ci, pour la première fois qu'on fait son portrait au théâtre, est peint de main de maître : il n'a pas à se plaindre et il en a pour son argent. Lesage n'a pas commis la faute de nous le montrer dans l'exercice de sa profession : ce sera, par la suite, l'erreur de plusieurs auteurs dramatiques qu'ayant à nous présenter le faiseur d'affaires, ils tiendront à le prendre en train de faire des affaires; ces choses-là sont rudes et mieux vaut, à la scène, en suggérer seulement l'idée : un bout de dialogue avec M. Rafle nous en dit long à ce sujet, et nous devinons le reste. Peintre de mœurs, Lesage avait à nous faire connaître les mœurs et le caractère de l'homme : l'individu de basse extraction, le laquais parvenu, l'âme de gain et de boue. Il a montré Turcaret, et c'est le trait de génie, aussi crédule et naïf dans ses affaires privées, qu'il est, dans les autres, retors et cruel : c'est l'exploiteur exploité. De fait, pour dévorer ces fortunes scandaleuses et les ruiner à mesure qu'elles s'édifient, un être a été créé tout exprès, — comme la nature a mis près de chaque espèce celle qui est chargée de la détruire, — et c'est la fille. Elle devait monter sur la scène le même jour que le traitant. Un euphémisme du langage littéraire d'alors la déguise sous le nom de « coquette; » mais nous ne pouvons nous y tromper et, dès les premiers mots, nous l'avons reconnue : elle est veuve d'un officier supérieur — déjà! — et déjà baronne, comme sera la baronne d'Ange. Elle amène avec elle ses dignes compagnons, l'un chevalier et l'autre marquis, tous deux vivant aux crochets des femmes jeunes ou vieilles, entretenues ou séparées. Le marquis est entre deux vins : les scènes d'ivresse prennent possession de ce théâtre du XVIIIe siècle, qui plus d'une fois semblera lui-même un peu ivre. Comme la baronne met Frontin auprès de Turcaret, pour y avoir un homme à elle, un homme sûr, Frontin met Lisette auprès de la baronne. Il n'est pas allé la chercher bien loin : il l'avait sous la main, comme il sied dans une bande parfaitement organisée. Le chevalier, Frontin, Lisette, M. Furet, c'est une bande. Qui encore ? Mme Jacob, la revendeuse ; Mme Turcaret, qui exerce en province. La haute et la basse pègre. Quelle boue!

Que le théâtre s'occupe maintenant de cet affreux monde, et de lui uniquement, c'est un grand signe. Turcaret, par lui-même, n'est qu'odieux et ridicule ; mais par ce qu'il représente, il est effrayant. C'est la toute-puissance de l'argent qui commence. L'ancienne société se croit quitte envers l'argent en l'accablant de ses dédains ; elle le méprise, quand elle devrait le redouter : telle est la légèreté de ce monde finissant. Mais dès maintenant les jeux sont faits : ceci tuera cela. On a coutume de signaler dans le théâtre de Beaumarchais les premiers craquements de la Révolution. On pouvait les percevoir, et non moins distinctement, dans le théâtre de Lesage. C'est par le dehors que le *Mariage de Figaro* tient à l'époque révolutionnaire, dont il reproduit par avance la déclamation et le verbiage haineux ; mais dans *Turcaret* nous saisissons la cause profonde de la Révolution elle-même : c'est par ses finances, ne l'oublions pas, qu'a péri l'ancien régime. Désormais, et dans la ruine de toutes les forces qui pouvaient lui faire équilibre, l'argent prendra une importance si démesurée que Balzac fera de la question d'argent le centre de sa Comédie humaine. Combien, depuis lors, le mal s'est amplifié, nous le savons tous et il n'est que de regarder autour de nous. Il faudra bien qu'on nous dise quelque jour le rôle qu'aura joué l'argent dans cette effroyable guerre, tandis que s'y prodiguaient tant de sublimes sacrifices et qu'y coulait à flots le sang le plus pur.

Cette reprise de *Turcaret* a obtenu le plus brillant succès, comme il arrive chaque fois qu'on remonte avec quelque soin une pièce du répertoire. M. Bernard rend très bien un aspect du rôle, la sottise satisfaite et fastueuse du traitant, et pourrait indiquer davantage l'odieux du personnage et faire mieux deviner les griffes. Mlle Leconte joue le rôle de la baronne avec beaucoup de verve et de brio. L'interprétation dans son ensemble est très satisfaisante, et la pièce jouée dans un mouvement vif et alerte qui est du meilleur effet.

RENÉ DOUMIC.

CHRONIQUE DE LA QUINZAINE

De la reprise d'offensive que les Allemands préparent avec un soin minutieux, et dont la rage va sans doute être déchaînée incessamment, nous ne dirons qu'un mot : « Nous attendons, » ou plutôt nous dirons deux mots : « Nous avons confiance. » La grande bataille, si elle est aussi grande qu'elle s'annonce, apportera-t-elle ce qu'on s'est habitué à nommer « la décision ? » Il faudrait pour cela qu'elle fût très grande, et que le résultat en fût très clair, éclatant d'un côté, écrasant de l'autre, mais il faudrait de plus qu'il allât dans le même sens que les résultats partiels déjà acquis. Car il s'agit de décider non seulement de la victoire des Impériaux ou de la victoire de l'Entente en terre française, mais de fixer pour plusieurs siècles peut-être la figure de l'Europe et le sort du monde. Ce n'est pas une dernière bataille qu'il s'agit de gagner, c'est toute la guerre, et le tout de la guerre partout et pour tous. Il s'agit également de savoir si l'Occident, Belgique, côtes flamandes, départements français du Nord et de l'Est, deviendront tels que la mégalomanie allemande se les représente et voudrait les faire, et si l'Orient, pays détachés de la Russie, Roumanie, Serbie, régions plus ou moins voisines, puis le profond Orient asiatique derrière l'Orient européen, resteront tels que l'orgueil allemand s'imagine les avoir faits dès maintenant. Pour nous, nous l'avons affirmé ici le premier jour, et les Puissances viennent de le déclarer officiellement : ni en Orient, ni en Occident, il n'y a rien de fait. Nous tenons pour nul et non avenu tout ce qu'on a prétendu régler, trancher, arranger, combiner, composer et imposer sans nous. Les destinées de l'Entente, en Occident et en Orient, forment un seul bloc, solidaire, compact, homogène. Ce sont toutes nos fortunes ensemble que nous jetons d'un seul coup au jeu et au feu. Ou l'Occident, jusqu'aux États-Unis, aura été brisé et refondu, ou l'Orient sera libéré et reconstitué. Évidemment, pour une pareille tâche, il ne suffira point de n'être pas vaincus, il est nécessaire d'être tout à fait victorieux. Mais, tant que nous aurons foi dans la justice créatrice de force et dans la force ouvrière de justice, nous voulons avoir une foi ferme et agissante en la victoire totale.

Si elle ne nous trompe pas, nous remettrons d'abord en question la paix humiliante sous laquelle l'Europe centrale, pesant de sa masse entière, a accablé la Roumanie, livrée par la défection russe, cette paix léonine, où l'on sent la griffe dans chaque article. La Roumanie y est atteinte et mutilée en sa chair même. Elle perd premièrement la Dobroudja. « La Roumanie restitue à la Bulgarie le territoire bulgare qui lui était échu par suite du traité de paix de Bucarest de 1913... Elle cède aux puissances alliées la partie de la Dobroudja située au Nord de la nouvelle ligne frontière..., et plus précisément entre le sommet du Delta et la Mer-Noire, jusqu'au bras de Saint-Georges. » Le tsar Ferdinand une fois servi, l'Autriche-Hongrie ne s'est pas oubliée. « La Roumanie est d'accord pour que sa frontière subisse une rectification en faveur de l'Autriche-Hongrie. » Elle qui voulait délivrer du joug magyar ses fils du dehors, elle va avoir à perpétuité, ou à tout propos, les Hongrois chez elle; bien pis, elle ne sera jamais plus chez elle; on lui prend les clefs de sa maison. Au Nord-Est, au Nord, au Nord-Ouest, l'ennemi se ménage autant d'accès qu'il y a de cols et de débouchés dans les vallées. Il lui lie les mains et les pieds, lui interdit de se défendre, lui en enlève tous les moyens, positions et troupes, la dépouille afin de l'exploiter, la laisse nue sur la plaine nue. Militairement, économiquement, il la traite avec une rigueur impitoyable. Son armée est réduite à un squelette, à peine de quoi faire sa police, et maintenir l'apparence de l'ordre. Toutes ses richesses, blés, pétroles, le vainqueur s'en empare ou les frappe de son hypothèque privilégiée. Il ne reste à la Roumanie, outre ses dettes dont il ne la décharge pas et les contributions déguisées ou dommages-intérêts dont il ne la tient pas quitte, que le droit de travailler en esclave pour le nourrir. Si ce traité n'était pas un « chiffon de papier; » si, quand nous aurons plié la force aux œuvres de la justice, nous ne le déchirions pas et nous n'en jetions pas les morceaux aux quatre vents, cette paix serait un asservissement. Meurtrière pour la Roumanie, elle serait funeste pour nous. Paix de Bucarest, paix de Brest-Litowsk, paix oukranienne, tous ces fruits vénéneux de l'arbre d'iniquité nous empoisonneraient. Mais nous sommes nous-mêmes personnellement blessés, nous tous, ou presque tous les peuples de l'Entente, par le « contrat de fer » qui tue la Roumanie, si bien que, pour le repousser, nous avons à la fois ses motifs et les nôtres.

Le chapitre VI du soi-disant traité a pour titre : *Règlement de la navigation sur le Danube.* Il porte, en son article 24 : « La Roumanie conclura avec l'Allemagne, l'Autriche-Hongrie, la Bulgarie et la Turquie une nouvelle convention de navigation sur le Danube qui règle la situation de droit sur le Danube, du point où il est navigable;... » et le point où le Danube est navigable, c'est, sauf erreur d'interprétation, un point du cours moyen ou même, selon les navires, du cours supérieur du fleuve; lesquelles sections de son cours sont en effet placées sous un régime différent. Mais il ajoute, paragraphe *a* : « Pour le fleuve en aval de Braïla, ce port compris, la Commission européenne du Danube sera conservée comme institution permanente avec les attributions, les privilèges et les charges antérieurs sous le nom de « Commission de l'embouchure du Danube, » dans les conditions suivantes : 1° La Commission désormais ne comprendra plus que les délégués des États riverains du Danube ou des côtes européennes de la Mer-Noire. » Inutile d'aller plus loin. La lettre de l'article en découvre l'esprit, et cet esprit est depuis longtemps connu et nommé, c'est, dans un sens nettement péjoratif, l'*animus dominandi.* Or, c'est tout justement contre cette disposition unilatérale, et prise sans les consulter, de l'article 24, paragraphe *a*, que les Puissances de l'Entente ont dirigé, avant toute exécution, une protestation formelle ; trois, du moins, de ces Puissances, les plus directement intéressées, autorisées comme signataires des actes qu'effacerait la convention nouvelle, la France, la Grande-Bretagne et l'Italie ; mais on peut être sûr qu'elles sont approuvées dans leur démarche et appuyées par toutes les autres, qui défendent le même principe. « La constitution de cette commission nouvelle, remarque la protestation, de même que toute modification apportée aux statuts de la Commission européenne du Danube sans le concours de tous les signataires des conventions en vigueur, constitue une violation flagrante de ces conventions. » Lesdites conventions toujours en vigueur, et qui ne sauraient cesser de l'être par le bon plaisir de l'un ou de quelques-uns des anciens contractants, la note les énumère : article 2 du traité de Londres du 10 mai 1883, article 4 du traité de Paris du 30 mars 1856; et la constatation, qu'elles ont été violées dicte aux Puissances de l'Entente leur attitude. « Dans ces conditions, les ministres de France, de Grande-Bretagne et d'Italie ont l'honneur, d'ordre de leurs gouvernements, de porter à la connaissance du gouvernement roumain (le seul auquel ces gouvernements puissent adresser la parole) que les pays qu'ils représentent considèrent comme inexistant tout arrangement pris en dehors d'eux, au sujet de la navigation du Danube; cette question ne pouvant être réglée qu'à la paix générale et après accord entre toutes les Puissances intéressées. »

Le principe violé est celui de la liberté des grands fleuves internationaux. Il a été recueilli et adopté par le Congrès de Vienne, en 1815, mais il avait été proclamé par la Révolution française, qui voulait ces fleuves « librement ouverts au commerce de toutes les nations. » Le fait d'y avoir souscrit du bout de la plume ne devait pas d'ailleurs empêcher l'Autriche de soutenir pour le Danube, comme la Prusse l'avait fait pour le Rhin, qu'en thèse un fleuve, si grand qu'il soit, et même international, appartient non à l'Europe, mais aux seuls États riverains. Mais, comme la Prusse encore l'avait fait pour obliger la Hollande à lui ouvrir le delta du Rhin, l'Autriche, pour obliger jadis la Russie et la Turquie à lui ouvrir le delta du Danube, ne s'est pas lassée d'invoquer contre autrui ce principe qu'elle ne respectait pas chez elle. Toute sa politique pendant un siècle a consisté, sans s'embarrasser de la contradiction, à obtenir que, dans la partie qui lui appartenait, le Danube fût fermé aux autres nations, et qu'il lui fût ouvert à elle-même dans la partie qui ne lui appartenait pas. D'où la différence des deux régimes, d'une part sur le cours supérieur et moyen, d'autre part sur le cours inférieur du fleuve. Dans son acception la plus étendue, l'expression : « A partir du point où il est navigable » conduit loin, puisque le Danube est « navigable » pour des bateaux à vapeur, au delà de Passau où il entre en Autriche, jusqu'à Ratisbonne et à Donauwerth en Bavière, et qu'il l'est même pour des bateaux à rames jusqu'à Ulm, aussitôt après le confluent de l'Iller. Sur la partie supérieure et moyenne de son cours, l'acte de navigation du Danube, très légèrement modifié par l'acte du Congrès de Berlin de 1878, bien qu'il n'ait été reconnu ni de l'Europe ni des Puissances du Bas-Danube, a fait loi de Donauwerth à Galatz. A toutes les observations, à toutes les réclamations, l'Autriche n'a cessé d'opposer son droit de souveraineté et le fait accompli. Sur la partie inférieure, au contraire, de Galatz à la mer Noire, sur les trois bras de Kilia, de Soulina et de Saint-Georges, le traité de Paris de 1856 établissait le contrôle d'une « Commission européenne, » mais l'Autriche, qui l'avait acceptée pour en être, ne lui a cependant jamais accordé qu'une existence provisoire. Malgré l'Autriche, cette Commission a réussi à se maintenir et à se développer au point qu'il avait fini par se constituer, dans le delta du Danube, une sorte d'État international, ou, si c'est trop dire, un embryon d'État, ayant ses organes et le signe extérieur de sa personnalité, son pavillon, aux cinq bandes qui étaient de nos couleurs, bleu, blanc, rouge, blanc, bleu. Maintenant que, par la perte de la Bessarabie, la Russie est rejetée des bords du fleuve (et qui sait si ce n'est pas l'objet principal que l'Europe centrale se promettait du geste qui éventuellement donnerait cette province à la Roumanie, en compensation de la Dobroudja donnée aux Bulgares ?), le plan de l'Autriche, réalisant enfin son dessein opiniâtre, et de l'Allemagne dont c'est tout ensemble le système et l'intérêt, serait d'appliquer au delta le même régime qu'au cours supérieur, et d'en réserver uniquement le contrôle aux riverains. Cela ferait sept États au moins : cinq de la coalition, Wurtemberg, Bavière, Autriche, Hongrie, Bulgarie ; et deux de l'Entente, Roumanie et Serbie. Encore n'est-il pas certain qu'une opération identique à celle qui a écarté la Russie ne se prépare pas contre la Serbie. En revanche, la Turquie, qui n'était plus riveraine du Danube, serait, pour prix de sa fidélité, réintroduite dans la Commission des riverains, à cause de ses côtes de la Mer-Noire. Mais l'Angleterre, la France, l'Italie, et la Russie, elle aussi signataire du traité de Paris, elle aussi établie sur la côte européenne de cette mer? Puisque l'Europe centrale a tenu à ce que le problème fût posé, qu'il le soit en ses termes exacts, et au complet. Elle revendique la liberté des mers ; nous revendiquons, nous, la liberté des grands fleuves internationaux. Elle veut le même régime sur le cours inférieur que sur le cours moyen et supérieur du Danube ; nous voulons, nous, le même régime sur son cours supérieur et son cours moyen que sur son cours inférieur. Elle ne veut, d'un bout à l'autre, qu'une commission de riverains ; nous, nous voulons, d'un bout à l'autre, une Commission européenne. Et ce que nous demandons pour le Danube, nous le demanderons tout autant pour le Rhin : la navigation du Rhin, fleuve international, et non fleuve allemand, soumise à un contrôle international. La revision du statut du Danube appelle la revision du statut du Rhin.

Sous aucun prétexte, nous ne pouvons permettre que les grands fleuves soient accaparés et que la liberté de navigation y soit supprimée, entravée ou seulement gênée. Rhin, Danube, ce ne sont pas des chemins qui aient été faits uniquement pour les États de l'Europe centrale. Les fleuves libres comme les mers libres ! Dira-t-on qu'il y a une différence essentielle et que les plus grands fleuves ont des rives?

Mais les plus grandes mers ont des rivages. Alors, que ne réserverait-on aux États riverains l'usage des océans qui les baignent? Et nous sentons bien que l'argument présente une pointe de paradoxe, mais il contient, comme tout paradoxe, une âme de vérité. Le droit ne se mesure pas à la largeur d'une nappe d'eau ni à la hauteur d'une montagne ; il est le droit à travers toute largeur et par-dessus toute hauteur. Un principe n'est pas un principe sur le cours inférieur d'un fleuve et ne cesse pas de l'être sur son cours supérieur; il est partout, au même titre, au même degré, un principe. Mais considérons un instant les faits. Si la thèse de l'Europe centrale était définitivement admise, si elle la faisait triompher à la paix générale, elle serait la maîtresse absolue de tout le commerce du continent, qu'elle couperait en diagonale, par le Rhin et par le Danube, de la mer du Nord à la Mer-Noire, drainant, comme entrepreneur exclusif de transports à bon marché, non seulement ses propres produits, non seulement les produits européens, mais ceux de tout l'univers qui afflueraient aux deux embouchures, d'Occident en Orient, et de l'Extrême-Occident à l'Extrême-Orient. Danger d'autant plus redoutable que le bloc de l'Europe centrale, avec ses annexes ou ses antennes, la Bulgarie, la Turquie, se condense de plus en plus autour de l'Allemagne; que l'Europe centrale, n'est plus une fantaisie poussée dans la cervelle du professeur Naumann, mais a déjà passé et passe de plus en plus dans les réalisations diplomatiques.

A cet égard, l'entretien que les empereurs, Guillaume II et Charles Ier, ont eu au quartier général allemand pourrait avoir de grosses conséquences. Le communiqué par lequel on nous l'a fait connaître, avec une solennité un peu théâtrale, le révèle, en y insistant : « Entre les hauts alliés et leurs conseillers (le chancelier de l'Empire allemand, Hindenburg, Ludendorff, M. de Kühlmann, le comte Burian, le chef d'état-major autrichien von Arz, le prince de Hohenlohe, tout le dessus du panier), ont eu lieu une discussion cordiale et un échange de vues détaillé sur toutes les questions importantes, politiques, économiques et militaires, se rapportant aux relations présentes et futures des deux monarchies entre elles. On est arrivé à un accord complet sur toutes les questions. On a décidé d'élargir et d'approfondir l'alliance actuelle. » Assurément, il serait facile d'épiloguer. Comment une alliance qui, ayant entraîné dans la guerre la plus épouvantable de tous les siècles l'Autriche-Hongrie, complice et instrument de l'Allemagne, l'a enchaînée à l'Empire allemand et fait des Habsbourg les vassaux des Hohenzollern; cette alliance, vieille de quarante ans, retrempée dans le sang, creusée et scellée à trois reprises par le secours du plus fort sauvant au dernier moment le plus faible, envahi, affamé, ruiné, menacé de démembrement, comment pourrait-elle être encore « élargie et approfondie? » Elle est large comme la misère et profonde comme le tombeau.

Pourtant cet élargissement, cet approfondissement, ou, tout au contraire, ce resserrement de l'alliance en domination et de l'allégeance en servage est fatale. Seul un coup d'œil par trop superficiel, seule la mauvaise foi qui anime et envenime nos disputes de politique intérieure, n'y verraient qu'un effet fâcheux d'une polémique récente. Personne ne croira, et il conviendrait de plaindre quiconque le croirait, que ce soit une imprudence de langage de M. Clemenceau qui ait jeté l'Autriche-Hongrie plus avant dans les bras de l'Allemagne. Quelque crédit qu'on fasse à sa réputation d'homme terrible, et quelques chutes qu'il ait provoquées, son pouvoir ne va probablement pas jusqu'à changer la pente des choses et contraindre les empires à la descendre, s'ils tendaient à la remonter. Mais précisément la pente des choses emportait l'Autriche sous l'hégémonie allemande. Ce qui se produit au début du xxe siècle est l'aboutissement de ce qui s'est passé durant le xixe. Est-il besoin de rappeler la longue émulation de l'Autriche et de la Prusse dans la Confédération germanique; pendant la première période, la prééminence de l'Autriche, la désignation primitive de l'archiduc Jean comme lieutenant général ou vicaire de l'Empire à ressusciter; l'Autriche d'abord à la tête du parti de « la grande Allemagne; » au deuxième acte, la Prusse se faisant, en face d'elle, le chef du parti de la petite Allemagne, de l'Allemagne sans Autriche après la guerre des Duchés danois, de l'Allemagne contre l'Autriche à Sadowa; au troisième acte, dès 1866, la Prusse ménageant l'Autriche, la caressant en 1870, l'attirant à elle en 1879, de jour en jour l'embrassant plus étroitement, et la ligotant, l'étouffant de ses embrassements? La mainmise de l'Allemagne sur l'Autriche a été préparée de longue date par les pangermanistes du dedans et du dehors, c'est-à-dire d'Autriche et d'Allemagne, ceux du dedans plus ardents, plus impatients même que ceux du dehors. Quant à la Prusse, devenue sans rivale en Allemagne, architecte et artisan non plus de la petite, mais de la grande Allemagne, elle s'apprête à savourer la revanche d'Ollmütz. Par une espèce de *compelle intrare*, l'Autriche est réintégrée dans une Confédération du rude style berlinois. On l'en avait exclue pour bâtir l'édifice de l'Empire allemand, on l'y fait rentrer pour le couronner. Par elle, on va planter là-haut la girouette restaurée et redorée du Saint-Empire romain de nation germanique. Mais l'ancien Saint-Empire enfermait dans son aire territoriale des nations qui n'étaient point allemandes. De sa diversité vint sa fragilité.

Le Saint-Empire nouveau ne serait pas moins fragile, parce qu'il serait encore plus divers. Ce ne serait certes pas un château de cartes, qu'une chiquenaude, un souffle renverserait; mais, vis-à-vis de lui, nous aurions notre jeu à jouer. Il nous faudrait seulement avoir un jeu. Il faut nous faire une politique autrichienne. Nous n'en avons pas eu depuis la guerre, ni même avant la guerre; on pourrait dire que nous n'en avons pas eu depuis la fin de la monarchie française. Il est grand temps d'en avoir une, et nous n'avons plus à choisir. Longtemps on a pu hésiter; il pouvait y en avoir deux, ou du moins deux manières de concevoir la seule politique possible : la politique antiallemande. Mais on pouvait être tenté de faire une politique antiallemande en Autriche, avec les Allemands d'Autriche contre les Allemands d'Allemagne. Maintenant, il ne saurait y avoir en Autriche de politique antiallemande, que contre les Allemands d'Autriche, aussi allemands, et contre les Magyars, plus allemands que les Allemands de l'Empire. Il n'y a donc pour nous qu'une seule politique et une seule manière de la pratiquer. La guerre, en dressant la race allemande contre toutes les autres races dont se compose l'Autriche-Hongrie, à l'unique exception des Magyars, a achevé le précipité et opéré le classement. Nous devons appuyer contre l'Autriche allemande les populations qui souhaitent de s'appuyer sur nous contre elle : notre politique en Autriche doit être tchéco-slovaque, yougo-slave, italo-roumaine, polonaise et ruthène, s'il se fait jour à des sentiments polonais et ruthènes antigermaniques. Mais elle doit l'être franchement, carrément, hardiment. Il est urgent de rompre avec l'exécrable habitude des politiciens sans politique, d'être les amis de nos ennemis presque autant que de nos amis mêmes. — On ne nous cherchera pas si, les premiers, nous n'avons pas trouvé.

Après quoi, que « l'élargissement, » « l'approfondissement » de l'alliance austro-allemande ait un objet militaire prochain, l'amalgame sur notre front de troupes autrichiennes avec les armées allemandes, tirant ainsi parti de valeurs incertaines et obligeant à se battre pour les Empires des contingents douteux, il se peut; mais c'est, en tout cas, d'une importance secondaire. Ses effets éloignés, politiques et économiques, seraient beaucoup plus graves. Nous avons le moyen d'y parer, de les empêcher ou de les compenser; et ce moyen est aussi simple qu'honorable : c'est de déclarer tout net et de prouver par toute notre attitude, dans tous nos actes et toutes nos paroles, que nous sommes avec les opprimés contre les oppresseurs, pour le droit des nationalités contre le despotisme d'une race et sa prépotence sans droit.

Il n'est pas un lieu de la terre où nous ne soyons entendus chaque jour davantage. L'Allemagne fait de sa volonté de tyranniser un article d'exportation. On dirait qu'ayant déjà monté au moins l'échafaudage de sa construction de l'Europe centrale, elle s'attache à en protéger les approches par une série d'ouvrages avancés. La Finlande, les États scandinaves au Nord, la Hollande, et, dans ses arrière-pensées, la Belgique au Nord-Ouest, la Suisse à l'Ouest, les provinces baltiques de la Russie, les derniers lambeaux de la Pologne, l'Oukraine, la Roumanie au Sud-Est, sans préjuger de ce qu'elle médite au Sud et qui n'est encore qu'en projet, sont destinés par elle à garantir ses flancs, ou, pour user d'une autre image, sont autour d'elle comme les ballonnets d'une ceinture qui, sur les flots dont elle serait battue, lui permettraient de flotter. Après les autres, et plus sûrement que d'autres, parce que la nécessité l'aiguillonne, la Hollande et la Suisse viennent d'en faire à nouveau la pénible expérience. Elles ont appris, si elles ne le savaient pas, la complication de ses calculs égoïstes et subi la pression de ses convoitises brutales. Pour la Hollande, l'histoire est toute fraîche; elle n'est que de l'autre quinzaine. Il a fallu, coûte que coûte au plus faible, que l'Allemagne obtînt pour ses civils, qui ne seront souvent que des militaires déguisés, le passage sur le chemin de fer de Limbourg, au bout duquel elle vise, par delà Anvers, les bouches de l'Escaut, et qu'elle s'assurât, sur les routes et les canaux, le transport de quantités illimitées de sables et de graviers, qui ne serviraient à rien, s'ils ne servaient à des travaux de guerre. Elle a, de la sorte, tiré, par violence et malgré eux, les Pays-Bas de leur neutralité. Nous l'avons dit; ce que nous n'avons pas noté, ne pouvant que le deviner, c'est l'exécrable effort de tyrannie qu'elle y a employé, et la semence de haine ainsi enfouie au cœur d'un peuple fier qui ne s'est jamais résigné à marcher sous le fouet. A cette affaire hollandaise, l'affaire suisse, on l'a fait observer, est parfaitement symétrique. Et elle a été simultanée; conformément à la stratégie allemande, ç'a été encore, contre nous, une attaque aux ailes.

L'Allemagne, qui fournissait à la Suisse 160 000 tonnes de charbon par mois, et qui semblait ne pas y perdre, a subitement émis la prétention de doubler son prix, en l'élevant au taux exorbitant de 190 francs la tonne. Même le charbon vendu et livré, elle prétendait le suivre jusqu'à sa transformation en fumée, pour interdire qu'il en allât un kilo à une usine quelconque qui pût être soupçonnée de travailler pour l'Entente. C'était, en somme, prétendre installer en Suisse, au mépris de la souveraineté, de l'indépendance helvétique, sous le pseudonyme de contrôle, l'autorité, et si le terme n'était absurde et contradictoire à l'idée même de souveraineté, la « sursouveraineté » allemande. La meilleure définition, ou la moins mauvaise, qu'on ait donnée de la souveraineté est à peu près celle-ci : Être souverain, c'est n'avoir pas de supérieur humain. A la tenir pour exacte, tant qu'il y aura une Allemagne qui se décrète elle-même et veut se mettre au-dessus de tout, il n'y aurait plus au monde un État souverain, puisque tout État aurait au-dessus de lui un supérieur humain, l'Allemand.

Le gouvernement de la Confédération, happé à la gorge par un agresseur qui lui demandait à la fois la bourse et la vie, se débattait comme il pouvait, quand le gouvernement français a décidé de faire, lui, ce qu'il pouvait pour l'aider à se dégager. Il a offert de fournir à la Suisse, sur les 160 000 tonnes qui sont mensuellement nécessaires à la consommation de ce pays, la différence entre le stock indispensable et les 75 000 tonnes qu'elle restitue à l'Allemagne sous forme d'énergie électrique; soit 85 000 tonnes par mois, et non à 190 francs, mais au prix fort inférieur de 150 francs la tonne. Le Conseil fédéral, et particulièrement, — un témoignage authentique nous en a été rapporté, — le président de la Confédération helvétique, M. Calonder, se sont montrés émus de cette offre d'un concours dont ils n'ignoraient pas quel sacrifice il nous eût imposé; et s'ils n'ont pas cru devoir l'accepter tout entier, ils en ont été moins à l'étroit pour résister aux exigences les plus abusives de l'Allemagne, et en ont gardé ce qui pouvait du moins préserver la neutralité industrielle de la Suisse.

Nous enverrons aux usines qui travaillent pour nous de quoi les alimenter. Cette solution, favorable au total, n'a pas été acquise sans quelques incidents auxquels elle a failli demeurer accrochée. Mais, si nos justes susceptibilités ont risqué d'en être froissées, ils ont été de pure forme, et ils ne comptent plus. Le contrôle des charbons en Suisse doit être suisse; mais, quel qu'il soit, il ne s'exercera pas sur le charbon français, et nous ne serons pas glissés en tiers, aux dépens de notre dignité, dans les arrangements de l'Allemagne avec la

Confédération helvétique. De même que nous nous sommes engagés à lui fournir une certaine quantité de charbon qu'elle emploiera pour notre usage, la Suisse, parallèlement, s'est engagée à continuer de nous fournir du bois et de la pâte de bois. Elle traite avec l'Allemagne, mais elle traite avec nous. Elle échappe à l'étreinte, elle reste indépendante et souveraine : elle a un peu fléchi, arrêté, à tout le moins mis au cran la tyrannie allemande, qui n'a pu, sur elle, aller jusqu'au bout de ses fins. Ce qu'il faut retenir de la négociation germano-suisse comme de la négociation germano-hollandaise, c'est leur moralité ou, du côté allemand, leur amoralité. Les desseins de l'Allemagne, qui, en Hollande, ne se bornaient pas au sable, ne se bornent pas en Suisse au charbon. Elle rase la zone autour d'elle; elle étend ses vues et ses prises; par sa campagne sous-marine et par ses campagnes économiques, elle éteint les concurrences; elle conquiert ou prépare des marchés. L'Empire allemand, qui a si grande peur de la guerre d'après guerre, prend l'avance et, pendant la guerre, fait cette guerre d'après guerre, même aux neutres. En réalité, à ses yeux, devant son ambition césarienne, il n'y a point de neutres; toute la différence est que les neutres reçoivent ses coups autant que les belligérants, et ne sont pas, comme eux, en mesure de les lui rendre.

Nous serions perdus, si nous pouvions oublier que c'est le seul langage qu'elle entende et que c'est donc le seul qu'il faille lui parler. Heureusement, nous ne l'oublions pas. La formule brève et péremptoire : « Je fais la guerre » a, entre autres mérites, cette vertu incomparable qu'elle nous unit, alors que la formule plus brève encore, mais indéfinie : « Causons, » nous diviserait. Diviser l'Entente, tel apparaît, plus on y réfléchit, le sens de la manœuvre du comte Czernin, dépourvue de tout autre sens et inintelligible dans toute autre hypothèse. Il serait plus que naïf, et naïf est un mot poli, de nous y prêter. Ni le Président Wilson, il est inutile de le dire, ni M. Lloyd George, ni M. Balfour, qui ont eu l'occasion de s'en expliquer ces jours-ci, n'y ont été pris. Mais peut-être n'est-il pas inopportun d'exprimer le vœu qu'on veuille bien s'en remettre à nous du soin de préciser certaines questions, délicates du reste et, hors de chez nous, peu connues même géographiquement, partant mal posées, qui nous regardent plus que d'autres et ne touchent nos alliés que par contre-coup de la communauté de leur cause avec la nôtre. Peut-être aussi n'y aura-t-il point d'inconvenance à regretter qu'à la Chambre des Communes, la lettre de l'empereur Charles, après celle, sans aucun rapport avec elle, du général sir Frederick Maurice, ait paru servir, comme ailleurs, à nourrir des polémiques de politique intérieure. Nous sommes dans un temps et nous vivons des jours où trop de présence d'esprit parlementaire dénoterait l'absence d'esprit politique, et où, sous peine d'être nuisibles et dignes de réprobation, les exercices de tribune ne doivent plus être qu'un *ludus pro patriâ.*

Le parti libéral anglais et ses leaders, M. Asquith, M. Runciman, ont quelque chose de mieux à faire que de discuter académiquement sur les suites qu'aurait pu avoir une proposition, frappée de vanité originelle, qui ne pouvait pas en avoir. Que, sur ce chapitre, ils se contentent de constater que la publication de ce document, entouré des commentaires du comte Czernin, laisse l'Europe centrale en posture pire encore que ne l'avaient mise le mémoire du prince Lichnowsky et les rapports de M. Muehlon. Qu'ils collaborent avec le gouvernement britannique à résoudre la crise irlandaise. S'ils désirent savoir à quoi pense l'Allemagne, ce qu'elle veut, ce qu'elle fait, qu'ils regardent là. Voilà vraiment du travail allemand, voilà vraiment l'Allemagne à l'œuvre. Elle réédite en mai 1918, avec sa capacité inépuisable d'auto-imitation, les scènes qui, il y a exactement deux ans, en mai 1916, furent comme une répétition, comme un essai manqué, de la révolution bolchevik. Cette fois, à la découverte du péril, les autorités anglaises semblent être sorties de l'indifférence optimiste qu'elles avaient toujours montrée. Elles semblent enfin s'être avisées qu'on ne va pas à la bataille avec une épine dans le pied. Mieux eût valu l'onguent que le bistouri; mais, puisque l'un n'a pas été appliqué à temps, force est bien que l'autre intervienne. La loi suprême, en ces heures tragiques, dans tous les conflits de peuples, de classes ou de partis, est que la vie de la nation ne peut pas être une minute interrompue, et, pour qu'elle soit sauvée, que l'unité de la nation ne peut pas être une seconde compromise.

CHARLES BENOIST.

Le Directeur-Gérant,

RENÉ DOUMIC.

COURT
INTERMÈDE DE CHARME
AU MILIEU DE L'HORREUR

Dimanche 1er juin.

Depuis trois ou quatre jours, je suis en service sur la côte de la mer du Nord, pour des questions de défenses anti-aériennes, circulant de Boulogne à Calais et Dunkerque, en ce moment très bombardés. Il fait un temps exquis et rare; sur les plages de cette mer froide, les jours se suivent, tièdes et lumineux, comme si l'on était au bord de la Méditerranée; tout est éclairé en splendeur, et jamais mois de juin n'a commencé dans un rayonnement plus pur.

J'ai dormi cette fois à Dunkerque, — bien entendu, dormi sur le qui-vive, — à l'hôtel des Arcades; mes fenêtres aux vitres cassées donnent sur la grande place où trône la statue de Jean Bart, et toute la nuit, au-dessus de ma tête, ces grosses phalènes bourdonnantes que sont nos avions de veille ont dansé leurs rondes dans le ciel plein d'étoiles. A présent une fraîche lueur un peu rose envahit lentement ma chambre; l'heure de la mort est donc vraisemblablement passée; l'ennemi nous aura sans doute épargnés au moins jusqu'à demain. Il doit être quelque chose comme quatre heures; l'aube d'un dimanche de juin sans nuages se lève en silence sur la ville, qui va enfin reposer quelques instants dans une délicieuse paix, et les grandes phalènes nocturnes, leur garde finie, s'éloignent, redescendent vers leurs dortoirs; dans l'air léger qui s'éclaire, on ne les entend plus qu'à peine.

Mais tout à coup voici les sonorités toutes neuves de la pointe du jour affreusement déchirées par le plus sinistre des cris que le monde ait jamais connus; aucune bête, ni le lion, ni l'éléphant même n'approchent de la puissance de cette voix-là; en gémissements chromatiques, cela monte, cela redescend et cela remonte; on dirait la fureur ou l'agonie de quelque monstre géant... Avant d'avoir compris, rien que d'avoir entendu, on est glacé et les cheveux se dressent... Ah! oui, on sait ce que signifie l'aubade; c'est la grande sirène d'alarme qui nous la chante, et cela veut dire : « La mort, la mort, voici la mort qui arrive là-haut dans l'air! La mort, la mort, qui va passer sur vos têtes! » Et aussitôt, de tous les côtés à la fois, éclate le tonnerre tout proche de l'artillerie. Ils n'ont pas fait traîner la riposte, nos canonniers veilleurs. Maintenant donc c'est devenu soudain une bacchanale d'enfer, mais dominée toujours par ce même gémissement initial qui avait tout déclenché, et on a envie de crier à la sirène : « Non, assez! on a compris, faites-nous grâce, on aime mieux mourir que de subir tout le temps ce cri-là! » J'ai entendu beaucoup de sirènes dans ma vie, et aujourd'hui, hélas! tous les Parisiens ont dû s'y habituer, mais le cri le plus horrible qui reste dans ma mémoire est toujours celui de Dunkerque.

L'alerte a été courte. Les gentils oiseaux boches ont pris la fuite. Tout est redevenu calme et silencieux, comme pour fêter le beau soleil qui se lève. Il y a seulement çà et là, sous les décombres encore pantelants, des gens qui sont morts, d'autres qui râlent, des femmes, des vieillards, de pauvres tout petits dans des berceaux, — et c'est là une de ces nouvelles formes de guerre inaugurées par la haute culture allemande.

Je comptais passer mon dimanche à visiter les D. C. A. d'alentour. (En français, D. C. A., cela se dit défenses contre avions.) Mais un cycliste arrive de Belgique, m'apportant une enveloppe timbrée aux armes des souverains martyrs : l'audience que j'avais demandée, par ordre de mon général, à S. M. le roi Albert et que je n'attendais que pour demain, m'est accordée aujourd'hui même.

Quand j'avais fait, en 1915, par la nuit noire et la neige, ce chemin de Dunkerque à la villa du roi, qui m'eût dit que, plus de deux ans après, je le referais encore en pleine guerre!...

Aujourd'hui, tout respire la joie, malgré la mitraille et l'horreur qui sont là si proches. Il fait beau, radieusement beau, invraisemblablement beau, et il n'est guère d'angoisse qui résiste à la gaieté rayonnante du soleil de juin. Et puis, c'est dimanche, et ce jour qui, dans les villes, est si fastidieux, prend dans les villages un petit attrait quand même, au milieu des bonnes gens dans tous leurs atours. A travers des paysages de dunes, à travers d'immenses plaines sablonneuses, la route s'en va, bordée de petits arbres aux verdures neuves et claires; des jeunes filles naïvement endimanchées, un brin de giroflée au corsage, s'y promènent en compagnie de soldats très mélangés, des Français, des Belges, des Anglais, des Hindous; on entend toujours au loin la canonnade barbare, mais elle arrive à peine à évoquer l'idée de la mort, en cette journée rare où l'on ne pense qu'à la vie; on sent que tout cet humble monde, rencontré en chemin, a voulu faire trêve à ses anxiétés, à ses terreurs, et souhaiterait s'amuser un peu sous le ciel du printemps. De frontière, il n'y en a plus; depuis que l'intimité s'est faite entre nos deux pays, on passe, sans s'en apercevoir, de l'un à l'autre; si l'on ne voyait çà et là, sur les auberges, des enseignes en langue flamande, on se croirait encore en France.

Après trois quarts d'heure d'auto, j'arrive au village où les souverains se sont réfugiés, sur un dernier lambeau de leur Belgique saccagée, et voici les villas royales sur les dunes, tout au bord de cette mer qui sommeille.

Dans le salon modeste où l'on me fait entrer d'abord, j'entends venir d'une pièce voisine le plus imprévu et le plus drôle de tous les tapages; on dirait la récréation d'une école très nombreuse, des rires et des cris d'enfants, des sauts, des chansons; je crois même que l'on danse des rondes, sur un vieil air flamand chanté en chœur par une quantité de petites voix cocasses.

Très modeste aussi le salon où S. M. le roi Albert me reçoit, avec sa cordiale bienveillance et sa parfaite bonne grâce. Quand je me suis acquitté de la mission dont j'étais chargé par mon général, Sa Majesté me dit, pour charmante formule de congé : « Vous aviez aussi demandé à voir la Reine. Venez, je vais vous conduire auprès d'elle. » Nous sortons alors dans l'enclos, moitié jardin très pauvre en fleurs, moitié petit parc où les pas s'étouffent dans le sable des plages et que surchauffe aujourd'hui l'étonnant soleil. La Reine, tout de suite je l'aperçois là-bas, entourée, submergée dirai-je presque, par une centaine de très jeunes enfants. Il y a seulement quatre grandes personnes, au milieu de cette foule de tout petits : elle, la Reine, qui est la svelte silhouette bleue, toujours ne ressemblant à aucune autre ; sa dame d'honneur vêtue de jaune-pensée, et deux bonnes sœurs aux aspects archaïques. Sa Majesté daigne faire quelques pas à ma rencontre, comme vers quelqu'un de déjà connu, et rien ne pouvait me toucher davantage. J'avais presque une appréhension de cette entrevue, comme chaque fois qu'il s'agit de retrouver des êtres, ou des lieux ou des choses dont on a été particulièrement charmé jadis. Mais non, Sa Majesté me réapparaît aussi exquise et jeune, dans son costume simple en mailles de soie bleue, les cheveux emprisonnés dans une sorte de petit turban, en gaze également bleue qu'attache une épingle à tête de saphir. Mais le bleu qui éclipse tous les bleus, c'est toujours celui de ses yeux limpides.

Les petits enfants vont s'en aller, paraît-il ; c'est eux, bien entendu, qui menaient ce beau tapage quand je suis arrivé : cinquante petites filles aux costumes tous pareils, cinquante petits garçons en uniforme de soldat formant une armée lilliputienne. Orphelins de la guerre, tous, échappés par miracle aux tueries boches, ils font partie de cette légion de petits abandonnés que la Reine a recueillis pour filleuls et pour qui Elle a fondé des pensionnats, dans des lieux abrités, — ou à peu près, autant que possible enfin, — abrités des obus barbares. Tous les dimanches, des voitures lui en apportent une centaine, qui à tour de rôle viennent passer ici une journée de grande liesse, à manger des gâteaux, boire du chocolat, danser, chanter, se rouler sur les dunes et faire des pâtés de sable. Donc, c'est l'heure pour eux de repartir, et les deux religieuses les mettent en rang ; elles sont plutôt vilaines et vulgaires, les pauvres, surtout auprès du fin visage de Sa Majesté, mais quand même sympathiques avec leur air joyeux et leurs braves yeux candides; je les soupçonne fort du reste d'avoir chanté les rondes, elles aussi, et peut-être même de les avoir. dansées. Les petites filles, avec une révérence, disent à la Reine: « Bonsoir, Majesté! » Les petits soldats lilliputiens font au Roi le salut militaire en lui disant : « Bonsoir, Sire! » Et ils partent, entonnant une chanson de route, que l'on continue d'entendre en decrescendo, à mesure que s'éloignent les voitures qui les emportent.

— Maintenant, me dit la Reine, je vais vous recevoir dans ma maisonnette de bois.

Et je la suis, avec la dame d'honneur, dans une de ces cabanes démontables en planches de sapin qui, en moins de deux heures, peuvent être transportées d'un lieu à un autre comme les tentes des nomades. Entre des bosquets rabougris, que d'habitude le vent de la mer tourmente, c'est sur le sable qu'elle est posée cette fois, la cabane royale, et il y a tout autour une plate-bande de fleurs de printemps, maigres giroflées surtout, que l'on a réussi à faire pousser là à force de bonne volonté.

En dedans de la maisonnette, c'est un enchantement de simplicité distinguée, de coloris discret et raffiné; elle est entièrement tendue de soies persanes bleues très légères, dont les grands dessins, rehaussés d'un peu de rose, représentent des portiques de mosquée. Comme meubles, rien qu'une table à écrire et des divans avec des coussins de nuances très claires aux dessins étranges, très simples aussi, mais jamais vus. J'étais sûr que le bleu dominerait dans le réduit intime de cette Reine, que, trop irrévérencieusement peut-être, quand je pense à elle, je désigne ainsi en moi-même : la Reine bleue. Et combien cela lui ressemble aussi, maintenant, hélas! qu'elle n'a plus de palais, de se complaire dans cette cabane délicieuse, mais si modeste, plutôt que dans ces villas de hasard, meublées au goût de n'importe qui!

La porte est restée grande ouverte sur le jardin sablonneux, sur les arbustes d'essences marines, et là, quand je suis assis en face de Sa Majesté, l'honneur m'est accordé d'une longue causerie tranquille, dans le grand silence des entours, à l'ombre du toit frêle, avec le sentiment du chaud soleil de juin qui resplendit dehors. Comme par un accord tacite, nous ne disons rien des angoisses de l'heure, pas plus que si les Barbares n'étaient pas là tout près, saccageant nos patries. Aujourd'hui, non, il fait trop beau, trêve à la souffrance pour une fois, évadons-nous un peu de l'horreur, parlons de choses passées, ou de choses lointaines...

A un moment donné, la Reine avait ramené la conversation sur Bénarès et les religions hindoues, quand tout à coup, devant la porte ouverte, un chat passe comme une flèche, un gros chat noir qui détale ventre à terre et semble au comble de la terreur. Ah! il y avait de quoi, le malheureux : la maréchaussée est à ses trousses! Un gendarme, qui lui court après, passe aussitôt derrière lui, à toutes jambes, en se frappant dans les mains pour faire le plus de bruit possible... Alors la Reine ne peut s'empêcher de rire, — c'était si imprévu ce bruyant épisode chatique au milieu de nos songeries profondes sur le brahmanisme! — et se rappelant sans doute que je suis un chevalier servant des chats : « Rassurez-vous, me dit-elle, en riant toujours, on ne leur fait jamais de mal; non, peur seulement. C'est qu'ils viennent ici, tous ceux du village, pour dénicher nos rossignols. Aussi me suis-je vue obligée de prier le bon gendarme de service de ne pas manquer de leur donner la chasse. »

Pauvre charmante Reine, qui entend la nuit, sans broncher, d'infernales musiques de mort, comme on la comprend de défendre au moins les rossignols qui lui font des sérénades ou des aubades avec leurs petites voix de cristal! Et combien sont touchantes et jolies les fantaisies presque enfantines de cette souveraine au courage si viril, qui n'a pas une minute déserté son poste terrible, qui jamais ne faillit à son devoir écrasant et qui, dans les tranchées de première ligne, au milieu de ses soldats, affronte le fer et le feu, avec la plus tranquille audace!

— Je vais vous montrer notre petit bois aux rossignols, me dit Sa Majesté quand l'audience est finie. Je vais vous faire passer par là pour vous en aller.

Nous nous engageons donc dans les gentils sentiers étroits, où l'on ne peut marcher que deux de front ; la dame d'honneur m'a gracieusement cédé la place aux côtés de Sa Majesté et se contente de marcher à deux ou trois pas derrière nous. On sent que cette reine dépossédée, qui avait pourtant des parcs aux arbres de haute futaie, s'est prise d'affection pour ces petits chemins d'exil, qui sont presque sa seule promenade depuis trois années. Les arbres grêles, qui jaillissent par touffes du sol de sable, n'ont guère qu'une taille d'arbuste, trois mètres de haut, et ils nous donnent à peine de l'ombre. Mais il est quand même adorable, ce bois, adorable d'être enclos et d'avoir gardé son air sauvage, adorable précisément d'être si petit, si rabougri, tourmenté par les rafales marines, d'être une rareté sur ces plages, d'avoir poussé là si exceptionnellement et comme exprès pour les promenades d'une reine martyre.

— Vous faites très bon effet, avec vos deux bleus qui s'harmonisent, nous dit en riant la comtesse de C., la dame d'honneur. (Pourtant je n'ai, moi, que le banal bleu-horizon du drap militaire.)

— Vous, madame, lui dis-je, vous devez être éminemment coloriste, car je suis bien sûr que ce costume d'un si joli jaune-pensée, vous l'avez choisi pour faire valoir le bleu de Sa Majesté.

Puisque tout me charme ou m'amuse aujourd'hui, je suis content de savoir que je ne fais pas tache dans ces sentiers, avec mon bleu « qui s'harmonise. » J'ai même plaisir à entendre le petit cliquetis métallique de mon sabre, dont je m'étais déshabitué et qui me rappelle des années plus jeunes... (Depuis la guerre, nous ne portons plus cet objet de parade, mais on sait que, devant des souverains, il est incorrect de paraître sans arme.)

Avec quelle simplicité et quelle grâce juvénile la Reine, en passant, écarté tout doucement les branches, pour me montrer des nids de rossignols : « Voyez, dit-elle, comme ils sont confiants, nichés si bas ! »

— Le mois prochain, dit encore la Reine, le bois sera plein de grandes fleurs jaunes que j'aime beaucoup... Ah ! justement en voici une tige.

Elle se baisse pour la cueillir et me la montrer : « Tenez, connaissez-vous cela ? »

Ah ! si je connais cela ! mais c'est une fleur de mon enfance, qui abonde sur les plages de mon île d'Oléron, espèce de large mauve en satin jaune pâle, qui embaume discrètement. Je suis ému de la retrouver ici, cette fleur de mon pays, entre les mains de la Reine.

Cette promenade si courte, si éphémère et si impossible à

renouveler jamais, a pris pour moi quelque chose d'enchanté. Elle va finir d'ailleurs, hélas! Il ne nous reste peut-être plus qu'une trentaine de mètres de sentier à parcourir, entre les arbres grêles et gracieux. Après, tout de suite après, il y aura les sables, et la grille, et la porte par où je m'en irai.

A l'orée du bois, la Reine bleue prend congé, se dirige vers la villa, et la dame d'honneur jaune-pensée a la bonté de faire quelques pas de plus pour venir jusqu'à cette grille où mon auto m'attend. Cependant nous nous retournons d'instinct, l'un et l'autre, pour suivre des yeux, avec un même sentiment d'admiration religieuse, la svelte silhouette royale qui s'éloigne à pas lents sur le sable; elle s'en va, la tête penchée, comme reprise tout à coup par les réalités effroyables, sans doute parce que le soleil décline et qu'elle subit comme nous la décourageante mélancolie de cette décroissance de la lumière : la nuit va venir, pleine de surprises et de dangers pour elle, malgré les trilles éperdus de joie que lui feront bientôt, par-dessus le grondement de l'artillerie, ses petits protégés chanteurs. Et moi, je m'en retourne à Dunkerque, où je suis sûr de réentendre tout à l'heure l'horrible voix de la grande sirène d'alarme.

PIERRE LOTI.

UN SOLDAT DE VERDUN

RAYMOND JUBERT

I

Aucune guerre n'aura, au même degré que celle-ci, suscité le témoignage écrit des combattants. Elle ne dure que depuis quatre années et déjà elle comporte, du moins chez nous, une littérature aussi démesurée qu'elle-même. C'est là un phénomène très nouveau, qui s'explique par une nouveauté correspondante dans le recrutement des armées. Le soldat de métier qui les composait jadis n'était que soldat. Son intelligence, le plus souvent, restait strictement professionnelle. Stendhal, pourtant si fier d'avoir porté l'uniforme, reprochait à ses compagnons de la retraite de Russie ce manque d'ouverture dans l'esprit. Il les appelait des manches à sabre, bien injustement, semble-t-il, car ceux de ces héros qui se sont racontés, sur le soir de leurs jours, nous ont révélé, chez eux et chez leurs camarades, une très haute qualité d'âme. Mais cette vie intérieure demeurait d'habitude aussi inconsciente qu'inexprimée chez ces hommes dressés à la discipline de la caserne, sévèrement et uniquement. Il n'en va plus ainsi dans les armées d'aujourd'hui. Le service universel jette au champ de bataille, avec la mobilisation, un immense afflux d'hommes pour lesquels la « servitude militaire » n'a été qu'un épisode passager, et qui ont grandi, qui se sont développés dans toutes les libertés du travail civil. Ce sont des avocats et des ingénieurs, des savants et des professeurs, des gens de lettres et des artistes, des agriculteurs et des ouvriers, des commerçants et des industriels. La veille encore, ces soldats improvisés menaient l'existence détendue et comblée qu'une civilisation plusieurs fois séculaire procure à ses héritiers. Voici qu'ils passent, sans transition, du bien-être, de l'indépendance, de la sécurité, au besoin et à l'effort physique, à l'obéissance passive et au danger. Pour les intellectuels surtout, le changement est total. Hier ils pouvaient compliquer à leur fantaisie le jeu de leur pensée. Aujourd'hui elle leur devient, comme aux animaux, un outil dont l'emploi leur représente, en face de l'ennemi, une question de vie ou de mort. Ils doivent l'appliquer au petit fait immédiat, le plus momentané, le plus insignifiant : un point dans l'espace, un pli de terrain, un bouquet d'arbres, comme le sauvage lancé sur une piste. Un tel déplacement du plan de l'intelligence ne s'accomplit pas dans un automatisme irréfléchi. Nos gens ont beau s'adapter vite à cette direction inattendue de leur activité, il est impossible qu'ils ne subissent pas un sursaut de leur être intime. Qui dit adaptation ne dit pas abolition. Ce qu'il était dans la vie civile, ce soldat de rencontre le reste en partie dans sa vie militaire. Deux personnalités coexistent en lui, la plus récente comme greffée sur la plus ancienne. De là, dans les armées de ce type, cet esprit critique et qui rend plus délicat le rôle du chef, obéi, suivi, mais jugé. De là cette nécessité pour le gouvernement de surveiller avec grand soin le moral du pays. Les attaches des combattants et du milieu familier ne sont pas rompues assez complètement pour que l'Avant ne subisse pas sans cesse le contre-coup des opinions de l'Arrière. De là aussi, pour en revenir à la remarque de tout à l'heure, cette abondance des témoignages écrits.

Leur foisonnement atteste leur spontanéité. C'est un excès d'impression qu'ils manifestent. Par la lecture, par la conversation, par le théâtre, par les examens, par tous les plaisirs et tous les devoirs de leur jeunesse amusée ou studieuse, beaucoup de ces soldats s'étaient accoutumés à s'étudier, à s'analyser constamment. Comment ceux d'entre eux qui se sentaient un don d'écrire, même très faible, résisteraient-ils, traversant des heures d'une intensité souveraine, à la tentation de les noter, de les approfondir encore en les enregistrant? Celui-ci a tenu un journal. Cet autre s'est épanché dans une correspondance avec les siens. Les éléments d'un livre sont là, tout trouvés, et de même qu'un soldat s'est greffé sur le civil, un chroniqueur de la guerre se greffe un jour sur le soldat.

Certes, ces livres de guerre sont d'une valeur bien inégale. Ne regrettons pas leur abondance. Même les médiocres ont cette vertu d'avoir été rédigés d'après nature. Nous leur devons de participer du moins en esprit à l'héroïque martyre des innombrables sacrifiés qui nous sauvent, nous, la France d'aujourd'hui, et nos petits-neveux, la France de l'avenir. A ces narrateurs de la Marne, de l'Yser, d'Ypres, de la Champagne, il faudrait savoir gré, quand leurs écrits ne serviraient qu'à nous imposer un respect plus ému et plus reconnaissant pour les survivants d'une défense qui a renouvelé, quatre ans durant, l'exploit des Thermopyles : « Passant, va dire à Sparte... » Chacun de ces narrateurs est à la fois le Spartiate des Thermopyles et ce passant-là, dans lequel l'épitaphe antique saluait un messager de l'honneur national. Et puis, il arrive que ce soldat qui témoigne pour ses frères de tranchée, et pour lui-même, est un écrivain de race. Alors ces feuillets où il a consigné ses souvenirs, au fond d'une cagna quelquefois entre deux assauts, sur une table d'hôpital d'autres fois, entre deux pansements, au dépôt entre deux citations, deviennent une œuvre, au sens plein du mot, et qui prendra rang dans la série des beaux livres laissés par nos mémorialistes, une des fiertés aussi de notre tradition française.

II

Dans la mesure où de pareilles affirmations sont permises, je crois bien que tel est le cas pour les pages que l'on va lire. Elles portent simplement comme titre : *Verdun — mars, avril, mai 1916*. Leur auteur était sous-lieutenant dans un des régiments d'infanterie qui, pendant ces mois tragiques, ont contenu, puis repoussé la ruée allemande. Il a fini de mettre ces notes au clair à l'hôpital maritime de Brest, où il était en traitement, un an plus tard. Il les a datées de mai 1917. Le 26 août suivant, il se retrouvait devant ce même Verdun.

C'était à l'aube. Sa section devait attaquer à cinq heures. Quelques instants avant le signal, l'officier donnait à ses hommes ses dernières instructions qu'un d'entre eux a rapportées : « Encore vingt minutes, mes enfants, et l'on part. Cent mètres à faire d'ici la tranchée boche. Ayez soin de vous tenir en liaison à droite et à gauche. Quand vous serez dans la position, il faudra la consolider à cause de la contre-attaque. Je ferai avoir la croix de guerre à tous ceux qui ne l'ont pas, et j'ai une bouteille et demie de gnole à distribuer après l'attaque... Cinq heures! Mes amis, rappelez-vous que vous êtes de la 11e. Du courage, et en avant!... » Tous s'élancent. L'objectif, la tranchée du Chaume, est atteint en quinze minutes. C'est alors que le sous-lieutenant, debout sur le parapet, tombe frappé d'une balle à la tête. Il est tué du coup. Un sergent le ramasse. Blessé lui-même, il doit abandonner le corps qui n'a pas pu être retrouvé. Le 10 septembre, M. le général Guillaumat mettait le sous-lieutenant à l'ordre du jour de la deuxième armée en ces termes : « Officier de devoir dont la bravoure et l'audace allaient jusqu'à la témérité, et sachant par son exemple et sa parole surexciter tous ceux qui l'entouraient. Le 26 août, devant Verdun, après une période de travaux pénibles en première ligne sous le bombardement, a conduit sa section dans des conditions difficiles à l'assaut de la position allemande. Tué glorieusement en arrivant sur la position. » Ce héros ne servait que depuis le mois de décembre 1914, époque où il était parvenu, quoique réformé, à se faire accepter comme engagé volontaire pour la durée de la guerre. Il avait été promu officier dès 1915. Le résumé de sa brève carrière tient dans ces quelques lignes : une citation à la division, une au corps d'armée, deux à l'armée, trois citations collectives dont deux avec sa compagnie et une avec le régiment, la croix de guerre avec deux palmes, une étoile d'or, une étoile d'argent, la fourragère, la croix de la Légion d'honneur. Il avait fait l'Argonne, la Champagne, Verdun, la Lorraine, la Somme, l'Aisne et la Marne. Il avait été blessé en Argonne et sur l'Aisne. Il avait trois brisques de blessures et trois de présence au front. Il avait vingt-sept ans. Il venait de se fiancer. Dans la vie civile, il s'appelait maître Raymond Jubert et il était inscrit comme avocat au barreau de Reims.

Ces états de service de l'auteur de *Verdun* sont la meilleure préface à ce récit. Ils en garantissent la sincérité. C'est le cas de rappeler le mot fameux de Pascal : « Je ne crois qu'aux miracles dont les témoins se feraient égorger. » Pour mieux situer ce témoignage, il faut préciser la nature des préoccupations de son auteur avant cet engagement volontaire de 1914. On verra que Raymond Jubert est vraiment représentatif de ce soldat écrivain dans lequel je crois reconnaître un des types nouveaux de l'armée actuelle. Il s'apparente par plusieurs points à un Vigny, à un Vauvenargues. Mais ceux-ci étaient des gentilshommes destinés à l'épée par leurs traditions de famille, au lieu que Raymond Jubert, né à Charleville dans un milieu d'usines, semblait mal préparé par ses hérédités et par son éducation à la besogne périlleuse et sanglante dont il aura été un si brave ouvrier. Sans doute Charleville est sur la Meuse, et la frontière toute voisine, mais une frontière amie, celle de la Belgique. C'est bien ici une de nos marches, mais une marche d'industrie, une marche pacifique, si l'on peut dire. Aussi l'enfant, sur les bancs du collège, rêve-t-il d'un métier qui suppose la paix. Il fait ses études, qui sont brillantes, à l'Institution libre de Saint-Remy. En même temps qu'il s'y pénètre de convictions religieuses qui ne le quitteront plus, il s'y sature d'humanisme. L'appétit d'écrire s'éveille en lui. Il veut être poète. A quatorze ans, il envoie à François Coppée des vers que j'ai sous les yeux. J'en transcris la dernière stance à laquelle la matinée du 16 août 1917 donne une signification de pressentiment :

Pour cela, nous suivrons l'exemple de nos pères,
Et, portant fermement le drapeau, nous irons
Défendre notre foi, le pays et nos frères,
Et s'il le faut, nous périrons.

Au-dessous de ces vers, le poète a signé, de son écriture nerveuse, en faisant précéder son nom de cette devise : *Salus Patriæ suprema lex*. Mais le mince recueil qu'il publiait deux ans plus tard, sous un pseudonyme : *Jeunesse fervente*, le prouve, le futur combattant de Verdun se dessinait en imagination un tout autre avenir que celui d'un chef de section menant ses « biffins » à l'assaut d'une tranchée boche. Cette plaquette est dédiée à Mme la comtesse Anna de Noailles, et l'admiration témoignée ainsi à la jeune et géniale poète du *Cœur innombrable* révèle avec quelle ardeur le rhétoricien de Charleville épiait déjà le mouvement de la littérature contemporaine. Cette ardeur littéraire, ni les études de droit qui suivirent le collège, ni le stage chez l'avoué ne l'avaient refroidie. Témoin le sujet de thèse qu'il avait choisi pour son doctorat, conciliant ainsi ses goûts poétiques et les exigences universitaires : « les idées politiques de Lamartine... » Témoin la liste de ses projets de travaux retrouvée dans ses papiers. J'en transcris quelques titres qui décèlent la fièvre d'ambition intellectuelle, si révélatrice, dont est consumée la jeunesse des écrivains-nés, — un roman en quinze volumes : *Jean Malleterre*, le premier épisode devait s'appeler : *le Sculpteur aux mains brisées*; — des pièces de théâtre : *Comédiens, le Vieil homme*; — *les Autres, les Usuriers de l'amour, le Carrefour des douleurs* ou *l'Étranger;* — un recueil de vers : *Le livre des jeux de la mort;* — d'autres romans : *Liliatica via, Per mortem veritas, Ames du siècle.* A côté de ces projets, je relève des règlements de travail. Cette recherche de la meilleure méthode est un autre indice, très significatif, de la vocation qui se cherche. Ce passionné scrupule d'employer au mieux ses forces d'esprit dans le domaine des Lettres, accompagnait Raymond Jubert à travers son autre métier. Au fort de la guerre, en avril 1917, et tout près de sa fin, il se traçait ce programme : « Huit jours de lecture; huit jours de méditation sans écrire; huit jours de notations brèves; huit jours de méditations écrites; quinze jours d'œuvres soutenues... » Les noms de maîtres à étudier suivaient, parmi lesquels je relève ceux de Dante, de Musset, de Baudelaire, de Pascal, de Vigny, de Balzac, et, pour finir, celui du Vinci. Ce seul détail suffirait pour caractériser la haute intellectualité du jeune homme qui rangeait parmi ses patrons le subtil et puissant Léonard, cet Aristote créateur dans lequel s'incarne l'Idéal suprême et peut-être chimérique de l'artiste moderne : comprendre la nature et la reproduire!

III

Revêtez maintenant ce méditatif d'un uniforme. A ce délicat, dont la sensibilité s'est aiguisée par un reploiement quotidien, imposez le plus dangereux, mais aussi le plus sacré des devoirs : la défense à main armée de son pays envahi. Jetez-le, pendant des mois, au plein d'une mêlée comme l'humanité n'en a pas connue. Quel déconcertement, croyez-vous! Quel désarroi!... Mais non. Dès les premières lettres que l'avocat transformé en officier adresse à sa famille, il apparaît si calme, si maitre de lui, si entièrement adapté à l'effrayante aventure! « Il n'y a que le danger, » écrit en mai 1915 le soldat de cinq mois, « pour mettre les nerfs en place. J'avais l'esprit trop inquiet quand je n'avais aucune raison d'inquiétude... » De cette tranquillité, il donne lui-même le principe, quand il se décrit, reposant parmi les gémissements des blessés et l'éclatement des bombes, un soir de bataille : « Et bien vite, je m'endormis. Pourquoi pas après tout ? *Il suffit d'avoir la conscience tranquille*, et l'on est bien vite à l'aise, car les prêtres ne manquent pas ici... » Cette paix intérieure s'appuie sur une foi profonde et sur d'autres motifs encore. La nécessité nationale de la guerre n'a pas fait doute une seconde dans ce vrai Français qui répugne, par instinct autant que par discipline, au sophisme, et chez qui la culture ne s'est jamais tournée en corruption, parce qu'il est demeuré très droit de cœur. Ce raffiné d'esprit n'est pas un décadent. Pour raconter les premières affaires auxquelles il prend part, cet intellectuel ne cherche pas d'autres formules que celles qu'emploierait naïvement un briscard quelconque : « On nous avait fait entendre que *l'honneur du régiment était en jeu, et nous ne l'avons pas laissé perdre.* » Il se trouve, dans une harmonie complète, absolue, avec les simples qui l'entourent, et cela, naturellement, parce qu'il n'a jamais, depuis qu'il réfléchit, séparé la pensée et la vie. Il a toujours voulu que sa pensée, à lui, pût *servir*, et la véritable « union sacrée, » celle qui efface les distinctions sociales comme elle réconcilie les théories adverses, c'est la sincère poursuite de ce que nos pères appelaient d'un terme aussi sagement réaliste que vénérable : le bien du service. Un sentiment s'ajoute chez Raymond Jubert à cette règle d'acceptation, pour lui interdire toute révolte contre sa nouvelle existence. Il porte une tendresse émue à ses compagnons de sacrifice. Tout de suite ce bourgeois a senti la noblesse et la beauté de l'âme populaire, telle que la révèle l'épreuve suprême de cette longue guerre. S'il est tenté par le découragement, il regarde les illettrés, ses camarades, et il fait d'eux ses juges. « Il y a tant de réconfort... » dit-il à ses parents, « à voir dans quelle estime vos hommes vous tiennent... »

Cette estime dont il est fier, il la leur rend : « Bien rares sont ceux sur qui je pense ne pas pouvoir compter entièrement. » Il ne se contente pas de les regarder avec un respect viril que chaque jour renouvelle. Un écho s'éveille en lui pour les plus intimes battements de ces cœurs obscurs. Il demande à sa mère qu'elle cherche pour les isolés des marraines : « pour ces pauvres garçons, » ajoute-t-il, « à qui la moindre douceur d'une personne inconnue mettrait des larmes aux yeux. » Sentant ainsi qu'il était bien fait pour comprendre le mot sublime de mâle charité que lui dit dans le ravin d'Haudromont un capitaine Tizon dont le nom mériterait de ne pas périr, à cause de cette seule parole, Raymond Jubert était donc dans ce ravin, avec sa section, pour quelle besogne, le colonel ne le lui avait pas caché : « Vous avez là une mission de sacrifice. C'est ici le poste d'honneur où ils veulent attaquer. Vous aurez tous les jours des pertes, car ils gêneront vos travaux. Le jour où ils voudront, ils nous massacreront jusqu'au dernier. Et c'est votre devoir de tomber. » Quelle consigne, et qui écarte de ces « condamnés de la mort, » comme ils s'appellent eux-mêmes, jusqu'aux hommes de corvée! « Ils nous arrivaient de nuit, » raconte Raymond Jubert, « moins soucieux de nos besoins que de leur sécurité, et le contrôle de leur charge leur semblant inutile, ils fuyaient au plus vite. » Le capitaine Tizon, lui, s'obstinait à les visiter tous les soirs. Il fallut, une fois, pour lui faire passage, déblayer la tête et l'abri écrasés par un obus. « Vous vous ferez tuer un de ces soirs... » lui disaient ceux qu'il venait visiter ainsi... « la route n'est pas sûre. » — « *Je veux que vous sachiez que vous avez encore des amis,* » répondait le capitaine avec un sourire dont on devine la magnanime pitié. Il fut tué en effet, mais un peu plus tard, à Raucourt. N'est-ce pas le cas de répéter l'exclamation que l'héroïsme du brave d'Hautpoul arrachait à Marbot : « Quelle époque et quels hommes! »

IV

Ce *Verdun*, auquel j'arrive enfin, abonde en détails pareils. Dans un projet de dédicace à ses généraux, Raymond Jubert définissait lui-même son livre une œuvre de résignation virile et de franchise triste. Il insistait : « Je ne prétends pas donner une idée générale de la bataille de Verdun... Notre action est si misérablement petite et restreinte dans d'aussi formidables événements!... Nos imaginations, dans un combat, se groupent autour d'un point qui pour nous s'en fait le centre... Nous sommes en retard des renseignements que nous fournira un papier venu de Paris. » Il ajoute, non sans ironie : « Il nous faut l'attendre pour connaître nos âmes! » Cette vérité sur la guerre, que les premiers acteurs du drame sont ceux qui en saisissent le moins les grandes lignes, Stendhal, dont je parlais, l'avait déjà démêlée, et, après lui, son élève Tolstoï. Aussi ont-ils raconté, l'un Waterloo, l'autre Austerlitz, par menus épisodes. A lire le *Verdun* du sous-lieutenant de la 11e du 151e, on sent qu'il manque pourtant un élément aux tableaux de ces maîtres. Ne montrer d'une bataille que des accidents isolés, pour ce motif que les combattants n'en voient pas d'autres, ce n'est pas la montrer vraiment. Il faut encore, — et ni Stendhal, ni Tolstoï n'y ont bien réussi, — rendre sensible le phénomène d'interpsychologie qui donne à cette bataille son unité vivante, qui en fait une personne morale. Si étrange que paraisse cette expression, comment en employer une autre? Quand Napoléon disait : « L'armée de Wagram n'était déjà plus l'armée d'Austerlitz, » il signifiait que l'âme collective de ses soldats ne vibrait pas au même diapason dans les deux rencontres. D'où cette différence de physionomie qui distingue ces victoires, et qui ne tient pas seulement aux particularités de lieux, d'effectifs, de saison, de commandement, de résultat. C'est une caractéristique plus intime qu'il est malaisé de définir, mais que les intuitions de la légende discernent si bien! La valeur du livre de Raymond Jubert est là, dans cette expression de l'inexprimable, dans ce « rendu » d'une réalité qui échappe à l'analyse. *Verdun*, c'est la bataille de l'infanterie, terrée, mitraillée, asphyxiée, et qui tient, qui tient toujours. C'est aussi la bataille des dévoués anonymes, des sacrifiés qui n'auront pas d'histoire, mais qui auront arrêté des canons avec des poitrines d'hommes! Cette lutte à la fois indomptable et résignée, acharnée et lente, morne jusqu'à la détresse, exaltée jusqu'au sublime, dans la fange, parmi les trous d'obus, les décombres et les cadavres, les éclatements et les incendies, le sous-lieutenant de la 11e nous la rend présente avec une vérité si poignante que l'on doit, par moments, s'arrêter de cette lecture. Elle fait mal. De songer seulement que cela s'est passé ainsi, que des hommes ont traversé cet enfer, et pour nous, serre trop le cœur. Cette suite de chapitres détachés, sans transitiou, donne à ce récit un halètement qui enfièvre. Aujourd'hui le secteur se bat sur la côte de Froideterre. Un autre jour, il occupe le ravin d'Haudromont. Ensuite il passe au Mort-Homme. Qu'importe l'endroit! La tâche est toujours la même, celle qu'annonçait ls général D..., lorsque, dans l'hôtel de ville de Verdun, il tenait à ses officiers le discours par lequel s'ouvre ce récit : « Messieurs, Verdun est menacé. Vous êtes à Verdun et vous êtes la brigade de Verdun... Je n'ai pas à vous cacher la vérité. Nous avons été surpris... Je n'ai pas à vous cacher les fautes. Nous avons à les réparer... Le secteur que nous prenons? Un chaos... La vie qui nous y attend? La bataille... Les tranchées? Elles n'existent pas... Ne me demandez pas de matériel. Je n'en ai pas... Des renforts. Je n'en ai pas... Bon courage, Messieurs... » Connaissez-vous dans toute l'histoire militaire une harangue où frémisse plus douloureusement la grande âme d'un chef donnant à des gens de cœur ce simple mot d'ordre : « Faites-vous tuer! »

V

Et ils se sont fait tuer. — Comment? Avec quelle endurance lucide? Raymond Jubert va vous le dire après bien d'autres, mais avec un accent à lui. Ces deux années d'une terrible guerre n'ont étouffé ni l'artiste littéraire, ni le philosophe chez l'officier. Spontanément, sans recherche d'effet, il trouve sans cesse quand il veut fixer une scène, le trait juste, celui qui suffit, et il s'y borne. S'il y eut jamais un récit improvisé d'après nature, c'est celui-là, et il est précis, il est sobre, il se tient comme le plus composé des ouvrages. La sensation, directe, violente, brutale, y palpite à toutes les lignes, et en même temps un constant travail de réflexion dégage et précise ce que le narrateur appelle lui-même quelque part, d'un trait qu'Ernest Psichari, le martial visionnaire de *l'Appel des armes*, lui eût envié, « le mysticisme ardent de ces heures sombres. » Lisez le chapitre intitulé : « Un deuxième aspect du *Mort-Homme*, » et les pages sur le caractère de cette guerre de tranchées, qui commencent : « Le fantassin n'a d'autres mérites que de se faire écraser. Il meurt sans gloire, au fond d'un trou, et loin de tout témoin... » jusqu'à cette saisissante phrase : « L'armée aujourd'hui est une boue, *mais une boue vivante, et qu'animent des yeux.* Ceci n'est pas moins grand... » Ce que l'officier de Verdun lit dans les yeux de ses camarades d'agonie, parce qu'il sent cette vertu habiter son propre cœur, c'est une sublime humilité. Plus de panache, plus d'éclat, plus de victoire radieuse sous le soleil triomphant, mais la mesquinerie, la médiocrité de l'effort quotidien côte à côte avec des milliers de frères, ensevelis aussi dans la même tristesse, en attendant qu'ils le soient sous la même terre, — cette terre dont ils sont vraiment les fils, — étant pour la plupart des paysans. Ils n'ont plus comme récompense que la conscience du devoir envers le sol que leurs pères et eux ont tant labouré. Ils ne pensent même plus qu'ils sont des héros. Leur grandeur est là, dans cette ignorance de leur grandeur, leur splendeur dans cette obscurité où ils s'abîment, et cette extrémité de tristesse, au même moment qu'elle donne à leur destinée un pathétique inégalé, constitue la plus émouvante preuve qu'un univers spirituel existe, postulé, exigé par ces innombrables sacrifices cachés; — à moins de supposer que dans ce monde où nous ne rencontrons pas d'*épiphénomène*, un *épiphénomène* existe, sans conséquence et sans signification, et que cet *épiphénomène* unique, soit l'homme lui-même.

Je viens de regarder l'image mortuaire du sous-lieutenant Raymond Jubert, — pauvre petit *memento* sur lequel il est représenté en face de son frère Maurice, disparu celui-là au plateau de Bolante en Argonne, à l'âge de vingt ans. Au-dessous du portrait de l'aîné, la piété de leurs parents a mis ces lignes, extraites d'une de ses lettres et consacrées à son cadet : « Si terrible qu'ait été pour nous le coup porté par la perte de notre cher Maurice, il faut y voir une espérance. L'essentiel en temps de guerre, ce n'est pas de survivre, mais, si l'on meurt, de mourir dans un acte de foi. » Et, au-dessous du portrait du plus jeune, se lisent ces autres lignes que cet enfant avait écrites, lui, à l'hôpital avant de partir pour le front. Elles attestent qu'il était vraiment du même sang que son aîné : « Combien il me serait pénible de finir sur un lit d'hôpital, au lieu de tomber au champ d'honneur, avec mes frères d'armes! La mort ne m'effraie pas. Il faut y arriver tôt ou tard. Si je meurs, j'irai plus vite au ciel. » Chez l'un et chez l'autre, c'est la même certitude que le psychisme humain n'est pas dans la nature comme un empire dans un empire, que l'esprit procède de l'esprit, la pensée de la pensée, l'amour de l'amour. « *Quod factum est in ipso vita erat. — Tout ce qui a été créé était vivant déjà dans ce qui l'a créé.* » Cette phrase de l'Évangile qui se lit à la fin de toutes les messes emporte avec elle cette affirmation qu'il y a une correspondance entre notre âme et la force souveraine d'où elle émane. Soyons donc assurés qu'en dehors de l'action immédiate et visible, tant de douleurs acceptées, tant d'existences offertes, tant d'holocaustes sanglants ont leur retentissement ailleurs. Je disais « l'enfer de Verdun, » et j'avais tort. J'entends Mgr Ginisty, l'évêque de la ville martyre, protester : « Non ! » s'est-il écrié dans un de ses discours : « Non, chers soldats, non, chers exilés, ce n'est pas l'enfer... Dites plutôt que c'est le calvaire de Verdun ! Car c'est là que s'opère le salut de la patrie, comme au Golgotha s'est opéré le salut du monde. » Cette phrase qui dresse la Croix au-dessus de l'héroïque champ de bataille aurait pu servir d'épigraphe à ces pages. En nous léguant son *Verdun* comme un testament, l'humble sous-lieutenant de la côte de Froideterre et du Mort-Homme a « servi » la cause de l'âme, comme il avait « servi » celle de la patrie. Qu'avait-il rêvé d'autre avant de quitter la plume d'écrivain pour l'épée et la toge d'avocat pour l'uniforme ? Que cette évidence soit, sinon une consolation, du moins une douceur pour les nobles parents qui, n'ayant que ces deux fils, les ont donnés, comme dit cette même image mortuaire, à Dieu et à la France.

PAUL BOURGET.

VERDUN

MARS-AVRIL-MAI 1916

> « Il n'y a pire métier que celui qui oblige à changer de vertus. »

L'HOTEL DE VILLE DE VERDUN

« Le général, messieurs. »

Dans la tristesse pesante du brouillard qui, depuis midi, flotte aux fenêtres, l'or d'un képi jette sa note vive. Le général Deville entre, rapide, pressé, les lèvres sèches contractées dans la barbe grise, le monocle immobile dans le visage nerveux. Derrière lui, et le dépassant de toute la tête, le colonel Moisson, le visage durci, l'œil riche de l'émotion qu'il maîtrise.

Et, fond de tapisserie uniforme autour de ces deux figures principales, masse grise de capotes d'où émergent des faces blanches, en cercle, tous les officiers du régiment. Traits tirés de fatigue, raidis par la même consigne intérieure, visages frères, tous marqués d'un trait commun : le calme aux yeux ardents.

« Messieurs, dit le général, Verdun est menacé. Vous êtes à Verdun et vous êtes la brigade de Verdun. »

Le général Deville a l'éclair du geste, la parole âpre, ardente, rapide, le mot qui porte. Les phrases, chez lui, se pressent, se précipitent; on les croirait en retard d'une idée, et les saccades de sa voix trahissent son impatience.

« Je n'ai pas à vous cacher la vérité; nous avons été surpris.

« ... Je n'ai pas à vous cacher les fautes; nous avons à les réparer... La situation était désespérée; elle n'est pas encore rétablie... Le secteur que nous prenons? Un chaos. La vie qui nous y attend? La bataille... Les tranchées? Elles n'existent pas... Ne me demandez pas de matériel, je n'en ai pas..., de renforts, je n'en ai pas. »

Trois fois, la voix se brise, rageuse, sur la finale. Un froid nous prend aux os, une vibration aux moelles, car, par delà les mots, la mort plane, muette.

« Bon courage, messieurs. »

La tache d'or ne vacille plus; le chef a disparu. Il reste de sa visite un peu de fièvre, que je sens au mutisme grave des camarades qui m'entourent.

Sous la masse opaque du brouillard, la cour de l'Hôtel de Ville enferme toute l'animation du départ de mille hommes. Sans nous attarder, au travers des voitures-cuisines, nous passons auprès des quatre canons, aujourd'hui symboliques, qui, jadis, en constituaient le pittoresque.

Passé le fonctionnaire de la porte, nous retrouvons la ville morte, le silence de chacune de ses rues.

A moins de trois heures, tout autour, le canon.

I. — DANS LA NUIT, SOUS LA NEIGE, VERS LES FLAMMES

Nous avions quitté Verdun à la nuit, sans autre lumière que la torche mourante des incendies qui, par endroits, en découpaient la façade tragique. Nous avions franchi la Meuse grosse, bruyante, sinistre, promenant devant les derniers brasiers son miroir mouvant et sanglant. Nulle parole dans les rangs, nous semblions les fantômes que, peut-être, nous serions demain. Il y avait une grandeur dantesque dans ce cortège d'ombres sortant des ruines de la ville morte, dans cette armée silencieuse de spectres marchant vers le canon.

Le premier obus éclate à Belleville, dans une rue latérale, quand nous passions au carrefour; le deuxième, aussitôt après, au-dessus de nos têtes. Il y eut une précipitation, un remous, le halètement de cent poitrines. Quelques secondes après, un de mes hommes reçut sur son casque un peu du billon meurtrier; il éclata de rire. Sa gaieté fit école; des quolibets s'élevèrent. Le danger et nous, nous nous étions reconnus.

A hauteur du fort de Belleville, la neige commença de tomber. La nappe s'étendit sous nos yeux, s'alourdit sous nos pas jusqu'à ce que les rougeoiements vinssent la teinter de rose. Alors elle s'arrêta, comme ayant donné toute sa part au décor.

A trois kilomètres au plus, sentinelles lumineuses aux deux rives de la Meuse, villages frères marqués d'un même destin, Bras et Charny brûlaient. Et vers l'Est, déployant l'éventail de feu qui, depuis vingt jours, ajoutait à l'horreur des combats de Douaumont, sur la hauteur, le village de Fleury brûlait.

Vision tragique, vision magique. La neige était rose et, sur la plaine, rose à l'infini, chacun des trois brasiers lointains semblait étendre jusque sous nos pas le tapis de ses lueurs vermeilles. Et, des quatre points de l'horizon, l'éclair soudain des canons, l'étoile frémissante des fusées s'unissaient pour troubler d'une beauté fugitive ce que la nuit gardait encore de mystère.

Charme âpre, tragique et puissant. Nous voici tous muets et l'haleine en suspens. Songeons-nous combien de misères et de morts s'unissent pour nous offrir ce spectacle de féerie? Ou n'ai-je pas joui du spasme néronien de nous plaire au malheur s'il donne la beauté?

Chassons une vaine pitié qui nuit à nos contemplations. Ne serons-nous pas demain les poutres vivantes de ces brasiers que j'admire? Comme pour d'autres ce soir, la flamme étouffera nos cris, et, pour d'autres aussi, ce sera la même beauté.

II. — LA CÔTE DE FROIDETERRE

Ce matin, un coup de vent ayant soulevé la toile qui ferme mon abri, un vif rayon de soleil m'a frappé au visage. Je m'étire, j'appelle. Voici Freville qui me présente un quart d'un café amer et glacé : « Mon lieutenant, vous l'avez échappé belle. — Quoi donc? — Les 150. — Quels 150? — Il y en a trois qui sont tombés à moins de quinze mètres de votre gourbi. — Il fallait me réveiller. — Je pensais qu'ils l'avaient fait. »

Est-ce un arriéré de fatigue qui m'enlevait à ce point tout instinct du danger? Voici dix jours que nous sommes en route par des chemins glacés; depuis que nous avons quitté la Champagne, nos pieds tournent sur le verglas. Hier, à Verdun, je pensais au moins m'étendre; le sol même, un sac sous ma tête m'eussent convenu. Il m'a fallu prendre la garde comme officier de police, organiser des rondes, écouter des rapports, respecter, entre deux bâillements, les scrupules formalistiques de vingt gendarmes.

Je me tire de mes couvertures, je mets la tête hors de mon abri. « Au moins, est-il sûr? » Il n'est fait que de branchages avec un peu de terre par-dessus ; le jour et la pluie passent au travers; il n'arrêterait pas un shrapnell. Me voici rassuré; il me fallait un fier sommeil. Par surprise, la mort eût pu me prendre en passant.

J'ai suivi Freville qui tenait à me montrer la marque des éclatements. Ils ont produit de larges creusets, au fond desquels a déposé un peu de terre calcinée, aux fibrilles verdâtres. L'un d'eux fait le pas de la porte qui s'ouvre à mes pieds, sur la ligne d'abris parallèle à la mienne : « Qui loge là? — C'est l'adjudant Folliart avec la liaison. — Il n'a pas été secoué? — Un peu, tout de même. » Au milieu d'un groupe, à vingt mètres, j'aperçois une masse lumineuse au soleil. « Un 210 non éclaté, » dit quelqu'un. Allongé sur le sol, le lourd bébé d'acier semble l'enseigne lumineuse du danger de ces lieux.

Qui croirait que la mort est notre visiteuse? Une animation joyeuse se fait écho d'un bout à l'autre du camp. Tout le monde est dehors; des chants s'élèvent et des jeux s'organisent. « Beau temps, me dit Ganot. — Oui, mais gros de menaces. » Voici, tirant vers nous, un avion vermeil : « C'est un taube, crions-nous. Tout le monde aux abris. »

En pente douce, vers les taillis qui en bordent le pied, la côte de Froideterre étage quatre rangées d'abris parallèles dont l'ouverture, par delà un ravin boisé, découvre sur leurs collines nues le fort de Sonville et les ruines fumantes de Fleury. Ganot est du pays; il nous fait suivre sur la carte le relief d'un terrain qui lui est familier :

« Nous sommes sur la rive droite de la Meuse. Voici, à l'Ouest de Fleury, Thiaumont, Haudremont aux noms tragiques, la côte du Poivre, et, sur la Meuse, l'éperon de la côte du Talou. A l'Est, Souville et Vaux, avec leurs forts qui forment ici la dernière ligne de défense. La côte de Fleury nous cache Douaumont, où l'on accède par le bois de la Caillette où, voici deux hivers, j'allais chasser. »

« Moi, dit quelqu'un, j'ai combattu en Argonne, à Saint-

Hubert, où, chaque année, j'allais tuer le sanglier. »

Quel carrefour de nos souvenirs que l'Argonne! Pendant le repas, nous reconnaissons que nous y avons tous vingt histoires. L'an dernier, à Fontaine-Madame, aux Enfants-Perdus, un homme crut avoir tiré un Boche. On entendit des cris; on envoya à la recherche du blessé. Le Boche était un sanglier dont la préparation nous tint trois jours en appétit. Si j'avais songé plus tôt à constituer une vitrine de mes souvenirs de la guerre, il m'eût plu d'y conserver le pied d'un chevreuil errant entre les lignes et tué, au risque de la mort du chasseur, à vingt mètres de l'ennemi. La balle s'était trompée d'adresse, mais nous avions gagné au change. Il y a des appétits auxquels la mort d'un ennemi ne satisfait point.

« C'est l'heure de la sieste, » dit Nicot.

Ai-je dormi une heure, ou deux, ou cinq? Des chocs sourds, violents, répétés, ébranlent le sol autour de moi. Je me dresse; le silence s'est fait. Puis, à nouveau, le bruit d'explosions successives, lointaines d'abord, et se rapprochant à chaque coup davantage. J'ai repris mon esprit; mon expérience de la guerre se fixe dans deux idées : par rafales de six, l'ennemi bombarde méthodiquement la côte, et je suis dans la zone du dernier coup.

Sous le danger, dans l'ombre, il y a une espèce d'horreur particulière à être seul. Le courage prétend à être regardé : dût la mort s'ensuivre, il est payé du coup d'œil même distrait d'un témoin. Le combat au soleil, s'il s'agit d'entraîner, n'est qu'un jeu. L'amour-propre y compose le geste et le visage; on se sent regardé, on joue un rôle; il s'agit de le mener brillamment jusqu'au bout. L'amour-propre et la conscience du rôle à jouer savent à propos nous distraire de la mort. Mais être seul, n'avoir à songer qu'à soi-même sans prétendre à s'imposer aux autres, n'avoir plus qu'à mourir sans un applaudissement suprême! L'âme abdique bien vite, et la chair s'abandonne au frisson. Je me suis redressé, j'ai rejeté mes couvertures; mes bras, mes jambes sont dégagés. C'est bien assez d'avoir peut-être à souffrir; la moindre gêne serait intolérable dans le moment ultime. Il faut être à son aise pour mourir.

1, 2, 3, 4, 5. Cette fois, je n'ai pas compté six. Un éclatement plus sourd, un ébranlement plus violent, puis un bruit d'averse sur mon toit. Une fumée âcre me prend au nez, aux yeux. Suffoquant, mais soucieux d'avoir l'esprit entier dans la catastrophe, je me retiens pour ne pas tousser. Dans le silence angoissant montent des gémissements.

En rampant, j'ai passé la tête hors de mon abri, dont l'ouverture était, de l'instant, obstruée. Au dehors, la nuit était tout à fait venue. Sous mes yeux s'ouvre un trou fumant d'où monte la voix de la mort.

« Il faut vite déblayer çà, ai-je crié dans la nuit. Qui es-tu, toi? Va chercher des pioches. » L'ombre ne bouge pas; je la secoue. « Ne me faites pas de mal, ne me faites pas de mal. — Qu'as-tu à crier? Va chercher des pioches. — J'ai du feu dans les yeux. — Tu étais là dedans? — Oui, à l'entrée de la porte. — Et qui avec toi? — L'adjudant était au fond avec le sergent Van Walleghem. Daniault et Arquillière mangeaient leur soupe. L'obus est entré par derrière; il a éclaté au milieu. — Tu es blessé? — Je ne sais pas. »

Une heure durant, sous les obus, nous avons remué des terres, dégagé Daniault et Arquillière sanglants, les membres rompus, gémissant doucement d'une voix triste, délaissant leurs chairs à la terre dont l'oppression étouffait le cri de leur agonie; puis, avec plus de peine, du fond de leur tombeau, Van Walleghem et Folliart, écrasés, convulsés, les mains crispées, rejetées en arrière, gardant sur leur face tuméfiée la double expression de l'épouvante et de la mort.

« Ils la sentaient venir, dit quelqu'un. Depuis plusieurs jours, ils étaient préoccupés et pleins d'amertume. » C'était faire après coup de la prophétie à bon compte. C'est un préjugé néfaste que cette idée courante du pressentiment; elle accable, et nous sommes ainsi à la merci du premier jour de dépression venu. A l'ordinaire, l'événement la dément; mais j'ai vu par elle des gens s'offrir volontairement à la mort parce qu'elle s'apparentait un jour à la tristesse de leur esprit; ils la croyaient proche, ils s'abandonnaient pour en avoir plus tôt fini avec elle. Il n'y a là-dessous qu'une méconnaissance de nous-mêmes dans la vie que nous menons. En temps de guerre, la tristesse est le fond de nos cœurs; nous n'avons de gaieté qu'en nous faisant violence, et l'esprit souffre des grimaces du visage. A cette heure, la tranquillité de l'âme n'est que manque de mémoire, la paix de l'esprit qu'oubli, qu'ignorance volontaire, la gaieté n'est qu'un masque difficile à porter;

nous ne pouvons nous étonner qu'il se détache quelquefois; même à l'instant où il nous tient le mieux, nous n'en devenons pas moins blancs et moins ravagés par-dessous. Dès lors, quel motif d'être surpris, si la mélancolie pèse un jour sur nous de toute sa force? Étonnons-nous bien plutôt qu'elle ne fasse pas notre esprit de tous les jours. N'y reconnaissons que l'état normal que nous impose le raisonnement et dont nous ne nous dégageons que contre la nature. Si nous devions mourir au premier jour d'abandonnement et d'amertume, il n'y aurait pas de lendemain pour nous.

A la nuit, sur un mot du médecin, nous avons dû commander des travailleurs pour quatre tombes.

III. — LE BOMBARDEMENT DE FLEURY

Sans le malheur des autres, croirions-nous à la Providence? Gund était venu partager mon abri. La fatigue nous avait fait trouver un sommeil tranquille sur le bord de la fosse d'où, la veille, nous avions retiré des cadavres; mais, au point du jour, de nouvelles rafales nous avaient menacés d'en ouvrir une deuxième où, cette fois, c'est sur nos visages que la terre eût pris en empreinte la grimace tragique de la mort. Nous avons délaissé l'abri : nous eussions mieux fait de le détruire. Dans la même journée, un obus y éclatant à plein, y blessant grièvement un homme, écrasait la tête de son compagnon. Nous avons beau faire, le malheur se paie toujours sur quelqu'un.

Ces bombardements journaliers nous servirent de leçon. Nous étions sous l'œil des avions; l'aigle, après nous avoir jeté un regard, faisait donner la foudre. Nous apprîmes à nous cacher. Tâche ardue : il fallait lutter contre l'insouciance française, qui nous fait préférer à des pratiques importunes et à une gêne de tous les moments l'éventualité d'un malheur. Si, enfin, un coup de sifflet appelait les hommes à se grouper sous les arbres, ils attestaient encore leur présence par les taches lumineuses des chemises étalées au soleil. Instruits par l'évidence, certains avaient ouvert des sapes; sans relâche, le torse nu, les muscles saillants, chaque heure de fatigue les rapprochait du salut. Laissant à ceux-là le bénéfice de leur peine, nous avions ordonné des travaux plus vastes; la sécurité devint la loi de tous. Le sang des victimes, que chaque jour continuait d'étendre, inscrivait sur le sol cette leçon : « Hâtez-vous! » L'insouciance et la paresse avaient pris trop souvent le visage de la souffrance et de la mort; nul ne se souciait plus d'y adapter le sien. Après cinq jours de tâche, tout le monde put trouver place aux galeries; nous ouvrîmes alors les chambres des sections.

Entre temps, certaines péripéties de la bataille toute proche nous offraient un spectacle et, selon sa coutume, le malheur nous distrayait de la mort.

Devant nous, sur toute la région de Douaumont, bordée à nos yeux par la ligne de crêtes allant du fort de Souville au village de Fleury, de violents bombardements, troublant la fin de la journée, luttaient de couleurs avec le crépuscule qu'ils semblaient ensuite noyer dans leur fumée.

C'était alors, à moins de deux kilomètres de nous, le plein des premiers combats de Douaumont. Par rafales de dix, de douze, les obus sillonnaient la crête, y allumaient leurs flammes brèves, y écrasaient les ruines. Plusieurs d'entre eux projetaient une zone lumineuse, qui descendait lentement jusqu'au fond de la vallée; alors une odeur suffocante nous prenait à la gorge.

Au plein de ces bombardements, j'ai maintes fois fixé les yeux sur une vache qui, pour moi, s'en faisait le centre. Elle revenait chaque jour; elle paissait, tranquille, au milieu des obus. Le bruit le plus proche attirait un instant son œil inexpressif; mais, de toute la lenteur puissante de son cou, elle se détournait bientôt et remettait la langue au pré. Je n'étais pas seul à la remarquer. Un jour, pris d'une fringale de lait, un de mes hommes, courant sous le bombardement, arriva jusqu'à elle. C'était Maronne, mort depuis, et resté le plus fameux des brancardiers du régiment; ivrogne au cantonnement, chapardeur, insupportable aux gradés, sur le champ de bataille il était, quel que fût le péril, le salut du blessé. Il en parla, le soir, devant ses camarades; j'étais présent, et l'obscurité me dissimulait. « Elle n'avait plus de lait, la garce; ce n'est pas faute pourtant de lui avoir manié les tetons. Alors j'ai poussé jusqu'à Fleury où il devait y avoir des caves. Je vois une ferme. La porte en est fermée; j'y vais de mon coup d'épaule, puis je descends à la cave. J'allume une allumette; elle s'éteint, mais je tâte un tonneau. Je mets la main par terre. C'est mouillé; est-ce du vin? Je lui trouve un drôle de goût. J'allume une deuxième allumette. Il y avait là deux cadavres et j'avais la main pleine de sang. — Et le tonneau? — C'est bien ma veine : il était vide. » Par friponnerie, l'on s'expose au danger. La mort bravée, n'est-ce pas cela qui donne de la bouteille au vin ?

D'autres jouent leur vie à meilleur compte, par acquit de curiosité. J'ai vu plusieurs fois payer de sa vie la satisfaction de connaître comment, la seconde d'avant, on l'avait conservée. Au plus fort du bombardement, un homme descendait la côte de Fleury. Il sortait du village, il venait vers nous et se glissait de trou d'obus à trou d'obus. Une explosion bouleverse l'entonnoir qu'il vient, juste à temps, de quitter. Curieux du danger qu'il a couru, l'homme est revenu sur ses pas; de ses deux bras étendus, il a pris le nouveau diamètre du trou d'où, l'instant d'avant, il n'était sorti que par miracle; puis, s'y engageant debout, il se plut à connaître que le niveau du sol lui venait aux épaules. Il se satisfit à ces constatations pendant plus d'une minute où, remuant le sol autour de lui, les obus lui jetaient de la terre au visage. En curieux, sans hâte, il rampait aux entours du cratère lorsqu'il disparut, à mes yeux, derrière une nouvelle explosion. La fumée dissipée, je ne l'ai pas revu.

Nous rencontrons souvent des courages inutiles. Nous ne les observons pas toujours, mais ils nous sont le garant des sacrifices qu'à notre insu, le plus souvent, le combat exige et met en jeu. Tant d'insouciance dans le danger n'attend qu'une pensée opportune pour atteindre à l'héroïsme.

Par un clair soleil d'après-midi, je fus appelé pour voir passer, au-dessus de nos têtes, un de ces ballons d'observation que l'argot des tranchées a dénommés « saucisses. » Il avait rompu sa corde, et le vent l'entraînait vers le Nord. Deux avions étaient sortis des lignes françaises et l'encadraient pour assurer sa prise. Du côté français, deux aviateurs s'étaient élevés et, se posant en adversaires, engageaient le combat. Le ballon flottait alors au-dessus de nos têtes; le vent l'entraînait irrésistiblement vers l'ennemi. Un point noir alors se détacha de la nacelle; nous restions sans haleine quand il apparut comme une masse, puis un parachute s'ouvrit. Passant au travers des balles du combat, après avoir dans l'air dispersé ses papiers, n'abandonnant aux vents contraires que la masse inerte de son appareil, l'observateur descendait lentement vers nos lignes. Nous applaudîmes; il avait gagné sa partie contre le destin.

Le soldat est sans pitié. Victime lui-même du malheur, il ne fait qu'en rire, et celui des autres le distrait un instant du sien. Pendant toute cette scène pathétique où, au mépris de son angoisse, un homme allait atteindre au plus haut de lui-même, j'ai écouté les cris, regardé les visages. Les visages étaient hilares, et les cris coupés de rires. Tous songeaient à la tête de l'observateur, victime du destin le plus stupide, faisant vers l'ennemi un voyage forcé, assis sur sa banquette comme dans l'express de Berlin, et mettant en relief sur sa physionomie toutes les phases de l'inquiétude. Mais l'ironie n'a qu'un temps; elle cesse où commence l'audace. Le courage reprend bien vite ses droits; on sent alors que tous les cœurs lui sont apparentés.

IV. — LES CORVÉES AUX LIGNES

A la côte de Froideterre, nous faisions des journées doubles. Dès l'aube, le souci de notre sécurité nous obligeait à travailler aux sapes; nous faisions, la nuit, en munitions et en matériel, le ravitaillement des premières lignes.

Promenades de spectres par des brouillards profonds, sur des chemins à peine tracés où la fureur des obus arrachait vite l'empreinte des pas. Lorsque je fus commandé pour la première fois, j'allai aux renseignements; ils étaient de tout repos. La veille, prise sous les obus, la corvée d'une compagnie voisine avait ramené plusieurs morts; et, le même jour, mon camarade Noël, avec cinquante hommes, avait dépassé nos avant-postes. Il s'en était fallu de cent mètres qu'innocemment, il ne se présentât à l'ennemi.

Nous partîmes à la nuit du fort de Froideterre. Le terrain était dévasté par les gros obus; à chaque pas, le pied nous tournait au bord des entonnoirs. J'étais en tête avec La Ferrière. Derrière nous, portant sur leurs épaules des caisses à munitions et des rouleaux de fil de fer, cent trente hommes nous suivaient à pas lents.

Ce n'étaient plus ces vaux et ces collines d'Argonne, aux noms jolis, si évocateurs d'une grâce que la guerre n'a pas tout entière noyée dans le sang, Fontaine-aux-Charmes, Bagatelle, Fontaine-Madame où, le printemps dernier, nous trouvions la mort parmi les muguets de mai. C'étaient d'immenses étendues de plaines nues, de collines nues, à l'herbe pauvre, avec de rares broussailles où la feuille ne tenait pas longtemps; c'était vraiment la bordure et la défense des Gaules, les champs prédestinés de la mort, bosselés, pauvres et dénudés, avec une touffe de poils fauves, comme un bouclier primitif.

Sur ces terres où l'œil ne voyait pas le pied, où le voisin distinguait à peine le voisin, uniformément grise, la nuit flottait. Et, à trois kilomètres tout alentour, une zone distincte s'élevait où les fusées, les projecteurs, l'éclair des canons, la flamme flottante des incendies composaient leur spectacle dans le décor lointain d'un brouillard lumineux.

« Le vestibule de l'Enfer, » dit La Ferrière. C'était vraiment cela, une clarté de l'au-delà, une imagination de Dante, une vision de féerie sur un champ de mort.

De val en colline et de colline en val, le cri d'un homme nous arrête. Ce sont les relais; ils se succèdent, et tous les cinq cents mètres, je change de guide. Nous voici en lisière d'un bois qui fuit à pic, sur un ravin.

« L'endroit est dangereux, me dit Savary, fais aplatir tes hommes. Un 88 tire à intervalles réguliers, de trois en trois minutes; il frappe à plein sur le sentier qu'il vous faut prendre. Défilez-vous dès le prochain coup; c'est toujours autant de gagné. »

Nous attendons l'obus. Il éclate, à cent mètres sous nos pieds. Une seconde, dans son feu, il découpe la forêt qu'il illumine d'horreur. Le sentier apparaît, tragique, fuyant à pic, bordé d'arbres hachés, aux souches éclatées dont les branches entassées, les têtes abattues dissimulent sous leur inextricable fouillis les pièges de la terre ouverte par les obus.

« D'un seul bond, mes enfants. »

Oui, mais dévaler trois cents mètres d'une colline en pente raide, en enjambant par-dessus les mille obstacles d'une forêt abattue, dans la nuit, noyés de branches jusqu'aux reins, le faix pesant, instable, sur le dos, les jambes prisonnières donnant sur des abîmes, sous la menace de la mort réglée sur une horloge. L'action du chef se perd dans de telles circonstances. C'est, dans l'effrayante obscurité de la nuit, la lutte pour vivre dans toute son âpreté; elle se révèle par des souffles, des râles, des injures, l'écho de tous les ressorts, de tous les soubresauts d'une vie hâtée, haletante, tendue, excessive, découragée, égoïste. Trois fois l'obus éclate, brise des branches sur nos têtes, met du feu dans nos yeux. Un arbre, de sa chute lente, retarde notre marche.

« Pas de blessés? ai-je crié.

— Nous sommes au complet. Vous êtes le cent trentième, » me dit Forgeat.

Dans l'encadrement d'une porte j'aperçois Coureaux, un falot à la main. Sous la lueur flottante qui balaie leur visage, mes hommes m'apparaissent comme des têtes de Rembrandt, la physionomie en relief, les muscles crispés sous la face luisante.

« C'est toi, me dit Coureaux. Porte ta corvée au premier bataillon. »

Nous suivons le Ravin de la Couleuvre qu'alors nous appelions le Ravin du Colonel, étroit, sinistre, entre deux collines boisées; s'élargissant aux trous d'obus qui le jalonnent et qui, chaque jour, en modifient le lit, un ruisseau d'eau noire y coule, baignant, entamées par les rapaces, les carcasses aux chairs noires de chevaux morts. Parmi les attelages brisés des camions détruits, nous atteignons la route de Bras-Douaumont derrière laquelle nos deux bataillons en ligne défendent la Carrière.

Nous avons déposé notre corvée. Un feu de mitrailleuses nous a surpris un instant; les balles ont passé au-dessus de nos têtes. Puis nous sommes rentrés par le même chemin. Plus hâtée encore, plus haletante, plus égoïste, nous fîmes l'escalade de la colline dangereuse. Et, cette fois encore, nous comptâmes trois obus, mais pas une seule victime.

Le surlendemain, je fus de nouveau commandé de corvée. Je pris la route de Bras, de moitié plus courte, peu fatigante, aisée. On me l'avait représentée comme souvent bombardée aux entours du village; on évitait d'y passer. Quand la mort est partout, il n'y a plus guère à compter avec le danger. Le chemin déjà pris m'inquiétait; revenu sans une perte, je ne voulus pas, au même endroit, tenter une deuxième fois la Providence. Il faut respecter les caprices des joueurs; ils perdraient leur ressort si l'on s'opposait à ce qu'ils appellent « leurs idées.» Dans ce jeu hasardé de la guerre, il y a souvent intérêt à déplacer la mise.

Nous avons passé sans encombre à la Folie, à Bras, le long de son cimetière aux murs béants, aux tombes ouvertes, aux ossements écrasés, en suivant du regard les progrès du bombardement sur la côte du Poivre que nous allions laisser à notre gauche. Soudain un alignement de cadavres, une exclamation haletante : « Des Boches! » Combien, parmi ces combattants de seize ou de cinq mois, en voient pour la première fois? En ai-je moi-même revu depuis Bagatelle? Ils sont là, une douzaine à nos pieds, alignés, immobiles, raidis dans leur « Garde à vous » éternel. J'ai mille peines à empêcher mes hommes de leur arracher des boutons. « On voulait vous faire une belle bague, mon lieutenant. »

Voici au pied de la carrière, guérite de planches où filtre le vent, l'abri modeste du commandant Oblet; il est là, avec Antoine. Nous prenons le café pendant que mes hommes passent en compte leur corvée; on cause. L'abbé Floner, l'aumônier du régiment, vient d'être blessé d'une balle à la mâchoire. « C'était un si brave homme, la barbe mal taillée, le casque sur les lunettes, fumant comme un sapeur, et n'ayant pas son pareil pour boire la goutte. »

— Et les Boches sont sages, mon Commandant?

— Ils nous attaqueront tout à l'heure ou demain.

— Vous les recevrez?...

— Comme ils méritent de l'être.

— Oui, je comprends : la politesse des balles.

Nous revenons par la même route. Un bombardement assez violent du village de Bras menace de nous envelopper si nous dépassons le cimetière qui en semble le point limité. « Ils tirent à shrapnells; ils ont vu le ravitaillement. Il en est ainsi tous les soirs. »

Le bombardement s'est tu. Nous avançons d'une centaine de mètres, nous dépassons le cimetière. Le silence s'est fait; il se prolonge. On n'entend que le galop lointain de chevaux affolés.

« La troisième n'aura pas de ravitaillement ce soir, » dit quelqu'un au premier rang quand nous dépassâmes le tournant.

Fixés, nos yeux détachent de l'obscurité une vision d'épouvante. Sur la route, deux voitures aux chevaux abattus. Tout autour, et des sacs à vivres auprès d'eux, huit cadavres, les hommes de corvée d'une compagnie frappés pendant le ravitaillement. Parmi ces masses inertes, deux choses en mouvement. L'une rampe vers le fossé, elle crie; c'est un blessé aux jambes broyées, l'unique épargné de la mort. Et dans l'autre sens, un petit tonneau de vin roule, roule lentement, descend la route, s'immobilise sur un cadavre.

J'ai eu une dispute avec Maronne pour qu'il ne le chargeât pas sur ses épaules. Nous sommes rentrés à Froideterre en hâte, le cœur transi. C'était notre habitude d'y faire à minuit, Gund et moi, le principal repas de la journée. Quand Fréville me présenta du vin, je n'en pus boire une gorgée : j'y trouvai le goût du sang.

V. — EN PREMIÈRES LIGNES

« Sac au dos. Nous partons. »

Il y a toujours chez l'homme une joie à quitter les lieux où il se sent déshérité. Qu'importe ce qui l'attend ailleurs, et que ce soit un mal pire ! Il lui faudra le temps d'en prendre conscience, et c'est toujours autant de gagné. C'est la condition de l'infortune humaine pour qu'elle soit tolérable : l'homme a besoin de changer de malheur. A la côte de Froideterre où chaque jour nous faisait des victimes, chacun pouvait craindre à toute heure d'y voir s'ouvrir son tombeau; aussi respirait-on d'aller en premières lignes. Les rapports en faisaient, au regard des réserves, une place enviable ; les pertes n'y étaient point à comparer aux autres. Au reste, la proximité immédiate de l'ennemi m'a toujours paru avantageuse; on y vit sous la menace d'une attaque, mais, à l'ordinaire les obus n'y pleuvent guère. A de courtes distances, le canon constitue une menace pour celui qui s'en sert, et les deux lignes adverses ne forment qu'une seule même zone dangereuse. Le salut de l'homme n'y est plus une question d'abus; il ne dépend que de sa vigilance; il est un peu dans son cœur et beaucoup dans ses yeux.

Ganot est parti en avant; à cette heure, il reçoit les consignes du secteur inconnu. Noël, détaché avec sa section, prend un autre chemin. J'emmène la compagnie.

Je revois ces lieux lugubres dont l'horreur est déjà familière, ces champs déshérités où le cœur se serre, ces collines à l'herbe pauvre, ces pentes ardues où menace la mort, le ravin, où, la nuit, le pied foule des carcasses dont le ruisseau fangeux lèche la pourriture. « Par ici, mon lieutenant, dans le plus grand silence. » Nous longeons à mi-côte une colline dont le flanc s'offre aux vues de l'ennemi. Ici, l'on ne passe point, de jour; la mort y arrête tout mouvement; de nuit, elle frappe par caprices à toute heure. La moindre branche craquant sous nos pas nous tient quelque temps immobiles, angoissés. Une fusée dans le ciel! l'immobilité glace tout ce long serpent d'hommes. « C'est la relève, » dit une voix à mes pieds; et dans l'ombre j'aperçois la corne bleutée des casques sous la lune. « Par ici, dit la voix. Sautez mon lieutenant. »

Je saute dans la tranchée.

— Vous êtes prêts à partir?

— Les hommes mettent leurs sacs.

— Le coin est-il dangereux?

— C'est le plus mauvais du secteur. Vous êtes ici en pointe avancée, sans liaison de jour, et menacés d'une attaque. Les tranchées sont à peine creusées, sans abri et prises d'enfilade; on s'y tient cachés de jour, et l'on ne travaille qu'à la nuit.

— Vous avez eu des pertes?

— Tous les jours.

Je demande Ganot; on m'indique le poste de commandement. J'ai soulevé les quatre toiles qui en protègent la lumière intérieure de la vue de l'ennemi. Une odeur chaude, une lumière jaune où flottent des poussières et où, dans l'éblouissement qui m'arrête dès le seuil, j'entrevois nus, rigides, crispés, des cous, des thorax, des chevilles, des cuisses et, dressées vers moi, des faces blanches aux bandages sanglants où les bouches se tordent et se convulsent dans une plainte monocorde.

— Les officiers sont au fond, dit mon guide.

Il traverse la zone blafarde, aux taches pâles et sanglantes. J'avance. La clarté faiblit; elle manque; me voici dans la nuit. De la main m'efforçant à me guider, je tâte des bras, des casques, des visages, des cous. Des yeux brillants me fixent, des haleines chaudes me frôlent, des corps se raidissent, des murmures m'enveloppent; je perçois contre qui la dérange l'hostilité passive d'une foule immobile, tassée, silencieuse et congestionnée.

« Qui vient là? » dit Ganot. Il est couché à terre, sa capote sur les immondices; des toiles terreuses, des couvertures en loques lui font une couche de paria. Une chandelle l'éclaire, violet, le sang aux joues, la face graisseuse où coule, en ruisseaux, la sueur et, sous la vareuse et la chemise entr'ouvertes, le corps mouillé, pesant, passif, courbaturé. Je ne puis me retenir d'un rire stupide dont tient le fil, après les émotions de la relève, l'imprévu du spectacle. Ganot me paie de retour; il s'adosse à des sacs pour éclater derrière, car les fatigues, la sueur, l'atmosphère me composent, comme à lui, un visage d'opéra.

— Plaisante villégiature, dis-je. Elle nous fera regretter Froideterre.

— Tout se tient ici, me dit Ganot, le poste de commandement, le logement des officiers, celui d'une section, l'abri de la liaison, le poste téléphonique, le dépôt de matériel, l'antre du ravitaillement, l'abri aux munitions : Veermersche qui ronfle si fort est couché sur mille grenades et trente mille cartouches. Et c'est aussi la Morgue et le poste de secours, car on ne peut emporter les victimes qu'à la nuit.

— Je crois même que nos prédécesseurs en faisaient leur fosse à ordures. C'est honteux de saleté. Nous ferons balayer cela demain, dit Ganot en allumant une cigarette.

Il jette à terre l'allumette ; elle se prolonge, elle fume, son feu brille d'un nouvel éclat, semble s'éteindre, se renouvelle avec plus de force, puis, tout à coup, s'élargit dans une nappe d'où fusent des étincelles. « Une fusée oubliée, crions-nous; la flamme gagne les explosifs. » Et la terreur nous prend. Nous sommes debout, étouffant du pied, des mains, les flammes qui se multiplient. C'est une angoisse et une vision d'enfer où l'on entend, avec le bruit de nos souffles inquiets, le cri de la terreur atroce des mourants. Sur les flammes, au hasard, nous jetons nos couvertures, nos capotes, nos sacs ; nous nous jetons nous-mêmes. Le feu se rompt enfin ; il se disperse, il meurt; nous couvrons les dernières étincelles. Bientôt il ne reste qu'une fumée épaisse, âcre et verte où nous ne nous voyons plus, mais où nous entendons vingt poitrines tousser.

— De l'air ! crions-nous. Ouvrez vite la portière. Personne n'est blessé ?

Rien que des brûlures légères. Nous nous félicitons ; on n'a pas été plus près de l'abîme.

— Je tombe de fatigue, dis-je.

— Bois un peu, me dit Ganot.

Mais, dans la fumée, le vin a tourné; malgré le rafraîchissement aux lèvres, la langue n'y trouve qu'un goût de soufre. Et cette atmosphère lourde et suffocante m'emporte le cœur; il me faut prendre l'air.

Je traverse les groupes d'ombres aux toux rauques, aux souffles haletants; je soulève la toile. L'air m'est un bienfait; je le respire avidement, comme on boit une eau pure. Soudain à vingt mètres, un éclair, un fracas dans une zone de feu me fait d'un coup me rejeter dans l'abri. Et voici que je frappe un corps d'où sort une voix douloureuse; et voici que m'étouffent à nouveau l'air chaud et les odeurs multiples.

C'en est trop; je n'y tiens plus, je saute hors de l'abri. Dans un coin du parapet, ménagé en banquette, un sergent m'offre une place à son côté. Au-dessus de nos têtes, sans répit, et plusieurs à la file, passent les obus.

« Ils frappent tout près d'ici, derrière un pare-éclats, me dit mon compagnon. En restant assis, nous n'avons rien à craindre; le parados nous protège. Il est vrai qu'ils n'auraient qu'à modifier leur tir; il suffirait d'un rien... »

Toute la nuit, assis côte à côte, gagnés au matin par le froid et les brumes de mars, nous avons vainement attendu le sommeil.

VI. — LE RAVIN D'HAUDROMONT

La ligne de tranchées que nous occupâmes du 16 au 28 mars n'était qu'un mauvais couloir à flanc de coteau, creusé hâtivement au mépris de toute idée tactique, parallèlement à la route de Douaumont qu'il commandait sur plus de deux cents mètres. Sa disposition était telle que, des hauteurs d'Hardaumont qui lui faisaient face, l'ennemi y plongeait ses vues et, par ses tirs d'enfilade, y arrêtait tout mouvement. Cent cinquante mètres de terrain découvert l'isolaient du reste du système de tranchées; de jour, la liaison y était impossible, et pénible à la nuit. Le malheur voulait que, lorsque nous la primes, cette tranchée ne fût pas profonde de plus d'un mètre et qu'il fallût y passer le corps ployé, et même en rampant par endroits. De mauvaises niches commencées par des initiatives sans contrôle entamaient le parapet sur toute sa longueur et le rendaient facile à détruire aux obus.

« Souvenez-vous des leçons de Froideterre, dîmes-nous à nos hommes. Le travail seul vous sauvera de la mort. »

Dès les premiers coups de pioche, un obus, éclatant au ras du parapet, laboura de ses feux le visage d'un travailleur; espacés, capricieux, mais chaque fois avec la même justesse, d'autres frappèrent dans les heures qui suivirent. Et ce soir-là, comme nous l'avions vu la veille et comme, depuis, nous le vîmes tous les soirs, se déroula devant nous le cortège des figures sanglantes.

Il faut avoir vécu l'avant-minuit au P. C. du ravin d'Haudromont; chaque soir la mort s'y faisait notre hôtesse. Dès neuf heures, la toile d'isolement que nous avions établie s'ouvrait sur le même spectacle où, à la lumière d'une chandelle mourante, se dressaient et se crispaient lentement des faces blanches sous des linges sanglants. Parfois, entre deux paroles, la voix nous manquait; une homélie s'était élevée, et soutenant, accompagnant le râle d'un moribond, se détachait, désespérée et confiante, la prière des agonisants, dite par un prêtre-soldat.

Les bombardements de jour, violents, intenses, continus, répétés, nous faisaient rarement des pertes; il suffisait de s'étendre pour être à l'abri. Mais l'obus isolé, frappant de nuit à l'improviste, manquait rarement son effet; il écrasait le plus souvent une tête sous un casque. Chaque soir, en désignant nos hommes pour le travail, nous étions pleins de pressentiments, et nous obligions notre voix à ne pas trembler. Nous sentions bien que nous faisions le premier choix du hasard, le classement préliminaire pour cette loterie de la mort; il ne s'en faudrait pas d'une heure qu'il n'eût choisi, de seconde main, ses victimes.

Tant de pertes se succédant comme par ordre du destin, et s'ajoutant à celles de Froideterre, faisaient à la compagnie une réputation tragique dans le régiment. Et le colonel nous avait dit le premier jour : « Vous avez une mission de sacrifice; c'est ici le poste d'honneur où ils veulent attaquer. Vous aurez tous les jours des pertes, car ils gêneront vos travaux. Le jour où ils voudront, ils massacreront jusqu'au dernier, et c'est votre devoir de tomber. » Nous étions bien les condamnés de la mort; et nul ne se souciait de se mêler à nous, dans la crainte d'être surpris. Les hommes de corvée qui nous arrivaient de nuit se souciaient moins de nos besoins que de leur sécurité et, le contrôle de leur charge leur semblant inutile, ils fuyaient au plus vite. Anxieux de notre sort, le capitaine Tison s'obstinait seul à visiter chaque soir ce coin où l'on nous disait perdus; il jurait que nous n'en sortirions pas vivants. Il fut bien près d'avoir pensé vrai un soir qu'il fallut, pour lui faire passage, déblayer la tête de notre abri écrasée par un obus. — « C'est vous qui vous ferez tuer un de ces soirs, lui disions-nous avec inquiétude. La route n'est pas sûre. — Je veux que vous sachiez que vous avez encore des amis, » nous répondit-il avec son sourire triste. Nous en reparlions souvent avec lui avant qu'à Rancourt, une balle n'eût fait un cadavre de ce héros trop modeste. « Jamais plus qu'à venir vous voir, nous confiait-il alors, je n'ai pensé approcher de la mort. »

Si ce n'est ensuite dans la boue de la Somme, devant le bois de Saint-Pierre-Vaast, dans le boyau Négotin, je n'ai nulle part connu comme à Haudromont la sensation de l'isolement et de l'hébétude. Réduits à Ganot et à moi, la camaraderie ne nous suffisait plus; une fois lancées les plaisanteries de circonstance, la monotonie des jours, la permanence d'un même danger nous eussent obligés à des redites; nous gardions le silence. Nous avions perdu la gaieté; nos visages étaient graves et tendus. Nous avions perdu l'appétit; on ne calmait son ennui qu'en s'obligeant au sommeil.

Il se trouva qu'il y avait intérêt à reconnaître des pièces d'artillerie délaissées entre les lignes; j'en reçus la mission. Cela me fut un coup de fouet qui me tira de ma torpeur; je pensai changer d'esprit en changeant de danger. « Qui vient avec moi? » J'ai choisi parmi les volontaires Goëb, Mauzon, Hourdin. Par un fossé au travers d'anciens abris écroulés, nous dépassons nos avant-postes : longeant la colline d'Hardaumont d'où partent des coups de feu, nous atteignons au ravin de la Dame où, par des bruits de pas, des appels gutturaux, se manifeste, en tous lieux, la présence de l'ennemi.

Nous voici démasqués, une fusillade s'engage; le canon s'y ajoute de la voix : cinq 88 frappent au-dessus de nos têtes. « Poursuit-on, mon lieutenant? — Oui, en rampant, sans se perdre de vue. » Mais l'immobilité nous glace; une sentinelle, à six pas, se détache dans la nuit. Elle ne bouge pas, elle est assise, et l'arme entre les mains. « On dirait qu'il dort. Dois-je tirer, mon lieutenant? — Saute-lui à la gorge. » Ce n'était qu'un cadavre qui culbute sous l'étreinte; c'était, dans sa pose étrange, la sentinelle glacée des morts qui maintenant jalonnent le fossé. « Mais les canons? » Ils sont là-bas, à vingt pas; ce ne sont d'ailleurs que des charrettes d'artillerie; elles sont gardées à vue, et couvertes d'un réseau. Les canons sont plus loin, derrière les premières sentinelles de l'ennemi. N'est-ce pas ce qu'il fallait savoir? Il n'y a point à songer à les ramener par surprise. Nous revenons en hâte; démasqués tout à l'heure, à cinq cents mètres de nos lignes, aux écoutes de l'ennemi, nous avons le sentiment d'être entourés de patrouilles qui nous cherchent. Mais la nuit est pire; le ciel est avec nous; nous courons; déjà nous touchons des réseaux. « Halte-là! crie une voix amie. — Déjà! » pensons-nous à voix haute; nous nous serrons la main. Je rendis grâce à cette reconnaissance qui, me tirant de mon ennui et de mon hébétude, me fit, pendant deux heures, battre le cœur d'une émotion nouvelle; mais, quand je soulevai la toile de l'abri, l'angoisse me reprit dès le seuil. Des plaintes montaient espacées, douloureuses; à ma vue, l'infirmier haussa les épaules avec tristesse. Qu'importait l'allégresse de nos cœurs? Ce soir-là n'était pas différent des autres soirs, et la mort était toujours au logis.

Le ravin d'Haudromont complétait la côte de Froideterre. Nous étions les condamnés de la mort, et chaque soir la trappe s'ouvrait sous les pas de plusieurs d'entre nous. Il eût suffi de huit jours encore: la compagnie aurait vécu.

Il importe peu, un jour fixé, en montant à l'assaut, d'acquitter une dette sanglante. C'est un jeu dangereux, mais il fallait s'y attendre; ce n'est que cinq minutes à passer, et l'on en prend vite son parti. Mais à Haudromont comme à Froideterre, la mort se faisait notre usurière; il fallait, au jour le jour, lui aligner du sang. Dix jours d'intérêts sanglants nous coûtaient plus que le capital humain que deux fois ou trois par année on sacrifie dans un grand jour d'assaut.

VII. — LA FONTAINE DE JOUVENCE

Ai-je connu des rires plus clairs, une gaieté plus réjouie que le 29 mars, dans la fraîcheur du matin, quand la vue d'une fontaine à l'eau pure nous rendit au sentiment de la propreté?

Nous avions été relevés de nuit, dans des conditions longues et pénibles, mais sans autre perte qu'un blessé. Sur le sol gras, alourdi par les pluies, la marche nous avait paru légère, car chaque pas nous déchargeait d'inquiétude. Nous avions dépassé Froideterre, sa voie aux fers arrachés et la station détruite. La Meuse coulait à nos pieds au fond de son ravin ; de son acier brillant et tranquille, elle coupait Verdun dont les maisons sous les pinceaux du matin, nous apparaissaient roses et pâles dans un décor de verdures fraîches.

De cet instant, il sembla qu'un voile nous était tombé des yeux, nous nous regardâmes avec curiosité. Les voix les plus familières sortaient de visages inconnus. Il y avait une certaine stupeur à appartenir à ce cortège d'hommes de glaise dont, en se tâtant le visage, on portait soi-même le masque.

Nous sortions de nos abris fangeux, nous avions passé vingt-deux jours dans la boue, sans autre toilette que celle des trous d'obus où se recueillait la pluie; dans cette boue, nous avions couru, nous avions sauté, nous avions glissé, chu, culbuté, enfoncé, rampé sous la menace du feu, convoyé, fait des travaux dans toutes les attitudes. La boue s'accrochait à nous, pénétrant nos vêtements; chaque jour plus subtile, plus maîtresse, elle renforçait jusque sur nos corps la couche de la veille. Rigides, collés sur nos chairs transies, nos vêtements n'étaient plus qu'un bloc de glaise où remuaient, de même couleur, nos visages et nos mains. Et par surcroît, sur ces visages, à l'ordinaire imberbes, dans le désordre de la nature, la barbe avait poussé ; des poils drus se détachaient de la glaise des visages. Sous des reflets d'ocre, dans la tristesse jaune des tranchées, nous nous apparaissions naturels, nous étions adaptés ; mais en changeant d'éclairage, nous avions changé d'aspect ; masse jaune, aux contours nets, notre silhouette, pittoresque, se détachait sur le ciel bleu. Rendus à la vie normale, aux couleurs naturelles, nous nous semblions des acteurs qui, le rôle fini, garderaient leur grime dans la rue.

« — Nous sommes beaux, mon lieutenant, disaient mes hommes en éclatant de rire. — Je pense vous ressembler, leur disais-je. Si nous devions ainsi défiler sous l'Arc de Triomphe, on ne nous accepterait qu'un jour de Mardi gras. Et nous serions les premiers à crier : à la chienlit ! »

Les hommes riaient. Leur gaieté leur composait une physionomie pittoresque ; elle découpait la glaise aux plis qui l'exprimaient. Si je devais de façon sommaire enseigner plus tard l'art physiognomonique, je ne sais pas de procédé meilleur que de douer un sujet d'un masque léger de glaise que briserait à propos l'expression dont je ferais ma leçon. La guerre a ses enseignements qui ne s'y rapportent point, et c'est toujours autant d'appris.

La gaieté du soldat se nourrit de peu, mais elle fait aliment de tout. A mille mètres de Verdun, nous vîmes, le long de la voie, une maison modeste, éventrée d'un obus; son perron était, pour moitié, jeté bas; déchiquetés, les volets pendaient ; par les vitres apparaissait le dénudement d'un intérieur. « Ma maison! » crie un homme ; et il se précipite. Il n'a nulle peine à y pénétrer, car, soutenue par un seul piton, la grille du jardinet bée et flotte au vent. « Le veinard, disent les hommes. En rempaillant sa baraque elle ferait encore un chouette gourbi. » La guerre nous a fait une mentalité, une philosophie à rebours. L'homme, quand nous l'avons revu, était en joie ; ses bras agités, les soubresauts de son ventre exprimaient une surprise hilarante. Tout était à terre dans sa maison, et, méthodiquement et minutieusement détruit. Il y avait là de quoi bien rire; il n'aurait jamais cru son malheur si complet.

Nous étions une quarantaine d'hommes, Dudot, Buisson, avec moi. La section Noël, détachée depuis douze jours, ne devait nous retrouver qu'à Verdun. Ganot était parti la veille, me laissant aux soins de la relève et à la passation des consignes. A la porte de France nous fûmes rejoints par Laurent et le commandant Tisserand; ils n'avaient point rencontré de fontaine, et les premiers soins rudimentaires de propreté n'avaient point, comme à nous, apposé sur leurs joues terreuses la marque de quatre doigts.

Nous avons fait halte à Verdun, dans un couvent de religieuses, délaissé de vingt jours, honteux d'être si sales près de linges si propres. Quand j'entrai dans la chambre où il reposait, Ganot ouvrit un œil qu'il referma sans mot dire. Léger nous présenta du kirsch ancien que je bus avec Gund; il nous annonce une dinde, des alcools, une langouste fraîche, des vins; il nous détaille le tout d'un air autorisé et gourmand. Léger est notre cuisinier; il m'amuse souvent, même lorsqu'il s'embrouille dans mes comptes. Barbu comme on l'est mal, bavard comme on l'est peu, je lui trouve l'air, le sourire et les ressources de Méphisto.

Nous avons, en chemin, croisé plusieurs régiments du 11e corps à effectifs pleins; ils montaient à Verdun. J'y ai retrouvé des amis qui m'ont appris la mort de plusieurs autres. « C'est dur, Verdun? » me demandent-ils. Ce le fut pour nous. Nous avions mission de nous faire écraser. J'eusse mieux aimé l'assaut; le cœur y bat noblement, et ce n'est que cinq minutes à passer. « De ces hommes, dit l'un d'eux avec tristesse, et me montrant les siens, combien en reviendra-t-il? » J'esquive la réponse; d'autres plus que moi peuvent incliner vers l'optimisme.

Une auto attend les officiers du campement; j'en suis. Le capitaine Coltat nous dirige; il claque des dents et grelotte de lièvre sous ses trois couvertures. Nous sommes, outre lui, Dumesnil, La Ferrière et moi. Avec ses maisons grises, basses et pauvres, Autrécourt nous est un paradis. Voici des granges closes, de la paille fraîche, je goûte d'avance la joie des hommes. Voici la maison du curé où nous ferons popote avec les officiers amis de deux compagnies de mitrailleuses. Voici pour moi une belle chambre. Il y a prétention à l'occuper; un commandant de gendarmerie vient de la délaisser, et je ne suis que sous-lieutenant. J'en serai d'ailleurs délogé la veille de mon départ, mais à cette heure, cette perspective n'est qu'un poids léger sur mes épaules. La joie me prend des draps blancs qu'on apporte; j'en exprimerais ma reconnaissance à mon hôtesse, si elle ne m'arrêtait dès le premier mot pour me faire entendre qu'elle est sourde.

Dépouillé de tout service, le séjour d'Autrécourt fut reposant, mais court. Dès le troisième jour, les premiers éléments de la classe 16 étaient venus nous renforcer. Le général Deville nous réunit le sixième jour : « Je vous transmets les éloges que vous adresse le commandement... D'un secteur inexistant, vous avez fait un secteur de résistance... Vous étiez sous le coup d'une attaque que vos successeurs essuieront sans doute, mais qu'ils repousseront grâce à vos travaux; ainsi vos fatigues auront fait le profit de la France. Il faut, dès à présent, adapter vos esprits à l'éventualité d'une bataille plus sérieuse... Vous allez vous trouver dans des circonstances où, plus que jamais, vous n'aurez à compter que sur vous-mêmes... Au revoir, messieurs, et bon courage. Après demain, sur la rive gauche de la Meuse. »

J'emporte d'Autrécourt le souvenir d'un sommeil bien repu, d'une gaieté saine et soutenue et, pour les officiers, d'une grande fraternité entre les deux combats. Il y avait au presbytère une belle fille de la Meuse, aux joues fraîches; et dans la pénombre de la maison austère, sa silhouette nous était une fraîcheur aux yeux. Il y avait aussi son oncle, le curé du village, à l'œil octogénaire, et dont j'entends encore à mes oreilles la phrase inquiète qu'à chacun de nous il répétait plusieurs fois chaque jour : « Ils n'auront pas Verdun, n'est-ce pas ? »

VIII. — LE FORTIN DE LA DEUXIÈME POSITION

Il y a de Bar à Verdun une route qui, bien que bordée d'arbres, n'est point semblable aux autres voies nationales ; dépierrée sur tout son parcours, se succédant en plaies et en bosses, il semble qu'elle ne soit plus dans la main de l'homme ; son dénudement la montre abandonnée comme un vestige antique. Elle ne doit pourtant de paraître délaissée qu'à son surcroît de vie. Par milliers, des soldats ouvriers terrassiers travaillent chaque jour à la rempierrer; mais le soir a rompu l'effort du matin, et sa vitalité la voue à sa destruction journalière. C'est la grande route historique de Reims à Metz; Verdun lui doit son importance; née de sa vitalité, elle s'en fait aujourd'hui la gardienne. Nul plus tard ne la foulera sans respect; elle est l'artère centrale de cette guerre, et le meilleur sang de France y a passé. Ceux qui se plaisent aux réminiscences l'ont appelée « la Voie sacrée. »

Chaque jour, et depuis deux mois, deux sortes de cortèges s'y croisent sans discontinuer ; par centaines, en convois, des files interminables de lourds camions automobiles, voilés de longues bâches vertes. Ce sont des convois semblables, mais ce ne sont pas les mêmes convois ; il en va de l'un à l'autre comme de la nuit avec le jour, de la vie avec la mort. Les uns viennent de Verdun et les autres y vont.

Ces camions, pleins à bord, contiennent des hommes tassés, aux haleines chaudes, aux odeurs fortes, aux yeux brillants, toute une foule fiévreuse et congestionnée. Les uns sont jeunes, vêtus de neuf; leurs visages et leurs mains sont propres; ils semblent parés pour une fête, mais leur visage est triste, leurs yeux rêveurs, leur voix silencieuse et comme abandonnée. Les autres sont sales, déguenillés; leurs mains sont noires et leurs visages; ils portent des ecchymoses et des linges; au regard des autres ils semblent déshérités. Mais leurs visages sont gais; ils chantent; on sent qu'ils ne changeraient point de sort; même ils ont quelque pitié des beaux habits qu'ils croisent. N'avaient-ils pas les mêmes, hier? La guenille fait la joie à cette heure, car le danger qui l'a faite a respecté celui qu'elle rehausse maintenant. Il y avait un contraste singulier entre cette gaieté en visages sales, enfin délivrés d'une angoisse trop longue et les faces graves, silencieuses, de ceux qui, parés comme pour une fête, n'avaient pas encore gagné leur partie contre le destin.

Nous embarquâmes à Baleycourt; à la nuit, nous fûmes à Blercourt. Les voitures-cuisines nous y attendaient; on mangea la soupe dans la nuit. L'attente du départ se faisant longue, nous nous endormîmes dans l'herbe humide, sous un vent glacé.

La marche se fit ensuite dans la nuit, lente, pénible, vers la zone lumineuse qui enveloppe le combat. De temps à autre, dans un bruit d'enfer, nous déroutant l'ouïe, un canon de gros calibre crachait un lourd projectile. La flamme nous passait à dix mètres; le bruit, une minute, nous tenait assourdis. Les jeunes étaient graves et silencieux; même n'agissant que contre l'ennemi, la première sensation de la brutalité des jeux de la mort les tenait impressionnés; ils se taisaient. C'était, sur l'enclume du combat, le premier coup qui les forgeait. La nouveauté du spectacle leur prenait les yeux; leur imagination effrayée transfusait dans leur sang; ils tremblaient. Ou raidis contre l'émotion, soucieux d'un élan de courage, leur voix rieuse, mais crispée, dominait leur inquiétude.

Plus nus encore, plus désolés, nous avons retrouvé les vaux et les collines de Verdun. Nul n'ignorait vers quel point nous allions, et le nom même du Mort-Homme nous était un pressentiment; nous approchions du repaire d'horreur. Nous allions à nouveau nous mettre sous le dé, nous placer à la table où se jouerait la vie de bon nombre d'entre nous. Le pressentiment travaillait nos esprits : nous sentions bien qu'Haudromont n'avait été qu'une étape vers un cycle plus tragique. Le Mort-Homme s'ouvrait à nous, et nous y entrions, troublés par ce nom lugubre dont, depuis six jours, le tragique travaillait notre esprit. Nom de sinistre augure. Quel singulier présage que ce mot de Mort-Homme! Le souvenir d'un cadavre d'un autre âge enveloppe aujourd'hui celui de milliers d'hommes qui toujours, sans doute, demeureront inconnus.

Un obus, éclatant à dix mètres de la compagnie, y mit du désordre. Il fallut dans la nuit crier, courir, rétablir les files et les rangs. Mais l'inefficacité même du projectile s'était déjà chargée de nous rassurer; les jeunes reprirent leur place sans trop de tremblement. Leur sang, bien que secoué, n'avait pas coulé; ils étaient rassurés. Ils avaient pris leur première leçon de danger.

Passé les Bois Bourrus, nous nous engageâmes dans des boyaux sinueux, interminables, s'ouvrant toujours au pas dans la nuit; au-dessus de nos têtes, des balles battaient le parapet. La tête baissée, dans l'ignorance du danger et dans celle de l'ennemi, nous fîmes ainsi plus de deux kilomètres. « D'ici, vous apercevrez vos emplacements. Vous pouvez sans crainte sauter sur le parapet; nous sommes protégés par une crête. » Un rétablissement opéré, et mes pieds trempant dans l'herbe humide, dans la nuit, sous la lune m'apparut, quadrilatère inégal, visible à ses masses blanchâtres, un fortin de belle allure et bien construit. A l'extrémité du boyau une petite lumière brillait en son milieu.

Cette lumière nous servit de guide. Ganot nous avait précédés; il dormait, Noël auprès de lui. L'abri n'était qu'un trou où deux hommes pouvaient tout juste s'allonger; mais Noël étant, cette nuit même, de corvée, me céda sa place où je pus m'étendre.

Le fortin de la deuxième position était creusé en deçà d'une crête qu'il commandait, séparé par un système jumelé et angulaire de ravins de la crête mère du Mort-Homme; une compagnie l'occupait : des mitrailleuses le garnissaient. Il se rattachait aux ailes avec une ligne de tranchées allant, à l'Est, vers Chattancourt, et coupant à l'Ouest le ravin que nous appelions de la Hayette. Dominé au loin par la colline de Montfaucon qui nous était une menace, à l'Ouest par la cote 304, au Nord-Ouest par la crête du Mort-Homme, dite 291, sous la vue de ces deux collines qui se faisaient chacune la gardienne de l'autre, le danger était néanmoins de maigre espèce à la deuxième position. Les obus tombaient alentour et, bien qu'il ne s'y trouvât d'abris que contre la pluie et que, sous des toiles de tente, la plupart reposassent à même dans les boyaux, malgré un bombardement journalier qui nous enveloppait de sa fumée, durant le séjour que nous y fîmes, nous ne subîmes point une seule perte.

Le travail nous menaçait aussi peu. La position sortait des mains du génie qui l'avait consciencieusement établie, et nous n'avions à mettre à l'œuvre qu'une section chaque nuit. Le froid était vif alors et, nous serrant contre les corps voisins, nous grelottions pourtant sous nos deux couvertures. Le ravitaillement se faisait à Chattancourt, l'heure du repas était notre seule distraction. La paix était contre toute attente; le danger ne menaçait point; avec des livres, j'eusse été heureux. Chose vaine que la pensée de l'homme! Le mouvement d'une feuille suffit à l'occuper. Nous avions, pour nous distraire de notre solitude, le bombardement furieux et continu des deux crêtes fameuses.

A moins d'un kilomètre au delà de la crête qui dissimulait nos assises, des feux furieux nous découvraient la zone du danger. Et chaque jour, se renouvelait avec plus d'intensité le bombardement du Mort-Homme et de 304. Prises dans un triangle d'acier entre Montfaucon, le bois des Forges et la côte du Talou, les deux crêtes tragiques constituaient sous nos yeux l'hémicycle du danger; et groupés sur ses bords, immobiles et muets, nous assistions spectateurs et badauds au mouvement varié et coloré des jeux humains de la mort.

J'eus un jour la curiosité d'avancer vers le Mort-Homme. Je suivis un boyau; il m'apparut à moins de deux cents mètres, martelé, effondré en partie; ses entours étaient des entonnoirs, et plus souvent des cratères. Village de troglodytes au fond de son ravin, m'apparurent les abris du colonel et des réserves immédiates du régiment. Une première crête me dissimulait au Nord-Est le sommet du Mort-Homme. A l'Est, m'apparut, avec au loin le système avancé de nos tranchées vers le bois des Caurettes, la route de Chattancourt, Bethincourt, désolée, dévastée, sans arbres, comme nue; autour d'elle, son danger créait la solitude. Sur ses bords, tous les vingt mètres, d'immenses abris effondrés, aux poutres brisées, aux rails tordus mettaient dans cette désolation un peu de pittoresque.

Je regagnai le fortin. Je fus commandé pour emmener, le soir, une corvée de travailleurs aux entours de la route. Nous nous engagions dans le sentier du ravin quand contre-ordre nous parvint. Il semblait que l'on nous eût rappelés comme pour nous éviter un danger. Nous nous endormîmes satisfaits; nous avions l'esprit tranquille et le cœur loin d'émoi. Nous semblions volontairement oubliés de la mort.

IX. — L'ASSAUT DU 9 AVRIL

Il n'y a meilleur auxiliaire que l'ennemi. Le 8 avril, au cours d'une corvée de munitions, j'avais croisé un prisonnier; il sortait de l'abri du colonel. C'était l'un des deux Polonais tombés entre nos mains et dont la parole allait mettre au camp le branle-bas de combat. Ils s'étaient accordés sur ce dire qu'une action effroyable nous menaçait; elle serait livrée le 9; ils avaient nommé les corps qui devaient participer à l'assaut. J'ai croisé le prisonnier; c'était un petit homme triste, sale dans ses habits gris, les yeux fuyants, lâches sous la buée des lorgnons, l'air d'un répétiteur costumé en garde-chasse. J'ignorais alors qu'il eût découvert l'aventure, mais quand je me présentai devant le colonel, l'air grave, tendu et concentré de tous me surprit : « Laissez ici vos caisses à munitions, mes enfants, nous dit le colonel, allez vous coucher. Prenez un bon sommeil, j'aurai sans doute besoin de vous demain. »

J'eus à mon retour l'explication quand je fus appelé avec Ganot auprès du capitaine Coltat qui nous dit la chose et nous dicta les consignes d'alerte. Il était avec Savary dans un abri de planches, brisé de fatigue et tenaillé de fièvre « Qu'en penses-tu ? » me dit Savary. Je n'ignorais plus que nous étions destinés à contre-attaquer. — « Que nous commencions à perdre l'habitude de mourir : cela va nous rafraîchir le sang. »

Le 9 avril, je me levai de bon matin. L'aube était claire; sur les hommes endormis ne planait que dans mes yeux ce pressentiment du danger. Ils dormaient, la mort auprès de leur tête : sans qu'ils s'en fussent doutés, à la façon des condamnés, ils pouvaient n'être réveillés que pour n'avoir plus qu'à mourir. Je regardai l'horizon. L'air était pur et frais, et par miracle le canon s'était tu. Des hauteurs de Montfaucon à la cote 304, un léger brouillard se dissipait et, dans la nuance du matin, les collines tragiques ne nous apparaissaient que comme des masses roses. L'air était frais et pur; je le respirai comme on boit l'eau d'une source; ce m'était une Jouvence. La nature est ainsi; elle ressemble à une jeune poitrinaire; elle n'est si près de la mort que le jour où elle se découvre plus avide de la vie.

Le bombardement commença à sept heures. La brume s'était élevée, les deux collines s'étaient dégagées; une épaisse fumée les voilait par endroits. Aux brouillards légers et colorés, à la grâce comme adolescente du matin, se substituent la lourde fumée des marmites, les masses jaunes des shrapnells. Il y avait deux zones distinctes de feu; l'une écrasait les tranchées de ligne de la cote 304 à 285; la deuxième barrait le ravin du colonel où, au jugement de l'ennemi, s'accumulaient les réserves. J'ai vu rarement ce spectacle: il était d'envergure. Il s'animait, se déployait comme un jeu de damnés dans la grâce du matin; la nature enveloppait de tendresse et de fraicheur les destructions de l'homme. Je me plaisais au spectacle. Il y avait dans la jeunesse du jour une vertu plus grande que dans la rage de la mort; tout entier il prenait notre imagination, et la fureur croissante des obus ajoutait encore à son propre coloris. Spectacle digne de tenter un peintre, magie de la nature où la mort, en s'ajoutant, n'était qu'une beauté.

Gund s'était joint à moi, et nous suivions les progrès du tableau. Les touches s'ajoutaient aux touches, rapides, par dizaines à la fois. Si lourdes qu'auprès on en devait étouffer, de loin, elles semblaient fraîches, harmonieuses à l'œil. Les nuages de foudre flottaient que colorait le matin. Il y a une vertu dans le soleil, et la mort sous ses rayons n'est que pure beauté.

A treize heures, le bombardement se tut. Les nappes flottèrent quelque temps encore au-dessus de nos têtes, puis s'éloignèrent. Le soleil se dégagea; il apparut dans un rayonnement d'argent. On nous servit le repas. Nous étions joyeux, l'estomac en appétit et l'esprit en relief; nous disions la chose finie et l'attaque enrayée. Heureux d'en être quittes à si bon compte, nous respirions largement le soleil. Après la crainte d'avoir peut-être à mourir, la joie de vivre s'était attablée avec nous; nous l'exprimions par des rires larges, des phrases sonores, un esprit plus développé qu'à l'ordinaire. Nous nous étions mis à jouer contre notre coutume; les mains pleines de cartes, nous nous abandonnions au hasard. J'avais alors un jeu superbe qui ne s'abattit pas; ce fut la faute d'un bout de papier qui venait du bataillon et que Ganot lut lentement, puis qu'il me tendit sans mot dire. Nous étions appelés pour un autre jeu où le hasard aurait aussi son compte; ce bout de papier engageait notre vie et celle de cent soldats. L'on avait perdu la crête du Mort-Homme; il fallait la reprendre à l'instant; nous étions commandés pour l'assaut.

J'ai vu rarement moins d'hésitations, plus de calme qu'à cette minute. L'adjudant commandé, le rassemblement se fit sans un mot; les sacs délaissés, nous nous approvisionnâmes largement en cartouches; nous ajoutâmes un jour supplémentaire de vivres. Noël et moi nous veillions aux détails; Ganot s'était rendu auprès du colonel. « Nous partons? » me dit Noël. — Allons-y! — Prenons-nous le boyau? — L'ordre porte que non; c'est pour gagner du temps. Passons en rase campagne. » Nous voici hors du fortin, debout, en ligne de section par un et nous approchant des obus. Mes hommes avaient le visage grave qui précède le combat. Les approches du danger sont plus impressionnantes que le danger lui-même; le feu de l'action, en occupant l'esprit, fait délaisser la crainte, devenue alors un bagage inutile. Nous disions quelques mots, des paroles de confiance; mais les hommes n'avaient plus besoin de réconfort. On se comptait, on souriait d'être si peu pour un effort si grand. « Nous leur montrerons de quel bois se chauffent les gars du Nord, mon lieutenant. — Et ceux des Ardennes, donc! — Et le gamin de Paris! » Nous avons gagné la crête. Nous voici, descendant vers le ravin où, comme au fond d'un creuset, se recueillent dans un fracas d'enfer les éclatements et les fumées qui propagent la mort. Encore cent pas; nous sommes dans la zone du danger.

Les obus pleuvaient alentour; les hommes s'étaient tus. La gravité sur la face, ils marchaient au pas, et dans l'ordre prescrit. A hauteur de l'abri du colonel où s'accumulent les rafales, une barrière de feu et d'acier se dresse devant nous. J'ai reconnu là le peu d'effet de ces tirs de barrage, si effrayants qu'ils semblent. Ce ne fut à mes yeux qu'un instant où, comme je me retournais pour voir si j'étais suivi, un obus éclata; un homme fut projeté à plusieurs mètres en l'air et, tué, rejeté sur le bord d'un nouvel entonnoir; une demi-section était du même coup à terre. Angoissé, mais l'esprit bien vite franc d'une crispation de crainte, j'ai vu les hommes, un à un se relevant, courir et d'instinct reprendre la file. Il n'y avait qu'un tué; le danger était passé. La mort avait pu se mettre entre nous; l'ordre n'était pas rompu.

Un officier nous attend; ses gestes nous attirent. C'est Mollet, et le chef de bataillon l'a placé là pour nous indiquer l'objectif. Nous sommes au bas d'une crête. « Les Boches sont là-haut ou derrière; une section progressera à la grenade dans le boyau des Zouaves; le reste de la compagnie gagnera la crête en obliquant à droite. — Où se trouve l'ennemi? — Tu nous l'apprendras. »

Nous sommes, les chefs de section, à nos postes, plusieurs pas en avant. Je regarde; une ligne admirable : Noël, Dudot, Buisson vers ma droite. « Nous allons les rosser, me crie un homme en riant. Les salauds, ils n'y couperont pas. » Les voix montent; on se donne confiance. En riant, je les apaise, du geste, je les calme. « Nous chanterons là-haut. En avant! mes enfants. »

C'est une satisfaction qu'un tel assaut. Nous sommes en avant, Noël, Dudot, Buisson et moi. L'ordre est admirable; il y a plaisir à braver la mort ainsi. Le soleil jette à cette heure son rayon; dans notre esprit, il rivalise avec la mort, il l'emporte. Voici mes hommes derrière moi, le sourire aux lèvres, et voici, dans le bon air de la journée, deux cents mètres passés; nul bruit devant nous. Mais la crête passée nous en révèle une deuxième; l'espace à parcourir est sous nos yeux et, en le fixant, nous n'apercevons pas ces soulèvements linéaires de terre qui indiquent les tranchées. « Au pas, disons-nous, et de l'ordre. Il faut nous réserver pour l'élan suprême à donner. »

Nous montons, foulant l'herbe, et les fleurs nous distraient : le danger ne naît point sous un si beau soleil. Les hommes rient. « Encore cent mètres de gagnés, mon lieutenant, me crient-ils. Pensez-vous qu'on les aura? » L'ordre était admirable à cet instant, à pas lents tous et l'arme à la main. Avaient-ils conscience de la beauté de leur mouvement? Ils continuaient d'avancer, cherchant des yeux l'ennemi. Celui-ci aurait-il fui qu'il ne se révèle pas?

Il y a des bravades de la mort. A cinq cents mètres sur notre flanc, à gauche, une mitrailleuse entre en action contre nous. C'est l'instant que choisit un de mes hommes pour faire montre de son esprit; une chanson de café-concert lui venant aux lèvres gagne le reste de la compagnie. Mais d'autres mitrailleuses se mettent de la partie; le jeu devient mauvais. Noël, Buisson et Dudot sont tombés. Je perçois des cris, mais je m'éloigne en chargeant. « Gardez l'alignement, criais-je. — En avant! répétait-on derrière moi. Nous sommes vainqueurs. »

Dans l'ordre, les hommes ont suivi. Les balles crépitaient; par centaines, et tire-bouchonnant jusqu'à vingt centimètres du sol, des fumées légères s'élèvent autour de moi; c'est leur effet sur ce terrain chauffé où repose la poussière. Elles frôlent mon pied qui en effleure d'autres; je me cabre pour les éviter. Derrière, un homme chantait, le cri des blessés s'était tu.

L'élan nous entraînant, nous atteignons la crête. Des terres remuées, des faces où vivent des yeux, des flammes chaudes, sonores en coup de fouet nous frôlent les oreilles. Le chant s'arrête, les yeux se sont fixés. C'est le cri unique du cœur, le mot d'ordre tacite : « Il faut atteindre cela. Trente pas. Quinze encore. Cinq seulement. » Je me retourne. Où est la compagnie?

J'ai sauté dans la tranchée, elle est vide. Je m'attendais à être cueilli, mais l'ennemi a fui. Et voici Goël, Vandervoode, Legrand à mes côtés. « Où sont les Boches? — Attendons, leur dis-je. D'abord, combien sommes-nous? »

Nous nous sommes comptés. Voici Soufflaut, Lanckmans, Forgeat, des jeunes de la classe 16, venus d'hier et dont j'ignore les noms. Et voilà sur le terrain les morts, et voici les blessés qui, sous le feu des mitrailleuses, se traînent pour atteindre jusqu'à nous. — « Mon lieutenant, me dit Vandervoode, j'ai de l'excellente fine que j'emporte toujours au combat. » En frères, avec les autres, nous la partageons. Nous sommes là, ardents, fiévreux et cherchant notre rôle. Les mitrailleuses nous frôlent de leurs balles; le canon s'est mis de la partie. Notre assaut a porté; c'est l'effort qui a secoué l'arbre, et voici que les fruits nous tombent sur la tête : ils sont d'acier. Les blessés crient, ils appellent. Lanckmans nous garde à gauche, Forgeat à droite, le danger est sur nous; avec dix hommes nous sommes isolés chez l'ennemi. Je suis peu rassuré, mais soutenons le moral. Un bout d'enveloppe à suscription teutonne gît à terre ; je le prends, j'y inscris hâtivement le nom qu'à son tour chacun me donne : « Vous aurez tous la croix de guerre. »

Nous avons exploré, reconnu des tranchées : un système entier à présent, sans défenseurs. Des cadavres de zouaves, de chasseurs ennemis. Mais la position est de premier ordre et nous sommes à dix pour la défendre. Il ne faut pas abandonner cela.

— Mon lieutenant, on vous disait tué.

C'est Dudot blessé, la poitrine en sang, et qui me tend la main; il se traîne.

— Où en sommes-nous?

— Je n'en sais rien; mais, à mon avis, nous sommes coupés de toute communication avec le régiment, et nous allons être cueillis.

J'ai demandé du papier, je jette quelques notes brèves pour le colonel, ceci ou à peu près : « Je ne sais pas où je suis, mais la position est de premier ordre, et je n'ai que dix hommes pour la garder. Je demande l'envoi d'urgence de deux compagnies. »

Le pli est parti. — Mais ne pourrait-on par là communiquer plus aisément avec le régiment? Nous suivons, Dudot et moi, deux cents mètres d'un boyau qui se bouleverse sous la mitraille, tendant l'oreille aux sons humains, parmi les balles et les obus qui frappent. Soudain un sursaut. Les Boches! Nous sommes chez eux, à vingt mètres, une section entière dans un boyau perpendiculaire à celui que nous suivons. Ils s'avancent l'œil fixe, des pétards dans la main. Nous ne sommes que trois, Dudot blessé à la poitrine, Langlier, la main broyée, et moi avec mon revolver ; encore m'aperçois-je qu'il est vide. Couchés et retenant nos souffles, nous regardons l'ennemi. Il va droit au danger, l'œil comme halluciné. Aucun n'a détourné la tête, n'a jeté un regard vers nous; où serions-nous dans ce cas à cette heure?

Nous voici revenus au centre des tranchées.

— Votre pli est revenu ; le messager est blessé. Que faire?

— J'y vais, mon lieutenant, dit Dudot.

— Non, lui dis-je, tu es blessé, tu ne pourrais pas te traîner.

— Je ne suis plus bon à rien ; vous ne serez pas privé d'un

combattant, et c'est mon seul moyen d'essayer encore de vous rendre service.

— Va, lui dis-je et adieu. Une poignée de main, mais de sa part d'une main raide, aux doigts noués, paralysés; il l'avait déjà eue brisée par une balle; de son gré, il était revenu au feu. Il saute sur le parapet, il descend vers le ravin. — Encore un de tué, ai-je pensé tout haut. — Sur le bord des tranchées lointaines, il a disparu derrière un éclatement.

Nous avons tout l'après-midi fait des reconnaissances, tantôt découvrant des tranchées vides, tantôt nous heurtant à l'ennemi aux points où nous l'attendions le moins. A vingt heures, le bombardement redouble de violence; à mon opinion, ils vont contre-attaquer. Contre les obus nous sommes parés; nous avons l'avantage de n'être que fort peu pour un ouvrage immense; parmi ce dédale de tranchées et de boyaux, il est aisé de jouer à cache-cache avec les obus. Mais nous serons noyés par les flots de l'attaque. Quelques pierres dans la main d'un enfant ne font pas une digue contre la mer.

Le crépuscule vient; je profite de l'ombre pour sauter sur le parapet et descendre vers le colonel. En chemin, je rencontre Noël au fond d'une large fosse; il est avec quelques blessés; il a la jambe cassée. Délaissé depuis midi, il me supplie qu'on l'emporte. « Je te le promets, mais mon premier devoir est autre. » A des brancardiers croisés sur mon chemin, je donne des ordres à son sujet. Me voici chez le colonel.

— On te croyait mort, me dit Coureaux. Votre assaut a été admirable. Le général et le colonel l'ont vu et ont pleuré.

— A-t-on reçu un mot?

— Tu demandes des renforts. Mais, mon pauvre ami, il n'y en a pas. As-tu soif? Veux-tu te reposer?

J'ai enfin la promesse d'une compagnie : me voilà fort. Je reviens inquiet vers mes hommes; ne s'est-il rien passé dès que je fus absent? Noël est emporté : je le rencontre. Si blanc dans ses linges, je le crois mourant; sans un mot, nous nous embrassons; j'ai l'esprit trop occupé pour pleurer. Mesté est là aussi, la tête perdue. Il va vers l'ambulance, et moi vers mon destin.

A ma joie, mes hommes étaient encore sur place. Rassurés dès que le bombardement se fut tu, ils rongeaient leurs miches, découvraient leurs conserves. A la nuit, avec Soufflault, nous allons en reconnaissance, rampant sur des cadavres. Heureuses surprises du hasard; sur la droite, nous rétablissons la liaison avec le 8e bataillon de chasseurs.

Nous subîmes à la nuit, et pendant trente heures ensuite, un bombardement des plus violents. Auprès de nous, par des flammes, les chasseurs furent attaqués; mais sur notre aile, nous étions parés. L'assaut avait permis de regagner une crête et de reconstituer sur le front, alors rompu, un point d'appui solide qui a permis ensuite de rétablir la ligne. L'ennemi, depuis ce jour, a pu s'y attaquer; malgré ses volontés, plusieurs fois exprimées, et qu'attestent, par centaines, ses cadavres devant notre terrain, le 20 mai, quand nous revînmes au Mort-Homme, la ligne n'avait pas bougé.

Il y a un fil dans nos destinées; il nous apparaît à de certains jours. Le 9 avril 1915, mon régiment d'origine et d'élection emporta les Éparges; il était cité à l'ordre de l'armée. Le 9 avril 1916, dans un autre corps, ma compagnie regagnait le Mort-Homme; elle était à son tour citée à l'ordre de l'armée (1). On se plaît par instants à s'appuyer sur deux gloires.

(1) Le général commandant la 2e armée cite à l'ordre de l'armée : la 11e compagnie du 151e régiment d'infanterie; le 9 avril 1916, est montée à l'assaut dans un ordre admirable, les hommes riant et chantant. A ainsi franchi sous un feu violent de mitrailleuses et d'obus de gros calibres, les quatre cents mètres séparant la tranchée de départ de la tranchée à conquérir. Y est parvenue malgré ses pertes et s'y est maintenue pendant trente-six heures sous un bombardement furieux.

Signé : Nivelle.

Rappel de ce fait se trouve dans la nouvelle citation attribuée à un an de distance par le général commandant le 32e corps à la 11e compagnie :

« Le général commandant le 32e corps cite à l'ordre du corps d'armée la 11e compagnie du 151e régiment d'infanterie : « Compagnie d'élite, s'est toujours montrée digne d'elle-même. Déjà citée à l'ordre de l'armée Commandée alors par le sous-lieutenant Jubert, avait, le 9 avril 1916, au Mort-Homme, repris en riant et chantant les positions perdues. Le 16 avril 1917, sous le commandement du capitaine Webanck, alors que le dispositif était arrêté par la résistance allemande devant la deuxième position, s'est tout entière levée sous un bombardement furieux pour rendre les honneurs à son colonel qui la traversait; a eu son fanion mis en loques au cours de l'action, sa mascotte mise en pièces et leurs porteurs blessés. Le 16 avril 1917, au cours de l'offensive, et les jours suivants, durant les contre-attaques de l'ennemi, a manifesté en toutes circonstances cet esprit de discipline souriante, d'héroïsme joyeux et d'élégance devant le danger qui sont ses traditions.

Signé : Passaga.

Au cours de cette dernière action, l'auteur de ces pages a été lui-même cité à l'ordre de l'armée et promu dans la Légion d'honneur pour le motif suivant :

Jubert Raymond, sous-lieutenant à titre temporaire (réserve) au 151e régiment d'infanterie, 11e compagnie : brillant officier, d'une haute valeur morale, véri-

X. — CINQ JOURS AU MORT-HOMME

Le 11 avril, à quatre heures du matin, j'étais enveloppé de mes couvertures, je dormais profondément lorsqu'il se fit autour de moi un brouhaha de voix, un remuement qui ne m'éveilla complètement que lorsqu'il fut sur le point de cesser. J'ouvris les yeux; je dégageai ma tête. Defferez était devant moi, équipé, casqué, prêt à partir; derrière lui, les hommes de la liaison chargeaient le sac sur leurs épaules.

— Est-ce une alerte? dis-je.

— Non, c'est la relève.

— Et l'on ne me réveillait pas!

— C'est que vous restez là, mon lieutenant, pour passer les consignes.

« Merci de ma chance, » ai-je crié; et sur mon visage j'ai rabattu mes couvertures, mais je n'ai pu dormir. Pour m'occuper, je comptai les minutes, les secondes, attendant impatiemment six heures où les Allemands commenceraient le bombardement.

Nous l'avions subi toute la journée de la veille, protégés par la chance plus que par notre abri; la mort avait écrasé à cent mètres en avant et cent mètres en arrière de la ligne que nous occupions; suivant la route de Chattancourt, il avait, d'un voile soutenu de fumée, enveloppé toute la journée le ravin du colonel. Mais cette fois, dès le premier obus, nous comprîmes que le bombardement se déplaçait; les masses de cuivre et d'acier se portaient contre nous: elles éclataient dans nos entours immédiats. La tôle ondulée qui vibrait sur nos têtes annonçait à tout instant la touche des éclats.

Je sentis alors redoubler ma solitude. Dans cette zone d'enfer, loin de toute vie humaine, j'eus la pensée que, frappé, je serais oublié jusqu'à ce que mort s'ensuive. Encore avais-je Fréville avec moi ; mais cette tristesse sur moi-même me fut insupportable.

RAYMOND JUBERT.

(A suivre.)

table entraîneur d'hommes. S'est fait remarquer en Argonne, sur la Somme, à Verdun par sa belle conduite au feu. Deux fois cité à l'ordre. Le 16 avril 1917, a brillamment entraîné sa section à l'assaut. Blessé, a néanmoins continué à diriger la progression et ne s'est laissé évacuer qu'après en avoir reçu l'ordre.

CONVERSATIONS PENDANT LA GUERRE [(1)]

L'ALERTE [(2)]

Un beau soir de mai... la place de l'Opéra; les dix coups de la vingt-deuxième heure sonnent aux horloges; le perron du monument est désert, et les statues collées contre l'édifice, l'Idylle, le Chant, le Drame, la Cantate, ainsi que les groupes de la Musique et de la Poésie lyrique échangent leurs impressions. Le groupe de la Danse, enfermé sous un appareil protecteur, ne prendra pas part à la conversation.

L'IDYLLE, sous le médaillon de Bach.

Le beau ciel!... Pas un nuage... les étoiles brillent comme des diamants... *Ils* pourraient bien venir ce soir.

LE DRAME, sous le médaillon de Pergolèse.

Ou essayer de venir. Rien ne dit qu'ils réussiront. On veille. Les projecteurs fouillent le ciel; des pinceaux de lumière badigeonnent, le temps d'un éclair, le sombre azur; les canons sont à l'affût; les saucisses se balancent mollement au souffle de la brise. Qu'*ils* viennent, on *les* recevra.

(1) Voyez la *Revue* des 15 octobre 1917 et 1er février 1918.

L'IDYLLE.

O vous, ma chère Drame, car vous êtes une femme, comme nous toutes (votre père, M. Falguière, vous a octroyé abondamment de la poitrine et des hanches), vous aimez les émotions fortes.

LE DRAME.

Cela dépend; mais je ne m'affole pas, comme vous, à l'idée d'un raid.

L'IDYLLE, vexée.

Où prenez-vous que je m'affole? Mais j'avoue que je me sens un peu troublée, quand les oiseaux du rouge Kaiser doivent venir jeter sur Paris leurs excréments meurtriers et incendiaires. Le bruit du canon, l'éclatement des bombes et des torpilles, toute cette musique m'impressionne d'une façon désagréable. Cela ne se raisonne pas, c'est nerveux. Je suis bien excusable; après tout, je suis l'Idylle.

LE CHANT, sous le médaillon d'Haydn.

C'est une idylle,
C'est une idylle et voilà tout.
C'est une idylle dans le goût
De Théocrite et de Virgile.

L'IDYLLE.

Parfaitement : il m'est bien permis de préférer le doux murmure des ruisseaux, le chant des oiseaux dans les branches, la plainte du vent dans la ramure. Autrement, je n'ai pas peur, je n'ai pas peur. Et puis je sais bien qu'on ne meurt qu'une fois. Non, c'est l'obscurité, c'est le bruit... Et c'est absurde, puisque le bruit n'est pas le danger; si on est tué, on n'entend même pas la bombe qui vous frappe...

LE DRAME.

Parbleu! on a bien autre chose à faire.

L'IDYLLE.

Par exemple, je voudrais être tuée du coup : je n'aimerais pas avoir les deux jambes coupées ou, pis encore, être défigurée !

LA CANTATE, sous le médaillon de Cimarosa.

Ah! Q. T. N. V.!

On entend un bruit sourd.

L'IDYLLE.

Écoutez donc!

LE CHANT.

Non, c'est une porte qu'on referme.

L'IDYLLE.

On dirait que les gens font exprès de fermer les portes avec fracas.

LE DRAME.

Mais taisons-nous, méfions-nous! Ne tenez pas ces propos inquiets : des oreilles ennemies s'approchent pour nous écouter, des oreilles rouges et velues qui semblent s'écarter avec horreur d'une tête carrée. Voyez ce gros homme qui se dirige de notre côté : c'est le correspondant de la *Tagblattnachrichtenzeitung*, cette feuille boche si bien renseignée sur tout ce qui se passe à Paris.

L'IDYLLE.

Je le reconnais; il vient souvent se promener par ici. Oh! qu'il est laid! Rien que sa vue me viole!

LE CHANT.

Il est venu le soir du premier jour où le canon à longue portée, le canon kolossal, le canonissime, comme disent nos amis les Italiens, a tiré sur Paris. Il se frottait les mains, il exultait, il parlait tout haut et il ne cessait de répéter : *Paris von hundert zwanzig kilometer aus bombardirt! Ach! Hoch! Sproum! Kolossal! Gott mit uns! Deutschland über alles!*

L'IDYLLE, *exaspérée.*

Imbécile! Mais comment cet homme n'est-il pas dans un camp de concentration?

LE DRAME.

En vain, depuis le commencement de la guerre, les différents chefs de la police ont lancé à sa recherche leurs plus fins limiers. Il ne sort que la nuit et, lorsque l'aube va poindre, il disparaît dans une bouche d'égout.

L'IDYLLE.

Dans une bouche d'égout? Pas possible! Avec cette corpulence! Voyez comme il est gras!

LE DRAME.

Il possède la propriété de s'allonger, de s'étirer, de s'aplatir, comme un rat! Mais, chut!

Le correspondant de la *Tagblattnachrichtenzeitung* a gravi lentement les marches du perron; arrivé en haut des marches, il se retourne et regarde, pendant quelques instants, la place, les boulevards, l'avenue de l'Opéra. Puis il redescend en sautillant lourdement.

LE CHANT.

Ouf! il est parti. On peut parler maintenant.

L'IDYLLE.

Mais qu'est-il venu faire?

LE DRAME.

Il est venu se repaître, s'enivrer du spectacle de Paris, la Ville-Lumière, dans les ténèbres. Il se dit : « Voilà le résultat de la Kultur! »

LE CHANT.

Oui, si la Kultur régnait dans le monde, ce ne serait partout qu'obscurité et ténèbres.

LA CANTATE.

Il n'est même pas capable de comprendre, de sentir le charme singulier de Paris avec ce manque d'éclairage. D'abord, il y a une heure exquise : c'est l'heure mauve, entre chien et loup, quand il n'est pas encore nuit et qu'il ne fait plus jour.

LE DRAME.

Vous voulez dire le crépuscule.

LA CANTATE.

Patience ! J'allais le dire.

LE DRAME.

Hé ! ma chère, que ne le disiez-vous tout de suite ?

LA CANTATE *sans se laisser démonter.*

Alors cette grande place prend un aspect mystérieux : les hommes bleus et kakis, les petites femmes avec leurs chapeaux si amusants, leurs jupes si courtes, leurs talons si hauts, leurs bas si transparents, tous les passants deviennent des ombres légères et émouvantes. Puis la place se vide, car tous ces gens vont dîner. Puis la nuit vient ; quelques lumières bleues s'allument : on dirait des étoiles descendues sur la terre ; les lanternes des rares taxis font de petites taches mobiles, rouges ou d'un jaune orangé ; puis les gens sortent des restaurants, de leurs maisons pour se diriger vers les théâtres et les cinémas, ou simplement pour prendre l'air ; puis la place redevient déserte, comme en ce moment. Paris, en ces temps-ci, a des physionomies particulières qu'on ne lui reverra jamais.

L'IDYLLE.

Je l'espère !

Soudain, un bruit sec d'air déchiré.

Écoutez donc !

LE CHANT.

Non, c'est un pneu qui a éclaté.

L'IDYLLE.

Une chose m'inquiète : c'est cette fenêtre sans rideaux et

toujours éclairée, là-haut, sous les toits, dans cette grande maison, au bout de l'avenue ; elle fait un trou de lumière dans l'étoffe de la nuit. C'est peut-être un signal. J'ai idée que quelqu'un veille, pour guider les bombardiers nocturnes. Ne croyez-vous pas ?

LE DRAME.

Il ne faut pas non plus voir des espions partout. Sans doute une pauvre servante qui raccommode ses bas, ou bien une jeune P. T. T. qui écrit à son vieux père dans les R. A. T, ou bien une vaillante étudiante, infirmière le jour, et qui, la nuit, prépare son P. C. N.

LA CANTATE.

Ah ! Q. T. N. V !

LE DRAME.

Pardon, chère amie, voudriez-vous me dire quel est le sens de ces quatre lettres qui semblent former, ce soir, votre exclamation favorite ? Lettres initiales, j'imagine ; je pense qu'il s'agit d'une abréviation... chaque jour en voit éclore ! Je ne demande qu'à être initiée.

LA CANTATE.

Vous l'avez deviné : il s'agit bien d'une abréviation. Q. T. N. V ! Quel temps nous vivons ! Comme j'ai souvent l'occasion d'exprimer cette pensée depuis bientôt quatre ans, pour ne pas me fatiguer, je prends le raccourci. Vous comprenez ?

Un bruit lointain ; stridences prolongées.

L'IDYLLE.

Entendez-vous ?... Cette fois, ça y est !

Maintenant, on voit passer la voiture rapide des pompiers, dont les casques jettent des éclairs ; la voix des sirènes attire les navigateurs dans les profondeurs des abris.

LE CHANT.

J'en ai les oreilles déchirées !

L'IDYLLE.

Je n'aime pas beaucoup la sirène; c'est un cri de douleur et de détresse.

LE DRAME.

Oui, on dirait des pleureuses ou, plutôt, des hurleuses qui se lamentent, d'avance, sur les prochaines victimes.

LA MUSIQUE, à ses instrumentistes.

Vous n'avez pas peur, mes filles?

LA JEUNE FILLE AU VIOLONCELLE.

À vos côtés, ma mère, je ne saurais trembler.

LA JEUNE FILLE A LA DOUBLE FLUTE.

Et moi, je continuerai à souffler dans ma double flûte.

LA MUSIQUE.

Je n'en attendais pas moins de vous, mes filles.
Coups de canon.

LA POÉSIE LYRIQUE.

Semblable à l'orage, c'est le tir de barrage qui fait rage. Courage! Courage!

LE CHANT.

Dans les groupes de la Musique et de la Poésie lyrique, j'ai remarqué qu'on avait toujours une excellente tenue.

L'IDYLLE.

Noblesse oblige! Et puis, ce sont des groupes; dans ces moments-là, il faut être rapprochés et, dans un groupe, on se sent les coudes... et les cœurs! Tandis que moi, je suis toute seule, sur mon socle, avec une petite robe droite et des fleurs dans les bras.

LA JEUNE FILLE AU VIOLONCELLE.

Je vous en offre autant avec mon violoncelle.

LA JEUNE FILLE A LA DOUBLE FLUTE.

Et moi, avec ma double flûte.

LA CANTATE.

Et moi, avec ma lyre tétracorde.

L'IDYLLE.

Ah! si j'avais seulement un casque et un poignard! Je sais bien que ce serait inefficace contre les gothas; mais le moindre attribut guerrier suffit pour vous donner une âme guerrière. Les anciens gaulois lançaient des flèches contre le ciel, quand il tonnait. Cela n'était pas raisonnable et ne résiste pas à l'analyse; mais, au moins, ils lançaient quelque chose. Je ne peux pourtant pas lancer mes fleurs contre les gothas. Il est dur de demeurer sans armes, exposée à la mort.

LE DRAME.

Ici, nous sommes abrités, d'un côté du moins, par la masse du monument. Que diriez-vous donc si vous étiez à la place d'Apollon, là-haut, qui élève sa lyre d'or vers le ciel plein de dangers?

LA POÉSIE LYRIQUE.

Surtout songez, songez à toutes vos sœurs mutilées, assassinées, là-bas, dans les villes martyres, parmi les ruines qui pleurent! Songez au Sourire de Reims et à tant d'autres sourires! Songez à vos sœurs demeurées, depuis des mois et des mois, sous les bombardements, dans les niches des vieilles églises et des hôtels de ville; imaginez quelle doit être leur vie à toutes ces saintes, à toutes ces déesses que le ciseau du moyen âge, de la Renaissance et de nos grands siècles d'art, a tirées du marbre et de la pierre. Belles Cypris sortant de l'onde en tordant vos cheveux, saintes Véroniques étalant sur un linge la face du Sauveur; allégories charmantes, pieux symboles, vertus chrétiennes, grâces païennes, qu'êtes-vous devenus! Que sont nos risques au prix des leurs? Voyez-vous, chère Idylle, le moyen d'avoir un cœur ferme, c'est de penser toujour aux statues du front!

L'IDYLLE.

Je vais y penser, je vous le promets; mais il en est de ces moyens comme des remèdes qu'on préconise contre le mal de mer : ça réussit ou ça ne réussit pas.

LA MUSIQUE A LA POÉSIE.

O ma sœur, vous avez raison. Mais que dire à ces deux petits enfants tout nus qui sont à mes pieds et qui portent une banderole? (Elle se penche vers les enfants :) Vous n'avez pas peur, mes chéris?

LES DEUX ENFANTS.

Oh! non, madame, nous sommes trop petits.

L'IDYLLE

Charmante réponse! Heureux âge! Ils ne savent pas... ils ne se rendent pas compte. — Oh! que n'ai-je leur âge?

LA MUSIQUE.

Quand je pense que ces deux chérubins peuvent être, d'un moment à l'autre, pulvérisés!... C'est qu'*ils* ne regardent pas à massacrer des enfants.

LA POÉSIE LYRIQUE.

Et leurs intellectuels appellent cela de la puerikultur.

LA MUSIQUE.

Oh! Comment pouvez-vous plaisanter!

LE DRAME.

Je ne plaisante pas; je n'en ai pas d'envie. Puerikultur, l'enfant au fusil de bois; puerikultur, les bébés du *Lusitania;* puerikultur, tous les innocents arrachés au sein de leur mère et précipités dans les flammes! Avez-vous remarqué combien ce K boche modifie la physionomie du mot et le sens de la chose, partout où il remplace notre C latin? La culture pour nous, c'est éclectisme, altruisme, politesse, finesse, sensibilité, générosité, modestie, mesure; oui, c'est tout cela; pour eux, kultur, c'est dogmatisme, égoïsme, grossièreté, cruauté, méchanceté, orgueil, mensonge, que sais-je? Délicatesse, chez nous, fleur de chevalerie ; delikatessen, chez eux, fleurs de charcuterie ! Quel joli mot, en français, que ce mot : camarade ! Etymologiquement, « qui partage la même chambre ; » mais aussi qui partage les joies et les peines, les bons et les mauvais jours, l'abondance et la misère. Camarade, combien ce mot contient de dévouement, de fraternité, d'entr'aide ! Mais, chez eux, « faire kamarade, » on sait ce que cela signifie : lever les bras en l'air, comme pour se rendre, en masquant de son corps une mitrailleuse toute prête à tirer sur ceux qui s'approchent sans défiance. Un social-démocrate, chez nous, peut aimer d'un cœur large l'humanité tout entière, rêver la suppression des frontières, la sainte alliance des peuples; il peut être chimérique, utopique, mais sincère. Tandis qu'un sozial-demokrate n'aime que le peuple allemand, ne sert que le peuple allemand, et le pangermanisme et, sous l'air de l'*Internationale*, pense les paroles de l'impérialisme. Ah ! le K boche ! Les mauvais Césars, connus jusqu'ici dans l'histoire par la qualité et la quantité de leurs crimes, ne font pas un Kaiser.

Coups de canon précipités, haletants.

L'IDYLLE.

O Méléagre ! O Théocrite ! On dirait que ça se rapproche.

LA CANTATE.

Ah ! Q. T. N. V. !

LE DRAME à l'Idylle.

N'y pensez donc pas... parlez d'autre chose.

L'IDYLLE.

Mais de quoi voulez-vous que je parle? — Qu'est-ce qu'on portera cet été? — Combien payez-vous le beurre? — Où achetez-vous vos figues sèches? — Connaissez-vous une recette pour faire des confitures sans sucre? — Quatre-vingt-dix francs une paire de souliers ! — Il paraît que la vache vernie venait d'Autriche.

LE DRAME.

Bon! qu'elle y retourne!

Le canon tonne sans discontinuer.

L'IDYLLE.

Pourquoi ne nous a-t-on pas fait partir? Pourquoi ne nous a-t-on pas envoyées en province?

LA CANTATE.

Parce qu'on ne pouvait pas nous rouler, comme des toiles.

L'IDYLLE.

Alors, pourquoi ne nous a-t-on pas abritées, comme on a abrité le groupe de la Danse? En a-t-on entassé des sacs à terre, en a-t-on mis de la charpente, de la brique et du ciment autour de ces ménades, de ces bacchantes, de ces dévergondées! A-t-on assez protégé leur tournoiement fougueux! Mais, nous autres, les honnêtes statues, nous pouvons bien crever. Ah! que, dans une ronde échevelée, des femmes ivres, possédées par je ne sais quel démon, tournent autour d'un génie qui les excite de son tambourin, voilà qui est intéressant! Mais, nous autres, cela lui est bien égal au ministre des Beaux-Arts que nous soyons bombardées, marmitées, torpillées, zigouillées! Toujours les danseuses! Les danseuses avant tout! Sauvons le ballet d'abord, le ballet, joie des vieux messieurs! L'art noble, l'art chaste ne sont pas considérés. Oh! la guerre n'aura rien changé. Enfin, mes chères amies, ne trouvez vous pas qu'il y a là une inégalité de traitement intolérable? Sommes-nous en République, oui ou non?

LA CANTATE.

Même en République, les traitements ne sauraient être les mêmes : un ministre gagne plus qu'un député, et un chef de bureau gagne plus qu'un expéditionnaire.

LE DRAME.

Vous sortez tout à fait de la question : il s'agit de la protection des statues.

L'IDYLLE.

Et, encore une fois, je demande : pourquoi les filles de Carpeaux ont-elles des sacs à terre?

LA CANTATE.

Sans nul doute, le ministre des Beaux-Arts s'est aperçu que ces femmes étaient nues.

L'IDYLLE.

Il y a mis le temps! Et alors?

LA CANTATE.

Hé bien! des femmes qui dansent toutes nues sur la place publique, ce n'est pas un spectacle pour les foules, en temps de guerre. Ne blâmez pas le ministre d'avoir pris une mesure de pudeur.

LA POÉSIE LYRIQUE.

Il ne faut pas envier ces femmes d'être ainsi enfermées : elles ne voient rien, elles n'entendent rien; et, pourtant, il y a beaucoup à voir et à entendre, dans l'époque que nous traversons. Regardez, en cet instant, Paris tout noir, dans la complète obscurité. Admirez ces lueurs dans le ciel, entendez le son du canon. C'est très beau!

L'IDYLLE.

Je jouirais mieux de tant de beauté, si j'étais dans quelque guitoune.

LE DRAME.

Voyez, sur la place, tous ces gens qui regardent en l'air.

LE CHŒUR, sur la place.

Minutes pathétiques! Nuit constellée! Impression inoubliable! Je ne suis pas fâché d'avoir vu cela. Ah! que je plains mon cousin qui est descendu à la cave! Je lui raconterai cette soirée; j'enjoliverai, je broderai; mais j'enverrai un récit sincère à ma femme, qui est dans la Corrèze, avec les enfants.

PREMIER DEMI-CHŒUR.

Voyez donc : cette grosse lumière, au-dessus de Montmartre. N'est-ce pas un avion?

DEUXIÈME DEMI-CHŒUR.

Mais non, c'est une étoile.

PREMIER DEMI-CHŒUR.

Je vous dis que c'est un avion.

DEUXIÈME DEMI-CHŒUR.

Je vous dis que c'est une étoile. Si c'était un avion, ça bougerait.

PREMIER DEMI-CHŒUR.

Eh bien! ça bouge.

DEUXIÈME DEMI-CHŒUR.

Mais non, ça ne bouge pas. Pour vous en assurer, masquez la lumière avec votre canne.

PREMIER DEMI-CHŒUR, ayant fait l'expérience.

Vous avez raison : c'est une étoile.

LE CHŒUR.

Jamais le canon n'a tonné aussi longtemps ni aussi fort. Cela résonne au creux de l'estomac. Minutes pathétiques! Nuit constellée! Spectacle grandiose, formidable concert. Je m'en remplis les yeux et les oreilles, et j'ai bien l'intention de m'en souvenir toute ma vie.

LE DRAME.

Entendez-les!

L'IDYLLE.

Quelle imprudence! Si une bombe éclatait dans un tel rassemblement!

LE DRAME.

Ils n'y pensent même pas; leur curiosité est la plus forte. O badauderie sublime! Prenez exemple sur eux.

L'IDYLLE.

L'imprudence n'est jamais sublime.

LA POÉSIE LYRIQUE.

Elle a raison : ces gens ne remplissent aucun devoir. Ce qu'ils font là est inutile.

L'IDYLLE.

Et nous, alors, pourquoi restons-nous? Et quel devoir remplissons-nous? Nous sommes aussi inutiles.

LA POÉSIE LYRIQUE.

Ne croyez pas cela; vous êtes très utiles; vous servez à l'ornement de Paris; vous décorez cette façade, et votre devoir est de continuer à la décorer. Les Parisiens qui passent devant ce monument sont habitués à vous voir là. Si vous vous mettez bien dans l'idée que vous avez un devoir à remplir, alors vous verrez comme il vous sera facile de braver tous les périls, et la mort même. Admirez avec quelle sérénité tous ceux qui ont un devoir à remplir demeurent à leur poste; c'est que l'esprit du devoir s'impose à la conscience comme une force supérieure. Devoir, obsession sublime, « où trouver ta noble tige qui repousse fièrement toute alliance avec les penchants? » C'est toi qui, à cette heure, retiens à l'appareil la petite téléphoniste occupée seulement à bien servir; par toi de vieilles concierges, à l'habitude pusillanimes, deviennent d'admirables agents de liaison entre la cave et les étages, entre la rue et la cave. Le tout est donc d'avoir, de se créer, ou de se découvrir un devoir, et le nôtre, chère Idylle, est tout tracé.

L'IDYLLE.

Vous m'avez convaincue, divine Poésie, et vous me voyez résolue. Avant cette conversation, je ne m'étais découvert aucun devoir, je le confesse; mais, à présent, mon devoir m'apparaît nettement, et c'est en toute tranquillité que j'attends les gothas, avec ma petite robe droite et mes fleurs dans les bras.

LA JEUNE FILLE AU VIOLONCELLE.

Et moi avec mon violoncelle.

LA JEUNE FILLE A LA DOUBLE FLUTE.

Et moi avec ma double flûte.

LA CANTATE.

Ét moi avec ma lyre tétracorde.

L'IDYLLE.

Mais alors, divine Poésie, puisque toutes ici, statues isolées ou dans les groupes, nous avons un devoir qui est de continuer à décorer cette façade; à moins que vous ne fassiez une distinction entre la statue et le groupe ; mais cela ne me paraît pas possible, car un groupe étant composé de personnages et chaque personnage ayant le même devoir, le devoir du groupe ne peut être que la somme des devoirs des personnages qui composent ce groupe...

LA POÉSIE LYRIQUE.

Où voulez-vous en venir?

L'IDYLLE.

A ceci : oserais-je vous demander ce que vous faites de la Danse, dans votre théorie du devoir?

LA POESIE LYRIQUE.

Encore. Mais ne vous occupez donc pas de ce que fait la Danse. En général, ne vous occupez donc pas de ce que font ou de ce que ne font pas les autres. Occupez-vous seulement de vous. Ayez un cœur ferme et ne vous inquiétez pas du reste.

L'IDYLLE.

Je ne dirai plus rien... Il me semble que, depuis quelques minutes, on n'entend plus le canon.

LE DRAME.

Ou, plutôt, cela a l'air de se passer beaucoup plus loin. Hein ? Que vous disais-je? Nos tirs de barrage ne les ont pas laissés passer.

L'IDYLLE.

Oh! la meilleure défense, c'est encore d'aller chez eux, d'arroser les villes du Rhin. Ah! le jour où l'on ira à Berlin! Œil pour œil, dent pour dent, bombe pour bombe, torpille pour torpille!

LE DRAME.

Vous attisez ainsi les représailles.

LA CANTATE.

Quelle plaisanterie! Même si on ne va pas chez eux, ces Boches prétendent exercer des représailles, car c'est un des traits de la kultur d'appeler représailles l'initiative dans le forfait. Alors, qu'est-ce qu'on risque?

L'IDYLLE.

Rappelez-vous : n'est-ce pas le dernier dimanche du mois d'août 1914, que le premier taube a survolé Paris, et qu'un junker volant a tué une vieille femme ; de quelles représailles alors pouvait-il être question ?

LA CANTATE.

Ah! le taube de cinq heures Comme c'est loin déjà! Tous les Parisiens avaient le nez en l'air ; moi-même, j'ai attrapé un torticolis.

LE CHANT.

Un dimanche de septembre, une bombe a été jetée sur Notre-Dame. A titre de quelles représailles? Plus tard, les énormes machines du comte Zeppelin sont venues, dans la nuit, et ont fait d'innocentes victimes.

L'IDYLLE.

Croyez-moi, ces gens-là ne céderont qu'à la force, et je

voudrais qu'ils sussent bien qu'à chaque fois qu'ils détruiront une statue chez nous, on en détruira dix chez eux.

LE DRAME.

Vous devenez enragée! Mais, puisque nous jugeons barbares leurs méthodes et monstrueux ces assassinats d'innocentes statues, est-ce élégant d'aller en faire autant chez eux ?

L'IDYLLE.

Il s'agit bien d'élégance... Vous voulez être élégante vis-à-vis des Boches, ma bonne Drame? vous perdriez votre temps.

LE DRAME.

Non pas vis-à-vis des Boches, mais de nous-mêmes.

L'IDYLLE,

Oh! dans des aventures pareilles, l'élégance vis-à-vis de soi-même n'est que duperie. Je suis humaine, mais je ne suis pas humanitaire. Quand je pense que, dans cinq minutes, je serai peut-être écrabouillée! Eh bien! je déclare que la mort me paraîtrait plus douce et même joyeuse, si je pouvais penser qu'au même moment, dans quelque ville rhénane, quelque.... Comment dit-on idylle en allemand?

LE DRAME.

Je n'en sais absolument rien... demandez-le au vieux Bach, puisque vous êtes sous son médaillon.

L'IDYLLE.

Il ne me répondra pas.

LA MUSIQUE.

Pourquoi voulez-vous qu'il ne vous réponde pas, le vieux Jean-Sébastien ? C'est un Allemand, il est vrai ; mais ce n'est pas un Boche. C'était un musicien de la vieille Allemagne ; il avait une honnête figure sous sa large perruque. Il vivait sa vie de grand artiste, entre ses enfants et son orgue. Son cœur harmonieux ne connaissait point la haine; sa musique n'était pas pangermaniste, hégémonique, kulturale; elle ne prétendait pas à être au-dessus de tout. Ce n'était pas son orgueil qu'il cherchait à satisfaire, mais sa pure conscience et, quand il écrivait, la science et l'inspiration étaient à ses côtés, comme deux sœurs religieuses. Le Dieu qu'il honorait par ses œuvres n'était pas un vieux Dieu, tueur de femmes et d'enfants. Je suis certaine que les méthodes de la nouvelle Allemagne le remplissent de tristesse et de dégoût. Pourquoi voulez-vous qu'il ne vous réponde pas ?

L'IDYLLE.

Vous croyez qu'il répondra ? Nous allons bien voir. Maître, comment dit-on Idylle en allemand ?

LE VIEUX BACH, avec un sourire mélancolique.

De mon temps, on disait *Hirtengedicht*.

L'IDYLLE.

Merci... Qu'est-ce que je disais donc ?

LA CANTATE.

Vous disiez que la mort vous paraîtrait plus douce et même joyeuse, si vous pouviez penser que dans une ville rhénane...

L'IDYLLE.

Ah ! oui... si je pouvais penser que quelque *Hirtengedicht*, avec une petite robe droite et des fleurs dans les bras, recevait quelque fonte sur la tirelire et prenait quelque chose pour son rhume des foins.

LE CHANT, entre haut et bas à la Cantate.

Avez-vous remarqué ? les soirs de raid, notre Idylle deviendrait facilement vulgaire.

LA CANTATE.

C'est l'émotion !

L'IDYLLE.

Et même si, là-bas, à Eisenach, sa ville natale, le vieux Bach était amoché, avec son honnête figure sous sa large perruque, ma foi, tant pis !

LE DRAME.

Vous êtes ingrate. Pourquoi souhaitez-vous du mal au vieux Bach qui vient de vous donner, de si bonne grâce, le renseignement que vous lui demandiez?

L'IDYLLE.

Je ne vous dis pas... Ce n'est pas ma faute... je ne suis plus moi-même. Qu'il s'en prenne à ses descendants. Ces gens-là me mettent hors de moi.

LA POÉSIE LYRIQUE.

Ce que je ne pardonnerai jamais à ces maudits Allemands, c'est que tant de personnes douces, tendres, sensibles, comme cette petite Idylle, puissent prononcer tranquillement des paroles terribles; c'est d'avoir fait naître, en des cœurs généreux, des sentiments de vengeance.

LA MUSIQUE.

Oui, voilà leur crime irréparable! Tout de même, le vieux maître d'Eisenach n'y est pour rien.

LE CHANT, *sotto voce.*

Il était une fois à la cour d'Eisenach,
Un petit avorton qui se nommait Kleinsach;
Il était coiffé d'un colback
Et sa tête faisait cric-crac.

L'IDYLLE.

C'est cela, chantez-nous donc quelque chose.

LE CHANT.

Je veux bien... mais quoi?

LE DRAME.

La Marseillaise!

LA CANTATE.

Il paraît que, là-haut, à l'Arc de Triomphe, *la Marseillaise*, elle aussi, est protégée par des sacs à terre.

L'IDYLLE.

La Marseillaise de Rude! Ah! ça, c'est trop fort!

LE DRAME.

. . . . Ces choses-là sont rudes;
Il faut, pour les comprendre, avoir fait ses études.

L'IDYLLE.

La Danse, passe encore! Mais *la Marseillaise!* Permettez-moi de sourire amèrement.

LE DRAME.

Faites donc! Faites donc!

L'IDYLLE.

Divine Poésie, vous avez entendu? Sous les sacs à terre, *la Marseillaise!*

LA POÉSIE LYRIQUE.

Oui, oui, j'ai entendu. Que voulez-vous que j'y fasse? C'est son affaire, ça la regarde. Encore une fois, perdez donc le goût de vous occuper de ce que font ou ne font pas les autres. Ceux-là sont abrités, ceux-ci sont découverts; ceux-là quittent Paris, ceux-ci y demeurent. Chacun fait ce qu'il veut... ou ce qu'il peut!

LE DRAME, au Chant.

Chantez quelque chose. Cela distraira cette pauvre Idylle.

LE CHANT.

Je vais vous chanter la *Madelon*.

LE DRAME.

Euh! la *Madelon?*

LA CANTATE.

N'en faites pas fi! C'est la chanson qu'ils chantent tous, nos poilus, quand ils montent aux tranchées, quand ils en descendent. C'est la gaie chanson de marche qui fait qu'on sent moins la fatigue, qui donne des ailes aux pieds, de la joie au cœur et du cœur au ventre! On ne peut pas toujours, même en ces temps-ci, chanter *la Marseillaise :* il faut la garder pour de plus grandes occasions, des revues, des prises d'armes. Les grognards du premier Empire ont parcouru l'Europe et gagné cent batailles, en chantant :

On va lui percer le flanc,
Ran tan plan tire lire.
Ah! que nous allons rire!
On va lui percer le flanc,
Avec un fromage blanc.

Chantez-nous la *Madelon!*

Le Chant s'exécute et chante la *Madelon*. Les statues et les groupes reprennent le refrain en chœur.

L'IDYLLE.

Quand Madelon vient nous servir à boire,
Sous la tonnelle, on frôle son jupon.
Et chacun lui raconte une histoire,
Une histoire à sa façon.

O vertu de la chanson! Je me sens toute ragaillardie.

LE CHANT.

Les soirs de gothas, tout Paris devrait chanter.

L'IDYLLE.

Je n'ai plus peur du tout... D'ailleurs, je n'ai jamais eu peur; enfin, je n'ai plus de nerfs. Et puis on s'adapte, on s'habitue... C'est égal, quand la guerre sera finie et qu'on découvrira le groupe de la Danse, je vous propose, mes chères amies, de ne pas adresser la parole à ces embusquées.

LE DRAME.

Demandez l'intransigeante!

LA POÉSIE LYRIQUE.

Oh! Je suis bien tranquille. Quand la guerre sera finie, il y aura une telle allégresse dans tous les cœurs que les querelles, les inimitiés qu'avait forcément suscitées l'union sacrée, seront oubliées : elles s'envoleront au vent de la victoire et de la paix; elles s'évanouiront, semblables à des nuages légers dans un ciel bleu. En ces jours de grande joie, tout le monde se parlera, ainsi qu'aux anciens jours de grande angoisse. Et, vous la première, Idylle, vous adresserez la parole à la Danse, car au fond vous n'êtes pas vindicative ni rancunière. Comme dans la comédie antique, vous exciterez les danseuses de vos cris. « Haut la jambe! Io! Evoé! Dansez! Dansez! que les pas légers marquent la cadence! Comme de fringantes cavales, soulevez de vos pieds la poussière et bondissez, en secouant vos chevelures! » Et l'ivresse qui les entraînera, qui les emportera, sera une autre ivresse que celle de la volupté et du vin. Si l'on a protégé ce groupe fameux, c'est qu'il représente le mouvement et la vie; il est une œuvre parfaite. Nos attitudes à nous sont plus nobles, mais un peu froides. Efforçons-nous donc d'être des chefs-d'œuvre, chacune dans notre domaine. La froide beauté proclame, pour s'excuser, qu'elle hait le mouvement qui déplace les lignes; mais le mouvement, c'est l'action, c'est la vie, et la vie peut être, doit être de la beauté. Pour faire la vie belle, après la grande guerre, Danse, Musique, Poésie, nous aurons besoin les unes des autres. Quand il revint de la Crète où il avait vaincu le monstre qui avait un corps d'homme et une tête de taureau, le héros Thésée dansa dans l'île sainte de Délos. Pour que les âmes soient saines, il faut que les corps soient forts et agiles; les jeux de la Grèce avaient formé la race la plus belle du monde, et la danse développe la grâce, plus belle encore que la beauté. Il faut aussi de la grâce pour la course aux flambeaux!

LA MUSIQUE.

Oui, nous aurons besoin les unes des autres, après la grande guerre; nous aurons besoin du nombre, du rythme et de la mesure. C'est par la musique qu'on juge l'âme et les mœurs d'une nation. Jadis les musiciens pensaient qu'on ne pouvait changer les modes musicaux, sans ébranler les bases de la morale et les lois de la cité. O mes jeunes adeptes, votre rôle sera magnifique. Thèbes fut bâtie par Amphion aux sons de la lyre : Amiens, Soissons, Nancy, Dunkerque, Arras, songez à tant de villes qu'il y aura à reconstruire. Orphée et les cygnes de l'Hèbre charmaient les bêtes sauvages; songez à tous les fauves qui grognent et grondent parmi les hommes civilisés. Vous pouvez faire régner la concorde parmi les hommes; vous pouvez tour à tour les apaiser et les exalter. Vos œuvres, comme de beaux paysages, peuvent encadrer et bercer les plus belles rêveries. Mais, pour cela, ne méprisez pas la douce mélodie; ne vous contentez pas d'un art subtil et d'une technique raffinée. L'immortel Beethoven, dans la Pastorale, imite la caille et le coucou; ne partez pas de là pour imiter, dans quelque Industrielle, le tac-tac de la machine à écrire et la friture dans le téléphone. Surtout, ayez des idées, des idées! Et encore cela ne suffit pas. Pour créer l'harmonie, il faut un cœur harmonieux; il faut laisser parler son cœur et l'écouter: pour enchanter, il faut d'abord chanter.

LA POÉSIE LYRIQUE.

O ma sœur, répandre l'amour, ce sera notre mission. Mais pour rendre cette religion de l'amour universelle, artistes, musiciens, philosophes, poètes, il y faudra des milliers d'apôtres. Je suis pleine d'espérance et de foi. Ce n'est pas en vain que des peuples se seront égorgés, que tant de sang aura coulé. A la lueur des incendies, les hommes auront vu leurs erreurs. De ce tremblement de civilisation, de cette convulsion de l'humanité, des poètes surgiront. Ils diront comment un peuple pacifique, sans coupables ambitions, s'est retrouvé soudain le plus guerrier, devant la brutale agression, le cœur rempli du plus juste tumulte; mais ils diront aussi les deuils, les misères, et les ruines; ils flétriront l'orgueil insensé, l'esprit de lucre et de conquête. Ils mèneront l'autre grande guerre contre l'ignorance, le fanatisme et la méchanceté; une guerre qui exigera, dans le monde entier, la mobilisation des consciences; une guerre qui ne supportera ni profiteurs, ni neutres, ni pleutres. Et, dans les cieux dévastés, ils chercheront un dieu nouveau ou rajeuni, un dieu que ne pourront plus s'approprier les criminels. Et ils conduiront les hommes loin des villes, dans les campagnes, dans la nature; ils les ramèneront à la terre nourrice et éducatrice.

L'IDYLLE.

Puissiez-vous dire vrai! Alors je reverrai de beaux jours. Hélas! avant la guerre, j'étais bien démodée, bien délaissée.

Mais, après une secousse pareille, les hommes sans doute auront besoin de calme, de retraite, de lait et d'ombrages. Ils voudront entendre les flûtes champêtres et goûter les plaisirs bocagers. Ah! si chacun pouvait avoir sa petite maison aux murs tapissés de lierre, de roses ou de chèvrefeuille, posséder quelques arpents où faire venir sa provision de pommes de terre, où les légumes alterneraient avec les fleurs.

LE DRAME, inquiet.

Et moi, qu'est-ce que je deviendrai dans tout cela?

L'IDYLLE.

Comment?

LE DRAME.

Dame! Je n'aurai absolument rien à faire au milieu de vos légumes et de vos fleurs.

L'IDYLLE, conciliante.

Pourquoi dites-vous cela? Non, il faut que tout le monde vive sous le soleil. La vie, sans vous, serait bien monotone. Vous êtes inéluctable, comme l'orage et la tempête. Vous aurez une place, mais pas toute la place.

LE DRAME.

Oui, une toute petite place.

L'IDYLLE.

Votre place.

LE DRAME.

Enfin ce ne sont que des rêves. Vous construisez l'avenir sur des plans charmants et magnifiques.

LA POÉSIE LYRIQUE.

Il faut rêver très haut, pour ne pas réaliser trop bas.

LE DRAME.

Et puis, cela fait passer le temps.

L'IDYLLE.

C'est vrai... je ne pensais plus du tout aux gothas... Écoutez donc!... mais c'est la berloque.

LE CHANT.

Do, do, do, do, mi, sol, mi, do... oui, c'est elle.

L'IDYLLE.

La belle musique, la douce chanson! Do, do, do, do, mi, sol, mi, do, gentille berloque, berloque ma mie, que vous êtes agréable à entendre! Do, do, do, do, mi sol, mi do, que cet air est joli! Do, do, do, do, mi sol, mi do, je donnerais tout *Parsifal* pour cet air-là... et même la *Madelon*. O berloque, tu ramènes la sécurité, la lumière, le sommeil et l'amour. Oui, oui, il paraît que la berloque est amie de la repopulation. On remonte des caves, on a été ému, on est heureux de retrouver sa chambre, son lit à leur place. Mais, assez sur ce sujet! Voici les gens qui sortent des abris. La place et les boulevards se remplissent de monde. Heure délicieuse!

LA MUSIQUE.

Écoutez, maintenant! Les cloches! les cloches! Voix profondes ou légères, timbres clairs ou graves, basses chantantes, ténors, contralti, soprani, c'est la berloque sublime; elle s'étend sur la ville en nappes mystiques et monte vers le ciel.

LA POÉSIE LYRIQUE.

Les cloches! Elles semblent « répéter » pour le grand jour, le beau jour où le Boche sera bouté hors de France!

La place et les boulevards deviennent déserts. Tout rentre dans le silence. Les statues s'endorment.

MAURICE DONNAY.

FRANÇOIS BULOZ

ET

SES AMIS

IV[1]

GEORGE SAND

PREMIÈRE PARTIE

Pendant l'été de 1835, « G. Sand, note F. Buloz, avait disparu. » Elle était cachée à Paris dans un logement vide, « sans portes ni fenêtres, donnant sur un petit jardin. » Elle s'y réfugiait dans le jour pour y travailler loin de son logis brûlant. « Enchantée d'avoir trouvé, au centre même du bruyant Paris, la solitude, la liberté dans le calme et, le comble de ses rêves, « une maison déserte, » elle s'empara sans hésiter du logement, et y installa son cabinet de travail, en transformant un établi de menuisier en table à écrire (2). » Après cette retraite, elle fait un court séjour à Nohant, où Casimir, une fois de plus, lui semble intolérable, — et puis Michel de Bourges « règne, » comme dit F. Buloz, et c'est pour se rapprocher de lui qu'elle s'installe à Bourges. C'est de Paris qu'elle a dû écrire cette lettre au directeur de la *Revue*. Elle n'est pas datée; F. Buloz a noté sur la première page : été 1835.

« Cher Buloz,

« Ma majesté n'est pas encore visible. Vous qui m'avez élue reine de France et de Navarre, et qui tout seul à l'unanimité

(1) Voyez la *Revue* des 15 février, 15 avril, 15 mai.
(2) *Karénine*, G. Sand t. II, ch. XI.

avez proclamé mon règne, vous devriez bien donner l'exemple de la soumission, et ne pas percer le voile sacré dont ma divinité a jugé à propos de s'envelopper. Dans quelques jours je vous appellerai à venir baiser le bout de ma pantoufle, et vous y viendrez, car j'ai du *nanan* pour vous, et l'odeur du manuscrit vous allèchera.

« Nous parlerons affaires et vous me conterez vos soucis d'amour. Il paraît, mon pauvre fou, que vous vous étiez laissé prendre (1) ; vous ne voulez pas que je vous raille, et Dieu m'en garde, si vous avez réellement du chagrin, mais votre manière de parler est si énigmatique, que je ne sais pas encore si c'est une peine de cœur pour vous, ou une affaire d'argent échouée que ce mariage manqué. Si vous êtes blessé par Cupidon, je vous plains sincèrement; si c'est Plutus qui vous fait la grimace, je vous dirai : travaillons et réparons le temps perdu. Je vois dans tout cela un grand bonheur pour vous, c'est que vous avez échappé au mariage, c'est-à-dire à une chose que vous désirez beaucoup, et dont vous vous seriez beaucoup repenti.

« Adieu, mon vieux... Envoyez-moi le n° du 1er et le matelas qui est chez vous.

« Tout à vous.

« GEORGE (2). »

C'est ainsi que George console son ami Buloz, et lui parle de son mariage, momentanément rompu, avec Mlle Blaze.

La lettre suivante porte le timbre de la poste : 24 juillet 1835; elle a dû être écrite à Bourges, et mise à la poste à Paris :

« Mon cher Reviewer, je ne suis ni assassinée ni enlevée. Je me porte assez mal d'ailleurs, mais moralement très bien. Je suis enfermée dans une maison déserte, et je travaille énormément. Je n'ai pas été en Bretagne, craignant d'y tomber malade, je ne vous dis pas où je suis, vous êtes trop bavard (pour les petites choses). Dites à ceux qui vous demanderont de mes nouvelles, que je suis en Chine, et qu'ils me laissent en paix... Si vous avez quelque chose à me dire, ou à me demander, Boucoiran nous fera passer les précieux autographes l'un de l'autre...

(1) Il est assez plaisant de voir « George » « gourmander quelqu'un à qui il est arrivé d'être amoureux et de s'être laissé prendre ! »

(2) Inédite.

« Il m'est revenu par hasard d'affreux propos contre M... Soyez-moi témoin qu'aujourd'hui et toujours, non seulement je n'y prends aucune part, mais que je les démens de toute ma force. Je sais pertinemment que Planche est la source de toutes les versions qui, selon les gens, et selon les sociétés, se sont répandues différemment par le monde (1). Cela me blesse et m'afflige profondément. Ne laissera-t on jamais les gens s'aimer, se quitter, ou se quereller, se raccommoder sans prendre acte de ces puérilités, et sans entasser des matériaux pour leurs biographes? Quelles niaiseries! Tous les hommes et toutes les femmes n'ont-ils pas eu le droit d'être jeunes, malheureux, fous, violents, amoureux, injustes, etc.? Haussez donc les épaules quand on vous parle de tout cela et quand on va jusqu'à de graves imputations contre lui ou moi, défendez paternellement, cher Reviewer, celui des deux qu'on attaque, sans jamais accuser l'autre...

« Je vous enverrai bientôt *Lavater* (2) pour la *Revue* (3). »

Le 25 août, elle écrit de nouveau :

« Illustre ami, je reçois hier vos épreuves, et vous les renvoie pour les fautes de français. Je ne me mêle pas de cela... Êtes-vous à Genève, occupé à faire des élégies sur les bords du lac, ou bien êtes-vous incessamment aux pieds de la beauté qui vous enchaîne, poussant des soupirs à faire tourner tous les moulins de Montmartre? C'est peut-être là, la cause des grandes tempêtes que nous avons ici.

« Adieu. Salut et fraternité!

« Il paraît que *le National* (4) vous a donné un joli coup de patte. C'est bien fait, j'en suis enchantée (5). »

Il faut constater ici, à cette date, que l'entourage de la *Reine de France* eut sur elle une mauvaise influence concernant ses anciens amis, en l'indisposant souvent contre eux, contre F. Buloz surtout. Après avoir reçu tant et tant de

(1) Si cela était, Planche avait tort, mais aussi quel traitement avait subi Planche!

(2) *A Liszt : Sur Lavater et sur une Maison Déserte.* — 1er septembre 1835.

(3) Inédite.

(4) Le *National* du 3 août, en effet, avait attaqué les opinions politiques de la *Revue de Paris* et celles de la *Revue des Deux Mondes*. F. Buloz, qui ne s'occupait plus de la rédaction politique de la première, répondit le 5 août que la chronique de la *Revue des Deux Mondes* était « rédigée par un écrivain connu, qui ne déclinait pas la responsabilité de ses écrits. »

(5) Inédite.

preuves de son dévouement et de son amitié, elle a, dans cette fin d'année, toujours quelque reproche à lui faire, des mots blessants se glissent dans ses lettres. Ne sont-ils pas suggérés par les amis nouveaux qui composent son entourage? Petit à petit, sa *bonhomie* amicale, son laisser aller sans façon feront place à une acrimonie persistante : bientôt ses lettres deviendront méchantes, menaçantes même. Michel règne, et, sous l'influence de Michel, la voici qui devient homme de loi, et qui se méfie de son ami, — ou presque; c'est tout à fait curieux.

Sur une lettre de George du 6 octobre, F. Buloz écrit : « Tentative pour arriver à la rupture du traité des *Mémoires*. Lettre amicale encore pour moi, mais sans justice pour mes associés (1). »

Dans cette lettre, qui est uniquement une lettre d'affaires, George Sand reproche à F. Buloz son mariage « qui dure depuis deux ans, » et « qui, dit-elle, l'empêche de songer aux affaires des autres. » Cette lettre est assez vive, et se termine ainsi : « Adieu, mon ami, parlez-moi de votre mariage, portez-vous bien, restez honnête homme, vous ne ferez pas fortune, mais vous n'en serez que plus heureux (2). »

F. Buloz va se fâcher sans doute? Avec le caractère rude qu'on lui prête, il va répondre rudement? — Non — il sera d'une patience parfaite à l'égard de la Reine, et, se rendant compte que l'influence actuelle s'exerce contre lui, il observera : « Je sais qu'on vous monte la tête. »

« Vous êtes souverainement injuste avec moi, mon cher George, vous le reconnaîtrez plus tard; vous m'écrivez de rester toujours honnête homme; j'ai donc songé à ne plus l'être? Certes on ne peut rien écrire de plus blessant à un homme. Mais, je ne vous en veux pas de tout cela, *je sais qu'on vous monte la tête* et que vous êtes toujours bonne et juste, tant que vous n'écoutez que vos propres inspirations...

« Vous avez toujours trouvé, j'ose le dire, l'ami avant l'éditeur, je n'ai jamais reculé lorsqu'il s'est agi de vous rendre service, même en me privant. C'est la première fois que je me permets de vous le faire observer, parce que vous êtes fort dure dans vos lettres : toutes les fois que je vous ai vue malheureuse,

(1) Ses associés F. et F. Bonnaire.
(2) Inédite.

j'ai fait tout ce que j'ai pu pour vous aider à supporter votre mauvaise fortune, et je croyais que je ne méritais pas les deux dernières lettres que vous m'avez écrites.

« Maurice m'a écrit mercredi pour l'envoyer chercher. Il a passé la journée avec nous, il a été charmant (1). »

Mais quels sont ces *Mémoires* auxquels la note de F. Buloz fait allusion sur une des lettres précédentes? Quelques lignes de sa main nous donnent l'explication indispensable; elles commentent aussi les changements survenus dans la correspondance de George Sand... Ces lignes sont écrites le 21 novembre 1835, et résument la situation.

« Nouvelle lettre... sur ce fameux traité des *Mémoires* par lequel G. S. m'avait forcé de contracter un emprunt de 40 000 francs et dont elle veut maintenant se dégager.

« Dans l'hiver 1834 à 1835, lors de la rupture avec Alfred de Musset, George Sand (qui joua une comédie dont nous fûmes tous dupes) voulait, disait-elle, se tuer, mais faire ses *Mémoires* avant, ses *Mémoires*, mais en quatre volumes pour laisser une dot à Solange. Elle fit venir Dutheil, l'avocat de la Châtre, à Paris, pour faire le traité, me forçant à la mener chez un notaire pour le signer. Une fois signé, et ayant touché 10 000 francs au lieu de penser à mourir, elle pensa à se consoler dans les bras de Michel de Bourges. De là une intrigue pour me forcer à rompre le traité, de là cette lettre... »

Dans la lettre, qui indigne si fort F. Buloz, George Sand le raille précisément sur cet emprunt qu'il a contracté pour lui rendre service... Elle affirme : « le temps a des ailes... je vous conseille d'y suspendre les énormes intérêts que vous payez pour les 40 000 francs d'emprunt; je me porte bien, Dieu merci, et nous sommes plus près du 2 décembre que de ma quatre-vingtième année, et je ne veux pas mourir, ne vous déplaise, avant d'avoir été trois fois grand'mère... » — On voit combien ce ton est différent de celui des lettres de Venise, alors que, dans sa détresse, elle demandait à son ami un appui et une aide... Les choses ont changé; d'ailleurs elle le dit : « N'ayant plus de ces dettes criantes, et de ces impérieux besoins d'argent qui m'eussent fait prendre la lune avec les dents, » elle n'offrira plus à personne, elle y est décidée, « l'occasion de ces géné-

(1) Inédite. — Collection S. de Lovenjoul.

rosités, de ces dévouements sublimes, de ces ennuyeux services » (1).

Après cela, F. Buloz partit pour Nohant : une explication eut lieu que suivit une réconciliation.

Le 25 décembre, George Sand écrivait :

« Je m'étonne que vous ne m'ayez pas donné de vos nouvelles en arrivant à Paris. Cependant je sais que vous êtes arrivé vivant, présentez tous mes compliments à Mme Margarita (2). On m'a dit qu'elle s'appelait ainsi, est-ce vrai? C'est un nom charmant que je fourrerai dans quelque roman, si elle le permet. J'ai travaillé beaucoup, et *Engelwald* (3) n'est guère plus avancé que vous ne l'avez laissé. J'ai refait presque tout le premier volume. Je pourrais vous l'envoyer si vous en aviez absolument besoin, mais j'aimerais mieux l'avoir entre les mains pour faire le second. Vous savez qu'avec mon peu de mémoire, il est souvent fort nécessaire que je relise chaque jour ce que j'ai fait la veille, ce qui ne m'empêche pas de répéter ou d'omettre encore...

« L'article sur M. Thiers est fort remarquable, extrêmement vrai et plein de sens (4). J'en avais fait une partie dans ma tête, en lisant l'*Histoire* de Thiers; — seulement, je ne l'aurais pas si bien dit. Qui fait ces lettres sur les hommes d'État? Je ne m'en souviens plus.

« L'article de Sainte-Beuve sur M. Bayle *(sic)* est une des plus charmantes choses que je connaisse. Votre Revue est très belle à présent. On dit pourtant que vous allez la mettre aux pieds de M. Guizot. J'espère que c'est un cancan, et que je ne serai pas forcée de quitter si honnête et si honorable compagnie.

« Adieu, vieux. Dutheil et Planet, le Malgache et *tutti quanti*, même la Rozane vous disent mille amitiés. Moi je vous donne une tape, et je vous prie de m'envoyer de l'argent subito. J'ai des gens de loi plein le dos... »

On voit que les relations se sont sensiblement améliorées :

(1) Inédite.

(2) C'est ainsi que George Sand appelle alors la future Mme Buloz.

(3) *Engelwald* dont il sera souvent parlé dans cette correspondance n'a jamais été publié.

(4) *Lettres sur les hommes d'État de la France* : M. Thiers, VI, 15 décembre 1835, Loève Weimars.

rien ne vaut une honnête explication face à face, — entre amis.

A cette lettre F. Buloz répondait le 29 décembre...

« A propos de la *Revue*, n'écoutez donc pas les cancans (1) que l'on fait. Je vous donne ma parole que tant que je l'aurai, elle ne sera aux pieds de personne. Ni de M. Guizot, ni d'aucun ministre. Elle ne sera qu'aux vôtres, illustre reine de France et de Nohant.

« Si vous avez lu l'article de Didier, vous aurez vu que la *Revue* ne peut être aux pieds d'un homme qu'elle traite si durement (2)... Les lettres sur les hommes d'État sont de Loëve Weimars; nous en aurons une prochaine sur de Broglie, Duprez, etc.

« Adieu, mon cher George, tenez-moi au courant de votre procès, j'espère que tout ira bien. Pour moi je vous aime, et ne croirai plus le mal qu'on dira de vous, j'ai appris à vous apprécier.

« Tout à vous.

« BULOZ. »

« Ma Margarita se porte très bien et me charge de vous faire ses compliments, et de vous exprimer toute l'admiration qu'elle éprouve pour la reine de France. Ma Margarita se laissera bien volontiers fourrer dans le roman que vous voudrez (3). »

Margarita? Ce nom qui apparaît maintenant dans la correspondance, c'est celui que George Sand donne à la fiancée de F. Buloz, Christine Blaze.

George Sand de son côté écrivait à son directeur le 30 décembre 1835 :

« ... Depuis que je suis revenue de Nevers, je suis enfermée dans mon cabinet, et je n'ai vu âme qui vive.

« Ah! si, cependant, j'ai causé toute une nuit sur la trinité et sur la transsubstantiation avec le curé dont je vous ai parlé. C'est un garçon très remarquable, je lui ai prêté le Coran, il m'a lu deux chapitres très bien faits d'un roman qu'il est en train d'écrire. Je ne sais ce que sera le reste, mais ce que j'ai

(1) On disait que F. Buloz avait vendu la *Revue* à M. Guizot. E. Mirecourt dans sa notice sur G. Planche l'affirme.

(2) Ch. Didier, *l'Espagne depuis Ferdinand VII*, 15 décembre 1835.

(3) Collection S. de Lovenjoul.

entendu est bien. Si le reste est (à) l'avenant, je vous le dirai, et nous verrons ce qu'il y a à en faire. En attendant, ne parlez de ce curé à personne. Tout se redit, tout s'ébruite, et si l'on savait qu'un curé vient faire du schisme avec moi, on saurait bientôt quel est ce curé, et on le mettrait en fourrière. De plus, on me le donnerait pour ami intime, malgré *l'odor di selvaggiume*. Vous ne comprenez pas cela? Vous êtes trop bête Moi je le comprends depuis tout à l'heure, c'est un joli mot qui est dans la *Mandragore* de Machiavel. Quel chef-d'œuvre à propos, et Calderon? Et moi qui n'avais jamais lu tout cela! Ne manquez pas de me compléter ce théâtre (1). Ce sont mes récréations tous les matins à 6 heures entre mon souper, et mon *dodo*. Voyez-vous mes mioches? Donnez donc à Maurice des étrennes de ma part, je vous en tiendrai compte; demandez-lui ce qu'il veut jusqu'à concurrence de 20 francs (2)... »

Dans ses lettres, F. Buloz fait allusion au procès en séparation de George. « Comment va votre affaire à la Châtre? J'espère que tout finira bien. Papet craignait, il y a quelques jours, de l'opposition de M. Dud... (3) »

Depuis octobre, en effet, elle avait formé une demande en séparation contre son mari. Elle écrivait à sa mère le 25 octobre : « J'ai formé une demande en séparation contre mon mari. Les raisons en sont si majeures que, par égard pour lui, je ne vous les détaillerai pas. » D'ailleurs ils sont d'accord : nettement, la femme a posé au mari des conditions que celui-ci a acceptées. Le jugement sera fondé sur ces clauses : « Mes biens seront certes mieux gérés qu'ils ne l'étaient par lui, et ma vie ne sera plus exposée à des violences qui n'avaient plus de frein. » Et elle ajoute, prévoyant peut-être les objections de sa mère, que « rien ne l'empêchera de faire ce qu'elle veut faire, » et ceci, qui est admirable : « Je suis la fille de mon père, et je me moque des préjugés, quand mon cœur me commande la justice et le courage. » Elle suivra l'exemple d'indépendance et d'amour paternel que son père lui a laissé; elle le suivra, dût l'univers s'en scandaliser; elle ajoute bravement et joliment : « Je me soucie fort peu de l'Univers, je me soucie de Maurice et de Solange. »

(1) *Le Théâtre Européen* que F. Buloz lui avait envoyé.
(2) Inédite. Collection S. de Lovenjoul.
(3) 24 décembre 1835.

***

On a vu comme George Sand se préoccupait du mariage de son directeur. Est-ce un mariage d'amour? Qui est en jeu, Cupidon ou Plutus? F. Buloz fait-il sa cour à Genève, ou soupire-t-il à Paris, et si fort, que ses soupirs font tourner tous les moulins de Montmartre? Qui donc a dit à George que la jeune fille s'appelait Margarita? Elle n'en sait rien; en réalité la fiancée se nomme Christine, elle est la fille de Castil Blaze, et c'est en accueillant à la *Revue* son frère Henri, que F. Buloz connut cette famille.

En 1834, Alexandre Dumas remit au directeur de la *Revue* une petite comédie en vers, « *Le Souper chez le commandeur.* » L'auteur, un tout jeune homme, était le fils de Castil Blaze, rédacteur musical aux *Débats*. Aurait-il quelque chance d'être reçu à la *Revue*, ce jeune homme? Dumas le protégeait.

Buloz lut la pièce, et fit venir le débutant.

— Votre poème est à l'impression, lui dit-il. Vous allez en recevoir les épreuves, mais il ajoute : Il vous faudra signer d'un pseudonyme.

— Pourquoi?

— Parce que vous êtes vraiment trop jeune!

Et il le baptise sur-le-champ : « Hans Werner. » Voilà le jeune Blaze ravi, et orgueilleux, certes : il est rédacteur de la *Revue*, et il n'a que vingt ans!

Après cela, les deux hommes se lièrent d'amitié. Quelle différence de nature, pourtant, entre le brillant, paradoxal Henri Blaze, et le taciturne travailleur qu'était F. Buloz; mais l'amitié trouve son compte à ces contrastes, sans doute.

Bientôt H. Blaze attira F. Buloz dans sa famille. Elle habitait alors Paris, mais était originaire de Provence. Ses membres avaient naguère servi les papes d'Avignon. « Ils furent leurs camerlingues et leurs soldats (1). » Ils n'avaient guère depuis quitté leur Provence : le père de Castil Blaze, Sébastien, fut, après le 9 thermidor, administrateur du département de Vaucluse.

F. Buloz connut les filles de Castil Blaze, Christine et Rosalie. Il aima l'ainée, songea à l'épouser. Sa demande au

(1) H. Blaze, *Mes souvenirs*, il dit aussi « Fernand Blaze gagna la bataille de Macerata, qui valut à Grégoire XI d'être réintégré à Rome. »

début fut mal accueillie. Cependant Castil Blaze revint sur son premier refus : des fiançailles furent conclues, puis rompues en septembre 1835. Enfin, le 16 octobre, F. Buloz écrivait à son ami Bocage que le mariage était fixé au 24 (1). Il eut lieu à Notre-Dame-de-Lorette, le 24 octobre 1835. Félix et Florestan Bonnaire furent les témoins du fiancé. Le ménage s'installa au n° 10 de la rue des Beaux-Arts, dans un appartement modeste et assez sombre.

Le mariage de F. Buloz avait eu lieu en octobre, et déjà en janvier suivant voici un grand bal rue des Beaux-Arts! En effet, le 1er janvier 1846, *La Revue des Deux Mondes* donne son premier bal... On ne peut omettre ici cette réception — « grand bal littéraire, » — signalée et commentée par Roger de Beauvoir, qui fit de cette fête le sujet d'une pièce de vers à la vérité moins légère et moins spirituelle que celles dont s'amusa Musset, mais assez piquante (2).

1836. — 1er Janvier.

Le bal littéraire, chez M. Buloz.

C'est le premier janvier mil huit cent trente-six :
Moi, fils d'Omodéi, grand espion des Dix,
Je veux, je dois, ma foi, signaler à la terre,
Le programme inouï d'un grand bal littéraire,
Bal qui sera donné vers dix heures trois quarts,
Numéro 10, au coin de la rue des Beaux-Arts.

Voilà Séraphitus (3), il arrive tondu ;
Il coupa ses cheveux en buvant du champagne,
Avant que de Vienne il ne fit la campagne.
Sa canne est maintenant à M. Metternich!
Indiana (4) survient, et le trouve loustic,
Elle fume à son nez quarante-deux cigares.
Tous deux causent longtemps au choc de leurs gabares
Qui surprirent en flanc la frégate Dumas.
La marine africaine avait pris son compas,
On découvrait déjà la Méditerranée!...

(1) Un dîner aux Frères Provençaux réunit la famille et les témoins. Ce fut la seule manifestation mondaine en l'honneur de ce mariage.

(2) Je dois communication de cette pièce à l'érudit M. Glinel qui a bien voulu m'en donner copie en 1908.

(3) Balzac.

(4) G. Sand.

L'action fut si chaude et si déterminée
Qu'on ne put retrouver de l'embarcation
Qu'une poutre et ces mots : Aux hommes d'action!

Dans un coin cependant, Planche, tout à son aise,
Commente les Reynolds, Prout, et l'École Anglaise,
Quant à Rembrandt, dit-il, « c'était un gros bourgeois »,
Pour écrire ceci, Planche a passé six mois
Dans ce pays du grog, des bravos, de la bière
Qu'assez communément on nomme l'Angleterre.
Un Saint Quaker l'assiste, habit noir et front haut :
C'est un homme du Temps (1), critique sans défaut,
Qui donna l'autre hiver, dans certaine Revue,
Sur le Salon d'alors, des pages sans bévue,
Pages dont l'*art utile* était le fondement,
Et qui ne poussaient pas trop à l'abonnement.
Bien que le prote eût mis de façon avisée :
Sermons pour être lus au Saint Temps du Musée.

Stello (2) vint, puis bientôt Quiquengrogne (3) après lui,
Ah! qui dira jamais quel éclair a relui,
Quels rayons infernaux sur le salon tombèrent
Lorsque les deux rivaux, au bal, se rencontrèrent?

Le comte de Béziers (4), par cet affreux verglas,
N'en vint pas moins au bal... la mort sonnait le glas.
Buloz, son factotum, vint à lui... « Tu me navres
Avec cet habit noir, auteur des *Deux Cadavres!*
Dit-il, Madame Sand veut rire et non pleurer!
Que viens-tu faire ici? — Je viens vous enterrer,
Dit Frédéric. Voilà... votre Revue est triste,
Elle est bête, maussade, et n'a rien, rien, d'artiste!
Buloz, mon cher ami, vous êtes un grand sot! »

Dumas survint : « Soulié, va, je te prends au mot,
Laisse à ce Jupiter son Olympe de cuistres.
Laisse-lui ses amis, ses écrivains sinistres,
C'est un faquin jaloux d'escompter nos esprits.
Il nous offre toujours son papier jaune ou gris,
Mais il ne peut atteindre à la saison prochaine,
Buloz, c'est le roseau, et moi, je suis le chêne! »

(1) Victor Schelcher.
(2) A. de Vigny.
(3) V. Hugo.
(4) Frédéric Soulié.

On trouva ce discours un peu fort de tabac,
Puis l'on alla souper aussitôt chez Balzac.

ROGER DE BEAUVOIR (1).

A mesure que l'œuvre de F. Buloz grandit, se précise et s'étend, sa vie y est si confondue, qu'il est souvent impossible de séparer l'une de l'autre. Aussi entrerons-nous souvent, par sa correspondance, ou celle des siens, dans son intimité.

George, qui a blâmé le mariage de son directeur, et vivement, deviendra, après ce mariage, l'amie de Mme F. Buloz. Chose singulière, ces deux femmes se plaisent. La jeunesse, la douceur de la nouvelle mariée, charment l'autre, plus virile. « C'est, dit George, un petit ange de paix! » Bientôt, et régulièrement, elles s'écriront. Les premières lettres de George Sand à Christine Buloz datent du début de 1836. Déjà alors, leur intimité est suffisante, pour que l'écrivain confie à son amie quelques-uns des ennuis que s'ingéniait à lui créer Casimir Dudevant, et Casimir s'y entendait, le médiocre Casimir! il ne s'entendait même vraiment qu'à cela. Oh! l'ennuyeux mari!

En dehors de celles-ci, George a bien d'autres préoccupations : elles apparaissent dans sa correspondance avec le directeur de la Revue, en ce début d'année 1836. *Engelwald* l'absorbe, *Engelwald* qu'elle abandonne et reprend, et ne finira jamais, ou du moins ne publiera point, à cause de la situation politique de la France; le livre de Musset, *la Confession d'un enfant du siècle*, l'inquiète... Elle ignore ce qu'il renferme, elle le redoute aussi! Les notes de F. Buloz, — documents précieux, — apprécient différemment les soucis de son auteur préféré.

3 janvier 1836. — Amitié comme en sait faire G. Sand, — annonce d'un envoi d'étrennes, — son procès, — *Simon*, *Engelwald*, — éloge de Didier (2), je n'en accepte rien, — projet de voyage à Paris et de vivre avec nous. — M. d'Aragon. — Craintes sur le livre de Musset (3). « Ne croyez plus au mal qu'on vous dira de moi!! »

Deuxième lettre. Elle m'implore d'empêcher Musset de l'attaquer dans son livre.

(1) Collection Glinel.
(2) Charles Didier.
(3) *La Confession d'un enfant du siècle*.

A F. BULOZ

« Maître Buloz, vous êtes crasseux, je vous l'ai toujours dit. Vous dites que vous m'enverrez peut-être des étrennes. Grand merci. Faites-moi penser à vous promettre quelque chose. Je veux vous faire honte. Mon garde champêtre va demain à la chasse pour vous, et s'il rapporte *quelque chose*, je vous l'enverrai avec un de ces animaux extraordinaires, rares, curieux que vous avez mangés chez nous, et dont la race a été rapportée de Madagascar par le célèbre naturaliste J. Néraud, c'est-à-dire un cochon de lait. Vous ne l'aimez pas, mais vous ne pouvez-vous dispenser de le montrer à vos amis et connaissances, comme la découverte la plus importante que vous ayez faite dans nos savanes. Vous pourrez le faire empailler et le mettre sur votre cheminée, et Margarita pourra alors être appelée *Margarita ante porcos*, sans vous compromettre. On dira *ante Bulos*, la rime y sera toujours. Fâchez-vous, ça m'est bien égal. Au reste, tout ce que j'en fais, c'est pour vous piquer d'émulation sur le chapitre des étrennes.

« Envoyez-moi des livres, non pas ces chefs-d'œuvre *d'or et de soie*, comme dit pompeusement votre chronique, mais du classique broché; je voudrais Machiavel, tâchez de me le donner.

« J'ai reçu vos 1000 francs et ils n'ont pas gelé le creux de ma main, ils ont été s'engloutir dans la poche de mon procureur, c'est-à-dire de l'homme noir qui me procure des ennuis, des dettes et des colères. Au reste, tout va bien. La réussite est devenue certaine par un incident heureux. Notre tribunal est si bête et si arriéré, qu'il fait consister la morale publique et le repos de la société à condamner à la plus touchante union des époux qui s'arrachent les yeux mutuellement. Leurs décisions sont toujours cassées à Bourges. Ces jours-ci un de leurs plus beaux arrêts vient d'obtenir en ce genre un soufflet qui a tellement humilié notre président, qu'il en est tombé malade. Dieu aidant, il en mourra, et ses confrères ne seront plus si hargneux. Je ne serai quitte de tout cela, au reste, que vers la fin de février. Ne vous occupez pas de la *Gazette des Tribunaux*. Son correspondant à Châteauroux est mon ami Rollinat, qui certes ne lui communiquera pas les matériaux; si *Le Droit* a fantaisie d'en parler, vous le saurez bien. Je pense que vous n'êtes pas brouillé avec Lerminier; d'ailleurs je le crois homme de trop bon goût pour communiquer au public une affaire sur laquelle les journaux sérieux gardent toujours le silence...

« Quant à *Engelwald*, je travaille toutes les nuits jusqu'au jour, c'est tout ce que je peux vous dire. Je suis obligée de lire beaucoup. Il faut que je prenne connaissance du *Mémorial de Sainte-Hélène*. J'ai été obligée de relire *Rome souterraine*, et à propos de cela, sachez que c'est un beau livre, et que le chapitre intitulé le *Mont Moréo* est une chose sans défaut, Si vous en doutez, relisez-le et faites un peu plus mousser l'auteur qu'on ne l'a fait jusqu'ici. Sa réputation n'est pas à la hauteur de son talent... Réservez-moi, en effet, une petite chambre chez vous. Je quitte mon appartement au mois d'avril. Je m'installerai un petit coin chez vous, et nous ferons un arrangement. Vous me donnerez à manger, et nous mettrons une planche (non pas Gustave Planche), une planche vraie pour passer de la fenêtre à la terrasse, afin que j'y aille fumer, sans manquer de respect à Margarita; vous m'aurez quinze jours par trimestre, cela vous arrange-t-il ? (Charles d'Aragon est peut-être las de son logement de garçon, et ce serait peut-être tout ce qu'il me faut.) Envoyez-moi le livre d'Alfred, si vous croyez qu'il ne doive pas me fâcher, — dans ce dernier cas, dites-le-moi, et je m'abstiendrai de le connaître. La vie est courte, le mal et le bien y sont inutiles à quiconque ne veut plus que le repos. Traitez-moi comme un mort. Ne laissez pas insulter ma tombe. Mais n'y mettez pas d'épitaphe, je suis bien comme cela...

« *Remarque importante*. — Si vous ne faites pas empailler le cochon de lait, il faut, avant de l'embrocher, l'échauder avec de l'eau bouillante, et lui enlever toute la soie. Après quoi, il faut le faire rôtir jusqu'à ce que la peau soit tendue et cassante. Sancho en mangea un aux noces de Gamache qui avait un agneau dans le ventre, dans l'agneau un lièvre, dans le lièvre un lapin, dans le lapin je ne sais quoi, peut-être M. de Balzac (1). »

« George Sand. »

George « se tourmente et s'inquiète du livre de Musset et elle a tort, — ne lui a-t-il pas dit : « Je voudrais te bâtir un autel

(1) Inédite.

fût-ce avec mes os. » Mais, elle doute, et quelques jours après ce qu'on vient de lire, elle écrit encore (1) :

A F. BULOZ

« J'ai pensé à ce que vous m'avez dit du livre de Musset; ne le mettez pas sous presse sans le lire, mon cher ami, et si vous avez quelque influence sur lui, ne me laissez pas injurier. Je m'attends bien à quelque méchant coup de griffe, il sait tellement que je ne suis pas d'un caractère vindicatif en littérature, qu'il pourrait me draper selon son humeur du moment. J'avoue que cela ne me plairait guère, et ne me semblerait *ni beau, ni honnête*, comme dit Sganarelle...

« Vous êtes, je crois, près d'Alfred dans une position qui vous donne le droit de représentation et d'observation, je suis votre marchandise, et il ne peut trouver mauvais que vous défendiez l'honneur d'un nom qui est votre fond de boutique.

« Après tout, je n'attache par une immense importance à tout cela. Ce serait une contrariété et rien de plus. On n'impose rien à la postérité, et s'il y a postérité pour moi (ce dont je doute un peu) elle me fera ma part aussi bonne et aussi mauvaise que je la mérite. S'il n'y a pas postérité (ce dont je me flatte), ma vie est arrangée désormais de manière à ce que les balles arrivent mortes. Ce dont Alfred ne se doute guère, et ce que je n'ai jamais eu la cruauté de lui dire nettement, c'est que sa réputation est plus attaquée que la mienne. La réhabilitera-t-il en jetant des pierres au toit sous lequel il a dormi? J'en doute. Il se ferait plus de mal qu'à moi.

« Menez cela à bien. Vous êtes dans une position entre les deux camps. Vous savez que je ne suis pas hostile, je ne sais rien de lui, sinon que sa mère vend mes billets aux faiseurs d'albums, ce qui est un vilain commerce qui ne doit pas rapporter grand'chose (2). Moi, je ne donnerais pas deux liards de la plus belle lettre que j'ai écrite dans ma vie.

« Bonsoir, vieux, je m'endors. Les hommages de George à Margarita... L'article de Sainte-Beuve sur Villemain est diablement embêtant. Celui de Chateaubriand en revanche est très coquet (3). » « GEORGE. »

(1) F. Buloz a écrit au dos de cette lettre : Commencement de l'année 1836; elle paraît être de janvier.

(2) Qui a pu faire un pareil rapport à George Sand?

(3) Inédite.

Du 23 janvier 1836.

. . . .

« Bonsoir, jeune écervelé. Mon enquête est finie, mon procès touche à sa conclusion. J'en attends le résultat avec un calme philosophique. J'ai trois juges, dont l'un avait, du temps qu'il n'était pas veuf, l'innocente habitude de vendre sa femme au plus offrant ; l'autre est abruti par l'... Le troisième est, je crois, honnête, mais constipé, goutteux, hargneux, jaloux de la force et de la santé de son prochain. Tout est pour le mieux dans le meilleur des mondes possibles. Salut !

« Dites-moi les causes du silence de Sainte-Beuve à mon égard. Mes façons d'agir et de penser lui sont antipathiques, surtout depuis qu'il a quitté la cellule pour les salons. Je ne force l'amitié de personne, mais je tiens à la franchise; quand on me boude ou qu'on me fuit, je veux savoir pourquoi, car je ne me brouille jamais avec personne sans lui dire hardiment et franchement mes raisons. Rien n'est plus insultant que de laisser dans l'incertitude celui qu'on veut abandonner. C'est l'exposer à être importun et ridicule. Je lui ai écrit, qu'il me réponde, fût-ce pour me dire qu'il ne veut plus entendre parler de quelqu'un dont on dit tant de mal...

« Je vous prie de mettre de côté le manuscrit de *Simon;* un imbécile de mes amis me l'a demandé depuis longtemps et je l'ai promis : quoique ce soit un cadeau stupide, il y tient. »

Cet « imbécile de ses amis » c'est Michel de Bourges, F. Buloz le note : « le héros du roman. »

LE PROCÈS EN SÉPARATION

Pendant ce temps, George est toujours à la Châtre, attendant l'issue de son procès; mais elle est, sur ce sujet, tranquille, et le trouve « imperdable en Cour royale, imperdable même au Tribunal de la Châtre, où la jugerie est pourtant ignoble... s'il y a appel, l'affaire durera six semaines de plus. » Mais elle veut dans tous les cas aller à Paris, embrasser ses enfants, et quitter l'appartement du quai Malaquais.

« Voyez-vous Maurice? Il m'écrit des lettres charmantes. Je suis malade de le voir, ainsi que sa sœur. Du reste, je suis à la

Châtre, en mon royaume, comme dit Planet, et contractant le despotisme, la brutalité, l'exigence, l'ironie, enfin tous les vices du souverain. Tout cela parce que je me permets de rire de ses trente-sept gilets. Quand je serai reine autrement qu'*in partibus*, et que je pourrai gouverner convenablement bœufs et dindons, je ne ferai plus guère de romans, mais j'en ferai d'un peu moins mauvais.

« Celui d'Alfred est magnifique. C'est très supérieur à *Adolphe* de Benjamin Constant.

« Sainte-Beuve a tort. Le frottement du monde ôte la franchise des sentiments et des manières. Je ne sais ce que veut dire une lettre *dure et blessante* quand on l'a méritée. Je ne rétracterai la mienne que quand il y aura répondu lui-même, et comme l'action de ne pas répondre à une lettre équivaut à celle de tourner le dos à quelqu'un qui vous tend la main, je le regarde comme hostile à mon égard, jusqu'à nouvel ordre. Je déteste les connaissances, je ne veux souffrir que des amis ou des ennemis, et quoi qu'il en dise, je ne conserve de relations qu'avec ceux qui veulent bien m'aimer tout à fait. J'ai cru longtemps qu'il en était ainsi de sa part : s'il en est autrement, je ne m'en formaliserai pas. Je ne demande au monde qu'une chose, c'est la hardiesse de dire ce qu'on pense, rien de moins et rien de plus. Si Sainte-Beuve a décidé que je ne suis pas digne de son amitié, je ne veux pas me contenter de sa bienveillance au point où nous en sommes, et je le laisserai fort en repos sur tous les cancans qu'il lui plaira de recueillir et de colporter désormais. Dites-lui tout cela si vous voulez. Je ne crains qu'une chose dans la vie à présent, c'est de m'abuser sur les autres, car sur moi-même, je crois que je ne m'abuse plus (1). »

« George. »

George est sévère à Sainte-Beuve, qui l'a tant aidée dans ses heures douloureuses,— l'a-t-elle oublié? Mais elle est enchantée de la *Confession d'un enfant du siècle* et même elle trouve que Sainte-Beuve ne loue pas assez cette œuvre :

« Sainte-Beuve juge un peu trop sévèrement les défauts du livre de Musset, et n'en comprend pas assez les beautés. Du

(1) Inédite, 10 février 1836.

reste, son article est charmant, mais j'ai un peu souffert en le voyant succéder à de si grands éloges de M. Quinet. Ce livre d'Alfred a-t-il enfin le succès qu'il mérite?

« Adieu, mon vieux Buloz. Je suis toujours à la Châtre, où je m'amuse beaucoup, mais je voudrais mes enfants, — j'en ai soif.

« En faites-vous? en désirez-vous? Il n'y a que cette passion-là dans la vie qui ne soit pas sujette à vicissitude, mais je ne sais pas si les hommes la connaissent (1). »

Enfin, le fameux procès est plaidé et les tribunaux, dit George, lui ont accordé la victoire. Elle l'écrit à ses amis, elle l'écrit à Liszt, à la Comtesse, à Guéroult, aussi à sa nouvelle amie « Margarita, » Mme François Buloz :

A MADAME F. BULOZ

« Ma chère Christine, je vous embrasse et vous remercie de votre aimable souvenir. Mon procès est plaidé et gagné. Mon vieil ami Michel (2) a été admirable. Mon agréable ennemi, M. D... (3), a été penaud. J'ai de nouveau la garde de mes deux enfants, sans l'avoir demandée, car, vu son insistance, je n'espérais pas tant obtenir. Je ne sais si j'aurai autant de succès à Bourges, où il va faire sans doute appel. Dans tous les cas, mon procès est imperdable, et j'espère en être quitte dans trois mois Alors on pourra publier *Engelwald*, et nous verrons à le mettre sous presse quelques semaines à l'avance.

« Priez Buloz de publier *Simon*, *Léoni* et *André* ou *Jacques*, si bon lui semble, je n'y ferai pas de correction, mais qu'il n'aille pas débuter par le *Secrétaire intime*, qui est ce que j'ai fait de plus plat. Je ne suis même pas décidée à le publier. Je compte faire une fin, et des changements conséquents à l'infâme *Lelia* que je considère comme *ma meilleure ouvrage*...

« Dans le moment présent j'ai besoin d'une publication qui n'indispose par le public, à cause de mon procès. *André* et *Simon* feraient bien. Je ne vois pas que mon portrait soit nécessaire à la première livraison.

« Dites donc à votre cher époux de se dépêcher. Je ne le

(1) Inédite, 23 février 1836.
(2) M Michel de Bourges.
(3) M. Dudevant son mar .

laisserai pas en arrière. Je suis en train de faire Meyerbeer (1). Je l'écris dans un petit jardin tout rempli de lilas et de tulipes. J'espère que mon style sera fleuri. *Mauprat* viendra ensuite, si le jeune Buloz y tient.

« Mais dans peu de temps nous nous verrons à cet effet, faites-lui commencer seulement l'édition complète. Il me donne des raisons *dilatoires* qui n'ont pas le sens commun...

« Bonsoir, ma belle petite dame. Donnez-moi de vos nouvelles de temps en temps. Je vous embrasse, si vous le permettez, et si vous voulez bien m'aimer un peu.

« Tout à vous.

« George. »

« 14 mai 1836. »

Donc voici le procès Dudevant contre Dudevant plaidé, et gagné par G. Sand en première instance, M. Dudevant fera sans doute appel? George Sand est toujours campée chez ses amis à la Châtre, pendant que le mari, lui, est logé à Nohant, chez elle. Mais elle ne se plaint pas et écrit :

« Couchée sur une terrasse, dans un site délicieux, je regarde les hirondelles voler, le soleil se coucher, se barbouiller le nez de nuages, les hannetons donner de la tête contre les branches, et je ne pense à rien du tout, sinon qu'il fait beau, et que nous sommes au mois de mai. »

Elle plaidera le 25 juillet seulement « en Cour royale. » « Il faut disputer pied à pied un coin de terre... coin précieux, terre sacrée, où les os de mes parents reposent sous les fleurs que ma main sema, et que mes pleurs arrosèrent. »

En attendant la plaidoirie nouvelle, et le jugement définitif, elle est un peu maltraitée de temps en temps par l'opinion, et encore par la presse, — par la petite presse, — surtout celle de Bourges! Quelle copie pour la presse de Bourges! A celle-ci elle ne répond pas, ou peu, mais voici que M. Nisard lui fait de la morale (2), et l'accuse, ayant eu une mauvaise expérience matrimoniale, d'en vouloir dégoûter les autres, de faire dans ses romans « l'apologie de l'adultère! » Voilà le grand mot lâché : Il dit « l'amant est le roi de vos livres! »

(1) Lettres d'un voyageur. *La Musique, Les Huguenots*, à M. Giacomo Meyerbeer, 15 novembre 1836.

(2) Dans la *Revue de Paris*.

et enfin ceci : « Il serait peut-être plus héroïque, à qui n'a pas eu le bon lot, de ne pas scandaliser le monde avec son malheur, en faisant d'un cas privé une question sociale. »

Cette apostrophe déplaît à George, elle la reproche au directeur de la *Revue :* elle y répondra ; « Il ne s'agit pas ici d'amour-propre : M. Nisard m'accable de compliments, qui satisferaient amplement mon appétit si j'étais affamée. Il s'agit de ne pas me démolir dans l'esprit de mes juges, sous un rapport plus sérieux... » Elle lui envoie donc une réponse « sous forme de lettre » à insérer au plus tôt dans la *Revue de Paris.* Ce souci de ses juges, qu'elle-même juge si sévèrement, est assez logique à l'heure qu'elle traverse ; elle ne veut pas avoir une étiquette d'immoralité ; elle y veille, et c'est je pense la première fois :

Autre chose la préoccupe :

« Je vous conjure de ne pas soumettre mes manuscrits à la censure de Sainte-Beuve, et des 47 autres directeurs en chef de vos revues. Vous avez sur eux tous, entre autres avantages, celui de connaître votre langue. Corrigez-moi donc *en personne*, et ne me soumettez pas à la férule de tous vos pédants. Je suis en train de faire d'importantes corrections à *Lélia.* Je bouleverse tout le personnage de Trenmor, et je transporte la réhabilitation, non pas morale, mais *poétique* du joueur dans la bouche de Leone Leoni : ce passage était assez purement écrit, j'eusse été fâchée de le perdre, et je crois qu'il est maintenant tout à fait en sa place, et sans inconvénient, puisqu'il est dans la bouche d'un personnage éprouvé. *Leoni* est donc prêt (1). Je l'ai relu avec attention et conscience. Je n'y ai rien trouvé d'*immoral.* Le grand défaut c'est l'invraisemblance des événements. Mais pourvu que les caractères soient *vrais,* la folie des incidents est un droit du romancier, et de plus forts que moi ne s'en sont pas fait faute (2)... »

La réponse à M. Nisard parut dans la *Revue de Paris ;* à la veille de l'affaire Dudevant, elle ne pouvait qu'être favorable à George ; F. Buloz le voit nettement, car c'est sa propre cause que l'écrivain plaide devant M. Nisard, avec l'éloquence que l'on sait.

F. Buloz écrivait le 29 mai :

(1) Pour la publication en volume chez Bonnaire.
(2) Inédite.

« Mon cher George,

« J'ai lu attentivement votre lettre, j'y ai trouvé des longueurs, mais je n'y ai rien vu qui ne puisse se publier, je crois que cette lettre peut exercer une heureuse influence sur les juges, je vous en enverrai un certain nombre d'exemplaires, que vous leur ferez remettre, vous verrez dans ce même numéro... le morceau de Mme Jal (1) (2). »

Quelques jours après, George se plaint de la *Revue Britannique* qui l'attaque, — « ne m'envoyez pas l'article, mais usez de votre influence pour qu'on ne me dise pas d'injures en ce moment-ci, — » et Loeve-Weimars, dans la *Revue*, ne peut-il la défendre? Cinq ou six lignes qu'il écrirait de « main de maître » feraient fuir les beaux esprits qui ne se frotteraient plus à cette plume : que Buloz lui demande ce service ! « On dit qu'il me hait, je ne sais pourquoi, je ne lui en ai jamais donné sujet. » Et encore : « Je vous prie de parler de moi à Chaix d'Est-Ange, et de l'empêcher de plaider contre moi, si M. Dudevant a recours à lui. Car on dit que M. Bethmont l'abandonne, et j'ai envoyé signer ma consultation à plusieurs avocats des plus célèbres, pour les empêcher d'être contre moi, ma consultation sera présentée à M. Chaix d'Est-Ange. Recommandez-moi à lui puisque vous êtes en relation avec lui... Parlez de Mme Jal à Sosthènes, si vous le voyez, dites-en beaucoup de bien, c'est une femme intéressante... »

Sosthènes dont George parle ici est Sosthènes de la Rochefoucauld : elle le désigne souvent ainsi : S. R. Elle aurait voulu que S. R. confiât la rédaction de ses mémoires à Mme Jal protégée de George. F. Buloz fera la recommandation, mais il est clair qu'il ne compte pas sur le talent de Mme Jal, pour orner la *Revue des Deux Mondes*.

« Je mettrai la note en question dans la *Revue*, et répondrai à la *Revue Britannique* (3). Malheureusement Loëve n'est pas à Paris, mais nous arrangerons tout cela de façon à ce que tout se passe bien. Ne vous inquiétez plus de Chaix d'Est-Ange, je

(1) En échange de cette lettre (qui devait la servir dans l'esprit de ses juges) George exige l'insertion dans la *Revue de Paris* d'une nouvelle de Mme Jal, nouvelle dont le directeur ne voulait pas, et son paiement à Mme Jal.

(2) Inédite Collection S. de Lovenjoul.

(3) C'est Sainte-Beuve qui écrivit cette réponse dans la *Revue* du 15 juin 1836.

lui ai fait signer moi-même votre consultation, et nous allons voir à la faire signer à Mangin et à Pasquier.

« Je parlerai à Sosthènes pour Mme Jal, et vous promets de la faire travailler ; seulement qu'elle renonce à la *Revue des Deux Mondes :* dites-lui de se contenter de la *Revue de Paris* (1). »

A ce moment, George Sand posait devant Calamatta. Celui-ci devait graver le portrait que F. Buloz avait commandé jadis à Delacroix. Ce portrait, très connu, la représente nu-tête avec un vêtement d'homme et une grosse cravate dénouée ; il devait figurer au frontispice, en tête de l'édition Bonnaire de ses œuvres complètes ; il devait aussi accompagner dans la *Revue* la publication du fragment de *Lelia.*

Et F. Buloz écrit à George en juin.

« A ce propos je vous dirai que Delacroix est bien mécontent de Calamatta pour cette gravure ; il se plaint de n'avoir pas vu du tout Calamatta, qui, dit-il, a voulu refaire son portrait ; je suis bien fâché de cela : Delacroix est un aimable homme, et je trouve que Calamatta a tort, il s'est servi du portrait de Delacroix, et il met sur sa gravure *designato e inciso de Cal!* C'est désobliger bien gratuitement Delacroix, et nous brouiller, vous et moi, avec un homme qui a été obligeant avec nous. Je veux bien que C. se soit donné beaucoup de mal, qu'il ait fait un nouveau dessin, il n'en est pas moins vrai qu'avec plus de procédés, il aurait pu éviter de blesser Delacroix. J'avoue que je suis fort embarrassé vis-à-vis de celui-ci.

« Vous allez mieux, j'espère, ma femme ne va pas très bien, je la crois enceinte.

« Vous recevrez vos épreuves dans peu de jours. Puis celles d'*André ; Simon* est tout imprimé et prêt à paraître.

« Vous verrez que nous répondons assez bien à la *Revue Britannique.*

« Tout à vous,

« BULOZ, »

« Mes amitiés, je vous prie, à Dutheil et à Planet (2). »

Mais George se soucie fort peu de blesser ou non Delacroix. Elle a oublié les heures passées auprès de cet ami, précisément lorsqu'il peignait son portrait, aux jours cruels des ruptures

(1) Collection S. de Lovenjoul, 6 juin 1836, inédite.
(2) Collection S. de Lovenjoul, 15 juin 1836, inédite.

avec Musset; alors, elle s'était confiée à Delacroix; ce temps, pour elle, est déjà loin...

« Chère Christine,

« Veuillez dire à votre céleste époux que je le prie de ne pas faire paraître le fragment de *Lélia* que je lui ai envoyé sans que je revoie les épreuves. Il fera quant au portrait ce qu'il voudra. Je ne sais pas pourquoi Calamatta n'a pas mis le nom de Delacroix au-dessous. Je ne sais pas pourquoi Delacroix trouverait mauvais que j'aie donné des séances à Calamatta. Je ne pouvais pas les lui refuser, et puis je déclare sur l'honneur que je les ai crues nécessaires pour tout portrait gravé. Calamatta me l'a dit et je ne me suis pas imaginée d'en douter. Buloz me mande que cela me brouille avec Lacroix *(sic)*. Lacroix se brouillerait pour bien peu de chose s'il en était ainsi. En définitive je n'y peux rien (1)... »

C'est F. Buloz qui écrit à George Sand, le 20 juin (2) :

« Je vous envoie, mon cher George, l'épreuve de votre fragment (3)...

« J'ai pu voir M. Louis Raynal, substitut du procureur général à Bourges, il paraît qu'à Bourges on n'est pas trop bien disposé pour vous; M. Dudevant paraît avoir agi assez habilement auprès des juges. J'ai éclairé autant que j'ai pu M. Raynal sur votre procès, mais je crois qu'il serait bon que vous vissiez le procureur général.

« M. Raynal est un admirateur de vos livres, et je crois que si vous lui faisiez parler, ou si vous le voyiez, il pourrait vous être utile dans votre affaire. C'est un homme bon et obligeant. M. Raynal est un ami intime de Félix Bonnaire; l'un et l'autre seront dans le Berry la semaine prochaine. Je pense que Bonnaire ira vous voir; il servirait naturellement d'intermédiaire.

« Tout à vous.

« BULOZ (4). »

A la crainte exprimée par son directeur, concernant les

(1) Inédite.

(2) Cette lettre est adressée à Mme Dudevant, chez M. Dutheil, avocat à la Châtre (Indre).

(3) *Lélia*.

(4) Collection S. de Lovenjoul, inédite.

agissements de M. Dudevant, à Bourges, George répond qu'elle n'y croit guère. « Il y a un genre d'intrigues qui tombe à plat devant la discussion, et la lumière se fait aux débats. Néanmoins je ne négligerai pas la bienveillance de M. Raynal, et je vous remercie de lui avoir parlé de moi. Je le verrai et s'il veut me servir, j'en serai très reconnaissante (1). »

Quelques jours avant, elle adressait à Mme F. Buloz ce billet (2) :

« Et vous, chère petite dame, comment êtes-vous? Buloz me mande que vous êtes souffrante, peut-être grosse. Si vous ne devez pas en être trop malade, je le désire pour vous. Il n'y a de vrai et de durable pour les femmes que les joies de la maternité. Je fais des vœux sincères pour que vous meniez à bonne fin cet espoir naissant. Soyez bien sage. Soignez-vous. Vous ne doutez pas, j'espère, des sentiments d'affection et de vif intérêt qui me portent à vous faire ces recommandations.

« Adieu et tout à vous de cœur,

« GEORGE. »

24 juin 1836 (3).

***

Pendant que George Sand, de la Châtre, écrivait ainsi à ses amis, à Paris un nouveau régicide avait été tenté : le 25 juin, Louis Alibaud avait tiré deux balles contre le Roi.

La *Revue* (4) condamna cet attentat dans sa chronique du 1er juillet, et aussi dans un article sur l'*Assassinat politique*, signé Lerminier. Mais quelle mouche a piqué George? L'opinion de la *Revue* la révolte et l'indigne, elle est hors d'elle, et Alibaud devient à ses yeux « un héros! » On retrouve, dans cette exaltation, un peu de celle de Louis Blanc, qui fit de l'assassin une manière de martyr; il lui découvrit même une extrême aménité de mœurs et de caractère, une sensibilité profonde, etc.; enfin, c'est déjà la rhétorique de 48.

Mais voici la lettre de George (5).

... « Il s'agit d'un fait vu au point de vue moral, philoso-

(1) Inédite datée de la main de F. Buloz : 26 juin 1836.
(2) A Madame Buloz, rue des Beaux-Arts, Paris.
(3) Inédite.
(4) Avec presque toute la Presse française.
(5) Du 3 juillet 1836. Inédite.

phique, psychologique, si vous voulez; Alibaud est un héros; son nom sera mis dans l'histoire à côté de celui de Frédéric Stab. Vous professez la haine de l'assassinat politique. Vous déclarez que Brutus et Cassius n'y voyaient pas plus loin que leur nez. Vous les traitez comme des bousingots. Je ne dis rien à cela. Chacun ses convictions à cet égard. Beaucoup de mes amis me font la guerre, et me proscrivent comme fanatique, quoique je ne m'occupe pas plus de politique que mon vacher. Je ne me dispute pas avec eux, tout est sujet à controverse, et l'on n'en finirait pas si l'on discutait les principes. Mais les faits sont à la portée de tout le monde, et on doit les traiter avec un certain respect. L'article signé Lherminier *(sic)* est ignoble. Dites-le-lui si vous voulez. Qu'est-ce que des épithètes insultantes adressées à l'homme dont la tête va tomber (1), qu'est-ce que le *mépris* d'un M. Lherminier envers cet homme des temps antiques? Qu'est-ce que ce tressaillement d'horreur, cette épilepsie de vertu nommant l'infâme assassin? et puis ce bon petit coin d'adoration délicate pour le bon Roi qui se promène *comme un bon citoyen au milieu de sa ville* (2)? Vous avez imprimé ces mots-là, mon cher Buloz, et vous avez imprimé une saloperie. D'abord, Louis-Philippe n'est pas un *bon citoyen*, ensuite, Paris n'est pas la *ville de Louis-Philippe*, cette citation eût fait honneur au *Journal des Débats*, elle ne fait pas honneur à la *Revue des Deux Mondes*.

« Je vous ai vu en politique des idées aussi élevées qu'en littérature, et vous voyant si différent de vous-même dans ces deux circonstances, je me persuade que vous ne lisez pas les articles qu'on vous donne. Vous appelez cela faire un journal? On ne peut dire que Mme de Staël est ennuyeuse sans élever autour de vous un cri d'horreur et d'indignation, et on écrit qu'Alibaud est un débauché, un infâme, un criminel *pauvre et bête!* Mon cher ami, vous faites mal la police de vos Revues...

« Bonsoir, mon cher camarade. Portez-vous bien, prospérez et écoutez mes remontrances si vous les trouvez justes, sinon faites à votre tête...

(1) Lerminier disait « il est lâche de frapper un homme qui ne peut ni prévoir le coup, ni le repousser, ni le rendre. »

(2) De frapper un homme qui se présente à vous paisible et désarmé *comme un bon citoyen dans le sein de sa ville*, faire siffler la balle entre sa femme et sa sœur, il n'y a pas de sophisme au monde qui puisse relever cet acte de la plus infamante bassesse. ».

« La comédie d'Alfred est très jolie (1). Il y a certainement progrès comme plastique et comme clarté dans ce qu'il fait à présent. Mon procès sera plaidé et rejugé dans le courant du mois. Je suis toujours à la Châtre où je travaille et où je souffre du foie.(2)... »

A cela Buloz répond :

8 juillet 1936.

« Votre lettre m'a attristé, mon cher George. Quoi ! vous exaltez ce que vous, avec vos sentiments de démocratie, devriez le plus flétrir, c'est-à-dire des crimes inutiles ! Car, qui retarde l'avènement de cette démocratie, si ce n'est les fous furieux ? Croyez-vous que nous ne serions pas plus avancés sans toutes les folies que le républicanisme a faites depuis 1830 ? A quoi servent les Fieschi, les Alibaud, si ce n'est à effrayer le pays, et à donner plus de force au pouvoir ? Croyez vous que toutes ces tentatives d'assassinat ne peuvent pas conduire le gouvernement à des empiétements ? Qui nous a valu les lois de septembre, si ce n'est la machine de Fieschi ?

« Pensez-vous que la France ferait grand crime à Louis-Philippe de s'entourer d'une garde royale et de tous les apparats d'une royauté presque absolue dans le but de se préserver des assassins, et n'est-ce pas retenir le pouvoir sur cette pente, que de flétrir ces assassinats périodiques, dont les résultats ne seraient fatals qu'à la démocratie ? Nous sommes et nous serons toujours aussi démocrates que qui que ce soit, mais nous différons sur les moyens d'amener la démocratie au pouvoir.

« Ma femme vous embrasse ; comme je vous le disais, elle est enceinte (3). »

Voici la réplique de George Sand à F. Buloz :

« Je vous ai dit que je vous laissais la théorie du système en général. Proscrivez l'assassinat politique, si cela vous plaît et si vous aimez les rois. Peu m'importe. Mais vous ne deviez pas toucher à la personne sacrée d'Alibaud. Vous ne deviez pas répéter les calomnies infâmes que le gouvernement faisait publier contre lui. Vous ne deviez pas dire que cet homme était vicieux, débauché, stupide et fou. Ce qu'il y a de pire au monde,

(1) *Il ne faut jurer de rien.*
(2) Inédite.
(3) Collection de Lovenjoul, inédite.

c'est d'être lâche, et lâches sont ceux qui flétrissent le seul homme de cœur qui soit en France. Confessez pour votre honneur que vous ne lisez pas les articles qu'on vous fournit, et je dirai que vous êtes coupable de négligence seulement. Si je croyais le contraire, j'écraserais à jamais le fêtu qui me sert à écrire, plutôt que d'écrire dans la *Revue des Deux Mondes*.

« Adieu, mon cher ami, rien ne me fera changer d'avis.

« George (1). »

C'est de la démence.

***

Mais le procès de George est plaidé pour la deuxième fois : « Mon procès se plaide après-demain, » écrit-elle le 28 juillet. « J'ai bon espoir, tout le monde est très bien en apparence pour moi. Mon adversaire n'a pas voulu d'arrangement... M. Raynal a été très bien pour moi. »

F. Buloz ne doute pas du succès, car il lui écrit à son tour le 27 :

« C'est hier que votre procès a dû être appelé : j'espère que vous l'aurez gagné, et que vous êtes enfin dégagée de toutes vos procédures.

« Vous savez la triste fin de Carrel; Girardin avait tout arrangé, dit-on, pour amener Carrel dans le panneau; il avait besoin d'un duel avec un homme comme Carrel, pour couper court aux terribles attaques dont il était menacé de toutes parts. Mais il a trop bien réussi; la mort de Carrel l'étouffera.

« Girardin se faisait la main, dit-on, depuis dix jours; et une coïncidence qui a contribué à amener Carrel à un duel, c'est qu'il recevait depuis quelque temps des lettres anonymes, où on le menaçait de faire sa biographie.

« Quand il a vu que la même menace lui était faite par le journal de Girardin, il a cru que les lettres venaient de la même source, et a jugé indispensable de se battre.

« C'est un grand malheur que Paris a vivement ressenti.

« Tout à vous.

« Buloz. »

(1) Inédite, datée de la main de F. Buloz du 11 juillet 1036 (cette date du 11 juillet est celle de l'exécution d'Alibaud).

« *P.-S.* — Balzac est en déconfiture avec son journal, il va s'allier avec Girardin, après un voyage qu'ils vont faire à Trieste. Je suis vengé de mon homme, — par la façon dont on l'a mené. Vous me reprochez de le faire attaquer. Moi, du moins, je ne l'ai pas mis à terre comme on vient de le faire.

« Je fais sortir Maurice demain. Ma femme vous embrasse et vous écrira bientôt (1). »

APRÈS LE PROCÈS

Le procès gagné, voici George à Nohant et le baron autre part, n'importe où, car il n'est guère intéressant. Mais elle! avec quelle joie elle prend possession de sa « vieille maison, » avec quelle joie elle annonce qu'elle est décidée à y vivre « agricolement, philosophiquement et laborieusement, décidée à apprendre l'orthographe aussi bien que M. Planche, la logique aussi bien que le célèbre M. Liszt, élève de Ballanche, Rodrigue et Senancour. Je veux en outre écrire en coulée et en bâtarde, mieux que Brard et Saint-Omer, et si j'arrive jamais à faire au bas de mon nom le paragraphe de M. Prudhomme, je serai parfaitement heureuse et je mourrai contente (2). »

— Elle dit : « la vie active ne m'a jamais éblouie ; » il semble que la voilà fixée?... Mais elle part pour Genève, afin de voir sa chère comtesse Arabella, et Franz, et les levers de soleil; elle emmène les enfants, car elle déclare qu'elle n'a plus maintenant que la passion de la progéniture. (Hélas! elle en aura d'autres encore!) Donc, assez rapidement elle verra Genève, Chamonix, Bâle et Fribourg; dans la cathédrale de Fribourg, Franz jouera sur l'orgue du vieux Mooser.

Le major Pictet, qui accompagne la troupe, décrit dans son petit livre : *Une Course à Chamonix*, le costume de voyage de George; il me paraît ineffable : une blouse d'homme, et dessous « un gilet rouge, garni de boutons d'or en filigrane, au cou une cravate noire, la tête couverte d'un grand chapeau de paille. » Notez aussi que ses cheveux bouclés tombent librement sur ses épaules, qu'elle a, pour l'achever de peindre, « le cigare à la bouche... » Il paraît que les indigènes étaient, à cet aspect, étonnés.., il me semble qu'il y avait de quoi!

(1) Inédite 27 juillet 1836.
(2) Correspondance 18 août 1836.

De ce voyage en Suisse que fait George en 1836, est née une des plus belles *Lettres d'un voyageur*, celle qui est dédiée à Charles Didier. Elle parut en novembre la même année.

De retour à Nohant, après ce voyage, George reprend sa vie, c'est-à-dire son travail la nuit, ses promenades à pied dans la Vallée noire le jour, et bientôt la maison est pleine de tous les Berrichons qu'elle aime.

Je pense que la lettre suivante a été écrite à l'époque de cette rentrée à Nohant, en automne, elle n'est pas datée de la main de George, mais de celle F. de Buloz, et seulement : 1836.

« Mon cher Buloz,

« La présente est pour vous dire que je me porte bien, et que je désire que la présente vous trouve de même. Le pain coûte fort cher, le vin de même, *tant qu'à* la viande elle est *orre* de prix. Je ne vous parle point du fromage, je n'en mange pas.

« Vous comprenez la conséquence de cette lettre.

« Salut !

« George.

« Je baise la main de Margarita. »

Bien que George Sand ait dit : « Je n'ai pas d'esprit... » et « je suis bête à couper au couteau, » certaines de ses lettres sont d'une fantaisie fort amusante; et puis elle dit tout, et souvent le plus drôlement du monde. Depuis l'heureuse issue de son procès, l'écrivain ne se trouve plus devant ces terribles difficultés d'argent que, jadis, elle a trop connues, elle se vantera même alors dans ses lettres au directeur de la *Revue* de n'avoir « plus besoin de ses services; » pourtant, elle a quelquefois encore des échéances cruelles, — et ses lettres alors deviennent pressantes, mais elles sont souvent aussi enjouées, car elle ne s'affole plus devant la liste de ses dettes, comme naguère...

La photographie de la lettre suivante est actuellement au Musée S. de Lovenjoul.

Monsieur Buloz, *rentier et propriétaire.*

10, rue des Beaux-Arts.

« Buloz ! — hein ? — Buloz ! — hein ? — Sacré Buloz ! — Quoi ? — de l'argent ? — Je n'entends pas. — Cinq cents francs ! — Qu'est-ce que vous dites ? — Que le diable vous emporte ! Vous m'avez promis six mille francs dans quelques jours, et je vous demande 500 francs pour demain. — Je n'ai pas dit un mot de cela. — Ah! vous n'êtes donc pas sourd? Eh! bien donnez-moi 500 francs, 500 francs, 500 francs. — Je n'entends pas.

« Mon cher ami, si vous êtes sourd, du moins vous savez lire, je le présume, quoiqu'on ne s'en douterait guère à la qualité des articles de la *Revue* que vous corrigez.

« *ex ours* George Sand, etc.

« Et Lherminier.

« Voilà six lettres que je vous écris, mais il paraît que vous êtes sourd par les yeux, maladie étrange et qui jusqu'à ce jour n'a pas été décrite.

« (500 francs, George 500 francs). »

13 décembre 1836 (1).

Cependant George n'est pas toujours aussi joyeuse dans ses lettres à son directeur : le ton est fréquemment dure, agressif même. Certes, ces changements d'humeur sont souvent dus à l'entourage, aux influences aussi, aux contrariétés de la vie quotidienne. Michel de Bourges avait déjà commencé depuis quelque temps à se rendre insupportable, et depuis quelque temps, George commence à en avoir assez; c'est alors qu'elle écrit à la comtesse d'Agoult : « J'ai des grands hommes plein le dos (car pour elle, Michel est un grand homme, *Simon,* un homme de la nature, une belle âme, etc.), qu'on les taille en marbre, qu'on les coule en bronze, et qu'on n'en parle plus. Tant qu'ils vivent, ils sont méchants, persécutants, fantasques, despotiques, amers, soupçonneux, etc. (2). » Elle s'intéresse à Charles Didier, à cette heure; elle le veut collaborateur à la *Revue*. F. Buloz note en décembre 1836 : « Il faut prendre Didier comme rédacteur et lui avancer de l'argent ou sinon... » et G. Sand écrit fort en colère :

« C'est moi, mon cher Buloz, qui vous ai recommandé Ch. Didier, et qui l'ai fait pour ainsi dire rentrer dans la sublime revue où M. de Carné fait de la si belle et si profonde politique, à preuve que personne ne coupe les feuilles au bout desquelles on lit son nom. Je croyais Ch. Didier très capable de faire de meilleurs articles, et je crois que le public est de

(1) Collection S. de Lovenjoul.
(2) Juillet 1836, Correspondance.

mon avis... Si après l'explication que je vais lui demander il croit devoir se retirer de votre journal, je m'en retirerai également, à la grande joie de vos amis, et à ma grande satisfaction, et à mon grand profit. » Il y en a comme cela cinq pages — et qu'a-t-elle? On lui a rapporté que F. Buloz disait d'elle qu'elle « était enterrée, » qu'elle n'avait plus de talent, depuis que Planche lui avait retiré sa protection, etc... Il est peu probable que le directeur de la *Revue*, toute affection mise à part, eût ainsi fait valoir son rédacteur préféré : mais quand ce rédacteur est déchaîné, il ne se connaît plus. Heureusement ces emportements durent peu. Quelques jours avant la lettre que je viens de citer, George Sand écrivait celle-ci :

« Noble et grand directeur des *Deux Mondes*, je suis arrivée, je vous prie de venir me voir, afin que je me prosterne devant votre éclat et que je vous demande des billets de spectacle, pour le théâtre que vous voudrez ce soir.

« J'irai demander à Mme Buloz un peu de bienveillance; mais j'irai en personne, et dès que je serai un peu débêtisée du voyage.

« Tout à vous,

« GEORGE. »

Il avait suffi d'un racontar que de bons amis lui avaient transmis, et la voilà injuste, blessante, terrible. F. Buloz en arrive à lui proposer la résiliation de leurs traités (en janvier) et il lui écrit très nettement :

« Je ne veux pas avoir de procès avec vous. Vous changez si souvent d'idées, que je crains de me voir forcé de défendre mes intérêts sur un terrain qui n'est pas de mon goût.

« Quand vous voudrez écrire pour la *Revue*, vous serez toujours reçue à bras ouverts. Mais je ne ferai rien pour gêner votre liberté; il m'en coûte de vous écrire en ces termes, mais vous m'y forcez en me menaçant en quelque sorte d'une ruine. J'espère que vous n'avez pas réfléchi à la portée de votre lettre qui m'a été fort pénible (1). »

Mais ces nuages se dissipent bientôt, quand George envoie *Mauprat* à la *Revue;* puis ils renaissent, car, après avoir envoyé

(1) Elle le menaçait, ayant besoin de 2 000 francs immédiatement, de publier autre part le 3e volume de *Lelia*, 24 janvier 1837, inédite. Collection S. de Lovenjoul.

Mauprat, elle veut subitement le reprendre. C'est Liszt qui a remis le manuscrit à F. Buloz de la part de George Sand ; on pense que cet envoi est bien accueilli ! surtout venant après les *lettres à Marcie* qu'elle publiait dans *le Monde*, ce qui avait irrité F. Buloz ; mais reprendre *Mauprat!* Quand toute cette partie est composée, le roman annoncé, les épreuves en route... C'est la jeune Mme Buloz, cette fois, qui intervient, et avec succès. George Sand lui répond :

« 8 mars 1837 (1).

« Chère Christine,

« Je vous remercie de me parler de vous et de votre bel enfant. Vous savez combien je prends d'intérêt à vos souffrances et à vos joies maternelles. Les souffrances ont cessé et les joies vont aller *crescendo*. Je ne vous plains donc pas. Je vous envie. Je voudrais tous les matins trouver un enfant sur mon oreiller. Je me plains du peu que j'en ai, mais malheureusement, j'ai oublié comment on les fait. Je suis vieille. Votre Buloz est une bête de s'imaginer que j'ai de l'amertume contre lui. C'est un excellent garçon pour qui j'aurai toujours de l'estime et de l'amitié. Mais il annonce mal et débite peu ma marchandise...

« Toute l'amitié du monde n'empêche pas que cela me mette de fort méchante humeur, et j'ai un ton détestable. C'est ce qui le vexe, mais ce qui me console, c'est qu'il ne l'a pas meilleur. Quant à sa *Revue*, j'avoue que je ne l'aime plus. Il sait bien pourquoi, ce n'est pas ma faute, ni la sienne. Chacun voit, pense, et sent comme il peut, et comme il veut. Faut-il se brouiller pour cela? Avec qui serait-on d'accord en ce monde? Je lui donne *Mauprat* (2), de quoi se plaint-il? Je ne vais pas aussi vite que je voudrais. D'une part, mon fils toujours malade m'absorbe, de l'autre j'ai mal au foie. Pourtant, je ne m'arrête pas. J'avais envie de faire deux volumes. En véritable épicier, il s'y oppose. En véritable garde-nationale, je me soumets. A qui diable en a-t-il?

« Les deux parties de *Mauprat* se succéderont dans la *Revue* sans interruptions, — que puis-je faire de plus? veut-il que

(1) Suscription : A Madame F. Buloz, 10, rue des Beaux-Arts, Paris.

(2) Il se plaignait qu'elle voulût le lui reprendre et, après, qu'elle n'en envoyât pas la suite.

j'écrive des deux mains? Alors, qu'il imprime des deux pieds. Il sait bien dans quels embarras je me trouve par suite de mon procès. Depuis que j'ai fait fortune, je n'ai plus de pain. Je sais qu'il crie misère de son côté ; il a peut-être raison, mais si nos deux misères ne lâchent pas de s'entr'aider, elles iront toutes deux de mal en pis...

« Adieu, mignonne. Pourquoi fourrez-vous votre joli nez dans ces sales propos d'argent? Cela me force à vous écrire des bêtises assommantes; je voudrais n'avoir à vous dire autre chose sinon que vous êtes bonne, jolie, et que je vous aime de tout mon cœur.

« Tout à vous (1).

« GEORGE. »

Pendant ce temps, Maurice a été malade, Solange a eu la petite vérole, mais elle ne sera pas marquée. Voilà les phrases qui reviennent sous sa plume... Maurice convalescent dévore les *Contes* d'Hoffmann, car la traduction de Loëve-Weimars a mis Hoffmann à la mode, et George Sand n'a-t-elle pas l'idée de « faire une fin à *Jean Kreyssler?...* Il y a longtemps que j'en ai envie; » mais cette fin, elle ne l'écrira jamais, car elle n'a pas assez de temps pour toutes les idées de sa cervelle; cette année 1837, avec *Mauprat*, elle donne à la *Revue* les *Maîtres mosaïstes* et la *Dernière Aldini*. Aussi, quand F. Buloz lui réclame le drame fantastique dont elle lui a parlé, et *Engelwald*, elle s'étonne : « Il me semble, mon vieux, qu'à moins de me mettre dans tous vos numéros, vous ne pouvez pas désirer davantage! »

Quelques mois plus tard, en juillet, George s'adresse à Mme F. Buloz; elle s'impatiente. L'édition de ses œuvres complètes qu'a entreprise Bonnaire « se traîne lamentablement, » et, bien entendu, c'est Buloz qu'elle rend responsable; n'est-il pas tout dans l'association? La vérité est que les livres se vendaient peu, et que Bonnaire hésitait à lancer de nouvelles éditions. Mais George charge Mme Buloz de gronder son mari.

« Ma chère Christine,

« ... *Mauprat* aussi est en retard, dans la *Revue*. Je désire qu'il m'envoie l'épreuve de la première partie, et qu'il la fasse

(1) Inédite.

passer dans son prochain numéro, car il faudrait bien que la livraison de *Mauprat daignât paraître...*

« ... Dites-lui cela de ma part, chère enfant; je suis fâchée d'avoir à faire passer mes grogneries par votre jolie bouche, d'autant plus qu'elles s'y changent en miel, et que Buloz ne les trouvera pas aussi mauvaises que je le voudrais.

« Je suis heureuse de votre bonheur, de la belle santé et de la jolie mine de votre moutard. Je vous promets de l'aimer et de le gâter comme vous avez gâté Maurice, et cela autant par reconnaissance pour vous, que par amour naturel pour les mioches. Les miens se portent bien, Solange est toujours superbe au moral et au physique. Maurice est rétabli, mais pas fort en latin et en gymnastique, toujours charmant pour moi.

« *Moi*, j'ai toujours mal alternativement au foie et au cœur. Je compte ne pas faire de vieux os. Que Buloz tâche donc de me faire mousser pendant ma vie, afin que je sois célèbre après ma mort. J'espère que Planche ne me refusera pas une oraison funèbre, ornée de textes grecs et de citations latines. Dites à Buloz que l'article sur *les Voix intérieures* (1) est très beau, admirablement écrit et raisonné, mais trop absolu.

« Soyez souvent, chère Christine, la secrétaire-rédacteur de votre illustre époux, quand il aura à m'écrire. Donnez-moi de vos nouvelles, rétablissez bien votre santé, aimez bien votre enfant, et vivez en joie.

« Aimez-moi *un peu*, je vous aimerai beaucoup. Aimez votre enfant *passionnément* et Buloz pas *du tout.*

« A vous de cœur.

« GEORGE (2). »

Le 1er août suivant, Fr Buloz annonce à l'auteur :

« *Mauprat* paraîtra donc lundi; je vous enverrai vos exemplaires avec le Plutarque que vous m'avez demandé.

« J'ai décidé Planche à faire deux feuilles sur tous vos ouvrages, mais ça ne sera pas une oraison funèbre, car vous vivrez plus longtemps que nous, je l'espère, et votre affection de foie ne sera rien.

» Je sais qu'on vous avait conseillé les eaux pour cela;

(1) *Les Voix intérieures*, par Victor Hugo, article de Gustave Planche dans la *Revue* du 15 juillet 1837.

(2) Inédite.

pourquoi n'y allez-vous pas? Il faut vous soigner. Si vous avez besoin d'argent pour cela, je ferai tout mon possible pour vous en donner. Écrivez-le-moi, et vous verrez si je suis aussi dur que vous le croyez.

« Je suis bien aise que Planche se soit décidé pour cet article, car je ne vois que lui qui puisse faire cela convenablement et avec fruit pour nous tous. Mais il y a une chose qui l'embarrasse, c'est le nouveau volume de *Lelia*... Il aurait besoin de savoir quel dénouement nouveau vous avez donné au livre, et la physionomie nouvelle qu'il a pu en prendre...

« Vous m'obligeriez bien de le mettre en mesure de faire sa besogne, c'est d'ailleurs un homme qui vous est bien dévoué. Je suis bien revenu aussi sur son compte, quels que soient ses défauts, et si j'étais plus riche, je ne le laisserais manquer de rien, même lorsqu'il ne travaillerait pas.

« Vous allez dire que je suis bien changé à son égard; c'est vrai, mais pourquoi ne pas reconnaître qu'on s'est irrité trop vivement, à propos d'inconvénients sur le terrain desquels on aurait dû prendre un parti?

« Je n'ai pas vu Didier depuis son retour, mais il m'a écrit deux fois pour la publication d'un travail sur l'Espagne qu'il doit m'envoyer du château de Sans-Souci où il est maintenant (1). »

Planche? Voici Planche s'occupant amicalement de George Sand après les griefs d'autrefois. Il semble que tout cela soit oublié, et Planche est disposé à faire un article; déjà quelques mois plus tôt, il donne des conseils à George Sand (qui les accepte), et elle écrit à son directeur :

« Remerciez Planche pour moi de ses bons conseils et avis. Je ne démords pas de mon engouement pour Mickiewickz, mais en ce qui me concerne, j'ai mis le fer et la flamme dans mon brouillon, en me confirmant à son opinion... Venez me voir à Nohant avec Christine et le mioche.

« Adieu et vive la poire (2)! »

Mais Planche a peur de déplaire, ou du moins de ne pas satisfaire complètement : « Un mot de vous aplanirait tout, si cela vous paraît convenable », écrit F. Buloz à George Sand. « Je ne crois pas qu'il ait rien à refuser à la *Reine de France*. Vous

(1) Collection S. de Lovenjoul : inédite.
(2) Inédite.

avez beaucoup d'amis, sans doute, mais je n'en vois pas un qui soit capable de vous servir dans la presse comme Planche..., il est d'ailleurs bien pour vous, etc. (1). »

George Sand ne veut rien demander à Planche, le peut-elle? Ne l'a-t-elle pas mis à la porte lors de l'avènement de Musset? (et cruellement même.) Depuis, n'a-t-elle pas failli occasionner un duel entre Planche et Musset, après les histoires de Venise?

« Quant à Planche, il m'est impossible de lui demander de faire un article pour moi. Je ne suis pas en position de lui demander un service personnel, puisque je ne veux pas recevoir sa personne chez moi. J'ai pu le solliciter pour Calamatta et pour Mickiewicz au nom de l'*Art et de la Poésie*, j'ai pu lui demander des conseils pour moi, sachant qu'il ne demanderait pas mieux et que cela lui donnerait peu de peine, mais le solliciter pour faire écouler mon édition, c'est à quoi je ne saurais me résoudre, » et elle propose Leroux, Mallefille qui « offre ses services. » Ce serait le plus impartial, et le moins laudatif, Nisard, Viardot, etc. (2).

On a vu le nom de Mallefille pour la première fois dans les lettres de George Sand, et F. Buloz note : « Décidément Mallefille règne. »

Le 8 décembre. « Elle me propose Mallefille précepteur de ses enfants et son amant.

« Elle me propose l'abbé R... dont elle favorise la révolte contre ses supérieurs.

« Elle fait mon éloge pour me décider à produire ce prêtre. »

Ces remarques précèdent la lettre suivante :

« Mon cher Buloz,

« Mallefille qui est toujours près de moi, soignant on ne peut mieux l'éducation de mes enfants, en attendant que le précepteur qui m'a fait faux-bond soit remplacé, me dit que vous lui avez demandé des articles pour la *Revue des Deux Mondes*. Il travaille beaucoup et j'espère avoir une influence salutaire sur son cerveau, s'il continue à m'écouter. Il est doué de grands moyens, je crois, mais tout cela est plongé encore dans une sorte de chaos. On le lui a trop dit, on s'est trop moqué de son

(1) 17 octobre 1837. Collection S. de Lovenjoul.

(2) 23 octobre 1837. Inédite.

côté *aberrant*, il a plié la tête trop facilement, et je trouve ses derniers essais pâles, et ne répondant pas à l'audace de ses débuts. Je cherche à lui rendre cette audace première, parce qu'elle lui avait inspiré de très beaux élans. J'ai trouvé dans son portefeuille une espèce de nouvelle chevaleresque et fantastique, où il y avait de très belles choses, et aussi de très mauvaises. Je la lui ai fait reprendre et recommencer. Si vous voulez vous en rapporter à moi, vous la prendrez. Vous savez que je n'ai guère la prétention de m'y connaître. Cependant, que je me trompe ou non sur le travail actuel de Mallefille, c'est, je crois, un talent à essayer, même plusieurs fois. Je ne vous parle pas de son être moral qui est d'une bonté et d'une noblesse parfaites, mais sous le rapport intellectuel, il y a certainement quelque chose en lui, ne fût-ce qu'une grande volonté, beaucoup de travail et une instruction plus solide et plus étendue que chez la plupart des jeunes gens qui écrivent.

« Il a fait faire à Maurice, sous tous les rapports, des progrès étonnants, et il gouverne mon lion de Solange comme un agneau. Dites-moi donc si vous voulez de son travail. Je me suis mis en tête de lui faire écrire trois drames bibliques *non représentables*. Je voulais les faire, mais le temps et la santé me manquent pour tout ce que j'ai dans la cervelle, et puis je ne sais pas assez bien l'histoire ancienne universelle. Il est tout ferré de neuf sur ces questions, et fera, je crois, quelque chose de bien.

« Après lui, j'ai pour vous un autre rédacteur à vous proposer, mais celui-là n'est pas pressé, c'est un philosophe et un écrivain qui vous arrivera tout formé. Celui-là, j'ose vous en répondre tout à fait. C'est mon abbé (1) dont je vous ai souvent parlé, et que je retiens depuis deux ans dans les liens du clergé, ne le trouvant pas *mûr* pour lever son drapeau. Le voilà enfin d'accord avec lui-même, et il va faire son 18 brumaire. C'est un secret que je vous confie, et qui n'en sera point un dans quelques jours. Cet homme, sans être un génie, doit marquer un jour, et par sa conduite, et par sa position, et par ses idées. Elles sont simples, nettes et fermes. Son style seul suffirait pour en faire un écrivain remarquable. Mais il faudra l'in-

(1) L'abbé Rochet.

troduire hardiment et noblement dans le monde littéraire, et je compte sur vous. Ce n'est pas une affaire d'intérêt pour lui, ni pour vous, dont je vous parle. Comme éditeur, vous êtes assez chien, mais comme homme vous êtes plus qu'un éditeur.

« Vous n'aimez pas à donner de l'argent, mais vous aimez bien répandre des idées. Vous devez vous employer à répandre ce prêtre philosophe. Il va faire sa déclaration à son archevêque, vous m'aiderez à faire insérer cette lettre, qui est un modèle de franchise et de dignité dans le plus de journaux possible... jusqu'à ce que je vous l'envoye *motus* (1).

« GEORGE. »

« Je ferai pour Mallefille tout ce qu'il me sera possible de faire, » répond F. Buloz docilement, le lendemain; « je le crois comme vous homme de talent, et je l'aiderai autant qu'il sera en moi. Quant à l'abbé que vous voulez lancer dans le monde littéraire, nous ferons ce qu'il faudra aussi, mais je crois que ce sera plus difficile; le public est bien indifférent à ces tentatives; pour moi je ferai d'abord ce que vous me demandez à cet égard, et je verrai les journaux où j'ai quelque influence. »

La faveur dont jouit Mallefille auprès de George Sand détermina aussi l'écrivain à le faire appuyer auprès du ministère Montalivet. J'ai retrouvé une lettre signée Mallac, écrite en réponse évidemment à une demande de F. Buloz pour Mallefille. On verra que Mallac, sachant d'où venait la recommandation, se méfiait des idées libertaires possibles.

Samedi, 10 h. du soir.

« Je reçois à l'instant votre billet du 16, mon cher monsieur, je vous accorderai bien volontiers au ministère de l'Instruction publique la recommandation que vous désirez pour M. Mallefille. Mais auparavant, dites-moi si votre ami est de nos amis, et s'il ne fera pas une diatribe contre le régime pénitentiaire du mont Saint-Michel. Si son intention est de tonner contre les atrocités, les cachots, les plombs, etc., je ne peux demander au ministre de fournir les armes de guerre contre lui-même. »

Depuis quelque temps, George Sand se plaint de souffrir du foie... « Pourquoi n'allez-vous pas aux eaux? lui écrit F. Bu-

(1) 8 décembre 1837. Inédite.

loz en août... Je vous en faciliterai les moyens. » Mais il ne s'agit pas pour elle de prendre les eaux, et déjà en novembre elle avait écrit à Mme Buloz :

« J'ai de grands projets de voyage, et il me faut à tout prix de l'argent comptant. Je me détériore en France. Le froid des hivers me tue, la vie de Nohant est trop douce et trop calme pour le mouvement de ma bête. Il me faut revoir l'Italie, — l'Italie ou la mort, — et je dirai à Buloz : la bourse ou la vie (1). »

Après la grande crise de l'hiver 1834-35, George Sand avait trouvé à Nohant, à sa vie paisible, aux campagnes tranquilles, la douceur des séjours d'autrefois, et puis elle eut à reconquérir Nohant sur l'ennemi, — l'ennemi c'était M. D., — et quand elle l'eut reconquis, elle goûta encore plus d'une joie. Mais tout cela est *trop doux et trop calme*, et, pendant le séjour à Nohant de Liszt et de la belle Arabella, l'insatiable George Sand n'a-t-elle pas écrit : « Mon Dieu, ne trouverai-je jamais personne qui vaille la peine d'être haï? faites-moi cette grâce, je ne vous demanderai plus de me faire trouver celui qui mériterait d'être aimé. » L'ardeur de ses nuits de travail, ses promenades sur les routes le long des rives vertes de l'Indre, où elle se plonge tout habillée l'été, le soleil d'août, rien n'apaise, comme elle dit, le mouvement de sa bête : il lui faudra voyager, voir de nouveaux pays, courir de nouveau les chances hasardeuses de la passion. Ce n'est d'ailleurs ni avec Michel, qu'elle n'aime plus, ni avec Mallefille qu'elle s'embarquera. Elle aura, elle aussi, comme Arabella, son musicien de génie, et c'est pour Majorque, que dans quelques mois, son navire fera voile.

MARIE-LOUISE PAILLERON.

(A suivre.)

(1) 27 novembre 1837, inédite.

SARREBRÜCK

ET

LA DIPLOMATIE PRUSSIENNE EN 1815

Lorsque, après la chute de Napoléon, en 1814, les coalisés, maîtres absolus du sort de la France, eurent décidé de la ramener aux limites qu'elle avait au 1er janvier 1792, afin d'effacer toute l'œuvre territoriale de la Révolution et de l'Empire, la nouvelle frontière ne suivit pas exactement la ligne de démarcation des départements rhénans formés en 1795, et qui nous étaient ainsi enlevés en bloc. Dans la région de la Sarre et en basse Alsace, notamment, nous gardâmes quelques avantages sur les limites d'avant la Révolution. L'article 2 du traité du 30 mai 1814 contient les stipulations suivantes :

« ... 3° Dans le département de la Moselle, la nouvelle démarcation, là où elle s'écarte de l'ancienne, sera formée par une ligne à tirer depuis Perle jusqu'à Fremerstrof, et par celle qui sépare le canton de Tholey du reste du département de la Moselle; 4° dans le département de la Sarre, les cantons de Sarrebrück et d'Arneval (Saint-Arnual) resteront à la France ainsi qu'une partie de celui de Lebach; 5° la forteresse de Landau ayant formé, avant l'année 1792, un point isolé dans l'Allemagne, la France conserve, au delà de ses frontières, une partie des départements du Mont-Tonnerre et du Bas-Rhin, pour joindre la forteresse de Landau et son rayon au reste du royaume. »

Ainsi, dans la région de la Sarre, — la seule dont il sera question dans la présente étude, — le traité du 30 mai 1814 laissait à la France les cantons de Rehling, Sarrelouis, Puttelange, Völkling, Sarrebrück, Saint-Arnual. Si les négociateurs des Alliés se prêtèrent sur ce point aux légitimes revendications de la France vaincue et dépouillée, ce ne fut pas seulement pour atténuer dans quelque mesure la douloureuse amputation qu'on nous faisait subir, ce fut surtout parce qu'ils eurent l'impression, peut-être inconsciente, que les populations de cette région de la Sarre étaient en complète communion de vie économique et sociale avec celles de nos départements de la Meurthe et de la Moselle. Elles vivaient étroitement mêlées, même par les liens de famille; elles prospéraient par les mêmes industries; elles se pénétraient en échangeant leurs produits naturels ou manufacturés. Elles ne pouvaient, semblait-il, se passer les unes des autres; le charbon de Sarrebrück alimentait les salines de Dieuze, de Château-Salins et de tout le Saulnois, et réciproquement. En quotidiennes relations d'affaires, ces populations lorraines, de même origine ethnique, — les Médiomatrices, — et implantées séculairement sur le même terroir, étaient solidaires les unes des autres, à tel point que les séparer eût été la plus criante des injustices sociales : c'était les condamner à la gêne, à la ruine peut-être. Metz était leur centre commun d'attraction; elles avaient, toutes, des sentiments français hautement affirmés, quelle que fût leur langue usuelle et populaire ou l'ancienneté relative de leur incorporation à la France.

Au surplus, Sarrelouis était une ville d'origine purement française, ayant été fondée en 1680 par Louis XIV et bâtie par Vauban. Quant à Sarrebrück, ses comtes avaient été, durant des siècles, inféodés à la France autant qu'au Saint Empire. Plusieurs d'entre eux avaient occupé, au moyen âge, de hautes dignités à la cour de nos rois. Sous Louis XIV, ils avaient réclamé le protectorat du Roi; depuis la réunion de la Lorraine à la Couronne, leur comté formait en France presque une enclave. Ils levaient des régiments qui furent constamment, pendant deux siècles, au service de la France. En juillet 1789, le régiment de Nassau-Sarrebrück, en garnison à Metz, fut appelé à Versailles. Enfin, lorsqu'on demanda aux habitants du pays rhénan leur adhésion à la France révolutionnaire, en 1793, les Sarrebrückois rédigèrent une adresse enthousiaste, où ils déclaraient ne faire avec les Français qu' « une seule et même famille, réunis de cœur et d'affection à la France, notre mère patrie. »

L'état de choses consacré par le traité du 30 mai 1814, en ce qui concerne Sarrelouis, Sarrebrück et Landau, était donc en conformité avec la tradition régionale et les usages de la vie courante, et il donnait satisfaction aux vœux des populations. Sarrebrück fut rattaché au département de la Moselle et à l'arrondissement de Sarreguemines. Le sage et dévoué Rupied qui avait exercé la charge de maire sous l'Empire, un instant chassé par l'invasion, reprit ses fonctions sous la première Restauration.

A l'exception de quelques agités que le gouverneur prussien de nos départements rhénans envahis, Justus Gruner, d'Osnabrück, avait réussi à grouper, les Sarrebruckois s'estimèrent heureux, en restant Français, de voir close l'ère des guerres, et d'être délivrés de l'invasion austro-prussienne et russe.

L'arrangement territorial du 30 mai 1814 eût sans doute été toujours respecté si, après s'être transportés de Paris à Vienne, les plénipotentiaires de la Sainte-Alliance qui remaniaient la carte de l'Europe et distribuaient, sans l'ombre de scrupule, aux « principions » allemands les peuples frappés d'hébétude par la plus violente des secousses, n'eussent eu la malencontreuse idée d'installer les Prussiens sur la rive gauche du Rhin. On sait qu'après avoir, un instant, songé à constituer la Province rhénane en royaume pour le roi de Saxe, le Congrès de Vienne, sur la proposition de Talleyrand, mit la Prusse à notre place, dans nos départements rhénans, les anciens Électorats ecclésiastiques, — la rue des curés, comme on les appelait, — qu'on ne pouvait songer à reconstituer, mais où les Prussiens n'avaient aucune tradition, aucune attache et étaient, par avance et sur leur lointaine réputation, exécrés. Cet acte du traité de Vienne fut arrêté dans sa teneur définitive (art. 25) le 9 juin 1815, neuf jours avant Waterloo.

Talleyrand avait pourtant écrit dans ses *Instructions* pour le Congrès de Vienne : « En Allemagne, la domination à combattre est celle de la Prusse : la constitution physique de sa monarchie lui fait de l'ambition une sorte de nécessité; tout prétexte lui est bon, nul scrupule ne l'arrête; la convenance est son droit. Il est donc nécessaire de mettre un terme à son ambition... en paralysant son influence par l'organisation fédérale. »

Mais, en donnant à la Prusse cette Province rhénane dont on ne savait que faire et qui devenait *res nullius* du moment qu'on l'enlevait à la France, Talleyrand n'avait pas prévu que les deux tronçons, si éloignés l'un de l'autre, de la monarchie prussienne, se rejoindraient quelque jour et imposeraient leur domination au corps germanique tout entier.

C'est ainsi que, par la faute de notre plénipotentiaire et aussi de l'Angleterre, la Prusse devenue, — de lointaine qu'elle était, — notre âpre et dangereuse voisine, et mise en posture de prendre toujours et de tous les côtés, se trouva toute prête, le 20 novembre suivant, pour réclamer Sarrebrück et Sarrelouis qui étaient restés à la France. Les événements allaient favoriser son astucieuse ambition.

En mars 1815, lorsque les souverains et les ambassadeurs réunis à Vienne, apprenant le retour de l'île d'Elbe, eurent résolu « de ne pas poser les armes, tant que Bonaparte ne serait pas mis absolument hors de possibilité d'exécuter des troubles, » ils prirent l'engagement de maintenir le traité de Paris, en ce qui concernait les limites de la France. On ne saurait trop, aujourd'hui, répéter et rappeler ces faits bien connus : en adhérant au pacte d'alliance au nom du roi Louis XVIII, Talleyrand, bien inspiré cette fois, eut soin d'y faire mentionner « le maintien de l'ordre de choses établi par le traité du 30 mai 1814. » Ce n'est qu'à cette condition expresse que Louis XVIII entra dans la coalition contre Napoléon, et cette déclaration du plénipotentiaire français fut agréée par toutes les Puissances.

C'est aussi ce que le gouvernement de circonstance improvisé à Paris, après la seconde abdication de Napoléon, s'empressa de rappeler aux souverains étrangers qui envahissaient notre pays (1).

Mais ceci ne faisait point l'affaire des Prussiens qui, suivant les habitudes de leur diplomatie, n'avaient cure de tenir leur promesse, puisque la force leur donnait les moyens d'y man-

(1) Albert Sorel, *Le Traité de Paris du 20 novembre 1815*, p. 57.

quer. Dominés par eux, cédant à la violence de langage et d'attitude de leur soldatesque dont la conduite, pourtant, les scandalisait jusqu'à l'écœurement, les plénipotentiaires reprirent leurs travaux sur la base d'un nouveau démembrement de la France. Ce fut une crise prolongée dans les négociations. Seuls, l'empereur de Russie et les diplomates anglais se montrent animés du souci de respecter leurs engagements et de ne pas créer, aux dépens de la France, une rupture de l'équilibre européen qu'on venait d'échafauder si péniblement. Leurs déclarations rapportées par Albert Sorel sont formelles. Le plénipotentiaire russe, Capo d'Istria, écrit, le 28 juillet 1815 : « Les Puissances alliées, en prenant les armes contre Bonaparte, n'ont point considéré la France comme un pays ennemi. (*Déclaration* du 13 mars; *Traité* du 25 mars; *Déclaration* du 12 mai.) Maintenant qu'elles occupent le royaume de France, elles ne peuvent donc y exercer le droit de conquête. Le motif de la guerre a été *le maintien du Traité de Paris*, comme base des stipulations du Congrès de Vienne. »

Mais, poussés par Blücher, Gneisenau, Justus Grüner, les plénipotentiaires prussiens Hardenberg et Humboldt sont sourds à la voix de l'équité; ils veulent un nouveau partage de la France et ils entraînent dans leurs vues les représentants des Pays-Bas et de l'Autriche.

Ce qu'ils réclament pour l'Allemagne est fantastique : Thionville, Sarrelouis, Bitche, Landau, toute l'Alsace, toute la Lorraine. Et comme ils savent les Alsaciens et les Lorrains très attachés à la France, le Prussien Gagern, représentant de la Hollande, suggère à Metternich le recours à la contrainte brutale. « L'archiduc Charles me paraît, dit-il le 16 juillet, le plus propre à venir à bout des Alsaciens et des Lorrains. » Guillaume de Humboldt, pris tout de même de quelques scrupules, répond à Gagern : « Pour l'Alsace, c'est contre les engagements pris à Vienne. La nation anglaise y verra un manque de bonne foi. On a dit qu'on ne faisait la guerre que contre Bonaparte *et qu'on ne voulait pas faire une guerre de conquête.* »

Bref, quand le parti de dépouiller la France l'eut emporté dans les délibérations du Congrès, Talleyrand protesta énergiquement au nom de Louis XVIII, rappelant que les Alliés avaient pris l'engagement de respecter l'intégrité du territoire de la France tel qu'il avait été fixé l'année précédente. « On ne peut conquérir, répétait-il, sur un ami ni sur un allié. » On sait avec quelle autorité irréductible l'empereur de Russie, Alexandre, s'opposa au projet de démembrement dressé par l'État-major prussien. Quelques Allemands même ont reconnu que les prétentions de leurs diplomates et de leurs hommes de guerre étaient excessives et injustifiées. Albert Sorel cite le témoignage de l'historien allemand Schaumann, qui écrit : « Chaque Français aurait senti la honte d'une cession de territoire au plus profond de l'âme, comme une atteinte à l'honneur national; car l'aménagement intérieur de la France est tel que le Béarnais tient de plus près à l'Alsacien que, chez nous, le Poméranien au Souabe et, en général, l'Allemand du Nord à celui du Midi. » Mais, ajoute Schaumann, « on avait la force de triompher de tous les obstacles. »

Pour éviter une nouvelle guerre, il fallut renoncer à amener les Prussiens au respect intégral du Traité de Paris du 30 mai 1814. Le négociateur français, le duc de Richelieu, la mort dans l'âme et protestant contre la violence morale qui lui était faite, apposa sa signature, le 20 novembre 1815, au bas du nouveau traité qui, élargissant davantage encore la déchirure de notre frontière de l'Est, nous amputa, sur la Sarre, de toute la vallée inférieure de la rivière, depuis Sarreguemines. Forbach resta français, mais Fremerstrof, Hargarten, Merching, Haustadt, Bocking, Rehling, Sarrelouis, Frauloutre, Hostenbach, Völkling, Geislautern, Sarrebrück, Saint-Arnual, Bischmischlein, Fesching, nous furent enlevés pour être donnés à la Prusse.

Telles sont les conditions dans lesquelles fut officiellement négocié et conclu cet abominable traité, consécration de l'abus de la force et du mépris d'engagements diplomatiques réitérés. Aussi n'a-t-il jamais cessé de soulever les protestations de la France. Comment en eût-il pu être autrement puisque, non seulement il nous arrachait des populations qui nous étaient sincèrement attachées, mais il ouvrait aux Prussiens, toujours prêts à l'agression, le chemin de Paris, en nous privant de nos forteresses protectrices bâties par Vauban? Notre frontière, jetée, suivant la forte et juste image de Victor Hugo, comme un haillon sur la carte de l'Europe, nous plaça dans une insécurité perpétuelle vis-à-vis de la Prusse, embusquée à notre porte et chargée d'exercer sur nous une véritable surveillance policière. De là, le malaise prolongé d'où sortit la guerre de

1870 : la guerre actuelle en est encore la fatale conséquence : les traités de 1815 sont la racine du mal terrible dont souffre l'Europe.

Cependant, les Prussiens, en nous prenant Sarrelouis, Sarrebrück et leur banlieue, ne se placèrent pas seulement, comme la Sainte-Alliance, au point de vue militaire et stratégique : ce fut aussi pour eux une affaire d'intérêt commercial et économique. Ils savaient d'avance, — sans en rien dire au cours des négociations, — le parti avantageux qu'ils pourraient tirer du bassin houiller et industriel de Sarrebrück. Leurs agents secrets les avaient avertis et renseignés. On a constaté bien souvent qu'à côté de la diplomatie officielle, des conseillers occultes opèrent dans l'ombre et mènent les personnages de chancellerie qui ne sont que les interprètes et les exécuteurs des plans qu'ils trament dans la coulisse.

L'historien ne rencontre pas leurs noms dans les documents diplomatiques, c'est à d'autres sources qu'il faut puiser pour définir leur rôle et mesurer la portée de leur action parfois déterminante. En 1815, il y eut à côté des plénipotentiaires du roi de Prusse un de ces meneurs clandestins qui forma le projet d'enlever Sarrebrück et Sarrelouis à la France et de se faire octroyer, en récompense, la direction de l'exploitation des mines de la Sarre, dès que le pays appartiendrait à la Prusse. Ce personnage, cause efficiente de la forfaiture diplomatique qui fut accomplie au détriment de la France, s'appelait Henri Böcking.

II

Fut-il, durant le Premier Empire, avant les événements de 1814, un agent secret au service de la Prusse, dans le pays rhénan ? Certains indices nous portent à le croire, comme on le verra tout à l'heure. Marchand et industriel à Sarrebrück, membre du Conseil municipal, s'occupant de politique, il affectait au dehors le plus grand attachement à la cause française qu'il avait embrassée avec une tapageuse ardeur. Il était né le 1er juin 1785, à Trarbach, sur la Moselle, à mi-chemin entre Trèves et Coblence. Il était le quatrième des quatorze enfants d'un marchand de cette localité, Adolphe Böcking, qui se livrait aussi à de petites opérations de banque. Après ses années d'enfance passées dans sa famille et chez des parents, à Eupen et à Mülheim, on le voit, dès la prime jeunesse, remuant, agité, séjournant successivement à Trèves, à Coblence, à Hanau, à Hagen, à Sarrebrück, exerçant un emploi dans l'administration des mines à Iserlohn, au comté de La Mark, et jusqu'à Amsterdam, faisant divers apprentissages, se formant à l'intrigue, s'occupant d'affaires de toutes sortes. En 1809, il vint finalement se fixer à Sarrebrück et entra dans la maison « Stumm frères, » qui possédait des forges et des mines de houille. Henri Böcking ne tarda pas à épouser une fille du chef de la maison, Charlotte-Henriette Stumm, dont il n'est pas indifférent de signaler, en passant, les prénoms bien français. Böcking avait alors vingt-quatre ans. Il fut aussitôt après son mariage mis par son beau-père à la tête de ses affaires industrielles, et c'est ainsi qu'il entra en relations suivies avec les ingénieurs français de l'École de Geislautern.

Par un décret du 24 pluviôse an X (12 février 1802), le Premier Consul, dont on rencontre partout la féconde initiative, avait créé deux Écoles d'Ingénieurs des Mines, l'une à Geislautern, entre Forbach et Sarrebrück, l'autre à Pesey, dans les Alpes (département du Mont-Blanc). Ces créations furent jugées assez importantes pour qu'on frappât des médailles commémoratives destinées à en perpétuer le souvenir. Une École de commerce fut aussi installée à Mulhouse.

Il y avait dans la région moyenne du bassin de la Sarre, surtout sur sa rive droite, non seulement des houillères, mais des richesses minérales de toute nature : minerai de fer, cinabre, mercure, etc..., richesses qui avaient donné naissance à des industries sidérurgiques qui n'attendaient pour se développer qu'une impulsion vigoureuse et des débouchés pour leurs produits. M. Fernand Engerand signale dès l'an VI, d'après un rapport de Guillaume Knverzer, vingt-deux petites mines de houille, exploitées dans le bassin de la Sarre ; treize d'entre elles appartenaient au prince de Nassau-Sarrebrück (1).

Avant de prendre un parti dans la grave question de savoir s'il convenait de charger l'État de l'exploitation directe du sous-sol minier et de constituer ce qu'on appelle des *mines fiscales*, ou bien s'il était préférable d'adopter le système des

(1) F. Engerand, *Les frontières lorraines*, p. 66 et suiv.

concessions à des compagnies ou aux particuliers, une mission préalable incombait au gouvernement, c'était l'exploration scientifique du bassin minier : tel fut le rôle confié à l'École de Geislautern.

Elle fut destinée à former des ingénieurs chargés de faire la prospection et de préparer la mise en exploitation de toutes ces richesses souterraines dont l'existence avait été, à la vérité, en partie reconnue dès l'époque romaine, comme le prouvent des restes de galeries de mines et de nombreux puits dans le voisinage de Vaudrevange (1), mais dont l'exploitation n'avait été pratiquée, même encore à la veille de la Révolution, que d'une manière empirique et superficielle. Les ingénieurs de l'École devaient aussi étendre leur champ d'action au bassin ferrugineux du Luxembourg et de Longwy, et jusqu'aux mines de la région d'Aix-la-Chapelle.

Ils se mirent à l'œuvre avec le zèle le plus louable et une ardeur de néophytes. Ils firent la reconnaissance et l'exploration souterraine de toute la région de Sarrebrück, opérèrent les sondages nécessaires pour fixer les cotes de nivellement, les inclinaisons et l'épaisseur des couches; ils trouvèrent des méthodes nouvelles pour le traitement du minerai de fer et la fabrication de l'acier. Grâce à eux, on pouvait, dès les premières années de l'Empire, prévoir le développement que ne tarderait pas à prendre l'industrie houillère et métallurgique de la contrée.

L'École de Geislautern fut véritablement, suivant l'expression de M. F. Engerand, « le Conservatoire minier de la région. » Elle eut à sa tête des ingénieurs de haute valeur, comme Duhamel, Beaunier, Calmelet; elle forma des élèves tels que Théodore de Gargan, le futur chef-associé des forges de Wendel. Les résultats graphiques de leurs travaux méthodiques de prospection dans le bassin de Sarrebrück, portant sur 367 kilomètres carrés de superficie, furent rassemblés dans un grand atlas de soixante-six cartes, que dressèrent Duhamel et Calmelet. M. Aguillon, dans le *Livre du Centenaire* de l'École polytechnique, et M. F. Engerand, dans son ouvrage tout récent sur nos frontières lorraines, ont rendu à nos infatigables et savants ingénieurs de Geislautern le juste tribut d'hommages

(1) On m'a même signalé, dans le fond d'une de ces galeries, une inscription romaine dont le texte n'a jamais été relevé.

dû à leurs travaux qui malheureusement, comme on le verra par la suite, s'ils furent perdus pour la France, ne le furent pas pour les Prussiens.

Napoléon s'intéressa particulièrement à l'exploitation des mines et à la législation qu'il convenait de leur donner. Dès le 13 frimaire an XIII (4 décembre 1804), il posait en principe, — ce qu'il n'est peut-être pas superflu de rappeler aujourd'hui, — que la houille « doit demeurer toujours au meilleur marché possible parce que c'est une matière première nécessaire à l'exploitation et à la mise en valeur des richesses du sol ; ce principe vivifiera l'industrie (1). » C'était traiter la houille comme le pain et le sel.

En 1808, un décret impérial qui partageait les houillères de la Sarre en soixante arrondissements de concessions, est précédé d'un exposé des motifs du ministre de l'Intérieur, Montalivet. Le décret, y est-il dit, a pour but « de prévenir à jamais le monopole des mines de la Sarre ; de faire baisser autant que possible le prix de ce combustible précieux ; d'en multiplier l'emploi : d'offrir à un grand nombre de particuliers, même dans la classe non fortunée, la faculté de prendre part à la propriété souterraine, et de favoriser l'agriculture, le commerce et l'industrie (2). »

Cette mesure, on le conçoit sans peine, fut accueillie avec le plus vif enthousiasme par les habitants du pays, et le Conseil général du département de la Sarre vota, le 14 janvier 1809, de chaleureux remerciements à l'Empereur. Napoléon pressait d'autant plus les travaux qu'il trouvait, dans le développement de l'exploitation des mines et des industries sidérurgiques, un moyen de remplacer le marché anglais fermé par le blocus continental. En 1812, Montalivet lui rend compte « des dépenses considérables que le gouvernement a faites dans les mines de Sarrebrück, où il a exécuté des travaux d'art qui, non seulement ont facilité l'exploitation jusqu'à ce jour, mais qui seront encore longtemps utiles aux concessionnaires à venir. »

L'Empereur voulut juger par lui-même et sur place du travail de ses ingénieurs. « Le 11 mai 1812, raconte M. F. Engerand, dans son livre si rempli de renseignements nouveaux, Napoléon, passant par Sarrebrück pour rejoindre son armée

(1) Cité par F. Engerand, *Les frontières lorraines*, p. 73.
(2) F. Engerand, *op. cit.*, p. 78.

qui partait pour la Russie, convoqua les ingénieurs à l'hôtel du Rhin; il se fit montrer les plans exécutés, discuta sur la façon dont il conviendrait d'exploiter le bassin, par entreprises fiscales ou concessions privées, et il pressa son administration de faire aboutir cette affaire... Le Conseil d'État et le Conseil des Mines se mirent aussitôt à l'étude, et en ce même mois de mai 1812, le Rapport et le Projet de Décret étaient prêts pour la signature impériale.

Il y a peu d'années, dans cet hôtel du Rhin *(Rheinischer Hof)* de Sarrebrück, on montrait encore, non sans orgueil, la chambre de Napoléon et la table sur laquelle avaient été étalés sous ses yeux et où il avait discuté les plans de prospection et d'exploitation du bassin minier de la Sarre

Or, tels étaient les services que Henri Böcking parut avoir rendus à la cause française, qu'il fut nommé officier de la Légion d'honneur, et que Napoléon lui fit cadeau d'une réplique de son buste en marbre par Canova. A cette époque, Böcking n'avait que vingt-huit ans.

Après les désastres de Russie et au lendemain de la bataille de Leipzig, Böcking, dont l'ardeur pour la cause française ne parut point se ralentir, signa, comme membre du Conseil municipal de Sarrebrück, une adresse à l'impératrice Marie-Louise, régente, où le Conseil proteste avec une énergie grandie par les circonstances, de son dévouement à l'Empereur et de son inaltérable fidélité. Mais dans le même temps, Böcking trahissait; il était probablement affilié au *Tugendbund.* Toujours est-il que les événements de 1814 vont nous le montrer en relations suivies avec Blücher, Gneisenau, Müffling, de Wrede, Stägemann, Justus Grüner, et les autres chefs prussiens.

III

C'est chez Böcking, dans la maison Stumm, place du Château, que Blücher descendit, le 11 janvier 1814, lorsque, après avoir franchi le Rhin à Caub, dans la nuit du 31 décembre au 1er janvier, il arriva à Sarrebrück. Peu après, Justus Grüner, nommé gouverneur provisoire de nos départements rhénans envahis, se trouvant à Coblence, y reçoit la visite de Böcking, et, à dater de ce jour, ce dernier ne cessera point d'entretenir des relations suivies, presque quotidiennes, avec le violent et fanatique Prussien.

Pour établir le rôle de Böcking dans ces deux années 1814 et 1815, il suffit de classer dans l'ordre chronologique son active correspondance, publiée dans les *Mittheilungen* de la Société historique de Sarrebrück en 1901.

De Worms, Grüner écrit au « conseiller municipal de Sarrebrück, Henri Böcking, » le 17 mars 1814, pour lui annoncer qu'il l'a nommé à la place du maire français Rupied, bourgmestre de Sarrebrück, « en récompense de son patriotisme, » et qu'il recevra incessamment l'investiture officielle de ces fonctions. Ainsi, dès cette date, Böcking méritait, de la part des Prussiens, une insigne récompense. Le lendemain, 18 mars, on constitue une Commission générale des Mines, sous la présidence de Böcking. Le 19, Grüner écrit de nouveau à Böcking pour le remercier des renseignements précieux que celui-ci a fournis sur la marche des armées dans la région lorraine, et il l'informe, à son tour, que le général Bianchi a infligé une défaite au maréchal Augereau dans les environs de Genève.

Le 24, lettre de Grüner à Böcking pour lui accuser réception de sa correspondance du 18 et l'informer qu'il vient de confier à l'un de leurs affidés, le commissaire spécial de Sarrebrück, Bleibtreu, une mission aux mines du Siebengebirge. — Le même jour, autre lettre de Grüner à Haupt, nommé « Kreisdirector » à Trèves : « Je vous requiers, dit-il, de former un Comité à Sarrebrück et Saint-Arnual, composé *du marchand Böcking*, du pasteur Zimmermann, de l'avocat Rebmann, de l'habitant Lucas et du pasteur Gottlieb de Saint-Jean. » Et Grüner réclame de ce modeste groupe la plus extrême célérité et le plus grand zèle : c'est cette association de cinq membres qui fut le noyau du parti prussien à Sarrebrück.

En conséquence, le 3 avril 1814, le « Kreisdirector » Haupt mande à Böcking, « président de l'assemblée du cercle de Sarrebrück, » de considérer comme ennemis tous les Français de Sarrebrück et de la région, et de les traiter comme tels, ainsi que tous leurs partisans.

Puis, Grüner arrive lui-même à Sarrebrück. Tout aussitôt, guidé et renseigné par Böcking, il se rend à l'École des Mines de Geislautern, où il trouve à son poste le directeur français Beaunier. L'École avait été respectée par Blücher et mise sous une sorte de sauvegarde provisoire. Grüner ne s'en soucie, malgré les protestations de Beaunier. Celui-ci, dans un rapport, daté du 25 avril 1814 adressé au gouvernement français, dénonce et flétrit les procédés astucieux et indélicats de Gruner qui est venu, comme un forban à main armée, fouiller tout l'établissement, faisant main basse sur toutes choses, papiers, documents, études, projets d'exploitation minière, instruments, échantillons de toute sorte, paraissant chercher quelque trésor qu'il ne trouve point, et s'en retournant sans cacher son dépit. Il fut guidé dans cette perquisition par un traître, employé subalterne contre lequel Beaunier dut sévir, dès que la paix qui laissait Sarrebrück à la France fut signée.

Quant à Böcking qui s'était montré, naguère encore, si chaud partisan de la France, sa volte-face politique, si brusque en apparence, et le rôle qu'il joua auprès de Grüner et des chefs militaires prussiens qu'il renseignait sur toutes choses, indignèrent si fort la population sarrebrückoise qu'il ne put garder les fonctions de bourgmestre que lui avait valu son « patriotisme. » Au bout de cinq semaines il démissionna, prétextant, lui qui s'occupait si ardemment de propagande prussienne, qu'il voulait se consacrer exclusivement à l'administration des mines et à la gestion des affaires de son beau-père. Au surplus, cette retraite, volontaire ou forcée, ne devait pas être de longue durée.

Le traité de Paris du 30 mai 1814 laissa, comme nous l'avons vu, Sarrebrück à la France. Les efforts de Grüner qui, le premier, croyons-nous, proclame que tout pays où l'allemand est parlé doit faire retour à l'Allemagne, les agissements de Böcking et de ses amis Zimmermann, Lauckhardt, Fauth, Bleibtreu et quelques autres, étaient demeurés vains; bien qu'ils se fussent prolongés jusqu'au 9 juin, et malgré aussi les excitations du fameux *Mercure rhénan* de Görres. Il suffit de l'arrivée du général Durutte envoyé de Metz pour mettre un terme à cet essai d'agitation prussienne.

Les Sarrebrückois, en constatant que les projets français d'exploitation des mines avaient été entravés par l'invasion, ne cachaient pas leur aversion pour les Prussiens, détestés d'ailleurs dans tout le pays rhénan. En dépit des événements et malgré les efforts de Böcking, tout à fait discrédité et impopulaire, ils avaient conservé pour Napoléon les sentiments d'attachement et de reconnaissance dont ils avaient donné spontanément maintes preuves sous l'Empire, même dans la période des mauvais jours. Alors, Böcking quitta Sarrebrück pour aller à Cologne, et ce départ inopiné a tout l'air d'une fuite ou d'un voyage de conspirateur; il fut sans doute l'un et l'autre. Böcking rejoignit à l'hôtel *Zum kaiserlichen Hofe*, Stägemann, l'ardent patriote prussien, l'un des promoteurs du *Tugendbund*, devenu conseiller d'État et le principal collaborateur du chancelier Hardenberg. Poète à ses heures, Stägemann composa un morceau patriotique qu'il dédia à Böcking. Cette pièce de vers fut publiée plus tard dans ses Souvenirs historiques, avec une annotation qui rappelle les rapports et les entrevues des deux personnages à Cologne, après la conclusion du traité du 30 mai. La dédicace est datée du 30 juillet 1814, c'est-à-dire lorsqu'il n'y avait plus d'espoir apparent que le rêve des deux conspirateurs, de faire annexer Sarrebrück à la Prusse, pût être réalisé.

IV

Survint la nouvelle du débarquement de Napoléon au golfe Jouan. Tout de suite, les Sarrebrückois, comme les Sarrelouisiens, s'empressèrent d'arborer le drapeau tricolore sur tous les monuments publics; ils firent chanter le *Te Deum* dans toutes les églises et, dès avril 1815, ils rédigèrent une adresse à l'Empereur, conçue en ces termes :

« Sire, le maire, les adjoints et les membres du Conseil municipal de la ville de Sarrebrück supplient Votre Majesté d'accueillir de nouveau l'hommage de leur fidélité et de leur dévouement. Ils unissent leurs vœux à ceux de toute la France, pour que de longues années sur le trône où l'amour de la Nation vient de Vous replacer, Vous donnent le temps d'en consolider le bonheur, d'affermir votre dynastie et de jouir, avec votre auguste Famille, du fruit de vos immortels travaux. »

Cet enthousiasme ne devait pas tarder à recevoir son châtiment. Quelques jours après le désastre de Waterloo, l'armée bavaroise commandée par le feld-maréchal de Wrede, puis le corps russe du général Alopeus se présentèrent devant Sarrebrück, ville ouverte qui n'était défendue que par la garde nationale, composée d'environ 500 hommes, à laquelle vint se joindre un petit corps franc d'une centaine de volontaires, commandés par l'intrépide capitaine Jung, de Forbach. Sans mesurer sa faiblesse et l'écrasante supériorité de l'adversaire, la petite garnison eut la prétention de s'opposer au passage de la Sarre par l'ennemi, sur le grand pont en pierre qui fait communiquer Sarrebrück avec son faubourg de Saint-Jean. Un violent combat fut livré; puis, après la défaite de la garde nationale, la ville fut mise au pillage. Les vainqueurs nommèrent pour l'administrer des commissaires, en tête desquels figure Henri Böcking. Sarrebrück fut rudement punie de son zèle napoléonien et français : une énorme contribution de guerre lui fut infligée.

Lorsqu'on apprit que Napoléon était prisonnier des Anglais, le parti prussien, jusque-là timide, presque occulte, peu nombreux, leva la tête et s'agita au grand jour. Il se groupa autour de Böcking sur qui il fondait toutes ses espérances, en raison de ses relations personnelles avec Grüner et les généraux prussiens. Böcking sut habilement exploiter la surprise, le découragement de la population, la lassitude de la guerre.

Le 5 juillet 1815, Alopeus, gouverneur général de la Lorraine, déclara rompus les liens qui unissaient Sarrebrück à la France. Zimmermann fut nommé bourgmestre et Böcking premier adjoint. Le général russe fit offrir à ce dernier un fusil d'honneur en raison des services qu'il avait rendus aux armées alliées. Böcking exulte; il entrevoit le triomphe; mais il garde quelque inquiétude sur le sort de Sarrebrück. Il écrit à Görres, le polémiste « gallophage, » pour réclamer son appui, lui affirmant qu'il a avec lui les neuf dixièmes de la population. Si l'on ne vient pas à nous promptement, lui mande-t-il, 20 000 Allemands seront sacrifiés : « les misérables triomphent déjà, parce que le châtiment a tardé jusqu'ici. Le Français, — et il désigne par là les Sarrebrückois, — change d'attitude politique comme de vêtement. Ce n'est que dans sa haine de l'ennemi, c'est-à-dire des Allemands, qu'il reste constant. Les partisans des Bourbons prétendent déjà que la France ne doit subir aucune diminution de territoire, sinon la guerre recommencera et la victoire française est certaine. »

Ce fut alors que le chancelier d'État Hardenberg et le ministre Guillaume de Humboldt, se rendant à Paris pour les négociations, passèrent par Sarrebrück. Arrivés le 10 juillet, ils séjournèrent cinq jours à l'hôtel de la Poste. Böcking leur présenta le nouveau Conseil municipal. Celui-ci, formé à la prussienne, exprima aux ambassadeurs le vœu que la ville de Sarrebrück fût déchargée de la contribution de guerre dont elle avait été frappée en raison de son attitude napoléonienne durant les Cent-Jours; en retour de quoi, les Sarrebrückois seraient heureux d'être annexés à la Prusse. Hardenberg, gagné d'avance à cette cause, promit de s'employer de tout son pouvoir à la réalisation des vœux du Conseil municipal. « Il n'est pas douteux, déclare un chroniqueur sarrebrückois, Wilhelm Schmitz, que cette entrevue des bourgeois et de Hardenberg ait décidé du sort de Sarrebrück et de sa nationalité future. »

Mais Böcking ne se contente pas des promesses de Hardenberg. Il sait que les Alliés se sont engagés à respecter les limites territoriales fixées à la France par le traité du 30 mai 1814; il faut donc lever tous les scrupules et forcer la main aux plénipotentiaires, à Hardenberg lui-même. Alors, après le départ des ambassadeurs pour Paris, Böcking organise à Sarrebrück une pétition parmi les habitants pour demander deux choses habilement confondues : la décharge de la contribution de guerre et la réunion à la Couronne de Prusse. Nous connaissons les noms des Sarrebrückois qui signèrent cette pétition, datée du 11 juillet 1815 et placée sous le patronage de Böcking, Lauckhardt, Zimmermann, Eichacher, Chr. Köhl et Ph. Karcher. Ils sont 343 signataires, sur une population qui comptait alors plus de vingt mille individus. De plus, on remarque que bien des noms de famille sont les mêmes et ne sont différenciés que par les prénoms. Il y a, par exemple, 7 Becker, 5 Brand, 11 Bruch, 4 Geisbauer, 5 Gottlieb, 4 Imming, 7 Korn, 8 Köhl, 7 Krämer, 5 Mohr, 7 Pflug, etc. De sorte que ces signataires paraissent recrutés dans un assez petit nombre de familles : celles du nouveau Conseil municipal et celles des ouvriers ou employés de la maison Stumm. Partout en France, à ce moment-là, on était découragé, fatigué de la guerre; on ne peut qu'être étonné du petit nombre des signatures recueillies par Böcking, étant données sa situation de chef d'une grande industrie qui comportait un nombreux personnel, la lassitude générale, et aussi l'indifférence en matière politique et nationale de ceux qui étaient toujours prêts à se faire les caudataires du parti victorieux.

Bien qu'en fait il s'imposât et dominât la situation, le parti prussien fut obligé de ménager ses adversaires qui composaient la masse de la population. Il fut insinuant, pressant, solliciteur, prometteur; il n'y eut ni manifestations bruyantes, ni bagarres. On paraissait aller au parti prussien comme à une cérémonie funèbre. L'ancien maire français Rupied s'étant retiré à Nancy, le nouveau conseil municipal allemand lui envoya une députation pour le remercier des services qu'il avait rendus à la ville de Sarrebrück et lui donner l'assurance que personne de ses partisans ne serait molesté.

Cependant, Böcking se plaint au conseiller d'État Schwetzler, chargé d'organiser à la prussienne tous les services de la ville, qu'on l'accuse en toute cette affaire de travailler en vue d'enrichir la *Compagnie Stumm* et de tout mettre à sa dévotion : « Je donne à Votre Excellence ma parole d'honneur la plus sacrée, écrit-il, que MM. Stumm ne recherchent en ceci aucun avantage ni directement, ni indirectement, et que je n'ai personnellement en vue que le bien public. » Puis, il fait allusion à l'École des Mines de Geislautern, affectant de ne pas connaître le directeur français, l'ingénieur en chef Beaunier : « On a envoyé à Metz, dit-il, l'ingénieur... (nom illisible, à dessein) qui s'intitule scandaleusement ingénieur en chef et directeur de Geislautern, pour se concerter avec l'intrigant M. N. sur les mesures à prendre. Vraisemblablement ce dernier va partir pour Nancy dans des intentions perfides... » Dans une autre lettre à Grüner, Böcking déclare que c'est de Rupied que vient tout le mal. Bref, en voulant réfuter tous les bruits fâcheux qui circulent sur son rôle, Böcking ne fait que démasquer sa perfidie et révéler la fâcheuse opinion qu'on avait de lui et de ses intrigues intéressées.

Il ne cesse de s'agiter; il écrit à tout le monde. Dans une lettre du 11 juillet à Hardenberg, il lui recommande de faire observer que les habitants de Sarrebrück sont semblables aux Prussiens par les mœurs, la langue, la religion, les sentiments. Enfin Böcking se fait déléguer, avec le notaire Lauckhardt, par le Conseil municipal, pour aller porter à Paris la fameuse pétition du 11 juillet et la faire valoir auprès des négociateurs de la paix, comme étant l'expression des vœux de toute la ville. Böcking et son compagnon quittèrent Sarrebrück le 28 juillet.

A peine les deux délégués étaient-ils partis qu'un mouvement de protestation se manifesta dans la population sarrebrückoise contre eux et le rôle qu'ils s'attribuaient. Nous en trouvons un écho bien net dans la *Gazette de France* du jeudi 21 septembre 1815 (n° 264), page 1054; la *Gazette* était alors l'organe principal des royalistes français. On y lit l'entrefilet suivant : « Tous les gens honnêtes de la ville de Sarrebrück, et principalement toute la classe commerçante, désavoue formellement une soi-disant députation dont les démarches auprès des Puissances alliées tendraient à la réunion de cette ville à l'Allemagne. Cette députation est composée de deux individus, dont l'un d'eux (Böcking), tout à fait étranger à cette ville, a constamment été grand partisan du tyran Buonaparte, et ce n'est que par l'amour qu'il lui portait qu'il obtint, lors de sa toute-puissance, des lettres de naturalisation. Ces deux individus, du reste, sont des imposteurs; leur mission n'avait pour but que d'obtenir une diminution sur les contributions imposées à la ville. »

IV

Vaines protestations! Böcking, soutenu par l'administrateur Justus Grüner, appuyé sur la force brutale des armées et sur la force morale des négociateurs prussiens, pouvait, cette fois sans crainte, poursuivre son œuvre antifrançaise et dédaigner l'opinion commune des habitants de Sarrebrück. Arrivé à Paris, raconte le chroniqueur Wilhelm Schmitz, Böcking s'occupa avec son infatigable activité de faire réussir l'objet de sa mission. Il apportait en particulier à Gneisenau et à Stägemann les renseignements les plus circonstanciés sur les richesses du bassin minier de Sarrebrück et sur son importance pour la Prusse. Et, ajoutant le mensonge impudent à son œuvre de haine, il ajoutait que ce bassin minier intéressait si peu les Français qu'ils avaient formé le projet de vendre pour la somme d'un million de francs cette immense source de richesse nationale. Ainsi, Böcking affecte d'ignorer les travaux de l'École de Geislautern et tout ce qu'a fait Napoléon pour préparer l'exploitation du bassin de Sarrebrück! N'ignorait-il pas, tout à l'heure, jusqu'au nom et à la situation du directeur de l'École, l'ingénieur Beaunier!

Les démarches de Böcking auprès des chefs militaires, des ambassadeurs et des princes, sont incessantes durant un mois. Par sa correspondance publiée et les notes extraites de ses papiers, nous le suivons jour par jour, presque heure par heure; il visite, gourmande, harcèle tous les membres du corps diplomatique rassemblés à Paris; il leur écrit sans cesse, leur fait passer des notes. Aux plénipotentiaires étrangers, il met en avant le désir ardent, prétend-il, des Sarrebrückois, de rentrer dans la patrie allemande et d'être débarrassés de la « tyrannie française ; » il se garde surtout de leur parler des mines. Ce n'est qu'avec les plénipotentiaires prussiens qu'il aborde ce sujet qui est celui qui lui tient le plus au cœur, le vrai motif de son insistance et de ses intrigues.

Le 13 août, il est reçu par le prince royal de Wurtemberg, qu'il supplie d'intervenir pour faire rentrer dans la patrie allemande les 20 000 Sarrebrückois laissés à la France par le Traité de Paris. Le 14, il écrit à Hardenberg pour lui rendre compte de ses démarches. Le même jour, il s'adresse au ministre de Russie dans un véritable rapport policier où, après avoir exprimé les doléances des Sarrebrückois, « pillés et ravagés pendant vingt et un ans de domination française, » il accuse Talleyrand de spéculations sur les mines de houille. Il revient quelques jours plus tard sur ce dernier point, dans sa correspondance avec Hardenberg.

Le 16, c'est au plénipotentiaire autrichien, Metternich, qu'il s'adresse; le 19, il insiste auprès de Stein, le ministre prussien, sur l'importance des mines de houille. Le 25, il rédige des lettres-suppliques pour les trois souverains de Prusse, d'Autriche et de Russie. Dans le mémoire qu'il établit pour Hardenberg, il donne un plus libre cours à son désir fébrilé d'exciter davantage encore les convoitises prussiennes; on y lit ce passage :

« La ville de Sarrebrück a beaucoup d'importance, comme étape de commerce, pour les pays prussiens situés en aval; et elle en aurait davantage encore si, par la possession des petites forteresses de Thionville et de Sarrelouis, la Moselle et la Sarre étaient assurées au commerce prussien (1). »

Böcking sait bien qu'il s'adresse à des convaincus quand il écrit aux plénipotentiaires prussiens; néanmoins, il redoute leurs compromissions et leur faiblesse au dernier moment; aussi insiste-t-il avec une fatigante ténacité. Il ressasse à leurs oreilles averties l'énumération des richesses des cantons de

(1) Cité d'après le manuscrit conservé aux Archives nationales, par P. Vidal de La Blache, *La France de l'Est*, p. 220.

Sarrebrück et de Saint-Jean; dans les *Mémoires* qu'il leur adresse, il énumère avec la convoitise d'un avare toutes les choses bonnes à prendre ou susceptibles d'un bon revenu pour l'État : une très importante forge et fonderie, reliée à une mine et à une école de métallurgie; des mines de houille, de belles et vastes forêts. En outre, comme établissements particuliers, il y a à Sarrebrück, dit-il, deux forges importantes, deux acièries, une fabrique de faulx, de serpes et de couteaux, une fabrique de limes, plusieurs fabriques de clous; une saline, deux fabriques de draps, des carrières de pierre à bâtir, des brasseries, une fabrique de papier, etc.

Les historiens locaux d'aujourd'hui ne tarissent pas d'éloges sur le zèle et l'habileté que Böcking déploie dans ces circonstances, pour entraîner les négociateurs à renier leur promesse de respecter la frontière imposée à la France en 1814. Mais, à l'époque où était tramée cette félonie, ce n'étaient pas seulement les habitants de Sarrebrück qui, en grande majorité, se montraient atterrés à la nouvelle qu'on méditait de leur imposer la domination prussienne : les ingénieurs français de l'École de Geislautern unissaient leurs protestations aux leurs. « Ces ingénieurs, dit M. Engerand, qui avaient tout fait pour la mise en valeur du bassin houiller et s'étaient attachés à leur œuvre, la voyaient passer à l'ennemi, au moment de donner ses résultats; leurs efforts pour augmenter la puissance de la France profiteraient à un État qui la haïssait; ils ne se résignaient pas. »

Tandis que les diplomates discutent et que Böcking s'agite, ils avertissent notre gouvernement, ils l'adjurent de ne pas céder. Le 25 octobre 1815, l'ingénieur de Bonnard écrit à notre ministre des Affaires étrangères pour faire observer que le traité qu'on a consenti et qu'on s'apprête à ratifier, — la ratification définitive est du 28 novembre 1815, — nous enlève le pays de Sarrebrück, si important « par ses belles forêts, ses nombreuses usines et fabriques, et surtout par ses mines de houille dont les produits sont nécessaires au chauffage des habitants du département de la Moselle, à l'administration des usines que ce département renferme et surtout à celle des salines du département de la Meurthe... Faut-il que la ville de Metz et les salines les plus importantes de la France soient obligées de tirer de l'étranger le combustible dont elles ont besoin ? Que deviendra le canal creusé de Dieuze à Sarrebrück pour le transport de la houille des mines aux salines? »

Et le malheureux ingénieur, éperdu, suggère des échanges qu'on pourrait proposer au gouvernement prussien pour satisfaire son appétit, par exemple, le bailliage de Tholey et le pays de Schaumbourg qui, bien qu'ils fussent loin à l'Est, sur les pentes du Hunsrück, appartenaient à la France avant 1790, et qui, par conséquent, devraient lui revenir en droit, d'après le texte même des nouveaux arrangements. Ne pourrait-on pas, dit-il, les céder à la Prusse qui, en échange, nous laisserait Sarrelouis, Sarrebrück, l'établissement de Geislautern, les mines d'Hostenbach, la manufacture de faïence des Villeroy à Vaudrevange, les importantes usines métallurgiques de Dilling?

De son côté, le 30 octobre 1815, le directeur général des mines adresse un suprême appel au duc de Richelieu : « Les produits des houillères du pays de Sarrebrück, lui écrit-il, sont nécessaires à l'alimentation des usines que renferme le département de la Moselle et surtout à celles des salines du département de la Meurthe. Cette nécessité est beaucoup plus grande aujourd'hui qu'autrefois, parce que l'usage de la houille s'est considérablement répandu depuis vingt ans (1). »

Mais Böcking veillait : tout fut inutile. Les négociateurs prussiens, dissimulant le véritable motif de leur convoitise, arrachèrent Sarrebrück et Sarrelouis à la faiblesse des autres plénipotentiaires qui, ignorant la question des mines, n'attachèrent pas grande importance à ce larcin fait à la France, à ce cadeau fait à la Prusse insatiable. Le gouvernement prussien, rapace, se montra intraitable et garda tout, en dépit des traités, aussi bien Tholey et Schaumbourg que Sarrelouis et Sarrebrück.

Le fameux historien de l'Allemagne moderne, Henri de Treitschke, n'a point la conscience troublée par cet acte de piraterie diplomatique auquel il applaudit sans réserve et qu'il apprécie en ces termes : « Pour arrondir la contrée de Sarrelouis, Sarrebrück avec ses inépuisables mines de charbon, ainsi que le puits de Saint-Arnual, aux anciens princes de Nassau, étaient des acquisitions inappréciables. La fidèle ville, la vieille cité protestante, avait été plongée dans le désespoir (par le traité du 30 mai 1814), elle qui avait si complètement compté sur

(1) Cité par P. Vidal de La Blache, *La France de l'Est*, p. 217.

l'assurance du gouverneur général Grüner : *Qui parle allemand doit rester allemand* (1). »

C'est par de tels mensonges et au nom de cette morale historique que l'âme allemande contemporaine a été façonnée.

V

Mais prendre, en foulant aux pieds ses engagements et contre tout droit, des terres lorraines et des populations attachées à la France, ne suffit point encore au gouvernement prussien. Après la ratification du traité du 20 novembre, il eut l'incroyable impudence de réclamer du gouvernement français la remise des travaux graphiques exécutés par les ingénieurs de notre École de Geislautern et, en particulier, la livraison de l'atlas de prospection du bassin de Sarrebrück, dressé de 1807 à 1812 par Duhamel et Calmelet. Il faut lire dans l'ouvrage de M. Engerand le récit vraiment émouvant des précautions que prirent nos ingénieurs pour soustraire ce précieux atlas aux recherches de Justus Grüner, puis à celles des autres agents prussiens. L'ingénieur Th. de Gargan l'emporta, la nuit, chez Villeroy, à Vaudrevange, et au risque d'être emprisonnés, peut-être passés par les armes, tous deux cachent comme un trésor ce recueil qui contient le secret des richesses minières de la contrée. Ils informèrent le gouvernement français qui, — rendons-lui cette justice, — fit longtemps la sourde oreille aux réclamations des Prussiens. Ce fut seulement deux ans plus tard, en juin 1817, que le gouvernement français envoya Th. de Gargan pour reprendre l'atlas qui fut, enfin, livré à la Prusse.

La lettre-décharge de cette remise des plans des mines de Sarrebrück au commissaire prussien Weiskirch est conservée aux Archives nationales. Elle énumère en détail les pièces et les registres cédés, et cette nomenclature, remarque M. Engerand, suffit à faire apprécier l'importance de l'œuvre. Les Prussiens possédaient donc ce qu'ils avaient cherché si longtemps. Ils pouvaient désormais, en se servant du travail de l'École française de Geislautern, se mettre en toute sûreté et sans délai à l'exploitation du terrain exploré. Ils étaient assurés, enfin, que des concessionnaires français, bien informés

(1) H. von Treitschke, *Deutsche Geschichte*, t. I, p. 559.

techniquement par l'atlas, ne viendraient pas faire concurrence à Stumm, à Böcking et aux nouveaux concessionnaires allemands. Nos ingénieurs avaient travaillé pour le roi de Prusse; n'est-ce pas le cas de répéter le vieil adage virgilien : *Sic vos non vobis?*

Henri Böcking avait obtenu sans tarder sa récompense. Le traité est du 20 novembre : dès le 1er décembre, il était nommé entrepreneur général des mines de l'État dans le bassin de Sarrebrück. Le gouvernement prussien le combla d'honneurs en même temps qu'il parvenait, comme Stumm, à une énorme fortune dans cette ville de Sarrebrück dont ces gens-là, c'est vrai, inaugurèrent la prospérité économique. Mais n'avons-nous pas le droit de dire que nous l'avions préparée? Dans ce domaine comme dans bien d'autres, les Allemands se sont substitués à nous par ruse, trahison et violence. Sans doute nous n'irions pas jusqu'à dire qu'ils se sont enrichis avec les produits de nos mines, mais nous prétendons, le droit historique et les traités diplomatiques en mains, que le pays où sont ces mines est nôtre, car ceux qui le détiennent nous l'ont volé. Et nous ajoutons que les mines fiscales de la région de Sarrebrück, en exercice ou non encore exploitées, si elles étaient replacées entre les mains de l'État français, ne constitueraient que la plus légitime des reprises. Sur ces mines, on pourrait, je pense, prélever largement de quoi indemniser les malheureux Français de cette région de la Prusse rhénane dont, tout récemment, les biens et jusqu'aux maisons viennent d'être confisqués et vendus aux enchères.

Henri Böcking mourut à Bonn, le 6 mai 1862, à l'âge de soixante-dix-sept ans. Il avait le titre d'Inspecteur général royal des mines *(Königliche Ober-Bergrat)* et il passait pour l'un des hommes les plus considérables et les plus probes du pays rhénan.

Quant aux Stumm, dont l'immense établissement de Neunkirchen devint la maison centrale, ils pullulèrent et furent tous honorés de titre de *baron*. Avant la guerre actuelle, plusieurs de leur descendants, officiers prussiens, goûtaient fort les plaisirs de Paris et venaient, presque à chaque printemps, promener leur morgue sur nos boulevards.

E. Babelon.

LES

MAROCAINES CHEZ ELLES

I

Entre les rangs immobiles de la garde, nous traversons la cour d'honneur brûlée de soleil. Sur le seuil d'une porte une négresse nous attend, qui nous mène à travers une autre cour, toute dallée de faïences polychromes, celle qui précède les appartements de cérémonie du Grand Chef.

Nous passons par une troisième porte, gardée par le chef des Eunuques, un grand noir aux yeux d'émail ; ensuite, c'est le dédale des petits patios secrets où bruit l'eau des fontaines, et des couloirs interminables grouillant d'esclaves en vêtements grisâtres qui se rangent contre les murs pour nous laisser passer. De grandes pièces donnent sur ces couloirs, cuisines, offices, lavoirs, on ne sait trop quoi. Curieuses, les négresses nous regardent du seuil, accourues au bruit de notre arrivée. Voici, dans un coin, sur un banc garni de nattes, un esclave qui surveille trois ou quatre grands perroquets gris perchés sur le haut de leurs cages. Ensuite, au bout d'un autre couloir, un escalier en bois, très étroit, que nous montons.

Sur le premier palier, une jeune femme paraît, gracieuse et parée, en robe de fête et babouches brodées d'or. Toute souriante, elle nous tend la main, nous regarde avec de grands yeux accueillants, et nous accompagne en gazouillant des mots, hélas ! incompréhensibles. Un deuxième palier, une deuxième apparition. Cette fois, c'est une petite créature toute jeune, gaie, rougissante, engoncée dans son splendide caftan de brocart rouge lamé d'argent, avec la large ceinture de tissu d'or de Fez, raide comme un corset, et sur le front un diadème serti de pierres. Elle aussi nous prend la main, nous sourit, nous accompagne avec un joli babil d'oiseau; puis une troisième nous rejoint au troisième étage, et guidées, entourées, nous gagnons enfin un grand « mirador » tout en haut du palais, d'où, à travers les nombreuses fenêtres, on voit la plaine poussiéreuse bordée de vieux murs rouges, la ville blanche qui les surmonte, et l'étincellement glauque de l'Atlantique.

Mais voici encore d'autres jeunes femmes qui arrivent, toutes jolies, avec une joliesse particulière, que je ne verrai nulle part ailleurs au cours de mon voyage. D'où viennent-elles, ces femmes aux ronds visages, aux pommettes légèrement saillantes, aux beaux yeux asiatiques un peu bridés, au teint brun et rosé de grenades mûres? Leurs fortes lèvres rouges s'ouvrent, dans un sourire infiniment doux, sur les mêmes jolies dents, les mêmes mains souples et brunes sortent des lourdes manches de leurs caftans. Et, toutes, elles ont les mêmes mouvements jeunes et vifs, un peu entravés par les costumes de gala revêtus pour la grande fête rituelle. Ces costumes, elles les garderont jusqu'au soir, car le Maître doit faire venir les chanteuses pour égayer leur après-midi.

Je cherche, tout en échangeant des compliments par l'intermédiaire de notre interprète, à noter les détails de leurs costumes. Mais comment décrire ce savant fouillis de gazes claires jetées sur les lourds brocarts, le joli mouvement donné aux draperies par les épais sautoirs de soie à gros passants d'or qui sont glissés sous les aisselles et relèvent les lourdes manches, le bouffant des beaux tissus formant des plis à la Véronèse au-dessus des larges ceintures rigides, et surtout la complication extraordinaire des coiffures? Les cheveux noirs, crépelés, rasés sur les fronts bombés, ne font qu'une ligne noire sous le diadème d'or ou la bande de gaze qu'un bijou retient au-dessus des sourcils arqués; puis vient le lourd échafaudage de nattes noires, mêlées de laine noire, et dessinant derrière la tête la courbe d'une double anse, dont le haut est voilé par un enroulement de gazes légères sur un fichu de soie à couleurs éclatantes. De chaque côté du visage, d'autres nattes retombent sur les oreilles chargées de lourdes boucles d'oreilles, pendeloques de corail, grands anneaux d'or sertis d'émeraudes ou de perles, « bijoux de juifs » fabriqués dans les Mellahs bleus des villes blanches. Et des colliers sans nombre retombent sur le chatoiement du riche caftan, au-dessus de la petite ruche à la Watteau en gaze rose, ou bleue, ou blanche, montée sur un étroit tour de cou de velours noir : colliers d'or, d'ambre, de corail, mélanges baroques d'amulettes et de pierres frustes serties dans la même orfèvrerie du Mellah. Tout cela forme un ensemble d'un éclat extraordinaire, où les gazes roses se mêlent aux brochés bleu et or, les gazes blanches aux soies vieux rose et aux ceintures vert pomme ou violet; et à travers le groupe se faufile un petit négrillon à frimousse de Zamor, dont le caftan violet, lamé d'argent, est ceint d'une belle écharpe de soie framboise.

Les jeunes femmes ont déposé leurs babouches dorées au seuil du mirador. Du pas léger et silencieux de leurs pieds nus teints de henné elles nous guident vers les divans qui entourent la pièce. A chaque mouvement, un parfum subtil se dégage de leurs draperies, une odeur d'ambre, de bois de santal et d'eau de rose. Elles nous regardent toujours avec leurs grands yeux doux et curieux, étudiant les détails de nos pauvres « tailleurs, » de nos ridicules chaussures, tandis que leurs pieds couleur d'écorce de grenade apparaissent sous les plis volumineux de leurs belles robes. Sans doute, elles nous trouvent d'une élégance extraordinaire, et nous envient nos pauvres jupes en laine, nos blouses « chemisiers, » et tout ce qui, dans notre costume pratique et si peu pictural, ressemble le moins à leurs somptueux atours. Car le même instinct puéril qui nous pousse, nous femmes occidentales et affranchies, vers toutes les extravagances de la mode, quelle que soit sa laideur ou sa pauvreté, fait sans doute que ces princesses de rêve brûlent d'échanger leurs babouches dorées pour nos « Oxford » en cuir jaune, leurs lumineux brocarts pour nos tristes cheviottes. Nous devinons même que ce qu'elles nous envient le moins, c'est peut-être ce que nous avons de mieux, — la finesse plus sobre des bijoux, les raffinements du linge que l'on ne voit pas.

Le mirador où nous sommes assises donne sur une grande pièce, longue galerie dominant tous les autres bâtiments du palais, et dont les fenêtres donnent d'un côté sur la mer, de l'autre sur la ville blanche et la plaine rouge. Au bout de cette galerie se trouve un grand lit de parade surélevé sur une estrade. Les deux pièces sont pavées de carreaux de faïence sur lesquels sont jetés des tapis marocains modernes aux tons trop violents. Le long des murs sont rangés des divans-matelas, recouverts d'une espèce de toile bise à larges rayures, sur lesquels sont amoncelés des coussins sans nombre, la plupart voilés de housses en mousseline blanche à semis : à vrai dire, c'est le tissu dont sont faits les plus humbles rideaux de vitrage en Europe. Quelques fauteuils dorés, d'un vague Louis-Philippe, italien ou espagnol, et recouverts de lampas clair, sont groupés sur les tapis. Mais le principal ornement des deux pièces est formé par la longue série de pendules alignées contre les murs. Les pendules ont été, de tout temps, l'ornement préféré des palais musulmans; partout elles témoignent du luxe et du raffinement du maître de la maison. Mais ce qui distingue celles qui entourent les deux pièces où nous nous trouvons, c'est leur taille gigantesque, disproportionnée. Il y en a de la forme allongée et monumentale des grandes pendules anglaises ou hollandaises, faites pour être posées par terre dans les halls ou sur les paliers d'escaliers; mais entre celles-ci s'en trouvent d'autres, qui ont, elles, la forme massive des pendules Louis XIII à fronton, qui se placent ordinairement sur un meuble ou une cheminée, et ces dernières, également, sont démesurément grandes, et, placées par terre, font l'effet d'une rangée d'armoires. En dehors des horloges, nul bibelot, sauf un seul bronze banal, dans l'une ou l'autre des deux pièces.

Mais voici qu'une des jeunes femmes nous fait signe de nous approcher des fenêtres de l'étroite loggia qui règne autour du mirador, et d'où l'on domine la cour d'honneur et les approches du palais. Ces fenêtres sont en vitraux de couleurs, de tons crus et heurtés comme les tapis étalés sous nos pieds. On nous fait signe de les ouvrir, mais prudemment, sans trop nous laisser voir; puis le petit groupe se retire en riant au milieu de la pièce, afin de ne pas être vu par-dessus les épaules des femmes roumis qui, étourdiment, se penchent dehors.

Au delà des murs de la cour, du côté des grandes tentes rituelles, un nuage de poussière rouge s'élève. A travers son voile, nous devinons le déploiement de la dernière tribu, galopant sous son étendard vers les portes de la ville, la cérémonie terminée; puis la poussière tombe, ne laissant dans l'atmosphère accablée de chaleur qu'une traînée de vapeur rose, et voici que s'avance vers nous une procession lente et blanche. Sur les pentes nues autour du palais des salves d'artillerie éclatent, et la marche solennelle du défilé continue à travers la fumée des pièces juchées sur les talus.

Les portes de la grande cour s'ouvrent; les caïds, les chambellans, grands dignitaires de la maison, accourent, tous de blanc drapés, baisent l'étrier du maître, le bord de ses gazes neigeuses; puis la procession, à pied, traverse la cour intérieure dallée de faïences, entre une double rangée de serviteurs, et va s'engouffrer sous l'arc outrepassé des salles de cérémonie du fond.

Subitement on nous fait signe de nouveau, et nous rentrons de la loggia. Une femme plus âgée, qui paraîtrait une vieille femme chez nous, mais qui n'a peut-être pas cinquante ans, vient d'arriver : nous savons que c'est la mère du seigneur de céans, et même si nous ne l'avions pas su, nous aurions deviné que nous nous trouvions en présence d'une personne d'un rang exalté.

Respectueuses et caressantes, les jeunes femmes l'entourent, et elle s'avance vers nous, petite, trapue, brune et ridée comme une vieille grenade, mais si noblement majestueuse sous sa coiffure de multiples fichus de gaze, qu'elle semble porter une couronne. A chacune de nous elle donne sa petite main grasse; puis elle s'assoit et cause, sereine, souriante, mais si alerte, si *humaine*, en comparaison des autres, ces jeunes créatures toutes si puérilement pareilles, et que nous semblons toujours voir à travers la gaze décevante d'un décor de théâtre!

La vieille princesse, elle, est Circassienne. Elle vient du pays des belles femmes, de celles qui ont toujours été les plus recherchées pour les harems princiers; et peut-être elle aussi a-t-elle été très belle. Ce qui frappe en elle maintenant, c'est surtout l'intelligence alerte de sa figure à la fois astucieuse et bienveillante, c'est l'étincellement des yeux noirs, le sourire ironique et indulgent des lèvres ridées; c'est surtout la dignité de la vieille femme qui ne cherche pas à se rajeunir, mais qui porte avec fierté l'empreinte des années et de l'expérience. On la dit une femme remarquable, le conseiller respectueusement écouté de son fils; et l'on devine que son intelligence s'est toujours exercée, ne s'est jamais laissée assoupir dans la molle torpeur du harem. C'est par là que nous nous sentons, nous autres occidentales, subitement si près d'elle, malgré l'obstacle de la langue inconnue : un cerveau vit derrière ce beau front chargé de voiles, et nous regarde par ces yeux vifs qui sont comme deux fenêtres ouvertes dans le mur impénétrable du sérail.

II

...Comme toujours, l'après-midi, nous traversons les jardins du palais pour monter sur les mules sellées de vieux rose qui nous attendent à la porte de la grande cour.

C'est l'heure magique où Fez revêt son voile de mystère. Le soleil est encore haut dans un ciel sans nuages ; mais dans les rues étroites et perpendiculaires de Fez Elbali, sous les voûtes tortueuses percées dans les flancs des palais, le crépuscule descend déjà.

Au lieu de nous diriger, comme d'habitude, vers les bazars, nous prenons aujourd'hui par le quartier des jardins, descendant à travers les ruelles étranglées entre des murs d'une hauteur invraisemblable, derrière lesquels nous entendons gronder les eaux souterraines, et nous devinons des fouillis d'orangers et de jasmins. Çà et là, une porte verte rompt la monotonie des murailles, ou bien un couloir voûté nous laisse apercevoir un coin de patio, où nous voyons des esclaves accroupis; puis les murs recommencent, murs de palais maintenant, car nous sommes descendus plus bas que la zone des jardins, immenses façades grises et croulantes, se penchant l'une vers l'autre à travers le rétrécissement progressif des ruelles, et percées à peine de quelques meurtrières grillées de fer qui sont bouchées de chiffons immondes et de toiles d'araignées.

« Gare aux têtes! » crie le conducteur qui nous précède, et nous nous penchons sur les cous de nos montures comme des jockeys sur le « home stretch, » pour ne pas nous cogner contre les poutres pourrissantes qui supportent les étages jetés à travers les rues. « Gare aux têtes! » répète-t-il; et cette fois, c'est l'arc abaissé d'une des portes intérieures de la ville qui nous menace ; ces lourdes portes bardées et cloutées de fer, aux verrous gros comme le bras, qui séparent l'un de l'autre les différents quartiers de Fez — ces portes qui, même maintenant, sont fermées tous les soirs, mais qui, malgré l'ordre donné, *ne le furent pas* le soir du massacre de 1912.

Tout ce quartier est muet, abandonné. Dans cette ville grouillante, personne ne semble plus vivre. Nous savons que, tout près, la vie tumultueuse des souks bouillonne et déborde; mais autour de nous le silence est si complet que le « balek » jeté par notre guide aux tournants des ruelles se répercute longuement sous les voûtes des palais.

Nous dégringolons toujours vers le fond de l'étrange cratère de Fez Elbali; mais pouvons-nous descendre plus bas encore? La dernière ruelle que nous voyons au delà du tunnel dans lequel nous nous sommes engagés paraît vraiment trop étroite pour laisser passer nos montures. Et puis, tout au fond, elle est barrée par un mur; nous avons l'impression d'être entrés dans un cul-de-sac au delà duquel on ne peut pas passer. Mais qu'importe? Puisque enfin notre guide s'arrête, et que voici quelques serviteurs qui se lèvent des bancs en pierre appuyés contre la muraille d'un palais. On prend mon étrier et je saute à terre.

Sur le seuil, un tout jeune homme au visage doux et intelligent s'avance parmi les serviteurs. Il nous tend la main, et dans un excellent français nous souhaite poliment la bienvenue : c'est un des fils cadets de la maison, dont l'éducation a été faite en Algérie. Nous le suivons à travers le couloir lambrissé de faïence qui se retourne en angle aigu, cachant du dehors l'intérieur de l'habitation; et nous nous trouvons dans un patio au clair dallage céramique, au milieu duquel gazouille et sautille l'inévitable fontaine.

Nous sommes chez un haut fonctionnaire du Makhzen. Sortant d'un appartement qui donne sur le patio, il fait quelques pas vers nous, et nous accueille en souriant. C'est un homme grand, déjà âgé, d'un fort embonpoint, noblement drapé, et enturbanné de gazes blanches et souples. Nous prenons place sur les divans qui entourent la pièce, une longue salle étroite qui n'a d'autres meubles que des divans et quelques tapis de Rabat. De l'autre côté de la cour se trouve un arc correspondant à celui qui donne accès à cette pièce. Un rideau en colonnade blanche est suspendu dans l'ouverture de cet arc, et quelquefois un coin de ce rideau est soulevé, et des enfants pâles et joufflus, aux grands yeux curieux, nous regardent et disparaissent, tirés en arrière par des mains de femmes. Puis on entend des rires étouffés derrière le rideau, dont une négresse, en montrant ses belles dents, vient vite rajuster les plis dérangés.

Il y en a trois, de ces négresses, toutes grasses, alertes, remuantes, habillées de djellabas blanches sur des caftans de couleurs vives, le châle rayé noué autour des hanches et dessinant les courbes rebondies du ventre et des cuisses. Coiffées de fichus multicolores, avec de grands anneaux d'argent aux oreilles, les poignets cerclés de lourds bracelets du Mellah, elles vont et viennent, agitées, affairées, dérangeant les vieillards somnolents, serviteurs ou clients, qui se tiennent accroupis près de la porte d'entrée, bousculant les jeunes domestiques, cherchant de l'eau, apportant un gros paquet de menthe fraîche, disparaissant derrière le rideau mystérieux, comme pour prendre les ordres de la maîtresse de maison invisible, puis reparaissant avec un plateau de cuivre, un samovar, une théière, qu'elles remportent ensuite, on ne sait où ni pourquoi.

Subitement, tout à fait en haut de la maison à trois étages, penchée sur un balcon vert, et projetée sur le ciel comme dans une fresque de Tiepolo, la plus grosse et la plus âgée des trois apparaît, crie des ordres aux deux autres, discute longuement avec elles, puis descend, traverse le patio, affairée et majestueuse, avec un balancement rythmé de son gros corps robuste, et de nouveau disparaît.

Sur ces entrefaites, le jeune fils de la maison m'apprend que son père désire me présenter aux dames de la famille. Je suis le jeune homme à travers le patio, le rideau se soulève, et je me trouve dans une pièce étroite correspondant exactement à celle que je viens de quitter, et où sont assises six ou sept dames arabes, avec de nombreux enfants. La maîtresse de maison, une belle Algérienne aux traits fins et fatigués, me reçoit avec grâce et me place à sa droite. Autour d'elle sont ses filles, ses belles-filles et leurs enfants, — je me perds un peu dans le dédale des parentés. Toutes sont de jeunes femmes, richement, mais sobrement habillées; leurs visages pâles et ronds, surmontés des diadèmes mis en honneur de ma visite, sont gras, inanimés, comme alourdis par l'inaction et le manque d'air. Mais toutes ont le regard très doux, le sourire accueillant, et un accord parfait semble régner entre elles; la présence des enfants qui se roulent sur le tapis dans leurs petites chemises courtes donne à la scène un air familial et enjoué. Une des jeunes femmes allaite un poupon brun et pâle, aux cheveux crépus, et les autres la regardent, ravies.

Après le premier échange de politesses, la conversation, comme toujours, languit. Certes, j'ai un excellent truchement, mais c'est le fils du maître de la maison; comment, par son intermédiaire, causer librement avec sa mère, ses sœurs, ses belles-sœurs, des choses puériles ou intimes qui, seules, ont le pouvoir d'éveiller ces êtres inertes? Et puis... et puis... la distance est trop grande entre le libre cerveau de la femme occidentale et ces cerveaux façonnés aux longues dissimulations et aux souplesses d'esclave. Rien de plus difficile, pour une étrangère de passage dans le pays, que de soutenir une conversation avec ces êtres engourdis dans la somnolence séculaire du harem. En certains pays musulmans, — en Turquie et en Algérie, par exemple, — les femmes du meilleur monde sortent quelquefois, vont au hammam, échangent des visites, circulent même dans les souks sous la surveillance des eunuques. Pour la grande dame marocaine, entre le mariage et l'enterrement, aucune sortie, sauf au cas d'un déplacement collectif du harem; et il n'y a que quelques très grands seigneurs qui transportent ainsi leurs gynécées d'une ville à une autre. En général, les femmes restent étroitement enfermées entre les murs du vieux palais croulant où, toutes jeunes, on les amena au maître, et où aucune nouvelle de la vie extérieure ne leur arrive, sauf les potins rapportés par les négresses et les esclaves de basse condition qui, elles, circulent dans la ville.

Dans le milieu aimable et familial où je me trouve, je sens bientôt l'étouffante atmosphère de la prison. Ces femmes me regardent avec de douces prunelles vides, à peine traversées par une vague lueur de curiosité bientôt éteinte. On a le sentiment qu'elles sont trop ignorantes pour que leur imagination soit effleurée par l'idée de l'inconnu : placides bêtes ruminantes, elles ne devinent rien au delà de l'enclos où elles paissent.

Sans doute, le maître se rend compte de la difficulté que j'éprouve à soutenir une conversation avec son doux troupeau; ou bien, craint-il au contraire les confidences indésirables?

On dit beaucoup qu'au Maroc les grands seigneurs n'encouragent pas les visites des voyageuses occidentales... En tout cas, une esclave m'annonce que le thé est préparé dans la pièce que je viens de quitter. Je fais mes adieux aux dames du harem, et aux enfants drôles et pâlots, et le fils me reconduit à travers le patio.

En mon absence, je m'aperçois que chez ces messieurs également la conversation a langui. L'ami qui m'accompagne est habitué à ces sortes de cérémonies; mais lui aussi a subi l'effet de l'ambiance arabe, et le sourire de circonstance est figé sur ses lèvres.

Le vieux magistrat sourit aussi, de toutes ses fines rides astucieuses. Majestueusement accroupi, dandinant doucement sa noble corpulence, il attend en silence les interminables préparatifs du thé. A travers le patio, il y a le même va-et-vient des trois négresses affolées, le même ahurissement des clients qu'elles dérangent et bousculent. On dirait que ce rite quotidien est un événement inouï... Pour nous distraire, on décroche la cage d'une belle colombe grise suspendue sous l'arcade, et on me l'apporte. La colombe roucoule paisiblement : son œil fixe et doux a le même regard que celui des dames d'en face. On l'emporte, et au même moment les esclaves s'écartent respectueusement de la porte d'entrée, et un homme d'une trentaine d'années, d'un port noble et élégant, s'approche de nous. Penchant sa fine tête aux traits graves, il baise l'épaule du vieux seigneur, puis il nous salue. C'est le fils aîné, le mari d'une ou deux des petites femmes pâles; c'est lui qu'on attendait pour faire le thé.

Avec la gravité que comporte ce rite, il s'accroupit dans un coin du patio, on place le plateau et la théière devant lui, et le va-et-vient des négresses recommence...

Soudain, nouvelles fusées de rires derrière le rideau. Un petit garçon s'est échappé, et court vers nous. Il n'a, sur son petit corps gras et brun, qu'une courte chemise en toile écrue, et une amulette suspendue autour du cou. Le vieillard, les bras tendus, se penche vers lui, ravi, — c'est son dernier né, c'est le plus jeune frère de l'homme majestueux qui prépare le thé... Ensuite arrivent, escortés par leurs esclaves, deux charmants garçons aux beaux yeux fendus, qui reviennent de l'école coranique; encore deux fils cadets du maître. Tous ces jeunes gens se sourient, s'embrassent et caressent tendrement le petit bonhomme gambadant. Et voici finalement, dans de pauvres verres posés dans des montures de métal, le thé à la menthe, fumant et sucré, et les petits croissants aux amandes saupoudrés de sucre. A moitié assoupis, nous dégustons en silence le repas que l'on a mis si longtemps à préparer, et la nuit tombe sur Fez lorsque enfin nous remontons les rues escarpées vers notre palais.

III

Une fin de journée sans nuages flamboie sur la grande capitale du sud.

Du haut du palais du Grand Vizir, où nous sommes montés pour voir l'Atlas neigeux éclairé par les derniers rayons du soleil, on nous montre un autre palais, émergeant de jardins ombrageux : c'est celui du Caïd que nous devons visiter demain.

Autour de nous s'étendent à perte de vue les toits de la ville. Sur leurs terrasses nous voyons paraître des groupes de femmes en robes claires, des enfants suivis de négresses affairées. A nos pieds s'étendent les terrasses du Mellah; là, les toilettes des femmes sont plus voyantes, plus bariolées, et l'on voit à la lueur du couchant l'éclat de leurs lourds bijoux, colliers, fibules, immenses boucles d'oreilles circulaires frangées de perles. Plus loin, d'autres groupes plus pâles, des draperies mauves et vieux rose, déjà estompées par la brume dorée qui flotte sur la ville; et toutes ces nuances se confondent, se séparent, se recomposent en de nouvelles harmonies, dans le va-et-vient perpétuel des femmes libérées un instant de leurs cloîtres moroses.

Autour de la ville l'immense cercle de l'oasis, le tapis bleu-vert et luisant des dattiers, se déroule vers l'Atlas étincelant. Entre l'oasis et les murs rouges, il y a un frémissement de feuillage argenté : ce sont les grandes oliveraies du Sultan, qui s'étendent jusqu'aux portes de la ville. Çà et là, plus près de nous, des minarets revêtus de faïences vertes, d'où tombe le mélancolique appel à la prière; et, au milieu de la ville, s'élevant au-dessus des coupoles et des minarets comme en un coup d'aile superbe, l'immense, l'aérienne Koutoubia qui est la gloire de l'Islam.

Nous voici, le lendemain, à la porte du palais que nous voyions hier du haut de notre terrasse. C'est une grande demeure seigneuriale, dont nous avons longtemps longé les murs en pisé rouge avant d'arriver à l'entrée. Nous traversons la cohue des clients qui encombrent la place : riches personnages noblement drapés de mousseline blanche, dont des esclaves tiennent les mules blanches sellées de rose ; farouches guerriers de l'Atlas, ayant, sur chaque oreille, la boucle en tire-bouchon qui atteste les prouesses militaires ; négociants juifs, femmes du peuple guêtrées de cuir, apportant des poules ou du fromage, mendiants étalant leurs plaies et roulant leurs yeux aveugles dans des orbites sanguinolentes ; enfin, des jeunes gens et des hommes d'allure guerrière flânant sous la voûte, et qui sont sans doute de la maison du grand chef.

Un personnage d'âge mûr, enveloppé de mousselines immaculées, se montre sur le seuil, et toute la troupe s'incline : c'est le chambellan du Caïd, qui s'avance à notre rencontre. Nous le suivons le long des frais couloirs dallés, entre des murs revêtus de mosaïques et bordés de bancs en pierre, où des mendiants psalmodient sur leurs nattes. Des ouvriers de Fez, agenouillés sur notre chemin, s'écartent pour nous laisser passer. Patiemment, ils sertissent les cubes brillants, bleus, verts et noirs, dans l'émail blanc des faïences ; car ce palais est tout neuf (comme beaucoup des belles demeures marocaines) et le Caïd, grand bâtisseur, et respectueux de la tradition, s'occupe à orner sa demeure des mosaïques de Fez, dont les ouvriers du Sud n'ont pas le secret.

Nous arrivons à une cour intérieure où l'eau bruit et des roses grimpantes enlacent un bosquet de cyprès. Ici, le Caïd nous attend. Il accueille avec un sourire amical mes compagnons, un officier français et sa jeune femme, qui sont des amis de longue date ; il m'adresse quelques paroles par l'intermédiaire de l'officier indigène qui nous accompagne ; puis nous traversons la cour pour gagner la pièce où nous devons goûter.

C'est toujours le même décor : la salle longue et étroite, dont les arcades s'ouvrent sur le patio de faïence : les matelas recouverts d'un banal coutil rayé, sur lesquels s'entassent les coussins houssés de mousseline. A l'autre bout de la pièce, sur une estrade, un lit en cuivre imitant le « Louis XVI » canné, et surchargé d'ornements. Des bouquets de fleurs en cire sous des globes allongés; quelques bibelots cosmopolites; des pendules. Et cependant, ce grand seigneur, dont le profil basané, au nez aquilin, à la bouche énergique et sensuelle, aurait pu servir de modèle à Carpaccio ou à Jean Bellini, cet illustre guerrier de l'Atlas, possède, dans la montagne, de vieux châteaux forts aux donjons crénelés, où, dans d'immenses cours, ses fauconniers, ses troupeaux et ses meutes de sloughis s'abritent derrière des remparts farouches. Il vit, une partie de l'année, de la vie d'un prince du moyen âge; entre temps, il circule en automobile sur les nouvelles routes françaises, fait de la diplomatie, construit des palais, collectionne des pendules.

Nous nous installons sur le divan, on apporte le thé, et tandis que nous causons, je remarque une toute petite négresse, une fillette de sept à huit ans, appuyée contre le chambranle de la porte, et qui nous observe, immobile. Comme la plupart des esclaves, même dans les plus grandes maisons, cette enfant est presque en haillons : une gandourah en mousseline sale est drapée sur son pauvre caftan fané, et sa petite figure est triste, profondément. Appuyée contre la porte, elle guette chaque mouvement du maître, qui ne la regarde jamais, qui jamais ne lui adresse la parole ; et toujours elle devine son moindre désir, et trottant menue sur ses pieds nus, elle remplit sa tasse sans qu'il la tende, nous passe les petits gâteaux blancs, ou emporte nos tasses vides. Puis, silencieuse, elle regagne la porte, et reprend la même pose attentive et résignée.

Enfin une grande négresse arrive, loqueteuse aussi, mais souriant de l'éternel sourire du harem ; elle vient nous introduire, Mme de ... et moi, auprès des femmes du Caïd.

Nous traversons la cour, et au bout d'un couloir nous pénétrons dans un patio intérieur, sans parterres de fleurs, mais où murmure l'eau dans une jolie vasque entourée de pigeons. Ici, la même salle à divans donne sur le même dallage aveuglant. Les rideaux de toile s'écartent, et un groupe de dames aimables et parées nous accueillent avec empressement. La pièce est quelconque, — on a toujours l'impression que les visites sont reçues dans une espèce de « parloir » officiel, et que la vie privée des harems se déroule dans un décor moins banal. Ici, sur les murs nus, pas même de stucs enroulés; rien que quelques photographies fanées et un peu « province, » mais qui en disent long sur le passé des aimables personnes qui nous reçoivent. Car ces jeunes femmes dans leurs caftans de brocart, ceinturés d'or et voilés de mousseline rose, mauve ou bleu tendre, ces jolies femmes aux coiffures compliquées, aux visages tatoués, aux pieds nus bronzés par le henné, sont les mêmes que nous voyons dans ces photographies en toilette de bal à volants, coiffées à l'européenne, et combien gauches et ridicules et heureuses dans leurs costumes d'Occidentales affranchies!

Ces photographies, c'est le passé, c'est la liberté, c'est presque l'Europe; car les femmes du grand Caïd sont des Circassiennes, élevées à Constantinople, où les dames turques circulent presque librement, échangent des visites, se promènent dans les bazars, s'habillent à l'européenne. Et dans les beaux yeux peints levés vers ces photographies, quelle nostalgie, que de regrets... mais aussi quelle résignation atavique, quelle acceptation tout orientale du sort que le destin leur réserve!

En tout cas, elles sont bien plus animées, plus vivantes que les grandes dames de naissance marocaine, — et combien heureuses de causer avec mon amie, dont elles connaissent la belle-sœur, et qui peut, en arabe, leur donner de ses nouvelles!

Tandis que j'écoute leur gentil babil, j'essaye de deviner laquelle d'entre elles est la préférée, ou tout au moins la première par le rang. Est-ce la jolie créature au visage rond, habillée d'un caftan rose thé recouvert de gaze bleu pâle, et qui porte entre ses bandeaux noirs une perle baroque en ferronnière? Ou bien celle, moins jolie, mais plus vivante, plus expressive, qui s'est installée derrière le samovar et surveille les préparatifs du thé? Ou bien encore la petite brune aux grands yeux fendus, que sa pose langoureuse et son riche caftan de velours rouge brodé d'or, sur lequel retombent de multiples colliers de perles, transforment en « Haïdée » de gravure romantique? Ou encore la grande mulâtresse, si noble et libre d'allures, si splendidement drapée de brocart bleu voilé de mousselines roses, et que les autres jeunes femmes traitent avec un si amical respect?

Comme dans tous les harems « distingués, » une égalité parfaite semble régner entre ces dames, et il nous est impossible de deviner laquelle d'entre elles dépasse les autres, soit par le rang, soit par la faveur du maître...

On a demandé à mon amie des nouvelles de son petit garçon; et elle, en retour, demande à voir les enfants de ces dames.

Hélas! il paraît qu'il n'y en a qu'un, le fils de l'épouse morte... Les figures des jeunes femmes s'assombrissent, et l'on sent la tristesse glacée de cet intérieur où manque le pullulement des bébés café au lait qui égaie la monotonie des harems... Mais une esclave a apporté l'enfant, et tous les bras chargés de bracelets s'étendent pour l'accueillir. Ah! le pauvre petit être! Serré contre le sein d'une de ses mères d'adoption, si maigre et d'une si mauvaise pâleur sous sa tignasse noire et frisée, il ressemble à l'un des maladifs petits Jésus de Crivelli, mélancoliquement appuyé contre les brocarts d'une anémique Madone.

A voir les innombrables amulettes suspendues à son pauvre cou maigre, et retombant sur sa chemise, — amulettes en corail, en ambre, en ambre gris, en corne, défenses accumulées contre tant de vieux maléfices occultes, — on devine à quel point la santé de cet enfant préoccupe les siens, combien d'espoirs et d'ambitions sont concentrés sur cette tête languissante aux grands yeux inamusables...

IV

... A travers un labyrinthe de petites rues très blanches, très propres, très « province, » nous gagnons à pied la porte cloutée de fer de la demeure arabe où l'on nous a invités à goûter. Derrière nous, peu à peu, les rumeurs du quartier européen s'apaisent. Nous n'entendons plus le ronron des automobiles, les cris des muletiers, la joyeuse clameur de la foule qui se presse aux portes des cinémas et des cafés. Nous voici repris par le calme et le mystère de la vieille ville arabe qui se ratatine et se cache au centre de tout ce brouhaha cosmopolite.

Une servante pousse le lourd verrou, et nous entrons dans un petit couloir. Pour le palais d'un grand fonctionnaire du Makhzen, la demeure est bien modeste. Guidés par le beau-frère du maître de la maison, nous montons un étroit escalier de bois qui donne accès à la pièce où ce dernier nous attend; et, dès le premier coup d'œil, nous comprenons pourquoi on n'a besoin ici ni de grands patios fleuris, ni de salles lambrissées de stuc. Au bout de la pièce, quelques marches mènent à un mirador vitré; de là, nos regards ravis dominent la ville, la mer, l'embouchure du fleuve, que surplombe la citadelle juchée sur une falaise rouge; et, plus loin encore, sur l'autre rive, la vieille et féroce rivale, la ville de neige entourée de murs couleur de miel, où, il y a deux ans à peine, on massacrait encore les Européens.

Quelques instants après, le maître se retire, emmenant avec lui l'ami qui m'accompagne; puis il revient, conduisant une jeune fille en costume arabe, mais dont la bonne figure rose et blonde proclame la parenté européenne. Le beau-frère m'explique que cette jeune fille, qui a « fait ses études en Algérie » (naturellement!) et dont la mère est Française, est l'amie intime de ces dames, et nous servira de truchement. Ensuite, le maître disparaît de nouveau, et cette fois-ci, c'est le harem qui se dérange, et vient au-devant de moi.

Elles sont quatre ou cinq jeunes femmes, grasses et pâles, filles ou belles-filles du ministre, accompagnées par sa femme, une belle Algérienne d'une cinquantaine d'années, dont les yeux infiniment tristes semblent garder le souvenir de bien des choses que les Marocaines ne connaîtront jamais.

Leurs toilettes sont simples, sobres, sans recherche d'élégance exagérée : c'est pour ainsi dire un harem du faubourg Saint-Germain. Elles me saluent, tour à tour, avec une distinction parfaite; nous nous installons dans le mirador, en face de la vue éblouissante, et l'échange des compliments commence...

— Ai-je des enfants? (Elles le demandent toutes à la fois.)

— Hélas, non!...

— En Islam, une femme qui n'a pas d'enfants est considérée comme l'être le plus malheureux du monde.

— En Europe aussi, on plaint les femmes sans enfants. (Sourire incrédule du beau-frère.)

— Je demande : Que pensent ces dames de nos tristes costumes tailleurs? Ne les trouvent-elles pas bien laids?

— Mon Dieu, elles pensent qu'ils ne sont pas très jolis, mais elles supposent que, chez vous, vous vous habillez moins mal.

— Ont-elles quelquefois envie de voyager, de se promener au bazar, comme le font les dames turques?

— Mais non, Madame, elles sont trop occupées (c'est encore le beau-frère qui parle). Car *chez nous* les femmes s'occupent de leurs ménages, de leurs enfants, font des ouvrages à la main, etc., etc.. (Cette fois, c'est moi qui lui rends son sourire incrédule.)

Je m'adresse à la jeune fille « Européenne. »

— Alors, votre mère est Française, Mademoiselle?

— Oui, Madame.

— Et de quelle partie de la France?

— Je ne sais pas trop, Madame. De la Suisse, je crois.

Elle peut à peine balbutier quelques mots de français, et de son ascendance occidentale il ne lui reste que les traits et le teint clair. La mentalité est déjà arabe, et elle paraît aussi complètement façonnée par le sérail que les Marocaines qui nous écoutent avec leur vague sourire résigné...

Je suis dans un harem du Makhzen, du monde fermé de l'aristocratie de cour : on y devine une simplicité patriarcale de mœurs, une sobriété voulue dans l'ordonnance de la vie et de la toilette. Et cependant, cette atmosphère « bourgeoise » que je sens ici, je l'ai retrouvée dans tous les harems que j'ai visités, même ceux où les appartements étaient bien plus vastes, les toilettes plus élégantes. Et chaque fois j'ai constaté la même chose. Voici des femmes, — disons-le franchement, — dont l'unique préoccupation est de plaire au maître, et qui n'ont qu'un moyen de plaire, le moyen le moins relevé par les attraits de l'intelligence ou de la fantaisie. Tous les conteurs arabes célèbrent cette constante préoccupation d'un troupeau de femmes perpétuellement concentrées sur l'unique question d'attirer à elles le mâle unique; et il n'est pas besoin de causer longtemps avec les Européens qui habitent les pays musulmans pour savoir que c'est le sujet autour duquel tournent le plus souvent les conversations entre hommes. Du reste, femmes légitimes et concubines sont étroitement associées dans la vie du harem. Rien de plus démocratique en apparence que les rapports entre ces femmes et leurs enfants; enfants de princesses circassiennes, et de négresses affranchies par leur maternité, se roulent ensemble sur le même tapis, sous les yeux ravis de leurs mères accoudées sur le même divan et se passant, de main en main, le dernier poupon frisé qui fait la joie du harem, qu'il soit né d'une descendante des Fatimites ou d'une pauvre Soudanaise clandestinement achetée au marché des esclaves.

Eh bien! que voit-on, que devine-t-on, sur les visages de ces femmes? Toutes, également ont le regard et le sourire de bonnes et douces mères de famille. Sur aucun visage féminin je n'ai découvert la moindre trace de coquetterie ou de provocation sensuelle. Même les jolies favorites du Grand Seigneur dans leur mirador de faïence avaient le regard naïf et étonné de petites mariées dont les sens ne sont pas encore éveillés. Et ce n'est pas seulement dans les harems que j'ai constaté cette innocence du regard. J'ai vu les Ouled Naïl dans le désert algérien, j'ai assisté à des danses dans des bouges arabes de lointaines villes africaines. Eh bien! même ces femmes, dont les gestes ne laissaient rien à l'imagination, avaient une naïveté, une simplicité dans le regard, qui me déroutait. Tandis que les filles européennes qui dansaient à leurs côtés, costumées et maquillées en Ouled Naïl, se révélaient toujours par leurs œillades provocantes, par leurs sourires de basses prostituées, les autres, les vraies, gardaient, au-dessus du corps se tordant dans les convulsions rituelles, le visage naïf de petites filles sages et plutôt bêtes.

Quelle est donc l'explication de ce mystère? Je ne crois pas qu'il faille la chercher dans le sentiment d'extrême décence qui ferait partie de la longue tradition des bonnes manières orientales. Certes, les Arabes de bonne souche ont une distinction suprême, une réserve qui pourrait bien être fondée sur la méfiance du guerrier nomade plutôt que sur une conception abstraite de la dignité. Mais, en tout cas, ce qui m'a frappée chez les femmes arabes, — c'est-à-dire celles qui sont cloîtrées, — c'est moins leur réserve et leur décence que l'absence apparente en elles de tout désir de séduire.

Chez l'Occidentale, la réserve la plus hautaine, la décence la plus exagérée, ne cachent pas ce désir... au contraire. Et je mets au défi une femme tant soit peu intelligente de ne pas découvrir, dans le regard et le sourire d'une autre femme, cette qualité féminine entre toutes. Il y a un abîme entre la femme qui dissimule sa sensualité et celle qui n'est pas sensuelle.

Eh bien... je ne découvre aucune sensualité dans le regard atone de ces musulmanes cloîtrées. Toutes, sans exception, elles me font l'effet de bonnes ménagères manquées, — je dis manquées, car il est notoire qu'elles ne peuvent pas même tenir une aiguille, ni préparer un plat, ni soigner leurs enfants, qu'elles couvrent de caresses, mais qu'elles ne savent pas, même dans les harems les plus aristocratiques, guérir du plus simple bobo.

En tout cas, il est certain que le sentiment maternel paraît beaucoup plus développé chez ces douces créatures que le désir charnel que leur attribuent les conteurs du marché. Et, à la réflexion, n'est-ce pas assez naturel? Il n'y a pas de cloison étanche entre le corps et l'intelligence, entre les passions et la pensée. L'homme occidental, en affranchissant et en exaltant la femme, a créé un être autrement redoutable et subtil que les pauvres petites concubines du Moghreb. Enfin, à l'appui de ma thèse, j'en appelle aux femmes du désert et de la montagne, aux seules femmes vraiment affranchies des pays musulmans. Ah! les sourires obliques, les regards gais et malicieux de ces fines Bédouines qui ont aspiré le vent du désert, et partagé le sort aventureux de leurs maris ou de leurs amants! Dans n'importe quel marché marocain, vous verrez, sur les lèvres de la pauvresse guêtrée de cuir qui vous marchande du lait de chèvre, ou de la laine filée sous la tente noire, vous le verrez, ce sourire, et vous vous rendrez compte qu'il est autrement averti, autrement vivant et séduisant que celui qui pâlit sur les bouches des pauvres petites privilégiées du harem. C'est le grand air qui leur manque, à celles-ci, ce sont les longues chevauchées sous les étoiles, c'est le danger et la faim de l'imprévu, — c'est la lutte, enfin. Les pauvres Bédouines peuvent être rouées de coups, traitées comme des bêtes de somme, méprisées et abandonnées dans leur vieillesse. N'importe, — elles vont et viennent, elles causent librement avec les hommes, elles traitent de pair avec les marchands des souks, elles connaissent la vie au grand air, avec ses risques et ses labeurs; elles savent élever les bêtes, faire le fromage, tisser les beaux tapis rugueux, danser la ronde devant les tentes, et panser les blessures de leurs guerriers. Ce sont des femmes, enfin, et les autres ne sont que des petites filles sages et soumises qui deviennent grand'mères sans avoir jamais vécu.

On a fait, — et l'on continue à faire, — beaucoup de littérature autour des femmes des harems. Que ne les a-t-on plutôt regardées une fois dans les yeux?

EDITH WHARTON.

LE
" DIX-NEUVIÈME SIÈCLE "
DE
FERDINAND BRUNETIÈRE [1]

Il y a une trentaine d'années de cela, deux fois par semaine, le mardi et le samedi, un peu avant dix heures et demie, on pouvait voir passer rue d'Ulm, marchant d'un pas vif et pressé, la cigarette aux lèvres, une serviette bourrée de livres sous le bras, un petit homme maigre et nerveux, au teint bistré et fatigué par les veilles, à la figure énergique et âpre, au regard perçant derrière les verres du lorgnon. C'était Ferdinand Brunetière qui allait faire son cours à l'École normale. Il entrait, se promenait quelques minutes dans les couloirs, jetait son éternelle cigarette, et pénétrait dans la salle de conférences. Bien modeste salle, et qui contrastait avec les somptueux amphithéâtres que nous avons connus depuis, à la Nouvelle Sorbonne. Au fond, et sur les côtés, de longues tables avec quelques bancs où se pressaient une vingtaine de jeunes gens, bien décidés, par toute leur attitude, à vendre chèrement leurs admirations, et s'apprêtant à prendre des notes. Au milieu, une petite table avec un fauteuil de paille. Le « maître » s'asseyait, étalait ses livres, disposait devant lui quelques feuillets où, de sa grande écriture archaïque, il avait fixé un certain nombre de points de repère, et il commençait sa leçon.

(1) Ferdinand Brunetière, *Histoire de la Littérature française*, t. IV. *Le Dix-neuvième Siècle*, 1 vol. in-8 ; Delagrave.

De cette voix, grave et cuivrée, qui martelait les syllabes, détaillait, lançait et enchaînait les périodes, il parlait, sans fatigue apparente, avec une précision, une abondance verbale, une ardeur de conviction, une autorité, dont je n'ai, pour ma part, jamais rencontré l'équivalent. Il parlait ainsi une heure et demie, et souvent l'heure du déjeuner était sonnée, qu'il parlait, parlait encore. Puissamment construites et savamment « orchestrées, » pleines d'idées, de vues ingénieuses, souvent profondes, parfois paradoxales, d'impressions personnelles, de faits minutieusement étudiés, de formules saisissantes et originales, nourries d'une immense lecture, d'une large expérience littéraire, philosophique et morale, chacune de ses leçons était de nature à frapper de jeunes esprits par leur valeur d'art, d'information et de suggestion. Nous les discutions, certes, et passionnément, ces leçons vigoureuses et passionnées ; elles ne laissaient personne indifférent.

De cet enseignement qui dura une quinzaine d'années, et qui fut peut-être la partie la plus active de son œuvre, Brunetière avait bien, de temps à autre, tiré la matière de quelques articles, et même de quelques livres, son *Évolution des genres*, son *Évolution de la poésie lyrique au XIXe siècle*, ses *Époques du théâtre français ;* mais ces articles et ces livres laissaient inutilisées, pour le grand public, mille recherches laborieusement poursuivies, toute sorte de réflexions, d'observations et de lectures, qui, sans doute, n'étaient point entièrement perdues, mais dont ses élèves de l'École normale risquaient d'être les seuls bénéficiaires. *Verba volant.* C'est le sort de tous les professeurs de travailler pour les autres plus que pour eux-mêmes, et de ne point recueillir tout le profit personnel et extérieur de leur effort intellectuel. Constructif comme il l'était, il devait être bien tentant pour Ferdinand Brunetière de ramasser dans une œuvre d'ensemble tant de notes accumulées, tant d'études fragmentaires et, pour la plupart, déjà très poussées et fouillées. C'est de cette pensée qu'est sorti son admirable *Manuel de l'Histoire de la littérature française*, son chef-d'œuvre peut-être en matière de critique et d'histoire ; c'est de cette pensée également que devait sortir la grande *Histoire de la littérature française classique*, dont il n'a pu, — et encore incomplètement, — publier que le premier volume. C'était aussi un chef-d'œuvre qui s'annonçait. Il est infiniment regrettable que la mort ne lui ait pas permis d'y mettre la dernière main.

Les amis et les élèves de Brunetière ont pensé que ce livre considérable ne devait pas rester inachevé. Les plans, les notes laissés par le maître, les rédactions de ses auditeurs permettaient de reconstituer, sinon l'état définitif de sa pensée, — il se corrigeait sans cesse et n'arrêtait son expression qu'à la dernière extrémité, — tout au moins, dans leurs lignes essentielles, ses leçons d'École normale. Ce délicat travail a été confié à un consciencieux et fin lettré, M. Albert Cherel, qui, après avoir guerroyé très bravement à Verdun, comme ses citations en témoignent, a recueilli récemment, à l'Université de Fribourg en Suisse, la lourde succession de Maurice Masson. Avant la guerre, M. Cherel avait publié successivement *le Dix-septième* (1) et *le Dix-huitième Siècle*. Il vient de nous donner *le Dix-neuvième Siècle*. Je voudrais indiquer en quelques mots le très vivant intérêt de ce dernier volume.

C'est en 1892-1893 que Brunetière avait professé, à l'École normale, une soixantaine de leçons sur la littérature française du XIXe siècle. Je ne les ai pas entendues, mais on m'en avait communiqué les notes, et le cours m'avait paru l'un des plus remarquables que l'auteur des *Études critiques* eût professés à l'École. J'ai retrouvé très forte cette impression d'autrefois en lisant le livre que publie M. Albert Cherel. Brunetière avait alors quarante-trois ans : il était en pleine possession de sa méthode et de son talent; il n'avait pas encore, sur les questions morales et religieuses, pris définitivement position, comme il devait commencer à le faire deux ou trois années plus tard. Mais dans cette pensée très libre, ouverte aux quatre vents de l'esprit, on sentait un fond d'angoisse et d'inquiétude. Historien et critique, il se cantonnait, surtout en enseignant, dans ses fonctions de critique et d'historien; mais presque à son insu, l'enquête littéraire tournait invinciblement à l'enquête morale. Au reste, — et c'était le grand charme de son enseignement, — personne n'a pris plus constamment pour devise le mot célèbre de Sainte-Beuve : « Tout ce qui est d'intelligence générale et

(1) Voyez sur *le Dix-septième Siècle*, dans la *Revue* du 15 août 1912, l'article de M. Doumic.

intéresse l'esprit humain appartient de droit à la littérature. » Pour toutes ces raisons, à cette date, un cours de Brunetière sur la littérature du XIXe siècle ne pouvait manquer d'exciter au plus haut point la curiosité passionnée de ses auditeurs.

Leur attente n'a pas été déçue. Dès la première leçon, on était fixé sur la signification profonde et la haute portée de cette enquête. Brunetière commence par signaler les multiples difficultés du sujet qu'il traite et il se demande comment il pourra parvenir à les surmonter ou les tourner. En attendant les constructions définitives de l'avenir, il voudrait bâtir « un édifice provisoire, à la cartésienne, » mais qui puisse du moins servir d'abri. Et le moyen qu'il propose, « simple, radical, — et hasardeux, » avoue-t-il, est surtout d'une élégante et séduisante originalité.

Il consiste à renverser ou à inverser la méthode habituelle, et à constituer le présent juge du passé. Au lieu de commencer par le commencement, commençons par la fin : au lieu de mettre religieusement le pied dans les traces des autres, frayons-nous à nous-mêmes notre route, et ne retenons du passé, *littéraire ou autre*, que ce qui est nécessaire, indispensable, ou simplement utile à l'explication de l'actuel.

Si nous nous plaçons à ce point de vue, nous voyons par tout ce qui se passe autour de nous, je dis aujourd'hui même, nous sentons et comprenons par notre expérience, que dans la littérature, l'art, la politique et la morale, deux principes sont en lutte : *le principe de la solidarité sociale, et le principe du droit intégral de l'individu.* Il s'agit en morale de savoir si chacun de nous doit tendre principalement, ou exclusivement même, au développement des instincts qu'il trouve en lui ; ou au contraire si les conditions mêmes de la vie sociale exigent qu'il en abdique une part au profit de la communauté. Pareillement en art et en littérature, il s'agit de savoir si la littérature et l'art nous ont été donnés pour former un lien de plus entre les hommes, à la façon d'un langage plus idéal, plus général, et plus profond, *ou pour nous être des instruments de volupté solitaire.*

Conformément donc au principe que nous posions, nous ne retiendrons, pour en parler, que les œuvres et les hommes qui ont en quelque sorte répondu à cette question, et nous négligerons tous les autres. Nous ne retiendrons même que celles et ceux qui y ont répondu d'une manière vraiment originale et personnelle.

Poser ainsi la question avec cette vigoureuse netteté, avec cette hardiesse impatiente, c'était « actualiser » un sujet qui du reste, par sa nature même, avait à peine besoin de l'être. C'était surtout, si je puis dire, installer le problème moral au cœur même de l'étude littéraire. Vers le même temps, Émile Faguet poursuivait une vaste enquête, plus fragmentaire et plus capricieusement conduite, sur les *Politiques et Moralistes du* XIX*e siècle;* il y a plus de « littérature » en bordure de celle de Brunetière; au fond, c'est bien le même dessein; et on l'aurait vu sans doute plus clairement encore, si Ferdinand Brunetière, après avoir professé son cours, avait pu le rédiger lui-même.

On conçoit sans peine ce qu'une pareille façon de comprendre et de traiter un tel sujet met de vie dans un enseignement. Que devons-nous croire? Et comment devons-nous vivre? A cette question centrale il s'agit de savoir comment ont répondu tour à tour tous les grands écrivains du XIXe siècle. Et ainsi, toute l'histoire de la littérature de ce tumultueux XIXe siècle se ramène à celle d'un vaste drame de conscience collective dont on nous retrace les péripéties successives. Et comme l'historien est engagé lui aussi dans la mêlée des idées, comme il est juge et partie, comme il cherche pour son propre compte, comme il n'a pas encore définitivement *parié*, presque à son insu il se mêle à son exposition je ne sais quel frémissement intérieur qui en redouble et en diversifie l'intérêt.

Dira-t-on que cet intérêt dramatique et moral nuit à l'intérêt proprement littéraire d'une enquête dont la littérature est, après tout, l'objet annoncé et avoué? Et au nom du principe de la « distinction des genres, » opposera-t-on à la méthode employée par l'historien une sorte d'objection préalable? On pourrait tout d'abord répondre que si le principe et la fin de l'action littéraire doivent être cherchés en dehors, — et au-dessus, — de la littérature, cela est sans doute un peu fâcheux pour les purs littérateurs à l'ancienne mode, mais qu'on ne saurait leur sacrifier les droits de la vérité. D'autre part, à suivre dans le détail l'application de la méthode proposée par Brunetière, on s'aperçoit qu'elle est remarquablement féconde, et qu'à vrai dire aucune autre ne permet un classement aussi logique, aussi satisfaisant à tous égards, des écrivains et des œuvres.

Pénétré de l'esprit classique, le XVIIIe siècle avait, dans

son ensemble, très résolument maintenu les droits et donné l'exemple d'une littérature sociale : c'est Rousseau, l'ancêtre de nos romantiques, qui a le premier revendiqué âprement pour l'individu le droit de s'exprimer tout entier et sans réticences et de concevoir l'œuvre littéraire à sa propre image. De 1800 à 1830 environ, les deux principes antagonistes vont lutter à armes à peu près égales, avec des alternatives variées de succès et de revers. C'est d'abord Chateaubriand, le plus grand des disciples de Rousseau, qui commence la réaction contre l'esprit du XVIIIe siècle; mais le XVIIIe siècle se survit et se défend dans la personne de ses derniers représentants : poètes tels que Lebrun et Parny; savants tels que Laplace et Cabanis; idéologues, tels que Destutt de Tracy. Entre ces deux courants vient s'en interposer un autre, celui des littératures étrangères, représenté par Mme de Staël et son école, les Sismondi et les Fauriel. La lutte, un moment suspendue par l'intervention de cette nouvelle influence, reprend bientôt de plus belle, et sous la Restauration qui favorise de tout son pouvoir les ennemis du XVIIIe siècle, « nous voyons d'une part l'esprit classique se solidariser avec l'esprit libéral, chez Casimir Delavigne, Népomucène Lemercier, Béranger, Paul-Louis Courier, et, d'autre part, l'esprit religieux se solidariser avec l'esprit romantique, chez Chateaubriand, Bonald, Joseph de Maistre, Lamennais, Lamartine. Victor Hugo. »

L'individualisme littéraire l'emporte, — le talent et le génie même sont d'ailleurs de son côté, — et de 1830 à 1840 s'ouvre une nouvelle période où nous le voyons triompher bruyamment et renouveler simultanément tous les genres : la poésie, avec Lamartine, Victor Hugo, Sainte-Beuve, Alfred de Vigny, Alfred de Musset et Théophile Gautier; le théâtre, avec Vigny, Victor Hugo et Alexandre Dumas; le roman, avec Hugo, George Sand et Sainte-Beuve; l'histoire, avec Augustin Thierry et Michelet; la critique, avec Sainte-Beuve; la philosophie enfin, avec Cousin et Jouffroy. Tous ces écrivains, chacun à leur manière, prêchent l'affranchissement, l'exaltation du *moi*, ce moi que les classiques déclaraient « haïssable, » et qu'ils s'efforçaient de « couvrir, » de dissimuler, de dissoudre dans l'impersonnalité des règles esthétiques et des convenances sociales.

Mais cet individualisme exaspéré ne pouvait vivre qu'un temps, surtout dans un pays épris de sociabilité comme la

France. Le lyrisme continu peut bien convenir à la jeunesse d'une race ou d'une littérature; il ne saurait suffire au sens rassis, à la sagesse apaisée et lucide de la maturité. Ceux-là seuls qui n'ont pas beaucoup vécu, ni longuement réfléchi peuvent croire que l'individu isolé puisse vivre et se développer en dehors et sans l'appui des autres hommes. Compromis par ses excès mêmes, le romantisme ne tarde pas à être battu en brèche de toutes parts et à tomber en décadence. C'est le spectacle auquel nous assistons entre 1840 et 1850, et auquel collaborent d'ailleurs d'authentiques représentants convertis du romantisme. Sainte-Beuve en critique; Mérimée, Stendhal et Balzac dans le roman; Thiers et Guizot en histoire; Auguste Comte et Lamennais en philosophie; Proudhon en sociologie sont les principaux ouvriers de cette transformation collective, que les événements politiques contemporains, bien loin de la contrarier, favorisent singulièrement. Quand s'ouvre le second Empire, le romantisme est mort, comme, il y a vingt ans, le classicisme.

Sur les ruines du classicisme et du romantisme une nouvelle école va se constituer, le réalisme, qui, profondément éprise d'objectivité et d'impersonnalité, s'efforcera, de 1850 à 1880, de manifester dans tous les genres la fécondité de ses principes. Tandis que, pour correspondre à des besoins nouveaux, d'anciens écrivains se renouvellent, comme Victor Hugo, Sainte-Beuve, Théophile Gautier et George Sand, de nouveaux venus, pleins d'ardeur et parfois de génie, multiplient les œuvres originales et durables : Taine en critique et en philosophie, Renan en histoire, Émile Augier, Sardou et Alexandre Dumas fils au théâtre, Flaubert dans le roman, Leconte de Lisle et Heredia en poésie. Les événements de 1878 encouragent et précisent ces nouvelles tendances, dont le triomphe paraît alors définitivement assuré.

Cependant, il semble, aux environs de 1880, que la lutte entre les deux principes opposés va redevenir plus âpre. « L'individualisme, disait Brunetière, rassemble toutes ses forces pour livrer un dernier combat. Quand on pénètre au delà de la surface des choses, l'agitation qu'il se donne ressemble aux convulsions de l'agonie; et ce que l'on commence à craindre en vérité, c'est que sa défaite ne soit trop profonde. Car il en est des principes adverses qui maintiennent l'équilibre social comme de la force centripète et de la force centrifuge qui maintiennent l'équilibre de l'univers. » Pour un adversaire déterminé de l'individualisme, pour un homme qui devait, plus tard, à Bordeaux, prononcer une conférence *contre l'individualisme*, il faut avouer que voilà une observation, d'ailleurs très juste, et qui dénote un rare esprit d'impartialité.

C'est ce vaste programme, à la fois très ample et très précis, que Brunetière, dans son cours de 1892-1893, avait essayé de remplir. Dirons-nous qu'il l'a complètement rempli? Bien qu'il soit difficile de le juger sur un cours qu'il n'a pas rédigé lui-même, qu'il se proposait de reprendre et d'améliorer, et dont certains « raccourcis » peuvent ne pas lui être entièrement imputables, on entrevoit çà et là quelques points où, en présence d'un texte définitivement arrêté par son auteur, on formulerait volontiers certaines critiques. Mais quand ces éventuelles objections de détail, — sur lesquelles, en bonne justice, il y aurait quelque impertinence à appuyer, — seraient à la fois plus abondantes et plus graves qu'elles ne le sont en réalité, il n'en resterait pas moins que cette Histoire des lettres françaises au XIXe siècle est la plus complète, le plus fortement ordonnée, la plus claire, la plus suggestive que nous possédions encore. Brunetière n'avait voulu construire qu'un édifice tout provisoire : il est à croire que cet édifice abritera pendant de longues années nombre d'historiens et de critiques, même distingués. Ses idées générales, ses jugements, ses formules même passeront dans l'enseignement, dans la critique courante. Et ceux qui voudront refaire à leur manière cette œuvre inachevée s'en inspireront longuement, nous pouvons le prédire, et lui emprunteront de copieux matériaux.

Par exemple, il me semble assez difficile qu'ils n'adoptent pas, quitte à en modifier certains détails d'application, l'idée maîtresse et centrale du livre, cette définition du Romantisme par l'individualisme littéraire et moral que Brunetière avait déjà donnée et développée dans plusieurs articles (1) et dans

(1) L'idée et la formule font, si je ne me trompe, pour la première fois leur apparition dans un article du 15 octobre 1889 sur *le Mouvement littéraire au XIXe siècle*. Elles n'apparaissent pas encore dans l'article *Classiques et Romantiques* (15 janvier 1883), écrit à propos du livre d'Émile Deschanel sur *le Romantisme des classiques*. Et voici en quels termes, dans l'article sur *le Mouvement littéraire au XIXe siècle*, Brunetière, parlant de Rousseau, amorçait sa définition du Romantisme : « Et c'est ici, disait-il, dans cette renaissance de l'individua-

plusieurs ouvrages, notamment dans son *Évolution de la Poésie lyrique*, mais qu'il n'avait pas encore publiquement présentée et justifiée avec tout le luxe de preuves et d'exemples que comporte l'étude de tout un grand siècle littéraire. Cette définition, on pouvait jusqu'alors la trouver plus ingénieuse et plus spécieuse que véritablement fondée en raison et en fait; on pouvait penser que la démonstration qu'en avait fournie Brunetière était trop systématique, qu'elle faisait plus d'honneur à sa virtuosité dialectique, à son goût des généralisations qu'à son observation patiente des faits, à son étude minutieuse et désintéressée des textes. Quand on aura lu les différents chapitres de son *Histoire* où il caractérise la personne et l'œuvre de Chateaubriand, de Lamartine, de Hugo, de Musset, de George Sand, de Sainte-Beuve et de Michelet, il faudra bien reconnaître que la formule rend très exactement compte de ce qui distingue la littérature romantique des autres périodes de notre histoire littéraire.

Une autre idée, chère à Brunetière, et qui, grâce à lui, va, selon toute vraisemblance, devenir l'un des lieux communs de la critique, c'est celle de la parenté qui existe entre notre école réaliste ou naturaliste et notre littérature classique du XVIIe siècle. Dès 1883, dans une conférence faite à la Sorbonne (1), Brunetière avait esquissé cette idée, très juste et très féconde, et il y était revenu souvent dans la suite, la précisant de plus en plus, et en tirant chaque fois de nouvelles conséquences. Il l'a reprise dans son *Dix-neuvieme Siècle*, et il l'a illustrée des principaux faits et des principaux textes que l'histoire toute contemporaine lui fournissait en abondance. Cette théorie, connexe de la précédente, est l'une de celles qui, à mon gré, éclairent le plus profondément la nature propre du génie français. Si brillante qu'ait été notre littérature romantique, elle n'a été qu'une exception, qu'une parenthèse dans notre histoire. Livré à lui-même, n'obéissant qu'aux instincts profonds de la race, et sans rien répudier d'ailleurs des légitimes acquisitions antérieures, c'est vers une sorte de naturalisme classique que, tout naturellement, s'oriente l'esprit français.

lisme, avec tout ce qu'elle comportait de nouveautés et aussi d'erreurs, qu'il faut voir le commencement du Romantisme et le premier élément de sa définition. »

(1) *Le Naturalisme au XVIIe siècle*, dans les *Études critiques sur l'histoire de la littérature française*, première série, *deuxième* édition et suivantes.

***

A côté de ces grandes idées générales qui constituent comme une sorte de philosophie de l'histoire littéraire, on en trouvera, dans le *Dix-neuvième Siècle* de Brunetière, beaucoup d'autres, de moindre portée assurément, mais qui frappent et retiennent l'attention par leur justesse piquante et leur originalité. Que dites-vous, par exemple, de cette définition de Joseph de Maistre?

S'il était permis de faire une supposition presque sacrilège, et d'ailleurs contradictoire au fond; si l'on pouvait se représenter Bossuet grand seigneur, aristocrate ou patricien jusque dans les moelles; si l'on pouvait un moment le dépouiller de son bon sens, et lui prêter, à lui qu'on a nommé « le sublime orateur des idées communes, » je ne sais quel goût du paradoxe et de la mystification; si l'on pouvait en lui distinguer le Français du chrétien, et le laver ainsi du reproche, — ou lui enlever l'honneur, car tout dépend ici du point de vue, — d'avoir été trop gallican; enfin, si l'on supposait que son éducation, commencée dans la paix de son collège de province, se fût complétée par la lecture et la méditation de Platon, de Vico, de Bonnet, et par le spectacle troublant des événements de la Révolution et de l'Empire, on aurait Joseph de Maistre, l'auteur des *Considérations sur la France*, du *Pape*, et des *Soirées de Saint-Pétersbourg*. Car je viens d'énumérer tous les traits, ou à peu près, par lesquels ils diffèrent, mais on va voir combien il y en a, de quelle nature, de quelle importance, par lesquels ils se ressemblent. Et, en vérité, ce n'est pas un « Voltaire retourné » qu'il faut qu'on appelle Joseph de Maistre, mais plutôt un « Bossuet corrompu. »

Le mot est bien joli, et il mérite de faire fortune, au moins autant que celui de Scherer.

Qu'il juge d'ailleurs les idées ou le style, les écrivains ou les œuvres, Brunetière, surtout dans ce livre qui nous rend assez fidèlement les heureuses rencontres de son improvisation, se laisse volontiers aller à des vivacités, à des familiarités de pensée et d'expression qui sont des plus savoureuses. Les hommes ne lui en imposent pas, ni les livres; il les juge de plain-pied, pour ainsi dire. C'est un homme de lettres qui, parmi ses contemporains et ses pairs, s'exprime sur chacun d'eux avec la plus vivante liberté. Et s'il n'est pas dupe de leurs défauts, il sait rendre pleinement hommage à leurs réelles qualités. Témoin ces quelques lignes, si justes et si finement senties, sur le style de Renan, dont il vient de citer une fort belle page :

Cela est d'un érudit, d'un philosophe, d'un poète. Cela est abstrait et concret à la fois, plein de choses et de charme. Ce style a *je ne sais quoi tout ensemble de grave et de voluptueux*, de rapide et de pénétrant, de vivant et de métaphysique, de personnel et d'universel, de savant et de naturel. Il a surtout quelque chose de pieux; l'ironie s'y mêlera plus tard; elle ne s'y glisse pas encore. Aussi l'a-t-on préféré quelquefois dans ses premiers essais à tout ce qu'il a fait depuis. Point de rhétorique non plus : *une simplicité sereine et douce*.

Si maintenant nous rassemblons tous ces traits, nous pourrons dire que le style de Renan *offre quelque analogie avec celui de saint François de Sales*...

La comparaison est originale, et elle n'eût pas déplu à Renan lui-même. Brunetière, qui avait beaucoup d'idées et qui s'y tenait, avait aussi, au contact des textes, de ces vives intuitions littéraires, sans lesquelles il peut bien y avoir des historiens érudits et philosophes, mais non pas de critiques complets.

Tel est, bien sommairement feuilleté, cet ouvrage qui n'est assurément ni complet, — il y manque une conclusion (1), — ni parfait, et qui n'eût point satisfait son auteur, mais qu'on a tout de même bien fait de nous donner. Il n'est pas en dissonance avec nos préoccupations d'aujourd'hui. On y sent circuler un si noble goût de l'action, un si ardent amour pour les grandes œuvres du génie français, un sentiment si vif des dangers de l'individualisme, que ce livre, pensé et parlé il y a un quart de siècle, se raccorde sans effort avec nos pensées les plus constantes. « Peut-être, — écrit M. Cherel dans son *Avant-propos*, — peut-être est-il malaisé de dire avec exactitude de quelle manière la pensée de Brunetière eût reçu l'impression des événements actuels. » Non, cela n'est pas très malaisé. Il n'en eût d'abord pas été surpris. L'orateur des *Discours de combat* n'était pas dupe des illusions de l'idéologie humanitaire et, un an avant sa mort, il écrivait cet article sur

(1) Si l'on voulait cette conclusion, on n'aurait qu'à se reporter, pour la trouver, aux dernières pages du *Manuel de l'histoire de la littérature française*.

le Mensonge du Pacifisme, qui devait, dans certains milieux, soulever des discussions à la fois si naïves et si passionnées. Bien longtemps auparavant, ici même, dans un article sur *Un manuel allemand de géographie*, il avait fortement dénoncé les convoitises du pangermanisme naissant, « toute une théorie naïve d'impudence, *tout un système d'ambition qu'on dirait que, dès à présent, l'Allemagne s'exerce à justifier dans l'avenir.* » Et tel que nous le connaissons, Brunetière ne se serait pas contenté d'avoir été trop bon prophète. Il eût mis, comme tant d'autres, généreusement sa plume au service de la Patrie; il eût prêché l'union sacrée; il eût éloquemment développé « nos raisons de croire » et « nos motifs d'espérer ; » il eût opposé sans relâche le traditionnel idéal français au brutal idéal germanique, notre civilisation si généreusement humaine à la barbare « culture » tudesque. Et nous avons, dans ce livre posthume, comme un avant goût de l'inspiration qu'il eût apportée à cette œuvre patriotique : « Les événements de 1870, y disait-il, nous ont obligés douloureusement à reconnaître qu'il y a du réel, de l'objectif et de l'absolu au moins dans les affaires humaines; que la mort, que la défaite, que l'humiliation ne sont point choses subjectives, qu'elles ne sont point des formes de l'illusion et des espèces du relatif; et *qu'autant que de sa vie propre et individuelle, chacun de nous vit de la vie aussi de tous ceux qui sont avec lui fils de la même patrie, de la même race, de la même humanité.* » L'homme qui pensait ainsi en 1892 aurait, en 1914 et en 1918, combattu de tout son cœur et de toutes ses forces le bon combat de la défense nationale.

VICTOR GIRAUD.

LES INTRIGUES ALLEMANDES
AUX ÉTATS-UNIS

LA MISSION DU COMTE BERNSTORFF
ET SON ÉCHEC (1914-1917)

Il est certes peu d'histoires qui, pour l'intérêt et l'imprévu des épisodes, pour la complication des événements, pour la variété et le relief des caractères comme pour le défi jeté à tous les principes du juste et de l'honnête, pourront être comparées à celle des intrigues allemandes, durant cette guerre, aux États-Unis. L'artisan et grand meneur de ces intrigues, le comte von Bernstorff, y déploya toutes les ressources du zèle le plus actif et le plus immoral. L'œuvre est inséparable de l'homme : parler de l'une c'est faire connaître les deux. Jamais sans doute pareille accumulation d'agissements tortueux, de louches combinaisons et de criminelles entreprises n'avait abouti à un échec d'ailleurs plus complet. Pour notre part, nous nous bornerons au rôle de narrateur et de témoin, laissant aux faits, dans la simplicité de leur exposé, à dresser contre l'Allemagne le plus écrasant réquisitoire qui se puisse trouver dans les dossiers d'aucune diplomatie.

LE COMTE BERNSTORFF AVANT LA GUERRE

Revoyons-le donc tel qu'on le rencontrait il y a quelques années, dans les salons de Washington : grand, blond, portant beau, le visage à peine fané, le front haut, strié de rides singulières qui se groupent vers le nez, s'opposent, et aident les caricaturistes à lui accuser on ne sait quel air méphistophélique; rasé toujours de près et ne portant que la moustache courte aux pointes dressées; le geste de quelqu'un qui s'entraîne quotidiennement aux sports. Plus encore que par son excessive recherche d'élégance, qui fait paraître le pli du fer jusqu'aux manches du veston, il cherche à s'imposer par un air de force, de domination, par son regard aigu, froid, mobile, par le poids de sa démarche et de toute sa personne, par son imperturbable confiance en soi et par son assurance conquérante...

Dès son arrivée aux États-Unis, ayant su prendre place dans les milieux politiques et diplomatiques, il n'a cessé depuis lors de développer cette influence. Au mois qui précèdent la guerre, on le trouve entretenant des relations, auxquelles il s'efforce de donner les apparences de la franchise et de la cordialité, avec un grand nombre des plus influents parmi les membres du Congrès. Au *Metropolitan Club*, à l'heure du cocktail, il s'arrange pour avoir toujours un petit cercle d'interlocuteurs et d'amis. Il fréquente assidûment tous les salons qui ont la cote. Il y apporte sa politesse voyante, ses manières qui veulent être de grand seigneur, son verbe haut, son rire sonore qui secoue ses larges épaules, enfin cette aisance que rien ne déconcerte. Dès qu'il entre, il fait en sorte d'accaparer, de centraliser l'attention. Il supplée au mieux à l'effacement décoratif de l'ambassadrice, qui se tient au premier rang, observe sa tenue, parle peu, semble penser moins encore. Il se multiplie, fait autant de frais auprès de la jeune femme d'un second secrétaire d'ambassade que dans la conversation avec la femme d'un officiel haut placé.

Son activité mondaine et sociale ne s'arrête pas là. Mélomane averti, il est l'abonné ponctuel de la *grande série* des concerts d'hiver. Il se montre aux courses, au théâtre, ne dédaigne pas les *movies*, enfin se fait voir partout ou l'on peut être vu et, partout, il est vu l'œil allumé, la figure riante, la main tendue, le geste qui accueille, dans une affectation de réussite et de triomphe.

A Newport, où il fuit, durant l'été, la dure chaleur et le vide de Washington, il est plus que personne répandu dans le *smart set*, le clan des milliardaires. Pour se reposer et six semaines durant, il mène la vie de golf, tennis, courses en automobile ou en moto-boat, de thés et dîners-danses au club, de danses et de soupers-danses, qui est le courant à Newport et prend toutes les heures du jour. Il a toujours de multiples invitations, pour le moment des chasses, dans les Adirondacks. Mais, à l'entendre, c'est toujours avec le même plaisir qu'il retrouve, à l'automne, l'ambassade de style lourd de l'avenue Massachusetts et la vie et la villa de Washington. De la capitale il prétend aimer non seulement la société mais les monuments, le Capitole imposant, les rues et avenues larges, toutes plantées d'arbres aux essences rares et qui, à cette époque, joignent leurs feuillages en berceaux riches où se nuancent tous les ors; il en aime, dit-il, l'aspect merveilleux de jardin, de parc émaillé de cottages et de palais.

A peine de retour, il se reprend au travail. Et l'un de ses tout premiers soins est de recevoir les correspondants de journaux. Il est peu de diplomates qui aient été persuadés de l'action de la presse, qui aient travaillé à se servir du journal autant que le comte Bernstorff. S'il classe ses occupations, celle de se concilier la presse est certes au tout premier rang.

Il reçoit les correspondants presque à toute heure. C'est trop peu de dire que son accueil est cordial : il est familier. Si plusieurs journalistes se présentent ensemble, il les fait monter au premier étage de l'ambassade; il veut les entretenir dans l'intimité de son salon de travail, pièce très vaste, aux tentures et aux lourds rideaux de soie rouge, meublée de fauteuils profonds de cuir sang de bœuf. La compagnie est-elle nombreuse? L'ambassadeur la fait asseoir en demi-cercle, assis lui-même devant son bureau riche, carré, lourd, d'acajou massif, incrusté d'argent. N'a-t-il que peu de visiteurs? Il se dirige vers la haute cheminée à foyer ouvert, qu'entoure une barrière basse de marbre blanc rembourrée de coussins de cuir rouge et sur laquelle il s'assied, un pied dans sa main. Il croise les bras, tapote son coude, ou bien porte la main à son nez qu'il semble aiguiser de ses doigts joints, d'un geste habituel. Il discute avec un feint abandon, veut paraître ignorant de tout et désireux de tout apprendre. Bien que lui-même boive peu, fume rarement, il a soin de faire circuler à tout instant les cigares, les liqueurs. Il plaisante, rit haut et de tout le buste; il interpelle chaque correspondant par son nom; il rappelle à point le mot, l'anecdote qu'un jour tel d'entre eux lui a contée, et dont il rit encore. Quand chacun se sent à l'aise et quand l'atmosphère de bonhomie est ainsi bien établie, c'est alors que, d'un air indifférent, comme sans y penser et entre intimes, il glisse l'information fausse, au bénéfice de l'Allemagne : il assure qu'il vient de l'apprendre, qu'il la croyait déjà connue ; il regrette de l'avoir dite, puisqu'elle ne l'était point; et, pour elle, il demande le secret. Parfois, et alors en grand mystère, il communique une nouvelle vraie qu'il tient de son gouvernement, voire du département d'État, et qui doit embarrasser le département, peut-être lui forcer la main, servir enfin les intérêts allemands. Elle n'est, bien entendu, pas pour être publiée. Il criera donc ensuite et très haut, dès qu'elle le sera, aux fuites de documents secrets, à l'espionnage anglais, et se frottera les mains en secret.

Tel se présente l'homme dans son entourage immédiat. Mais n'allez pas croire que ses vues se limitent à cet entourage. Il trouve en effet, en arrivant aux États-Unis, un terrain préparé de longue main par l'Allemagne. Il n'a qu'à continuer l'œuvre de ses prédécesseurs et il n'y manque pas.

Bien avant août 1914, par les soins de ses ambassadeurs successifs, Holleben et Sternberg, l'Allemagne avait commencé de tendre activement sur les États-Unis son réseau compliqué d'intrigues. Méthodiquement, elle avait divisé le pays en quatre grandes zones : l'Est, qui comprend toute la côte Atlantique; le Moyen-Ouest, que, depuis longtemps et toujours, elle considère comme son domaine propre et qui englobe les grandes villes de Chicago, Milwaukee, Saint-Paul, Kansas City; l'Ouest, qui est surtout formé de la riche Californie; enfin, le Sud, ses cotonniers et ses cotons. Chacune de ces quatre sections a été, de sa part, l'objet de particulières avances. En chacune, elle a adapté sa propagande aux conditions spéciales de topographie et de production. En toutes elle a des alliés, des partisans.

Ses alliés naturels sont d'abord, partout, les Pro-Germains, c'est-à-dire les Allemands, naturalisés ou non, résidant aux États-Unis, et les Américains d'origine allemande. Ses partisans, souvent plus enragés que les premiers, sont les Irlandais-Américains, anti-Français parce que, catholiques, ils reprochent à la France sa politique sectaire, anti-Anglais par tradition; l'Allemagne les a aisément persuadés qu'elle seule, par sa puissance militaire, par sa dévotion à la cause des opprimés, est capable d'arracher à l'Angleterre l'affranchissement de l'Irlande. Elle compte, en outre, de précieuses sympathies parmi les Israélites, très puissants dans la grande banque de New-York, anciens et mortels ennemis de la Russie, fortement liés aux destinées de l'Allemagne par de gros intérêts financiers.

A ces quatre grands partis, qui sont acquis de longtemps aux intérêts de l'Allemagne, le comte Bernstorff en ajoute bientôt un cinquième. Car il n'a pas eu beaucoup de peine à apercevoir l'intérêt majeur que l'Allemagne aurait à se concilier les sympathies d'un groupe important d'Américains loyaux, rêveurs à courte vue, mais d'ailleurs de parfaite bonne foi et utopistes sincères, les pacifistes.

Tous ces champs d'activité et aussi bien de culture allemande sont, dans l'esprit de l'ambassadeur, comme une carte de géographie, plus justement encore, un plan stratégique. Ils lui sont tous sans cesse et également présents. C'est à mener ainsi l'action d'ensemble, tout en restant attentif aux moindres détails, qu'il s'attache, dès le début, avec une ténacité qui ne fera ensuite que s'accuser davantage.

Après s'être ainsi répandu dans tous les milieux, les salons, les clubs, et avoir fait cette énorme dépense d'ingéniosité laborieuse et de manœuvres en tous les sens, l'ambassadeur du gouvernement impérial, au printemps de 1914, quand il quitte Washington pour se rendre en Allemagne, peut croire avec tout le monde que sa situation personnelle et celle de l'Allemagne aux États-Unis sont très fortes, vraiment uniques. Cependant il les croit trop assurées, inébranlables. C'est l'impression qu'il en donnera à la Wilhelmstrasse et à son maître direct, le Kaiser. Ce sera sa plus grave erreur et celle qui finalement fera écrouler tout l'échafaudage. Il a trop confiance, une confiance trop aveugle, dans l'efficacité de ses méthodes et dans la sûreté avec laquelle il les emploie. Il ne doute pas du succès de l'entreprise allemande et de l'entreprise allemande menée par le comte Bernstorff. Ce sera non la seule cause, mais une des causes principales de l'échec final.

Une aptitude spéciale à créer, multiplier et enchevêtrer les intrigues, et dans les conditions ou les situations les plus diverses; une constante application à conduire toutes ces intrigues de front et à surveiller chacune d'elles comme si elle était seule, comme si d'elle seule dépendait le succès cherché, et en telle sorte que rien n'y fût jamais laissé au hasard, mais que la bonne foi, sans cesse affirmée, s'y présentât sans cesse comme le moyen le plus ordinaire de duper, la nonchalance comme un calcul, la maladresse comme un piège et l'aveu de la défaite comme une perfidie; une rare duplicité enfin, qui prend pour masques une aisance surveillée et l'agrément apparent des manières; telles sont les ressources qu'a fait paraître en toutes circonstances le comte von Bernstorff et qui sauvèrent les destinées de l'Allemagne aux États-Unis tant qu'elles purent être sauvées. Joignez-y la plus complète absence de scrupules qui ait jamais été constatée chez un manieur d'affaires. Son action, qui s'est exercée souvent contre les désirs et parfois contre la volonté de son gouvernement, a certes été considérable. Peut-être la plus grande faute de l'Allemagne, et pour nous la plus heureuse aura-t-elle été dans son entêtement à ne pas vouloir comprendre parfois et à refuser de suivre souvent les avertissements de son ambassadeur. C'est ce malentendu qui mettra finalement les affaires de l'Allemagne au pire.

AU DÉBUT DE LA GUERRE

A son retour d'Allemagne, aussitôt après l'invasion de la Belgique et du Nord de la France, l'ambassadeur du gouvernement impérial s'aperçoit vite que l'opinion à Washington est singulièrement changée à son égard.

Beaucoup de familles qui, avant son départ, lui faisaient bon accueil, ne montrent plus aujourd'hui aucun empressement à le rencontrer. Il est reçu chez d'autres, et de celles qu'il tenait pour amies, avec une gêne ou une fraîcheur des plus significatives. Les maisons même où M. von Bernstorff s'était cru davantage chez lui n'ouvrent plus pour lui que la petite porte. On lui propose de venir faire un bridge un jour, un soir, quand on sera sûr qu'il ne rencontrera personne; et on le prie, en confidence, de ne point laisser l'automobile de l'ambassade stationner à la porte. Certains salons, enfin, tout juste deux, l'affichent avec une ostentation, une sorte de bravade bruyante, plus vexante encore que la réserve des autres. Toute la société de Washington, enfin, se tient, vis-à-vis de l'ambassadeur allemand sur la plus extrême ou glaciale réserve, — quand elle s'en tient là.

Il ne faut pas longtemps à l'ambassadeur pour comprendre que le sentiment de la bonne majorité du pays s'est retournée, vis-à-vis de l'Allemagne, tout de même que la société a fait vis-à-vis de lui.

Il aperçoit cela qui crève les yeux, mais il se garde surtout de faire paraitre qu'il ait rien vu. Quand il parle des choses de la guerre, son attitude devient rêveuse, son regard se fixe au plafond; il murmure, il soupire : « Pauvre Belgique! Pauvre France! » Cependant, un moment après, il paraît se reprendre, se rendre compte où il est. C'est d'un ton rapide, incisif, sans réplique, qu'il achève, conclut : « Bien entendu, nous avons les preuves des machinations de l'Angleterre, les preuves écrites, irrécusables... L'histoire fera connaître, jugera... »

L'ORGANISATION DE LA PROPAGANDE

Il va au plus pressé et s'occupe d'abord de réorganiser tous les services de sa propagande. Il étend leur action. Il leur donne, avec une plus grande portée et des ressources en argent presque inépuisables, leur maximum de force. Il faut rappeler ici quelques faits.

C'est d'abord et bien entendu à son ancienne amie, à la presse, qu'il s'adresse.

Par le docteur Dernburg, qui lui a été imposé, comme une sorte de contrôleur, haut commissaire au petit pied et qu'il saura si bien et bientôt contrôler lui-même, pousser en avant quand il faudrait se retirer, à qui il fera commettre enfin *blunder* sur *blunder*, et jusqu'à le rendre *undesirable*, il fait pressentir les grands journaux de New-York ; il acquiert la sympathie de la presse Hearst; il traite avec l'un des journaux du soir les plus répandus, l'*Evening Mail.* Enfin il fait entamer des pourparlers avec l'agence d'informations la plus importante des États-Unis, l'*Associated Press.* Mais, là, il trouve aussi malin que lui. On paraît accepter d'abord. On demande par écrit des précisions sur le projet. Quand on a les précisions, on trouve qu'elles ne suffisent pas. On en demande d'autres. Quand on les a toutes et que la responsabilité de l'ambassadeur est engagée à fond, les pourparlers cessent brusquement. Quand les agents de l'ambassade veulent les reprendre, ils se heurtent à un refus. Et le ton de ce refus est tel qu'ils n'insistent plus. C'est apparemment la première fois que l'esprit d'intrigue de l'ambassadeur et la suffisance ingénue de l'Allemagne se heurtent, pour subir une défaite, à la perspicacité, à la loyauté et à l'humour américains. Le fait s'est représenté depuis.

L'ambassadeur allemand n'est pas de ceux qu'un échec décourage, loin de là. N'ayant pas réussi ici, il regarde aussitôt ailleurs. Et c'est alors qu'il rédige, écrit, envoie le fameux rapport confidentiel où il expose avec minutie le programme qui doit assurer à l'Allemagne, avec le contrôle exclusif de toute la publicité concernant les nouvelles allemandes, la direction générale de l'opinion américaine par le puissant moyen de la presse. C'est dans ce rapport que se trouve la curieuse clause suivante :

« Afin d'atteindre notre but, il est nécessaire de commencer et continuer une campagne de presse qui soit adaptée aux désirs et à la manière de voir du public américain. Tout doit lui être communiqué sous forme de *nouvelles*, car il a été habitué à cette forme et ne comprend que cette sorte de propagande. La valeur d'une telle campagne de presse en Amérique, si elle est faite *par* des Américains *pour* des Américains, sera incalculable. »

Faire diriger la propagande allemande en Amérique par des Américains, telle est la formule qui dominera dans la suite toute la politique de l'ambassadeur aux États-Unis. Il y insiste dès maintenant. Des correspondants américains devront être invités, envoyés sur tous les fronts allemands; toutes facilités devront leur être données « pour voir tout ce qu'ils doivent voir. »

« En outre, le Ministère des Affaires étrangères devra autoriser les correspondants américains à télégraphier quotidiennement par T. S. F. trois à quatre mille mots. Je désire insister sur ce point qu'un seul marconigramme, envoyé par M. Cory (correspondant américain) et favorable à la cause allemande, a été plus utile pour cette cause que tous les rapports officiels expédiés par le gouvernement depuis le début de la guerre. »

Le service d'informations devra être présenté comme « nouveau, permanent et destiné à mettre le public américain en relations directes avec les affaires politiques, diplomatiques et financières du monde entier. » Un code de T. S. F., en apparence purement commercial, permettra de faire transmettre, à une banque américaine et par l'intermédiaire d'une banque hollandaise ou suisse, amie des Alliés, les informations désirées. Enfin, c'est dans ce même et curieux rapport que se trouve l'énumération minutieuse des informations sur lesquelles il sera bon de ne pas insister et de celles qu'il faudra laisser complètement de côté.

I. La neutralité belge et les atrocités belges ne devront plus être mentionnées dans l'avenir.

II. On devra s'abstenir, pour l'Amérique, de mettre la responsabilité de la guerre au compte de l'Angleterre seule. Un élément anglais considérable existe, en effet, en Amérique; et le peuple américain maintient l'opinion que tous les partis belligérants, comme d'habitude, ont leur part de responsabilité dans la guerre.

III. La fierté et l'imagination des Américains au sujet de leur culture ne devront plus être continuellement offensées par l'affirmation répétée que la culture allemande est la seule culture vraie et surpasse toutes les autres.

IV. La publication des pamphlets de caractère purement scientifique doit être évitée à l'avenir comme lecture sèche, qui ennuie les Américains et leur est incompréhensible.

V. Finalement, il est de la dernière importance que l'autorité et les peuples allemands cessent de discuter continuellement et publiquement l'envoi d'armes et de munitions aux Alliés et de faire sentir aux Américains leur déplaisir.

Anticipant les effets de ce rapport, et fidèle au principe que la meilleure propagande en Amérique sera celle qui sera faite par des Américains, l'ambassadeur organise des voyages au front, des tournées de correspondants américains en Allemagne. Il recommande qu'on se montre « prévenants pour eux, de manière à gagner leurs sympathies à la cause de l'Allemagne. » Il veut surtout qu'on leur montre le mécanisme formidable de la guerre, « de telle manière que l'étonnement leur impose l'admiration et le respect de la puissance et de l'efficacité allemandes. » Déjà il a obtenu des bureaux de la Wilhelmstrasse qu'un écrivain américain de talent, Edward Lyall Fox, reçût une allocation « pour ses bons articles » envoyés d'Allemagne en 1914. Il revient sur le sujet. Il décide le chancelier de Bethmann-Hollweg à écrire de sa propre main au même Edward Lyall Fox et l'inviter, en janvier 1915, à rentrer en Allemagne, toutes ses dépenses payées par le gouvernement allemand et avec traitement assuré de 1 000 marks par mois.

En même temps qu'il organise sur ces bases la propagande par l'information et la presse, il songe à tirer parti pour cette même propagande du plus populaire des spectacles, du cinématographe. Il veut réaliser ce profit aussitôt. Sur sa demande, des kilomètres de *films* sont expédiés de Berlin, qui rendront les traits, le sourire du Kaiser, du kronprinz, puis feront connaître, dans toutes les villes et tous les villages des États-Unis, la puissance formidable de l'armée allemande. Enfin, en d'innombrables scènes familières seront montrés la force, la discipline, l'héroïsme et aussi bien la bonté, l'humanité du soldat allemand.

Ces *films*, intercalés parmi d'autres purement mélodramatiques ou sentimentaux, seront présentés, expliqués par des conférenciers professionnels. D'autres conférenciers et interrupteurs de réunions publiques parcourront les États-Unis, parlant partout et toujours, à propos de la guerre, de la grandeur et de la puissance de l'Allemagne. A eux reviendra la tâche de vendre ou distribuer des livres et tracts, aux documents tronqués ou faussés, et qui tendront à prouver que la responsabilité de la guerre revient tout entière à l'Angleterre, tandis que dans cette guerre l'Allemagne — l'innocente Allemagne! — n'a fait que défendre ses institutions, son sol, son droit d'exister.

L'AFFAIRE DE « LA LUSITANIA »

La machine, ainsi soigneusement organisée, fonctionne à souhait. L'ambassadeur en a déjà constaté l'excellent rendement : il le rêve meilleur dans l'avenir. C'est alors qu'éclate brusquement la nouvelle du fait qui, semble-t-il, doit renverser d'un coup tout le plan si minutieusement élaboré. L'annonce du torpillage et coulage du paquebot *Lusitania*, avec de nombreuses pertes de vies américaines, se répand tout à coup. Elle détermine aussitôt contre l'Allemagne, dans tous les États-Unis, la révolte spontanée, la levée unanime d'indignation que l'on sait. Quelle sera alors l'attitude de l'ambassadeur?

D'abord, et en dépit du fameux « avertissement aux Américains, » donné par lui-même peu de semaines auparavant, il suit le courant : il fait semblant de s'indigner avec l'opinion, il se refuse à croire. Aux journalistes qui l'assiègent, il assure, en souriant, qu'il y a certainement eu erreur. Il plaisante même de cette erreur, tant il est sûr qu'elle est réelle; et c'est là une finesse bien germanique. Tapotant son avant-bras, affilant son nez, il demande comment un pauvre petit sous-marin de quelques tonnes, ayant un équipage d'une vingtaine d'hommes à peine, pourrait couler un géant anglais de la mer comme *la Lusitania?* S'adressant à des gens passionnés de sport, il a soin de placer la question sur le terrain sportif : c'est le champion le plus faible qui est venu à bout de son adversaire de poids lourd ; David a fait mordre la poussière à Goliath; le rétiaire, agile et léger, a abattu le magnifique gladiateur. Dans les salons, c'est au sentimentalisme américain qu'il s'adresse d'abord. Il mettra toute la faute sur le dos de l'Angleterre. Il montrera cette Angleterre affamant méchamment par son blocus les malheureuses femmes et les enfants de l'Allemagne, mettant enfin l'Allemagne dans la nécessité de se défendre comme elle peut et par des moyens qu'elle-même, certes, réprouve et déplore. Il dénoncera une fois de plus la perfidie de l'Angleterre, qui charge de munitions et d'obus ses bateaux de passagers et prétend se servir des citoyens américains comme d'un laisser-passer, d'un bouclier vivant pour protéger les engins de meurtre destinés à frapper l'Allemagne.

Cependant l'opinion est trop haut montée cette fois pour être apaisée par des ergotages. Le sentiment populaire américain est blessé trop au vif dans sa loyauté naturelle et son amour de la justice : il se refuse à prendre le change.

La première et fameuse note « will not omit any word or act » qui traduit fièrement l'indignation publique fait sentir à l'Allemagne et à son ambassadeur que le temps n'est plus aux équivoques. L'ambassadeur le reconnaît avant l'Allemagne. En cette nouvelle occurrence, il se tait. Il attend que l'émotion qui, comme l'enthousiasme, n'a qu'un temps, s'apaise. Et il reporte, en attendant, son activité ailleurs. C'est alors, et pour faire dévier le courant d'indignation, qui devient dangereux pour l'Allemagne, qu'il invente, crée, monte de toutes pièces, lance enfin la fameuse « affaire des cotons » qui fut à deux doigts, —

on dit que ces deux doigts, qui nous sauvèrent du désastre, furent ceux de l'ambassadeur de France, — de mettre l'Angleterre et les États-Unis aux prises.

Il n'attend point la fin de cette affaire pour essayer de créer d'autres embarras au gouvernement américain, de lui susciter des incidents avec les Alliés.

Nous l'avons vu déjà en coquetterie avec les pacifistes. Il prend maintenant leur cause en mains. Il la fait sienne. Bien plus, il leur montre que cette cause, c'est au fond celle pour laquelle l'Allemagne se sacrifie et combat. Il leur a dit et répété que l'Allemagne, pacifiste de cœur et de raison, avait été contrainte, par l'Angleterre conquérante, à entrer dans la guerre et, par les gouvernants belges, acquis à l'Angleterre, à envahir la Belgique. Nous retrouverons maintenant ses agents et ses porte-parole habituels activement occupés à déclarer dans tous les meetings pacifistes de l'Ouest et du Moyen-Ouest, et à faire publier par la presse Hearst, que les États-Unis, neutres et pacifiques, ne peuvent, sans renoncer à leur neutralité, sans outrager à la fois leur caractère national et le droit international, fournir des armes et des munitions à l'un seulement des partis belligérants, quand l'autre ne reçoit rien d'eux. Ils ne peuvent à plus forte raison fournir les armes et munitions sans rompre leur contrat de paix, sans se faire agents de la guerre, sans être responsables de la prolongation de la guerre.

Le raisonnement est à la fois insidieux et simple. Il est insidieux parce qu'il met l'État et sa responsabilité en cause et le substitue aux particuliers qui font, sous leur responsabilité propre un commerce qu'ils ont tout droit de faire. Il est simple parce qu'il semble s'adresser à la raison, au bon sens même, et qu'il peut être aisément compris des masses. Bref, c'est un raisonnement avec une apparence de raison.

Ni l'affaire des cotons, ni la propagande pacifiste, ni la campagne de presse qu'il mène simultanément, ne représentent encore toutes les intrigues nouées par l'ambassadeur allemand. Au début de juillet 1915, sa fièvre d'activité devient véritablement effrénée. Tantôt nous le trouvons fomentant des grèves dans les usines de munitions du Moyen-Ouest et de l'Ouest : il fait organiser, diriger ces grèves par son collègue autrichien, le bénévole doctor Dumba. Tantôt il dresse des plans pour s'assurer le contrôle des grandes fabriques de munitions de Bridgeport; il forme le projet de faire parvenir, par voie indirecte, ces munitions à l'Allemagne, et dans le même temps il crée, entretient et finance le mouvement pacifiste contre la même expédition faite aux Alliés.

Tant d'intrigues pourtant ne peuvent être conduites de front sans péril pour qui les mène. Il n'est point d'organisation, si parfaite qu'elle paraisse d'abord, qui n'ait en elle un défaut, une fêlure. L'écueil des intrigants est dans la trop grande assurance qu'ils ont parfois d'eux-mêmes et des moyens qu'ils emploient. L'ambassadeur d'Allemagne, qui semble avoir tout prévu dans son système de surveillance et d'agence, a pourtant oublié de surveiller ses propres agents. C'est la trahison de l'un d'eux qui, au moment décisif, renversera les complots si savammment ourdis, arrêtera pour un temps la machine lancée à tant de frais.

LES RÉVÉLATIONS DU JOURNAL « THE WORLD »

C'est au moment où les affaires du coton et de l'embargo semblent mettre tout au plus mal pour l'Angleterre, au mieux pour l'Allemagne, que le journal *The World*, de New-York, commence les révélations sensationnelles qui brusquement mettent les plans et projets de l'ambassadeur à bas, renversent les rôles soigneusement distribués, détournent l'attention de l'Angleterre, soulèvent d'un seul élan l'indignation dans tous les États-Unis et mettent la situation de l'Allemagne et de son ambassadeur au point le plus critique où elle se soit encore trouvée.

D'où viennent ces documents? Quelles complicités les ont procurés ou offerts au journal officieux *The World?* Il semble que personne à l'époque ne s'en soit occupé. On peut le regretter. Que ces révélations qui venaient si bien à point pour faire dévier des soucis en passe d'être graves, et dégager l'Angleterre d'une situation pour le moins malaisée, fussent alors le résultat d'un joli tour de passe-passe diplomatique ou qu'elles fussent seulement l'effet du hasard, la question a bien son intérêt. On doit espérer que, pour la singularité du hasard ou pour l'honneur d'une diplomatie, l'histoire l'éclaircira quelque jour.

Voici donc, et d'un jour à l'autre, dans la seconde semaine d'août, la situation diplomatique, à Washington, bouleversée du tout au tout. Les soi-disant empiétements de l'Angleterre passent au second et au troisième plan. Le patient travail de mine et de sape, exécuté par l'ambassadeur allemand, est brusquement à découvert et par là même annulé pour un temps. L'opinion américaine est soulevée comme elle ne l'a point encore été, lors même de l'affaire de *la Lusitania*. La presse entière réclame d'un seul cri les plus sévères sanctions et le renvoi immédiat de l'ambassadeur allemand. Le département d'État, malgré sa traditionnelle réserve, paraît ému et laisse officieusement entendre que des sanctions nécessaires seront incessamment prises. On se répète que le Président est outré et décidé à agir. La position de l'Allemagne enfin est critique. Celle de l'ambassadeur ne paraît plus tenable.

UN COUP DE CRIMINELLE AUDACE

C'est alors que se produit l'atroce coup de théâtre, le périlleux et éhonté *looping the loop* diplomatique, qui d'abord semblera folie, mais dont tous les détails, tous les effets auront été prévus, pesés, réglés, acceptés d'avance, nous voulons parler du coulage sans avertissement du steamer de passagers l'*Arabic*.

Il n'est assurément aucun autre exemple dans l'histoire de la diplomatie qu'un ambassadeur, dans le plus extrême péril, ait pu se faire une arme — et quelle arme! — de ce qui devait le plus sûrement porter le coup de grâce à sa cause et à celle de son pays, qu'il se soit servi de cette arme d'abord pour sa défense, puis pour menacer qui le menaçait; qu'il l'ait manœuvrée enfin de telle manière que la situation de son pays et la sienne se soient trouvées, du moins pour un temps, rétablies, au sortir d'une aussi effroyable aventure.

Ce fut là ce qui s'accomplit pourtant au cours des deux dernières semaines du mois d'août 1915.

Je combats aujourd'hui la bataille de ma vie. Je suis dans la magnifique ivresse du *beau risque*. Je contemple l'avenir avec l'inébranlable confiance des forts. Je compte sur votre affection autant que sur le triomphe final.

B.

Que l'ambassadeur d'Allemagne ait ou n'ait pas écrit ce billet à l'admiratrice dévouée et très tendre amie, qu'il possédait, pour les raisons du cœur ou pour les intérêts de l'Allemagne, dans la haute société de Washington, à la vérité il n'importe. Le fait assuré est qu'il aurait pu l'écrire. L'esprit, le style, surtout le despotique *Je* répété au début de chaque phrase, ou bien sont d'excellents pastiches, ou, mieux, lui appartiennent en propre. La copie du billet courut, on ne sait par quels soins, dès la rentrée d'automne, dans tous les salons de Washington. Tout le monde, naturellement, s'empressa de l'accepter pour vraie. Il n'est que juste d'ajouter pourtant que salons et chancelleries s'occupèrent plutôt alors du « potin » mondain contenu dans le document, que de sa portée diplomatique ou politique. Ce n'est pas la première fois que la curiosité aux aguets des coulisses de la vie mondaine l'emporte sur celle que provoque l'histoire elle-même.

Il faut bien se rappeler comment la situation se présentait pour l'ambassadeur d'Allemagne, pendant que se poursuivaient les révélations du journal *The World*, et l'extraordinaire traînée d'indignation qui se propageait dans tout le pays.

Les premiers documents, annoncés depuis quelques jours déjà par le *Providence Journal*, tout dévoué et depuis toujours aux intérêts de l'Angleterre, paraissent dans l'officieux journal *The World*, le dimanche 15 août. Dès le lendemain, la presse entière des États-Unis les reproduit, les editorials les commentent. A Washington, et bien que toute la société et les trois quarts du monde diplomatique aient fui, à Newport ou dans les montagnes, les chaleurs torrides de l'été, la fièvre devient subitement intense. Les journaux tirent des éditions d'heure en heure. Chacun ajoute une information, un commentaire concernant l'un ou l'autre des personnages mis en vedette ou en cause. L'ambassade d'Allemagne est assiégée par les reporters qui, pour la première fois sans doute, trouvent portes closes. Les uns prennent aussitôt le train pour Newport où ils supposent que l'ambassadeur se trouve. Les autres s'arrêtent à New-York, se précipitent au Ritz-Carlton, où Bernstorff descend habituellement. Mais l'ambassadeur est, ici et là, invisible ou introuvable. On apprend par hasard que ses attachés militaire et naval, von Papen et Boy Ed, sont partis subitement pour prendre du repos, « quelque part » dans les Montagnes

Rocheuses, et qu'ils ont intention de visiter le Mexique. L'instinct policier des reporters américains reste en défaut; les meilleurs se mettent en campagne : aucun ne parvient à joindre les attachés fantômes. Les comparses de l'ambassade, ainsi qu'il est d'usage, s'étonnent, ne savent rien, croient qu'il y a erreur, admettent l'exagération et la complicité de l'Angleterre, affirment surtout que tout s'éclaircira bientôt et pour le mieux de la réputation de l'Allemagne et de ses ministres.

A l'ambassade anglaise, le charmant conseiller qui expédie les affaires en l'absence de sir Cecil Spring Rice, dit avoir lu les révélations dans le journal *The World*, insiste sur l'évidente authenticité des documents photographiés, déclare n'être d'ailleurs nullement surpris des agissements allemands, mais répète à qui veut l'entendre qu'il ne sait rien de plus.

Cependant, chaque jour, impitoyablement, les révélations continuent. Les intrigues de l'Allemagne se découvrent dans tous les domaines. Les complicités s'affirment et se multiplient. On s'inquiète, on s'agite dans les sphères officielles. Le bruit se répand dans le public que le gouvernement, après une première et secrète enquête, a recueilli les preuves accablantes qui suffiront à justifier une action énergique. On attend, on réclame le rappel des agents de l'Allemagne. On se refuse à croire que l'immunité diplomatique les couvre. On assure que le Président, sous la poussée de l'opinion indignée, est décidé à prendre les plus énergiques mesures contre ceux qui ont abusé de leurs fonctions, commis des attentats, multiplié les crimes, violé enfin, de toutes les manières, l'hospitalité que l'Amérique leur a offerte.

Quatre jours ont déjà passé. L'émotion n'a fait que croître. L'indignation est au comble. Cependant contre les accusations aucune protestation n'est encore venue. Aucun démenti n'a été donné. Tous ceux qui sont mis en cause se tiennent cois. Bien plus, tous demeurent également introuvables. Les affaires se gâtent de plus en plus pour l'Allemagne. Les officiels du Cabinet déclarent maintenant ouvertement que jamais les relations avec les Empires centraux n'ont été plus tendues, jamais la situation n'a été aussi grave... C'est au plus fort de cette surexcitation, le 19 août, quatre jours exactement après les premières publications du *World*, que les journaux annoncent le torpillage sans avertissement et le coulage avec perte de vies américaines, du steamer l'*Arabic!*

Le premier effet, à Washington, est de la stupeur. Le second, et qui se propage dans tout le pays avec la rapidité de l'incendie, est une immense, une furieuse révolte.

Que l'événement ait été dû à une méprise, ou bien à l'inadvertance du commandant trop zélé du sous-marin torpilleur, personne à l'époque ne l'a cru. Qu'il se soit produit à l'insu de l'ambassadeur allemand, il vient trop à point et dans un moment diplomatique trop grave pour qu'il soit permis de le penser. Qu'il ait au contraire été discuté, décidé, commandé à Berlin, sur les avis et les instances du comte Bernstorff, voilà qui, tout examiné, paraît bien plus probable.

Depuis le 15 août et pour être demeuré silencieux, l'ambassadeur n'est certes pas resté inactif. Il a vivement senti le coup porté par les révélations du *World*. Ce coup, annoncé par le *Providence Journal*, l'a trouvé sur ses gardes. Il sait à qui il le doit. Il connaît, a un *cent* près, combien les documents ont été payés et à qui. Il a donc préparé déjà, non sa défense, mais sa parade et sa riposte. Il ne peut démentir les documents photographiés, nier l'évidence même. D'autre part, l'affaire est trop bien lancée pour qu'elle puisse s'apaiser, le bruit s'éteindre dans le silence. A laisser les choses aller, le scandale menace d'emporter tout. Il faut avant tout agir vite et agir *ailleurs*.

L'attention est concentrée sur l'Allemagne : c'est de l'Allemagne que doit venir la diversion, en même temps la menace. Payer d'audace, *bluffer*, a été sa politique de toujours. A poursuivre cette fois encore la même politique, l'ambassadeur évitera peut-être, s'il réussit, le mortifiant rappel, voire la guerre et il pourra juger, mesurer la force de résistance de l'opinion américaine et jusqu'où le gouvernement des États-Unis est prêt à tenir le coup. Il faut, pour bien conduire le *bluff*, de l'assurance, du coup d'œil, une grande habitude de la feinte, un tempérament sportif, surtout de l'audace et, — plus encore, — le mépris de toute considération d'humanité. Dès qu'il a fait accepter le jeu et l'enjeu à Berlin, il fait son affaire du reste. C'est dans la première surexcitation de la partie déjà engagée qu'il a pu se laisser aller à écrire le fameux billet que l'on sait.

Il faut se rappeler la physionomie de Paris à la veille de la déclaration de guerre, pour avoir idée de l'aspect que présente Washington le 29 août 1916 et les jours qui suivent.

Les journaux, dont les éditions se succèdent, sont pleins des nouvelles du coulage. Les quelques détails, que donnent les premières dépêches, venues d'Angleterre, sont commentés à l'infini. On compte le nombre des vies perdues. On s'indigne que les Américains soient parmi les manquants. On rappelle les textes, les phrases les plus décisives des notes présidentielles qui ont précédé. On fait valoir les chances minimes qu'elles laissent pour un arrangement pacifique et celles très fortes qui sont pour la guerre. Les commentaires sont partout au pire. Dans les bureaux du *State Department*, dans les squares, dans les rues, les figures sont assombries : les expressions des visages sont crispées. Un souffle d'angoisse semble avoir passé sur la capitale et qui va, du jour au lendemain, s'étendre à tout le pays.

De l'ambassadeur d'Allemagne pas une explication, aucun signe de vie. A l'ambassade même, le personnel a pour consigne de tout ignorer. Aux innombrables reporters, accourus dès la première heure, la même réponse est faite : « Son Excellence n'est pas là... Son Excellence voyage... On ne sait actuellement où est Son Excellence... On ne peut dire, on ignore quand Son Excellence sera de retour... »

Le 21 août la situation est regardée partout comme exceptionnellement grave. Une seule circonstance, au dire des plus hautes autorités, pourrait encore la sauver. Il faudrait qu'il fût prouvé que l'*Arabic* n'a pas été torpillé sans avertissement. Cette circonstance, pourtant, paraît, aux premières nouvelles, devoir être écartée. La presse de son côté rappelle que le Président, dans sa dernière note, n'a pas seulement envisagé l'éventualité de rupture avec l'Allemagne en cas de pertes de vies américaines, mais a nettement stipulé que le simple fait « d'exposer les vies des non-combattants » serait considéré par lui comme *a deliberately unfriendly act*. Tous les premiers détails semblent montrer que c'est actuellement le cas. A la bourse de New-York, de lourdes ventes s'opèrent : le pessimisme est général.

Le 22 août, les détails du coulage, qui commencent à être connus, diminuent l'espoir que l'*Arabic* ait reçu avertissement avant le torpillage. La révolte dans la majorité de la presse et une grande partie du public s'accentue.

Cependant un autre courant d'opinion commence maintenant à se manifester. L'Ouest et le Moyen-Ouest ne veulent pas de la guerre et le font bien paraître. Partout les pacifistes s'inquiètent. Si on ne le crie pas encore, on murmure déjà que le Président est trop obstiné et le gouvernement trop intransigeant. La presse Hearst se fait l'écho de cette inquiétude; elle l'encourage, elle l'accroît, elle adjure les citoyens américains d'apercevoir les conséquences des paroles et des actes, de se méfier du *jingoïsme* et des glapissements des *jingoes*, surtout de se garder d'une trop grande hâte.

L'opinion moyenne, c'est-à-dire la majorité de l'opinion américaine, qui a été travaillée, depuis des mois, par la propagande du cinématographe, avec des *films* à colossal spectacle tels que *The Fall of a Nation*, ou bien, au théâtre, avec des pièces comme *Under Fire*, et autres œuvres qui montrent, détaillent, exagèrent, si possible, la barbarie honteuse, les tortures atroces de la guerre, sans jamais en présenter la contrepartie idéale, c'est-à-dire la nation luttant pour son existence et pour la conservation des principes qui font l'honneur de l'humanité, l'opinion américaine est maintenant hésitante. La réalité de la guerre qui, jusque-là, est restée, pour elle, lointaine et comme étrangère, se fait tout à coup présente, pressante, disons le mot, menaçante. Certes, il serait beau que l'Allemagne s'excusât, démentît le coulage, qu'elle s'inclinât enfin devant la volonté très nettement, trop nettement exprimée par le Président. Mais, « pour Dieu, restons en dehors des horreurs de la guerre! »

C'est ce double sentiment que l'ancien et toujours populaire secrétaire d'État, M. W. J. Bryan, précise le jour suivant, 23 août, et auquel il donne l'apparence de la pondération, de la raison, en lui prêtant l'appui de sa grande renommée et l'autorité de sa voix.

Cependant, à l'ambassade d'Allemagne, toujours même silence. L'émotion du pays, et dans les deux sens, est maintenant au comble. L'horizon politique et le diplomatique n'ont jamais été plus sombres. Enfin, le 24 août, le département d'État reçoit le télégramme de l'ambassadeur allemand qui, *parlant au nom de son gouvernement*, déclare qu' « aucune information parvenue jusque-là concernant le coulage de l'*Arabic* n'a de valeur sérieuse, » et exprime l'espoir que « le gouvernement des États-Unis s'abstiendra de toute démarche décisive aussi longtemps qu'il ne connaîtra que les rapports venus d'un seul côté. » Il ajoute que, « au cas où des Américains auraient péri dans le coulage, ce serait naturellement contraire à l'intention du gouvernement allemand qui regretterait profondément le fait. » Ce télégramme gagne du temps et produit une détente. Plus tard seulement on saura que tout entier de la main et de la décision de l'ambassadeur, loin d'avoir été inspiré par Berlin, il va précisément contre la conduite qui vient d'y être adoptée : il sera donc accueilli, dès qu'il parviendra à Berlin, avec la plus franche mauvaise humeur. Qu'il n'y ait point toujours parfait accord entre les bureaux de la métropole et les titulaires des postes officiels et que ceux-ci agissent parfois ou souvent contre les intentions de ceux-là, ces choses-là, dans toutes les diplomaties du monde, se sont vues et se voient.

Durant les jours qui suivent, et en dépit des télégrammes de plus en plus courroucés, puis comminatoires, qu'il reçoit de son gouvernement, l'ambassadeur observe la même ligne de conduite. Il prodigue les promesses calmantes; il multiplie dans la presse, dans les conversations de club, les assurances d'arrangement, de conciliation, de bonne volonté allemande.

Brusquement son attitude change. A-t-il eu vent de la nouvelle attaque que l'Angleterre prépare contre l'Allemagne et compte-t-il s'en servir pour venir enfin à bout de l'opposition qu'il sent croître à Berlin? Toujours est-il que, l'opinion américaine à peine calmée, le voilà qui retourne tout à coup à sa villégiature de Cedarhurst. Il ne parle plus, il n'écrit plus, il se met lui-même en disgrâce, il prétend se faire oublier.

C'est de là qu'il assiste, sans en prendre la responsabilité, et sans doute non sans joie, au lancement intempestif et fort mal accueilli du premier ballon d'essai allemand en faveur d'un tribunal d'arbitrage qui déciderait des responsabilités et dommages dans l'affaire de *la Lusitania*. C'est là qu'il lit le non moins maladroit manifeste au Pape en faveur de la paix. Sans doute a-t-il, de longue date, averti son gouvernement de l'échec qui attendait l'un et l'autre. On assure qu'il est agréable en tout temps de voir les gens qu'on a prévenus se mettre dans l'embarras par leur faute. A cet agrément, le monde en général ne résiste guère, et les diplomates moins que personne. Avoir connu l'ambassadeur d'Allemagne dans ses rapports avec son gouvernement, c'est être sûr qu'il eut, par deux fois, un contentement complet.

Enfin, le 9 septembre, éclôt en Angleterre, d'où il revient aussitôt et éclate à Washington, le scandale Dumba-Archibald. On apprend que les bagages d'un journaliste américain, James Archibald, connu comme agent des Empires centraux, ayant été examinés en Angleterre, toute sa correspondance fort compromettante a été saisie. De cette correspondance entre le Cabinet de Vienne et son ministre à Washington, il ressort que l'ambassadeur autrichien, le Dr Constantin Dumba, s'est employé personnellement et de toute son activité à fomenter des grèves dans les usines de munitions du Moyen-Ouest et à « arrêter, des mois durant sinon indéfiniment, le travail de l'industrie américaine et l'exportation aux Alliés. » A cette fin, avertissements et menaces ont été adressés par le Dr Dumba aux ouvriers natifs des provinces austro-hongroises, Bohême, Moldavie, Carniole, Galicie, Dalmatie, Croatie, Slavonie. S'ils continuaient à fournir par leur travail des munitions aux belligérants ennemis de l'Autriche, on les menace d'exil, de prison, de mort.

Dans cette conspiration se trouve encore impliqué l'attaché militaire allemand, le capitaine von Papen. L'ambassadeur d'Allemagne pourtant qui, naturellement, a tout imaginé, tout organisé, n'est point nommé.

Le lendemain, et quand l'opinion est de nouveau montée au plus haut contre l'Allemagne, Berlin, qui certes n'a pas prévu le tour que lui joue en ce moment l'Angleterre, Berlin, qui triomphait déjà du silence observé par la presse et par le public américains après le torpillage de l'*Hesperian* et qui voyait l'opinion américaine matée, ne peut plus ni corriger le ton ni arrêter la publication de sa réponse au sujet de l'*Arabic*, réponse qui a été remise, le 7, à l'ambassadeur Gerard. Dans cette réponse, avec une manifeste arrogance, l'Allemagne justifie le torpillage sans avertissement de l'*Arabic* par une soi-disant attaque, sinon de l'*Arabic* lui-même, du moins d'un autre navire anglais voisin, contre le sous-marin torpilleur. Elle ne présente aucune excuse, mais exprime légèrement quelques regrets pour les vies américaines perdues. Elle refuse toute indemnité, « même s'il y a eu erreur de la part du commandant du sous-marin, » et, en cas de divergence de vues, elle propose une fois encore l'arbitrage à la Haye.

Il y a loin de cette déclaration aux précédentes et réconfortantes promesses de l'ambassadeur. L'horizon politique se retrouve brusquement aussi sombre, et la situation, — aggravée maintenant du scandale Dumba, — plus tendue encore qu'elle ne l'était au lendemain du coulage de l'*Arabic*. Les pacifistes ne soufflent plus mot. Au département d'État, on ne cache pas l'extrême désappointement qu'a causé le ton singulièrement cavalier de la note. Dans les cercles et les quelques salons qui se rouvrent, à Washington, on prédit le renvoi prochain de von Papen, et on envisage avec regret celui de l'ambassadeur autrichien, qui doit entraîner le départ de la charmante Mme Dumba. Bref, le pessimisme est partout. Et il est tel cette fois qu'à Berlin même on ne peut manquer de le voir. Le département d'État fait en effet savoir officieusement, par l'ambassadeur Gerard, son mécontentement à la Wilhelmstrasse et l'expression décisive qu'il est prêt à en donner.

En Allemagne, d'autre part, c'est le moment où les résultats de la déclaration de guerre italienne se font sentir sur l'opinion allemande plus fortement qu'on ne l'avait pensé. L'effet produit sur cette opinion par l'entrée en guerre d'un nouvel et aussi puissant ennemi de l'Allemagne que les États-Unis, ne pourra manquer d'être détestable. Sans doute reconnaît-on enfin, parmi les intransigeants du parti de la force, qu'on s'est trop avancé et qu'à laisser aller les choses plus loin, cette fois on perdra tout. Le temps de la réflexion fut court, mais il porta ses fruits. Deux jours seulement se sont écoulés, et le gouvernement de Berlin fait savoir qu'il a désormais transmis à son ambassadeur à Washington pleins pouvoirs pour agir suivant ses propres plans et au mieux de son inspiration. C'est, de la part de l'opposition et de la Wilhelmstrasse, la capitulation sans phrases et, pour l'ambassadeur, le succès complet. Il lui suffira désormais d'attendre, de guetter le moment d'intervenir.

Il laisse donc passer la nouvelle crise qui pourrait être soulevée par la publication des documents Archibald, où l'ambassadeur Dumba déclare le Président *self-willed* et où l'attaché militaire von Papen qualifie les Américains d'*idiotic yankees*. Le péril tourné, il reprend les choses en main et publie, le 5 octobre, la fameuse note qui provoque le coup de théâtre, opère la détente, et permet à l'opinion américaine de croire qu'elle s'est enfin imposée à l'Allemagne. L'ambassadeur peut croire qu'il conduira désormais cette opinion au point exact où il voudra qu'elle soit.

L'ambassadeur d'Allemagne au secrétaire d'État.

AMBASSADE D'ALLEMAGNE

Washington, 5 octobre 1915.

Cher Monsieur le Secrétaire,

Poussé par le désir d'obtenir une solution satisfaisante au sujet de l'incident de l'*Arabic*, mon gouvernement m'a communiqué les instructions suivantes :

Les ordres donnés par S. M. l'Empereur aux commandants des sous-marins allemands, — et que je vous ai communiqués en de précédentes occasions, — ont été rendus tellement stricts que la répétition d'incidents analogues à l'affaire de l'*Arabic* n'a même plus besoin d'être envisagée.

Selon les rapports du commandant Schneider du sous-marin qui coula l'*Arabic*, et suivant son affidavit aussi bien que d'après ceux de ces hommes, le commandant Schneider était convaincu que l'*Arabic* avait l'intention de couler le sous-marin. D'autre part, le gouvernement impérial ne met nullement en doute la sincérité des affidavit délivrées par les officiers anglais de l'*Arabic*, suivant lesquelles l'*Arabic* n'avait pas intention de couler le sous-marin. L'attaque faite par le sous-marin eut donc lieu contre les ordres donnés au commandant. Le gouvernement regrette et désavoue cet acte et a donné des avertissements au commandant en ce sens.

Dans ces conditions, mon gouvernement est prêt à payer une indemnité pour les vies américaines qui, à son profond regret, ont été perdues sur l'*Arabic*. J'ai reçu autorisation de négocier avec vous quant au montant de l'indemnité.

Je reste, etc.

J. BERNSTORFF.

Dès la publication du document, c'est une explosion de satisfaction, des transports d'allégresse, qui s'expriment dans la presse et dans tout le public américain. Les journaux les plus graves de New-York, le *Times*, la *Tribune*, le *Sun*, le *World*, le *New York Herald*, portent des manchettes en capitales énormes, « L'Allemagne cède..., l'Allemagne s'humilie..., l'Allemagne accepte les conditions imposées par les États-

Unis, » et que reproduisent ou exagèrent les journaux locaux. C'est un air de succès, de triomphe qui paraît maintenant sur tous les visages, dans les rues, au club, dans les salons.

Et, en même temps qu'on se félicite que les États-Unis aient ainsi courbé la volonté de l'Allemagne, on se plaît à reconnaître la bonne volonté, le désir de conciliation de l'ambassadeur allemand. On rend hommage à son savoir-faire, à son tact, à sa délicatesse. C'est l'adversaire d'hier à qui, le duel terminé, on éprouve le besoin de serrer la main, dont on vante le courage, la loyauté, et dont on veut faire son ami...

On ne va pas jusqu'à proclamer ouvertement que c'est lui qui a sauvé la situation. Mais déjà les pacifistes en conviennent entre eux : et les renseignés, qui, dans les moments de crise, sont les trois quarts du public, le laissent entendre et le croient. L'ambassadeur apparaît désormais comme celui sur qui on pourra compter plus tard. Il est véritablement l'homme du jour et de demain.

BERNSTORFF ET LES COMPLOTS ALLEMANDS

Durant toute la période qui s'étend d'octobre 1915 à fin mars 1916, l'ambassadeur, satisfait du rôle qu'on lui attribue et de la réputation de médiateur qu'il s'est acquise, — de la façon que nous venons de voir, — paraît décidé à jouer publiquement ce rôle et semble s'appliquer surtout à mériter cette réputation. Trois complots se découvrent presque simultanément. C'est d'abord celui des Allemands, Bresting, Fay, Scholz, Dresche et Kienzel, porteurs de plans et instructions pour détruire les vaisseaux transportant des munitions aux Alliés; puis c'est l'assassinat du banquier de Chicago ayant contrat pour leur fournir ces munitions : enfin, c'est le complot von Rintelen, agent financier d'Allemagne, qui fournit des subsides aux partisans de Huerta pour créer au Mexique un mouvement contre les États-Unis. L'ambassadeur déclare ignorer les premiers, s'indigne du second, dément officiellement le troisième. Lui-même et son action sont entièrement étrangers à ces faits : qui en douterait? Dans la conversation, dans les interviews, pas un instant il ne paraît seulement soupçonner qu'on puisse le mettre en cause, peut-être le rendre responsable !...

C'est de même qu'il ignorera, un mois plus tard, l'affaire de l'*Hamburg America Line*, qui, de l'aveu du directeur Buenz, recevait par câble des informations sur la position en mer des navires de guerre allemands et des instructions pour les ravitailler. Il ne sait qui a payé les 2 000 000 de dollars à l'*Hamburg America Line* pour prix de ses services et des ravitaillements. Il se peut que son attaché naval se soit occupé de l'affaire : lui-même n'en a rien connu. Si donc le rappel des capitaines Boy-Ed et Papen est demandé quelques jours plus tard par le gouvernement des États-Unis, l'ambassadeur verra certainement avec regret partir ses attachés; mais il acceptera l'inévitable : il admettra qu'ils doivent supporter la responsabilité de s'être mis eux-mêmes dans un mauvais cas.

Il laisse passer, — ou il approuve quand il y a chance que ses paroles soient rapportées, — le message de rentrée du Président et la déclaration de guerre contre les fauteurs de complots qui s'y trouve.

C'est lui-même qui conte, en faisant mine de s'en égayer abondamment, la dernière aventure de son malheureux attaché naval Boy-Ed. On a trop peu ébruité l'histoire à l'époque : elle vaut qu'on la rappelle.

Le 16, le Président est averti par téléphone qu'un rapport demandé par lui a passé par le cabinet de l'attaché naval allemand avant de lui être remis. Le même jour, et très peu après que le Président a reçu le message, l'attaché naval allemand, le capitaine Boy-Ed, entre rouge de fureur dans son bureau de New-York, et faisant claquer la porte. Il prend aussitôt à partie l'un de ses secrétaires américain et lui reproche dans les termes les plus violents d'avoir dévoilé ses secrets au Président. Le secrétaire, très maître de soi, l'écoute froidement, et reconnaît immédiatement le fait. La fureur de Boy-Ed est alors au comble. Il étouffe d'abord; il bredouille, il balbutie puis il lance des imprécations, il vaticine, il parle de cynisme, de trahison, de perfidie américaine, d'*idiotic yankees;* il voit l'invasion de New-York par les armées impériales, il prophétise l'écrasement de l'Amérique et des Américains sous la botte de l'Allemagne ; il annonce bien d'autres choses encore. Bref, il ne se connaît plus. A bout de souffle enfin, sinon d'arguments, il se tait un moment. Le secrétaire profite de l'éclaircie pour rappeler qu'il possède bien d'autres secrets de l'attaché naval allemand et convenir qu'il est d'ailleurs tout prêt à les révéler. Après une pause, durant laquelle on imagine les regards et l'essoufflement de l'attaché, le secrétaire promet qu'il retardera les révélations, mais il met à son retard la condition suivante : l'agent diplomatique de Sa Majesté Impériale voudra bien lui apprendre, ici même et tout de suite, comment, par quel intermédiaire il a eu connaissance de son message téléphonique au Président, et cela au moment précis où le Président prenait connaissance de ce message. Se pourrait-il en vérité que, contre tous les usages de la diplomatie, voire de la civilité, M. l'attaché eût des intelligences, des espions dans les services de l'État? Aurait-il donc violé d'aussi patente façon l'hospitalité qu'on lui accorde? En vérité, le fait serait trop grave. Le secrétaire se refuse à le croire.

Voyant qu'il s'est trop avancé sur un terrain pour lui peu solide, l'attaché se trouble d'abord; puis, et ainsi que font généralement les gens violents, il crie plus fort, il injurie, il menace, il prétend enfin, à coup de fureur et de bruit, se persuader à lui-même et au monde que les droits sont de son côté, les torts de l'autre. L'Américain, qui est bon athlète, ne se trouble ni des vociférations ni des gestes. Il prend son chapeau, sort, et va conter l'anecdote au journal officieux qui la publie dès le lendemain sans aucune restriction ni commentaire.

L'histoire fit, bien entendu, la joie de Washington. Elle aurait fait aussi celle de l'ambassadeur allemand. On assure que, contant lui-même la scène dans un salon ami, imitant l'accent, le bredouillement et la fureur de son déplorable attaché, il y fut d'un comique irrésistible.

Soit qu'il eût remarqué qu'un collaborateur de trop longue daté est toujours un témoin gênant, soit que, connaissant bien le caractère allemand, il eût ses raisons de voir dans tous ceux qui l'entouraient des espions et des traîtres, soit qu'il y eût de tout cela dans les sentiments que tout le monde lui a prêtés, et qui concordent avec ceux qu'il faisait effort pour dissimuler au départ de tel ou tel de ses collaborateurs de la veille, il semble bien qu'il ait été surtout satisfait du rappel de ses deux complices. On ne voulut voir encore que satisfaction et joie chez lui lorsque les deux attachés, quelques semaines plus tard, le 29 décembre, quittèrent Washington pour Berlin. Et rien absolument ne marque qu'il y eût autre chose.

On a dit qu'il avait, le soir même du départ, parodié avec

une bouffonnerie pleine d'entrain l'attitude mélodramatique de son attaché naval. Il imita, assura-t-on, ainsi que lui seul savait faire, l'embarras de l'attaché qui, au moment de quitter New-York et tenant un papier en chaque main, l'un où il attaquait en termes violents l'attitude de la presse américaine, l'autre où il présentait avec feu sa propre défense, fut pris tout à coup de l'irrésistible envie de se moucher, dut mettre un des papiers dans sa poche tandis que l'autre, soudain lâché, s'envolait à la brise. L'accent, le bredouillement, le ton, l'air de courroux, tout y était. On prétendit que les personnes présentes rirent aux larmes, et que l'auteur de cette peu ordinaire « imitation » fit comme elles... Mais ce n'est qu'un *on-dit*.

Un peu plus tard surgit la question du blocus et des droits de l'Angleterre à maintenir les « Ordres en Conseil. » Il faut voir alors avec quelle apparente ingénuité, quel air de candide bonne foi l'ambassadeur allemand sait se servir des arguments mis en avant par l'Angleterre et les retourner contre elle pour justifier l'Allemagne de sa guerre sous-marine. Les « Ordres en Conseil » sont, d'après les vues anglaises, mesures d'expédient et mesures de représailles? Mais qu'est donc la guerre sous-marine si violemment reprochée par les États-Unis à l'Allemagne, sinon une mesure de représailles, un expédient pour protester contre l'affamement systématique par l'Angleterre des femmes et des enfants allemands? L'ambassadeur se sent là sur un terrain solide. Il connaît la passion des Américains pour le droit et leur révolte contre la violation de la loi internationale. Il sait aussi leur esprit de justice, leur impartialité. En s'efforçant donc d'établir une analogie entre la conduite de l'Angleterre dans sa guerre économique et celle de l'Allemagne dans sa guerre maritime, il sait fort bien que, s'il ne fait pas disparaitre la prévention que les États-Unis ont à l'égard de l'Allemagne à cause de la guerre sous-marine, du moins enveloppera-t-il l'Angleterre dans cette même prévention. Il poussera l'argument plus loin encore. On reproche à l'Allemagne l'invasion de la Belgique par la raison de « nécessité » de guerre. Mais que font donc les Alliés en Grèce et quelle raison, sinon quel droit, ont-ils d'y être, autre que cette nécessité? On dénonce l'inhumanité des représailles de la guerre sous-marine allemande? Mais en quoi les représailles des « Ordres en Conseil » anglais sont-ils moins inhumaines?

Ainsi la propagande insidieuse de l'ambassadeur allemand se glisse partout. Et plus elle est perfide, plus elle affecte le ton, l'attitude de la justice, de la droiture, du bon sens, de la loyauté. C'est après un travail de cette propagande qui dure pendant tout le mois de janvier et une partie de février, lorsque l'ambassadeur croit avoir enfin ébranlé le crédit dont paraît jouir l'Angleterre auprès du Président, qu'il lance le memorandum de *la Lusitania* et la nouvelle que le gouvernement allemand a décidé de traiter désormais les vaisseaux marchands, armés pour leur défense, comme des croiseurs ennemis. La manœuvre est caractéristique de la manière de Bernstorff. Ainsi, tandis qu'il annonce d'une part que l'affaire de *la Lusitania* va enfin être arrangée, le nouveau memorandum déclare d'autre part que l'Allemagne est décidée à poursuivre sur une plus grande échelle les pratiques mêmes pour lesquelles le Président a demandé désaveu, excuses et promesses de réformes. Que les Alliés consentent, sur la suggestion de l'Allemagne, à enlever de leurs navires marchands les canons de protection, il n'y a certes pas à le supposer. Pour les États-Unis le dilemme se pose donc ainsi : ou bien ils devront accepter la thèse allemande et adopter une attitude nettement hostile aux Alliés, ou bien ils s'exposeront à une nouvelle et plus dangereuse controverse, toute semblable à celle de *la Lusitania,* avec l'Allemagne. D'un coup, et par ce memorandum, l'ambassadeur annule la « victoire » des États-Unis dans l'affaire de *la Lusitania :* il opère un chantage sur le département d'État pour le forcer à insister, sous menace de conflit avec les Empires centraux, auprès des Alliés et obtenir d'eux une mesure qu'ils ne peuvent accorder. Bref, il brouille les cartes une fois de plus au mieux, pense-t-il, de ses intérêts et de ceux de l'Allemagne.

Cependant, cette fois encore, la seule éventualité qu'il n'a pas prévue est précisément celle qui se produit. Cette éventualité est la fermeté du gouvernement des États-Unis et de leur Président. Le premier, pris à l'improviste, semble d'abord hésiter. Mais il se ressaisit aussitôt. Et, dans une lettre, admirable de fermeté, il déclare que « l'honneur et le respect de soi-même de la nation sont en jeu. » La question de la *Lusitania* reste ouverte et sans solution. Quant à la prétention de l'Allemagne à considérer et traiter les vaisseaux marchauds armés pour leur défense comme des croiseurs ennemis, elle est légalement inadmissible et ne sera pas admise par les États-Unis.

Les journaux ont dit à l'époque, qu'à la lecture de cette réponse l'ambassadeur était entré dans une violente colère. Ceux pourtant qui l'avaient déjà vu à l'œuvre ont pensé qu'il avait considéré, tout de suite et seulement, comment il allait faire tourner la partie et par quel nouveau coup il pourrait mettre l'adversaire en défaut. C'était mieux le connaître.

Il cherche, comme toujours et d'abord, à détourner l'attention publique. Il crée des embarras au gouvernement et au Président. Au Congrès et par l'intermédiaire des fameuses organisations dont la découverte fera scandale plus tard, les sénateurs et représentants germanophiles et pacifistes sont pressentis, pressés d'agir. On leur demande de multiplier les discours, de mettre le Congrès en garde contre les actions trop précipitées, de l'incliner à accepter la solution allemande, et de réclamer enfin le désarmement des vaisseaux marchands. D'autre part, et comme par enchantement, des troubles se produisent sur la frontière mexicaine. Une expédition contre Villa est décidée à Washington. Le bandit est supposé avoir franchi la frontière, s'être refugié avec ses partisans au Texas. De son côté, Carranza parle de déclarer la guerre, si les États-Unis lui refusent l'autorisation de poursuivre en territoire américain les Mexicains révoltés. Les troupes mexicaines se montrent partout agressives contre la population et les troupes des États-Unis.

C'est un hasard, une lettre de Vera-Cruz, qui apprend, — ce dont on se doutait fort, — que des agents allemands sont derrière l'un et l'autre des deux partis mexicains et qu'impartialement, mais de leur mieux, ils les excitent l'un contre l'autre, en même temps qu'ils attisent les haines de chacun contre les Américains du Nord. La guerre avec le Mexique est dès lors envisagée : elle paraît probable.

On sait avec quelle habileté le Président Wilson déjoua encore le coup, comment d'une part il obtint du Congrès, à une forte majorité, un vote de confiance approuvant sa politique « pour la souveraineté des États-Unis; » comment d'autre part et en ordonnant l'envoi de 5000 réguliers sous les ordres du général Funston, il intimida les Mexicains, au moins pour un temps.

C'est alors que se produit le torpillage du *Sussex*.

Que ce torpillage ait été prémédité, décidé froidement par l'Allemagne contre l'avis de son ambassadeur pour « voir jusqu'où les États-Unis iraient, » il n'est plus guère maintenant permis d'en douter.

L'ambassadeur est à New-York quand la nouvelle éclate. Il rejoint aussitôt Washington. Interrogé sur l'événement et ses causes par ses amis les journalistes, il déclare d'abord sur le ton de bonhomie et de spontanéité qu'il prend toujours avec eux : « Je n'y puis rien. Mais comment d'ailleurs blâmer l'Allemagne parce que le *Sussex* a touché une mine anglaise? » Son jeu, à l'heure critique, est celui de toujours : mettre d'abord l'opinion sur une fausse piste, innocenter l'Allemagne, désigner en même temps l'Angleterre comme la seule responsable; donner en un mot aux passions le temps d'hésiter et de se calmer, ouvrir le champ libre aux hypothèses contraires, diviser s'il se peut les parties en deux camps et les exciter l'un contre l'autre.

Une fois encore et ayant prévu, ou connu, l'erreur, le *blunder* que son gouvernement va commettre, il se retire, se tait. En attendant que les choses soient au pire et que son gouvernement le prie enfin de prendre tout en mains et d'agir à sa seule guise, il se désintéresse du jeu, s'occupe ailleurs. Il *s'amuse* à mettre sur pied le fameux complot pour faire sauter au Canada le canal de Welland. Il approuve, dirige, au moins de ses conseils, une conspiration qui doit approvisionner de bombes destinées à les faire sauter en mer, les vaisseaux qui quittent le port de New-York avec une cargaison destinée aux Alliés. A bord du *Friedrich der Grosse*, détenu, et gardé sous séquestre dans le port, il fait installer, pour occuper les hommes, outre une station de T. S. F. d'un nouveau modèle, une véritable usine de bombes incendiaires et autres.

Il laisse ainsi passer, sans en ressentir aucune crainte, la première note du gouvernement allemand, qui produit à Washington le plus détestable effet. Il ne s'inquiète que lorsque sont saisis à New-York chez son homme de paille et agent, von Igel, les papiers et documents qu'il y a fait cacher. Sachant bien que si les papiers sont publiés, il y va cette fois pour lui du rappel, pour son pays de la guerre, il essaie tour à tour pour les reprendre de la violence, puis du chantage. Le département d'État, pourtant, qui n'est pas dupe du jeu, lui fait alors l'offre ironique de lui restituer tous les papiers saisis, à la seule, mais formelle condition qu'il les reconnaîtra comme appartenant à l'ambassade. S'il les reconnaît, c'est donc la signature donnée par lui aux complots qu'ils révèlent. S'il ne les reconnaît pas, c'est la publication, c'est-à-dire le scandale et le rappel.

Il se garde de paraître avoir perçu l'ironie. Mais il redouble d'instances pour reprendre les papiers. Sans doute le département d'État a-t-il entre temps aussi reconnu que la publication des papiers signifierait la guerre, et ne s'y trouve-t-il pas suffisamment préparé : il accorde un compromis. Il gardera les papiers, mais il ne les publiera qu'à son heure.

Lorsque enfin paraît, le jour anniversaire du torpillage de *la Lusitania*, la note attendue, le désappointement dans toutes les sphères officielles et l'impression parmi le public sont tels que la partie cette fois paraît perdue. Cependant l'ambassadeur se garde bien de le croire. D'abord, et une fois de plus, il tente de détourner et de fausser le courant de l'opinion. Il fait répandre dans la presse que le Président s'est montré satisfait de la note et que la rupture est maintenant évitée, alors qu'il sait pertinemment que c'est tout le contraire. A ses amis les journalistes il déclare imperturbablement que le Président est tout prêt à accepter la juste proposition allemande, et que l'Allemagne de son côté est très disposée à refréner la guerre sous-marine à la seule condition que l'Angleterre abolira le blocus. Au club, dans les salons, il annonce qu'un armistice sera infailliblement conclu au cours du prochain été, « les belligérants étant épuisés par la guerre. » Et au cours de cet armistice les conférences commenceront pour la paix. Partout, et dans le même moment que le Vatican, par l'intermédiaire de Mgr Bonzano, assure que l'Allemagne ne demande que la paix, lui, de son côté, ne parle que de paix. La réserve à laquelle il se heurte, pas plus que les sévères condamnations des complices de von Igel, ne l'arrête ni ne le décourage. Lorsque paraissent la réponse catégorique et l'ultimatum du Président qui n'accepte aucune condition et qui déclare la responsabilité de l'Allemagne « simple, non jointe, absolue et non relative, » il garde encore ou il renforce sa confiance. A ce moment en effet et tout comme lors de l'*Arabic*, il a reçu de son gouvernement les assurances et l'autorité qu'il demandait. L'acceptation implicite et sans clameur, sinon sans rancœur, de l'ultimatum de l'Amérique par l'Allemagne est, pour l'ambassadeur, une autre et plus brillante « victoire diplomatique, » qui, si elle frustre l'Allemagne et l'orgueil allemand, donne pleine satisfaction à sa vanité autant qu'à ses projets.

PENDANT LA CAMPAGNE PRÉSIDENTIELLE

L'affaire du *Sussex*, terminée tant bien que mal, toute l'activité de l'ambassadeur allemand se reporte maintenant sur la campagne présidentielle qui vient de s'ouvrir. Cette activité, bien entendu, reste occulte; il serait vain d'en chercher les effets ici plutôt que là : elle se manifeste partout.

C'est alors une sorte de duel obscur, sans merci, et dans la manière particulièrement chère à l'ambassadeur, entre le Président des États-Unis et le représentant du Gouvernement Impérial. Le second a compris, bien avant ses compatriotes, l'amplitude et la sûreté du jugement, la ténacité de volonté du Président, et enfin ses rares qualités d'homme d'État. Il est assuré qu'à le renverser, il sert la cause allemande mieux que ne le pourrait faire la plus importante victoire sur le champ de bataille. Il n'ignore pas qu'il sert autant ou davantage ses intérêts propres et quelle renommée sera la sienne s'il réussit. Il y met désormais son point d'honneur et tout son effort.

Il serait certes intéressant et il ne serait pas inutile de suivre pas à pas les marches et contre-marches, les avances et les reculs, les attaques et les contre-attaques qui n'ont cessé de marquer, au cours de cette campagne, le jeu sans cesse surveillé et singulièrement serré du Président des États-Unis et de l'ambassadeur allemand. Autant M. Wilson déploiera d'énergie et de sûreté de vues, autant le second lui opposera d'astuce et d'inlassable perfidie.

L'ambassadeur ne cesse pas de tenir en mains toutes les forces, afin de faire donner les réserves au moment où l'adversaire, ou lui paraît mal engagé, ou faiblit. Soit qu'il offre son appui et le vote allemand au parti républicain qui se récuse et le rebute ; soit qu'il paraisse appuyer le Président qui fait sa campagne sur le *ticket* pacifiste, et qu'en fait il essaye de lui susciter des embarras à propos du conflit mexicain, afin de le mieux discréditer aux yeux des pacifistes militants; soit qu'il exploite ou plutôt qu'il fasse exploiter par les journaux et les cinématographes, la venue de l'*U. 53* dans les eaux américaines, pour faire bien connaître au peuple américain la puissance, l'*efficiency* de l'Allemagne jusque par delà l'océan et l'implacabilité de la guerre; soit encore que l'inopportune, sinon maladroite liste noire des Alliés lui permette de se révolter, au nom de l'honneur américain, contre le nouvel empiétement de l'Angleterre sur les droits américains; soit qu'il s'acharne à susciter des conflits du travail, une grève des chemins de fer; soit enfin qu'il exerce son intrusion dans d'autres domaines encore, — il ne cesse d'être aux aguets, et de chercher à nuire aux intérêts du Président.

Quand, en dépit d'une intense, infatigable et très habile propagande, le Président aura été réélu, alors l'attitude de l'ambassadeur changera. Une nouvelle volte-face s'accomplira. Il oubliera le mal qu'il aura tenté de faire. Il essaiera maintenant de se faire bien venir. Il multipliera les avances. Il répétera, fera redire qu'il y a eu seulement malentendu, que le Président a mal interprété ses intentions. Son gouvernement n'a-t-il pas donné preuves sur preuves de ses désirs pacifiques? L'Allemagne veut la paix, tout de même que le Président veut la paix. Pourquoi, dès lors, ne pas essayer de s'entr'aider? Pourquoi ne pas coordonner ses efforts en vue d'atteindre plus sûrement au but commun? Cette paix, l'humanité tout entière la désire, l'appelle de tous ses vœux. Pourquoi tous les hommes de bonne volonté ne tenteraient-ils pas de guérir, suivant l'expression si juste du Président, « la folie du monde? » L'Allemagne puissante, victorieuse sur tous les champs de bataille, le Président des États-Unis, puissant de toute l'immense force économique des États-Unis, n'ont-ils pas reçu la mission divine de ramener la paix, c'est-à-dire le bonheur, la prospérité parmi les hommes souffrants et égarés?...

On a dit, et certains ont écrit, que le Président n'avait pas été insensible à la nouvelle politique allemande et qu'il avait incliné à croire à sa sincérité. Ce n'est guère probable. Une autre et toute contraire hypothèse paraît être la vraie. Pour le mettre en garde contre la sincérité des avances allemandes, et même s'il n'avait possédé déjà les révélations des documents du *World* et les papiers von Igel, le Président aurait eu les informations reçues d'Allemagne et de l'ambassadeur des États-Unis à Berlin.

Or, de ces informations il ressortait fort clairement que l'Allemagne n'était rien moins que disposée à tenir les engagements pris par elle lors de l'affaire du *Sussex*. Les rapports de l'attaché naval, Commodore Ghérardi, venaient de faire connaître en effet que l'Allemagne faisait pousser la construction de soixante-dix à quatre-vingts sous-marins d'un type nouveau, tout particulièrement grand et puissant. D'autre part, dans les milieux informés allemands on ne faisait point du tout mystère que la guerre sous-marine allait être reprise. On allait jusqu'à s'en réjouir ouvertement.

Enfin, et en dépit des demandes réitérées du département d'État, aucune réponse ne pouvait être obtenue ni de l'ambassadeur Bernstorff, ni de la Wilhelmstrasse, au sujet de la punition qui avait été réclamée et qui devait être infligée au commandant du sous-marin qui avait coulé. Une information officieuse avait fait connaître au contraire que l'officier, qui portait déjà la croix de fer, avait reçu, depuis le coulage, à cause du coulage, « l'ordre pour le mérite, » la plus haute distinction que pouvait accorder le Kaiser.

LES SIGNES PRÉCURSEURS DE LA RUPTURE

Dès les premiers jours de décembre, il devenait évident pour le Président et pour la majorité du Cabinet américain qu'il serait impossible de ne pas suivre la ligne de conduite prévue par la note de mai et de ne point en arriver finalement à la rupture des relations avec l'Allemagne.

La crise devint si aiguë, vers le 8 décembre, que le Président envisagea l'envoi d'un manifeste demandant aux belligérants de stipuler leurs buts de guerre, afin de porter les informations reçues à la connaissance de tous les États-Unis. Le manifeste, dans la pensée du Président, devait être un avertissement au peuple américain et au monde que les États-Unis, se voyant en péril d'être entraînés dans la guerre, désiraient connaître les buts des belligérants pour fixer ensuite le sens de leur propre action.

L'ambassadeur, dès qu'il eut connaissance de ce projet,

avait compris aussitôt que la situation devenait grave pour l'Allemagne et il en avait averti son gouvernement. Celui-ci, pour affermir l'opinion allemande, avait décidé de faire présenter par le Vatican de nouvelles propositions de paix, non qu'il espérât le moins du monde qu'elles seraient acceptées, mais pour que leur refus escompté et prévu lui permît de calmer la population civile, de montrer que ce refus des Alliés d'entrer en négociations ne laissait à l'Allemagne d'autre alternative que de continuer la guerre.

En outre, on comptait créer ainsi aux États-Unis un revirement en faveur de l'Allemagne, de telle sorte que l'opinion publique ne soutînt plus ou désapprouvât ouvertement le Président, s'il tentait de maintenir la ligne de conduite précédemment annoncée.

Le rapport secret du comte Bernstorff sur la situation créée par les torpillages du *Marina*, puis de l'*Arabic* avec pertes de vies américaines, précipita l'action du gouvernement. L'offre de paix faite par l'Allemagne, à l'instigation de son ambassadeur, surgit comme une barrière efficace contre toute action qui aurait pu décider les États-Unis.

C'est alors que le Président envoya le fameux message dont la déclaration du secrétaire Lansing sur les États-Unis « au bord de la guerre » donna la plus rigoureuse explication. Le Président qui avait suivi de près et sans cesse déjoué la manœuvre allemande était donc fort éloigné de faire confiance à l'ambassadeur allemand. S'il avait cru bon d'avertir, par son retentissant message, le peuple américain que la guerre pouvait être prochaine et, malgré lui et eux, être imposée aux États-Unis, il est bien problable qu'il avait déjà compris, à part lui, à quel point cette guerre était devenue inévitable. Cependant il eût été infidèle à la ligne de conduite qu'il s'était tracée, s'il n'avait tenté, par tous les moyens et jusqu'au bout, de retarder encore ou d'éviter cette guerre. Sans doute fut-ce la raison qui le fit entrer en conversation avec l'ambassadeur. Il le fit avec cette maîtrise de soi qu'il avait déjà fait paraître en de si nombreuses occasions. Il écouta assurément, il parut accepter les propositions de l'ambassadeur. Il remercia des flatteries. Il se garda de rien promettre, et pour cause.

De ces entretiens, peu nombreux, qui eurent lieu sans doute à la Maison Blanche, un Saint-Simon pourrait donner un compte rendu qui dépasserait en finesse, en humour, les meilleures scènes de la plus haute comédie. On a assuré qu'on avait vu, après l'un d'eux, le comte Bernstorff sortir en se frottant les mains. Personne n'a vu, mais on imagine de reste, le sourire « bien petit » qui s'allumait au même moment dans les yeux du Président.

Nous voici arrivés au mois de janvier 1917. Les coups, dans la finale bataille diplomatique, se font plus rapides en même temps que plus sournois. Chaque jour apporte un fait nouveau, une nouvelle preuve de l'activité de l'ambassadeur allemand et de l'intensité de la propagande de l'Allemagne aux États-Unis. Aussi, la double politique de promesses et de menaces suivie depuis longtemps déjà, la politique « de la tartine de miel et de la massue » s'accuse maintenant à des intervalles plus rapprochés et presque simultanés. Il faut que le peuple américain se prononce entre deux alternatives. Ou bien le peuple américain doit se faire complice du désir qu'a maintenant l'Allemagne d'entraîner les belligérants à une paix prématurée et par laquelle elle pourra affirmer son rêve ambitieux de *Mittel Europa*. Ou bien le même peuple américain qui a dit, répété, prononcé qu'il avait horreur de la guerre, doit être prêt à accepter toutes les horreurs d'une guerre avec la puissante et terrible Allemagne.

Quelle fut la part de l'ambassadeur dans la démarche finale de l'Allemagne? Mit-il, comme on l'a dit, tout son effort à s'opposer à cette démarche? Ou bien, sachant depuis longtemps l'obstination routinière de la Wilhelmstrasse, et sûr de la vanité de son effort, ne fit-il opposition que dans la mesure où il pourrait plus tard se glorifier de cette opposition pour rejeter blâme et responsabilité sur les bureaux prévenus par lui et qui avaient passé outre? L'une et l'autre conjonctures sont vraisemblables. La seconde, pour qui a connu le tour d'esprit de l'ambassadeur, retient davantage.

Le fameux télégramme du 22 janvier nous inclinerait à croire que le comte Bernstorff n'avait pas perdu alors tout espoir de garder encore l'Allemagne en paix avec les États-Unis... Du reste, il peut tout aussi bien prouver que les bureaux de la Wilhelmstrasse avaient seulement négligé de prévenir leur ambassadeur de leurs derniers projets.

Quoi qu'il en fût alors, on sait commen le gouvernement

allemand répondit, neuf jours plus tard, au télégramme de son ambassadeur, par la déclaration d'une zone de guerre interdite aux vaisseaux neutres et l'annonce d'une reprise de la guerre sous-marine sans merci. Les événements dès lors se précipitèrent. La nouvelle de l'ultimatum fut connue à Washington le 31 janvier au soir. Le samedi 4 février, à 2 heures de l'après-midi, le Président exposait devant le Congrès les raisons qui l'avaient décidé à faire remettre ses passeports à l'ambassadeur d'Allemagne.

La partie est désormais définitivement perdue pour le comte Bernstorff. Quelle est alors son attitude?

Quand l'assistant solicitor au Département d'État, M. Woolsey, remit au comte Bernstorff ses passeports, celui-ci avait été averti, depuis une heure déjà, par trois reporters accourus en hâte, de la décision du Président. Il a eu le temps de se composer un visage quand il reçoit l'envoyé et le message de la Maison Blanche. Après l'avoir reconduit, il voit les trois reporters qui sont restés dans le hall guettant sa première impression. Il les fait entrer d'abord dans son cabinet. Il leur offre, suivant sa coutume, cigares et liqueurs. Il rit, il plaisante avec eux. Il affiche une crainte comique de toutes les visites qu'il lui faudra faire, de toutes les questions qu'on lui posera, et auxquelles il lui faudra répondre. Il redoute les journalistes surtout et ce qu'on lui fera dire. Il prend conseil de ceux qui sont là pour formuler avec eux une déclaration générale, qu'il a préparée la veille, mais dont il leur attribue la rédaction : « Je ne suis aucunement étonné et mon gouvernement n'aura aucun étonnement. On savait à Berlin ce qui ne pouvait manquer de suivre la décision qui a été prise. Mon rôle a été seulement d'obéir aux instructions que j'avais reçues de mon gouvernement. »

De tout ceci naturellement, pas un mot n'est vrai. Mais c'est là considération secondaire! L'important est de le donner à croire.

Cependant l'ambassadeur perçoit, dans la note officieuse que l'*International News Agency* transmet d'Allemagne, le regret de l'action commise, le désappointement et l'hésitation de son gouvernement. Il ne serait pas l'homme que nous avons connu, s'il ne s'en réjouissait d'abord *in petto* et s'il n'y trouvait dans ses ennuis actuels un grand réconfort. C'est le premier mouvement. Le second le pousse à tenter de pallier les conséquences de l'erreur, de la gaffe commise. Il s'y prend à sa manière.

Le 6 février, il lui paraît bon d'envoyer, par l'intermédiaire et les bons offices de son ami, l'ancien secrétaire W. J. Bryan, une sorte de dernière leçon à son gouvernement. Du poste de T. S. F. de Sayville, il lui dicte les instructions qu'il doit suivre s'il veut encore faire un dernier effort pour éviter la guerre. Il ne s'en tient pas là. Il veut lui forcer la main. Deux jours avant son départ, le 12 février, il joue au ministre de Suisse, à l'excellent et malheureux Dr Paul Ritter, un dernier pire tour diplomatique qui a fait la joie de Washington, un peu celle de Berlin, et a coûté à l'infortuné ministre son poste et sa carrière.

Les choses se passèrent ainsi :

Le 12 février, au matin, le ministre de Suisse, diplomate de second plan, au caractère généralement effacé, parlant peu et non point par modestie, mais plutôt à cause de la lenteur de sa repartie et par défaut de brillant, fut aperçu, au Département d'État, l'œil singulièrement vif, le geste important, bombant la poitrine, le visage épanoui, l'air conquérant et fringant. Qui avait opéré ce changement? On avait remarqué que M. le Ministre avait commencé de changer d'air et de prendre un ton d'autorité aussitôt après une entrevue que le comte Bernstorff avait eue avec lui et quand l'ambassadeur lui avait demandé de se charger, après son départ, des affaires de l'Allemagne. Cependant jamais le sentiment de son importance n'avait éclaté de façon aussi évidente, aussi radieuse encore que ce matin-là. On sut un peu plus tard d'où cette conscience de sa propre grandeur lui était venue et qu'il s'était présenté « au nom de Sa Majesté Impériale. » Il avait tout de suite pris le ton de mystère et de dignité un peu hautaine, qui, selon lui, devait donner plus de portée à ses paroles et il avait annoncé qu'il était chargé d'une importante proposition de la part du Kaiser. Il semblait très pressé de faire cette proposition, mais il devait avoir reçu des ordres très précis pour s'en taire encore, car, à son évident regret, il n'en dit pas plus ce matin-là.

Il attendit l'après-midi du même jour qui était un samedi et alors que les autorités étaient égaillées à la campagne et au golf. Suivant toujours ponctuellement les ordres reçus, il fit savoir aux journalistes accourus, et toujours se redressant, parlant bas, souriant par contrainte, comme il avait vu faire à d'autres, que « l'Allemagne consentirait à négocier avec les États-Unis, formellement ou informellement, pourvu qu'aucun obstacle ne fût mis dorénavant au blocus commercial contre l'Angleterre. »

Dans l'esprit de l'honnête messager, l'Allemagne, loyalement, proposait un arrangement, que les États-Unis devaient accepter avec joie. Dans l'esprit de celui qui l'envoyait il n'en allait pas du tout ainsi, et tout au contraire. L'ambassadeur voulait lancer d'abord et à tout hasard un nouveau ballon d'essai vers une solution pacifique du différend actuel avec les États-Unis : mais bien plutôt encore, car cet espoir d'arrangement semblait maintenant bien évanoui, il prétendait donner avec cette proposition de plus forts arguments aux pacifistes qui étaient alors très puissants et qui pouvaient le devenir davantage. Si les choses n'allaient pas pourtant au gré de ses désirs, il serait toujours temps pour l'Allemagne de désavouer le bénévole messager et son intempestif message. C'est ce qui eut lieu.

Le Président, qui avait vu au premier instant d'où venait le coup et qui l'on voulait atteindre, n'attendit même pas douze heures pour répondre à l'attaque Il déclra que les États-Unis auraient plaisir à discuter toute question avec l'Allemagne, à la seule, mais primordiale condition que l'Allemagne annulât son memorandum du 31 janvier.

Le coup étant ainsi paré et le complot déjoué, Berlin désavoua immédiatement et fort brutalement, ma foi, le messager de son ambassadeur. L'infortuné Ritter, qui n'avait encore rien compris et croyait seulement à un détestable malentendu, s'en fut aussitôt trouver l'ambassadeur qui ne pouvait manquer, selon lui, de tout remettre au point bien vite.

Cependant le comte Bernstorff le reçut au pied levé, parmi ses bagages, malles ouvertes, dans le fracas des caisses qu'on cloue, des ordres donnés à secrétaires, valets, et à tous. Il ne s'interrompit que pour serrer en hâte la main du visiteur. Et, tout aussitôt, il lui parla horaires de trains, accommodations à bord du *Frédéric VIII*, cabine et cuisine. Il plaisanta, rit, ne lui laissa pas placer un mot. Et, tout doucement, il le reconduisit, en lui frappant l'épaule, puis lui prenant le bras. Quand on fut à la porte, il lui serra la main à plusieurs reprises, et chaque fois avec une plus grande effusion. Il lui souhaita enfin bon séjour, après qu'il lui eut dit et répété : « Au revoir. » Il voulut fermer lui-même la portière de l'auto. Et il ne rentra en courant que lorsqu'elle fut partie. On assure que, lorsque cette auto s'arrêta, quelques minutes plus tard, Hillyer Place, devant la légation de Suisse, le ministre était encore tellement ahuri, qu'il se passa plusieurs minutes avant qu'il se décidât à descendre.

Le 14 février, enfin, l'ambassadeur quitte les États-Unis, dans un grand concours de correspondants de journaux venus pour assister à son départ. Il leur laisse, comme une dernière et colossale ironie, la déclaration écrite suivante :

« Je n'ai jamais menti à aucun correspondant de journal depuis que je suis à Washington. Il m'est arrivé de ne pas tout vous dire, car, dans la position que j'occupais, cela m'était impossible ; mais tout ce que j'ai pu vous dire a toujours été vérité d'évangile. Je ne sais, quand je serai rentré en Allemagne, où j'irai. Cela dépend. J'irai d'abord à Berlin, puis, peut-être, chez moi, près de Munich. C'est tellement incertain ! Tout ce que je sais maintenant, je n'en puis rien dire. »

Il quitte enfin le pays dont il a reçu l'hospitalité, avec l'espoir d'y laisser tout un réseau d'intrigues si parfaitement organisées, qu'il pourra continuer à les diriger de Berlin comme s'il était à Washington. Nous savons assez comment c'est le contraire qui s'est produit et que, sous la pression des événements, l'Amérique a fait, elle aussi, admirablement « l'union sacrée » entrant chaque jour plus résolument dans la voie de la guerre. Il est arrivé au comte Bernstorff ce qui advient souvent à la catégorie de négociateurs à laquelle il appartient. Dans l'extraordinaire amalgame de combinaisons, d'intrigues et de fourberies, dont nous venons d'essayer de donner quelque idée, il avait tout arrangé et tout prévu, et enfin il avait tout considéré, sauf pourtant ce qu'il avait tout près de lui, devant lui et sous ses yeux : la droiture du peuple américain et l'irréductible amour du droit qui devait inspirer sa résolution à l'éminent homme d'État et au grand honnête-homme qu' est le Président Wilson.

GEORGES LECHARTIER.

REVUE SCIENTIFIQUE

L'INDUSTRIE CHIMIQUE FRANÇAISE ET LA GUERRE

Au moment d'aborder ce sujet, dont dépend pourtant le sort de la France d'aujourd'hui, dont dépendra celui de la France de demain, notre pensée malgré nous s'envole passionnément vers ces coteaux de la Marne où les armées s'étreignent, où déferle la houle mouvante de la bataille. Mais nous voudrions qu'il nous fût permis d'appliquer à celle-ci le mot célèbre : « Pensons-y toujours, n'en parlons jamais. » César lui-même attendit que l'action fût terminée, avant de faire ses « Commentaires. » Il est des heures où l'acte inachevé est si solennel que le silence seul, le silence calme et confiant, est digne de sa majesté. Nous vivons de ces heures-là. Parlons donc d'autre chose...

Demain la France sortie avec honneur de cette glorieuse angoisse reprendra sa vie, sa vie où il y a tant d'âme, tant de souffle et de pensée généreusement répandue, qu'elle est comme la respiration de l'Univers, et que l'Univers ne pourrait pas plus s'en passer qu'un être vivant ne peut se passer de respirer.

Mais pour maintenir sa vie, son noble rôle idéaliste, il faudra que la France soit forte et riche, qu'elle profite des leçons si chèrement payées. Car, on l'a dit et répété, si elle fut sauvée depuis 1914, c'est grâce à un miracle d'improvisation. Ce qu'on n'a pas assez dit, c'est que cette improvisation, ce rétablissement prodigieux ont été surtout remarquables dans le domaine de l'industrie chimique. Je voudrais aujourd'hui montrer ce que les Français ont su créer là, aux semaines tragiques de la guerre commençante, dans un domaine où on avait si peu préparé l'indispensable ; je voudrais montrer aussi ce que la France de demain, la France de la paix peut et doit gagner si elle sait maintenir et développer, dans les luttes pacifiques, les œuvres que l'agression criminelle a fait surgir de son sol, comme on voit en une nuit, dans les forêts tropicales, jaillir des plantes merveilleuses. Il suffira d'y mettre, comme nous allons voir, un peu de volonté, d'aimer et de défendre chez nous la liberté, aussi bien que nous aurons défendu celle du monde, et surtout la liberté de bien faire, et de courir sus bravement à certains sophismes stérilisants.

S'il fallait décider quel a été de tous les produits fabriqués, de tous les objets créés par l'industrie celui qui a été le plus nécessaire et le plus utile au pays depuis la guerre, celui sans lequel la défaite eût été rapide et inévitable, je répondrais sans hésiter, — et je vais démontrer pourquoi : — *l'acide sulfurique.*

C'est depuis longtemps une sorte d'axiome économique, que le signe, le coefficient, le facteur qui représente le mieux la prospérité économique d'une nation est sa consommation d'acide sulfurique. Vrai dans l'état de paix, ce critérium l'est encore bien davantage, comme nous allons voir dans la guerre moderne. L'acide sulfurique est, si j'ose paraphraser une formule connue, *le sang de l'industrie de guerre.*

Cela est si vrai que naguère, à la Chambre des députés, M. Denys-Cochin, alors sous-secrétaire d'État des Affaires étrangères, a pu en déduire une démonstration particulièrement frappante de la préméditation germanique. Voici en deux mots quel a été le raisonnement de l'éminent homme d'État qui est en même temps, comme fut lord Salisbury, un distingué chimiste. L'Allemagne avant la guerre dépensait pour faire son acide sulfurique annuellement de 1 100 000 à 1 200 000 tonnes de pyrites dont 900 000 venaient d'Espagne. Or, dans les deux années qui ont précédé l'année de la guerre, au lieu de 900 000 tonnes, elle en a fait venir un million 200 000 tonnes, c'est-à-dire qu'elle s'est constitué un stock de 600 000 tonnes de pyrites. Et M. Denys Cochin ajoutait : « Que conclure de là? Pour moi, c'est la preuve incontestable, avec beaucoup d'autres, de la préméditation du crime de nos ennemis. » Cette démonstration chimique de la véracité du fameux : « Je n'ai pas voulu cela! » renforce en effet singulièrement les preuves diplomatiques qui en ont été apportées récemment.

Lorsque d'ailleurs la guerre, sans respect pour les prévisions du grand état-major de Berlin, se fut allongée plus que ne le voulaient ces prévisions, grâce à la Marne... à la première édition de la Marne, l'une des premières et plus essentielles préoccupations du gouvernement allemand fut la production accentuée de l'acide sulfurique.

Il s'efforça de maintenir et même de renforcer la production annuelle qui était d'environ 1 750 000 tonnes en temps de paix ; pour cela, il eut recours aux pyrites norvégiennes et... pour un temps bref, au soufre italien ; il prit d'autres mesures essentielles, et notamment il en fit réduire énormément l'emploi dans l'industrie des engrais, des superphosphates qui en absorbaient environ 600 000 tonnes par an. La restriction consécutive des engrais fut même telle que le président de la ligue agricole allemande dut écrire à Hindenburg une lettre pour se plaindre et réclamer 500 000 tonnes d'engrais chimiques nécessaires au ventre germanique.

Pourquoi l'acide sulfurique est-il ainsi l'élément essentiel des fabrications de guerre? C'est que sans lui on n'aurait ni poudres ni explosifs, c'est-à-dire qu'un pays ne peut utiliser ses armes à feu qu'en proportion des quantités de cet acide dont il dispose.

Considérons en effet, tout d'abord, la poudre pyroxylée qui sert à propulser les obus et les balles de nos canons, de nos mitrailleuses, de nos fusils et sans laquelle ces engins ne seraient que des blocs de fer encombrants et inutiles. J'ai expliqué naguère, ici même, que cette poudre est obtenue en traitant par l'acide nitrique ou nitrifiant le coton de façon à obtenir le coton-poudre ou fulmicoton, qui, traité lui-même par un procédé spécial qui le gélatinise et le rend insensible au choc, est découpé finalement en ces lamelles prismatiques qui constituent la poudre sans fumée.

Or, contrairement à ce qu'on pourrait croire *a priori*, l'agent essentiel dans la nitrification du coton, opération principale de la fabrication des poudres, n'est pas l'acide nitrique lui-même, mais bien l'acide sulfurique. Le bain acide dans lequel le coton, préalablement purifié, est trempé est en effet un mélange contenant une partie d'acide nitrique et trois parties d'acide sulfurique concentré. Le rôle indispensable de celui-ci, qui est comme on sait un corps très avide d'eau, est d'absorber au fur et à mesure l'eau que produit la combinaison du coton et de l'acide nitrique et en présence de laquelle la réaction ne se ferait pas. L'acide sulfurique est ainsi l'agent chimique essentiel de la fabrication des poudres.

L'association des acides nitrique et sulfurique dans la nitration de la poudre, comme dans celle, — nous allons le voir, — des principaux autres explosifs, est d'ailleurs devenue si classique qu'on a créé un terme spécial pour le désigner et qu'on appelle bain *sulfonitrique*, le mélange des deux acides. Si ennemi qu'on soit des néologismes, il faut admettre ceux que la science et la technique introduisent dans la langue, car ils sont toujours le signe et la preuve d'un progrès.

Dans la fabrication du coton-poudre on tend de plus en plus à employer, au lieu de l'acide sulfurique ordinaire, un mélange de cet acide et d'anhydride sulfurique, c'est-à-dire, comme son nom l'indique (car toujours un peu de grec atticise la chimie), d'acide dépouillé de toute molécule d'eau. C'est un mélange qu'on fabrique plus difficilement que l'acide ordinaire, mais qui est bien plus efficace, car il donne une nitratation mieux faite et permet de rendre leur capacité déshydratante à des bains ayant déjà servi et affaiblis. Ce mélange c'est l'« acide sulfurique fumant » de nos jeunes années de collège ou, comme on l'appelle aujourd'hui à cause de son aspect huileux, l'*oléum*. L'oléum est devenu un des produits les plus indispensables de la chimie de guerre. Sa grande importance vient de ce que plus l'acide sulfurique est concentré, plus il permet d'économiser l'acide nitrique du mélange, qui est un produit précieux. *L'oléum* qu'on fabrique le plus couramment contient environ 20 pour 100 d'anhydride, de sorte que 100 kilogs de cet oléum équivalent, comme déshydratant à 105 kilogs environ d'acide sulfurique proprement dit. Il suffira d'ajouter de l'oléum à de vieux bains dilués pour régénérer en partie leur valeur.

Je m'excuse auprès de mes lecteurs de ces détails techniques et de ces chiffres, mais c'est de ces choses qu'est tissée aujourd'hui la trame fluide de nos destinées. Et puis, pour celui qui sait réfléchir et *s'imaginer* les objets, est-il rien de plus éloquent, est-il rien qui contienne plus d'émotion et d'action concentrée qu'un chiffre représentatif?

Si, à côté de la poudre qui est l'explosif propulseur de nos armes à feu, qui est, si j'ose dire, l'arc tendu derrière les obus et les balles, ces flèches modernes, nous considérons maintenant les explosifs brisants que les projectiles emportent dans leur ventre rebondi et qui, au but, assureront leur éclatement meurtrier, nous allons faire des constatations analogues aux précédentes.

Les explosifs brisants qu'emploient les artilleries adverses sont assez variés; cela provient de ce que chacun des belligérants a été amené à utiliser pour leur fabrication des matières premières diverses. Mais, en fait, les Allemands utilisent les mêmes explosifs que nous, tous étudiés dès avant la guerre. Seule leur importance relative diffère d'un pays à l'autre. C'est ainsi que les Allemands emploient à la fois la tolite et l'acide picrique, mais tandis que nous produisons beaucoup plus de celui-ci que de celle-là proportionnellement, chez eux, c'est l'inverse. Ces deux explosifs comme les autres couramment employés le nitrocrésol, le trinitroxylène, la dinitronaphtaline, le nitrate d'ammoniaque, etc., sont tous dérivés plus ou moins directement de la nitratation des produits organiques provenant de la distillation de la houille. Or, cette nitratation se fait obligatoirement par les mélanges sulfonitriques et par des procédés analogues à ceux que nous venons de décrire pour la poudre.

La tolite, par exemple, est faite au moyen du toluène qui est un des liquides aromatiques obtenus par la distillation de la houille ou des pétroles. On lui fait subir des nitratations successives qui donnent le trinitrotoluène (c'est le nom de la tolite, nom très clair puisque celle-ci est un toluène triplement nitré). Pour faire 100 kilogs de tolite, il faut environ 250 kilogs d'oléum.

Mais il convient de remarquer qu'en réalité dans la préparation de tous ces explosifs, l'acide sulfurique le plus souvent intervient encore indirectement d'une autre manière, puisqu'il est l'élément essentiel de la préparation classique de l'acide nitrique lui-même. Dans cette préparation en effet, l'acide provient du traitement du nitrate de soude par l'acide sulfurique. Depuis que la crise du tonnage a rendu plus difficile et d'un moindre rendement l'importation des nitrates du Chili nécessaires à cette fabrication, on s'est efforcé chez les Alliés, à l'imitation de ce qu'a fait l'Allemagne sous la pression du blocus, à fabriquer l'acide nitrique directement à partir de l'azote même de l'air. Le procédé le plus employé pour cette synthèse est maintenant le procédé à la cyanamide dont je reparlerai ci-dessous. Mais l'acide nitrique ainsi obtenu par captation directe de l'azote de l'air est trop faible, trop hydraté pour être immédiatement utilisable, et c'est encore, c'est toujours l'acide sulfurique qui doit intervenir pour lui enlever son excès d'eau, et le rendre propre à la fabrication des poudres et explosifs.

L'acide picrique (mélinite) nous conduit aux mêmes conclusions que la tolite. C'est en traitant le phénol par les bains sulfonitriques qu'on obtient ce corps qui, sur l'acte de baptême de la chimie orthodoxe, s'appelle le trinitrophénol. De même que le trinitrotoluène procédait du toluène, 100 kilogs de phénol donnent ainsi 180 kilogs d'acide picrique. Il y a mieux : c'est que l'acide sulfurique est l'agent essentiel de la fabrication du phénol. Car on fabrique aujourd'hui le phénol, par synthèse et en grand, par un procédé connu dès avant la guerre, et qui supplée à notre disette relative de phénol extrait de la houille.

La fabrication du trinitrocrésol, du trinitroxylène, de la dinitronaphtaline, de presque tous les autres explosifs brisants nous conduirait à des remarques analogues relatives à l'emploi des bains sulfonitriques.

Quelle est la conclusion de cette rapide inspection de l'arsenal des poudres et des explosifs qui sont et qui font toute la guerre actuelle? Cette conclusion, dont la monotonie même de cet examen convergent souligne éloquemment l'importance, je voudrais la donner en paraphrasant un mot de Danton : *Pour vaincre les ennemis de la Patrie que faut-il? De l'acide sulfurique, encore de l'acide sulfurique, toujours de l'acide sulfurique!*

A ces nécessités chimiques qui étaient pour elle des nécessités vitales, comment la France a-t-elle pu dès 1914 faire face pratiquement? C'est ce que je voudrais montrer maintenant, en utilisant à la fois les données qui ont été déjà publiées dans des documents officiels et celles qu'a bien voulu me communiquer la Compagnie de Saint-Gobain, dont le rôle dans cette crise fut prépondérant. Ce me sera une agréable occasion de rendre la justice qu'elle mérite à cette grande industrie française vieille de 250 ans, et où s'est manifesté et se manifeste utilement chaque jour tout ce qu'il y a chez nous de hardiesse créatrice et de largeur de vues.

Je le ferai avec d'autant plus de plaisir que j'estime nécessaire, non seulement pour la prospérité générale du pays, — pour les raisons que je dirai, — mais, d'un point de vue qui m'est un peu plus personnel, pour l'intérêt des recherches scientifiques, le libre et vaste développement des œuvres qui, comme Saint-Gobain, attirent vigoureusement, pour la féconder, et créent de la richesse. Si Rockfeller n'avait pas, aux États-Unis, pu réaliser sa puissante centralisation de l'industrie pétrolière, il n'y aurait pas d'Institut Rockfeller : Carrel n'aurait pas pu faire ses admirables recherches sur la transplantation de la matière vivante, créer sa belle méthode chirurgicale de guerre, faire fleurir toutes ces créations de son cerveau qui n'avaient pas trouvées ici un terrain assez riche pour les y semer; Lœb n'aurait pas réalisé ses étonnantes expériences sur la fécondation, sur l'origine et la nature de la vie, de l'instinct. Si Carnegie n'avait pas fait ce qu'a fait Rockfeller dans un autre domaine du monde économique, il n'y aurait pas d'Institut Carnegie : nous connaîtrions moins la terre, les étoiles, toutes les merveilles émouvantes de l'univers; la physique, le magnétisme terrestre, l'étude du soleil, toute la science serait diminuée de ce qu'elle a pu acquérir grâce à lui, grâce à son argent, grâce à ses laboratoires. Si, Américain d'Europe, Nobel n'avait pas concentré une grosse industrie d'explosifs, il n'y aurait pas de prix Nobel et la Science aurait perdu des moyens d'action. En souhaitant que notre France, qui le peut, s'américanise à son tour à cet égard, qu'elle permette à ses industries de sortir de leurs cadres étriqués, je songe à tout ce que la richesse concentrée peut et doit faire pour les arts, la science, la pensée, à ce qu'elle fit dans la Rome de Mécène, dans l'Italie de la Renaissance, dans l'Amérique de Roosevelt et de Wilson. Renan a là-dessus écrit ici même jadis des pages qui sont plus vraies que jamais... Et maintenant, revenons à l'acide sulfurique, sang de la machine guerrière.

Lorsque la guerre éclata, on peut estimer que l'industrie française était capable de fournir par ses propres moyens environ 5400 tonnes d'acide sulfurique par mois, dont la plus grande partie produite par la Compagnie de Saint-Gobain. Cette production fut mise immédiatement à la disposition de la défense nationale. Dès la fin 1914, la Compagnie de Saint-Gobain était chargée par le gouvernement, d'accord avec les autres fabricants, de procéder à la répartition entre les poudreries et les usines travaillant pour elles, de ces quantités mensuelles. Mais dès ce moment, le service des poudres, — dont on saura quelque jour la féconde et silencieuse activité dans cette crise, — prévoyait que ces quantités seraient de beaucoup insuffisantes. Qu'était-ce, en effet, que 18 tonnes par jour, alors qu'il fallait prévoir une dépense de munitions continuellement croissante et correspondant à des millions de fusils, à des dizaines de milliers de canons?

On connaissait l'effort accompli dans ce dessein par l'Allemagne et qui atteint aujourd'hui une production mensuelle supérieure à 100 000 tonnes d'acide sulfurique par mois.

Dès lors, le service des poudres, soucieux de ne pas rester inégal à cet effort ennemi, demandait à Saint-Gobain d'intensifier sa production, de créer de nouvelles usines et surtout de réaliser de nouveaux appareils de concentration permettant de fabriquer en grand l'acide très concentré et l'oléum. Ce n'était pas chose facile à cause des difficultés de main-d'œuvre, de transport, parce que plusieurs usines de la Compagnie étaient en pays envahi, et surtout parce qu'il fallait créer, improviser des modes de fabrication et des appareils nouveaux.

C'est que si Saint-Gobain avait, avant la guerre, la principale production française d'acide sulfurique, cette production était destinée à un tout autre usage que la fabrication des explosifs : à celle des engrais.

On sait que parmi les engrais indispensables à l'agriculture, le plus important est constitué par les superphosphates, dont la France avant la guerre consommait à peu près 1 700 000 tonnes pour son agriculture, dont la majeure partie provenait des usines de Saint-Gobain. Or, ce produit est obtenu par l'action de l'acide sulfurique sur les phosphates de chaux naturels (dont nous avons de grands gisements notamment dans l'Afrique du Nord). C'est ainsi que, à cause de la plus pacifique, de la plus virgilienne des industries, cette Compagnie, étant notre principal fournisseur d'acide sulfurique, s'est trouvée devenir la cheville ouvrière de notre chimie de guerre. Sans l'industrie des superphosphates nous n'aurions pas eu les explosifs dont nous avions besoin, et on frémit en pensant à ce qui serait arrivé. « *Si vis bellum, para pacem* » pourrait-on presque dire en présence de cette adaptation imprévue et belliqueuse de la plus pacifique des industries.

Cette adaptation ne fut d'ailleurs point facile : d'abord parce qu'il fallait à travers toutes les difficultés et les impossibilités matérielles augmenter beaucoup la production, mais surtout parce que, tandis que dans la fabrication des superphosphates on emploie l'acide sulfurique non concentré, tel qu'il sort des chambres de plomb, au contraire la chimie de guerre exigeait de l'acide concentré et de l'oléum. Il fallut créer et multiplier les appareils et les usines de concentration, modifier les procédés de fabrication. On y réussit si bien que, dès juin 1915, l'administration de la guerre pouvait disposer de 12 600 tonnes d'acide sulfurique concentré par mois, dont 10 600 tonnes provenant des usines de la Compagnie de Saint-Gobain. Depuis lors la production n'a pas arrêté sa marche ascendante, si bien que ces usines produisent en gros plus de vingt fois plus d'acide, sous ses différentes formes qu'avant la guerre. Leur capacité de production totale d'acide sulfurique pour la défense nationale ne doit pas à l'heure actuelle être éloignée de 100 à 120 000 tonnes par mois, ce qui fait honorablement figure à côté de la production allemande. L'entrée en ligne des Américains, qui vont naturellement nous fournir en grandes quantités les explosifs tout fabriqués, laisse d'ailleurs penser que, quelle que soit dorénavant la durée possible de la guerre, il ne sera pas nécessaire d'augmenter encore, en ce qui nous concerne, cette production formidable.

Il n'en restera pas moins que cet effort industriel d'improvisation chimique, réalisé par Saint-Gobain à travers des difficultés sans nombre de délai, de main-d'œuvre et de matières premières, et sans souci des risques courus et des aléas librement consentis, représente une des pages les plus belles de la défense nationale. Sans cet effort d'adaptation créatrice, la France eût sans doute succombé rapidement, car dans cette guerre, l'âme de la nation, si forte fût-elle, n'eût pas suffi, si elle n'avait été soutenue, protégée par le souffle puissant et meurtrier des explosifs.

Pour compléter ce tableau, il me faudrait montrer ce que, à côté de la production primordiale de l'acide sulfurique, on a réalisé depuis la guerre pour procurer au service des poudres du nitrate d'ammoniaque et la cyanamide qui doit fournir l'acide nitrique synthétique et dont une production annuelle de plus de 16 000 tonnes est assurée par la compagnie de Saint-Gobain.

Après la guerre, toutes ces industries qu'elle a fait jaillir du sol français devront y subsister et s'y développer même, et notre pays n'aura qu'un faible effort à faire, appuyé d'un peu d'intelligence administrative, pour devenir un des grands producteurs chimiques de l'univers. — L'acide sulfurique trouvera des débouchés dans presque toutes les industries et dans l'agriculture, qui aura plus que jamais besoin de suppléer, par une culture intensive par engrais, à une main-d'œuvre devenue plus rare; les produits de la famille du goudron de houille dont la production et la synthèse se seront développées par les explosifs, trouveront des débouchés importants dans la fabrication des matières colorantes. Ce sont en effet précisément ces produits qui sont à la base de cette industrie dont il faudra enlever aux Allemands l'outrageant monopole. — L'aniline par exemple, qui est un des éléments fondamentaux de ces matières, dérive directement de la benzine; elle est donc cousine germaine de sa sœur belliqueuse la mélinite.

Mais pour cela, pour que la France demain puisse, dans la lutte économique, utiliser cette armure industrielle que la guerre chimique lui a forgée et qui, dès maintenant, a transformé en centres d'activité, tout bourdonnants d'usines, tant de coins naguère dépeuplés de ce pays, il faut rejeter définitivement loin de nous cette haine égalitaire du talent et du succès, ces habitudes timorées, ces inerties d'un individualisme prudent qui paralyseraient ce pays, s'il ne les extirpe.

Deux conceptions se disputent aujourd'hui, se disputeront demain dans le monde l'empire des hommes et des choses. La première proclame que la lutte, l'antagonisme, la bataille sont les conditions nécessaires du progrès et du bonheur humain. Elle se réclame parfois de la théorie darwinienne de l'évolution; elle a tort, car cette théorie montre au contraire que la « lutte pour la vie » s'exerce entre animaux d'espèces différentes, mais non en général dans l'intérieur d'une même espèce; d'ailleurs, la lutte pour la vie fût-elle même la règle entre tous les animaux, cela ne prouverait pas que cette règle de fait doit être une règle de conduite; tout ce qui caractérise la civilisation c'est précisément une sorte d'insurrection, de révolte contre l'emprise des nécessités de la nature. Cette *conception belliqueuse* des choses, si j'ose l'appeler ainsi, est celle qui, évangélisée par les Bernhardi, les Treitscke et autres docteurs de la religion pangermaniste, a mis l'Allemagne en bataille contre le monde entier : la lutte pour la vie, la survivance du plus apte, la guerre civilisatrice. Nous verrons d'ailleurs dans un instant que le gouvernement allemand s'est bien gardé de développer chez lui, entre ses sujets, les conséquences de cette conception si fructueuse... du moins il l'espère, contre ses voisins. De cette même manière de voir procède le système collectiviste de Karl Marx, qui se réclame pareillement de la lutte inéluctable, et dont l'égalitarisme puéril pourrait se résumer comme la conception des Bernhardi dans la formule : le bonheur des uns fait le malheur des autres et réciproquement. C'est ainsi que la lutte de classe et le pangermanisme, qu'on s'est souvent étonné de voir, par endroits, marcher la main dans la main, se trouvent, par un détour imprévu, procéder en réalité du même point de vue. En face de celui-ci il y a ce que j'appellerai la *conception pacifique* des choses, qui estime que les intérêts humains sont solidaires et non antagonistes, que l'union fait la force, que la lutte est mauvaise; je voudrais la résumer ainsi : le bonheur des uns fait le bonheur des autres. C'est dans l'ordre international la conception des grandes nations pacifiques que l'agression criminelle a jetée malgré elles dans la mêlée; c'est dans l'ordre économique celle des partisans de la liberté du travail, de l'exploitation sans limite des ressources naturelles, de la solidarité et de la concentration des moyens humains d'agir sur la nature.

Il est probable d'ailleurs que le meilleur de ces deux systèmes doit avoir quelques défauts dont est dépourvu le plus mauvais, le propre des choses humaines étant l'imperfection et les meilleures solutions étant souvent entre les extrêmes, non pas nécessairement dans le juste milieu entre ceux-ci, mais plutôt à des distances inégales de l'un et de l'autre.

Quoi qu'il en soit, l'expérience « source unique de la vérité, » selon la parole éternelle de Henri Poincaré, est là, toute fraîche éclose, pour nous montrer entre ces deux conceptions qui voudront régenter demain notre vie économique, la conception belliqueuse et la pacifique, quelle est la meilleure. Nous venons d'avoir, et nous avons en effet dans la Russie bolchevik, le tableau de ce que peut donner la suppression brutale des grands facteurs industriels, l'abolition de hiérarchie, la lutte des classes et l'égalitarisme collectiviste. On a vu que, malgré l'élévation prodigieuse des salaires, ce système aboutit rapidement au néant industriel, à la misère, à la disette de tout. Chose navrante et d'ailleurs prévue, ce système a surtout abouti à l'abaissement de toutes les valeurs intellectuelles : il a suffi là-bas d'avoir ce capital heureusement inaliénable qui s'appelle l'instruction, la science, la valeur technique, pour être réduit à moins que le plus crasseux des illettrés. Tandis que ceux-ci dirigent les usines, les professeurs, les savants, les avocats, les médecins gagnent péniblement leur vie, comme balayeurs, lorsqu'on veut bien les accepter dans cette fonction qu'ils remplissent d'ailleurs fort mal. Évidemment, ce régime est un véritable critérium pour la sincérité des vocations scientifiques et intellectuelles, et seuls se consacreront désormais là-bas à ces choses ceux qui les aimeront jusqu'au sacrifice.

En face, la République américaine nous montre ce que peut donner l'autre système : ses trusts, ses formidables concentrations de production industrielle amenées par le libre jeu de la liberté, non seulement n'ont pas ruiné le peuple, et notamment cette partie du peuple qu'on appelle la « classe ouvrière, » mais ils lui ont procuré une aisance, un confort sans précédents, si bien qu'aujourd'hui c'est la minorité des ouvriers d'usine qui là-bas n'a pas encore sa maison... et même son automobile. La classe ouvrière américaine a si bien conscience de ces avantages et de sa solidarité avec toutes les classes des États-Unis qu'elle n'a pas hésité à prendre, dans la guerre actuelle, l'attitude que chacun connaît, qui l'honore... et qui étonne un peu certains métaphysiciens de la physique sociale, de l'autre côté de l'Atlantique.

Le gouvernement allemand, qui a compris la leçon de ces choses, réserve les luttes de la concurrence vitale, uniquement pour l'exportation, se gardant bien d'affaiblir chez lui les fortes concentrations industrielles.

Pour ce qui concerne notamment les industries chimiques, qui sont notre sujet, non seulement il n'a rien fait pour paralyser les consortiums déjà si puissants avant la guerre, mais il a entrepris, — depuis la troisième année de guerre, — j'emprunte ces renseignements à la *Neue Zürcher Zeitung* et au *Chemical Trade Journal*, — la concentration obligatoire, la mise en syndicats coercitive des sociétés industrielles, l'amalgame et la fusion forcés des groupes concurrents et dispersés. Des mesures multiples sur lesquelles il serait trop long d'insister ici (telle que la proposition de taxer le mouvement d'affaires, ce qui avantagerait, aux dépens des moyennes, les grosses entreprises qui poursuivent elles-mêmes tout l'ordre de production depuis la matière première jusqu'au produit fini) sont envisagées pour imposer à l'organisation économique de l'Allemagne cette américanisation. Et pourtant à côté des grosses industries chimiques allemandes, telles qu'elles existaient dès avant la guerre, les nôtres ne sont que des pygmées. Ce programme de nos ennemis est destiné à assurer l'économie et le meilleur rendement des matières premières et de la main-d'œuvre et à assurer la position future de l'industrie chimique allemande dans l'Univers.

La seule manière pour la France de résister dans le monde à cette puissante machine sera, sinon d'organiser étatiquement une concentration analogue, — il ne faut pas être trop exigeant, — du moins de ne pas empêcher les initiatives privées de la réaliser librement.

Il ne faut plus qu'on voie chez nous l'ignorance jointe à l'esprit de système enrayer tout ce qui peut nous rendre forts. Récemment, à la tribune de la Chambre, un député qui siège, je crois, à bâbord dans la nef parlementaire, prononça dans une discussion économique les paroles suivantes : « M. Solvay a trouvé une façon de produire de la soude dans des conditions qui ont fait tomber le prix de la production de 4 à 1. A tout prendre, dans la société présente, rien ne s'opposait *à ce qu'il abusât davantage encore* de l'invention qu'il devait à son talent ! » Ces paroles et l'état d'esprit qu'elles illustrent se passent de tout commentaire.

Il y a en mécanique un théorème dit « de la composition des forces, » qui montre que des forces concourantes s'ajoutent, tandis que des forces opposées s'annulent, si elles sont égales. Ce théorème s'applique aussi à l'industrie. Dans la guerre, les forces de l'Univers sont divergentes. Il ne faut pas que la paix prochaine équivaille à une déclaration de guerre entre Français.

CHARLES NORDMANN.

CHRONIQUE DE LA QUINZAINE

Le lundi 27 mai, à une heure du matin, l'artillerie allemande s'est mise à faire feu de tous ses tonnerres. Elle a écrasé nos lignes d'obus de gros et de moyen calibre, les a inondées de gaz toxiques, a, par une pluie de fer et par un déluge de poison, rendu le terrain intenable. Cette espèce de typhon artificiel, ce cataclysme qui, dans le langage de la guerre moderne, s'appelle « une préparation, » a sévi trois heures durant. A quatre heures, l'infanterie s'est ébranlée en masses profondes, divisions sur divisions. Dès le premier choc, et pour le premier bond, on en a compté une trentaine. Le secteur où s'est développée l'attaque s'étendait depuis Vauxaillon, au Nord de Soissons, jusqu'à Brimont, au Nord de Reims. L'Ailette, l'Aisne, la Vesle, ont été successivement et très vite franchies. La Chemin des Dames, que nous avions, au printemps et à l'automne de 1917, enlevé pas à pas, au prix de durs efforts et de sacrifices douloureux, le plateau de Craonne, deux fois au moins consacré dans notre histoire, les hauteurs en arrière, entre l'Aisne et la Vesle, n'ont été pour nous que de faibles et impuissants boulevards. Mais essayons de voir clair dans l'événement, quitte à en simplifier un peu les composantes, et, pour comprendre la bataille, divisons le champ de bataille en trois parties, que nous parcourrons séparément.

Tout d'abord, la partie occidentale, région de Soissons. On sait, et nous venons de rappeler, d'où s'était déclenchée l'attaque de Vauxaillon, le 27, à quatre heures du matin. Ce même jour 27, vers midi, elle avait déjà assez « progressé » pour occuper une ligne Nord-Ouest-Sud-Est, d'Allemant, au Nord de Laffaux, à Chavonne, sur l'Aisne. Le 28, elle avait atteint une seconde ligne à peu près parallèle, mais plus rapprochée de Soissons, de Neuville-sur-Margival à Vregny. Le 29, elle enserrait à l'étrangler la ville dont elle tenait les lisières

Est. Après des combats de rues, marqués par les alternatives ordinaires, îlots perdus, repris, reperdus, nous évacuions Soissons où l'ennemi s'installait, cependant qu'à notre tour nous en saisissions les lisières Ouest et nous l'y enfermions. Le 30 mai, le 31, il lui a été impossible d'en déboucher. Soissons qui, dans ses plans, n'était qu'une étape, devenait pour lui une impasse. Sans s'attarder, il en a contourné les faubourgs, s'est glissé au Sud, pour s'écouler par la vallée de la petite rivière la Crise et s'épandre sur la route de Château-Thierry, qu'il a rejointe aux environs de Hartennes. Presque aussitôt, 30 et 31 mai, apparaissent, dans la même direction, les noms de Grand-Rozoy, de Cugny, de Nanteuil-Notre-Dame, puis de Coincy, de Brécy, de Courpoil, du Charmel, enfin de Jaulgonne et de Chartèves, villages près desquels les Allemands touchaient la Marne au sommet de la grande boucle qu'elle dessine entre Château-Thierry et Dormans. Ils y touchaient, mais s'arrêtaient sur la rive droite, des souvenirs cuisants encore au bout de quatre années ne leur permettant pas d'oublier que c'est un fossé difficile. Malheureusement, sur le rebord opposé de ce fossé, trop près pour être hors d'atteinte, court la ligne de chemin de fer Paris-Châlons, artère commune de Paris-Verdun et de Paris-Nancy, qui commande la circulation de tout l'Est.

Au centre, les divisions de von Hutier, surgissant derrière les armées de von Bœhm et de Fritz von Below, à six et par endroits à dix hommes contre un, précédées de leur nappe vénéneuse, avaient réussi à forcer le passage de l'Aisne, entre Vailly et Bermeriçourt, en un double point, vers l'Ouest à Pont-Arcy, vers l'Est à Berry-au-Bac. L'héroïsme ne peut rien contre le nombre, quand la disproportion est énorme et, comme ce sont les corps qui tombent, devant le débordement brutal de la matière, il arrive un moment où l'âme ne suffit plus. La défense fut submergée par ces vagues qui se prolongeaient et se grossissaient en océan. L'un après l'autre furent dépassés, sur la Vesle et son affluent le Murton, le long de la voie ferrée, de Fismes à Fère-en-Tardenois, Mont Notre-Dame, Bruys, Loupeigne, Fère-en-Tardenois même, lieu toujours illustre, lui aussi, dans l'histoire de nos invasions.

Plus à l'Est, plus près de Reims, l'infiltration, qui partout suivait les vallées, et gagnait de proche en proche, — il faut reprendre cette image, — à la manière dont la mer monte, sur certaines plages, par petites mares communicantes, descendait moins bas. Le flot léchait seulement Vezilly, à la hauteur de Ville-en-Tardenois, et ne couvrait que d'une écume Brouillet, Savigny-sur-Ardre, pour revenir, par

Thillois, battre Reims au Nord-Ouest. Thillois était récupéré le lendemain, et c'était un premier temps d'arrêt, un premier signe de reflux. Bien fugitif encore. Au 1er juin, le nouveau front, tout le monde l'a noté, se creusait en forme de poche, dont le bord était tenu à ses deux extrémités, à gauche par Soissons, et par Reims à droite. Comme fond, la Marne, sur une vingtaine, et peut-être, avec ses sinuosités, une trentaine de kilomètres, des lisières Nord-Est de Château-Thierry aux approches de Dormans. Entre Soissons et Reims, l'entrée du sac était étroite, et le haut commandement allemand, qui s'y était jeté tête basse, le sentait si bien que, d'un coup sec, il s'efforçait de l'élargir, entre l'Aisne et l'Oise, jusqu'à Varennes et Sempigny, non loin de Noyon ; mais nos troupes, résolues à ne point laisser l'ennemi se donner de l'air, faisaient ferme sur les positions de Juvigny à Blérancourt. Le Kronprinz étirait alors ses longs bras et ses longues jambes, de l'autre côté de la rivière, par Chaudun et Vierzy, vers Villers-Cotterets, par Chouy et Neuilly-Saint-Front vers la Ferté-Milon. Maintenu au débouché de Soissons, puis rejeté sur la Crise, il n'aboutissait qu'à gonfler le sac, sans pouvoir le crever. Dans une reprise ultérieure, il finissait par se camper à cheval sur l'Ourcq et sur la voie ferrée qui l'accompagne, précisément à Chouy et à Neuilly-Saint-Front, mais nous opposions à son élan une barre Villers-Helon, Noroy, Priez, Monthiers, Étrépilly. Château-Thierry lui résistait. Il ne gagnait pas un pouce de terrain au Nord de Vierzy, il n'en a gagné qu'un au Sud-Ouest de Soissons. Toutefois, sur la rive gauche de l'Oise, nous avons dû reporter nos positions aux lisières Nord du bois de Carlepont, Sud de Noyon, tandis qu'entre l'Oise et l'Aisne, nous ramenions également notre ligne sur les hauteurs d'Audignicourt à Fontenoy.

Mais c'est tout justement cela, la bataille : un va-et-vient, une chose mouvante et flottante, un perpétuel devenir. Lorsqu'elle se fixe, elle fixe le destin. Tant qu'elle oscille, il se balance, il est, comme disaient les Anciens, sur les genoux des dieux. Il est dans le cœur et sur les bras des hommes. Nous avons foi en la vaillance des nôtres, dans les vertus de la race, dans la qualité même de ce sol privilégié. En regardant s'esquisser la poussée simultanée par l'Oise, par l'Ourcq et par la Marne, aucun Français ne peut sans émotion tourner ses yeux vers l'enceinte sacrée des forêts maternelles, à l'abri desquelles s'est lentement constitué le plus doux pays, le plus beau royaume qui ait vécu sous le ciel ; vers l'île sainte d'eaux claires et de frondaisons fraîches, vers le rempart touffu, vers la couronne d'une verdure symboliquement renaissante, des forêts de Laigle, de Compiègne, de Villers-Cotterets, et, en deçà, d'Halatte, de Chantilly, d'Ermenonville. Quelque part, à l'ombre de Senlis, éternelle martyre, dans une trouée, au milieu de vallons boisés, a été fondée, il y a des siècles, l'abbaye de la Victoire.

Et, tandis que nos regards pieux s'attachaient là, notre oreille attentive écoutait sonner les heures. La soixante-douzième fut solennelle. Soixante-douze heures, en effet, c'était, dit-on, le délai nécessaire pour que nos réserves pussent commencer à arriver. Il leur fallait cinq jours pour qu'elles pussent faire sentir utilement leur intervention. Or, le quatrième jour, nos premières réserves apparaissaient. Au sixième jour, l'ennemi, contenu sur plusieurs points, n'avançait plus que péniblement et se voyait contraint de chercher par Noyon et Château-Thierry la route qu'il ne trouvait point par Soissons. Assurément, la situation, qui tout de suite s'était révélée grave, demeurait très sérieuse. Il y avait de quoi penser; mais penser dans la bataille, c'est se tendre en avant, réfléchir pour agir; ce n'est pas se lever pour parler, ni s'asseoir pour récriminer et incriminer. On veut qu'il y ait eu des erreurs ou même des fautes, et il se peut qu'il y en ait eu; guerre ou paix, les affaires humaines, les plus grandes affaires moins que les autres, n'en sont jamais exemptes : ceux-là seuls ne se trompent pas qui ne font rien, dit le proverbe; — et encore! On citerait au besoin des gens qui ne font rien, et qui se trompent. Mais à quoi bon imaginer, dans la circonstance, tant d'explications malveillantes, lorsque tout s'explique, simplement et naturellement, en considérant la figure qu'affectait le front, le 27 mai?

D'Ypres à Soissons et à Bermericourt, au-dessus de Reims, c'était un vaste arc de cercle, concave par rapport à nos lignes, les bouts reliés ensemble par une corde allant du Nord-Ouest au Sud-Est. De distance en distance, le long de l'arc, ainsi que des nœuds dans le bois, des villes ou des positions importantes, Arras, Albert, Amiens, Montdidier, Lassigny, Noyon, Soissons, Berry-au-Bac. Nous étions en dehors du côté de l'arc, les Allemands en dedans, du côté de la corde; et, comme toute corde de tout arc, la corde étant plus courte que l'arc, les Allemands se déplaçaient plus vite sur la corde que nous ne nous mouvions sur l'arc. Infériorité accentuée par la disposition de nos voies ferrées qui convergent toutes vers Paris et de la sorte forment un angle, où l'arc s'inscrivait, pendant qu'à l'intérieur les routes et les voies transversales susceptibles d'abréger le trajet étaient au pouvoir de l'ennemi, sans compter le réseau militaire abondant qu'il avait construit. Le mot de l'énigme est probablement dans cet axiome de géométrie élémentaire, que la ligne droite est le plus court chemin d'un point à un autre. Ypres, à un bout, Reims, à l'autre bout, étaient plus près du centre, Albert-Amiens-Montdidier, pour les Allemands que pour nous. L'erreur, s'il faut absolument qu'une erreur ait été commise, serait venue d'un excès de logique et d'un abus de psychologie. Parce que les réserves allemandes, notamment les fameuses divisions de von Hutier, étaient massées en face d'Amiens, du moins après l'offensive de mars, on aurait été porté à en induire que la troisième ruée germanique du printemps de 1918 aurait encore Amiens pour objectif. On aurait trop vu Amiens même, pas assez le milieu de la corde, d'où les réserves allemandes pouvaient, à vitesse égale, être jetées indifféremment au Nord et au Sud, autant qu'à l'Ouest. On n'aurait aperçu la pointe que d'une des flèches sur trois. Soit. L'erreur par abus de psychologie aurait été, en somme, de trop spéculer sur la manie allemande de la répétition, ce qui était bien connaître l'ennemi, mais faire d'un principe vrai une application fausse; et l'erreur, par excès de logique, de prêter à l'esprit allemand plus d'enchaînement et de conséquence qu'il n'en met dans ses opérations, ce qui était faire d'une idée fausse une application arbitraire, en le faisant raisonner comme, à sa place, eût raisonné l'esprit français. L'attaque sur Amiens étant celle qui, en cas de succès, devait donner aux Allemands les plus grands résultats, celle aussi qu'ils avaient précédemment tentée, nous en aurions conclu que, logiquement et psychologiquement, c'était toujours celle où ils persisteraient et ils s'obstineraient. Nous en aurions même oublié qu'en mars et avril, cette attaque n'avait été qu'au deuxième rang dans leurs desseins, qu'ils ne s'y étaient ralliés que subsidiairement, après l'échec d'une marche foudroyante sur Paris par la vallée de l'Oise, et qu'ils l'avaient elle-même, la sentant enrayée, quittée pour une troisième entreprise, leur offensive des Flandres. Sous l'empire de cette illusion, de cette quasi-hallucination, nous les aurions attendus vers Amiens. Mais eux, dans un secret impénétrable, renversaient leur jeu, se retournaient, se rabattaient sur Soissons et sur Reims.

Nous aurions donc été surpris. L'Empereur l'a télégraphié à l'Impératrice : « Les Anglais et les Français ont été complètement surpris. » Nous l'avons dit, pour notre part, peut-être avec quelque insistance. Nous avons accusé la nuit, le brouillard, le silence; et nous avons presque fait comme si, ayant à nous excuser, nous nous excusions sur eux. Mais de quelle « surprise » parle-t-on? Il ne pouvait y avoir de surprise au sens le plus général; nous ne pouvions pas être surpris par la reprise de l'offensive allemande; nous savions que l'Allemagne ne pouvait pas se dispenser de la reprendre. Encore une fois, elle était maîtresse de ne pas la commencer, ou elle paraissait l'être, après ses victoires plus diplomatiques que militaires, ses victoires honteuses de Russie; mais, l'ayant commencée, elle n'était plus maîtresse de l'interrompre. La nécessité, inflexible comme la mort, à chaque halte, à chaque suspension, lui crie : « Marche! » Il ne fallait pas commencer, ou il faut finir. Tout démontre qu'il n'y a pas eu, qu'il ne pouvait pas y avoir de surprise, — comment dire? — disons de surprise « politique. » Les fatalités politiques et économiques s'accordaient pour interdire à l'Allemagne, sinon de souffler et de s'éponger, certainement de s'arrêter. Reste la surprise stratégique. C'est entendu : l'Allemagne devait reprendre l'offensive, elle ne pouvait pas ne pas la reprendre, mais où? Changement de décor, rideau baissé. Personne n'a rien vu, rien entendu, rien soupçonné. Au lieu de l'Avre et de la Somme, l'Ailette et l'Aisne. Nous étions obligés de faire allusion à cette ignorance, puisqu'on l'a alléguée, mais nous préférons ne pas y croire; et nous en avons de bonnes raisons. Notre haut commandement ne surveillait-il pas tout le front, et plus particulièrement le secteur de Champagne? Mais il y a les possibilités. Les effectifs ont leur limite, les voies et les moyens de transport ont les leurs. Inutile de compliquer : c'est simple et péremptoire comme l'arithmétique et comme la géométrie. La défection bolcheviste a doublé les disponibilités germaniques; les nôtres ne s'accroissent que lentement par l'apport des États-Unis; la ligne droite est toujours le plus court chemin, et toujours la corde est plus courte que l'arc. Pourquoi n'invoquer jamais que l'erreur ou la faute? C'est être bien sûr de soi que de douter ainsi des autres. Ce qu'on appelle erreur et faute, il nous plaît de l'appeler prudence et manœuvre. L'État-major a tout de même plus d'éléments d'information et de décision; reconnaissons aussi qu'il a plus de préparation, plus d'éducation, et plus d'adaptation aux choses de son métier que le premier venu. Que le général Foch se couvre, comme d'un bouclier de diamant, de la confiance universelle. Il ne demande rien que du temps. « En mars, a-t-il rappelé tranquillement, il a fallu huit ou dix jours pour rétablir la situation. » A tous égards, il convenait de lui faire ce crédit, car c'était déjà quelque chose que de s'être mis, après une telle secousse, en position de pouvoir attendre le dixième jour.

Pour occuper les jours qu'il nous faudrait attendre encore, passé le dixième, interrogeons-nous, méditons. Quel est l'objectif de l'ennemi? Paris? Oui, sans doute, comme objectif immédiat, mais plutôt comme moyen que comme fin. La fin, pour l'Allemagne lassée, et qui a battu le plein de ses forces, qui les voit déjà décliner, qui sait que celles de l'Entente vont se renouveler et grandir, ne peut être que la fin de la guerre par la victoire. Mais la victoire allemande suppose l'écrasement irréparable des armées franco-britanniques avant l'entrée en ligne réelle de l'armée américaine. Ni cet objectif immédiat, ni ce suprême objectif, l'Allemagne n'atteindra ni l'un ni l'autre. Mais faisons une seconde seulement une hypothèse à la fois absurde et impie. Supposons l'objectif immédiat atteint. La guerre n'en serait point terminée. Si pourtant eux, les Allemands, admettent cette hypothèse absurde, s'ils se flattent de voir leur rêve réalisé, et le fût-il par impossible, qu'est-ce que cela leur donnerait? Sans rien rabattre de tout ce qu'est Paris pour la France, moralement et matériellement, à cause de notre histoire, de nos traditions, de nos lois, de nos mœurs, de la géographie même, Paris, avec tout ce qu'il est, néanmoins n'est pas toute la France. Mais il y a plus, et la France elle-même n'est pas toute l'Entente. Les événements au milieu desquels nous menons depuis quatre années une vie entrecoupée et anxieuse dépassent tellement la mesure ordinaire des choses que nous connaissions, que nous concevions et que nous faisions, ils ont si peu de commune mesure avec les incidents de notre vie antérieure, qu'il nous est difficile de mettre à leur échelle nos jugements et nos sentiments, nos jugements plus encore que nos sentiments. Cette guerre n'est pas, comme nos guerres précédentes, une guerre française. Ce n'est pas une guerre de la France contre l'Allemagne, c'est une guerre universelle, la première qui ait ce caractère et qu'on ne puisse pas, pour chaque nation, réduire à des mobiles égoïstes, sans la rapetisser. Elle se poursuit surtout en territoire français, mais ce n'est pas la France seule qui se bat pour sa terre. L'Empire britannique verse sans cesse dans nos ports de la Manche, et les États-Unis versent de plus en plus dans nos ports de l'Atlantique, leurs contingents, leurs armes, leurs produits, leurs ressources. Ils viennent sur la terre française rencontrer l'ennemi et livrer la bataille de l'humanité. Tant que l'humanité n'aura pas gagné sa bataille, ou tant que toute l'humanité ne l'aura pas tout à fait perdue, il n'y aura pas de paix. Il ne s'agit pas uniquement ni même principalement ici d'une question à régler entre la France et l'Allemagne, ou entre l'Angleterre et l'Allemagne, ou entre les États-Unis et l'Allemagne. Entre la France et l'Allemagne, il y a la question de l'Alsace-Lorraine, mais, entre l'Allemagne et l'humanité, il y a la question de la liberté du monde. La victoire de l'Allemagne serait la défaite de l'humanité; mais l'humanité ne saurait accepter sa défaite, et l'on n'est pas vainqueur de l'univers, s'il reste dans l'univers quelqu'un qui ne consente pas à être vaincu.

L'Allemagne s'apprêterait-elle à entendre cette vérité, qui lui sera dure? Tout n'est peut-être pas comédie dans le conflit d'opinions qui oppose, en Allemagne même, les partisans d'une « paix de conciliation » et les partisans d'une paix de puissance, ou de pure violence, ceux d'une paix modérée et ceux d'une paix forte, les Erzberger, les Dernburg, les Scheidemann, et, comme il est naturel, les Hindenburg, les Tirpitz, les Reventlow. Ce n'est pas dans l'instant où il attaque avec une fureur impatiente que l'État-major impérial et les pangermanistes dont il est l'orgueil iraient, dans le fond ou dans la forme, tempérer leurs prétentions : « Je tiens pour une de mes tâches les plus importantes, affirme Hindenburg en personne, à l'Association des Allemands des Marches de l'Est, de faire en sorte que la frontière orientale de l'Allemagne soit désormais mise à l'abri des entreprises qui l'ont menacée pendant cette guerre. » Et il n'a pas deux solutions, une pour l'Orient, l'autre pour l'Occident. Sa politique n'est pas raffinée ; elle consiste à prendre des deux mains et de tous les côtés : c'est la paix de la botte et du sabre, de la caserne et de la caverne. L'autre, la paix dite modérée, serait la paix de la conférence et du comptoir; elle consisterait à recevoir de tous les côtés et des deux mains. Ne nous y trompons pas ; à peine serait-elle moins prussienne, ou seulement moins vieille Prusse, elle ne serait pas moins allemande que la paix forte. Elle ne s'en distingue que par une conception différente de la grandeur allemande, de l'intérêt allemand, du rôle et de l'avenir de l'Allemagne. A conception différente, jeu différent, mais le jeu seul; l'enjeu est le même : l'Allemagne au-dessus de tout. La paix forte ne voit que les succès de la guerre et se propose de les exploiter à outrance, la paix modérée prévoit les périls de l'après-guerre et vise à les écarter. L'une, pour se dire paix de puissance, s'accommoderait de tous les risques de la haine; l'autre ne se dit paix de conciliation que pour effacer le mépris et tâcher de procurer la réconciliation. L'une est aussi dangereuse que l'autre ; ou si l'une l'est plus que l'autre, la plus dangereuse, c'est la moins odieuse, plus insidieuse précisément de ce qu'elle serait moins odieuse.

Ainsi l'Allemagne aurait fait tout ce qu'elle a fait depuis le mois de juillet 1914; elle se serait moquée de toutes les lois divines et humaines, de toutes les lois de la paix et de la guerre: la parole donnée et écrite, les serments, les traités, le droit, la justice, la pitié, elle aurait tout renié, tout bafoué; elle aurait traîné sur la claie, condamné aux pires misères grandes et petites nations, belligérants et neutres, crucifié, humilié, effroyablement torturé tout homme et toute femme de ce temps jusqu'au confins les plus reculés du globe; elle aurait par sa barbarie déshonoré la science même, chargé le génie d'horreur, ravalé la civilisation aux plus basses œuvres de la brute : et l'humanité n'aurait qu'à présenter à un baiser qui serait un dernier stigmate sa face sanglante et souillée ! Il ne faut pas dire : des vaincus, mais des esclaves même ne s'y résigneraient pas; ni les vivants ni les morts ne s'y résigneraient. L'humanité ne peut avoir de paix avec l'Allemagne que celle qu'elle lui dictera, quand elle pourra la lui dicter, qu'elle le puisse quand elle pourra. Sinon, l'Allemagne lui aura dit : « La paix ! » et elle n'aura pas la paix.

Elle ne l'a plus eue, du jour où il y a eu une Allemagne organisée selon les préceptes cyniques et perfides de l'État prussien. L'esprit de rapine et de corruption de tous les Frédérics et de tous les Guillaumes, le machiavélisme, si grossier qu'il en est une injure au machiavélisme même, de l'Antimachiavel couronné, cheminant par le marchand et par l'espion, l'a envahie et rongée comme une lèpre. Ce n'est pas seulement la force allemande qui travaille, mais l'intrigue allemande. La ruse et l'astuce, servantes et patronnes, institutrices et introductrices de la force. Ce n'est pas seulement sur le champ de bataille que l'Allemagne fait la guerre, et elle ne la fait pas seulement à ses ennemis déclarés. Ennemis les premiers, naturellement, mais neutres aussi, et amis eux-mêmes, il n'est pas une vie de nation qui lui échappe. Elle s'insinue et s'incruste dans le sang et dans la chair des peuples, guettant toute occasion, toute chance de les affaiblir, de les dissocier, de s'accroître de leur substance. Sa main est en tout lieu où il se fait du mal, où il se prépare une trahison. Le gouvernement britannique la montre pour la seconde fois dans les affaires d'Irlande. L'échec de l'insurrection de 1916 ne l'a pas découragée; elle a recueilli ou suscité de nouveaux Roger Casement, et elle les emploie aux mêmes besognes, suivant le même scénario : débarquement d'émissaires et d'armes, apparition de sous-marins, diversions aérienne et navale. Là-dessus, la rébellion éclaterait, pendant que les troupes et la police anglaises seraient occupées et retenues ailleurs. De l'argent impur circulerait autour de tout cela, venu de très loin, par des voies détournées, infectant de son contact sordide la plus noble passion des hommes, le patriotisme. La plupart des gazettes inspirées à la Wilhelmstrasse se récrient, et traitent ces récits de fables ridicules. Mais quelques-unes, tout en repoussant le grief, avouent indirectement, comme la *Post* de Berlin qui écrit : « L'Irlande libre, c'est une Irlande indépendante, forte, amie de l'Allemagne, aux portes de l'Angleterre ; ce n'est ni plus ni moins que la domination de l'Angleterre brisée, la liberté des mers conquise. Les événements d'Irlande appellent la plus grande attention de l'Allemagne pour des motifs militaires et politiques... Déjà la résistance passive des Irlandais retient trois quarts de million d'hommes loin de notre front. Plus de 500 000 hommes des meilleures troupes irlandaises s'abstiennent de participer au service armé pour l'Angleterre ; en outre, 200 000 hommes de troupes anglaises ont été nécessaires jusqu'à ce jour pour surveiller l'Irlande insubordonnée. » La même feuille, dans le même numéro, signale, en s'en réjouissant, « les difficultés de l'Angleterre dans l'Afrique du Sud, » et « le vaste mouvement républicain qui, sous la direction du chef de l'opposition parlementaire, le général Hertzog, s'est dessiné dans tout le pays. »

Voyez ce que l'Allemagne a fait de la Russie par l'intermédiaire des bolcheviks, ses instruments. Un chaos où le Créateur lui-même ne reconnaîtrait plus sa création. Plus de nation, plus d'État, plus de frontières ni d'institutions ; plus d'autorité, ni de liberté, ni de propriété, ni de sûreté, ni de lois, ni de biens, ni de patrie, ni de foyer. Dans cet affreux mélange, l'Empire allemand puise à poignées, attirant à lui morceau sur morceau. L'Esthonie et la Livonie seraient admises dans la Confédération germanique, probablement comme provinces prussiennes. La Lithuanie serait à tout le moins protégée, peut-être confiée à un prince saxon. La Finlande, au moyen d'arrangements militaires et économiques, tombe dans l'orbite de l'Empire, auquel elle fait « le pont » si ardemment désiré vers le Nord, à ce prix et dans ce dessein prolongé jusqu'à la Côte mourmane. Il se découvre en Pologne plus d'affinités allemandes que d'aspirations autrichiennes. En Oukraine, l'hetman Skoropadski, quelle que soit l'antiquité de sa famille, doit se douter qu'il n'est pas soutenu pour lui-même. Du Caucase, vers la Perse, vers le Turkestan, vers l'Afghanistan, vers les Indes, l'Allemagne pousse ses complices touraniens. De Sibérie, elle pointe le doigt vers la Chine et vers le

Japon ; il est temps que l'Extrême-Orient s'unisse et agisse, s'il veut prévenir la menace : « Le Japon croit-il, demande la *Gazette de Voss*, que l'Allemagne ait la mémoire plus courte que lui ? Il se trompe... Nous n'oublierons pas, et le Japon pourra s'en apercevoir un jour à ses dépens, que la politique allemande peut décider de l'existence ou de la non existence de l'empire mondial japonais. » Malheur à lui, rugit le scribe, s'il ne sait pas ce dont est capable « le Grand empire d'Allemagne ! »

Ce dont il est capable, nous le savons, les cinq parties du monde le savent. L'Amérique l'a appris, comme l'Europe et l'Asie. Il ne se passe pas de semaine où, dans quelque ville des États-Unis, on ne saisisse des échantillons de son ouvrage. Il est dans les tracasseries agaçantes du président Carranza, dans la rupture diplomatique du Mexique avec Cuba, coup au jarret de la Confédération américaine. Il oblige, l'une après l'autre, les républiques de l'Amérique centrale à lui déclarer la guerre. On sent ses menées dans l'Amérique du Sud. D'être plus près de lui, on n'en est pas mieux ; c'est le plus près qu'on est le plus mal. La Hollande, la Suisse connaissent ce qu'ose la tyrannie allemande. La Suède, la Norvège, le Danemark suffoquent dans le carcan. L'Espagne subit tout ensemble ses insolences et ses caresses. Il torpille ses navires, l'encombre et l'embarrasse de ses sous-marins, qui prennent ses rivages pour points d'appui et ses ports pour refuge, s'acharne à la brouiller avec nous, en l'empêchant de nous vendre ses denrées, et avec l'Angleterre, en lui enseignant, par la bouche d'un de ses généraux les plus illustres, l'art et la manière de surprendre Gibraltar. La puissance spirituelle, comme les autres, a fait l'épreuve de sa déloyauté. Le cardinal Hartmann, obéissant aux devoirs de sa charge, aux vœux de son troupeau, et sans doute aux suggestions du gouvernement impérial, avait obtenu de la Grande-Bretagne, par l'intervention du Souverain Pontife, qu'il n'y eût pas de raid d'avions sur Cologne, le jeudi de la Fête-Dieu. Ce même jeudi, à la même heure, le « super-canon » bombardait Paris ; un de ses obus tombait sur une église ; et ses détonations ponctuaient les cantiques de la première Communion. Nous ne regrettons rien, nous ne nous plaignons pas. Nous disons seulement de toute notre âme : ou il y a, au ciel ou sur la terre, un tribunal incorruptible où se fait la somme de pareils crimes, et cela se paiera, ou il n'y a point de justice. Mais il y en a une, elle s'annonce, et, dans la certitude qu'elle frappera, à quoi nous l'aiderons, nous regardons, avec une fierté attendrie, monter en ascension droite la cote morale de la France...

Telles étaient les pensées qui nous agitaient, tandis que nous traînions de communiqué en communiqué le poids de ces heures longues et lourdes que nous avons fiévreusement comptées jusqu'à la soixante-douzième, puis jusqu'au cinquième et jusqu'au huitième jour, où l'oppression a diminué. Même à présent qu'elles se sont écoulées, nous n'avons pu en étouffer en nous la reviviscence brûlante. D'avoir essayé de rendre l'amertume de tant de matins et de soirs tourmentés a fait perdre à plus d'une de nos pages le ton habituel de la chronique politique. Mais ce n'étaient pas non plus des heures de chronique. On eût dit que le monde, inquiet d'une même inquiétude, retenait sa respiration. Peut-être ne s'est-il rien passé en dehors de la bataille. Peut-être étions-nous si absorbés par elle qu'il nous a semblé qu'en dehors d'elle il ne se passait rien. Et comment n'emplirait-elle pas l'histoire de toute une quinzaine, alors qu'elle va, pour des siècles, décider de toute l'histoire?

« Seul le silence est grand. » Le silence seul est fort. La Chambre des députés s'en est montrée si heureusement persuadée qu'elle a fermé la bouche aux quelques énergumènes qui n'auraient pas craint de troubler le recueillement salutaire. M. Clemenceau a dit en un discours, haché d'interruptions plus que déplacées, mais toutes parties d'un petit coin de la salle, tout ce qu'il pouvait et tout ce qu'on devait dire. La très grande majorité de l'assemblée, en l'applaudissant, a acclamé, dans un même cri de reconnaissante admiration, nos soldats et leurs chefs. Le pays lui en saura gré. Que nul ne s'y trompe : il jugerait sévèrement, il exécuterait sans merci ceux qui, par fanatisme ou par fatigue, par aveuglement de parti, délire d'intelligence ou défaillance du cœur, s'appliqueraient à détremper et à dissoudre les énergies de l'union et de la fusion desquelles, soit aux armées, soit à l'arrière, dépend sa vie ou sa mort.

CHARLES BENOIST.

Le Directeur-Gérant :

RENÉ DOUMIC.

SIXIÈME PÉRIODE. — LXXXVIIIe ANNÉE

TABLE DES MATIÈRES

DU

QUARANTE-CINQUIÈME VOLUME

MAI — JUIN

Livraison du 1er Mai.

Livraison du 15 Mai.

Livraison du 1er Juin.

Livraison du 15 Juin.

Paris. — Typ. PHILIPPE RENOUARD, 19, rue des Saints-Pères. — 51298.

Lightning Source UK Ltd.
Milton Keynes UK
UKHW010629110219
337000UK00006B/145/P

9 780260 610591